鸦片战争史

中国历史发展中第三次社会大变革研究

第二版

Yapian Zhanzheng Shi

（上）

萧致治 主编

海峡出版发行集团
THE STRAITS PUBLISHING & DISTRIBUTING GROUP
福建人民出版社

《鸦片战争史》第二版

主　编　萧致治

撰　著　萧致治　第二章、第六章、结束语

许增纮　第三章、第十一章、第十三章、第十四章

李少军　第七章、第八章、第九章、第十章、第十二章

杨卫东　第一章、第四章、第五章

鸦片战争前的香港港口

英国伦敦东印度公司

虎门销烟池旧址

魏源像

林则徐像

三元里、西村、南岸、九十餘鄉衆耆老為不共戴天誓
英逆事照得向來英逆素不安分屢犯
入朝昔攻沙角炮台戕害官兵武
皇上深仁恐加誅且示懷柔彼尚不知感思猶復包藏禍心
深入重地亂施大箭燒害居民攻及城池目無各憲
欽差大臣見城廟內外遭殃議約戢兵安民英逆理宜得些
好意即休胡乃貪勝不知輸得尺則尺得寸則寸容縱
兵卒擾亂村庄搶我耕牛傷我田禾鋤壞我祖墳淫辱
我婦女鬼神共怒天地難容我等所以奮不顧身團
義律於北門斬首百墨於南岸尔等逆黨試思此時
若非我 府尊為尔解此厄各逆其得保首領以下船乎
今聞尔出示當逐等為 將軍大人無功揚言於衆與
百墨中霎其卑視我此地無人實甚我等困是氣憤成
雲志除妖孽飽德之義士奮助兵粮荷鋤之農天整
利及務使鬼子無双影留存鬼船無片帆回國而後已示
到尔其卜日交戰為此特示

三元里人民讨英檄文

关天培像

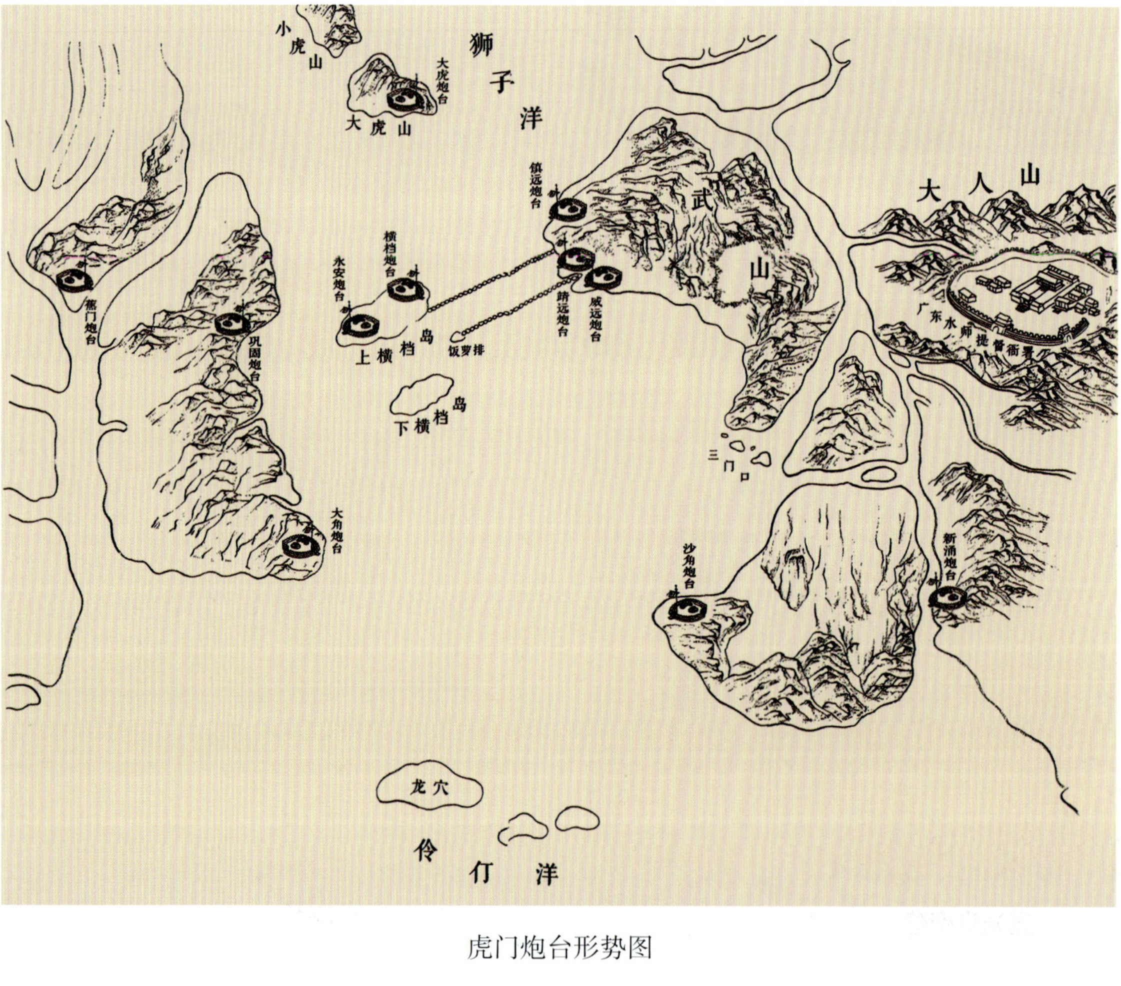

虎门炮台形势图

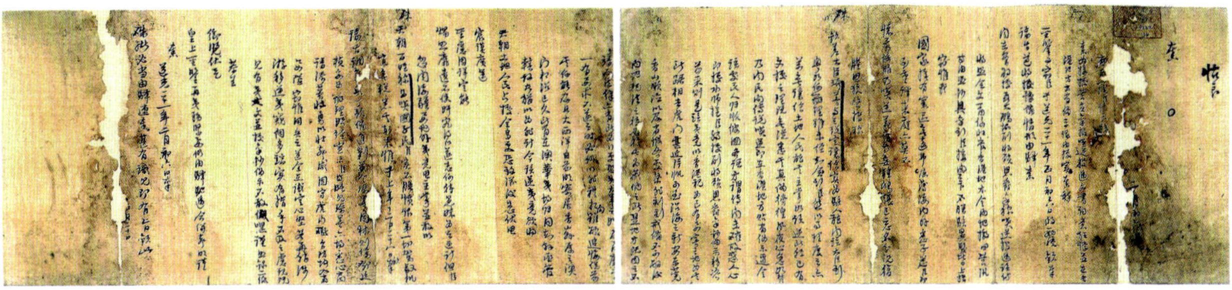

《怡良奏英人强占香港岛并出伪示折》

三总兵塑像

陈化成像

道光皇帝像

签订《南京条约》时的情形

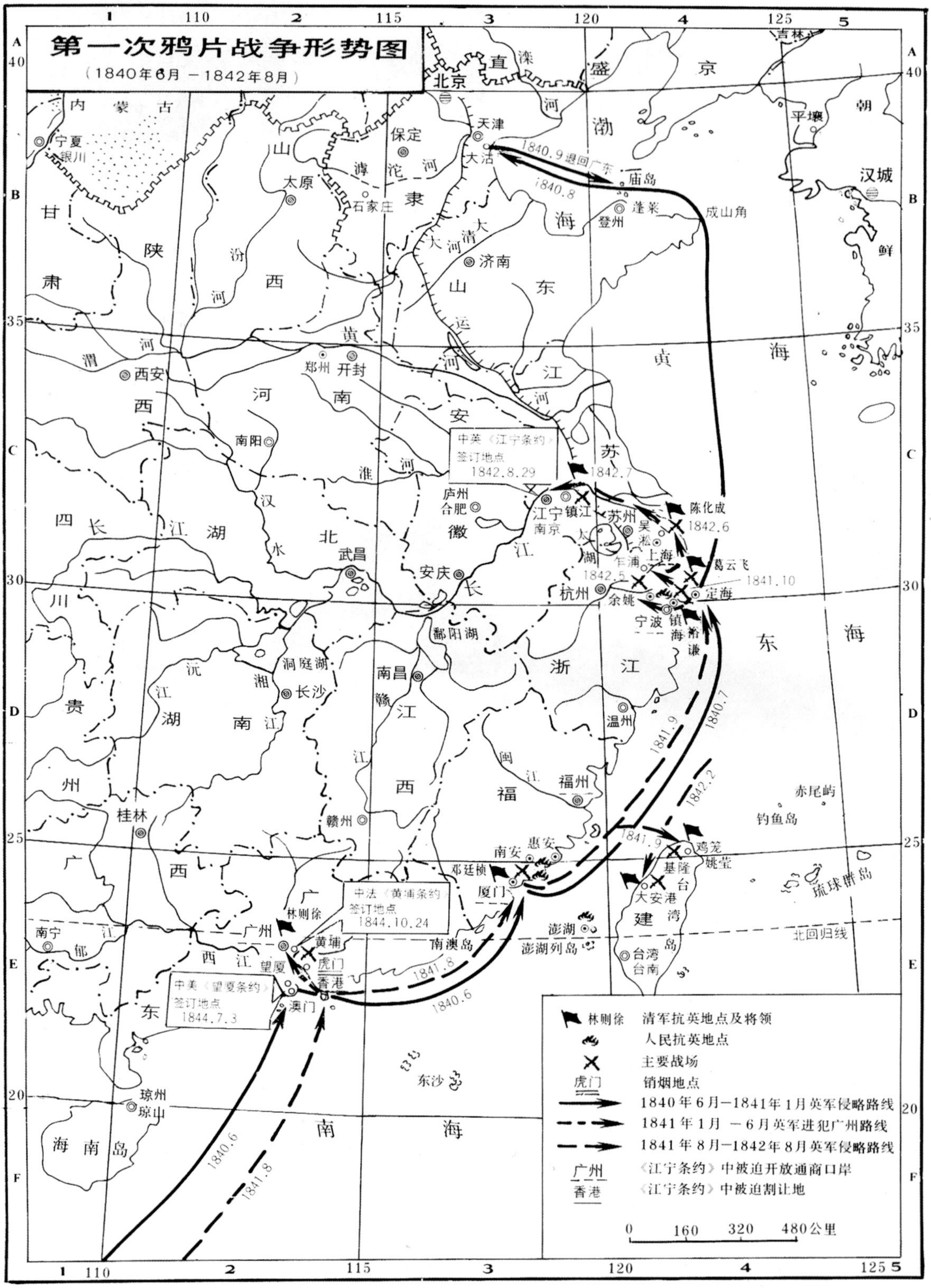

第一次鸦片战争形势图（1840年6月至1842年8月）

第二版修订说明

20年前，本书出版之际，适值鸦片战争中被英军强占的中国领土——香港回归祖国前夕，因而受到中央领导和社会各界的广泛关注。中共中央主要领导同志通过中共福建省委告知福建人民出版社，点名索览。中国史学会会长戴逸教授在《推荐书》中，盛赞本书“对发生在19世纪中叶的这一重大历史事件及其深远影响做了精心细密的研究。该书很有说服力地从多方面阐明鸦片战争是英国殖民者对外扩张侵略的必然结果，指出战争使中国遭到巨大的冲击，蒙受深重的损害，但也激起了中国人民反对外国侵略的爱国主义精神。此书搜集了很丰富的中外文史料，吸取了以往海内外学者的研究成果。在此基础上积累创新，历时十多年，带领几位中青年学者，勤奋工作，全力以赴，完成了这部著作。此书观点正确，文笔流畅，不少地方有所创新，是一部优秀的历史学著作，也是进行爱国主义教育的好教材”。本书出版后，《人民日报》《光明日报》《中国新闻出版报》《近代史研究》以及香港《大公报》等16家报刊，相继发表评介文章，认为此书是“研究中国近代史开端的新突破”，“以其翔实史料作扎实基础，既充分吸收国内外已有的研究成果，又提出不少新见解”，“颇有说服力，令人耳目一新”，“将鸦片战争史的学术研究提高到一个崭新的阶段”，“是迄今为止篇幅最大的一部鸦片战争史，是目前鸦片战争史研究发展到一个新阶段的重要标志，是一部水平颇高的学术专著”。“为这一课题研究开辟了新天地”，“对由鸦片战争引发的中国历史发展中第三次社会大变革作了精辟的阐述”，“堪称经典的《鸦片战争史》。这是一批有着强烈历史责任感的历史学家。他们为我们这个时期以及中华民族的后人留下一份警世录”。1997年9月，本书先后获得第六届“五个一工程”奖和第三届国家图书奖提名奖，10月，又获华东地区第十一届哲学社会科学优秀图书一等奖。这部著作是我主持编著和翻译的六种研究鸦片战争著作〔包括《鸦片战争研究》、《鸦片战争前中西关系纪事》、《外国学者论鸦片战争与林则徐》（上、下）、《林钦差与鸦片战争》、《鸦片战争与林则徐研究备览》〕的总结性成果，能获得社会广泛认同，令我倍感欣慰。

20世纪80年代，在我着手编著《鸦片战争史》的时候，即曾设定编撰方针是，要“联系鸦片战争前后的中外时势，从经济、政治、军事、文化、思想、中外关系等方面进行全方位多层次的考察”。但是，在中西关系方面，注意了经济、政治和军事方面，对中西文化交流有所忽视。为了弥补这个缺陷，趁此次新版之机，特重点补写了有关明清时期中西文化交流的内容，作为全书的第二章，叙述了明清时期近三百年中西文化交流的概况。关于这一时段的中西文化交流，前人已有不少成果，为我的编撰提供了基础。三十多年来又有许多著作相继出版或再版，其中特别是方豪的《中西交通史》、徐宗泽的《明清间耶稣会士译著提要》、李喜所的《五千年中外文化交流史》、沈定平的《明清之际中西文化交流史》、吴孟雪与曾丽雅的《明代欧洲汉学史》、徐海松的《清初士人与西学》、张西平的《中国与欧洲早期宗教和哲学交流史》、熊月之的《西学东渐与晚清社会》、吴义雄的《在宗教与世俗之间》、黄见德的《明清之际西学东渐与中国社会》等，都是研究这一时期中西文化交流的精深之作，为我编撰这时段的中西方文化交流提供了很多方便，我从中吸取了他们的许多研究成果。

另外，本书出版后至今，有关这段时期的历史研究，也有一些重要的新成果，在这次新版之际，特做了一些补充：

1. 17世纪的中荷关系。荷兰是继葡萄牙、西班牙之后于17世纪前期称霸世界的海上强国，当时由于缺乏资料，除细叙了荷兰侵占台湾及郑成功收复台湾的历史外，其他只能一笔带过，这次则对荷兰和清初中国的关系做了适当的补充。

2. 1833年珠海淇澳人民的抗英斗争。位于珠江海口的淇澳岛，是外国船只进入珠江的必经之地。外来商船经常在这一带停泊。到了19世纪初，英国商船即曾对此岛进行过勘测，并在淇澳岛的南端修建存货的简易栈房，还不时去岛上渔村抢劫财物。淇澳人民忍无可忍，就在1833年与英商展开了一次反对抢牛的斗争。英国档案馆还藏有当时双方交涉的往来文书。这是有确实记载，而且时间较早的一次广东人民自发反抗英国侵略的斗争，比1841年广州三元里人民抗英斗争要早8年。这次根据新发现档案材料做了补叙。

3. 英国全权代表义律和伯麦，在1841年7月的特大台风中险些丧命，1841年7月21日至23日，广东沿海遭遇了一次特大台风，香港一带受这次台风影响，损失异常惨重。在这次台风期间，义律和伯麦乘“路易莎”号由澳门前往香港。途中“路易莎”号被台风击破，义律和伯麦差一点丧命并险被清军巡查船俘获。此事初版只简略提到英国舰队被台风吹得七零八落，不少船舰受损，没有叙述义律和伯麦的遭遇，这次做了补充。

4. 1841 年 9 月第二次定海之战英军的伤亡情况。第二次定海之战是第一次鸦片战争期间中英双方军事较量持续时间最长的一次，中国方面三总兵和数千战士牺牲。英军的伤亡情况，英国方面的记载多讳言隐饰，中国的文献记载又失之笼统。近年因为在舟山发现了英军于 1841 年建的皇家五十五团死亡者的合葬墓，英文的碑文上明确记载这个合葬墓中葬了伍长和军鼓手 13 名以及士兵 403 名，共计 416 名。由此足以证明，英军在第一次鸦片战争历次战役中，死亡人数最多的不是传统说的镇江之役，而是第二次定海之战。

5. 中英军事装备一节改写。过去介绍鸦片战争，对中英双方的枪炮等军事装备，因为缺乏具体细致的研究比较，叙述比较笼统。近年鸦片战争博物馆张建雄与河南科技大学刘鸿亮等，对中英军事技术、船炮等进行了深入调查与比较研究，使这一领域的研究较前深入了一大步。此次汲取了他们的成果，做了一些补充。有兴趣的读者可参阅张建雄、刘鸿亮著，人民出版社 2011 年出版的《鸦片战争中的中英船炮比较研究》一书。

6. 清代传统海防思想的研究。鸦片战争中清军连遭失败，除了诸多因素的综合影响，海防观念缺失也是一个重要根源。过去对海防思想缺乏重视，因此常常被忽略。实际上，行动决定于思想。清军的节节失败，追本溯源，多与旧的海防思想有密切关系。为此，此次新版，略做了一点补叙。

7. 1856 年 9 月鄂西北红巾军起义。1856 年 9 月，正当太平军石达开率军与清军激战于武昌，北方捻军在河南胜利发展之际，湖北襄阳府的樊城以西一带爆发了一次农民起义，几个月之内队伍发展到 2 万多人，足迹遍及襄阳府、郧阳府、宜昌府，以及河南省南阳、邓州等地，清政府视为“心腹之患”。这次起义前后持续不到一年，但由于事件发生在中国腹心之地，而且适值以太平天国为首的农民大起义走向高潮之际，其影响和给予清政府的打击都不宜小看。笔者在 1972 年至 1974 年间，曾带领学生两次赴起义地区做过调查，并查阅了相关地区的地方志，汇编成《鄂西北红巾军起义资料汇编》，约计 16 万字（油印本）。这次起义一般历史教科书均未提及，特在本书中加以补充，算是拾遗补阙。

8. 嘉道咸时期的西学东渐。嘉道咸时期，也即 19 世纪前期，向中国传播西学的，已经不是天主教系统的耶稣会等，而是英国伦敦会等经过宗教改革的基督新教组织。他们除了通过和华人合作大量翻译出版宗教与西方科技书籍外，还通过创办医院、兴办教会学校等方式来引诱华人入教，以及为侵略服务。中学西传已经淡化。

除了上述几项重要补充外，此次新版还对全书做了一次校改，书中的一些差错均做了改正，希望在质量上有所提高。由于新版增写了第二章《明清时期的中西文化交流》，从第二章起，编次有所调整。新版参加撰写初稿的编著者，变动如下：

杨卫东：第一、四、五章

萧致治：第二、六章，结束语

许增纮：第三、十一、十三、十四章

李少军：第七、八、九、十、十二章

此次新版，得到福建人民出版社领导和责任编辑的精心校阅，谨致以衷心的感谢！增补部分插图由鸦片战争博物馆提供，一并致谢。

萧致治

2017 年 1 月 21 日于武汉大学

第一版序一

陈锡祺

萧致治教授主编的新著《鸦片战争史——中国历史发展中第三次社会大变革研究》一书，经过多年的惨淡经营，即将和读者见面了。我和事先有幸拜读过书稿，或者是对萧教授这项工作有所了解的各位朋友，都感到十分高兴。

鸦片战争是中国近代史的开端，无论在中国历史上还是在世界历史上都有很重要的地位。毫无疑问，鸦片战争史是史学研究的一个重要课题。

在鸦片战争结束不久，关于这场战争的著作已经出现了。一些参加过侵略战争的英国军官写书记述了自己在这次战争中的经历。这些侵略军军官的回忆录，对日后的研究是很有参考价值的，但不能说是完全真实地反映了鸦片战争历史的著作。几乎与此同时，几位正在睁开眼睛看世界的中国士大夫，满怀爱国激情撰写了关于这场战争的著作。最早的要数著名的学者魏源，当战争的炮声还在轰鸣时，他已在根据亲身的经历和见闻，撰写《道光洋艘征抚记》（又名《夷艘入寇记》《夷舶入寇记》《夷艘寇海记》等）。这部书简明扼要地概述了鸦片战争的经过，揭露英国殖民者的侵略罪行，鞭挞妥协派的误国卖国，歌颂爱国军民的反抗斗争。由于当时妥协派还掌握着军政大权，所以，道光二十六年（1846 年）刊刻的《圣武记》一书只把《道光洋艘征抚记》列入篇目而没有收录正文。这部中国最早的关于鸦片战争的史著，仅以不署名的抄本流行于世。稍后，梁廷枏撰写的《夷氛闻记》，也是由于同样的原因刊行时没有署名。同治年间刊行的《中西纪事》，曾以大量的篇幅记述鸦片战争的始末，但刊行时作者夏燮把真名隐去，只署江上蹇叟。

魏源等人关于鸦片战争的著作完全是用中国传统的史学研究方法写成的。这样说，并不会贬低这些著作在近代中国史学史上的地位。到了 20 世纪，引进一些新的历史研究方法并以“鸦片战争”为书名的著作陆续问世，先后有刘彦的《鸦片战争史》（1911 年）、武堉幹的《鸦片战争史》（1931 年）、丁晓光的《鸦片战争》（1934 年）、姚薇元的《鸦片战争史实考》（1942 年）等书。50 年代以后，又有多种鸦片战争史出版，从1950年到1972年，共出了13种，但全部是篇幅不大的小册子。在一些中国近代通史著作中，如萧一山的《清代通史》、陈恭禄的《中国近代史》、范文澜的《中国近代史》上册、戴逸的《中国近代史稿》第1卷、林增平的《中国近代史》、胡绳的《从鸦片战争到五四运动》、苑书义等的《中国近代史新编》，对鸦片战争都有很有分量的论述。在我国的台湾省以及其他国家，在这个时期也出版了若干鸦片战争史著作，如增井经夫的《鸦片战争与太平天国》（1955年、1978年）、韦利的《中国人心目中的鸦片战争》（1958年）、张馨保的《林钦差与鸦片战争》（1964年）、霍尔特的《中国的鸦片战争》（1964年）、姚廷芳的《鸦片战争与道光帝、林则徐、琦善、耆英》（1970年）、陈舜臣的《鸦片战争实录》　（1971年）、费伊的《鸦片战争（1840—1842）》（1975年）、比钦的《中国的鸦片战争》（1976年）、颖里士的《鸦片战争》（1976年）、谭中的《中国和勇敢的新世界——鸦片战争的起源研究》（1978年），尽管在50—60年代，在我国大陆整理出版了一批对研究鸦片战争来说是极为珍贵的史料，如《中国近代史资料丛刊·鸦片战争》、《筹办夷务始末》（道光朝）等书，但是，没有一本能反映我国学者研究水平的鸦片战争史，这不能不说是一个遗憾。

自70年代末以后，我国的学术事业开始了一个蓬勃发展的时期，在鸦片战争研究这个领域，也是硕果累累。除了大量论文之外，还出版了牟安世的《鸦片战争》（1982年）、陈胜粦的《林则徐与鸦片战争论稿》（1985年、1990年）、茅海建的《天朝的崩溃——鸦片战争再研究》（1995年）等一批在学术上颇有分量和新意的著作。在国外，则有矢野仁一的《鸦片战争与香港》（1939年、1990年）、普赖茨克的《内部的鸦片战争》（1992年）等书。此外，在广州、福州等地，举办过一系列研讨鸦片战争、林则徐或其他相关问题的学术研讨会。中外学者在会上展开热烈讨论，促进了鸦片战争研究的进一步深入。现在，萧致治教授新著的出版，毫无疑问是当前鸦片战争史研究发展到了一个新阶段的重要标志。

《鸦片战争史——中国历史发展中第三次社会大变革研究》是66万言的皇皇巨著，附有地图和图片30多幅，可说是迄今为止篇幅最大的一部鸦片战争史，而且是一部水平颇高的学术专著。

首先，这本书是在丰富的资料基础上写成的。一部史学著作，尤其是像研究鸦片战争史这类涉及中国与外国复杂关系的著作，如果没有丰富的中外文史料做基础，就很难期望能全面、深刻地反映历史的真实。以往中国学者研究鸦片战争，外文资料利用得较少；反之，外国学者研究这段历史时，对中文资料的利用也难免有缺。但萧教授这本书，在收集、考证、利用中外文资料方面，下了很大的功夫。例如，以往的著作叙述禁烟运动时，多数偏重谈广东禁烟的情况，其他地方就只是简略介绍甚至一笔带过。本书则充分利用了第一历史档案馆保存的关于1839—1840年各地禁烟的资料，因而对禁烟运动以至对鸦片战争爆发前的中国的论述就更加全面。在对很多事件的论述中，正是因为注意到吸取中外史料并加以综合比较，读者可以通过这些论述，对事件以至发生这些事件的背景获得更接近历史真实的了解。

第二，这本书广泛吸收中外学者的成果，研究的视野广阔，角度新颖。作者并没有把鸦片战争仅仅看成是中英两国之间发生的一场战争，而是把这场战争看作是中国历史发展中带转折意义的重大事件。它标志着一个历史时期的结束，同时又标志着一个新的历史时期的开始。因此，本书除了用4章翔实地论述鸦片战争的经过外，前面用了5章详细叙述鸦片战争发生的根源和历史背景，即战前300年的中西关系、世界发展大势、中国和英国的社会状况等，后面又用了4章论述了鸦片战争带来的后果和影响。鸦片战争既被置于中国的历史长河中，又被置于世界历史发展的大范围里加以考察，对经济、政治、军事、中外关系、社会文化等各方面都做了比较深入的分析。书中既简明扼要地叙述了战前300年中西关系的发展变化，又突出了英国在“侵略的西方”中的主角地位；既从各方面分析了清朝统治的衰败，又对英国的社会状况做了必要的叙述。本书既重视宏观的研究，又重视微观的分析，结构严谨，主线清晰，论点鲜明。这样，鸦片战争发生的根源、战争的进程与结局及其产生的影响，就得到了全面的阐明。

第三，本书作者不囿于成说，从详细占有资料入手，对很多重大问题提出了自己的看法。例如，对诸如西方人同中国的早期接触、鸦片战争前清政府的对外政策（即通常所说的“闭关政策”）、清朝统治集团内部对鸦片泛滥问题的态度、鸦片战争开始的时间、英国对侵华战争的准备和决策、清政府在战争全过程战略和政策的变化以至战争中一些战役的具体过程等问题，国内外学者往往众说纷纭。本书作者或在综合分析诸说之后，经过考究，择善而从；或对前人的研究做出重要的修正与补充；或提出了与前人不同的独到之见。这样，就使本书的论述与结论有充分的说服力，令人读后有耳目一新之感。

从这部著作，我们可以看到作者的识见和功力。我认识萧教授已40多年了，他于1956—1960年在中山大学历史系学习，担任系学生会主席。其饱满的工作热情和勤奋的学习态度，当时就予我以很深的印象。毕业后他到了我的母校武汉大学工作，从事的又是中国近代史的教学与研究。我们因为是同行的关系，有不少机会联系和见面。他曾对我谈过自己的研究工作，我也为他所取得的新成果感到高兴。萧教授在中国近代史研究的好几个领域都颇有造诣，而对鸦片战争史的研究，着力尤多。有好几年，他协助姚薇元先生主持有关鸦片战争的研究课题，成绩显著；姚先生逝世后，他继续进行研究工作，成为武汉大学鸦片战争史研究的学术带头人。他还组织人力，把国外一些研究鸦片战争的文献翻译出版。当知道萧致治教授主持撰写鸦片战争史时，我就认为他是很恰当的人选。这部著作的完成，是他几十年孜孜不倦地研究鸦片战争的总结，也是他对中国近代史研究这个学术领域的重要贡献。可以预期，这本书出版之后，将会在学术界受到欢迎和重视。

而且，这样一部高水平的研究鸦片战争史的专著，在 1996 年出版，除了在学术上有重要意义之外，还有不寻常的现实意义。因为在 1997 年 7 月 1 日，英国通过鸦片战争强占的中国神圣领土香港，将要回到祖国怀抱。读者通过这本书重温 150 多年前的历史，将会加深对中国国情的了解，进一步激发爱国热情，为把祖国建设得更强大，为实现祖国统一大业更加尽心尽力。因此，这部巨著可说是对香港回归祖国的一份重要献礼。

任何一部学术著作都不会尽善尽美，萧教授的这部著作恐怕也难例外。但萧教授是一位勤奋而谦虚的学者，在本书出版之后，他一定会继续与同行交流切磋，继续对有关鸦片战争的学术问题钻研探索。我期待萧教授取得更多的新成果。

1996 年 12 月于中山大学康乐园

第一版序二

章开沅

武汉大学历史系是我国鸦片战争史研究屈指可数的重镇之一。已故姚薇元教授所著《鸦片战争史实考》，学风严谨，功力深厚，堪称开创之作。其后萧致治先生来武大任教，除研究辛亥革命成果斐然外，也致力于鸦片战争史的深入探索。1982年，姚、萧两位先生决定合写一部鸦片战争的大型专著，并从搜集、考订、分析中外史料入手，首先针对薄弱环节和重点问题开展专题研究。1985年，姚先生赍志以殁，但萧先生和几位年轻教师仍然继续从事此项研究。1987年出版的《鸦片战争研究》(论文结集)，便是他们的重要研究成果。在此前后，他们还编辑出版了《鸦片战争前中西关系纪事》(以80万字的《鸦片战争前后史事纪要》书稿为基础)、《林钦差与鸦片战争》和《外国学者论鸦片战争与林则徐》(上)，为本书的撰写提供了坚实的前期基础。以后又经过6年的漫长岁月，才完成这本《鸦片战争史》的定稿。即此一端已可见著者用力之勤与探究之深，与时下某些率尔操觚的应景之作不可同日而语。

本书副标题是“中国历史发展中第三次社会大变革研究”。作者的意图很明显，从纵向而言是把鸦片战争放在中国4000多年历史长河中做连贯性动态研究，从横向而言则是把鸦片战争放在当时世界环境和中国社会历史的总体中间做不同层面的剖析研究，而总起来说就是在“通”字上下功夫。这样就打破了过去把鸦片战争当作单一政治事件研究的陈旧格局，为这一课题研究开辟了新的天地。

本书对资料搜集下了很大功夫，除中外文档案文献外，还查阅了许多当事人记述、主要官书、相关方志和其他各种重要资料。同时又很重视资料的鉴别与考订，并非有闻即录，而是力求避免以讹传讹。例如广东《新安志》中有明正德元年（1506年）佛郎机人占屯门海澳的记载，恰好与布赖克利斯《中国与远东》一书“法国人于1506年最先来中国”的说法相吻合，不同于1517年葡萄牙人最先来华的传统论点。作者经过详密论证，认为“佛郎机”为当时中亚人对欧洲人的泛称，并非专指“法兰西”。法国在16世纪初甚少海上活动，不可能先于葡萄牙来华，布赖克利斯可能是把“佛郎机”误认为就是“法兰西”，因此仍以维持葡萄牙1517年最先来到中国这一传统说法为宜。

作者重视吸收以往中外学者的研究成果，但是更立足于自己的独立研究，勇于做进一步探索并形成新的见解。例如对于弛禁、严禁两派的区分，就不囿于过去长期沿袭的成说，而是根据历史实际做更为客观细致的论述。对于反抗外来侵略的斗争，也不是单纯歌颂赞扬，而是力求实事求是地剖析其局限性，并且比较全面地总结其历史经验。即使是对于西方殖民主义的侵略，也是根据历史发展的具体情况加以恰如其分的论述。如第一章第二节的标题是“葡萄牙窃据澳门”，用“窃据”而不用“强占”，就是因为当时的明朝不同于19世纪中叶的清朝，当时的葡萄牙也不同于三个多世纪以后的英国，不能用近代“侵略—妥协”模式硬套300多年以前的历史，而葡萄牙占领澳门确实是一个漫长的过程。我最近在澳门访问时，当地有的学者即不满于内地某些学者对早期澳门史的简单化表述，他们认为当时葡文档案所陈述的一些实际情况也应该作为参照。我想本书作者的客观态度与精辟论断当可赢得众多海内外学者的共识。

当然，对本书的最好评价应该是广大读者的直接反应，无须我在这里唠叨。不过致治盛情交读，又值薇元前辈九二冥诞，而香港即将于1997年回归，一扫百余年来的国耻，抚今思昔，感慨万千，聊缀数语，或可充序。

1996年12月于桂子山

第一版前言

1840年，是中国人民永远不应忘记的一年。这年夏天，一支英国远征军，为了维护可耻的鸦片贸易和开辟中国市场，悍然对中国发动了“极端不义”① 的鸦片战争。

鸦片战争在英国历史上不过是一系列殖民侵略战争中的一次，算不上什么重大事件。可是，对于中国来说，却是一次前所未有的大事变。由于这次战争，中国历史发展的自然进程被迫改变了。中国的独立主权开始丧失，中国的领土完整遭到破坏，中国的社会经济逐渐发生深刻的变化。中国人民从此遭到封建主义和资本主义的双重压迫与剥削。历史悠久的中华民族，再也不能沿着社会发展的正常轨道前进，被迫由封建社会沦为半殖民地半封建社会，开始变成世界资本主义的附庸。这是中国历史的大转折。当时人们对此虽然不能完全理解，但已经意识到这是数千年来未有的大变局，有的称它为“千古奇变”。

在中华民族漫长的发展史中，社会小变革连续不断，但影响社会性质的重大变革，在鸦片战争前只发生过两次。

第一次发生在距今约4000年前后，即夏代初年。那是一次由原始社会过渡到奴隶社会的大变革，也即由原始公有制过渡到私有制的变革。夏朝之前，我们的祖先在中国大地上休养生息，已度过了约200万年的原始社会生活。在这段漫长的岁月里，社会上没有剥削，没有压迫，一切财产归氏族或部落公有。人们的生活水平极端低下，但彼此过着平等相处、财产公有的原始共产主义生活。随着社会生产力的发展，到了夏代初期，劳动产品除供自己食用外，已有少量剩余。氏族或部落首领占有这些剩余产品，并由此逐渐演化为奴隶主，氏族或部落的其他成员则沦为供他们驱使的奴隶，也有一些人变成自由民。在奴隶社会里，奴隶主不但占有奴隶的劳动产品，而且占有奴隶本身，奴隶只不过

---

① 马克思：《英人在华的残暴行动》，《马克思恩格斯选集》第2卷，人民出版社1972年版，第14页。

是会说话的工具。这就是中国古代史上的第一个阶级社会。这个社会中的奴隶劳动，无疑是极端艰苦的。奴隶主为了防止奴隶逃跑，甚至给奴隶戴上一副沉重的枷锁。广大奴隶不甘忍受这种非人的待遇，为了争生存和自由，纷纷奋起反抗。在延续一千多年的奴隶社会中，奴隶反抗奴隶主的斗争从未止息过。在奴隶们不断的反抗斗争的冲击下，奴隶制度再也无法维持，残酷的奴隶制度最后终于崩溃了。

第二次社会大变革发生于距今2500年前后，即春秋战国时代。这是一次由奴隶社会过渡到封建社会的大变革。经过奴隶不断反抗奴隶主、平民反抗贵族、新兴地主反抗奴隶制的斗争，中国社会进入了一个新时代。奴隶制衰落了，封建制兴起了。春秋战国时期，社会经济、政治和文化思想各方面都发生了深刻的变化。地主土地所有制逐渐代替了奴隶所有制。以地租为主的封建剥削形式渐次取代了直接占有奴隶的剥削形式。农奴（农民）的人身相对于奴隶来说有了一定的自由。他们的经济生活和政治地位，和奴隶相比均有一定的改善。新兴地主阶级经过和奴隶主的反复较量，逐渐夺得了统治地位。与社会经济、政治大变动相适应，文化思想领域也发生了深刻的变化，最主要的是封建意识逐渐战胜了奴隶制观念。在此后的相当长时期内，奴隶制的残余尽管依然存在，但已不占主要地位。这是中国历史上的第二个阶级社会。它一直延续到鸦片战争时期，才发生了根本性的重大变化，即变为资本主义和封建主义双重统治的半殖民地半封建社会。

由鸦片战争引起的中国历史大转折，是中国社会发展中的第三次大变革。和前两次社会大变革比较，其历史地位一样，但有许多自身的特点。

首先，所处的历史时代大不相同。前述两次变革，中国尚处于独立发展时代，几乎都是在和中国以外的世界隔绝的情况下发生的；而鸦片战争爆发时，西方资本主义已经有了巨大的发展，几乎整个地球都卷入了新兴的资本主义体系，中国当时正面临西方资本主义侵略的严重威胁。时势和前两次已大不相同。

其次，前述两次大变革，都是中国社会内部矛盾斗争的产物，几乎没有受到任何外来因素的影响；鸦片战争后的大变革，除了社会内部矛盾斗争是其基础外，主要是以英国为首的西方资本主义侵略的结果。外力在这里起了关键作用。没有西方资本主义势力侵入，中国虽然迟早要由资本主义社会取代封建社会，但肯定是若干年以后的事。鸦片战争前的中国，君主专制统治的根基已经动摇，其上层建筑也已腐朽，可是取代它的新兴力量，即新兴资产阶级尚未成长起来。

第三，前述两次大变革，从社会发展角度考察，都是中国社会发展规律的必然结果，是巨大的历史进步；鸦片战争后的大变革，虽然也有社会内部发展规律的作用，但主要是受外国资本主义侵略的制约。它不是历史发展的进步，而是历史发展的变态。它对中国封建社会的瓦解起了巨大的加速作用，却没有让中国本身的资本主义势力顺利成长。外国资本主义势力的侵入，对中国资本主义的产生和发展起了刺激作用，同时又千方百计扼杀中国资本主义，使它无法独立发展。封建统治势力在外国侵略者的打击下无法自立，逐步和侵略势力相勾结，共同维持对中国的半殖民地半封建统治。

最后，经过前两次社会大变革，由于生产关系得到调整，社会生产力有明显的进步，经济趋向繁荣，人民生活水平有一定的提高；而鸦片战争之后，虽然西方先进的科学和生产技术被介绍进来，生产力有了一定的发展，但它变成了外国资本主义侵略势力残酷压迫人民的工具，不但使中华民族遭到了空前的民族浩劫，而且使全国人民受尽了折磨。人民生活非但无丝毫改善，而且破产流亡，朝不保夕，成千上万的人死于非命。在文化意识领域，一方面，封建文化大量保存，严重束缚着人们的思想；另一方面，资本主义思想在社会上产生了越来越大的影响。

总之，这次社会大变革，和前两次大变革有着显著的不同，这次社会大变革使中华民族的命运受到极其严峻的挑战，中国社会经历了前所未有的巨大变动。

这样一次空前的社会大变革，无疑是由鸦片战争引发的。鸦片战争为什么会引起如此巨大的变革？鸦片战争究竟是怎样发生的？以往人们对鸦片战争的研究，往往局限于把它作为一个历史事件来研究，虽然也谈战争发生的原因和影响，但很不深入，流于一般化。这显然与它在这场大变革中的重要地位很不相称。实际上，这场战争的爆发，从英国来说，已经酝酿了很长一段时间，有着深刻的社会历史根源。这场战争能对中国社会产生如此重大的影响，也深藏于这些社会根源之中。只有联系鸦片战争前后的中外时势，从经济、政治、军事、文化、思想、中外关系等方面进行全方位多层次的考察，才能深刻阐明鸦片战争发生的必然性及其重大影响。有鉴于此，我们在撰写本书时，力求用马克思主义的立场、观点和方法，翔实考察鸦片战争的全过程，把它作为一次社会大变革来研究，把它放在中国历史发展的长河中来加以衡量，把它置于世界历史发展的大范围内来进行探讨，以求揭示真相，探索规律，评论是非，指明影响，如实反映这次社会大变革的来龙和去脉。在决定撰写本书时，我们曾定下几点要求：

1. 突破以往把鸦片战争单纯作为一个历史事件来研究的局限，从分析西方殖民扩张和当时世界形势入手，阐明鸦片战争是英国殖民者对中国实行殖民扩张政策的必然结果，是中英矛盾由经济贸易发展到政治军事冲突的必然产物。

2. 把鸦片战争置于中国历史发展的总进程中定位，从具体分析战前清朝统治下的中国入手，揭示清朝封建统治的腐朽反动，已隐伏着无法解救的深刻社会危机，从而论证清政府在战争中节节失败的必然性，阐明战争失败对中国以及中外关系带来的巨大影响。

3. 实事求是地叙述和歌颂爱国军民英勇反抗外国侵略的光辉事迹，既要充分肯定其正义性，也要如实指出其局限性，总结正反两方面的历史经验，为世界被压迫民族和革命人民争取反殖、反帝、反霸斗争的胜利提供借鉴。

4. 阐明鸦片战争以后，中国被迫对外开放，中国的独立主权逐步沦丧，中国开始卷入世界资本主义的旋涡之中，从而使君主专制的中国开始沦为半殖民地半封建的中国，改变了中国社会的性质与历史发展的进程，中西关系也发生了 180 度的大转变，迫使中国出现空前的巨大转折。

5. 尽量搜集有关鸦片战争的第一手中外文史料——档案、文物、当事人记述、主要官书、中外专家著作，同时外出考察鸦片战争的遗迹，为研究奠定坚实的基础。

6. 注意吸收中外学者的研究成果，同时努力探索，形成自己的独立见解；对于不同的观点敢于提出自己的意见，坚持摆事实，讲道理，以理服人，力求在前人研究的基础上有所补正，有所创新。

7. 写作方法上要求结构严整，主线清晰，重点突出，叙事翔实，观点正确鲜明，文笔简练生动，真正做到史论结合，写成一部科学性、知识性统一的历史专著。

本来，从 1982 年起，我们就决定集中主要精力撰写这部专著，但采取的步骤，不是一气呵成，而是先从基础入手，在取得一定成绩的基础上再着手写作。在这方面，十多年来，我们主要做了四方面的工作：

第一，搜集中外史料，进行鉴辨、分析。为此，我们曾赴北京第一历史档案馆查阅道光朝有关档案资料达两个月，还通过各种渠道收集鸦片战争前后中英交涉文书、英国公私档案以及其他有关资料。在收集资料的同时，还进行了对资料的鉴辨和分析，以期去伪存真，去粗取精，把研究工作建立在可靠的资料基础上。

第二，开展专题研究。鸦片战争的研究，前人已有不少成果，但仍存在不少薄弱环节，还有一些重点问题需要深入探讨。为了加强这些薄弱环节与重点问题的研究，我们分工协作，对这些问题做了探讨，有些还写成文章，在报刊上公开发表。综计十多年间，共发表有关文章约 50 篇。其中部分文章还汇编成《鸦片战争研究》一书，1987 年由武汉大学出版社出版。这些文章或者发前人之所未发，或者补了前人之不足。

第三，编辑《鸦片战争前后史事纪要》。过去人们写书，一般先编大事记或大事年表。鸦片战争的发生，源远流长。为了理清它的来龙去脉，我们花了不少力气，编写了《鸦片战争前后史事纪要》，80 多万字。鉴于鸦片战争前 300 多年间的中西关系，前人尚无系统研究著作，于是又在《纪要》的基础上进行加工整理，编成《鸦片战争前中西关系纪事》一书，1986 年由湖北人民出版社出版。

第四，收集和翻译外国学者的研究著作。近数十年来，国外研究鸦片战争的论著不少，他们在观点上虽存在一些偏见，但在利用外文公私档案和当事人著作方面，有不少值得我们借鉴和利用。为了充分汲取国外的研究成果，我们很注意收集外人的论著，其中重要的还组织人力翻译出来，供研究参考。我们在这些已翻译的论著中，选择了代表英美研究水平的、张馨保著的《林钦差与鸦片战争》，以及代表日本研究水平的、日本学者撰写的论文编成《外国学者论鸦片战争与林则徐》（上）（下册选译英、美、法、印学者论著，由福建历史学会福州分会负责编译），1989 年由福建人民出版社出版。

本书原计划由姚薇元先生和我合著。姚先生并参与制订全书的撰写计划。但还未来得及动笔，姚先生即一病不起，于 1985 年 2 月 25 日赍志以殁。在老人弥留之际，为了告慰他老人家，我决定吸收许增纮、杨维、杨卫东、李少军参加撰写初稿，由我最后统稿定稿。后来由于杨维工作变动，未能参加撰写工作。实际参加撰写初稿及分工情况如下：

杨卫东：第一、三、四章；

许增纮：第二、十、十二、十三章；

萧致治：第五章；

李少军：第六、七、八、九、十一章。

初稿写出后，按原定方针由我分别进行加工修改，补充定稿。书稿全部完成之际，适值姚薇元师冥诞 90 周年，逝世 10 周年，谨以此书献给薇元师的在天之灵，作为永久纪念！

在开展鸦片战争研究的过程中，先是得到武汉大学社会科学研究处杨健、娄延常的支持，将课题列入武汉大学重点研究项目；后又得到原常驻联合国特命全权代表、政协福建省委员会副主席、林则徐基金会筹委会主席凌青和全国政协委员林子东的关怀与大力支持。值此出版之际，谨致谢忱！

本书在编写过程中，国内外同行邓嗣禹、陈志让、吴文津、罗威廉、魏斐德、小野信尔、陈锡祺、陈胜粦、章开沅、胡思庸、牟安世、段云章、杨国桢、林庆元、苑书义、戴学稷、邱远猷、王尔敏、林言椒、邓卫中、邱捷、吴友法、黄宇和、何仲、何祥林、章文钦、袁立春等，曾给予热情的关怀与支持。他们或提供有关资料，或介绍有关信息，或协助翻译外文资料，给本书的写作提供了非常有益的帮助。虎门鸦片战争博物馆为本书提供了部分图片。福建人民出版社李瑞良、祝闽影为本书的出版付出了辛勤的、大量的劳动。在此一并致以衷心的感谢！

人们常说，“十年磨一剑”，言其为精细之作。这本书稿从制订撰写计划到最后定稿，前后经历了13个春秋，时间不可谓短，用力也不可说不勤，但说它是精细之作，则有不敢。尽管十多年来，一直把它作为重点对待，但由于客观上的种种需要，又常常要分出精力从事教学、指导研究生以及其他项目的研究工作，以致总是难以全力投入这项研究工作。这对保证本书的质量不能不造成一定影响。以定稿工作来说，前六章我是字斟句酌、精细修饰的；后七章则由于时间紧迫，虽然每章前后总计起来也看过五六遍，做了一些力所能及的修改补充，但已来不及重新查阅材料，像前六章那样精雕细刻。因此，缺点错误，在所难免，敬望专家学者和读者批评指正。

萧致治

1995年6月12日于武汉大学

本书出版之际，适值1997年香港回归祖国前夕。香港是在鸦片战争中被英国强占的。眼见这150多年的民族屈辱即将彻底洗雪，海内外炎黄子孙无不欢欣鼓舞。本书在此时此际出版，对帮助人们了解近百年的民族屈辱和激发全国人民奋发图强的斗志，是有特殊重要意义的。谨以此书作为纪念香港回归的一份礼品。

1996年12月12日补记

目　　录

第一章　早期殖民者的东来

一、西方殖民主义的兴起

15—16 世纪，当世界大地仍然被封建主义迷雾笼罩之际，在欧洲不起眼的一角，稀疏地闪出了一星半点的资本主义曙光。

一切变化都是悄悄地、不知不觉地发生的。首先，西欧一些国家开始广泛地将自然力——风力、水力——运用于生产的各个部门，用来带动风箱、推动铸锤和石磨等等。接着，在纺织业中，脚踏自动纺车和脚踏卧式织布机的出现，明显提高了生产力水平。这些变化促使手工业内部的分工日益细密。如 15 世纪时，巴塞尔形成了 120 多种不同的手工业行业，法兰克福有 150 多种，巴黎竟多达 350 多种。许多行业部分或全部摆脱了农业，成为独立的手工业部门。世界上第一批资本主义性质的手工工场就这样诞生了。

作为封建主义的对立物，初生的资本主义要想取得胜利，首先必须不择手段地积聚力量。这就是马克思所说的资本原始积累。原始积累是资本主义萌芽时期为资本主义经济迅速成长创造条件的重要环节。它的历史任务，一方面是使社会的生产和生活资料转化为资本；另一方面是使直接生产者转化为雇佣工人。这类带有文明意义的原始积累却是通过最野蛮、最残暴的手段来实现的：在国内，用暴力把农民从世世代代生息的土地上赶走，迫使他们成为无产者，同时把这些土地变成资本主义性质的农场或牧场；在国外，则是依仗血与火的掠夺，残杀殖民地的人民，夺取他们的财富。马克思认为，这种殖民掠夺是原始积累的主要因素。可见，近代殖民主义是同资本主义联系在一起的，是伴随资本主义的产生而产生的。

黄金是诱发西欧冒险家远涉重洋、开拓殖民地的最主要动力之一。随着生产不断发展，商品交换日益频繁，货币成了从事商品交易的主要手段。货币不仅是商品交换的媒介，而且具有巨大的魔力。它可以购买一切，以至名誉和良心，甚至“可以使黑的变成白的，丑的变成美的，错的变成对的，卑贱变成尊贵，老人变成少年，懦夫变成勇士”①。金钱，特别是黄金，使许许多多商人、贵族、新兴资产者神魂颠倒，一个个拜倒在它的脚下。他们和哥伦布一样，认为“黄金是一切商品中最宝贵的，黄金是财富。谁占有黄金，就能获得他在世上所需要的一切，同时也就取得了把灵魂从炼狱中拯救出来，并使灵魂重享天堂之乐的手段”②。

哪里有黄金呢？一本名叫《马可·波罗游记》的书把他们的注意力引向了东方世界。马可·波罗是一位威尼斯商人的儿子，13 世纪末，随父亲和叔父来到中国，曾在中国、安南（今越南）、缅甸等地侨居和做官。马可·波罗回国后，为了炫耀自己的东方游历，曾以极度夸张的手法口述了他的东方见闻。他告诉人们，东方是一个遍地黄金的世界，那里屋顶盖的是金瓦，道路铺着金砖，大殿也用黄金装饰，宝石和珍珠多得难以计数。这类迷人的宣传使后来的拜金主义者欣喜得发狂。他们决心要不惜一切代价，去打通东方的航道。

恰在此时，科学技术的发展也为他们冒险远航提供了有利的条件。首先，托勒密的《地理学》被译成了拉丁文，地圆学说引起人们的重视。他们相信，由欧洲一直向西航行，定可到达东方；或者先向南，后向东航行，同样可以抵达东方。其次，中国人发明的指南针也已传入欧洲，为远航不致迷失方向提供了保证。第三，欧洲多桅的轻便的快速帆船的出现，使远航的安全系数大大提高了。于是，一系列的远航探险的壮举成功了：

1492 年，哥伦布横渡大西洋，到达了美洲东部的巴哈马群岛；

1498 年，达·伽马绕过非洲南端的好望角，到达了印度半岛西南岸的卡利库特港（中国史籍作古里）；

1519—1522 年，麦哲伦率领的船队完成环绕地球的航行。

从此，殖民主义者冲破了茫茫海洋的阻隔，纵横驰骋于全球各地，整个世界都成了他们的猎场。

---

① 莎士比亚：《雅典的泰门》，《莎士比亚全集》第 8 卷，人民文学出版社 1978 年版，第 176 页。

② 哥伦布：《给西班牙国王的信》（1503 年），《西班牙人海外远航与发现汇编》第 1 卷，马德里皇家出版社 1825 年版，第 309 页。参见《马克思恩格斯全集》，第 13 卷第 148 页注，译文有所不同。

最早开展殖民活动的是葡萄牙人。1415 年，在国王若奥一世的支持下，葡人渡过直布罗陀海峡，航抵摩洛哥，侵占了非洲西北角的休达地区，建立起历史上第一个殖民点。之后，若奥的儿子唐·恩里继续派遣舰队沿着西非海岸向南推进，侵占了马德拉群岛和亚速尔群岛，烧毁了这些地方茂密的森林，并且大批向这里移民，开办种植园。接着，葡人继续向非洲南部进军，1471 年在黄金海岸（独立后改名加纳）登陆，终于发现了丰富的黄金矿藏。他们欣喜若狂地把这里称为“黄金海岸”，并开始大规模的黄金掠夺。到了 1484 年，他们又把魔爪伸向了刚果和西南非洲的克罗斯角。

葡萄牙每向非洲推进一步，便将殖民范围扩展一步。他们公然宣称，任何国家的任何船只，未经葡萄牙当局许可，不得在西非沿岸航行。1455 年，罗马教皇尼古拉斯五世正式授予葡萄牙海上霸主的地位。在特权令中规定：“凡属业已征服或将被征服的地方，均应让与并归属国王阿丰索、王储及其继承者。自博哈多尔角至几内亚全部海岸以及整个东方，今后将永归国王阿丰索及其继承者享有主权。”① 葡萄牙统治者似乎还不满足，他们狂妄地叫嚷，葡萄牙作为海上霸主，没收未经他们许可的航行者的财产是正当的。

西班牙是世界历史上最早和葡萄牙争雄的老牌殖民帝国。它位于伊比利亚半岛东部，和葡萄牙是紧邻，航海事业素称发达。它的领土面积 50 多万平方公里，是葡萄牙的 5 倍多，因而对于葡萄牙人称霸海上非常眼红，于是公开向葡萄牙提出挑战。西班牙人不理睬葡萄牙的禁令，不断向葡萄牙的海上势力范围发动进攻。1479 年，葡萄牙只好与西班牙达成妥协，签订《阿尔卡索瓦条约》，将加那利群岛的主权让与西班牙，以换取西班牙不到博哈多尔角以南探险和占领任何领土的保证。

10 多年后，西班牙实力不断增长，再也不能容忍《阿尔卡索瓦条约》的限制了。为了调解葡、西之间的冲突，1494 年 5 月，教皇亚历山大六世发布谕令，规定以大西洋上的一条子午线作为葡、西之间行使权利的分界线。在各自的势力范围内，他国的船只未经许可不得通行。根据这条基本原则，6 月，葡、西两国再次签订了一项瓜分世界的条约——《托尔德西拉斯条约》，确定在佛得角群岛以西 370 里格（1 里格约等于 48 公里）的地方作为两国势力范围的分界线，线以东归葡萄牙，线以西属西班牙。

为了夺取东方迷人的黄金和其他财富，西班牙也渴望打通去东方的航路。

---

① 转自博瑟：《葡萄牙海上帝国（1415—1825）》，1969 年版，第 20—23 页。

但是，沿着西非海岸向南探险的道路被葡萄牙控制了，于是，西班牙国王和王后决定采纳哥伦布提出的向西航行到达东方的建议，派遣哥伦布带着致中国皇帝的国书，率领海船 3 艘、水手 87 名，开始了新航道的探索。结果，1492 年，出乎意料地航抵美洲东部海岛，他们还以为就是到达了东方。从此，西班牙在美洲展开了一系列殖民活动。首先，于 1492 年 10 月 12 日在巴哈马群岛中的华特林岛登陆，立即占领这一带岛屿（后称西印度群岛）。随后，在伊斯帕尼奥建立了西属美洲第一个殖民据点圣多明各城。接着，征服了牙买加、波多黎各、古巴等地。1519 年，他们又征服了墨西哥，同时在巴拿马地峡的太平洋岸边建立起巴拿马城，并以此为基地，向南美大陆继续扩张，先后征服了秘鲁、厄瓜多尔、智利、哥伦比亚、委内瑞拉、阿根廷、巴拉圭和乌拉圭等地，在中南美洲建立起幅员辽阔的广大殖民地。

无论是葡萄牙还是西班牙，他们的殖民活动都是惨无人道的，充满着恐怖与血腥。葡人为了将马德拉群岛占为自己的种植园，放火毁林，据说大火一直延续了 7 年。西班牙人将巴哈马群岛的印第安人赶尽杀绝，以致附近海面到处都浮着死者的尸体。据说，一条驶往巴哈马的船，不带罗盘，仅凭海面上的尸体就可测定方向。圣多明各岛在西班牙人刚侵入时约有人口 40 万，1508 年仅余 6 万，1514 年只剩 1.4 万，不到 100 年即全部灭绝了。除了杀人放火之外，他们还以掠夺抢劫、强买强卖、勒令缴纳赋税等方式欺压殖民地人民。最可恶的是，葡、西殖民者在殖民过程中都不约而同地推行罪恶的奴隶贸易，使殖民地人民的人身受到骇人听闻的残害。可见，殖民主义的历史，从一开始便是“用血和火的文字载入人类编年史的”①。

葡、西两国在非洲、美洲掠夺了无数的财富，但是他们始终没有发现马可·波罗所描述的黄金世界。因此，东方，这个与黄金紧密联系在一起的世界，一直成为他们继续寻求的目标。

二、葡萄牙窃据澳门

为了寻找东方世界，葡、西两国殖民者从不同的航向展开了角逐。哥伦布

① 马克思：《资本论》第 1 卷，人民出版社 1975 年版，第 783 页。

向西航行闯出了一条通往美洲的航路，给予葡人以极大的刺激。葡人不甘落后，加快探索，终于摆脱了近一个世纪在西非踯躅不前的局面，绕过好望角，开拓了通往东方的新航路。

好望角位于非洲最南端。1487 年，迪亚士曾到达这里，创造了葡人航海南下的新纪录。10 年之后，达·伽马率领 170 名水手，分乘 4 只商船于 1497 年 11 月 22 日绕过好望角，驶入印度洋，最后于 1498 年 5 月 20 日到达印度半岛西南岸的卡利库特，成为第一个开通由南部非洲到达印度航路的葡人。1499 年秋，达·伽马远航队满载香料、丝绸、宝石、象牙等物回到葡萄牙。据称，此行获利为出航费用的 60 倍。达·伽马也因此被葡萄牙国王曼诺尔封为“印度洋元帅”和维迪圭那伯爵。不过，这支船队出航时 170 人，活着返回的却只有 55 人。

东方航路的开通、首航获得的高额利润，有力地激发了葡萄牙国王曼诺尔的航海热忱。仅半年时间，他就急忙组成一支拥有 13 艘舰船、1200 人的庞大远征队，于 1500 年 3 月 9 日扬帆做第二次东航。可是，不知什么原因，这支远征队过了佛得角以后，航向转向西南，舰队被风吹过大西洋，驶到了南美洲的巴西海岸。就这样，巴西成了葡人在美洲的殖民地。

1502 年，达·伽马亲自出马，率领由 20 艘舰船组成的大舰队再次东航。这一次，他在莫桑比克、基洛瓦、苏法拉等城建立商站，另外，还在加纳诺尔和柯钦建立了要塞，正式确立了对印度西南海岸的殖民统治。1509 年，葡人在第乌港外打败了土耳其、阿拉伯和印度的联合舰队，并先后占领了索科特拉和忽鲁谟斯（今霍尔木兹），截断了阿拉伯与印度、印度尼西亚的商业联系，垄断了东方贸易。1510 年，他们强占了卧亚（今果阿）。1511 年，控制了印度洋通往太平洋的咽喉，征服了马来半岛西南的满剌加（今马六甲），接近了中国的南大门。

当时，中国正处于明代中叶。明朝是一个中央集权高度发展的封建国家，拥有广阔的版图，9000 多万人口，丰富的物产，悠久的文明，乃东方世界第一大国。尽管明朝这时已呈衰败之势，但国力仍足以与当时世界上任何大国抗衡。

葡萄牙在探索通往东方的航程中，早就对中国怀有浓厚兴趣。1508 年 2 月，葡萄牙国王曼诺尔明确指示东航舰队司令德·塞凯拉：①

你必须探明有关秦人（Chijns，即中国人）的情况，他们来自何方？路

① 托雷·多·通博：《国家档案馆中有关葡萄牙人航海与征服的文献》，1892 年，里斯本，第 194—195 页，转自张天泽：《中葡早期通商史》，中华书局香港分局 1988 年版，第 36 页。

途有多远？他们何时到马六甲或他们进行贸易的其他地方？带来些甚么货物？他们的船每年来多少艘？……他们是富商吗？他们是懦弱的还是强悍的？他们有无武器或火炮？……他们的国家大吗？国内是否不止一个国王？是否有不遵奉他们的法律和信仰的摩尔人或其他任何民族和他们一道居住？还有，倘若他们不是基督教徒，那么他们信奉的是甚么？崇拜的是甚么？他们遵守的是甚么样的风俗习惯？他们的国土扩展到甚么地方？与哪些国家为邻？

葡人通过调查研究，知道中国是一个高度统一的东方大国，不敢袭用过去对付非洲和印度沿岸小国的殖民手段来对待中国。直到 1515 年，新任东印度总督阿尔贝加里亚才奉葡萄牙国王之命正式派遣舰队司令费尔南·安德拉德率领舰队“去发现中国”。并派商馆秘书、会计师兼药材管理官托梅（托马）·皮雷斯充作使臣带着礼品一道前往。费尔南·安德拉德率领葡萄牙及马来商船共 8 艘于 1517 年 8 月 15 日抵达广东屯门，然后与皮雷斯率领两条大船驶进广州西门十八浦抛锚停泊，并升起旗帜，鸣炮致意，要求入京会见皇帝。两广总督陈金接到布政使吴廷举的禀报，特地从广西梧州赶到广州接待他们。按照明朝定制，葡萄牙非朝贡国，不能入贡。但是，总督陈金还是破例将此事奏报朝廷。结果，事情搁置很久之后，明正德皇帝才批准了他们赴京的请求，使他们成为第一批受到明朝皇帝召见的西方人①，于 1520 年 4 月得到召见。

① 16 世纪初，西方殖民者究竟谁最先来到中国，什么时候到达中国，国内外记载很不一致。布赖克利斯在《中国与远东》一书中认为：“法国人于 1506 年最先来中国。葡萄牙继它之后于 1516 年来中国，荷兰人来中国大约与此同时。”康熙时靳文谟修的广东《新安志》中亦有正德元年（1506 年）佛郎机人占据屯门海澳的记载；亨利玉尔在《古代中国见闻录》第 1 卷中引 1514 年 1 月 6 日安德鲁·葛沙列斯致鲁·德·美德奇的一封信中（这封信在张天泽《中葡早期通商史》中作 1515 年 1 月 6 日）有“客岁葡萄牙人有航海至中国者，其国官吏禁止上岸”等语，认为葡人首次抵华为 1513 年（或 1514 年）；郭廷以在《近代中国史》第 1 册第 80 页中认为，第一个来中国的葡人是阿尔发勒斯，于 1514 年到达广东屯门；葡萄牙史学家巴罗斯在《亚细亚》一书中则说，葡马六甲总督于 1515 年或次年遣裴勒斯特罗来华；马士在《中华帝国对外关系史》第 1 卷中则说，裴勒斯特罗于 1516 年乘坐一只当地土著船往中国做试探性远航。1517 年，费尔南·安德拉德率葡萄牙和马来船各 4 艘出航。胡宗宪在《筹海图编》中引当时在广东任佥事、署海道事的顾应祥的亲身经历记述，1517 年葡萄牙人以进贡为名来华。《明武宗实录》卷一四九、张燮的《东西洋考》、顾炎武的《天下郡国利病书》均持此说。对照中西记载，中国和葡萄牙的正式官方接触应是 1517 年。但事物总有个发展过程，在此之前，葡人先来做试探性航行是完全可能的，不过仅是一种试探，尚非正式接触，也未上岸，所以中西关系还是以 1517 年开始较为恰当。至于 1506 年法人来华之说，殊不可信。法人此时海上活动甚少。布氏可能把“佛郎机”（当时中亚人对欧洲人的泛称）误为“法兰西”，这纯属一种附会。最早发现新航路的葡人尚且 1511 年才占领马六甲，法人又怎能先此到中国呢！

费尔南·安德拉德一行到广州不久，除留下皮雷斯及随员住进怀远驿学习礼仪、听候召见外，其余的人遵照广东当局的命令退到屯门。费尔南·安德拉德在屯门驻扎一年，行动比较节制，没有引起什么麻烦。第二年，费尔南·安德拉德返回马六甲，其弟西芒·安德拉德前来接替。西芒抵华后，立刻暴露了殖民强盗的本性，居然在屯门“设立营寨，大造火铳，为攻战具，杀人抢船，势甚猖獗”①；而且无视中国主权，自行刑事审讯，掠买良民，甚至传说“掠买小儿炙食之”②。这些罪恶行径，引起明朝当局的惊惧，同时激起广东沿海人民的强烈不满。另外，进京使臣皮雷斯和翻译火者③亚三也很不安分。他们买通宦官江彬，使亚三得以接近皇帝，成为经常“侍帝左右”的宠儿。他整日与皇帝嬉戏，博取皇帝欢心。对于朝廷重臣，则傲慢无礼，粗暴践踏明朝的礼仪与纲常，引起群臣的广泛不满。

1521 年 3 月（正德十六年二月），明正德帝去世，嘉靖帝朱厚熜继位。这时，正好满剌加国王的使臣来华告难，控诉葡萄牙夺国仇杀的罪行，请求明廷派兵援救。于是，大臣们纷纷上奏，主张对葡人采取强硬态度。嘉靖帝顺从众意，谕令广东当局禁绝对外贸易，并驱逐外商，要求葡人撤离屯门。同时明令将亚三处以死刑，把皮雷斯及其随员递解到广东驱逐出境。④

1521 年四五月间，两广总督奉嘉靖帝谕旨，停止对外贸易，通令外商出境，命令葡人撤出屯门。葡人借口货品尚未售完，拒不遵命。广东当局只得派海道副使汪鋐统领官军，实行武力驱逐。葡人倚靠精利火炮，负隅顽抗，明军反为所败。汪鋐见强攻难于取胜，决计把进攻改为围困，并号召大家献计献策，伺机灭敌。他接受众议，暗地劝告葡船上会造船、铸铳的中国籍船员杨三、戴明归附，令他们仿造火铳。明军有了新式武器，战斗力显著加强。汪鋐在围攻中不时向敌人发动袭击，致使葡人连续受到重创。经过长期围困，葡人饷械俱乏，伤亡日众，平均每条船上仅剩 8 人。葡人自忖无法久持，乃把人力集中到三条

① 陈文辅：《汪公遗爱祠记》，宣统《东莞县志》卷三一《前事略三》。

② 嘉靖《广东通志》卷七《事纪五》。

③ 闽粤富豪之家往往阉人之子供驱使，被阉者称为火者。

④ 关于葡萄牙使者的处置，《嘉靖实录》卷四“七月己卯”条载“礼部已议绝佛郎机，还其贡使”；刑部尚书顾应祥也说“其人押回广东，驱之出境去讫”，均未说在广东关押。葡萄牙史学家巴罗斯则说：“新帝即位，诸臣请杀葡萄牙使者，皇帝不听，命送使者回广东，听候后命。”又说：“皮雷斯抵广东，支那官吏系之狱间。”这种说法与中国官私著述皆不合，兹从中国记述。

大船上，决定于9月7日乘黑夜突围逃跑。明军闻讯追击，葡人且战且走。突然一场暴风雨降临，这些残兵败将死里得生，于10月底逃回马六甲。屯门胜利收复，夺获敌铳大小20余管，杀死杀伤敌人无数。

葡人在屯门被逐，远隔数万里的葡萄牙国王并不知情，还派遣马尔廷·科廷奥（中国史籍作米尔丁·甫思多灭儿）及其两个弟弟和佩德罗·奥门（中国史籍作别都卢）率船4艘，启程东来，要求与中国缔结条约，并企图使占据屯门合法化。待他们抵达马六甲时，屯门之战的残兵已经逃回。马尔廷·科廷奥不肯就此收手，复率葡人300多名，于1522年7月10日离开马六甲来华。这支殖民队伍尚未到达屯门，在广东海面就遇到中国巡船的狙击。马尔廷·科廷奥向广东当局提出交涉，遭到拒绝，佩德罗·奥门乃率葡船5艘，大举向新会之西草湾进犯。明军备倭指挥柯荣、百户王应恩率兵抗击，随后又追击到稍州，“向化人潘丁苟先登，众兵齐进，生擒别都卢、疏世利等四十二人，斩首三十五级，俘被掠男妇十人，获其二舟”①。马尔廷·科廷奥不甘失败，复率3船接战。这场战斗，双方损失均很大，明军百户王应恩在激战中阵亡，俘获的葡船又为马尔廷·科廷奥放火烧毁。直至夜幕降临，双方才罢兵休战。马尔廷·科廷奥在当夜召集船长们商议，还想第二天再战，但船长们都认为再战不是明智之举。马尔廷·科廷奥接受劝阻，率领余众退兵，最后于1522年10月中旬返回马六甲。

屯门之战和西草湾之战，是我国军民抗击西方殖民者的最早武装斗争，是世界人民反殖斗争史上初战告捷的胜利纪录。葡人经过这两次连续打击，再不敢前往屯门驻足，对华殖民活动沉寂了一个时期。不久，他们利用明朝政府允许对东南亚各国重开贸易之机，混入浪白澳进行交易。浪白澳位于澳门西南的大海中，离澳门30多公里，“广百余里”，是当时对南洋各国贸易的主要港口之一。由于远离广州，防范管理比较松弛，因而葡人得以在这里从事贸易活动。

另外，葡人鉴于广东防范较严，又沿海北上向闽浙发展。他们在闽浙一带，和倭寇、海盗勾结，狼狈为奸，进行非法贸易，甚至肆行抢劫，掠买人口，扰害地方。他们强占了走马溪（闽粤交界处，属诏安）、浯屿（金门岛旧称）、月港（海澄县西）、双屿等地作为据点，还想取得“领土的管辖权”，把这些地方

① 《嘉靖实录》卷二四“嘉靖二年三月壬戌”条。据戴裔煊著《〈明史·佛郎机传〉笺正》，西草湾之战发生在嘉靖元年（1522年）。

变成他们的殖民地。由于闽浙海防空虚，加上两省官员“互相抵牾”，查禁不力，葡人的骚扰“年甚一年，日甚一日，沿海荼毒，不可胜言”①。为了肃清这股罪恶势力，1547 年，嘉靖帝任命朱纨提督浙闽海防军务、巡抚浙江。朱纨到任后励精图治，首先，明确划分浙闽防区，规定了各自的权限与任务，使他们“或战或守，皆有专责”；其次，起用谙悉海上情况的福建都指挥卢镗负责统筹围剿事宜；其三，断绝葡人接济，严禁与葡人交易。1548 年，朱纨认为时机已经成熟，乃于 4 月遣卢镗与海道副使魏一恭等，向宁波口外的双屿发动强大攻势。卢镗督军日围夜袭，“贼初坚壁不动，迫夜，风雨昏黑，海雾迷目，贼乃逸巢而出。官兵奋勇夹攻，大胜之。俘斩溺死者数百人”②。

双屿之战后，中外海盗因失去巢穴而漂流海上之贼船据说达 1200 多艘。他们不甘心失败，又逃窜到福建的漳泉一带，与盘踞在浯屿、月港、走马溪的葡人会合，企图继续顽抗。朱纨督师乘胜追击，于 1549 年 2 月向月港、浯屿发动攻势。葡人自知不敌，不战而逃。卢镗和福建按察使、巡视海道副使柯乔复跟踪追至走马溪。4 月 19 日，走马溪一战取得了决定性胜利。这次战斗，事前做了充分的准备。战斗打响后，卢镗、柯乔率领兵船由海上直攻走马溪。葡人各持鸟铳上山，企图抢占制高点，不料山后伏兵猝起，葡人措手不及，于是仓皇退回。卢镗乘势擂鼓猛攻，“一船先登，众船蚁附，彼有大铳不及灼火，犷弩不及发机，死者胥溺，生者就擒”③。综计这次战役，共擒斩葡殖民者与海盗 239 名，其中擒获葡人头目 3 人，葡殖民者及家属 45 名，斩获首级 33 颗。经过此次战斗，殖民强盗“去者远遁而留者无遗，死者落水而生者就缚，全闽海防，千里肃清”④。

---

① 朱纨：《甓余杂集》卷三，《海洋贼船出没事》。

② 胡宗宪：《筹海图编》卷五《浙江兵防官考》。关于双屿港之战，张天泽的《中葡早期通商史》记为 1542 年；布莱克斯利的《中国与远东》、马士《中华帝国对外关系史》等书，在时间上均无明确记载。但都说，1545 年间，明政府曾派兵由海陆夹攻葡人，结果有 1200 名（一作 1.2 万名）基督教徒，其中 800 名葡萄牙人被杀，35 只大船和 2 只沙船被焚。而中国方面均无类似记载，朱纨也是 1547 年才上任。因此，我们认为很可能是指 1548 年的双屿之战，他们把时间弄错了。至于平托在《游记》中描述双屿港的兴盛及激战中葡人的巨大损失，显然是夸大其词。这方面，我们同意张天泽的分析，请参考《中葡早期通商史》第 86—90 页、拙编《鸦片战争前中西关系纪事》（湖北人民出版社 1986 年版）第 22—29 页。

③ 俞大猷：《正气堂集》卷五，《议王直不可招书》。

④ 朱纨：《甓余杂集》卷四，《六报闽海捷音事》。

双屿和走马溪两次战斗，沉重打击了葡萄牙殖民者，巩固了东南海防，有力地维护了中华民族的独立。这是中国人民早期反殖斗争的又一重大胜利，是世界反殖斗争史上又一光辉篇章。

经过双屿和走马溪两次重创之后，葡殖民者的气焰有所收敛，但他们仍然混在浪白澳从事贸易。由于浪白澳距离大陆较远，交易仍有很多不便。1553 年，他们用行贿的手段买通海道副使汪柏，“托言舟触风涛缝裂，水湿贡物，愿借地晾晒”①，得到了汪柏的同意，允许他们在澳门海滩搭棚晾晒。从此，葡人开始把澳门作为侵华立足点。1557 年，他们偷偷地把晾晒地变成居留地，在这里建楼盖屋，决心窃据澳门，作久居计。② 接着，他们大兴土木，筑室近千区，“日与华人相接济，岁规厚利，所获不赀，故举国而来，负老携幼，更相接踵，今筑室又不知其几许，而夷众殆万人矣”③。他们得寸进尺，愈来愈不遵守明朝的规章和管理，经常从事种种违法活动，不断向北延伸势力。1563 年，澳门人口已增至 5000 人左右，其中葡萄牙人为 900 人，内有耶稣会士至少 8 人。④ 为了制止葡人的扩张，明朝政府于 1574 年在莲花茎设闸，并筑起一道土城墙，使澳门通往内地的路径集中至这一闸口，闸门由明政府官吏负责启闭，以期遏制葡人继续向北扩张，并便于管理。莲花茎设闸，表面上似乎反映了明政府对葡人限制的加强，实质上则表明对葡人控制自信心的削弱。它意味着明朝对闸内控制的重视，对闸外控制的放松，标志着葡人已在澳门站稳了脚跟。

当然，明清政府一直保持着对澳门的管辖权，每年都要向葡人收缴租金，并且设有行政官员专门管理澳门。不过，这类管辖权后来不断缩小，葡人逐步摆脱了明清政府的控制，自行组成法庭，任命行政长官管理澳门事务，并且

---

① 万历《广东通志》卷六九“澳门”条。

② 关于葡人窃据澳门时间，郭棐的万历《广东通志》作 1553 年，葡萄牙方面的记载一致认为是 1557 年。马礼逊在《中国大观》中说，欧洲人于 1557 年已在该地有临时居所，苏扎在《葡属亚洲》中称贮藏所在 1558 年重建于澳门，布莱克斯利的《中国与远东》认为是 1560 年；郭廷以则认为 1554 年葡人始入澳门，进行临时的互市，1557 年才有固定建筑，1564 年才正式得到中国大吏的允许。从目前发现的资料看，葡殖民者窃据澳门是一个逐渐蚕食的过程。对于这种历史演变应如实反映。据此，我们认为，葡人是 1553 年前后搭棚暂居，1557 年开始营建永久性建筑，作久居计。

③ 庞尚鹏：《抚处濠镜澳夷疏》，道光《南海县志》卷三七《人物传六》。

④ 裴化行著，萧漫华译：《天主教十六世纪在华传教志》，商务印书馆 1951 年版，第 109 页。

“高建炮台，隐如敌国”①。因此，虽然在1887年以前，中国在名义上拥有对澳门的主权，但事实上，葡萄牙殖民者早已将其主权破坏殆尽，使澳门实际上成为欧美列强在中国的第一个殖民据点。②

三、西班牙与荷兰的殖民活动

当葡萄牙人东进取得节节胜利之际，西班牙殖民者正凭着枪炮优势在美洲建立血腥的殖民统治。他们看到葡萄牙人满载东方香料的船只源源开回里斯本，十分欣羡，亟想从美洲出发，继续探寻通往东方的航路，获得香料的利益和征服中国。1519年，麦哲伦受西班牙国王查理一世的派遣，率船5艘、水手士兵268名，越过大西洋，绕过美洲南端进入太平洋继续西航，终于在1521年3月17日到达今菲律宾群岛南部的蒙洪岛。这次航行虽然没有实现夺取香料群岛的愿望，却证实了地球确实是圆的。西班牙国王为了获得香料的利益和到达中国，于1542年2月又派遣鲁伊·维拉洛博斯率船舰6艘于11月1日自墨西哥起航，横渡太平洋，第二次到达今菲律宾群岛。为了向西班牙王位继承人菲律浦表示敬意，维拉洛博斯把群岛命名为菲律宾。1564年，米格尔·勒格司比（一译黎牙实备）又率领一支380多人的远征队从墨西哥出发，于第二年4月在宿务岛登陆，在那里建立起第一个殖民据点。勒格司比采取软硬兼施的手段，历经7年，基本上实现了对菲律宾群岛的控制。

控制了菲律宾，就为到达中国搭好了跳板。恰在勒格司比侵占菲律宾全岛的第三年（1574年），明代海上武装势力首领、广东饶平人林凤被明朝官兵击

① 《知县张甄陶论澳门形势状》，梁廷枏等纂：《粤海关志》卷二八《夷商三》。

② 关于澳门租金，据记载，开初中国政府按货值抽收十分之二，以后由南洋诸国商人每年向中国缴纳船课2万金。葡人混入澳门，也分摊税额。万历初年，葡人另缴租金500两。据说这500两开初系对海道官员的贿赂，1573年为人揭露，才改为租金。但马士认为，最初地租为1000两，1691—1740年以后的某一段时间为600两，以后为500两。可是，中国的记载始终是500两。不过，无论租金多少，它表明了中国一直对澳门行使主权。应该指出，不管是1000两还是500两，这种租金是极其微薄的。“即将此澳内屋地租与在澳商民，每岁收租，数倍其额”。（《知县张甄陶论澳门形势状》，梁廷枏等纂：《粤海关志》卷二八《夷商三》）

败，率战船 62 艘、水手士兵共 4000 人逃到吕宋，曾于是年秋因攻打马尼拉，与西班牙人发生两次激战。由于西班牙人坚持抵抗，林凤未能占领马尼拉，转而退到吕宋北部。这时，福建把总王望高奉命前去侦探林凤下落，得知林凤与西班牙人为仇，乃约西班牙人出兵夹击，林凤败走。菲律宾总督乘机会见王望高，并商定派遣拉德和马丁两名教士为使臣，于 1575 年随王望高赴福建，冒用吕宋名义，谋求通商，企图为征服中国"打开大门"。明朝当局认为他们协助平定林凤有功，对其态度友好。拉德等先后到过厦门、同安、漳州、福州。每到一地，都按中国礼节拜会了当地官员。福建巡抚接见了他们，还送了不少礼品。不过他们尽管受到优待，却没有获得通商权，占据一块地方的要求也没有得到满足。拉德等的重大收获是盗去方志一类书籍七部，并凭借这些资料，回去写了一份长篇备忘录，全面介绍了中国的政治、经济、军事以及风俗习惯等情况。

第一次来华没有达到目的，他们并不死心。1576 年，新任西班牙菲律宾总督桑德认为，征服中国"是轻而易举的"。他向西班牙国王鼓吹，征服中国"是最大的荣誉，是对上帝最大的效力，其利益超乎一切之上"；建议立刻动手，只要"用二三千人就可拿下任意要拿的一个省。……征服了一个省，所有其他各省的征服也就完成了"。① 但这时西班牙已被欧洲的事情弄得焦头烂额、力不从心，征服中国的计划只得暂时搁置。16 世纪 80 年代，新任西班牙菲律宾总督容其诺、贝拉都积极鼓吹征服中国，表示一旦菲律宾平服，"就决心去征服中国"②。但其时驻菲的西班牙士兵不足 500 人，力量有限，特别是 1588 年西班牙的"无敌舰队"被英国海军打得几乎全军覆没，在尼德兰镇压资产阶级革命也连遭惨败，更无力顾及征服中国。

不过，即使力量不足，他们也没有放弃侵华野心。1593 年，他们曾派兵出征，企图占领台湾，被台风吹回马尼拉。1598 年 9 月 5 日，菲律宾总督德鲁曾派遣萨摩第赴广东，要求通商。他们先到澳门，请求"开贡"。督抚司道指责他们违例，命令离开；葡萄牙人也怕侵害他们自身的利益，不许西班牙人进泊澳门。10 月，萨摩第移泊虎跳门（今虎门），声言听候丈量。11 月，又在"虎跳门结屋，群居不去"③，妄图长期占据。1599 年 10 月，广东海道副使章邦翰派兵"焚其聚落"，将他们驱逐出境，挫败了他们企图在虎门建立侵略据点的

---

① 布莱尔等编译：《菲律宾群岛，1493—1898》1903 年版，第 3 卷，第 313 页；第 4 卷，第 50—65 页。

② 布莱尔等编译：《菲律宾群岛，1493—1898》第 5 卷，第 26 页。

③ 雍正《广东通志》卷五八《外番》。

图谋。

菲律宾和中国是一水之隔的近邻。早在3世纪左右，中国和菲律宾已有友好往来。长期以来，闽粤沿海人民不仅常去那里贸易，而且在那里居住，给那里带去先进的生产技术，和当地人民建立了亲密的友好关系。西班牙侵占菲律宾后，因为需要通过中国人获得各种日用品，起初对华侨态度尚好，马尼拉也成为中西贸易的枢纽。随着中西贸易的发展，16世纪末，中国每年有三四十艘商船到马尼拉进行交易，居留马尼拉的华侨也日益增多。西班牙看到中国是一个大国，担心自己人少，华侨势力增长将无法控制，开始采取限制和排挤政策，最后发展到大量杀害华侨。1602年，明朝万历帝听信谣言，命令福建地方官派员前往菲律宾查勘金银矿藏。西班牙人对此极为恐慌，怀疑明朝政府有夺取吕宋的意图。为了防止华侨里应外合，他们想出一条屠杀华侨的毒计。1603年，他们声称要发兵侵略旁国，用高价收买铁器，将华侨手中铁器收缴殆尽；然后命令华侨登记姓名，分300人为一院，进行集体屠杀。华侨闻讯，退避山中。西班牙殖民者调集大兵将华侨困在山中。华侨一无粮食，二无兵器，处境十分艰难。殖民者用大炮猛轰，死亡枕藉，逃散者复遭截杀。据记载，在这次惨案中丧生的华侨达2.5万人。1639年，因西班牙殖民者对华侨苛待异常，除勒令缴纳苛重商税、居留税、贡税、国库税外，还逼迫华侨到加伦巴做苦工，华侨忍无可忍，奋起反抗，声势及于马尼拉，坚持斗争达一年之久。在镇压反抗的过程中，华侨惨死者超过2万人。此后，西班牙殖民者又在1662年、1686年和1762年发动三次大屠杀，旅居菲律宾的华侨生命财产遭到极大的损失。

葡、西是世界上最早的殖民国家，他们在殖民活动中掠得了大量的财富。由于这些国家当时仍是封建性质的国家，掠来的财富几乎多被王室贵族消耗掉了，没能直接转化为扩大再生产的资本。结果，他们很快衰落了。

继葡、西之后来华的是荷兰人。荷兰原属西班牙统辖，是16世纪欧洲经济最发达的地区之一。它的毛织业、造船业、航海业达到了相当高的水平，已形成一批资本主义手工工场。16世纪下半叶，荷兰通过资产阶级性质的尼德兰革命（1566—1609年），于1581年宣布成立荷兰共和国。1609年与西班牙签订了停战协定，由此摆脱了西班牙的控制，建立了资产阶级的共和制，成为世界上第一个资本主义性质的国家。建国后，荷兰人把发展工商业、航海业、推行海外殖民作为重要的国策，经济得到迅速发展。其中造船业居世界首位，商船吨数占欧洲总吨数的四分之三，阿姆斯特丹成为国际贸易和金融信贷业的中心。

信奉基督新教的荷兰人，在受西班牙统治期间，常常偷偷从葡萄牙里斯本贩运来自东印度群岛的香料，向欧洲各地销售。1580年葡萄牙被西班牙合并后，西班牙国王菲力二世禁止荷兰人继续从事这种交易。荷兰人为了打破封锁，寻找自主通往东方的商路，曾经两次派出远征队，从北冰洋方向去寻找通往东方的新航路，均以失败告终。后来，荷兰航海家科尔内利斯·霍夫曼·德·贡达终于在他秘密从事走私活动的里斯本弄到了宝贵的情报，却因此被投入监狱。荷兰商人得知，立即花费巨资把他营救出狱，并和他及其弟弟联合创办了一家贸易公司，组成一支装备精良的250人商队，分乘4条武装商船，于1595年从荷兰的特塞尔岛启程，途中曾在马达加斯加岛碇泊，1596年抵达苏门答腊，然后抵达班顿。从此，荷兰人创办的企业纷纷来到东南亚，并且很快把印度尼西亚一带变成他们的殖民地，同时继续探索前往中国的贸易之路。

荷兰的海外殖民与西、葡有所不同，是由私人集资组成的商业垄断公司出面活动的。如成立于1602年的荷兰东印度公司，初创时共2153股，总资本为645万多盾。公司以股东大会为最高权力机构，董事会为常务领导机构，经理会为行政执行机构。为了加快海外殖民扩张，荷兰政府大力扶持商业垄断公司的发展，给予它们许多特权，如允许公司建立自己的陆海军，设立殖民法庭，直接管理殖民地，甚至拥有宣战媾和等权力。据记载，荷兰东印度公司在1606年拥有41艘军舰、3000艘商船和10万人的雇员。这就构成了强大的竞争力。

荷兰共和国成立后，首先把矛头指向了东方。1595年，荷兰武装商船队打破葡萄牙、西班牙的封锁，绕过好望角抵达印度，接着又到达爪哇和摩鹿甲群岛。1601年，荷兰海军舰队司令韦·内克曾派格罗茨保根率领舰队到达澳门。他们不敢轻率地以武力进攻中国，而是装出一副正经商人的面孔，派了两个间谍登陆及一班人探测港口，请求中国当局允许他们做生意，并保证遵守中国法制。按照明朝定制，荷兰在贡册上无名，不能来华贸易。估计是由于行贿的缘故，当地官员瞒着朝廷私自让他们在广州停留了一个多月，然后才催促他们离去。

1604年，荷兰海军舰队司令韦麻郎率领武装舰船8艘擅自占领了中国的澎湖。明朝福建南路总兵施德政闻讯，即派都司沈有容率兵前往开导，要求荷人退出澎湖，同时迫以兵威，断其接济，使其难于立足。结果未费一枪一弹，就迫使荷兰殖民者在占据澎湖130天之后退去了。18年后，荷兰与英国组成联合舰队，决心以武力夺取澳门。他们集结16艘军舰进攻澳门，并强行登陆，但遭到痛击，上岸800人，被击毙者约300人，舰队司令雷约兹亦阵亡。荷兰殖民者在澳门被击败之后，随即东驶厦门，进攻六敖和鼓浪屿，均被当地守军击败，于是又东窜攻占澎湖。1622 年 6 月 29 日，他们一登上澎湖列岛，便疯狂地推行野蛮的殖民政策。首先，整村整村地集体屠杀当地居民，接着又强迫居民在风柜尾、金龟头、白砂等岛修建城堡。在修建这些城堡中，居民受到极其残忍的待遇，他们被迫从事极其繁重的劳动，而每天所发口粮不足半斤大米。故此，工程尚未竣工，1500 名夫役中竟有 1300 人活活累死或饿死。①

由于大兴土木，当地劳力不够役使，荷兰殖民者便四出掳掠华民。1623 年三四月间，掳掠渔民 600 多人；5 月，又劫夺一条驶往马尼拉的华船，掳获华人 250 多名，货物甚多。

在澎湖，荷兰殖民者除拦劫中外商船外，还进行罪恶的奴隶贸易。他们在东南沿海掠得人丁，经常贩运到印度尼西亚和南非为奴；城堡修建完工后，剩余劳力亦转贩南洋。据西人估计，1623 年前后被贩为奴的有 1400 余人。由于贩运条件极差，途中死亡率高得惊人。1624 年，荷人将 571 名中国人贩到印尼为奴，上岸幸存者仅 33 人。②

在侵占澎湖的同时，荷兰殖民者还不断骚扰中国沿海。1622 年，荷兰舰队侵犯厦门，为总兵徐一鸣率众击退，俘斩数十人。1623 年秋，他们又进犯鼓浪屿，复为守备王梦熊击败，俘船 3 艘。此后，他们再率大船侵犯内地，王梦熊将数十条小船假扮渔船，暗藏火具，"潜迫其旁，乘风纵火"，烧毁荷兰甲板船十多艘，"生擒大酋牛文来律等夷，脱于火者，咸溺于水"。③ 此外，荷兰殖民者还出没沿海各地，勾结海盗，劫掠华商。沿海人民不胜其扰，强烈要求清剿。

为了解决荷兰殖民者的侵扰，福建巡抚曾派千总陈士英随荷兰人去巴达维亚交涉，强烈要求他们撤离澎湖。荷兰印度尼西亚总督不但不予理睬，反而借机要挟，扬言若不允许通商，将派兵强求互市。这时正值南居益出任福建巡抚，眼见荷人难以理喻，决心督剿。他一面加固工事，整顿水军；一面募兵买船，准备发动进攻。1624 年 2 月，南居益派王梦熊率军渡海，首克镇海港，接着又向其他岛屿发起攻击，迫使荷人龟缩风柜城。接着南居益又派都司顾思忠前往增援。双方多次交战，荷人继续负隅顽抗。南居益担心持久作战，"师老财匮"，委派海道孙国桢率师于 7 月 13 日（五月二十八日）直抵娘妈宫前，观察地形地势，决定攻打策略。30 日，明军誓师进攻。荷兰殖民者四面受困，无计可施，

① 参见伊能嘉矩所撰《台湾志》卷一引波克斯的记载；又见戴维孙：《台湾岛》，1903 年版，第 11 页。

② 参见格洛奈罗德：《荷兰人在中国》（1601—1624），1898 年版，第 222 页。

③ 道光《厦门志》卷一六《旧事志·纪兵》。

乃于8月15日派一头目赴镇海面见明军将领，请求允许撤走。明军不许。16日，明军分三路猛攻，荷人极为惶恐，请求暂缓进攻，“容运粮米上船，即拆城还地”①。孙国桢等才答应了他们的要求。是役，先后调兵万余人、战船200多艘，持续围剿六七个月，始将荷人驱走。这是中国人民早期反殖斗争史上坚持时间较长的一次胜利斗争。

荷兰殖民者从澎湖溃逃，仍不甘心失败，又想占据我国台湾。他们用欺诈手段，先在台南驻足，然后蚕食鲸吞，最后侵占了整个台湾岛。

早在1623年，荷兰殖民者就曾侵入台湾，遭到当地人民的痛击，被迫撤离。这次，他们在台南登陆以后，借口船遭台风，请借一地暂息。当地人民初不同意，他们即欺诈地表示：“得一牛皮地足矣，多金不惜。”② 当事人信而答应了。他们即将牛皮剪成很细的细条，圈围了地皮数十丈，后来即用这块地皮筑起安平城作为立足之地，然后逐步扩大占领。西班牙人见荷兰人侵入台湾，亦思染指，即以维护中菲贸易为借口，于1626年侵占了台北的鸡笼港（今基隆），1629年又侵占了台北的淡水，企图与荷兰南北对峙，分割台湾。这时正是荷兰的兴盛时期，它的对外贸易投资比西班牙多15倍，拥有的船只超过西班牙10倍，牢牢掌握着海上霸权。因此，它绝不会容忍西班牙与之分庭抗礼。1641年8月26日，荷兰人在做好准备之后，正式向西班牙人下挑战书，命令投降。西班牙人不理，荷兰人随即发兵进攻。1642年8月3日，荷兰人组织一支庞大的舰队在淡水强行登陆，西班牙人寡不敌众，宣布投降，淡水和基隆相继为荷兰人占领。从此，荷兰殖民者独霸全台达20年。

荷兰侵占台湾之后，在台湾推行一整套殖民制度。他们采取分而治之的政策：对高山族以原有村社为基础，推行“甲螺制度”，即以村为单位，挑选本地上层分子任村长，负责管束村民；对汉人则实行“结首制度”，即以几十人为一结，推一人为首，称“小结首”。从数十个小结中再推一人为头，名叫“大结首”。同时，对台湾人民实行精神奴役，先后派遣32名传教士到高山族人民中进行宗教宣传。高山族人民入教者为数不少。经济上，荷兰殖民者向台湾人民征收各种苛捐杂税，如人头税、狩猎税、渔税、田租等，对高山族人民还征收一定数量的鹿皮。

垄断贸易是早期殖民掠夺的重要手段。荷兰以台湾作为贸易据点，低价向

---

① 沈国元：《两朝从信录》卷二三。

② 乾隆《续修台湾府志》卷一引《旧志》。

高山族人民收购鹿皮，走私贩运大陆的丝绸，然后运往日本或欧洲高价销售。荷兰侵占台湾三年后，台湾荷属东印度公司对本国及日本的贸易已达118.1万盾，利润超过100%。此外，他们还以台湾为基地，对中国沿海地区不断侵扰，烧杀抢劫，无恶不作。

荷兰殖民者的残酷压迫与剥削，迅速激起中国人民的反抗。1624年，目加溜社人民自发袭击荷兰人新建的寨堡，放火烧毁栅栏。1635年，麻豆社与目加溜社联合斗争，一夜之间杀死东印度公司职员60多人。1652年，郭怀一组织了一支1.6万多人的队伍，袭击荷兰殖民者，杀伤大批荷兰兵丁，放火烧毁市街，与敌人血战10多天。此外，1633年，有荷船（武装商船）8艘封锁厦门，郑芝龙率军与沿海人民共同抵抗，焚毁荷船5艘，俘获1艘，生擒敌官兵118名。侵略者的暴行，人民的反荷斗争，为郑成功驱逐殖民者、收复台湾准备了条件。

郑成功本名森，字大木，1624年生于日本平户。母亲为当地武士阶级出身的田川氏。父亲郑芝龙，原是海盗首领，后来接受明朝招抚，在平定广东海盗等斗争中立过功，官至都督同知，是福建地方实力派，拥兵二三十万，还控制海外贸易。清军南下，郑芝龙拥立唐王朱聿键称帝，年号隆武。郑芝龙被封为平国公。一次，郑芝龙引郑森拜见隆武帝，深得隆武帝喜爱，赐姓朱，名成功，人称“国姓爷”。1646年，清兵进入福建，隆武帝走汀州被俘，不食而死。1647年，清将韩代率领满汉骑兵突至郑成功的家乡安平。“成功生母倭妇翁氏手持剑不肯去，强之再四亦不行。大兵至，翁氏毅然拔剑割肚而死”①。国仇家恨坚定了郑成功的抗清意志。郑芝龙为清诱降，郑成功坚决不从，执意抗清到底，明桂王（即后来永历帝）封他为延平郡王。为了反清复明，郑成功一面攻略闽浙沿海，一面谋求收复台湾。1660年，郑成功考虑到台湾是其父多年经营之地，台民在荷兰统治下备遭蹂躏，从民族利益出发，需要把台湾从殖民者奴役下解放出来；另外，要开创抗清新局面，防止清军与荷兰人勾结，也需要收复台湾。恰好一位名叫何廷斌的人，原是郑芝龙的同乡和旧部，与郑成功也有很好的交谊。郑芝龙降清，他不愿附从，才留在台湾。荷兰人占领台湾后，他担任荷兰人的翻译。1661年2月，他受荷兰驻台湾长官揆一的委托，带着礼品来到厦门与郑成功议和。何廷斌到厦门后，献上台湾地图，告知台湾虚实，建议派兵收复台湾。于是，郑成功决计练兵造船，先率兵收复台湾，“复先人之故土”以为根据地，再行设法恢复明室。

---

① 江日昇撰：《台湾外纪》，福建人民出版社1983年版，第82页。

1661年4月19日，郑成功亲自率领水陆兵丁2.5万人，分乘战船数百艘，向台湾进军。4月30日，郑军在何廷斌的引导下，选择荷兰人防守薄弱的北航道，利用涨潮之机，绕过沉船与浅滩，由鹿耳门顺利登上紧邻台湾城（今安平）的北线尾。郑成功的到来，得到台湾人民的热烈欢迎和大力支持。几千汉人闻讯，用货车和其他工具来帮助郑军登陆；高山族人为郑军的来临而欢欣鼓舞，“土民男妇，壶浆迎者塞道”①。在台湾人民的支持和帮助下，郑成功的水陆战斗均打得非常顺利，荷军纷纷溃逃，最后全部缩进台湾城。郑成功原想一举攻下，由于台湾城堡是用糖调灰垒砖筑成，厚处达1.8米，经过整天的炮击，也未能轰开一个缺口，反而造成自身巨大的伤亡。郑成功见急攻不易得手，乃改行长期围困之计。经过8个多月的围困，荷军饿死、战死、病死的有1600多人，损失惨重。② 兵员日少，供应日缺，外援又绝，荷兰人士气大大减退。郑成功抓住战机，发动总攻，终于迫使荷军交出城堡，宣布投降。

1662年2月1日，荷兰驻台湾殖民长官揆一在投降书上签字，残余官吏及士兵、商人在郑军的监视下，乘船怏怏离开了被他们侵占达38年之久的台湾。

郑成功收复台湾，是中国人民反殖斗争史上一次伟大的胜利，对维护祖国的独立与领土完整做出了重大贡献，同时是对荷兰殖民者的一次沉重打击。台湾的收复，使台湾人民摆脱了殖民奴役，重新回到了祖国怀抱，闽浙沿海也不再经常受到荷兰殖民者的骚扰，同时还使荷兰失去了一个向远东殖民侵略的中间站。

荷兰殖民势力在台湾遭到挫折后，又把目标转向当时控制中国大陆的清朝政府，指望通过和清政府的军事合作，在中国东南沿海进行贸易，反击台湾的郑氏政权，“并由此建立一个中荷贸易渠道，代替原来与台湾的贸易渠道”③。清政府为收复台湾，也希望得到荷兰殖民势力的军事援助。双方曾在福州进行商谈，讨论联合对郑军占据的福建地方发动攻击。1663年7月，清方派遣的钦差大臣告诉荷兰人：皇帝已同意制订共同进攻郑氏计划，荷兰人将被允许每年来华贸易，并在福建建立一个贸易站。同年10月，荷兰人来到泉州与清军会合。11月20日，在荷兰舰队的支持下，清军攻占厦门。11月23日，清军与荷兰人

① 《延平王户官杨英从征实录》，厦门大学郑成功历史调查研究组编：《郑成功收复台湾史料选编》（增订本），福建人民出版社1982年版，第39页。

② 参见《燕·克洛夫牧师写给锡兰巴尔道斯牧师的信》（1662年10月13日），《郑成功收复台湾史料选编》（增订本），第314页。

③ 转自于沛主编：《清史译丛》第十辑，山东济南，齐鲁书社2011年版，第6页。

占领浯屿。11 月 25 日，清军摧毁金门。这些战斗结束后，经清帝批准，“荷兰人可依澳门模式，在浯屿建立一个贸易场站”①。但因荷兰人拒绝立即在该处驻扎军队，清朝当局担心郑军会重返这个不设防的地方，这项协议又被否定了。1665 年，荷兰在台北的军舰，为了搜寻郑氏船只，从基隆出发来到浙江舟山的佛教圣地普陀山。荷兰人对那里的寺院进行了洗劫。清政府对此十分反感，原来允许荷兰人两年来华贸易一次的特许权宣布收回。

印尼巴达维亚当局为了发展与中国东南沿海贸易，以荷兰国家的名义，派遣使团于 1667 年 6 月 20 日抵达北京。第二天，使团成员应召来到皇宫，请皇帝观看他们带来的最不寻常的礼物：来自波斯的四匹矮马和来自孟加拉的四头矮牛。康熙帝观看之后提了几个问题，使团成员做了回答。这是使团成员与皇帝的唯一一次对话。6 月 25 日，使团受到正式召见。使团想把礼物送给当时的摄政大臣（引者按：当年康熙帝只有 14 岁，尚未亲政，国家大事均由摄政大臣处理）和内阁大臣，均被拒绝。使团请求皇帝允许荷兰人每年贸易一次，船只不受限制，以广州、福州、宁波和杭州为贸易地点，并希望能和所有中国商人进行交易。清廷当局迟迟未作答复。“直到离开的那一天，他们才收到朝廷致巴达维亚总督的封口信函，并被告知不能在中国境内打开或翻译这些信函”②。事实上，这些信函中没有许诺荷兰使团提出的种种要求。此后不久，清廷发布明令：禁止荷兰人在福州继续贸易。当年运来的大批商品，都没能在福州出售。

1668 年，残留在台北基隆的荷兰人全部撤出。从 1669 年到 1675 年，巴达维亚和中国之间的贸易，是由居住巴达维亚的中国人和来自巴达维亚的荷兰自由商人在澳门附近的一些岛上进行的，贸易额已经大减。从 1673 年末起，中国南部各省发生了以吴三桂为首的三藩反清斗争。1675 年，广东的尚之信派人邀请荷兰公司恢复贸易。1676 年，尚之信准许受他保护并拥有特许权的商人去澳门附近的岛屿上和荷兰人贸易。福建方面，耿精忠占领福州一带，郑军占领漳泉厦等地。耿精忠原来拟联合郑军反清，曾欢迎荷兰商人，并向他们订购铅、硫黄和硝石等。不过，耿精忠率军和清军经过几度交战之后，由于内部发生分化，一部分军队投降清军，耿精忠也于 1675 年十月向清军投降。郑经的部将许辉曾领军攻打福州，但很快失败，弃守漳泉等地退到厦门。清军在控制福建后，不久即派人到巴达维亚，要求派遣一支舰队，帮助清军把郑军赶出厦门等地。

① 转自于沛主编：《清史译丛》第十辑，第 11 页。

② 转自于沛主编：《清史译丛》第十辑，第 20 页。

巴达维亚虽然此时已无力派出援军，但还是于1678年向福州派出一位著名使节马蒂纳斯·凯撒，试图使官府垄断贸易制度有所松动。清廷命令福建督抚询问马蒂纳斯·凯撒，如果荷兰人的其他要求得到满足，他们会不会派遣一支舰队。马蒂纳斯·凯撒想办法让他们感到满意。当皇帝接到奏报后，批准了荷兰人的所有要求，包括准许在福州建立一个永久性的贸易基地，敦促荷兰人在下次南风劲吹时派遣一支由20艘军舰组成的舰队到来。当更多的荷兰船只于1679年9月抵达时，荷兰人决定让中国钦命使节把圣旨带往巴达维亚，以示对圣旨的高度重视。

中国派出的使节林奇逢等于1679年11月乘坐一艘荷兰船抵达巴达维亚后，很快获悉，荷兰人派不出20艘军舰。他们请求荷兰人尽其所能提供援助，但荷兰人说："如果所派船舰需要雇用或从荷兰本土派出的话，中国皇帝必须首先同意支付舰队的一切费用，并提前支付一年的费用。此外，他们准备派遣一名使节去北京询问皇帝：是否愿意签订这样协议。"① 荷兰使节抵达福州后，拒绝向官员出示呈送皇帝的信函。但是，官员们从清朝使节所带的副本中获悉了信函的内容。官员们向皇帝奏报，荷兰使节不是定期前来的贡使（没有带贡品），建议按正常的行政渠道将这封信函呈递给朝廷。可是，荷兰使节从巴达维亚得到的命令是：如果不能亲自向皇帝呈递信函，就把信函带回去。双方僵持不下，直到1681年，皇帝才发下最后一道上谕，明确表示：授予荷兰人特许权是希望他们派遣一支舰队。但因荷方未派舰队，这些特许权已经失效了。②

1681—1690年，荷兰的公司继续在澳门附近的岛屿上以及厦门、福州做生意。不过，在厦门遇到英国人的竞争，在澳门附近的岛屿上又遇到葡萄牙人、英国人以及居住在巴达维亚的华侨的竞争。荷兰人曾远赴浙江普陀山、沙埕和福州等地进行贸易，没有成功，最后设法在离澳门稍远的一些岛屿上进行交易，以十分丰厚的利润出售了大约一半的货物。

清朝政府于1682年平定三藩之后，1683年又剿抚兼施，迫使郑克塽投降，收复台湾。至此，沿海已无边患，乃决定开放海禁，允许沿海居民前往海上贸易捕鱼；设置粤海、闽海、浙海、江海等四海关于广州、厦门、宁波、云台山，管理对外贸易，征收关税，还于1684年特别批准荷兰人贸易。荷兰为了争取更长久和更令人满意的贸易条件，印尼巴达维亚当局决定再派遣一个使团，于

① 转自于沛主编：《清史译丛》第十辑，第25页。

② 转自于沛主编：《清史译丛》第十辑，第26页。

1685年由文森特·巴茨率领前往中国。巴达维亚当局在致清朝皇帝的信函中，再次提出以前曾经提过的那些特许权。荷兰人被允许以极其优厚的条件出售小货船上的货物，官员们要求所有商人当场支付现金。荷兰使者于1686年8月3日受到康熙帝召见。使者进献的方物有：丝、毛、羽、棉织品共四百余匹，玻璃镜等共三面，自鸣钟一座，琉璃灯一架，聚光烛台一悬，玻璃杯五百八十个，另有大珊瑚珠、琥珀、象牙、鸟铳、刀剑、香料、葡萄酒等若干。荷使要求在中国建立一个永久性贸易机构，免除或减轻对荷商船征收之税，在开放港口得与任何商人贸易，更改出使周期及船只停泊地点等。9月1日，上谕确定荷兰出使船只停泊地点由广东改为福建，出使由八年一次改为五年一次。9月14日，康熙帝致书荷兰国王，赐缎六十六匹，银三百两，赐该国正使宾先·巴芝等缎、银有差。荷使留京期间，还决定减少荷兰“贡物”，命令只进珊瑚、琥珀、自鸣钟、镜、鸟铳、火石、丁香等十三种，玻璃杯、琉璃灯、刀剑、葡萄酒、夹板样船等俱免进献。① 荷兰使团9月14日离开北京。巴茨还要求免除前来福州接他返回的两只船的税收，得到了清廷的同意。②

1687—1690年，荷兰人在广州附近岛屿和福州做生意，但利润未见增加，前往巴达维亚的中国商船则日益增多。1690年，巴达维亚当局担心遭到法国舰队的袭击，决定不往中国派遣任何船只。法国人的威胁解除之后，荷兰东印度公司的对华贸易也未见恢复。这种状况一直延续到1729年。

荷兰殖民势力在17世纪前期曾盛极一时，从17世纪60年代起开始走向衰落。它在台湾受到的重大打击，是促使它走向衰落的一个重要因素。此后，英国逐渐取代了荷兰的地位。

四、来自陆路的殖民者——沙俄

西方各国的殖民侵略，几乎都是在东南沿海，唯一的例外就是沙俄。它是经由北方陆路而来。沙俄是在莫斯科公国的基础上扩展起来的。俄国古代文献

① 章开沅主编：《清通鉴·顺治朝 康熙朝》，岳麓书社2000年5月版，第886—887页。

② 转自于沛主编：《清史译丛》第十辑，第28—29页。

直到1147年，才第一次提到莫斯科。1238年，莫斯科曾被蒙古西征军焚毁，后受钦察汗国统辖。到13世纪末，诺夫哥罗德公亚历山大·涅夫斯基的幼子丹尼尔得莫斯科河中游一小片土地为世袭领地，才开始有莫斯科公国。正如马克思所说的那样，“是蒙古奴役的血腥泥潭……形成了莫斯科公国的摇篮，而现代的俄国只不过是莫斯科公国的变形而已”①。15世纪下半叶，莫斯科公国趁蒙古的衰落，摆脱了金帐汗（即钦察汗）的控制，同时大肆兼并周围地区，1521年才正式建立起俄罗斯国家。

俄国的历史，是一部不断向外扩张的殖民史。1547年，伊凡四世在加冕典礼上，正式采用古代罗马皇帝恺撒的称号，自称沙皇。这充分反映了他决心大规模侵略扩张、建立一个罗马式帝国的野心。1552年，伊凡四世兼并了喀山汗国，1556年，又吞并了阿斯特拉罕汗国，接着翻越乌拉尔山，一步步地征服了西伯利亚，很快建立起一个地跨欧亚的大帝国。

中国和俄国第一次接触在17世纪初。这时俄国各地的商品交换日益发展，一些俄商得悉中国气候温和，物产丰足，急想找到一条通往中国的商路。沙俄政府也得到了有关中国的种种传闻，激起了他们的贪欲，渴望把统治范围扩展到中国去。1618年，托波尔斯克的长官库拉金派遣伊万·彼得林率领一个外交使团前往中国，于1619年9月11日到达北京。由于未带贡品，也无国书，未能得到明朝万历帝的接见。不过，明政府仍然很礼貌地接待了他们，允许俄国人前来贸易。10月11日，彼得林带着中国皇帝的国书离开了北京。可是，俄国当时尚无人认识汉字，因此，这封信直到1675年才请人译成俄文。彼得林此行虽未取得直接成果，但收集了不少情报，回国后写了一份很长的报告。这是俄国人首次直接得到的关于中国情况的详细报告。

此后，俄国又多次遣使来华。1654年，沙皇阿列克塞·米哈伊洛维奇亲自指派贵族费·依·巴依科夫出使中国，刺探中国情报。巴依科夫使团于1654年7月从托博尔斯克出发，1656年3月13日抵达北京。由于不遵从中国礼制，也未得到清朝顺治帝的接见。1660年，沙皇再遣贵族伊万·佩尔菲利耶夫和阿勃林作为专使抵达北京，企图补救巴依科夫的失败。然而，当中国官员审查国书时，发现“语多矜夸”②，表文不合体制，再次未让他觐见皇帝。1670年，尼布

---

① 马克思：《十八世纪外交史内幕》，《马克思恩格斯全集》第44卷，人民出版社1982年版，第309页。

② 《皇朝文献通考》卷三〇〇《四裔考八》。

楚新任总管阿尔申斯基派遣米洛瓦诺夫率使团出使北京。这位总管在给使臣的训令中狂妄地说，应该向中国皇帝说明：

> 已有众多国君和国王率其臣民归依于我大君主俄罗斯沙皇陛下最高统治之下……彼博格德汗（指清朝皇帝）亦应尽力求得我沙皇陛下之皇恩，归依于我沙皇陛下最高统治之下，而我大君主则定将对彼博格德汗施加皇恩，予以庇护，俾使免受敌人之侵害。望彼博格德汗本人臣服于我大君主沙皇陛下，永世不渝，并向我大君主陛下进贡，允准我大君主沙皇陛下之属民同博格德汗之属民在两国境内自由通商。①

这份训令从侧面反映了沙俄企图征服中国的狼子野心。米洛瓦诺夫是一位机警的人，他来到中国后，把阿尔申斯基的上述训令直接交给清朝官员，可能由于缺乏通晓俄文的人，清政府并不明了内中有要求中国臣属俄罗斯的侮辱性内容，所以还是友好地接待了他们。康熙帝不但亲自接见，还分别送给他绸缎、衣、帽等礼物，另派达斡尔总管孟额德陪同护送回返，并将一封国书面交阿尔申斯基，要求交回逃人根忒木尔，重申和平解决边境问题的意愿，希望沙皇“此后亦勿启边衅”，“勿相侵扰”。② 当时阿尔申斯基答应引渡根忒木尔，但后来经过多次交涉，均未兑现。这种蛮横态度，势必促使两国关系恶化。

1675 年，沙俄再次派遣尼果赖率领使团前来中国。在途中，他接到情报，得悉清廷正在全力平息“三藩之乱”，俄国只要出动两千军队，不仅可以征服达斡尔地区，还可以征服长城以北的整个领土。尼果赖认为，“目前正是建立勋业的一个有利机会”③，所以到达中国后，态度极为傲慢。在中国边界和来京途中，他为仪式问题与中国官员争执了 10 多天，为了检查国书，双方竟争持了一个多月。他坚持一定要面交中国皇帝，不得先行查阅。在递交国书时，又因仪式问题争论不休，最后双方达成妥协，决定国书递交仪式在宫中御座前举行，由大学士接受，双方在交接过程中均未发言，演了一场哑剧。1676 年 6 月 25 日，康熙帝正式召见尼果赖，开始他企图行鞠躬礼，但最后仍然勉强“朝着大殿行了三跪九叩礼”④。8 月 23 日，康熙帝回送俄皇及使臣礼品，这时尼果赖再次在礼仪上讨价还价。他表示皇帝送给他本人的物品，他可以跪接，但是送给俄皇的礼品，必须立受。双方整整僵持了一天，最后只得草草把礼物交给尼果赖。

---

① 《俄中两国外交文献汇编》（1619—1792 年），商务印书馆 1982 年版，第 33—34 页。

② 《俄中两国外交文献汇编》（1619—1792 年），第 37 页注①。

③ 曼考尔：《俄国与中国：1728 年以前的外交关系》，1971 年版，第 79—80 页。

④ 《俄中两国外交文献汇编》（1619—1792 年），第 48 页。

在交涉过程中，由于尼果赖态度傲慢，竭力规避围绕双方争端进行认真谈判，因此未能达成任何协议。尼果赖曾根据沙皇训令递交了一份照会，提出12条要求。鉴于双方争端未能解决，清政府郑重声明三项条件：一、由俄方派使者把根忒木尔送至北京；二、使臣应是一位通情达理的人，遵守中国礼节，不得违抗；三、沿边各地俄人不得再有侵扰，保持边境安宁。考虑到清政府曾给俄国去信，至今未见答复，此次不再函沙皇。尼果赖希望就12条要求做出答复。清政府表示：如果俄国不停止对华侵略，中国一条也不能接受；如果俄国履行了上述三项条件，“中国大臣不仅对使臣提出的十二项条款，而且即便是一百二十项条款，也将做出答复”①。尼果赖眼见自己的使命将全部落空，才一反常态，恳求清廷用拉丁文给他一封回书，并表示愿意按中国习惯跪接。为此，他在雨天的泥泞中整整跪了两个多小时。后来，清廷答应给他回书。他又要求改用平行款式。清廷见他反复无常，不可信赖，催他立即回国。1676年9月11日，尼果赖使团在北京待了三个多月后，只得一无所获地离开北京。回到莫斯科后，尼果赖即竭力鼓吹对中国发动侵略战争，声称只要“一支不大的欧洲军队，就可以把他们制服”②。这种狂妄的战争叫嚣，彻底暴露了这位“和平”使节的真面目。

除了外交方式，沙俄始终没有放弃武力手段。他们指望交互使用战争与外交这两手，实现对中国的侵略和掠夺。早在1643年，沙俄便派波雅科夫凑成一支132人的远征队，侵入我黑龙江地区。这伙强盗每到一处，就把那里变成屠场，杀人、放火、绑架、抢劫，无恶不作。波雅科夫在我黑龙江地区东劫西扰了三年，受到东北人民的激烈反抗，最后狼狈退出黑龙江时，生还者只剩下53人。但是，他们的贪欲并没因此收敛。波雅科夫等回到雅库茨克后，立即竭力描绘黑龙江的富庶，并妄称只要300名哥萨克，就可征服黑龙江流域。

1650年，哈巴罗夫带领188名亡命之徒和3门大炮窜入黑龙江上游，攻占了达斡尔头人阿尔巴西的村屯雅克萨，然后修筑堡垒，取名阿尔巴津，作为侵略据点。哈巴罗夫在黑龙江地区烧杀抢掠，犯下了滔天罪行：1651年6月15日，烧毁了头人达萨乌尔村寨的全部房屋。第二天，又窜进桂古达尔城寨，大砍大杀，共杀死大人、小孩661人，抢走妇女243人、儿童118人，全寨仅有15人死里逃生。在哈巴罗夫骚扰黑龙江地区的三年中，他们掳掠了无数的妇女，

① 《俄中两国外交文献汇编》(1619—1792年)，第51页。

② 尼果赖：《西伯利亚与中国》，1960年版，第224页。

屠杀了无数的男儿，烧毁了无数的村屯。

面对沙俄的入侵，当地群众和清军展开了一系列反击。1652年4月，宁古塔章京海色率兵突袭俄军驻地，各族人民纷纷前来助战，打死俄军10名，打伤76名（包括哈巴罗夫），初次打击了侵略者的嚣张气焰。两年之后，清将明安达礼率部攻打哈巴罗夫的继任者斯捷潘诺夫为首的沙俄匪军，多次给敌人以重创，斯捷潘诺夫叫苦不迭，供认“生活极其困难。我们吃草根树皮，所有的存粮早已在被围时吃掉”①。1658年，宁古塔昂邦章京沙尔瑚达率军1400人、战船47艘在松花江和牡丹江汇流处围歼俄军，当场击毙斯捷潘诺夫，打死、俘虏270名匪军。这次战斗为反击战的最后胜利奠定了基础。1659年，清军乘胜收复了雅克萨。第二年，沙尔瑚达的儿了巴海继续追击残余俄军，大败沙俄军残部于黑龙江下游，“斩首六十余级，淹死者甚众”②，取得了全歼侵略军的最后胜利，黑龙江中下游得以全部肃清。

沙俄屡遭失败，却并不死心。1665年，以切尔尼戈夫斯基为首的84名哥萨克匪徒再次窜入黑龙江，并重新占领雅克萨。1672年，沙皇政府将他们收编为正规军，并任命切尔尼戈夫斯基为雅克萨长官。1677年以后，沙俄侵略军不断向精奇里江推进，先后建立了结雅斯克、西林宾斯克、多伦斯克等堡寨。1683年，沙俄进一步加强了侵略黑龙江的力量，命令在托波尔斯克地区招募1000名哥萨克，组成军队，增援雅克萨，并决定设立雅克萨统领区，企图正式吞并中国的这块领土。侵略者所到之地，“抢劫居民，掳掠妇女，向中国的臣民勒索毛皮税，在中国的国土上捕貂，在中国的江河中采集珍珠”③，只要有利可图，几乎无所不为。

清朝对沙俄的侵略活动十分注意，但因南方有“三藩之乱”，无力北顾。1681年，“三藩之乱”平定，驱逐沙俄侵略者正式提上议程。清廷加强了对东北的边防建设，设置驿站，侦察地形，储备粮食，增造船舰，建立城堡，置兵屯守。同时，一再致信沙皇，劝令沙俄自动撤军。然而，清政府争取和平解决的努力，被沙俄当局视为软弱可欺，其侵略活动不但没有停止，反而变本加厉。

---

① 苏联科学院远东研究所等编：《17世纪俄中关系》第1卷，第183页。参见商务印书馆1978年中译本第305页，文字略有出入。

② 《清世祖实录》卷一三八，《清实录》三，中华书局1985年影印本，第1068页。（以下所引《清实录》，皆是中华书局影印本，只是出版时间略有不同。）

③ 特鲁塞维奇：《俄中通使与通商关系》，1982年版，第27页。

至此，康熙帝“决意命将出师，深入挞伐”①，于1685年2月正式派遣都统彭春率领水陆兵丁进攻雅克萨。6月23日，清军进抵雅克萨城下，向沙俄驻雅克萨首领托尔布津发去康熙帝谕令，要求他们立即退出雅克萨。可是，托尔布津仍想恃城抗拒。25日，一股沙俄援军从上游赶到，还没来得及登岸，便被清军全部歼灭。当晚，清军发起强攻，摧毁了俄军工事，俄军力不能支，托尔布津到军前求降，发誓决不重来雅克萨。彭春允许托尔布津率领700多俄人撤走，“其副头目巴十里等四十人不愿归去，因留之”②。被掳掠的各族居民160多人，皆进行释放安置。清军占领雅克萨后，摧毁了各种工事，然后回驻瑷珲。

谁知托尔布津言而无信，等清军撤走之后，又卷土重来，再次占领了雅克萨，并在雅克萨的下方建立起一座新城堡。康熙帝命令驻瑷珲的黑龙江将军萨布素率兵丁2000人再次征讨。1686年7月，清军抵达雅克萨。为了避免战争，萨布素致信托尔布津，劝俄军主动撤退。俄军无视清方劝告，准备顽抗到底。清军乃发动猛烈进攻，击毙托尔布津等100余人。由于重建的雅克萨墙厚沟深，继任的拜顿凭借工事坚固，进行顽抗。于是，萨布素决定改变战术，实行长期围困，伺机进攻。经过五个月的长期包围，800多名俄军或战死，或病死，或冻死，最后仅剩下150余人。第二年春天，仅剩66人。眼看即将全军覆没，沙皇政府无计可施，才接受了清政府多次建议的和平谈判。

1689年8月下旬，中俄谈判在尼布楚正式举行。尽管清方宽大为怀，答应适当让步；但俄方得寸进尺，要求十分无理。双方为此展开了激烈的争论，会谈几次濒临破裂。经过斗争，特别是尼布楚附近各族人民纷纷起义，要求重返中国。俄方代表迫于形势，才不得不降低要价。最后于9月7日，双方签订了中俄《尼布楚条约》，主要内容如下：③

一、以格尔必齐河、外大兴安岭和额尔古纳河为中俄东段分界线，凡岭南一带土地及流入黑龙江的大小诸川尽属中国，岭北一带土地及川流属于俄国。界于兴安岭与乌第河之间诸川流及土地，待两国查明之后，再定分界。

二、“俄人在亚（雅）克萨所建城障，应即尽行除毁。俄民之居此者，应悉带其物用，尽数迁入俄境。”

---

① 何秋涛：《平定罗刹方略》卷二，《朔方备乘》卷首五。

② 何秋涛：《平定罗刹方略》卷二，《朔方备乘》卷首五。

③ 王铁崖编：《中外旧约章汇编》第1册，生活·读书·新知三联书店1957年版，第1页。

三、“此约订定以前所有一切事情，永作罢论。自两国永好已定之日起，嗣后有逃亡者，各不收纳，并应械系遣还。”

四、“自和约已定之日起，凡两国人民持有护照者，俱得过界来往，并许其贸易互市。”

《尼布楚条约》是在平等基础上签订的中俄第一个条约。它对阻止沙俄入侵、促进中俄关系正常化起了积极的作用。

《尼布楚条约》签订后，中俄贸易有较大发展。清廷对俄商来华，在食宿、安全、税收等方面都采取特别优待政策，给俄国国库和商人都带来巨额的利润，却给中国造成严重的后果：第一，俄商来华有增无已，清政府都要供应接待，成了一项繁重的额外负担。第二，俄国来华毛皮增多，市场供过于求。毛皮积存太久，受到虫蛀，无法销售，清政府要暗填损失。第三，来华贸易俄商，无视中国法度，常常任意逞强，寻衅斗殴。第四，中段边界未定，不时有纠纷发生。为了解决上述问题，清政府曾多次照会俄方，要求两国定期择地会商，解决上述问题，划定中段边界。俄方一直不做答复，反而不断侵占中国蒙古北部领土，劫掠骚扰中国边民。清政府不得已，当 1716 年 11 月，俄国西伯利亚总督加加林为瓦·伊万率商队赴京贸易致函理藩院要求准予入境时，理藩院在复文中即只准许在边界贸易。三年以后又再函加加林，暂停入京贸易。俄国政府眼见大利所在的中俄贸易受到严格限制，亟待设法解决。当时彼得一世正忙于对瑞典用兵，需要得到中俄贸易的经济支持。为了保持和扩大对华贸易，彼得一世特派禁卫军上尉伊兹马依洛夫为特使携带国书来华交涉。1720 年 11 月 29 日，伊兹马依洛夫一行到达北京，后与中国官员进行过多次谈判，康熙帝也曾接见 10 多次，双方在通商和遣返边民问题上达成一些协议。可是，伊兹马依洛夫一离开中国国境就自食诺言，借口未奉政府指示，拒绝遣返逃人；而且，俄国还在我西北地区从事颠覆活动。清政府忍无可忍，乃于 1722 年 4 月宣布驱逐库伦俄商，暂停中俄贸易。

中俄贸易关系中断，俄国意识到局势严重，不得不重新考虑对华态度。1725 年 1 月，彼得一世病死，其妻叶卡捷琳娜一世继位。当时中国方面康熙帝也于 1722 年去世，其子雍正帝继位。沙俄政府决定借祝贺雍正帝登基之机，同时通报叶卡捷琳娜即位，派遣四等文官萨瓦为特命全权大臣出使中国。1726 年 11 月 1 日，萨瓦一行到达北京。清政府派遣吏部尚书查弼纳与萨瓦等进行会谈。双方在 6 个月内，会谈 30 多次。关于和平条约先后提了 20 份草案，每一条款都经过 20 来次争论，最后才于 1727 年 4 月 1 日就原则问题达成初步协议 10 条。

以后又转到布尔河畔继续会议，双方于1727年8月31日签订了《布连斯奇界约》，确定了中俄中段的边界以恰克图和鄂尔怀图山之间的第一个鄂博（蒙语，即石头堆）为起点，由此向东至额尔古纳河，向西至沙毕纳伊岭，北部归俄国，南部归中国。根据上述规定，中俄派出界务官会同划定地段，勘分国界，相继订立《阿巴哈依图界约》和《色楞格界约》。

边界问题是双方争持的焦点，上述界约的签订，就为订立全面和平条约打下了基础。1728年6月25日，双方代表在恰克图正式签订了关于中俄政治、经济、宗教、边界诸方面的总条约——《恰克图条约》。条约共11款，主要有四大内容：

一、重申了《布连斯奇界约》关于中俄中段边界的划分；再次强调对《尼布楚条约》规定的东段边界中待议部分"仍保留原状"，双方均不得占据。

二、规定来华俄商人数仍照原来定数，不得超过200人，每间三年进京一次，贸易均不收税，膳食自理。此外，在两国交界处进行零星贸易，可在尼布楚和色楞格之恰克图选择恰当地点建房盖屋，作为交易市场。

三、中国协助在北京俄罗斯馆内建造东正教堂，并允许教士由1个增至4个；此外，接受6名俄国学生来京学习满文、汉文，居住于俄罗斯馆。

四、从前越境逃犯容其留于原处，不再归还；嗣后之逃犯，两边皆应严行查拿，各自送交边界官员。

《恰克图条约》是《尼布楚条约》的继续和扩展，它的内容远远超出了边界的范围，是中俄关系的一项总条约。《恰克图条约》虽然是在中俄双方反复协商的基础上签订的平等条约，但由于清政府采取息事宁人的态度，不少方面做了妥协，使沙俄从中国得到了不少好处。不过，它的签订使以后相当长时间内中俄中段边界保持了安宁和稳定，对改善中俄关系、促进中俄间的物资交流起了积极作用。

五、其他西方国家的东来

17世纪，继荷兰、俄国之后来到中国的还有英国（下面有专章叙述）和法国。法国原是欧洲一个封建大国，对海外兴趣不大。1661年，法王路易十四当权后，为了向外扩张，才于1664年成立法国东印度公司，给予其在印度及包括中国在内的东方各地贸易权。不过行动迟缓，原计划1668年派船赴华贸易，但一直未见行动。直到1685年，才派了洪若翰、张诚、白晋、李明、刘应等5名传教士前往中国，1688年到达北京。1693年，康熙帝派白晋带着他的礼品回法国答谢。白晋抵法后力劝法王路易十四派商船来华。1698年，路易十四派遣海军军官数人，耶稣会士雷孝恩、巴多明、马若瑟等10人，偕同白晋乘商船"安绯得里底"号来华。临行前，路易十四对船长第·拉·洛克训示："汝应细心认识所过中国海岸线之各处，毋有遗漏。并打听该海岸各时季之风讯、潮汐、水流，及其他关于停泊启船之适当时间；如有可能，并应搜集该国之埠口、碇泊所及海岸之地图与中国人之航海记录，于返国时，立奏呈于朕。""于该国勾留时，应打听该国如何与亚洲及欧洲诸国家贸易，以便于返国时做精确之记录，以为将来对该国贸易之准绳。"① 该船于1698年3月6日由拉罗舍尔起航，11月2日抵达广州。在广州停留了一年多，购买了大量瓷器和丝绸，于1700年1月8日返航，8月3日回到圣路港。由于此行获得丰厚利润，调动了法商对华贸易积极性。

当年法国即将负责"安绯得里底"号贸易的诸当公司和东印度公司合并，组成中国公司，并派"安绯得里底"号第二次来华，带回大批漆器，对后来法国漆器工艺与艺术风格产生了极大影响。1704年，又有2艘商船来华，企图在广州建立巨大货栈。1712年，新的对华贸易公司成立，资本90万镑，并获得对华贸易权50年。1716年，法国来华商船6艘，几占停泊黄埔20艘商船的三分之一。1719年，新的对华贸易公司又与东印度公司合并，并于1728年在广州设立商馆，经理对华贸易。据统计，1716—1753年，法国来华商船共39艘。1753年，欧洲各国来到广州的商船共计27艘，其中英属东印度公司、散商、港脚商共10艘，法国5艘，荷兰6艘，瑞典3艘、丹麦2艘，普鲁士1艘。1754—1774年，因为英法发生七年战争，20年间没有一艘法船来华。1776年2月，法国在广州设置领事，处理法人事务，中法贸易有所恢复。

由于法国支持美国独立战争，与英国矛盾重新激化，法国对华贸易再次受到英国打击。美国正式独立后，法王路易十六于1785年谕令重设东印度公司，但法国对华贸易仍无进展，每年来华商船不过1—4艘。1790年，法国东印度公司奉令停闭，这时法国已爆发了大革命，经重新调整后，以私有公司的资格重新成立。此后，法国对华贸易成为"自由之贸易"，不复受政府统制。1801年，法领事第基英返回巴黎，至此法国第一领事馆关闭。1804年，法国商馆亦租与

① 张雁深：《中法外交关系史考》，长沙史学研究社1950年版，第13页。

英人。直到鸦片战争前，法人对华贸易一直进展不大，而法国传教士在华活动却颇具基础。

德国未统一前，普鲁士商人曾在18世纪来华。普鲁士的前身为勃兰敦堡，1701年始改普鲁士。因白旗上画一鹰，人呼单鹰国。1730年，曾有商船到达中国。1752年，由普鲁士国王腓特烈二世特准，受普鲁士王家艾姆敦对华与亚洲贸易公司派遣，"普鲁士国王"号从艾姆敦驶往中国，到达中国后受到友好接待，在广州顺利地采购了各种瓷器、茶叶、生丝、丝织品。他们把这些商品运回艾姆敦拍卖时，汉堡、不来梅、法兰克福、科隆甚至荷兰等地商人都赶来采购，一度引起轰动。此后，1752—1757年到达中国的普鲁士王家商船共有10多次。为了发展对华贸易，普鲁士王国于1787年在广州设置领事。不过，由于国家不统一，直至鸦片战争前，对华贸易始终未有重大进展。

瑞典又称蓝旗国。其东印度公司成立于1626年，但直到1732年才有船来华贸易。整个18世纪，每年到达中国的船只从未超过3艘，以土产黑铅、粗绒、洋酒、葡萄干等换取中国的茶叶、瓷器等。1732—1747年，瑞典共派船22艘来华，其中有4艘在路上沉没。据记载，1750—1751年度，停泊澳门的欧洲船共18艘，其中英国9艘，荷兰4艘，法国和瑞典各2艘，丹麦1艘。

丹麦在中国史籍中称黄旗国或哇国。早在1612年，就有东印度公司的组织，1731年始有商船来华。1732—1744年，丹麦派了32艘船来华，其中返回的有27艘。中丹贸易虽未间断，但总的来说，贸易额不大。

奥地利因旗帜上有双鹰，人称双鹰国。维也纳政府于1722年组织东印度公司，1727年派船来华。因当时比利时是奥地利的属国，这些船实际上来自比利时的奥斯坦德港。

在西方各国中，来华较晚的是美国，贸易发展最快的也是美国。1783年，美国正式获得独立。第二年，他们派遣了"中国皇后"号取道好望角来到广州，卖掉了带来的货物，买进茶叶、丝绸、瓷器、漆器、象牙雕刻等中国货，于1785年返回纽约，获得纯利37727元。"中国皇后"号的航行成功，在美国引起了巨大轰动。美国国务卿洁伊认为"开辟了一条美国财富的巨大发展道路"，纽约一家报纸甚至要求纽约全城的"教堂敲起钟来，一起向上帝感恩"。① 美国国民对此也极为兴奋，从而迅速激起航行中国的热潮。"每一个小坡小溪，能容5

① 《劳顿氏纽约邮班报》1785年5月12日，转自汪熙等：《鸦片战争前的中美贸易》，见汪熙主编：《中美关系史论丛》，复旦大学出版社1985年版，第95页。

个美国人居住的小村，都在计划到广州去”①。为了发展对华贸易，1786 年，美国国会任命“中国皇后”号的船货管理人山茂召为驻广州领事，这是美国在亚洲地区设的第一个领事，表明了发展对华贸易的巨大决心。此外，美国还制定鼓励税则，鼓励国内外商人输茶入美。

美国对华贸易的初期利润高得惊人，有时甚至高达 400%—500%。高额的利润吸引了越来越多的美国船。据统计，1784—1799 年，来华的美国商船共有 118 艘，成为除英国外来华商船最多的国家；1799—1801 年，甚至连续三年超过英国来华船数；1805—1839 年，美国来华商船每年少则 18 艘，多则 29 艘。鸦片战争前，中美贸易仅次于英国而居第二位。美国东部的许多城市如波士顿、纽约、费城，都是靠对华贸易发展起来的。美国第一批百万富翁也是在对华贸易中形成的。

18 世纪，除了以上各国外，先后来华贸易的还有汉撒同盟，意大利之突斯堪、热那亚、撒丁尼亚。葡萄牙、西班牙、荷兰的贸易仍在继续，但不占重要地位。

在西方来华的各国中，有些小国来华只是互通有无，尚不具备殖民或侵略性。他们对华只是要求通商，并未提出在中国建立殖民据点的要求，甚至连反映贸易经常化的商馆都未建立，自然谈不上有把中国变成殖民地的野心。但是葡萄牙、西班牙、荷兰则不同，他们来华具有明显的殖民野心。他们不但一再表明要征服中国，使中国殖民化，而且先后在中国或邻近国家建立殖民据点，作为实现征服中国的重要步骤。只是由于实力不足，以及中国人民坚持抵抗，他们的殖民图谋才相继破产。然而，殖民主义就是侵略，其本性是不会改变的。老殖民主义者在中国的侵略失败了，新殖民主义者继承了老殖民主义者的衣钵，采用军事的、政治的或经济的手段，变本加厉地推行殖民扩张政策。沙俄和英国在鸦片战争前的侵略活动，就是明显的例证。

① 休斯：《两个海洋通广州》第 27 页，转自卿汝楫：《美国侵华史》第 1 卷，生活·读书·新知三联书店 1952 年版，第 27 页。

第二章　明清时期的中西文化交流（1552—1839 年）

一、明代后期西学的传入与中国国情的西传（1552—1644 年）

1. 传教士：中西文化交流的使者

跟随葡萄牙殖民者来到中国的，还有天主教耶稣会等传教士。这些传教士来华，除了为葡萄牙殖民服务外，主要目的是传播西欧流行的基督教。但他们为了争取中国人对天主教的信仰，也把当时西方先进的科学技术介绍到中国，为传播天主教开辟道路；同时，又将中国的社会状况，包括政治、经济、军事、文化、历史、地理等报告给西方各国。因此，耶稣会传教士在明清时期，实际成为不自觉的中西文化交流的使者。

中世纪的西欧各国，是政治黑暗、经济落后、文化闭塞的封建社会。政治上，封建领主和教会势力勾结，对广大群众实行残暴统治。罗马帝国自从 395 年东西分裂后，西罗马的国势江河日下。罗马皇帝为了巩固自身统治，从思想方面控制群众，大力宣扬基督教的教义。天主教因此得以很快传播到西欧各地，并且在各地建立教区，任命主教管理。476 年，西罗马帝国灭亡，欧洲许多地方逐渐封建化。经济上，封建领主制在形成过程中。各地天主教会的主教和修道院院长等高级教士，往往作为世俗国王或皇帝的封臣获得大量封土和农奴，演变成大封建主。封建领主制普遍确立后，教会在西欧各国一般均占有全部土地的三分之一左右。世俗王权和领主广泛干预教会事务，加剧了教会的堕落和腐化，激发了各种社会矛盾。12 世纪末、13 世纪初，教皇英诺森三世统治期间，天主教会的权势盛极一时，法国、阿拉贡、莱昂、葡萄牙、瑞典、丹麦、波兰和匈牙利等国，都臣属于他；他还将英国的王位转授给法国国王。兰顿（今伦敦）的大主教也承认自己是教皇的臣属。英诺森三世甚至妄称：教皇的权力像太阳，君主权力像月亮，月亮的光辉只是太阳光辉的反映。只有皇帝和最强大的国王，才能吻教皇的手；其余的国王和诸侯，只能吻教皇拖鞋上的十字。在思想意识领域，神学成为显学，学校不过是修道院的附属品。即便是世俗王权开办的宫廷学院，担任教师的也是教士和僧侣。他们骄奢淫逸，却向群众宣传“清贫福音”，鼓吹禁欲主义，劝人民安于贫困，忠于教皇，放弃反抗，竭力维护当时存在的社会秩序。基督教的《圣经》中有“原罪”的说法，鼓吹“人生来有罪”。教会为了向教民搜刮钱财，就利用“人生来有罪”的说教，发行“赎罪券”，逼迫信徒购买。教士们向人们宣传，单凭祷告忏悔，尚不足以免罪，只有购买赎罪券，同时经常忏悔祷告，请求赎罪，自己的灵魂才能得救，死后才能进天堂享乐。他们宣称人类是犯了罪的奴隶，完全否定人的价值和世俗欲望。

随着中世纪末欧洲各地工商业的发展和文艺复兴运动的兴起，人们开始觉悟：世界是以人为本，不是以神为中心；提倡“人权”，反对“神权”。肯定人是世界的创造者和生活的享受者，批判禁欲主义，提倡自由平等；提倡发展文化教育，反对教会的蒙昧主义，鼓吹全面发挥人的才智。早在14世纪后期，英国牛津大学教授约翰·威克里夫就系统地阐述了宗教改革思想，反对教皇掌控世俗权力，主张教会隶属于本国国王，建立摆脱罗马教廷控制的民族教会；反对教会拥有财产，主张教产由国王没收，教廷无权向各国征收贡赋；否认教士有赦罪权，认为《圣经》的权威高于教会，应该用民族礼仪举行宗教仪式。他还把《圣经》全部译成英文。威克里夫的宗教改革思想迅速传入欧洲大陆。捷克布拉格大学教授约翰·胡司在威克里夫思想的影响下，反对教会占有大量地产，抨击传教士腐化堕落，认为传教士的特权地位，不符合基督教徒在上帝面前人人平等的基本特权。1412年，胡司号召布拉格士民举行示威，反对教皇约翰二十三世兜售赎罪券。他虽然获得市民、城市平民和农民的广泛支持，却被教会以“异端”罪名逮捕，并被处死。胡司的遇害，激起了布拉格市民的起义，爆发了著名的“胡司战争”。1420—1431年，罗马教皇和德国皇帝先后组织了五次十字军远征，才把起义镇压下去。这次起义虽然失败了，却成了16世纪德国路德宗教改革的先导。

罗马教皇把德国当作“教皇的奶牛”，肆无忌惮地进行搜刮掠夺。据统计，从德国流入罗马的财富，每年达到30万古尔敦。德国的士民阶层和人民群众都深受教会的压榨之苦。德国维登堡大学教授马丁·路德在人文主义及胡司宗教改革思想的影响下，逐渐形成了“因信称义”的宗教学说，认为人们的灵魂获救，只需依靠本人虔诚的信仰，直接和上帝相通，用不着通过教会的神职人员和外在的善功，否定了天主教长期宣传的人的灵魂得救必须通过教会帮助的救赎活动，从根本上否定了教会和僧侣的社会功能。1517 年，教皇立奥十世为了建筑世界上最大的圣彼得大教堂，派出特使赴欧洲各地兜售赎罪券，借以筹集建设基金。派往维登堡的教皇特使约翰·特兹尔在布道时声称：只要购买赎罪券的钱币落进钱柜，叮当一响，买主所挂心的那个罪人的灵魂，立刻从炼狱飞升天堂。路德听了这种荒谬说教，愤愤不平。10 月 3 日，他在维登堡教堂前贴出亲自撰写的《关于赎罪券效能的辩论》（又称《九十五条论纲》），有力地驳斥了教会吹嘘的赎罪谬论，得到了德国广大群众的积极支持，立刻在德国掀起了群众性的宗教改革运动。1520 年，路德又发表了《致德意志民族的基督教贵族书》《基督徒的自由》等三篇著名文告，阐述了他的改革主张。1543 年，路德翻译的《圣经》德文版出版，书中恢复了早期基督教的民主平等精神，为人民提供了对抗天主教倒行逆施的强有力思想武器。1546 年，路德因病去世。路德死后，他所创立的教派在欧洲尤其是北欧各国得到广泛传播。德国北部、中部与北欧诸国，纷纷改奉路德教，掀起一场越来越大的宗教改革运动。

继路德之后，力倡宗教改革的还有法国人加尔文。加尔文在青年时代就受到人文主义的影响，1528 年进入奥尔良大学后，又用人文主义观点研究法律。1531 年去巴黎专攻神学，深入研究了路德派的著作和翻译的《圣经》。1534 年因受到迫害，逃到瑞士巴塞尔。1536 年出版了他鼓吹宗教改革的代表作《基督教要义》。随后他转到日内瓦，把那里作为宗教改革的基本阵地。《基督教要义》是他毕生研究新教的心血结晶，初版时只有 6 章，后经不断补充完善，到 1559 年最后修订版时扩充到 80 章，成为宗教改革时期影响最大的一部新教百科全书。加尔文主张信仰得救，主张简化教会组织，规定教职人员由民主选举产生，从而彻底改革了教会组织。在他的主持下，日内瓦完全从罗马教会的制约下解脱出来，成为一个政教合一的神权共和国。在加尔文教里，长老的地位十分突出。加尔文则成为日内瓦教皇。

英国的宗教改革，历经改革与反改革两股势力的反复较量，直到 1558 年伊丽莎白女王继位后，重立英国教会，释放大批被关禁的新教徒，允许流亡外国的新教徒回国，清除枢密院中的天主教徒，局面才得到改变。1559 年，她授意国会重新通过法令，规定所有神职人员必须效忠女王，否则革职。1563 年，她还亲自审订批准了议会通过的《三十九条法规》，确定《圣经》是信仰的唯一准则，否认教皇对教会的至高无上的权力，英国的宗教改革才最终完成。

欧洲的宗教改革如从1517年路德发表《关于赎罪券效能的辩论》算起，经历约半个世纪，已经在欧洲各地广为开展，几乎半个欧洲均摆脱了罗马教廷的控制，改奉基督新教。面对这股改革潮流，罗马教廷和各地的天主教会曾经竭力进行抵制。他们在内部进行整顿，革除教会内部的一些弊端，借以继续维护教皇权威，同时，对仍然信奉天主教的世俗王国如法兰西、西班牙等做出让步，争取他们对天主教的支持，以求联合起来反对新教。再是改组异端裁判所，对新教加紧迫害，企图抑制新教的发展。最后是企求向海外殖民地发展，以期失之东隅，收之桑榆。罗马教廷采取和西班牙、葡萄牙等国结合，派遣传教士随同海外殖民者向海外各地传教，寻求在海外得到补偿。耶稣会士受罗马教皇派遣，由葡萄牙国王等资助，纷纷来到印度沿海、东南亚各地，以及日本、中国传播天主教，就是在这种形势下进行的。

耶稣会初名耶稣军，仿效军队组织，训练也和军队一样，要求绝对服从。创始人伊纳爵·罗耀拉，出生于西班牙北部一个贵族家庭，先在西班牙国王斐迪南的宫廷里做侍从，后来参加军队。1521年，法军围攻西班牙北部的潘普洛纳，他英勇参战，右腿受了重伤致残。在养病期间，他研读了耶稣基督、圣·多米尼克、圣·法兰西斯的生平事迹，对于他们的崇教、护教精神深表敬慕。后来，在多米尼克修道院里，在梦见“异象”的启发下，开始写作《灵性操练》（又译《神操》）一书。这是一本专门讲述宗教道德修养的书，会士入会，必须根据《灵性操练》一书规定，在一位精神教练指导下，进行为期四个星期的严格训练。第一周，以《天主十诫》《圣教四规》和教宗的敕令训谕等作为准则，对自己以往的思想言行进行严格的反省自律，达到洗涤前非、重新做人的目的。第二周至第四周，利用回忆、默念，从天主受难、圣母经受种种苦难的经历中感受痛苦，使对过去罪过的认识更加深刻，借以坚定救人救世、为天主事业献身的意志，割断私爱和情欲，立志绝财、绝色、绝意，绝对服从教宗，无条件执行教宗的一切命令。为了便于渗入社会各个阶层，会士不穿会服，倡导学术研究，强调文化传教。1528年，罗耀拉进入巴黎大学学习，在此后七年的学习中，他修完神职学课程，手订《耶稣会章程》，聚集志向相同的道友皮埃尔·勒费弗尔、方济各·沙勿略、迭戈·莱内斯、阿方索·萨尔梅龙、尼古拉斯·波瓦迪利亚、西蒙·罗德里格斯，于1534年8月15日，在巴黎蒙马特尔高地圣马利亚教堂共同宣誓，前往耶路撒冷，为教会和人类服务。后来因为战事阻挡未能前往，于是决定回罗马向教皇请示今后方向。教皇保罗三世对他们说，如果你们热望为教会服务，为天主教的教会做贡献，则现实的和真正的耶路撒冷就在意大利。罗耀拉乃决定改变计划，向教皇提出建立新的修会的建议，准备在任何时间、地点，用任何手段，反对马丁·路德及其追随者。1540 年 9 月 27 日，教皇保罗三世正式批准罗耀拉组织的修会为耶稣会。这时尚没有明确的会章，只规定设一位首领，会士必须绝对服从首领，首领和教皇指向哪里，就奔向哪里，万苦不辞。1541 年 4 月，罗耀拉被选举为第一任会长，直到 1556 年他去世。耶稣会会章的主要内容是罗耀拉生前拟定的，但直到他死后才全部完成。耶稣会的最高领导人为总会长，会士对他必须绝对服从。每一个地区设分会长一人，由总会长任命。到 16 世纪下半叶，耶稣会组织在意大利、西班牙、葡萄牙有很大发展，成为反对宗教改革的急先锋。

天主教传入中国，经历了一个曲折的探索过程。耶稣会自从成立以后，即热心于海外传教事业。由于他们的努力，天主教传播到了非洲和美洲地区。最先来到亚洲传教的方济各·沙勿略，是罗耀拉最初的同道者之一。他是应葡萄牙国王约翰三世（一译若奥）的请求，由罗马教皇派遣到印度及东亚传教的。1541 年，教宗任命他为教宗钦使兼东方教务巡视员。他于 1542 年 5 月 4 日到达印度果阿，在印度创办了一所培育传教士的学院，并在印度南部各沿海港口传教讲道。1545 年后，沙勿略前往马六甲、摩鹿加、锡兰（今斯里兰卡）等地传教，得到了一些日本和中国的信息，萌发了去日本传教的思想。1549 年 8 月 15 日，沙勿略偕同岛来斯神父、斐迪南修士、日本人保禄弥次郎、中国人玛努尔，和一个马拉巴人亚马道，抵达日本九州南端的鹿儿岛。这个岛是弥次郎的家乡。到这年底，鹿儿岛已有 150 人、附近地区有 450 人领洗入教。1551 年，沙勿略晋见日本山口君主大内义隆，递呈国书，敬献自鸣钟、洋琴、望远镜、玻璃花瓶、西洋画等礼品，获得自由传教允诺。沙勿略在日本得知，日本的文物制度是由中国传去的，从而产生了前往中国传教的愿望。

1552 年 1 月 24 日，沙勿略回到印度科钦，并带去一名日本使节。果阿总主教阿尔布奎克赞成沙勿略出使中国的计划，并且派贝雷拉为使者随同前往。沙勿略致信罗耀拉总会长，报告拟往中国的计划，并且强调去中国传教的人，必须是有学问的饱学之士。他在信中说："中国幅员广大，人民爱好和平，政治清明，全国统于一尊。臣民对皇上非常顺服。……如果在印度并无棘手的事情羁身，我计划本年（1552 年）前往中国开教，然后回日本。原来日本现行各教派，无一不来自中国。如果日本知道中国业已接受了教主的福音，自必起而追随，放弃现有各教。”① 4 月 8 日，沙勿略又致信葡国王约翰三世，告诉他将随葡国专使贝雷拉觐见中国皇帝，请求传教自由。5 月，沙勿略一行到达马六甲，却遭到马六甲长官亚戴德不准商人贝雷拉充当使节的刁难。几经交涉，均遭拒绝。于是沙勿略只得偕费来拉修士和马拉巴仆人克里斯托夫，以及中国仆人安东尼前往中国。8 月底，他们乘坐“圣十字”号抵达中国南海上川岛，在山坡上搭建草棚作为临时教堂。他们从一位自广州监狱逃出来的葡商马沙佛斯那里得悉，潜入广州非常危险，而答应帮助他们偷渡的中国商人又迟迟不来。费来拉修士返回印度。沙勿略染上疾病，时常发高烧，不能进食，亦不能说话，延至 12 月 3 日晨去世，年仅 46 岁。为沙勿略料理丧事者仅中国人安东尼及两名本地人。他的遗体后来被运往果阿安葬。天主教人称沙勿略是“远东开教之元勋”。利玛窦十分赞赏沙勿略的贡献，认为“最初的想法和实现它的最早的努力都是他的，他的死亡和葬礼导致了传教的最后成功，这一情况证明他对创始者和奠基者的称号是当之无愧的”②。

从沙勿略开始到 1579 年止，据统计，先后来到中国的传教士共有 57 人（耶稣会士 32 人，方济各会士 22 人，葡萄牙多明我会士 1 人，西班牙奥斯定会士 2 人）。1557 年 7 月 20 日，葡萄牙耶稣会士巴莱多至上川岛谒沙勿略墓。8 月 3 日，在浪白澳建草屋数间，成立一传教所，并在广州居留两个月，想营救 3 名葡人及 3 名中国教徒，没有成功。1556 年，葡籍多明我会修士克路士来到广州，留下一部鲜为人知的《中国志》，报道了中国各方面的情况。③ 这当是天主教会士对中国最早的报道。1562 年，葡萄牙国王塞巴斯蒂安命令葡属印度总督唐·雷堂多派使团去北京朝廷。总督任命佩雷拉为使团团长，于 4 月从果阿启程赴广州，同行者有佩雷斯、特谢拉和平托神父。但他们只抵达澳门，未能进入中国内地。1565 年 11 月 21 日，佩雷斯、特谢拉、平托神父进入广州，向中国当局呈递国书，请求居住在内地传教，未获批准。1568 年，传教士卡内罗到达澳门。1572 年，耶稣会士在澳门创办圣保禄医院，培养神职人员，教授神学、哲学和拉丁文。当时在澳门入天主教的中国人，必须学习葡国语言，改用葡国人姓名，效仿葡人生活方式。

1573 年，罗马耶稣总会任命范礼安为远东教务视察员。范礼安于 1574 年率

① 顾卫民著：《中国天主教编年史》，上海书店出版社 2003 年版，第 58—59 页。

② 利玛窦、金尼阁著：《利玛窦中国札记》，中华书局 2010 年版，第 127 页。

③ 顾卫民著：《中国天主教编年史》，第 70 页。

领38名耶稣会士从葡萄牙动身前往远东传教。1576年1月23日，罗马教皇额我略十三世颁布通谕，将澳门和马六甲分为两个教区，澳门教区从此正式成立，统管中国、日本、朝鲜及附近海岛的传教事务，隶属于果阿总主教区，卡内罗担任主教。1578年3月24日，罗明坚、利玛窦等14人，根据葡萄牙国王向罗马教皇的请求，由耶稣会会长派遣，从里斯本出发，乘“圣路易”号前往印度，于同年9月13日到达果阿。7月，范礼安结束对印度的教务巡视，到达澳门，在这里停留了十个月。范礼安经过考察，认识到中国是一个有悠久历史文化的国度，不宜像过去那种让信教者学葡语、取葡名、过葡萄牙生活方式。在中国传教，应当尽量了解中国的礼俗、社会和民情。为此，他致信印度区耶稣会大主教罗德里哥·文森斯，建议选派学识和品德均优的青年传教士来中国居住，学习中国语言文字，伺机把天主教传入中国。果阿大主教接受范礼安的建议，1579年派遣罗明坚前往澳门，做进入中国内地传教的准备。

罗明坚生于意大利的那不勒斯。他于1579年7月到达澳门后，即遵照范礼安的安排，努力学习汉语汉文。经过一年的努力，即可用汉语和华人交谈。当时明朝政府规定，每年一至六月为广州贸易季节，允许外国人前往广州交易，但不得上岸居住。1580年春，罗明坚跟随葡萄牙商人首次来到广州，结识了总兵黄应甲，并送给黄应甲一块计时表。由于举止温文尔雅，又能说汉语，罗明坚博得了黄应甲的欢心，被特许安排在供暹罗（今泰国）贡使食宿的驿馆居住。1582年，两广总督陈瑞通知澳门的主教和葡澳总管（相当于市长），要求他们前往总督驻地肇庆见他。耶稣会澳门主教和葡澳总管经过商洽，并征得范礼安的同意，决定派罗明坚代表主教，市检察官本涅那代表市长前往；同时准备了一份包括三棱镜、带褶的纯丝衣等总价值超过一千金币的礼品。陈瑞以盛大的仪式接待了他们。罗明坚告诉陈瑞，他已开始研究中国语言和文献，请求给他安排一个住宿的地方居住。陈瑞表示：“客人以后再来时，可以答应这个请求。”①在私下里，陈瑞还给了他一笔银子，请他购买同样一份礼品下次带来。会晤之后陈瑞设宴招待了他们，并且又以隆重的礼仪送他们上船。

同年8月，利玛窦应罗明坚的请求，也来到澳门。印度教区主教神父给他一块很精致的表，作为送给中国教团的礼物。恰好当时澳门总管派他的检察官携带陈瑞所要求的礼物回去。不巧的是，准备随同前去的罗明坚病了，不能同往。罗明坚请检察官转告陈瑞：罗明坚打算送一个能报时的时钟给他。陈瑞听

① 利玛窦、金尼阁著：《利玛窦中国札记》，第149页。

说后，即吩咐他的手下以他的名义写一封信，邀请罗明坚病好之后即去见他，同时把那件新奇的礼品带去。信中公开允许神父们在广州城修建一所房屋和一座教堂。当时弗·巴范济也路过澳门，准备去日本。由于有这个机会，他临时改变主意，由巴范济主持，罗明坚协助，前往肇庆，献上时钟和三棱玻璃镜。镜里显示出漂亮的五颜六色。总督看了，既高兴又惊异，立刻分配城郊天宁寺旁一座宽敞的住所供他们居住，并且不时馈赠食物和其他东西。罗明坚等在肇庆住了四五个月，接待与拜访了当地一些官绅，并且得到总督侍从的许诺，把利玛窦神父也请来。可是，正当进展十分顺利之时，明朝皇帝于 1583 年 4 月下达谕令：陈瑞被解除总督职务，由郭应聘继任。陈瑞感到情况不妙，怕因传教士留居肇庆被加重处分，乃发给他们一份公文，支使他们前去广州，并要求广州的主管官员给他们提供一个住所和一块修建教堂的地皮。可是，待罗明坚拿着这份公文到达广州时，主管的海巡道员不在，河岸的守兵不许他们登岸。无可奈何，他们只得返回澳门。随后，巴范济去了日本。

幸运的是，罗明坚等人通过结交新任总督郭应聘的下属肇庆知府王泮，于 1583 年 9 月 10 日又得以重返肇庆。罗明坚和利玛窦被安排住在城东西江之滨的一座宝塔旁。9 月 14 日，王泮召见了罗明坚和利玛窦，告诉他们，总督批准拨给一块地方，修建一所教堂和房屋。此后两年，中国内地的第一座天主堂终于在肇庆落成，位于城东崇宁塔之旁，定名仙花寺。知府王泮致送匾额两块，一块写上“仙花寺”，悬挂于教堂门首；另一块写着“西来净土”，挂在教堂大厅。罗明坚用汉文编写的《天主圣教实录》，经过多人帮助修订，也于 1584 年刻印了 1200 册，作为天主教的宣传品散发。此外，还刊印了《祖传天主十诫》。后来，罗明坚又到王泮的家乡浙江绍兴和广西桂林从事传教活动，但未能打开局面。

罗明坚在中国传教过程中逐渐意识到，中国是君主权威最大的国家，要想在中国顺利传教，必须设法请教皇派遣使节来中国面见皇帝，争取皇帝的支持。为此，他征得范礼安的同意，于 1588 年 12 月 20 日动身返回意大利向教皇陈述计划，请教皇派遣使团来华，晋见皇帝。事不凑巧，当罗明坚回到意大利时，适逢教皇西斯笃五世去世。接任的乌尔班七世仅在位 17 天，格列高利十四世在位也只十个月，英诺森五世在位两个月。罗明坚因为教皇频繁更换，几经交涉，皆不得要领，最后于 1607 年死于意大利。罗明坚离华后，中国的传教事务主要由利玛窦主持。由是利玛窦成为中西文化交流最有影响的人物。

利玛窦，字西泰、清泰，号大西域山人，中国士大夫称他为利子、利先生、利进士，是一位虔诚的天主教传播者。1552 年 10 月 6 日他生于意大利马切拉塔城，1561 年以优异成绩进入马切拉塔耶稣会办的小学校。1568 年其父亲期望他做官发财，把他送到罗马日耳曼公学院念书。可是，他却立志传播天主教。1571 年 8 月 15 日，利玛窦正式加入罗马耶稣会，进入圣安德烈备修院，决心舍弃个人的荣华富贵，立志为传播天主教牺牲自己的一切，从此成为一位虔诚的耶稣会修士。1572 年，利玛窦进入耶稣会主办的罗马公学，有一年多时间，他的指导老师是后来担任耶稣会总会长的克洛德·阿夸韦瓦。此后几年的学习生活，为他一生事业奠定了坚实的基础。利玛窦入公学后，除了第一年学习数学外，第二年还用约四个月时间学了《欧几里得几何》前四卷，又以一个半月学了应用数学。教他数学的是耶稣会著名数学家克拉维乌斯。克氏和哥白尼、伽利略均有很深的交情，“是 16 世纪德国学者传播数学知识成绩卓著的一位功臣”①。在教学上，他要求学生把数学和哲学有机地联系起来，要求学生自己研究问题，把数学应用到实际中去。比如天体的运动、星辰的异象，海潮的涨落，风、彗星、虹、日月之晕及其他各种天象。他希望学生通过学习，解决几何学、天文学上的难题，寻找欧几里得几何的某些定义的新证法，或者对亚里士多德、柏拉图关于数学的论述作注解。② 此外，第二年利玛窦还学了天文学两个半月，地理学两个月，年末的剩余时间又用来学了《欧几里得几何》的第五、六卷。第三年学习星盘两个月，行星原理四个月，透视学三个月，剩余时间学习了钟表的制造和教会历法。当时罗马公学所用的教材，已注意吸收 16 世纪的科学研究新成果。比如地理学，西班牙、葡萄牙的航海家发现的新大陆、新航路，以及众多岛屿，均在地理学中有所叙述。通过学习，他初步掌握了天文仪器、钟表的制作技巧。1574—1576 年，利玛窦还在罗马公学学了修辞学。枢机主教贝拉明，是能言善辩的著名辩论家。从 1576 年 9 月贝拉明开设有名的“辩论课程”起，利玛窦每周都要去听他演讲两次。利氏后来长于思辨，与贝拉明的教导颇有关系。利玛窦在罗马公学还学了神学（哲学）课，但学到第三年就离开公学，开始了他的传教生涯。

1576 年 12 月 8 日，耶稣会印度教区办事处主任希尔法由东印度回到罗马，要求增派赴东方的传教士。利玛窦听到消息后，即向耶稣会第四任会长默阿亚诺提出申请。他的要求很快得到批准。1577 年 5 月 18 日，利氏由罗马启程赴葡萄牙。1578 年 3 月 24 日，利玛窦和罗明坚、孟三德等搭乘葡萄牙商船“圣路

① 裴化行：《利玛窦对中国科学的贡献》，1935 年版，第 33 页。

② 裴化行：《利玛窦对中国科学的贡献》，1935 年版，第 34 页。

易”号离开里斯本，同年9月13日到达印度果阿。在那里入沙勿略创办的修道院继续攻读神学，并学习钟表、机械、印刷手艺。1581年，利玛窦在印度科钦传教时升为神父。

1582年8月7日，利玛窦应范礼安之召，与巴范济由果阿抵达澳门，随即开始学习汉语，了解中国的风土人情和政治制度，为进入中国内地传教做准备。1583年9月10日，利玛窦随罗明坚首次来到肇庆，和知府王泮经常互访，彼此之间建立了密切的关系。在王泮的影响下，肇庆的官绅纷纷和利玛窦交游。不过，当地群众与官绅的态度大不相同，对于西方来的陌生人相当冷淡。利玛窦看到普通中国人对天主教不感兴趣，初到时闭口不谈宗教信仰，而把主要精力放在与士大夫交往，同时努力学习汉语和中国经籍，从中寻找与天主教信仰的共同点。此外，他们不断展示从西方带来的奇器特产，期望用先进科学技术博取群众好感。比如在肇庆住地开设教会图书室，听任观众参观阅览。他还亲自制作天文仪器，分赠当地官员和友好人士。为了接近民众，利玛窦在饮食起居方面尽量做到中国化。他的意大利姓名译音是玛泰奥·利奇，为了使姓名带有中国韵味，自称姓利，名玛窦。衣服则穿佛教僧侣服装。1589年利玛窦移居粤北韶州（今韶关），在那里建立了中国的第二座天主堂。在韶州，他和瞿太素建立了深厚的友谊，通过瞿太素，还结识了不少南来北往的达官贵人。瞿太素名汝夔，江苏常熟人，其父瞿景淳，官至礼部尚书。瞿太素和利玛窦结识之前，沉溺于炼金术，自从和利玛窦结识之后，执弟子礼，转向学习西方科学技术，对数学特别感兴趣。他表示愿意入教，但因他为了生子传后纳了妾，利玛窦认为他违背教规，不肯为他受洗。直到1605年妻死，瞿太素扶妾为妻，才由王丰肃领洗入教。在韶州初期，利玛窦仍穿和尚服装，瞿太素告诉他，和尚在中国上层社会不受重视，劝他改穿儒生服装。利玛窦接受了瞿太素的忠告，从1594开始，改穿儒服，俨如中国儒生。

利玛窦在韶州传教，虽然结识了不少达官贵人，但他知道，中国是一个君主统治的国度，要想使民众皈依天主教，必须争得最高统治者皇帝的支持。因此，他想方设法，寻找门路，希望能到北京面见明朝皇帝，寻求皇帝对传教的支持。为此，他自1595年从韶州随兵部侍郎石星北上起，先后到过南昌、苏州、南京等地活动。所到之处，与当地的官吏和士大夫均有广泛交往。1597年7月，利玛窦被提升为耶稣会中国传教区教长。范礼安也认为，在中国如果没有皇帝的批准，要在中国传教，随时皆有被驱逐出境的可能。因此，他也敦促利玛窦设法前往北京。这时正值南京礼部尚书王忠铭从海南岛动身去北京，准备拜升内阁大学士，并向万历帝祝寿。王忠铭路过南昌时，答应带利玛窦上北京向皇帝进贡方物。利玛窦决定带领郭居静神父和两位华籍修士一同前往。1598 年 7 月，他们从南昌到了南京。由于明军在援朝抗日战争中失败，局势危及国家安全，外国人容易被怀疑为日本间谍。王忠铭不敢带他一道同行，嘱咐利玛窦等另雇船只，沿着运河北上。王忠铭则改走陆路前往，于 9 月 7 日进入北京。一个月后，皇帝的万寿节已过，王忠铭最终未获升迁，仍回南京原任。利玛窦等到北京后与各方联络，所有和利玛窦熟悉的人，为了避嫌，皆不敢帮忙为他们引荐，利玛窦只得雇船返回南京。

利玛窦一行回到南京，日本发动侵朝战争的丰臣秀吉已于 1598 年 8 月死亡，朝鲜战争随即结束，原来的紧张气氛因此大为缓和。利玛窦在瞿太素的帮助下，在南京城南承恩寺租到了房子居住。不久，南京工部员外郎刘冠南告诉他，有一座大厦，离明故宫不远，因为传说有鬼神作怪，无人敢住，如果想要，可以按建筑费用半价购买。利玛窦认为机不可失，决定购置作为在南京传教据点。自从明朝迁都北京后，南京成为陪都，政治中心虽然北移，政治架构依然保存，因此仍然聚集着各方面人才。利玛窦凭借自己的博学多才，广结人缘，结识了国内许多的名流学者。后来成为天主教在中国三大支柱之一的徐光启，和利玛窦就是在南京结识的。徐光启，字子先，又名元扈，上海县人，家境清贫。1595 年，徐光启在韶州教学授徒，信步到城西天主堂，结识传教士郭居静。1600 年至南京，得与利玛窦相识，与谈天文、地理及其他学问，十分钦佩，认为利玛窦是“海内博物通达君子”。1603 年再赴南京，时利玛窦已去北京，传教士罗如望接待了他，并将利氏所译《天主实义》等送给他阅读。徐光启带回寓所后，诵读通宵，于是“立志入教”，从此成为一名天主教徒，教名保禄。

经过瞿太素的推介，南京礼部给事中祝石林发给利玛窦去北京的路票，还请了一个负责运送丝绸入京的刘太监带着利玛窦等一同乘船北上。1600 年 5 月 18 日，利玛窦和庞迪我、钟鸣仁、游文辉同乘刘太监押运的丝绸船一道北上。船到山东济宁，利玛窦曾与著名学者李贽、粮道刘东星相见，并请李贽帮助修改进贡的表文。可是，到了临清时，碰上税监马堂的刁难，致使利玛窦被软禁在天津的一座古庙之中，等候皇帝圣旨裁决。按照明代的礼制，凡是外国人进贡，统一由礼部管理。利玛窦等落入税监马堂手中，后来经过五个月的周折，万历帝的谕旨才于 1601 年初到达天津。

1 月 24 日，利玛窦终于骑着高头大马，第二次进入北京城。三天之后，在太监的安排下，利玛窦呈上一张“贡献土物表”。其中列出的贡品有：天帝图像一幅，天帝母图像二幅，天帝经一本，珍珠镶嵌十字架一座，报时自鸣钟一架，万国舆图一册，西琴一张。[①] 利玛窦在上呈万历帝的奏章中还特意表明：自己未曾结婚，孤身一人，没有牵累，“臣先本国忝预科名，已叨禄位，天地图及度数，深测其秘；制器观象，考验日晷，并与中国古代吻合。倘蒙皇上不弃疏微，命臣得尽其愚，披露于至尊之前，斯又区区之大愿，然而不敢必也”[②]。在这些贡品中，万历帝最看重的是自鸣钟。可是，装好开动八天之后，钟摆停止转动。于是，万历帝命利玛窦进宫修复，并嘱教导管理大钟的太监学会如何修理并保管。万历帝谕令把小自鸣钟安置于内殿。大自鸣钟则令工部特建一座木塔，安放在皇寿殿。万历帝对于西洋乐器也有兴趣，曾命皇宫里的乐伎向利玛窦、庞迪我学习欧洲的乐理。利玛窦特意做了八首汉文歌词，教乐伎奏弹歌唱，题名为《西洋曲意八章》。每一章都以修身的格言作为内容。利玛窦留京十年，虽然未能实现觐见皇帝的愿望，却达到了皇帝允许他留居京城的目的。据《明史》记载：“帝嘉其远来，假馆授粲，给赐优厚。公卿以下重其人，咸与晋接。玛窦安之，遂居留不去。”[③]

利玛窦第二次到达北京之初，由内廷太监安排住宿，后来转归礼部照管，住进安排外国使节进贡来京居住的四夷馆。由于四夷馆简陋脏乱，利玛窦病倒了，后来通过友好高官交涉，才搬出四夷馆，迁移到北京城内租屋居住。直到1605年，才在宣武门买了一座有40间房子的大宅院，作为北京会院（后称南堂），并由明朝政府供应食宿等费用。利玛窦在北京定居后，与公卿士大夫往来频繁，平均每天接待20人次。每逢节日，来往应酬者更多，平均每天达到百人。此外，他还要著书立说。可想而知，利玛窦定居京城后是十分繁忙的。他自从1597年接替年老力衰的孟三德担任中国教区教长后，除了亲自经理北京的传教事务外，还要管理南京、南昌、韶州等地教务，其中韶州教务最为繁杂。

利玛窦居留北京十年，整日处于繁忙之中，身体因为负担过重而加快衰老。到了1610年5月初，竟至一病不起，于11日下午6时去世，年仅58岁。利氏去世后，庞迪我以教区代理教长的名义，奏请明政府赐给一块葬身之地。经过礼部转奏，万历帝认为他慕义远来，劝学明理，著述有称，宜加优恤。特将北京阜成门外二里沟滕公栅栏一处被没收的杨太监所建佛寺房屋38间、地基20亩

① 顾卫民著：《中国天主教编年史》，第95页。

② 《增订徐文定公集》卷首下，第10—11页。

③ 《明史》卷三二六《外国七》，中华书局1974年版，第8460页。

作为墓地。到1611年举行葬礼时，万历帝还派遣大官致祭，正门上悬挂皇帝钦赐的匾额。京兆尹王应麟撰写了碑文，上刻“耶稣会士利公之墓”。墓碑的左边为汉文，右边为拉丁文。利玛窦是明朝以来最负盛名的传教士，为天主教在中国的传播打下了良好的基础，为中西文化交流做出了杰出的贡献。他的汉文著作共计9种。关于他在中西文化交流中的作用与影响，将在以下各节中分别予以叙述。

利玛窦去世后，继任中国教区教长的为龙华民，也是意大利的耶稣会士。1597年来华，开初在广东韶州传教，1611年5月3日到北京。他不同意利玛窦入乡随俗的传教方式，而是禁止中国教徒祀天、祭祖、拜孔和参加迎神赛会等。此举立刻引起中国士大夫的强烈不满。黄贞等曾编辑《破邪集》等书，将当时反对天主教的言论汇辑成册印刷，广为散发。其中的文字大多指责天主教破坏中国的伦理道德，图谋不轨，因而激起不少人的附和与支持。礼部侍郎、署南京礼部尚书沈漼在1616年三次上书万历帝，历数天主教的种种不符合中国礼制的事实，力主取缔天主教。他提出天主教劝人不敬祖先，是教之不孝，是率天下无君臣、无父子，乃“儒术之大贼，圣世所必诛”。沈漼还指责教士有图谋不轨之意。沈在一年之内三次陈诉，终于逼使万历帝于年底颁发上谕，谕令西方来华的传教士回归本国。庞迪我、熊三拔、王丰肃、谢务禄等均在1617年被押解到广东移送澳门。其他散居各地的传教士，或隐居于教民家中，或转移到偏僻地区活动。这四名被遣送回国的传教士，除庞迪我、熊三拔老死澳门外，王丰肃和谢务禄，后来分别改名为高一志和曾德昭，从澳门再次潜入内地，继续秘密从事传教活动。特别是随着明朝统治危机的加深，明朝当局需要借助西方制炮技术，加强镇压力量，传教士在内地又重新活跃起来，并且取得了重大的进展。

明朝末叶，常年居住于中国东北的建州女真族兴起。1616年，女真族首领爱新觉罗·努尔哈赤建国号曰金，自称金国汗，建元天命。1618年，努尔哈赤起兵反明，攻占抚顺。明朝派遣杨镐为辽东经略，率领大军分四路于次年与努尔哈赤战于萨尔浒一带，结果四路皆败，北京朝廷大震。朝中有识之士皆积极谋求对策。崇信天主教的徐光启、李之藻及其弟子张焘，皆建议购买威力强大的西式大炮抵御，并且率先捐款从澳门购买了4门西式大炮，以后又陆续购置，先后共计买了30门。除了1门因为试验爆炸毁坏外，以其中12门运往东北宁远阻击金军，其余安置在北京城。1626年，努尔哈赤率兵13万西渡辽河，急攻宁远。此时宁远守将袁崇焕，已把12门西式大炮安置于宁远四面的城墙之上。双方激战三天，后金军伤亡17000多人，攻城器械皆被西洋大炮摧毁。努尔哈赤也因大败，郁愤致死。此次大战以不足2万的明军，击退努尔哈赤的6万攻城大军，显示了西洋大炮的巨大威力。而在购置大炮和训练炮手、指挥大炮的射击中，耶稣会传教士均发挥了巨大的作用。由此，明朝当局不但不歧视耶稣会传教士，而且另眼相看，在各方面给予优待。

另一个重要因素是日月食的测定。中国旧式历法在测定日月食发生的时间上，屡次出现误差。而按利玛窦等传授的西洋历法测算，则分秒不差，显示西洋历法测算的准确性。明初以来沿用的历法，是在元代郭守敬制订的历法基础上确定的《大统历》，同时参考《回回历》。自从明代中期以来，已屡次出现误差，而且越来越明显。崇祯二年（1629年）五月初一日有日食，钦天监和天文台奉命测算，前后时刻皆不合；徐光启按照西洋历法推算，则与实际完全符合。实践表明了西洋历法的准确性，令人不得不信。礼部原来是反对修改历法的，在事实面前也改变了态度，奏请开局修改历法，并请由徐光启主持。徐光启趁机奏请，把仍然留在北京的龙华民、邓玉函，潜藏开封的罗雅谷（又作罗雅各），开教西安的汤若望等皆请来参与修历工作。

除上述两个因素之外，司礼监总管、掌握军政大权的庞天寿（教名亚基楼）入教，对在明朝宫廷中发展宗室人员入教有直接影响。庞天寿入教之后，把耶稣会士引进皇室传教，对社会各界人士入教产生积极的影响。

明朝末年，担任过中国教区教长的，除龙华民外，还有罗如望、阳玛诺、艾儒略。罗如望，号怀中，耶稣会士，在葡属果阿读完哲学后，往澳门研究神学4年，然后到韶州、南昌、南京等地传教。徐光启信奉天主教，就是在南京由罗如望施洗的。1616年反教运动时，罗如望隐藏于建昌，后来在福建、江苏等地传教并建立教堂。阳玛诺，字演西，葡萄牙耶稣会士，1601年在果阿完成学业后，来到澳门教授神学6年，1611年赴韶州传教，为当地人驱逐，1621年被派到北京，1659年死于杭州，著有《天问略》《圣经真解》等，所遗汉文译著不少。艾儒略，意大利人，字思及，1610年到达澳门，先后前往北京、开封、南京、上海、扬州、杭州等地传教，共为250人受洗。1620年往绛州，创立山西传教区。1641年担任中国教区副教长。明朝亡国之后到达福建延平，1649年6月10日死于延平。

随着教务的发展，加上明朝末年各地农民起义纷起，教长赴各地巡视教务不便，从1641年起，中国分成南北两个教区：北区包括直隶京畿、山西、山东、陕西、河南、四川，由傅汎际担任教长；南区包括南京、福建、湖广、浙江、两广，由艾儒略任教长。自罗明坚、利玛窦进入内地传教开始，至 1644 年明朝灭亡，在中国内地从事传教活动、有姓名可查的，还有葡萄牙人苏如望、费奇观、弗乐德、伏若望、卢安德、瞿西满、郭纳爵、何大化、安文思、孟儒望；意大利人郭居静、高一志（王丰肃）、熊三拔、毕方济、罗雅谷、杜定奥、潘国光、利类思、栗宜穆、卫匡国；西班牙人庞迪我；法国人金尼阁；瑞士人邓玉函；德国人汤若望等。另外，据王韬所著《泰西著述考》记载，明末来华传教者，到 1644 年止，共计 56 人。这些人的足迹遍及除云南、贵州以外的十多个省区。

以利玛窦为代表的一批会士虽然努力适应中国习俗，改变了传教方略，但由于中国和西方是完全不同的两个文化体系，信奉天主教者仍然不多。直到明代末期，入教的人才逐渐增加。综合德礼贤的《中国天主教传教史》、顾卫民的《中国天主教编年史》等书记载，罗明坚在肇庆传教两年，受洗入教者只有 12 人。1585 年，增到 20 多人。1586 年，40 人（当时中国人口为 9000 多万）。1605 年，1000 人。1610 年利玛窦去世时也只 2500 人。1615 年，为 5000 人。1617 年，13000 人。1627 年，13700 人。1636 年，38000 人。其中明朝宫廷中信奉天主教的，从 1630 年司礼监总管庞天寿首先领洗入教起，发展比较顺利。皇宫中的妃嫔、皇子均有入教之人。到了 1636 年，皇族中奉教的亲王达 140 人，宗室 40 人。受皇帝赐封的诰命夫人，信教的有 80 多人。各级官吏文人入教者也不少。徐光启、李之藻、杨廷筠被誉为明末天主教三大支柱。据 1636 年统计，明末信奉天主教者中，有一品大员 14 人，进士 10 人，举人 11 人，生员 300 多人。清朝入关以后，1646 年由桂王朱由榔在肇庆建立的永历抗清政权，皇族和官吏中受洗入教者也不少。永历的嫡母王太后、生母马太后、皇后、新生的皇太子慈烜，均受洗入教。宫廷中的妃嫔，受洗入教者达 50 人。大臣之中，两广总督瞿世耜、总兵焦琏皆信奉天主教，大臣入教者达 50 人。宦官入教者更为普遍。不过，到了明末，中国人口已增加到 1 亿多。在中国信从天主教的还不到 4 万人，其比例是微不足道的。但传教士在中国传播的西方科技文化知识，确实让中国人大开眼界，其在中西文化交流中起了开先河的作用，为此后的发展奠定了较好的基础。

2. 西方天文历法的输入

耶稣会士输入中国的科学技术，首推天文历法。天文与历法，中国有悠久的传统，而且在古代天文史中还居于世界领先地位。古代中国帝王治理天下，因为治国需要，最重历法。早在春秋末年，我国已开始使用四分历，定一年为365.25天。这在当时世界上是最精密的历法。东汉时代，张衡创造的浑天仪，是最早利用水力转动的浑象和测定地震的地动仪。第一次正确解释了月食的成因，说明月光是日光的反照，月食是由于月球进入地影而产生的。天文仪上刻的星斗标识，与天空星斗的方位完全一致。南北朝时期，祖冲之把一年定为365.2428天，这在当时也是最精确的。元代郭守敬，制造了高达四丈的巨大圭表，证实了一年为365.2425天，是当时最精确的数值。欧洲采用这个数值，比中国晚400年。中国历史上关于日月食的记载，也是世界上最早和最完备的。春秋时代就曾观测到37次日食。但是到了明代，我国的天文历法，已经显得明显落后了。

明代初年颁行的《大统历》，是明洪武十七年（1384年）漏刻博士元统依据元代郭守敬制定的《授时历》制定颁行的。明初以来的两百年间，按照《大统历》推算日月食，已常常出现谬误。比如正统六年（1441年）正月初一，《大统历》说有日食，届时并未出现。景泰元年（1450年）正月初一的日食是卯正三刻，《大统历》误推为辰初初刻。景泰二年六月初一，钦天监推定卯时初刻日食，届时又未出现。天顺八年（1464年）四月初一日，钦天监推算有日食，届时又不见。此后成化、弘治、正德、嘉靖等朝代，钦天监推测的日月食，均屡次出现谬误。到了万历二十年（1592年）五月甲戌夜间月食，钦天监的推算，竟然与实际相差一天。万历三十八年十一月初一日的日食，钦天监的推算再一次出现差错。日月食乃人人共见的天象，代表明朝政府的钦天监，对于日月食的推算屡次出现差误，这不能不引起大家的关注。由此改订历法的呼声日益高涨，为西洋历法的输入提供了良机。利玛窦就是在这种形势下把西洋历法传入中国的。

利玛窦进入肇庆不久，曾观察过两次月食。第一次是万历十一年十月十四日（1583年11月27日），第二次是万历十二年四月十五日（1584年5月24日）。他对中国的推算法曾经作了肯定。他应肇庆知府王泮的要求，在肇庆制作了第一批天文仪器，如浑天仪、地球仪等。这些仪器是用铜和铁做成的，对各层天作了说明，把地球表面的现有形状表示出来。在教会的住所里，他还描绘各种日晷，雕刻在铜板上，然后把这些仪器赠送给和教会友好的官员，包括总督在内。参观者把这些天文仪器的制造者看作“世界上的大天文学家”①。1589

① 利玛窦、金尼阁著：《利玛窦中国札记》，第183页。

年8月，利玛窦被迫移迁粤北韶州南华寺后，曾在肇庆见过利氏的瞿太素，决心拜利玛窦为师，学习天文历数。利玛窦对瞿太素讲授了许多西方的天文历法知识，主要是克拉维乌斯的天球仪制作与各种日晷设计。这些日晷能准确计算出一天的时刻。瞿太素在利玛窦的指导下，制作出许多西方天文仪器，如天球仪、星盘、象限仪、罗盘、日晷等等。所有这些仪器，制作精巧，装饰美好。他制造用的材料，正如他的手艺一样，各不相同。他不满足于用木和铜，而是用银来制作一些仪器。①

1595年，利玛窦由韶州到达江西南昌。因知道中国人只懂得赤道日晷，而各地纬度不分，他依据西法测定南昌为纬度29度，制作了一个“地平日晷”，刻上黄道十二宫昼夜长短的时刻、太阳升起以及到达天顶的时刻。利玛窦还亲手制作了一架卧式时钟，赠给住于南昌的明朝宗室建安王朱多㸅，“是按他们的（指中国的）计时法制作的，在黑色中国大理石上刻出的黄道带。这只钟还指示日出和日没的时刻、每月昼夜的长短。时辰还刻在每个月的开始和中间”，“这份礼物受到极大的赞美”。② 此外，还送给建安王一个天球仪，标有天轨。另外还有地球仪、小塑像、玻璃器皿以及其他欧洲产品。建安王回赠的礼品也很丰厚，包括丝料、各种重量的银器、丰富的食品。最让建安王高兴的是两部按照欧洲样式装订、用日本纸张印刷的书籍。其中一部是利玛窦的老师克拉维乌斯的天文学新著，里面附有九幅天体轨道图和四种元素的组合、数学演示以及对所有图画的中文解说。③ 利玛窦根据这本书中的制作原理，制作了一个星盘，赠送给江西巡抚陆仲鹤。此外，利玛窦还送给南昌知府王佐两个日晷。王佐把其中一个送回浙江老家，一个留作自用。④

利玛窦为了打通前去北京之路，曾经三次进出南京。在南京，他收了张养默等三个学生，教授他们天文历法知识，靠学生们的帮助，制造了各种各样的日晷，分送给了学生们。随后又从模子里铸了许多座送给南京各级官员。除此之外，“他还制造了标明天体的天球仪和表明整个地球表面的地球仪以及其他科学仪器”⑤。在南京，利玛窦还参观了位于一座高山上的天文台，“这里安装了金属铸就的天文仪器或者器械，其规模和设计的精美远远超过曾在欧洲所曾看到

① 利玛窦、金尼阁著：《利玛窦中国札记》，第247页。
② 利玛窦、金尼阁著：《利玛窦中国札记》，第301页。
③ 利玛窦、金尼阁著：《利玛窦中国札记》，第301页。
④ 利玛窦、金尼阁著：《利玛窦中国札记》，第305页。
⑤ 利玛窦、金尼阁著：《利玛窦中国札记》，第352页。

和知道的任何这类东西。这些仪器虽经受了近二百五十年的雨、雪和天气变化的考验，却丝毫无损于它原有的光采。这里有四件最大的仪器”。“这些仪器每一种都用中文说明每一部分的用途，上面都标明他们的黄道二十四宫，为我们十二宫的两倍”。利玛窦指出这些仪器都是根据经度 36 度安装的，而南京城却位于 32 $\frac{1}{4}$度。①

1601 年初，利玛窦和庞迪我等第二次到达北京。从此时起直到利玛窦于 1610 年去世，利玛窦在北京和官僚士大夫进行了广泛的学术交流，特别是和李之藻、徐光启等时相过从，切磋天文数学方面的问题，并由利玛窦口述，徐光启等笔录整理，翻译出版了不少天文历法及相关学术著作。继利氏之后来华的耶稣会士阳玛诺、熊三拔、邓玉函、汤若望、罗雅谷等，都是精通天文历法的学者。他们和徐光启、李之藻等人合作，编译出版了许多西方的天文历法著作，使西洋天文历法在中国得到广泛传播，把中国的天文历法推进到一个新时代。这类著作主要有以下几种：

《乾坤体义》，利玛窦口授，李之藻笔录整理。1605 年北京首刊。此书分上、中、下三卷。上卷述天象，将地球以温度寒暖分为五带。依据古代亚里士多德、托勒密的天文观，声称地球比九重天之星远且大，以水、火、土、气为四大元素，附以图表。中卷系统介绍了太阳大于地球，地球大于月亮，以及彼此之间的距离、日月食等天象。下卷言数，以边线、面积、平圆、椭圆互相容较。《四库全书》编者评论说：“（此书）虽篇帙无多，而其言皆验诸实测，其法具得变通，可谓词简而意赅者，是以御制《数理精蕴》多采其说用之。当明季历法乖舛之余，郑世子载堉、邢云路诸人虽力争其失，而所学不足以相胜，自徐光启等改用新法，乃渐由疏入密，至本朝而益为推阐，始尽精微，则是书固亦大辂之椎轮矣。”②

《圆容较义》，利玛窦授，李之藻演。1614 年刊刻。李之藻在自序中说：“凡厥有形，惟圆为大；有形所受，惟圆之多。浑圆之体难名，而平面之形易析。”“借平面以测立圆，面必有界，界为线为边，两线相交必有角，析圆形则各为角，合角形则共成圆，故曰设角以征浑体。其书虽明圆容之义者，而各面各体比例之义，胥于是见。”③ 当时欧洲的天文学者均认为天地皆呈圆形，而地在天

① 利玛窦、金尼阁著：《利玛窦中国札记》，第 352—354 页。

② 徐宗泽编著：《明清间耶稣会士译著提要》，中华书局 1989 年版，第 313 页。

③ 徐宗泽编著：《明清间耶稣会士译著提要》，第 274—275 页。

内，犹如大圆包小圆。此书是以算学的周圆理论（论述圆之内接外接定理，中间有一节论述椭圆）来证明天地的浑圆之说。

《浑盖通宪图说》，利玛窦口授，李之藻撰，上下二卷。此书是根据利玛窦的平仪绘成图说，介绍天空的星象。上卷叙说星盘上各种标网的绘制方法；下卷介绍星盘上标画恒星的方法，同时指示星盘如何运用，以及测量日月食、确定经度的原理等。李之藻于1607年为此书写的序言叙述撰写经过及意图说："昔从京师利先生，欧罗巴人也，示我平仪，其制，约浑为之，刻画重圆，上天下地，周罗星曜，背绾瞡筒，貌则盖天，而其度仍从浑出，取中央为北极，合《素问》中北外南之观，列三规为岁候，遂羲和候星寅日之旨，得未曾有，耳受手书，颇亦镜其大凡。旋奉使闽之命，往返万里，测验无爽，不揣为之图说，间亦出其鄙谫，会通一二，以尊中历，而他如分次度以西法，本自超简，不妨异同，则亦于旧贯无改焉。语质无文，要便初学，俾一览而见天地之大意，或深究而资历象之至理。是故总仪列说，睹大全也。"①

《天问略》，阳玛诺撰，一卷。1615年（万历四十三年）刻。李之藻将本书编入《天学初函》。书中把诸天重数、日月星辰、太阳节气、昼夜长短、地球大小等等，皆以问答的方式，反复加以说明。书末载有朦影刻分表，并说明晦、朔、弦、望、交食深浅的原因，皆附上图说，明白易懂。其缺点是把科学知识用来神化天主，为传播天主教服务。阳玛诺在该书的《自序》中说："天论者，所以使人识事真主，轻世界而重天堂者也。"其目的是"欲借推测之有验，以证天堂之不诬"②，使科学沦为神学的婢女。

《远镜说》，汤若望译著，1626年首刻。书首有汤若望自序。望远镜是观察万里天空景象必不可少的天文仪器。明代郑仲夔著《耳新》，在卷七中提到"番僧利玛窦有千里眼"，并且说，利玛窦死后，其徒带着游南州，喜好新奇的人都看见过。1610年，伽利略在意大利威尼斯成功改良旧式望远镜。利玛窦正是这一年去世，可见利玛窦带来的望远镜，当属于旧式望远镜。1615年，阳玛诺在《天问略》中已对新式望远镜作过介绍，说可以看到60里远，称赞伽利略是精于西洋历法的一位名人。将来此器传入中国，才能知其妙用。1622年，汤若望来到中国，即带来了伽利略改进了的望远镜，并且在1626年撰《远镜说》。第二年，王徵著《奇器图说》，所列参考书中，就提到汤若望的《远镜说》，对于望

---

① 徐宗泽编著：《明清间耶稣会士译著提要》，第264页。

② 徐宗泽编著：《明清间耶稣会士译著提要》，第279、277页。

远镜的构造法，及在天文、航海、战争中的应用等多有涉及。汤若望在《序言》中把耳与目作了比较，认为目见比耳闻更重要。他说："耳之于声也有待，目之于形也无待，闻每后、见每先，闻每似、见每真，闻仅有轻重清浊，见岂特玄黄彩素而已哉！物件有大小方圆，邪正动静，数有多寡，位有远近，畴非于目辨者乎？诚若是，则目之贵于耳也，明矣。虽然，耳目皆不可废者也。"① 1629年，徐光启奏请造望远镜三架，每架工料银六两。1631年，望远镜已由卢安德传入福建三山。嗣后又由艾儒略带到了桃源、清漳，同年还传入朝鲜。1634年，中国自制第一架望远镜完成，名叫"窥筒"。同年2月2日，汤若望与罗雅谷向明朝皇帝进呈由欧洲带来之望远镜一架。

《崇祯历书》，徐光启主持撰编，共计一百三十七卷，乃明代末年中西文化交流带有标志性的重大成果，它使我国的天文学发生了根本性的变革。前已提及，早在万历年间，由于《大统历》的推算方法屡次出现差错，即不断有人提议修改。比如万历三十八年十一月初一日（1610年12月15日）日食，钦天监历官推算多错，朝廷即议论修改。礼部提出："自万历元年至今，日食已十余次，其差或一二刻以至四刻。"② 建议引进精通中西历法人士进行修订，可是"疏上不报"。徐光启也曾奏请引进西洋历法。第二年，李之藻也有请译西洋历法专疏，提出"大西洋国归化陪臣庞迪我、龙化〔华〕民、熊三拔、阳玛诺等诸人慕义远来"，"洞知历法之学，携有彼国书籍极多，久渐声教，晓习华音，在京仕绅与讲论。其言天文历数，有我中国昔贤谈所未及者凡十四事"。"不徒论其度数而已，又能论其所以然之理"。"观其所制窥天、窥日之器，种种精绝，即使郭守敬诸人而在，未或测其皮肤"，建议万历帝谕令礼部即日开设历馆，将庞迪我等人带来的历法书籍，"照依原文译出成书……依法测验"。③ 但未能引起明朝当局的重视。到了崇祯二年五月初一日（1629年6月21日）日食，钦天监的监官依据《大统历》和《回回历》测算皆不准确；唯独徐光启依据西洋历法推测，与当天日食的实际时刻完全符合，再一次证明西洋历法的准确性。礼部于是再次提出参照西洋历法修订历法的请求，崇祯帝很快批准，并且谕令管理部务的礼部左侍郎徐光启督领一切，由李之藻协助办理，还选定宣武门内旧首善书院作为历局办公地点。同年七月二十六日，徐光启条陈《历法修正十事》，

① 徐宗泽编著：《明清间耶稣会士译著提要》，第295页。

② 方豪著：《中西交通史》下，上海人民出版社2015年版，第589页。

③ 方豪著：《中西交通史》下，第590页。

包括议岁差、议岁实少余、议日月去交远近及真会、似会之因等；《修历用人三事》，包括推举国内“专门名家，录用西洋人龙华民、邓玉函；选用和考取测验、推步、制造仪器及能书善算者”；《急用仪象十事》，包括制造七政象限大仪、列宿纪限大仪、平浑悬仪、交食仪、列宿经纬天球仪、万国经纬地球仪、节气时刻平面日晷、节气时刻转盘星晷、候时钟、测候七政交食远镜；《度数旁通十事》，包括气象学、水利学、音乐学、兵工学、数学、土木学、机械学、医药学等，企望通过修订历法，促进各学科发展。①

崇祯二年（1629 年）九月二十二日，历局正式开局，修历工作正式启动。正当修历工作在徐光启的积极策划下顺利推进之际，不幸的事接踵而至。首先是满洲皇太极率领大兵集聚北京城郊，明朝江山岌岌可危。徐光启在此情况下升任礼部尚书兼翰林院学士，奉命指授训练战守事宜，无法集中精力督领修历工作；二是邓玉函到历局工作仅仅半年，即于崇祯三年三月九日去世。随后，得力助手李之藻到任仅三四个月，亦不幸去世。当时徐光启已年届七十，冬至时刻前往观象台考验，“不意偶然失足，颠坠台下，致伤腰膝，不能动履”②。为了使修历工作持续进行，徐光启乃上奏崇祯帝，请求征召时在开封传教的罗雅谷和时在西安布道的汤若望来京参加修历工作。罗雅谷，字味韶，意大利人，1618 年随金尼阁来华，1624 年偕高一志潜入山西传教，后转开封。汤若望，字道味，德国人，1622 年随金尼阁来华，旋往北京学习汉语，后奉派赴陕西传教。1630 年两人奉召进京，参加修历工作，此后数年，在修历工作中发挥了骨干作用。

崇祯五年六月，徐光启已 71 岁，崇祯帝特旨简用，以礼部尚书兼领东阁大学士，参预机务，“每日入值，目不停披，手不停挥，百尔焦劳”。“因阁务殷繁，（对修历及编译工作）不能复寻旧业，止于归寓夜中，篝灯详绎，理其大纲，订其繁节”。③ 徐光启自从主持历局工作后，先是于崇祯四年正月二十八日，第一次进呈翻译历书，计为历书一套六卷（《历书总目》一卷、《日躔历指》一卷、《测天约说》二卷、《大测》二卷）、历表一套十八卷（《日躔表》二卷、《割圆八线表》六卷、《黄道升度表》七卷、《黄赤道距度表》一卷、《通表率》二卷），共计二套二十四卷。同年八月初一日，第二次进呈历书，计开：《测量全

① 梁家勉编著：《徐光启年谱》，上海古籍出版社 1981 年版，第 165—166 页。
② 梁家勉编著：《徐光启年谱》，第 177—178 页。
③ 梁家勉编著：《徐光启年谱》，第 193 页。

义》十卷、《恒星历指》三卷、《恒星列表》四卷、《恒星总图》一折、《恒星图像》一卷、《揆日解订讹》一卷、《比例规解》一卷，共二十卷一折。他在奏疏中陈述了修历工作的艰辛："一面撰述修润，一面测算缮写。""但讨论润色，原拟多用人员，今止臣一人，每卷必须七八易稿。"寥寥数语，不难觉察其勤谨力度。崇祯五年四月初四日，徐光启第三次进呈历书共计三十卷，计开：《月离历指》四卷、《月离历表》六卷（以上系罗雅谷译撰），《交食历指》四卷、《交食历表》二卷（以上系汤若望译撰），《南北高弧表》一十二卷、《诸方半昼分表》一卷、《诸方晨昏分表》一卷（以上系罗、汤二公指授监局官生推算）。以上三次进呈共计七十四卷一折。①

崇祯六年（1633年）九月二十九日，徐光启鉴于自己病情加重，病将不起，奏请以李天经接任历局。他在奏疏中云：新成历书共六十卷，三十卷业已誊缮，三十卷"尚属草稿，内经臣目者十之三四，经臣手者十之一二，亦可续写进呈"②。徐光启于是年十月初七日病逝，李天经继任修订历书的督领工作。李天经于崇祯七年四月到京，六月正式就任。七月二十日即呈上由徐光启审定、李天经复审的历书二十九卷：《五纬总论》一卷、《日躔增》一卷、《五星图》一卷、《日躔表》一卷、《火水土二百恒年并周岁时刻表》共三卷（以上系罗雅谷译撰），《交食历指》共三卷、《交食诸表用法》共二卷、《交食表》共四卷（以上系汤若望译撰），《黄平象限表》共七卷、《火土加减表》共二卷、《交食简法表》共二卷、《方根表》二卷（以上系罗、汤二公指授监局官生推算）。另有恒星屏障一架，系汤若望制。崇祯七年十一月二十四日，李天经再进历书，计开：进呈书目共三套，《五纬历纬指》共八卷、《五纬用法》一卷、《日躔考》共二卷、《夜中测时》一卷（以上由罗雅谷译撰），《交食蒙求》一卷、《古今交食考》一卷、《恒星日没表》共二卷（以上汤若望译撰），《高弧表》共五卷、《五纬诸表》共九卷、《甲戌乙亥日躔细行》共二卷（以上系罗、汤二公指授监局生儒推算）。③

以上所列五次进呈之历书共一百三十七卷（或称一百三十五卷及《恒星总图一折、恒星屏障一架》），是即所谓《崇祯历书》。在徐光启、李天经兢兢业业的督导下，经中西历法专家的同心协力，前后历时六年，终于大功告成。在

① 徐宗泽编著：《明清间耶稣会士译著提要》，第241—244页。

② 梁家勉编著：《徐光启年谱》，第201页。

③ 以上五次进呈参考徐宗泽编著：《明清间耶稣会士译著提要》，第239—244页。

中国天文历书修撰史上，这样的鸿编巨制，是前所未有的。

和此前的中国历书比较，这部历书的最大特色是引进了欧洲在天文历书方面的科学技术成就，为此后历书的修订奠定了更加接近天体运行实际的科学基础。以前中国在天文观方面有一个相当普遍的观点，叫作“天圆地方”。这种天文观，源自春秋时代。据《大戴礼记》卷五记载，单居离请问曾子（名参，孔子大弟子）曰：“天圆而地方，诚有之乎?”曾子答道：“如诚天圆而地方，则四角之不掩也。”参尝闻之夫子（指孔子）曰：“天道曰圆，地道曰方。”由此可见，在明代万历以前的中国漫长历史中，“天圆地方”就成为天文观方面的主流观点。随着近代科学技术的进步，这种传统天文观证明是站不住脚的。利玛窦等西方传教士来到中国后，早在 1584 年，就在广东肇庆传播了地圆学说（详见本节的地理部分）。到了修订《崇祯历书》时，更对地圆说作了科学的阐释。这是对“天圆地方”的传统宇宙观的巨大冲击。此外，《崇祯历书》还引进了西方的经纬度概念，分地球为 360 度，每度大约 250 里。从此以后，中国才开始实测全国各地的经度。同时，由于经纬度的引进，也可以准确推算日月食在各地发生、复原的时间。还分一日为 96 刻（24 时），采用 60 进位制，这些欧洲当时通用的度量衡单位的引进，把中国天文学纳入了与世界天文学同步发展的轨道。

《崇祯历书》也有不足之处。这时离哥白尼于 1542 年提出的日心说已经快一百年，但历书采用的还是丹麦天文学家第谷·布拉赫的宇宙体系，尽管它和托勒密的地心体系相比有进步，而和哥白尼的太阳中心说相比，仍然是一种落后的理论。还有，该书虽然是在徐光启统一筹划下进行，而且前三次奏呈的七十多卷都经过徐光启的反复审改定稿，但由于徐光启在 1633 年去世，以致有许多内容未能经徐光启最后统稿定稿，显得水平不一，并存在一些前后重复。而且由于当时未能全部雕版印刷，加上明末的战争破坏，待到清朝顺治年间时，已散逸多卷，造成无法弥补的损失。

《崇祯历书》之所以在六年之内顺利完成，得力于徐光启的精心策划、中西学者的通力合作。徐光启不但亲自预定纲目，而且与译撰的西方传教士反复切磋。据徐光启在奏疏中说：“臣等借诸臣之理与数，诸臣又借臣等之言与笔，功力相倚，不可相无。”① 特别是徐光启对审稿定稿十分认真，丝毫不苟，“每卷必须七八易稿”，即使在他担任大学士日理万机的情势下，白天根本抽不出时间，只有晚上回到寓所，才能抓紧审核。其敬业精神，堪称典范。

---

① 徐宗泽编著：《明清间耶稣会士译著提要》，第 244 页。

最后，按照徐光启原先的修历计划，这部历书的编撰是要汲取中外历书之长，超过此前的中西历法。而结果却是主要编译了西方历法，对于中国古代历法中的优秀成果吸收甚少。这部历书虽然完稿于崇祯七年（1634 年）初，当时因为战争不断，以及其他因素影响，未能立刻颁行，直到崇祯十六年，崇祯帝才批准改用新历，而到第二年明朝就灭亡了。所以直到清朝建国以后，才得颁布实行。

3. 西方数学知识的译介

天文历法离不开数学，随着天文历法的传入，西方数学也传入中国。其中最早译成汉文的是欧几里得的《几何原本》。

《几何原本》前六卷，利玛窦口授，徐光启笔录整理。《几何原本》系公元前 330—公元前 275 年，希腊著名数学家欧几里得所著，元代曾经传入中国，但没有多大影响，很少有人知晓。利玛窦在传播西洋的天文历法时，极力推崇几何在天文历法以及其他各个方面的作用，认为世界上万事万物都离不开几何数学：量天地之大离不开几何，测景以明四时之候、昼夜之长短，离不开几何，其他如造器便民、经理水土木石、筑城建楼、察目观势、远察近画，皆离不开几何。“为地理者，自舆地山海全图，至五方四海，方之各国，海之各岛，一州一郡，佥布之简中，如指掌焉。全图与天相应，方之图与全相接，宗与支相称，不错不紊，则以图之分寸尺寻，知地海之百千万重，因小知大，因迩知遐”，“无不借几何之论，以成其业者”。作为国家或个人来说，“为国从政，必熟边境形势，外国道里远近，壤地广狭”；“农人不预知天时，无以播殖百嘉种，无以备旱干水溢之灾，而保国本也；医者不知察日月五星躔次，与病体相视乖和逆顺，而妄施药石针砭，非徒无益，抑有大害”；“商贾懵于计会，则百货之贸易、子母之出入、侪类之衰分咸晦混”；“兵法一家，国之大事，安危之本，所须此道，尤最亟焉。故智勇之将，必先几何之学，不然者，虽智勇无所用之”。由此可见，数学关系世用至广至亟。“是故经世之隽伟志士，前作后述，不绝于世，时时绍明增益，论撰綦为盛隆焉。”①

《几何原本》原著十三卷，五百多题，逻辑严密，“一脉贯通。卷与卷，题与题，相接倚。一先不可后，一后不可先。累累交承，至终不绝也”。西方学习几何学的人，即使神明天纵，皆不得不借此作为阶梯。西方研究几何学的人不

---

① 徐宗泽编著：《明清间耶稣会士译著提要》，第 259—261 页。

下数百家，编出的几何书籍成千上万，“皆以此书为基。每立一义，即引为证据焉”①。利玛窦的受业老师克拉维乌斯，既为《几何原本》做了集解，“又复推求续补，凡二卷，与原书都为十五卷，又每卷之中，因其义类，各造新论，然后此书至详至备，其为后学津梁，殆无遗憾焉”②。利玛窦来到中国后，见无此书流传，就想翻译此书。但深感自己“才既菲薄，且东西文理，又自绝殊。字义相求，仍多阙略。了然于口，尚可勉图；肆笔为文，便成艰涩矣”。因此，他曾经三次动笔翻译，三次中止。1603 年徐光启来到北京，与利玛窦时相来往。后来，徐光启考中进士，选为庶常，利玛窦极力对徐光启推崇此书，并且叙说翻译之艰难，以及前此几次翻译、几次中止的情形。徐光启因此颇有感慨地对利玛窦说：“吾先正有言，一物不知，儒者之耻。今此一家已失传，为其学者皆暗中摸索耳！既遇此书，又遇子不骄不吝，欲相指授，岂可畏劳玩日，当吾世而失之？呜呼！吾避难，难自长大；吾迎难，难自消微。必成之。”坚决主张克服一切困难，把它译成汉文。于是从 1606 年秋开始，由利玛窦口述，徐光启笔录，反复辗转，务求符合原著本意，“以中夏之文，重复订政〔正〕，凡三易稿”。至 1607 年春，终于译出了前六卷。徐光启还想把全书译成汉文，利玛窦说：“请先传此，使同志者习之，果以为用也，而后徐计其余。”徐光启只得同意，乃将前六卷筹划刊印。

本书每卷有界说，先取所用名目进行说明；有公论，举其不可疑之公理；有设题，即据所欲言之公理，次第加以解说，先解其中容易者，然后解说较难的，由浅到深，由简易到繁难，推论到无可争辩为止。每个例题有法、有解、有论、有系。法言题用，解述题意，论则发明其所以然之理，系则又有旁通者焉。卷一论三角形，卷二论线，卷三论圆，卷四论圆的内外形，卷五、卷六论比例。对于三角、方圆、边线、面积、体积、比例的变化与相生情况，“无不曲折尽显，纤微毕露”。徐光启在《刻几何原本序》中说：“几何原本者，度数之宗，所以穷方圆平直之情，尽规矩准绳之用也。”③

《几何原本》的翻译出版，在中西文化交流和中国数学发展史上，都是划时代的重大事件。梁启超在《中国近三百年学术史》中说，“元扈首译欧几里得之《几何原本》六卷，欧人名著之入中国，此其第一”。“承认欧人学问之有价值，

① 徐宗泽编著：《明清间耶稣会士译著提要》，第 261 页。

② 徐宗泽编著：《明清间耶稣会士译著提要》，第 261 页。

③ 徐宗泽编著：《明清间耶稣会士译著提要》，第 258 页。

实自兹始也”。[①] 明代相国叶向高对于《几何原本》的翻译也有极高的评价。利玛窦逝世后，明朝政府拟赐利玛窦葬地安埋，有人以无此前例反对，叶向高说：“子见从古来宾，其道德学问，有一如利子者乎？姑无论其他，即其所译《几何原本》一书，即宜钦赐葬地矣。”[②] 足见叶向高对此书的重视。徐光启在《几何原本》杂议中，对此书也有很高的评价。他说：“能精此书者，无一事不可精；好学此书者，无一事不可学。凡他事能作者能言之，不能作者亦能言之；独此书为用，能言者即能作者，若不能作，自是不能言。何故？言时一毫未了，向后不能措一语，何由得妄言之。以故精心此学，不无知言之助。”[③]

《几何原本》1607 年首刊后，徐光启又与庞迪我、熊三拔细加校定，比原刻更加完备，是为再校本。清朝初年，杜临甫（知耕）在利、徐译本基础上加以删削，成《几何论约》七卷；方位伯（中通）亦节《几何原本》而成《几何约》，收入《数度衍》中（约 1721 年）。此外，《几何原本》尚有满文译本两种：一为康熙二十七年（1688 年）所译，写本，七卷；一为乾隆二十三年（1758 年）译，系根据《天学初函》译出。[④]

《同文算指》，利玛窦口授，李之藻演，系将此前利玛窦所习之算法演辑而成。内容为西法笔算，包括加、减、乘、除和开方等。收入《天学初函》。

据方豪考查，这本《同文算指》原为 1583 年罗马出版的克拉维乌斯著 *Epitome Arithmeticae Practicae* 的汉译本，只有前编第十章未曾译出。全书共十卷，分为前编、通编与别编。前编二卷：卷上分定法、加法、减法、乘法、除法等五节；卷下分奇零约法、奇零并母子法、奇零累析约法、化法及奇零加减乘除法、奇零除尽法、通问等九节。通编八卷，都是演算的例子。别编则载测圆方法。这是最早译成汉文的西方算术著作。李之藻在序中说，书中“加减乘除，总亦不殊中土；至于奇零分合，特自玄畅，多昔贤未发之旨。盈缩、勾股、开方、测圆，旧法最难，新译弥捷。”徐光启在 1614 年春为该书写的序中指出，数是与生人同来的，“五方万国，风习千变。至于算数，无弗同者”。李之藻两度在北京居留，从利玛窦译得算术若干卷，“取旧术斟酌去取，用所译西术骈附梓之，题曰《同文算指》，斯可谓网罗艺业之美，开廓著述之途，虽失十经，如

---

① 梁启超：《中国近三百年学术史》，中国书店出版社 1985 年版，第 338～339 页。

② 方豪著：《中西交通史》下，第 618 页。

③ 引自林金水：《利玛窦与中国》，中国社会科学出版社 1996 年版，第 198 页。

④ 方豪著：《中西交通史》下，第 619 页。

弃敝屣矣。算术者，工人之斧斤寻尺，历律两家，旁及万事者。其所造宫室器用也，此事不能了彻，诸事未可易论”①。

《测量法义》，一卷，利玛窦口译，徐光启笔录。据徐光启序，此书译于1607年（丁未），目的在于表明《几何原本》之应用。书目分先造器，次论景，本题十五首，附三数算法。李之藻将它编入《天学初函》，《四库全书》列入子部天算学类。书中所设问答十五题，目的在于帮助学者弄明测量高、深、广、远之方法。②

《测量异同》，利玛窦口译，徐光启撰，系用中国九章勾股测量法和西方传入的测量法进行比较，辨析两者之间的异同，借以表明我国古代测量，方法虽具，却没有说出所以然。

《勾股义》，利玛窦讲授，徐光启撰。共列十五题。徐光启在《勾股义》序中，对中国自古以来运用勾股治水测地的历史作了系统的回顾和评论。他依据《周髀算经》，说周公曾向擅长算术的大夫商高请教说："古者庖牺立周天历度。夫天不可阶而升，地不可尺寸而度，请问数从安出？"商高答道："数之法出于圆方，圆出于方，方出于矩，矩出于九九八十一。故折矩以勾广三，股修四，径隅五。既方之外，半其一矩，环而共盘，得成三四五两矩，共长二十有五，是谓积矩。故禹之所以治天下者，此数之所生也。"对此，东汉赵君卿解释说："禹治洪水，决流江河，望山川之形，定高下之势，除滔天之灾，释昏垫之厄，使东注于海，而无浸溺，乃勾股之所由生也。"徐光启对此评论说："周髀勾股者，世传黄帝所作，而《经》言庖牺，疑莫能明也。然二帝皆用造历，而禹复藉之以平水土，盖度数之用，无所不通者也。后世治历之家，代不绝人，亦且增修递进，至元郭守敬若思，十得其六七矣。无不资算术为用者。"他对郭守敬评价说："如若思者，可谓博大精深，继神禹之绝学者矣。""至乃遡其为法，不过勾股测量。变而通之，故在人耳。又自古迄今，无有言二法之所以然者。自余从西泰子译得《测量法义》，不揣复作勾股诸义，即此法底里洞然，于以通变施用，如伐材于林，挹水于泽，若思而在，当为之拊掌一快已。方今历象之学，或岁月可缓，纷论众务，或非世道所急。至如西北治河，东南治水利，皆目前救时至计。然而欲寻禹绩，恐此法终不可废也。""勾股遗言，独见于《九章》

① 徐宗泽编著：《明清间耶稣会士译著提要》，第265—267页。

② 徐宗泽编著：《明清间耶稣会士译著提要》，第268页。

中，凡数十法，不出余所撰正法十五条。”① 由此足见，此书是徐光启继《测量法义》之后，又一部经邦济世之作。

4. 西方地理知识的输入

西方地理学的输入，使中国人大开眼界。明代万历以前，中国人知道的世界，大体只限于中国本土，以及周边邻国，如东边的朝鲜和日本，南方的东南亚和印度，西部的中亚、西亚诸国，北边的冰天雪地。耶稣会士来到中国后，通过展示世界地图，向人们展示了一个闻所未闻、见所未见的广阔天地，使中国人大大扩展了视野，引起了人们对辽阔世界的巨大兴趣。

最先向人们传播世界地理知识的还是利玛窦。1583 年，利玛窦来到广东肇庆后，在他住地的接待室里，挂上一幅用欧洲文字标注的世界地图，前去参观的人，看了之后无不啧啧称奇，纷纷表示希望有一幅用汉文标注的世界地图。在肇庆知府王泮的建议下，利玛窦将地图上的文字译成汉文着手绘制。他以这幅世界地图作基础，加上他从欧洲带来的相关资料，以及在来华途中的所见所闻，在他福建籍的汉文教师司兵的帮助下，很快绘制了一幅用汉文注解的世界地图，起名“山海舆地图”，把它送给王泮。利玛窦在绘制时，为了迎合中国人的心理，特把中国绘制于地图的中央，而把欧洲、非洲以及南北美洲，分置于亚洲的西边和东边。这是耶稣会士进入中国之后绘制的第一幅用汉文标注的世界地图。王泮看到后格外高兴，即由他自己出资，把这幅地图制版刊印，分送给他的好友以及达官贵人，而把利玛窦原绘地图珍藏于肇庆府署。这幅地图传到国内各地后，江西南昌、贵州、江苏苏州等地均进行了翻印。后来利玛窦到南京后，南京刑部主事吴中明要求利玛窦修订一下他原来在广东所绘制的世界舆图，增加一些更详细的注释。利玛窦非常乐意改绘，“他大规模地重新绘制了他的舆图，轮廓鲜明，便于检查。他加以增订并改正了错误，毫不迟疑地修订了整个作品。他的官员朋友对这个新舆图非常喜欢。他雇了专门刻工，用公费镌石复制，并刻上了一篇高度赞扬世界舆图及其作者的序文。这幅修订的舆图在精工细作上和印行数量上都远远超过原来广东的那个制品。它的样本从南京发行到中国其他各地，到澳门甚至到日本；他们还说各地都印有其他各种复本。”② 据 20 世纪洪煨莲的研究，1584—1608 年，利玛窦绘制的世界地图，各

---

① 徐宗泽编著：《明清间耶稣会士译著提要》，第 273—274 页。

② 利玛窦、金尼阁著：《利玛窦中国札记》，第 355 页。

地翻刻的版本有：①

图　名	刻印年代	翻刻者	地点	备　注
山海舆地图	万历十二年（1584）	王泮刻版	肇庆	
（世界图志？）	万历二十三年（1595）		南昌	绘赠建安王朱多㸅
山海舆地图	万历二十三年（1595）	赵可怀勒石	苏州	翻王泮本
山海舆地图	万历二十六年（1598）	赵可怀勒石	苏州	翻王泮本
（世界图记？）	万历二十四年（1596）		南昌	为王佐编制
（世界地图？）	万历二十四年（1596）		南昌	绘成一本或二本
山海舆地全图	万历二十八年（1600）	吴中明刻版	南京	增订王泮本
舆地全图	万历二十九年（1601）？	冯应京刻版	北京？	二小圈图等
坤舆万国全图	万历三十年（1602）	李之藻刻版	北京	增订吴中明本
坤舆万国全图	万历三十年（1602）	刻工某刻版	北京	复刻李之藻本
山海舆地全图	万历三十二年（1604）	郭子章刻版	贵州	缩刻吴中明本
（世界地图？）	万历三十四年（1606）？	李应试刻版	北京	增订李之藻本
（坤舆万国全图）	万历三十六年（1608）		北京	诸太监摹绘李之藻本若干份

由上表可知，1584—1608 年的短短 24 年间，初刻和翻刻的版本竟达八次，平均每三年即刻印一次。

通过以上地图的绘制和翻刻，中国人的眼界有很大的扩展。中国人第一次知道了世界有五大洲，其名称是：欧逻巴洲、利未亚洲、亚细亚洲、亚墨利加洲、墨瓦蜡泥加洲。地球为圆形，还有南北二极。地球还根据气候温度分为热带、南温带、北温带、南寒带、北寒带等五带。

在地图中，介绍了欧洲三十多个国家，其国名②是：波尔杜瓦尔（葡萄牙）、以西把泥亚（西班牙）、拂郎察（法兰西）、谙厄利亚（英吉利）、入尔马泥亚

① 图表转自方豪著《中西交通史》下册第 695 页。表中绘而未刻者加括弧，图之汉名未考得者，姑称为“世界地图”，或译其西名而加“?”标记。刻印年代及地点不确定者亦加“?”。此外当尚有未及知者。

② 有习见译名者，即用括号注于后，没有则注英文名。

（日耳曼）、意大里亚（意大利）、没斯箇未突（Muscovite）、苏亦奇（瑞典）、诺尔勿入亚（挪威）、厄勒齐亚（希腊）、罗马泥亚、波尔泥亚等国。此外有几个特殊的地方加了附注，如西齐利亚之火山、意大里亚之“教化王”（即教皇）。

非洲（利未亚洲）的介绍很简略，只提了泥罗河、大浪山角（即好望角）等。

南北美洲则注曰：“南北亚墨利加并墨瓦蜡尼加，自古无人知有此处，唯一百多年前，欧罗巴人乘船至其海边之地方知。然其地阔而人蛮猾，迄今未详审地内各国人俗。”

特别附注的地方还有：墨是可（墨西哥）、冰海之岛（冰岛）、孛露（秘鲁）、智里（智利）、伯西儿（巴西）、占巴、牙买加、加拿大。

亚洲方面，利玛窦在地图中介绍的有：应第亚（印度）、曷刺比亚（阿拉伯）、如德亚（犹太）、北地（西伯利亚）、鞑靼、女直、古丘兹国、日本、朝鲜、大明（中国）、爪哇、苏门答剌、大泥、满剌加、旧港等。

地图上介绍的重要河流有：大乃河（多瑙河）、勿尔瓦河（伏尔加河）、欧法蜡得河（幼发拉底河）、身毒河（印度河）、安义河（恒河）、黄河、扬子江（长江）。此外又介绍了死海、北高河（里海）等。

对于中国的地理，利玛窦也有两大重要贡献：一是运用欧洲人先进的测量技术，测定了中国几个主要城市的经纬度。如果和今天测定者作一对比，大体差不多。特列表如下：①

地名	利玛窦测定纬度	现定纬度	利玛窦测定经度	现定经度
北京	40	40	111	116
南京	32	32	110	119
大同	40	40	105	113
广州	23	23	106	113
杭州	30	30	113	120
西安	36	34	99	109
太原	37	38	104	113
济南	37	37	111	117

① 此表参见方豪著：《中西交通史》下，第699页。

从上面的对比可以看出，利玛窦的纬度测定，和现今的基本相符，经度的测定也相差无几。

再是确证欧洲昔日传说的“契丹”就是中国。在马可·波罗的游记中，叙述契丹的事很多，利玛窦来到中国后，在北上途中，十分注意打听有关契丹的事，已初步断定契丹就是中国。他曾经几次致函印度诸同事，称“契丹乃支那帝国之别名”。印度莫卧儿境内的诸位神父，则认为契丹是中国以外另一个国家。耶稣会东印度视察员尼古拉斯·皮门塔对于两种说法迟疑不决。不久，收到莫卧儿诸神父来信，明言契丹各地的回教徒甚多，而利玛窦所到之支那（中国）则没有回教徒的踪迹，因而偏信莫卧儿神父的话，赞同契丹是另一个国家。经过皮门塔等人会商，决定派修士鄂本笃前往查个究竟，并寻访是否有前往中国的捷径。

鄂本笃，葡萄牙人，年轻时充当水手驻印度，精通波斯语言，熟悉撒拉逊习俗（伊斯兰教俗），后来受到莫卧儿皇帝阿克巴的宠爱，乃是派往探寻契丹的合适人选。1602 年，鄂本笃由印度起程北上，途经今巴基斯坦、阿富汗，翻越帕米尔高原后进入喀什噶尔、叶尔羌、阿克苏、库车、吐鲁番、哈密，出生入死，历经千辛万苦，最后于 1605 年 12 月到达肃州（今甘肃酒泉）。他在此致信北京的耶稣会，告诉他们他已到达中国境内肃州。第一封信因利玛窦等人在北京的住址不明，未能寄达。鄂本笃又写了第二封信，“详述其旅行起源及目的，并祈诸神父设法，能使其离肃州圈狱，免终日与萨拉森人为伍，恢复其与诸神父自由交通之乐，并言将来欲由海道回印度”①。

当鄂本笃从印度起程时，印度总主教已致信北京耶稣会诸位神父，通知他们鄂本笃已起程探路。北京的利玛窦等收到印度总主教的来信后，早已盼望着鄂本笃的来临。他们接到鄂本笃的第二封手书，已是 1606 年 11 月中旬，读了手书格外高兴，当即商议怎样迎接鄂本笃来京，最后决定派遣一名新收的学生约翰·肥的南德，偕同熟悉内地情况的信徒庄马利一道前往肃州，要求他们务必用各种方法，迎接鄂本笃来京。利玛窦还亲自致信鄂本笃，详告前来北京的最妥方法。约翰·肥的南德一行于 1606 年 12 月 11 日动身，经过两个多月，才于 1607 年 3 月末到达肃州。当找到鄂本笃时，鄂本笃已经病魔缠身，气息奄奄。他看了利玛窦的信后，整夜抱之于怀，不忍释手。约翰·肥的南德竭力安慰，

① 《耶稣会会员葡萄牙人鄂本笃被选往访契丹国》，张星烺编注，朱杰勤校订：《中西交通史料汇编》第一册，中华书局 1977 年版，第 438 页。

精心照料，希望他早日康复，同去北京。可是，鄂本笃前后历经五年多的旅途磨难，体力已耗损殆尽，肃州又无良医妙药，竟于约翰抵达后 11 天病死。约翰把他安葬于肃州，然后携带鄂本笃的遗物回到北京。一直伴随鄂本笃的亚美尼亚人亦撒克也一道来到北京，停留约一个月，然后由海路返回印度。亦撒克留京期间，曾向利玛窦细叙途中所见所闻及其艰难险阻历程。利玛窦依据亦撒克的言谈，以及鄂本笃遗留的日记书信数篇加以整理，写成《鄂本笃访契丹记》，其后金尼阁将其收录于《耶稣会士利玛窦神父的基督远征中国史》（汉文译本改名《利玛窦中国札记》）。张星烺曾据亨利玉尔英译本译出，题名《鄂本笃之来中国》，收入《中西交通史料汇编》第一册，1977 年由北京中华书局出版。由此，契丹就是中国，才得到彻底证实。

除了利玛窦绘制的《山海舆地图》等传播了西方的世界地理知识外，在明末影响很大的，还有经过多位传教士编成的《职方外纪》。书中所记，都是中国自古舆图不载的绝域风土人情，故称《职方外纪》。此书原为五卷，后来扩充为六卷，乃是继利玛窦之后来华的传教士艾儒略增译，杨廷筠汇记。艾儒略，字思及，意大利人，1613 年入中国内地传教，先至北京，后随徐光启赴上海，奉命至扬州为某大员讲解西学，劝其皈依天主教。1620 年左右赴杭州，在杭付洗甚多。《职方外纪》就是他在杭州期间增译而成，并由杨廷筠汇记修订刊印。书成于 1623 年，卷首有艾儒略自序，以及李之藻等人为该书编译出版而写的序或小言，还附载了万国全图、五大洲总图。

卷一介绍亚细亚洲，有亚细亚洲图、亚细亚洲总说及分说 14 则。其地西起那多理亚，离福岛 62 度；东至亚尼俺峡，离福岛 180 度；南起爪哇，在赤道南 12 度；北到冰海，在赤道以北 72 度。

卷二介绍欧逻巴洲，有欧逻巴洲图、欧逻巴总说、分说 12 则。其地域南起地中海，北极出地 35 度，北至冰海，北极出地 80 余度，直径 11250 里，西起西海福岛初度，东至阿北河，距福岛 92 度，径 23000 里。

卷三介绍利未亚洲，有利未亚洲图、利未亚总说及分说 8 则。西南皆至利未亚海，东至西红海，北到地中海，极南南极，出地 35 度，极北北极，出地 35 度，东西广 78 度。

卷四介绍亚墨利加洲，有亚墨利加洲图、亚墨利加总说、分说 9 则以及墨瓦蜡泥加洲总说。地分南北，中通一峡。峡南之地，南起墨瓦蜡泥海峡，南极出地 52 度，北至加纳达，北极出地 10.5 度，北至冰海，其北极出地度数，则未之测量，西起福岛 180 度，东尽 360 度。

卷五为四海总说，还有海名、海岛等分说7则。另外，福建刻本除增加叶向高序外，还把卷四中的墨瓦蜡泥加总说分了出来，加上王一锜写的《书墨瓦蜡泥加后》合为卷五，又将卷五改为卷六，从而演成六卷本。

当时的墨瓦蜡泥加洲，因为麦哲伦刚发现不久，未曾深入调查，疆域道里均不详。经过后来调查证明，实际只是火地岛以及附近一些小岛，构不成一个大洲。待到18世纪末，英国人在太平洋南发现了澳大利亚，才改称澳大利亚为世界第五大洲。

据庞迪我、熊三拔的奏疏以及艾儒略、李之藻的序言，《职方外纪》的编辑工作，前后经历了20年。最初是万历四十年（1612年）九月初二日，万历帝把福建呈送的两幅世界地图屏风交庞迪我等翻译。庞迪我看了之后说，这是“臣国（西班牙）所刻《万国地海全图》，原有四扇，今只得二扇，谨将原屏风照式图画，仍补充《中国图》及《西南方国图》二扇，共计四扇”①。庞迪我等人顾虑不全备，又请将《万国志》译出。里面对于“四方万国地形之广狭，风俗之善恶，道术之邪正，政治之得失，人类之强弱，物产之怪异，具载无遗”②。这些图志，李之藻于万历四十二年上北京补官时看到过，并且“赍投通政司，弗纳，则奉致大明门外叩头而去，今尚庋中城察院”③。不久，庞迪我、熊三拔相继去世，其底本则在北京城中有传抄的，“然皆碎玉遗玑，未成条贯。今年夏（1623年），余友杨仲坚（廷筠）氏与西士艾子（儒略）为增辑焉。凡系在职方朝贡附近诸国俱不录，录其绝远、旧未通中国者，故名《职方外纪》。种种咸出俶诡，可喜可愕，令人闻所未闻，然语必据所涉历，或彼国旧闻征信者，世传贯胸反踵，龙伯僬侥之属，以为荒诞弗收也”④。杨廷筠称赞此书：“用悦耳娱目之玩，以触人之心灵，言甚近、指甚远，彼浅尝者第认为輶轩之杂录、博物之谈资，则还珠而买椟者也。”⑤ 此书出版后，流传很广。除了当时的刊本外，还有《天学初函》本、《四库全书》本、墨海金壶本、守山阁丛书本、外藩舆地丛书本等。

此外，艾儒略还著有《西方问答》（又作《西方答问》）二卷，1637年刊刻。此书原来是艾儒略和中国士大夫交往过程中，艾儒略回答他们询问西方各

---

① 艾儒略撰，谢方校：《职方外纪校释》，中华书局1996年版，第18页。

② 艾儒略撰，谢方校：《职方外纪校释》，第18页。

③ 徐宗泽编著：《明清间耶稣会士译著提要》，第315页。

④ 徐宗泽编著：《明清间耶稣会士译著提要》，第317页。

⑤ 徐宗泽编著：《明清间耶稣会士译著提要》，第317页。

地人情风俗等情况的笔记，后来才将它汇编整理成书。上卷叙述西方国土、路程、海舶、海险、海奇、登岸、土产、制造、国王、西学、官职、服饰、风俗、五伦、法制、谒馈、交易、饮食、医药、人情、济院、宫室、城池、兵备、婚配、续弦、守贞、葬礼、丧服、送葬、祭祖；下卷叙述地图、历法、交蚀、列宿、年月、岁首、年号、西士、堪舆、术数、风鉴、择日。1668 年康熙帝向利类思、安文思、南怀仁询问西方的风土人情，他们就把《西方问答》进行节录，撰成《御览西方纪要》一书，出版后得到广泛传播。以至后人知有《御览西方纪要》，却少有人知有原本《西方问答》。

5. 西方物理、机械工艺的传入

对于民生日用来说，西方的机械技艺，具有广泛的实用价值。

《泰西水法》，熊三拔口授，徐光启笔录，李之藻订正。1612 年编成，共计六卷。

中国是一个以农立国的传统农业社会。农业收成的好坏，不但直接关系到广大人民的生产和生活，而且直接影响国家的安定与富强。而水利又是农业的命脉。西方先进的取水和蓄水方法，对于解决中国的农田水利，具有很大的积极作用。利玛窦在世时，亲眼看到过干旱给农民带来的苦难，即有意把西方先进的取水蓄水方法介绍到中国。徐光启一向重视农业生产，对此也很有兴趣，并与利玛窦多次交换意见，拟与利玛窦合作，把西方的先进技术引进来，造福中国人民。后来因为徐光启的父亲去世，按照当时的礼制，必须离职回家守丧，事遂中止。待到徐光启服丧期满，回北京复职，利玛窦已经去世。于是遵照利玛窦生前的推荐，决定与熊三拔合作编译，由熊三拔口述，徐光启笔录整理。启动时间是 1611 年春，到 1612 年春完稿刊刻。六卷的内容分别是：卷一介绍龙尾车，是用来汲取江河之水灌溉农田的提水工具；卷二讲述玉衡车、恒升车，都是利用活塞的开合，提取井中之水的提水器；卷三介绍蓄水库，讲述如何利用多雨季节的雨水，以及夏天雪山融化时的雪水，将它注入储水库，留存到缺水季节应用；卷四为水法附录，介绍寻泉作井的方法，附带介绍疗病之水；卷五是水法问答，对于水质、水理这一类问题，一一作了解说；卷六是描摹各种提水器、汲水器的样式。计有龙尾车图五幅，玉衡图四幅，恒升车图四幅，水库图三幅，还有药炉诸器图。徐光启编《农政全书》，其中水利部分全录此书。《泰西水法》随《农政全书》在崇祯朝、乾隆朝、道光朝多次重刊，各省私自刊行的也很多，连偏僻的贵州也有刊本。①

《奇器图说》，也是明末一部介绍西方各种实用器具的图书。《奇器图说》的全名为《远西奇器图说录最》，又名《远西奇器图说》，邓玉函口授，王徵译绘。王徵，字良甫，号葵心，陕西泾阳人，自幼聪颖过人。万历二十二年（1594年）举人，此后九次参加京试均名落孙山。在失志之余，决心“著书力田”，自制自行车、自转磨、虹吸、鹤饮、刻漏、水铳、连弩、代耕、轮壶等器物，同乡的人把他视为诸葛孔明再生。天启二年（1622年），王徵终于考中进士。在京期间，他得识金尼阁、邓玉函等耶稣会士。五十二岁受洗入教。随后应登莱巡抚孙元化邀请，前往协助。不久，“丁内艰去官”，邀请金尼阁回到陕西故乡，为家人讲论宗教，并从金尼阁学习拉丁文拼音法，后来写成《西儒耳目资》，成为中国第一部以罗马字注音的专书。王徵在北京的时候，见传教士处有专门讲述机器制造的书，就提出请邓玉函翻译。邓玉函长于医学，对制造器械不熟，开始婉言拒绝。后来由于王徵一再恳求才答应了，并提出翻译器械之前，先要学习测量、计算、比例等基础知识。王徵经过几天的学习就基本掌握，乃取来有关西方奇器图说书籍，由邓玉函口授，王徵笔录，完成后于天启七年刊刻于北京。

王徵翻译《奇器图说》，注意以关系国计民生的器具为主，凡是与民生日用关系不大，或者不是国家工作之所急需，皆不译；有些器物虽是国计民生所需，但制造起来难度甚大，或者花钱很多的器械，也不译，只译其中最简便的。如果一种器物有多种制造方法，则只译其中最精妙者。全书共分三卷：卷一，前有导言九则，分别为正用、引取、制器、记号、每所用物名目、诸器所用、诸器能力、诸器利益、全器图说。主要讲述“重解”“器解”“力解”“动解”等内容，共计61条，论述重、重心、重容、比例及其他相关问题。卷二讲述机械学的基本原理，包括天平、等子、杠杆、滑车、轮子、螺丝等，凡92条，还有几条叙述斜面。卷三为图说，共计绘制了54个器械图，其中起重11图，引重4图，转重2图，取水9图，转磨15图，解木4图，解石、转碓、书架、水日晷、代耕各1图，水铳4图，图皆有解说。《四库全书》收录时，称赞“其制器之巧，实为甲于古今。寸有所长，自宜节取。且书中所载，皆裨益民生之具，其法至

① 方豪著：《中西交通史》下，第636页；徐宗泽编著：《明清间耶稣会士译著提要》，第307页。

便，而其用至溥，录而存之，固未尝不可备一家之学也”①。

此外，西方的钟表制作技术，前已述及，也是随耶稣会士的东来传入中国的。利用机械发动的计时器，在欧洲大约创始于公元13世纪。1232—1370年，大约有30座钟问世。到了15世纪，欧洲出现了钟表匠用的简单车床和齿轮加工机械，家庭里面用的挂钟也生产出来了。16世纪，欧洲的钟表匠能够制造较精确的齿轮和擒纵机构，钟表的误差降到十几分钟以内。1500—1510年，机械发条代替了重锤，使时钟变得小型化。直径小于8厘米的怀表也生产出来了。② 1580年，罗明坚在广州送给总兵黄应甲的一块表，“是一种用许多小金属齿轮安装成套的计时工具”③。1583年，利玛窦又送给两广总督陈瑞一架欧洲制造并有车轮的大钟。后来，肇庆知府王泮委托传教士代造一座大钟。由于考虑到购价太昂贵，决定聘请钟表匠前来肇庆制作。在利玛窦的亲自指导下，自鸣钟很快制作出来，连同《山海舆地图》一起送给王泮。“几个月后，他发现家里没有人能上钟，就把它送回去，在教堂里用以供来客们取乐”④。1601年初，利玛窦第二次抵京后敬送给万历帝的礼品中，有大小自鸣钟各一座。为了学会使用与维修，万历帝派了四名太监专门请利玛窦向他们传授了有关自鸣钟的技术以及管理知识。这是首次把机械钟表的制作技术介绍到中国。后来，王徵学会了钟表制作技术，曾用齿轮装置制作出类似自鸣钟的计时器——漏壶，上面有小木人敲鼓击钟，按时报更。其技术水平和西方相差无几。

6. 西方火炮技术的传入

西洋火器的传入，据明史《兵志》及沈德潜《万历野获编》卷十七的记载，当始于明成祖征交趾的时候，从交趾人那里得神机枪炮法，特设立神机营，学习神枪火箭。到了嘉靖二年（1523年）二月，葡萄牙人别都卢以战舰5艘侵犯我广东新会西草湾，转战到稍州，明军捕获葡萄牙人的炮，名之为佛郎机，“以铜为之，长五六尺，大者重千余斤，小者百五十斤，巨腹长颈，腹有修孔。以子铳五枚，贮药置腹中，发及百余丈，最利水战”⑤。嘉靖九年，汪鋐曾建议仿

---

① 徐宗泽编著：《明清间耶稣会士译著提要》，第296页。

② 李喜所主编，林延清等著：《五千年中外文化交流史》第二卷，世界知识出版社2002年版，第113页。

③ 利玛窦、金尼阁著：《利玛窦中国札记》，第146页。

④ 利玛窦、金尼阁著：《利玛窦中国札记》，第182页。

⑤ 《明史》卷九二《兵四》，第2264页。

制，安置于边疆的墩台御敌。万历四十六年（1618年）四月，建州女真攻陷抚顺，明朝政府大惊，第二年正月，调集十万兵丁驻守辽阳，三月又遭大败。同年十月，徐光启受命练兵，拟购西洋大炮、招募西方炮手教练，同时致信李之藻、杨廷筠进行商议。随后李之藻的学生张焘专程前往澳门，购得大炮4门，并雇请炮手4人，翻译6人，一同将炮运到江西广信，这可能是第一次向西方购进大炮。不幸的是，这批大炮于天启初年运到北京后，葡籍炮手哥里亚因为试炮炸裂死亡，其余的人随后返回澳门。后来熹宗去世，思宗继位，首诛权奸魏忠贤，朝政为之一新。时徐光启为礼部左侍郎兼翰林院侍读学士，再次奏请练兵制器，得到崇祯帝嘉许，两广总督即奉命转托葡商，购募大炮。葡人献炮10门，以葡将公沙的西劳为统领，率领炮手、炮匠、通事陆若汉于崇祯二年（1629年）二月从广州出发，十一月二十二日到达涿州。后留炮4门保护涿州，其余6门于崇祯三年正月运抵北京，安置于城墙的炮台上御敌。

崇祯末年，明朝国势日危，急于试制西洋大炮御敌。明朝大臣往访汤若望。汤若望在交谈中讲到铸炮之法，说得头头是道。该大臣即请汤若望帮助试制西洋大炮。汤若望如实告诉他，所谈铸炮方法皆来自书本，自己未曾亲身实验，不敢承担。经过再三恳请，汤若望才答应试制。崇祯九年（1636年），明廷在皇宫旁设立铸炮厂，汤若望在这里“制成战炮二十门，口径之大，有足容重四十磅炮弹者。已而又制长炮，每一门可使士卒二人或骆驼一头负之以行。所需铸炮之时亘两足年”①。崇祯十三年，汤若望因铸炮有功，得到嘉奖。崇祯十五年，兵部尚书陈新举荐再铸洋炮，并命将造法传授“兵仗局”，同时监制“无敌大将军”炮500门。《则克录》（又名《火攻挈要》），就是在这时编撰出版的。

《则克录》，汤若望口授，焦勗译述，译成于崇祯十六年（1643年）。所谓“则克”，意指攻则必克。全书分三卷。前面有《火攻挈要诸器图》40幅。卷上为造铳、造弹、造铳车、狼机、鸟枪、火箭、喷筒、火罐、地雷各种方法，并讲到制造尺量、比例、起重、运重、引重之机器、配料、造料、化铜之方法。卷中为制造、储藏火药须知，试放新铳，装置各铳，运铳上台、上山、下山及火攻基本原理。卷下则为西铳之攻法，铸铳应该防止的弊端，守城、海战及与炮战（火攻）有关事项。

据《则克录·造作铳模诸法》记述，当时新的铸炮方法是，在铸炮之前，先制作炮身的外模与内模。外模用干楠木和杉木作材料，按照所铸火炮各个部

---

① 方豪著：《中西交通史》下，第662页。

分的外形尺寸制成。内模则用铁制作，其外径是所铸火炮内径的一半，其余一半再涂泥土，使内模外径恰与所铸火炮的内径相等。铸炮时用起重装置将外模吊套于内模之外，使内模的轴心合一。外模与内模之间的空隙便是所铸炮管的厚度，然后用青铜或钢铁溶液浇灌其中，冷却之后解下内外模，就是所要铸造大炮的粗坯，经过加工，就可铸成合用的新式大炮。明朝末年铸造的许多大炮，多是用这种铸炮法铸造的。

除《则克录》之外，两广总督王尊德在仿制过程中，也编写过《火铳事宜》一书，但已失传。

7. 西方生物学、医药学的传入

生物学与医药学是西方科学技术的一个重要分支。有关这方面的知识，明末也开始传入中国。比如1593年刊刻的《无极天主正教真传实录》中的第5—9章，多采自当时欧洲的生物学，论述世界上的动植物。1569年，主教卡内罗在澳门设立圣辣法耶医院（即白马行医院），当为近代西方医学传入中国之始基。有关这方面的著作，具有代表性的当是下述两种：

一是《性学觕述》，艾儒略译著，阳玛诺、黎宁石、伏若望同订。据艾儒略1624年所写序言，此书当完成于明代天启年间，但直到明朝灭亡后的1646年才正式刊行。前面除了艾儒略于天启甲子（1624年）写的自序外，还有海虞瞿式耜伯略父撰写的《性学序》，闽中陈仪写的《性学觕述序》。全书共八卷，第一、二卷论述灵魂及其性体，属于宗教宣传。从第三卷起分别介绍了人体各个部分的基本知识。如第三卷谈论红、黑、黄、白四液之形成及作用，口、胃、肝之消化功能，血液及其循环之理；第四卷讲述视觉、听觉、嗅觉、味觉等感官；第五卷论记忆，大多抄录利玛窦著的《西国记法》；第六卷论觉性灵性；第七卷谈睡眠与梦；第八卷论呼吸系统之肺、幪〔脏?〕、气管，以及呼吸和血液循环的关系。不过，虽然讲述了人体各部的知识与功能，但夹杂入浓厚的宗教迷信成分。

二是《泰西人身说概》，罗雅谷译述，龙华民、邓玉函校阅，毕拱辰润定。崇祯十六年（1643年）刊刻。书首有毕拱辰写的《泰西人身说概序》。毕拱辰是掖县人，字星伯，万历年间进士，由知县升迁冀宁兵备佥事。当李自成攻打太原时，毕拱辰随巡抚蔡懋德死守，城破死难。毕拱辰在序中说："邓先生（玉函）译说时，乃一纰陋侍史从旁记述，恨其笔俚而不能挈作者之华，语滞而不能达作者之意，恐先生立言嘉惠虚怀晦而不章也，不揣谫陋，僭为之通其隔碍，理其棼乱，文其鄙陋，凡十分之五，而先生本来面目，则宛尔具在矣。”① 毕拱辰润定此书完毕，听说汤儒略也正在翻译人身全书，立刻致信汤儒略索阅。汤儒略回信说，书稿“尚未就绪”，不妨把毕拱辰润定的先行付梓，“以为前茅”。毕拱辰才决定付梓，“为先生全书嚆矢”。② 书分上下两卷：上卷介绍人体骨、肉、筋、皮、筋〔经?〕络、脉、血等 15 部；下卷介绍总觉司、耳、目、鼻、舌、四体觉司、行动、言语等八部。毕拱辰在序言中评述说：“编中胪列诸部虽未全备，而缕析条分，无微不彻。其间如皮肤、骨节诸类，昭然入目者，已堪解颐。”“兹编条理分明，如印印泥，使千年云雾顿尔披豁，真可补《人镜》《难经》之遗，而刀圭家所当顶礼奉之者。”③ 此实西方人体学说传入之始基。

另外，还有一些介绍西方情况的书，如《西方问答》《职方外纪》等，对西方的医疗制度及其设施等，也有所介绍。

8. 西洋音乐、美术的传入

明清之际西洋音乐与美术的输入，同样可追溯到利玛窦来华时期。1600 年，利玛窦进京，送给万历帝的礼品中，就有《时画天主圣像》一幅，《古画天主圣母像》一幅，《时画天主圣母像》一幅，和大西洋琴一张。据王应麟《利子碑记》记载，万历帝看到这些像，十分喜悦。“皇上启阅天主圣像，敬藏御帑”。《利玛窦中国札记》中也说，“皇帝亲自向雕像表示致敬，并让人在它们面前焚香和燃其他香料”，并说“这是耶稣会会长神父所赠送的一件珍贵的艺术品”。④

利玛窦敬送给万历帝的大西洋琴究竟是什么模样？据《续文献通考》卷一百二十记载：“万历二十八年，大西洋利玛窦献其乐器”，“其俗自有音乐，所为琴，纵三尺，横五尺，藏椟中，弦七十二，以金银或炼铁为之弦，各有柱，端通于外，鼓其端而自应”，看来有点像今天的大钢琴。这种西洋琴中国从未见过，自然也不会弹奏。于是皇帝请庞迪我带一名修士进皇宫，去向宫廷里四名学者传授弹奏方法。通过一个多月的边学边弹，这四个学生终于学会了。利玛窦还利用这个机会，“编写了八支歌曲，他称之为‘古琴之歌’(即《西琴曲意》八章)，这些歌曲都是涉及伦理题材、教导良好道德品行的抒情诗，并引用了基督教作家的话加以说明。这些歌曲非常受人欢迎，许多文人学士都要求神父送

① 徐宗泽编著：《明清间耶稣会士译著提要》，第 304 页。
② 徐宗泽编著：《明清间耶稣会士译著提要》，第 304 页。
③ 徐宗泽编著：《明清间耶稣会士译著提要》，第 303—304 页。
④ 利玛窦、金尼阁著：《利玛窦中国札记》，第 402—403 页。

给他们歌曲的抄本，并高度赞扬歌中所教导的内容”①。为了满足对歌曲抄本的需求，利玛窦把它们用欧洲文字和汉文印刷成一本歌曲集。

利玛窦在世时和去世后，西洋的音乐和乐器不断传入。崇祯帝看到利玛窦送给万历帝的西洋琴后，向汤若望表示，极愿再得一架类似的琴。汤若望少时也曾研究音乐，得知崇祯帝的愿望后，更图以乐曲乐器为传教工具，于是撰书解释西洋乐器，书末附录圣曲一阕。后来他得到中国佐理修士徐复元的协助，做了一个银质乐盘。1640 年 9 月 8 日，汤若望把修复的利玛窦琴，与巴伐利亚君主玛西利进呈的礼物，同时送给了崇祯帝。礼品中有用水力推动之乐器一种，声音很优美。② 除北京外，散布在全国各地的耶稣会传教士，多半也带有西琴。李九标的《口铎日抄》卷二记载，崇祯四年（1631 年）四月初八日在三山，“日将晡，有教友至〔天主〕堂，卢司铎（盘石，引者按：名安德）出肃客，徐观西琴，哗然叹赏”。这表明在福建传教的卢安德就带有西琴。屈大均的《广东新语》中，对在澳门见到的西洋乐器也有具体的记载：“男女日夕赴寺礼拜，听僧（指耶稣会神父）演说。寺有风乐，藏革柜中，不可见，内排牙管百余，外按以囊，嘘吸微风，入之，有声呜呜自柜出，音繁节促，若八音然。宣以合经呗，甚可听。”③

与西洋音乐同时传入中国的，还有图画美术。万历二十六年（1598 年），龙华民曾寄信回欧洲，称赞中国人士爱好西画，请求设法寄运。最早传入中国的图画，以宗教画像最多。前面提到，1600 年，利玛窦献给万历帝的礼品，就有天主图像和圣母图像。利玛窦来中国时，带来的圣母抱耶稣像颇多，国人见到并有观感记载的不少。姜绍闻在《无声诗史》中说：“利玛窦携来西域天主像，乃女人抱一婴儿，眉目衣纹，如明镜涵影，踽踽欲动。其端严娟秀，中国画工，无由措手。”顾启元在《客座赘语》卷六“利玛窦”条中也说：“所画天主，乃一小儿，一妇人抱之，曰天母。画以铜板为帧，而涂五采于上，其貌如生；身与臂手，俨然隐起帧上，脸之凹凸处，正视与生人不殊。人问画何以致此。答曰：‘中国画但画阳不画阴，故看之人面躯正平，无凹凸相。吾国画兼阴与阳写之，故面有高下，而手臂皆轮圆耳。凡人之面正迎阳，则皆明而白；若侧立，则向明一边者白，其不向明一边者，眼耳鼻口凹处，皆有暗相。吾国之写像者

① 利玛窦、金尼阁著：《利玛窦中国札记》，第 410 页。

② 方豪著：《中西交通史》下，第 748—749 页。

③ 方豪著：《中西交通史》下，第 749—750 页

解此法用之，故能使画像与生人亡异也。’”① 据说利玛窦曾送给程大约宣传基督教《圣经》故事的画三幅：一幅是“信而步海，疑而即沉”；一幅是“二徒闻实，即舍空虚”；再一幅曰“淫色秽气，自速天火”。还有一幅是圣母怀抱圣婴耶稣之像。程大约都把它收入《墨苑》卷六下。伯希和根据第四幅圣母像下方所附拉丁文字，断定为1597年日本画院出品，系金尼阁所作。前三幅画的是《圣经》里面的故事，作图者是复斯，刻图者是威里克斯，都是当时西欧的名家。

继利玛窦之后，明末的艾儒略、汤若望和罗如望，均从欧洲带了西画来到中国。艾儒略带有玫瑰十五端图像及出像经解。汤若望曾于崇祯十三年（1640年）十一月，为葩槐国君玛西利以所寄《天主降生事迹图》及蜡质三王来朝天主圣像一座，进呈崇祯帝。这幅图为彩绘，装在羊鞟册页之中。② 汤若望进呈的共书六十四张，图四十有八。

明清之际，中国人对于西洋画，有赞扬的，也有反对者。王临亨在《粤剑编》卷三《志外夷》中说：“澳中夷人”“画花木鸟兽，无不逼真，塑像与生人无异。刘天虞为余言：‘向住澳中，见塑像几欲与之言，熟视乃止。’”③《帝京景物略》中记载北京宣武门内天主堂的耶稣圣像说：“望之如塑，貌三十许人。左手把浑天图，右叉指，若方论说状，指所说者。须眉，竖者如怒，扬者如喜；耳隆其轮，鼻隆其准，目容如瞩，口容有声。”④ 邹一桂《小山画谱》卷下《西洋画》条说：“西洋善勾股法，故其绘画于阴阳远近，不差锱黍〔铢?〕，所画人物屋树，皆有日影；其所用颜色与笔，与中华绝异。布影由阔而狭，以三角量之，画宫室于墙壁，令人几欲走进。学者能参用一二，亦具醒法，但笔法全无，虽工亦匠，故不入画品。”⑤ 当时大多数中国人对西洋画一方面表示赞赏，另一方面又觉得只能算画匠，不能算画家。

9. 西方哲学、文字学的传入

在西欧科学技术输入的同时，西方的哲学和文字学也开始输入。其中主要著作有下列几种：

---

① 方豪著：《中西交通史》下，第762—763页

② 黄伯禄：《正教奉褒》第一册，第18～20页。

③ 方豪著：《中西交通史》下，第765页。

④ 方豪著：《中西交通史》下，第765页。

⑤ 方豪著：《中西交通史》下，第766页。

《名理探》，傅汎际译义，李之藻校改。崇祯四年（1631 年）刊印。《名理探》的西文名是 *Logic*，按照音译，又称逻辑学，意译则为论理学，是西方论理与推理判断方面的著作。原本是高因盘利编写的《哲学讲义》（1611 年在日耳曼出版）。《名理探》分为上下两编：上编为五公论（即宗、类、殊、独、依）、十伦论（即自立体、几何、互视、何似、施作、承受、体势、何居、暂久、得有）；下编叙说三段式推理方法。李之藻与傅汎际合译此书，前后达五年之久，直到李之藻去世之后才得刊印出版。山东布政司参政、后继徐光启主持《崇祯历书》编纂的李天经，在崇祯九年为该书出版所写的序言中说："西儒傅先生既诠寰有，复衍《名理探》十余卷，大抵欲人明此真实之理，而于明悟为用，推论为梯，读之其旨似奥，而味之其理皆真，诚也格物穷理之大原本哉！"①

《寰有诠》，傅汎际译义，李之藻修辞。崇祯元年（1628 年）刻。本书共六卷，节译自耶稣会士高因盘利的哲学课本。李之藻自 1623 年退休回浙江杭州，开始与傅汎际合作翻译，历时五年，才把这本讲义中易于理解的翻译出来。用李之藻在该书序言中的话来说，"乃先就诸有形之类，摘取形天、土、水、气、火所名五大有者而创译焉。"其翻译的原则是尽力忠于原著，即"借我华言，翻出西义而止。不敢妄增闻见，致失本真"②。书中内容主要是讲述西方学者对宇宙的认识。早在古希腊时代，亚里士多德即提出：火、气、水、土，是构成整个宇宙的四大元素。此书大体也是这个观点，和中国的金、木、水、火、土，有所区别。

《西字奇迹》与《西儒耳目资》。1934 年，在罗马耶稣会的档案室里，发现一本古旧的《葡华字典》，系罗明坚和利玛窦两人合编，中文名字是《平常问答词意》，撰写于万历十二年至十六年（1584—1588 年）间，这是第一部中西文字典，附有罗马字注音，书写在中国纸上，共计 189 页，乃是一部未完成或未最后定稿的中葡字典。大概是在此部未定稿的基础上，利玛窦编撰了一卷《西字奇迹》，于万历三十三年刊刻。梵蒂冈图书馆有藏本。《宝颜堂秘笈》及《说郛》有复刻本。耶稣会传教士来到中国后，为了便于和华人交往，需要讲中国话。为了读汉文书籍，必须认识汉字。但汉字是一字一音，而欧洲各国文字都是拼音。利玛窦在学习中为了便于记忆，便采取以拉丁字音拼注汉字的方法，在每

① 李天经：《名理探序》，徐宗泽编著：《明清间耶稣会士译著提要》，第 194 页。

② 李之藻：《译寰有诠序》，徐宗泽编著：《明清间耶稣会士译著提要》，第 199—200 页。

个汉字旁注上拉丁拼音。他所使用的声母有26个，韵母43个，此外还有辅音（又称次音）4个，声调符号5个。利玛窦因为是意大利人，拉丁音很标准，而一般传教士都懂拉丁文。这种以拉丁字注汉字的方法，为来华的传教士学习汉语提供了很大的方便，同时开了以拉丁字母注汉字的先河，对后来的汉语拼音不无影响。

继利玛窦编《西字奇迹》之后，耶稣会士金尼阁，在中国学者、同时是耶稣会教徒的王徵帮助下，又于天启六年（1626年）编成一本《西儒耳目资》出版。何以叫耳目资？意思是西方人士看汉文字，“耳以听字之音韵，目以视字之拼合”，即如张缅芳在序里形容的：“未睹字之面貌而先聆厥声音者，一稽音韵谱则形象立现，是为耳资；既睹字之面貌而即〔弗〕辨其谁何者，一稽边正谱则名姓昭然，是为目资。”① 全书分为三册：第一册名“译引首谱”，叙说音韵经纬总局、音韵经纬全局，列音韵谱问答、等韵三十六门兑考等，实即编者绪言，说明编写体例与文字学；第二册为“列音韵谱”（元母、子母、孙母、曾孙母），就是按照音韵排列汉字。如知道汉字之音，而不知道它的形状，只要按照音韵去查找，就可查到这个音的字形，故称为耳资；第三册为“列边正谱”（直音），是依照汉字的偏旁排列汉字，如你知道字形而不知字音，那你按照偏旁查到这个字，再看看旁边的注音，即可知道此字的读音，故称目资。《西儒耳目资》共使用了元音（即原书“自鸣母”）5个，辅音（书中叫“自鸣父”）20个，此外还有4个“不鸣”字母。对于汉语的声调，书中分为清平、浊平、上声、去声、入声等五种。

金尼阁的《西儒耳目资》，用西方的语音学来研究汉语的音韵，在我国的文字学中具有创新意义，对于后来我国的汉语拼音，无疑产生了直接而积极的影响。张问达在序言中赞扬说：“仅仅以二十五字母衍而成，叶韵，直截简绝，无一毫勉强拘碍之弊，立总立全，分经分纬，才一纵横交罗，而万字万韵无不悉备于其中者也。”并很赞同王徵在序言中的评价：“发前人之所未发，补诸家之所未补。至于闻音察母、检画知音之法，开卷便得其韵其字，恐从来无此奇捷。”②

10. 明末中国国情的西传

欧洲各地对中国情况的了解，明朝末年之前，大多得自传闻。希腊人最早

---

① 徐宗泽编著：《明清间耶稣会士译著提要》，第321—322页。

② 徐宗泽编著：《明清间耶稣会士译著提要》，第325页。

把中国人称为赛里斯人。这个称呼有人说可能与中国的特产丝、瓷最早传入欧洲有关。到了元代，威尼斯人马可·波罗随同他的父亲到过中国，回国后把他在中国的见闻向一位作家做了绘声绘色的描述。这位作家把马可·波罗的叙述写成《马可·波罗游记》，在欧洲广为传播。由于书里把中国称为“契丹”，因此那时的欧洲人就把中国称为“契丹”。航海家哥伦布的海洋探索，其动机之一也说是去“寻找契丹”。现今俄文中的“中国”，也是“契丹”的音译。可以说，在葡萄牙人和耶稣会传教士来华之前，欧洲人对中国的认识，多是一些感性知识，而且夹杂许多不真实的道听途说。欧洲人对中国实情的了解，严格说来，是从葡萄牙商人和传教士来中国之后开始的。

中国广东、福建一带的人民群众，为了谋生，早就迁徙于东南亚各地。自从葡萄牙人东来占领马六甲后，后来曾经充当葡萄牙国王大使的托梅·皮雷斯，就以药材代理官的身份，于1512年4月到达马六甲，充当葡萄牙驻马六甲商馆的秘书、会计师兼药材管理官。他利用职务上的便利，随时注意搜集东方各国的情况，并于1515年编成《东方各国记》一书，寄送葡萄牙国王。这本书第四册里，对于中国的情况尤其是和外国的贸易关系，做了最早的介绍。皮雷斯一方面提到，“中国不仅地大物博，人口众多，而且富丽堂皇，美轮美奂”；另一方面又说，“中国人较为懦弱，故而他们畏惧马来人与爪哇人。因此完全可以断言，我们只消以一艘400吨级的海船就可以将广州杀得鸡犬不留。而这一屠杀势必会给中国造成巨大的损失”。① 对于中国和马六甲的贸易情况，从商品的品种、价格，以及交换的方式，书中皆做了具体的记述。为中国和东南亚国家当时的贸易情况，提供了一个实例。

葡萄牙人克鲁兹著的《中国情况志》，是西欧第一部专门讲述中国情况的专书。克鲁兹是天主教多明我会士，为了在中国建立传教站，1556年曾到广州居住了几个月，后来被强制离开。他将在中国居留期间调查所得的情况，于1569年用葡萄牙文出版了一部《中国情况志》。这部书正文有29章，对于中国国名的由来，省区的划分，内地的建筑，人民的种类，皇族的血统，以及土地、物产、风俗习惯、中葡贸易与武装冲突等，均有叙述。博克瑟评论说：“克鲁兹对在广州所居留的几个星期比马可·波罗在契丹所度过的整个岁月还利用得更好。”②

---

① 托梅·皮雷斯：《1515年葡萄牙人笔下的中国》，《中外关系史译丛》第4辑，上海译文出版社1988年版，第275、283页。

② 吴孟雪、曾丽雅：《明代欧洲汉学史》，东方出版社2000年版，第20页。

他以热情友好的态度，对中国和中国人民做了比较客观的介绍。

西班牙人门多萨的《大中华帝国史》，是16世纪西欧对中国的历史与现状做了较系统介绍的一部专著。门多萨17岁去美洲墨西哥，19岁在墨西哥加入天主教奥斯定会。1580年，西班牙国王菲利浦二世拟派遣使团去中国，门多萨是使团的成员。后来，由于西班牙和墨西哥的局势均发生变动，未能成行。1583年，门多萨去罗马拜见了教皇乔治十三。当时天主教急想向东方发展，很希望了解中国的历史与文化。为此，乔治十三嘱咐门多萨搜集有关资料，编纂一本关于中国情况的书。门多萨接受任务后，花了两年时间，广泛收集前人的使华报告、信札、史籍，并进行编辑整理，终于编成《大中华帝国史》一书，于1585年在罗马印行。这本书分成两卷。第一卷综合介绍中国的悠久历史与现状，内容包括：1. 中国历代帝王世系；2. 政治、经济、军事、文化与科学技术的发展情况；3. 中国的疆域、行政区划；4. 中国的地理气候和丰富的物产；5. 中国人民的宗教信仰及各种风俗习惯等。第二卷收录传教士出使福建、广东的经历与见闻。由于此书收罗相当全面，整理也比较系统，同时适应了西欧人迫切希望了解这个东方大国的需要，因此出版之后，立刻风行欧洲。1586年，出版了西班牙文修订版；1588年，又出版了法文版与英文版；1589年，德文版和拉丁文版也出版了；1595年，出版了荷兰文版。而且出版后一再重印，综计意大利文版印行了19次，西班牙文版印行11次。到了16世纪末，共计以欧洲七种文字出版，印行46次。① 这在出版史上，是极为罕见的。

还有一本介绍中国情况比较准确、在欧洲各国同样流传很广的书，就是利玛窦用意大利文撰写、金尼阁用拉丁文整理的《基督教远征中国史》。这本书原是利玛窦晚年编撰的在中国传教情况的回忆录。全书分五卷，共计80章。第一卷介绍中国的基本情况及利玛窦的中国观，对中国的朝廷、法律、制度、地理、物产、人文科学、自然科学、风俗习尚、宗教信仰等，皆有扼要叙说。第二至第五卷，介绍利玛窦在中国各地传教的亲身经历，也谈到他亲见亲闻的各方面情况。此书原是利玛窦想把中国传教的情况翔实汇报给罗马教廷而撰写的。利玛窦去世后，金尼阁将它带回欧洲。在漫长的旅程中，金尼阁将其译成拉丁文，顺便做了一些增补，特别补叙了利玛窦之死，以及死后的哀荣情况。此前欧洲人士把契丹和中国误解为两个国家，此书第一次明白告诉人们，所谓契丹就是中国。此书的拉丁文版于1615年首次出版，很快激起了欧洲人对中国文明的浓

① 参见吴孟雪、曾丽雅：《明代欧洲汉学史》，第26—27页。

厚兴趣。为了满足读者的需要，拉丁文版曾于1616年、1617年、1623年、1684年四次再版；法文本也在1616年、1617年、1618年连续印行三次，1678年再版。德译本于1617年在奥格斯堡出版，西班牙文本刊行于1621年，意大利文本刊行于1622年。1625年，英国伦敦出版的《普察斯朝圣者丛书》收有英译本。刊行不到十年，就译成六种欧洲语言出版，其影响之大，可以想知。

中国古代儒学的经典著作，俗称四书（《论语》《大学》《中庸》《孟子》）、五经（《诗经》《书经》《易经》《礼记》《春秋》），由于适合维护君主专制统治，自汉代以后，长期为历代统治者所提倡和尊崇，影响及于社会各个阶层。西方传教士来到中国后，要想传播天主教，改变中国人的信仰，需要对中国传统的经籍认真加以研究。为此，从罗明坚、利玛窦来华开始，他们在认真学习中国语言文字的同时，对古代这些经籍研究也很重视，并进行翻译。早在1593年，利玛窦即曾把四书译为拉丁文寄回本国。1626年，金尼阁又把五经译成拉丁文，在杭州刊印，定名为《中国第一部神圣之书》。这两种译本，可惜已无法找到踪迹。这当是中国古代经籍最早的拉丁文译本。

继利玛窦之后，明代著名的汉学家还有曾德昭。曾德昭，字继元，原名谢务禄，葡萄牙人，耶稣会士。1613年他奉派到南京传教，在1616年发生的“南京教案”中被押送回澳门。1620年改名曾德昭，重入内地传教，先后到过杭州、江西、嘉定、西安等地。1637年，为出席罗马耶稣会总院召集的各国耶稣会遣派代表会议，自澳门启程赴罗马。在返欧途中，他根据在华20多年的亲身经历，着手撰写《中国及其附近地区宣教史》。1641年和1642年，用葡萄牙文分别在马德里和里斯本出版，书名改为《中华帝国》（又译为《大中国志》）。1643年译成意大利文，1645年译成法文，1655年译成英文出版。全书计分两卷，上卷叙述中国政治、军事、商贸、各地土特产，以及语言、风俗习惯等；下卷依据他在西安亲眼看到的大秦景教碑，记叙了基督教传入中国的起源，在中国传教的情况，以及“南京教案”始末等。书中对于中国当时发生的重大事件均有记述，还附录了大秦景教碑译文及注释。

除上述介绍中国文明的专门著作之外，还有一些记述东亚的著作，也对中国有所介绍。比如葡萄牙研究亚洲史的学者乔安·巴洛斯，在他的著作《第三十年史》(1552年出版）中，利用雇华人翻译的中国文献，介绍了当时明朝的南北两京和全国十三个布政使的区划与赋税，以及万里长城和印刷术、其他工艺技术与地方官制等。书中对于中国文明的高度赞扬，后来曾引起18世纪一些启蒙思想家的强烈反响。又如马菲著的《16世纪印度史》第六册，利用范礼安、罗明坚、利玛窦等人从中国寄去的报告、书信、手抄本资料等，对中国做了有声有色的描绘，盛赞中国土地肥沃、人口众多、物产丰富、城市繁华、建筑雄伟。对于中国的其他方面，如饮茶、服饰、科举考试、书法艺术等均作了介绍，承认中国印刷术与造炮技术，居于世界领先地位。

通过上述书籍的传播，欧洲人对中国文化的了解，向前迈进了一大步。

综观明末的中西文化交流，以利玛窦为代表的耶稣会传教士，实际起了桥梁作用。他们通过介绍宣传西方的先进科学技术，赢得了一些士绅和官吏的信任，进而引导他们信奉天主教，使中国内地各省除云南、贵州外，几乎都有天主教的信徒，到了明末人数发展到 3 万多人，为天主教在中国的传播奠定了基础。

耶稣会教士传播西方科学技术包括天文、历算、地理、物理、生物、医药以及西方火炮等众多方面，其中尤以天文、历算和火炮，适应了当时的迫切需要，对推进中国科学技术的发展起了不可磨灭的作用。他们用报告、书信和翻译中国经籍等方式，将中国的社会情况、历史文化和古籍经典，介绍到欧洲各国，促进了西方对中国的了解，其贡献同样值得肯定。

为了传播科学技术，耶稣会士采取和中国知识阶层合作译书的方式，由传教士口授，中国士人笔录整理，翻译出版。这种合作译书方式，也是中西文化交流的创举，一直持续到清末。

由于传教士宣传科学技术的目的是传教，因而往往和宗教宣传混在一起，而且一些与宗教宣传相抵触的先进科学，常常避而不提，这就带有很大的局限性。天主教作为一种流行于西方的宗教，与中国风俗习惯、信仰均有巨大矛盾，因此彼此之间常常发生冲突，形成接连不断的教案。

二、清代前期中西文化交流的发展（1644—1722 年）

1. 耶稣会的传教活动

耶稣会的传教活动，万历末年曾因“南京教案”受挫，到了崇祯年间，由于修订历法和制炮御敌的需要，又把耶稣会传教士召回来，传教士再度受到重用。传教士为了维持明朝的垂危统治，曾经献计出力，希望明朝的统治能够延续下去。可是，当时的明朝已经走上穷途末路，绝非个人或少数人之力所可挽回。不久，李自成领导的农民起义军攻入北京，崇祯帝吊死煤山，随后清兵入关，赶走农民起义队伍，于1644年在北京建立清朝，明朝残余势力经历过一段时期的抗争，最后灭亡了。

在明末清初三股势力的角斗中，在华耶稣会士为了自身的生存，实际上是三方下注。对于明朝残余势力，前节已经述及，他们是尽力加以维持，甚至接受派遣，向澳门以至罗马教皇请求援助；对于农民起义军，他们也不敢得罪。当李自成起义军进入北京时，原来继利玛窦担任教区教长的龙华民，已是85岁的老人，想逃走也走不动了，唯有伺机待变。作为北京教会负责人的汤若望，考虑到“教区开辟不易，不愿弃之也。况其职在援救不能逃亡之教众欤”①，同时考虑到他自己是一个深通历法的学者，不管谁来做皇帝，历法总是少不了的，都要仰仗于他。所以，李自成统治北京期间，汤若望一直守在教堂里，静观其变。李自成领导的农民军也没有对他采取粗暴行动。“汤若望之名，李自成与左右近侍，盖久已耳熟。故三日后，即蒙召见，令仍供前职，为国宣劳”②。不久，起义军就在教堂的后门贴上“严禁骚扰”的告示。后来，李自成撤离北京，教堂周围的房屋均遭火灾，但教堂未受损害。③ 即使是后来进入四川的张献忠，对传教士也是优待有加。当张献忠入川时，利类思和安文思相继在保宁、重庆等地传教。两人见势不妙，连夜逃难。当初打算沿江东下南京，因为关隘盘查很严，只好逃入山林躲避，但最后还是为张献忠部下查获，押解到了成都。幸亏有一名投降张献忠的明朝官员吴继善，曾在北京与汤若望认识，得悉利类思和安文思被抓获，就竭力向张献忠推荐。后来两人被迎到成都。张献忠待之如上宾，聘其为顾问，允诺太平之后修建教堂，并任命他们为“天学国师”，托他们修订历法。张献忠还令他们造天、地球两个，用红铜做材料，另造日晷配合。天球有各星宿，七政星宫环列其上；地球分五大洲，国名、省名、城名，历历在目，经纬线、南北两极、赤道、南北温带等，无不一一标明。观看者无不称奇。1646年冬，张献忠受到清军攻击，中箭身亡。其部下群龙无首，溃不成军。利类思和安文思乘机逃走，途中落到清军手中。清军得知两人是汤若望的朋友，就将二人送到肃亲王豪格营中。豪格曾受汤若望嘱托，要保护传教士。因此他

① 费赖之著，冯承钧译：《入华耶稣会士列传》，商务印书馆1938年版，第196页。

② 参见李喜所主编，林延清等著：《五千年中外文化交流史》第二卷，第138页。

③ 参见李喜所主编，林延清等著：《五千年中外文化交流史》第二卷，第138页。

们受到礼遇，并被护送到北京。①

李自成于1644年4月24日攻进北京，不到两个月，就受到吴三桂和清军的联合攻击，被迫退出北京。清军进入北京后，随即谕令居住在中城、东城、西城的居民，三日之内全部搬迁。汤若望的住所也属于搬迁范围。为了请求免迁，汤若望特上书摄政王多尔衮，希望自己的科学技术知识能够为新朝赏识；而且表明自己从“西方带来经书不下三千部，至于翻译已刻修历书板数架充栋，诚恐仓促挪移，必多散佚”。多尔衮批准他的请求，准许他居留原地，并在天主堂门前贴上谕告，禁止闲人骚扰。② 年底，清廷令汤若望掌管钦天监印信，“所属该监官员，嗣后一切进历、占候、选择等项，悉听掌印官举行”③。自顺治二年(1645年)起，清廷即改行西洋新历，颁行天下，名叫《时宪历》。顺治三年，汤若望升任为正四品太常寺少卿。顺治八年顺治帝福临亲政之后，汤若望受封为通议大夫加太常寺卿，管理钦天监监正事。其祖父母及父母均受到赠封。顺治十年，“赐号通玄教师”，后来又加封通政使，进秩正一品。④ 顺治帝还称呼汤若望为“玛法”(满语，意即“长者”)，告诉汤若望可以不拘礼节，随时进皇宫求见。顺治帝也多次赴教堂汤若望寓所看望，甚至在汤寓过他的生日。⑤ 据统计，1656—1657年，顺治帝曾24次去汤若望寓所。1661年当汤若望七十岁生日时，顺治帝还特意允许名宦士大夫前往祝贺。清朝最高统治者对汤若望等传教士的信任，无疑会为传教大开方便之门。

顺治帝去世以后，其子玄烨继位。玄烨因为尚未成年，由内大臣索尼、苏克萨哈、遏必隆、鳌拜辅佐政事。这四位辅政大臣向来对耶稣会传教士有不满情绪，这就为反天主教势力攻击天主教提供了机会。原来钦天监中设有回回科，汤若望掌管钦天监后，推行西洋新法，就把回回科裁减了，回回科的秋官正吴明炫随之被革职，从而引起他的反抗。顺治十四年(1657年)，吴明炫上奏说：“臣祖默沙亦黑等一十八姓，本西域人。自隋开皇己未抱其历学，重译来朝，授职历官，历一千五十九载，专管星宿行度。顺治三年，掌印汤若望谕臣科，凡日月交食及太阴五星陵犯、天象占验，俱不必奏进。臣察汤若望推水星二八月

---

① 参见顾卫民：《中国天主教编年史》，第153页；李喜所主编，林延清等著：《五千年中外文化交流史》第二卷，第146—148页。

② 顾卫民：《中国天主教编年史》，第146页。

③ 《清世祖实录》卷一一，《清实录》三，第111页。

④ 《清史稿》三三，中华书局1977年版，第10020页。

⑤ 魏特著，杨丙辰译：《汤若望传》，台北商务印书馆1960年版，第277页。

皆伏不见，今于二月二十九日仍见东方，又八月二十四日夕见，皆关象占，不敢不据推上闻。乞上复存臣科，庶绝学获传。”另外，吴明炫还检举汤若望有三个舛谬：“一、遗漏紫炁，一、颠倒觜参，一、颠倒罗计。”① 顺治帝命内大臣爱星阿及各部院大臣于八月登观象台测验，结果并未见有水星出现。吴明炫因此犯了“奏事诈不以实”罪，按律应该处以绞刑，“援赦得免”。

吴明炫不甘失败，找到他的同乡杨光先。杨光先是一个竭力维护中国孔孟之道的卫道者，对耶稣会传教士早有不满。为了维护宋明以来的理学传统，早在顺治十七年（1660年），就曾上疏清廷，反对颁行新历的封面标明“依西洋新法”，要求停用西洋历法。礼部没有采纳。到了康熙三年（1664年），他又向礼部递交了《请诛邪教状》《正国体呈稿》等文章，指责耶稣会传教士犯了三项大罪。首先是天主教传教士用邪教惑众。其次是天主教的教徒散布全国各地，阴谋造反。第三是指责汤若望的历法有十个错误：1. 不用诸科校正之谬；2. 一月有三节气之谬；3. 二至二分长短之谬；4. 夏至太阳行迟之谬；5. 移寅宫箕三度入丑宫之谬；6. 删除紫炁之谬；7. 颠倒觜参之谬；8. 颠倒罗计之谬；9. 黄道算节气之谬；10. 历止二百年之谬。② 杨光先先后写了《摘谬十论》等七篇文章，攻击汤若望在修订历法中的谬误，说：“宁使中夏无好历法，不可使中夏有西洋人。”③ 礼部即将杨光先的文章转交辅政大臣。辅政大臣批示交给吏部和礼部会审。吏部和礼部经过会审，认为传教士没有力量谋反，“造反”罪名因此不了了之。至于说传教士在中国各地散布妖书，迷惑中国人民，诱惑群众走到无父无君地步，同样无法确定汤若望等人的具体罪名。第三项罪名牵涉到传教士在为襁褓中夭折的荣亲王选择葬日时，不用正五行，反用洪范五行，以致祸及董鄂妃，使其不久死去。接着又殃及顺治帝，使他年仅24岁便死了。这种具有浓重封建迷信、毫无事实根据的推断，从法制观点看，完全站不住脚。可是在当时，即使同情汤若望等传教士的人，也噤若寒蝉，不敢吭声。结果汤若望等传教士招来“弑君”之罪。

同年十二月，吏部和礼部经过最后审核，判处汤若望、李祖白、许之新革除一切职衔，并与安文思、利类思、许保禄一起交由刑部法办；潘尽孝送兵部审理，分布于全国各省的传教士押解送京。封闭全国各地的天主堂，禁止传习

---

① 《清史稿》三三，第10021页。

② 王之春：《清朝柔远记》卷二，中华书局1989年版，第17页。

③ 杨光先：《不得已》下，第91页。

天主教。康熙四年（1665 年）一月，汤若望、南怀仁等八人被送入刑部监狱。刑部把汤若望视为阴谋不轨的首领，判处绞刑，送都察院和大理寺复审。案情正在审理之际，京城突然发生一场大地震。官员认为此乃上天示警，纷纷请求皇上大赦。康熙帝于是颁发大赦诏书，声称："人有冤抑，致上干天和，异征屡告，抚躬循省，只惧非宁，是用肆赦，嘉与海内维新。"[①] 于是大批犯人包括利类思、安文思、南怀仁等得以释放。汤若望因为案情重大，只从宽减刑。后来由于地震连续发生，弄得人心惶惶，辅政大臣不知所措，请示太皇太后作最后裁决。太皇太后对汤若望等人颇有好感，曾经捐款修建天主堂，对判定汤若望有罪明显不满。辅政大臣遵照太皇太后旨意，将汤若望等当场释放。

汤若望等人被罢职后，礼部拟以杨光先出任钦天监监正。杨光先对历法并不熟悉，只是从吴明炫那里得到一些信息，饾饤成文，因此听说要他主持钦天监，自知难以胜任，连续五次请辞，但仍被吏部拒绝。杨光先不得已，只得硬着头皮上任。他上任后，拟复用《大统历》。康熙五年（1666 年）、六年、七年的历法，是汤若望早已算定的，杨光先把它作为蓝本呈上，尚无重大差错。而康熙八年历，则是杨光先自己主持制定的，结果出了大纰漏。他认为本年当闰十二月，但又感到不对，自行检举，而这年历书已经颁行全国。为了纠正这个大错，康熙帝只得通告全国，停止闰月。为了结束历法的紊乱局面，康熙帝派遣布颜、赫维纳、李蔚等人与杨光先、吴明炫、南怀仁等一同测量日影。经过多次实地测量，杨光先、吴明炫的预测，每次皆出现差错，而南怀仁等的测量，则每次皆与天象吻合。康熙七年，康熙帝曾命吴明炫制定康熙九年的民政历，并交南怀仁审核，要他把其中差错一一写出。南怀仁审核后，将吴明炫制定的历书中差错如实上报。康熙帝把杨光先、吴明炫所定历书中的错误全部公布，使朝臣人人皆知。在太皇太后的支持下，康熙八年，康熙帝决心为传教士平反。此时汤若望已因年老于康熙五年去世，乃"复通微（因避康熙帝名玄烨之讳，改"玄"为"微"）教师封号，视原品赐恤"，由南怀仁接掌钦天监，"治理历法"。[②] 杨光先本该依法严惩，但康熙帝宽宏大量，从轻发落，令他告老返乡。结果杨光先死于回乡途中。

康熙帝为汤若望等耶稣会士平反之后，礼部上奏：天主教"并无为恶乱行之处，其进香之人仍应照常行走"。康熙帝批示："其天主教除南怀仁等照常自

---

① 《清圣祖实录》卷一四，《清实录》四，第 215 页。

② 《清史稿》三三，第 10022、10023 页。

行外，恐直隶各省立堂入教，仍着严行晓谕禁止。”[①] 按照这个禁令，只准南怀仁等耶稣会士自行奉教，禁止各省立堂入教。这是康熙八年（1669年）“禁教令”的基本内容，但是在执行中并未贯彻执行。康熙九年，南怀仁请求允许传教士传教，并释放拘押在广州的25名传教士。康熙帝同意释放传教士。其中有通晓历法的，可到北京协助南怀仁修历，但拒绝批准自由传教。可实际上，所谓“拒绝自由传教”，只是一句空话。既然允许他们回归原堂，又何能阻止他们传教？南怀仁接到这份谕旨，赶紧进朝廷谢恩。康熙帝又特书“奉旨归堂”四字，赐给南怀仁。南怀仁有了这个尚方宝剑，各地官员看到康熙帝的御笔，逢迎备至，哪敢阻止传教士传教？25名传教士除6名已死之外，其余19名全部于年末释放，各归本堂。

康熙帝本人喜爱西方科学技术，经常就有关问题召南怀仁入宫廷询问。南怀仁在热心为之讲解西方天文学、几何学、力学等科学知识及相关仪器时，不时也讲述西方天主教的一些情况。康熙帝因此对天主教也产生好感。康熙十二年（1673年）吴三桂等发动叛乱，烽火遍及西南及长江以南各省。这些地方多是山地或者水乡，原来笨重的大炮运送很不方便，康熙帝令南怀仁设计制造轻型火炮。南怀仁驾轻就熟，很快把这种轻型火炮铸造出来应急，并且在各火炮上刻上教中圣人名姓，借以扩大影响。康熙帝东巡、北巡，均令南怀仁随行。南怀仁利用随巡机会，和随巡官员广泛交谈，促使高官贵人对天主教有更多的了解。康熙十八年，南怀仁向康熙帝推荐李守谦进京助理历政，康熙帝亲书“奉旨传教”四字赐给李守谦，准他往各省传教，更是为传教士赴各地传教大开方便之门。康熙三十一年二月初二日，康熙帝谕告大学士：“前部议将各处天主堂照旧存留，只令西洋人供奉，已经准行。现在西洋人治理历法，前用兵之际制造军器，效力勤劳。近随征俄罗斯，亦有劳绩。并无为恶乱行之处，将伊等之教目为邪教，殊属无辜。”初五日，礼部尚书等议奏：“各省居住西洋人并无为恶乱行之处，又并非左道惑众，异端生事。喇嘛僧道等庙尚容人烧香行走，西洋人并无违法之事，反行禁止，似属不宜。相应将各处天主堂俱照旧存留，凡进香供奉之人仍许照常行走，不必禁止。”奉旨依议。[②] 这就是康熙三十一年的“弛禁令”。耶稣会士多年以来盼望自由传教的心愿，终于得到清朝最高当局

---

① 李刚己辑录：《教务纪略》卷首，上海书店1986年版，第1页。

② 中国人民大学清史研究所编：《清史编年》第三卷下，中国人民大学出版社1988年版，第41页。

的许可。

康熙时期，耶稣会在华传教的另一个重大事件是法国耶稣会传教士大量来华。在葡萄牙和西班牙控制海上霸权的时代，传教士赴各地传教，都要征得葡萄牙和西班牙国王的同意，派遣主教也要得到他们赞同。到了17世纪中叶，葡萄牙和西班牙相继衰落，法国开始兴起。法国国王路易十四对东亚怀有很大野心，在努力摧毁西、葡海上霸权的同时，也希望在远东拥有护教权。法国耶稣会士来华与南怀仁的推荐也有密切关系。

南怀仁，字敦伯，比利时人，18岁入耶稣会，1657年随同卫匡国来华，1659年派往陕西传教，1660年奉召进京协助汤若望修订历书。杨光先反天主教时，南怀仁和汤若望一同被关进刑部监狱。教案昭雪后，南怀仁受到康熙帝重用，掌管钦天监事务。当时全国有好几个省区还无人去传教。南怀仁深感传教缺乏人才，乃于1683年上书罗马教廷传信部，请求速派传教士来华。传信部收到南怀仁的信后，便将信交给法王路易十四。路易十四认为这是对外扩展的好机会，便命巴黎外方会挑选精通数学的传教士达沙尔、洪若翰、白晋、李明、张诚、刘应等六人到中国去。他们于1685年4月出发，经过暹罗，于1687年7月到达浙江宁波。其中达沙尔在赴宁波途中死亡。南怀仁得知他们来到中国后，竭力向康熙帝推荐，声称洪若翰等5人皆精通天文历数之学，而且是法国国王派遣，恳求皇上简用。康熙帝很赞同南怀仁的建议，谕令浙江巡抚金鋐把洪若翰等5人驰送北京，听候任用。遗憾的是，南怀仁在洪若翰等到京前夕去世。洪若翰等带往北京的浑天仪等共计30箱，康熙帝指示全部交钦天监使用，还令洪若翰等交徐日昇引见，可用的留用，不可用的听他们随便居住。最后确定留白晋、张诚在北京备用，其余3人听由他们随便传教。

由于张诚、白晋等在中俄划界谈判和历法等方面做出重大贡献，得到清廷的信任和重用。后来，康熙帝又命白晋回法国，邀请更多的传教士来中国。康熙帝还亲自准备送给法王路易十四的礼品。白晋于1693年离开北京，1697年到达法国。1699年重来中国，带来传教士瞿敬臣、南国光、利圣学、马若瑟、雷孝思、巴多明、颜理伯、卫嘉禄、孟正气、卜纳爵等10人。随后，又有法耶稣会士赫苍璧、杜德美、沙守信、冯秉正、德玛诺等相继来华。他们抵达中国后，有力地推动了天主教在中国的发展，开辟了不少新教区，建立起许多新教堂，受洗入教的人数大量增加。据徐宗泽说，1664年，耶稣会在中国十一省有教徒114200人，耶稣会住院20处，会士20或30人。另据德礼贤《中国传教史》记述，1686年，中国有教徒24万。1701年，全国有耶稣会士59人，方济各会士

29 人，多明我会士 8 人，巴黎外方传教会士 15 人，奥斯定会士 6 人。全国有教堂会口 250 处（一说 300 处）。①

2.《时宪历》取代《大统历》

徐光启倡议和主持编制的《崇祯历书》，来不及正式颁行，明朝就被农民起义军推翻了。以李自成为首的农民起义军，于 1644 年 4 月 24 日攻破北京城，在北京建立大顺政权仅 42 天，就被吴三桂勾结清军赶走了。随之清朝建立，并将这年改为顺治元年。即位当皇帝的福临，时年仅六岁，由努尔哈赤第十四子、和硕睿亲王多尔衮摄理政事。顺治元年（1644 年）六月，耶稣会士汤若望上书清廷："臣于明崇祯二年来京，曾依西洋新法厘定旧历，今将新法所推本年八月初一日日食，京师及各省所见食限分秒，并起复方位、图像进呈，乞届期遣官测验。"七月，汤若望又推测天象进呈。礼部奏报清廷："钦天监改用新法，推注已成，请易新名，颁行天下。"睿亲王多尔衮说："宜名'时宪'，以称朝廷宪天乂民至意。"② 就这样，从明代初年颁行的《大统历》，就为按照西洋新法推定的《时宪历》取代了。汤若望等传教士也因此很快取得了清朝当局的信任。

顺治元年（1644 年）五月十一日，汤若望上疏摄政王，要求保护天文仪器和已刻的有关书板。七月，汤若望将新制浑天星球一座，地平、日晷、窥远镜各一具及一幅舆地屏图，献给清朝宫廷。八月初一日日食的时候，多尔衮命大学士冯铨同汤若望前往观象台测验，"惟新法一一吻合，大统、回回二历，俱差时刻"③。在此期间，汤若望将原来徐光启等主持编制的《崇祯历书》一百三七卷简编为一百卷，加上他补写的《筹算》《历法西传》《新法历引》，共计一百零三卷，于顺治二年刊印，改名为《西洋新法历书》。该书除对《崇祯历书》做了一些简编工作外，还对西方天文学的新进展做了简略介绍。如在《历法西传》中收录了哥白尼的《天体运动论》六卷的目录，还介绍了伽利略运用新制望远镜观察天象，看到银河系是由无数小星星组成、太阳里有黑子等，报道了天文学的一些新进展。但这部大型历书如前所述，乃中西学者在徐光启、李天经先后主持下共同完成的成果，汤若望在向清廷奏报时，却说成是他个人历经寒暑的著述，很不妥当。

---

① 顾卫民：《中国天主教编年史》，第 219 页。本节主要参考李喜所主编，林延清等著：《五千年中外文化交流史》第二卷，第 137—176 页。

② 《清史稿》七，第 1658 页。

③ 《清史稿》七，第 1658 页。

采用西洋历法，改行《时宪历》，是中国历法发展史上的一次大变革。它比元代和明代颁行的历法要准确得多。钦天监里设立时宪科，负责编算每年颁行的《时宪历》。康熙二十三年（1684年），《时宪历》确定这一年以甲子为元，称为“甲子元历”。到了雍正八年（1730年）六月初一日的日食，推算差了一分。考查其根源，在于甲子元历系按照第谷的推算方法，确定地球环绕太阳一周为365.2421875日；而据新的牛顿的方法推算，则一年应该是365.24233442日。日积月累，经过多年之后，差了一分。为了避免推算继续形成误差，乾隆七年(1742年)，清廷决定重修《时宪历》，以雍正元年癸卯为元，依照牛顿确定的数据推算，因而称为“癸卯元历”。

汤若望刊印的《西洋新法历书》，由于未经深通中国文字的学者润色审改，人们读起来感到不够清楚明白，图与表也不完全一致，阐释也有些晦涩难解，早就有人提议，有必要作些修订。康熙帝不但在政治上是位英明的皇帝，而且在处理政事之余，对西方科学技术也给予相当关注。他曾邀请南怀仁等学有专长的传教士入宫，定时而且长期地为他讲解天文历数。南怀仁、闵明我、徐日昇、安多、张诚、白晋等传教士，都先后给他讲解过天文、数学等课程。所以，他对西方科学技术具有相当深的造诣。康熙四十一年（1702年），大学士李光地把安徽宣城贡生梅文鼎著的《历学疑问》三卷进呈。康熙帝说：“朕留心历算多年，此事朕能决其是非，将书留览再发。”两天之后，召见李光地说：“昨所呈书甚细心，且议论亦公平，此人用力深矣，朕带回宫中仔细看阅。”李光地请康熙帝亲加御笔，批驳改定，康熙帝表示赞同。第二年春，康熙帝再次南巡，于行在发回原书，并面告李光地：“朕已细细看过。”书中的圈点涂抹，都是康熙帝手笔。李光地探询书中有无错误，康熙帝答道：“无疵缪，但算法未备。”① 康熙四十四年，康熙帝又一次南巡，曾在御舟中召见梅文鼎三次，并对李光地言：“历象算法，朕最留心，此学今鲜知者，如文鼎，真仅见也。”梅文鼎，字定九，安徽宣城人，是当时著名学者，对天文数学均有很深造诣。康熙帝对他给予充分肯定。由此不难看出，康熙帝本人在学术上绝不是泛泛之辈，而是一位博学多才的皇帝。

针对《西洋新法历书》的缺陷，康熙帝晚年决定组织人力修订。康熙五十年（1711年），他谕告大学士说：“天文历法，朕素留心，西法大端不误，但分刻度数之间，积久不能无差。今年夏至，钦天监奏午正三刻，朕细测日景，是

① 《清史稿》四六，第13948页。

午初三刻九分。此时稍有舛错，恐数十年后所差愈甚。”[①] 由此他萌生了招募人才修订历象的念头。谕令礼部考取效力算法人员。鉴于梅文鼎年事已高，就把他的孙子梅瑴成征集来当面考查。康熙帝对他奏对很满意，就把他和苏州府教授陈厚耀一同招入内廷，让他参与修订律吕、算法诸书。康熙五十二年五月，着手修订律吕、算法等书，并以诚亲王允祉、皇十五子允禑、皇十六子允禄充承旨纂修，何国宗、梅瑴成充汇编，陈厚耀、魏廷珍、王兰生、方苞等充分校。“所纂之书，每日进呈，上亲加改正焉。”康熙五十三年四月，康熙谕告诚亲王允祉等说：“古历规模甚好，但其数目岁久不合，今修书宜依古历规模，用今之数目算之。”同年十月，又说：“北极高度、黄赤距度最为紧要，着于澹宁居后逐日测量。”[②] 康熙五十八年二月，由于推算人员不足，又令礼部通过考试，录取傅明安等 28 人，参加修书处工作。到了康熙六十年，算法书成，赐名《数理精蕴》。六十一年六月，历书稿成，并律吕、算法，共为《律历渊源》一百卷：一曰《历象考成》上、下编；一曰《律吕精义》上、下编，续编；一曰《数理精蕴》上、下编。雍正元年（1723 年），《历象考成》在钦天监正式颁布。[③]

《历象考成》上编的标题是“揆天察记”，共有十六卷，主要是历法理论方面的论述；下编的标题是“明时正度”，共十卷，主要是叙述各种计算方法；另外还附了运算表十六卷。全书合计为四十二卷。由于康熙帝亲自主持修纂，经过参加修纂人员多年的共同努力，纠正了《西洋历法新书》的一些差错，在条理上也有所改进。为了使数据更加准确，康熙帝还派了技术人员亲赴福建、广东、云南、四川、陕西、河南、江南、浙江八省实地观测北极高度和黄赤距度等。不过，由于当时还无法及时引进欧洲的最新研究成果，其所采用的仍是耶稣会士引进的第谷体系，其精确度仍然有些欠缺。

天文测量离不开仪器设备。清代前期天文仪器的制作也有很大改进。康熙八年（1669 年），当时已经升任钦天监监副的南怀仁提出：明朝以前及明朝末年制的天文仪器多为木制，无法长期使用，而且在战争中受到破坏，特别是使用西洋新法后，采用西洋天文学的 360 度制和 60 进位制，传统的旧仪器已不能适应新的历法测算的需要，请求制造新的天文仪器。康熙帝很快批准。经过南怀仁和参与制造者的努力，于康熙十二年先后制成了天文仪器六台，即赤道经纬

① 《清史稿》七，第 1668 页。

② 《清史稿》七，第 1668 页。

③ 《清史稿》七，第 1669 页。

仪、黄道经纬仪、地平经仪、地平纬仪、纪限仪、天体仪。新的仪器制出后，钦天监的人员认为南怀仁有意垄断测量技术，不把使用仪器的方法告诉他们。于是南怀仁便编撰了一本讲述各种仪器的制作原理以及使用方法的著作，书名是《新制灵台仪象志》，共计十六卷，并在后面附上全天星表供查看。

康熙晚年，传教士纪理安、戴进贤等与钦天监里的工作人员也制作了一些天文仪器。为了解决地平经仪和地平纬仪分别制作使用不便的问题，纪理安于康熙五十四年（1715 年）设计制造了一台地平经纬仪，将经仪与纬仪合为一台，使用较为方便。① 南怀仁的《新制灵台仪象志》刊行后，因为据西洋新测星度累加测验，书中有许多不合。于是钦天监监正戴进贤奏请厘定，与监官刘松龄、鲍友管两位教士详细测验，编成《仪象考成》三十卷。②

随着西方天文学的输入，中国学者在清朝前期学习和研究西方天文学的也日渐增多。有关这方面的详情，徐海松著有《清初士人与西学》一书，于 2000 年由东方出版社出版。对于清初各种政治倾向的士大夫与西学的错综复杂关系，分门别类作了深入的分析，可供参考。

3. 代数学的传入和《数理精蕴》的编纂

继利玛窦和徐光启合译《几何原本》前六卷之后，清初数理方面的输入，主要有对数和代数。对数是英国数学家约翰·耐普尔于 1614 年发明的。1653 年，中国学者薛凤祚在南京协助波兰籍耶稣会士穆尼阁翻译了《天步真原》。这本书中有对数方面的内容。薛凤祚觉得对数在计算方面有广泛的实用价值。许多复杂的计算，有了对数表，一查便可知道，不用每次再去计算，由此他编成《比例对数表》十二卷，是为西方对数学传入中国之始。耐普尔编列的对数表本来从 1 计算至 10 万，穆尼阁从西方带来途中遗失部分，因此《天步真原》只编了 1 万至 2 万的常用对数表。另外，穆尼阁还编成《比例四线新表》，乃是正弦与余弦、正切与余切的四线对数表。由于对数表可以“省乘除，而况开方、立方、三四方等法，皆比原法工力，十省六七，且无舛错之患”③，查对方便，实用性很强，很快就被推广到历法以及各种测算之中。对数的引入，使许多复杂的运算简化方便。梅文鼎在《勿庵历算书目》中称赞：“神速简易，殆非拟议所

① 参考李喜所主编，林延清等著：《五千年中外文化交流史》第二卷，第 185—186 页。

② 徐宗泽编著：《明清间耶稣会士译著提要》，第 469 页。

③ 方豪著：《中西交通史》下，第 737 页。

及。”薛凤祚为了适应中国的国情，还对穆尼阁的对数表作了调整，将西方的60进位制换算成中国的十进位制，而且重新计算了对数值。

清代前期随对数之后输入中国的是代数学。代数学在当时称为“借根方”。“凡用数，先借一根（如今日之设 x）为所求之物”，“借根而异言方者，初入算虽只借根，但根乘根则成平方，根乘平方则成立方，以及屡乘至多乘方，俱所必用，故名之曰借根方也”。① 当时传入的，实际只有二次方程式之计算和应用。至于三次、四次方程式则尚未传入。此种代数学最初是由在清朝宫廷中给康熙帝讲课的法国耶稣会士白晋、张诚、傅圣泽等人传授。康熙帝对此很重视，当面嘱咐傅圣泽进一步讲授符号代数。傅圣泽于是用汉文写《阿不热巴拉新法》两卷，具体讲述符号代数，说明两者的异同，指出：“用通融（用）记号之妙难以枚举。如于算之际，或加减乘除、平方立方等等记号，常常不变，令人一见原号，俱各了然。若用数目字，必随处变换，一变之后，人即难知其原数，并原数所成之诸方亦莫辨矣。若用通融（用）记号，算之甚简便，观之省心思目力。”②

1701年，法籍耶稣会士杜德美来华，将牛顿、格列高里发明的圆周率、正弦、正矢等三个无穷级数的展开公式输入中国，为计算圆周率和三角函数值提供了新的算法，受到当时中国学者的关注。梅瑴成编辑《梅氏丛书辑要》时，将它和代数学一并收入附录《赤水遗珍》。杜德美把这些新算法引入中国时，没有介绍它们的推算方法，给学者学习和运用这些新公式带来了不少困难。后来中国数学家明安图、董佑诚在此基础上做了反复研究，取得了不少新成果，弥补了这一不足。

清代前期中西文化交流在数学方面的最大成果是《数理精蕴》的编纂，这是汇集当时中西方数学研究成果的一部数学百科全书。前已提到，这部书是康熙帝晚年亲自主持，由梅文鼎之孙梅瑴成等人在法国传教士张诚、白晋等人译稿的基础上精心编纂而成，主要汇集了17世纪以来西方的数学成果，并加以中国化。全书共计五十三卷，上编五卷，立纲明体，介绍数学方面的基本理论，包括几何原本、算法原本、数理原本等内容。“几何原本”虽与利玛窦、徐光启合译的名称相同，其实际内容却有不少区别。算法原本包括自然数的相乘积、

① 《梅氏丛书辑要·赤水遗珍》，萧致治等：《西风拂夕阳：鸦片战争前中西关系》，第115页。

② 转自李喜所主编，林延清等著：《五千年中外文化交流史》第二卷，第195页。

公约数、公倍数、比例、等差级数、等比级数等的性质，这些都是小学算术的理论基础。下编四十卷，分条致用，乃是实用算术、代数、对数等方面知识。如度量衡制度，记数法，整数四则运算，分数运算，比例及其应用，联立一次方程，开平方以及开带从平方、开立方及开带从立方，解决有关直角三角形三边的二次方程应用问题……此外还有数表四种八卷，包括素因数表（从 1 到 10 万之间各数分解成素因数相乘的数学用表），对数表（真数 1 至 10 万，假数达小数点后 10 位）、三角函数表（准确到小数点后 7 位）、三角函数对数表（准确到小数点后 10 位）。还介绍了常用的西洋计算尺，乃我国关于计算尺的最早介绍。①

《数理真蕴》由于是康熙晚年御制钦定，出版后流传甚广，很快成为人们学习和研究西方数学知识的重要读本，对后来数学的发展产生了重大影响。

清代前期，中国学者在学习西方天文历法和数学最有成就的要数王锡阐和梅文鼎。他们对待中国和西方之学不存成见，“务集众长以观其会通，毋拘名目而取其精粹”。阮元著《畴人传》，对于两人的评论是：“王氏精而核，梅氏博而大，各造其极，难可轩轾。”② 王锡阐所著《晓庵新法》六卷，就是本着上述方针，既汲取了中西学术之长，而又有所创新。他提出了日月食初亏和复圆方位角计算的新方法，计算了康熙二十年九月初二日（1681 年 9 月 12 日）发生的日食，比其他方法都要准确。他还独立发明了计算金星、水星凌日的方法。此外，他还提出了细致计算月掩行星和五星凌犯的初起、终结时刻的方法，比当时中、西方法都有所进步。③ 梅文鼎在天文历法和数学方面，在会通中西的基础上均有创新。他著作宏富，单是天文学著作就有 40 多种，数学著作收入《梅氏丛书辑要》的也有 13 种。梅氏在书中综论中西历法的得失异同，对中西历法的融会贯通，以及对数学领域各个分支，均做了深入的探讨，得出了令人叹服的结论。梁启超认为，他对会通中西并有所创新方面，至少在下述五个方面有重大贡献：

一、历学脱离占验迷信而超然独立于真正科学基础之上，自利、徐启其绪，至定九乃确定。

二、历学之历史的研究——对于诸法为纯客观的比较批评，自定九始。

三、知历学非单纯的技术而必须以数学为基础，将明末学者学历之兴味移

① 参考杜石然等：《中国科学技术史稿》下册，北京科学出版社 1982 年版，第 215—217 页。

② 梁启超：《中国近三百年学术史》，第 339 页。

③ 参考杜石然等：《中国科学技术史稿》下册，第 215—217 页。

到学算方面，自定九始。

四、因治西算而印证以古籍，知吾国亦有固有之算学，因极力提倡以求学问之独立，黄梨洲首倡此论，定九与彼不谋而合。

五、其所著述，除发表自己创见外，更取前人艰深之学理，演为平易浅近之小册，以力求斯学之普及。此事为大学者之所难能，而定九优为之。①

总而言之，清初王锡阐和梅文鼎的天文历算研究，既使中国传统的天文历算获得了生机，又使西方传入的天文历算在中国生根发芽，开始结出中西会通的新果。不无遗憾的是，他们提出的“西学中源”说，固然与中国社会历史条件息息相关，但其消极影响是严重的，不足为法。

4. 西洋地理学在华结硕果

西方地理学在中国的传播，清代前期首先要介绍的，是南怀仁绘制的《坤舆全图》和他编纂的《坤舆图说》。康熙十三年（1674 年），南怀仁的《坤舆全图》首次在北京刊刻。全图共分八幅：中间六幅绘的是东西两个半球，其外两幅为图的说明。主要说明地球是圆形的，有南北两极，有地震，以及各大洲的著名山岳江河、风云、人物等等。此前利玛窦绘的《坤舆万国全图》是平面形的，南怀仁绘制这幅地图则改用球面投影法，因此更加接近地球的真实情况。这图在上海徐家汇图书馆及京、津、沪的著名图书馆均有藏本。南怀仁在刊印《坤舆全图》的同年，还编纂了《坤舆图说》两卷：上卷内容包括坤舆图说、地体之圆、地球南北两极、地震、山岳、海水之动、海之潮汐、江河、天下名河、气行、风、云雨、四元行之序并其形、人物；下卷为亚细亚洲及各国各岛分论，欧逻巴洲及各国各岛分论，利未亚洲及各国各岛分论，亚墨利加洲及各国各岛分论；四海总说、海状、海族、海产、海舶。下卷的内容多半采自《职方外纪》。上卷的内容也多半是利玛窦曾经介绍过的，但有新内容补充。山岳列出各国著名高山的高度。当时所列的最高山为高架所（高加索）山，高度是一百三十一里加二百零四丈。江河列出“天下名河”，亚洲只列举了黄河、欧拂辣得（幼发拉底）河等四条河流，连长江都未列入。下卷末尾附了异物图，计有：无对鸟、独角兽、鼻角、加默良（原名待考）、印度山羊、般第狗、大懒蜘蛛、埃及喇加多鱼、非洲狮等二十三种。最后是七奇图，介绍世界七大工程。②

---

① 梁启超：《中国近三百年学术史》，第 340—341 页。

② 方豪著：《中西交通史》下，第 718—719 页。

这里附带介绍一下这时期一位中国人写的《欧洲游记》（当时名《身见录》）。这可说是中国人用汉文写的第一部欧洲游记。此书作者樊守义，字利加，山西平阳人。康熙四十六年（1707年）冬天，樊守义跟随耶稣会士艾逊爵同往欧洲，康熙五十九年独自回国，共计在国外14年。回国之后，康熙帝曾接见他，详细听取了他在欧洲的见闻。后来他用汉文写了一篇《身见录》，呈报康熙帝。据这篇见闻录介绍，他是由澳门出国，经过东南亚各地、南非好望角（大狼山），然后到了巴西，于康熙四十七年八月初抵达葡萄牙，面见了葡萄牙国王，然后于第二年经过西班牙，来到意大利，谒见了教宗，即在罗马求学，加入耶稣会。直到康熙五十七年二月才复返葡萄牙，再见葡萄牙国王。葡萄牙国王"赐黄金一百"，于康熙五十八年三月初旬动身回中国，五十九年六月十三日到广州，八月二十八日到北京，并于九月十一日在热河谒见康熙帝。

在这篇《身见录》中，樊守义除明确记述了出国与回国经过外，主要是记述他在东南亚、巴西和欧洲南部葡、西、意等国所见，极言意大利的宫殿，尤其是教堂的雄伟和富丽堂皇。比如记述罗马及教廷说："往教化王之国，其京都名罗玛府，乃古来总都，城围百里，教王居焉。城门暮夜不闭，余至此二日，见教王，承优待，命阅宫殿内外房宇几万所，高大奇异，尤难拟议；多园囿，有大书库，库列大厨，无论其所藏经书之多，即书柜书箱，总难屈指开辟；迄今天下万国史籍，无不全备。教王普理圣教事，下有七十二宰相及主教司铎，本国文武，共勷王事。""公侯家绣缎饰墙，金花镶凳，宝器无价，摆设床帐，不啻万亿；其出入车马鞍帏，华美难比，使役仆卒，各以衣帽分职。"①

康熙晚年，派遣耶稣会士赴各省实地勘测，运用西方先进测绘技术，绘制全国地图，乃是一项具有世界意义的创举。这一举动最初是由法国传教士倡议的。早在康熙二十八年（1689年），中俄谈判期间，作为中国翻译员的法籍耶稣会士张诚，曾向康熙帝提供了一张自己绘制的亚洲地图。鉴于中国东北地方缺乏资料，无法翔实绘出，张诚曾建议对中国疆土进行一次测量。康熙三十七年，法国传教士巴多明，鉴于中国原来绘制的地图中的府县城镇很多和实际情况不合，再次建议康熙帝重新绘制各省地图。

康熙帝历来重视地图的测绘工作，经常利用出外巡视和征战的机会，就地和随行的传教士南怀仁等进行实地测绘。特别是在平定南方三藩和统一台湾期间，经常发现地图与实际情况不符，也觉得有核实的必要。康熙二十五年

① 方豪著：《中西交通史》下，第721—722页。

(1686年）五月庚寅，他谕令纂修《大清一统志》时即提出："务求采搜闳博，体例精详，阨塞山川，风土人物，指掌可治，画地成图。"① 随后，他又谕令各省编绘本省地图，以便把各省比较准确的地图刊入《大清一统志》。在张诚和巴多明相继提出实地测绘的建议后，康熙帝决定依靠传教士作为实地测绘主力，采行西方先进的测绘技术与经纬度法，在全国各地分别实行勘测的基础上，绘制出准确的全国地图。康熙三十年至三十八年，康熙帝先后巡视了多伦诺尔、张家口、大同、宁夏和江南等地，康熙三十五年还亲征准噶尔。他所到之处，张诚和徐日昇皆陪驾随行，向康熙帝讲解西洋科学知识，同时就地测定经纬度。

那些年，黄河经常为患，康熙帝又向张诚、徐日昇询问应当怎样治理。他们都认为需要先测定黄河河身的高低，然后根据测量情况采取相应的治理措施。康熙帝乃于四十七年（1708年）令雷孝思、白晋、杜德美测绘万里长城之位置，附近之河道同时绘入。随后又令费隐加入，越过长城，测绘满洲之西部、奉天、朝鲜北部、鸭绿江和图们江、北纬40度至45度一带。回京以后，又受命测绘北直隶各地。康熙四十九年，又要他们赴北满测绘。从康熙五十年起，测绘工作陆续在全国其他地区全面铺开：雷孝思和新到的麦大成赴山东测绘，杜德美、费隐、白晋和山遥瞻测绘长城西部，直至哈密。完成之后，复命麦大成测绘山西省和陕西省图，汤尚贤协助。冯秉正与德玛诺则与雷孝思测绘河南、江南、浙江、福建各省。他们三人并于康熙五十三年三月初五至四月初七日，测绘了台湾西部地图。四川和云南两省地图之测绘，则由费隐与山遥瞻负责。江西、广东、广西由麦大成、汤尚贤完成。山遥瞻在云南边境孟定去世后，雷孝思于康熙五十四年到达云南，完成山遥瞻未测绘完成的工作。当雷孝思从云南归来，费隐又病了，乃代费隐测绘贵州地图。当时湖广尚无人测绘，雷孝思又奉命完成，直到康熙五十六年，雷孝思才返回北京。最后由杜德美进行汇总编纂，于康熙五十七年终告完成。各省地图测绘完之后，康熙又遣派在蒙养斋跟从西洋教士学习数学测量的喇嘛两人赴西宁、拉萨等地，测绘西藏及其附近地图，由雷孝思、杜德美审定。最后乃合满洲、朝鲜、西藏而成一总图，共计32帧，分省图各省1帧，世称《皇舆全览图》。② 康熙帝在全图绘制完成后，又谕告内阁学士蒋廷锡说，《皇舆全览图》"朕费三十余年心力，始得告成；山脉水道，俱与《禹贡》相合。尔将此全图并分省之图，与九卿细看"。经过内阁九卿等阅

① 《清圣祖实录》卷一二六，《清实录》五，第343页。

② 方豪著：《中西交通史》下，第726—727页。

览，认为“天道地道，兼而有之，从来舆图所未有”，康熙帝于是谕令刻版颁赐。[①] 初次木刻是康熙五十七年，计图版28幅。第二次木刻在康熙六十年，有图版32幅。此后还有多种版本，并送巴黎制成铜版。

《皇舆全览图》又称《皇舆全图》或《大内舆图》。这幅全国地图与已往地图不同之处首先在于它是在对全国进行了实地测绘的基础上绘制完成的，绘制空前准确。花了这么大力气绘制全国地图，在当时世界上属于首创。法国的卡西尼父子测绘的法国地图，到1793年才完成，比此图晚70多年。英国则直到1870年才完成了全国的地图绘制，比此图晚150多年。其他欧洲国家也都迟到19世纪才进行测绘。其次，这次测绘地图是按照200里合地球经线一度，用三角法测定全国三角网，用梯形投影法汇制。即“用三角法实测某城至某城之距离，然后再与距北京较远地方之月食观测结果作比较。此为唯一最切实用之方法，亦前此所未有之地理学大工作也”[②]。其三，以北京为本初子午线，通过三角法确定的经纬度，全国共630处〔蒙古94，湖广54，直隶47，江南、广东各37，鞑靼（吉林黑龙江）36，江西、浙江、福建各20，河南、云南各29，山西、广西、山东、四川、陕西、辽东各28，贵州25，台湾、海南各7〕。最后，雷孝思与杜德美在测绘过程中已发现经度的长度上下有所不同，证明地球实为扁圆形。从实测角度证明了当时欧洲还在争论的牛顿主张的地球扁圆说是正确的，而喀西尼的长圆说是错误的。

5. 仿铸西方火器和南怀仁奉命铸炮

早在努尔哈赤当政时期，后金军和明军作战，因为缺乏先进火器，屡次受挫。1626年的宁远锦州之战，努尔哈赤本人也被明军的红夷（衣）大炮打伤。皇太极继位后，认为要战胜明朝军队，“非炮不克”，乃命令额驸佟养性等着手筹划，仿制红夷炮，并于天聪五年（1631年）正月，试制成第一门大炮。从这时起，后金军队开始有自己制造的大炮，并且成立了由汉人充当炮手的炮军队伍。崇德元年（1636年）正式在锦州设立制炮厂，大量仿制西洋大炮。其制造技术也略有提高，并且把炮的名称改为“神威大将军”。这种炮的炮管长，装火药多，炮弹巨大，摧毁力量加强，乃是一种用车装载的重型攻坚武器，为清军入关、攻打大城市准备了条件。

---

① 章开沅主编：《清通鉴·顺治朝　康熙朝》，第1266页。

② 方豪著：《中西交通史》下，第729页。

赶走李自成的农民起义军，攻克北京，建立起清朝的全国统治之后，摄政王多尔衮命令各旗在北京设立炮厂和火药厂，制造各种类型的大炮。随后又设置了管理兵器的机关“鞍楼”。顺治十一年（1654年），鞍楼改为兵仗局。顺治十八年，兵仗局又改为武备院。除了北京以外，各省则由总督、巡抚奏报清廷批准，自行铸造。

康熙十二年（1673年），平西王吴三桂等三藩起兵反清，一时战火烧遍西南及长江以南各地。为了平定三藩的反抗斗争，清政府相继设立了三个枪炮制造厂局：一个设立在紫禁城内的养心殿，造出的枪炮专门供皇室和满洲八旗使用；另一个设置在景山；还有一个设在铁匠营，所制枪炮供各地的绿营兵使用。与此同时，康熙帝也注意吸收西方新的造炮技术，起用传教士南怀仁制造大炮。南怀仁接受任务后，“依洋式铸造新炮”。鉴于南方山地多，水流四布，原来铸造的大炮太笨重，搬运十分不便，康熙帝乃嘱咐他制造一些便于运送的轻型火炮。为此，南怀仁精心设计了一种炮筒长七尺、壁厚两寸左右、炮弹三斤的轻型火炮，重量只一千斤左右。样炮造出后，康熙帝派遣内大臣偕同南怀仁前往卢沟桥试验，结果发射一百次，全部命中目标。康熙帝非常高兴，立刻下令赶紧制造。同年十一月，陕甘地区发生王辅臣叛乱，清军急需红夷炮平叛。南怀仁在28天中，赶制出20门应急。同月，安亲王岳乐准备从江西进兵湖南，报请清廷拨给“轻利”西洋火炮20门，供攻剿之用。康熙帝立刻谕令将南怀仁所造轻便火炮，照数送到江西，转交安亲王。康熙十五年，南怀仁又奉令制造铜红夷炮。从康熙十三年到十五年，三年之内共铸炮132门。康熙十九年，清政府决定将直隶废旧铳炮回炉冶炼，供南怀仁为八旗铸炮之用，共计铸炮320门，每旗发给40门。康熙二十年，南怀仁铸神威将军炮240门，在卢沟桥演习，效果良好。康熙帝当面赞扬说：“尔向年制造各炮，陕西、湖广、江西等省已有功效。见今所制新炮，从未有如此之准者。”当即将自己穿的貂裘袍赏赐给南怀仁。康熙二十二年，为了抗击侵略我国东北边境的沙俄，清政府决定令南怀仁再造火炮53门，凑足80门，分发给汉军八旗。康熙二十五年，南怀仁根据康熙帝的指示，设计出一种冲天炮图样，这种炮前侈后敛，形如仰钟，弹道弯曲；发射的炮弹“大如瓜，中虚仰穴，两耳铁环”，内装火药等物。康熙二十八年，南怀仁主持制造永固大将军炮61门，神功将军炮80门。① 这些炮的质量较明末制造的炮质量有很大提高，在平定三藩叛乱中发挥了重要作用，后来在反击沙俄入侵

① 本节参考刘旭：《中国古代火药火器史》，大象出版社2004年版，第257—258页。

的雅克萨之战中也收到良好效果。为了表彰南怀仁在造炮中的贡献，康熙帝特加赐南怀仁工部右侍郎职衔。

南怀仁配合铸炮，还编译了炮书《神武图说》，其中包括制炮原理方法 26 节，图解 44 幅。这是继汤若望、焦勖的《火攻挈要》之后，又一部叙述西洋火炮制造及其使用方法的专著。

6. 西医、西药的输入

清朝西医和西药的输入，始于康熙年代。康熙八年（1669 年），利类思、南怀仁与安文思合撰《西方要纪》，书中谈到了欧洲制药法。康熙二十九年，康熙帝身体欠佳，曾向传教士白晋等人询问西方的医理知识。白晋等人曾将法国的解剖学家韦尔纳的著作以及其他法国学者有关人体解剖的知识讲给他听，引起了康熙帝对西方医学的注意。康熙帝曾"指令他的最好的一个画家，专画人体解剖图像"①。后来，法国传教士巴多明复将白晋等人有关西方解剖学讲稿加以整理，同时补充其他西方学者巴特兰、戴尼等的著作，译成满文教材《按血液循环理论及戴尼新发现而编成的人体解剖学》，共九卷。康熙帝对这本书相当重视，认为"身体上虽任何微小部分，必须详加翻译，不可或缺"②，还选派汉人学者将其译成汉文，曾誊写三部，分藏北京文渊阁、畅春园和热河承德避暑山庄。

康熙三十二年（1693 年），康熙帝得了疟疾，病情相当严重，用中药医治毫无效果。新近到达北京的法国传教士洪若翰与张诚、白晋等，进献 1638 年才在秘鲁发现的治疟特效药奎宁（又名金鸡那）给康熙帝治疗，不久就治愈了。康熙帝病好之后，经常向人宣传此药的疗效，将它称为"圣药"。后来，康熙帝曾将奎宁送给高士奇治病，并且亲笔告诉他服食方法。康熙五十一年七月十八日，李煦奏报康熙帝说："江宁织造曹寅于七月初一日感受风寒，卧病数日，转而成疟，曾对煦言：必得主子圣药救我。"康熙帝朱批说："今欲赐治疟疾的药，恐迟延，所以赐驿马星夜赶去。但疟疾若未转泻痢，还无妨，若转了病，此药用不得。""若不是疟疾，此药用不得，须要认真，万嘱！万嘱！万嘱！"可是，奎宁还未送到江宁（今南京），曹寅已经病死。③奎宁这种治疟特效药，此后在中国

① 白晋：《康熙帝传》，《清史资料》第 1 辑，中华书局 1980 年版，第 299 页。
② 转见李喜所主编，林延清等著：《五千年中外文化交流史》第二卷，第 208 页。
③ 方豪著：《中西交通史》下，第 683—684 页。

得到广泛传播。康熙帝还从白晋、张诚等人处得知西洋的化学制药方法，还得知制出的西药既能治病，也不难吃。于是命传教士在宫廷里设立实验室，指定所有的制药工具与器材皆用银制造，制出许多种丸、散、膏、丹，供自己和亲属、侍从服用。西医西药因此得在中国流行。

西医西药传入中国后，产生两种截然不同的反响：有的学者对西方医药产生了浓厚的兴趣，常与西来传教士交往，探讨西医西药；为人治病，也兼用西洋方法治疗。康熙时期的医生王宏翰，就是这样一位著名医学家。王宏翰，字惠源，自华亭迁居苏州西城，明达医学，信奉天主教，因母亲患病而学习医药，乃我国最早接受西洋医学的医学家。1688 年，著《医学原始》四卷，书中大量采用艾儒略、高一志、汤若望等人传播的西方医学知识。

另外一些人则对西医学、西药持反对态度，有些人则是因反教而并反西医。嘉庆年间，俞正燮著《癸巳类稿》，其中卷十四有《书人身图说后》一篇，出于反宗教的情绪，说中外人的内脏各不相同。其结论说："脏府不同，故立教不同；其人好传教，欲中土人学之，不知中国人自有脏府经络，其能信天主教者，必中国脏府不全之人，得此等千百，于西洋教何益？西洋人倘知此，亦当殷然自惜！"①

7. 拉丁语的学习与运用

拉丁语属于亚欧语系罗马语族，原是古罗马的国语，随着罗马的扩张而传播到欧洲西南部各地，又因罗马的崩溃而分化成意大利语、法语、西班牙语等。中世纪西欧各国曾以拉丁语作为宗教、文化、科学研究等方面的共同书面语。耶稣会士来华之后，也把拉丁语带到中国。如前谈到，利玛窦曾用拉丁语的拼音方法学习汉语，编撰了《西字奇迹》，用拉丁音注汉字。1626 年，金尼阁在利玛窦的基础上，编撰了《西儒耳目资》，为传教士学习汉语提供了很多方便，也为中国学者注音识字开辟了新的门径，并使"中国人得于三日内通晓西洋文字之系统"（金尼阁语）。到了清代前期，除了西来传教士继续利用拉丁语辅助学习汉语外，一些中国学者也开始学习拉丁语。方以智是明清之际一位著名学者，著有《物理小识》与《通雅》。在《通雅》卷五十的《切韵声原》中，曾四次提到金尼阁的《西儒耳目资》，足见他对于拉丁语十分重视。《韵考》一节，曾举金尼阁的字母、字父之说。他所创制的《旋韵图》，也从金尼阁书中得到很多启

① 方豪著：《中西交通史》下，第 686 页。

发。方以智曾颇有感慨地说："字之纷也，即缘通与借耳。若事属一字，字各一义，如远西因事乃合音，因音而成字，不尤愈乎？"① 字里行间，对西欧的拉丁语拼音法赞扬有加。还有刘献廷的名著《广阳杂记》，也多次提到拉丁语拼音。其中卷二说："刘孔当后为名进士，著有《五经难字》《五经叶韵》，共若干卷，上附琉球红夷字，甲夫家有其书，曾见之。余闻此不胜惊叹。前在甲夫家，一住数日，乃不知有此异书。难字叶韵，不关有无，若红夷琉球，则正余所悬金而求、募贼以窃者，乃面失之于康甲夫也。红夷之字，必用蜡底诺语，以合其土音，必稍有异同。"琉球可能是指台湾，红夷即荷兰人，蜡底诺即拉丁的另一种译音。从这段话语中不难觉察，他不但知道拉丁语，而且还渴望了解拉丁语在西欧各国的演变与差异。《广阳杂记》卷三也提到"太西蜡顶话"。蜡顶同是拉丁的又一译音。全祖望在刘继庄（献廷名）传中说，刘献廷"尝作新韵谱，其悟自华严字母入，而参之以天竺、陀罗尼、泰西蜡顶话、小西天梵书，暨天方、蒙古、女直等音"。可惜全祖望文中提到的"新韵谱"已经散佚，无从查考。全祖望在《鲒埼亭集》卷二《国书赋》中有"龙龛之镜未谙，蜡顶之话谁溯？"句，他以蜡顶入典，足征当时文人对拉丁语的兴趣之浓。②

康熙帝对西方科学感兴趣，同样对拉丁语也很重视，并且略知一二。如康熙四十四年（1705年）十一月壬申，大学士把俄罗斯贸易使呈报的表文和译文送给康熙帝阅看。康熙帝当即告诉大学士："此乃喇提诺、托多乌祖克、鄂罗斯三种文也。外国之文，亦有三十六字母者，亦有三十字、五十字母者，朕交喇嘛（此指东正教士）详考视之，其来源与中国同，但不分平声、上声、去声，而尚有入声，其两字合音者甚明。中国平、上、去、入四韵极精，两字合音不甚紧要，是以学者少，渐至弃之。"③ 所谓喇提诺即是拉丁。荷兰人侵占台湾期间，曾招收本地少年，创办学校，也以拉丁语教育学生，后人称为"红毛字"，实即由拉丁语演化而来的荷兰语文。

拉丁语在中国与俄罗斯交往中曾经起过很大作用。当时中国人不懂俄罗斯语，俄国人也不识汉文与满文。但耶稣会传教士原来懂拉丁语，到达中国后又学会了汉语和满文，正可以充当中俄交涉的翻译员。康熙十五年（1676年），俄国派遣使臣尼古拉·加·斯帕法里（又译作尼果赖）出使中国。尼古拉不懂汉

① 转见方豪著：《中西交通史》下，第799页。

② 方豪著：《中西交通史》下，第800页。

③ 《清圣祖实录》卷二二三，《清实录》六，第242页。

文和满文，但懂拉丁语。为了便于沟通，清廷只得派遣懂拉丁语的南怀仁充当翻译。康熙二十七年的中俄边界谈判，当时南怀仁已死，康熙帝乃根据南怀仁生前的推荐，派遣耶稣会士徐日昇和张诚充当中方译员，并在双方之间进行协调。次年双方签订的《尼布楚条约》，正式文本规定为拉丁文本，另外有满文和俄文本。《尼布楚条约》之后，拉丁语成为中西交往的常用语言。

8. 西洋音乐、美术在华传播

到了清朝初年，西洋音乐在中国各地的传播，又有新进展。汤若望在北京争取到摄政王多尔衮的信任后，多尔衮在宣武门内将一块土地拨给耶稣会，允许他们在那里建天主堂。教堂建成后，人们俗称“南堂”。里面设有二塔：一座安置大自鸣钟，能奏中国乐曲；另一塔安置一架大管琴。尤侗赋有一首《意大理亚竹枝词》，词曰：“天主堂开天籁齐，钟鸣琴响自高低；阜成门外玫瑰发，杯酒还浇利泰西。”[①] 这首词的前两句，就是描述南堂两座塔安置的钟与琴的鸣响声，后两句则是对利玛窦的怀念与景仰。利泰西即利玛窦，死后葬于阜成门外。清朝康熙帝对西洋音乐也颇有兴趣。南怀仁对康熙帝说，徐日昇从小就喜爱音乐，精通西洋音乐。康熙帝即派了两名大员，把徐日昇接到北京，当面进行考察。徐日昇每听到中国乐曲，马上就可仿奏。康熙帝格外高兴，当即赠给锦绸二十四匹，给他们做新衣。[②] 康熙三十八年（1699 年）三月十日，康熙帝南巡到达镇江金山。过了两天，此前康熙帝派遣白晋专程赴法国招来的九名传教士北上路过此地，康熙帝当即在座船上接见他们，逐一询问各人特长，并听他们演奏西乐。“帝于西乐规律颇表惊奇，乃有意以西乐改善中国旧有音乐”。“十三日傍晚，帝又命登舰，再听西乐，并提出奇异问题质询”。[③] 有一位严嘉禄（又作颜家乐或燕嘉禄）既是天文家，又是音乐家，还善于制造各种器物。他进宫谒见皇帝后，康熙帝嘱他演奏。“时宫中已有西洋乐器多种，嘉禄一一试奏”，康熙大悦曰：“卿以天文家而通乐理，若斯人朕候之久矣！朕于卿来，盍胜忻喜！”[④]

由于康熙帝对音乐有浓厚兴趣，因此在他的晚年，除主持编纂了《历象考成》《数理精蕴》等外，还主持编纂了《律吕正义》。此书共分三编：上编曰

---

① 方豪著：《中西交通史》下，第 751 页。

② 方豪著：《中西交通史》下，第 753—754 页。

③ 方豪著：《中西交通史》下，第 754 页。

④ 方豪著：《中西交通史》下，第 756 页。

"正律审音"，下编"名和声定乐"，续编曰"协韵度曲"。关于此书的价值，德理格、马国贤在致罗马教皇书中推介说："至于律吕一学，大皇帝犹彻其根源，命臣德理格在皇三子、皇十五子、皇十六子殿下前，每日讲究其精微，修造新书，此书不日告成。此律吕新书内，凡中国外国钟磬丝竹之乐器，分别其比例，查算其根原，改正其错讹，无一不备美。西洋人受大皇帝之恩深重，无以图报，今特求教化王选极有学问：天文、律吕、算法、画工、内科、外科几人来中国以效犬马，稍报万一为妙。"①

康熙帝对西洋画也很爱好，宫廷中有不少西洋画师。康熙帝很信任的南怀仁，自称曾画了三幅画送给康熙帝，同时画了一个副本，悬挂在教堂里。各地官吏进京，多曾去教堂里观赏这幅画作。高士奇是康熙帝的亲信，曾供职内廷，后官至礼部侍郎。其书法不错，并善于鉴赏，他本人珍藏的书画也不少。高在《蓬山密记》中曾记述了他随从康熙帝观赏西洋画的一段经历。康熙四十二年(1703年)三月二十一日，高陪同康熙帝至畅春苑观剧处游览，只见"高台宏丽，四周皆楼、玻璃窗，上（指康熙帝）指示壁间西洋画"。估计就是南怀仁所作、献给宫廷的画作。同年四月十八日，康熙帝又对高士奇说："西洋人写像，得顾虎头神妙。""因云有二贵嫔像，写得逼真，尔年老久在供奉，看亦无妨。先出一幅，云：'此汉人也。'次出一幅，云：'此满人也。'"第二天，康熙帝又赐给高士奇西洋画三幅。在康熙帝的宫廷里，还有一位不属于耶稣会的传教士，也是以善于画西洋画著名。他就是马国贤，原是奉教宗之命，来替多罗(又译铎罗）赍送枢机主教礼冠，康熙五十年抵达北京。因为康熙帝听说他善画，就把他留下来做宫廷教师，直到康熙帝去世之后的雍正元年（1723年），马国贤才返回意大利。②

西洋画传入中国之后，不断有人学习西洋画。这方面，康熙时期最有名的要数焦秉贞，其最有名的作品是《耕织图》。图里面有很多意大利常见的物品，因而知他必然受到来华的西洋画师利类思和马国贤的影响。焦秉贞原是钦天监五官正，经常与西洋教士往来，故便于向他们学习求教。张庚的《画征录》卷中，曾对焦秉贞的画作给予高度评价。张庚说："焦秉贞，济宁人，钦天监五官正，工人物，其位置之自远而近，由大及小，不爽毫毛，盖西洋法也。"③ 胡敬

① 方豪著：《中西交通史》下，第756—757页。

② 方豪著：《中西交通史》下，第767页。

③ 方豪著：《中西交通史》下，第768页。

的《院画录》卷上，对焦秉贞的西洋画法有更深入的评议。他说：“海西法善于绘影，剖析分寸，以量度阴阳、向背、斜正、长短；就其影之所著而设色，分浓淡明暗焉。故远视则人畜、花木、屋宇皆植立而形圆，以至照有天光，蒸为云气，穷深极远，均粲布于寸缣尺楮之中。秉贞职守灵台，深明测算，会悟有得，取西法而变通之，圣祖之奖其丹青，正以奖其数理也。”① 清初著名画家吴历，康熙二十一年（1682 年）入天主教，康熙二十七年晋升神父，前后在嘉定、上海等地传教 30 年，原来擅长于山水画，加入天主教后，可能对西洋画不很热心，所以他的西洋画作不多，以宗教画传世的，仅有《圣家避难图》。吴历用西法中的透视法来补充中国画的画法。其所作《消夏图》，就注重阴阳黑白的对比，用较深的墨色画树荫下的物体，用淡的墨色画明处的东西。②

9. 中国经籍的西译与西传

1644 年清朝建立之后，来华的西方传教士继续从事中国古代经典文献的研究和翻译。在这批耶稣会士中，最早把四书译成拉丁文的是殷铎泽和郭纳爵。殷铎泽，字觉斯，意大利人，1657 年随卫匡国来华，旋即奉派到江西建昌传教。郭纳爵，字德旗，葡萄牙人，1634 年来华，先后在陕西、福建等地传教。他们两人合译了《大学》，取名《中国的智慧》，1662 年刻于江西建昌，后来传入欧洲。其内容包括孔子传记、《大学》和《论语》前半部的译文。另外，殷铎泽还将《中庸》译为拉丁文，定名为《中国政治道德学》，1667 年和 1669 年分别刻印于广州和印度果阿。1672 年又在巴黎出版，改名为《中国之科学》，内容也做了一些修订。

在欧洲产生较大影响的，是柏应理编译的《中国哲学家孔子》。柏应理，字信未，比利时人，1656 年随卜弥格抵澳门，1659 年入内地，先后在江西、福建、湖广、浙江各省传教，后来又转到江苏松江、上海、苏州、镇江、淮安等地。1664 年，柏应理因杨光先反教案被遣送广州，直到 1671 年始得开释，返回江南。1681 年，柏应理返回欧洲，向罗马禀报在华传教事务，随后又赴巴黎觐见法王路易十四。1687 年在巴黎以拉丁文出版了此书，其汉文标题为《西文四书直解》。其内容包括：（1）柏应理上法王路易十四书。（2）中国儒家经籍介

---

① 方豪著：《中西交通史》下，第 768 页。

② 转见李喜所主编，林延清等著：《五千年中外文化交流史》第二卷，第 225 页；方豪著：《中西交通史》下，第 916 页。

绍，兼论儒家与佛老的区别。还附了《周易》六十四卦并进行评论。(3) 孔子传（方豪怀疑是殷铎泽所作)。(4)《大学》《中庸》《论语》的译文（方豪认为译文出自郭纳爵、殷铎泽之手)。这三种书皆附译注疏，对于帮助读者了解原著的意义大有帮助。这本书由于是奉路易十四的敕令出版，介绍孔子及其学说也比较完整，因此在欧洲曾引起强烈的反响。著名科学家莱布尼茨等人均有评介，盛赞孔子超越了几乎全部希腊哲学时代的哲学家。①

柏应理编译的《西文四书直解》，因为《孟子》未曾译出，并非足本。最完备的四书译本，应是1711年布拉格大学出版、卫方济翻译的《中华帝国经典》。卫方济，比利时人，1687年来华，曾传教于淮安、五河、上海、建昌、南丰。1702年，为汇报南京及澳门的传教事务，卫方济奉上级派遣返回欧洲。他擅长汉文，采取直译方式，以拉丁文译出四书、《孝经》及《幼学》等，由布拉格大学图书馆印刷出版，书名《中华帝国经典》。1783—1786年又译成法文。译者是法国的普庐开教授。在法文版之首加了一篇序言，介绍中国的政治哲学与伦理之起源、性质和影响。杜赫德编纂的《中华帝国全志》，对于此书曾作过摘要介绍。

和四书译成拉丁文等西文同时，五经的研究与翻译也在进行之中。人们如果阅读利玛窦编撰的《天主实义》，就会觉察到其对《诗》《书》《易》多有研究，并且用这些经书中的内容附会天主教义。同样，曾德昭在《大中国志》一书中，对五经也作过介绍。曾德昭1616年因“南京教案”与高一志同时被送回澳门，1620年重返内地传教，亲见西安发现的《大秦景教流行中国碑》。他认为，《易》的编纂，是古代的中国皇帝为了寻求一条最好的统治之道。远古时代，伏羲、神农和黄帝，“这三位皇帝最早使用神秘方式，奇数和偶数及其他图画和符号，阐述他们的道德和伦理的科学，为他们的臣民制定法规。这些法规一代又一代传给各代的圣贤，即帝王，他们用这种方法治理国家。直到公元前1123年开始的周朝，文王及其幼子周公公布了这些数字和古代的符号，并刊行一本有关的书，名叫《易》。其中有许多道德训诫和有关整个国家的文献和法令”。“最后是孔夫子，他撰写了五部有系统的书（他们叫作‘经’），至今仍被认为是神圣的。”② 另外，卫匡国于1658年在慕尼黑出版的《中国历史初编十卷》中，也曾介绍了《易》及其卦图。作者依据河图洛书提出，伏羲是中国的

① 李喜所主编，林延清等著：《五千年中外文化交流史》第二卷，第393—400页。
② 译文见吴孟雪、曾丽雅：《明代欧洲汉学史》，第139—140页。

第一位皇帝。他创作的易卦，乃是中国最早的数学。易卦是反映天人关系的数学模式。“阴”卦代表隐蔽的、不完全的事物，“阳”卦代表公开的、完全的事物。阴阳相生相灭，组成八种卦式，分别代表天、地、水、火、雷、山、泽、风等八种自然现象。为了让西方读者了解八卦怎样重叠组合成六十四卦，卫氏在书末也附了六十四卦图，注明系伏羲氏所作（六十四卦圆图方位图，实是宋代邵雍制作。所谓伏羲氏系假托）。

西欧研究《易》最有影响的，要数白晋与雷孝思。白晋，字明远，法国人，1678 年入耶稣会，来华前已是法国科学院院士。1687 年 7 月经暹罗到达浙江宁波，第二年 2 月抵北京。由于他擅长天文测算，康熙帝命他在宫廷内供职，讲解西学，并命他学习满文、汉文。从此时起，他开始研习《易》。1693 年，白晋奉康熙帝之命，带着康熙帝送给路易十四的礼品回国报聘，并委托招募科学人才来华。在巴黎停留期间，曾因为读到德国哲学家、数学家莱布尼茨的《中国近事》，开始和莱布尼茨通信联系，探讨用数理或者代数证明抽象的必然真理。莱布尼茨想在中国的文字里寻求哲学符号，启发了白晋往《易》象数学方面的研究，因此，他在给莱布尼茨的第二封信里面就提到《易》。1698 年，白晋在法王路易十四的支持下，率领十名法国传教士来华。他继续从事《易》的研究。1700 年 11 月 18 日，白晋致函莱布尼茨，认为《易》不但“是一种纯粹的、健全的哲学”，而且是比欧洲哲学“更牢固、更完美的哲学”。1701 年 11 月 4 日他给莱氏的信，促成了莱布尼茨公开发表了关于二进制的论文。白晋认为，《易》卦的排比与莱布尼茨说的 64 约为 32 的数表不谋而合，提出要把《易》的原理应用到数或代数的证明中去。最后他把《易》六十四卦的圆图和方位图寄给莱布尼茨。白晋只把阴爻和阳爻叠合成六十四卦，以象征宇宙的万有无穷。莱布尼茨则把卦中的数学排比顺序加以仔细研究，发现与他在 1679 年发表的二进制原理正合符节，促使他决心将历经 20 多年苦思的关于二进制的论文发表。对此，日本学者五来欣造评论说：“以 0 和 1 的单纯二数来表示一切数的理想，这是他的天才闪烁；就是《易》以阴阳两个记号显示天地万有，亦是天才的放射。这东、西二大天才，借着数学的普遍的直觉方法而互相接触、互相认识、互相理解，以至于互相携手。在这点上，莱布尼茨把东西文明拉紧了一步。他的二元算术和《易》，亦就是象征东西两文明相契合的两只手掌。”[①] 莱布尼茨算是西方最善于领会《易》精髓的天才。

---

① 五来欣造：《莱布尼茨的周易学》，《学艺杂志》第 14 卷第 3 号。

雷孝思，字永维，法国人，1698年随白晋来华，抵达澳门后即赴北京，学习满文与汉文。康熙帝主持绘制的《皇舆全览图》，他出力最多，曾经亲自到蒙古、东北、河北、山东、河南、江南、浙江、福建、台湾、澎湖、贵州、云南等地进行实地勘测。1725年，他已是62岁高龄，复奉命赴青海绘制青海舆图。他把《易》译成拉丁文，定名为《中国最古的书》，乃西方最完整的第一部《易》译本。全书共计三卷：第一卷为概述，探讨《易》的作者、来源，写作《易》的目的及各种注疏。还附载有八篇文章，论述八卦、各种符号及其变化，以及《易》与其他各经的关系；第二卷是《易》原文和注疏的翻译；第三卷是雷氏本人的注释与评论。此书得以完成，还有赖于冯秉正、汤尚贤等传教士的协助。可惜的是，此书在雷孝思生前未能出版，直到1834年始由莫耳在杜宾根和斯图加特印行第一册，1839年再续出第二册。著名的《易》翻译家理雅各评论说：这是已经出版的、迄今为止最有价值的（译本）。

马若瑟，法国人，也是1698年来华的耶稣会士，在江西等地传教20多年，曾节译《书经》《诗经》，收入杜赫德所编之《中华帝国全志》，1735年在巴黎出版。

值得一提的是，有“17世纪的亚里士多德”之称的莱布尼茨，他年轻时就注意了解中国，读过利玛窦、卫匡国等人的著作。1687年读了柏应理的《中国哲学家孔子》。1689年，他在罗马认识了曾经来过中国的耶稣会士闵明我，彼此进行过多次交谈。他从闵明我那里得悉了许多中国的情况，从而引发了浓厚的兴趣。闵明我再赴中国以后，两人长期保持通信联系。闵明我在信中又为他讲述了不少中国新情况。1697年，莱布尼茨编印了《中国近事》一书，收录了来华耶稣会士苏霖、南怀仁、闵明我、安多、张诚等人的报告、书信以及中俄之间的战争与谈判情况。在该书的序言中，他对中国与西欧文化作了比较。他说：“我们从前谁也不信这世界上还有比我们伦理更美满、立身处世之道更进步的民族存在，现在东方的中国给我们以一大觉醒！东西双方比较起来，我觉得在工艺技术上彼此无所轩轾；关于思索理论方面，我们虽优于东方一筹，而在实践哲学方面，实在不能不认为我们相形见绌。我所指的便是他们那种适合于人类生活及效用的伦理政治学说啊！”莱布尼茨还说：“东西两大文化能在此时互相补益，实为天命。”当《中国近事》一书出版时，适值白晋从中国返回欧洲。白晋读后，对莱布尼茨深表敬佩，即于1697年10月18日把自己写的《中国当代皇帝传》（即《康熙帝传》）和一封信寄给他。莱布尼茨在同年12月2日的复信中，除询问了一些中国语言、历史方面的问题外，还请求白晋，允许将《中国当代皇帝传》收入《中国近事》第二版。白晋高兴地同意了。从此之后，两人长期保持通信联系。

10. 中国历史、地理的西传

和中国人不了解欧洲的历史、地理一样，欧洲人对中国的历史、地理也知之不多。在耶稣会士来华之前，他们通过马可·波罗的游记才略有所知。耶稣会士来华之后，他们通过亲见亲闻，用报告和书信等形式，把中国的情况陆续传到西欧，但究竟缺乏系统、深入、全面的陈述，这种情况到了清朝前期才开始改变。耶稣会士中把中国悠久的历史和广阔的疆域系统介绍给西欧的，首推卫匡国，其次是冯秉正。此外，安文思、柏应理、白晋、张诚、刘应等，均有中国历史著作传世。

卫匡国，字济泰，意大利人，17 岁入耶稣会，1643 年来华，先是在浙江传教，随后游行各省考察，抵北京，登长城，随时随地测定各省重要都邑位置，以备制图著述。为了解决中国天主教徒祭祖敬孔的问题，1650 年奉在华耶稣会之命启程返欧，途中绕道德、法、英、比诸国，将中国之地域、文化、历史介绍给各国人士，颇受欢迎。1654 年到达罗马，觐见教宗亚历山大七世。任务完成之后，卫匡国于 1657 年率领新教士南怀仁等起程返华，备尝艰苦，于 1658 年回到杭州，继续从事传教工作。卫匡国所著《中国上古史》，先于 1658 年在德国慕尼黑出版，第二年又在荷兰阿姆斯特丹出版，1692 年复译成法文出版，乃是 17 世纪后期至 18 世纪初期欧洲人了解中国历史的基本读物。全书共分为十卷：第一卷，记述中国远古时代的神话与传说，上起盘古开天辟地，下到尧舜时代，它将中国历史的开端定在公元前 2952 年，即伏羲时代。继伏羲氏之后，依次叙述了神农氏（公元前 2837 年）、黄帝（公元前 2697 年）、少昊氏（公元前 2597 年）、颛顼（公元前 2513 年）、帝喾（公元前 2435 年）、帝尧（公元前 2357 年）、帝舜（公元前 2258 年）。第二卷，夏代（禹：公元前 2207；桀：公元前 1818 年）。第三卷，商代（汤：公元前 1766 年；纣：公元前 1154 年）。第四、五卷，周代（武王：公元前 1122 年）。第六卷，秦代（始皇帝：公元前 246 年）。第七、八、九、十卷，汉代（刘邦：公元前 206 年；哀帝：公元前 6 年）。甲子纪年始于黄帝时期，即从公元前 2697 年算起，到汉哀帝元寿二年（公元前 1 年），共计 44 轮甲子，外加 57 年。

卫匡国编纂的《中国上古史》，对于欧洲来说，不仅使欧洲人认识到中国有悠久的历史和文化，而且对于基督教《圣经》中的创世说是一个莫大的冲击。

尽管这不是卫匡国的本意，却不得不承认这是铁的历史事实，揭穿所谓“上帝创世”，乃是无稽之谈。按照《圣经》的创世说，诺亚之前的人类早已被洪水淹灭，只有诺亚才是人类的始祖。可是，当西方处于洪荒之世时，在东亚的中国，早已形成了君主专制国家，而且一直延续至今。因此，诺亚绝不可能是古老中国人的始祖。这是对创世说的根本性打击。

卫匡国的另一部历史著作是记述明清之交战争历史的《鞑靼战纪（鞑靼在中国战争的历史）》。其主要内容是1644年清军入关后至1650年卫匡国离华前，发生于清军和明朝军队之间的战争。在这期间，作者先后在南京、杭州、绍兴、金华等地，随后又到福建和广东。对于清军南下在东南这些地方与明军作战实况，亲见亲闻，相当真实。《方豪文录》称赞此书“于清军入关及南下情形，所记至详，直言不隐，足补我国正史之阙略”①。此书于1654年在荷兰、德国、比利时和意大利同时以拉丁文出版。短时期内连续再版十多次，足见其影响不小。书里结合他本人的所见所闻，对于明朝崩溃的原因，清军南下烧杀抢掠的残暴等，均有翔实的记述，足供明清史研究者参考。

随着时代的发展，传教士接触中国的实际情况增多，对中国地理的介绍，也在不断进步。前面已经提到，卫匡国来华之后，曾前往中国许多地方游览考察，并注意实地测绘。他所编绘的《中国新地图集》，就是以新的测绘方法绘制的中国地图。1655年以拉丁文刊印于阿姆斯特丹，以后被译成欧洲多国文字，多次再版重印。这本图集共计刊有地图17幅。除了中国全图和日本全图之外，还有15幅中国分省地图，每幅皆以红、黄、蓝、绿等颜色绘制，周围标明经纬度。图之外还有171页说明文字，分别叙述各省的地理位置、疆域沿革、人口物产、山川气候、名胜古迹等。这是17世纪欧洲各地广泛流行的、当时最准确的中国地图。卫匡国也因此赢得了“中国地理学之父”的美誉。

冯秉正，字端友，法国人，19岁加入耶稣会，1703年来中国，先在广州学习汉文，后赴江西传教，不到一年奉调赴北京，参加康熙帝主持的全国舆图的测绘工作，先后到过河南、江南、浙江、福建等地。后在清朝宫廷里供职。冯秉正来华之后，一直致力于中国历史的研究，先是奉康熙帝命，将宋代朱熹的《通鉴纲目》译成满文，后来又把它译成法文。接着又把明代商辂等人编纂的《续通鉴纲目》译成法文，并且补充了一些史实。此外，冯秉正还根据自身见闻

① 杜文凯：《清代西人见闻录》，中国人民大学出版社1985年版，第1—2页。

以及相关史料，撰写了明清之际的历史。在此基础上，他又参考有关资料，对全书做了补充与订正，终于以毕生之力，于1737年完成了一部12卷本的《中国通史》。遗憾的是，此书在冯秉正生前未能出版，直到1773年才在法国里昂大学图书馆被发现，1777年至1783年才得在巴黎陆续出版，书名《中国通史》。后面附了教皇侍讲格罗瑟尔编的《中国志》，作为第13卷。这是当时欧洲出版的一部最完整的中国历史。

此外，安文思（字景明，葡萄牙人，和汤若望有很好的友谊）生前著有《中国的十二个显著特征》，1688年分别译成英文和法文在伦敦和巴黎出版。法文本名为《关于中国的新记载》，英文本名《中国新史，对该庞大帝国最值得重视的特色的描述》。柏应理（字信未，比利时耶稣会士，1658年同南怀仁等来华）著有《中国年表》（公元前2952年—公元1683年），1686年在巴黎出版。白晋，曾写有《康熙帝传》，对于康熙平定三藩反叛、统一台湾等重大历史事件有所记述。张诚，1687年来华后，曾先后八次跟随康熙帝巡行蒙古与关外地区，每次都留下了比较翔实的旅行日记。他把经过地方的山川地势、当地生产生活状况，逐一记录下来，是一份难得的历史资料。①

从以上叙述可以看出，清代前期的中西文化交流，较明末又前进了一大步。信奉天主教的教徒，由不足4万增加到30万。明末利玛窦等千方百计求见明代皇帝，始终未能如愿。到了清代前期，汤若望见顺治帝，有如家常便饭。南怀仁和康熙帝的关系也非常密切，随时被召入宫讲述西方科技知识。康熙帝出外巡视，也多次带他随行。钦天监是管理天象历法的政府部门，自从清朝初年开始，管理钦天监的监正就一直由西来传教士担任，延续近200年。

在中西文化交流方面，成绩尤其显著。从顺治二年（1645年）起，就实行按照西洋历法推算的《时宪历》。康熙帝晚年还主持编纂了集西洋历法之大成的《历象考成》。数学方面，清初学者在学习西洋数学的基础上，会通中西，在汲取中西数学之长的基础上有所创新。康熙帝又主持完成了《数理精蕴》，汇集了几何、三角、代数、算术等方面知识，成为当时人们学习研究数学的基本读物。地理方面，西方先进测绘技术得到广泛应用。康熙帝组织中西测绘人才对全国进行实地测量，最后绘成《皇舆全览图》，成为当时世界水平最高的地图。以西洋制炮技术铸成的各种大炮，在平定三藩、反击沙俄侵略方面均发挥了巨大作

① 参见中国社会科学院清史研究室编：《清史资料》第1、5辑。

用。中学西传，在清朝初年同样取得巨大成就。中国的古籍四书五经，大多译成西欧文字，在欧洲各地传播。中国的地理、历史，同样被介绍到欧洲各国。

这时期的中西交流也有不足之处。西方的科学技术主要用在维护清朝统治方面，并为少数人所利用，广大人民群众受到的实惠微乎其微。明末利玛窦的传教方法受到挑战，耶稣会内部以及天主教其他教派不时向罗马教廷告状，要求停止推行利玛窦传教方法。这种矛盾几乎贯彻始终。

11. “礼仪之争”与康熙帝禁教

如前所述，天主教在中国的传播，在康熙时期有很大的发展。这种发展，与耶稣会士通过传播西方科学技术，赢得中国官绅阶层特别是康熙帝的支持有很大关系；同时，也与以利玛窦为代表的一批开明教士，对中国传统文化采取宽容和利用的方式，减轻传教阻力密不可分。利玛窦来华后，在努力学习汉语的同时，也结合研读了中国传统的儒家经典著作四书五经，对中国的传统文化采取迎合的态度，力图将天主教与儒家学说贯通。罗明坚把基督教信奉的主宰宇宙之神意译为“天主”，意为“天地主宰”。利玛窦沿用这一称呼，并从中国古代的经籍中得悉中国古代圣贤用“天”和“上帝”来指天下万事万物的主宰，借以表明天主教的信仰和中国古代圣贤的信仰是息息相通的。祭祖敬孔是中国的传统礼俗，而且相当盛行。这种习俗和天主教专拜天主是相冲突的。利玛窦等人对教徒祭祖敬孔也采取宽容态度，并不强行制止。可是在天主教内部，也一直存在不赞成的声音。早在利玛窦在世之时，龙华民就有不同意见，反对祭祖敬孔。此后一百年间，在华的耶稣会士内部以及天主教的其他教派，围绕上述问题，一直有不同意见，并且几次上诉到罗马教廷，请求裁决。

当时罗马教廷是基督旧教的总代表，不但反对一切新思潮，而且反对宗教的任何改革。教皇克莱门十一世即位后，即把中国耶稣会士内部的这场争论当作“第一件要紧事”来审理，命圣职部审查。他“将两方所告言词细细详审”后，否定了利玛窦的传教方法，最后于1704年11月20日颁布《七条禁约》，交多罗大主教带到中国来宣布：

（1）西洋地方称呼天地万物之主用“斗斯”二字。此二字在中国用不成话，所以在中国之西洋人，并入天主教之人，方用“天主”二字，已经日久。从今以后，总不许用“天”字，亦不许用“上帝”字眼，只称呼“天地万物之主”。如“敬天”二字之匾，若未悬挂，即不必悬挂；若已曾悬挂在天主堂内，即取下来不许悬挂。

(2) 春秋二季祭孔并祭祖宗之大礼，凡入教之人不许做主祭、助祭之事，连入教之人亦不许在此处站立，因为此与异端相同。

(3) 凡入天主教之官员或进士、举人、生员等，于每月初一日、十五日不许入孔子庙行礼。或有新上任之官并新得进士、新得举人、生员者，亦俱不许入孔子庙行礼。

(4) 凡入天主教之人，不许入祠堂行一切之礼。

(5) 凡入天主教之人，或在家里，或在坟上，或逢吊丧之事，俱不许行礼。或本教与别教之人，若相会时，亦不许行此礼，因为还是异端之事。再，入天主教之人或说“我并不曾行异端之事”，“我不过要报本的意思”，“我不求福，亦不求免祸”。虽有如此说话者亦不可。

(6) 凡遇别教之人行此礼之时，入天主教之人若要讲究，恐生是非，只好在旁边站立，还使得。

(7) 凡入天主教之人，不许依中国规矩留牌位在家。因有“灵位”“神主”等字眼，意指牌位上有灵魂。要立牌位，只许写亡人名字。再牌位作法，若无异端之事，如此留在家里可也。但牌位旁边应写天主教孝敬父母之道理。①

多罗于 1705 年 12 月 4 日到达中国。当时清朝政府并不知道他此行的目的，因此从广东到北京，沿途均得到友好接待。抵达北京之后，康熙帝还设宴欢迎。但是没过几天，多罗来华意图公布，康熙帝对此大为不满，立刻表示：“自今以后，若不遵利玛窦的规矩，断不准在中国住，必须回去。”1706 年冬，康熙帝又颁发谕令，凡留华传教士均须请领内务府印票，表明“永不返回西洋”，才允许留在中国。② 1707 年，康熙帝又正式下令驱逐多罗，押送澳门，交付葡萄牙人监管。1710 年，多罗在看管所死亡。③

尽管自从多罗来华之后，康熙帝一再发布限制传教命令，耶稣会士对这些限制却视而不见，继续在各地从事传教。克莱门十一世也不甘心失败，对于那些坚持利玛窦传教方法的人一律予以斥责，而且在 1715 年 3 月 19 日重写前述《禁约》教谕，严令中国教徒必须遵守。如果违背，“依天主教之罚处之。自今以后，凡西洋人在中国传教，或再有往中国去传教者，必然于未传教之先，在

① 郑天挺主编：《明清史资料》下，天津人民出版社 1981 年版，第 365—367 页。

② 黄伯禄：《正教奉褒》第二册，第 125 页。

③ 徐宗泽：《中国天主教传教史概论》，上海土山湾印书馆 1938 年版，第 235 页。

天主台前发誓，谨守此禁止条约之礼”①。康熙帝看了之后，即在上面朱批：“览此告示，只可说得西洋人等小人，如何言得中国之大理。况西洋人等，无一同〔懂?〕汉书者，说言议论，令人可笑者多。今见来臣告示，竟是和尚道士异端小教相同。比此乱言者莫过如此。以后不必西洋人在中国行教，禁止可也，免得多事。”②

针对天主教不顾中国禁令，继续在各地从事传教活动，康熙五十六年(1717年)，广东碣石镇总兵陈昂上奏清廷：“天主一教，各省开堂聚众，在广州城内外者尤多，加以洋舶所汇，同类招引，恐滋事端，乞循康熙八年例，再行严禁。”康熙帝赞同陈昂的意见。第二年，两广总督杨琳再次上奏：“西洋人开堂设教，其风未息，请循康熙五十六年例，再行禁止。”③ 康熙帝批示：“西洋人之处，着俟数年，候旨再行禁止。”康熙五十九年冬天，罗马教廷再次派遣使节嘉乐来到北京，向康熙帝提出两个要求：“一件求中国大皇帝俯赐允准，着臣管在中国传教之西洋人；一件求中国大皇帝俯赐允准，着中国入教之人俱依前岁教王发来条约内禁止之事。”康熙帝派遣伊都立等人负责接待。根据十一月二十七日的回奏，康熙帝令伊都立等告诉嘉乐：“尔教王条约与中国道理大相悖戾，尔天主教在中国行不得，务必禁止。教既不行，在中国传教之西洋人亦属无用，除会技艺之人留用，再年老有病不能回去之人仍准存留，其余在中国传教之人，尔俱带回西洋去。且尔教王条约只可禁止西洋人，中国人非尔教王所可禁止。其准留之西洋人，着依尔教王条约自行修道。不许传教。”嘉乐再次恳求，康熙帝郑重申明：“朕之旨意前后无二。尔教王条约与中国道理大相悖谬，教王表章朕亦不览。西洋人在中国行不得教，朕必严行禁止。”十二月十七日，康熙帝在渊鉴斋召见嘉乐及其随从和在京之西洋人。嘉乐对康熙帝说：“利玛窦在中国有不合教之事，即如供牌位与称天为上帝，此即不合教处。”康熙帝当面告诉嘉乐：“供牌位原不起自孔子，此皆后人尊敬之意，并无异端之说。呼天为上帝，即如称朕为万岁，称朕为皇上。称呼虽异，敬君之心则一。”④ 嘉乐随后就被驱逐，回到欧洲。罗马教皇干涉中国内政的企图又遭失败。

---

① 郑天挺:《明清史资料》下，第367页。

② 郑天挺:《明清史资料》下，第367—368页。

③ 《清朝文献通考》卷二九八，《四裔考六》，浙江古籍出版社1988年影印本，第7468页。

④ 《嘉乐来朝日记》，《明清史资料》下，第365页。

三、清代中期中西文化交流的衰落（1723—1839 年）

1. 雍正乾隆年间的禁教

康熙去世以后，继承皇位的雍正帝，深深感觉到天主教在中国传播，将会对国家的安全带来严重威胁，决心推行更加严厉的禁教政策。雍正元年（1723 年），浙闽总督觉罗满保上奏说："西洋人在各省起天主堂行教，人心渐被煽惑。请将各省西洋人除送京效力外，余俱安插澳门，天主堂改为公所，误入其教者，严行禁饬。"① 雍正帝接到满保的奏折后批示："西洋远夷住居各省年久，今令其迁移，可给予半年之限，并委官照看，毋使地方扰累。"② 乃于次年初将传教士遣送澳门或北京天主堂安插，不许再潜住内地，并且明令禁止中国人入教。雍正二年十二月两广总督孔毓珣奏报："西洋人先后来广者"，"请令暂居广州城天主堂内，年壮愿回者，附洋舶归国，年老有疾不能归者听，惟不许妄自行走，衍倡教说。其外府之天主堂，悉撤为公廨。内地民人入其教者，出之"。雍正帝批示同意，并召见了在北京的传教士，宣布实行禁教政策的缘由：

"近在福建，有若干欧西人士侵扰我百姓，蔑视我法律，福建长官来奏申报，朕当制止乱行。此为我国家之事，朕当负责执行者也。"

"尔等欲我中国人尽为教徒，此等之要求，朕亦知之。但试思一旦如此，则我等为何如之人，岂不成为尔等皇帝之百姓乎？教徒惟认识尔等，一旦边境有事，百姓唯尔等之命是从，虽现在不必顾虑及此，然苟千万战舰来我海岸，则祸患大矣。"

"中国北有俄罗斯是不可轻视的；南有欧西各国，更是要担心的；西有回人，朕欲阻其内入，毋使捣乱我中国。俄国使臣曾请求在各省通商，为朕所推辞，惟允彼等在北京及边境贸易而已。今朕许尔等居住北京及广州，不深入各省。""现朕既登位，朕唯一之本分，是为国家而治事。"③

---

① 蒋良骐：《东华录》卷二五，中华书局 1980 年版，第 414—415 页。

② 《清朝文献通考》卷二九八，《四裔考六》，考 7468 页。

③ 《坊表信札》，《耶稣会士通信集》第 3 卷，第 363 页。

从雍正帝对北京传教士的这番话不难看出，他之所以继续推行禁教政策，除了西方宗教不合中国传统外，主要在于防止西方殖民势力通过宗教渗入中国内地，是为了维护国家的独立与安全，反对外来干涉。这种禁教政策，对于阻止西方侵略，不无作用。

雍正去世后，接替的乾隆帝继续执行禁教政策。但传教士不顾中国禁令，继续在各地秘密进行传教活动。1746 年，福建巡抚周学健奏报，福安县信奉天主教的竟达 2600 多人，请求按律治罪。乾隆帝依据周学健的奏报，对潜回福安县传教的四教士处以死刑。此后，传教士在各地的秘密传教活动一直没有停止，清政府的禁教活动也时有发生。其中最大的一次发生在 1784—1785 年。1784 年 5 月，湖北襄樊地区拿获了吧哋哩啾等四名准备潜入陕西传教的教士，即日禀报清廷。乾隆帝收到奏报，得知西方传教士居然不顾中国历次禁令，深入中国腹地传教，立刻谕令各地官员，对传教士和教民“迅速严拿，一并解京，归案办理”①。经过全国性搜查，各地被查出的外籍传教士共有数十名，教徒数百名。1785 年，乾隆帝又发布谕令说：“前因西洋人吧哋哩啾等私入内地传教，经湖广省查拿，究出直隶、山东、山西、陕西、四川等省，俱有私自传教之犯，业据各省陆续解到，交刑部审拟，定为永远监禁。”“第思此等人犯不过意在传教，尚无别项不法情事……所有吧哋哩啾等十二犯着加恩释放，如有愿留京城者，即准其赴堂安分居住；如情愿回洋者，着该部派司员押送回粤。”②

当耶稣会士在中国传教受到一再禁止时，耶稣会因为顽固坚持反对宗教改革路线，拒绝作任何改革，在欧洲也受到各国的抨击。葡萄牙于 1759 年禁止耶稣会活动。法国、西班牙也于 1764 年、1765 年相继宣布解散本国的耶稣会组织。1773 年，罗马教宗克莱门十四世在西班牙、葡萄牙、法国和西西里王国的压力下，被迫于 7 月 21 日颁布敕命，宣布取缔耶稣会。这道敕令于 1775 年传到中国。中国耶稣会于当年宣布解散。罗马教廷派法国遣使会传教士来华，接替耶稣会工作。耶稣会在华的活动如从 1552 年方济各·沙勿略来到广东上川岛传教算起，至 1775 年止，共计在华活动了 220 多年。

不过，耶稣会作为一个传教组织的活动虽然停止，但天主教的其他差会如方济各会、多明我会、法国遣使会等仍在中国各地活动，直到嘉庆道光时期也没有停止。另外，基督新教也从 19 世纪初起纷纷来华。据《中国丛报》报道，

---

① 《清高宗实录》卷一二一五，《清实录》二四，第 294 页。

② 《清朝文献通考》卷二九八，《四裔考六》，第 7469 页。

嘉庆十五年（1810 年）仍然有欧洲籍传教士 31 名在中国内地 16 个省秘密活动，天主教徒共有 255000 人。① 到了道光时期，考虑到钦天监的监官已经深知西法，不必再用西洋人，道光帝乃命令停止西洋人入钦天监，以除去传教士滞留内地的借口，制止传教活动。可是，由于当时吏治腐败，禁令等于空文，传教活动一直未曾停止。直到道光十九年（1839 年），据各地报告，天主教在中国本部十三省皆有活动，欧洲籍教士增加到 65 名，教徒有 30 万人，已成为一支具有相当大影响的潜势力。② 上述这些数字不一定准确，但足以说明基督教势力经过在中国近 300 年的传播，已经在中国有相当的基础。

2. 天文地理学的继续输入

雍正帝、乾隆帝这两位皇帝在位期间，属于"康乾盛世"后期，是中国历史上国力最强盛的时期之一。但在明清之际的中西文化交流中，则属于逐渐衰落时期。不过在同一时期，西欧各国却掀起了中国文化热。中国传统文化此时在欧洲产生了重大的影响。

本时期的中西文化交流，在天文方面首先要提到的是哥白尼的日心说正式输入中国。自从哥白尼的《天体运行论》于 16 世纪中叶问世之后，因为与基督教的创世说格格不入，传播受到很大阻力。此前来华的传教士虽然隐隐约约在言行里、在著作中提到，因为遮遮掩掩，未曾产生重大影响。直到乾隆时期，法国传教士蒋友仁才正式将哥白尼的学说输入中国。蒋友仁，字德翊，1744 年来华，精通天文历法，旋即奉召入京，佐助修订历法。1760 年，他借着向乾隆帝敬献《坤舆全图》的机会，在图的周边做了很多解说和图式，并且明确肯定了哥白尼日心说的正确性。他说："哥白尼论诸曜，以太阳静地球动为主。人初闻此论，辄惊为异说，盖止恃目证之故。今以理明之：如人自地视太阳、太阴，谓其两径相等，而大不过五六寸；若以法推，则知太阳之径百倍大于地球之径；而太阴之径止为地球径四分之一也。人自地视太阳，似太阳动而地球静，今设地球动太阳静，于推算既觅合，而于理亦属无碍。"③ 蒋友仁还具体列举三个事例，说明太阳与地球运转的关系。另外，开普勒的行星运行三大定律、地球是椭圆形等，蒋友仁在地图旁边也一一作了介绍。可是，这些新的天文知识的输

① 《中国丛报》1833 年 3 月，第 444 页。

② 《中国丛报》1844 年 11 月，第 595 页。

③ 方豪著：《中西交通史》下，第 738 页；又见阮元：《畴人传·蒋友仁传》，商务印书馆 1955 年版，第 610 页。

入，在一段时期内并没有引起当时中国知识界的重视，有的人甚至把它当作荒诞之说。钱大昕在奉命润色的时候还说："不必喜其新而宗之。"主编《畴人传》的阮元竟然攻击其学说是："上下易位，动静倒置"，"离经叛道，不可为训"。①这些言论足以表明，当时中国的知识界，对待西方先进科学技术的态度是十分保守的。

这时期天文历法方面的另一个重要成果是《历象考成后编》的编撰出版。雍正八年（1730年）六月，钦天监监正明安图上奏说："日月行度，积久渐差，法须旋改，始能密合。臣等遵御制《历象考成》推算《时宪》，据监正戴进贤、监副徐懋德推测，觉有微差。于本月初一日日食，臣等公同测验，实测与推算分数不合，乞敕下戴进贤、徐懋德详加校定修理。"② 雍正帝同意明安图的请求，于雍正十年修成日躔、月离二表，共39页。乾隆二年（1737年）四月，协办吏部尚书顾琮又奏请："拟令戴进贤为总裁，徐懋德、明安图为副总裁，尽心考验，增补图说。《历象考成》内倘有酌改之处，亦令其悉心改正。"乾隆帝即命顾琮专管此事。顾琮又奏准由梅瑴成为总裁，还命庄亲王允禄为总理。经过他们的共同努力，乾隆七年，《历象考成后编》共十卷编成。③《历象考成后编》分数理、步法、日躔、月离、交食等五部分。在理论上彻底抛弃了已过时的小轮体系，改采地心系的椭圆运动定律和面积定律。此书虽然开始应用开普勒的行星运动定律，"却把地球取代了太阳的位置，搁在太阳椭圆轨道的一个焦点上"④。

另外，乾隆九年（1744年）十月，时任钦天监监正的戴进贤说："《灵台仪象志》原载星辰约七十年差一度，为时已久，宜改定。康熙十三年修志之时，黄赤大距与今测不同，所列诸表，当逐一增修。三垣二十八宿以及诸星，今昔多寡不同，亦应厘定。"乾隆帝谕令庄亲王等议奏。同年十一月，议准仍以庄亲王等三人主持此事。乾隆十七年，主管此事的庄亲王等复奏："《仪象志》所载之星，多不顺序，今依次改正，共成书三十卷。赐名《仪象考成》。"⑤ 这部书实际仍由戴进贤主持厘定，刘松龄、鲍友管详加细测，编成总记一卷，黄赤道度、经纬度表各十二卷，月五星相距、恒星经纬度表一卷，天汉黄赤经纬度表四卷，

---

① 阮元：《畴人传》，第610页。
② 《清史稿》七，第1669—1670页。
③ 《清史稿》七，第1670—1671页。
④ 参见李喜所主编，林延清等著：《五千年中外文化交流史》第二卷，第285页。
⑤ 《清史稿》七，第1671页。

共成书三十卷。戴进贤又改制仪器，安设于观象台，并著《仪说》二卷，于乾隆十九年完成。乾隆帝赐名《辰玑衡抚仪说》。①

这一时期地理学方面的成就，主要有《乾隆十三排地图》的绘制。当雍正帝在位时期，因为对西北地区用兵作战和对西南地区改土归流的需要，把康熙时期参与测绘地图的传教士巴多明、雷孝思、杜德美、冯秉正、德玛诺等人召集到宫廷里，对《皇舆全览图》进行增补，新绘成自北往南共计十排的《皇舆图》（又称《雍正皇舆全图》）。这幅图与康熙时绘制的比较，图幅有所扩大，地名更加详细。

乾隆时期，由于多次用兵征讨，版图有了很大的扩展。比如康熙时代，清政府尚未控制整个新疆，那里的许多地方未能进行实地测绘。所以康熙时的《皇舆全览图》，不少地方只好付之阙如。乾隆时期经过平定准噶尔部与回部，实现了对整个新疆的控制。于是先后派遣传教士高慎思、傅作霖、宋君荣与何国宗、明安图等，两次前往测量绘图。在此基础上，刘统勋、何国宗和高慎思等人于乾隆二十六年（1761 年）绘成《西域图志》，成为后来所有新疆地图的主要依据。随后，乾隆帝又命蒋友仁等汲取《西域图志》等新成果，对康熙时绘制的《皇舆全览图》进行增补，绘成《乾隆内府舆图》。此图后来制成图版 104 块，以纬度 5 度为一排，由北到南，共计十三排，因此又称《乾隆十三排地图》。邵懿辰在《四库简明目录》标注中评论说："乾隆十三排地图，南至琼海，北极俄罗斯北海，东至东海，西至地中海，西南至五印度、南海，合为一图，纵横数丈，而剖分为十三排，合若干叶，每叶注明经纬度数，盖本康熙图，而制极其精，推极其广，从古地图，未有能及此者也。"② 这实在是当时世界上最完整的亚洲地图。李约瑟在《中国科学技术史》第五卷第一分册也对此图评价说："中国在制图方面又一次走在了世界各国的前面。"③

3. 西方美术、建筑艺术在华传播

清代从雍正年间起，虽然厉行禁教政策，但对西方的艺术并不排斥。西洋的绘画和建筑艺术，在 18 世纪的中国，可以说取得了巨大的成就。在这方面做出重大贡献的，主要有郎世宁、艾启蒙、王致诚、潘廷璋、安德义、贺清泰

① 徐宗泽编著：《明清间耶稣会士译著提要》，第 469 页。

② 方豪著：《中西交通史》下，第 737 页。

③ 李喜所主编，林延清等著：《五千年中外文化交流史》第二卷，第 289 页。

等人。

郎世宁，又作郎石宁，或郎士宁，意大利人，耶稣会修士。郎世宁1715年来华，供职清廷，在海淀如意馆作画，是宫廷的著名画师，常以中国画具作西洋画，画的多为花卉禽鸟鹿马之类，马画得最好，也有人物画。他最出名的是1723年所画的《聚瑞图》，画的是皇宫园池内的并蒂莲及双穗稻谷。他很得雍正帝与乾隆帝的赏识。1727年，雍正帝宣召20名传教士共进晚餐，郎世宁即在其列。据说，雍正帝对郎世宁的许多油画很欣赏。乾隆帝未即位前即常去观赏郎世宁作画，即位之后去的次数更多。1757年是郎世宁70岁生日，乾隆帝为他举行了祝寿仪式。1766年，郎世宁在北京病逝。乾隆帝命加恩赏给侍郎衔，赏给内务府库银300两办理丧事。

1721年，耶稣会由费隐建筑的东堂落成，郎世宁为该堂创作了各种装饰绘画。“此堂建筑宏伟，彩绘壮丽，见者莫不称奇”①。据姚元之的《竹叶亭杂记》记载：“南堂内有郎士宁线法画二张，张于厅事〔之?〕东西两壁，高大亦如其壁。立西壁下，闭一目以觑东壁，则曲房洞敞，珠帘尽卷，南窗半启，日光在地；牙签玉轴，森然满架。有多宝阁焉，古玩纷陈，陆离高下。北偏设高几，几上有瓶，插孔雀羽于中，灿然羽扇。日光所及，扇影、瓶影、几影，不爽毫发。壁上所张字幅篆联，一一陈列。穿房而东，有大院落，北首长廊连属，列柱如排，石砌一律光润。又东则隐然有屋焉，屏门犹未启也。低首视曲房外，二犬方戏于地矣；再立东壁下以觑西壁，又见外堂三间，堂之南窗，斜日掩映，三鼎列置三几，金色迷离。堂柱上悬大镜三；其堂北墙，树以隔扇，东西两案，案铺红锦，一置自鸣钟，一置仪器，案之间设两椅。柱上有灯盘子，银烛矗其上，仰视承尘，雕木作花，中凸如蕊，下垂若倒置状。俯视其地，光明如镜，方砖一一可数；砖之中路，白色一条，似甃以白石者。由堂而内，寝室两重，门户帘栊，窅然深静；室内几案，遥而望之，饬如也，可以入矣，即之，则油然壁也。线法古无之，而其精乃如此，惜古人未之见也，特记之。”② 看了姚元之对南堂东西两壁郎世宁的线法画的描述，真可谓如临其境，栩栩如生。

艾启蒙，字醒庵，波希米人，1736年入耶稣会，1745年来华，因为精于绘画，奉旨进京，在如意馆供职，得到乾隆帝的青睐，授奉宸苑卿，三品衔。艾启蒙师从郎世宁，刘松龄则认为他的造诣高过郎世宁。1777年，有一天，乾隆

① 顾卫民：《中国天主教编年史》，第261页。

② 姚元之撰：《竹叶亭札记》，中华书局1982年版，第66页。

帝见艾启蒙两手颤动不止，即关切地说："卿手战栗矣！"艾启蒙回答说："无妨也，臣尚能作画也。"又问他年岁几何。艾启蒙回答："七十矣。"乾隆帝说，为何不早告诉我？郎世宁七十岁时，"朕尝为祝寿，朕亦将为汝贺也"。是年九月十八日，南堂堂长高慎思请各教士参加，为他举行了七十庆典。二十一日安国宁司铎陪他到海淀，乾隆帝又为他举行了隆重庆典。是日，艾启蒙乘坐八人大轿，背后是二十四人的乐队，还有满官四人乘马随行，"遍游全城，观者如堵"。艾启蒙也会画马，故宫博物院藏有八帧。《石渠宝笈》记载他的画有九幅。吴长元的《宸垣识略》记载，他在1771年曾作了一幅《香山九老图》。艾启蒙去世时，清廷赐帑银200两作丧葬费。①

王致诚（华名又作巴德尼），法国耶稣会士，1738年来华，也会画马。抵达北京后，以《三王来朝耶稣图》呈请乾隆帝观赏，乾隆帝大加赏识，即令充当宫廷画师。乾隆帝欲授以官衔，王致诚谢绝接受。他精于油画，但乾隆帝并不喜欢，曾谕令工部说："水彩画意趣深长，处处皆宜，王致诚虽工油画，惜水彩未惬朕意；苟习其法，定能拔萃超群也。愿即学之。至写真传影，则可用油画，朕备知之。"王致诚迫于帝命，不得不也作山水翎毛楼阁之类水彩画。

西洋画师进入清代宫廷后，除传入西洋绘画技术外，对于中国画也时有借鉴。康熙时期，在传教士兼画师马国贤的倡导下，一种融合中西的新画派逐渐形成。前述郎世宁在1723年所画的《聚瑞图》，就是一幅体现中西画法融合的典范作品。画里面的花瓶以及瓶中的并蒂莲、双穗稻，都是按照西洋的透视画法描绘，其用笔、用色，则体现了中国的传统。到了乾隆时期，郎世宁在融合中西画法上继续探索，王致诚在融合中西画法上也付出了大量心血，致使中西画法融合又前进了一步。王致诚的代表作《万寿园赐宴图》，尤其显示了他在融合中西上花了很大力气。郎世宁、王致诚、艾启蒙等人在宫廷中教授的中国徒弟，也多师法这种汇合中西的新画法，逐渐形成了一个中西融合的新画派。

乾隆凭着康熙雍正时期以来多年积聚的雄厚国力，西征南战，开疆拓土。为了从艺术角度反映这些丰功伟绩，乾隆帝命西洋画师创作了许多战功图。最先是乾隆十九年（1754年）七月，厄鲁特蒙古和硕特部阿睦尔撒纳来降，十一月十三日，乾隆帝在承德避暑山庄接见了他，赐宴抚慰，场面非常隆重。乾隆帝为了显示这次盛宴，命王致诚绘制盛宴图作为纪念。由于场面巨大，图里应绘的人颇多，王致诚连续绘制了五十天，还没有完成，即因病返回北京。病愈

① 方豪著：《中西交通史》下，第774页。

之后，王致诚又与艾启蒙、郎世宁同返避暑山庄，继续绘制，方才大功告成。这就是上述的《万寿园赐宴图》创作的全过程。乾隆二十年，清政府组织大军合攻准噶尔达瓦齐，五月十四日，派遣降人阿玉锡率领轻骑兵夜袭达瓦齐营。敌军在惊乱中不知所措，达瓦齐带领两千多人逃亡，余众不战而降，获得了巨大胜利。为了表彰这次夜袭获胜，乾隆帝又命郎世宁创作《阿玉锡持矛荡寇图》。乾隆二十四年，乾隆又命作《玛瑺砍阵图》，表彰在平定回部中玛瑺类似阿玉锡的功绩。乾隆三十年，乾隆帝又命在北京善画的传教士共同绘制《准噶尔回部平定图》，郎世宁、王致诚、艾启蒙、安德义乃各作一图献上。同年五月十六日，乾隆帝又谕令共计绘图十六幅。除已绘的四图之外，其余十二图分为三次进呈，每次四幅，每幅以铜版印百张。绘制完成后，乾隆帝命将图画运往法国制版。法国王家画院院长马利尼令巴黎名家郭新主持其事。其从事镌刻的皆一时名流。乾隆三十九年镌刻完工，以所印百幅及原版寄中国。欧洲方面，仅法国王家获留若干幅。后来蒋友仁又在北京重印二百幅。① 十六图的名称及作者，据伯希和考证如下：《平定伊犁受降》（艾启蒙），《格登鄂拉斫营》（郎世宁），《鄂垒札拉图之战》《落霍澌之捷》（王致诚），《库陇癸之战》（安德义），《乌什酋长献城降》（安德义），《黑水围解》（郎世宁），《呼尔满大捷》（安德义），《通古斯鲁克之战》《霍斯库鲁克之战》《阿尔楚尔之战》（王致诚），《伊西洱库尔淖尔之战》（安德义），《拔达山汗纳款》（安德义），《平定回部献俘》（王致诚），《郊劳回部成功诸将》（土德义），《凯宴成功诸将》（王致诚）。② 这些作品都是这些来华西洋画师的精细之作，画中的主要人物肖像特征显著，人物的装束、马具以及景物的描绘多相当真实，对于了解当时重要人物及事件情景均有极大意义。

西方建筑是西洋艺术的重要组成部分。西方传教士来华后在各地建筑教堂，一般都依照西洋建筑风格来进行建造。现今留存各地的教堂，仍然可以看到当时建筑的踪影。

在中国大地上，澳门是最早被葡萄牙侵占并长期窃据的地方，那里留下的西洋建筑也不少。现今人们去澳门旅游，都要去大三巴看看。何谓“大三巴”？人们知其名，但少有人知其所以然。“三”在葡萄牙文里是“圣”（San）之译音，“巴”是“保禄”第一音的异译。因为它的正名是“圣保禄堂”。三巴之前

---

① 方豪著：《中西交通史》下，第776—777页。

② 转见李喜所主编，林延清等著：《五千年中外文化交流史》第二卷，第278页。

还加上一个“大”字，则是为了与另一座小三巴教堂区别。这座教堂始建于1580年，1595年和1601年先后两次失火，教堂被焚毁。1602年开始第三次重建，历时35年，耗银3万两，直到1637年其前门石壁才竣工。1835年，教堂再毁于火，仅余前壁，屹立于大炮台前，有如中国之大牌坊，至今巍然犹存。“壁之中顶，塑有鸽形圣像；圣像下为圣母像，再下为圣保禄像；左右围以天神石像6座，左侧一龙头上有小型圣母像，右侧一帆船上亦有小型圣母像，其余尚有圣人铜像4座，雕刻细致，极为精美，糅合欧洲文艺复兴时期与东方建筑风格而成，长期以来受到中外建筑、文物、艺术界人士重视。”①

传教士在内地建筑的教堂当以北京为代表。1650年，汤若望在北京宣武门内建一教堂，据传教士刘松龄1743年11月1日寄往欧洲的信件说：“汤若望系按中国式样而造，徐日昇与闵明我予以改造，成为欧洲式。”这座教堂建成后，顺治帝于1657年曾亲笔题名为“通玄佳境”，并撰写碑记说：“朕巡幸南苑，偶经斯地，见神仪貌，如其国人；堂牖器饰，如其国制。”由此可见，楼房虽然仍为东方式，而内部已作了些改造。到了1721年，费隐以葡萄牙国王斐迪南三世拨付之款重建南堂，则以“利博明修士为建筑师，华丽异常”。魏特在《汤若望传》中说：“此堂系当时欧洲盛行之巴罗克式。”全部地基作十字形，长八十尺，宽四十五尺。教堂内部，赖立柱行列，分教堂顶格为三部，各部作窟窿形，若三艘下覆之船身。中间顶格之端作圆阁状，徐日昇与闵明我改建后，在教堂两侧，建高塔两座，一塔置大风琴，一塔置时钟，悬大小不等之钟，能发中国曲调之钟乐。方济各会会士栗安当于十年后记曰：“此一建筑物使北京居民无不惊奇不止，前来瞻仰者，势如潮涌。”② 此中提到的两座塔式建筑，《胜国文征》卷二“天主堂”条也提到：“左右两砖楼，夹堂而立。左贮天琴，日向午则楼门自开，琴乃作声；移时声止，楼则闭矣。”③

浙江杭州的天主堂，在康熙时代是全国最好的教堂。乃是1657年卫匡国从欧洲返中国，再次到达杭州后，得到浙江巡抚佟国器的赞助所建，1661年建成，地点在“天水桥之南”，“造作制度，一如大西；规模宏敞，美奂美轮”④。“天水桥之南”，即在武林门内。1687年，法国耶稣会士李明北上路过杭州时，曾称赞说：“杭堂之美，未能以笔墨形容。堂中所有，悉镀以金；壁画挂图，无不装潢

① 吴志良、杨允中主编：《澳门百科全书》（修订版），澳门基金会2005年版，第28—29页。

② 方豪著：《中西交通史》下，第785页。

③ 方豪著：《中西交通史》下，第786页。

④ 方豪著：《中西交通史》下，第941页。

精致，秩然有序。堂内概以红黑色好漆饰成，华人最善用此。陈饰物中有金花及其他贵重品，为世界之大观。”①

在清代的园林中，北京圆明园是首屈一指的，被誉为“万园之园”。清代的历朝皇帝，不喜欢囿居皇宫，“除居西苑外，顺治常居南苑，康熙则居畅春园，雍正以后居圆明园，夏季则往热河避暑山庄”②。畅春园修建于康熙平定三藩之后，位于今北京大学西门以西。圆明园则在畅春园之北。原本是雍正帝当皇子时居住的“赐园”。雍正帝即位后开始扩建，历经150年的扩建，建成规模空前的皇家园林，共计占地5200亩。③

在长春园之北，有一西式建筑群和喷泉，是乾隆时期由传教士郎世宁、蒋友仁、王致诚等人按西方建筑风格设计建造的。据说乾隆十二年（1747年），乾隆帝在观赏西洋图画中，看到一幅图中有喷泉，即询问郎世宁，有谁会建造喷泉，郎世宁推荐蒋友仁。古代希腊罗马时代，欧洲已有喷泉，到了当时，建造喷泉已较普遍。蒋友仁在来华之前，曾接触过这方面的知识，他见乾隆帝对此颇感兴趣，即设计了一具喷水工程献上，经过试验，效果很好。于是，乾隆帝就决定派郎世宁、王致诚、艾启蒙和蒋友仁在长春园附近修建西洋楼房，并建设喷水池。长春园原名长春仙馆，乃是雍正赐给弘历即后来的乾隆居住的馆舍，位于圆明园之东。乾隆即位之后，从乾隆十二年起，到乾隆二十五年止，陆续在这里建成谐奇趣、蓄水楼、花园门、养雀笼、方外观、竹亭、海晏堂、远瀛观、大水法、观水法、线法山、湖东线法画等12处建筑。楼台俱用白石建造。整个工程由郎世宁主持，王致诚、艾启蒙协助，蒋友仁则主要负责蓄水、喷水等各种水力设施。喷泉和蓄水池设在谐奇趣楼的南面和北边。池内的喷泉是铜鹅铜鸭。而园区中心的远瀛观，和在其前面的大水法，则为此园的主体建筑。西侧的海晏堂，是圆明园内最大的意大利式建筑，之所以取此名，是因为要在平地上修建一个规模较大的蓄水池，供应喷泉用水。堂前有水池，左右两侧配有铜铸喷水动物12只。这12只动物按中国传统的生肖，代表中国古代记时的12个时辰。每只动物喷出的水落入水池中央。每只动物喷水一个时辰，正午时，12只动物同时喷水，极为壮观。蒋友仁的这种将西式喷泉的装置与中国艺术巧妙结合的设计，极得乾隆帝的赞赏。④

---

① 方豪著：《中西交通史》下，第791页。

② 邓之诚：《中华二千年史》卷五中册，中华书局1958年版，第228页。

③ 戴逸主编：《简明清史》第二册，人民出版社1984年版，第317—318页。

④ 李喜所主编，林延清等著：《五千年中外文化交流史》第二卷，第282—283页。

圆明园中长春园的西洋建筑群虽然主要是欧洲风格，但也不同程度地融入中国的传统建筑特色。有些屋顶使用黄、蓝、绿瓦，明显属于中国传统建筑的特点。整个建筑虽是郎世宁等设计，但指挥建筑施工的是中国建筑师雷发达，砌建一砖一石的都是中国的建筑工人。

4. 东正教传教士来华

东正教是基督教流传于东欧的一个支派。公元1054年，基督教东西两派正式分裂：以君士坦丁堡为中心的东部教会自称“正教”，意思是“正宗的教会”，与自称“公教”（即天主教）的西部教会对峙。正教不承认罗马教皇有高出其他主教的地位和权力，同时主张除主教以外的其他教士皆可结婚。在教义和信条方面，彼此之间也有分歧。公元988年，基辅罗斯大公基米尔·斯维亚托斯拉维奇受洗入教，俄罗斯人信仰基督教由此开始。1472年，莫斯科大公伊凡三世自称东罗马帝国继承人，同时打出正教护法的旗号，排除异己。16世纪末，沙皇在莫斯科设立大教长，脱离君士坦丁堡大教长的管辖，并逐渐使用斯拉夫语代替希腊语，从此形成了独立的俄罗斯东正教。1721年，彼得大帝废除大教长制，改设宗教委员会，作为管理教务的最高权力机关，并将教会收入纳入国家财政统一核算。从此，东正教成为俄罗斯国教。

东正教最早传入中国是在17世纪60年代。当时沙俄殖民者重占了雅克萨，在那里修建了一座教堂。1671年，又在城郊修建了一座修道院，强制当地居民信教。17世纪80年代，清军为了驱逐沙俄侵略者，发动了雅克萨之战。雅克萨收复后，教堂与修道院皆被平毁。在战争中，有些俄兵被俘，还有一些俄兵主动投降。清朝当局把这些人编入满洲镶黄旗第四参领第十七佐领。康熙帝尊重他们的宗教信仰，允许在北京东直门内胡家园胡同驻地建筑一座三间房的小庙，名曰“罗刹庙”。宗教活动由1685年随同俄俘来到北京的神父马·列昂节夫主持。后来，他们擅自改为东正教教堂（后来称俄罗斯北馆）。此后，俄国曾一再请求在北京建教堂，派传教士来华，连遭拒绝。1711年，俄商奥斯科尔科夫又一次提出请求。这时，因为清廷将派遣图理琛等经过俄国境内出使徙居伏尔加河下游的蒙古土尔扈特部，才同意了他们的请求。1714年12月，当图理琛等完成出使任务，归途中经过托博尔斯克时，俄国即派遣修士大司祭伊拉里昂、司祭拉夫连季等组成的北京传教士团随同前来，于1715年4月20日抵达北京。这就是俄国正式派遣的第一个传教士团。后来通过签订中俄《恰克图条约》，俄国正式取得了定期向中国派遣传教士团的权利。从此，大体每隔十年左右，俄国即派遣新教士团来接替旧教士团。从 1715 年至 1840 年，共计派遣了 11 批传教士团来北京。那时俄国在北京没有常设的外交机关，这个传教士团实际成了俄国派驻北京的耳目。

俄国传教士团除刺探中国情报外，还遵照彼得大帝的指示，注意对中国做深入研究。从 18 世纪初起到 1840 年鸦片战争止，他们先后编译出版了《异域录》《中国丝绸厂资料》《八旗通志》《大清律例》《理藩院则例》《中国地理手册》《蒙古律例》，以及《大学》《中庸》《四书》《三字经》等。另外还写了不少关于中国情况的著作。第九届大司祭俾邱林一人便著有《蒙古志》《西藏志》《西藏青海史》《东土尔克斯坦和准噶尔志》《中亚民族志》等 11 种有关中国边疆的著作。他们的这些书籍，涉及中国的政治、经济、法律、民族、对外关系、历史、地理、意识形态等诸多方面。这些事实表明，东正教传教士团从来到中国的第一天起，便带有明确的政治目的。

5. 中医中药与特色工艺品的西传

中医中药是中国人民在长期与疾病做斗争中总结出来的良法和良药。西方传教士来华后，逐渐认识到中医中药的优点，开始把它往西方传播。波兰耶稣会士卜弥格（字致远），1645 年到达越南北圻，然后从那里进入海南岛。1650 年到了广西，在南明政府永历帝宫廷中传教。他平时很注意研究中国植物，对中国医学亦有研究。其所著拉丁文《中医津要》，节译了宋代名医王叔和的《脉经》，介绍了中医看舌苔治病法，列出药名 289 种，并附有经络与脏腑插图 68 幅。1686 年出版后，曾由英国医生弗洛伊尔将关于中国脉学部分译成英文，和弗洛伊尔本人所著，合编为《医生诊脉表》，于 1707 年在伦敦出版。弗洛伊尔自称，中医学的论述，对他发明脉搏计数器有启发作用。杜赫德编著的《中华帝国全志》，卷首即有中国诊脉图，第 3 卷则辑录有中国的《脉经》《脉诀》《本草纲目》《神农本草》《名医必录》，陶弘景的《本草经集注》《医药汇录》等。并介绍山东东阿县之阿胶、五倍子之用途、小五倍子为主之药品、乌桕树根之性质及其效力、中国治痢药和长生术等。

中国发明的、以接种人痘预防天花之术，17 世纪传往日本、朝鲜，后来又传到土耳其。据英国医学专家盖礼逊记载，1718 年，英国驻土耳其公使的夫人在君士坦丁堡曾给三岁的儿子接种人痘，回英国后又给其五岁女儿接种人痘。此后，人痘种植术开始在英国及欧洲大陆广泛流传，并由此发展为今日流行的牛痘接种法和免疫学。

中国的针灸，17 世纪也经过耶稣会士介绍到欧洲。德国和英国均出版过关于针灸的书。荷兰医生赖尼于 1683 年出版了《论关节炎》一书，里面就介绍了中国的扎针疗法。詹黑曼同年在汉堡出版了《应用中国灸术治疗痛风》一书，对中国用针灸治疗痛风给予充分的肯定，认为是最迅速、最安全的治疗痛风方法。

中国的手工艺品，早就令人啧啧称奇。17—18 世纪，由于东西方海路大通，中国的许多特色工艺品相继由海路传入欧洲，引起欧洲各个阶层人民的钦羡，先是争相购置，随后是纷纷仿造，对于欧洲风俗习尚曾经产生重大影响。

漆器在中国已有几千年的历史，而漆器传入欧洲，则是明末清初的事情。利玛窦形容说："值得详细记述的东西是一种特殊的树脂，是从某种树干挤出来的。它的外观和奶一样，但黏度和胶差不多。中国人用这种东西制备一种山达脂（Sandarac）或颜料，他们称之为漆（Cie），葡萄牙人则叫作Ciaco。它通常用于建造房屋和船只以及制造家具时涂染木头。涂上这种染料的木头可以有深浅不同的颜色，光泽如镜，华彩耀目，并且摸上去非常光滑。这种涂料还能耐久，长时间不磨损。应用这种涂料很容易仿造任何木器，颜色和纹理都很像。正是这种涂料，使得中国和日本的房屋外观富丽动人。"① 来华的欧洲各国商船，返航的时候，常常将各种漆器家具运回销售。1703 年，法国从中国回航的一条商船，就运回雕漆衣柜 35 捆，屏风 45 捆，漆花瓶 22 捆。欧洲人对中国漆器非常喜欢。法国门得农夫人在凡尔赛及脱里亚农宫内的装饰品，几乎全是中国漆器。随着中国漆器的传入，仿造漆器工业很快在法国兴起。法国的马丁一族，在当时就成为欧洲仿造漆器的霸主。1710 年，仿造的漆柜、漆盒和其他的油漆家具先后问世，几乎全部是模仿中国的图案。

瓷器是比漆器传入欧洲更多的中国手工艺品。早在古代，瓷器已辗转传入欧洲，不过数量很少。"中国"在欧洲各国的文字里，通称"China"，即是"瓷"的译音。因为瓷器乃是中国特产，传入欧洲又很早，故以 China 称呼中国。葡萄牙人第一次到达印度卡里库特，曾以两倍于瓷器重量的银两购买中国瓷器，并献给葡国王，引起葡萄牙人的羡慕。从此时起，回航的葡萄牙商船，皆不断运载大量瓷器回欧洲售卖。其他的国家也是如此。以荷兰来说，1602 年至 1682 年的 80 年间，经荷兰船输运的中国瓷器竟然达到 1600 万件以上。前面提到的那条 1703 年回航的法国商船，船上载运的瓷器也有 142 捆。瓷器运到欧洲之后，成

---

① 利玛窦、金尼阁著：《利玛窦中国札记》，第 18 页。

为欧洲宫廷的收藏品。各国的上层人物也常常将它视为无上珍品。法国的凡尔赛宫，设置了一个瓷器室，专门陈列路易十四珍藏的中国瓷器。英国玛丽女王在宫内安置许多玻璃柜，专藏中国瓷器。德国慕尼赫大厦有一个展览室，陈列的瓷器一直达到天花板。瓷器大量输入欧洲之后，一些富裕家庭，常在客厅和书房陈列各种精美瓷器。尤其是饮茶之风兴起后，用中国瓷器泡茶，几乎成为一种时尚。

由于人们喜爱瓷器，欧洲各国纷纷着手仿制，从而推动了欧洲瓷器制造业的发展。16 世纪中叶，意大利的威尼斯、费纳那、佩札那和都灵，都相继仿制瓷器。但因工艺不熟，一般比较粗糙。1580 年，佛罗伦萨设厂仿造，生产蓝花软瓷，质量尚好，但不能大量生产，到 17 世纪就停业了。1673 年，波特拉特在法国里昂设立瓷厂，法王颁发特许证，允许专利 30 年。这个厂制造的白瓷，明显有福建制瓷工艺人的特征。1695 年，圣克卢也有瓷器生产。由于缺乏瓷土，生产的瓷器呈黄色。直到 1768 年在利摩日发现了瓷土，才逐渐生产硬瓷。德国、英国、荷兰也相继设立瓷厂，生产瓷器。荷兰的德而夫瓷厂和德国的法兰克福瓷厂，都因为仿造华瓷、制成珐琅器皿获得厚利。

养蚕纺丝是中国古老的工艺。中国古代不但穿衣保暖依靠丝麻，而且用缣帛来书写文件，从事文化传递与交流。公元 6 世纪前，传入欧洲的丝，价值等于黄金。整个中世纪时期，欧洲人都不知道丝是怎样生产出来的。公元前 1 世纪的罗马诗人维吉尔，曾描述丝是从树上“抽”出来的一种植物制品。公元 6 世纪中叶，从东方到达君士坦丁堡的两位波斯僧人，第一次给西方带去了惊人的新闻：丝不是从树上“抽”出来的，而是从一种虫子的口里吐出来的。为了弄清生产丝的奥秘，在东罗马拜占庭皇帝的鼓励下，两位僧人再次被派往东方。他们将几个蚕茧藏在竹杖里偷运出中国国境，返回君士坦丁堡。这几个蚕茧留下的无数后代，至今仍然在欧洲各地生存繁殖。到了 16 世纪以后，东西海路大通，中国的丝绸源源不断输往欧洲，使欧洲各国的贵族富人，穿着丝绸衣服成为一种时尚。丝和丝绸织物从 18 世纪起，也成了出口商品的大宗。蚕茧偷运到君士坦丁堡后 600 多年，又传到西西里，然后再传到意大利和法国各地，再传到英国与德国。到 18 世纪的时候，法国巴黎成了欧洲丝织品的商业中心。中国的丝织技术也随之传入欧洲各地。法国丝织物的花纹与染色等等，均是仿效中国技术。

和丝织物同时驰名欧洲的还有茶叶。茶叶输入欧洲，要比瓷器与丝绸晚得多。整个中世纪的欧洲史籍，都没有提到茶。《马可·波罗游记》中也没有提到茶。直到 1545 年，意大利人赖麦锡的《游记丛书》，才通过波斯商人之口，第一次提到中国茶叶（Chai—Catai）。他说，契丹（即中国）有一种树，“行用极广，全国宝之。土人取叶，或干或鲜，和水煮之。饿腹时饮一二杯，可祛热病、头痛、胃痛、腰痛、骨节痛诸病”①。意大利历史学家马菲于1558年在佛罗伦萨出版的《印度史》以及门多萨的《大中华帝国史》，均提到了中国的饮茶习惯。利玛窦也对茶作过介绍。他说：“有一种灌木，它的叶子可以煎成中国人、日本人和他们的邻人叫作茶（Cia）的那种著名饮料。”“他们在春天采集这种叶子，放在荫凉处阴干，然后他们用干叶子调制饮料，供吃饭时饮用或朋友来访时待客。在这种场合，只要宾主在一起谈着话，就不停地献茶。这种饮料是要品啜而不要大饮，并且总是趁热喝。它的味道不很好，略带苦涩，但即使经常饮用也被认为是有益健康的。”② 欧洲最早饮茶的国家是葡萄牙，其次是荷兰，而以英国最为盛行。1662年，喜爱饮茶的葡萄牙国公主凯瑟琳嫁给英王查理二世。凯瑟琳喜爱饮茶，从而将饮茶之风带到英国。英国上下仿效，发展很快，不过几十年，饮茶就成为英国社会各阶层的普遍嗜好。随着饮茶之风在欧洲兴起，到了18世纪后期，茶叶就成为中国最主要的出口商品。

最后，中国的艺术，包括绘画和园林建筑，从16世纪起，也逐渐传播到欧洲。法国的历代君主多爱好中国艺术。法王路易十四、路易十五、路易十六以及他们的王妃，都酷爱中国的工艺美术品。凡尔赛王宫以外的各处离宫，均有中国艺术品的陈列。中国的各种工艺精品，里面藏得很多。传教士白晋在《中国现代志》中介绍了中国的服饰，并予以称赞，由是王室贵族中亦流行中国服饰。不论王室或者民间，多流行用中国服饰化装跳舞。祭典本来是庄重严肃的，一般的情况下都是穿用本国传统的礼服。可是，1667年，法国举行一次大祭典，路易十四竟穿着中国服装，化装成中国人，致使出席的人大吃一惊。

中国绘画对欧洲的影响，以山水画和人物画为多。意大利著名画家达·芬奇绘的《蒙娜丽莎》，据说其背景即是效法中国山水画。马勃所创作的《圣安多尼之诱惑》，同样受到中国绘画的影响。他们被称为罗柯柯运动的先驱。所谓罗柯柯，也叫解放运动，乃盛行于18世纪的欧洲美术风尚，系由中国直接假借而来。其时华化装潢的物品在欧洲者，人们皆称为罗柯柯作风。1700年前后，欧洲流行的是巴洛克作风，这是反文艺复兴运动之艺术。罗柯柯则是反巴洛克的。其特点为活泼生动，变化莫测，力反文艺复兴后崇尚规律而务整齐之弊，绘画

① 张星烺编注，朱杰勤校订：《中西交通史料汇编》第一册，第359页。

② 利玛窦、金尼阁著：《利玛窦中国札记》，第17页。

色彩重清淡。法国风景画家瓦韬，他的山水画得极淡，每每隐藏在云雾之中，这和此前的色彩浓重的画，形成了鲜明的对比。他的《孤岛帆影图》，具有浓重的中国风味。弗伦特的《绿野长桥图》，则无疑是中国江南农村的写照。柯仁的水彩画、步旭的花鸟图，都具有中国风味。

在 18 世纪，西欧各国均有中国式建筑出现。德国华肯巴特河上的比尔尼茨宫的屋顶，侧面的凉亭，狭长的结构，纯为中国式建筑，这是在此前的欧洲所没有的。当时各国的公园中，无不建筑有中国式的石桥、假山，桥下甚至有中国人育成的金鱼。房屋的门楣窗户，也仿照中国的格式，变化多端，精美异常。俄国的彼得大帝甚至聘请中国工匠赴俄国建造石桥。巴德尼写过《北京附近的皇室园亭》，认为欧洲的园林，实大大不及中国。阿迭生说："吾欧洲之园囿，整齐画一，当为中国人所窃笑。以为种树成行，距离相等，作正圆正方形，乃人人所能为，有何艺术可言？必如中国人之匠心独运，巧为计画，不求整齐呆板，方能称之为艺术。"①

此外，中国式的轿子，从 17 世纪起亦风行欧洲，甚至轿子的颜色和坐轿的规则，也处处仿效中国。欧洲的马车，就是由轿子演变而来的。折伞为中国所发明。时至 17 世纪，英国和法国才知道折伞这种遮阳防雨用具。其他如跳中国式的舞、玩中国式的花灯、放中国式的焰火、演中国式的戏剧等，一时皆成为欧洲人的生活内容。

总而言之，18 世纪欧洲人的情绪和生活，上至王室建筑，下到平民的日常生活娱乐，几乎都不同程度地受到了中国的影响。所以，有人曾说："欧洲倘使没有中国艺术的影响，决不会产生罗柯柯的美术。"只是好景不长，这种风气到 18 世纪末期就日渐衰落了。

6. 中学西传与欧洲的中国文化热

此时，中国的古典经籍也继续传播到西欧各国。本阶段从事这项工作的有宋君荣和孙璋。宋君荣，字奇英，法国人，1704 年入耶稣会，1723 年到达北京。他精通汉文与满文，颇受清政府尊敬。清廷曾设专门学校，先后请巴多明和宋君荣教授八旗子弟学习拉丁文。中国与俄国谈判，也请他担任翻译。他用法文译了《尚书》，于 1749 年寄回法国。但直到他死后的 1770 年，才由法国汉学家德经在巴黎出版。德经认为《尚书》的文字深奥，最难理解，可是，宋君

① 方豪著：《中西交通史》下，第 893 页。

荣的译文用词准确，且富有中国色彩，实为宋氏译著的最佳特色。他还用法文写了成吉思汗及蒙古史。此外，他还用法文译著了《诗经》《周易》及《礼记》。

孙璋，字玉峰，法国人，17 岁入耶稣会，1728 年到达北京，对汉文、满文均有研究。中俄边界谈判，曾任翻译，为中国收回黑龙江以东二千余里土地出过力。曾用拉丁文译出《诗经》，并附有详细的注释，1830 年由莫尔编辑，交德国斯图加特和杜宾根出版，书名为《孔夫子的诗经》。这是《诗经》的全译本首次在欧洲发行。欧洲学者毕欧和理雅各对此书均很推崇。

由于来华传教士的努力，中国的古典经籍四书五经，大多在 17—18 世纪被翻译成拉丁文或西欧各国文字，在欧洲出版流传，这对于欧洲人了解中国的古典文化，起到了不可磨灭的作用。

当中国古典经籍与中国历史、地理经过传教士介绍到欧洲的时候，正值资本主义经济在荷兰、英国、法国、德国等地快速兴起，西欧社会正面临适应经济发展需要的政治、文化大变革。旧的中世纪的政治文化正在崩溃，急需新的文化养料。在这些渴望改变旧政治、旧文化的人的心目中，中国被这些人看成是一个理想之国。孔子学说，尤其是他的“仁政”思想，被这些人视为在西欧推行政治改革的有力思想理论武器。因此，孔子的仁政思想，对 18 世纪欧洲的启蒙运动产生了相当重大的影响。当时的启蒙思想家重视理性，崇尚自然法则和自然权利，鼓吹平等，特别要求法律公平。他们斥责旧教会，攻击专制政治，主张改变政体，提倡“开明专制”，希望有一位思想开明的“仁君”来充当国家的领导。这样，孔子的“仁政”学说，就成为他们求之不得的思想理论武器。

18 世纪欧洲启蒙运动的最大权威、法国百科全书派的伟大思想家伏尔泰，出生于巴黎一个殷实的公证人家庭，早年肄业于耶稣会所创办的学院，曾往英国考察君主立宪制度。他广泛阅读了中国、印度和北美等欧洲以外各地的人文历史，从而扩大了视野。他对中国悠久的历史文化，特别是孔子学说深表崇拜。他曾因写诗讽刺封建贵族和攻击宗教战争给予人们的无数苦难，两次遭到法国当局逮捕。他在《风俗论》这部名著中，对中国的历史和孔子及其学说做了高度的评价。他指出，早在西欧民族形成之前，东方民族就已有了自己的历史。“东方是一切艺术的摇篮，东方给了西方一切”①。他根据宋君荣的《中国天文学史》提供的信息，认为中国远在公元前 2155 年，就已有观测日食的记载。中国的历史悠久无可置疑，“不该由我们这些远处西方一隅的人来对这样一个在我们

---

① 伏尔泰：《风俗论》上册，商务印书馆 1996 年版，第 201 页。

还是野蛮人时便已完全开化的民族的古典文献表示怀疑"①。他强调指出，欧洲的王族和商民在东方只求得财富，而哲学家则求得了一个新的道德的和物质的世界。

伏尔泰对孔子赞不绝口。他认为孔子的道德，是最纯粹的道德，不谈奇迹，亦不说玄话。他赞叹中国先哲最足惊人的一点，就是他们的高尚道德能够得到民众的反应和国家的平治。他认为欧洲人对中国应该赞美，应该自惭，但尤其要紧的是，应该模仿。在他的小礼拜堂里，供奉着孔子的画像，朝夕礼拜。在画像下面，工整地写着四句赞扬孔子的话："子所言者唯理性，实乃贤者非先知，天下不惑心则明，国人世人俱笃信。"②

百科全书派中的许多人都曾受到中国文化的影响。他们崇拜理性，推崇儒学为"理性教"，甚至主张以"理性教"作为国教。狄德罗说，儒教"只需以理性或真理，即可治国平天下"。霍尔巴赫盛赞中国将政治和伦理道德结合，认为中国哲学充满理性色彩。"理性对于君主的权力发生了不可思议的效果，使中国征服者亦为所征服"。宣称"欧洲政府非学中国不可"。③ 巴尔夫说："若是中国的法律变成为各民族的法律，地球上就成为光华灿烂的世界。"④

法国的重农学派，也深受中国文化的影响。重农学派的创始人魁奈，被称为"欧洲的孔子"。他的经济学说，除方法为他所独创外，大多取材于中国。他的《经济表》，与中国的《易经》有密切的内在联系。1767 年，魁奈编著的《中国专制政治论》，材料都来自杜赫德的《中华帝国全志》和《耶稣会士书简集》，以及李明著的《中国新志》等著作。其论点纯属中国哲理。魁奈始终认为，希腊哲学远不如中国。他向往的是君主"开明专制"，而中国的君主政治就是最美好的实例。路易十五由于受到重农学派的影响，甚至在 1756 年模仿中国天子，举行亲耕"籍田"的仪式。魁奈指出，中国的政治制度和道德相一致，"不过是自然法则的实施"；中国的天人合一论——把自然中的体系和人类体系合而为一，正合他的理想。因此，他对中国人的国家观和公民观极其崇拜。魁奈去世后，他的弟子密拉波在哀词中说："孔子立教的目的在恢复人类的天性，不再为

---

① 伏尔泰：《风俗论》上册，第 209 页。

② 原载《伏尔泰全集》第八卷，转见李喜所主编，林延清等著：《五千年中外文化交流史》第二卷，第 455 页。

③ 朱谦之：《中国哲学对于欧洲的影响》，福建人民出版社 1985 年版，第 275 页。

④ 巴尔夫：《一个哲学家的旅行》，转见萧致治等编撰：《西风拂夕阳：鸦片战争前中西关系》，第 176 页。

愚昧和情欲所隐蔽，所以，他教人敬天、畏天、爱人，战胜物欲，勿以情欲去衡量行为，应以理性为标准；凡是不合理性的，叫他们勿动、勿思、勿言。宗教的道德优美到这个地步，真是无以复加了。但还有一件事等我们去做，就是把这种道德教训普行于世界。这就是吾师的事业。他已发明了自然所给的密传，这就是《经济表》。”重农学派的另一代表人物博多在哀词中也说：“此表能以寥寥数字将经济原理解释明白，犹如伏羲六十四卦能将哲学要义解释明白。”在这里，魁奈的弟子们显然是把魁奈看作孔子的继承人和孔子学说的实践者。

中国文化在当时的德国也产生了重大影响。其中以莱布尼茨最具代表性。莱布尼茨除了在数学方面成就巨大外，在哲学、神学、政治经济学、法律学、语文学等方面也自成一家。莱布尼茨对中国的政治道德深有同感，主张凡是欧洲人均宜向中国学习为人处世的道理。他还组织学会，希望新旧教徒联合起来，接受中国文化。莱布尼茨在《论中国人的自然神学》和关于中国的通信中，多次提到孔子，并且竭力从孔子学说中寻找和基督教义相通之处，用以批评龙华民把孔子作为对立面进行批判的做法。莱布尼茨的继承者沃尔夫，把孔子定位为中国哲学的重建者。沃尔夫认为，中国哲学的创始人是伏羲，接着是神农、黄帝、尧、舜等人。孔子生于中国发展遭到破坏之际，他决心效法先王。“就在多种患难中，上天为照顾世人而使孔子兴起，以他这位德高望重的博学者来从败坏中救他们的国家”。“他只是老师，但在自己本分内的事总是全力以赴。他既然不能行其所欲，但至少行其所能行。他又尽其天赋之责，不但履行教职，并将之发扬光大”。①

当时德国对中国传统文化的崇拜者还有歌德。他不仅是一位大诗人、文学家，而且是当时德国著名启蒙思想家。青年时代，他只看到中国文化的外表，并未引起重视，直到晚年才认识到中国文化的精神。歌德在1813年说，他之所以研究中国，是因为欧洲的政局动荡得可怕，感到远东中国实是一个和平发展的象征。他对中国哲学的中和精神，对天人合一、道法自然的思想深表赞同。他的杰作《浮士德》，第二阕所说的“结晶的人类”，指的就是中国。1827年，他因受中国《百美新咏》的影响，从事中国文学研究。他认为中国立国数千年而尚能巍然存在，而且可以继续存在，就是因为中国凡事都绝对以敦厚温柔为主之故。

---

① 秦家懿编译：《德国哲学家论中国》，生活·读书·新知三联书店1993年版，第150页。

英国是来华较早的欧洲海上强国，早年在欧洲大陆出版的有关中国的著作，比如门多萨的《中华大帝国史》，曾德昭的《大中国志》，以及利玛窦的《中国传教史》（即《利玛窦中国札记》），均相继译成英文在英国各地流传。杜赫德的《中华帝国全志》，曾在英国出版了两个英文版本，深受英国学者关注。当罗柯柯风气在欧洲大陆各地盛行之际，英国的习尚也受到中国的重大影响："房间里的每把椅子，所有镜子的镜框，以及桌子，都必定是中国式的；四周墙壁，贴着中国糊墙纸，上面的图案非人非兽"。"另一个房间里，则是密密麻麻的东方宝塔与畸形怪兽的图案"。"中国趣味如今在这个城市时兴得这样厉害，以致哑剧演出中的小丑，都不得不从中国式的场景和角色里去找噱头"。①

英国文化生活受中国影响最大的，不在家庭装饰，而在饮茶之风。17 世纪初，英国人尚不知道茶是什么东西。17 世纪中叶，茶叶才开始输入英国。葡萄牙公主凯瑟琳将饮茶之风带入英国初期，饮茶之习还只在贵族中流行。可是，仅仅过了一个世纪，即 18 世纪后期，饮茶已成为英国人日常生活中的必需品，"上自巨富，下至苦工，均莫不有同好。乞儿日获数文，亦多以余钱购茶，一品卢同风味"②。

在文化思想领域，孔子思想也在英国引起反响。《基督教与创世同龄》的作者廷得尔，甚至把孔子和耶稣同等看待。他说："我并不认为孔子和耶稣基督的格言有何差异，我甚至认为前者的简单朴素的语录，可以帮助我们阐明后者的比较晦涩的指示。"他举例说，《圣经》中有宽恕人的记载，也有报仇人的记载，二者在理论上很难统一。《圣经》里讲了那么多，孔子用两句话说得清清楚楚。一是《论语·宪问第十四》中说的："或曰以德报怨，何如?"孔子说："何以报德? 以直报怨，以德报德。"二是《论语·里仁第四》中孔子说的："惟仁者能好人，能恶人。"在当时的欧洲，《圣经》具有至高无上的绝对权威，评论《圣经》被认为"大逆不道"。廷得尔敢把孔子言论和《圣经》中的话进行对比评议，是需要很大勇气的。③ 另外，英国著名哲学家休谟，在其《论文与随笔》中对孔子及其门徒也有很高的评价。他说："孔子的门徒，是天地间最纯正的自然神论的信徒。"④

---

① 转见张弘：《中国文学在英国》，花城出版社 1992 年版，第 31 页。

② 曾耀恒：《说茶》，《东方杂志》第 10 卷第 4 号。

③ 参考张西平：《中国与欧洲早期宗教和哲学交流史》，第 479 页。

④ 休谟：《论宗教迷信与狂热》，见杨适等译：《人性的高贵与卑劣：休谟散文集》，上海三联书店，1988 年。

戏剧是最具感染力的文艺表现形式之一。中国古代的戏剧传到欧洲，这时期也产生了强烈的反响。阿瑟·蒙飞依据《赵氏孤儿》的情节改编的《中国孤儿》，1759年在英国上演的时候，曾引起重大反响。

最后还应该指出，在18世纪欧洲的“中国文化热”中，除赞扬之外，也有批评的议论。比如法国的孟德斯鸠，站在民主的立场，对于中国的君主专制制度就持批评态度。他说：“中国是一个以畏惧为原则的专制国家。”① 德国的黑格尔对中国的文化也是持批判态度。英国著名的唯心主义哲学家贝克莱，对中国文化则持怀疑态度，甚至不相信中国有那么悠久的历史和文化。他说：“中国人的总的特点是注意细枝末节和轻信新奇事物。他们沉迷于寻找金石与长生不老药的徒劳中，沉迷于星象、算命与各种各样的预兆。很显然，他们缺乏自然科学与数学方面的知识，是耶稣会传教士给他们传授了大科学家的知识。”② 这种说法，自然也失之偏颇。

综观清代中期中西文化交流，当权的雍正、乾隆等皇帝，虽然在天主教的传播方面实行严禁政策，但对西方的文化科技并不排斥。凡是有一技之长的传教士均受到优礼相待，科技文化交流不但没有中断，而且取得不少重大成果。比如，哥白尼的日心说，就是此时由法国传教士蒋友仁正式介绍到中国的。比康熙时《皇舆全览图》更加完备的《乾隆十三排地图》也是这时绘制完成的。西方的美术和建筑艺术，这时期在中国大放异彩，教堂中的壁画和颐和园的西式建筑，长期为人们所称道。同样，中国的古典经籍传入欧洲后，这时期也在欧洲引起强烈反响。丝、茶等中国特产备受欧洲各国欢迎，对中西贸易产生了重大影响。

由于教皇克莱门十一世禁止在中国用利玛窦方式传教引发的宗教矛盾，虽然与后来发生的鸦片战争并无直接关系，但实是中西矛盾的一个重要侧面。中西之间数百年的交往中，从1616年“南京教案”开始，教案连续不断发生，多是由这个文化矛盾引发。“礼仪之争”导致中西文化交流的衰落，此中的经验教训，值得后人借鉴。

① 孟德斯鸠著，许明龙译：《论法的精神》上，商务印书馆2009年版，第152页。
② 张弘：《中国文学在英国》，第37页。

第三章　走下坡路的清王朝

一、土地集中　经济衰败

清王朝经历了“康乾盛世”之后，于乾隆嘉庆之际走上了由盛转衰的下坡路。这时，清朝统治者在政治、军事、财政及外交方面，都遇到了许多棘手的问题。但是，他们对国势陵夷的现实不愿正视，或尚未认识到，诚所谓“秋气不惊堂内燕，夕阳还恋路旁鸦”①。只有少数具有真知灼见的思想家，才感到这衰乱之世已经来临。

川、鄂等五省白莲教大起义虽可视为清王朝由盛到衰的转折点，然而它的衰败却肇始于乾隆中期。从乾隆中叶起，土地集中，剥削苛重，吏治腐败，武备废弛，矛盾激化，衰败现象已明显地表现出来。而土地集中、经济衰败则是导致清王朝走下坡路的基本问题。

清初，土地问题比较缓和。但随着社会经济的恢复和发展，土地兼并激烈起来。乾嘉时期，一方面，中小土地所有者迫于繁苛的赋税及官吏的私自加派，不得不出卖土地，以售田之资去佃种他人土地，沦为佃农或雇工；另一方面，贵族、官吏和缙绅地主利用特权大肆兼并土地，占有土地达千亩、万亩，乃至数万亩；再加上面积甚广的皇庄、宗室庄田、八旗庄田，使土地集中的情况更趋严重。直隶怀柔县郝某，占“膏腴万顷”②。江苏海州的孟思鉴，占田约5000余亩。乾嘉两朝权臣和珅，拥有土地8000余顷，其家人刘、马二家也占600余

① 龚自珍：《逆旅题壁，次周伯恬原韵》，《龚自珍全集》，上海人民出版社1975年版，第449页。

② 昭梿：《啸亭续录》卷二《本朝富民之多》，中华书局1980版，第434页。

顷。嘉庆时，贵族鄂辉有地1000余亩。而“公主下嫁伊家”的庆成，单是公主陪嫁而坐落在蓟州的土地，即达3160多亩。① 加上庆成家原有的土地，数量当更多。广东巡抚百龄，兼并土地达5000多顷。湖南衡阳木商刘重伟的子孙，有田至万亩。道光时，大学士琦善竟占地256万多亩！由清政府和皇室所控制的官田、皇庄，占全国耕地总面积的七分之一以上。据乾隆十八年（1753年）的统计，宗室贵族、勋戚世爵所领庄田共为153366顷，远远超过闽、桂、滇、黔等省的民田数目。自乾隆至道光，由于人口增加，全国人均耕地面积从3亩下降至2亩。可是，少数大地主却占了大量的土地，这必然使绝大多数人破产，成为少地或无地的人。故乾隆时湖南巡抚在奏疏中说：“近日田之归于富户者，大约十之五六，旧时有田之人，今俱为佃耕之户。”②

土地在高度集中，而耕地面积却增加甚慢。乾隆三十一年至嘉庆十七年（1766—1812年），全国耕地面积徘徊于7.8亿多亩至7.9亿多亩之间，咸丰元年（1851年）下降到7.7亿多亩。③ 同时，人口却在飞快地增长。乾隆初，全国人口不到1.5亿，嘉庆末增至3.53亿多，鸦片战争前夕，则达4亿多。④ 于是，无地和少地的人数即随之剧增。这些人，除佃种土地、为人佣工者外，多半四处游荡，成为流民。嘉庆时，“流民之入山者……扶老携幼，千百为群，到处络绎不绝”⑤。土地的高度集中，沉重的封建剥削，对农业与手工业中的资本主义萌芽的发展，都起了阻碍作用。

本来，清代的资本主义萌芽在明代的基础上曾有过缓慢的发展。在农业中，已经出现了一些以生产商品农作物为主的经营地主和富农。他们雇工生产，并将部分产品作为商品出售。这种生产已经具有资本主义萌芽的性质。在采矿业中，由于清政府一度放松对采矿的限制，并较普遍地实行了“招商承办”的政策，因而在乾隆前期出现了投资矿业、雇工采矿的“厂民”阶层。他们所雇请的，一是按月支给工资、去留自由的“砂丁”，二是不给工资、待开出矿产后与矿主四六分成的“亲身兄弟”。他们开出的矿产品，作为商品出卖。由此可见，这种矿业中萌生了明显的资本主义生产关系。在江浙一带的丝织业中，已出现

① 《清仁宗实录》卷五二，《清实录》二八，第675、673页。

② 杨锡绂：《陈明米贵之由疏》，《皇朝经世文编》卷三九。

③ 据李文治编：《中国近代农业史资料》第1辑，生活·读书·新知三联书店1957年版，第60页。

④ 参见清高宗、仁宗、宣宗实录中关于人口的记载。

⑤ 严如熤：《三省山内风土杂识》，第117页，光绪戊申仿聚珍版。

了“大帐房”这样的包买主，以及从“大帐房”领取丝，织成缎匹后再交回而计工受值的“络工”——雇佣工人。在制盐业中，出现了场商出资购置生产资料、雇用赤贫灶丁生产食盐的生产方式。在这里，商业资本与制盐生产资料相结合，转变为产业资本，而灶丁则成为完全与制盐生产资料相脱离、靠出卖劳动力为生的雇佣劳动者。清代的海运业，从康熙二十三年（1684 年）开海禁后开始发展起来，其规模和技术都超过了明代。海运中由大船商经营的企业，无论是兼营贩运，还是只靠出租货船为业，其基本利润，都是从剥削船舵水手的剩余劳动中取得的。这些手工业、运输业中，都不同程度地存在着资本主义的萌芽。

可是，无论农业、手工业还是运输业中的资本主义萌芽，都受到了封建制度的严重束缚。

如前所述，乾嘉之时，土地兼并激烈，加剧了大土地所有制的发展。由于土地高度集中，封建地租剥削沉重，再加上高利贷盘剥，农民生活困苦不堪，不可能积累资金以扩大再生产，更不易引起农民的迅速分化，产生富裕农民，从而妨碍农业中雇佣关系的发展。再者，农民穷困，无力改进生产技术，生产积极性不高，故农业劳动生产率低，这就影响了农业中资本主义萌芽的发展。而较高的劳动生产率是资本主义生产方式产生和发展的前提条件。一些经营地主往往为稳定的地租收入所诱惑而放弃对土地的经营。当时，地租率甚高，将土地出租，地租既丰厚又稳当，并受到官府保护，较之自己经营收入不稳定好得多，这就造成了经营地主经济的极不稳定。封建大土地所有制的发展，严重地阻滞了农业中资本主义萌芽的孕育和发展。

如果说，土地集中、地租苛重是阻碍农业中资本主义萌芽发展的重要原因，那么，封建的传统经济政策、封建的自然经济则严重阻碍了手工业中资本主义萌芽的发展。

清朝承袭封建传统，推行“重本抑末”政策。雍正帝继位的次年，就反对臣下招商开矿的建议，其重要理由是：“养民之道，唯在劝农务本，若舍本逐末，游手望风而至，岂能别其奸良?”① 雍正五年（1727 年），他在上谕中又说：“朕观四民之业，士之外，农为最贵。凡士工商贾，皆赖食于农，以故农为天下之本务，而工贾皆其末也。今若于器用服玩，争尚华巧，必将多用工匠。市肆中多一工作之人，则田亩中少一耕稼之人。且愚民见工匠之利多于力田，必群

① 参见王庆云：《石渠余纪》卷五《纪矿政》，北京古籍出版社 1985 年版，第 228 页。

趋而为工；群趋为工，则物之制造者必多；物多则售卖不易，必至壅滞而价贱。是逐末之人多，不但有害于农，而并有害于工也。小民舍轻利而趋重利，故逐末易而务本难。”因此，他训谕臣下平日要留心劝导，使民知本业之为贵，养成重本的风气，如此，“虽不必使为工者尽归于农，然可免为农者相率而趋于工矣”。① 这种思想和政策，为乾、嘉、道诸朝所沿袭。乾隆曾说：“天下之本农为重。各府州县卫，果有勤于耕种、务本力作者，地方官不时加奖以示鼓励。”② 总之，他们重视农本，对从事工商采矿之人增多则忧心忡忡。

清政府执行“重本抑末”的政策，因而从总体上来说，对工商业是加以限制的。如清政府虽曾一度放松对开矿的限制，准予招商承办，但限制、禁止则是其一贯的政策。它之所以一度放松限制，一个重要原因是对开矿禁而不止；而开矿已成为部分穷民衣食之源，若严加限禁，恐激起以此为生者铤而走险，因此作为权宜之计，准许一些地方酌情刨挖，但对刨挖者仍时时严加稽查。③ 嘉庆时，民变蜂起，嘉庆帝沿袭雍正帝开矿“言利扰民”的思想，厉禁沿海、近畿开矿，以防聚众滋事。④ 这种限禁政策，严重地阻碍了采矿业中资本主义萌芽的发展，使清代的采矿业自乾隆四十年（1775 年）以后逐渐衰退。又如海运业，清政府不仅严格限制出海船只的大小、所带货物的品类与数量，而且对舵工人数、口粮淡水的限制也极严。道光四年（1824 年），因海运成本低，又比河运纳税少，故江苏一带的商人弃河趋海，挂号出海的商民猛增至 200 余户。这本是好事，却引起了清统治者的不安，命令除原有行海运的商人外，凡新立字号呈报出海者，概行截留。⑤ 此外，清政府还随意封签商船为官府运输，或停闭口岸。这些都阻碍了海运事业的发展。

封建的自然经济结构对资本主义萌芽发展的阻碍，更不容低估。鸦片战争前的中国，自然经济占绝对统治地位，其特征是农业和家庭手工业的牢固结合。在土地集中、地租苛重的情况下，农民单靠农业难于维持生活，只得借助家庭手工业以求补助，从而形成农业与家庭手工业牢固结合的经济结构。此种经济结构，对于商品经济是一种强大的阻力，手工业产品很难突破它的壁垒。因为

---

① 《清世宗实录》卷五七，《清实录》七，第 866—867 页。

② 《清仁宗实录》卷一，《清实录》二八，第 73 页。

③ 参见王庆云：《石渠余纪》卷五《纪矿政》，第 229 页。

④ 参见《清仁宗实录》卷四一、四三，《清实录》二八，第 403、419—420 页。

⑤ 参见《查议浒关各口征税事宜折》，中山大学历史系中国近代现代史教研组、研究室编：《林则徐集·奏稿》上，中华书局 1965 年版，第 226—227 页。

从事耕织的贫苦农民，衣食皆靠自己生产，一般不需要购买多少物品，也无力去购买更多的商品；自耕自织的产品，成本低廉，如有多余出卖，足可与专营手工业者的产品争一日之短长。在这种经济结构占绝对统治地位的社会中，市场的扩大是困难的，资本主义萌芽的发展势必遭到严重的阻遏。

由于土地可以自由买卖，地租率又高，并受“重本抑末”政策和观念的影响，从事工商业者将其所积累的资金用于购买土地而进行地租剥削的人甚多，这就妨碍了商业资本向手工业资本转化，也妨碍了手工业规模的扩大。

繁重的关税及额外加征，对商品经济及资本主义萌芽的发展也是一大障碍。乾隆十八年（1753年），直省关税共433万多两，到乾隆六十年，已加至846万多两。结果，不能如数征足，“每岁日形亏绌”。以后管理各关事务者，一方面将亏绌之数归正供销算，一方面即以正额亏缺为名，重征关税，借饱私囊。如苏州的浒墅关，乾嘉时税吏稽查严，征税苛，过客无一能够幸免，因而有日进斗金之谣，“以致商贾倾家荡产，裹足不前”。①

此外，官府对手工业者、商人的压价强买及种种勒索，封建行会对手工业的束缚，都对资本主义萌芽的发展起着阻碍作用。

农业、手工业中资本主义萌芽的发展受到阻碍，是清中叶以后社会经济逐渐衰败的重要表现。而从总体上看，情况也是如此。从乾隆后期直至鸦片战争前夕，社会经济状况呈现出下降趋势。农业方面，土地高度集中，使大量农民背井离乡，四处流亡，农村劳动力减少；即使从事农业生产的农民，因受着残酷的剥削，生产积极性很低。这些都使农业生产难以发展。农业生产的萎缩，使耕地面积减少。嘉庆十七年（1812年）全国耕地共有7915251多顷，道光十三年（1833年）降至7375129多顷，21年间减少了54万多顷，② 减少了6.8%。手工业方面，嘉庆时，以纺织业著称的江苏，因农业歉收的影响，苏州、吴江、南京等地出现了纺织品销路不畅、机坊停产、织工失业的凋零景象。乾嘉之际，四川、云南的制盐业，井灶减少，产量大降；云南的铜矿业，厂数虽有增加，产量则停滞或下降；广西、湖北、贵州的采矿业也日趋衰败。

综上所述，从乾隆中叶至鸦片战争爆发，中国的土地高度集中，资本主义萌芽的发展受到阻滞，农业、手工业渐趋衰落，整个社会经济每况愈下，衰败凋零。

---

① 昭梿：《啸亭杂录》卷四《关税》，第107页。

② 据萧一山：《清代通史》二，中华书局1985年影印本，第365页。

二、官吏庸劣　政治腐败

一个国家的政治是否清明，对于这个国家的兴衰存亡有着决定性的影响。在以人治为主的中国封建社会里，一个王朝的政治是否清明，又与整个官僚统治集团的状况密切相关。清朝建立以后，虽然也免不了封建政权固有的弊病，甚至康熙帝也发出“贪吏何多也”的慨叹，但清廷吸取了明朝败亡的教训，采取了减轻人民负担、撙节开支、防止河患等措施。经过激烈争夺才登上皇位的雍正帝，继位时已年逾不惑，对康熙后期为政之失有比较清醒的认识，较之冲龄继位的无知小儿与血气方刚的年轻皇帝，其统治经验与对问题分析的冷静程度，都不可同日而语。因此，他在位的 13 年内，建立了不少新制度，采取了一些新措施，于吏治的整肃、经济的发展、权力的集中，都做出了相当大的成绩，从而为乾隆朝政治经济的发展，打下了坚实的基础。

乾隆前期，清朝的社会经济继续发展。乾隆帝也是文武兼备、颇具雄才大略的皇帝。然而承平日久，统治集团内的腐朽现象日益严重。特别是乾隆帝好大喜功，巡游无度，晚年又宠信招权纳贿的和珅，以致政治更加腐败。嘉道两朝，政治之腐败已势成积重，外患内忧，纷至沓来，国势更是江河日下。

乾隆帝崇尚浮奢，巡游无度，在有清一代皇帝中，绝无仅有。他在位 60 年，东巡谒陵，西幸五台，南巡江浙，曲阜祭孔，巡幸中州，近游京畿，共约 24 次。至于木兰秋狝，热河避暑，自乾隆六年（1741 年）起，间岁一至，乾隆二十二年以后，几乎是无岁无之。这些巡游，虽以谒拜祖陵、祭祀孔子、指示河工或观察蚕桑为名，但真正目的却在于夸耀功德、显示威风、耽于山水。皇帝有此喜好，群臣百工即希旨阿谀，百计博取皇帝欢心。其所过之处，踵事增华，夸侈斗靡，耗费不赀。光绪二十六年（1900 年）八国联军入侵京师，慈禧太后逃至太原，住巡抚署，所用器物陈设，皆乾隆帝巡幸五台山时所用旧物，“灿然如新，极为可观，慈圣谓为宫中所未有”①。慈禧本已穷奢极侈，而乾隆帝仅出游五台山一行宫所用物件，就令她叹为观止，可见乾隆帝出游之挥霍程度。乾隆

---

① 佚名：《西巡回銮始末记》卷三《两宫西狩记》，见中国历史研究社编：《庚子国变记》，上海书店根据神州国光社 1951 年版复印，第 182 页。

六次南巡，耗费之大，空前未有。由京至杭，水陆近3000里，有行宫30处，临时驻跸尖营上百个。每次动用五六千匹马、七八百只骆驼、400辆骡车、上千艘船只，随同南巡官员兵丁2500余人，为御舟拉纤的河兵达3600人，沿途各地方官征调以供搬运的夫役不计其数。所经各处，官吏、豪绅、富商搭戏台，结彩棚，制灯舫，办器物，殚精竭虑，百计逢迎，贱至痰盂，亦用银镂。皇帝喜谈禅机，遂重聘文人剃发充僧人以迎谒；弘历好看戏，即组织人力，新编剧本，召集名优，赶排赶练，以便皇帝行宫作乐，船上观剧。因此，每处所费，不下二三十万两；南巡六次，耗资2000万两以上！

乾隆帝每次出巡，也是官吏们冒销国帑、索诈民财的绝好机会。巡幸前，遣派大臣率将校组成“向导处”，踏勘御驾所经之地，令地方官修葺尖营和桥梁道路。向导处官员沿途肆意征索，大收贿赂。地方官亦乘机搜刮百姓。经办巡幸的官吏，在报销经费时，以少报多，从中舞弊。故乾隆帝所到之处，无异降临一次巨大灾难。第四次南巡时，大学士程景伊为免桑梓遭灾，反对皇帝去湖州。当乾隆帝以“察蚕桑之法”为名诡辩时，程即说：皇上如果去湖州，将使嘉、湖之民累世不能复业。浙江巡抚为迎合上意，令绍兴知府赵某去湖州先行试航。赵为阻止此行，暗布木石于河道，试航船不能通过，终于阻住了乾隆帝的湖州之行，从而使杭州至湖州沿途的百姓免除了一场灾难。故当这位知府被革职时，百姓号泣远送至百余里。乾隆帝晚年也承认：“六次南巡，劳民伤财，实为作无益害有益”。①

乾隆帝还大兴土木，大办寿诞庆典。为享山水之乐，他耗费巨资，在圆明园、避暑山庄等处刻意仿造西湖十景、江南四大名园等等。这位被其臣下称颂为“至孝冒天下”② 的皇帝，为皇太后办六十大寿庆典，从北京的西华门至西直门外十余里的地段内，搭楼结阁，穷极工巧。每隔数十步即有一戏台，南腔北调，备极四方之乐。京城店铺，全被这些亭台遮蔽，游观其中，如入蓬莱仙境。其耗费之大，难以数计，连太后也“殊嫌繁费”。太后满七十岁时，乾隆帝又别出心裁，于万寿寺旁，仿江南式样，修一条数里长的“苏州街”，陪太后游逛。此后，太后八十岁庆典，“京师钜典繁盛”，比太后六十庆典时有过之而无不及。③ 用百姓无数脂膏博母后之一哂，皇帝谓“至孝”，实百姓之大灾难！

① 梁章钜：《浪迹丛谈》卷三《吴槐江督部》，中华书局1981年版，第42页。

② 梁章钜：《浪迹丛谈》卷三《吴槐江督部》，第42页。

③ 赵翼：《檐曝杂记》卷一《庆典》，中华书局1982年版；昭梿：《啸亭杂录》卷一〇《苏州街》，第357页。

乾隆帝既挥霍无度，又东征西讨。综计乾隆一朝用兵费用约在 1.2 亿两以上。① 这不仅种下了清廷财政困难的祸根，而且使滥支滥报之风一发而不可收。

当乾隆帝穷奢极侈之时，其所依为国家根本的满洲贵族也已相当腐朽。

清朝统治者入主中原后，从褊狭的种族主义出发，在政治、经济等方面给予满人特殊优待，特别是宗室、贵族，更享受着种种特权。这些人除了做官为宦、当兵吃粮外，什么事也不干。他们一出生，就有一份俸禄或额定的粮饷。一旦贫困负债，或分给的土地遭灾、典卖，清廷又代偿债务，代赎旗地。因此，入关不久，他们的寄生性与腐朽性就与日俱增。康熙十二年（1673 年），康熙帝就指出：满洲人习于嬉戏，过于靡费，赌博禁而不止，贫而负债者甚多。② 可见，入关仅 30 年，满人的堕落已很严重了。至乾隆朝，这些养尊处优的满族统治者更加腐败。乾隆元年（1736 年）四月上谕说，旗人因“承平日久，渐即侈靡”，“但知坐耗财求，罔思节俭。如服官外省，奉差收税，即不守本分，恣意花销，亏竭国帑”。“而兵丁闲散人等，惟知鲜衣美食，荡费资财，相习成风，全不知悔”。③ 称为“天潢贵胄”的皇室近支，更是为非作歹，睥睨一切。昭梿记述道：“近日宗室蕃衍，入仕者少，饱食终日，毫无所事。又食指繁多，每患贫窭，好为不法之事。”他们与市井无赖相狎，“每有淫佚干上之事，有司以其天潢，故为屈法，市井之良善者又多畏其威势，不敢与抗，适足以长其凶焰，其俗日渐卑恶也”。④

满洲贵族的腐朽，是清朝政治腐败的集中表现，也是造成清朝国势衰败的重要因素。他们人数虽少，却享受着种种特权。若仅徒手坐食，嬉戏游乐，为患尚小；而一旦为官，无论是位居枢要，身任封圻，还是“亲民之官”，则为祸甚巨。清中叶官场中贪污受贿、骄奢淫逸之风盛行，与此关系甚大。以椒房贵戚而深受乾隆帝眷顾的福康安，“历任封圻，簠簋不饰，其家奢汰异常，舆夫皆着毳毼之衣，姬妾买花日费数万钱”⑤。嘉庆时，办理川省军务的陕甘总督宜绵，畏缩退葸，询之军营情形，地名远近，“概不能详悉陈奏”⑥。受到嘉庆帝信任、

---

① 据王庆云：《石渠余纪》卷三《纪会计》；赵翼：《檐曝杂记》卷二《军需各数》；萧一山：《清代通史》二，第 233 页。

② 参见《清圣祖实录》卷四四，《清实录》四，第 583 页。

③ 《清高宗实录》卷一七，《清实录》九，第 442 页。

④ 昭梿：《啸亭续录》卷四《宗室积习》，第 494—495 页。

⑤ 昭梿：《啸亭杂录》卷一〇《权臣奢俭》，第 314 页。

⑥ 《清仁宗实录》卷四二，《清实录》二八，第 511 页。

前往整饬川中军需的广兴，既得志，骄奢日甚，纵容家人贪鄙，又性耽风月，“以致日拥优伶，饮酒终夕”①。嘉庆帝特简为苏抚的宗室宜兴，竟以苏州街道狭窄，乘轿不便，遂令铺户拆毁门面，不从者予以枷责，以致怨讟繁兴。乾嘉两朝已揭出的贪污大案中，满人官吏为数甚多，甚至是贪案首犯。这些声势煊赫的满洲大员，贪赃枉法，挥霍国帑，昏庸畏葸，骄奢淫逸，肆意妄为，残民以逞，其对吏治官风的影响，既深且广。和珅柄政造成的后果即很能说明问题。

和珅是一个权力欲极强的佞臣，一经跻身显要，上则希旨逢迎、欺蒙荧惑以固宠，下则倾排异己、钳制舆论以掩罪。他在军机时，虑人举发其奸，凡有奏折，令具副本先关会军机处；又令各部将年老平庸的司员保送御史，以使其缄默不言，免被纠劾。若有人揭发其劣迹，则必欲构陷倾排而后快。乾隆五十一年（1786年），御史曹锡宝上奏说：和珅家人刘全服用奢侈，器具精美，恐有借端索诈情事，应行侦访，严加惩创。曹锡宝所奏本是事实，但结果却受到革职留任的处分。乾隆五十五年，内阁学士尹壮图上奏道：各省督抚声名狼藉，吏治废弛；各省仓库多有亏空，商民半皆蹙额兴叹。这些督抚多为和珅党羽，故和珅对此折甚为忌恨。于是设计陷害，尹壮图卒被降调回籍。② 和珅深受乾隆帝宠信，炙手可热。朝中大臣耻与和珅为伍者，只能洁身自好；更多的则是依为靠山，百计逢迎，唯恐落后。每日和珅入署，士大夫之善钻营者，皆鹄立道旁伺候，人讥之为“补子胡同”③。和珅以大学士掌吏、户、刑诸部，科考、铨选时，非其属意者，绝难登仕版。许多督抚、河臣、关差、盐政，俱纳贿和珅，以为奥援。故时人记载说：“自和相秉权后，政以贿成，人无远志，以疲软为仁慈，以玩愒为风雅，徒博宽大之名，以行徇庇之实，故时风为之一变。”④ 流毒所及，贪赃枉法、欺蒙邀赏、官官相护、疲玩拖沓之风弥漫于官场。旧史家谓“康、雍、乾三朝之元气，殆尽斫丧于和珅一人之手”⑤。将清之中衰，概归咎于和珅固非的论。不过，在和珅任事的二十余年内，由于他的倒行逆施，使本已败坏的吏治更加败坏，确是造成清代国势衰颓的重要原因。

---

① 昭梿：《啸亭杂录》卷四《广赓虞之死》，第109页。

② 参见《清仁宗实录》卷四二，《清实录》二八，第504页；昭梿：《啸亭杂录》卷七《尹阁学》，第210页。

③ 徐珂：《清稗类钞》第4册，中华书局1984年版，第1565页。

④ 昭梿：《啸亭杂录》卷四《松相公好理学》，第109页。

⑤ 萧一山：《清代通史》二，第216页；蔡冠洛编著：《清代七百名人传》上，中国书店1984年版，第234页。

乾嘉之时，贪官污吏布满天下。在官场中，勒索属员，受贿枉法，侵吞公款，借端敲诈，悬价卖官，以酷济贪，真是无奇不有。至于为官者的玩忽职守，庸碌无能，阿谀逢迎，上下欺蒙，更是司空见惯。虽然清廷对内外官吏也通过京察、大计考成，然而在政以贿成的社会中，那些贪鄙庸劣之辈，多善于钻营行贿、讨上司欢心，考成结果，必列优等。而一些勤于政务、办事认真、守正不阿的官吏，反遭排斥、倾陷，甚至招来杀身之祸。洪亮吉在《平邪教疏》中说："今日州县之恶，百倍于十年二十年以前，上敢蠹天子之法，下敢竭百姓之资。"① 尹壮图在关于整饬吏治的奏折中认为，对清政府来说，白莲教起义"不过癣疥之疾，而吏治实为腹心之患"②，因为吏治败坏导致了人民起义，而吏治之坏又"几有积重难返之势"。他说，在乾隆三十年（1765年）以前，虽然存在各省属员贿赂上司、上司勒索属员的坏现象，但较之以后却略好一些。到了乾隆后期，和珅专权，吏治更坏。科敛小民，侵吞钱粮，上行下效，沆瀣一气。州县以督抚为庇护之伞，督抚则趋奉和珅为护身之符。结果是官贪吏酷，百弊丛生，国家与小民交困。③ 嘉庆帝也承认："大吏不能洁己率属，费用奢靡，取给无度。上司既有欲不刚，属员遂有恃无恐。种种弊端，皆由于此。"④

这些上谕和奏折所谈情况，都是指督抚州县等外官而言，对于朝廷中所表现出的腐败与潜伏的危机，却不愿言或不敢言。倒是一位朝鲜使者对此看得比较清楚。乾隆八年（1743年），乾隆帝到沈阳祭祖陵，朝鲜国王派赵显命为沈阳问安使前往拜谒。赵回国后对其国王上奏说：清朝"外似升平，内实蛊坏，以臣所见，不出数十年，天下必有大乱。盖政令皆出要誉，臣下专事谀说，大臣庸碌，而廷臣轻佻，甚可忧也。"⑤ 他在不长的时间内即已看出清廷中主骄臣谀的腐败现象，并预感到潜在的危机，可见早在乾隆初年，乾隆帝的好大喜功、诸大臣的庸碌谄媚，已表现得相当明显了。

自乾隆中叶起直到鸦片战争前夕，政治腐败，官吏贪污，已非常严重。这期间，贪污巨案，层见叠出。仅乾隆一朝，因贪污被处死的二品以上的大员即达30人之多，品级低一些的则不计其数。贪官污吏中，上自大学士、军机大臣、

① 转自萧一山：《清代通史》二，第272页。

② 姚元之：《竹叶亭杂记》卷二，第53页。

③ 姚元之：《竹叶亭杂记》卷二，第53页。

④ 《清仁宗实录》卷四一，《清实录》二八，第502页。

⑤ 吴晗辑：《朝鲜李朝实录中的中国史料》第11册，中华书局1980年版，第4518页。

尚书、侍郎、督、抚、藩、臬，下至道、府、州、县、书吏，无所不包。他们当中，被揭出而受惩处的大员计有滇督恒文、滇抚郭一裕、黔抚良卿、东抚国泰、甘藩王亶望、晋藩蒋洲、陕督勒尔锦、赣抚郝硕、闽督陈辉祖、闽抚浦霖、盐政高恒和普福、运使卢见曾、浙抚福崧、湖督毕沅、鄂抚福宁、鄂藩（后为赣抚）陈淮、大学士和珅以及嘉道时“库案”牵涉到的中央大员等等。此外尚有揭出未受惩罚及未揭出者。以下据史料所载，约略举例，以见一斑。

乾嘉时，大学士、军机大臣中贪黩者不少。于敏中“广接外吏，颇有簠簋不饰之议”①。戴衢亨为嘉庆帝所倚重，“然颇喜财货，屡纳苞苴。海淀别墅，大厦千间，雄壮瑰丽，虽王公第莫若也”②。刘权之虽受贿甚多，却仍不敷用。他垂涎于河工经费，虽全然不懂治河之法，却上书数万言大谈治河之策，欲借此以选任河臣，但所言又全是外行话。真可谓利欲熏心，恬不知耻。

疆臣、部臣、漕河诸臣中贪墨者亦复不少。粤督是天下肥缺。“居是官者，无不穷奢极欲，搜刮明珠、翡翠、珍奇、宝玉，载满海舶而归”③。苏抚闵鹗元“苞苴日进，动逾千万”④。西安将军杜赖，“性贪鄙，屡扣粮饷，至自制饼饵令军士以重价购之”⑤。嘉庆时，内务府大臣广兴、左都御史周廷栋到山东审案，广兴黩货营私，周则为之隐饰，众怨繁兴，时有“周全天下事，广积世间财”⑥之讥。刑部尚书金光悌受贿枉法，以酷济贪，“倚胥吏为耳目，任意周内罪名，有辇金币贿者，虽入大辟，立为昭雪，否则酷虐犹如故也”⑦。百龄擢为总督后，“搜求苞苴，动以钜万”。任江督时，每出巡阅，带车数十辆，征收珍错海物至数百桶之多，“他物称是”。他又以重贿交结权要，了解皇帝意向以便迎合。故虽贪污，而参劾者反被罢职。⑧ 以捐纳、钻营而至方面大员的朱勋，“抚陕十载，唯以贿闻，百姓恨之切齿”⑨。驻乌什办事大臣雅尔泰，私卖仓贮麦达 2000 余石。漕运总督富纲，勒逼属员馈送帮费，被勒索的卫守备、千总有 83 员之多，

---

① 昭梿：《啸亭杂录》卷七《于文襄之敏》，第 207 页。
② 昭梿：《啸亭续录》卷五《戴文端》，第 541 页。
③ 昭梿：《啸亭杂录》卷四《吉制府之死》，第 110 页。
④ 昭梿：《啸亭杂录》卷八《闵抚军》，第 241 页。
⑤ 昭梿：《啸亭杂录》卷一〇《直恪公厚德》，第 320 页。
⑥ 徐珂：《清稗类钞》第 4 册，第 1574 页。
⑦ 昭梿：《啸亭续录》卷二《金司寇》，第 420 页。
⑧ 参见昭梿：《啸亭续录》卷二《百菊溪制府》，第 410 页。
⑨ 昭梿：《啸亭续录》卷五《朱勋》，第 518 页。

监司恩特赫谟一次即“馈送”白银6000两，共勒索了数万两。和珅柄政，任河臣者皆出其私门。先以巨万向和珅纳贿，然后才得赴河督任。“朝中诸贵要，无不视河帅为外府”。河督则大肆侵吞河防经费，“至竭天下府库之力，尚不足充其用”。[①] 结果是防河经费日增，而河防却日懈，以致河堤频频决口。嘉庆十六年（1811年），嘉庆帝承认，河工连年妄用帑银3000余万两，因而惩处了河官数十名。[②]

督抚以下的地方官，品级较高的司、道、府，凭借权力，收受贿赂，勒索属员，侵蚀国帑，冒领冒销，甚至悬价卖缺。湘藩郑源琫，对到湖南候补州县的，均收纳巨款后方允署缺，“以缺之高下定价之低昂，大抵总在万金内外”。“其侵贪数逾八万两……至藩司于收发库项，加增平余，任意克扣，恐不独郑源琫一人为然”。[③] 道府也尽量向州县索取。如江西各知府，每月柴米之费，多取之于州县。大县每月百余两，小县八九十两不等，名为“月费”。知府进省，各县又须送七八十两不等，谓之“盘费”。此外尚有漕规、节礼等名目。[④]

州县官是直接征收赋税、负责地方仓库的官吏，也是直接搜刮人民、摊赔办差的基层官吏。他们聚敛的主要手段，一是侵吞钱粮，二是朘削百姓。州县官利用各种机会亏空仓库。嘉庆三年（1798年）上谕说：近来州县，因买谷例价较市价低，于是将仓谷卖掉，以入己囊。待离任交代时，又将例价留抵。有的甚至将例价也席卷而去。于是，州县仓库形同虚设。仅广西一省，如此亏空仓库的州县官即有百多员。“此等积弊，不独广西一省为然，各直省皆所不免”[⑤]，而以直隶为尤甚。更有奇者，一些州县任内本无亏空，离任时反从库中将银钱带走，名曰“做亏空”，并将所做的亏空移交给后任。上司因得过州县的馈赠、贿赂，也就听之任之。[⑥] 州县官肆意侵挪征收的钱粮，对上则以完作欠，从而使应解钱粮拖欠甚多。乾隆三十二年至嘉庆四年（1767—1799年）的32年内，直隶一省即拖欠银款144万余两，亏欠钱粮的官员有139名，其中亏欠最少

① 昭梿：《啸亭杂录》卷七《徐端》，第214页。

② 参见萧一山：《清代通史》二，第290页。

③ 姚元之：《竹叶亭杂记》卷二，第52页；《清仁宗实录》卷四五，《清实录》二八，第574页。

④ 参见《清仁宗实录》卷六八，《清实录》二八，第915—916页。

⑤ 《清仁宗实录》卷二七，《清实录》二八，第326页。

⑥ 参见《清仁宗实录》卷二八、五七，《清实录》二八，第334、749页。

者千两，多者达数万。一省内，侵亏钱粮的州县官动辄百多人，可见州县侵吞仓库钱粮之普遍与严重。仅嘉庆三年、嘉庆四年两年，全国积欠至2000余万两之多。①

至于州县勒折浮收，贪污赈粮，更是花样百出。如江苏征收条银，官设银店一两浮收三四钱；若折钱交纳，则每两折收一千四五百文。② 有漕州县，无不浮收，而以江浙为尤甚。每石漕米加收七八斗，此外尚有“踢斛”“淋尖”“抛剩”“漫筹”诸名目。凡收漕州县都愿改收折色，借以分肥。故开征前即将劣质米搬贮仓廒，名曰“铺仓”。开征不久，即以廒满为词折收钱文。不愿交折色者，即百般恐吓蹂躏，迫其就范。“掊克小民，无所不至。”③ 发生天灾，朝廷拨钱粮赈济，官吏们又用冒开灾户、掺和灰沙和扣平短串等恶劣手段贪污赈济钱粮。灾民所得，为数甚少。“官吏不肖者多，或徇隐，或分肥，（赈济）终属有名无实。”④ 嘉庆十三年（1808年），淮扬大水，清廷发帑数十万两赈灾。山阳县令王伸汉浮开灾户无数，被委员李毓昌查出，王竟将李杀死灭口，并遍贿省中大小官吏以掩其罪。此案由李之家属揭出，牵涉此案之官员甚多，被处死者7人，督抚藩臬等均被革职。⑤

此外，州县官还通过办理公务勒索百姓。审理案件本是州县官的常例公务，可是许多州县却悬案不结。“有案无传，有传无送，有送无讯，有讯无结者，比比然也”⑥。吏役乘此机会勒索，小民因此而倾家荡产。有的州县官又从审案中索取贿赂，枉断是非。因此，民间即使发生命盗等案，也不敢报官审断。谚云：“被盗经官重被盗。”⑦ 乾嘉之际，白莲教等活动频繁，州县官借查“邪教”之机，多方勒索，“不论习教不习教，只论给钱不给钱”⑧。竟有借查“邪教”一人被婪索7000两之事。有的以查小钱为名，任意讹索。对真正私铸私贩者，则受贿卖放。州县为弥补亏空，即按亩摊捐。浙江平湖县令，在8年任期内用此法婪

① 参见《清仁宗实录》卷五五、五七，《清实录》二八，第709—710、750页。

② 参见《清仁宗实录》卷五五，《清实录》二八，第707页。

③ 《清仁宗实录》卷四〇、四七，《清实录》二八，第479—480、574页。

④ 赵翼：《檐曝杂记》卷六《冒赈大案》，第113页。

⑤ 参见赵翼：《檐曝杂记》卷六《冒赈大案》，第112页；徐珂：《清稗类钞》第3册，第1084—1085页。

⑥ 徐珂：《清稗类钞》第3册，第976页。

⑦ 姚元之：《竹叶亭杂记》卷二，第52页。

⑧ 《清仁宗实录》卷七三，《清实录》二八，第969页。

赃20余万两。[①] 有的借办军需，大加科派。乾隆时征缅甸，滇黔等地按田摊派夫、马之差，凡地丁银1两，增派至6两。军务告竣，已加之费却不减，沿为成例，逐年征收。[②] 嘉庆时山西勒捐军饷，有一县派捐至10万两者。州县以此为饱橐之计。如不及时交纳，即被关押刑求。平阳知府缪晋、太平县令郭明德等一次就向已捐军饷的两户人家"借银"10万两。[③] 另外，皇帝巡幸、大员出行，州县均须办差。为弥补办差支出并乘机肥私，于是也加强对人民的搜刮。这些敲剥小民不遗余力的地方官，于公务却漫不经心，延宕懈怠。故嘉庆帝说："州县唯知以逢迎交结上司为急务，遂置公事于不问，视陋规为常例，以缺分美恶，得项多寡，总思满载而归，视民生如膜外。而督抚司道等亦只知收受属员规礼，并不随时督察，上紧严催。"他对地方官的估计是："顾守令之中，为民计者十不一二，为己计者十恒七八。"[④] 道光朝州县亏空更是"层见叠出，甚至盈千累万"。仅河南一省，从道光二年（1822年）起的11年间，各州县共短正杂钱粮银240余万两，仓谷20余万石。"即令上司查出，无非推在民欠，上司无可如何"[⑤]。该省商城知县张敦绪，一年亏缺税契银3800余两，仓谷9300余石。[⑥] 永城知县沈玉墀，到任一年多时间即亏欠白银不下3万两，加上接收前任所亏，则6万余两。[⑦] 州县贪污，其上司往往为之弥缝，因为上司常从州县官身上得到各种好处。当州县离任交接时，上司即逼勒接任者承接前任亏缺。于是新任州县有恃无恐，又大肆亏空钱粮。[⑧]

清朝官吏之贪鄙与清政府的捐纳制度颇有关系。捐纳既是吏治腐败的重要原因，又是政治腐败的重要表现。此种秕政始于清初，但当初时开时停。嘉道之时，因财政拮据，以捐纳为重要收入。除捐监等常开捐例外，军务、河工、赈恤、直隶水利、西陲善后等暂开捐例层出不穷。因此，嘉道两朝之捐纳收入为数甚巨。据统计，嘉庆五年至道光二年（1800—1822年）的22年中，捐监收

① 参见徐珂：《清稗类钞》第3册，第1071—1072页。

② 参见赵翼：《檐曝杂记》卷四《滇黔民俗》，第70页；魏源：《圣武记》，附录卷一一《武事余记·兵制兵饷》，世界书局1936年版，第249—250页。

③ 参见《清仁宗实录》卷七四，《清实录》二八，第991页。

④ 《清仁宗实录》卷六一、四三，《清实录》二八，第809、521页。

⑤ 《清宣宗实录》卷二二五，《清实录》三六，第356页。

⑥ 据《清宣宗实录》卷二七六，《清实录》三七，第257页。

⑦ 据《清宣宗实录》卷三二五，《清实录》三七，第1104页。

⑧ 参见《清宣宗实录》卷三二〇，《清实录》三七，第1014—1015页。

入44366925两，平均每年收捐200多万两。道光一朝30年内，除直隶以外的17省，捐监共收入33886630两，平均每年收捐110余万两。道光前22年，各种捐银共74713063两，年平均340万两左右。其中，道光八年收捐约895万两，道光十年竟达1081万余两。① 可见捐纳人数之多。其中不少是捐官和捐复原职的。照康熙十八年（1679年）的规定，对于捐班，到任三年后，称职者具题升转，不称职者题参，按例议处。可是，由于“捐班逢迎必工，贿赂必厚，交结必广，趋避必熟，上司必爱悦，部吏必护持”，故他们之中具题升转者不乏其人，“而以不称职题参者概未之见，至有受任四五年而不纠不举”者。② 康熙三十年，户部又奏准捐免保举各例。当时御史陆陇其上疏反对，指出捐纳一途，贤愚错杂，唯恃保举以防其弊。虽不敢说保举无弊，但总比免去保举为好。督抚保举，必以清廉为合例，若保举可捐，岂非清廉亦可捐？然而，清政府以“事例已行，不必更张”为由，拒绝了陆氏的建议。③

捐纳，实际就是卖官。捐例开，游手好闲、钻营牟利之徒即以官为市。以捐得县令为例，除有一二千两廉俸外，最贫瘠的县份一年也可得数千两的额外收入，比经营其他商业赚的利润丰厚得多。若是肥缺，单是钱粮漕米的“平余”一年就有十万两；如遇事受贿，则可至数十万两。④ 捐纳得官者，“揆其欲速之心，莫非取偿之计”⑤。道光帝曾不止一次地说过：“我最不放心者是捐班。他们素不读书，将本求利，廉之一字，诚有难言。”⑥ 此等贪墨之吏，投资一倍而来，挟资百倍而去。捐例愈滥，以官为市之徒就愈多，吏治也就更加败坏。故冯桂芬尖锐地指出，捐纳比勒派、加赋对人民的危害更大，它将使财政拮据、吏治败坏形成恶性循环，是“以乱召乱之道”⑦。

清朝的政治腐败还表现在官吏的平庸昏聩、逢迎固位、疲玩拖沓、敷衍塞责、荒淫无耻等方面。乾隆帝曾指出：“诸臣全身保位者多，为国除弊者少，苟且塞责者多，直言陈事者少。甚至问一事则推诿于属员，自言堂官不如司官，司官不如书吏……自大学士、尚书、侍郎以及百司庶尹，唯诺成风，皆听

① 据汤象龙：《鸦片战争前夕中国的财政制度》，《财经科学》1957年第1期。
② 徐元文：《酌议捐纳官员疏》，《皇朝经世文编》卷一七。
③ 徐珂：《清稗类钞》第2册，第537页。
④ 参见徐珂：《清稗类钞》第3册，第1358—1359页。
⑤ 蒋伊：《甄捐纳以恤人才疏》，《皇朝经世文编》卷一七。
⑥ 张集馨：《道咸宦海见闻录》，中华书局1981年版，第119—120页。
⑦ 冯桂芬：《变捐例议》，葛士濬《皇朝经世文续编》卷一八。

命于书吏。”① 嘉道时，大臣中平庸卑劣者不少。嘉庆元年（1796 年），大学士缺出，因尚书中有的“向来不肯实心任事”，有的“不自检束，屡次获愆”，有的“读书多而不明理，不过寻常供职”，皆“不胜纶扉”，故已缺之大学士很难挑补。② 道光朝大学士曹振镛“多磕头，少说话”的为官秘诀；潘世恩默默伴食，希旨固位以全躯保妻子的苟安求全；③ 无名氏《一剪梅》：“一味圆融，一味谦恭……万般人事在朦胧，议也无庸，驳也无庸”④ 的讥刺，都说明高级官员之庸劣。而“京官积习，皆以裘马声色为娱”，有的还赌博成性，故“所入俸糈，不充溪壑之费”，⑤ 于是谋求法外收入。一旦外放，即大肆搜刮。

官场中是非颠倒，不别忠奸。通贿赂、善逢迎的官吏，往往左右逢源，加官晋级；廉明能干之臣却反被诬陷、排挤。道员朱友桂力除河工积弊，使苇荡所出垛料在正额 245 万束外增加了 430 余万束，于治河、除弊大有裨益。然而却遭到舞弊营私的各级河官的攻击。在贪官、河道总督陈凤翔的参奏下，竟以“冒功不实”论罪，谪戍伊犁。乾隆时东河河道总督徐端，悉知河防之弊，欲上奏朝廷。作弊诸官多方掣肘，使其不能行己之志，最后抑郁而死。乾嘉时治河专家郭大昌，筹划指挥堵塞决口，既快且省。嘉庆初，拟举丰工。工员一开口就要 120 万两银子，郭则说只需 30 万两，其中还包括供河员中饱的 15 万两，丰工实际仅需银 15 万两。郭知河工之弊，已为河员侵蚀预留经费。可是，因其所提经费太少，遭到河督吴嗣爵及河员的反对。从此，郭大昌再未参与南河的治理。嘉庆四年，善于治河而又深悉其弊的康基田任南河总督。因南河积弊如山，官吏恐其揭出，遂暗中纵火焚烧垛料，以掩劣迹，并嫁祸于康。康基田因此罢官。后来，嘉庆帝赐康基田以太仆寺卿衔督办河工，却被当道掣肘，康不能一展其才，只得告病还乡。

刚直敢言的官吏亦每遭倾陷。乾隆时，内阁学士尹壮图上书揭露各省亏空仓库的积弊，被以和珅为首的各级官吏构陷，终被罢官归里。嘉庆时，指陈时

---

① 转自萨师炯：《清代内阁的组织及其职权》，《新政治》第 4 卷第 5 期（1940 年 9 月）。

② 《清仁宗实录》卷一〇，《清实录》二八，第 159 页。

③ 中国史学会主编：《中国近代史资料丛刊·鸦片战争》第 5 册，新知识出版社 1955 年版，第 500 页。

④ 迂斋：《道光朝之君相》，《中和》第 3 卷第 5 期（1942 年 5 月）。

⑤ 迂斋：《道光朝之君相》；昭梿：《啸亭续录》卷五《唐若瀛》，第 52 页。

弊的编修洪亮吉也被遣戍伊犁。揭露盐务积弊的御史李仲昭，虽其所劾诸人受到惩处，然而过了不久，他却因小故遭暗算而被罢官。

一些有才干而又体谅民间疾苦的地方官，由于不通逢迎之术，不愿贿赂上司，也不明不白地被解职。乾隆时，山东潍县知县郑板桥，于赈务、治狱、抑制豪强等方面成绩卓然，却因报灾事忤大吏，被罢归乡里。自持清廉、办事认真的孝丰县令李梦登，谒巡抚不送门包，上任后治绩斐然，颇受百姓称道。可是莅任仅三个月，即以狱词格式不合被劾免。为官干练，与众官昏庸拖沓不同，也会招来横祸。嘉庆末，山东积案如山，清理甚难。办事认真又能干的童槐，履任按察使仅一年，不但将本任内1800起案件审结，而且将20余年的千多件积案也审理清楚，释放无辜者1300余人。然而却遭到内、外官吏的忌恨，道光初被其旧属诬告，受到降四级调用的处分。有的拒受贿赂而秉公办事的官吏，甚至引来杀身之祸。

各级官吏若此，各衙门的幕僚书差之贪黩酷虐、蠹政害民亦骇人听闻。

幕僚是清代官制的一种重要补充。上自督抚，下至州县各官署皆有幕僚。他们虽非正式官员，却对吏治的影响很大。幕僚对本官起过“佐治”作用，幕僚中也出过一些人才。但是，随着官场的日益腐败，幕僚制度成了清代的一大弊端。游幕之人，转相荐引，互通声气，形成一股势力，本官难以驾驭，甚至反被其玩弄。他们利用例案，舞文弄墨，包揽词讼，敲诈索贿。即使劣迹昭著，因其与上级衙门声气相通，本官也不敢责怪或解聘。道光前期，江西南昌府幕僚胡怀符，在江西十余年，上与臬司幕僚结纳，下面州县幕僚皆其推荐，还有不少亲戚本家游幕于江西其他衙门。因此，他在南昌府为非作歹，无人敢撄其锋。① 幕僚的劣迹即使被上司察觉，本官获咎，而幕僚因非正式官员，反可置身事外，且可择新主，继续为非作恶。于是，这些上下勾串的幕僚，便成了败坏吏治的一股牢不可破的邪恶势力。

从中央到地方各衙门中的书差，是办理具体事务的人员。他们利用办理文书，核实奏销，审阅案卷，办理诉讼、催科、灾赈、捕务的机会，恣意索诈。这些人虽然位卑职小，但实际权力甚大。乾隆帝说，各部院书吏作奸犯科甚为严重。司官庸懦者往往被其愚弄、左右，不肖者则与之狼狈为奸，得赃分肥；堂官因事务繁多或怠于公务，难以察觉。因此，各省所报之事是准是驳，悉操于书吏之手。于是，内外各衙门的书吏，遇事需索使费，日久竟成陋规；陋规

① 《清宣宗实录》卷二三二，《清实录》三六，第481—482页。

数量又逐渐增加。因此一个小小的书吏，竟被视为美缺。书吏任期满后，顶补者须出巨资，名曰“缺底”。既出高价买得，势必借端舞弊营私。凡上级衙门的书吏，对下级衙门的主管官，都有很大的牵制作用。下级有事上报，须经上级衙门书吏之手，贿赂不到家，什么事也办不成。乾隆时一个州官给巡抚上条议说：“若夫上宪之书吏，则鱼肉州县之书吏而并能挟制其官。州县莅任，先索到任陋规，其后交代有费，盘查有费，经征有费，奏销有费，滋生烟户有费，赋役全书有费，蠲除有费，工程有费，恩赏有费。领有领费，解有解费，划扣有划扣费，举州县毫毛之事，莫不有费……动笔即索，事无空过。稍不遂意，则驳换捺延，处分降罚，其祸立至。故州县畏之如虎，而奉之如神。”① 州县之书吏，其弊在虐民：富者百般勒索，贫者反复留难，“或勾通讼棍，借事兴波；或授意罪人，诬扳嫁祸。甚或藏匿旧案，抽换卷宗，使是非可以混淆，而本末无从考信，其弊诚不胜枚举”②。福建汀州、龙岩、漳泉等处，地方官与百姓语言不通，审案时任听值堂书吏信口传述，以致黑白不分，是非颠倒。③ 外省各衙门书吏又与部中书吏交结往来，遇事串诈需索，夤缘为奸，“百弊丛生”，“锢习相沿”。④

差役之为非亦无忌惮。凡涉诉讼，“衙蠹之囊橐不饱，即狱讼之审办无期”⑤。四川民间遇有盗案，一旦呈报，差役即将被窃邻近之家资殷实而无顶戴者诬为窝主，拘押索钱。每报一案，连累数家被索诈，名曰“贼开花”。乡民无知，出钱了事，或出七八千，或出一万。差役得钱放人，谓之“洗贼名”。⑥ 如其索诈不遂，更肆行暴虐。道光时，贵州安化县差役因勒索未能如愿，即纠集伙党，明火执仗，抢掠烧房，形同盗匪。⑦

幕僚书差，为数甚多，遍布于各大小衙门。他们虽然地位卑微，但衙门里的大小事情多经他们之手。所谓中央书吏，天下大事，“在其掌握”；直省幕僚书吏，“通省之事，咸经其手”。⑧ 他们在清朝的政治活动中占有重要地位，而其

---

① 周镐：《上玉抚军条议》，《皇朝经世文编》卷二四。

② 周镐：《上玉抚军条议》，《皇朝经世文编》卷二四。

③ 参见《清宣宗实录》卷一九一，《清实录》三五，第1017—1018页。

④ 《清宣宗实录》卷二三九，《清实录》三六，第581—582页。

⑤ 贾允升：《请除外省积弊六事疏》，《皇朝经世文编》卷一六。

⑥ 参见姚元之：《竹叶亭杂记》卷二，第56页。

⑦ 《清宣宗实录》卷二一四，《清实录》三六，第170页。

⑧ 孙光祀：《衙蠹宜剔其源流》，《皇朝经世文编》卷二四。

中多数又如此作歹为非，其对政治的腐蚀作用是不可低估的。

吏治腐败激起民怨沸腾，对清朝统治十分不利，因此乾、嘉、道各朝都曾努力惩治贪污，整饬吏治。乾隆帝曾改订和新订惩贪的法律，使惩治贪污经常化，并加重了对贪吏的惩罚。嘉庆帝亲政后，不仅惩治了和珅及与之有关的官僚，而且大力整顿吏治。他连发谕旨，严禁州县勒索、吏役敲诈；禁止幕僚书差、官亲长随居官燕游；整肃漕河积弊。道光帝对官吏的贪黩庸劣深恶痛绝，曾为整饬吏治做过一番努力，他自己也力图为群臣做出节俭的表率。他们整饬吏治的种种措施，虽然一度打击了贪官们的气焰，然而就总体而言，吏治仍每况愈下。道光帝曾慨叹道："废弛易而整理难，此乃一定之理。即朕十数年来，诸事以诚以实，犹未大见起色，亦仅能或挽狂澜耳。朕之冰兢，朕自知之。无非孜孜慎勉，以期终始如一。"① 他深感对吏治的整饬已无可奈何，只好知其不可而为之，以求得自我安慰。至于所谓"仅能或挽狂澜"，只不过是粉饰观瞻、自欺欺人之辞罢了。实际上，清朝政治的腐败日益严重，他何曾挽住？

不能挽住政治腐败这既倒之狂澜，并非这些皇帝的整肃不诚心，不用力；根本的问题在于腐败之势已积重难返，在于封建制度的弊端。

政治腐败，官吏庸贪，使清王朝在下坡路上愈滑愈远！

三、中外交往　严加限制

鸦片战争前，清政府实行严格限制中外交往的政策。这种政策，一般被称为"闭关政策"。

清政府严格限制中外交往的政策始于清初，迄于鸦片战争。它既有对来华外国人的种种限制，也有对国内人民出洋及与外国人交往的严格限制。随着历史条件的变化，这些限制时紧时松，不断变化。形成这种政策的原因是多方面的。这种政策，对中国影响颇大。由于情况复杂，对这一政策的评价，众说纷纭，莫衷一是。

清政府限制中外交往的政策涉及面很广，包括贸易、政治、外交、文化等方面。由于当时中国与外国尚无近代外交关系可言，政治、外交、文化的交往

---

① 《清宣宗实录》卷二六二，《清实录》三七，第12页。

仅占次要地位，故其主要内容是对中外贸易方面的限制。具体说来，主要有以下几个方面：对开放口岸的限制，对来华外国人的限制，对国内人民出洋及与外国人交往的限制，对出口商品的限制，拒绝与西方国家建立近代的外交关系，等等。

从顺治至鸦片战争结束，在对外口岸的开放方面，经历了禁海（1656—1684 年）、四口通商（1685—1757 年）、一口通商（1757—1842 年）三个时期。

从 1644 年清军入关起的三四十年内，清朝统治者一直在进行镇压大顺、大西的农民起义军和征讨南明政权的战争。到康熙元年（1662 年），虽然南明的最后一个代表——永历帝朱由榔在缅甸被俘并被绞死，但是，郑成功的抗清势力仍然存在。郑成功不仅曾以金门、厦门为根据地，而且曾进入长江，围攻南京；又赶走荷兰殖民者，占据了台湾，坚持抗清。因此，在这段时间内，清政府无暇顾及海外贸易，而是把注意力集中在防范和消灭沿海的抗清势力上。

顺治十二年（1655 年），清廷下达了不准擅自出海的命令。次年，正式颁布禁海令："海氛未靖，必有奸民暗通线索，资以粮物。若不立法严禁，何由廓清？今后凡有商民船只私自下海，将粮食货物等项与逆贼贸易者，不论官民，俱奏闻处斩，货物入官，本犯家产，尽给告发之人。其该管地方文武各官不行盘缉，皆革职从重治罪。地方保甲不行举首，皆处死。凡沿海地方口子，处处严防，不许片帆入口，一贼登岸，如有疏虞，专汛各官即以军法从事，督抚提镇并议罪。"①

可是，郑成功的力量并未因此被削弱，反而于顺治十六年与张煌言一起率军攻入长江，克镇江，困南京。郑、张败退之后，在郑氏叛将及江宁巡抚的建议之下，清廷于第二年九月初十日颁布了迁海令：因海氛未靖，"迁同安之排头、海澄之方田沿海居民入十八堡及海澄内地，酌量安插"②。次年，又诏"沿海居民三十里界外尽徙内地，禁渔舟、商船出海，以杜构煽"③。从这一年起，强令山东、江苏、浙江、福建、广东沿海居民，向内地迁徙 30—50 里，筑台寨为界，越界者，杀无赦。此后，迁海之政虽小有变动，但禁海政策却一直延续到台湾郑氏势力瓦解之时。康熙二十二年，清军进入台湾，郑克塽出降。翌年，清廷即开海禁，许内地民人出海贸易、捕鱼。④ 至此，实行了 28 年的禁海政策始告结束。

---

① 《钦定大清会典事例》卷七七六《刑部·兵律关津》。

② 《清世祖实录》卷一四〇，《清实录》三，第 1081 页。

③ 魏源：《圣武记》卷八《康熙戡定台湾记》，第 227 页。

④ 参见《清圣祖实录》卷一一六，《清实录》五，第 205、212 页。

禁海政策并非清政府的对外政策。它是因国内的政治需要而采取的权宜之策。但是，既然实行海禁，不准内地人民出洋，客观上对中外交往造成很大障碍。因此，这种政策当列入严格限制中外交往的政策内。

不过，禁海期间，并非完全停止海外贸易。海上走私贸易姑置不论，仅清廷允准的中外贸易也有两种：一是“随贡贸易”，即来华朝贡的贡使，可随带货物到中国出售。当时随贡贸易的国家有朝鲜、安南、暹罗、苏禄、南掌、缅甸等。荷兰为了发展对华贸易，情愿向清朝纳贡，以取得随贡贸易的机会。当然，随贡贸易的局限性很大。如贡期，有一年一次的，也有二、三、四、五年甚至十年一次的；随贡贸易的货物数量也很有限。① 二是对澳门的陆路贸易。从康熙十九年（1680 年）起，开放对澳陆路贸易。澳门与内地商人各将货物由旱路运至关前界口互相交易。②

海禁极严，给对外贸易造成很大障碍，对沿海经济造成严重破坏，给被迫内迁的人民带来巨大灾难，也使清政府的关税收入甚微。因此，禁海政策不仅遭到人民的反对，而且一些大臣也不以为然。他们或奏请“沿海民展界复业”③，或直陈海禁之弊，请求解除此禁。但是，直到统一台湾，这一政策才告结束。

康熙二十四年，清廷开放澳门（后移广州黄埔）、厦门、宁波、云台山对外贸易，开始了四口通商时期。④ 各口均设海关监督，管理进出口贸易，征收关税，并明确规定税则，只对“海上出入船载贸易货物征收，其海口内桥、津地方贸易船车等物，停其抽分；并将各关征税则例，给发监督，酌量增减定例”⑤。同时又准令满汉人民出洋贸易。⑥ 次年，停止澳门陆路贸易。四口通商时期，曾于康熙五十六年禁止对南洋的贸易，至雍正五年（1727 年）又废除了这一禁令。

四口开放后，中俄间进行着频繁的陆路贸易。这种贸易，最初是在黑龙江

---

① 参见彭雨新：《清代关税制度》，湖北人民出版社 1956 年版，第 4—5 页。

② 参见李士桢：《请除市舶澳门旱路税银疏》，《抚粤政略》卷二。

③ 魏源：《圣武记》卷八《康熙戡定台湾记》，第 229 页。

④ 四口之中，宁波是传统的对日贸易港口，厦门是中国同南洋的贸易口岸，云台山是中国沿海贸易的港口，并非对外口岸，只有澳门一口是专为与西方国家的贸易而设。由于葡萄牙殖民者的排斥，西方国家对华的海上贸易即从澳门转移至广州黄埔，广州实际成为对西方贸易的中心。（参见汪敬虞：《论清代前期的禁海闭关》，《中国经济史研究》1983 年第 2 期）

⑤ 参见《清朝文献通考》卷二六《征榷一》。

⑥ 《清圣祖实录》卷一二〇，《清实录》五，第 263—264 页。

和北京进行，雍正六年中俄订《恰克图条约》后，主要在恰克图进行。双方的贸易额日渐增长。

在沿海四口中，西方国家的商船主要集中在广州黄埔一口贸易。随着英国资本主义的发展，从18世纪50年代起，英国又加强在宁波的贸易活动。英国东印度公司和港脚船不断到定海、宁波收泊。英船频繁抵浙，引起了清廷的警惕。清廷担心长此以往，宁波将成为第二个澳门；担心外人到宁波日众，留住日久，民风、海防均会受到影响；担心民夷杂处，易致滋事。于是，清政府在乾隆二十二年（1757年）十一月七日正式宣布，宁波“向非洋船聚集之所，将来只许在广东收泊交易，不得再赴宁波。如或再来，必令原船返棹至广，不准入浙江海口”①。从此开始了一口通商时期。

四口开放后，来华的外国人日渐增多。为了对外国人和中外贸易进行管理，清政府制订了一些条规。但是，一些外国人却无视中国法度，甚至有意破坏这些规定。针对此种不法行为，清朝有关当局陆续制订新规加以限制。

在澳门，葡萄牙人日益增多，并时有违法事件发生。乾隆九年，第一任澳门同知印光任制订了管理“番舶”及“澳夷”章程七条。② 乾隆十三年，葡人又在澳门杀害华人，在交凶与惩凶问题上，中葡之间反复争执。为了防止类似事件发生，加强对澳门的管理，澳门同知与香山知县拟订了管理澳门葡人善后事宜十二条，经葡方认可，广东督抚奏准施行。③

乾隆十六年，荷兰商人故意违抗中国禁令，带了三个外国妇女进入广州商馆。于是广州当局做出了禁止“番妇”到广州的明文规定。④

乾隆二十四年，发生了“洪任辉事件”⑤。两广总督李侍尧吸取洪任辉勾结

---

① 《清高宗实录》卷五五〇，《清实录》一五，第1023—1024页。

② 参见印光任、张汝霖著：《澳门记略》上卷《官守篇》，广东高等教育出版社1988年版。

③ 参见印光任、张汝霖著：《澳门记略》上卷《官守篇》。

④ 参见卢坤、邓廷桢等纂：《广东海防汇览》卷三七《驭夷二》。

⑤ 洪任辉系英国翻译。为拓展对宁波的贸易，他曾于乾隆二十年至二十二年（1755—1757年）三次至宁波。清廷限定广州一口贸易后，英国东印度公司于乾隆二十四年再次派洪任辉至浙江。浙江官员不准他去天津，并令其返粤。洪任辉竟直达大沽，并扬言要上京告状。直督方观承将此事上奏，并附上洪氏汉字呈文。清廷对洪任辉所呈之事作了严肃处理，但同时也认为洪氏“外借递呈之名，阴为试探之计”，而且“勾串内地奸民，代为列款，希图违例别通海口”。除将所勾串之人严拘重惩之外，将洪押回广东，在澳门圈禁三年后，逐回本国。

内地奸民远赴天津呈词的教训，制订了《防范外夷规条》五款（即《防夷五事》），并获清廷批准。

此后，英国在华的不法活动愈演愈烈。嘉庆七年（1802年），英舰驶至伶仃洋，企图占领澳门。嘉庆十三年，英海军少将度路利指挥军队强占澳门炮台，英舰又擅入虎门，泊于黄埔。为加强对外国的防范，新任广东督抚百龄、韩崶，在《防夷五事》的基础上，于次年拟订了《民夷交易章程》六条。清廷批准了除第六条以外的条款。

嘉庆十九年，由于英美之间战争，英舰竟在中国领海内拘捕了两艘美国商船。两广总督蒋攸铦与英方交涉释放美船之事，并基本接受了东印度公司提出的改善其在广东的待遇的要求，同时也对英人做了必要的限制，拟出了七条规定。

清政府颁布的条规，日久懈弛，外国人在华的违法活动日益猖狂。嘉庆二十五年至道光元年（1820—1821年）先后发生了三起英人杀害华人的事件，死伤达11人之多，凶手却逍遥法外。道光十年，又发生英国东印度公司大班盼师有意破坏清朝规定，携带妻子至广州并乘轿进入商馆的"盼师夫人事件"。为重申并完善过去的防夷条规，两广总督李鸿宾又拟订了《防范夷人章程》八条，次年旨准颁行。

道光十四年（1834年），发生了"律劳卑事件"。是年，英国东印度公司对华贸易特权被取消，英派律劳卑任驻华商务第一监督。律氏到广东后，不遵中国法度，擅入省城，后又指挥英舰击毁炮台，闯入虎门，进泊黄埔。两广总督卢坤采取强硬措施，迫使英舰退出虎门。有鉴于此，经广东当局拟订，道光帝批准，颁布了《防范夷人酌增章程》八条。

此外，随着鸦片走私的猖獗，清政府对外国商船的检查，对夹带鸦片船只的处理，也不断做出新的严格的规定。

以上这些逐渐加严的限制来华外国人的有关规定，可归纳为以下几个方面。

（一）政治方面。外国人不得与中国官员直接交往，有事一律由行商据情转禀。"澳夷"犯案，由清朝地方官按律惩治。外人（"夷人"）不得拘禁、鞭责在澳门发生诉讼的华人，而应将其告官究治。澳门葡人头目不得庇匿行窃的黑奴。不准"澳夷"窝藏内地罪犯。禁止在澳贩卖人口。禁外人出澳。不准外人雇华人传递信息。

（二）军事方面。外国护货兵船，不准进入虎门等海口，否则即停止贸易，并将闯入海口的兵船立即驱逐。严禁偷运武器至广州。外国武装人员不得进入广州。来往于澳门、广州间的外国通信小船不得加篷，不得夹带违禁物品和枪炮。

（三）贸易方面。外商不得与华人直接交易而须通过清政府特许的行商进行贸易。实行保商制度；行商承保外国船只，认保与派保兼用。外国船只抵澳，不得私雇引水与买办，不准夹带违禁货物。行商不得向外商借款、欠债。外国船只不得在外洋私卖货物。限制外国船只运载生丝的数量。从嘉庆元年（1796年）起，严禁鸦片进口，限制外商带银回国的数量。道光时，严禁纹银出洋。

（四）生活方面。外商至广州须住夷馆并受行商约束。禁“番妇”到广州。外商不得在广州过冬。不准外人坐轿。商馆内的外商不得随便出游，不得随意雇华人役使。外人不得在澳门添造房屋。

（五）宗教方面。早在康熙八年（1669年）清廷即禁止传教士在华传教。康熙末年，复禁止传教士按照罗马教廷规矩行教，否则禁止传教。从雍正开始，历经乾隆、嘉庆，直到鸦片战争前，清政府一直实行严格的禁教政策，不许传教士在内地传教，也不准在澳门引华人入教。

清廷在对来华外人实行各种限制的同时，也拒绝与西方国家建立正式的外交关系，尽量避免中外接触。乾隆五十八年（1793年），马戛尔尼要求英国使臣驻京，立刻遭到乾隆帝拒绝。嘉庆帝在给英王的复信中也特别说明，以后不要再派使节来华。

对于国内人民出洋，清廷同样严加限制。

首先，限制商民出入。康熙开放四口后即规定，华商出洋贸易，必须向地方当局申请，登记姓名，取具保结，并不准双桅500石及以上海船出洋，违者无论官兵民人，俱发边卫充军。康熙五十六年，禁止华商赴南洋吕宋、噶喇吧等处贸易；同年定例：“出洋贸易人民，三年之内准其回籍”①，三年不归，不准再回原籍。雍正年间，一方面允许闽浙人民出洋贸易，同时又规定，出洋贸易应定限期，若逾限不回，不许复回原地。

其次，对制造海船多方限制。海船仅许用双桅，梁头不得超过1丈8尺，载重不得超过500石，船上舵工水手不得超过28名。随梁头减短，舵水人等也作相应减少。造船前，船户要向州县呈报，并取具里甲邻右保结；造成后，须经州县验看，合式者，在船上烙号刊名，发给执照。船上人员的年貌、履历、籍贯，详细开列在执照上，以便各汛口查验。如有梁头过限，多带人上船，诡名

① 《清朝文献通考》卷三三《市籴二》。

顶替及汛口盘查不实或卖放者，都要受到惩处。[①] 同时，严禁卖船给外国人，也不准在外国造船带回中国。

最后，对出口货物和所带生活用品均有具体规定。康熙二十三年（1684年）规定，硝磺、军器等物不准出洋。康熙五十五年规定，船上人员每人每天限带食米1升，余米1升，如发现超额米粮，一律没收，船户和商人一并治罪。康熙五十九年重申，禁止出洋商船携带炮械军器。雍正六年（1728年），禁止运米出洋。雍正九年，严禁铁器出洋。此外，头蚕丝不许出口，二三蚕丝和粗绸缎出口亦有限制。

清廷实行严格限制中外交往的政策，原因是多方面的。

首先，它与西方殖民者的侵扰有直接关系。自16世纪以来，西方殖民者一个接一个前来叩门闯关，明清当局对他们的暴行深怀疑惧，推行限制政策正是对西方殖民者挑衅的一种回应，同时也是一种防范措施。每当殖民侵略活动猖獗，防范措施也相应加强。如由于葡人在沿海桀骜不驯，明军于1521年、1522年在屯门和西草湾击败葡人，1523年即宣布海禁，一再重申，禁止葡人来华贸易。1637年，英国船队蛮横闯入广东省河，强占虎门炮台，1640年明朝当局即宣布外国商船不准进入广州。18世纪初，罗马教廷一再派遣使节来华，推行《七条禁约》，不许中国教徒祭天祀祖，干犯中国内政，康熙帝乃决定禁止传教士在华传教。1741年，英国兵船“百夫长”号载着海军司令安逊进入中国海域勘探，居然违背中国禁令，擅自开进虎门；到了1755年后，英国商船一再开赴浙江，企图在宁波开辟第二通商口岸。为了防止西方各国扩大侵扰，1757年清廷才决定通商限于广州一口。1759年，洪任辉直闯天津，清朝当局为防止类似事件发生，才制订《防范外夷规条》。1802年、1808年，英军两度图占澳门，进驻黄埔，清朝当局才于1809年订立《民夷交易章程》。1830年，英国大班盼师擅带夫人进入广州，1831年清朝当局才再次颁布《防范夷人章程》。马士也承认，中国“对于西方各国的观念，是由16世纪葡萄牙人的半海盗式行为和17世纪西班牙人的残酷屠杀和荷兰人的目无法纪等等形成起来的，而英国人就在1637年用炮弹打开了通商的途径；当他们的第一艘商船在1689年合法地停泊在广州的时候，就曾经发生命案；他们在中国方面毫无触犯他们的情况下，由（于）不同派别的外夷间的一些小纠纷，竟在1802年，并且又在1808年占领了

① 《钦定大清会典事例》卷一二〇《吏部·处分例·海防》。

中国的领土澳门"①。总之，明清政府限制中外交往的政策，都是针对西方殖民者的残暴行为所做出的反应，根本目的在于防范西方国家的侵扰，维护自身统治，具有明显的自卫意义。

其次，限制政策具有防范汉人和外人联合反清的意图。满洲贵族以少数族入主中原，统治在人数上占绝对优势的、以汉族为主的各族人民，并推行种族歧视政策和高压政策。清朝统治者表面气势汹汹，其实十分心虚胆怯，因此对其他各族人民防范甚严。对于海外贸易，他们总害怕人民出海后与外国人联合起来反抗其统治。另外，清朝统治者对外来势力也深怀疑惧，十分害怕外来势力支持中国人民进行反清斗争。他们认为中国商人"卖船与番，或载米接济异域，恐将来为中国虑"。还担心汉人前去南洋，使那里成为"海盗之薮"，官军难以剿灭。② 正如马克思所说："推动这个新的王朝实行这种政策的更主要的原因，是它害怕外国人会支持很多的中国人在中国被鞑靼人征服以后大约最初半个世纪里所怀抱的不满情绪。由于这种原因，外国人才被禁止同中国人有任何来往。"③

再次，自给自足的经济结构，为推行限制政策提供了经济基础。长期以来，中国处于"男耕女织"的自然经济之中，进行自给自足的简单再生产，不依赖外国进口商品。清廷允许对外通商，主要是表示天朝"怀柔远人"，是对他国的一种恩惠。乾隆五十八年（1793年），乾隆帝在给英王的敕谕中说："天朝物产丰盈，无所不有，原不借外夷货物以通有无。特因天朝所产茶叶、瓷器、丝斤，为西洋各国及尔国必需之物。是以加恩体恤，在澳门开设洋行，俾得日用有资，并沾余润。"④ 嘉庆帝也对外声言："天朝富有四海，岂需尔小国些微货物哉！"⑤ 道光九年（1829年），粤海关监督中祥在对英国大班部楼顿的一件批示中说："天朝年丰财阜，国课充盈，本不借各国夷船区区之货物以资赋税。惟既已远涉重洋，来粤贸易，无不推广皇仁，曲垂体恤。"⑥ 这些敕谕、批示都表明，在自

---

① 马士：《中华帝国对外关系史》第1卷，商务印书馆1963年版，第128—129页。

② 《清朝文献通考》卷三三《市籴二》；《清朝续文献通考》卷五六《市籴一》。

③ 马克思：《中国革命和欧洲革命》，《马克思恩格斯选集》第2卷，人民出版社1972年版，第6—7页。

④ 《乾隆致英王第二道敕谕》，《东华续录》乾隆朝一一八。

⑤ 《军机处寄两广总督蒋攸铦等晓谕夷人严禁夹带及私造鸦片烟并令地方官认真查验上谕》，《清代外交史料》（嘉庆朝）四，故宫博物院1933年印本，第29页。

⑥ 《中国近代史资料丛刊·鸦片战争》第1册，第77页。

然经济条件下，中国可以不依赖对外贸易而能自给自足。一旦中西发生冲突，清朝当局总是以断绝贸易相威胁。马克思说："资本主义以前的、民族的生产方式具有的内部的坚固性和结构，对于商业的解体作用造成了多大的障碍，这从英国人同印度和中国的通商上可以明显地看出来。"① 正是这种对商业起排斥作用的经济结构，为限制政策提供了经济基础。

最后，历史形成的"天朝上国"意识，构成限制政策的思想基础。中国是一个历史悠久的文明古国，长期雄踞东方，一直走在世界各国前列。这种历史优越感，逐渐成为一种包袱。历代统治者由此产生一种传统的"天朝上国"意识，对周边邻国皆以夷狄视之。尽管时代变了，但他们的思想跟不上，仍然自命天朝，认为自己高人一等：把外国使节来访当作"输诚向化"，"万方来朝"，竟然把葡萄牙、荷兰、意大利、英吉利都称作朝贡国，把马戛尔尼等都称作贡使；外国使节觐见，须行跪拜礼；使节驻京，有伤国体，万不可行；在粤的外国人有所陈述，须出具禀帖，并由行商转呈；官吏有事通告外人，称之为谕，也只能由行商转达；除行商外，中国官民皆严禁和外商直接交往。在这种思想指导下，他们对西方的进步文明熟视无睹，一概斥之为奇技淫巧，把外国都视为不开化的"夷狄蛮貊"之邦，认为没有必要和他们交往。

总之，清政府实行严格限制中外交往的对外政策，原因甚为复杂，其中主要的则是西方侵略者日益加剧的侵扰和清朝统治者的疑惧心理；自然经济则为推行这种政策提供了可能；传统的自大心理是产生这种政策的思想基础。

长期以来，人们把对外贸易限定广州一口和随后颁行的各种限制中西交往的措施，目之为"闭关政策"，其实是不确切的。首先是名不副实。乾隆帝宣布中西贸易限定广州一口，只是缩小了开放口岸的范围，并不是闭关。而且限定一口之前，名义上开放四口，实际上与西方的贸易主要在广州一口进行。据统计，1685—1757年开放四口期间，欧洲各国来华船只共为312艘，其中进入广州黄埔港的为279艘，占89%，足见限定一口前，近90%的商船已在广州贸易，停闭三口对中西贸易并无多大妨碍。再从进出口船只的发展趋势看，开放四口时期，平均每年来华船只为4.5艘，1757—1837年限定一口期间，进出黄埔港的商船共5107艘，年均来华船只是开放四口时期的十几倍。再从贸易值来衡量，开放四口后期，即1729—1756年，四海关的贸易总值为36325万多两，平均每年的贸易额是1297万多两；限定一口以后，1758—1837年间，粤海关的贸易总

① 马克思：《资本论》第3卷，人民出版社1975年版，第372—373页。

值达 422716.9 万多两，平均每年约 5284 万多两，是四口开放后期平均值的 3.6 倍。① 事实证明，限定一口并没有阻碍中外贸易的发展。

如果再考察一下《防范外夷规条》等的具体规定，不难发现，这些规章的主旨都是为了限制外国人的非法活动，特别注意防止外国人和本国人勾结危害清朝统治，并非阻止中外贸易。从法制观点看，这些规定都是一个主权国家有权采取的措施，并没有违背近代国际关系准则。何况开放与闭关，并不在乎开放口岸之多寡，而在于执行什么样的政策。现今不少国家对外贸易也只开放一个港口，不能说它们执行闭关政策。把清政府对外贸易限定广州一口称为闭关政策，显然是不科学的。而将之称为日益严格限制中外交往的政策，是比较合乎实际的。

对于清政府 1758 年后的对外政策，学术界看法不一。持肯定态度的认为："起了民族自卫作用"②，"客观上仍然有利于维护国家主权，阻止外国侵略阴谋"③。持否定态度的则说是"慢性自杀政策，对国家和民族有百害而无一利"，表面上看"具有一点自卫作用；实际上，这种落后的、消极的政策只能束缚中国人民，而不可能限制住穷凶极恶的外国侵略者"，"严重地阻碍着中国的进步"。④ 也有的认为："这些规定就其主要部分来看，实在是当时中国方面所可能采取的必要的自卫措施"，因此，"把 18 世纪清政府的这些通商制度仅仅看成是落后的闭关锁国政策，而不承认它起了民族自卫作用，是错误的"。问题在于"某些正当的防范和限制，在腐朽的清朝官方和狡猾的外国商人的共同破坏下并不能真正贯彻执行"。⑤

造成上述分歧的原因，主要是各自观察的角度不同：有的主要从维护国家主权方面考虑；有的则主要着眼于社会的进步与发展。列宁曾经强调指出："在分析任何一个社会问题时，马克思主义理论的绝对要求，就是要把问题提到一

① 以上数字据梁廷枏等纂《粤海关志》卷一〇；黄启臣：《清代前期海外贸易的发展》（《历史研究》1986 年第 4 期）；吴家诗主编：《黄埔港史》第 4 章（人民交通出版社 1989 年版）。

② 胡绳：《从鸦片战争到五四运动》上册，人民出版社 1981 年版，第 21 页。

③ 中国社会科学院近代史研究所：《中国近代史稿》第 1 册，人民出版社 1978 年版，第 24 页。

④ 戴逸：《闭关政策的历史教训》，《履霜集》，中国人民大学出版社 1987 年版，第 226—227 页。

⑤ 胡绳：《从鸦片战争到五四运动》上册，第 22 页。

定的历史范围之内；此外，如果谈到某一国家（例如，谈到这个国家的民族纲领），那就要估计到在同一历史时代这个国家不同于其他各国的具体特点。”① 这个观点对于评价清政府的对外政策，具有十分重要的指导意义。明清时代，从世界范围来说，是一个历史大转折时代。当时的中西关系，已不是一般的通商关系，而是侵略与反侵略的关系。西方各国不远万里，前来要求通商，最终目的就是要把中国变成殖民地。非洲、美洲、南亚许多国家沦为殖民地的历史就是最好的证明。明清当局被迫采取防卫措施，这对于一个主权国家，无疑具有正当性。其防卫作用，还可从实际效果去考察。如限制一口通商，至少在鸦片战争前的 80 多年内，遏制了英国扩大侵华范围的阴谋。而清廷两次拒绝英国增加通商口岸、割让岛屿的要求，挫败了英国在中国沿海建立殖民据点的图谋。

当然，防卫有积极防卫与消极防卫之分。采取何种防卫，其效果将大不一样。明清时期，西欧资本主义还处在发轫阶段，中西差距尚不很大。对中国来说，这是吸收西方先进科技文化，快步跟上世界潮流的大好时机。面对西方国家的殖民侵略威胁，当时中国有两种选择：一种是当时所推行的消极防卫策略，这是一种被动保守的抉择。这些防卫措施，虽可暂时起到一定作用，但决非长远之计，因为它无法使中国最终摆脱沦为殖民地的威胁。另一种是认清世界大势，采取果断措施，了解西方，学习西方先进的科技文化，逐渐改变落后的生产方式，加快经济发展，增强国力，抵制西方侵略。这是积极的防卫策略。可是，明清政府由于主客观条件的制约，推行隔离政策，禁止中国和世界交往，闭目塞听；对于西方的科技文化深闭固拒，力图限制中外经济和文化交流；而且故步自封，妄自尊大，从而自己捆绑住自己的手脚，致使中国失去了赶上世界潮流的大好时机，可说是犯了一个历史性的、无可挽回的绝大错误，最后导致了近百年的民族屈辱。假如当时推行另一种政策，即开放政策，鼓励中外交往，促进科技文化交流，采取有效措施发展生产，发展对外贸易，及时赶上时代潮流，中国近代历史将大为改观，中国人民将有可能避免百余年所遭受的苦难和屈辱。由此不难看出，政治性的选择是多么重要！它关系到整个国家和民族的命运与前途，决不能掉以轻心。

限制中外交往不足为训，开放也不一定就能走上富强道路。要使国家臻于富强，还必须有相应的政策措施配合。实行开放政策，仍可能有两种前途：一种是在开放中，认真了解世界大势，努力学习西方先进的东西，增强自身的力

---

① 列宁：《论民族自决权》，《列宁全集》第 25 卷，人民出版社 1988 年版，第 229 页。

量，使国力足以击败西方侵略势力。另一种是在开放中，把大门向西方殖民者敞开，自己不求进步，无所作为，听任侵略者为所欲为。这样，不但不会有好的前途，而且会使国家更快沦为殖民地、附属国。如果那样，国家和民族受到的祸害将更加深重。

由于明清政府为维护没落的君主专制统治，坚持推行限制中外交往的对外政策，致使中国停滞不前，和西方差距越拉越大，其后果是极为严重的。

首先，它使中国生产停滞不前，阻碍了资本主义萌芽的生长。至迟从 16 世纪中叶开始，中国已明显地有了资本主义的萌芽，那时西欧最发达国家的资本主义发展也还处在初级阶段，双方经济差距并不很大。可是，西方国家随着世界市场的开辟，商品需求增加，资本主义生产随之迅速发展，技术革新日新月异，生产力成倍增长。而中国则由于地主阶级残酷剥削，农民连简单再生产也难以维持。资本主义幼芽由于国内市场狭小，国外市场又遭到人为遏制，一直未能健康成长，生产力水平长期未能提高。生产发展乃社会进步的基石。由于生产停滞不前，整个社会也就无大进步。

其次，阻碍了科技文化交流，使我国科技越来越落后于西方。在古代，我国科学技术的发展，长期处于世界领先地位。可是，到了明清时期，对传教士带来的西方科学技术，虽然引起像康熙帝这样的开明皇帝和部分有识官员、士大夫的重视，但整个社会基本上采取的是漠视态度，有的甚至视之为“淫巧”，采取排斥态度，以致科技方面越来越落后于西方。据统计，英国在 1751—1850 年，取得重大科技成果 129 项，法国在同一时期取得 198 项，而中国在这百年间取得的科技成果则微不足道。科技是推动生产发展的动力。中国科技落后，严重影响了生产的发展，国力也随之日益衰微。

最后，它导致军事技术也远远落后于西方。如前所述，早在 16 世纪初，明军和葡人接仗时，葡人的铳炮已显示明显优势。明军将领汪鋐也很快掌握了葡人铳炮的制造技术，并建议大力仿制，但未引起当权者的重视。明朝末年，为了抗击清军，也曾聘西人铸造大炮。清代康熙时期，曾令南怀仁铸造了不少大炮，在平定三藩和击退沙俄侵略中均发挥了作用。可是，由于限制政策的推行，这些先进军事技术并未引起重视。中国既不注意研究改进，也不注意引进最先进的军事技术，以致到了鸦片战争前夕，英国已采用蒸汽轮船作为通信工具，中国却仍然靠旧式驿站传递信息；英国最大的兵舰已能载 122 门大炮（一般大号军舰载炮 72 门），而中国最大的水师船面宽不过 2 丈余，只能安炮 30 门，一般大船则安炮不过 10 门；武器方面，英国除拥有威力强大的大炮外，士兵作战普遍使用火器，而中国士兵使用长矛、大刀等冷兵器作战的比率占 50%。即使沿海安置了一些大炮，也几乎全是明清之际的旧炮，制炮技术较之英国更是落后了近 200 年。

四、民族压迫　满汉矛盾

清王朝建立后，如何处理国内民族关系，是清代最高统治者煞费苦心的事情。在煌煌的谕旨中常有“满汉一体”的字样，但实行民族压迫，在官场中重满轻汉，却是无可否认的事实。

清朝统治者乘中原战乱，依恃剽悍善战的满洲军队以骑射得天下，建立了全国性的政权。夺取政权不易，巩固政权更难。除了明朝的残余势力进行的顽强抵抗、农民起义军及其他势力的武力抗清外，人们的正统思想是一种潜在的、很难对付的力量。他们不仅以亡明为正统，而且以汉族统治为正统。这对以少数民族入主中原的清朝统治者是很不利的。这是清朝实行民族统治政策不可忽视的客观原因。至于清朝统治巩固后继续实行民族压迫，甚至变本加厉，则主要是清朝统治者褊狭的民族主义思想在作怪了。

清朝以满洲贵族为统治核心。要巩固统治，就须加强满人内部的团结，使满人不致被汉人“浇漓”的习俗所腐蚀，以保持其淳朴、尚武、剽悍的作风，并让满洲贵族执掌大权。这些就是清朝实行民族统治政策的出发点和归宿。

强调满人重骑射，力戒沾染汉族习俗，是清朝民族统治政策的重要内容。清军入关前，皇太极即传谕王公大臣，不得沾染汉人习气。初入关，满人确实保持着尚武精神。可是，时间一久，享受着特权的满人多骄逸自安，骑射生疏，满语渐忘。这引起了清朝皇帝的忧虑和警惕。乾隆帝谆谆诫谕，八旗满洲须以满语、骑射为务，不准与汉人以文字相交，也不准穿着汉人衣冠。同时又增加宗室 10 岁以上实行小考之例：每年十月，考其满语弓马，优秀者给予奖励。并规定，满人参加乡试、会试，必先考弓马，合格者方准入场。对王公大臣中骑射不合格者，严加斥责，甚至令其做低贱之事以折辱之。对于满人须习骑射的原因，乾隆帝说得非常清楚：“周以稼穑开基，国朝以弧矢定天下，何可一日废武!”①

① 徐珂：《清稗类钞》第 1 册，第 245 页。

嘉庆帝继位以后，也屡次训饬八旗官兵："务须娴习骑射，熟练技勇。"① 道光帝甚至将不用满语陈奏的盛京副都统立即革职。清帝务使满人不忘旧俗，一为振军经武，加强满族统治者统治全国的能力；二为防止被汉族同化，防满人堕落之渐，目的仍在保持满洲剽悍善战、勇敢淳朴的风尚；三为使人数不多的满人加强团结，成为一个整体，以巩固清朝的统治。

给予满人以各种特权，是清朝民族压迫政策的又一重要表现。经济上，除划给旗地外，常有巨额赏赐。代满人偿还债务，代赎旗地之事屡见不鲜。诉讼上，满人犯罪，由步军统领衙门和慎刑司审理，一般衙门和官员无权过问。满汉纠纷，地方官无权对满人做出判决，只能将案件转送满人审判机关处理；宗室贵族则由宗人府审理。满人犯罪可以享受"减等""换刑"等特权。就连满人中的罪犯所蹲的监狱也与一般犯人有别：宗室犯罪，监禁在宗人府空房；其他满人罪犯，则入内务府监所。满洲军队也享有特权。驻防旗兵，专修满城供其驻扎。旗兵在军饷、装备、军功奖赏、政治地位等方面都大大优于绿营。京营八旗比京师巡捕营的饷银、岁米都高，有的甚至是巡捕营的两三倍。驻防八旗的粮饷也比各省镇兵高。而且，清代历朝皇帝还不时赏给旗兵钱粮。清朝统治者毫不掩饰其对八旗满洲军队的偏袒。康熙帝说："吾廿年之久，始得获一满洲士卒之用，何可不厚恤也？"② 乾隆帝对八旗兵丁的生计"时深轸念"。嘉庆帝也"继志推恩，加惠旗营"。他严谕户部及承领之员，不得短缺、克扣赏赐给旗兵的银钱。对于满汉有功兵丁之奖励也有很大的不同。凡八旗从军有功者，根据军功大小给予功牌，功牌分为三个等级，战争结束后，"兵部计其叙功，与之世职"。绿营兵临阵奋勇者，功加 1 次，但要功加 24 次，才能给予云骑尉（倒数第二级的功臣世爵）。与八旗兵功牌相比，绿营兵极难获得世袭爵位。③ 更有甚者，在战事中，一些无功甚至偾事的满洲官兵也受到奖赏，而制止溃败但却触怒满洲将领的汉族高级武官，反遭牢狱之苦甚至杀身之祸！此外，各省镇兵，要受驻防八旗的监视和控制。绿营中的一些重要官职，都定为满官缺。在军事装备上，绿营也远不如八旗。

满汉畛域之分，在官吏的任用上，表现得更加突出。以朝中大臣而论，六部尚书、侍郎，虽是满汉各半，但实际掌权的是满尚书。未掌实权的汉尚书，

---

① 《清仁宗实录》卷四七，《清实录》二八，第 579 页。

② 昭梿：《啸亭杂录》卷一《爱惜满洲士卒》，第 6 页。

③ 参见昭梿：《啸亭杂录》卷六《绿营功加》，第 177 页。

连司官来请“画稿”也不敢细看内容，谓之“画黑稿”。各部司官中，实际任事和操权的是“掌印”，其权力比未掌实权的尚书和侍郎还大。而除吏、刑二部有汉掌印外，其他各部的掌印全为满人。军机大臣中满人之权偏重。如鸦片战争时期，首席军机大臣穆彰阿就掌握着大权，而颇受道光帝礼遇的汉大学士、军机大臣潘世恩，只不过“默默伴食”而已。至于掌握京城卫戍及治安的步军统领，按例不得由汉人担任。

封疆大吏中的总督和巡抚，在清朝建立后的很长时期内，很少任用汉人。顺治、康熙两朝，“督抚大臣，则多寄于满人，而汉人十无二三焉”①。乾隆初，“天下巡抚，尚满汉参半，总督则汉人无一焉”②。到乾隆末，“各省督抚凡二十有六缺，汉人仅毕沅、孙士毅、秦承恩三人耳”③。

高级的财政官吏，一般也由满人充当。户部大权掌握在满洲贵族王公大臣之手。各直省的盐政、漕督、关监督（不少省份由督抚兼任）等，绝大部分由满人担任。粤海关收入最多，其监督例由内务府官员充当。

清政府还创立了官缺制，即规定某官由某族人担任。官缺有四种：满官缺、蒙古官缺、汉军官缺、汉官缺。宗人府、理藩院、管钱粮火药仓库的官员、驻防将军、都统、参赞大臣等重要官职全是满缺。满缺不准汉人充任，汉缺却许满人担任。满员缺多人少，升迁比汉员快得多。鄂弥达由笔帖式升到巡抚，仅用了六年时间。琦善当巡抚时年仅三十。这么快的升迁速度，对汉员来说是不可想象的。至于皇帝的侍卫，则不仅必是满人，而且必是上三旗的贵族子弟。这些侍卫随时可能被皇帝特简为高级官员。清朝的官缺制，突出地表现了清朝统治者实行的民族歧视政策。

清朝实行民族歧视政策造成了严重后果。一方面，享受着各种特权的满人日渐腐朽。他们的满洲旧俗未能保持，而游手好闲、养尊处优、奢靡浇漓之习却大大超过了汉人。嘉庆四年（1799 年）上谕说：“八旗子弟征逐歌场，消耗囊橐，习俗日流于浮荡，生计日见其拮据。”次年又谕：“满洲风俗淳朴，向俱娴习骑射及马上技艺……近来风俗日下，年少者惟图安逸，差使怠惰，技艺废弛，竟有不能骑马者。”④ 这些八旗子弟中，既乏治平之才，复多贪黩之辈，而做官易，升迁快，这就加速了清政治的腐败。另一方面，因最高统治者“信满人之

① 储方庆：《殿试策》，转自萧一山：《清代通史》二，第 24 页。
② 杭世骏：《时务策》，转自萧一山：《清代通史》二，第 25 页。
③ 徐珂：《清稗类钞》第 3 册，第 1339 页。
④ 《清仁宗实录》卷四二、六二，《清实录》二八，第 505、827—828 页。

心，常胜于信汉人”，汉官既不被重用，又受到猜疑，因此谨小慎微，如临如履。他们少掌实权，可以不负责任，尸位素餐。其廉能者，才干不能发挥，“不敢尽忠于朝廷”①；其庸劣者，则逢迎以固其位，贪黩以饱其囊。因此，民族歧视、满汉矛盾，加速了清朝政治腐败、国势衰落。

五、武备废弛　军纪败坏

清朝武备的废弛，军队的腐败，并非始于乾嘉之时；只不过从乾隆后期起，其腐败与废弛更为严重罢了。

早在清初，军队的腐朽已露端倪。顺治时，户部侍郎林起龙在条奏中就指出：绿营坐冒虚粮，克扣军饷草料，武器钝敝朽坏，一些军用物资装备如帐篷、雨衣等从未见备，春秋两操也不举行。因此，“马皆骨立，鞭策不前”，而“将不知分合奇正之势，兵不知坐作进退之法”，虽有近 60 万之众，“仍不足当数万之用”，“徒空国帑而竭民膏”。② 顺治帝也承认：“今八旗人民怠于武事，遂至军旅隳敝，不及曩时。”③

康熙时期，从“三藩之乱”起，八旗兵已不中用。当时满洲诸将除尚善贝勒所率的一路军队外，其余诸路皆怀二心，甚至有举襄阳以北投降吴三桂的打算。这些满洲兵屯于岳州城下，“八年不战，诸将皆闭营垒拥诸妇女逸乐而已”④。因此，清廷只能靠绿营去平定三藩。以后，绿营亦渐就废弛。康熙二十六年（1687 年），王鸿绪上奏说，驻防将领恃威放肆，占夺民产，重息放债，强娶民妇，谎诈逃人，收罗奸棍，“种种为害，所在时有”；驻防旗兵，纪律败坏；绿营提镇，纵兵害民，虚冒粮饷，不一而足。⑤

乾隆时期，军队的腐败益发严重，特别是乾隆中叶以后，将弁侵吞军饷，勒索百姓，军营奢靡，将士骄惰，军纪败坏，训练废弛，腐败现象极为普遍。乾隆三十九年（1774 年），山东寿张县（今阳谷县）爆发了王伦起义。寿张游击

---

① 储方庆：《殿试策》，转自萧一山：《清代通史》二，第 24 页。

② 姚元之：《竹叶亭杂记》卷二，第 51 页。

③ 《清史稿》二，第 148 页。

④ 昭梿：《啸亭杂录》卷一〇《衣衣道人》，第 332 页。

⑤ 参见《清史稿》三三，第 10012 页。

赶福闻讯，从官署后墙逃出，呼喊“拿贼”，而兵丁早已逃之夭夭，无一应者。兖州镇总兵惟一率兵往剿，“经贼（指起义领导人之一王经隆）向前直冲，官兵就跑回”，“计败阵三次”。前往镇压的德州满兵，也是“遇贼不前，逃走躲避”。山东巡抚徐绩督兵追剿，“官兵望见贼影，即将枪炮放尽，及至贼人蜂至，无法抵御”。① 乾隆五十二年（1787年），乾隆帝斥责台湾镇总兵柴大纪“贪纵营私，废弛营务……私令守兵渡回内地贸易，每月勒交银钱……台湾戍兵多有卖放私回，以致缺额。其留营当差之兵，亦听其在外营生，开赌窝娼，贩卖私盐，镇将等令其每月交钱，经年并不操演”②。乾隆五十九年，乾隆帝最后一次南巡时在杭州检阅营伍，看到的竟是“射箭箭虚发，驰马人堕地”③。其时营伍之废弛，由此可见一斑。

嘉庆一朝，清军的腐败更加暴露无遗。八旗绿营，纪律训练，两皆废弛。绿营中的提、镇、协、参等将领，视训练为具文，听任兵丁游荡嬉戏，甚至令士兵在署充当厮役工匠，坐食军粮；一旦奉命调遣，非畏葸胆怯，即桀骜不驯，甚或中途逃跑。④ 所以，嘉庆帝斥责说：“近闻各省营务，如提镇大员，一味养尊处优，全不习劳，将营务委之将备，而将备又复委之千把，因循玩愒，所谓训练操防，全属有名无实，又安用此兵制为耶？”⑤

川楚白莲教起义，嘉庆帝“宵衣旰食”，焦急万分，急调军队前往镇压。可是，武将文员，无不把征调军队视为贪污肥私的极好机会。消息灵通的侍卫和章京，得知将从北京调满兵去前线，无不营求前往。他们沿路按站勒索，到军营后并不打仗，只是坐食军饷。由京师到军营，往返一趟，即可立拥厚资。军营中办理军需的官员，则大肆侵吞军饷。办理襄阳军需的道员胡齐崙，一次即私扣军饷2.9万余两。管粮台的建昌道石作瑞，侵蚀帑银达50万余两。各路带兵大员，以“犒赏”为名，任意提用军饷，实则中饱私囊。各地督抚粮台，又借支应军饷馈送领兵大员，自己也从中分肥。副都统德楞泰奏称，其所率之军每月支银5.4万两，而粮员禀报月需9万余两。仅此一路军，每月滥支4万两。

---

① 《清高宗实录》卷九六八，《清实录》二〇，第1198、1204页；《康雍乾时期城乡人民反抗斗争资料》下，中华书局1979年版，第748、759、764页；《军机处录副奏折》舒赫德奏，乾隆三十九年九月十七日。

② 《清高宗实录》卷一二九七，《清实录》二五，第429页。

③ 《清仁宗实录》卷三八，《清实录》二八，第447页。

④ 参见《清仁宗实录》卷五〇，《清实录》二八，第636页。

⑤ 《清仁宗实录》卷三七，《清实录》二八，第424页。

明亮一路，兵丁 3000 人，在四川仅 20 日，即支出军费 14 万两！平均每人每天用银 2 两 3 钱 3 分有奇。实际上，战兵每人每天盐菜口粮仅 1 钱左右。这支军队 20 日开支总计不会超过 1 万两，其余 13 万两多中饱私囊。军营中将弁克扣军饷已司空见惯，不胜枚举。

清廷为镇压白莲教起义，至嘉庆四年（1799 年）已用军饷 7000 余万两，各省协饷尚不在内。若将这些款项全用作军费，军饷是很充足的。可是，由于军饷被大量侵吞，致使前线士兵衣敝履穿，褴褛如乞丐，至有以牛皮裹足或跣足而行者。大量侵吞款项的将帅、粮员等人，在军营中之大肆挥霍，骇人听闻。当时在军营的侍卫东林透露，侵蚀帑银 50 多万两的石作瑞，“延诸将帅会饮，多在深箐荒麓间，人迹之所罕至者，其蟹鱼珍馐之属，每品皆用五六两，一席多至三四十品，而赏赐优伶、犒赉仆从之费不与焉。有某阁部初至，石为馈珍珠三斛，蜀锦一万匹，他物称是。……军中奢靡之风，实古今之所未有也”①。

这些贪婪的将帅，打起仗来却畏葸不前，毫无作为。明亮、德楞泰“全不以军务为重，唯知自拥强兵，为护卫之计”②。总统军务的宜绵，“贼至则不敢向前，贼去则移营前往”，“皆于无贼处驻扎，畏葸无能，巧于退避”③。河南巡抚景安，当起义军入河南时，他不敢发一兵，“唯于无贼处躲避，及贼去已远，始行尾追遥送”；后迁湖广总督，屡次带兵堵剿，“惟事避贼而行，贼至则移营他往，贼去始远蹑贼踪”，而且欺罔冒功，得封伯爵，民间谑称其为“迎送伯”。④

在这些昏庸将帅统率下，无论八旗与绿营，均无战斗力。嘉庆帝承认：“满洲兵丁不但远逊当年，且不及绿营，以致人皆不愿带领。至健锐、火器营兵，素称勇健，尚且如此，何况护军、前锋营乎！”⑤ 其实，绿营也不比满洲兵强多少。绿营人数虽多，作战却很不得力。起义军尚未至，他们先放枪炮，“以冀其远遁”；起义军逼近，他们则“移营后退，以避其锋”。⑥ 陕西南山不过有义军 200 余人，清军则多达万余，却对义军束手无策。⑦ 诸路军总统勒保奏报各路军情说：“有贼之地无兵，有兵之地无贼，并有贼过而兵犹未来，有兵到而贼已先

① 昭梿：《啸亭杂录》卷八《军营之奢》，第 258 页。
② 《清仁宗实录》卷二六，《清实录》二八，第 316 页。
③ 《清仁宗实录》卷三八，《清实录》二八，第 443 页。
④ 《清仁宗实录》卷五六、三八、六五，《清实录》二八，第 730、446、853 页。
⑤ 《清仁宗实录》卷四七，《清实录》二八，第 577 页。
⑥ 《清仁宗实录》卷二七，《清实录》二八，第 331 页。
⑦ 参见《清仁宗实录》卷七七，《清实录》二八，第 1035 页。

去者。东剿西窜，南击北驰。以言兜剿，即数十路难以圈围；以言堵御，虽数十万兵亦不敷分布。"① 由于清军"畏贼远避"，致有"贼至兵无影，兵来贼没踪，可怜兵与贼，何日得相逢"② 之谣。后来白莲教起义被镇压下去，主要是靠乡勇之力。

道光承嘉庆之敝，将帅性耽安逸，对整饬营伍、训练士卒、更新装备毫不在意，致使兵额不足，训练荒废，技艺生疏，纪律败坏，军备不振，连例行的巡守捕务也难胜任。

军队中冒滥吃缺的现象甚为普遍。道光十五年（1835 年）九月，鸿胪寺卿黄爵滋奏道：京营负责防守之兵，"该管员弁，吞饷肥私，每旗吞侵数十名之钱粮，以供翼尉之私用，而翼尉之档房海巡、总捕总巡，亦无不有兼吞之弊，八旗、步营皆然。外营之参游，亦且相率效尤，以故有堆无兵"③。同时，御史章炜也上奏说："外省不肖营弁，于应有兵数内，虚捏姓名，冒支月饷，或遇兵丁事故，并不将册内姓名开除，任听缺久虚悬，隐为侵蚀地步，追操演时雇人代替。该管将弁，明知其故，不肯认真查核。"④ 婪赃者无所不至，甚至水师武弁，利用督修监造战船之机，向经办文员索取陋规，其数有加无已。文员所领修费不足以供其需索，故一切船工不得不草率了事。⑤ 清朝的水师战船本来就很落后。嘉庆时，李长庚奏报与蔡牵作战的情况说：水师战船卑小，其最大者比蔡牵船也矮五六尺。⑥ 这么落后的战船，因武弁的需索，不仅修造马虎，而且有的长期积压不修。稍加修理的战船，也只不过涂饰颜色，以彩画为工，经不住海上风涛，更难在海上与敌交锋。加之水师官兵素质差，训练徒具其名，故"有水师之名，无水师之实"⑦。

道光朝军纪也极坏，"游手失业，恒多窜入其中，甚者吸食鸦片"⑧，聚赌宿娼，勒索陋规，抢劫百姓，违禁犯法，无所不为。官欲查拿，即鼓噪欲变。⑨

---

① 《清仁宗实录》卷二五，《清实录》二八，第 311 页。

② 《清仁宗实录》卷三七，《清实录》二八，第 426 页。

③ 《敬陈六事疏》，《中国近代史资料丛刊·鸦片战争》第 1 册，第 483 页。

④ 《清宣宗实录》卷二七一，《清实录》三七，第 169 页。

⑤ 御史杜彦士奏，转自黄爵滋：《查验战船草率筹议赶紧修造疏》，《中国近代史资料丛刊·鸦片战争》第 1 册，第 493 页。

⑥ 参见萧一山：《清代通史》二，第 338 页。

⑦ 《清宣宗实录》卷三二七，《清实录》三七，第 1146 页。

⑧ 顾广誉：《训练沿海水师议》，《中国近代史资料丛刊·鸦片战争》第 5 册，第 600 页。

⑨ 《清宣宗实录》卷二三一，《清实录》三六，第 464 页。

道光朝军队之腐败不堪，为朝野所公认。皇帝谕旨，臣下奏折，野史稗闻，论及此者，指不胜屈。给事中常大淳在奏折中较全面地指出了当时军队的腐败："近来各省，满洲营则生齿日繁，习尚日漓，往往竞繁文而薄骑射，废弃本业，别图进身之阶，风声气习，迥非古风。汉营则粮额多虚，老弱复滥行充数，豢盗窝娼，恃为生计。甚或因悍逞骄，其渐更不可长。陆路则捕务废弛，护解疏忽。水师则江防海防，类多疏纵；盗船夷船，肆无畏忌。"① 加之装备落后又不加修整，"营中刀枪等件，多窳脆不可用"②。黄爵滋痛陈：这样的军队，"以为备，非不备也；以为可用，则臣未敢信其尽可用也"③。

事实确乎如此。道光十二年（1832 年）赵金龙起义，"总兵鲍友智率兵往捕，未接战，相率遁"。接着，湖南提督海陵阿赶去镇压，督兵前进，赵金龙率领的起义队伍"匿伏山中，一拥而出，火枪并发，势不可当。协镇马韬继至，与贼相距，而官军火药缺乏，莫能敌，遂与海陵阿同毙"。④ 最后动员了湖南、湖北、广东、贵州等省 1 万多兵力，花了四个月时间，才把这次起义镇压下去。道光十四年，英商务第一监督律劳卑来华，指挥两艘英国兵船轻易闯过虎门诸炮台，直抵黄埔，广东军队竟无法阻拦。道光帝对广东防务之废弛大为恼火，朱批道："看来各炮台俱系虚设，两只夷船，不能击退，可笑可恨！武备废弛，一至如是，无怪外夷轻视也！"⑤ 由此可见，清朝武备，自乾隆中叶以后，日益废弛，到嘉道时，情况更加严重，连镇压人民反抗、维持治安都已感到吃力了。

六、统制思想　钳制舆论

由满洲贵族建立的清王朝，不仅具有阶级压迫与民族压迫相结合的特点，而且其专制主义统治达到了登峰造极的程度。为维护统治，它在加强武力镇压

① 《清宣宗实录》卷二七一，《清实录》三七，第 177—178 页。

② 顾广誉：《训练沿海水师议》，《中国近代史资料丛刊·鸦片战争》第 5 册，第 600 页。

③ 《敬陈六事疏》，《中国近代史资料丛刊·鸦片战争》第 1 册，第 480—481 页。

④ 光绪《宁远县志》卷六《武备·纪事》。

⑤ 《卢坤祁埙折》，《中国近代史资料丛刊·鸦片战争》第 1 册，第 125 页。

的同时又强化思想统制。这种专制主义的思想统制，主要是针对汉族知识分子的。这一方面是为了消灭汉族知识分子反抗清朝统治的意识，另一方面则是为了吸收一些汉族士大夫参与政权，以扩大其统治基础。这种思想统制，主要通过科举考试、提倡理学、大兴文字狱、删焚书籍等付诸实施。

清朝把开科取士作为笼络汉族知识分子的手段。自顺治二年（1645 年）恢复科考以后，科举制一直延续至光绪后期。这一制度，是清廷选拔统治人才、扩大统治基础、笼络知识分子、进行思想统制的重要手段。它对士人思想的禁锢和士林风气的影响，都起了重大作用。

尊崇孔丘，提倡理学，也是清廷实行思想统制的重要方面。满洲贵族在北京建立政权后，立即遣官祭孔，并袭封孔子的后裔为衍圣公。顺治二年，又给孔子加上“大成至圣文宣先师”的尊号。此后，康、乾二帝南巡皆亲至曲阜祭祀孔子。在尊崇儒学的过程中，他们特别提倡程朱理学。康熙帝对“理学名臣”熊赐履、李光地、陆陇其等颇为倚重，优礼有加，并命李光地纂《朱子全书》《性理精义》，以宣扬朱熹性理之学；又“特命朱子配祠十哲之列。故当时宋学昌明”①，成为官方显学。尊孔崇儒，力褒程朱，皆因儒家“君臣父子”的理论，“存天理，灭人欲”的戒条，对于思想统治能起极大的作用而大有益于清朝统治的巩固。有人认为，康熙之尊崇朱熹，乃帝王南面之术，“不过利用朱子学说，以钳制天下之口”②，不是没有道理的。

对知识分子思想钳制最厉害、对清代学术影响巨大的，是起于康熙而至乾隆达于极点的文字狱。用文字陷人以罪，并非清代创举；而以文字屡兴大狱，则以清朝为最。清初，汉族士大夫怀有故国之思，不免时以著述缅怀亡明，诋毁清廷。对此，以少数民族入主中原的清朝统治者特别忌讳，最为敏感。他们对于手无缚鸡之力的具有反清思想的知识分子，凡不受怀柔与笼络者，即大加诛伐。雍正帝不仅借文字狱以镇压汉族知识分子的反清意识，而且将此作为诛锄异己的手段。这些文字狱，牵涉既广，处罚亦酷，最能表现出统治者的专制与残暴。这些案件中，有的不为无因，因为有的知识分子确乎存在反清思想。但到乾隆时，清朝统治业已巩固，汉族地主阶级及其知识分子，早已归附于清朝统治。他们已是朝廷的忠顺臣民。可乾隆帝仍然大兴文字之狱。凡诗文中有

① 昭梿：《啸亭杂录》卷一《崇理学》，第 6 页。

② 萧一山：《清代通史》一，第 634 页。

"怨望"之词，牢骚之语，穷途之叹，甚或一句之不合上意，一词之冒犯忌讳，甚至有的是为了歌功颂德而误批逆鳞，均兴大狱，斩绞流徙，罪及无辜。不少文字之案，全是望文生义、深文周纳的冤案。各省督抚州县，为免徇隐包庇之嫌，一遇文字之案，即捕风捉影，小题大做，宁肯信其有，不敢信其无，定罪宁重，株连宁广。朝中大臣亦妄希风旨，遇有文字之狱，判罪处罚唯恐不重。上有所好，下必甚焉，告讦之风，牵强入罪之风，遍于官场。仅乾隆一朝，据统计，即有74起文字大狱。① 专制皇帝，淫威滥施；无辜士人，脑袋落地。于是在知识界笼罩着浓厚的恐怖气氛。

不仅如此，为加强思想统治，清廷还焚禁书籍。康熙帝在下令访辑书籍的同时发布上谕说："自古经史书籍，所重发明心性，裨益政治，必精览详求，始成内圣外王之学。……诸子百家，泛滥诡奇，有乖经术。今搜访藏书善本，唯以经学史乘，实有关系修齐治平、助成德化者，方为有用。其他异端诐说，概不收准录。"② 这段谕旨，已包含禁书之意。乾隆帝则借修纂《四库全书》之机，搜罗民间书籍，对其中不利清朝统治者，即行禁止、焚毁。乾隆三十九年(1774年)，即开四库馆的次年，乾隆帝就谕令各省督抚："将可备采择之书，开单送馆，其或字义触碍者，亦当分别查出奏明，或封固进呈，请旨销毁；或在外焚弃，将书名奏闻"③。在皇帝严谕之下，各省纷纷搜求书籍，将有"违碍"者争相开单奏闻，被焚者不可胜数。《四库全书》共收书3503种，79337卷，而同时被焚的书籍近3000种，六七万卷，几乎与《四库全书》所收之书相等！这不仅是文化史上的一次浩劫，而且以此钳制舆论，禁绝一切不利清朝统治的言论。"自是以后，掌故之守，五史之录，崇其谀佞，奖蹙虚美，专以驾言诳耀。"④

清朝统治者实行科举，提倡理学，密布文网，焚毁书籍，禁锢了人们思想，钳制了社会舆论，影响了士林及学术风气。人们不敢写历史，害怕议论时政，即使作文吟诗，也怕触犯忌讳获罪。于是埋头故纸，潜心古学。这是乾嘉考据训诂之学兴盛的重要原因之一。诚如梁启超分析乾嘉考证学"充量发达"的原因时所说："其后文字狱频兴，学者渐惴惴不自保，凡学术之触时讳者，不敢相

---

① 据郑天挺编：《明清史资料》下，第187—192页。

② 《清圣祖实录》卷一二六，《清实录》五，第336页。

③ 《清高宗实录》卷九六四，《清实录》二〇，第1084页。

④ 章太炎：《哀焚书》，朱维铮、姜义华编注：《章太炎选集》，上海人民出版社1981年版，第279页。

讲习。然英拔之士，其聪明才力，终不能无所用也；诠释故训，究索名物，真所谓‘于世无患，与人无争’，学者可以自藏焉。……即治史学地理学者，亦全趋于考证方面，无复以议论行之矣。”① 而且，因文字获罪，本人杀头，师友受累，罪及三族，罚连桑梓。谁无家室师友之念？谁无父子儿女之情？即使自己死不足惜，又怎能忍心让亲属师友为己而罹难？因此，谨小慎微，避罪远祸，成为士人座右铭。于是，士林风气大变：刚正之气潜消，柔媚之风渐长。

科举使天下士子终日埋头帖括制艺，孜孜致力于“仕途经济”。汉学隆盛，学者毕生精力用于名物训诂。虽然他们对于古籍整理、伪书考辨、音韵目录训诂诸学大有贡献，然而却使学风陷于琐碎繁杂的考据之中，难以培养出济世之才。

大凡一个社会要发达兴旺，都必须充分重视知识分子的地位与作用以及人才的培养，使他们能自由地学习、思考，充分发挥其聪明才智。可是，要加强专制统治，则必须钳制思想，贬抑有识之士，使之动辄获咎，不仅行动上不敢越雷池一步，就连“非分”之思也不敢有；不敢心怀“怨望”，更不敢指斥时弊。始皇帝焚书坑儒，人们道路以目；清政府以文罪人，士子沉默缄口，实皆为压制一切不同思想、不同意见以利其统治的钳制政策、愚民政策。愚民好治，然于国兴旺有些许益乎！

知识分子在中国为数不多，但对国家的兴衰影响甚大。传授知识，培育人才，出谋划策，治国兴邦，都需要他们。然而，科举使他们学非所用，学而无用，正所谓“锢智慧，坏心术，滋游手”②；汉学引导他们面对故纸，远离现实，烦琐考据，皓首穷经。他们的聪明才智不可能发挥到推动社会的兴旺发达上去。因此，知识分子中既罕审察中外大势之人，又乏深悉国计民生之士。由科举而达通显者，在专制皇帝的淫威下，亦多希旨谀谄、巧事人主之辈。

总之，清廷实行专制主义思想统制，摧抑了人才，窒息了思想。士大夫刚正之气、廉耻之心被摧锄，官场中谄媚之风、逢迎之术益发滋长。“万马齐喑”，舆论一律，粉饰太平，人才无出，“四民之首，奔走下贱”③，腐朽王朝，安得不衰！

---

① 梁启超：《清代学术概论》，商务印书馆 1934 年版，第 48—49 页。

② 严复：《救亡决论》，王栻主编：《严复集》第 1 册，中华书局 1986 年版，第 43 页。

③ 龚自珍：《西域置行省议》，《龚自珍全集》，第 106 页。

七、阶级矛盾　日趋激化

乾隆中叶以后，由于土地集中，人口增加，地主阶级对农民敲骨吸髓的压榨，高利贷者的盘剥，加上自然灾害的袭击，使农民无以为生。清朝吏治腐败，官贪吏酷，更迫使他们铤而走险，揭竿而起。社会动荡不已，阶级矛盾日趋激化。

乾隆时，土地逐渐集中到少数地主手里，大量无地和少地的农民只得向地主租种土地。佃种土地的人多，地主即凭借土地无情地剥削农民，将地租率定得很高。现将乾隆刑部题本中明确了地租率的30个案件的情况统计如下表：①

省　别	案件数	各种地租率的件数					
		30%	40%	50%	60%	70%	80%
江　苏	2			2			
浙　江	2			2			
福　建	4			3			1
安　徽	6			5	1		
湖　北	1			1			
广　东	3		1	1	1		
广　西	2			2			
河　南	4			3		1	
山　西	2					2	
陕　西	2			2			
湖　南	1	1					
云　南	1		1				

以上30个案件中，地租率为30%—40%的仅3件，占10%；地租率为50%及其以上者27件，占90%。嘉庆年间的情况与此相似。据刑部抄档，在有关各省实物地租的34个案件中，地租率在50%及其以上者有23件，占67.6%。②

① 据中国第一历史档案馆、中国社会科学院历史研究所编《清代地租剥削形态》（中华书局1982年版）第17—244页内容编制。

② 据农也：《清代鸦片战争前的地租、商业资本、高利贷与农民生活》，《经济研究》1956年第1期。

地租率本已很高，可是地主仍不满足，常寻找借口，勒逼佃户增交地租。如广西博白县刘亚六兄弟向龙天德佃田，议定纳租 6 石。后来，龙却要将租谷增至 7 石。乾隆十七年（1752 年）早稻成熟时，龙因加租未遂，竟要夺佃，企图白占刘氏所种的全部稻谷。① 乾隆二十九年，福建政和县魏加生见佃户江发新所种席草茂盛，即要改原定的额租为分租，以求多收地租。② 江西一些地主为了额外加租，在庄稼成熟时，竟无中生有地诬佃户欠租数十石，勒其缴纳，名曰“白水租”。③

地主为使收租有保障，又采取了预收地租和收取押租的办法。

收取预租，在乾、嘉两朝甚为普遍，乾隆时甚至有预收四五年地租的。乾隆四十一年，陕西汧阳县赵库佃种宋恕的山地两段，每年纳佃钱 1040 文。而赵库一次须交 6240 文，④ 相当于 6 年的佃钱。嘉庆时，四川射洪县一农民，一次就交预租 2 万文。江苏华亭一农民租 9 亩地，交预租 6700 文。四川简州，租地 1 分，预交地租 1.6 万文。⑤

收押租则更为普遍。据乾隆刑部题本，地主以进庄礼、批耕银、挂脚银、批头银、揽田银、保租银、田礼钱、脱肩钱、赁耕银、批礼银、押课钱、压地钱、押租银、佃规银等名目收取押租。押租相当高，一般相当于一年应纳租谷的价值，少的也是一年纳租量的 80%，多的比所佃土地的价值还高。乾隆十五年，福建归化县谢帝纶卖祖田一段，得银 23 两。可是，在卖田以前，他将这段田佃出，收押租 24 两 5 钱，比卖这段田的价高出 1 两 5 钱，比每年收取的地租高出 10 倍多。⑥ 而且，地主收押租还有升高的趋势。1765—1770 年，浙江的押租由每亩几百文或 1600 文涨至 2500 文左右。1796—1810 年，浙江仙居、诸暨、

---

① 参见《清代地租剥削形态》，第 77—79 页。

② 参见《清代地租剥削形态》，第 126—128 页。

③ 参见《清代地租剥削形态》，第 605—607 页。

④ 参见《清代地租剥削形态》，第 322 页。

⑤ 参见农也：《清代鸦片战争前的地租、商业资本、高利贷与农民生活》，《经济研究》1956 年第 1 期。

⑥ 参见《清代地租剥削形态》第 382—383 页，并参见第 118—683 页。当时谷价每石约 500 文。米价比谷价高 1 倍，即石米千文。乾隆二十一年（1756 年），浙江松阳米价每石 2 两。（参见《清代地租剥削形态》第 621—633 页）谢租出这段地收租米 9 斗 9 升，按最高米价计，约值银 2 两。而押租高达 24 两 5 钱，相当于地租的 12 倍多，即高出地租 10 倍多。

临海、永嘉、宜平、龙游等县的押租，每亩平均收取3457文。[①] 收取押租之后，一旦佃户交不起地租，地主即以押租扣抵。只要佃户不退佃而又按时纳租，押租就一直被地主占有。押租制，大大加重了佃农的负担。

此外，佃农还要受地主各种额外剥削。佃户要为地主服各种劳役。交租时，强令“要把桶面尖起”，用秤量则加重秤锤。庄稼成熟，地主可至佃户所种地里采摘以“尝新”。地主家有婚嫁等事要强迫佃户出钱物。地主的管庄人或家奴在收租时，强迫佃户送给“小礼钱”“礼鸡”等。佃约中还有在过年过节佃户向地主送礼及设宴招待的详细规定。一些地主还勾结差役整治农民。乾隆三十五年(1770年)十一月，江西崇义县地主周光禘，串通县里差役，逼令佃户谢腾蛟等将所欠30余石地租认纳官谷，送县上仓。崇义僻处深山，“在在崎岖”，运输极为不便。谢家离县城120里，挑运上仓，所费脚价甚多，而且官斛比乡斛大。谢腾蛟无力措办，只得自缢，一死了之。[②]

清政府是极力保护地主对农民的剥削的。乾隆三年，广东新兴县地主欧效禹向佃户温明宗逼租，掷砖打死温之女儿。欧因打死了人受到惩罚，而被伤害的温明宗也受到了惩处。地方官的判词说：“温明宗合依奸顽佃户拖欠租课，欺慢田主例，应杖八十。”[③] 乾隆五十七年，四川广元县因地主加租酿成命案后，署川督孙士毅在题本中称：“杨坤朝向邹泳现加租，并无不合，应毋庸议。”[④] 农民欠租违法，地主加租有理，这就是清廷法律的鲜明立场。

受到官府保护的地主采取各种手段逼租，酿成许许多多命案。乾隆二十七年，四川射洪县佃户陈添爵兄弟无力预交次年租息银22两，地主吴耀祖即命陈氏兄弟马上搬家，并乱拔乱割陈所种的即将成熟的黄豆。陈添爵跪下哀求，吴不仅不听，反而又骂又打。陈忍无可忍，挥斧将吴砍死。[⑤] 至于牵牛抢物抵租，私设非刑逼租，勾结官吏拘捕佃户追交欠租等，更是屡见不鲜。有些地主的逼租手段骇人听闻。乾隆三十一年腊月，江苏奉贤县地主金胜章勾结差役，私携牌票，将佃户王武京、华鸣九等6人拘捕，追逼欠租。被拘的农民，绳捆索绑，丢置船中。时值隆冬，寒风凛冽，欠租农民，破衣枵腹，再受此非刑，王武京

---

① 据农也：《清代鸦片战争前的地租、商业资本、高利贷与农民生活》中“浙江各县租佃押租示例表”计算。

② 参见《清代地租剥削形态》，第781—787页。

③ 参见《清代地租剥削形态》，第25—26页。

④ 参见《清代地租剥削形态》，第708—709页。

⑤ 参见《清代地租剥削形态》，第293—294页。

当即死于船上，其余亦奄奄待毙！①

地主逼交租谷，勒交预租押租，常常六亲不认。从乾隆刑部档案中可知，那些逼租与被逼者中，有胞兄弟，有亲母子，有堂叔侄，有族爷孙，有亲郎舅，至于有其他亲缘关系者更是不胜枚举。可是，为逼讨租谷，增加租额，彼此形同路人，各不相让，由口角而斗殴，由斗殴而杀人。中国号称是一个重视宗法血缘关系的国度，然而在现实中，经济地位、阶级关系超过了宗法、血缘关系。在这里，亲缘温情的面纱，被经济关系撕得粉碎。经济成为支配人际关系的主要的、决定性的因素，宗法、血缘关系则处于次要的、从属的乃至无足轻重的地位。地方官断案，也主要从经济关系、阶级地位（田主与佃户）和法律关系（命案中谁是正凶、从犯）着眼，不太顾及兄弟子侄等血缘关系。由此可见，地主与佃农间的矛盾，由于逼租、增租，已达到何等尖锐的程度！

此外，农民还要受到高利贷者的盘剥。乾嘉之时，借贷利息，一般都在3分以上。

农民除受地主、高利贷者的剥削外，还要受地方官吏书役的敲剥。山东王伦起义的原因，“据供，因年岁歉收，地方官妄行额外加征，以致激变”②。至于白莲教大起义，“皆以官逼民反为词”。“总缘亲民之吏……多方婪索，竭其脂膏，因而激变至此”。③ 白莲教起义确实是因为地方官无止境的索诈，激化了业已尖锐的阶级矛盾而爆发的。刘之协在湖北活动被清廷追捕之时，地方官乘机诈财虐民。武昌府同知常丹葵，任意吓诈村民，连累无辜至数千人，非刑拷打，极为惨酷。④ 四川达州知州戴如煌，私设衙役5000多人，拘捕白莲教首领徐添德、王三槐，向其索诈白银5000两。凡习教之人，无不遭受敲诈，以致百姓不能安生。⑤ 对官吏搜刮脂膏使百姓无以为生的惨状，嘉庆帝也深有所感。他在诗中写道：“玉杯饮尽千家血，银烛烧残百姓膏。天泪落时人泪落，歌声高处哭声高。”⑥

小民受到层层压榨，再加上水利失修，灾害连年，生活困苦已极。据方志记载，乾隆四十三年至四十四年（1778—1779年），川、鄂的一些地区，“民食

① 参见《清代地租剥削形态》，第775—781页。
② 《清高宗实录》卷九六八，《清实录》二〇，第1185页。
③ 《清仁宗实录》卷三八，《清实录》二八，第439页。
④ 参见《清仁宗实录》卷三九，《清实录》二八，第462页。
⑤ 参见《清仁宗实录》卷五〇、七二，《清实录》二八，第961页。
⑥ 徐珂：《清稗类钞》第1册，第252页。

树皮殆尽”[①]，“饥民冻死无算，民掘观音土及榔树皮、葛根充食，然赖以存活者仅十之二三”[②]，甚至出现“道殣相望，人相食”[③] 的惨景。乾隆五十一年，因连岁歉收，河南“凡有恒产之家，往往变卖糊口，近更有于青黄不接之时，将转瞬成熟麦地贱价准卖。山西等处富户，闻风赴豫，举放利债，借此准折地亩。贫民一经失业，虽遇丰稔之年，亦无凭借”[④]。有的佃户欠租无力交纳，追索甚急，无奈，竟欲举家自杀，以脱苦海。乾隆五十六年，直隶定兴县佃农赵某之孙诉说了他家欲举家自尽的悲惨境遇：“吾邑中数年荒馑，负租累累无以偿，而旦暮追索甚急。易所畜牲畜偿之，不足；尽用吾室中衣钗器用之物，犹不足。势迫计穷，故置毒粥中，以死脱难也。”[⑤]

嘉庆时农民之困苦不亚于乾隆时。《皇朝续文献通考》中，有一段为佃农算的细账：“一亩之田，耒耜有费，籽种有费，罱斛有费，雇募有费，祈赛有费，牛力有费，约而计之，率需钱千。一亩而需千钱，上农耕田二十亩，则口食之外，耗于田者二十千。以中年约之，一亩得米二石，还田主租息一石，是所存者仅二十石。当其春耕急需之时，米价必贵，折中计之，每石贵一千有余，势不得不贷之有力之家。而富人好利，挟其至急之情，以邀其加四、加五之息，以八阅月计之，率以二石偿一石。所存之二十石，在秋时必贱，富人乘贱而索之。其得以暖不号寒，丰不啼饥，而可以卒岁者，十室之中无二三焉。”[⑥] 值得注意的是，这里述说的是“上农”，其生活尚且如此困窘，中下农更可想而知了。同时，这里所说的是不丰不歉时的情况。而嘉道时却不断发生天灾，故人民生活更苦。嘉庆十七年至十九年（1812—1814 年），直隶、山东连续荒歉，“民大饥”。嘉庆十九年，山东遭虫、旱之灾就达 52 个州县之广。[⑦] 道光中叶，天灾，追比，使农民无以为生。包世臣说：“吾西自道光十一年至十五年，水旱洊至，死亡过半。十六年岁事渐好，去年今年尤丰，而谷价大贱，农不偿本。……小民粜稻四石，或不能完条银一两。新旧并征，鞭挞无已。”[⑧] 可见无

---

① 同治《当阳县志》卷二《方舆志·祥异》。

② 同治《枝江县志》卷二〇《杂志》。

③ 道光《忠州志》卷四《祥异》。

④ 《清高宗实录》卷一二五五，《清实录》二四，第 868 页。

⑤ 光绪《畿辅通志》卷二三〇《列传三八》。

⑥ 李文治编：《中国近代农业史资料》第 1 辑，三联书店 1957 年 10 月版，第 100 页。

⑦ 参见郭蕴静：《清代经济史简编》，河南人民出版社 1984 年 2 月版，第 269 页。

⑧ 《江西或问》，《安吴四种》卷七上。

论丰歉，农民均难过活。

土地集中、剥削苛重、人口增加的又一后果是流民增加。据不完全统计，乾隆五十五年（1790年），逃至广东沿海岛屿的流民即有16731户；乾隆五十七年，逃至山东海岛者2万余口；嘉庆十四年（1809年），逃至台湾的有42890丁；嘉庆十五年，逃至吉林、长春的有8412户；道光二年（1822年），逃至宁波、台州的有2400余户；道光九年，流亡至淮北的有1000余名。① 还有不少流民逃至陕、鄂交界的“南山老林”和川、陕、鄂接壤的“巴山老林”。“江、广、黔、楚、川、陕之无业者，侨寓其中，以数百万计”。他们给当地业主几串钱，即可种数沟数岭之地。这些开荒种地、架屋而居的流民，被称为“棚民”。棚民靠开荒种地和佣工度日。②

这些被压榨得难以为生的佃农，这些被迫逃亡于山陬海隅的流民，在艰难竭蹶中挣扎着。只要有一线生机，他们都强忍着。然而，地主的剥削，官吏的勒索，天灾的驱迫，使他们的一线生机也被斩断，于是只得铤而走险。无组织的个别农民，被地主逼租夺佃，完全失去生活的凭借，心一横，起而拼命，或将地主杀死，或在反抗格斗中被杀。然而，这种个别的反抗，于社会无多大影响，对农民自身经济地位的改善也无作用。不过，这种尖锐的矛盾却为大规模的起义奠定了基础。一些民间的秘密宗教和结社，在矛盾日趋激化时，发动武装反抗。乾嘉时，这类反抗斗争层出不穷。乾隆三十九年山东王伦起义，揭开了清代大规模农民起义的序幕。继之而起的，有甘肃撒拉族、回族起义，台湾林爽文起义，湘黔苗民起义。这些起义，规模较大，给清朝统治的打击也相当沉重。紧接着爆发了延续九年半、波及五省的白莲教大起义。清廷动员了16省的兵力，耗银2亿两，以20多名一二品大员和400多名提督、副将、参将及以下军官被击毙的代价，最后依靠乡勇和堡寨才把这次起义镇压下去。这次起义成了清王朝由盛到衰的转折点。此后，反清起义接踵而起。嘉庆元年至道光二十年（1796—1840年）的45年间，各地起义计有93次之多。其中，林清领导的起义军竟于嘉庆十八年九月一度攻入紫禁城。

在社会矛盾激化和人民起义的频频打击下，清朝国势衰败已成无可挽回之势。

---

① 参见郭蕴静：《清代经济史简编》，第263页。

② 参见《清宣宗实录》卷一〇，《清实录》三三，第206—207页。

第四章　英国殖民者的魔爪伸向中国

一、曲折的探索历程

当葡萄牙、西班牙展开一场打通东方航路的竞争时，英国正处在都铎王朝时期。这时，它的生产力和生产关系运动正导致一场野蛮的资本原始积累活动的发生。英国缺乏资金，对东方遍地黄金的传说欣羡不已。因此，对葡、西的这场竞争也跃跃欲试。由于羽翼未丰，它还只能悄悄地参与这场竞争。1492 年，当哥伦布到达美洲中部海域时，热那亚人约翰·卡伯特率领的英国探险队也驾船西航，“发现”了北美的东岸。只因西班牙的阻挠，西路的探险不得不半途而废。

为了避开葡萄牙和西班牙，英国指望找到一条由北路通往印度和中国的通道。1553 年，威洛比和钱塞勒率领的探险队经过白海到达亚尔干日尔和莫斯科，结果与俄国建立了贸易关系。1558 年，英国莫斯科公司的代办安·坚肯逊得到沙皇伊凡四世允许，经伏尔加河到达中亚细亚的布哈拉。他们打听到从这儿到北京有 9 个月路程。由于这一带曾经发生战事，这条商道早已不通。

伊丽莎白时期，英国商品经济进一步发展。怎样打通中国的航路引起愈来愈多人的兴趣。1573 年，威廉·布尔发表了《论海上霸权》一书，指出从英国到中国可能有五条通道：一、取道好望角，已为葡萄牙人控制；二、渡过大西洋，经过麦哲伦海峡，已为西班牙人掌握；三、向西北航行，经过北美；四、向东北航行，通过俄罗斯；五、向北航行，通过北极。① 1577 年，理查·伊敦出版了《东西印度旅行集》，鼓吹最有利的航道是由西北通往中国。

① 转自张铁东：《中英两国最早的接触》，《历史研究》1958 年第 5 期。

1576年，伦敦商人组织了中国公司，开始了西北航道的探险。探险队由马·弗罗比雪尔率领。可是，他们从1576至1578年间进行的三次探险都失败了。

1580年，英国人弗兰西斯·德雷克继麦哲伦之后，第二次完成了环游地球的航行，大约“带回价值50万镑的掠夺物，等于王室一年的整个收入”①。这一成功在英国引起很大震动，从而进一步激起殖民东方的浪潮。杰克曼同年即从庇特出发，寻找通往中国的西北航路。但还是失败了。1583年，伊丽莎白一世派遣商人约翰·纽伯莱前往东方进行试探性贸易活动，并交给他两封信，一封致印度莫卧儿皇帝，另一封给中国皇帝②，不幸被葡人发现逮捕。同年，中国公司组织了最后一次通向中国的航行，因在巴西沿岸遇着强大的西班牙舰队，被迫返回。此后，约翰·德维士于1585年、1586年、1587年三次探寻通往中国的西北航道。可是，他最远也只到达德维士湾。

1588年，在英国发展史上是至关重要的一年。这一年，它联合尼德兰打败了西班牙的“无敌舰队”，打破了西班牙的海上霸权。从此，英国在航海问题上不再顾忌西班牙的威胁了。1591年，詹姆士·兰喀斯特率领三艘船绕过好望角，到达马六甲、苏门答腊等地，劫掠了几只葡萄牙商船，满载胡椒而归。1592—1593年，甘文底斯与德维士二人率船渡过麦哲伦海峡，然后分头寻找通往中国的道路，结果无功而返。

1596年，伊丽莎白一世决定派使臣本杰明·伍德随同英商里杰·阿伦和汤麦司·布伦菲一同前往中国，并带去她致中国皇帝的第二封信。在这封信里，

---

① 转自张铁东：《中英两国最早的接触》，《历史研究》1958年第5期。

② 伊丽莎白一世致中国皇帝书如下：“天命英格兰诸国之女王伊丽莎白，致最伟大及不可战胜之君王陛下：呈上此信之吾国忠实臣民约翰·纽伯莱，得吾人之允许而前往贵国各地旅行。彼之能作此难事，在于完全相信陛下之宽洪与仁慈，认为在经历若干危险后，必能获得陛下之宽大接待，何况此行于贵国无任何损害，且有利于贵国人民。彼既于此无何怀疑，乃更乐于准备此一于吾人有益之旅行。吾人以为：我西方诸国君王从相互贸易中所获得之利益，陛下及所有臣属陛下之人均可获得。此利益在于输出吾人富有之物及输入吾人所需之物。吾人以为：我等天生为相互需要者，吾人必需互相帮助，吾人希望陛下能同意此点，而我臣民亦不能不作此类之尝试。如陛下能促成此事，且给予安全通行之权，并给予吾人在与贵国臣民贸易中所极需之其他特权，则陛下实行至尊贵仁慈国君之事，而吾人将永不能忘陛下之功业。吾人极愿吾人之请求能为陛下之洪恩所允许，而当陛下之仁慈及于吾人及吾邻居时，吾人将力图报答陛下也。愿上天保佑陛下。”（转自张铁东：《中英两国最早的接触》附录一，《历史研究》1958年第5期）

伊丽莎白除了说明两位商人赴华通商的动机外，还进一步提出了互惠的要求："今求至尊之陛下，凡我国人来贵国某处、某港、某地、某镇或某城贸易时，务请赐以自由出入之权，俾得与贵国人交易，在陛下仁慈治下，使其得享受自由特典及权利，与其他国人在贵国贸易所享受者一无差等。则吾人在他方面不独对于陛下仅具事上国之道，且为我两国国君及臣民之互爱与贸易起见，愿对于贵国人民之入境贸易者，到处予以自由，加以保护（如陛下以为善者）。"① 这封信表明了英国希望同中国建立贸易关系的愿望。但是，他们驾驶的三艘船，一艘到好望角即沉没了，另两艘则遇上葡萄牙舰队，经过 18 天的激战，最后只剩下一只船，不幸这条船又在布通岛覆没了。那封信也变成了"泥牛入海"无消息。据说，伊丽莎白一世曾于 1602 年托英属东印度公司带了第三封致中国皇帝信。但是，这次仍然失败了。

一系列的失败没有使英王放弃沟通中国贸易的企望。1610—1613 年，詹姆士一世又交给尼古拉·道通两封给中国皇帝的信。这两封信经过辗转传递终于到达了中国。但事不凑巧，此时正好发生万历年间的天主教案，明朝政府正在大力驱逐耶稣会士，"没有一个中国人敢于翻译和转送这些信，该国法律对这种人是处以死刑的"②。因此，这两封信照样没有送达中国皇帝手中。

尽管英国与中国一直没有直接打交道，但间接接触已经开始。1604 年，詹姆士一世特许的米奇本爵士率领的东航贸易船，曾在远东劫掠了几只中国船。同年，英属东印度公司派遣密勒顿率领第二支商队到远东，在摩鹿加装了胡椒。由于船员因病大部死亡，雇了一些中国人和印度人补充。其中一些中国人随船于 1606 年到达英国。他们虽没有留下姓名，但可能就是最早到达英国的中国人。从这以后，东印度公司每年均有一至三艘商船前来东方贸易，两国商人在南洋一带经常有贸易往来，万丹就是中英贸易的第一个中心。许多中国移民居住在那里。据记载，17 世纪初，每年 2 月，至少有三至六艘 300 吨以上的中国帆船到万丹贸易，1626 年则有近百艘。他们带去中国货物和中国铅钱，带回香料和银钱。英国人常常利用银钱和铅钱比价的季节性波动从事投机交易，使当地人和中国侨民蒙受巨大损失。英国商人除通过南洋将中国货物运往本国和欧洲外，

① 转自张轶东：《中英两国最早的接触》附录二，《历史研究》1958 年第 5 期。又见朱杰勤：《英国第一次使臣来华记》，《中外关系史论文集》，河南人民出版社 1984 年版，第 485 页。

② 马士：《东印度公司对华贸易编年史》第 1、2 卷，中山大学出版社 1991 年版，第 10 页。

还用中国货物在东方做生意。因为在亚洲，中国货始终享有很高的声誉。经营这类倒手买卖，照样可以牟取厚利。

17世纪30年代，英国的经济实力进一步加强，成为仅次于荷兰的海上强国，而老牌殖民者葡萄牙、西班牙则开始衰落了。特别是葡萄牙人，已经完全招架不住荷、英的海上拦劫。为了改变这种状况，葡萄牙决定联合英国，对抗荷兰。1635年，葡印总督林哈列斯和英属东印度公司缔结了对华自由贸易协定，授予英属东印度公司在葡属远东殖民地贸易的权利。同时租了一条英国船“伦敦”号，利用它运货前往中国，借以避免荷兰人的袭击，并派遣葡人两名作为代表伴船前往。随船而去的还有英国商人亨利·本福特、约翰·威德等。当地的葡萄牙人得知英国船不会受到荷兰人的袭击，也纷纷要求搭载货物。同年7月23日，“伦敦”号抵达澳门。英人不听葡人代表劝阻，径直登岸，并搭起两座棚子专门为自己经商所用。英商还希望中国官员允许他们明年可在广州附近贸易，并以比葡人低一半的价格将药品卖给中国作为诱饵。这些举动使葡印新任总督西里瓦十分愤慨，决定推翻前任总督的联英政策。

但是，新任葡印总督的决定还没传到英国，一群不属于东印度公司的英国商人已经组成一个“科腾商团”，并请来一位有经验的船长约翰·威德尔带领商团船队来到印度果阿，准备续航中国。尽管葡印总督对他们态度冷淡，威德尔仍然指挥船队东航。1637年6月，英船“飞龙”号、“凯瑟琳”号、“太阳”号、“殖民者”号及轻帆船“安妮”号、“发现”号，抵达澳门附近的横琴岛。葡萄牙澳门当局不许英人登陆，而且尽力阻止中国人和他们接触。经过一段探察，威德尔决定率船队直驶广州。明朝广东当局一再宣布禁止英船非法进入内河，要他们等候通知，并派军队阻止其前进。可是，威德尔皆置之不理，居然于8月12日以武力攻陷虎门炮台，并且将炮台的35门火炮搬到自己船上，还公然在珠江上劫掠商艇2只、小艇1只，硬逼一名中国渔民赴广州送信，要求“通商”。中国官吏宣布，只有归还所有劫掠的船只和大炮，才有谈判余地。威德尔迫于形势，一面归还船炮，一面贿通广东总兵陈谦，从而获得了在广州通商的许可。对此，葡人十分嫉恨。不久，陈谦因受贿下狱，三名英商连同他们的财产被广州当局一同拘留。威德尔乃再次进行武力威胁。9月19日，英人烧毁了5只中国船，烧毁虎门的1个集镇，并抢走36头肥猪；21日，再度占领虎门炮台并在次日将它炸毁。两广总督张镜心急忙调集军队，准备与英人决战。威德尔见势不妙，于27日被迫退到澳门，请葡萄牙澳门当局出面调解。30日，威德尔送交了保证书，向广州当局保证“遵守中国律例，永不违反”①。于是广州当局释放了三名英商，并同意他们带走在广州购买的部分货物，规定此后英船永远不准在中国海面出现。12月底，威德尔率船队离开广东。此行在广州和澳门共购买糖12086担、冰糖500担、青干姜800担、丝织品24盒、生干姜100担、苏木(墨西哥产) 9600块、瓷器53桶、金链14条、丁香88箱，还有30.5个金元宝，共计花费6万里亚尔，还剩8万里尔。② 中英第一次贸易就是这样在炮火中成交的。英国一再鼓吹“自由通商”，“和平交往”，其实从来就不和平。

威德尔率船离华不久，英国爆发了资产阶级革命，中国则因清军乘农民起义入关，明朝灭亡。由于两国的政局皆发生大变革，英船来华稀少。1638年，英国一艘私人商船驶抵澳门，但交易不多。1644年，英国东印度公司船“汉地”号和科腾商团船“威廉”号相继来到澳门，因为局势动荡，商业不振，只买了些瓷器和金属品返航。1657年，英国商船“威廉”号再次驶抵澳门进行贸易。1658年，亦曾有两艘英船来澳门贸易，可是没有纳税就擅自离开了。1664年，英国东印度公司商船“苏拉特”号载有价值9573里尔的货物抵达澳门，葡人再次予以种种阻拦，广州当局要求交纳船钞2000两。“苏拉特”号试图拒缴，最后不得不用胡椒和铅的货价折抵。然而交易并不成功，最后只得离去。③

英国殖民者在广东贸易一再受挫之后，开始把注意力转向台湾。这时，郑经领导的台湾抗清政府，由于受到清军与荷兰殖民者的联合进攻，亟须外援。英国前来，自然欢迎。郑氏减免英人关税，英人则帮郑氏输入军火，彼此相互为用。1670年6月23日，英国东印度公司船“班达姆”号和“珍珠”号抵达台湾东宁（今台南市）。不久，英商即与郑经就在台通商达成协议。次年春，“珍珠”号和“班达姆”号相继回到万丹，郑经送给东印度公司白糖、冰糖、糖姜、绸缎等大批礼物。以后，郑经和英商的关系十分友好。1672年10月，英国东印度公司与郑经正式缔结通商条约：郑氏政权给予东印度公司有利于通商的十种特权；英方则允诺商船入港时，将各种军器与帆舵移交给郑方。除郑氏政权所购货物免税外，英商按货价3%缴纳关税。英方同意每年将郑氏政权需要之货

① 马士：《东印度公司对华贸易编年史》第1、2卷，第26页。

② 据马士：《东印度公司对华贸易编年史》第1、2卷，第27页。

③ 参见刘鉴唐、张力主编：《中英关系系年要录》第1卷，四川省社会科学院出版社1989年版，第144—145页。

物运来。① 随后，英国商船不断从万丹驶往台湾，并相继运去火药、枪炮、生铁、胡椒、棉布等急需物资。1674 年，郑经重占厦门。第二年，英船便来到厦门，并相继在安平和厦门设立商馆，使贸易益发经常化。据卫三畏估计，到 1678 年，东印度公司在厦门、台湾的投资，现金共达 3 万元，货物也有 2 万元。② 直到 1683 年清军统一台湾，英国与台湾郑氏政权贸易才最后终止。

与台湾郑氏政权通商的同时，英人继续向广东作通商试探。1674 年，英船"凯旋"号企图驶入澳门，遭到葡人拒绝。后来穿过台湾海峡，驶向舟山群岛，在那里卖了一些胡椒，并以低价卖了英国布 11 匹，高价购进一些货物。1681 年，英商关闭厦门商馆，再次试图在广州通商，又为葡人所阻。1684 年，清廷开放海禁。英人才获得了在广州通商的权利。1689 年，第一艘英国商船"防御"号合法进入广州，但贸易似乎也不顺利，并且发生了枪杀中国人事件，船到两星期，粤海关官员才准予丈量。据记载，官方丈量人员开始是从船头丈到船尾，一经贿赂，就改为从后桅之前量到前桅之后。丈量后，清朝官员令缴船钞 2484 两，英商不同意，并以商船驶离港口相威胁。经过一星期的争执，达成协议：缴银 1500 两，其中 1200 两作为船钞，300 两作为对粤海关的规费。相对来说，这段时期英国商船去厦门的次数较多，生意也很可观。1684 年，有两艘英船去厦门贸易。1685 年，英国"中国商人"号到达厦门。1686 年，三艘大型英船从厦门买了白丝、绸缎等物载回。1687 年，四艘英船到厦门贸易。此后英国来华商船日益增多。综计 1637 年至 1699 年 60 多年间，英船到厦门贸易达 36 船次，到广东贸易仅 13 船次，到台湾 8 船次，此外到宁波（舟山）、福州各 1 船次。可见，此时中英贸易主要在厦门进行。③ 本来，1689 年英国东印度公司就获得在广州建立商馆的权利，由于贸易发展不畅，直到 1715 年才在广州建立起商馆。

整个 17 世纪，尽管英船到达中国不算很多，中英贸易规模不大，但它劫掠中国商船的海盗行径，以及第一艘商船到达中国即是刀兵相见，第一艘合法商船进入广州又发生杀人事件，等等，深深烙下了英国殖民者的印记。这些印记，随着英国对华贸易的发展，愈来愈明晰地裸露出来。

---

① 参见达福：《巴达维亚日志》，1673 年版，第 80—83 页，转自《中英关系系年要录》第 1 卷，第 159—160 页。

② 参见卫三畏：《中国总论》第 2 卷，第 445 页，转自马士：《中华帝国对外关系史》第 1 卷，第 57 页。

③ 据松浦章：《清代前期中英海运贸易研究》（日本《海事交通研究》第 22 集）和《中英关系系年要录》第 111—255 页有关资料综计。

二、东印度公司——英国侵略东方的殖民机构

英国与荷兰一样，对海外殖民的基本方式是组织商业垄断公司。1553—1680年，英国共组织了49家商业垄断公司，总投资额由1558年的1万英镑增加到1695年的400万英镑以上。在这些商业垄断公司中，东印度公司是最著名的公司之一。

东印度并非单指印度，在西方人眼里，它是对东方世界的总称。丹涅特曾说过："美国人把亚洲看作一个整体，称它为东印度。凡是指运地或原产地位置在印度洋或太平洋上的一切商业，都包括在这样命名的贸易之内。"① 这种观点并非美国人独有，实是西方人的共见。东印度公司也非英国专有，葡萄牙、荷兰、丹麦、法国等也有东印度公司。英国东印度公司最早成立于1600年。在此前一年，101名伦敦商人组织了"与东方贸易协会"，算是这个公司的雏形。1600年，英商正式组成了"伦敦商人对东印度贸易公司"。公司由215名爵士、高级官员和商人组成，董事会成员共24人，经理1人。12月31日，英王伊丽莎白一世授予公司一张特许状，允许它在15年内垄断好望角与麦哲伦海峡之间的生丝、棉织品和宝石的贸易。以后又多次授予该公司对东方贸易的垄断权利。不过，东印度公司的垄断权常常受到侵扰。因为1603年伊丽莎白死后，接替的是斯图亚特王朝。它的把持者乃封建贵族中最反动分子。他们不关心资产阶级的利益，经常破坏公司垄断权。如1604年，英王詹姆士一世便向米奇本爵士颁发了一纸特许状，准许他与中国、日本、朝鲜、莫卧儿帝国以及其他国家进行贸易。三年之后，又把相同的特许状授予本克维尔。在这种形势下，东印度公司不得不经常改组以求得发展。1650年，它不得不与科腾商团联合。1657年，又不得不与冒险商人公司联合。1702年，东印度公司与英国公司确定合并。1708年，国会批准两公司联合，改称"英商在东印度贸易联合公司"，其垄断地位才最后确定下来。诚如马克思指出的："东印度公司真正的创始不能说早于1702年，因为这一年，争夺东印度贸易垄断权的各个公司才合并成一个独此一家的公司。在1702年以前，原有的东印度公司的生存曾经一再陷于危殆。在克

① 丹涅特：《美国人在东亚》，商务印书馆1959年版，第2页。

伦威尔摄政时期，它的活动曾中断多年；在威廉三世统治时期，它又因议会干涉而几乎全部解散。但是，正是在这位荷兰亲王的统治时期……东印度公司的存在才由议会承认。这个表面上自由的时代，实际上是垄断企业的时代。这些垄断企业并不是根据国王的特许令建立起来，像伊丽莎白和查理一世时代那样，而是由议会核准，得到法律的承认，并且被宣布为国家的企业。”①

尽管东印度公司早期地位并不稳定，但从成立之日起，就扮演着英国侵略东方的殖民机构角色。作为英国资产阶级原始积累的工具，它除了贸易上的垄断权外，还有许许多多代表国家的权利，如宣战媾和权、建立海陆军权、管理殖民地权，以及设立法庭权等。总之，它有权独立处理好望角至麦哲伦海峡之间的一切事务。1607 年，第一艘东印度公司船只驶抵印度西海岸的苏拉特，从而拉开了英国侵略印度的序幕。1612 年，英国在苏拉特海面击败了葡萄牙舰队。第二年，莫卧儿皇帝准许英国在苏拉特建立商馆。之后，东印度公司通过租借、购买和其他方式先后在印度东南沿海的马苏利巴丹姆（今班达，1616 年）、马德拉斯（1639 年）、孟买（1668 年）、加尔各答（1690 年）建立了商馆，并成立了马德拉斯、孟买和加尔各答三个管辖区，把这些地方变成自己的占领区和军事基地。

1707 年，莫卧儿帝国皇帝奥兰则布去世，随着政治的分裂，印度混战连年，政权不断更迭：“大莫卧儿的无限权力被他的总督们打倒，总督们的权力被马拉提人打倒，马拉提人的权力被阿富汗人打倒；而在大家这样混战的时候，不列颠人闯了进来，把所有的人都征服了。”②

17 世纪下半叶，英国把主要矛头指向了当时世界的霸主、号称“海上马车夫”的荷兰。1650—1654 年、1665—1667 年、1672—1674 年，英国分别同荷兰展开了三次大规模战争，把荷兰从霸主的座位上赶了下来。从此，能与英国分庭抗礼的只有法国了。法国在北美、亚洲和非洲处处同英国争夺殖民地。因此，东印度公司承担了在印度与法国人的竞争。18 世纪上半叶，英法在印度展开了拉锯战。法国一度从英人手中夺走了马德拉斯；不久，根据结束奥地利王位继承战争的《亚琛和约》，法国又将马德拉斯还与英国，用以换回加拿大的路易斯堡。

---

① 马克思：《东印度公司，它的历史与结果》，《马克思恩格斯全集》第 9 卷，人民出版社 1961 年版，第 167 页。

② 马克思：《不列颠在印度统治的未来结果》，《马克思恩格斯选集》第 2 卷，人民出版社 1972 年版，第 69 页。

18 世纪下半叶，印度局势变得有利于英国东印度公司。1751 年，公司一名书记罗伯特·克莱武乘一个雷雨之夜，率领一支 500 人的队伍，一举攻克了法人控制的卡尔那蒂克首府阿科特。尽管法人事后组织 1 万多人反攻，但围攻 53 天始终未能破城。1754 年，法人只好同意签订和约，承认英人对卡尔那蒂克的控制。1757 年，英国东印度公司又趁英法七年战争的爆发，先发制人，于 6 月初向法国在孟加拉的据点昌德纳果尔发起进攻，法人败走，与孟加拉的首领多拉联合准备反击。6 月 23 日，在加尔各答以北 30 公里的普拉西村，双方展开了著名的普拉西之战。这次战役，英国包括雇佣军仅 3000 人，而多拉与法军共 6 万多人，力量相差 20 多倍。可是，克莱武暗地买通了孟加拉军队的将领米尔·扎法尔，再加上战争中正碰上一场大雨，使孟加拉军和法军的火药潮湿，枪炮不响。结果，英军非常顺利地取得了胜利，整个战役仅死伤 22 人。扎法尔因卖国有功，被东印度公司推出做了孟加拉纳瓦布（臣属于莫卧儿帝国的总督），而克莱武则当上了公司驻孟加拉省督。孟加拉从此为东印度公司控制。

1760 年，英国东印度公司的军队在温德瓦西再次与法军交战。法人再次败北。英军进入法国控制的本地治里。1763 年 2 月，英法结束七年战争，签订了《巴黎和约》。根据和约规定，法人在印度只能保留 5 座城市，而且不得设防，仅供通商，原有的城防工事必须全部拆除。法国的退出，大大刺激了英属东印度公司对印度的野心。“七年战争使东印度公司由一个商业强权变成了一个军事的和拥有领土的强权。”① 1765 年，克莱武迫使莫卧儿帝国皇帝做了一笔肮脏的交易。他要求皇帝放弃对孟加拉、奥里萨、比哈尔三个地区的一切土地权利，东印度公司则保证每年给他 26 拉克卢比（ 1 拉克卢比＝10 万卢比）作为年俸。同时，莫卧儿皇帝还答应对于东印度公司新获得的地区，公司拥有迪万尼财政管理权、尼紫玛特军事管理权和阿达拉特行政管理制度。即是说，东印度公司对于 2500 万人民和 400 拉克卢比的年收入取得了无限制的权力。

1773 年，英国国会鉴于东印度公司在印度的辉煌殖民成就，通过了《诺尔斯法案》，规定英国东印度公司驻在孟加拉的省督，为英国在全印度领地的总督。马德拉斯和孟买的省督未经英属印度总督（即原孟加拉省督）许可，不得宣战媾和。由此，东印度公司成为英国驻印度的名副其实的殖民机构。

英印第一任总督是公司代理人华伦·哈斯丁斯。他继承了克莱武的衣钵，

---

① 马克思：《东印度公司，它的历史与结果》，《马克思恩格斯全集》第 9 卷，第 168 页。

把扩大殖民地作为主要目标。他利用“津贴协定”，由东印度公司给印度半岛各地封建君主一定的款项作津贴，并把自己的武装部队提供给他们，借以控制各地的政治和军事；同时，他还通过挑拨离间，制造混乱，迫使各地封建主向东印度公司寻求保护，“自愿”变成公司的藩属。此外，哈斯丁斯及他的继承者用血腥的手段征服了西印度的迈索尔人和中印度的马拉提人。到19世纪上半叶，东印度公司终于征服了整个印度。

东印度公司对印度的统治采取两种方式：一种是直接统治，即将殖民地划为若干省和地方，设立行政机关管理；二是由印度封建主代替他们管理。前一种形式约占印度领土的三分之二，人口的四分之三；而后者只有三分之一的领地，四分之一的人口。无论哪一种形式的统治，都给印度人民带来了毁灭性的灾难。

东印度公司在征服印度的同时，一刻也没有忘记对中国的殖民侵略。他们把对印度的每一次征服，都看作是对中国殖民活动的物质前提和条件。随着对印度的征服和统治的加强，东印度公司对中国的殖民侵略活动也日益频繁起来。

三、英国使团访华与英人图据澳门

英国随着资产阶级革命的胜利，资本主义商品经济有了进一步的发展。特别是工业革命开始后，技术革命日新月异，工业品产量成百倍增长，迫切需要开辟新的市场。加上印度的逐步征服，他们越来越强烈把地大物博的中国作为下一步的侵略目标。

中国与印度有所不同，尽管它从18世纪后期起开始走下坡路，但在东方世界，它仍然是最强大的国家。因此，英国对中国没有采用侵略印度的殖民故技，而是外交讹诈与武力威胁相互为用，企图达到征服中国的目的。其中首先使出的是外交手段。

为了替英国产品开拓中国市场，英国政府接受东印度公司的请求，决定派遣使臣访华，期求通过和清政府直接交涉，消除种种限制，为商品输出开辟道路。1787年，英王乔治三世任命卡茨卡特为大使访华。他虽然是国王的代表，其使华经费却全部由东印度公司负担。英王给他的主要使命是：一、设法改进英国在华商务，破除种种限制；二、消释中国对英国的疑虑，说明英国人的目的只在通商，并无领土野心，只求中国予以保护；三、希望获得一块地方或一个岛屿作为货栈；四、若这点要求达不到，则须力谋解除目前英人“痛苦”；五、要求英人不受中国裁判；六、彼此交换使臣。但是，这位使臣在来华途中，于1788年6月10日在邦加海峡病死了，使团与船队随即返航，使命没有完成。

卡茨卡特中途死去，英国政府并不死心。这时，英国纺织品产量剧增，供过于求，价格猛跌，极想开辟新市场，以期摆脱困境，对中国市场的要求益加迫切。1788年秋冬，英国政府和朝野一些人士已在策划再遣使团访华。经过几年的酝酿，到1792年，在首相威廉·皮特和国务大臣邓达斯的推动下，英王正式任命马戛尔尼为特使，以补祝乾隆帝寿辰为名访华。英国希望通过这次访问，“增进与中国的来往，以便导致在整个帝国范围内销售祖国及我们印度领地的产品，除有助于繁荣外，还能从售货中获取供应欧洲的回程投资的资源”①，而且要求对中国进行详细考察，建立起正式外交关系。

为了求得访问的成功，马戛尔尼从人员组织、礼品选择、国书起草、财政资助、出发时间以及上岸地点等，都做了周密的考虑和精心的安排。

首先，在人员组织上，不仅队伍庞大，而且经过反复的物色。全权大使马戛尔尼是一个世家子弟，1737年出生于北爱尔兰，1759年毕业于都柏林大学三一书院，获硕士学位。年轻时曾经历过艾德蒙吞的炮火，后赴欧洲大陆学习两年，接受外交职业培训。1764年，获勋爵，并任驻俄大使，在任期间，他凭着自己的机智，曾与俄国订立了大有利于英国的为期20年的商务条约。1768年，被举为爱尔兰国会议员。1774年，被选为不列颠国会议员和格林纳达总督。1780—1786年，相继出任马德拉斯之圣乔治堡管理会主席及总督。他不仅是一位见多识广的学者，而且是一位有经验的外交家和殖民老手。

使团秘书、副使斯当东，先在法国学医，后转为研究法律，曾任西印度格林纳达司法长官，与马戛尔尼早有密切关系。马氏任马德拉斯总督，他又以秘书随行。因为在从事殖民活动中有突出表现，晋升为爱尔兰准男爵。其他成员多由各种专家组成。内有哲学家、化学家、物理学家基兰，医生斯葛德，机械专家丁慰狄，画家、斯当东之子小斯当东，绘图设计家亚历山大。此外还有有经验的军官、卫队司令本松少校，皇家炮兵军官巴瑞施上尉，航海家、“狮子”号舰长高厄爵士，“印度斯坦”号船长马金托计等。其他成员还有副秘书马克斯威尔·温得，使团审计员巴罗，助理秘书、东印度公司董事长的儿子培林，斯

① 马士：《东印度公司对华贸易编年史》第1、2卷，第549页。

当东小儿子的老师赫脱南。两名中文翻译则是经过多方访求，才在意大利那不勒斯中国学院找到的中国学生卓保罗和李雅各（即柏仑）。全部文职人员除海军军官外，总数为95人。

使团携带的礼品，马戛尔尼希望带上能使中国上下高兴、又可炫耀英国文明的东西，如蒸汽机模型、珍妮机模型、气球、天文仪、地球仪、旧火车模型、望远镜、八音匣、万花筒、滚动印刷机以及各种钢铁制品等。这些礼品共值13164镑，尚有卡茨卡特使团转来的共值2486镑的礼物未计。国书系由马戛尔尼以卡茨卡特使团的原件为基础进行增删，其指导思想是增加赞誉两国君主的词句，力求讨得乾隆的欢心而不引起疑忌，然后提出英国的要求。至于财政资助则主要由东印度公司提供。时间选择在8月出发。由于安排军事卫队，才推迟到9月。

1792年9月25日，马戛尔尼率领使团600余人，携带礼品600余箱，分乘“狮子”号炮舰、“印度斯坦”号货船、“豺狼”号运输船，离开英国南部的朴次茅斯港，驶向中国。经过近9个月的航行，于1793年6月20日抵达广东海面老万山附近。

马戛尔尼使团出发之前，东印度公司驻广州大班（中国人对东印度公司驻广州管货人委员会主席的称呼）已奉命向两广总督通报了使团来华的消息，并请求由天津海口登岸进京。清廷得到奏报，并没有把马氏当作外交使臣，而是作为“贡使”看待。这不仅由于清廷习惯于接待贡使，而且英人打着祝寿的幌子，确有几分贡使的色调。乾隆帝见有英人万里迢迢前来祝寿，十分高兴，欣然同意从天津入境，并嘱咐沿海各地对使团要妥为照料。

7月3日，使团抵达浙江舟山，定海镇总兵亲自照应，并为使团代觅引水。天津方面长芦盐政徵瑞事先已奉旨负责接待。直隶总督梁肯堂也自保定赶到天津照料。乾隆帝并就接待规格做了明确指示：“此次英吉利贡使到后，一切款待，固不可踵事增华，但该贡使航海远来，初次观光上国，非缅甸、安南等处频年入贡者可比。梁肯堂、徵瑞务宜妥为照料，不可过于简略，致为远人所轻”①。“徵瑞于应接款待之间，务宜加倍留心，不卑不亢，以符体制而示怀柔，此为最要”②。

---

① 《乾隆六月戊寅上谕》，《清高宗圣训》卷二七六。

② 《乾隆五十八年六月二十五日廷寄》，故宫博物院图书馆掌故部编：《掌故丛编》第3辑《英使马戛尔尼来聘案》。

7月25日，使团抵达大沽口附近。27日，派赫脱南上岸与清方接洽上岸有关事宜。28日，徵瑞派员上船接待，随即赠送大量食物，并安排大船停泊处所。30日，徵瑞因为英使要求以平行礼相见，决定自己不出面，派天津道乔人杰和通州副将王文雄代表前往。乔、王奉命查询“表文”和“贡单”，马戛尔尼借口国书原文及译稿锁在一金盒子中，届时将亲自向皇帝递交，礼品则可先提供一份清单。8月6日，马戛尔尼带领随从人员上岸求见总督。9日，护送使团的船队从大沽沿白河上驶，11日过天津，16日到通州。徵瑞等遵照乾隆帝谕旨，要求马氏遵奉中国礼节，演习跪叩礼，遭到马氏拒绝。21日，英国使团由通州前往北京，当天下午3时到达圆明园的宏雅园。25日，徵瑞再次向马氏提出觐见礼仪问题，并且要求演习一遍。26日，马氏等人移居北京城内。29日，马戛尔尼就礼节问题用四种文字提出书面意见：“今觐见礼节，敝使拟用觐见敝国皇帝之成礼。若贵国必欲改用中国礼节，亦未尝不可。但须请贵国派一大臣，职位与敝使相若者，至馆舍中吾英皇帝皇后两陛下肖像前行一觐见中国皇帝之礼，则敝使无不如命。”① 对此，徵瑞立即摇头，不以为然。乔人杰、王文雄则认为可以权宜许可。

9月2日，徵瑞等陪同英国使团从北京出发前往承德，8日进入热河，当天，斯当东与和珅晤谈。和珅要求提供一份表文副本，并提到礼仪问题，不能同意马戛尔尼书面意见上的建议。由于英国特使坚持不从，乾隆帝感到十分恼火。9月9日和10日，他连下谕旨，认为是沿途接待官员对这位使臣过于优待，以致使其“妄自骄矜”，乃令减其接待之礼，减其供给，所有赏赐亦暂不颁给。② 徵瑞等人则连日劝令遵从中国礼制。马戛尔尼表示可以按觐见英王礼节，即“屈一膝引手伸嘴，握皇帝陛下之手而亲之”觐见乾隆帝，后经往来磋商，清朝当局终于同意屈一膝，但免去吻手。③ 并确定于14日觐见，国书届时由马氏亲呈。

9月14日凌晨4时，马戛尔尼穿上绣花的天鹅绒官服，上罩爵士外衣；斯当东亦穿绣花天鹅绒服，外罩牛津大学法学博士袖，带领其他随员、卫队，在清朝官员的导引下前往万树园大幄等候接见。当乾隆帝乘16人大轿来临时，英国使团均“屈一膝以为礼”。待乾隆帝登上御座，马氏即将国书捧呈递与乾隆帝。乾隆帝回送一玉如意给英王，同时也赐马氏一绿色玉如意。马氏乃将镶嵌

① 马戛尔尼：《乾隆英使觐见记》，中华书局1917年版，第63页。

② 《乾隆五十八年八月初五日廷寄》《八月初六日廷寄》，《掌故丛编》第7辑《英使马戛尔尼来聘案》。

③ 参见马戛尔尼：《乾隆英使觐见记》，第85页。

钻石之金表二枚送给乾隆帝。马氏又引斯当东入觐，斯当东也“屈一膝以为礼”，并送呈两挺空气枪，乾隆帝也赐给他一个绿色玉如意。其他的随员，乾隆帝皆一一作了赏赐。当场还设御宴招待。乾隆帝曾命执事将自己桌上之美肴数盘和酒一壶赐予马戛尔尼和斯当东，还各亲赐温酒一杯，并和他们交谈。马戛尔尼的印象是：“气概尊严，若有神圣不可侵犯之状。然眉宇间，仍流露其蔼然可亲之本色。余静观其人……精神亦颇壮健，八十老翁，望之犹如六十许人也。”“饮食之际，传运食品，次序规则，极其严密，殊堪惊异。其仪式静肃而庄严，颇似圣餐式之典礼。”① 15 日、17 日、18 日，英使又多次觐见乾隆帝，并游历了万寿园整个园景，对之赞赏不已。

9 月 21 日，英国使团离开热河，循原路返回北京。大约在马氏等离开热河后，英国的国书才被翻译出来。国书在大量颂扬之词的掩盖之下，主要提出了三点要求：一、使臣来华之目的是两国互通有无，增进贸易；二、要求派遣使臣常驻中国；三、要求保护英人。乾隆帝看了国书，才如梦初醒。原来使团祝寿是假，要求扩大通商是真。因此，22 日军机处便给陪同的徵瑞去信，要他促令使团早日回国。乾隆帝又谕告新任两广总督长麟，英国使团来华别有他图，必须预为防范。

马戛尔尼一行于 9 月 26 日抵北京后，乾隆帝也于 30 日回到北京。马氏从传教士处得知要他赶快整装回国的消息，曾致函和珅，请求让他们过了中国新年再行回国。10 月 2 日，和珅兄弟在圆明园会见了马戛尔尼，表示河水即将冰冻，希望早日启程。马氏要求作为英王代表久驻北京，并提出几个准备商谈的问题。和珅故意转移话题，置而不答。3 日，和珅在皇宫大殿将一封乾隆帝复英王书隆重交给马戛尔尼，回送英王、使节及全体人员的礼物也同时作了交接。马戛尔尼在仪式结束后要求和珅注意前一天讨论的外交问题。和珅表示可以写个书面意见上来，让他转奏皇上。马戛尔尼看了乾隆帝的复书之后，意识到已不可能久留，当即草拟了一封信，向清政府提出六条要求：一、允许英人在舟山、宁波、天津贸易；二、援俄国旧例，准许英人在北京设一货栈，以便买卖货物；三、在舟山附近指定一小岛供英国船停泊和存放货物，同时允许英人居住；四、允许英人在广州附近有上述同样的权利以及其他较小的权利；五、英国货物从澳门运往广州，请予特别优待，免于纳税或减税；六、允许英商按照中国税率

① 马戛尔尼：《乾隆英使觐见记》，第 19—21 页；萧一山：《清代通史》二，第 804—805 页。

纳税，不在税率之外另行征收，并请赐税单一份，以便英商奉行遵守。乾隆帝审查了这些要求，在第二封给英王的敕书中一一作了驳斥。最后强调："尔使臣所恳各条，不但于天朝法制攸关，即为尔国王谋，亦俱无益难行之事。兹再明白晓谕，尔国王当仰体朕心，永远遵奉，共享太平之福。若经此次详谕后，尔国王或误听尔下人之言，任从夷商将货船驶至浙江、天津地方，欲求上岸交易，天朝法制森严，各处守土文武……定当立时驱逐出洋……勿谓言之不豫也。"①这个敕谕再次清楚地表明了，清朝政府在中外交往上继续推行严格限制的政策，尽量避免扩大中外接触。

乾隆帝对英使的六条要求逐条驳斥以后，又怕他"未遂所欲，或致稍滋事端"，因通令沿海督抚预筹防备，必要时"不妨慑以兵威"。② 同时催促马戛尔尼即日启程。

10 月 7 日，马戛尔尼率使团成员离开北京，前往通州。10 日，由军机大臣、户部左侍郎松筠陪同，沿运河南下。11 月 9 日到达杭州。继由新任两广总督长麟陪同溯钱塘江西行，经江西，于 12 月 19 日到达广州。1794 年 1 月 10 日离广州去澳门，随即返国，同年 9 月 5 日回到伦敦。

马戛尔尼此次访华，虽然在扩大侵华权益上没有取得什么成果。但他们在中国前后逗留达 5 个多月，接触了各级官员，了解到不少政治、军事、经济、民情风俗、对外关系、自然资源、山川地理等实情，亲身感触到官吏腐化、武备废弛，一切虚有其表，益发滋长其侵华野心，为促成后来武力侵华张本。

英国通过外交手段没有取得进展，转而企图使用武力。其首要目标是夺取葡人窃据的澳门。英人对葡萄牙窃据澳门久怀不满。早在 1781 年，东印度公司一位大班因在澳门受辱，即曾致函英印总督，主张夺取澳门，使它成为一个东方大港。1787 年，卡茨卡特使华东来，亦有同样意见。1794 年初，马戛尔尼从广州到达澳门，也认为可以取葡萄牙而代之。

1799 年拿破仑上台之后，疯狂推行扩张政策，和当时已经掌握海上霸权的英国到处发生尖锐矛盾，战争连年不息。1801 年，法国和西班牙联军侵入葡萄牙。英印总督威里斯里认为有机可乘，以协助葡人防守澳门为名，于 1802 年 3 月派兵船 6 艘，劲兵上千，满载兵械炮具，到达伶仃洋面，准备随时在澳门登岸。澳门葡人总管委黎多十分担心英人抢夺澳门，一面密告广东当局请求保护，

① 《乾隆致英王第二道敕谕》，《东华续录》乾隆朝一一八。

② 卢坤、邓廷桢等纂：《广东海防汇览》卷二三。

一面寄信给在北京钦天监任职的葡人索德超等，希望清兵援助。两广总督吉庆得报，即谕令行商开导英人，促使早日驶离。英人对葡人的行为十分恼火，但无可奈何。5月，英人得知英法和约已于3月27日签字，再也没有借口，乃将兵舰陆续开回印度。

1807年，拿破仑为了夺取伊比利亚半岛，出兵占领葡萄牙，接着向西班牙首都马德里进军。英印总督敏多乘机又派遣海军少将度路利率兵前来，于1808年9月11日到达虎门外鸡颈洋面停泊，并于21日率兵登岸，占领澳门之东望洋、娘妈阁、伽思兰三炮台。

英军擅自在澳门登陆，"阳借保护之名，徐图占据"①。两广总督吴熊光并未引起足够重视。他以为和上次一样，英军不久就会退出，既不上报清廷，也不加强战备，只派遣行商前往劝谕，敦促他们早日撤离。度路利不听劝导，吴熊光不得已，才于10月5日下令封舱，企图借停止贸易逼其就范。可是，度路利不但不买账，反而于10月20日、21日，将兵船3艘，乘虚驶入虎门，停泊黄埔。英印总督也陆续遣派兵船东来，连前共达13艘，登陆英兵增加到760名。

英军入侵已40多天，而且逼近省城广州，吴熊光再也无法隐瞒，才于10月23日奏报朝廷。又过了半个月，英军仍然不退，吴熊光只得发出第二次奏报，诡称本拟即将买办一并停止，又怕操之过急，会使英人"铤而走险"，"再四斟酌，唯有持以镇静"。②

然而，吴熊光镇静以待，英军却不甘寂寞。11月11日，度路利率领英兵200多名、舢板30多只，由黄埔直达广州城外，求见两广总督，"逼令让住（澳门），并妄冀恳求允准"③。吴熊光派知府福明等前往晓谕，要他们回黄埔候旨。14日，英兵又驾舢板数十只去广州，向十三行装取伙食。清军前往阻止，英兵不理，总兵黄飞鹏乃命令轰击一炮，毙英兵一名，伤三名，英人才退回黄埔。就在同一天，嘉庆帝接到吴熊光的第一次奏报，指责吴熊光"所办太软"，应该选派晓事文武大员，前往澳门严加诘责。中国不过问外夷之间的仇杀，但中国

---

① 《两广总督吴熊光等奏筹令英船退出澳门片》，《清代外交史料》（嘉庆朝）二，第25页。

② 《两广总督吴熊光等奏筹令英船退出澳门片》，《清代外交史料》（嘉庆朝）二，第28页。

③ 《百龄奏报查办英兵闯入虎门驻扎黄埔情形折》，《清代外交史料》（嘉庆朝）三，第1—3页。

与外藩各有疆界，澳门乃中国地方，“尔国兵船辄敢驶进澳门，登岸居住，冒昧已极”。最后严肃指出，英军企图夺占澳门，“大干天朝厉禁”。吴熊光应即统兵剿办，“不可畏葸姑息”。[1] 吴熊光接到谕旨，遵命采取强硬措施，调集官兵2600名，在黄埔和澳门驻扎防守。大兵压境，加上英商也反对动武，度路利只好妥协，“情愿撤兵”。[2] 12月15日至20日，英船全数驶往澳门，次年3月离澳门西返。英人第二次图占澳门，经过长达半年的较量，终以失败告一段落。

清廷对吴熊光的软弱态度很不满意，决定将他革职查办。两广总督由永保补授，并令详查事件经过，停止英国贸易两三年。永保在赴任途中突然死去，嘉庆帝又任命百龄接任，继续查办此事。百龄抵任的第二天便亲往澳门，传询澳门葡人总管委黎多及英国大班剌佛。剌佛对英军自行登岸表示道歉。为了保证英国兵船不再来粤，剌佛亲自出具一禀一结。甘结全文如下：[3]

> 具甘结〔人〕英吉利国夷商剌佛，情因十三年七月我们孟牙剌兵头都路厘（即度路利）冒昧带兵来澳，蒙大皇帝谕旨即行回国，不敢抗违。今大人亲临训斥，词意明切，剌等不胜惶惧感激之至。剌等从前遵奉天朝法度，嗣后益当谨凛，恳祈大人重怜远人，代奏大皇帝施恩免罪，阖国沾恩，所结是实。
>
> 嘉庆十四年三月　日结
>
> 即英吉利国一千八百零九年五月八号

剌佛的恭顺态度使百龄产生好感。他代英人乞恩，允许英国货船仍来粤贸易。护货兵船则只许停留鸡颈外洋。清廷不愿事态扩大，同意了百龄的奏请。

马戛尔尼访华没有取得成功，武力图占澳门又连遭失败，英国于是再次考虑通过外交途径实现侵华目的。1815年，英法战争最后结束。他们立刻选派了英王的侍从官、贵族阿美士德作为大使再次访华，副使是斯当东和埃利斯，马礼逊任翻译。英国外交大臣卡斯尔雷给予阿美士德的使命是：公司的权利应有更明确和详细的规定；保证不断地进行贸易，保护英商投资财产；中国官吏不得闯入公司商馆，准许雇用中国仆役；商馆人员与北京有关衙门直接通信，取

① 《军机处寄两广总督吴熊光着遵旨逐层晓谕英夷退出澳门并现在如何办理之处着即复奏上谕》，《清代外交史料》（嘉庆朝）二，第28—29页。

② 《粤督百龄为英兵据澳事奏参前督吴熊光折》，许地山编：《达衷集》，商务印书馆1931年版，第222页。

③ 《清代外交史料》（嘉庆朝）三，第4—5页。

得以汉文书写全部书信与文件递交当地政府的权利。①

对于英使再次来华，嘉庆帝和乾隆帝的态度大不一样。他不仅亲身经历了上次使团的祝寿活动，而且目睹了近年英人一系列不法行为，特别是两次图占澳门，给他留下了极坏的印象。因此，他对使团来华不抱欢迎态度。他认为英国使团来华，名为仰慕中国德威，实是别有所求。他指示直隶总督，如果使臣要求增开通商口岸，应驳回。如果该使情词恭顺，可以领他入觐；如果不遵中国礼制，即在天津筵宴遣回，不让进京。他的基本态度是“不以为喜”。②

阿美士德一行于1816年2月8日自英国启程，7月28日抵达天津口外。按照上次规格，仍派长芦盐政广惠负责接待。8月12日，阿美士德到达天津，所带礼品39项共52件也同时到达。阿美士德上岸后遇到的第一个问题仍然是跪叩礼制。13日，清朝官员以皇上名义设宴招待阿美士德一行，要求英使先行跪叩礼然后入席，英使则坚持按英国礼节。双方相持不下。最后，清朝官员只好让步，自己行了三跪九叩礼，而英人则向皇帝牌位三免冠，九跪一膝，九一俯首。

由于嘉庆帝曾钦定了使臣的活动日程，因此，负责接待的苏楞额等让使团按期赴京。嘉庆帝很不高兴，因为他曾下谕，使臣只能礼节娴熟后才能赴京。他指示苏楞额等说服使团按礼节行事，并警告说，如果到京后英国使臣不能如仪，不仅使臣逐回，他们也要治罪。苏楞额等赶忙停船，反复向使臣劝说，却毫无效果。8月17日，嘉庆帝又派理藩院尚书和世泰和礼部尚书、总管内务府大臣穆克登额二人前往通州等候，并让苏楞额等带着使臣来京，再行劝说使臣。不知和世泰等人是出于什么动机，8月24日突然上奏说，贡使正在演习礼仪，只是“尚未如仪”。嘉庆帝认为：只要按照中国礼仪就行，至于熟练与否，无大妨碍。凡事不可过细，转失驭外之道。因此，命令和世泰等带使入京。

嘉庆帝万没想到，所谓演习礼仪云云，全是和世泰等捏造。阿美士德等不但没有演习礼仪，甚至这类的口头表示都没有。为了应付嘉庆帝，和世泰想了个主意，即让使臣头天夜间（8月28日）由通州出发，经过连夜奔波赶到北京，第二天凌晨在正大光明殿朝见。那时使臣一定疲惫不堪，行礼时，派员带领将贡使连挟带拖地拉到皇上面前，屈膝俯首，便可蒙混过关。谁知阿美士德发现了他的计划，便以礼服未到为由，拒绝进殿朝见。嘉庆帝几次谕令传见使臣，

---

① 参见《卡斯尔雷致阿美士德函》（1816年1月1日），转自马士：《东印度公司对华贸易编年史》第3卷，第275页。

② 《嘉庆帝朱批》，《清代外交史料》（嘉庆朝）五，第5页。

和世泰无法应付，只得谎称正使、副使纷纷生病。由于破绽百出，嘉庆帝大怒，谕令使臣即日回国，和世泰、穆克登额着交部严加议处。

第二天，嘉庆帝得悉一些真相，怒气渐消，决定加恩追收使团带来的几件礼品，同时也回赠了一些礼物，还颁发一份复书，主要内容有三：一、英王“输诚慕化”，“笃于恭顺，深表愉悦”；二、派来使臣于觐见之时，已至宫门，却“同称患病，其为无礼，莫此为甚”，是以遣回，表文“仍由尔使臣赍回”。此“乃尔使臣之咎，尔国王恭顺之心，朕实鉴之”；三、英国距中国太远，“嗣后毋庸遣使远来，徒烦跋涉”。①

阿美士德使团被赶出京城后，清政府派广惠陪同赴广州，为了让他们知道“中国疆域之宏廓，山川之险阻”②，特意让他们走直隶、山东、江苏、安徽、江西等省然后抵广州，全程整整花了 4 个月。阿美士德等在广州住了 20 天，然后去澳门转道回国。

阿美士德访华比马戛尔尼失败更惨。且不说完成英国外交大臣给他的使命，甚至正式提出要求的机会都没有争到。从英国政府的意图来看，组织使团访华，目的是乘机攫取更多的权益，结果什么也没有捞到。英国使团的再次失败，使英国政府感到用外交手段已无法达到目的，转而酝酿使用武力。中英之间的矛盾从此日趋激化，战争已不可避免。

四、英国对华贸易的入超

英国自从和中国通商以来，曾经采取种种方法扩大对华贸易。但是，它本身并无多少产品可和中国交换。即使在工业革命中，它输入中国的不过是一些毛货（宽幅呢、哔叽）、羽纱、铅料、锡料、铜料以及少量金属制品如钟表、刀子等。

当时中国是一个典型的自然经济大国，男耕女织，自给自足，完全可以不依赖对外贸易而生存下去。后来担任中国海关总税务司 40 多年的赫德评论说：

---

① 梁廷枏等纂：《粤海关志》卷二三《贡舶三》。

② 《军机处寄两江总督百龄英使已知悔惧饬知护送各员仍当待之以礼不可意存凌侮至改令由浙洋行走一节着不可行上谕》，《清代外交史料》（嘉庆朝）六，第 5 页。

"中国有世界上最好的粮食，米；最好的饮料，茶；以及最好的衣着，棉、丝和皮毛。既有这些大宗物产以及无数的土制副产品，所以他们不需要从别的地方购买一文钱的东西。"① 在这样强大的排斥力下，英国小宗的本土产品一时想打入中国市场是很难的。

从英国来说，自从圈地运动到工业革命开展，纺织业始终起着积极的先导作用。18—19世纪，英国的纺织技术，在全世界堪称第一流。然而即使如此，它们的纺织品也难以在中国市场立足。从当时中国国民消费心理看，便宜、耐用是购买物品的主要参考依据，至于外观的新颖和漂亮，则是第二位的，甚至是不重要的。英国的纺织品确实比中国的光泽好看，但远不如中国的土布耐用。中国自制的土布厚实、保暖、耐穿，能较好地满足中国人的要求。另外，长期积累的纺织经验，使中国某些土布的品种不仅在中国，即使在欧美也颇具声誉。直到19世纪30年代，广州的怡和洋行给他们往来商家发送的行情报告中还说，中国土产的"紫花布"（亦称南京布），无论在质地还是成本上都优于曼彻斯特的棉布。② 1834年2月出版的《中国丛报》也认为，南京布在色调与编织上仍对英国产的棉布保持着优势。③ 在东印度公司垄断贸易的整个时期，这种南京布的出口，一直长盛不衰。1734年，东印度公司买了100匹南京布运回试销，以后逐渐增多，并转入经常化。到1786年，东印度公司和港脚商人共从中国输出南京布4.2万匹。综计1786年至1833年的48年间，英国共输出15169553匹，平均每年输出316032匹多。④ 据马士的《东印度公司对华贸易编年史》统计，1817—1833年，中英两国间棉纺织品趋势有如下表：⑤

英伦本土对华棉纺织品贸易趋势表

（1817—1833年年平均数）　　价值单位：银两

年　　度	自英输华棉纺织品值	自华输英土布值	中国对英贸易出（＋）入（－）超
1817—1818	——	395237	＋395237
1818—1819	——	515640	＋515640

① 赫德：《中国闻见录》。

② 参见格林堡：《鸦片战争前中英通商史》，商务印书馆1961年版，第1页。

③ 参见《中国丛报》第2卷第10期（1834年2月）。

④ 据方显廷：《中国之棉纺织业》，商务印书馆1934年版，第323页。

⑤ 据严中平等编：《中国近代经济史统计资料选辑》，科学出版社1955年版，第13页表11。

续表

年　　度	自英输华棉纺织品值	自华输英土布值	中国对英贸易 出（＋）入（－）超
1819—1820	——	265987	＋265987
1820—1821	——	433734	＋433734
1821—1822	9807	367651	＋357844
1822—1823	——	337264	＋337264
1823—1824	——	451434	＋451434
1824—1825	——	321162	＋321162
1825—1826	1895	366750	＋364855
1826—1827	36144	145172	＋109028
1827—1828	124983	467876	＋342893
1828—1829	183338	469432	＋286094
1829—1830	215373	355295	＋139922
1830—1831	246189	386364	＋140175
1831—1832	360521	115878	－244643
1832—1833	337646	61236	－276410
1833—1834	451565	16304	－435261

从上表不难看出，直到 1830—1831 年度，英国纺织品对中国的输入量，远远不及中国手织土布向英国的输出。

中国不需要英国的制造品。这些商品既不符合他们的审美观念和价值标准，也超出了小生产者的财力。而英国以及欧美其他国家，对中国的商品却颇感兴趣。南京布流往欧美后，成为 19 世纪欧美绅士制作时髦裤子的上等材料，并且为美国人的衣料史掀开了新的一页，在世界上颇负盛名。① 中国的瓷器、漆器、丝绸，显得富丽典雅，与那时英国的理性时代和华丽的建筑风气相互呼应，很受上流社会的欢迎。尤其是茶叶，具有提神解暑等多种效用，而且清香芬芳，英国上下各个阶层无不喜爱这种饮料。同时，进口茶叶既不影响英国的工业发展，又可获得优厚的利润，最有利于英国的贸易。

英国饮茶历史并不长，但发展很快。最初是英王查理二世迎娶了葡萄牙公主凯瑟琳。由于凯瑟琳喜好饮茶，因此，英国上层社会争相仿效，把饮茶视为

① 参见严中平：《中国棉纺织史稿》，科学出版社 1955 年版，第 32 页。

一种高雅习惯。1664年，英属东印度公司投其所好，将输入的2磅2盎司茶叶献给英王，英王大加赞许，每磅奖给50先令。消息一经传出，报纸当为奇闻。据说法国国王竟为此派密探潜入英国王宫，了解中国茶叶的秘密。影响所及，逐渐成为非常流行的全国性饮料。

饮茶的盛行，大大刺激了东印度公司经营茶叶贸易的热情。1684年，东印度公司把购进中国茶叶列为重要项目，公司通知英商："现时茶已通行，望每年购上好新茶五六箱运来。"① 17世纪末，每年运入英国的茶叶平均约为2万磅。1704年，英船"康德"号运茶470担。1718年，东印度公司运出茶叶672669磅，在英国由华输出品中取代了丝织品，占居首位。1720年，英商独购茶叶10677箱。1741年，英商（港脚船）运出茶叶13345担（本年广州茶叶出口总量达37745担）。1750年，英国从广州输出茶叶21543担（出口总量为70842担）。1761年，英国输茶叶为2862733磅。1771年，增到6799010磅。到18世纪末，英国每年平均输入茶叶152242担。与此同时，英国对茶叶的消费量，平均每人每年超过2磅。②

在中英贸易中，从1718年到鸦片战争前，茶叶一直是主要输出品。1760—1764年，英国自中国输出的茶叶共值银806242两，占输出总值的91.9%。1825—1829年，平均每年输出茶叶值达5940541两，占了英国自华输出总值的94.1%。茶叶作为高额利润的大宗进口商品，英国通过征收高额关税也大获其利。在英国，1689年开始对茶叶征收关税。随着茶叶输入增多，税率也不断提高。1768—1772年年平均为64%，1773—1777年年平均为106%，1778—1779年下降到年平均100%，1783年又上升到114%，1784年竟达到119%。③

这种茶税提高与美国爆发独立战争有密切关系。英国政府为了镇压美国人民反抗，军费猛增。为了弥补财政上的亏损，政府不断增税。但是，茶税过高带来了三大问题：首先，影响了消费者的利益。茶税提高，茶价随之上涨，而

---

① 萧一山：《清代通史》二，第847—848页。

② 以上数字据下列各书：马士：《东印度公司对华贸易编年史》第1卷；西浦·里默：《中国对外贸易》；萧一山：《清代通史》二；米尔本：《东方商业》第2卷；武汉大学历史系鸦片战争研究组编：《外国学者论鸦片战争与林则徐》上，福建人民出版社1989年版；《中英关系系年要录》第1卷。

③ 据普里查德：《早期中英关系的关键年代》（1750—1800），第146—147页。载《华盛顿州立大学学报》第4卷第3—4期合刊（1936年9月和12月）

当时茶叶几乎已成英国国民的生活必需品，这就不能不引起民众对政府的不满。其次，影响了东印度公司的利益。茶税提高，使以茶叶为重要货源的东印度公司生意大受影响。他们不得不紧缩茶叶贸易。如1775—1779年，公司自中国输出的茶叶陡降到只占总值的55.1%，远远低于前述1760—1764年的水平。第三，影响了国家的税收。本来，提高茶税的目的是增加税收。然而，税收过高，客观上刺激了茶叶走私活动的发展。欧洲各国商人趁机大肆把茶叶走私输英，与东印度公司争夺英国茶叶市场。据记载，欧洲各国当时每年至少有700万磅以上茶叶走私输入英国，而通过缴税输入英国的茶叶，每年则只有550万磅。为了解决这些问题，乔治三世于1784年8月颁布了减税法令，规定自1785年8月1日起将茶税由119%锐降到12.5%。[①] 同时规定，东印度公司每年有向英国本土输入茶叶1500万磅的义务。此外再向纳窗户税（一种按家中窗户数量征收的房屋税）的英国居民加征60万镑税款，以弥补由于降低茶税所带来的财政亏空。

减税法令的推行，严厉打击了茶叶的走私活动，东印度公司的茶叶贸易重新大幅度增长，下表明显地反映了这种趋势：[②]

东印度公司自中国输至英伦本土茶叶量的发展趋势

（1760—1833年年平均数）

指数：1780—1784年平均＝100

年　度	茶　叶　量（单位：担）	%
1760—1764	42065	75.7
1765—1769	61834	111.2
1770—1774	54215	97.5
1775—1779	33912	61.0
1780—1784	55590	100.0
1785—1789	138417	249.0
1790—1794	136433	245.4
1795—1799	152242	273.9
1800—1804	221027	397.6

① 参见马士：《东印度公司对华贸易编年史》第1、2卷，第437页。

② 据严中平等编：《中国近代经济史统计资料选辑》，第15页表13。

续表

年　度	茶　叶　量（单位：担）	%
1805—1809	167669	301.6
1810—1814	244446	439.7
1815—1819	222301	399.9
1820—1824	215811	388.2
1825—1829	244704	440.2
1830—1833	235840	424.2

茶叶的增长，反过来又刺激了英国国民的茶叶消费。过去，英人以酒作为饮料，酒价飞涨，贫民于是以茶代酒。饮茶之风更盛。为了保证茶叶的供应，英国国会通过法令，限定东印度公司必须经常保持一年的储备。由于公司茶叶销售价比自中国购入价高出 80%—250%，茶叶给公司带来了极大的利润（1775—1785 年年平均利润率为 30%，1785—1795 年年平均利润率为 31.6%）。特别是推行减税法令后，公司更注意垄断茶叶贸易。在整个中英贸易中，茶叶占了极大的比重。据统计，1814—1837 年的 24 年中，英国茶税收入达 82640531 英镑，平均每年为 3443355 镑。“从中国来的茶叶提供了英国国库总收入的十分之一左右和东印度公司的全部利润。”① 正如伦敦东印度和中国协会在给外交大臣请愿书中说的，茶叶“同大英帝国内的工商业利益、财政和个人的欢娱有很大的关系”②。

英国需要中国的茶叶和其他商品，但却拿不出适合中国需要的商品来同中国交换。他们的工业制造品在中国没有市场，常常亏损。为了换回茶叶，英国不得不忍受明亏把英货千里迢迢运来，然后从运回茶叶的利润中求得补偿。据 1820 年的估计，广州销售英国产品的净亏额在前 23 年中几达 169 万英镑。尽管如此，英货的输入额仍然很有限，英国必须依靠大量的白银来填补贸易逆差。

1637 年，第一艘来华的英船虽然仗着大炮优势，强迫广州官员通商，但那次通商的结果是没有卖出一件英国货，只买了 6 万里尔的货物回去。以后来华的英船也很少带来英国本土货物，银圆是他们输往中国的主要“商品”。如 1699

① 格林堡：《鸦片战争前中英通商史》，第 3 页。

② 转自卫藤沈吉：《鸦片战争前英国商人的性格》第 4 节，《近代中国政治史研究》，东京大学出版会 1968 年版。

年英国公司船“麦士里斯菲尔德”号来华，载运现银为26611镑和价值5475镑的呢绒等，而这些货物有四分之一没有卖出。① 1730年，英国有5艘船来华贸易，带来西班牙、墨西哥、达卡、法国等地银圆共80万元，折合白银582112两，铅120吨，合银7511两，哔叽984匹，合银6201两。银圆价值等于货物价值的42.45倍，占总额的97.69%。② 据《中英关系系年要录》提供的综合资料统计，1708—1760年，英国东印度公司商船载来的条金（银圆等）共5912877镑，货物值只754532镑，53年间载来银圆等硬货占了总值的88.68%。③ 据马士估计，1700—1830年的130年间，广州白银进口的净数不能少于9000万至1亿英镑。④ 按1英镑等于墨西哥银圆4元计，约合西班牙银圆3.6亿至4亿元。有些估计认为，流入总额超过5亿元。⑤

英商之所以大量携带白银来华，除了英国缺乏适合中国需要的商品，而又必须大量购买中国茶丝外，还有两个因素：一是中国银矿开采不足，白银满足不了日益增长的商品流通的需要，因此欢迎银块和银货来华，携带白银最有利于交易。二是中国的金银比价与欧洲差异很大。中国纯银与纯金的比价通常为10∶1，最高也不过12∶1；而在欧洲，银金比价为15∶1。也就是说，银价在中国比欧洲要高得多，英商运银来华本身就是一笔有利可图的买卖。

东印度公司的白银一般来自几条渠道：一、美洲大陆；二、西班牙及欧洲其他国家；三、英国本土；四、印度。正是靠着这些银源，东印度公司在对华贸易初期显得高枕无忧。但是，这种状况维持不长，一个个接踵而至的事件几乎将全部渠道堵塞。首先，是印度。英属东印度公司把印度作为一块肥肉，花了很大力量从法国手里争得那里的地盘，本来是极有利的供银基地。但是，英国政府要求公司向国内输送白银，国库规定每年向公司征税30万镑，并对股票强制实行平均12%的高额红利。加之公司在印度的征战和行政费用，使印度很难再有白银输往中国。其次，白银大量出口对资本积累产生了威胁，国内硬货主义者和工业资产阶级对公司进行猛烈的抨击。为了缓和舆论，公司规定来华商船至少要装载十分之一的英国本土货物。其三，国际局势变化，使公司获银途径受阻。1775年，北美英国殖民地爆发了独立战争；三年以后，英法再度开

① 据格林堡：《鸦片战争前中英通商史》，第6页。

② 据《中英关系系年要录》第1卷，第397页。

③ 据《中英关系系年要录》第1卷附表4，第732页。

④ 据马士：《中华帝国对外关系史》第1卷，第231页注④。

⑤ 转自《外国学者论鸦片战争与林则徐》上，第32页。

战；1779 年，英国又与西班牙开战。这些战争把英国从美洲取得白银的渠道堵塞了。结果，1779—1785 年，没有一块银圆从英国运到中国。[①]

东印度公司既无法在中国大量推销英国货，又弄不到大量的白银，却渴望得到中国的大量茶叶。如何解决这个尖锐的矛盾？怎样改变这种对华贸易长期入超的不利局面？这是东印度公司乃至英国政府亟望解决的问题。

五、鸦片——恶毒的殖民武器

在白银来源断绝的困境中，东印度公司为了购买中国的商品，竟然置道义原则于不顾，大力向中国输出毒品——鸦片。

“鸦片”是英文 Opium 的译音，用罂粟的汁液提炼而成。罂粟原产于南欧和小亚细亚等地，在西洋很早就用作药材，医治头痛、失眠、咳嗽以及痢疾等病。罗马史学家李维称罂粟为麻醉剂。狄思哥里德《医书》中说它能使人忘忧多眠，安神止痛。印度很早用为治疗咳嗽的特效药。鸦片大约在唐朝时代传入中国，在中原和西南各地渐有种植。郭橐驼在《种树书》中介绍：“莺粟九月九日及中秋夜种之，花必大，子必满。”[②] 晚唐雍陶的《西归出斜谷》诗中，有“行过险栈出褒斜，出尽平川似到家。万里客愁今日散，马前初见米囊花”[③] 之句。郭橐驼是长安人，雍陶是成都人，可知唐朝时代，陕西、四川已种罂粟。这里的莺粟、米囊，都是罂粟的别名，此外还有阿芙蓉、合浦融、亚荣、阿扁、波毕、阿片等等称呼。

宋朝时，罂粟已编入医药著作。宋《开宝本草》说：“罂粟子，一名米囊子，又名御米”，其米主治“丹石发动，不下饮食，和竹沥煮作粥食，极美”。[④] 苏轼诗中曾有“道人劝饮鸡苏水，童子能煎莺粟汤”[⑤] 之句。苏辙《种药苗诗》描写得尤为具体：“罂粟可储，罂小如罂，粟细如粟，与麦皆种，与穄皆熟，苗堪春菜，实比秋谷，研作牛乳，烹为佛粥。老人气衰，饮食无几，食肉不消，

① 参见格林堡：《鸦片战争前中英通商史》，第 7 页。

② 《古今图书集成·草木典》第 122 卷，中华书局 1934 年影印本，第 66118 页。

③ 《全唐诗》第 15 册，中华书局 1960 年版，第 5923 页。

④ 《古今图书集成·草木典》第 122 卷，第 66119 页。

⑤ 《归宜兴留题竹西寺》，《苏文忠公诗集》卷二五。

食菜寡味，柳槌食钵，煎以蜜水，便口利喉，调肺养胃。”① 可见，当时人们是把罂粟当作补品来食用的。

鸦片虽然可以治病，但是药力过猛，麻醉性极大。这方面在元朝已引起医学家的警惕。金元四大医家之一的朱震亨曾指出：鸦片“杀人如剑，宜深戒之”②。不过，他的告诫未引起人们的注意。鸦片一直作为高级补品食用。有学者对1573—1620年在位的万历帝的骨头进行化验，发现含有吗啡，证明他也是吃鸦片的。足证当时吸食鸦片在王公大臣、皇亲国戚中较为流行。

据记载，当时鸦片仍然是当药服用，其服法有二：一是单独吞食，如服金丹；一是和以他药，煎汤饮服。吸食鸦片的方法，开始于爪哇土人。由于南洋一带湿瘴很重，土人好用水管吸食烟草，据说可以祛湿避瘴。后来偶于烟中混入鸦片吸之，倍觉愉快，从而发明了鸦片用枪管灼火吸食的新方法。其后以荷兰人为媒介，由爪哇传入台湾，再从台湾传到对岸的漳州、泉州、厦门一带。③从此，我国人沾染了吸食鸦片的恶习。

新的吸食方法将鸦片由药品变成了烟。它的毒性很大，使长期吸食者变得面黄肌瘦，精神萎靡，精枯骨立，无复人形。且鸦片烟易于传播，易使人成瘾而不能自拔。上瘾之后，吸食者完全变成鸦片的俘虏，“就像不能没有水和食物一样地离不开鸦片”。“其症状为极度的心神不安、烦躁、全身发寒、脸上发烧、打喷嚏、出虚汗、淌口水、流鼻涕。有的人还出现恶心、呕吐、腹泻等肠胃性不适。腹部、双腿和背部都严重痉挛，全身骨头痛，肌肉抽搐；神经兴奋、发颤。每一种症状跟其他症状相矛盾。烟瘾发作时，瘾君子很饿，但又吃不下；他很困，但又睡不着”。④ 凡鸦片上瘾者，极难自制。为了吸食鸦片，他们不惜将家产卖尽当绝，甚至流为盗贼。它不仅使吸食者的身心受到严重摧残，而且对社会治安造成威胁。因此，自1729年以来，清政府一再申令禁止，并且不断加严。

但是，殖民者利欲熏心，他们只图赚钱，哪管人们死活，哪管中国禁令？为了赚取利润，他们竟常常蓄意破坏中国采取的种种措施。18世纪前期，充当贩卖鸦片的罪魁是葡萄牙人。他们主要从果阿和达曼等地将鸦片运进澳门，然

---

① 《古今图书集成·草木典》，第66120页。

② 《古今图书集成·草木典》，第66119页。

③ 参见乾隆《续修台湾府志》卷一九《丛谈》；伊能嘉矩：《台湾文化志》中卷，第304—306页。

④ 转自张馨保：《林钦差与鸦片战争》，福建人民出版社1989年版，第18页。

后倒手转卖。法国人与荷兰人也做这类生意。不过当时输入量不大，每年仅 200 箱左右。由于那时鸦片仍然被当作药物，因此，与其他货物一样通过行商，缴纳关税，公开买卖。

英国殖民者贩卖鸦片始于 1708 年，[①] 开始时数量不大。1720 年出版的《鲁滨孙飘流记》中的主角鲁滨孙就曾到中国贩卖鸦片，“是行颇得利”[②]。当然，那时尚少专门的鸦片贩子。1757 年，东印度公司占领了孟加拉，不久又取得对奥理萨和比哈尔等地的统治权。这些地区都是印度著名的鸦片出产地，他们见贩鸦片可以牟取暴利，开始筹划大力经营。

起初，这些地区的鸦片，主要由私商以及东印度公司职员私人经营，白花花的银子流进了个人的腰包。东印度公司对此颇为眼红，1772 年哈斯丁斯担任孟加拉省督之后，立即向参议会提出制订鸦片政策的三项方案：

一、让向公司付出一定保证金的人承包专卖业务。

二、公司自己全面控制专卖业务。

三、取消一切限制，使之完全处于自由竞争状态。

但是，他认为：“全面停止垄断，靠现政府的力量是不能做到的，垄断将通过表面上看不见的强制继续下去，其结果（弊端）较之在妥善的管理下公开允许的垄断要严重得多。”[③] 1773 年，参议会通过权衡，决定采纳第一个方案：除了历来事实上承包着专卖鸦片的米尔·曼利尔外，正式指定一名公司鸦片专卖承包者，在加尔各答经公司之手将收集的鸦片加以拍卖。这就是公司推行鸦片政策的第一步——获得鸦片专卖的垄断权。

当时中国还不是鸦片的主要消费市场，但东印度公司却有意把销售目标向中国转移。1775 年，哈斯丁斯向印度鸦片重要集散地巴特拿的公司职员呼吁：驻在此地的公司职员，为着公司自身打算，就应该向中国输出鸦片。此外，为了加快推行对中国的鸦片贸易，东印度公司甚至亲自向中国贩运鸦片。1781 年，亨利·沃森向哈斯丁斯建议，将孟加拉所有的鸦片卖到中国去，垄断中国市场，并愿意为此提供自己的“努萨奇”号商船。接着，桑希尔提供自己的“贝特西”号作为响应。是年，东印度公司为“贝特西”号提供了 1466 箱鸦片。可是，“贝特西”号仅在马莱卖了一小部分鸦片，还没有到达广东就碰上了法国的海盗船。

---

① 参见 J. F. 理查兹：《印度帝国与 19 世纪农民的鸦片生产》，《当代亚洲研究》1981 年 2 月号。

② 笛福：《鲁滨孙飘流续记》卷下，商务印书馆 1915 年版，第 29 页。

③ 卫藤沈吉：《鸦片战争前英国商人的性格》第 3 节。

船长死里逃生，只带着 59600 元钱来到广州，尚不足预定额的十分之一。第二年，“努萨奇”号也不走运。它虽然依靠不断变换旗号终于到达广东，却正碰上“鸦片的输入被中国政府严禁”① 之时，澳门已因此积存了大批鸦片无法脱手，结果使公司蒙受了 54627 两白银的重大损失。1783 年，东印度公司又接到驻广州管货人委员会的报告：“中国正在用严厉的刑罚禁止鸦片输入，正在销毁收缴的鸦片，没收输入船舶，对买卖鸦片的中国人处以死刑。”② 1796 年，嘉庆帝上任伊始，就正式谕令停征鸦片税，鸦片被完全禁止输入。为了避免和清政府直接发生冲突，影响大利所在的茶丝贸易，东印度公司放弃了直接贩卖鸦片的企图，改为垄断印度鸦片的生产和买卖。1797 年，又进一步垄断了鸦片的制造权。“它强迫一部分印度的莱特（即印度农民）种植罂粟，用贷款的办法引诱另一部分莱特也去种植罂粟。”③ 罂粟的种植在印度很快扩展起来。18 世纪末，孟加拉主要鸦片产地比哈尔曾规定每年种植罂粟不得超过 2.5 万英亩，而到 1828 年，却扩大到 79488 英亩，1838 年，猛增到 176745 英亩。鸦片战后的 40 年间，印度每年种植罂粟的土地都超过 45 万英亩。④

英印当局为了发展鸦片贸易，建立起一套庞大的管理机构，并且对中国吸食者的嗜好做了精心的调查研究。这套机构“严密地垄断了这种毒品的全部生产，借助大批官方侦探来监视一切：栽种罂粟，把罂粟交付指定地点，使罂粟的蒸晒和鸦片的调制适合于中国鸦片吸食者的口味，把鸦片装入为便于偷运而特制的箱子，以及把鸦片运往加尔各答。在那里，鸦片由政府标价拍卖，国家官吏把鸦片移交给投机商人，然后又转给走私商人，由他们运往中国”⑤。然而在表面上，公司伪善地表示禁止经营鸦片，竭力装出一副正经商人的面孔，“而该公司发给同中国做买卖的私人船只的执照中却附有条件，规定这些轮船不得载运非东印度公司生产的鸦片，否则要处以罚金”⑥。事实上，英国对华鸦片贸

① J. 朗特里：《英帝国的毒品贸易》，1905 年版，第 18 页，转自《外国学者论鸦片战争与林则徐》上，第 29 页。

② J.S. 希尔：《印度与中国的鸦片贸易》，1884 年版，第 3 页，转自《外国学者论鸦片战争与林则徐》上，第 29 页。

③ 马克思：《鸦片贸易史》，《马克思恩格斯选集》第 2 卷，第 29 页。

④ 据 J.F. 理查兹：《印度帝国与 19 世纪农民的鸦片生产》，《当代亚洲研究》1981 年 2 月号。

⑤ 马克思：《鸦片贸易史》，《马克思恩格斯选集》第 2 卷，第 29 页。

⑥ 马克思：《鸦片贸易史》，《马克思恩格斯选集》第 2 卷，第 25 页。

易是由两部分组成的：一部分是由东印度公司负责收购和制造，并批售给投机商人；另一部分是由投机商人转交给所谓“港脚”的走私商人，由他们贩运至中国并进行销售。前者是推行鸦片政策的主谋，后者是推销鸦片的走私贩子，二者相互为用，才使鸦片贸易的规模日益扩大。事实雄辩地表明，鸦片贸易的迅速发展，完全是“东印度公司一手扶植”① 的结果。

“港脚”，系 Country 之译音。当时，英商通称往来广州、印度、东南亚沿海的英国私人商船叫 Country Ships，中国行商误以为“港脚国”船，以为“港脚国”在东印度。② 由此讹传推衍，Country Ships进行的贸易，被称为港脚贸易，其商人被称为港脚商人。

港脚商人是东印度公司以外的私商，由于公司拥有垄断权，港脚商人在原则上必须服从公司管理，③ 只能从事经公司允许的贸易活动。据记载，早在1732 年就有港脚船出现于广东港。④ 但在 18 世纪中叶以前，港脚贸易只占很小比重。为了避免港脚贸易与公司贸易竞争，公司对港脚贸易做了种种限制：在贸易区域上，港脚贸易不得将货物运往欧洲和英国本土；在品种上，基本禁止港脚商人购买中国的茶叶与生丝。因此，在港脚贸易前期，主要有两条商路：一是从孟买运载棉花以及白檀、琥珀、象牙或香料到广东，然后购进砂糖、糖果、绢织品、陶器和极少量的生丝与茶叶运回印度；二是在加尔各答运载棉纺织品和鸦片，驶往东南亚各地停泊，交换米、象牙、锡、银、胡椒等运往广东，然后购进上述同样货物回印度。1764—1765 年度，港脚贸易额还只占中英贸易的 13%。由于公司职员为牟取暴利，经常托港脚商人带货，并有意使公司向港脚商人让利，加上这些唯利是图的商人的非法行为和冒险精神，港脚贸易得到迅速发展。18 世纪末叶，港脚贸易在英商输华的货物总值中已占到 54.1%，⑤ 成为中英主要贸易之一，也成为东印度公司对华贸易的支柱。

港脚贸易对东印度公司的殖民掠夺有三大作用：第一，由于港脚商被禁止

---

① 马克思：《鸦片贸易史》，《马克思恩格斯选集》第 2 卷，第 26 页。

② 参见威廉·C. 亨特：《广州“番鬼”录》，广东人民出版社 1993 年版，第 25 页；魏源：《海国图志》卷五三《大西洋·英吉利国广述下》，岳麓书社 1998 年版。

③ 1786 年英国议会通过一项法令，明确肯定了广东大班对散商的充分管辖权。转自格林堡：《鸦片战争前中英通商史》，第 19 页。

④ 参见马士：《东印度公司对华贸易编年史》第 1、2 卷，第 212 页。

⑤ 据《中国近代经济史统计资料选辑》第 7 页表 5。

购买中国主要的大宗商品茶叶和生丝，限制了港脚商人自中国输出商品的幅度，因此，他们从印度和东南亚运销中国的棉花、鸦片和其他物品，往往不能换回相当数量的中国货，形成对中国贸易的顺差。这样正可弥补东印度公司长期以来对华贸易的逆差。弥补的办法是东印度公司利用伦敦、孟买和加尔各答的汇票去换取港脚商人在广州交易中的大量现金，借以减轻公司常年向中国运银的负担，并不断扩大对华贸易。

据记载，1761年就有最早的期票发行。① 1763年，公司继续发行了2139两白银的期票。第二年，公司14只船驶入广东，但没有从英国带来白银。虽然他们设法向澳门葡萄牙人借了许多钱，但仍然解决不了购买茶叶等中国商品的资金问题。于是，驻广州的公司管货人决定扩大发行期票的业务："我们（管货人）的一致意见是：为了进一步奖励私人（港脚商人），让他们进一步向公司的金库提供所拥有的现金，发行致本公司董事会的支付日期为90天的期票。这种做法虽然是违反一般训令的，但我们现在面临的困难对此可以做出充分的解释。"②

他们的努力很快出现了明显的效果。在这个贸易季度里，期票从港脚商人那里换来了白银111238两，接近公司购买中国商品支出总额的10%。随着英国对北美、西班牙、法国战争连续发生，银源渠道愈来愈少，公司不得不在更大程度上依赖港脚商人的顺差来弥补自身的逆差。为了鼓励这些商人购买期票，公司分别做出对港脚商人输往广东的商品免除运费和船租费的决定。这样，不仅大大促进了期票的发展，也大大激发了港脚商人对华贸易的积极性。据记载，1775—1780年，到达广州的公司商船为43只，而港脚船却有63只，远远超过了公司船。1779年，港脚商人所购期票高达72.3万两，占公司在广州购货支付总额的49%。因此，18世纪70年代以后，港脚贸易事实上是公司对华贸易的主要支柱。

第二，港脚贸易是公司推行鸦片贸易政策的重要组成部分。港脚商人输华的主要产品是鸦片和棉花。棉花在中国从元朝起已广为种植，其进口受到一定的限制。据记载，1819年后，印度棉花市场长期处于萧条状态。而鸦片，中国本身并不生产，特别是清政府一再颁行禁烟令后，鸦片走私进口，完全是现款交易。因此，它不仅市场潜力很大，而且利润特高，自然逐渐成为港脚贸易的

① 卫藤沈吉：《鸦片战争前英国商人的性格》第2节。
② 卫藤沈吉：《鸦片战争前英国商人的性格》第2节。

最主要商品。据统计，1820—1824年，各类英商输华印度棉花年平均值2958249元，鸦片年平均值为8464100元，鸦片输华值是棉花输华值的2.8倍多。① 大鸦片贩子麦克尼1830年对上议院委员会说，他的公司在广州规模最大，其经营的“几乎全部是鸦片生意”②。詹姆士·马地臣和威廉·查顿在中国的几年中，经营的也几乎全部是鸦片生意。当时《商业指南》的作者菲普斯认为，鸦片贸易的规模是“世界上任何一个地方的任何一项消费品都不能与它相比”③ 的。显而易见，鸦片政策是东印度公司对华实行殖民扩张的一个重要步骤，而真正把鸦片通过走私运进中国的则是港脚商人。

第三，以鸦片为主要内容的港脚贸易给英国殖民者带来了极大利润。港脚贸易使鸦片贸易最终得以实现。鸦片贸易的利润高得惊人，几乎任何商品都无法与它抗衡。例如1805年，公司收购鸦片，每箱为160卢比，运到加尔各答拍卖，每箱上升到988卢比，港脚商人把它偷运到广州销售，每箱竟达3500卢比，等于收购价格的22倍。英印政府也分享到极大的好处，它通过征收鸦片税、垄断鸦片等办法从中获得的收入占了全部财政收入的七分之一。同时，还促成了英、印、中三角贸易的发展。以前，印度无力购买英国货，中国则不需要英国货，而英国却大量消费中国的茶叶。如前所述，公司常常不得不满载白银来换取中国的茶叶。港脚贸易既解决了公司的白银问题，又使印度购买力大大增强。于是贸易形成了三角循环系统：英国工业制造品大量向印度输出，印度的鸦片大规模走私输入中国，然后将中国茶叶、生丝等商品大批运往英国。华伦曾在《鸦片》一书中揭露道：“多年以来，东印度公司从鸦片贸易上获得了巨额收入。这种收入使英国政府和国家在政治上和财政上获得无法计算的好处。英国和中国之间贸易差额的情况有利于英国，使印度对英国制造品的消费量增加了十倍；这直接支持了英国在东方的巨大统治机构，支应英王陛下在印度的机关经费；用茶叶作为汇划资金和交流物资的手段，又使大量的收入流入英国国库，而且用不着使印度贫困就给英国每年带来600万镑。”④

鸦片贸易成为英国“财富的取之不尽的矿藏”⑤，它给英国各方面都带来了

① 据《中国近代经济史统计资料选辑》第11、23页提供的数字推算。

② 转自格林堡：《鸦片战争前中英通商史》，第97页。

③ 菲普斯：《中国及东方贸易概论》，转自格林堡：《鸦片战争前中英通商史》，第96页。

④ 转自格林堡：《鸦片战争前中英通商史》，第97页。

⑤ 马克思：《所谓原始积累》，《马克思恩格斯选集》第2卷，第257页。

极大的好处。尽管它受到舆论的严正谴责，东印度公司和英国政府却仍然坚持这项肮脏贸易。1801 年，公司董事会直截了当地建议孟加拉总督通过增加鸦片生产解决银源问题。1832 年，英国议会调查委员会调查了印度财政后，进一步肯定了鸦片政策：

> 孟加拉的鸦片专卖，向政府提供数达……981393 英镑的年收入，像这样的课税是其商品价格的 301.25％。……这种制度是如此重要的财源，不仅其税收由外国消费者负担，而且较之其他取代者更少受到反对。在现在的状况下，不能指望废除它。①

① 转自卫藤沈吉：《鸦片战争前英国商人的性格》第 4 节。

第五章　中国严禁鸦片的正义斗争

一、有清一代的禁烟政策

鸦片贸易给英国带来了巨大的利益，对中国却造成了严重的祸害。清朝政府自从觉察到鸦片的祸害开始，就推行禁烟政策。随着祸害日深，禁烟政策也益发严厉。

早在1729年（雍正七年），清朝雍正帝便颁布了第一道禁烟令："兴贩鸦片烟，照收买违禁货物例，枷号一个月，发近边充军；若私开鸦片烟馆，引诱良家子弟者，照邪教惑众律，拟绞监候。为从，杖一百，流三千里。船户、地保、邻右人等，俱杖一百，徒三年。如兵役人等借端需索，计赃，照枉法律治罪，失察之汛口，地方文武各官，并不行监察之海关监督，均交部严加议处。"① 这个禁烟令对贩卖鸦片烟和开设烟馆等罪犯，量刑是很严格的，但有两个重大漏洞：一是只禁兴贩、开馆，不禁吸食，为吸食鸦片开了绿灯；二是只禁鸦片烟，不禁鸦片，使禁令难以执行。就在禁烟令发布的当年，福建即发生了一起否定禁烟的荒谬案件。那年，漳州知府李治国遵照禁烟令，密遣文韬查出陈远家藏鸦片34斤（内1斤为诱买所得），按律判处陈远枷号充军。可是，当上报到福建巡抚刘世明处时，烟贩陈远诡称："鸦片原系药材必需，并非做就之鸦片烟。"刘世明令福州知府传到太和堂药铺陈书珮认验。陈书珮也说："此系鸦片，熬膏药用的……这是并未做成烟的鸦片。"据此，刘世明居然认为李治国是"错混施

① 《大清律例按语》卷五〇。又，关于首次禁烟时间，李圭《鸦片事略》卷上所记，文字略有出入，时间作"雍正中"，而《钦定大清会典事例》卷八二九《刑部·刑律条犯·烟禁》作雍正九年。因为《朱批谕旨》第27册中雍正帝对福建禁烟的批语也作雍正七年，故此处从《大清律例按语》作1729年。

行，甚属乖谬”，应依照“故入人罪”例题参。但因怕在百姓中产生误解，未治李治国之罪，李才侥幸得免；而烟贩陈远则得改判无罪，取保释放。① 鸦片与鸦片烟本是一回事，区别只在于是否掺和烟草。由于禁令只禁鸦片烟，仍容许鸦片进口，致使鸦片烟无从查禁，又为鸦片输入开了方便之门。

据记载，乾隆时期，“鸦片像英国的哆啰呢和印度的棉花一样，是进口船只中的货载，公开的交易”②。1755 年（乾隆二十年）的税则，仍载“鸦片一斤，估价五钱”③。鸦片公开输入与征税，导致鸦片输入有增无已。当 1729 年雍正帝发布禁烟令时，每年输入不过 200 箱，1767 年终于突破 1000 箱大关，1786 年突破 2000 箱，1790 年曾超过 4000 箱，而且每箱售价由 200 元涨至 500 元。面对这种状况，1780 年，乾隆帝曾采取严厉的禁烟措施。但由于只禁鸦片烟，不禁鸦片进口，仍然没有效果。

嘉庆帝看到鸦片输入增多，决定采取更坚决的措施。1796 年（嘉庆元年），他一登基即发布诏令，停征鸦片税，禁止鸦片进口。④ 1800 年，根据两广总督觉罗吉庆的奏请，除了重申禁止鸦片输入外，同时禁止内地种植罂粟。⑤ 这项禁令在禁烟史上具有划时代意义。首先，这次禁烟比以往坚决。当时正值白莲教大起义，财政十分紧张，嘉庆帝不惜放弃重要财源，表明其禁烟决心超过其父其祖。其次，这次禁烟较以前彻底。以前禁烟不禁鸦片，这次则不论借用何种名义进口的鸦片都一律禁止。更为重要的是，这次禁令标志着清朝政府的禁烟矛头开始由禁内兴贩转向禁外输入。自此以后，人们已不敢公开交易鸦片。鸦片贩子为了逃避检查，把交易地点由广州移至澳门。窃据澳门的葡萄牙人允许英船每年运入 5000 箱，但必须向澳门当局纳银 10 万两。英国鸦片贩子感到勒索太重，于是又把鸦片运到黄埔，在那里私自成交。这样，嘉庆中后期，黄埔实际成了鸦片的交易中心。

鸦片贸易被明令禁止之后，非法的鸦片走私日益猖獗，不但沿海各省常有私行销售，京师重地亦发现暗中售卖。为了杜绝鸦片走私，嘉庆帝以后又多次

---

① 参见《朱批谕旨》（雍正）第 27 册，乾隆三年刊本。

② 马士：《中华帝国对外关系史》第 1 卷，第 200 页。

③ 李圭：《鸦片事略》卷上，《中国近代史资料丛刊·鸦片战争》第 6 册，第 206 页。

④ 参见魏源：《道光洋艘征抚记》卷上；《澳门新闻纸》（1839 年 7 月 18 日），《中国近代史资料丛刊·鸦片战争》第 2 册，第 371 页。

⑤ 参见《邓廷桢等奏请准照许乃济所奏弛禁鸦片并拟章程呈奏折》，《筹办夷务始末》（道光朝）一，中华书局 1964 年版，第 6 页。

发布谕令，要求各地严密稽查：

1807年（嘉庆十二年），嘉庆帝指出，吸食鸦片“最为风俗之害”，要求闽粤等省必须“严密稽查杜绝，毋任透漏”。①

1809年，为了防止外商私带，又规定公行对承保的外国商船，必须出具甘结，“保证他们所承保的每艘船在到达黄埔时，船上没有装载鸦片”②。

1810年，北京广宁门抓获杨某携带鸦片6盒。为此，嘉庆帝再次谕令，责成京城步军统领、五城御史于各门严密访查，按律惩治；并命闽粤“督抚、关差查禁，断其来源，毋得视为具文，任其偷漏”③。

1811年，湖北巡抚钱楷详陈外洋鸦片透入内地，造成严重祸害。嘉庆帝感到屡禁不止，“皆由滨海各关查禁不力，纵容偷越所致”。于是发出警告，今后“如委员胥吏有卖放情弊，均予重惩”，并“将失察卖放之监督及委员吏役人等一并惩办不贷”。④ 表明他已认识到鸦片流行浸广，与守土官吏和巡查人员受贿故纵有重大关系，因而明确规定要重惩受贿故纵的官吏与查巡人员。这是禁烟史上第一次提出对失察官吏要予以严惩。

1813年7月，嘉庆帝获悉近在咫尺的侍卫官员也吸食鸦片，感到对吸食者也应予以严惩。于是，刑部遵旨制定刑律：“侍卫官员买食鸦片烟者，革职，杖一百，加枷号两个月；军民人等杖一百，枷号一个月”；太监“违禁故犯者，立行查拿，枷号两个月，发往黑龙江，给该处官员为奴”。⑤ 第一次明定惩治吸食者，对官员、太监还要加等治罪，表明禁烟法制正在日趋完善，这无疑是禁烟史上又一块重要里程碑。

嘉庆帝的这些禁令，曾经收到了一些效果。如1814年，北京崇文门查获了两个吸食鸦片的广东人；第二年又拿获私带鸦片的广州驻防正红旗满洲骁骑校兴亮。尤其是在广东澳门，1815年破获了一个以朱梅官为首的鸦片走私团伙。香山县拿获后乘机敲诈，提出要以8万元作为释放的赎金，被朱梅官等拒绝了。这些罪犯随后被解送广州府。在严刑拷问下，他们招认了贩卖鸦片的事实。但是，两广总督蒋攸铦没有把此案作为重大破获上报，而将它说成是一件极为平常、偶然发生的贩烟案。其根由是他对这桩大案颇有顾虑。因为在此之前，嘉

---

① 《清仁宗实录》卷一八九，《清实录》三〇，第500—501页。

② 马士：《中华帝国对外关系史》第1卷，第201页。

③ 《嘉庆十五年三月丙辰谕》，《东华续录》嘉庆朝二九。

④ 《清仁宗实录》卷二四〇，《清实录》三一，第233页。

⑤ 《清仁宗实录》卷二七一，《清实录》三一，第674页。

庆帝曾因兴亮案，下令将广州将军本智和粤海关监督祥绍以拣派不慎和失察罪交部议处；若知澳门长期有鸦片走私窝子，他也难逃责任。所以，他有意把大案化小。这样，他非但无失察之过，且有督察之功。不过，蒋攸铦仍心有余悸，于是主动奏请订立《查禁鸦片烟条规》。其内容主要有二：一、“嗣后西洋船运货到澳，先令将所贩各货开单报明，逐件查验后始准卸载”；二、减免官吏的失察处分，奖赏拿获烟犯之人。蒋氏关于减免失察处分的话是值得玩味的。他说：“地方文武虑及从前失察处分，恐拿获贩卖匪徒到案供出历年旧案，是未受获犯之功，先受失察之咎，瞻顾因循，势所难免。”① 这大概就是他处理朱梅官事件的经验，也是为官吏失察预留余地。

《查禁鸦片烟条规》符合嘉庆帝的禁烟思想，不久即得到批准执行。这是第一次提出了对外来货船进行检查，此项措施把嘉庆帝的外禁思想推进了一步。不过，此条并未得到认真执行。至于失察问题，嘉庆帝批示：“嗣后有拿获鸦片烟之案，除查明地方委员等有得规故纵情事应严参办理外，其仅止失察者，竟当概行宽免处分。”②

综观嘉庆帝的禁烟活动，归纳起来有三大特点：

第一，禁烟动机主要是从道德因素和社会风气着眼。他曾指出：“鸦片烟一项，由外洋流入内地，蛊惑人心，戕害生命，其祸与鸩毒无异。”③ 1811 年（嘉庆十六年），他又再次强调：“鸦片烟一项，流毒无穷，无赖匪徒沉迷癖嗜，刻不可离，至不惜以衣食之资，恣为邪僻，非特自甘鸩毒，伐性戕生，而类聚朋从，其踪迹殆不可问，大为人心风俗之害。”④ 在他看来，鸦片有两大害处：一是有害于人们的身心健康；二是败坏社会风气，影响社会治安。特别是社会治安威胁自身统治，不能不予以高度重视，预为防范。

第二，嘉庆帝禁烟始终坚持以外禁为主。雍、乾两朝禁烟，主要是禁国内兴贩和开馆，仍允许外商把鸦片作为药材合法进口，禁内而不禁外。嘉庆帝则认为，鸦片来自外洋，只有加强外禁，才能堵其源，塞其流。所以，他首先禁

---

① 《两广总督蒋攸铦等奏酌定查禁鸦片烟条规折》，《清代外交史料》（嘉庆朝）四，第 28—29 页。

② 《军机处寄两广总督蒋攸铦等晓谕夷人严禁夹带及私造鸦片烟并令地方官认真查验上谕》，《清代外交史料》（嘉庆朝）四，第 29 页。

③ 《钦定大清会典事例》卷八二八《刑部・刑律杂犯・烟禁》；《清仁宗实录》卷二七一，《清实录》三一，第 674 页。

④ 《清仁宗实录》卷二四〇，《清实录》三一，第 233 页。

止鸦片进口，并责成公行加强对进口管制，严防夹带鸦片入口。1814 年（嘉庆十九年），他得知在北京查获的两名吸烟者都是广东人，当天即下谕说，鸦片都是番舶运来，先到广东，然后贩往各省。如果粤海各口查禁认真，不许丝毫透入内地，外商无处可销，自然不会携带。因此，“杜其来源，较之内地纷纷查拿，实为事半功倍”①。《查禁鸦片烟条规》的制订，更把外禁政策推进了一步。

第三，嘉庆帝禁烟态度日趋坚决，禁烟措施不断完善。如前所述，他一即位，为了禁烟不惜牺牲巨额税款，决心是很大的。为了完善禁烟政策，又从禁进口到禁种植，从禁兴贩、开馆到禁吸食，直到最后制订《查禁鸦片烟条规》，其中有三项措施在禁烟史上是有重大意义的：其一为停征鸦片税，阻止鸦片进口，这是清代切实禁烟的起点；其二是禁吸食，对吸食者定罪，无疑是禁烟史上一块里程碑；其三是批准《查禁鸦片烟条规》，这是以立法形式颁行的第一个禁烟条规。从法律角度来说，它在禁烟史上是有一定地位的。

1820 年七月，嘉庆帝在热河去世，由其第二子旻宁继位，从 1821 年起改元道光。道光帝全名为爱新觉罗·旻宁，生于 1782 年 9 月 16 日（乾隆四十七年八月十日），是清朝入主中原之后的第六位皇帝。他生于康乾盛世末季，自幼受到儒家思想熏陶，并深受乾隆帝的宠爱。1791 年，他随乾隆去威逊格尔围猎，“引弓获鹿”，高宗大喜，得赏黄马褂、花翎。② 乾隆本人 12 岁曾随乃祖康熙行猎木兰（承德府北），打倒一头熊；现在看到比他当年还小 3 岁的孙子居然三发三中，射中一头鹿，眼见后继有人，自然格外高兴。1799 年（嘉庆四年），颙琰遵照秘密建储家法，选定旻宁为皇位继承人。1813 年，天理教首领林清率领一支起义军攻入皇宫，旻宁调来火器营狙击，并用鸟枪亲手击毙二人。匆忙从热河赶回的嘉庆帝，得知后盛赞他“有胆有识”③。由于受到“两朝恩眷”，又深感祖宗创业之不易，特别是从他父亲手中接过的是“一个荒淫而腐败的朝廷，一个无组织而贪污的政府，以及被叛乱弄成百孔千疮的帝国”④，更感责任重大。为了不负重托，保住“家业”，挽救这江河日下的帝国，旻宁即位时是力求有所作为的。他一上任，就使出三板斧：第一是整饬吏治，严惩奸宄；第二是厉行节俭，

---

① 《军机处寄两广总督蒋攸铦等严禁贩售鸦片烟及传习天主教上谕》，《清代外交史料》（嘉庆朝）四，第 19 页。

② 参见《清史稿》卷一七，《宣宗本纪一》。

③ 《清宣宗实录》卷一，《清实录》三三，第 78 页。

④ 马士：《中华帝国对外关系史》第 1 卷，第 243 页。

理财节流；第三就是惩治烟犯，严禁鸦片。

道光帝一开始就把禁烟问题作为大事来抓。1821 年 3 月（道光元年二月），御史郭泰成揭发，山西太谷、介休等地富商大贾，私贩鸦片牟利。道光帝对此十分重视，立即严令“将贩卖之人拿获，按律惩治。勿令渐染成风，有害民俗”①。同年，广东查获澳门叶恒澍贩烟案，两广总督阮元为严禁鸦片，奏请革去包庇鸦片走私的行商顶戴。道光帝又立即断绝澳门与黄埔之间的交通，重申严查外商携带鸦片进口，并将行商首领伍敦元摘去三品顶戴，责令率同众洋商切实查禁，力为断绝。② 此外，这一年还颁布新的禁烟刑律：“开馆者议绞，贩卖者充军，吸食者杖徒。”③ 由于道光帝态度坚决，“1821 年有过一次异乎寻常的严厉的缉拿；所有交易都停顿了两个多月，鸦片船只也很成功地被驱逐到粤江之外”④。鸦片走私无法在黄埔进行，乃移设趸船于伶仃洋。

此后，道光帝为了截断鸦片来路，堵住内地分销，禁止各地种植，杜绝吸食鸦片，几乎年年都有禁烟谕令发布：

1822 年，三次谕令两广总督及各省督抚实力查禁纹银出洋和鸦片进口，要求阮元等人“于通海各口岸地方，并关津渡口，无论官船民载，逐一认真查拿，毋任员弁稍有捏饰”⑤。

1823 年，责成吏、兵两部酌定《失察鸦片烟条例》，规定：“嗣后如有洋船

① 《清宣宗实录》卷一三，《清实录》三三，第 265 页。

② 有关叶恒澍事件，中外资料记载出入很大。中文资料说其是一件为了图便宜的偶然贩烟事件；西方资料记载则说，叶恒澍〔葡人呼为 A See（阿西）〕既是一个老鸦片贩子，又是鸦片走私行贿的中介人。叶的被捕，与一起杀人事件有关。有说是叶本人下手杀人，有说是雇凶手杀人。被害者是一个接近两广总督阮元的下级官员。叶被捕后，受到香山官员的严刑拷问，为了报复，他揭发了在澳门所进行的有关行贿受贿实况。为了防止事态扩大，阮元只定叶以偶贩鸦片罪，枷号一月，发近边充军。查叶案发生于 1821 年 8 月（道光元年七月），阮元到第二年三月始将其他事件混同上报，很可能是阮元害怕引火烧身，才有意大事化小，草草了结。这样，既可堵住叶的口，又可塞道光追查之责。外人记载虽然来自传闻，不无出入，但叶系澳门一个行贿受贿的中介人，殆无疑义。可以设想，如果追查受贿情况，一定牵涉多人，甚至涉及阮元家人。而家人受贿，即是总督受贿，乾隆时已有先例。这是阮元最害怕的。因此，阮元等完全有可能大事化小。

③ 李圭：《鸦片事略》卷上，《中国近代史资料丛刊·鸦片战争》第 6 册，第 207 页。

④ 格林堡：《鸦片战争前中英通商史》，第 101 页。

⑤ 《着两广总督阮元等于通海各口岸查拿鸦片烟贩事上谕》，《鸦片战争档案史料》第 1 册，天津古籍出版社 1992 年版，第 48 页。又见第 38、45 页。

夹带鸦片烟进口，并奸民私种罂粟，煎熬烟膏，开设烟馆，文职地方官及巡查委员，如能自行拿获究办，免其议处。其有得规故纵者，仍照旧例革职。若止系失〔于〕觉察，按其烟斤多寡，一百斤以上者，该管文员罚俸一年。一千斤以上者，降一级留任。五千斤以上者，降一级调用。武职失察处分，亦照文职画一办理。"①

1829年（道光九年），道光帝根据福建道监察御史章沅的奏报，得知由于鸦片大量输入，导致每年漏银数百万两，认为："非寻常偷漏可比，若不极力严禁，弊将何所终极！"② 于是又谕令两广总督李鸿宾制订《查禁官银出洋及私货入口章程》，命令广东海口认真查禁私运烟银。关于鸦片输入与纹银出洋的联系早就存在，但当局却一直缺乏认识。1820年（嘉庆二十五年），包世臣在《庚辰杂著》中提出这个问题，未曾引起朝廷的注意。1822年，贵州道监察御史黄中模在奏请严禁纹银偷漏出洋折中，把两者同时提了出来，但尚未认识到白银大量外流主要是由于鸦片大量输入。直到章沅1829年的这份奏报，才第一次把白银外流与鸦片输入直接联系起来，并引起道光帝的重视，这在认识上应是一个进步。

1830年，道光帝听说黄河以南各省洋钱盛行，而鸦片流行内地是由于烟贩勾通书差、巡哨兵役等分销各省，于是命令两广总督李鸿宾等订立《查禁纹银偷漏及鸦片分销章程》。这个章程形式上是查禁纹银偷漏和鸦片分销并重，实际上注意力集中于查拿走私犯和包庇纵容走私的书役兵丁，因此重点转向"内禁"。如果从清朝禁烟角度考察，这是由"外禁"开始重点转向"内禁"的标志。

同年，道光帝从江南道监察御史邵正笏的奏报中得知，鸦片除由海外进口，内地奸民种卖的也不少。浙江、福建、广东、云南等地皆种卖鸦片，并且蔓延很快。他在接到奏报的当天（1830年8月12日，道光十年六月二十四日），就发布谕旨，指出："似此纷纷种卖，若不禁止尽绝，将来必至传种各省，不特贻害善良，更属大妨耕作。"③ 于是严令各省确切查明，据实复奏。1831年1月31日又通令各省，严禁内地种卖鸦片，"嗣后内地奸民人等，有种卖煎熬鸦片烟

---

① 《酌定失察鸦片烟条例事上谕》，《鸦片战争档案史料》第1册，第51—52页。

② 《着两广总督李鸿宾等妥议严禁外商以货易银并禁鸦片入口章程事上谕》，《鸦片战争档案史料》第1册，第56页。

③ 《着各省督抚禁种鸦片烟并妥议章程具奏上谕》，《清代外交史料》（道光朝）三，第35页。

者，即照兴贩鸦片烟之例，为首发近边充军，为从杖一百，徒三年；地保受贿故纵者，照首犯一体治罪。赃重者计赃以枉法从重论。其知情容隐，虽未受贿，亦照为从例问拟。所种烟苗拔毁，田地入官。各督抚即责成该管道府，督饬各属实力查禁。乘抽查保甲之便，于春间赴乡稽查一次，将有无私栽鸦片烟出具印结，年底由司会齐咨部，并着各督抚于每年具奏编查保甲折内，一并详晰声叙。如有拔除不尽，仍任流毒地方，即遵照道光三年部定处分，分别参办”①。在道光帝的严谕下，各省督抚相继赴各地进行勘查，并有 15 个省区先后复奏。道光帝对这些复奏皆一一批阅。他在接到各省的奏报后，又分别谕令各省，于每年春秋两季，督促所属道府州县亲赴各乡，留心查察，按季禀报，责成该管道府出具并无种卖鸦片烟切实印结详报。各督抚要在每年年终时汇奏一次。由此形成了一次颇具声势的禁烟潮流。

自雍正禁烟以来，禁止吸食一直未成为主要目标，即使嘉庆以来有所涉及，判罪仍然很轻。1831 年 7 月 24 日（道光十一年六月十六日），道光帝接受给事中刘光三“请酌加买食鸦片烟罪名”的建议，谕令：“嗣后军民人等买食鸦片烟者杖一百，枷号两个月，仍令指出贩卖之人，查拿治罪；如不将贩卖之人指出，即将食烟之人照贩卖为从例杖一百，徒三年。职官及在官人役买食者，俱加一等治罪。”② 刘氏奏折，成为后来严禁派主张重治吸食鸦片的先声。

1832 年，湖南、广东、广西边界发生赵金龙领导的瑶民起义。起义队伍迅速扩大到近万人。清政府立刻调集两湖、两广兵丁前去镇压。广东兵丁因为吸食鸦片，致使连州进兵失利。道光帝有鉴于此，再次通令各省总督、巡抚、提督、总兵，严禁弁兵吸食鸦片。此外，还谕令两广总督：“于省河禁止走私快艇，潮、琼各属商船不得拢近伶仃洋面”③，以期杜绝走私之源。

1834 年，谕令广东水师驱逐洋面鸦片趸船，“一切疍民艇只，均不许拢近夷船私相交易，以杜接济”④。

从道光前期发布的一系列禁令可知，道光帝和嘉庆帝一样，都是力主禁烟的，不过在禁烟的政策上有较大的区别。首先，道光帝不像嘉庆帝那样仅仅把

① 《着内阁通谕严禁内地种卖鸦片烟事上谕》，《鸦片战争档案史料》第 1 册，第 72 页。

② 《清宣宗实录》卷一九一，《清实录》三五，第 1010 页。

③ 《清宣宗实录》卷二〇五，《清实录》三六，第 23 页。

④ 《着两广总督卢坤严查私贩鸦片船只不使行销亦不使越驶他省事上谕》，《鸦片战争档案史料》第 1 册，第 167 页。

鸦片看作道德问题和社会问题，而且还把它视为重大经济问题。他认识到鸦片每年易银数百万两，非寻常偷漏可比，“若不极力严禁，弊将何所终极”。这种观点一直影响到1839年的禁烟运动。因此，道光帝坚持禁烟，与解决“银荒”有直接关系。其次，道光帝既重外禁，更重内禁。从1821年（道光元年）开始，对国内兴贩、开馆、种植、吸食，一律加以严禁，务求禁令完善，烟禁有成。官吏、弁兵吸食，还要加等治罪。最后，道光帝否定了嘉庆帝关于取消失察罪的决定，制订了《失察鸦片烟条例》，明定了失察处分。如果单从主观方面考察，道光对禁烟是尽心竭力的。

二、鸦片输入急剧增长

一个多世纪以来，尽管清朝政府屡次禁烟，而且愈禁愈严，但这些禁令终究禁不住外国殖民者的贪欲和野心。他们不断变换花样，采取种种卑劣手段破坏禁令，致使鸦片输入不但没有减少，反而急剧增长，进入19世纪20年代以后，几乎是直线上升。1800—1821年间，鸦片每年输入总在4000箱上下，1821—1822年增加到5959箱，1822—1823年再增为7773箱，1823—1824年又达9035箱，1824—1825年是12434箱。尤其是19世纪30年代，鸦片输入量猛增，到1838年，年输入竟高达35500箱。①

鸦片的泛滥，首先是由于英属印度政府顽固地推行罪恶的鸦片政策。英印政府表面上声称不参加对华鸦片贸易，实际上却是鸦片贸易的罪魁祸首。整个鸦片贸易都是由它直接导演的。自1765年东印度公司占领孟加拉后，便开始强迫当地农民栽种罂粟，并由公司职员组成巴特拿参议会，收购孟加拉鸦片。1773年，公司正式获得了对孟加拉、比哈尔和奥理萨的鸦片垄断权，凡上述产地的鸦片必须按规定价格出售给公司专卖局。1797年，康华理任英印总督，公司又通过孟加拉州第4号法令，垄断了鸦片的制造权。这种垄断是靠强制性的预付款方式形成的。公司的预付款极低，每箱大约3卢比，只相当通常预付款

---

① 据刘鉴唐在《鸦片战争前四十年间鸦片输入与白银外流数字的考察》中考证，1800—1839年间，如将英、美、法、葡、荷等国输入鸦片加在一起，合计应为638119箱，总计流出白银约6亿两。（《南开史学》1984年第1期）

(即自由价格）的七分之一到六分之一。尽管直接生产者不愿接受，“由于公司强行付出预付款，就缔结了单方面的预付契约，对此提出控诉、要求救济的路是全然没有的，如果同唯一的公认购买者以外的人交易，就会受到皮鞭和牢狱之苦”①。同时，公司控制了鸦片运输，明文规定凡由公司颁发执照的私人商船只能运载公司生产的鸦片。

公司除了控制鸦片产量外，还控制了鸦片的质量。当时鸦片主要有三大类：一曰公班土，主要产于巴特拿、贝拿勒斯和孟加拉；二曰白皮土，主要产于麻洼；三曰金花土，主要产于土耳其。公班土质量最好，因此全部由公司控制；白皮土较次，公司对其严格限制，主要由印度拉基普他拿及中印度的地方政府出售，绕道果阿和达曼出口；金花土则多由美商转贩。早期白皮土和金花土数量很少，公班土在输华中占统治地位。公司试图通过维持鸦片质量上的优势取得对鸦片消费市场的垄断，为此做了许多努力。如干涉印度中部各土邦鸦片生产，规定加尔各答每年拍卖鸦片不过5000箱，并严格检查，将质量低劣的焚毁，甚至对不能生产优质鸦片的孟加拉州，也于1797年以后禁止栽培罂粟。这样，公班土深得中国吸食者的欢迎。在三类品种的竞争中，它一直遥遥领先，而且价格一涨再涨。1800年，公班土每箱仅售560元，1817年涨到1300元。在加尔各答，“尽管拍卖量毫无增加，但公司通过鸦片专卖得到的收入从1797年起，数年间就上升了三倍”②。

但是，自19世纪以来，白皮土的竞争势头越来越大。从前，公司专营公班土，对白皮土未曾注意。再说，白皮土的产地麻洼当时还不在公司的控制范围之内。本来，白皮土的质量较差，完全不是公班土的竞争对手。然而，它以价廉为竞争武器，终于成为公班土的劲敌。如1817年公班土每箱为1300元时，它却只要680元。因此，在中国中下层吸食者中，白皮土深受欢迎。早在1803年白皮土刚在黄埔鸦片市场出现时，公司在广东的管货人就向孟加拉总督报告说，白皮土的竞争会对公司的利益带来极大的祸害。③ 公司尽了最大的力量阻止白皮土贸易的发展，如不允许麻洼鸦片从最方便的道路孟买出海，不准港脚商人贩运公司以外的鸦片等等。不过，唯利是图的港脚商人并不介意。他们租用葡萄牙船，将白皮土绕道果阿和达曼运往澳门。白皮土贸易的急剧增长，使公班土

① 乔治·瓦特：《印度商业产品》，1908年版，第849页。

② 卫藤沈吉：《鸦片战争前英国商人的性格》第3节。

③ 卫藤沈吉：《鸦片战争前英国商人的性格》第3节。

一度跌到每箱840元。孟加拉鸦片专卖收入相应减少，引起公司的极度不安。为此，英印政府专门对白皮土进行了调查，发现它比起公班土有三个优势：一、从白皮土中能得到75%的纯精汁，而潮湿的公班土中只能提取57%的纯精汁。二、白皮土的盒子小又扁平，便于走私进口；公班土的盒子大而呈球状，不便搬运。三、白皮土的箱重采用中国衡制，以担为重量单位（1担重100斤，合133$\frac{1}{3}$磅，便于中国人计算）；公班土烟箱重量系两家工厂分别确定，以孟德（重149磅）为重量单位，不易换算。这使公司改变了对白皮土的成见，1819年，英印政府做出如下决议：

> 由于中国市场对白皮土的需要，公班土的严格专卖不能维持。在不致因公班土价格降低而使岁入减少的限度内，可以考虑能否接受麻洼的供给。
>
> 在以稳妥的方法向中国市场供应更多鸦片的时候，第一，禁止走私（指在印度走私）；第二，从中国市场上排除外国鸦片。在1817年度，外国鸦片供应中国市场为3000箱，供应爪哇和东南亚各岛的为1100箱，总量4100箱。因而，如果我们在公班土供应量4000箱的基础上，再将4000箱经我们之手提供给中国，那么公班土实际上就不会蒙受损失了。为达此目的，必然要做以下事情：（一）从麻洼买进4000箱；（二）禁止麻洼生产比这更多的鸦片。①

概括地说，公司想袭用管理公班土的老办法对白皮土进行垄断。他们采取先收购白皮土、然后以公开拍卖的方法控制白皮土交易。但是这种方法仅仅刺激了白皮土贸易的发展，却未能达到垄断的效果。因为港脚商人在公司拍卖之外，进一步开拓了白皮土贸易。如1820年11月，莫克尼亚克、达卫苏、颠地兄弟等人同他们在孟买的代理商组成白皮土辛迪加，与公司抗衡。自1822年4月至1823年3月的一年中，莫克尼亚克行与孟买的噫之皮等代理商出售的白皮土净值总额不下2403834元。总之，垄断白皮土贸易的结果是使贩卖公班土的人大吃苦头，却无法阻止白皮土的走私输出。

1831年，英印政府不得不放弃白皮土的垄断政策，做出新的规定，即准许私人购买白皮土，但每箱须交纳125卢比的通过税（税率是一般商品通过税的10倍）。商人对这一政策十分满意，虽然要缴高额的通过税，但从孟买出口比由达曼走私要方便得多。自从这一政策确定之后，白皮土在孟买出口的比例从1/3

① 《上议院关于许多团体报告的回复》（1857年3月20日），第17—18页。

上升为 9/10。仅 1831 年，公司征收的通过税便达 20 万镑。这对公司是一个极大的刺激，于是立即在英属印度和各土邦推行大批生产白皮土政策。

白皮土和公班土的汇合对中国产生了可怕的鸦片贸易攻势。下表如实地反映了这一问题：①

1795—1840 年运到中国的印度鸦片表

单位：箱

时期	公班土	白皮土	总额	年平均数
1795—1800	12261	0	12261	2043.5
1801—1810	25648	13219	38867	3886.7
1811—1820	29649	14396	44045	4404.5
1821—1830	52167	62067	114234	11423.4
1831—1840	77608	165940	243548	24354.8

由上表可知，在 19 世纪 20 年代以前，白皮土销量远不如公班土。因为公司在 20 年代和 30 年代初分别采取垄断和开放的政策，致使白皮土贸易形成两个飞跃：20 年代，其数量已超过公班土近 1 万箱；30 年代，其数量则是公班土的两倍多，完全取代了公班土的地位，成为鸦片贸易的主要品种。同时，白皮土的增加对公班土销售毫无影响，相反，促进了它的长足发展。如 1811—1820 年间，公班土只比前十年多 4000 箱，而 20 年代和 30 年代，则每十年销售总额分别比上一个年代多 2.2 万和 2.5 万多箱。

另外，鸦片的大量倾销并没有降低它的价格。据记载，1800 年，公班土每箱在澳门的价格是 560—590 元，而白皮土 1805 年每箱很难卖到 400 元；可是到 1821 年，公班土每箱达到 2500 元，而白皮土在 1819 年也达 730 元，一年以后又卖到 1320 元，最高时甚至卖到 1800 元。自然，这些价格是不稳定的，但价格的上涨却是总的趋势。因此，英国对白皮土政策的调整，是英印殖民政府对中国推进鸦片侵略政策的关键，正是这一政策导致了鸦片在中国土地上泛滥成灾。

与英印政府推行扩大鸦片生产政策紧密配合的是鸦片走私活动，它是使鸦片贸易得以实现的关键。从 1796 年中国正式禁止鸦片进口以后，鸦片完全靠非法的走私输入中国。自 19 世纪初到鸦片战争爆发，走私的发展经历了三个阶段。最初，鸦片贩子将鸦片交易由广州内河移到澳门，在澳门设立了一个存储

① 据谭中：《中国和野蛮的新世界》，北卡罗来纳州大学出版社 1978 年版，第 85 页。

站。他们仅把样品夹带到广州，成交之后，根据提单在澳门取货。于是，澳门成为当时最大的鸦片贸易中心。由于澳门税率过高，又有种种限制，鸦片船渐渐地偷偷开到黄埔，“皆于货物交易时，夹带私售”①，由行商为之掩护。这就是通常所说的澳门、黄埔时期。

1821年（道光元年），道光帝发起了一场严厉的禁烟斗争，逮捕了数起鸦片烟贩，破获了4艘外国鸦片走私船，鸦片船只被成功地驱逐到珠江之外。为了对付这次禁烟，鸦片贩子立即采取了两个步骤：“第一个步骤是把中国辖区外的鸦片卸到那些仍停泊在港外的船上，第二个步骤是使用固定的趸船。这些趸船在冬季停泊在伶仃岛，当西南季候风到来的时候移泊于金星门、急水门和香港以策安全”②。由此开始了伶仃洋走私时期。伶仃洋属中国的领海，由于清朝水师力量单薄，无力顾及，因此，这里的走私“享有最大的、无限的自由”③。通常鸦片贩子从印度运来鸦片，卸在伶仃洋的趸船上，然后带上合法的货物，并夹带鸦片样品驶进广州，与广州鸦片贩子议定价格，开出提单，让中国烟贩到伶仃洋取货；同时趁机套购中国货物，运装出口。所以，伶仃洋的鸦片趸船，被称为“流动的外国殖民地”④。鸦片船纷纷朝这里聚集，由20年代初期的七八只，猛增到25只，到30年代以后又扩充到35只。⑤ 为了加快走私周转速度，查顿·马地臣行（即怡和洋行）带头在加尔各答和伶仃之间，开辟了一条专以飞剪船航行的快速航线，使印度鸦片运到中国，只需17天半的时间。⑥

需要指出的是，伶仃洋的走私并非仅仅鸦片，它包括清朝政府限制的所有物品。譬如纹银，乃三令五申的禁运物。但是，“在1821年以后，中国人只要得到酬劳，就会很方便地将纹银运送到伶仃趸船上去”⑦。对于课税较重的洋呢羽毛等货，也常利用趸船走私。甚至“羽纱、印花布、桂皮和其他许多货品，国库连一两银子的税都没有收到”⑧。总之，“合法的输入品和输出品经由伶仃岛走

---

① 李圭：《鸦片事略》卷上，《中国近代史资料丛刊·鸦片战争》第6册，第207页。

② 马士：《中华帝国对外关系史》第1卷，第204页。

③ 郭士立：《中国历史概略》第2卷，1834年版，第373页。

④ 郭士立：《中国历史概略》第2卷，第373页。

⑤ 参见汪敬虞：《十九世纪西方资本主义对中国的经济侵略》，人民出版社1983年版，第58页。

⑥ 格林堡：《鸦片战争前中英通商史》，第127页。

⑦ 格林堡：《鸦片战争前中英通商史》，第45页。

⑧ 姚贤镐编：《中国近代对外贸易史资料》第1册，中华书局1962年版，第395页。

私借以逃漏在广州应付税款的例子，是举不胜举的”①。

鸦片走私的第三阶段是从30年代东印度公司垄断权废除后开始的沿海走私。东印度公司曾于1600年获得英王给予的垄断整个东方贸易的权利。但是，随着新兴工业资产阶级的壮大，它的特权不断受到挑战。1813年，首先是英印之间的贸易垄断权被废止了。1823年，东南亚地区也向英国的自由贸易商人开放了。到1834年，它对中国的贸易垄断权也正式被取消了。从此，对华贸易完全向英国私人企业开放。任何英商都有权到中国自由贸易。在此之前，港脚商人已预见到公司垄断权将废止，因此，在伶仃走私时期已开始向中国东部海岸寻找新的走私点。1831年，查顿·马地臣行仿照伶仃模式，首先在泉州建立了鸦片趸船，② 并企图联合颠地行共同垄断泉州的鸦片走私。1832年，威廉·查顿派出多艘船只溯东海岸上驶，寻找鸦片的新市场。结果，“詹姆西亚”号在福州，“约翰·比加尔”号在泉州以每箱鸦片比广州高100元的价格售出，并装回价值数十万元的现金。查顿认为，这是将沿海贸易作成一种“正规办法”的时候了。他立即买了“壮士”号、“马叶斯夫人”号、“杨格上校”号及“小神仙”号，并着手建造了一支由飞剪船、双桅帆船和纵帆船组成的走私船队。他说：“我们（建造飞剪船）的想法是：在东印度公司的特许状满期以后，各类投机商人单单为了汇划而不是为利润，似乎就要大量经营鸦片贸易；如果不大规模地经营，并且常常能比我们的同行消息更灵通，从而站在稳固基础之上，我们就不值得再按旧有的计划行事了。”③ 他们还对各种汽船做了试验，希望飞剪船在加尔各答和伶仃之间的航行时间更加缩短。据记载，到1836年，仅查顿一家行号已经有了一支由12艘各种类型的船组成的走私船队。其他行号在沿海贸易方面也开展了竞争。特别是1834年公司垄断权取消之后，“对外贸易自粤江沿着海岸线几乎扩张到东三省地方”④。这一时期鸦片走私达到了顶峰，在澳门、广州之间航行的渡船上，在欧洲人游弋的小艇中，甚至在广州的外国商馆里，到处都有走私的鸦片，从广州东面的虎门到西面的花地，差不多沿河各处都成为这

---

① 格林堡：《鸦片战争前中英通商史》，第45—46页。

② 参见鲁波克：《鸦片飞剪船》，1933年版，第61页。

③ 《怡和档案·私函稿》，查顿函（1831年3月10日），转自格林堡：《鸦片战争前中英通商史》，第127页。

④ 《议会文件·有关中国的来往函件》，第154页，转自格林堡：《鸦片战争前中英通商史》，第128页。

种贸易的舞台。鸦片走私的高潮时期，以渡船形式出现的鸦片走私船多达 30 余只。①

鸦片走私得以扩大，与清朝水师腐败也有密切关系。1826 年（道光六年），广东当局为了严查鸦片走私，特设巡船，供缉查用。然而，水师积习已不可挽："巡船每月受规银三万六千两，放私入口。"② 更严重的是，"水师副将韩肇庆，专以获私渔利，与洋船约，每万箱许送数百箱与水师报功，甚或以师船代运进口。于是韩肇庆反以获烟功保擢总兵，赏戴孔雀翎"③。这种以巡查为由中饱私囊的现象极其普遍。《广州"番鬼"录》曾记载了 1837 年"玫瑰"号鸦片走私船在南澳岛的一段经历。当时"玫瑰"号在南澳遇到两只水师巡船。水师员兵簇拥一名官员登船，例行公事地向他们宣读了谕旨，然后便把随员打发回船。这位官员和一个秘书被请到官舱。

> 这位官员开门见山地问："你们船上有多少箱？都是运来南澳的吗？你们还沿着海岸再往北驶吗？"……而我们的回答也同样是明确的，直截了当的。这艘船不打算驶往南澳以北，船上约有货物 200 箱。然后就谈到"金沙"，这个问题按中国人的"老规矩"解决。这样一切都安排妥当，于是便喝酒抽雪茄烟……不久就回到了他的大船上。
>
> 中国的买货者看到官员已经查察过这艘船之后，便自由地来到船上。……在惊人的短时间内，他们便已用自己的小船从"玫瑰"号上把鸦片搬回帆船。④

这里没有具体说明"按照前例"抽头的比例。但在 1835 年 1 月 21 日，马开船长在报告书中曾透露广州地方官员对鸦片走私贩的"保护费"价格是每箱 10 元。可见，巡船非但没能认真缉私，反而成了鸦片走私的护卫舰。有的鸦片贩子甚至利用巡船来帮助他们垄断鸦片贸易。如"颠地和查顿联合提议，每年送泉州官员二万元，但须不准别人在港内贸易"⑤。正因为水师如此腐败，才使鸦片走私畅行无阻。

另外，广东以及沿海各地的鸦片贩子也为港脚商人鸦片走私创造了条件。据湖南道监察御史冯赞勋揭露，广州等地密布着一张通往全国的鸦片走私网。

---

① 转自汪敬虞：《十九世纪西方资本主义对中国的经济侵略》，第 60 页。

② 魏源：《道光洋艘征抚记》卷上，《魏源集》上册，中华书局 1976 年版，第 169 页。

③ 魏源：《道光洋艘征抚记》卷上，《魏源集》上册，第 169 页。

④ 威廉·C. 亨特：《广州"番鬼"录》，第 51 页。

⑤ 格林堡：《鸦片战争前中英通商史》，第 128 页。

在这个走私网中，一些土棍以开设钱店为名，暗中包售烟土，名曰大窑口，十三行、联兴街多有此店。奸商先到这里与外国鸦片贩子议价订券，以凭证到趸船交货。另外还有专门为大窑口赴伶仃等地取货的走私船。这种船有三桅三帆，大可容数百人，两旁设有铁网以御炮火，左右快桨共五六十，来往如飞，故称快蟹或扒龙。它们星夜遄行，所过关津，呼之不停，追之不及，“关吏无如之何，惧干重咎，匿不报官”，这类走私船到1831年已达一二百只。最后是专营分销的小窑口，散布于全国城市乡镇。鸦片主要就是靠这个走私网而泛滥全国的。①

最后，美国商人在对华倾销鸦片中也扮演了极不光彩的角色。美商“除了一两家例外，在中国的每一家美国商号都从事鸦片贸易。在伶仃，有美国趸船，在沿海也有。……事实上，在导致1839年争执的行动以及随之而来的侮辱与暴行里，我们大西洋彼岸的弟兄都有份”②。

美国对华鸦片贸易至迟始于1805年。这一年，美国驻土耳其士麦那的领事曾在报告中说，有条美国船装着鸦片开往广州。从此，这类记录日渐增多。

美商从事鸦片贸易显然是受到英国人的启发。1784年美国第一艘商船来华时，就对英人贩卖鸦片产生了兴趣。管货员山茂召曾认为中国是很好的鸦片市场，贩卖鸦片有厚利可图。但鸦片市场为英国垄断，无处插手。经过近20年的寻求，他们才发现土耳其有鸦片（金花土）。这种鸦片质量虽然比不上公班土，但价格便宜。因此，美国刚刚贩了三年，就引起英属东印度公司的注意。但它没法制止美商贩卖。

不久，金花土出现了供不应求的局面。美国鸦片贩子又于1817年在波斯湾找到了新的货源，从而使它的鸦片贸易出现新高潮。这年美商运达中国的鸦片是1900担，占当年输华总数4500担的42.2%。按照当时在广州的罗德岛商人C. W. 金的说法，“1800年至1839年间，挂美国旗的船只输入中国总共约1万箱鸦片”③。1839年，美国旗昌行输入中国的鸦片为1500箱，仅次于颠地行和怡

① 参见《湖广道监察御史冯赞勋奏陈夷人夹带鸦片烟入口积弊请饬查严禁折》，《鸦片战争档案史料》第1册，第85页。

② 转自张馨保：《林钦差与鸦片战争》，第33页。除英、美外，法国、葡萄牙、荷兰、丹麦、西班牙、比利时、瑞典、普鲁士和俄国也贩卖贩片，只是数量不及英、美两国。

③ 张馨保：《林钦差与鸦片战争》，第34页。

和行。①

除了贩运鸦片外，美国商人还经常进行代客销售业务。这项业务表面上只收3%的佣金，实际利润极为丰厚。据马尔丁说，假定一箱鸦片售价700元，那么经销洋行所获的各样利润每箱共达113元。美国鸦片贩子就是这样不择手段从事鸦片贸易的。

美商走私鸦片之所以发展迅速，与美国政府有直接关系。“第一个建议对华进行鸦片侵略的，是美国第一任驻广州领事萧氏（即山茂召）；第一个建议到土耳其去贩运鸦片的，是美国驻士麦那的领事斯蒂华特。在斯蒂华特向国务院正式建议以后，美国商业资本家就把土耳其的鸦片运到中国来贩卖了。……在鸦片战争前后，美国驻广州的几任领事……没有一个不是经营鸦片走私的。”② 1821年，美国船“罗宾逊”号和“急庇仑”号的鸦片被查获后，美国人被迫发誓不再贩卖鸦片。可是，仅隔三天，美国海军少校里德向海军部报告说：“鸦片贸易仍在沿海进行，我将并不惊讶于听到他们是在挂着美国旗走私。”丹涅特更明确指出：“美国旗是广泛地被用在掩护鸦片走私上，美国人积极地参加这种贸易。”③ 正是由于美国政府的支持，美国对华鸦片贸易才如此猖獗。

综上所述，罪恶的鸦片贸易的兴盛，是由三种势力促成的：英美殖民政府是鸦片政策的策划者和后台；英美走私贩子是鸦片贸易的急先锋；中国内部的土棍、奸商和腐败的水师是其内应。这三股黑势力搅在一起，推波助澜，使鸦片输入急剧上升。

鸦片大规模的输入，给中国造成极为深重的灾难。

首先，它促使吸食鸦片者日益增多。19世纪初，吸食鸦片的一般是殷实富有之家；到了30年代，几乎各个阶层的人都染上了这种恶习，沿海地区尤其严重。1838年有官员向道光帝奏报，闽、粤两省有十分之九的人吸食鸦片，而且正在向其他地区蔓延。这虽然言过其实，但足以说明吸食者之多。据一名对广州甚为了解的英国医生图古德·唐宁在1836年估计，当年进口鸦片的数量可制成3320万盎司备供吸食的合剂，可以满足1250万吸食者的需要。④ 据印籍学者谭中估计，吸食鸦片者占全国人丁的千分之七。当时一些外国著作记载，中国

---

① 张馨保：《林钦差与鸦片战争》，第34页。

② 绍溪：《十九世纪美国对华鸦片侵略》，生活·读书·新知三联书店1952年版，第9页。

③ 转自陈庆华：《鸦片贩子的美国人!》，列岛编：《鸦片战争史论文专集》，生活·读书·新知三联书店1958年版，第10页。

④ 张馨保：《林钦差与鸦片战争》，第37页。

城镇鸦片烟馆之多，就如同英国的杜松子酒店一样：“上自骄奢淫逸的官员，下至干苦力的，经常不顾禁令，出没鸦片烟馆。”① 凡是吸烟成瘾的人，儿女啼饥可以不顾，妻子无裤子穿可以不管，鸦片烟则非抽不可。其流毒之深可想而知。

其次，它导致白银外流不断增多。据李伯祥等估算，19 世纪 30 年代每年耗在鸦片消费上的白银达 1633 万多元，按每元折纹银 0.72 两计算，共计为 1175 万多两。而 1830—1838 年八个年度的关税总收入也只 1227 万多两。可见，鸦片泛滥对清朝财政产生了多么严重的影响。

第三，鸦片破坏了中国的生产力。由于鸦片摧残人们的身心健康，致使不少年富力强的劳动者变成了无所事事的游民，既影响社会生产，也严重破坏社会治安；由于种植罂粟有利可图，致使不少良田改种罂粟；又由于鸦片消耗了大量金钱，致使正常商业也受到排挤，以致“各种货物销路皆疲，凡二三十年以前某货约有万金交易者，今只剩得半之数。问其一半售于何货？则一言以蔽之，曰鸦片烟而已矣”②。

鸦片的严重祸害，迫使清朝统治者不得不认真寻求对策。

三、清朝内部“弛”“严”之争

自从道光帝执政以来，清廷左一个禁令，右一个条例，几乎年年有新措施，为了禁烟，可谓煞费苦心。然而事与愿违，情况却愈来愈糟。特别到了 19 世纪 30 年代，鸦片涌入形成新的高潮。有些人因此对禁烟失去信心，产生了悲观情绪和怀疑心理。许乃济的弛禁主张，就是在这种氛围下提出的。

许乃济（1777—1839 年），字叔舟，号青士，浙江仁和（今杭州）人。1809 年（嘉庆十四年）中进士，曾任御史，30 年代初在广东任按察使。他的同年何太青，广东顺德人，当时正罢官在家。两人私交很好，早在 1833 年就私下议论过此问题。何太青认为：“纹银易烟出者不可数计。必先罢例禁，听民间得自种罂粟。内产既盛，食者转利值廉，销流自广。夷至者无所得利，招亦不来，来则竟弛关禁，而厚征其税。责商必与易货，严银买罪名。不出二十年，将不禁

① 张馨保：《林钦差与鸦片战争》，第 36 页。

② 《钱票无甚关碍宜重禁吃烟以杜弊源片》，《林则徐集·奏稿》中，第 599—600 页。

自绝。实中国利病枢机，如无敢举以入告何!”① 许乃济大为所动，又向监课书院吴兰修进行咨询。吴亦很赞同何的意见，并加以发挥，写成《弭害论》，提出“嗣后请饬外夷照旧纳税，交付洋行，兑换茶叶。内地种者勿论”② 的主张。吴兰修又约其掌管学海堂的同事——南海熊景星、番禺仪克中也撰写论文，同声唱和，形成一股弛禁舆论。

由于清廷推行严禁政策，这股思潮开初只是暗地流传。两广总督卢坤、广东巡抚祁𡎴对此早有所闻，特别是看了《弭害论》后，对之颇为欣赏。但也只是私下赞赏，不敢公开提出。

1834 年（道光十四年）夏，道光帝得到奏报，英国趸船终年停泊伶仃洋及大屿山，快艇飞行递送，鸦片愈禁愈多，乃于 6 月 28 日（五月二十二日）谕令驱逐趸船，严拿快蟹，认真巡缉，从严惩办。两广总督卢坤和粤海关监督彭年奏陈，驱逐鸦片趸船十分困难，因为夷船多停泊于伶仃外洋及磨刀洋，哪些装有鸦片，巡洋兵难以查实，又不能在众船聚泊时，用炮火轰击，因为有失天朝怀柔之义。随后，趁机夹送了一个附片，以《粤士私议》的名义把何太青、吴兰修的弛禁主张提了出来，想借此试探道光帝的态度。这份《私议》内称，外人唯利是图，贩卖鸦片获利甚重，断不甘心放弃这种贸易。如派船驱逐，他们或许等官兵一撤，又马上回来了；或者流窜他省，勾结当地匪徒，随处售卖。这样，不仅会使鸦片流毒更广，而且将让他们熟悉沿海航线，对我更为不利。为此，官员广泛收集了广东名士的意见，“有谓应行照昔年旧章，准其贩运入关，加征税银，以货易货，使夷人不能以无税之私货为售卖纹银者。有谓应弛内地栽种罂粟之禁，使吸烟者买食土膏，夷人不能专利，纹银仍在内地转运，不致出洋者。其说均不无所见，然与例禁有违，窒碍难行”③。

卢、彭二人的倾向是很清楚的。他们一面提出驱逐鸦片趸船十分困难，即令驱逐，危害更大；一面以粤士名义提出了解决问题的办法：一、使鸦片贸易合法化，纳税进口；二、允许国内种植鸦片，借以抵制进口鸦片之销售。他们

① 梁廷枏：《夷氛闻记》卷一，中华书局 1959 年版，第 8 页。关于弛禁主张最早的提出时间，张馨保认为：“早在 1832 年，广州的外商就看到一份两广总督和巡抚的奏折底稿，主张鸦片贸易合法化。”（《林钦差与鸦片战争》第 85 页）但尚未查到记载，录以备考。

② 梁廷枏：《夷氛闻记》卷一，第 8—9 页。

③ 《两广总督卢坤奏请对英人私贩鸦片一事应暂为羁縻约束再图禁绝片》，《鸦片战争档案史料》第 1 册，第 166 页。

甚至明确表示这些建议有一定道理，只是有禁令在，“窒碍难行”。尽管他们是以“粤士私议”的方式提出弛禁主张，仍然害怕道光帝责怪，故最后又表示将坚决执行道光帝禁令，“外则巡以舟师，内则谨防海口，使其不致行销无忌，亦不致越驶他省，再行徐图禁绝”①。对于这种婉转的试探，道光帝虽然表示“沿旧禁加严”，可是对这些私议表示了令人费解的沉默，既不予追查，也未予批驳。第二年，弛禁论者发现了一个新动向：从 1831 年以来每年奏报一次禁烟情况的制度被废止了。这至少从侧面反映出道光帝对禁烟的热情消退或信心减弱。

弛禁派抓住这个时机，在 1836 年（道光十六年）接连上了两篇奏折，正式提出弛禁主张。第一篇是湖广道监察御史王玥于 5 月 11 日（三月二十六日）所奏，主要是弛吸食之禁，认为禁烟使“胥吏借端讹索，外夷暗中射利，流弊转多”。为了消除这些流弊，他建议只禁兵丁吸食，因为他们关系国家安危；至于其他吸食者，都是闲荡之徒，他们“既已不知爱惜，上负生成厚德，即使生命自戕，要皆孽由自作，似亦不足计论”。② 这篇奏折对整个鸦片问题未提出详细解决方案，论述也欠完整，未引起重视。

6 月 10 日，太常寺少卿许乃济上了名为《鸦片烟例禁愈严流弊愈大应亟请变通办理折》及《太常寺少卿许乃济奏请弛内地民人栽种罂粟之禁片》③。这两篇奏折实是许乃济根据两年前《弭害论》的观点补充整理而成，立论引证，颇能自圆其说，可谓集弛禁论之大成。其主要论点有：

一、烟禁愈严，食者愈众，祸害愈大。嘉庆初，食鸦片者罪止枷杖，今递加至徒、流、绞监候，结果，“食者愈众，几遍天下”。另外，“乾隆以前，鸦片入关纳税后，交付洋行兑换茶叶等货。今以功令森严，不敢公然易货，皆用银私售”。从而“岁耗银总在一千万两以上”。银漏造成银贵钱贱，以前纹银每两换制钱千文上下，近年则换一千二三百文。而且银价有增无减，危机越来越重。

二、海关欲闭不能。有人以为闭关可以解决这个危机，但行不通，也解决不了问题。首先，我们与西洋诸国通市已久，贩鸦片者止英吉利，不能以英一国而影响他国；再说，如果闭关，沿海恃通商为生计的数十万人无法解决。况且想封也封不住，夷船随处可能销售货物，“虽绝粤海之互市，而不能止私货之不来”。

---

① 《两广总督卢坤奏请对英人私贩鸦片一事应暂为羁縻约束再图禁绝片》，《鸦片战争档案史料》第 1 册，第 166 页。

② 蒋廷黻：《近代中国外交史料辑要》上卷，商务印书馆 1934 年版，第 28—29 页。

③ 《鸦片战争档案史料》第 1 册，第 200—203 页，以下未注出处者均见此。

三、禁烟产生不少流弊。有人认为禁烟效果不大，是由于查禁不力。其实查禁愈力，流弊愈多，“法令者，胥役棍徒之所借以为利，法愈峻则胥役之贿赂愈丰，棍徒之计谋愈巧。……（近年）查办非不认真，而此风终未能戢。盖凡民之畏法，不如其骛利，鬼蜮伎俩，法令实有时而穷。更有内河匪徒冒充官差，以搜查鸦片为名，乘机抢劫”。“至栽赃讹诈之案，尤所在多有。良民受累者，不可胜计。”

四、禁烟没有意义。食鸦片者，“率皆游惰无志、不足轻重之辈，亦有年逾耆艾而食此者，不尽促人寿命”。这些人即使死亡，决不会引起户口的减少。所虑者应是“岁竭中国之脂膏，则不可不大为之防，早为之计”。

五、唯一解决办法——弛禁。只有弛禁才能解决财政危机，防止银漏，阻止外国鸦片输入。其弛禁内容有三：一是准令外商输入鸦片，照药材纳税，以货易货，如此每年可省中原千余万之偷漏；二是禁止文武官员、士子、兵丁吸食，“其民间贩卖吸食者，一概勿论”。三是准许内地栽种罂粟。这样，内地之种日多，夷人之利日减，迨至无利可图，外国鸦片便会“不禁而绝”。他还认为冬种罂粟，于农业无碍。罂粟二三月开花结实，收浆后仍可种植早稻。“初无碍于地力，而大有益于农夫。”

这两篇奏折所代表的完全是国内外鸦片贩子的利益和愿望。它无视人民的健康、民族的利益，主张用牺牲人民的方法来弥补银两的偷漏，解救清廷财政危机。如果这一弛禁方针得以推行，那么，中国无论在精神上还是物质上，都会遭到致命的摧残。因此，这篇奏折在本质上于国于民，危害极大。

许乃济的奏折给国内外鸦片贩子以极大的鼓舞。他们奔走相告，纷纷发表评论和文章，为许乃济的奏章叫好。“广州许多中国名流都认为许乃济的奏折是奉皇上命令而拟的。”① 查顿的喉舌《广州纪事报》将其全文翻译发表，称赞“它是该世纪以来令皇帝重视的、最重要措施。……要外国人把这个‘打破中国立法混沌和黑暗的点点微光’，煽成光芒四射的火焰”②。英国商务监督义律预言，既然皇帝朱批令广州官员妥议复奏，表明皇帝已经赞同。如此将“刺激印度种植罂粟，向新加坡出口鸦片并直接运往中国”。③ 甚至断言弛禁谕旨即将从北京颁发，“无疑的，这是这个朝代自从定鼎以来在对外贸易方面所采取的最堪

① 转自张馨保：《林钦差与鸦片战争》，第88页。
② 转自张馨保：《林钦差与鸦片战争》，第87页。
③ 转自张馨保：《林钦差与鸦片战争》，第87页。

注目的措施……这些奏折使我们相信，只需慎审从事，便会在不久的将来获得十分重要的弛禁”①。查顿甚至准备了一艘小轮船，随时准备开赴沿海或印度，递送鸦片贸易合法化的消息。

道光帝阅读了这份奏折，未置可否，决定交付两广督抚及海关监督讨论，提出意见。

当时两广总督邓廷桢（1776—1846年），字嶰筠，江苏江宁（南京）人。1801年（嘉庆六年）中进士，改庶吉士。1802年散馆授编修。1805—1825年间，历任会试同考官、知府、按察使、布政使。1825年（道光五年）起，长期担任安徽巡抚。1835年10月25日，两广总督卢坤卒于官署，邓奉命继任，12月26日抵广州。邓抵广州后，大概也受到“粤士私议”之类的影响，当道光帝将许乃济奏折嘱他“妥议具奏”时，他以为道光帝可能倾向于改变禁烟方针，因而随声附和，于9月7日（七月二十七日）会同巡抚祁𡎴、粤海关监督文祥复奏，赞同弛禁。他说：“立制贵乎因时，为政先宜除弊，若除弊而弊益甚，则不得不因时急筹变通之策。”认为许乃济的建议对于堵塞白银之漏卮，杜绝行贿、诈骗、抢劫之弊均有利。“如蒙谕允，弛禁通行，实于国计民生，均有裨益。”②为了“周妥”地推行弛禁政策，他们还拟订了九条章程：③

一、以货易货，应计全数抵算，不准影射。

二、水师巡船及各关口员役，宜责令专在隘口稽查，不准出洋借词滋扰。

三、洋银应照旧章，仍准带回三成，并先确查来银数目，以杜欺隐。

四、鸦片应与别项洋货一例交易，不必设局专办。

五、额税宜遵旧制，不必加增，并严禁需索陋规。

六、价值不必预定。

七、内地各省海船运销鸦片，应由粤海关印给执照。

八、民间栽种罂粟，似可稍宽厉禁。

九、官员、士子、兵丁，宜严行饬禁，不准吸食。

---

① 《议会文件·有关中国的来往函件》，第137页，转自马士：《中华帝国对外关系史》第1卷，第128页。

② 《邓廷桢等奏请准照许乃济所奏弛禁鸦片并拟章程呈览折》，《鸦片战争档案史料》第1册，第205—209页。

③ 《邓廷桢等奏请准照许乃济所奏弛禁鸦片并拟章程呈览折》，《鸦片战争档案史料》第1册，第205—209页。

这个章程实际上就是许乃济弛禁主张的具体化，并进一步完备。据说，邓猜想“弛禁肯定会蒙批准，以至于命令行商写信告诉查顿及其他外国商人说，他已经奏请皇上取消禁令。外商应在新规定颁布后的三个月内撤走所有鸦片趸船”①。

邓廷桢等人的奏折尚未递到北京，道光帝已收到两篇反对弛禁的奏章：

第一篇是内阁学士兼礼部侍郎朱嶟的《申严例禁以彰国法而除民害折》②。他明确指出，有害必除，法不容废。虽然国家立一法必生一弊，决不应因噎而废食。对于许乃济的观点，朱逐一加以驳斥。他说，准令鸦片纳税入关，以货易货，并不能阻止白银外流。因为交易中难免出现货物不平衡，势必以银补偿。再说，既然可以禁银出洋，为何不能禁烟贩运？如果鸦片禁绝了，银漏便戛然而止，两患并除，不更好吗？准令内地种植罂粟，朱认为更加荒唐，比如云南一直在种罂粟，鸦片出产不下数千箱，可是银漏不减！现今吸食者多，而且都挑选上等品种，故而以洋烟为美。同时因为罂粟利大，种植都占上等良田，势必影响生产。

另外，他指出不准官弁士子吸食、只准民间吸食，完全是掩耳盗铃的蠢办法。因为民占人口九成，官弁只占一成。鸦片烟本来是从官府中之幕友家丁传开的，现在不吸烟的大多数是百姓。所以这种政策，只会使“食者纵之得食，而未食者导之使食”。他特别针对许乃济企图以牺牲人民健康来制止银漏的动机进行批驳，严正指出：“鸦片流毒，妨财害小，残民害大。民者国之本，财者民所出；民贫尚可变（富），民弱（无）可救药。”此外，他还指出士兵吸食的严重危害，士兵“一经沾染，浸以成风，烟瘾来时，手足瘫软，涕泪交流，又安能勤训练而成劲旅乎？如此兵丁，进不能战，退不能守，十二年广东奏猺匪之案，言连州军营战兵多有吸鸦片烟者，兵丁数虽多，难于得力，其明证也”。

第二篇是兵科给事中许球的《洋夷牟利愈奸内地财源日耗敬陈管见折》③。他说，目前鸦片导致漏银每年近 2000 万两，形成严重的危机。闭关不是办法，“一旦绝之，不唯有损天朝大体，且恐无以善其后”。弛禁更不可行。因为实行禁烟，纹银尚至偷漏，鸦片尚至充斥，若让公然售卖，其来益多，岂能保其必以货易货？是禁烟一弛而纹银偷漏愈多，此必然之势也。

---

① 张馨保：《林钦差与鸦片战争》，第 88 页。

② 转自来新夏编著：《林则徐年谱》，上海人民出版社 1985 年版，第 561—565 页。

③ 转自来新夏编著：《林则徐年谱》，第 565—568 页。

许球认为，鸦片禁不住是地方官奉行不力的结果。现在不追究他们的责任，反而弛禁，地方官正可借此推卸责任。他主张禁烟应先详内而略外，“先严定治罪条例，将贩卖之奸民，说合之行商，包买之窑口，护送之蟹艇，贿纵之兵役，严密查拿，尽法惩治”。同时建议将查顿等 9 名鸦片贩子，查拿拘守，并将我国禁烟政策以国书形式致书该国国王，剀切晓谕。

朱、许两人的奏折大约都是在这年 9 月呈递的。11 月 12 日，江南道御史袁玉麟又上了《奏陈鸦片弛禁将有妨国计民生折》①，认为弛禁之议，“戾于是非者有三，暗于利害者有六”。弛禁者变更旧章，是违祖制而背谕旨，禁官弁士兵，不禁小民，半禁半弛，“是坏政体而伤治化也”，征收鸦片税是见小利而伤大体。接着他列举了暗于利害者六：一、弛禁于漏银无补，若弛禁能盘查漏银，现在为何不能盘查？二、准令内地种植罂粟，小民趋利，膏腴之区必尽化为鸦片之壤。是为夺农工而耗本计。三、明弛禁令，是绝民命而伤元气。四、弛禁必导致军队吸食，有害于捍卫国家。五、奸民洋匪勾结走私，现在不但不严办，反而开禁，“是济奸民而通洋匪也”。六、禁令一开，所谓纹银出洋诸弊不能除，而且将百弊丛生，日甚一日。因此，弛禁主张是拘泥于现在而贻后患的短见。

上述三折有力地反击了弛禁论。他们从祖制、道德、民本、国防、财政等方面向弛禁论发起了猛烈的反击，深深打动了道光帝的心，坚定了道光帝的禁烟决心。1836 年 9 月 19 日（道光十六年八月初九日），他不等两广督抚的复奏，便立即发出谕旨，表示决不开禁，并命令邓廷桢等根据许球等人的奏折，严密查拿贩卖之奸民、说合之行商、包买之窑口、护送之蟹艇、贿纵之兵丁，而且明确要求他们“悉心妥议，力塞弊源，据实具奏”②。

大臣群起反击，道光帝坚持严禁，给跃跃欲试的弛禁派迎头一击，他们或为禁烟派的严正立论所折服，或受忠君思想所驱使，纷纷改弦易辙（或缄口不言），一股刚刚兴起的弛禁思潮，顿时烟消云散。

对于许乃济的弛禁主张，过去一直把它作为弛禁论的代表作而加以批判。近年有人重新做了评价，认为以往对许乃济弛禁策的批驳，停留在一个半世纪前许球的水平，“十足是一种高调，全仗政治上以势压人而已，完全谈不上什么历史的实事求是的分析与研究”③。也有人认为，弛禁主张“比较符合实际情况

---

① 《鸦片战争档案史料》第 1 册，第 213—217 页。

② 《清宣宗实录》卷二八七，《清实录》三七，第 427 页。

③ 钱昌明：《重评许乃济的弛禁策》，《学术月刊》1986 年第 9 期。

和具有一定的合理性”，“这个主张当时除两广总督邓廷桢上奏拥护外，举朝无有任何异议”。① 这种观点涉及大是大非，有必要予以澄清。

首先应该指出，对过去的观点提出不同看法，有利于把学术研究引向深入，是值得欢迎的，但必须建立在科学分析的基础上。唯有这样才能推进学术研究，否则只能是混淆是非。上述的观点就犯了这个毛病。他们在所谓“求新”的思想指导下，将过去已成定论的观点，不在详细占有资料的基础上，经过深入分析，然后引出科学的结论，就轻易扣上“十足”的“高调”、“全仗政治上以势压人”等不切实际的大帽子，是不足取的。

其次，他们认为弛禁主张“比较符合实际情况和具有一定的合理性”，也是片面的。许乃济的弛禁主张，主要着眼于挽救清朝财政危机，而置贫民弱种于不顾。他明知吸烟危害甚巨，却主张“民间贩卖吸食者，一概勿论”。这种只顾巩固清朝统治，不管民间贩卖、吸食鸦片所造成的严重后果，是一种极端残忍的短视行为。相反，反对弛禁者在考虑清朝统治如何巩固的同时，也顾及防止鸦片危害人民的问题。许球说：“明知为毒人之物，而听其流行，复征其税课，堂堂天朝，失此体统。”袁玉麟认为，若明令弛禁，“是绝民命而伤元气也”。他们注意防止鸦片对人民的毒害，这是符合整个民族长远利益的，显然要比弛禁主张正确高明。这两种主张在对待鸦片毒害人民这一点上，有着根本的不同。两者相较，严禁论比较符合实际，比较合理；弛禁论既不符合实际，更不合理，是颠倒是非的。至于说“举朝无有任何异议”，显然是杜撰之词。朱嶟等立刻起而反驳，怎能说没有“异议”!

最后，他们的论述大多牵强附会，很难令人信服。如《重评许乃济的弛禁策》中提出，许乃济的弛禁主张，“虽然未能在他生前有机会实践，但在他死了之后，历史却一一付诸实施并得以验证”。这种看法很肤浅。查许氏的弛禁主张主要有三点：一是准鸦片纳税进口，以货易货，禁银出洋；二是禁止官弁士子兵丁吸食，民间贩卖吸食者勿论；三是准许内地栽种罂粟，以求洋烟不禁自绝。《重评》作者为许氏辩护说，低税入口，“即可变鸦片走私为合法输入，从而由海关控制鸦片入口。这既可解决鸦片贸易失控局面，又可在相当程度上解决政府的财政问题”。这纯属“想当然”。征收鸦片税，固可增加一些财政收入，但要说即可解决鸦片失控，则大可怀疑。第二次鸦片战争后，鸦片输入合法化了，

① 王中茂：《许乃济弛禁论评价新探》，《洛阳师专学报》1986 年第 4 期。

鸦片走私仍然严重存在。19 世纪 60 年代中，运到香港的鸦片，有四分之一是通过走私输入内地的。在广州，每有 1 箱鸦片在海关申报，便有 4 箱走私进口。1860 年（咸丰十年）前后，“粤海关洋药漏税，一年约有 50 万两”①。既然鸦片走私仍然大量存在，海关怎能控制鸦片进口？《重评》作者认为，禁官不禁民，是“较为实际可行的步骤”。对于这一主张在理论上的矛盾，袁玉麟当时即已指出：“因有害而禁之，必因无害而后弛之，半禁半弛，先紊其例，而欲奉行无弊，难矣。法禁一，功令尚有不遵；法禁纷，刑章安能共守？”② 何况当时官弁兵丁吸食居多。在吏治腐败、“徒法不行”的情况下，要想禁止官弁士子兵丁吸食，怎么能“实际可行”？至于以货易货，禁银出洋，此后则从未认真实行。

允许内地栽种罂粟，是否就可抵制洋烟呢？情况恰恰相反。1880—1881 年间，“中国四川、云南、贵州三省，共出烟土二十六万五千担”，“山东、满洲等处，每年所出烟土亦有一十三万五千担”，此外，江、浙、闽、晋、陕等省种植罂粟的面积也很广；③ 可是，鸦片的输入却在 19 世纪 80 年代达到了最高峰，1881—1883 年输入鸦片 42777 公担，占进口总值的 37%。④ 可见，自种罂粟并没有起到抵制洋烟输入的作用，其结果是：土烟、洋烟同时增多，鸦片更加泛滥。据有人估计，1890 年吸烟人数达 1500 万，⑤ 相当于鸦片战争前的四五倍。

由上可知，许乃济的弛禁主张是不值得肯定的。其主观上是只顾清朝统治阶级的狭隘利益，客观上为国内外鸦片贩子和吸食者大开绿灯，于国于民，危害极大。这种主张应受到历史的批判，为他翻案是没有道理的。⑥

---

① 《总税务司赫德禀呈清单等件》，中国史学会主编：《中国近代史资料丛刊·第二次鸦片战争》第 5 册，上海人民出版社 1978 年版，第 502 页。

② 《江南道监察御史袁玉麟奏陈鸦片弛禁将有妨国计民生折》，《鸦片战争档案史料》第 1 册，第 214 页。

③ 参见《益闻录》等 145 号，光绪八年二月十四日（1882 年 4 月 1 日）。

④ 据《中国近代经济史统计资料选辑》第 74 页表 16、第 76 页表 18。

⑤ 转自费正清编：《剑桥中国晚清史》（1800—1911）上卷，中国社会科学出版社 1985 年版，第 191 页。

⑥ 这部分内容汲取了许增纮《评许乃济弛禁主张》的成果。（许文原载《西南师范大学学报》1988 年第 3 期。）

四、严厉禁烟运动的兴起

许乃济的弛禁主张被否定后，朝廷上下再没有人公开主张弛禁。但是如何禁绝鸦片，一时还未找到切实可行的方案。1838 年 6 月 2 日（道光十八年闰四月十日），鸿胪寺卿黄爵滋上了《请严塞漏卮以培国本折》，力主严禁吸食，立即引起一场大讨论。

黄爵滋（1793—1853 年），号树斋，江西宜黄人。1823 年中进士，改翰林院庶吉士。1826 年散馆授编修。1833 年充会试同考官，同年闰九月，转福建道监察御史。“以直谏负时望，遇事锋发，无所回避，言屡被采纳。十五年，特擢鸿胪寺卿。”① 黄氏早在 1833 年上奏的《纹银洋银应并禁出洋疏》中就提出：“鸦片烟等犯禁之物，其藐法潜买者，皆以银则便，不以银则不便。在奸商黠吏，只图贪利营私，觊法律之稍轻，即诡谋之百出。……应请饬下刑部，再行酌拟，比照从重科罪，使奸徒不敢轻蹈法网。”② 1835 年，黄在《敬陈六事疏》中又说：“鸦片烟之银，漏出外洋者，不下二三千万，以无用有害之物，毒中国之人，而又竭中国之财，夷计之狡，莫甚于此。而屡禁不绝者，则皆汉奸为之也。……欲截其流，但塞其源。应请皇上饬谕两广总督，责成水师提督，严查大屿山之屯船及转运之快蟹，交易之窑口，悉籍其党，立置重典。”③ 从以上两篇奏疏看，黄氏早年和大多数官员一样，都是把走私运输和贩卖作为禁烟重点。但是，几年过去了，这些措施不但没有效果，反而越禁越多。他认为关键在对吸食者用刑太宽，因此在《请严塞漏卮以培国本折》④ 中提出了重治吸食的主张。首先，他分析了烟毒泛滥的严重情况以及造成白银外流、财政崩溃的重大恶果；接着，评论了当时流行的严查海口、禁止通商、查拿兴贩开馆、开种罂粟之禁等办法，都解决不了这个病国害民的严重问题；最后他提出：“耗银之多，由于贩烟之盛；贩烟之盛，由于食烟之众。无吸食，自无兴贩；无兴贩，则外夷之烟自不来矣。”问题的关键在禁止吸食。因此，他主张重治吸食者，建议由皇帝

① 赵尔巽等：《清史稿》三八《黄爵滋传》，第 11587 页。

② 《中国近代史资料丛刊·鸦片战争》第 1 册，第 478 页。

③ 《中国近代史资料丛刊·鸦片战争》第 1 册，第 484 页。

④ 《筹办夷务始末》（道光朝）一，第 34 页。

严降谕旨，通告全国，在一年之内戒绝吸食鸦片。如果一年之后仍然吸食，则是“不奉法之乱民，置之重刑，无不平允”。他认为对吸食者判处杖、徒等刑罚太轻，因为断瘾比杖徒更加痛苦，所以吸食者宁愿杖徒也不愿戒烟。他主张对一年后仍然吸食的烟犯判处死刑，迫使他们坚决戒烟。他还建议：“现任文武大小各官，如有逾限吸食者，是以奉法之人甘为犯法之事，应照常人加等。除本犯官治罪外，其子孙不准考试”，“其地方官署内官亲幕友家丁，仍有吸食被获者，除本犯治罪外，该本管官严加议处”。

黄爵滋所提及的问题，以前人们多曾提到。但是，他提出的措施比前人的主张严厉得多。他是第一个提出用死刑来惩罚吸食犯，第一个主张现任文武官员吸食者不仅与庶民同罪，而且子孙不准考试的人。道光帝即位 18 年来，一再提出要严禁鸦片，结果是愈禁愈多，此时正感束手无策。黄氏这份奏折，使他进一步认识到问题的严重性，同时他感到，要想解决问题，需要发动臣下献计献策。因此，在接阅黄奏当天，就亲笔朱批：“黄爵滋奏请严塞漏卮以培国本一折，着盛京、吉林、黑龙江将军、直省各督抚，各抒所见，妥议章程，迅速具奏。”①

在此后半年内，各省将军督抚纷纷上奏，就如何禁绝鸦片、塞漏培本提出自己的看法，有些还草拟了详细的禁烟章程，供皇帝采择。对于这次以黄爵滋上奏为契机，由道光帝发动的、围绕怎样禁烟而展开的大讨论，以往史学界多以对待黄奏的主张划分，将他们划为严禁与弛禁两派，并把这场讨论描绘成严禁派与弛禁派的一场激烈斗争，其实是不确切的。人们只要全面阅读一番各省将军督抚的奏折就不难发现，这不是一场严禁派和弛禁派的激烈斗争，而是一次围绕如何才能禁绝鸦片而展开的大讨论。

首先，弛禁和严禁的斗争曾有过，如前所述，那是 1836 年（道光十六年）的事。但自从许乃济的弛禁主张遭到朱嶟等人的驳斥后，从此再无人公开鼓吹弛禁，而且事实上从 1837 年开始，各种禁烟措施即在重新执行，并且收到一些效果。1837 年，广东陆续报获共 30 起，匪犯 144 名，纹银 8661 两零，番银 3027 两零，鸦片烟泥 3842 斤。② 说明在黄爵滋上奏时，至少主要矛盾已不是弛

① 《着各地将军及各省督抚议奏黄爵滋奏请严塞漏卮以培国本折上谕》，《鸦片战争档案史料》第 1 册，第 258 页。

② 据《邓廷桢等奏设法驱逐趸船严拿窑口走私各匪折》，《筹办夷务始末》（道光朝）一，第 30 页。

禁和严禁的问题，而是在鸦片进一步泛滥、以往办法失效的形势下如何采取切实措施禁绝鸦片的问题。这场讨论正是适应这种需要展开的。

其次，道光帝对黄爵滋的具体建议未透露丝毫倾向。朱批中所强调的，一是“各抒所见”，即要大家畅所欲言，把各人看法意见通通发表出来；二是“妥议章程”，就是要大家动脑筋，想办法，拟订一个妥善的禁烟方案；三是“迅速具奏”，不要拖拖沓沓，延误时机。意图很清楚，就是希望全国封疆大吏，围绕如何禁绝鸦片、制止白银外流，广泛发表意见，最后集中大家意见，拟订出一个切实有效的禁烟章程，根除鸦片祸害。清朝长期推行中央集权，重大决策向由皇帝一人独断，像这样动员全国的将军、督抚都来商讨同一问题的对策，实属罕见。这一方面表明道光帝对这个问题的重视，同时也体现确是一次带有国策性的大讨论。

第三，大家发表的意见，中心是如何有效地严禁鸦片，不是严禁或弛禁。所有复奏没有一个主张弛禁。通观全部奏折，所提各种禁烟主张，意见最集中的是严禁海口，共计 29 份复奏中有 17 人提出这种主张，其中包括赞成重治吸食的色卜星额、陈銮和苏廷玉。他们普遍认为，塞源才能遏流，“应请首严海口之禁以杜其源，次加兴贩及开馆罪名以遏其流，再惩吸食之人以警其沉迷”①。实际上，不久后道光帝钦派林则徐赴广东查办海口事件，就是接受大多数人意见而采取的重大措施。

至于对吸食者处以死刑的主张，赞成者只有钱宝琛、林则徐、色卜星额、桂良、陶澍、陈銮、栗毓美、苏廷玉等 8 人。他们认为重治吸食者是以杀为生、寓仁于法的措施。但除河东河道总督栗毓美外，他们都不赞成只治吸食。如色卜星额提出：“原奏专重吸食，略于兴贩，自非拔本塞源之意。窃思吸食者，骄奢淫荡，尚非侵损于人，罪且论死。若兴贩者挟资出海，为夷人作爪牙，代销毒物，贻害同类，唯利是图，实为中国之蠹，比之开设烟馆，厥罪更甚。命下之日，应令沿海各地方官，严拿趸贩之船，人赃务获，不分首从，立正典刑，海滨枭示。先为食烟者立此标榜……庶治本不遗其末，清源亦节其流矣。”② 钱宝琛也认为既然对吸食者论死，“自应一并将兴贩之犯，于开设烟馆绞罪上加重

① 《陕西巡抚富呢扬阿奏复塞漏培本应首严海口之禁次加兴贩开馆之罪等情折》，《鸦片战争档案史料》第 1 册，第 291 页。

② 《安徽巡抚色卜星额奏复为黄爵滋所奏甚是惟应先重惩贩烟人犯折》，《鸦片战争档案史料》第 1 册，第 287 页。

问拟，似于情法两得其平”[①]。8人之外，其余的人都不同意吸食者论死。在这些人中，又有各种各样的看法：有人主张加重罪名，但不同意论死；有人担心“吸食即置之死地，恐诛不胜诛”[②]；更多的人认为，“立法贵乎持平，除弊尤在扼要，若严治吸食之人，而置勾结贩卖之奸民于不问，是轻重失宜，殊非明慎用刑之道”[③]。由于各人站的角度不同，认识水平不一，提出各种不同意见，原是正常现象，而且正体现了大讨论的特点。显然，把凡是不赞成吸食者论死的人都说成是弛禁派，是缺乏足够论据的。

这次大讨论尽管不是严禁派和弛禁派的斗争，却取得了可喜的收获。首先是通过讨论，各省督抚更加正视鸦片问题的严重性，为随即展开的严厉的禁烟运动做了舆论准备，提供了思想条件；其次是提出了许多宝贵的意见，为制订一个全面的严禁鸦片章程打下了基础。次年颁行的《严禁鸦片烟条例》39条，正是在这次大讨论的基础上，在严禁思想的指导下，综合讨论各种合理的意见后制订出来的。

还在这年10月23日（九月初六日），道光帝眼见各省督抚陆续奏复，即颁布谕旨，嘱令大学士、军机大臣会同刑部议奏。过了两天，又通知宗人府也参加会议。当时首席军机大臣穆彰阿正在服丧，道光帝也要他夺情参加会议。经过半年多的草拟修改，一个近两万字的《严禁鸦片烟条例》[④]终于制订出来了。细览这份章程，并和此前的大讨论对照，诚如制订者所说，是“就黄爵滋原奏及各省将军督抚并科道条陈各折，参互考订，择其实可见诸施行者”定为条例，内中既包括了黄爵滋的意见，也包括了各地将军督抚的主张，总的是体现了“全”和“严”的精神。凡是犯了鸦片罪的，无论官吏与平民，不分兴贩与吸食，一律按罪行轻重，本着立法从严的精神，明定了各种罪名。如开设窑口首犯，审明后斩立决；海口员弁兵丁受贿故纵，无论得赃多少，概行绞立决；官役人等拿获兴贩、吸食鸦片之犯得财卖放，与本犯一体治罪；开设鸦片烟馆，首犯绞立决；栽种罂粟与兴贩鸦片烟，首犯均拟绞监候；吸食鸦片人犯，一年六个月限满后不知悔改，无论宗室觉罗、官员、军民人等，一概拟绞监候；等等。上述有关规定，既贯彻了黄爵滋、林则徐等法当从严的精神，也广泛吸收

---

① 《湖南巡抚钱宝琛奏复塞漏卮培国本首应严惩鸦片兴贩折》，《鸦片战争档案史料》第1册，第269页。

② 《梁章钜议奏禁烟章程折》，《筹办夷务始末》（道光朝）一，第99页。

③ 《魏元烺议奏查禁鸦片章程折》，《筹办夷务始末》（道光朝）一，第110页。

④ 《鸦片战争档案史料》第1册，第564—586页。

了各省将军督抚的合理建议，是一个名副其实的集体创作，是前次大讨论的一个重大成果。而在量刑轻重上，道光帝则起了决定作用。据载，在拟订《严禁鸦片烟条例》时，对于"鸦片罪名，廷议从轻，特荷圣裁改重"①。可见，如果不是道光帝支持，黄、林等人"法当从重"这关键一着，在条例中将无法贯彻。

随着禁烟大讨论的开展，严厉的禁烟运动也开始在各地兴起。本来，早在1836年9月19日（道光十六年八月初九日），道光帝批阅了朱嶟、许球的奏折后，即颁发谕旨，表明了不放弃禁烟的决心。以后又屡颁谕旨，命令驱逐趸船，缉拿鸦片私贩，但除广东执行比较认真外，其他各地多是敷衍应付，未有显著成效。自从黄爵滋"吸食论死"的奏折下发后，他又接连下了多道谕旨，或谕令各省严密查拿烟犯，或将吸烟之王公、贵族、官员革职查办，或惩治吸食鸦片之弁兵，或奖叙缉拿有功人员。他一再要求各省将军督抚，"趁此整顿之时，同心合力，不分畛域，上紧查拿，毋得稍形松劲。……该将军督抚等务当振刷精神，力祛积习，勿生观望之心，以副朕意"②。为了表示禁烟决心，还于10月20日下令将两年前提出弛禁主张的许乃济"降为六品顶戴，即行休致"，以示"必欲净绝根株，毋贻远患"。③

黄爵滋的奏折和道光帝的严谕，顿使举国震惊，"不但卖者潜踪，食者亦愈加敛迹"④。湖广总督林则徐感到机不可失，于是在积极支持黄爵滋严禁主张的同时，率先在两湖地区切实执行禁烟政策，为各省开展禁烟斗争树立了榜样。

林则徐（1785—1850年），字元抚，又字少穆，晚号俟村老人，福建侯官（今福州）人。他出生于一个清贫的知识分子家庭。1811年（嘉庆十六年）中进士，选翰林院庶吉士。1814年散馆授编修。从1820年起，先后在浙江、江苏、陕西、湖北、河南等省担任道员、盐运使、按察使、布政使、东河河道总督、江苏巡抚、署两江总督、湖广总督等职。曾在督修河堤、勘灾筹赈、整顿钱漕

---

① 《林则徐日记》（1839年5月8日），《中国近代史资料丛刊·鸦片战争》第2册，第15页。

② 《着各省将军督抚严紧查拿鸦片烟犯事上谕》，《鸦片战争档案史料》第1册，第390页。

③ 《太常寺少卿许乃济妄请弛禁鸦片着即休致事上谕》，《鸦片战争档案史料》第1册，第391页。

④ 《安徽巡抚色卜星额复奏为黄爵滋所奏甚是惟应先重惩贩烟人犯折》，《鸦片战争档案史料》第1册，第287页。

和清查仓库等工作中，廉洁奉公，政绩卓著，被人誉为“林青天”。林则徐萌发禁烟思想，最早可以追溯到1823年。是年，他在《致杨国翰》书中，就提到对那些包揽伎船、开设烟馆的游手好闲之民，“密访严拿，期于闾阎稍靖”①。1832年，当英船“阿美士德”号沿东南海岸勘测时，他曾建议上船搜查鸦片，遭到道光帝的反对。1838年黄爵滋奏折下发后，他是最早奏复者之一。他认为鸦片流毒已甚，决非常法所能禁止；要力挽颓波，非严莫济。吸食者以死论罪，“似皆有合于大圣人辟以止辟之义，断不至与苛法同日而语也”②。为了完善黄爵滋的禁烟主张，他在复奏中特拟具章程六条，提出包括收缴烟具，开馆、兴贩各罪名一体加重，文武官员失察议处，审断之法宜用熬审等的全面禁烟主张。③ 鉴于以往禁令不行，皆由官员上下维护、互相包庇，所以林则徐在密奏中强调，“必须中外臣工，并力一心，誓除此害”④。

三个月后，当有人妄图把禁烟讨论引入歧途时，林则徐又上了《钱票无甚关碍宜重禁吃烟以杜弊源片》，严正指出，危害国计民生最大的，不是钱票，而是鸦片。他首先分析了鸦片泛滥对社会经济的严重破坏，如苏州南濠和湖北汉口，许多货物成交额仅及二三十年前的一半；其次论述了吸食鸦片耗费了国家大量钱财。他算了一笔细账：吸食者每人每日花银一钱，当时全国四万万人，只要有百分之一的人吸食，“一年之漏卮即不止于万万两”（相当于清政府当时全年财政收入的两倍多）。接着又驳斥了反对严禁吸食的种种谬论。然后强调指出：“若犹泄泄视之，是使数十年后，中原几无可以御敌之兵，且无可以充饷之银。”⑤ 因此，它关系国家的生死存亡。

从以上两道奏折可见，林则徐对禁烟的认识要高人一筹。首先，他不仅从白银角度考虑问题，而且还注意到鸦片造成生产力的萎缩和商业的萧条；其次，他不仅看到鸦片对社会经济的影响，而且觉察到对国防力量的腐蚀与摧残，将鸦片毒害与民族存亡联系了起来；第三，在禁烟措施上，他不仅要求重治吸食，而且主张兴贩、开馆以至包庇人员一体加重。这比黄爵滋专治吸食的

---

① 杨国桢编：《林则徐书简》（增订本），福建人民出版社1985年版，第9页。

② 《筹议严禁鸦片章程折》，《林则徐集·奏稿》中，第568页。

③ 《筹议严禁鸦片章程折》，《林则徐集·奏稿》中，第567—572页。

④ 《密陈重治吸食鸦片提高茶叶大黄等出口价格片》，《林则徐集·奏稿》中，第576页。

⑤ 《林则徐集·奏稿》中，第598—601页。

主张更为合理和有效。正因为如此，“上谓为深虑远识之言，诏林则徐来京面受方略”①。

林则徐目睹鸦片祸害，“心焉如捣”②，不待定议，即与湖南巡抚钱宝琛、署湖北巡抚张岳崧筹商，决定派员“先访开馆兴贩之人，严缉务获”，同时在武昌、汉口设立禁烟局，妥派得力人员收缴烟枪及一切器具余烟，并且捐款配制断瘾丸，劝导吸食者戒烟。两湖的禁烟措施很快收到效果。短短几个月，湖北就收缴烟土烟膏2万多两，烟枪数千杆；湖南也收缴烟具数千件，烟土烟膏3万多两。吸烟者戒烟之后，颜面发胖，身体渐强，家属感激涕零，致有妇女跪在路旁，向林则徐叩头称谢。道光帝获悉两湖禁烟取得显著成效，十分高兴，当即谕令嘉奖，认为“地方公事，果能振刷精神，实心查办，自可渐有成效”③。

黄爵滋上奏后，广东禁烟也形成新高潮。广东禁烟早在1836年（道光十六年）冬已经开始。是年10月16日（九月初七日），邓廷桢接到道光帝不准开禁的谕旨，立即收回弛禁的念头，遵照道光帝的旨意执行禁烟政策，采取了一系列的禁烟措施，切实查禁鸦片，阻止纹银出洋。11月23日，他下令对许球奏折中提到的9名外国烟贩进行驱逐，同时严查海口。到1836年冬，不但在广州城内外查获烟案多起，而且在珠江口外大屿山口拿获蟹艇出洋纹银二万两，在急水洋也拿获二万八千万余两。④ 当时《中国丛报》评论，邓“曾尽最大努力以遏止鸦片输入以至其他因苛税而走私流出国外的货物”⑤。据当时反映，邓廷桢的措施是有效果的。如1837年1月27日，大鸦片贩子查顿在私人函件中说：“此间（广州）的洋药已完全陷于停顿。”到6月间，他又说，广州的洋药市场已完全停顿，也没有一艘走私船艇能够往来行驶，“我们正用尽一切办法用欧洲船只将货物运往沿海岛屿间去销售”。11月，他又写道：“由于当局防范亟〔极〕严，洋药市场正一天不如一天。”另一名鸦片贩子马地臣在1838年1月的私函中哀叹：“在过去十二个月之内，我们的洋药市场已经经历了一次全盘的革命。现在

---

① 魏源：《道光洋艘征抚记》卷上，《魏源集》上册，第168页。

② 林则徐：《筹议严禁鸦片章程折》，《林则徐集·奏稿》中，第571页。

③ 《为湖广总督林则徐等查拿烟犯收缴烟具已有成效甚属认真事上谕》，《鸦片战争档案史料》第1册，第364页。

④ 参见《清史列传·邓廷桢传》，《中国近代史资料丛刊·鸦片战争》第6册，第309页。

⑤ 《中国丛报》第5卷第9期（1837年1月），广东省文史研究馆编：《鸦片战争史料选译》，中华书局1983年版，第100页。

没有一艘走私船之类的东西在活动了。”① 除这些烟贩外，英国驻华商务监督查理·义律 1837 年 2 月 2 日致英国外交大臣巴麦尊（一译帕麦斯顿）信中也说，前两个月里，广州当局一直执行严禁鸦片买卖政策，很为成效。② 由于推行严禁政策，1837 年禁烟的成效是显著的。严厉查禁有效地粉碎了广州外洋与附近地区的走私网，所有的快蟹走私船包括新造的都被烧毁了。由于查拿严紧，鸦片价格大跌。据邓廷桢等奏报，奸民购买鸦片，以前每个值洋银 30 多元，新近跌至 16—18 元不等。③ 查顿也供认，1837 年底，巴特拿烟土每箱约为 620 元，贝拿勒斯烟每箱约为 560 元；到 1838 年 1 月初，各下降 100 银圆。2 月份，麻洼烟和贝拿勒斯烟每箱只值 400 银圆，甚至更低，新巴特拿烟则为 450 元一箱。④ 查顿睹此情景，感叹地说：“我从来没有见到广州如此萧条，一无生气。没有一只船装货去英国，没有为欧洲或英国市场买一磅茶叶。美国也买得极少。”⑤

广东禁烟到 1838 年（道光十八年）又有所发展。邓廷桢一再声言，趸船如不撤走，即要实行封舱。是年 4 月上旬，为了警告外国烟贩，邓在澳门城外公开处死了一名与外商勾结的中国奸民，并且陈尸示众。黄爵滋奏折下达后，邓廷桢采取了更加严厉的禁烟措施，许多烟贩被捕，鸦片销售锐减。查顿在致礼士函中说，邓总督“一直在毫不留情地逮捕、审判和绞死可怜的人们。牢房里挤得满满的，每天有三四人死于囚禁和恶劣的待遇。我们希望这种雷厉风行不久会有所缓和，但看来一无指望”⑥。

在邓廷桢严禁措施的推动下，军民反鸦片斗争热情日益高涨。在广州城内，断瘾之药，廛肆通行；民间劝善之文，城乡遍贴。不少吸烟者在舆论的压力下，自动毁去烟土、烟具。为了进一步打击走私贩毒活动，同时警告外国商人，广

① 《怡和档案·私函稿》，查顿函和马地臣函（1837 年 1 月—1838 年 1 月），转自格林堡：《鸦片战争前中英通商史》，第 182—183 页。

② 参见《议会文件·有关中国的来往函件》第 155 页，转自张馨保：《林钦差与鸦片战争》，第 100 页。

③ 据《邓廷桢等奏设法驱逐趸船严拿窑口走私各匪折》，《筹办夷务始末》（道光朝）一，第 31 页。

④ 据《怡和档案·私函稿》，查顿函（1838 年 1 月 2 日、1 月 24 日、2 月 27 日），转自张馨保：《林钦差与鸦片战争》，第 103 页。

⑤ 《怡和档案·私函稿》，查顿函（1837 年 10 月 18 日），转自张馨保：《林钦差与鸦片战争》，第 103 页。

⑥ 《怡和档案·私函稿》，查顿函（1838 年 12 月 10 日），转自张馨保：《林钦差与鸦片战争》，第 109 页。

州当局决定将中国鸦片烟犯何老近押到商馆前广场处死，并于12月12日安置了绞架和其他刑具。然而，一群英国水手竟跳出来蛮横无理地干涉中国政府在中国领土上对中国鸦片犯行刑："他们突然抓住绞架，把它打得粉碎，并拿着木块向行刑的刽子手和附近的中国人的头上和肩上乱打。……水手拆烂了为官员搭的棚子、桌子，抓起茶壶和茶具要掷向那位官员。"① 清朝官员在这伙暴徒干涉下被迫改变了刑场，"改在商馆以外的潮音街把犯人行刑"。殖民者的暴行激起了广州上万群众愤怒，他们自动赶来包围了外国商馆。这时"几个蛮横的外国人竟向他们冲去，用棍棒逢人就打"②。群众益发怒不可遏，"他们把每个商馆前面的围墙柱子拆下来，用作攻打之军器，大声呼喊"。群众的正义斗争使殖民者极度惊慌。事件的挑起者、美国领事士那"吓得精神错乱"。一位在场的外国人纳埃曾回忆说："那天我躲避在士那的商馆里……一阵阵石子投掷过来，窗上的玻璃碎了，群众的怒吼声，好像几千只'野兽'（这是侵略者对中国人民的诬称）在狂喊着。我那'可敬'的朋友（士那），每一次听到怒吼声，就神经过敏地用右手紧握着左臂，很可怜地呻吟着：'我好痛呀！'"③ 可是这时，南海知县应美国商人亨德等的请求，派兵前来阻止。傍晚，抗议群众被驱散了，并逮捕了两名爱国群众，甚至一些人被挤到河中淹死。一场反抗外国殖民者暴行的斗争就这样被镇压了。

事件之后，外商总会上书两广总督，请求不再在广场公开处死犯人。邓廷桢义正词严地答复道："夷馆前后地面，皆我天朝领土，仅因大皇帝仁德如天，许将该地面暂作获准来省贸易夷人歇息之处。至该处地面能作处决犯人之地与否，岂容该夷人置喙！……目下正厉行禁烟，为制止私贩鸦片，于上述地面依法处决人犯，必为今后常有之事"，"此后凡有处决人犯，若有狂妄放肆之夷，竟敢妨碍其事，该总商等应据实禀明，以便将此等夷人严行驱逐"。④ 1839年2月26日，广州当局再次在商馆前处决了一名鸦片烟犯，表明了坚决维护主权和禁烟的决心。这次行刑没有受到阻碍，并未发生骚动和扰乱，只是当时所有飘

---

① 威廉·C. 亨特：《广州"番鬼"录》，第55页。

② 马士：《中华帝国对外关系史》第1卷，第226、225页。

③ 转自姚薇元：《鸦片战争》，湖北人民出版社1983年版，第29页。

④ 广东省文史研究馆：《鸦片战争与林则徐史料选译》，广东人民出版社1986年版，第69页。关于这场群众反抗斗争，威廉·C. 亨特《广州"番鬼"录》说发生于1839年2月第二次在广场行刑之时，但1838年12月出版的《中国丛报》已详记此事经过，马士《中华帝国对外关系史》亦作1838年12月12日。亨特记载可能有误。

扬着的国旗——英国的、美国的、法国的和荷兰的——却降落下来作为一种抗议，从此它们就没有再升起过。①

邓廷桢的禁烟措施给了鸦片走私沉重的打击。到 1838 年底，据估计已有 2000 多名鸦片私商、窑口老板和抽鸦片者被关押，每天都要处死几名烟犯。②大鸦片贩子查顿惊呼："看不见一支烟枪、一个鸦片零售商了。……没有一个人打听鸦片，查禁一天比一天普遍。"③ 到 1839 年 1 月初，"《广州新闻行情栏》都无从报道鸦片行情：'由于根本没有鸦片买卖，我们只得停报鸦片价格。'"④

除两湖、广东外，其他各地的禁烟运动也在陆续开展。如江苏，两江总督陶澍和江苏巡抚陈銮，一面积极赞同严禁主张，一面督促各级官吏随时访拿严禁，短时期内搜获收缴烟土烟膏 6.7 万余两，烟犯数十名，烟具 4000 余件。又如直隶，琦善在道光帝的督促下，查禁口岸与内地搜缴并举，查获烟土 15 万多两，烟具 1800 余件，人犯数十名。福建也查获烟土 11620 余两，烟犯 40 多名。山东查获烟土 24490 两。这些都表明：一场全国性禁烟运动已在兴起。

五、禁烟运动的新阶段：林则徐赴粤

黄爵滋请求严禁鸦片折在各省督抚中经过了近半年的讨论。之后，道光帝终于下定了严禁的决心，于 1838 年 11 月 9 日（道光十八年九月二十三日）下令，宣召林则徐进京，商讨禁烟事宜。12 月 26 日，林则徐抵京。从第二天起，8 天之内，道光帝召见林则徐 8 次，而且破格任命林为钦差大臣，节制广东水师，赶赴广东查禁鸦片。作为汉人，在清朝受到如此重用，被人誉为"国初以来未有之旷典"⑤。但是，这样的殊荣首先招来的是一些人的嫉妒和不安情绪，

① 马士：《中华帝国对外关系史》第 1 卷，第 228 页。

② 参见《怡和档案·私函稿》，查顿函（1838 年 12 月 10 日），转自张馨保：《林钦差与鸦片战争》，第 109 页。

③ 《怡和档案·私函稿》，查顿函（1838 年 12 月 16 日），转自格林堡：《鸦片战争前中英通商史》，第 183 页。

④ 张馨保：《林钦差与鸦片战争》，第 109 页。

⑤ 雷瑨：《蓉城闲话》，《中国近代史资料丛刊·鸦片战争》第 1 册，第 336 页。

朝廷内外既有“为之动色”[①] 者，也“有忌阻之者”[②]。

林则徐对赴粤也有清醒的认识。他深深知道，近百年来，朝廷三番五次地下达禁烟命令，可是烟越禁越多，吸食范围越来越广，鸦片烟已渗透到社会各个阶层，涉及政治、经济、军事各个领域。禁烟已成了一项十分复杂而敏感的事情，它将受到各方面无形力量的牵制。林则徐非常清楚，这次赴粤，“乃蹈汤火”[③]，任务既艰且巨。但是，为了替国家民族除此大害，他决心以天下为己任，早已将个人祸福荣辱置之度外。出京前夕，在拜别座师沈维𫇭时，他毅然表示：“死生命也，成败天也，苟利社稷，敢不竭股肱以为门墙辱。”[④]

道光帝派林则徐赴粤，在京城引起很大反响。不少赞成严禁的官吏精神振奋，主动为林出谋划策。礼部主事龚自珍经过深思熟虑，特撰《送钦差大臣侯官林公序》[⑤]，提出三种决定义，三种旁义，三种答难义，一种归墟义，共十条意见。他建议坚决果断地惩办鸦片犯，对吸食者处以绞刑，贩卖和制造者则应斩首，士兵吸食也应杀头。同时还提出三条参考性意见：一、除禁鸦片外，呢绒、钟表、玻璃等也应一并禁绝；二、除留一个商馆外，外国人全部迁到澳门；三、多带能工巧匠，修整军器。另外，对那些以种种理由反对禁烟的“黠猾游说，而貌为老成迂拙者”，“宜杀一儆百”。他热切地希望林则徐抓住这“千载之一时”，努力“使中国十八行省银价平、物力实、人心定，而后归报我皇上”。林则徐读了这篇赠序，深受鼓舞。在答书中，他盛赞龚氏的谋国之诚，其“责难陈义之高，非谋识宏远者不能言，而非关注深切者不肯言也”，认为“旁义之第三，与答难义之第三，均可入决定义”，表示“归墟一义，足坚我心，虽不才，曷敢不勉”？[⑥]

1839 年 1 月 8 日（道光十八年十一月二十三日），林则徐离京赴粤。为了表明禁烟决心，防止烟犯及贪官污吏暗中破坏，他沿路发布传牌，声明“所有尖宿公馆，只用家常饭菜，不必备办整桌酒食”，“随身丁弁人夫，不许暗受分毫站规门包等项。需索者即须扭禀，私送者定行特参”。[⑦]

---

① 雷瑨：《蓉城闲话》，《中国近代史资料丛刊·鸦片战争》第 1 册，第 336 页。

② 金安清：《林文忠公传》，《中国近代史资料丛刊·鸦片战争》第 6 册，第 259 页。

③ 《致叶申芗》，《林则徐书简》（增订本），第 150 页。

④ 金安清：《林文忠公传》，《中国近代史资料丛刊·鸦片战争》第 6 册，第 259 页。

⑤ 《龚自珍全集》，第 169—170 页。

⑥ 《龚自珍全集》，第 170—171 页。

⑦ 《奉旨前往广东查办海口事件传牌稿》，中山大学历史系中国近现代史教研组研究室编：《林则徐集·公牍》，中华书局 1963 年版，第 46 页。

离京后，林则徐水陆兼程，经直隶、山东、安徽、江西等省。一路上，他十分注意调查鸦片情况。在安徽舒城，他访问了曾任香山县令的田溥；在江西，又会见了包世臣等名士。他还通过各种渠道掌握了一批贩毒、贿纵犯的姓名和住址。1839 年 2 月 24 日（道光十九年正月十一日），他在江西泰和县下了一道密令，责成广东布、按两司迅速捉拿王振高等 17 名最要犯，经确查后再拿苏光等 40 名次要犯，武弁中蒋大彪等 5 犯则先行查复，暂缓拘拿。① 因此，林则徐还未到广东，已在粤海造成先声夺人的禁烟气势。3 月 5 日、6 日，英美 22 只鸦片趸船不得不从伶仃洋开到丫洲洋暂避锋芒。

道光帝为了促使广东当局和林则徐同心禁烟，于 1839 年 2 月 1 日批示邓廷桢，勉励他如能协同林则徐禁烟，除中国大患之源，是生民之福，将受重赏。邓廷桢听从了道光帝的劝告，派差弁前往江西迎接林则徐。邓在欢迎信中表示，决心协同林则徐查禁鸦片，表示“所不同心者有如海”②。

1839 年 3 月 10 日，林则徐一到广州，便积极投入到禁烟的工作中。他一面致函外海水师，确查退泊丫洲洋一带外国鸦片趸船的行踪；一面发出各种告示和规条，动员粤省士商军民速戒鸦片，要求各学教官严查生员吸烟情况，造册互保，要求当地衿耆编查保甲，并颁发了查禁营兵吸食鸦片规条。连日间，他与广东主要官员邓廷桢、怡良、关天培、豫坤等商讨禁烟事宜，并同关天培乘舟勘察虎门及澳门等处海口形势。经过近 10 天的调查，林则徐发现鸦片趸船离开伶仃洋不过暂避一时，不久会卷土重来，终非了局。可是，清朝落后的水师，在外洋对趸船又无获胜的把握。为了彻底解决烟患，林则徐决定对广州的外国鸦片贩子喻以理而怵以威，迫使他们交出趸船上的鸦片。

根据清朝对外体制，对外交涉事务责成两广总督负责，总督责成行商管理外商。行商一方面包揽进出口贸易，另一方面充当中国政府与外商之间的中介。行商除承保缴纳进出口货税、监管居留广东的外商之外，遇有中外交涉，也由他们经办。因此 3 月 18 日，林则徐禁烟的第一个行动，就是传见十三行总商伍绍荣。据《东莞县志》记载，这一次传见气氛十分紧张。林则徐历数行商罪责。总商伍绍荣为了减免罪行，提出“愿以家资报效”，企图以重贿蒙混过关。林则徐愤怒地斥责道：“本大臣不要钱，要你脑袋尔！”当即交给伍绍荣两份谕帖：

① 参见《密拿汉奸札稿》，《林则徐集·公牍》，第 47—49 页。

② 林则徐：《又和嶰翁见怀原韵》自注，《云左山房诗钞》卷七。

一份是要行商责令外商呈缴烟土，在这份谕帖中，林则徐痛斥行商玩忽职守，贪赃枉法，命令行商向外商传达钦差谕示，“限三日内取结禀复”，否则严行惩办。① 另一份谕令各国商人呈缴烟土。林则徐指出，外商来华贸易，屡获大利，“况茶叶大黄，外夷若不得此，即无以为命”。大皇帝准你们贸易，你们应知感恩。“感恩即须畏法，利己不可害人，何得将尔国不食之鸦片烟带来内地，骗人财而害人命乎！”他在谕帖中向外商提出两条要求：一是迅速将趸船上鸦片尽数缴官，不得丝毫藏匿；二是缴烟之后，都要出具夷字汉字合同甘结，声明“嗣后来船永不敢夹带鸦片，如有带来，一经查出，货尽没官，人即正法，情甘服罪”。并严切表示禁绝鸦片之决心：“若鸦片一日未绝，本大臣一日不回，誓与此事相始终，断无中止之理。”同时，他以民情公愤警告外商：“察看内地民情，皆动公愤，倘该夷不知改悔，唯利是图，非但水陆官兵军威壮盛，即号召民间丁壮，已足制其命而有余。”②

这份谕帖反映了林则徐初到广州时的认识水平：认为茶叶大黄，是外国人不可须臾或缺的东西，并以天朝上国自居，将通商视为对夷人的恩惠，而且过高估计清军实力。这些与清廷大多数官员并无多大差异。所不同的是：一、林在禁烟过程中公正无私，坚决彻底；二、到广州后，林留心国外知识，善于学习。这些是他的过人之处。

伍绍荣震于林则徐的严厉态度和果敢措施，不敢稍有怠慢，急忙赶到十三行公所传见外商，传达了林钦差对各国商人的谕帖，并且专门到外商的住处查看是否藏有武器。3 月 19 日（二月初五日），粤海关监督豫坤宣布，暂停外商请牌下澳，禁止外国人离开广州，企图迫使他们缴出鸦片。所有这些措施，使禁烟气氛顿时紧张起来。

但是，外商以为仍会像过去那样有始无终，虎头蛇尾，甚至以为中国政府会对缴出的鸦片给予补偿，所以第二天他们拒绝对缴烟问题做出回答。经过行商再三说明，他们才开始了解到问题的严重性。21 日，外商总会召集了一次会议，决定成立一个委员会来研究当前局势，并将一个旨在拖延时间的答复交给了行商：“钦差的谕令既如此严重，包括各方面的利益，他们必须详加考虑，尽早答复。但不能马上回答。”③ 林则徐对此答复甚为不满，宣布如不缴烟，明早

① 《谕洋商责令外商呈缴烟土稿》，《林则徐集·公牍》，第 56—58 页。

② 以上引文均见《谕各国商人呈缴烟土稿》，《林则徐集·公牍》，第 58—60 页。

③ 宾汉：《英军在华作战记》，《中国近代史资料丛刊·鸦片战争》第 5 册，第 25 页。

10时亲到十三行公所措办一切，并将先行审讯行商，正法一二。当晚，行商赶到商馆，向外商传达了林则徐的口谕。外商总会不得不连夜开会。他们特地邀请了伍绍荣、卢继光、潘绍光等一同商讨对策。“行商们以为，如能缴上1000箱鸦片，林就满意了，并且相信他的命令是被奉行了。但他们不敢担保这个结果，也不敢担保以后买卖不受到干涉。”① 最后，外商决定凑1037箱鸦片呈缴林则徐，以期蒙混过关。22日上午，行商进城汇报了鸦片贩子的决定。邓廷桢接见了他们，驳回了外商的呈报，指出想靠这样小数目蒙混过关是办不到的。

这时，广州知府、南海知县、番禺知县来报：“闻得米利坚国夷人多愿缴烟，被港脚夷人颠地阻挠，因颠地所带烟土最多，意图免缴。”② 林则徐当即下令南海、番禺两县令捉拿颠地，并正告外商：“本大臣奉命来此查办鸦片，法在必行，速将颠地一犯交出，听候审办。”可是，这道命令并未认真执行。南海、番禺两知县并未派兵缉拿，而是嘱令行商去邀请颠地。颠地开始答应次日和行商一起去见钦差大臣，“但是他的朋友们为了安全起见，要求钦差大臣盖印担保他能在24小时以内回来”③。

第二天，伍绍荣、卢继光脖子上套着枷锁，后面跟着一大群摘去顶戴的行商来到颠地的住宅。他们竭力催促颠地接受邀请，否则，日落之前这两位老行商将被斩首。颠地坚决不从。于是，外商开会讨论对策，决定派4名外商头目进城向清朝官员解释颠地未到原因。他们同布政使、按察使、盐运使、粮道四位大员进行了会谈，直到晚上9时才返回。由于第二天是星期天，清朝官员再次让步，允许暂停一天。

当林则徐3月18日向广州外商发出收缴鸦片谕帖时，英国驻华商务监督查理·义律正在澳门。直到22日，他才收到谕帖。当日，他发表公告，要求停泊外洋的英船全部驶往香港，接受轻便快艇“拉尼”号船长布莱克的指挥，准备武力抗拒。同时，寄给两广总督一封紧急禀帖，以挑衅口吻质询两广当局：“军营、兵船、火舟云集，更兼在省城洋行前，未伸〔申〕原因，押出绞人”，是否“欲攻击本国赴粤船人”?④ 23日，他又亲自乘船前往广州。出发前密函布莱克，

① 宾汉：《英军在华作战记》，《中国近代史资料丛刊·鸦片战争》第5册，第26页。

② 《饬拿贩烟犯颠地稿》，《林则徐集·公牍》，第60页。

③ 马士：《中华帝国对外关系史》第1卷，第247页。

④ 佐佐木正哉编：《鸦片战争前中英交涉文书》，台湾文海出版社1977年版，第175页。

如果6天内得不到他进一步的消息，便采取及时而适当的措施，解救被拘留的全体英国臣民。[①] 24日黄昏，他一进入广州商馆，第一步就是升起英国国旗，摆出决斗的架势；第二步是把颠地安顿在他的公事房里，置于他的亲自保护之下；并且告知行商，"声称只要由他自己陪伴，凭着盖有钦差大臣关防的明文约定，保证颠地和他不致一刻分离，他是可以让颠地进城的"[②]。他深信只要用"坚决的言词，坚决的态度，就会挫败省地方当局的鲁莽态度"[③]。

与义律的估计相反，林则徐非但没有让步，而且采取了更严厉的措施："将停泊黄埔贸易各国夷船先行封舱，停止买卖，一概不准上下货物。各色工匠、船只、房屋，不许给该夷人雇赁。如敢私自交易往来，及擅行雇赁者，地方官立即查拿，照私通外国例治罪。所有夷人三板，亦不许拢近各夷船，私相交结。至省城夷馆买办及雇用人等，一概撤出，毋许雇用。"[④] 命令一经下达，外国商馆周围的所有街道立即封锁起来，通往水路的码头入口处已经关闭和把守，商馆门口聚集着手持梭镖、长矛的群众和手握长枪的兵丁。在商馆面前的沿江两岸，守护船艇排成三道警戒线，甚至屋顶上也站着监视的兵勇。义律的住宅前，站着全体行商和手持大刀的士兵。"约数刻之间，我等全被囚禁了，以致夷人都不能逃走。"[⑤]

25日，义律向邓廷桢递禀，要求三天之内发给英人离粤红牌（通行证），否则就要做出相应的行动，并"以本国君主的名义宣布，他本人将不对将来可能引起的一切后果负责"[⑥]。邓廷桢当即进行了批驳，指出义律只字不提缴烟，却想请牌出关，绝对办不到。这时，义律感到袭用过去强硬态度已无济于事，不得不改变态度。于是又向总督递上一禀，承认前禀不对，请求收回，并要求总

① 参见《义律致巴麦尊函》（1839年3月30日），胡滨译：《英国档案有关鸦片战争资料选译》上册，中华书局1993年版，第361—366页。

② 《议会文件·有关中国的来往函件》，第357页，转自马士：《中华帝国对外关系史》第1卷，第250页。

③ 《义律致巴麦尊》（1839年3月22日），《近代史资料》1958年第4期，第13页。

④ 《谕缴烟土未复先行照案封舱稿》，《林则徐集·公牍》，第61页。

⑤ 《澳门新闻纸》，《中国近代史资料丛刊·鸦片战争》第2册，第420页。

⑥ 此据《议会文件·有关中国的来往函件》第367—369页译出，查对汉文原禀，文字有出入。原禀称："此禀帖到大人台前三日后，未蒙给红牌，窃无不必须料想本国船人被强拘留，遂遵照行焉。……故为本国主言明，由此诸出关系，自无责成。"（《鸦片战争前中英交涉文书》，第175页）

督派官员到商馆会谈。林则徐答应了义律的要求，派遣广州知府、候补知府、佛冈县丞、南海县令、番禺县令一起到洋行会馆接谈。而义律却出尔反尔，拒不露面。林则徐极为愤慨，当即起草了一份告示，分别贴在英商务监督住宅和潘明官行的墙上，同时附送义律一份，敦促外商立即缴烟。告示指出，贩卖鸦片，谋财害命，天理难容，国法不许。衡之人情事势，亦宜速缴。断了鸦片贸易，其他买卖很多，仍可利市三倍。如果因坚持鸦片贸易闭市封关，则是得不偿失。同时正告鸦片贩子："尔等售卖鸦片，贻害民生，正人君子，无不痛心疾首……即里闬小民，亦多抱不平之气。众怒难犯，甚可虑也!"①

义正词严的告示和围馆封舱以后的困境，给义律以巨大压力。义律明白，继续拖延，对自己益发不利；如按原计划立即诉诸武力，一则兵力不足，二则350名被困外商将遭不测。迫不得已，他于3月27日（二月十三日）向钦差大臣递上禀帖，表示愿"将本英国人等经手之鸦片，悉数清缴，一俟大人委派官宪，立即呈送。……至所载鸦片若干，缮写清单，求俟远职一经查明，当即呈阅"②。同时，义律向英国商人发出通知，"以英国女王陛下政府的名义并代表英国女王陛下政府，命令并要求目前在广州的所有女王陛下臣民，为了英国女王陛下政府的利益，立即把属于他们所有的全部鸦片或在他们管理下的英国鸦片交给我，以便交付给中国政府；……关于按照本公告交给我的英国财产的证明和所有英国鸦片的价值，将根据以后由女王陛下政府确定的原则和方式予以决定。"③ 第二天，义律再次禀报林则徐："现经远职查明，所呈共有20283箱，恭候明示查收。"④

关于义律缴烟的动机，鸦片贩子马地臣曾认为是一种计谋，这样一来，"中国人已经陷入使他们自己直接对英王负责的圈套中"⑤。后来，这一观点被一些史学家所接受。如张馨保就认为："交出鸦片，与其说是被迫的，毋宁说是蓄意的。"⑥ 言外之意，就是义律答应缴烟，完全是有意设置的一个圈套；林则徐迫

---

① 《示谕外商速缴鸦片烟土四条稿》，《林则徐集·公牍》，第64—66页。

② 佐佐木正哉编：《鸦片战争前中英交涉文书》，第178页。

③ 胡滨译：《英国档案有关鸦片战争资料选译》上册，第382—383页。

④ 佐佐木正哉编：《鸦片战争前中英交涉文书》，第179页。

⑤ 《怡和档案·私函稿》，马地臣函（1839年5月3日），转自格林堡：《鸦片战争前中英通商史》，第185—186页。

⑥ 张馨保：《林钦差与鸦片战争》，第155页。

令缴烟，正是中了义律的圈套。按照他们的观点，缴烟的结果，一是帮助鸦片商人处理了相当于印度全年鸦片产量一半的大批货物。当时由于烟禁很严，呈缴免去了将全季的存货留在手里的麻烦；二是由于2万多箱鸦片的销毁使剩下来的鸦片还有按照比以往更高的价格出售的希望；最重要的是，英国政府直接卷进了旋涡。①

我们认为，就禁烟而论，并不存在设圈套与钻圈套的问题。首先，命令外国鸦片贩子呈缴鸦片，是林则徐抵达广州后，经过一个星期的调查，于3月18日采取的一个行动。它与要求外商必须出具甘结，保证"嗣后来船永不敢夹带鸦片"连在一起，目的是为了永远杜绝鸦片贸易，纯属林则徐主动采取的措施。所谓"陷入圈套"云云，纯属无稽之谈。其次，义律当初是竭力对抗缴烟的。他在到广州前，曾在澳门和布莱克进行周密策划，准备以武力对抗。抵广州后，又立即把大鸦片贩子颠地置于自己保护之下，也明显是对抗缴烟。这些都说明义律原来根本没有缴烟打算。所谓预设圈套，全是子虚乌有。第三，从义律向英商说明缴烟的理由看，主要是因为"被广东省当局强行拘禁在广州，没有食物供应，失去了我们的仆人，而且被截断了同我们各本国的所有往来"，义律念及"在影响目前居住在广州的所有外国人生命安全和自由的崇高动机以及其他很重要理由的驱使下"②，"迫于实际压力，不得不然"③。第四，尽管他答应所缴鸦片价值，将由英政府规定的原则予以决定，仅仅是因为作为商务监督，他没有无偿收缴英商鸦片的权力。因此，他只能含糊其辞，声言将来应由英国政府做出决定，并未明确表示予以赔偿。这种措辞正好说明义律对英政府在缴烟问题上将采取什么政策心中无底。可见，义律缴烟不是主动的，而是被动的，不存在设什么圈套；相反，是对林则徐的强力禁烟措施俯首就范。至于事后义律积极煽动战争，并非那个"圈套"的一部分，而是因为不甘心失败，或失败之后所表现出的复仇心理。我们不能倒果为因，用后来的鸦片战争去反推义律缴烟的动机。因为战争的发生是由多种因素作用的结果。况且，义律在缴烟前后，根本不可能预见到以后的战争，更不能预见到战争的结局。故此，说义律被迫缴烟是蓄意设置圈套，是毫无根据的无知妄说。同样，指责林则徐收缴鸦片是上了义律圈套，也是毫无道理的。

---

① 参见格林堡：《鸦片战争前中英通商史》，第185页。

② 胡滨译：《英国档案有关鸦片战争资料选译》上册，第382页。

③ 义律：《公告女王陛下臣民》，《鸦片战争史料选译》，第157页。

六、虎门销烟　全国掀起禁烟高潮

义律呈上缴烟箱数后，林则徐认为“核与所报箱数不甚相悬”①，于是按照缴烟令中的许诺，给断绝供应近5天的外商送去牛羊食物，以示赏罚分明。但是，围馆封舱的命令没有撤销，买办工人没有复派，通向商馆的街道仍堵塞三条，商馆所有开向大街的后门都用砖头砌死。义律要求立即撤防，“照常买办工人日备馔食，三板来往省澳及各洋面”②。林则徐拒绝了他的要求，声明只要缴出鸦片，保证一切正常。同时，还谕令外商总会主席滑摩，催促美、荷等国领事开出该国商人贮存鸦片数目，克日呈缴。

1839年3月30日（道光十九年二月十六日），义律决定派参逊前往伶仃洋办理交烟事务。林则徐看到义律确有缴烟举动，乃于4月2日宣布恢复商馆食物和饮水供应，并规定：鸦片“缴到四分之一，即给予买办工人；迨缴至一半，量许三板请牌查验往来；缴至四分之三，即准开舱贸易；全数缴完，诸事照常，并奏请奖励。如该领事等不能妥谕趸船，以致贻误失信，亦应立限示儆。如误三日，即断其淡水；再误三日，则断食物；又三日，即当执法从事，不能宽贷矣”③。为了不多生枝节，林则徐决定委派文武员弁率领通事（翻译）与参逊一起，谕令趸船开至龙穴洋面清缴鸦片。

同时，林则徐还制订出一套收缴鸦片细则——《收缴趸船烟土章程》④。这个章程十分细密，对收缴中的每个环节都做了具体规定。章程共七条：

一、所有趸船上的烟箱，要盖船主姓名棕印。经检查如属原箱未动，即加盖“原箱”棕印。由验收者标写号码，并画花押，点交驳船返回。

二、文武官弁各派20名，分管起箱。每一文一武，派管100箱，每只船以1000箱为率，正合20员弁之数。

---

① 《英吉利等国烟贩趸船鸦片尽数呈缴折》，《林则徐集·奏稿》中，第630页。

② 《批英国领事义律请给还买办三板以便呈缴鸦片禀》附录《原禀》，《林则徐集·公牍》，第69页。

③ 佐佐木正哉编：《鸦片战争前中英交涉文书》，第184页。

④ 《林则徐集·公牍》，第78—79页。

三、派管之员弁经收本名下100箱，逐一标写号码，画押验竣，即将载运此100箱之驳船，押送至水师提督署中，督视挑夫堆贮，并逐箱粘贴注明该督视员姓名之小封皮，交与看管人员。日后查出抽换情弊，如系封皮破损，则唯看管人员是问；若封皮完好，则唯验收人员是问。

四、从龙穴至提督衙署，沿途催趱稽查。凡希图偷取烟土者，立即锁拿严惩。

五、由于运输路较远，难保不遇风雨，应饬东莞县多备葵叶棕片及一切苫盖之物，运赴虎门听用。

六、如提署房舍不敷堆贮，应搭盖高宽蓬厂。其贮烟之处，四路封塞严密，只留一处总路，安设木栅，以便看守。

七、看守烟箱，预先酌派文武妥员，带同兵役，赴虎门听候提台指示，并责令各洋商派拨妥实亲友，随同守护。

这个章程充分反映了林则徐禁烟的认真态度和踏实精神，为顺利缴烟提供了切实保证。

4月9日（二月二十六日）晚，林则徐得到关天培的报告，一些鸦片趸船已由九洲开至虎门，准备缴烟，各项准备工作已大体就绪。10日，林则徐、邓廷桢、豫坤登船前往虎门，亲督缴烟。11日下午，缴烟正式开始，当日收缴50箱。次日收缴600箱。为了加快进度，林则徐改变接收方法，多雇驳船，分起赶收，并允许外船至沙角停泊，以缓解龙穴浪大、起运不稳的矛盾。由此，从13日起，进度大大加快，当日收缴1150箱，14日收缴852箱加200包，15日收缴1150箱加513包，截至22日止，共计接收了11052箱加1436包。

林则徐看到英国烟贩已开始实际缴烟，即于正式缴烟的第二天（4月12日）奏报清廷，请求“凡夷人名下缴出鸦片一箱者，酌赏茶叶五斤，以奖其恭顺畏法之心”①。当接收近一半时，林则徐又致书邓廷桢、怡良，准备通知豫坤，量许三板（亦作舢杉、杉板）请牌查验往来，以履行诺言。但参逊却迫不及待，通知趸船一旦缴烟至1万箱，如不见省城牌照三板载外商往来，便停止起烟。林则徐闻讯大怒，指出：中国政府说话向来算数，日前收缴烟土不到四分之一，即已给予买办工人；现在四分之二还不到，我们又先已移咨关部，查验放行，对你们是何等体恤。而你们22只趸船，早已令一并驶到沙角，但催之再四，到

① 《英吉利等国烟贩趸船鸦片尽数呈缴折》，《林则徐集·奏稿》中，第631页。

4 月 18 日仅到 10 条，而且大部分载烟不多。可见你们早已心怀叵测，阻挡来船。我们并不肯失信于你们，难道能听任你们挟制？林则徐提出，只要趸船全来，三板即予放行。想快想慢，由你们自己决定。参逊仍拒绝起烟，声称："据定约缴鸦片二分之一，已数有余，不蒙准令本三板往来，终不安心。"① 林则徐当即批复："通行三板之札，早经办就，因尔意存挟制，阻挡来船，不知是何诡计，是以追回前札，暂缓通行。初九日，尔竟不令已到之船缴烟，尤属抗玩。本大臣不值再收，即日回帆，另作办法矣。"②

林则徐暂停收烟，反而使参逊的态度软了下来。他明白，如果鸦片不遵令呈缴，英人将在广州继续受到围困。23 日（三月初十日），他赶忙递上一禀，表示遵照义律命令，"催令趸船齐进沙角，又着令已到之船，常时以清缴也"③。这样鸦片验收工作在停止三日后，于 26 日恢复进行。

4 月 29 日，义律致书林则徐和邓廷桢，报告缴烟情况，保证交足呈报鸦片数量，再次婉求三板往来。鉴于义律重申保证，加之实际已缴 14873 箱，超过半数，林则徐乃于 5 月 2 日下令恢复三板往来，解除商馆封锁，兼许开舱贸易。义律也被准许照常往来。唯有"积惯贩卖鸦片之颠地等十六名，仍应查照粘单所开，暂留夷馆，统俟事体全完，再准放行，以符前谕'量许'二字之义"④。两天之后，命令正式执行，对商馆长达六个星期的封锁至此结束。

由于天气的原因以及参逊等人作梗，缴烟活动持续一个多月，直到 5 月 20 日始告完毕。5 月 18 日，林则徐向道光帝奏报："截至四月初六日收清。合计前后所收夷人鸦片，共一万九千一百八十七箱，又二千一百一十九袋，核之义律原禀应缴二万二百八十三箱之数，更溢收一千袋有零。"⑤ 在当天的日记里，林则徐也有相同的记载："午刻拜发两折一片，由驿飞递。统计前后所收烟土，截至本日止，共一万九千一百八十七箱，又二千一百一十九袋。"⑥ 目前史学界绝大部分学者均持此说，因为依据是主持缴烟者提供的第一手资料，具有很高的

---

① 佐佐木正哉编：《鸦片战争前中英交涉文书》，第 198—199 页。

② 佐佐木正哉编：《鸦片战争前中英交涉文书》，第 199 页。

③ 佐佐木正哉编：《鸦片战争前中英交涉文书》，第 200 页。

④ 佐佐木正哉编：《鸦片战争前中英交涉文书》，第 200 页。

⑤ 《钦差大臣林则徐奏为英国等船只所呈缴之鸦片已一律收清折》，《鸦片战争档案史料》第 1 册，第 544 页。

⑥ 《林则徐日记》，《中国近代史资料丛刊·鸦片战争》第 2 册，第 16 页。

权威性。①

但是，日人佐佐木正哉抄自英国国家档案馆的《鸦片战争前中英交涉文书》第 210 页，录载了一则 1839 年 5 月 21 日（道光十九年四月初九日）广州当局给英人的凭据，与上述数目有较大出入。收据全文如下：②

> 四月初八日，据收照已缴一万九千三百二十六箱零二十八斤。本月初九日，巴利三板缴公土一十五箱。又登船缴白、公土九百四十二箱零，公土七个，共计二万零二百八十三箱二十八斤又七个，照数收清，已发给总收照矣。今将数目归总清折，呈电鉴赐，总二万零二百八十三箱收照。以立凭据。
>
> 道光十九年四月初九日

以上两说都属于第一手材料，究竟哪一说可信很难判明。不过英国国家档案馆所存凭据见于《议会文件》第 375、428 页，是中国当局交给英国方面作为正式验收凭据的，具有法律效能，应属正式凭据。另外，据马士称，在收缴过程中，“又发现了趸船上的鸦片实际只有 19760 箱，因为有两家港脚公司申报重复，一家重复了 406 箱，一家 117 箱，两共 523 箱；要把 3 月 28 日所报的数字调整减少已经不可能，于是就只好从即将进口的鸦片中购买补足——因为‘在我（义律自称）离开广州的前几天到了一只从印度开来的船，带有交与颠地公司的鸦片，这才使该公司帮助我能够达成我的公务，并将外商从他们在广州的拘禁中释放出来’。这宗鸦片是以每箱 500 元的价格购得，总数用伦敦国库支票支付的，共计 63266 镑”③。既然实存趸船鸦片尚不足数，就不可能在答应呈缴的 20283 箱之外多缴 1000 袋有零。故收据中所言 20283 箱 28 斤又 7 个应是实缴之数。后来增加因义士的鸦片 8 箱（这是澳门葡萄牙总管在澳门拿获，于 5 月 5 日送到沙角的），共为 20291 箱。

鸦片收缴以后，如何处理？这是个大问题。早在 4 月林则徐赴虎门验收鸦片之初，曾上奏道光帝，建议收缴完竣，“派委文武大员将原箱解京验明，再行

---

① 持此说者甚多。《历史教学问题》1986 年第 6 期刊有周永平等《林则徐“虎门销烟”考订二则》一文，专对此事做了考订，也认为这是林则徐收缴鸦片的实际数字，最为可靠。但他们没有看到英国国家档案馆所存收据，仅凭中国方面资料论定，带有片面性。

② 佐佐木正哉编：《鸦片战争前中英交涉文书》，第 210 页。

③ 马士：《中华帝国对外关系史》第 1 卷，第 255 页。

烧毁，以征实在”①。5月2日（三月十九日），道光帝谕令表示同意。但5月8日，浙江道监察御史邓瀛上奏，建议收缴烟土应该就地销毁，不宜送往北京。因为烟土数目太大，每箱用夫二人，计须四万余人，而且路途遥远，广东、江西水路须用船只，估计须雇民船百余号，水手一二千人；安徽以北，俱用车载，每车装十余箱，共大车千余辆，民夫千余人，骡马五六千头，耗费太大。况且，此物最易偷换，真假难辨，运送流弊很多，不如就地销毁。“使沿海居民及夷人等眼见销毁情形，咸晓然于圣天子除恶务尽之至意，益当震慑畏服，不敢复萌故智矣。”② 道光帝采纳了邓瀛的主张，9日再下谕令，表示对林则徐绝对信任，谕令“督率文武员弁，公同查核，目击销毁，俾沿海居民及在粤夷人共见共闻，咸知震詟”③。

道光帝的第二道谕旨，林则徐于5月30日收到。但在此之前，他已预料到道光帝将做出这一决定。因为，道光帝向来以克勤克俭自诩，解送鸦片进京，实为劳民伤财之举，道光帝不会考虑。林则徐之所以提出解送鸦片进京的建议，一是为了表示自己禁烟已取得很大成绩，二是防止一些人的疑忌心理。所以，他在等待谕旨下达的同时，已经着手研究鸦片销毁的方法。以前，林则徐在湖广烧烟，是将鸦片拌桐油点火燃烧，但是烧过后的残膏余沥渗入泥中，仍可挖出一二来，显然不是最佳方案。到广东后，他了解到一种新方法，即用盐卤和石灰化解鸦片：“凡以烟土煎膏者，投以灰、盐，即成渣沫，必不能收合成膏。”④ 但是，这必须要有大批的锅，而且一锅非数日不成，速度太慢。最后，他们想出挖池浸化的方法，即在虎门太平镇口旁挖掘两个长宽各15丈余的方形大池，池底铺上石板，池前设一涵洞，作排泄鸦片渣沫之用，后面挖一水沟，以便车水入池。大约在5月上旬，挖池的工作已经开始；13日，林则徐亲自到镇口查看了挖池进展情况；到30日，林则徐接到鸦片毋庸解京的谕旨时，销烟池已告竣工，一切准备工作基本就绪。

6月1日，林则徐庄严地祭告海神，宣读了10多天前已撰好的《祭海神文》，告以日内将销化鸦片，放出大洋。为免水族受其毒害，请海神令水族事先

① 《英吉利等国烟贩趸船鸦片尽数呈缴折》，《林则徐集·奏稿》中，第631页。

② 《浙江道监察御史邓瀛奏请将在粤所收缴之烟土就地销毁无庸解京折》，《鸦片战争档案史料》第1册，第533—535页。

③ 《着钦差大臣林则徐等将广东收缴之鸦片就地销毁事上谕》，《鸦片战争档案史料》第1册，第540页。

④ 《销化烟土已将及半情形折》，《林则徐集·奏稿》中，第647页。

迁徙暂避，“以避其毒”①。这反映了林则徐的有神论思想。但透过祭文，可以看到林则徐纯洁的道德心和对缴烟胜利的喜悦心情。

6月3日（四月二十二日），销烟正式开始。林则徐、怡良、豫坤和布政使熊常錞等观看了第一天的销烟活动。据记载，整个销烟程序是这样的：“先由沟道车水入池，撒盐成卤，所有箱内烟土逐个切成四瓣，投入卤中，泡浸半日，再将整块烧透石灰纷纷抛下，顷刻便如汤沸，不爨自燃。复雇人夫多名，各执铁锄木爬〔耙〕，立于跳板之上，往来翻戳，务使颗粒悉化。俟至退潮时候，启放涵洞，随浪送出大洋，并用清水刷涤池底，不任涓滴留余。若甲日第一池尚未刷清，乙日便用第二池，其泡浸翻戳悉如前法。”②

起初，外国商人根本不相信中国会销毁这样多的鸦片。义律甚至估计这批鸦片将作为政府专卖，而使今后的鸦片贸易合法化。商馆里的不少外国人也断言：“中国人是不会销毁一斤鸦片的。”③ 6月13日，林则徐发出告示，准许外国人到现场参观，有些人将信将疑地参观了销烟现场。结果，他们对中国人如此彻底的销烟方式无不惊服。美国传教士裨治文仔细考察后写道：“到了十一点半时，我们已把销烟过程的每一部分都反复察看过了。他们在整个工作中那种细心和忠实的程度，远远出乎我们的意料之外，我不能设想还有什么别的能执行得比这项工作更为忠实的了。在各个方面，监视显然比在广州拘留外国人时严密得多。镇口有个可怜的家伙，只因为企图带走身边的几小块鸦片，一经发觉，就差点被就地正法。即使能偷得到，其数量也只能是微乎其微，而且还要冒最大的生命危险。至少，这使我不得不相信了。”④

销烟工作从3日开始，23日销毁完毕。25日，林则徐在结束销烟工作后离开虎门回广州。除了公班土、小公班土、白皮土、金花土各留二箱作为样品外，共销毁鸦片2376254斤。虎门销烟“这一伟大行动，是以林则徐为代表，第一次向世界表示中国人纯洁的道德心和反抗侵略的坚决性，一洗多少年来贪污卑劣的官吏所给予中国的耻辱”⑤。它作为中国人民反侵略斗争的伟大起点，将永远

---

① 己亥日记（四月二十日），《林则徐全集》第九册，海峡文艺出版社2002年版，第392页。

② 《销化烟土已将及半情形折》，《林则徐集·奏稿》中，第647页。

③ 《中国丛报》第8卷第2期（1839年6月），《鸦片战争史料选译》，第165页。

④ 《中国丛报》第8卷第2期（1839年6月），《鸦片战争与林则徐史料选译》，第89页。

⑤ 范文澜：《中国近代史》上册，人民出版社1955年版，第20页。

光照史册。

和虎门缴烟、销烟相伴随的，还有遍及全国的查拿兴贩开馆、禁止吸食的严厉禁烟运动。过去评论这次禁烟，主要论述广东收缴外国烟贩鸦片和虎门销烟，对于全国各地的禁烟很少提及，甚至根本不提，显然不够全面。

对于这次遍及全国的禁烟斗争，身为最高决策者的道光帝，自始至终抓得很紧。为了督促各地禁烟，他不断向各地发布谕令；对于各地的禁烟奏报，都是亲自批阅，三令五申，要求各地“一力从严查缉，若再因循玩泄，是始终丧良误国，国法俱在”①。据统计，道光帝从 1838 年 9 月 7 日（道光十八年七月十九日）通令各省禁烟起，到 1839 年阴历年底止，先后共发了 106 道指导性的上谕，对各省奏报禁烟情况的奏折发了 28 份专门上谕，并在 43 份有关禁烟情况的奏报上做了具体批示。② 他不但对一些涉及禁烟全局的问题抓得很紧，而且对各省的具体禁烟情况，包括查拿一些重大烟犯，也都亲自过问。正是由于道光帝态度坚决，指导具体，禁烟运动才在全国各地得到较好开展。

以往历次禁烟失败，主要原因之一是官役弁兵玩忽职守，查拿不力，甚至和烟贩勾结，狼狈为奸。道光帝这次为推进禁烟，赏罚兼施，雷厉风行地执行严格奖优罚劣政策。凡查拿烟犯卓有成效的，立即予以升迁议叙；凡查办不力者，或革职撤任，或勒令休致。对于那些知法犯法、吸食鸦片的官役弁兵，一经发现审实，不假情面，立即重惩。据粗略统计，在这一年多的时间里，道光帝共发布奖惩上谕 83 道，受到奖励升迁的文武官员共 72 人，受到各种惩罚的 134 人，共计受到奖惩的 200 多人。③ 这在清代历史上是罕见的。由于大奖大罚，对官场多年来的因循怠玩之风多少有所改进，于禁烟运动的发展也起了一定的鞭策作用。

这次禁烟运动从范围来说，波及全国各个省区，从时间来说，前后延续了两年多。直到 1840 年底，贵州巡抚贺长龄还在奏报加紧督办禁烟情况。奏中谈到贵州各地又“陆续报获（兴）贩、吸食鸦片人犯六十名，起缴烟土烟膏二百五十四两有零，烟枪烟具一百零九件”。道光帝在该奏上朱批：“当此之际，尤

---

① 《福建巡抚魏元烺奏报拿获张潘等贩卖鸦片人犯片》，《鸦片战争档案史料》第 1 册，第 386 页。

② 参见《鸦片战争档案史料》第 1 册及《近代史资料》总第 77、78 期有关资料统计。

③ 参见《鸦片战争档案史料》第 1 册及《近代史资料》总第 77、78 期有关资料统计。

须上紧查拿，勉行勿懈。”① 这次禁烟，以 1839 年 6 月 28 日（道光十九年五月十八日）正式颁布《严禁鸦片烟条例》作为界标，分为前后两期。前期是运动逐渐在全国展开时期，各地严查密访，不少烟犯纷纷落网，吸食者慑于论死严法，相继自首戒烟。这一阶段因为处于运动前期，而且来势较猛，收缴鸦片不少，“奸徒闻有论死之法，莫不魄悸魂惊，不特开馆兴贩之徒闻风远窜，并吸食者亦恐性命莫保，相率改图”②。加上道光帝对运动抓得很紧，林则徐在广东查禁鸦片卓有成效，对全国是一个很大的鼓舞，因而很快在全国范围内掀起一个禁烟高潮，囤贩和开馆者大量被拿获，吸食者相继戒烟，像广东这样烟毒泛滥最严重的地区，竟变得“根本没有鸦片买卖”。不过发展也不平衡，一些边远地区就没有什么动静。后期随着章程的颁布，禁烟以法律形式被确定下来，对于各种烟犯的处理、量刑都相当重，禁烟运动随之向深广方向发展。一些禁烟已有一定成效的地区，明察暗访，又挖出一批潜藏较深的烟犯；一些前期尚未波及的地区，这时也开始行动起来。如新疆，前一段根本未动，直到 9 月 4 日，大理寺少卿惠丰请禁西陲鸦片，在道光帝的督促下，才开始行动起来。短时期内查出外商入疆贩卖鸦片者 70 多名，呈缴鸦片 26 万多两，国内商人亦缴出鸦片 7302 两。③

据有关资料统计，在两年之内，除林则徐从外国烟贩手中收缴了 2 万多箱鸦片外，在全国各地共计拿获烟犯 15568 名，收缴烟土烟膏 2264125 两余，烟枪、烟斗、烟灯、烟盘、烟锅等 179589 件，浙江铲除罂粟苗 1360 亩，广西铲除罂粟苗 129500 株，云南、贵州等地对罂粟苗亦有清除。这个统计尚不完整。但即使如此，还是大致可以看出全国的禁烟情况。假如不是英国为维护可耻的鸦片贸易而发动鸦片战争，禁绝鸦片在当时是有成功的希望的。

七、林则徐整顿海防　准备抵抗侵略

西方殖民者来华，广东首当其冲。随着殖民者的侵略活动增多，广东海防

---

① 据道光二十年底贺长龄奏（复印件），原件藏中国第一历史档案馆。

② 《楚省查拿烟贩收缴烟具情形折》，《林则徐集·奏稿》中，第 598 页。

③ 据萧致治：《鸦片战争时期新疆禁烟概论》，《喀什师范学院学报》1987 年第 2 期。

逐渐有所加强。广东海岸线蜿蜒曲折，长达 3600 多里，防务分成东、中、西三路。其中珠江口位于中路，是出入广州的门户，历来是防务的重点。虎门扼珠江之喉，地位尤显重要。林则徐在禁烟的同时加强海防，重点也放在中路，同时兼顾东西两路。

虎门地处珠江的入海处，是从外海进入广州的必经之路，其地势很利于凭险防守。虎门外有沙角、大角两山耸立两岸，夹江对峙，构成海防第一道防线。由沙角、大角上行 7 里，上下横档屹立江心，中间还卧着一块巨石——饭箩排。上下横档将江水分隔成两路：西路水浅多礁，外洋大船不易通过；东路江狭水深，又有上下横档与武山（又称南山、亚娘鞋）隔江相对，形势险要，构成虎门第二道防线。再出横档上行 5 里，大小虎山雄踞江心，构成虎门第二道防线。为了利用这些天险进行防卫。早在 1717 年（康熙五十六年），清朝当局就在上横档建起横档炮台，在武山建筑了南山炮台，各置大小铁炮 12 门，这是清政府在珠江口最早设立的炮台。1800 年（嘉庆五年），在沙角建立沙角炮台，亦置炮 12 门。1810 年，在虎门之西黄角山麓建蕉门炮台，置炮 20 门。1815 年，在南山炮台西北增建镇远炮台，置炮 40 门，又在横档炮台前加筑月台，炮位也增至 40 门。1818 年，大虎山建立大虎炮台，安炮 32 门。1830 年（道光十年），大角山也建起大角炮台，置炮 17 门。这些炮台的陆续建立，使虎门如虎添翼，对抵御早期殖民者的侵扰，曾经起过一定的作用。

可是，随着清军日益腐败，炮台年久失修，原置大炮多半锈蚀。这些防卫设施越来越不能适应形势发展的需要。1834 年律劳卑指令两艘英舰闯过虎门，直抵黄埔，证明这些炮台已是形同虚设，失去了防卫作用。道光帝鉴于广东防务有名无实，谕令两广总督卢坤亲往查勘，切实整顿；并调署江南提督关天培任广东水师提督，驻扎虎门，具体负责防务整顿工作。

关天培（1781—1841 年），号滋圃，江苏淮安人。1803 年考取武庠生，历任把总、千总、游击、参将、副将等职。1827 年，以督押海运，历经艰险，将漕米 1241000 多石安全运到天津，立了大功，晋升江南苏松镇总兵。1833 年，署江南提督。关天培一贯办事认真，当接到广东水师提督的任命时，为专心致志搞好广东防务，先令妻子奉送老母回归故里，自己只带 3 名家丁赴任。他一抵达虎门，即“亲历重洋，遍观阨塞”，考察广东沿海形势。为了切实加强虎门防务，经与总督卢坤商议，鉴于沙角、大角之间相距 1000 多丈，两边炮火均不能打到中线，只宜作为瞭望台，供报信之用，关天培决定将原置大炮抽掉一部分充实他台。而南山炮台，因为建在山腰地势过高，炮子易于冒过船顶，于是沿江岸添筑石基，建设月台，并将炮位移于月台，改名威远炮台。由于原来建筑的炮台墙垛均很单薄，不足抵挡敌方炮火，复将各炮台修筑坚厚，增强防御功能。另外，上下横档与芦湾山之间，水浅多礁，但潮涨时水亦较深，为防敌舰乘潮绕过，又于横档背面山麓修筑永定炮台，在芦湾山脚新建巩固炮台，分别置炮 40 门和 20 门，防止敌人由此偷入。还有，鉴于各炮台原有大炮年久锈蚀，放炮即炸，而且威力不足，关天培又会同卢坤奏准，添铸六千斤和八千斤大炮各 20 门，安放于各炮台。(见下页：虎门炮台形势图)

为了阻挡敌舰闯入，关天培在 1835 年（道光十五年）即有在横档、武山之间创造铁链木排的打算。由于经费缺乏，未能付诸实施。① 1838 年，英驻印海军总司令马他仑来华，窥探虎门。道光帝再次谕令严加防备。至是，关天培乃与继任两广总督的邓廷桢协商，由行商伍绍荣等捐资 10 万两，选定江面最窄的横档与武山之间，安设两道粗大的铁链木排。第一道安根于武山脚下与饭箩排之间，第二道安根于武山与上横档之间。铁链的两端均安根于山脚人工凿成的石槽中。用八千斤废炮横置槽底，炮身外面加上 4 道大铁箍，上扣铁链 4 条，由 4 而并为 2，由 2 而并为 1，中间组合，两头贯以大铁链 8 条，用大铁锁接扣两边。木排由长 4 丈 5 尺的大木联成，每 4 根大木编为一小排，4 小排合成一大排，宽 1 丈 6 尺多。面底又夹以横木 6 道，钳用大小铁箍 30 口。第一道安大排 36 排，长 309 丈多；第二道安大排 44 排，长 372 丈。两道排链之间相距 90 丈，"有事则横截中流，无事则分披海岸，如门开阖，防堵益严"②。同时，考虑到威远、镇远两炮台虽然同在武山脚下，但相距约有一里之遥，为了使岸上火力互相配合，又于威远、镇远中间添建靖远炮台，安放大炮 60 门，借以保护排链，壮大声威。1839 年 5 月 16 日，林则徐在收缴鸦片后奉命查察了虎门的排链炮台，认为："木排箍扎坚固，铁链煅淬精融，开阖亦俱得法。其新建炮台，俯临两道排链，正成扼吭之势……即谓夷船坚厚，竟能将铁链冲开，而越过一层尚有一层阻挡。就令都能闯断，亦已羁绊多时，各台炮火连轰，岂有不成灰烬之理。似此重重布置，均极森严。……于海防实属有益。"③ 关天培和邓廷桢的这些海防措施，为林则徐抵粤后加强防务奠下了一定的基础。不过，这些铁链木

---

① 参见《复奏查察虎门排链炮台折》，《林则徐集·奏稿》中，第 642—643 页。

② 《复奏查察虎门排链炮台折》，《林则徐集·奏稿》中，第 642 页。

③ 《复奏查察虎门排链炮台折》，《林则徐集·奏稿》中，第 643—644 页。据梁廷枏《夷氛闻记》卷二第 41 页记载，排链曾为风飘散，1840 年春重新修复。

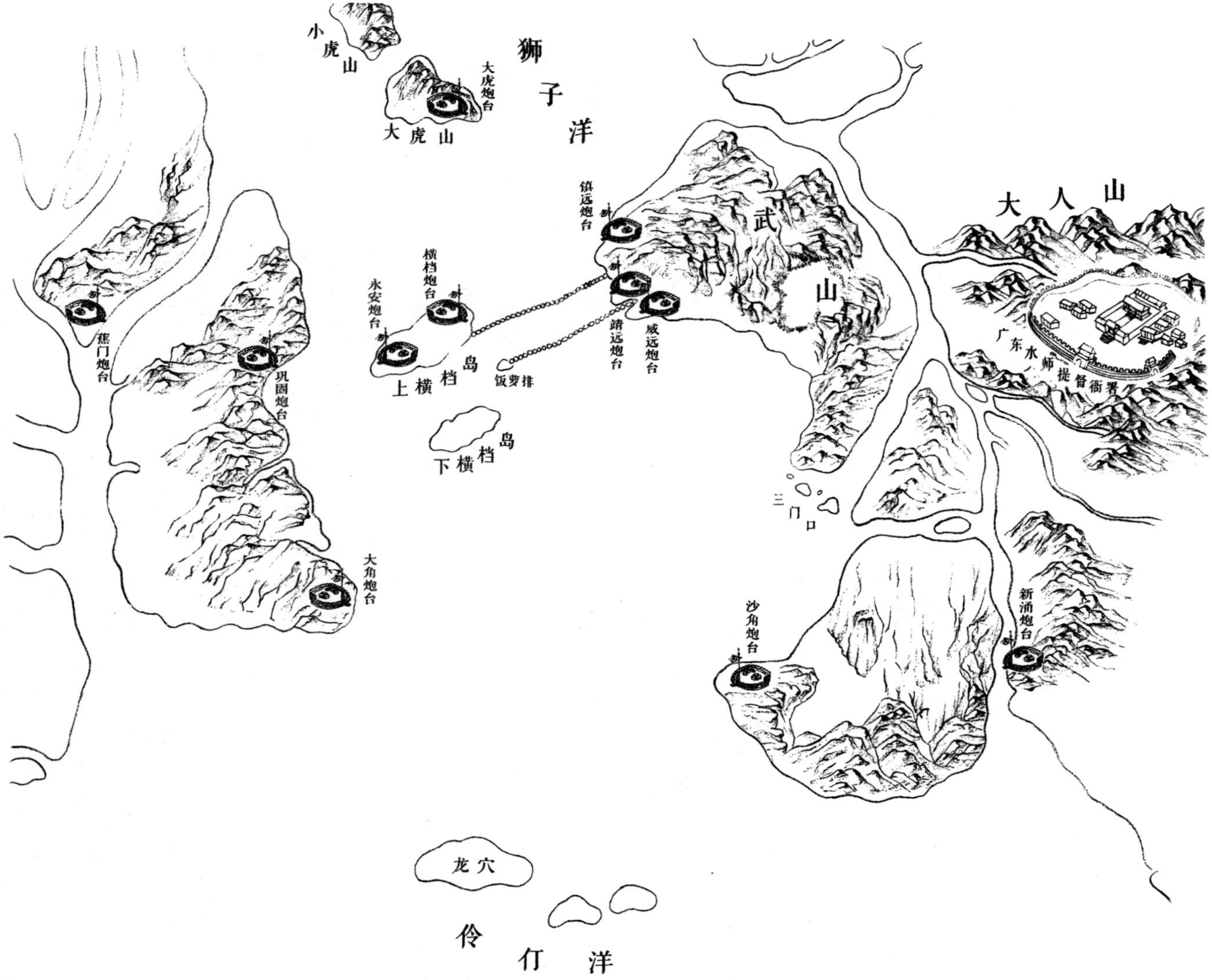
小虎山
狮子洋
大虎炮台
大虎山
大人山
广东水师提督衙署
镇远炮台
武山
横档炮台
永安炮台
靖远炮台
威远炮台
蕉门炮台
巩固炮台
上横档岛
饭萝排
下横档岛
三门口
大角炮台
沙角炮台
新涌炮台
龙穴
伶仃洋

虎门炮台形势图

排虽很坚固，但在船坚炮利的英舰冲击下，仍然是不堪一击，无法抵挡英军攻击。

林则徐奉命赴广东查禁鸦片时，已意识到这是一场十分尖锐而复杂的斗争，不以武力作后盾，不足以制服狡诈的侵略者。因此在京面见道光帝时，即恳陈海口要害，“须得精兵严守，庶夷人不得窜入”①。他的好友龚自珍也谆谆告诫，“此行宜以重兵自随”，抵粤后要“修整军器”，“火器宜讲求”。② 林则徐抵粤后，一面严厉禁烟，一面即着手加强沿海防务。除在虎门收缴鸦片后视察了虎门防务外，8 月间林则徐又偕同邓廷桢先赴香山视察，随即于 9 月 3 日（七月二十六日）巡阅澳门，回程改行水路，于 6 日再抵虎门，并居留三个多月，直到 12 月 11 日才回到广州。在这期间，他专心致志于海口的防卫工作，采取了许多加强防卫的措施。其中主要有：

（一）统筹全局，增建东翼炮台。林则徐经过对虎门形势的考察，认为虎门海口是中路扼要之区，“西则香山，东则大鹏，形成两翼”。要保卫虎门，除在虎门重点设防外，两翼亦很重要。虎门要塞经过关天培、邓廷桢的增建加固，防卫设置已较合理。西翼的澳门半岛，南端为葡人窃据，内有 6 座炮台。北部已有关闸炮台，尚可不需增置。东翼的大鹏营所辖洋面，广延 400 多里，乃外国商船经常出没之地。尤其是九龙尖沙咀洋面，东北山陵起伏，南面与红香炉（今香港岛东北）隔洋相对，西有急水门、鸡踏门，东有鲤鱼门、佛堂门。四面群山环抱，港内水深浪缓，是最理想的船舰聚泊地。从这里西航通珠江口、澳门，东达惠州、潮州，还可北上闽浙，历来是海防前哨与交通要道。英人对这里早有侵占野心，特别是 1808 年抢夺澳门失败，侵夺此处的欲望益发增长。1816 年阿美士德使团访华，曾对这里进行了详细考察，回国后提出正式报告，认为“从各方面看来，无论出口入口，香港水陆环绕的地形，是世界上无与伦比的良港”③。为了加强防卫，林则徐决定在尖沙咀南麓和官涌偏南的石排各添建一座炮台，安置大炮 56 门。这两座炮台，一座正对英船聚泊的洋面，另一座正对南洋来船。两座炮台的建立，有力控制了尖沙咀与香港之间的港湾，对护卫虎门和截断英人东西通道，均有重要战略作用。

（二）密购洋炮，加强火力配备。林则徐使粤前，虎门各炮台共置炮 272 门，

---

① 林昌彝：《射鹰楼诗话》卷一，上海古籍出版社 1988 年版。

② 龚自珍：《送钦差大臣侯官林公序》，《龚自珍全集》，第 169—170 页。

③ 里夫·阿诺得等：《20 世纪之香港、上海及其他中国通商口岸的印象》，1908 年版，第 56 页。

数额不算少。但这些炮大多铸造多年，锈蚀严重，而且炮径偏小，威力不足以制敌。为了加强各炮台的火力，林则徐毅然“设法密购西洋大铜炮，及他夷精制之生铁大炮，自五千斤至八九千斤不等，务使利于远攻”①。计先后共购西洋各国大炮200多门，增置于珠江两岸和尖沙咀、官涌各炮台。有了这批新式大炮，火力有所加强。“演试钢铁大炮，炮子均能远及对岸山根。”②

（三）稳步整顿水师，调整兵力配备。禁烟必须依靠水师，而广东水师长期受贿纵私。他们的收入得自国家粮饷的只占1%，得自土规者竟占99%。不加整顿，想依靠这支水师队伍禁绝鸦片来路，根本不可能。但如要彻底铲除水师败类，又牵涉太广，势必人人自危，影响整个士气，于禁烟更为不利。在无可如何之中，林则徐只得推行宽严得中的方针，稳步进行整顿。首先，他选择因循不振的将弁奏请惩处，借以振作水师精神。林则徐在虎门收缴鸦片期间，得知南澳镇总兵沈镇邦及署海门镇参将水师提标左营游击谢国泰，对于英船驶入辖区，一味因循，不予驱逐，于是参奏谢国泰巡防不力，请求勒令休致，沈镇邦难胜重任，请旨降为游击都司，并令随船出洋巡查，以观后效。销烟以后，回到广州，又接连7天审讯劣迹昭彰的水师员弁梁恩升、徐广、王振高、保安泰、伦朝光等人，还通过对广东粤秀、越华、羊城三书院年轻秀才645人的观风考试，掌握了水师员弁受贿故纵、欺蒙大吏的种种事实。为了顾全大局，林则徐将他们酌情从轻发落，革去水师中军副将韩肇庆的职务，分别清除其余党。水师将士自知罪过深重，得到从宽处理，不少人感激图报，在禁烟抗英中颇能踊跃应命。为了提高水师的战斗力，林则徐还积极修造舰艇，购买西船，加紧水陆兵丁操练。据记载，他曾建造了一批较以前坚强长大的炮艇和许多小帆船，并买来美国旗昌洋行原购自英人的载重量达1200吨的“剑桥”号（旧译“甘米力治”号）武装商船，改为战舰，用来演习进攻敌舰之法，借以提高水师的实战水平。他还自己捐资，着手仿造外国舰船，“底用铜包，篷如洋式”。据当时西人记述：“1840年4月25日，二三只双桅船已在广州河面下水，这些船都是按欧洲船式修建的，它们可能已加入帝国的海军中了。”③ 当林则徐亲赴狮子洋校阅时，经过整顿后的水师，面目一新，“号令严明，声势壮盛”④。随着形势发

① 《英人续来兵船及粤省布置情形片》，《林则徐集·奏稿》中，第838页。

② 《复奏查察虎门排链炮台折》，《林则徐集·奏稿》中，第643页。

③ 陈基德：《林则徐》第19页，转自《鸦片战争史论文专集》第163页。“剑桥”号于林则徐革职后落入英人手中。林仿制的西式战舰，也受到英人的赞美。

④ 不著撰人：《夷艘入寇记》，《中国近代史资料丛刊·鸦片战争》第6册，第111页。

展，林则徐为加强重点防卫力量，先后增调水陆兵丁近8000名扼要布防。计中路防线共配备兵丁5100名，其中虎门各炮台3000名，澳门1300名，九龙尖沙咀一带800名。虎门两翼，右翼香山协向驻副将，管辖两营，兵丁较强；左翼大鹏原止一营，只设参将一员，而英人离开澳门后，又主要在大鹏辖区九龙洋面一带活动。为了增强大鹏地区防务，他奏请“改营为协，拨驻副将大员统带督率”①。九龙尖沙咀对岸的红香炉汛，以前曾有外委1员、兵丁15名驻守，后被裁撤，林则徐又把它恢复防守。② 此外，还准备了1000名机动兵力，供临时征战之用。东路和西路的兵力，亦相应有所加强。

（四）募练水勇乡团，号召兵民联合抗敌。林则徐抵广东办理禁烟期间，亲睹广东各阶层人民对英国侵略深表愤慨，“所有沿海村庄，不但正士端人衔恨刺骨，即渔舟村店亦俱恨其强梁”③；同时，他通过探听敌情，得知外人“极藐水师，而畏沿海枭徒及渔艇、疍户”，于是决定“招募丁壮五千，每人给月费银六元，赡家银六元”④，“取平时所装大小火船，即雇渔疍各户，教以如何驾驶，如何点放，每船领以一二兵弁，余皆雇用此等民人以为水勇，先赴各洋岛澳分投埋伏，候至夜深，各船俱已熟睡，察看风潮皆顺，即令一齐放出，乘势火攻”，焚烧夷船匪船，加倍重赏。⑤ 陆上则谕令各地乡村，广泛组织团练，招募乡勇，进行训练，号召“群相集议，购买器械，聚合丁壮，以便自卫。如见夷人上岸滋事，一切民人皆准开枪阻击，勒令退回，或将其俘获。……夷人上岸觅井汲水，应加拦阻”⑥。战争爆发后，已任两广总督的林则徐，又和广东巡抚怡良联合贴出告示，宣布如果敌人敢入内河，“凡我内地无论何等之人，皆可诛此异类”，公开表示，“许尔人人持刀痛杀”。⑦ 作为一员封疆大臣，能如此相信群众，

---

① 《请改大鹏营营制折》，《林则徐集·奏稿》中，第799页。

② 参见《请改大鹏营营制折》，《林则徐集·奏稿》中，第800页。

③ 《英人非不可制应严谕将英船新到烟土查明全缴片》，《林则徐集·奏稿》中，第678页。

④ 魏源：《道光洋艘征抚记》卷上，《魏源集》上册，第174页。

⑤ 参见《烧毁匪船以断英船接济折》，《林则徐集·奏稿》中，第763页。

⑥ 《林则徐邓廷桢布告》（1839年8月31日），《鸦片战争史料选译》，第205页。

⑦ 《林则徐怡良告示》（1840年7月），载《夷事吾》第1册，原件藏台北图书馆，转自杨国桢：《鸦片战争中林则徐对英认识和制敌方略的转变》，《福建学刊》1990年第6期；陈锡祺主编：《林则徐奏稿·公牍·日记补编》，中山大学出版社1985年版，第78页。

后来甚至认为“今之所恃，唯此一端”①。这正是他的伟大之处，不愧为近代第一位民族英雄。

（五）以守为战，手订进攻规章。林则徐经过调查研究，衡量攻守得失，认识到敌人船坚炮利，如与它决战海上，正可使敌发挥所长，不如以守为战，既可使敌失其所长，又可发挥己之优势。他说：“若令师船整队而出，远赴外洋，并力严驱，非不足以操胜算。第洪涛巨浪，风信靡常，即使将夷船尽数击沉，亦只寻常之事，而师船既经远涉，不能顷刻收回，设有一二疏虞，转为不值，仍不如以守为战，以逸待劳之百无一失也。”② 从当时敌我双方情形考察，英军在军事技术方面明显居于优势，海上风浪又大，中国水师船船体既小，船板又薄，如与英船在海上决战，自非敌手。林则徐提出“以守为战，以逸待劳”，有利于以己之长，攻敌之短，是完全正确的。但是以守为战，也不是消极等待，有时还要伺机攻击敌船。为了提高攻击力，林则徐又手订了《剿夷兵勇约法七章》③，对攻击敌船战术做了具体的规定：

一、夷炮安设两旁，向夷船进攻，我船要乘顺风，攻夷船头尾。“若攻头，则必先打其头鼻。攻尾，则必先打其后舱”。

二、“驶近夷船头尾，则我船俱须分左右翼，如雁翅行〔形〕，斜向船头扑拢，船尾摆开，方能聚得多船，且火器不致误掷自己。”

三、“炮火能及之处，即先开炮，至鸟枪可及，便兼开枪，迨喷筒火罐能及，则随便用之，多多益善。”

四、“兵勇过船，遇夷人便用刀砍。其首级留在随后统算，不可急献首级，转误要事。”

五、“我船斜向攻击夷船头尾，大抵以四角分计，每角，拖船至多不过容四只，其大者不过容三只。即四角合攻，亦不过用十二船到十六船攻击夷船一只。此外即有多船，亦可以分击他船，不必聚在一处，转致凌乱。”

六、火攻船“上装干草、松明、擦油麻片，配火药十之一二，用草绳捆住，上盖葵席。船之头尾，各用五尺长小铁链一二条，以铁环系定。其一头拴大铁钉长七八寸，其末须极锐利。……一经拢近夷船，无论头尾两旁，皆可贴紧敲钉，将火船钉在夷船木上，将火点着燃起，其人即泅水走开。”

---

① 《致徐广缙》，《林则徐书简》（增订本），第 293 页。

② 《烧毁匪船以断英船接济折》，《林则徐集·奏稿》中，第 762 页。

③ 《林则徐奏稿·公牍·日记补编》，第 93—96 页。

七、“破敌首重胆气，胆大气盛者必胜。况此次杀一白夷赏二百元，黑夷半之。生擒者视其人之贵贱格外倍赏。……即或阵亡，亦可得二百元赏恤。各宜拼命奋勇，立功邀赏。如有临阵退后，即刻斩首悬竿示众。”

林则徐这套攻击敌船办法，既具体，又简明易行。在当时客观条件下，对于攻击敌船是有效的。

由于林则徐积极巩固并增设广东沿海防御设施，稳步整顿水师，并发动水陆群众共同抗敌，广东的防御大大加强。漫长曲折的海岸线上，水上有水师和水勇，陆上有营兵、乡勇与团练，各处有自发持刀杀敌的广大群众。他们散布各地，随时随地伺机杀敌抗英。林则徐的积极布防，为在前哨战中屡败英国侵略者打下了良好的基础。

第六章　英国殖民者挑起鸦片战争

一、战前世界大势

鸦片战争，归根到底是英国侵略扩张政策的产物，是英国资本主义经济迅猛发展、千方百计要打开中国市场从而使得中英矛盾日趋激化的结果，是英国殖民者为了开辟中国市场和维护可耻的鸦片贸易而发动的一场侵略战争。这场战争为什么由英国发动？为什么在这个时候爆发？都存在深刻的经济原因和政治因素。过去，国外学术界在评论鸦片战争时，有的把它说成是单纯的“通商战争”，是为了打破中国对外贸易的限制；有的说是争“外交平等”，认为战争是为了争取在平等的基础上和中国打交道；也有的认为是“文化战争”，是东西两种文化冲突的结果。① 其实，这些都是皮毛之见，只看到现象而未触及本质。要真正弄清战争的原因和性质，必须弄清当时世界发展大势和英国的经济状况，以及与英国经济发展相伴随的侵略扩张政策和侵略活动。这里不妨先从战前世界的大势谈起。

西方资本主义的兴起，如果从资本主义萌芽算起，到鸦片战争前夕，已有三四百年的历史。如果从英国资产阶级革命开始，到鸦片战争前夕，也有整整两百年的历史。英国继政治革命之后，又于18世纪率先开始了工业革命。到鸦片战争前夕，欧美资本主义正在蓬勃兴起。当时英国是唯一完成了工业革命的国家。在基本工业部门中，机器生产已经取代了手工操作，工厂制度也已占了显著优势。工业产品的产值，已经超过国民生产总值的一半。和英国比较，其

---

① 参见谭中：《西方学者对鸦片战争性质的争论》，福建省历史学会福州分会编：《外国学者论鸦片战争与林则徐》下，福建人民出版社1991年版，第242—256页。

他欧美国家显然落在后面。当英国工业革命接近完成之时，法国的工业革命才开始起步，直到19世纪60年代两次鸦片战争过后才大体完成。美国的工业革命虽紧随法国之后开始，但因为基础薄弱，也直到60年代才告完成。德国由于当时尚处于分裂状态，工业革命迟到40年代才真正开始，70年代国家实现统一后方告完成。俄国的发展又晚于德国，直到80年代末期，工业革命始告完成。日本的工业革命开始于明治维新前后，完成于19世纪末。

英国由于工业革命的完成，社会生产力飞跃发展，经济实力空前增强，鸦片战争前夕已有"世界工场"之称。其资本主义经济不仅在本国经济中居于统治地位，而且在世界各国经济中也拥有显著优势。1820年，英国占了世界工业生产的50%，法国只占15%—20%，德国和美国各占10%。英国所占比重超过了法、德、美三国的总和。20年后，即1840年，由于经济发展不平衡，同时受到两次经济危机的影响，英国工业生产的绝对量虽有很大增长，在世界经济比重中却略有下降，但仍占世界工业生产的45%。法国所占比重亦有下降，德国和美国则略有上升，分别为12%与11%。即使如此，法、德、美三国的总和仍不敌英国的产量。与经济实力相适应，英国还拥有一支强大的陆海军。鸦片战争前夕，英国共有军队14万，连同6万保卫国内治安的国民军，共计20万人。海军则有400余艘舰艇。这支军队从数量上看似乎不大，但当时英国本土人口不过2000万，兵民比例为1∶100，不为不高。特别是这支军队是拥有步兵、炮兵和工兵等多兵种的近代化军队，有优良的武器装备，有长期的海外作战经验，其战斗力是相当强的。凭借这支军队，在17世纪经过三次英荷战争，英国取代"海上马车夫"荷兰，成为海上强国。凭借这支军队，在18世纪中叶，经过七年战争（1756—1763年），"英国摧毁了法国人在海上、在美洲、在印度的威力"①。还是凭借这支军队，法国大革命爆发后，英国带头组织了七次反法联盟，经过1793—1815年20多年的反复搏斗，终于打败了横行欧洲大陆的拿破仑帝国，牢固地确立了世界霸主的地位。正是凭借这种雄厚的经济实力和强大的军事优势，英国才敢于向一个人口为它的20倍、面积相当于它本土36倍的东方大国中国，悍然发动侵略战争。

随着资本主义的发展，资产阶级革命在更大范围内展开。1820年，西班牙爆发了资产阶级革命，1822年一度取得胜利，由于1823年法国干涉军侵入，革

① 恩格斯：《俄国沙皇政府的对外政策》，《马克思恩格斯全集》第22卷，人民出版社1965年版，第25页。

命才遭失败。1821 年，意大利都灵等地发生了要求宪法的革命。同年，希腊发动了反对奥斯曼帝国残暴统治的民族起义，得到了俄、法等国支持，终于在 1829 年赢得了独立。1825 年，俄国也发生了带有资产阶级革命尝试性的十二月党人起义。1830 年，法国爆发了反对查理十世加强专制统治的“七月革命”，建立了金融资产阶级统治的“七月王朝”。由于法国革命的影响，比利时接着发动了“八月革命”，击败了荷兰军，宣布脱离荷兰独立。同年，波兰也爆发了反沙俄的民族起义。这些起义的规模和影响虽然不大，却显示了资本主义必将取代封建主义的趋势，成为 1848—1849 年欧洲大革命的先声。

19 世纪上半期，为适应资本主义发展的需要，扩大商品市场，掠夺原料供应地，欧美各国征服殖民地和争夺殖民地的斗争也日益加紧。

在美洲，美国独立之后，不久就野心勃勃，企图称霸美洲。它先是乘法国与欧洲各国激战之机，左右开弓，拼命扩张自己的领土。1803 年，美国仅花 1500 万美元，即购得法属殖民地路易斯安那，面积达 200 万平方公里；1819 年，又以 500 万美元，强买了原属西班牙殖民地的佛罗里达。同时，它利用英国进行反法战争之机，于 1812—1814 年发动了对英战争，企图夺取加拿大，以求扩展领地和巩固自己的独立地位。当时，中南美洲各地人民在美国独立和法国大革命的影响下，纷纷奋起反抗西班牙和葡萄牙的殖民统治，展开了声势浩大的独立革命运动。欧洲各国在打败拿破仑后建立的“神圣同盟”，充当世界宪兵，准备派兵前往镇压中南美洲人民的独立运动。美国认为这是自己向中南美洲扩张的极好机会，立即打出反对欧洲列强干涉的幌子，以美国总统门罗的名义发表宣言，竭力在“美洲是美洲人的美洲”的漂亮口号下，排除西、葡、英、法等国在美洲的殖民势力，同时千方百计向这些刚刚独立的国家进行渗透和控制，妄图实现独霸美洲的野心，把美洲变成“美国人的美洲”。

在近东，随着奥斯曼帝国的衰落，俄、英、法等国从 18 世纪中叶起，都对这个地跨欧、亚、非三洲的大帝国怀有侵略野心。特别是博斯普鲁斯和达达尼尔两个海峡，乃黑海与地中海之间的交通咽喉，地位十分重要，更成为各国争夺的焦点。18 世纪后期，俄国先后发动了两次俄土战争，夺取了奥斯曼帝国黑海北岸和北高加索的一些地方，取得俄国商船通过两海峡的权利。英、普对此十分眼红。1828 年，沙俄乘希腊反抗奥斯曼帝国、要求民族独立之机，派兵渡过多瑙河，占领发尔那，再次挑起俄土战争。第二年强迫土耳其缔结《亚德里亚那堡和约》，勒索军费 1500 万杜克特，夺占了多瑙河口与黑海东岸的大片领土。1831 年，埃及总督阿里在法国支持下发动反土斗争，占领叙利亚及小亚细亚一部分。土耳其向欧洲各国求援，沙俄以援土为名，把军舰开进博斯普鲁斯海峡，直到土埃缔结和约后仍然赖着不走，最后强迫土耳其签订《恩凯尔条约》，秘密允诺如俄国与第三国开战，土耳其封锁达达尼尔海峡，实际把黑海变成了俄国的内海。英、法得悉，立即发出强硬照会，并将舰队开到土耳其沿岸示威，逼迫俄土废约。沙俄不愿让步，与奥地利、普鲁士结成同盟以为奥援；英、法不甘就此罢休，也和西班牙、葡萄牙结成四国同盟与之对抗。不久，英国为了北制沙俄，南抗法国支持的埃及，又协助土耳其苏丹建立一支新式舰队，并通过和土耳其签订商约，租借亚丁，加强了自己在近东的地位。1839 年，英国因要求在埃及通商不成，怂恿土耳其苏丹进攻埃及控制的叙利亚，埃土战争再次爆发。沙俄不甘坐山观斗，派遣布隆诺男爵使英，商议与英联合行动，胁迫埃军退出叙利亚。土军攻入叙利亚后节节失败，奥斯曼帝国面临崩溃危险。为了维持残局，英国又向奥地利、普鲁士呼吁，主张在维持奥斯曼帝国领土完整的基础上解决土埃争端。1840 年 7 月 15 日，英国背着法国，与俄、奥、普、土缔结《伦敦协定》，共同维护奥斯曼帝国的完整与独立。法国得知，十分震惊。受法国支持的埃及总督阿里也拒绝承认《伦敦协定》。《伦敦协定》参加国随即向埃及开战，埃及由胜转败。后来由于法国内阁更替，新任首相基佐主张和解，劝说埃及接受《伦敦协定》，阿里被迫同意放弃叙利亚等地，但仍领有埃及。

为了解决两海峡问题，1841 年 7 月 13 日，英、法、俄、奥、普五国经过协商，达成妥协，签订了《伦敦海峡协定》，规定即使在和平时期，各国军舰也不许通过博斯普鲁斯和达达尼尔两海峡。土耳其被置于欧洲列强的共同保护之下。在这场纵横捭阖的争夺战中，英国左右开弓，既挫败了法国控制埃及的野心，又打破了沙俄单独控制土耳其、掠取两海峡通航权的图谋，可谓一石双鸟，取得了重大的胜利。

在非洲，19 世纪初，英、法、美等国为了扩展市场和掠夺原料，也是争先恐后，力图在非洲占领更多的土地和掠取更多的特权。英国为了侵占非洲内陆，早在 1788 年就成立了“非洲内地调查协会”，在科学探险和传教的掩护下，派遣冒险家和传教士深入内陆刺探情报。然后殖民者跟着他们的足迹，频繁向内地发动武装进攻。英国在黄金海岸（今加纳）、冈比亚和塞拉勒窝内（今塞拉利昂）巩固统治后，进而向拉各斯推进，并把拉各斯以西变成它的保护地；在东非则侵入肯尼亚，夺取了毛里求斯岛、塞舌耳群岛，并取得对桑给巴尔的保护权。南非原是荷兰的殖民地，英国乘反拿破仑战争之机，于 1806 年夺取开普敦。

后来战争结束，在签订和约时，即以600万英镑的代价换取了荷兰的承认。1819年，英国开始向南非移民，第二年南非英国移民即增到4000人。1836年，布尔人被迫北迁，英国趁机占据了新的领地。他们霸占南非最肥沃的土地后，加强了对南非黑人的压榨，增加对早期殖民者后裔布尔人的税捐，并定英语为官方语言，英镑为法定货币。英人控制了南非，实际上就扼住了欧洲通往亚洲航路的咽喉。

法国因为和北非西部隔海相望，在侵占非洲的过程中首先把矛头对准了这里。早在16世纪末17世纪初，继葡、西、荷之后，法国殖民势力已渗入北非。它在摩洛哥取得治外法权，在阿尔及利亚和突尼斯享有贸易特权。拿破仑本有进军阿尔及利亚的野心，因为遭到欧洲各国反法军队的连续打击，才放弃了侵阿计划。1830年6月，法王查理十世发兵进攻阿尔及利亚，7月攻陷首都阿尔及尔。1834年7月，法国宣布阿尔及利亚为“法国属地”。但阿尔及利亚人民并未屈服，在年轻的民族英雄阿卜杜拉·喀德尔的领导下，不断给法国侵略者以沉重打击，反抗斗争持续了十七八年。在西非，法国殖民者眼见英国在那里大肆开疆拓土，它也沿着塞内加尔河向内陆推进，或用武装进攻，或胁迫当地部落首领签订条约，先后侵占了加蓬、中央刚果（今刚果）、乌班吉沙立（今中非）和乍得等地。

刚独立不久的美国，野心勃勃，也穿过大西洋，把黑手伸向了非洲。1817年，美国成立了“殖民协会”，开始策划向非洲殖民。1822年，它以极低的价格向西非酋长购买到一块土地。因为当时总统叫门罗，乃将这块地取名“门罗维亚”，后来逐步扩展为利比里亚殖民地，任命总督管理。此外，美国于1836年还在摩洛哥取得治外法权。

澳洲沦为英国殖民地，也是鸦片战争前几十年的事。直到1770年，英人库克才首次到达澳大利亚的东海岸。1779年，英人班克斯建议把澳洲东南部之植物湾作为罪犯流放地。1786年，英人决定在植物湾建立殖民地，并于1788年建立悉尼镇，将717名流放犯安置于此，任命解送罪犯的船主亚塔尔·腓力为总督。犯人服刑期满，分给30—50英亩土地。士兵退伍，可以领到80—100英亩土地。这就是英国对澳洲的第一批移民。英国从此在澳洲建立起新南威尔士殖民地。1798年，爱尔兰人民革命遭到残酷镇压，英国将大批俘虏遣送到澳洲。此后，英人在澳势力日益扩展。殖民者以新南威尔士为基地，四出探险，残酷杀害当地土人。他们发现澳洲土地肥沃，可耕之地甚多，殖民更加积极。1803年已完成对澳洲本岛的环行，摸清这是一块很大的陆地。到1810年，澳洲自由移民已达3000人，他们都拥有大量的土地，成为后来最早的一批拥有大地产的澳洲资产阶级。1829年，英国宣布，整个澳大利亚为英国之土地。就这样，面积达770多万平方公里的澳洲大陆，不到60年，就完全沦为英国的殖民地。

继侵入澳洲大陆之后，侵占新西兰的活动也开始了。1814年，澳洲集中营的牧师萨缪尔·马尔斯顿在新西兰北部之海湾岛设立了一个英国教会，这是英国在新西兰建立殖民地的第一个步骤。1826年，英国成立了第一个“新西兰公司”，并即派遣大批移民赴新西兰。由于遭到当地土人的拒绝，无法登陆，不得不转回澳大利亚。英澳政府在澳大利亚站稳脚跟后，立即于1833年派遣官员驻新西兰，着手筹划侵占该岛办法。1837年，“新西兰协会”成立。此后，英国的商人、传教士、冒险家前往新西兰者日多一日。他们以种种方式掠占土地。到1840年，被占领的新西兰土地已达5600万英亩。新西兰这个宝岛紧随澳洲大陆之后，也很快成了英国的殖民地。这年5月21日，正式建立起以英人威廉·哈布孙为新西兰总督的殖民政府，实行殖民统治。

在南亚，从18世纪后期起，英印殖民政府加紧了对印度的吞并，印度逐渐沦为英国的殖民地。1767—1799年，英国连续发动了四次对南印度迈索尔的战争。迈索尔最后沦为殖民地。英印殖民政府征服南印度后，向北进攻，1803年在北部德里打败了印度军；同年，发动了对中印度马拉特的征战。1805年，印人曾大败英军于巴拉特普。但巴拉特普王未能乘胜追击，遽行言和，致使功败垂成。1817年，英军出动12万人，再次向马拉特进攻。战争持续两年，马拉特被彻底击败。从此，英人形成了统一全印之势，许多独立的土邦都间接或直接受英人控制，整个印度境内已无完全独立国家。锡兰岛也在1815年通过维也纳和会正式落入英人之手。英人控制了印度和锡兰，就控制了欧洲通往东方的海道中心，奠定了在整个东方统治的基础。此后在与其他国家争夺东方殖民地的斗争中便居于显著优势。无论是侵略缅甸、阿富汗还是侵略中国，它都充分利用了印度的人力和物力。印度和中国有漫长的边界，随着印度北部廓尔喀（今尼泊尔）、哲孟雄（今印度锡金）、布鲁巴克（今不丹）相继被英国吞灭或控制，又形成了对中国西南边疆的严重威胁。

在中亚，英国和俄国也展开了激烈的争夺。19世纪初，俄国向伊朗和哈萨克草原推进。1804年，俄国发动了第一次侵伊战争。1820年，俄国为了侵略中亚，成立了“亚洲委员会”，专门从事策划和组织工作。1828年，俄国同伊朗签订了《土库曼彻条约》，实现了对伊朗的控制，开始入侵中亚希瓦、浩罕、布哈拉三汗国。当时俄国由北向南推进，势力已到达锡尔河畔；英国则在占领印度后由南向北，把魔爪伸入阿富汗以及中亚诸汗国。为了对抗英国，俄国于1833年决定派遣外交官去中亚，同时为了在贸易上与英国抗衡，还决定成立一个俄国公司。英国人对俄国在中亚北面的活动一直非常关注。他们认为俄国最终目的是要进攻印度。因此，自20年代起，英印政府就不断派人渗入中亚。1832年，又派伯恩斯中尉访问中亚。他经过对伊朗、阿富汗以及中亚三汗国的调查，建议同阿富汗结盟，借以对抗俄国控制的伊朗。

1836年6月25日，东印度公司董事会给英印总督奥克兰发出秘密训令："现在是干预阿富汗事务的时候了。这种干预既可阻止波斯领土的扩张，也可阻止俄国势力的侵入。"① 奥克兰随即派伯恩斯去喀布尔谈判。当伯恩斯到达喀布尔时，伊朗正准备进攻阿富汗西北的赫拉特。1837年11月22日，伊朗军约4万人到达赫拉特。俄国为配合伊朗进军，派遣维特克维奇到达喀布尔，策动赫拉特投降。阿富汗人在英国青年军官璞鼎查指挥下，顽强抵抗伊朗军达10个月之久。1838年6月，奥克兰又派了一支武装部队到波斯湾，占领哈尔克岛，从后方威胁伊朗。8月间，英国斯特达尔特上校奉命在赫拉特城外对伊朗国王发出最后通牒，宣称："英国认为，占领赫拉特是对印度的直接威胁。"这样，终于迫使伊朗在8月28日撤除了对赫拉特的包围。

赫拉特解围后，英国人认为阿富汗异密多斯特·穆罕默德接待俄使，是企图与俄国人勾结反对英国，决定扶持另一个阿富汗首领沙赫·叔佳取代。1838年10月1日，英印政府发表《西姆拉宣言》，声称伊朗军队向阿富汗境内推进，是"对英国的敌对行为"，又说多斯特"曾发誓要实现有损于印度边界的安全与和平"的计划。并以此为借口，征集一支军队由基恩勋爵率领，于1839年7月22日占领加兹尼城，随即进驻喀布尔城外。多斯特孤立无援，狼狈北逃。沙赫·叔佳在外流亡30多年之后由英军护送，于8月7日回到喀布尔，立为阿富汗异密。本来，《西姆拉宣言》承诺，一旦沙赫即位，英军即行撤离。可是，沙赫登上阿富汗王位后，英军却赖着不走，而且肆意戏弄阿富汗妇女，支持一部分阿富汗人打击另一部分阿富汗人，原来发给各部落首领的津贴，或者取消，或者缩减。这些倒行逆施，很快激起阿富汗人民的广泛反抗。1841年11月，扶助沙赫的伯恩斯及其兄弟和几个同伙，均为起义者杀死，尸体被砍成碎块。加兹尼附近的一个哨所，守军全部被杀。形势迫使英印驻阿使节麦克纳腾与阿富

① 转自王治来：《中亚近代史》（16—19世纪），兰州大学出版社1989年版，第196页。

汗的酋长谈判英军撤离问题。12月13日，双方签订了一个限定英印军三个月撤出的条约，麦克纳腾却迟迟不动，结果麦克纳腾也于12月23日被杀。以后，由璞鼎查接续谈判，才于1842年1月1日达成了撤军的最后协议。6日，英军开始撤退。协议虽然规定保证撤退的安全，但沿途仍不断遭到阿富汗人的猛烈袭击。在撤退中，英印军除35名被俘军官外，几乎全军覆灭。

沙俄为了对英国侵略阿富汗做出反应，同时为了兼并中亚三汗国，立即派彼罗夫斯基组织了一支8000人的队伍，加上哥萨克骑兵，于1839年11月由奥伦堡出发，向希瓦汗国进军。因为碰上最冷的季节，沿途又不断遭到中亚人民的巧妙袭击，这支队伍经历千辛万苦才抵达阿克·布拉克。由于粮尽援绝，被迫于1840年2月1日撤退。在撤退中，俄军伤亡殆尽，和英印军侵略阿富汗遭到了同样的下场。①

英国在南亚、中亚推行扩张计划的同时，也把黑手伸向了东南亚。英国殖民者莱佛士，在其担任爪哇副总督（1816年以前）期间，已经计划由英国永远取代荷兰对整个马来群岛的统治。反拿破仑战争结束，爪哇及其属地归还荷兰，莱佛士更热衷于对马来半岛的渗透。1818年，他向英印总督黑斯廷斯提出："在马六甲以远处，例如在可以控制海峡的南部入口处的地方，建立一个停泊地"②，得到了黑斯廷斯的赞同。1819年1月28日，莱佛士带着法夸尔在新加坡岛登陆，立即认定这是他计划中的理想地点。他通过狡诈手段，两天后即和马来首领达图·天猛公订立《初步协定》，愿意让英人在新加坡建立殖民地。2月6日，刚刚被宣布为苏丹的胡生和天猛公在莱佛士的收买下，即在条约上正式签字，批准1月30日订的《初步协定》。作为报酬，胡生每年从东印度公司支取5000元津贴，天猛公每年获得3000元津贴。莱佛士就这样轻而易举地为英国占夺了新加坡，并任命法夸尔为新加坡第一任总督。1824年8月，在莱佛士的导演下，继任新加坡总督的克劳福德又和胡生、天猛公签订一项条约，将新加坡永远转让给东印度公司。胡生和天猛公还答应非得东印度公司同意，不得和任何国家结盟；英国人依照最惠国条件，可以进入柔佛所有港口自由经商。作为报酬，胡生领到3.22万元的酬金，终身领受养老金每月1300元；天猛公领到2.8万元酬金，终身领受养老金每月700元。从此，英人完全占夺了新加坡，并为侵占马来半岛奠定了基础。

---

① 本部分参考王治来：《中亚近代史》（16—19世纪），第185—207页。

② D. G. E. 霍尔：《东南亚史》下册，商务印书馆1982年版，第586页。

英法七年战争之后，法国失去了原征服的大部分印度领土，北美的殖民地几乎全部丧失，为了寻求补偿，也把触角转向了东南亚。越南成为它在争夺东南亚中的主要目标。法国觊觎越南已久。早在1624年，即有法国耶稣会士罗德率领的北圻传教团到越南从事传教和间谍活动。1658年，罗马教皇任命的越南教区主教、法人巴鲁，曾上书法王路易十四的首相马萨林，建议在越南设立商行，开展侵越活动。1669年，法国兵舰在传教士引导下第一次闯进越南。1749年，法王路易十五在法国东印度公司的怂恿下，派遣皮易甫亚孛尔为全权大臣，到顺化交涉通商。七年战争后，法国眼见英国步步东进，于是更加疯狂地侵略越南。恰好这时越南爆发了越南历史上最大规模的农民起义，推翻了黎氏封建王朝，建立以阮文惠为皇帝的西山政权。越南国王黎氏的外甥阮福映逃出越南向暹罗求救，没有成功。天主教越南教区大主教、法人百多禄认为这是法人侵越的极好机会，于是竭力怂恿阮福映向法国求援。阮福映乃派百多禄为其私人代表，带着他的儿子阮景前往交涉。1787年，百多禄回到法国，立即上书法王路易十六，鼓吹在越南建立一个法国殖民地，是和英国抗衡的“最稳妥、最有效的方法”，同时可获得“这个国家的天然富源”，以及“建设一条达到中国中部去的商道”，而“建设中国中部的商道将使我们获得那个人们不认识的国家（中国）的（种种）的财富”。① 这个建议集中反映了法国侵略越南的勃勃野心，当即为路易十六所接受。1787年11月28日，百多禄代表阮福映与法国代表孟茅签订了《越法凡尔赛条约》，规定法国派兵1650人援助阮福映复国；阮福映则答应把土仑港地区和昆仑岛割让给法国；法国人可持土仑港法国司令官的执照到各地往来贸易，悬有法国国旗的商船或战舰可至越南各省航行。订约不久，法国大革命爆发，路易十六来不及批准即被送上断头台。条约并未执行，但百多禄还是自己招募了一些人员，采购了一些军火，拼凑了一支队伍帮助阮福映进攻农民军。1802年，阮福映攻破西山，占领河内，统一了越南，自称嘉隆王。1817年，载着商品和探险队的两艘法舰开到了越南。1819年，又有两艘法舰到达越南测量海口。1820年，法国政府任命百多禄的门徒塞玉为法国驻越南领事，准备商订通商条约，适逢阮福映死去，不得要领而归。七月王朝时期，法国资本主义经济进一步发展，法国侵略越南的要求益发迫切，一意要把越南作为侵略东亚的基地，只是由于越南人民的坚决反抗，鸦片战争前夕尚未得逞。

---

① 《1787年百多禄主教上路易十六的奏议》，中国史学会主编：《中国近代史资料丛刊·中法战争》第1册，新知识出版社1955年版，第363—364页。

紧邻印度的缅甸，原是一个独立的封建王国。16世纪曾受到葡萄牙与荷兰的侵扰。18世纪，法、英两国殖民势力相继侵入缅甸。法国的德萨伦上将等认为，缅甸将为扩张主义政策提供比印度更理想的地盘，还是向在印度的英国人进攻的最好地点。1783年，法国曾派遣一使节与缅甸议订商业条约。事虽未成，但法人曾把墨吉作为修理站。英国担心法国利用缅甸的港口作为对付孟加拉湾的英国舰队的基地，曾于1795年派遣迈克尔·西姆斯上尉赴缅，消除缅印边界纠纷的误会，说服缅甸当局禁止法国舰队在缅甸港口停留，同时进行商业条约谈判，要求缅方允许东印度公司代表驻仰光照管商务。缅甸国王孟云同意公司派一名代表驻仰光办理商务，但拒绝禁止法舰在缅甸港口停泊。当时，英印总督正忙于征服印度，一时还无力大举侵缅，因此，英印政府和缅甸之间虽然纠葛不断，但尚未大动干戈。1819年，缅王孟云去世，由于连年西讨东征，国力耗损甚大；而英印政府此时已基本控制了全印，于是立即把矛头转向缅甸。恰好新缅王孟既登位后，其手下的摩诃·班都拉大将军雄心勃勃，率领大军向缅甸西北的阿萨姆推进，企图征服阿萨姆及附近小国曼尼普尔、卡恰尔、贾因提亚等，并在追击难民的过程中越境进入英属印度领土。1822年7月，班都拉还派了一位使节赴加尔各答，要求引渡正在印度避难的阿萨姆领导人。

英印政府把缅军入印和要求引渡视为侵略缅甸的最好借口，于是调集军队，分水陆两路大举侵缅：水路在安达曼群岛集结后于1824年5月1日渡江，轻而易举地占领了仰光和丹那沙林一带。班都拉得悉仰光失守，立即停止进攻，回师南下。陆路则从印度东北向印缅边界进兵，先后征服阿萨姆、曼宜普尔、阿拉干等地。由于雨季来临，供应不继，英军攻下仰光后顿兵半年之久，不敢孤军深入。因痢疾和热病流行，这支1.1万人的军队，只剩数百人可以作战。雨季过去，班都拉于12月1日发动反攻，为英军击退。1825年4月1日，班都拉在英军进攻下企图固守达努彪，不幸阵亡，军队狼狈逃散。随后，英人占领卑谬。又由于雨季到来，只得按兵不动。缅甸当局募集新军进行反击，企图夺回卑谬，但没有成功。英缅双方恢复了和平谈判，英方提出了使缅方难以接受的条件，谈判进展很慢。当英军进达离缅都阿摩罗补罗仅数日路程的扬达坡时，缅甸才被迫接受了英人的苛刻条件。1826年2月24日，缅王批准了《扬达坡条约》，除割让大片领土、赔偿巨额军费外，还同意英使臣驻扎缅都，缅甸也派一位使节驻加尔各答。后来还通过订立商约，允许英国船舰在缅甸港口自由通商和航行。缅甸从此被迫走上了殖民化道路，60年后完全沦为殖民地。

综观鸦片战争前夕的世界大势，不难看出，战前的半个世纪，既是世界资本主义蓬勃发展时期，又是资本主义各国大力向海外扩张时期。为了争夺殖民地，彼此之间在不少地方都展开了剧烈的竞争。英国不但在经济实力、国际贸易中居于绝对优势，而且在掠夺殖民地中也处处占了上风。它的势力步步东进，中国的西部和南部各友好邻邦，普遍受到英国殖民侵略的威胁，有的已沦为殖民地，有的正在沦为殖民地。认清这种形势，鸦片战争为什么在这时发动，为什么中国的大门首先由英国打开，就不难理解了。

二、英国经济的迅猛发展及其侵华叫嚣

英国自从18世纪后期工业革命开始，机器逐渐取代了手工操作，劳动生产率空前提高，各种产品的产量成十倍、成百倍增长，资本主义经济得到了巨大的发展。

以纺织业为例，这是当时英国最主要的工业部门，也是最先实行工业革命的部门。1733年钟表匠兼织工约翰·凯伊发明的飞梭，1760年前后已应用到纺织工业的各个部门，使织布的速度提高了一倍左右。1765年问世的珍妮纺纱机，它的发明者织布工兼木匠哈格里夫斯，开初只在机上安装8枚纺锭，1770年增加到16枚纺锭，1784年发展到80枚纺锭。珍妮纺纱机只适宜安装在农民或纺纱工的小屋里，而且纺出的纱只宜作纬线。1767年，木匠海斯发明了用水力转动的纺纱机，可作经纬线，但只能安装于有水力的河边，而且纺出的纱较粗。这两种纺纱机各有优点，各有不足。1779年，工人塞缪尔·克朗普顿综合两者的优点发明水力珍妮机。这种综合，像马与驴交配产出骡子一样，所以被称为骡机，又称走锭纺纱机。用这种机器纺出的纱，既精细又牢固，纺纱速度提高了100倍。后来改用蒸汽机作动力，效率进一步提高。其情形正如马克思指出的："在同一个时间内，中国人纺一磅棉花，英国人由于机器劳动的高度的生产率可以纺好几百磅。"[①] 织布方面，1785年，埃德蒙·卡特赖特发明了机器织布机，能够把织布的速度提高40倍。棉花去籽，以前纯靠手工，一磅棉花去籽需要一个劳动日。1793年，美国一个黑人妇女发明了轧棉机，一天即可脱籽棉100

① 马克思：《资本论》第1卷（法文版中译本），中国社会科学出版社1983年版，第639页。

磅。这一系列创造表明，工业生产从准备原料到制成产品，每一个过程都可实行机械化。而实行机械化的结果，则是产品的成倍增长和劳动条件的大大改善。

纺织技术革新的同时，最引人注目的发明是用蒸汽作动力。以前生产的动力不外人力、风力、畜力和水力。珍妮纺纱机等发明后，开初是靠手推动，后来才改用水力、马力。1765 年，詹姆斯·瓦特在格拉斯哥大学的实验室里已发明了一种蒸汽发动机，后来经过不断改进，终于研制成可以用作发动机的“万能蒸汽机”。这种蒸汽机既可用于纺织、采矿、冶炼、机械制造等各个工业部门，也可用于水陆交通各个运输部门。“现在，一台发动机可以同时推动许多工作机”，“是大工业普遍应用”的机器。① 特别是采矿业和冶炼业，发生了决定性的突破。煤铁是工业和交通运输部门都不可缺少的燃料和原材料，由于突破了原来的开采与冶炼方法，终于促成了全面性的工业革命以及交通运输的大变革。

蒸汽机和机器的广泛运用，“仿佛用法术从地下呼唤出的大量人口”②，使各种工业产品在短时间内增长了数十倍甚至数百倍。最显著的是扣针的生产：个体手工生产时期，每人每日只能生产 12 个。工场手工业时期，由于分工合作，十个男人每日可以制针 4.8 万枚以上，每人每日平均生产 4800 枚。“但是现在，一台机器在十一个小时工作日中就能制针 145000 枚。一个妇女或少女平均可以照管四台这样的机器，因此，她用机器每天可以生产针 60 万枚。”③ 在纺织业中，要数棉纺织业发展最快。英国原是一个无棉国，直到 16 世纪末，棉花才传入英伦三岛，17 世纪中期才开始有棉织业。工业革命后，棉花消耗量不断增加。1781 年只消耗 500 万磅，1800 年增至 5200 万磅，1810 年达 12400 万磅，1830 年超过 24760 万磅，1840 年进一步增到 45890 万磅，60 年间增长 91 倍。与纺织业发展相伴随，纺织产品出口也成倍增加。1780 年出口值只有 35.5 万镑，1800 年增到 540 万镑，1820—1829 年年平均出口值达 1600 万镑，1835—1840 年年平均出口值达 2400 万镑，是 1780 年的 67.6 倍，60 年间平均每年出口递增 1 倍多。在英国，羊毛工业原是民族工业。18 世纪以前的纺织品出口，主要是毛织品。工业革命后，棉织品异军突起，出口发展很快。1802 年后，棉纺织品出口超过了毛纺织品；1816 年，出口总值中棉织品占 40%，毛织品占 22%。1830 年，出口总值 3830 万镑，其中纺织品值占了 2650 万镑，即出口中的三分之二是纺织品。④

---

① 马克思：《资本论》第 1 卷，第 415 页。

② 马克思、恩格斯：《共产党宣言》，《马克思恩格斯选集》第 1 卷，第 256 页。

③ 马克思：《资本论》第 1 卷，第 503—504 页。

④ 据克拉潘：《现代英国经济史》上卷第 1 分册，商务印书馆 1986 年版，第 315 页。

而纺织品中，棉织品值达1930镑，占出口总值的二分之一，占纺织品出口总值的四分之三。当棉织品大发展的时候，煤铁的生产也迅速增长。1740年，英国产铁1.7万吨，1806年达25万吨，1825年为50万吨，1835年增到100万吨，1838年又增至134.7万吨，差不多每隔10年就翻一番。煤产量1770年为620万吨，1800年是1000万吨，1826年达2100万吨，1836年增至3000万吨。工业品产量急剧上升，旧的市场已无法容纳，开辟新市场、推销商品成了英国经济发展刻不容缓的需要。

如前所述，英国强占了不少殖民地，特别是侵占了印度，为英国产品找到了一个巨大的销售市场。可是在英国经济迅速增长、急需扩大市场之际，旧市场却发生了不利于英国的变化。所谓旧市场，除英国国内外，主要是欧洲大陆和北美及西印度群岛，新市场则包括亚洲（含近东）、非洲、澳洲、拉丁美洲。据统计，1814—1816年，英国国外市场销售总额为1874.2万镑，其中旧市场占1704万镑，新市场仅占170.2万镑。也就是说，90%的英国产品是在旧市场销售的。但19世纪初，这个旧市场却不断遇到危机。首先是持续20多年的反法战争，给英国市场销售造成严重影响。英国从1793至1815年，一直和法国处于战争状态。英国产品无法在法国势力范围内销售。特别是1806年10月，拿破仑发布了“大陆封锁令”，禁止与不列颠群岛的贸易和联系，后来连邮政也被禁止。拿破仑还下令逮捕各处的英国人，没收其商品和财产。在这种情况下，英国商品是无法销售的。拿破仑想用经济手段困死英国，英国针锋相对，于1807年1月来个反封锁，宣布对法国及其盟国的港口均实行封锁。这样一来，把美国也触怒了。美国商品由于受到英法封锁的影响，无法进入欧洲，商船常在海上受到无理搜查。为了报复，美国也于1807年12月公布禁运法案，禁止同任何交战国进行贸易。不久又决定，英、法两国中任何一国如果废除对美国贸易的限制，那么美国就同它贸易，而停止同它的对手贸易。法国趁机宣布废除对美贸易限制。美国接着就于1811年宣布停止同英国及其所有领地的贸易。英国出口贸易由是下降三分之一。其次是美国的一系列措施，使英国产品在美洲市场受到重大打击。美国为了保护本国工业的发展，实行高进口关税政策，造成英国产品在美销量下降。美国在1823年宣布对美洲实行门罗主义，又使英国产品在整个美洲的销售均受到不同程度的影响。而且在1830年以后，美国开始了以棉织业为前导的工业革命，英国的棉织品进入美国受到了更为严重的挑战。这些因素致使英国产品在旧市场的销售每况愈下，1824—1826年降到1231.3万镑，1834—1835年虽然略有微升，仍只1503.7万镑，1844—1846年又降到1324.6

万镑，与1814—1816年相比，分别下降28%、12%、22%。

产品不断增加，旧市场却在缩小，新市场虽有发展，但仍适应不了产品增长的需要，于是形成相对生产过剩，终于在1825年爆发了世界上第一次产品卖不出去的经济危机，棉花价格下跌59%，铁价下跌29%。由于商品卖不出去，市场不景气，结果有72家银行破产，3300多家工商企业倒闭，大批工人失业。1836年，又发生了第二次经济危机，生产过剩超过了1825年，萧条时间延续到1842年。据马克思统计，自从1770年以来，由于生产的盲目性，导致产销不平衡，英国棉纺织工业中的危机和萧条时有发生，而且日益频繁。1770—1815年的45年间，尚只有5年陷在危机和停滞之中；而1815—1863年的48年间，“只有20年是复苏和繁荣时期，却有28年是不振和停滞时期”①。

为了摆脱危机，替过剩产品寻找销路，向外扩张殖民地的活动日益加强。到鸦片战争前夕，当时西方各国认识到的世界，已大多沦为殖民地，而中国则是少数几处尚未沦为殖民地的东亚大市场。英国资产阶级对之垂涎欲滴，欣羡不已。早在1820年6月，曼彻斯特刚决定成立商会，筹委会即向国会请愿，要求与中国贸易，声称“好望角以东各国，尤其是中国，如果能够取消地球上这个富裕而人口众多的部分与我们通商的限制，对于我们曼彻斯特地区的棉纺织业来说，将会成为重要的市场”②。1829年，英国侵华利益集团的代言人、著名政客柏金汉大肆叫喊：“中国有庞大的人口，其人富有积极的消费的性格，如果把那个国家的市场开放给自由贸易商人，则英国货在那个市场上的销量将比其余全部世界的总销量还要大。”③ 1836年，曼彻斯特商会在上首相迈尔本与外交大臣巴麦尊的备忘录中鼓吹：“中国为英国制造业提供一个销量庞大而又迅速扩张的市场，同时又为印度的出产提供销路，众信其数达300万镑。”④ 曼彻斯特的制造商私下甚至互相议论：“如果每个中国人的衬衣下摆长一英寸，我们的工厂就得忙上数十年！只要能够打开这个壁垒就好了。”⑤ 同年，伦敦109家和印度或中国贸易有关的大公司，包括进出口贸易、航运、金融等各界巨头，

① 马克思：《资本论》（法文版中译本）第1卷，第467页。

② 《曼彻斯特信使报》（1820年6月27日），转自《外国学者论鸦片战争与林则徐》上，第1页。

③ 柏金汉：《生平事略》，转自《鸦片战争史论文专集》，第31页。

④ 马地臣：《不列颠对华贸易现状及其前景》第123页，转自《鸦片战争史论文专集》，第42页。

⑤ 转自费正清编：《剑桥中国晚清史》（1800—1911）上卷，第185页。

联合成立了伦敦东印度和中国协会。它从成立的那天起，就经常和政府各部保持联系，书面或口头陈述意见，提供情报，积极推动不列颠政府对中国的侵略，千方百计谋求打开中国市场。利物浦印度协会也上书迈尔本，强调“对华贸易，事关600万镑资本，9万吨航运，400万到500万镑的税收”，请求不列颠政府保护。①

另外，随着经济不景气，资本家大批解雇工人，压低在业工人工资，导致国内阶级矛盾日趋激化。工人阶级争取自身权益的斗争更加激烈，斗争觉悟也在提高。与第二次经济危机相伴随的宪章运动，在鸦片战争前夕形成高潮。1838年5月，伦敦工人协会公布了《人民宪章》。同月21日，格拉斯哥工人举行群众集会，参加者达20万人。伦敦工人协会的两名代表在集会上介绍了《人民宪章》，受到与会者的热烈欢迎。前来参加大会的伯明翰政治同盟领导人阿特伍德，眼见工人政治热情高涨，因势利导，提议召开全国代表大会，发动全国工人投身争取政治权利的斗争。8月6日，伯明翰政治同盟又在一次群众集会上宣布支持《人民宪章》。与此同时，北部大同盟的许多支部也在讨论宪章。在这种形势下，为了统一全国力量，推进运动向前发展，1839年2月4日，又在伦敦召开了有来自全国各地的53名代表参加的“公会”。会上通过了包括《人民宪章》基本内容的全国请愿书。到5月份，在请愿书上签名的即达125万人。这时正值中国掀起禁烟高潮。受到内外夹攻的英国资产阶级，为了打开中国市场，早就鼓吹诉诸武力；而今面临声势浩大的宪章运动，更想借发动对外战争转移国内视线，于是和与禁烟生死攸关的鸦片贩子互相呼应，煽动对华使用武力益发起劲。

英国当局准备发动对华战争酝酿已久。自从1816年阿美士德使团访华失败之后，他们已意识到依靠外交手段打开中国的大门难以奏效，乃一方面制造战争舆论，另一方面着手进行战争准备。1830年，广州英商大卫荪在回答英国下议院考察东印度公司当时状况及大不列颠、印度和中国之间贸易情况小组委员会询问时断言：“中英之间迟早会有一场战争。”② 1832年1月辞去东印度公司驻广州管货人委员会主席职务的马奇班克斯在致印度监督局长格兰特的建议书中，强烈主张公司垄断权废止后，派遣使节赴中国时必须伴以海军力量。他说：

① 马地臣：《不列颠对华贸易现状及其前景》，第125页，转自《鸦片战争史论文专集》，第43页。

② 转自《鸦片战争史论文专集》，第34页。

"英国的海军司令是最好的大使。……因为海军司令在几小时内就可以收到外交官用几周、几个月才能得到的效果。纳尔逊先生的这句话正确而且一针见血。只有他推崇的外交才会在中国及其周围国家成功。"① 在广东从事走私的所谓自由商人同样认为，只有强硬的态度才会使中国让步。《中国丛报》第 2 卷（1833 年版，第 355—373 页）上发表了一篇《对中国的自由贸易》的文章，署名"英商"。文中强调："到现在为止，产生过效果的唯一手段是我们军舰的行动。被任命的官吏，为战争之备，应该伴以必要的武力。"② 由此不难看出，英国侵略者对中国决心动武的政策，已经"呼之欲出"了。

三、胡夏米侦察沿海形势

英国资产阶级不但大肆鼓吹用武力打开中国大门，而且早就在做实际准备。1832 年，胡夏米对中国沿海的侦察活动，即是策划侵华战争的一个重大步骤。

1832 年 2 月 26 日（道光十二年正月二十五日），一只英国商船悄悄从澳门出发，沿着中国海岸北上。船上载有 78 人，船名"阿美士德"号，原是一艘 506 吨的巡洋舰，东印度公司花了 2500 元买来运载货物。这次北上，为了掩人耳目，也装载了一些货物准备到各口岸试销，但主要任务是遵照东印度公司驻广州管货人委员会主席马奇班克斯的指示，对中国沿海的军事、政治、经济等进行系统考察，为扩大侵华做准备，是一只不折不扣的间谍船。为了避免引起中国当局的猜疑，他们还诡称是从印度孟加拉开来，前往日本贸易，并且不带鸦片。按照他们内部分工，船长礼士专门负责测量沿海海湾和水道的深浅，绘制沿海地图。东印度公司广东商馆高级职员林德赛，冒充船主，主持调查侦察活动。为了隐瞒身份，他化名胡夏米。还有一位德籍传教士郭士立，化名甲利（教名 Charles 的译音），充当翻译和医生。他在沿海各口岸以为人治病名义，从事调查和传教活动，实际上是胡夏米得力的副手。此外，船上还带有《英吉利人品国事略说》《崇真实弃假谎略说》《赌博明论略讲》《说诫》等宣传小册子，准备随时散发，用以欺哄中国人民。

---

① 转自《外国学者论鸦片战争与林则徐》上，第 127 页。
② 转自《外国学者论鸦片战争与林则徐》上，第 129 页。

“阿美士德”号离开澳门后，就开始了对广东沿海的侦察活动。胡夏米未征得中国当局的同意，“却屡次进入他们（指广东沿海）的乡村”，“所经过的每一个地方都结交了几个朋友”。① 3月下旬，“阿美士德”号抵达广东和福建交界的南澳岛，详细侦察了这个航海必经的战略要地。胡夏米后来在给东印度公司的报告中说：

> 南澳是广东第二个海军根据地，一半位在广东，一半位于福建。它是总兵官或提督的驻所。在他的指挥下，共有军队五二三七人，其中四〇七八名属广东，一一五九名属福建。但是这些军队的实际存在，除了在花名册中以外，是很可怀疑的。这个根据地的防御，据我们所见，共有七八只战船。从外形看来，它们类似小型的福建商船；从各方面看来，比我们在广州看到的战船要差得多。海湾入口处有炮台两座，较高的一处有炮八尊，较低的一处有炮六尊。海湾内部另有小炮台一座，上面并未架炮。②

不难看出，他们对于南澳的形势、军事部署及其废弛情形，了解得相当清楚。

3月28日，“阿美士德”号离开南澳。4月2日，到达厦门。船一停泊，马上引起厦门海防当局的注意。抛锚不到半个小时，就有文官、武官和海关官员上船查问。接着，水师提督陈化成又派遣官员传达命令：所需粮食和淡水可以无代价赏给，但船必须尽快离开，并且不许上岸或同居民接触。随后，陈化成又派遣水师船监视“阿美士德”号。在水师船上还竖起一块木牌告示：

> 厦门提督为严禁事。查夷船应即遵命启碇开行，不准其停泊滞留。本地船只与臣民均不得与该船靠近或交接。特示。③

4日下午，陈化成在厦门岛上一座庙宇旁的大厅里又接见了胡夏米等人，当面指出：英船停泊厦门是违法的，必须立刻驶离港口；再次重申，只要同意离港，可以无偿为他们提供所需要的粮食与淡水。

可是，胡夏米等人无视中国主权，拒不接受中国当局的正义要求，蛮横地在厦门赖了6天，“每天都上岸活动，到城里，也到近郊，并且在农村到处作长

---

① 胡夏米：《“阿美士德”号中国北部口岸航行报告》，福建师范大学历史系、福建地方史研究室编：《鸦片战争在闽、台史料选编》，福建人民出版社1982年版，第42页。

② 转自《鸦片战争史论文专集》，第106—107页。

③ 胡夏米：《“阿美士德”号中国北部口岸航行报告》，《鸦片战争在闽、台史料选编》，第47页。

时间的漫游”①。厦门当局除了派兵紧随监视，束手无策。

经过 6 天的查访，他们认为：

厦门的港口是优良的，就是最大的兵舰也可以开进。……不论就它的位置、财富或是出口的原料来说，此地无疑是欧洲人前来贸易的最好港口之一。早年葡萄牙人曾在这里通商，荷兰人接踵而至，英国人在很长的时间内也曾在这里建立过商馆，至于西班牙人，直到今日在名义上仍然拥有来到这里进行贸易的权利。……商业的重新恢复对于从事经商的国家和中国人两方面均将带来极为有益的影响。②

同时，他们对清军的腐败和清朝官吏的无知无识，又有了进一步感受。胡夏米在航海报告中说：“我们到过的大部分地区都发现中国人，甚至高级的中国人士，对于外国人的每一件事都极端无知，甚至达到这样程度，例如，我极少见过有人除知道英国为‘红毛国’外，尚有别的名号。”③

4 月 8 日（三月初八日），“阿美士德”号离开厦门，东航到了澎湖列岛和台湾西岸的五条港④，对这一带的物产和地势做了考察，接着向西北方向航行，于 15 日抵达福建福清县属的南日岛，16 日进入海坛海峡。通过海峡后，他们在万澳停泊。在这里，“阿美士德”号停留两天多。驻岛清军一再催促他们离开，胡夏米等才于 19 日起锚，21 日到达闽江口外的笔架山岛。由于浓雾弥漫，直到 24 日才能沿着闽江上驶。当驶过闽安镇时，该地驻军命令他们退回。他们不听劝阻，继续上行，直抵福州城下。胡夏米、郭士立等一行 5 人在密集的人群中登上南岸，穿过 33 孔、长达 420 米的万寿桥，一直闯到福州城内的县署衙门，要求直接递禀总督，并要求在城里居住。接待官员告诉他，面见总督要待第二天才能答复，外人居住城中违反惯例，决定安排他们在船上住宿。胡夏米不接受安排，过江到了最初上岸的那个海关，准备在那里寻找住宿地，最后硬是死赖在一座官署里住了一夜。第二天正午，他们感到面见总督已经无望，才把禀帖交给总督属下的一位官员。

---

① 胡夏米：《“阿美士德”号中国北部口岸航行报告》，《鸦片战争在闽、台史料选编》，第 53 页。

② 郭士立：《中国沿海三次航行记》（第二次），《鸦片战争在闽、台史料选编》，第 97—98 页。

③ 胡夏米：《“阿美士德”号中国北部口岸航行报告》，《鸦片战争在闽、台史料选编》，第 54 页。

④ 从胡夏米航海报告中谈到的经纬度看，五条港即今东石镇或其附近。

自胡夏米等登岸之后，“阿美士德”号退到了闽江下游2英里的地方。和在厦门一样，受到水师船的严密监视，不许与当地居民接触。27日，胡夏米等登上闽安左营都司的船，要求和老百姓自由交往，否则将把船再行开到福州城下，等候总督的回批。都司大惊。为了阻止英船上驶，免致连累自己，他答应不阻拦商人和其他群众上船。这样，此后一个多星期里，每天均有不少人登上“阿美士德”号，有的谈生意，有的是治病，更多的是去看热闹。胡夏米等则利用群众上船机会，搜集各种情报，并且派人上岸四处活动。

胡夏米见用讹诈威胁手段可以迫使清方屈服，胆子越来越大。他们在福州附近东闯西窜，收集情报，明言此来是“要买卖贸易，断非因风飘泊”①，甚而指责清政府在文书上对英人不该使用“夷”字。为此，福建官员不得不加强戒备。左营都司陈显生在乡村贴出告示，禁止民人和英人往来。胡夏米在5月2日发现告示，即于第二天驾船上驶，并且拼凑了四点理由：“一者，我们要买粮，惟你禁民人卖之；二者，我们要买卖贸易，你许之了，今你禁商等上船；三者，你要补我所坏的船，你不补之；四者，我们奉禀书，你不批回，所以进口。”②

英船再次抵达福州城外，在福州当局看来，是一桩严重违法事件。处理不好，各级文武官吏均将因此获罪。为了促使英船早日离开，当事人员再一次屈从了英人要求，同意让他们在福州销售价值万元（实销6200元）的货物。

胡夏米通过在福州20多天的采访，对福州萌发了巨大的希望。他说：“就福州地位与商业的便利来说，帝国的城市在地位上很少有比福州更适宜的了。美丽的闽江可以航行载重极多船舶，直达福州城外十英里（或者更近一些），闽江源出最好红茶的产地武夷山中部。茶叶陆运到广州费用大，茶价就大大增加了。与广州相比，福州也是一个销售英国毛织品更为适宜的地点，由于气候寒冷，此地对毛织品也更需要。”③ 此外，胡夏米根据在厦门与福州和清朝官员打交道的经验，极力鼓吹使用威胁手段，迫使清政府就范。他说：“中国水师极端怯懦，他们对欧洲船员的恐怖，达到令人难以相信的地步。”④ 因此，“我方愈不屈从，对方就愈会满足我们的要求”。“每件事，无论大小，要是依靠屈求与协商，

① 《胡夏米上闽浙总督禀》，《达衷集》，第11页。

② 《英船进口理由四则》，《达衷集》，第15页。

③ 胡夏米：《“阿美士德”号中国北部口岸航行报告》，《鸦片战争在闽、台史料选编》，第69页。

④ 胡夏米：《“阿美士德”号中国北部口岸航行报告》，《鸦片战争在闽、台史料选编》，第71页。

想从中国政府及其官员那里得到解决，是少有的，或者没有的。但当你的语气一改变……他们就会很快让步！”①

5 月 17 日，胡夏米等完成了对福州的侦察，离开福州。经过 7 天的航行，“阿美士德”号于 25 日到达舟山群岛，26 日抵达宁波海口——镇海。

这艘英国船一再在中国东南沿海出现，引起清朝中央的极大关注。道光帝接到奏报，即日严谕新任闽浙总督程祖洛，到任后务当“悉心查访……毋许该夷船在洋停泊，必须驱逐净尽”②。胡夏米到达宁波前，浙江方面已接到署闽浙总督魏元烺的通知，告以“该夷船如有窜至，立即跟踪追逐，不许片刻停留”③。所以英船一到达，宁波驻守镇海的汛官即遵令通知胡夏米，要他“停泊勿进”，待报上宪批准，“方可进关”。④ 与此同时，浙江提督戴雄等已调集了水师船艇，准备阻挡英船入港。可是，胡夏米根本不理这一套，居然将船毫无顾忌地开入甬江。对此，连郭士立也深表惊讶，认为本地全部水师船只，竟不能阻止一条商船进港，“真是怪事”。⑤

胡夏米等人在宁波镇海等地测量了水道，考察了镇海防务。胡认为，镇海炮台是他们在中国见到的最大炮台，但已年久失修，台上既没有架炮，也无兵丁守卫。经过访查，他们认定宁波是一个优良的生丝出口港。在宁波，他们也想销售一些货物，由于无人承购，未能如愿。“阿美士德”号在宁波停留了 18 天，于 6 月 13 日驶往上海。

上海方面早已收到英船可能前来的通报，相应做了一些准备。苏松镇总兵关天培为防范英船北驶，派遣水师船前往内外洋面巡查堵截。苏松太兵备道吴其泰亦贴出告示，晓谕沿海居民船户如遇夷船，不准与其交易；并札饬沿海府厅州县率带丁役，巡防驱逐。然而，这一切都是有名无实的。胡夏米于 6 月 20 日未受到任何阻挡就轻易到达吴淞口，随即前往上海递禀，请求通商。吴其泰立刻将禀帖原件退还，并批驳说：“据禀，希冀贸易，转报上宪等情。查该夷船向无在上海贸易之例，未便违例据情上转。合行驳饬，原呈掷还，即速开船，

① 胡夏米：《“阿美士德”号中国北部口岸航行报告》，《鸦片战争在闽、台史料选编》，第 51、66 页。

② 《清宣宗实录》卷二一三，《清实录》三六，第 133 页。

③ 《宁波府下镇海县札》，《达衷集》，第 39 页。

④ 《汛官通知书》，《达衷集》，第 37 页。

⑤ 转自《鸦片战争史论文专集》，第 109 页。

遵照旧例回粤贸易，毋得迁延自误。”①

胡夏米接到批示，有意挑剔，复上一禀，声言这份批复文书未有盖印，又无礼义词句，而且用“夷”称呼英国，触犯了本国体面。“夫大英国终不是夷国，乃系外国，并普天下其权之威，其地之阔，未有上之国。”② 希望将原禀转呈两江总督。吴其泰复书做了说明，指出“夷”不过是一种称呼，“南蛮、北狄、东夷、西戎，自古至今，总是照此称呼。况中华舜与文王都是大圣人，孟子尚说：‘舜，东夷之人也；文王，西夷之人也。’岂是坏话?”③ 胡夏米也引经据典，说明英国不是东夷：一是英吉利本国不在大清国之东，而在大清国西方；二是英国的属地也不在大清国之东；三是《大清会典》卷十一称：苗、羌、蛮、貊等居在中国，与夷人同样；四是“苏东坡曰：‘夷狄不可以中国之治治也。譬若禽兽然，求其大治，必至于大乱。先王知其然，是故以不治治之。以不治者，乃所以深治之也。’由此观之，称夷人者，为蛮、貊而已矣。倘以大英国民人为夷人，正是凌辱本国的体面，触犯民人，激怒结仇。”④ 后来吴其泰做了让步，把“该夷”改为“该商”，示谕的语气也和缓了，胡夏米才感到满意。同时他已利用这段反复辩驳的时间，完成了对上海的侦察任务，乃于 7 月 8 日离开上海，继续北航。

胡夏米等在上海共停留 18 天，由于以前还从来没有欧洲船到过上海，所以对黄浦江水道的测量特别仔细。为了探明清军设防情况，胡夏米曾亲自到宝山、崇明岛等地深入调查。上海当局千方百计阻止他们和当地人民做生意，对他们刺探军情却毫无戒备。胡夏米不但轻而易举地得以参观吴淞炮台，而且在吴淞参观驻军 500 多人的检阅时，江南提督事先还向胡夏米声明，演习并非针对他们。他们在参观时，看到吴淞要塞的墙上尽管“挂着箭，但没有发现弓”。士兵告诉他们，弓“放在对岸另一个地方”。这样弓箭分藏，临时怎能应急！胡夏米为此感叹不已。他还发现大部分军人只有一把刀和一面盾牌，“刀是最坏的一种，实际上不过是一片铁片，枪一般说来也是很脏的，而且上面几乎全生锈了”。胡夏米由此认为：“只要有 50 名意志坚定、训练良好的士兵，或者比这数

---

① 《苏松太道批》，《达衷集》，第 49—50 页。

② 《胡夏米上苏松太道书》，《达衷集》，第 51 页。

③ 《苏松太道回书解明称“夷”之理由》，《达衷集》，第 52 页。

④ 《胡夏米上苏松太道书》，《达衷集》，第 53—54 页。

字更少些，就可以彻底消灭比这500人更多的军队。”①

在上海停留期间，他们对上海的国内外贸易均做了深入考察。就国内贸易而言，他们认为上海已经超过了广州。胡夏米曾对上海进出口船只做了统计，一个星期之内就有400多只大小商船经过吴淞口，驶往上海县城。这些船只大多来自中国的天津和奉天等地，装载的是面粉和大豆等北方产品。此外，每天平均有30或50只福建船涌入上海，还有不少船来自台湾、广州和东南亚各地。由此，胡夏米认为，上海享有中国南北贸易中转站的地位。这种地位使它可以垄断国内贸易。至于国外贸易，他们也感到前程无量。郭士立鼓吹说：“上海地位的重要，仅次于广州。它的商业十分活跃，如果欧洲商人准许来上海贸易，它的地位更能大为增进。”“这次航行的结果，使我产生这种信念：只要英国政府坚持要求，与中国东北部的贸易是可以开放的。”还断言：“不恐吓那个衰弱和可鄙的政府，而采取商议的办法，将会得不到任何结果。由大小不同的一千艘船只组成的整个中国舰队，都抵御不了一艘战舰。”②

“阿美士德”号离开上海后，7月15日到达山东威海刘公岛洋面。他们认为山东经济价值不大，只在威海停留一天就折往朝鲜，随后又到了琉球。9月5日回到澳门。

从上述事实不难看出，“阿美士德”号1832年对中国沿海长达半年多的航行，是一次有组织、有计划的侦察活动。通过这次航行，他们系统探测了中国沿海水道和几个重要港口，绘制了翔实的航海图，掌握了大量第一手资料；而且对清朝政治的腐败、军备的废弛与落后，都有了十分深刻的印象。他们在中国领海和沿岸各港口任意横行，未曾受到任何惩罚，更助长了其侵略野心。故此，在几年之后，便敢于破坏中国正义的禁烟政策，挑起鸦片战争，用武力来敲开中国的大门。

这次侦察活动，重点侦察的厦门、福州、宁波、上海，即是后来英军在鸦片战争中重点进攻的地方，也是战后通过签订《江宁条约》新开的第一批通商口岸。把这些事实联系起来考察，更可以看出这次侦察所产生的重大作用和引发的严重后果了。

---

① 转自《鸦片战争史论文专集》，第110页。

② 郭士立：《中国沿海三次航行记》和《中国简史》，转自《鸦片战争史论文专集》，第110—111页。

四、东印度公司垄断权的废止与律劳卑来华

长期以来，英国对东方的贸易，除港脚贸易外，都是由伦敦商人组成的东印度公司垄断。随着英国工业革命的发展，工业资产阶级亟须为成倍增长的产品寻找销售市场，对这种垄断制度的不满与日俱增。资产阶级经济学家为适应他们的需要，竭力鼓吹自由贸易，对这种专利垄断制度进行了猛烈的抨击。国会议员与之呼应，一再提议取消这种贸易上的专利垄断制度，导致这种制度产生根本动摇。

1813年，东印度公司专利权期满，英国国王将给公司续发特许状，由于曼彻斯特等地新兴工业资产阶级的要求和国会的抨击，公司对印度的贸易专利权被取消，但允许对华贸易专利再继续维持20年。公司在印度的专利废止后，英印贸易增长很快，15年间贸易额提高了三倍。据此，新兴工业资产阶级从1829年起，再次对公司的垄断制度发起攻击，他们声称，“开放对华贸易比过去开放对印贸易对于商业会有更大得多的好处”①。在资产阶级的强烈要求下，1832年，英国议会通过了改革法案，撤销了不少“衰败城镇”的议员名额，增加了新兴工业城市的议员名额。这样，新议会中资产阶级的代言人大量增加。他们以议会为阵地，积极鼓吹废止东印度公司的对华贸易垄断权。至此，东印度公司对华贸易的垄断权再也无法维持了。

1833年8月28日，英国发布了威廉四世第93号法令。法令规定：

> 现由英国东印度公司保持的、有关与中国贸易和茶叶贸易的垄断权，1834年4月22日以后应予停止。对华（一般）贸易与茶叶贸易应向所有的英国臣民开放。以前为了维护该公司保持到现在的垄断权而在好望角至麦哲伦海峡之间加于英国臣民的限制，应该废止。②

至此，持续200多年的东印度公司垄断权最终废除了。公司垄断权的取消，引起了中英关系的重大转变。过去，东印度公司控制着中英贸易，而今，开始了英

---

① 《曼商会报》第2卷，1831年2月5日，转自格林堡：《鸦片战争前中英通商史》，第169页。

② 转自《外国学者论鸦片战争与林则徐》上，第115页。

商对华自由贸易的新时代。还在公司垄断权结束前一个月，即有一艘非公司的英商船载茶离开广州。过去，对华贸易以东印度公司的利益为出发点，决定对华政策的是公司董事会及其在广东的管货人——大班，为了公司的利益，即使在华受到一些苛待，也宁愿忍受；而今，决定对华政策的已是英国政府及其在华代表，虽然它仍以商业利益为基本出发点，但同时要考虑政治地位与政治待遇。过去，东印度公司人员在长期对华贸易中，对中国方面一些不合理的限制已习以为常；此后，新来的英国商人，对于旧制度的一些限制处处看不顺眼，恨不得即刻废除，从而产生了一系列的矛盾和冲突。过去，英国对于中国的一些对外贸易限制，即使不满，也腾不出很多的力量来解决，只好暂时忍受；而今，英国的世界霸主地位已经确立，完全有条件来解决中国的问题了。这样，中英矛盾也从此日趋激化。而律劳卑来华，正是中英矛盾日趋激化的新起点。

公司专利权将要废止的消息，中国行商早在 1830 年已从东印度公司驻广东的管货人委员会得知。行商顾虑公司散局后，外商将更难约束，于是将这消息禀报给两广总督李鸿宾及粤海关监督中祥，请求及早筹划如何应付。中祥对这消息表示怀疑。李鸿宾为防患未然，谕令行商“传谕大班寄信回国，如果公司散局，仍应酌派晓事大班来粤，总理贸易”①。1832 年，卢坤继任两广总督后亦有同样的命令。但他们希望派来的只是管理英商的大班，并非代表英国政府的商务监督。

英国政府的想法则不一样。英王在宣布废除东印度公司垄断权的同时，即规定设置不超过三人的驻华商务监督（该法令第 5 条）。同年 12 月 9 日，英王下了三道敕令：第一，设驻华商务监督或总管三人，代理前东印度公司大班的职权；第二，设刑事及海军〔事〕法庭，由总监督任裁判长；第三，监督有权征收吨税及出入口税（后又撤销）。② 第二天，英王即任命苏格兰贵族律劳卑为驻华商务第一监督，部楼东为第二监督，德庇时为第三监督。部楼东和德庇时都曾是广州大班，由于部楼东已离粤，不久即改任德庇时为第二监督，而以公司职员罗宾生为第三监督。与此同时，英国政府又下令把东印度公司改组为统治印度的行政机构，孟加拉总督正式改称印度总督，统治全印。从此，公司中止了一切商务活动，其 2000 个股东则以印度税收来保证他们的利息。

当时，英国政府还不希望立刻改变原来的中英关系，因此一再训令律劳卑

① 梁廷枏等纂：《粤海关志》卷二七《夷商二》。

② 参见郭廷以：《近代中国史》第 2 册，商务印书馆 1947 年再版，第 4 页。

抵华后要谨慎行事。12月31日，英王签署手谕，要求律劳卑用一切方法促进和中国的友谊：一、必须尽最大努力，以调停或劝说的方式处理英国臣民之间、英国人与中国人、英国人与其他外国人之间发生的纠纷；二、如遇纠纷，必须心平气和而避免用威胁恐吓言词，非万不得已，不可请求英国陆海军的保护；三、必须避免任何足以引起中国人民或政府的嫉忌或猜疑的言语或行为，或是激怒他们；四、要使一切英国臣民深切了解遵守中华帝国的法律和习惯的义务。1834年1月25日，外交大臣巴麦尊又训令律劳卑：一、未经过缜密考虑之前，不可即依据敕令组织法庭；二、遵照中国规章，不得把英国的兵船开入虎门口，除非由于非常情况而有此需要；三、研究推广英国贸易的可能，并随时留意与北京朝廷发生直接关系的适当性；四、到广州后应立即以书信通知总督。[①] 从这些训令内容看，律劳卑来华的使命已不是如广东当局所指望的，只是管理一般商务的“大班”，而是肩负着其他使命，即扩展商务于其他地区，并寻求和清政府建立正式外交关系的适当方式。但既要求律劳卑遵守中国法律，又要他采取步骤使自己由一个纯商务“大班”变成一个代表英王的“使节”，事情本身是矛盾的。

律劳卑（1786—1834年），出身于苏格兰贵族家庭，1803年于英国皇家海军当见习生，1809年因战功晋升少校，1814年晋升海军上校，第二年以半薪退伍。他在12年的海军生涯中曾参与多次艰苦海战，饱经风浪。退伍以后，定居苏格兰，经营牧羊业，引进过新羊种，为苏格兰的牧畜业发展做过贡献。1823年继承了贵族爵位。1834年2月7日，律劳卑及其随从登上“安德罗马奇”号从朴次茅斯港启航。经过半年多的航行，于7月15日抵达澳门。

律劳卑像

律劳卑抵华之后，不认真遵循英国政府的有关训令，而是野心勃勃，企图做超越英国政府要求做的事。他公开扬言，要“做一个名垂史册的人，打开中华帝国的广阔土地，让英国人的毅力和勤奋有用武之地”[②]。这种野心驱使他一

① 参见马士：《中华帝国对外关系史》第1卷，第158—159页。参见《英国档案有关鸦片战争资料选译》上册，第1—4页。

② 《记律劳卑勋爵与广州当局的谈判》，1837年，第114页。参见张馨保：《林钦差与鸦片战争》，第54页。

到中国，就不顾英王训令，推行强硬措施。7 月 20 日，他草拟了一份给两广总督的书信，居然违背多年惯例，准备以平行方式递送总督。21 日，两广总督卢坤得知有一艘载有英国头目的兵船抵达，便派行商伍敦元等去澳门询问其来华目的，并要行商转告："如欲来省，必须先行奏明请旨，其贸易事宜，如有应须另立章程之处，亦应由该商等询议，禀请具奏遵行。"① 从这份谕令看，卢坤的态度是很和善的，既没有完全拒绝律劳卑来广州，也没有说旧章不可更改，只是须先请示皇帝，因为他无权决定。

可是，律劳卑竟然不待奏明，又不请领红牌，居然于 7 月 25 日凌晨 2 时闯到广州，住进英国商馆，天明时在屋顶升起了英国国旗。接着，他又蓄意破坏文书须由行商转递的惯例，于 26 日派秘书阿斯迭带着已经译成中文的那封公函赴总督府投递。由于进不了城，就在城门边守候，一再请求过往官员代递，都因违反定例，没有一位官员敢于接收。行商表示愿意接收代递，但他执意要破坏"天朝定制"，坚决不从。广州协副将韩肇庆表示愿和行商共同接收，阿斯迭也不同意。② 在城门口停留三个多小时，最后只好把书信带回去。

卢坤得悉律劳卑已抵广州，并且蓄意破坏定例，即于 27 日谕告行商："此次夷目律劳卑来粤，并不在澳门居住候示，又不请领粤海关监督牌照，率行来省，殊违定例。"但念其初来，不懂中国法制，"不加深究"。唯夷目未便在省城久住，"应令其查理贸易事毕，即行回澳，此后非请有牌照，不准进省"。同时重申对外贸易之事，向由商人自行经理，官不与闻其事；如有更定章程等事，均应由该商等会同查议。"若事关创始，应候恭折奏明大皇帝奉有谕旨，再行饬遵。天朝大臣，例不准与外夷私通书信，若该夷目投递私书，本部堂概不接阅。"最后要求行商与通事务须"详明开导……倘有违抗，皆系该商等办理不善，及通事人等教诱所致。定将该商等参办，通事人等立即正法"③。行商伍敦元等接到这份严谕，胆战心惊，立刻赴英国商馆传达，向律劳卑等提议，将封面对总督的称呼稍加修改，并将书信款式改为"禀帖"。律劳卑同意修改封面，但拒绝将书信改为禀帖。7 月 30 日和 31 日，卢坤为了弄清律劳卑来华意图，又两次谕令行商，指责行商对"事关国体"的大事"任意耽延"，要求他们即速查明律劳卑"因何不领牌照，率行进省"。并谕令"即速回澳居住"，④ 而且口气一

---

① 《鸦片战争前中英交涉文书》，第 4 页。

② 参见马士：《中华帝国对外关系史》第 1 卷，第 141 页。

③ 《鸦片战争前中英交涉文书》，第 4—5 页。

④ 《鸦片战争前中英交涉文书》，第 5—6 页。

次比一次严厉。

8月3日，粤海关监督中祥再次谕告行商①，重申英国“夷目来粤，其船只出入等事，一切均应遵照旧章办理”：

一、英吉利夷目船户，始准坐驾插旗三板船只；其送信出入，只准用小三板船只，经查验无军械私货，给予照票，始准放行。

二、夷商在省，不准携带枪炮。遇有夷人偷运炮械，欲至省垣，即行协力拦截，不准前进。弁兵失察或知情故纵，严行究办。

三、夷人不准私带番妇来省，倘敢故违，即停其买卖，并即押令回澳。

四、夷商寓歇行商馆内，责成行商加紧管束，不得任意出入。

五、夷人具禀事务，事关紧要者，应将禀词交保商代递，不准夷人擅至城门口自投；其寻常贸易事务，应赴海关衙门具禀。②

此外，中祥还重申夷馆人员每月逢初八、十八、二十八日可到海幢寺、花地一带游玩，每次不准超过10人，由通事严加约束。③

这是清朝广东当局针对律劳卑目无中国法纪、擅自闯关所采取的一系列对应措施。行商们在处理律劳卑事件中左右为难：一方面，广东大吏催得很紧，责成他们严格遵行天朝定制；另一方面，律劳卑根本不买他们的账。于是他们求助英商，于8月10日约请英商11日到公行开会，寻求转圜办法。律劳卑得知，又不许英商出席。行商们无可如何，只得把总督和海关监督的历次谕令抄送给英商查顿和颠地等人。为了表白自己心迹，16日，行商又主动停止了与英商之间的贸易。17日，卢坤发布谕令，赞许行商们“深识大体”，但又觉得“以律劳卑一人之过，而遽绝其通国生理……终觉于心不忍”，不妨“暂时从缓”，仍着行商再详细传谕，只要律劳卑能够悔改，“仍照常贸易。倘再坚执不悟……立即停止买卖，永远断绝交易”。④卢坤不希望长此僵持。23日，复主动谕令广州知府潘尚楫、广州协副将韩肇庆以及署潮州知府会同前往英国商馆，面询律

① 此件马士的《中华帝国对外关系史》作8月4日，误。据交涉文书原件，应为8月3日。

② 参见《鸦片战争前中英交涉文书》，第2—3页。

③ 参见《鸦片战争前中英交涉文书》，第3页。

④ 《鸦片战争前中英交涉文书》，第6—7页。《中国丛报》和马士的《中华帝国对外关系史》均云停止贸易两天后卢坤才表态，此处据当时卢坤谕令所书日期作17日，应为可靠。

劳卑何事来省，是何身份，何时回澳。律劳卑又是多方刁难：一是在座位安排上争持不下；二是责怪广州知府等没有按时到达（实因排座位争执耽搁）；三是坚持对来华目的不做口头说明，强要广州知府等接收他那封致总督函，并进行拆阅。至于来华目的，拆阅便知。如此强横，终于导致会谈流产。

律劳卑骄横跋扈，一意孤行，对广东当局的谕令和行商的劝告置若罔闻；又在与广州官员会谈中制造障碍，不能不引起清朝当局强烈不满。部分英商因贸易停止，也在滋长不满情绪。在这种形势下，律劳卑为了争取英商和他一致行动，提议广州英侨联合成立商会。8月25日，英侨商会正式成立。与会者宣布，他们以后将一致行动。① 商会成立后，律劳卑立刻利用它来向公行行商传达信件。他认为，如果把自己的主张通过自己的同胞来传递，这些主张也就变成了英商的主张，影响将会更大。律劳卑有了英侨商会的支持，益发得意忘形，以为自己正在走向胜利。早在8月14日，他在致巴麦尊的信中，对于以坚决态度会使广东官员屈服充满自信。信中说：

> 虽然有四万名士兵经常驻守在广州，但他们对我没有护照或未经允许登岸一事发布了四道谕令。他们命令我离去，并恳求我启程；然而，尽管发布了所有这些谕令，而且有四万名士兵，法律光辉灿烂，以及雷电般地令人敬畏，但他们仍没有捉拿我并把我押送出珠江。假定有一名中国人或任何其他的人在类似情况下来到白厅（英国政府机关所在地——译者），阁下将不会允许他"闲游"，像他们曾经允许我那样。②

现在，他更认为清政府软弱可欺。8月26日，他在商馆附近贴出文告，居然把李鸿宾提议公司散局后，希望续派大班来粤管理商务，歪曲为"英国仍应派命官来粤省"，而且吹嘘自己奉派来粤，是"大英国国王特命"。所以，他的信函不能通过行商代递。文告把行商停止贸易与双方会谈不成，都归咎于现任总督"固执之极"，并扬言如此下去，必使数千华人生意"受害不小"，③ 企图借此煽起商人对清朝当局的不满，以期从中渔利。想不到效果适得其反，广州民众针锋相对地贴出告白，指责律劳卑抵粤后的种种违法行为。他们怒斥律劳卑是

---

① 参见马士：《中华帝国对外关系史》第1卷，第153页；张馨保：《林钦差与鸦片战争》，第56页。

② 《律劳卑勋爵致巴麦尊子爵函》，《英国档案有关鸦片战争资料选译》上册，第14页。

③ 《鸦片战争前中英交涉文书》，第8页。

“不法番奴”，“善〔擅〕自胆敢闯关，任意出入，大干例禁”，声言将“以国法恭请王命，斩枭示众，以儆刁风”。①

面对律劳卑的恣意妄为，卢坤还想曲意求全。8 月 28 日，他再次札谕广州知府等人，令随带通事，前往英国商馆，“再行详细传谕，告以天朝制度一定不易，书信断不接，文移断难来往。该夷目如有应定章程，即告知洋商办理。如无事可禀，即回澳门，不得在省逗留”。而且告诫：“若再固执，则是不愿在此买卖，本部堂唯有奏明停止该国贸易。一经奏定，以后断不能再请开关。”② 可是，待广州知府再赴商馆时，律劳卑又“不肯令通事传话”，由于“华夷言语不通”，无法会谈，谈判再次失败。③ 至此，卢坤已忍无可忍，经与广东巡抚反复商议，乃于 9 月 2 日联合发布告示，历数律劳卑来华后的种种违法行为，屡经传谕，“反复开导，至再至三”，仍然任意执拗，难以理喻，只得“照例封舱，停其贸易”。“自示之后，内地商民一切大小货物，均不许与英吉利国买卖，诸色工匠船户人等，亦不许受该夷雇用。如有私自交易佣雇者，地方官即行查拿，照私通外国治罪。此系该夷目律劳卑自绝于天朝，非本部堂院好为已甚也。”④ 接着，广州知府也于 9 月 4 日贴出布告，示谕商民铺户，“此后凡有日用米薪及一切大小货物，均不许与英吉利国人私相买卖……其余各国夷商，向俱遵守法度，照常贸易”⑤。告示贴出后，不少兵勇即被派到商馆周围监视英人活动，并规定凡中国人卖食物给英人，一律处以死刑。同时警告其他国家商人，不得以食物供给英人，违者将受到同样制裁。

尽管英王和外交大臣曾一再训令，非到万不得已，不得使用武力。然而，律劳卑刚愎自用，在陷入困境时决意不择手段，孤注一掷，妄图以武力威胁迫使广东当局屈服。律劳卑显然过高估计了自己。他抵达广州不久，即断言广州城防军 4 万人极端无能，不堪一击。他认为如果要打的话，“三四艘驱逐舰和双桅船，加上一些可靠的英国士兵……就可以在意想不到短的时间里取得胜利”⑥。8 月 26 日，律劳卑在为庆祝英王生日而举行的祝寿宴会上，还自鸣得意地表示：

① 《鸦片战争前中英交涉文书》，第 13 页。

② 《鸦片战争前中英交涉文书》，第 11 页。

③ 《鸦片战争前中英交涉文书》，第 9 页。

④ 《鸦片战争前中英交涉文书》，第 8—9 页。

⑤ 《鸦片战争前中英交涉文书》，第 9 页。

⑥ 费伊：《鸦片战争》（1840—1842 年），北卡罗来纳大学出版社 1976 年版，第 72 页。

"能作为一名为不列颠民族和不列颠工业打开中华帝国大门的人而留名子孙，他将感到十分的荣幸。"① 这种骄狂的自信和勃勃野心，驱使他在封舱后寄望于武力威胁。9月4日，总督和巡抚的联合告示贴在英国商馆的大门口，由20多名士兵监守。律劳卑即刻赶到，气势汹汹地把告示扯掉。5日，他又要船长布莱克伍德派海军陆战队一个中队前来商馆，并率领巡洋舰"伊莫金"号和"安德罗马奇"号开入内河。6日，11名行商奉令转告英商，沿海一切要塞和海防，允许英船驶出，但不得驶入。② 两艘英舰居然不顾禁令，于7日驶入虎门。是日中午12时25分，沙角炮台（英人称晏臣湾炮台）及帆船发放空炮，要求英舰停止前进，英舰不听。12时56分，英舰驶近虎门，大角炮台向英舰发射一炮，沙角炮台放了两炮。下午1时16分，横档炮台又发射三炮。"伊莫金"号转舵回击。"安德罗马奇"号也发炮射击南山炮台。2时15分，两舰抛锚停泊。战斗中，"伊莫金"号多次被炮弹击中，"左舷中了两弹，一弹洞穿，一弹入内，左舷一块锁链铁板被射穿，第二甲板的吊床被射废，并擦伤主桅；横桅索以及其他许多绳索都被轰得支离破碎"③，并有一人受伤。"安德罗马奇"号受伤稍轻。8日，无风或风向不定，两舰停泊在大虎山下。

9月9日下午2时11分，两舰乘轻微南风起锚。2时12分，横档炮台及武山新炮台同时开炮。2时20分，大虎山炮台连发数炮。2时30分，一发炮弹击穿"伊莫金"号前甲板的吊床网，死1人，轻伤2人，"安德罗马奇"号也死1人，轻伤3人。2时55分战斗停止。下午两舰停泊二沙头小湾。10日，两舰沿江而上。11日下午7时15分，两舰驶抵黄埔停泊。④

律劳卑以为两艘兵舰驶抵黄埔，即可迫使中国改变做法，这完全是一种主观臆断。就在9月2日卢坤下令封舱的同一天，英商也动起来了。前已提及，行商曾约英商议事，被律劳卑阻止，并为了保证一致行动，还在律劳卑提议下建立了英侨商会。而商会仅成立一星期，滑文等英商就突破商会约束，背着商务监督向清朝广东当局递上了禀帖，请求开舱贸易。禀帖中说："自七月十二日起至本日，（停止贸易）现已十七日，与商等甚为不利。……缘此禀求大人谕饬洋

---

① 费伊：《鸦片战争》（1840—1842年），第72页。

② 参见《中国丛报》第3卷第7期（1834年11月），《鸦片战争史料选译》，第11页。

③ 参见《中国丛报》第3卷第7期（1834年11月），《鸦片战争史料选译》，第11页。

④ 参见《中国丛报》第3卷第7期（1834年11月），《鸦片战争史料选译》，第12—13页。

商，照常与本国商等贸易。”① 这是英商内部开始分化的明显征兆。这种后院起火式的分化，使律劳卑不能不慎重考虑。因为身任商务监督，本为管理和扩展商务而来，现在他的行为已阻碍贸易，引起英商的不满，待到10月贸易季节来临，100多条英国商船将陆续到达，那时贸易若不能顺利进行，势将成为众矢之的；而且，封舱之后，一切供应断绝，商馆人员只能靠船上运来的少量腌肉度日，长此下去，亦将无法撑持；至于他迷信的武力，也仅有手中的两艘军舰，共计300多人。单凭这一点点力量，要胁服聚集于广州的数万清军，当然只能是妄想。恰在这严峻时刻，律劳卑的疟疾发作了，体力日益不支。他如继续蛮干，必然越弄越糟。迫不得已，他接受了广东当局的提议，退往澳门，恢复通商。9月14日，他致函英侨商会秘书博伊德说：“昨日接到本月11日特谕的译文②，已经阅悉。我觉得我进一步努力说服总督阁下采取更为适当的行动方法，都是徒劳的。1834年9月7日，海关监督对惠特曼公司申请开放贸易的批复，要我离开广州去澳门之后，才能恢复通商。现在我请你将泊在澳门的英国大艇调来，俾我早有机会启程。”③ 第二天，他又致信英国商人说：“我现在告诉你们，我不能再坚持使你们身受痛苦的方针。因此，我致函博伊德先生，希望当局给我以便利，使所有同伙都焦急期待的事得以实现，即‘退出与通商’。”④

9月中旬，律劳卑由于“操劳过度和忧虑不安”，已经衰弱不堪。18日，由律劳卑的医生科里奇（一译加律治）代表律劳卑与行商达成协议：英国巡洋舰在不受攻击的情况下退出珠江，开往伶仃；律劳卑及其随从人员也离开广州，前往澳门。9月21日，律劳卑以书面形式命令两艘巡洋舰离开黄埔，他和他的随员也于同日从广州启程。沿岸人民敲锣打鼓，鸣放鞭炮，欢庆胜利。律劳卑又羞又恼，26日抵达澳门时病势益发严重。27日，中英贸易恢复。10月11日夜10时半，律劳卑终于结束了他的一生。

由律劳卑来华引起的这场中英冲突，持续达两个月。对于这场冲突，过去一种有影响的观点认为，是“天朝定制”与“平等交涉权”之间的冲突⑤，或称

① 《鸦片战争前中英交涉文书》，第12页。

② 译文载《鸦片战争前中英交涉文书》第17—19页。特谕叙述了律劳卑来华后的种种违法行为，促令其及早退兵，否则“天兵一到，玉石俱焚”。

③ 《中国丛报》第3卷第7期（1834年11月），《鸦片战争史料选译》，第17页。

④ 《中国丛报》第3卷第7期（1834年11月），《鸦片战争史料选译》，第17页。

⑤ 卫藤沈吉：《炮舰政策的形成——论1834年中英关系的转变》，《外国学者论鸦片战争与林则徐》上，第139页。

为“平行往来”与“旧章遵守”之间的冲突①。这种观点不无道理。因为从两广总督卢坤来说，他始终认为，天朝定制，“国体攸关，不容迁就”。所以在律劳卑坚持要把文书通过官员递交，不让行商插手时，他始终不肯迁就，认为是违反定制。而从律劳卑来说，他又认为自己奉派来粤，乃英王委任，是官非商；广东当局不接收他的文书，一定要通过行商，并且要改为禀帖，有失自己体面。这种僵持也可上升到东方封建体制与西方资产阶级体制之间的冲突。不过，就当时情况来说，并非不可调和。因为当时广东当局一直比较宽容克制，希望和平了结。而且后来义律继任商务监督后，也曾以禀帖形式和广东当局恢复和平交往。其所以导致冲突日趋激化，责任不能不归咎于律劳卑：首先，律劳卑不请领红牌进口，擅自闯关，这种举动即使在今天也是不能容许的，是蓄意破坏一个国家的独立主权；其次，如果律劳卑认真执行英王和外交大臣的训令，尽量以和善态度处理和广东当局的关系，不在一些枝节问题（如座位、通事传话等）上过分苛求，也不会使矛盾步步激化；第三，即使巴麦尊训示“到广东后应立即以书信通知总督”，这一条如马士所说，似乎成了引起冲突的“信管”。平心而论，律劳卑到达广东后，以书信通报广东当局是理所应该的，而且他完全可以在到达澳门后，即书信先行通报，待征得广东当局同意后再请牌领照进口。这样不更妥善吗？律劳卑那样急急闯关，完全是一种非法的行动，受到广东当局的抵制，是咎由自取。最后，律劳卑一意孤行，不听劝阻，也是促使冲突不断升级的一个重要因素。律劳卑身为第一监督，不了解中国国情，理应多多听取长期在广东当过大班的第二、第三监督的意见。可是，他不但听不进去，反而将他们都支往澳门，仅片面听取查顿等人的激进言论，结果弄得刀兵相见，最后不得不无条件退回澳门，忧愤致死。

律劳卑事件虽然结束了，但它引发的后果是值得注意的。

中国方面，鉴于律劳卑莽闯广州，引出一场巨大风波，深感在中外交往中，对外人的管制必须进一步加强和完善。而且东印度公司解散后，英国自由商人蜂拥而来，商多人杂，事无大班统制，更有必要申明旧章，酌增新规。基于上述情况，总督卢坤与巡抚、海关监督以及藩、臬两司细加斟酌，除旧章外，又酌拟《防夷新规》八条，于1835年初上奏，经道光帝批准，于3月8日（道光十五年二月初十日）通过行商向外商公布。其主要内容如下：②

① 郭廷以：《近代中国史纲》上册，香港中文大学出版社1988年版，第44页。

② 《两广总督卢坤监督中祥疏》，梁廷枏等纂：《粤海关志》卷二九《夷商四》。

一、外夷护货兵船不准驶入内洋，应严申禁令，并责成舟师防堵。

二、夷人偷运枪炮及私带番妇番哨人等至省，应责成行商一体稽查。

三、夷船引水、买办，应由澳门同知给发牌照，不准私雇。

四、夷船雇用民人，应明定限制。

五、夷人在内河驶用船只，应分别裁节，并禁止不时闲游。

六、夷人具禀事件，应一律由洋商（即行商）转禀，以肃政体。

七、洋商承保夷船，应认派兼用，以杜私弊。

八、夷船在洋私卖税货，应责成水师查拿，并咨沿海各省稽查。

以上八条规定，都是根据当时出现的一些新情况，特别是吸取律劳卑闯关的教训制订的。虽然这些禁令以前多有，但新的规定更加完备，更加严格。不仅对外商严加限制，而且对引水、买办、通事、保商以及雇役等也有严格要求。

另外，律劳卑事件期间，两艘英国兵船闯进虎门，直达黄埔，中国水师和沿海炮台居然无力阻挡。这一事实暴露了海防的废弛与清军的无用，同样震动了清朝当局。道光帝谕旨和批文中多次提到："看来各炮台俱系虚设，两只夷船不能击退，可笑可恨！武备废弛，一至如是，无怪外夷轻视也。"① 为了加强广东海防，清政府处罚或勒退了一批水师官员，新调关天培任广东水师提督。前章已经谈到，关天培抵任后，根据广东沿海的形势，严密设防，在珠江海口设置了三重门户，加铸了大炮数百尊，并亲自驻扎虎门，督练水师，带领亲兵500余名分赴威远、镇远、横档、大浇、永安、巩固等炮台演放大炮，使广东沿海特别是珠江口防务有所加强。

英国方面，律劳卑死后，德庇时、罗宾生相继接任商务总监督。德庇时1816年曾随阿美士德使团访问北京，任汉文翻译官。以后长期在东印度公司供职。1834年被任命为商务第二监督前，正担任着最后一届公司驻广东管货人委员会主席。律劳卑去世后，即由他接任总监督（即第一监督），罗宾生升为第二监督，秘书阿斯迭任第三监督。原来的船务总管义律则接任秘书。

德庇时由于长期在东印度公司供职，对中国人的性格、习惯和对外交涉体制均比较了解。他本来就不赞成律劳卑的举措，接任总监督后，他认为如果继续推行强硬政策，显然不会有好结果；如果完全遵循以前的旧制，又会使清方更不把英国放在眼里。因而觉得："在中国人方面没有任何改进的情形下，我方在未接奉国内进一步训令之前，保持绝对沉默状态，似乎是最适当

---

① 《卢坤祁埙折》，《史料旬刊》第23期。

的方针。"① 从而决定在未接到新训令前，推行"绝对沉默"政策。11 月 10 日，他在澳门发布告示，向英商说明了这种政策，希望英商"自宜安分，诱人善行，不可稍令汉民得一怨恨之故，亦不宜相论此次已往之事，不宜指及自度后来事将如何，乃当平安靖宁"②。

德庇时推行"沉默政策"，引起野心勃勃的自由商人的强烈反感。为了扩大商务，他们主张推行强硬政策，迫使清政府让步。1834 年 12 月 9 日，查顿、马地臣等 64 名英商联名上书英王，反对德庇时的"沉默政策"。他们声言："过去与中国政府或其官吏打交道，最失策的就是采取甘受屈辱和对轻蔑及不公平待遇采取逆来顺受的态度。这样就不独使国家的尊严受到损伤，而且会引起对我们威力的怀疑。我们对当时没有给那些商务监督进行交涉的权力和没有提供他们应有的武力来保护他们免受侮辱，感到非常遗憾！"他们要求："派遣一位有适当官阶、办事审慎和富有外交经验的人为全权公使；并建议命令他先乘军舰直驶中国东海岸，尽可能逼近首都北京。要有一支足够的海军力量作护卫。"并认为："只要把不超过我们所建议的武装力量授予陛下全权公使掌握，他就可以毫无困难地进行工作。如果需要采取强制行动的话，就把中华帝国对外对内大部分贸易停顿下来，截断向首都北京贡纳税收，并且占据所有武装船只。"请愿书中还提出要求中国充分赔偿损失，开放厦门、宁波和舟山等口岸，使英国"在华的商业关系处于牢固有利的地位"。③ 明眼人不难看出，这份请愿书实际就是后来鸦片战争及《江宁条约》的雏形。

德庇时对这份呈文持鄙视态度，认为是一件"粗糙的、整理不好的请愿书，是一位临时来自印度的访问者起草的"，并就此上书巴麦尊加以批驳，指出这只是代表广州一部分英商的意见（一些最体面的商号拒绝在请愿书上签字），而且根本不能实行，因为那位访问者"完全不了解这个国家的情况"。④ 由于德庇时意识到自己的"沉默政策"得不到自由贸易商人的支持，在接任三个月后就以"休假"方式离职了。

---

① 《议会文件·有关中国的来往函件》，第 44 页，转自马士：《中华帝国对外关系史》第 1 卷，第 166 页。

② 《鸦片战争前中英交涉文书》，第 42 页。

③ 《中国丛报》第 3 卷第 8 期（1834 年 12 月），《鸦片战争史料选译》，第 32—36 页；《英国档案有关鸦片战争资料选译》上册，第 57—61 页。

④ 《英国档案有关鸦片战争资料选译》上册，第 67 页。

五、义律的两手策略

1835年1月19日，德庇时离粤回国，罗宾生递升总监督，阿斯迭任第二监督，原任秘书义律升任第三监督，参逊任秘书。后来阿斯迭回东印度公司任职，义律和参逊升任第二、第三监督。罗宾生由于长期任职东印度公司，对中国状况同样比较了解，因而和德庇时一样，主张继续推行“沉默政策”。

当时推行“沉默政策”，实际也是由各种因素决定的：第一，当时的英国政府还寄望于通过和平手段，扩展对华贸易，不希望与清政府立即发生战争。这一点，从英国政府给律劳卑的训示可以看得很清楚。即使律劳卑事件之后，外交大臣威灵顿于1835年2月2日接到律劳卑上年9月21日的各项报告后，仍然指示他采取和协态度，不得诉诸武力或进行恫吓。他说：“国王陛下不主张用武力和暴行去建立他的臣民与中国之间的商业关系，而主张用各种和协的方式去建立这种关系，这是在你所奉到的一切训令中所谆谆指示过的。”① 这种指导思想正是德庇时、罗宾生推行“沉默政策”的思想基础。第二，这些商务监督没有真正的权力，更无足够的武力。律劳卑来华，并未得到英国政府的正式委任状，也没有由官方正式通知清朝政府。在有关训令中，他们只有调解纠纷、研究推广商业等权力，在外交、军事等方面都没有足够的力量。律劳卑来华，仅有一只“安德罗马奇”号巡洋舰伴送，“伊莫金”号还是派来接替的。在这种情况下，“沉默政策”自然是最稳当的政策。第三，“沉默政策”在当时有利于发展中英贸易。英国派遣商务监督的目的是维持和发展中英贸易。而贸易的发展必须有一个安定的局面。律劳卑的莽撞行为导致贸易停顿，引起英商不满，阻碍贸易发展。这给继任者一个重要教训，促使他们认识到推行“沉默政策”是最佳选择。第四，清朝广东当局的态度，对他们推行“沉默政策”，同样有间接作用。律劳卑的行为告诉他们，清政府决不允许他们以平行方式与天朝大吏交往。在这种情况下，摆在监督面前有三条道路可供挑选：一、推行强硬政策，迫使清朝当局屈服。但他们没有掌握军队，缺乏实力基础。而且律劳卑已试验过，证明此路不通。二、服从中国旧制，用禀帖形式和广东官吏打交道。这又

① 转自马士：《中华帝国对外关系史》第1卷，第160页。

是他们不乐意的，因此也不行。三、尽量避免同清朝官方打交道，如此，既可避免上面两种情况，又可保证贸易的正常进行。因此，他们选择了切实可行的“沉默政策”。罗宾生在给巴麦尊的信中表明了他的看法。他说：“在目前情况下，我认为有责任奉行绝对静止、无所举动的政策……我急切地努力来保证稳定和平静，防止骚乱和任何困窘、为难。”① 从贸易的观点来说，这种政策是有利于贸易发展的。在任职一年多以后，罗宾生向巴麦尊报告说：“在我于中国供职的十六年中还没有见过像今年这样平静、顺利和繁荣的贸易季节。”“我欣慰地奉告阁下，在有史以来最为成功的一个在华贸易季节后，此刻异常宁静、轻松。”②

德庇时、罗宾生推行的“沉默政策”，虽然保证了中英贸易的正常发展，却引起那些要求扩大对华贸易的人的强烈不满。身任第二监督的义律，对罗宾生的态度同样不表赞同，而且经常通过他在外交部任职的好友伦诺克斯·科宁厄姆表达自己的看法。1836 年，义律向英国外交部反映了大多数英商对罗宾生的不满情绪，主张推行积极扩张政策，发展对华贸易。这时正值第二次经济危机袭击英国。英国政府打算裁减在华机构，扩大对华贸易，借以摆脱困境，又值力主对外扩张的巴麦尊重掌外交大权。义律的信，正投合他的需要。所以巴麦尊于 1836 年 6 月 6 日收到义律的信，第二天就取消总监督的职位和薪俸，解除罗宾生职务，并由义律接任商务监督。12 月 14 日，义律接到巴麦尊的任命，当天即宣布就职。

义律像

义律的全名为查理·义律（1801—1875 年），出身于贵族家庭。父亲休·义律曾任马德拉斯总督。义律于 1815 年加入英国皇家海军，先后随军到过地中海、印度、非洲西海岸和美洲西印度群岛等地，1822 年提升为海军上尉，1828 年 8 月晋升海军上校，同年以半薪退伍。此后在英国殖民部和外交部充当雇员。1830—1833 年，是英属圭亚那的高级官员，负责监督种植园主给予奴隶以应享的权益。1833 年，英国在殖民地人民的反抗下，准备废除所属殖民地的奴隶制度。义律奉调回国，参与废奴文件的起草工作。1834 年初，

① 转自张馨保：《林钦差与鸦片战争》，第 67 页。
② 转自张馨保：《林钦差与鸦片战争》，第 67 页。

义律随律劳卑来华，先后担任过船务总管、秘书、第三监督、第二监督等职。

义律亲身经历过律劳卑的失败。前车之鉴，使他不敢像律劳卑那样莽撞。因此，他接任后既不走律劳卑之路，也不甘如德庇时、罗宾生那样默默无为，而是采取积极而又灵活的手腕，一步一步扩大在华权益。

义律鉴于律劳卑拒用“禀”字和广东当局闹得很僵，在接到任命通知的当天，他就用“禀帖”形式通过行商告知两广总督，报告了他的任命，并要求赴广州供职。两广总督邓廷桢接到禀帖，对义律的情况进行了访查，认为“来禀词意恭顺，尚属晓事”①。邓于是奏报道光帝，请求允予入境，规定贸易季节留在广州商馆，非贸易季节住居澳门。1837 年 3 月 24 日（道光十七年二月十八日），邓廷桢接到谕旨，允许义律进省照料商梢，“以后住澳住省，一切循照旧章，不准逾期逗留，致开盘踞之渐”②。3 月 29 日，粤海关发给义律的入境红牌送到澳门。4 月 12 日，义律和随行人员到达广州。他把这次被批准进入广州看作是外交上的重大进展，所以非常得意地说：“在我们同广州当局的交往史上，第一次最正式地承认这一原则：一个外国主权国家的官员，其职权纯系公务性质，得以居住在中华帝国一城市。”③

义律虽被允许进入广州商馆，但清政府是把他当作和以前的大班一样看待的。而且在进广州之前，他已收到巴麦尊 1836 年 7 月 22 日的来信，认为往来文书通过行商，意味着商务监督职权受行商操纵，要求义律坚持总督致义律的文书要直接交给义律本人或通过中国政府的负责官员交给义律。而且给总督的信不应写上“禀”字。义律为执行这一指示，让清政府承认他是英国官员，并允许他和清政府直接通信，利用 17 名福建台湾民众在澎湖洋面遇难，飘流到奥耳岛遇救、送至新加坡的机会，写了一封信给两广总督，报告了这个信息，想以此博得广东当局的好感，并使中国官员了解，“义律是英国皇家官员，不是商人，他跟各方面都有政治联系”。④ 这封信是 4 月 8 日写的，预计他到达广州前即可送达。邓廷桢收到此信后十分惊讶，指责：“该领事义律此次禀内，并不查照旧章，钦叙天朝字样，混以贵国及彼此和睦等字句，率臆禀呈，非特体制有乖，词意亦殊妄诞。……嗣彼凡有应呈禀件，务须恪循天朝体制，妥为敬谨叙

① 《鸦片战争前中英交涉文书》，第 87—88 页。

② 《着两广总督邓廷桢准许英领事依照前大班来粤章程至省照料商务事上谕》，《鸦片战争档案史料》第 1 册，第 226 页。

③ 张馨保：《林钦差与鸦片战争》，第 72—73 页。

④ 张馨保：《林钦差与鸦片战争》，第 73 页。

呈，以凭谕饬办理。”① 同时谕告行商：“如遇该领事及各国夷商赴辕禀事，着先详加查阅，设有似此不遵体制、声叙纰缪者，亦即将禀发换，毋许颟顸代呈，同干重咎。”②

义律对此提出申辩。他说：“远职虽乃管理商梢，而其洋行贸易事件，毫无干涉，如遇赴辕禀事，似难通达洋商，准请代呈，亦难以洋商转行抄送之谕奉行也。……远职并不肯毫存违体之心，若准仍以封禀谨呈，亦似不失方便，如蒙督宪封谕，直行远职，又似不违体例，则宪谕无难申明，而远职自必实心敬服也。”③ 邓廷桢看到他的申诉尚属恭顺，同意了义律的要求：“嗣后遇有禀陈事件，准该领事自行封禀，交总商伍绍荣、卢继光、潘绍光代呈。其禀内事件及措辞如何，无难由本部分别核办；至本部堂谕饬外夷遵办之事，均系饬行该总商传谕奉行，此系天朝定制，未便更易。”④ 义律的要求得到了部分满足，也就顺势收场，以巩固已得进展。此次他在广州商馆住了三个星期，然后遵令返回澳门。

义律回澳不久，收到黄埔来信，得悉那里的英船上有人闹事，于是即刻乘“路易莎”号从主航道通过虎门驶往黄埔处理这一事件，并抓住这个机会向广东当局提出新的要求。5 月 25 日（四月二十一日），他禀报总督说：“远职奉命驻粤，总管商梢人等，自必遵奉定制，住省住澳，每年照时来往。惟住澳之期，或遇省内及黄埔等处有紧急事件，即如黄埔船上梢人偶有滋事，远职自当赶紧前来办理。若须限以请领红牌，则听候日久，甚为误事。缘此禀请大人，俯念远职兢兢供职，并非商人可比。若系商人，断不敢禀请。惟系远职倘一迟误事件，则本国有所专责，而且与公事无益，是以恳请宽限，准远职随时遇事，仍可驾所属之三板来往，甚为方便，俾免误事。但远职来往之时，亦当禀明也。”⑤ 6 月 1 日，邓廷桢认为“尚属实在情形”，同意了他的请求，“准令随时遇事，驾坐三板来往，不必请牌。所有该领事出澳还澳各事由日期，仍应先后禀明澳门同知，分别转禀本部堂及粤海关监督查考”⑥。义律的要求得到批准，第二天即

---

① 《鸦片战争前中英交涉文书》，第 97 页。
② 《鸦片战争前中英交涉文书》，第 98 页。
③ 《鸦片战争前中英交涉文书》，第 98 页。
④ 《鸦片战争前中英交涉文书》，第 100 页。
⑤ 《鸦片战争前中英交涉文书》，第 103 页。
⑥ 《鸦片战争前中英交涉文书》，第 105 页。

报告伦敦：这份谕帖正式使他处于“在中国待过的外国人前所未有的不同地位”①。

半年之内，义律运用灵活的策略，在和中国交往中，取得进住广州商馆、公文封禀上呈和遇事随时驾坐三板来往三个进展，对英国方面说来，是前所未有的成就。巴麦尊一方面赞许义律的功绩，另一方面指示他：“应该不忘抓住每一个合适的机会继续迫使中国政府当局承认你有权直接收到总督发出的封口的、写给你的文书，不由行商从中干预。”②

由于广东沿海鸦片走私猖獗，同年七八月间，两广总督一连发给义律三封谕帖，要义律尽快命令所有鸦片船驶离，并向英国国王汇报英国鸦片船在中国沿海走私情况。义律借口文书体式不合，无法送给他的政府。两广总督和巡抚在复示中称义律的文书“似是而非”③。不过，因为想解决紧急的鸦片问题，还是做了让步，谕令广州府、协抄录督抚谕帖，传令商务监督从速遣令各鸦片趸船，尽数开行回国，并告知国王，禁止这些船复行外出。9 月 29 日（八月三十日），广州府、协遵令将督抚的谕帖传谕义律。

11 月 21 日，义律又接到巴麦尊训令，要他坚持与中国更为直接的文书往来，并不写“禀”字，遂于 23 日向两广总督报告了英国政府的态度。并在结尾说：如督宪大人致函本人，请由广州府、协二宪转告，一如 9 月 29 日的传谕那样，并请同意接受本人函件，毋庸附写“禀”字，则一切困难即可排除。这封文书未写“禀”字，信封上只分别在收信人和发信人的姓名之后写上“大鉴”“敬上”字样。对这份函件，邓廷桢表示“碍难同意”，并令行商退还该函。义律见未得同意，又于 25 日另拟一封格式如前照会。内中提到他接到英国政府严令，请求总督委派府、协二台到英国商馆了解训令内容，并领取公文抄本，“否则将引起不愉快的后果”。④ 第二天，行商向义律转告了总督的批复，但义律拒绝接受，同时交给行商第三份照会，将中断文书往来的责任完全归之中国。邓廷桢认为落款不妥，又由行商原封不动退回。至此，义律决计下旗去澳门。行前，他向全部英商传阅了一份通知，告诉他们，他已同两广总督停止文书往来。抵澳不久，义律写信告诉巴麦尊，说明他的官员身份实际已得到中国人的承认，

① 张馨保：《林钦差与鸦片战争》，第 76 页。

② 转自张馨保：《林钦差与鸦片战争》，第 75 页。

③ 转自张馨保：《林钦差与鸦片战争》，第 77 页。

④ 转自张馨保：《林钦差与鸦片战争》，第 77、78 页。

如果不是坚持落款的措辞，总督是愿和他互通文书的。巴麦尊支持义律的态度，1838年6月15日回信说，政府“认为他离开广州去澳门完全正确，做得对”①。

1838年春天，广东当局缉查鸦片加严，虎门内外为严查鸦片经常发生枪战。义律急于恢复同广东当局的联系。3月17日，他拟就一项声明，宣称由于自己不在广州，不便约束英国臣民。因此建议，在未得到英国训令之前，他和总督之间的文书往来，通过广州府、协传递。由于府、协与他是同级官员，封面只写职衔姓名，不写禀谕等字。总督如果同意，义律即可随到广州处理紧急事务。他的建议未得同意。

义律在要弄外交手腕的同时，早就酝酿诉诸武力。他鉴于广东当局实行禁烟已经取得成功，担心长此下去，会使贸易性质改变。为了扭转这种局面，他寄望于武力威胁。还在1837年1月23日，他在上巴麦尊函中就提出：“靠和平的外交代表去进行交涉，肯定地说，是没有得到一点好处的希望的。正相反，大有制造严重困难之虞。”因此，他建议：“立刻在小笠原群岛建立小型海军基地，常常地、每隔短短的时间，就把舰队开到该群岛附近的或其他部分的中国沿海去，用和协的态度把我们所受到的一切损害都提出来，但以顽强的态度坚持下去，凡是经我们沉着坚定的努力幸而获得的一切都应该成为我们的权利。”②2月2日，他又再次向巴麦尊提出派遣舰队赴中国的要求。他说：“看来在这危机时刻，不时派遣战舰来这里作短暂逗留，会使省政府放宽限制鸦片贸易，或是加速合法化。这样，不管以什么途径或方式，都可以解除目前贸易的停滞状态。”信中还预言：“鸦片贸易的疲软，势必严重危及整个英中贸易。”③ 同一天，他还写信给英印总督奥克兰和海军少将、驻印度海军总司令卡佩尔（1838年2月5日，马他仑少将接替了卡佩尔的职务），要求派遣军舰到中国。在给奥克兰的信中，义律强调，“英国战舰能经常来广州水域及外洋走私贸易驻点，可以使广东省当局回到在此以前一贯的做法，或使清廷加速鸦片贸易合法化”④。在给卡佩尔的信中，义律同样恳求派遣英舰到中国水域，迫使中国放弃禁烟政策。

巴麦尊根据义律的请求，于同年9月20日向海军部递交了女王的一份指示，要求英国舰只给在中国经商的英国臣民提供保护。海军大臣据此指令马他仑尽

---

① 《议会文件·有关中国的来往函件》，第258页，转自张馨保：《林钦差与鸦片战争》，第78页。

② 转自张馨保：《林钦差与鸦片战争》，第44页。

③ 转自张馨保：《林钦差与鸦片战争》，第101页。

④ 转自张馨保：《林钦差与鸦片战争》，第101页。

可能早地去中国，并同义律建立个人间的接触。1838 年 7 月 13 日，马他仑率领军舰“威里士厘”号，在双桅船“阿吉林”号的护航下，到达虎门以南 21 海里处的铜鼓湾，共有水手兵丁 580 名。

英国军舰再次抵达珠江海口，引起广东当局的高度重视。广东当局害怕律劳卑事件重演，立即加强戒备。澳门军民府和两广总督分别于 7 月 13 日、15 日致函义律，询问来华意图。义律借口信封上有“谕”字拒绝接收。后来，义律害怕广东当局采取强硬措施，才于 25 日前赴广州，于 29 日派秘书和通事赴城门投递信件，伪称英舰此行是为“和平目的”而来。又因信封上未写“禀”字，信件仍由行商退回。在这紧要关头，虎门又发生了一起促使矛盾激化的事件。7 月 28 日，一艘英国两桅帆船“孟买”号从香港开往广州。两艘水师巡船打旗语要“孟买”号停船。“孟买”号不听，一艘水师船发了信号枪示警。炮台随即向“孟买”号开火，有两发炮弹穿过两桅之间，差一点击中。“孟买”号被迫停航。一只水师巡船赶了上来，询问船上是否载有马他仑少将及其士兵、水手或家属。“孟买”号回答没有才准开行。一小时后，“孟买”号抵达虎门第二道防线，又受到同样的查问。从中国方面来说，这种盘问是一种正当行为，但英国人却认为是一种侮辱。当时仍在广州的义律，就此事通过行商向总督提出抗议。行商代表总督否认有侮辱之意；并提到，如果有点粗鲁失礼，那是下级官员失于检点。

8 月 4 日，马他仑率领“威里士厘”号、“阿吉林”号、“拉呢”号会同义律乘坐的“路易莎”号齐集穿鼻湾，要求派人前来面晤，说明事实真相，并请提督代递给两广总督的照会。关天培复书告知马他仑，总督不接收文书，是由于“义律到省，忽改旧章，不用禀字，改用书信”。同时质问：“此时汝兵船三只，移泊龙穴，其意何居?”① 5 日，马他仑复书关天培，声言：“本提督带船移泊龙穴，其意与本国驻粤领事义律之事并不相关，实因昨有本国三板船进河时，被在虎门口防守员役借词，以本提督恐驾三板上省，胆敢向该三板放炮拿获。维本提督既系本国特命总督大臣，被伊借词放炮相欺，实与欺负本国主无异。其事须必解明。缘此移会大人，请准委员前来，俾可本提督面叙明白。”② 关天培接到复书，即派遣副将李贤、署守备卢大钺同赴英舰，当面写下否认文书，声

① 《鸦片战争前中英交涉文书》，第 150 页。

② 《鸦片战争前中英交涉文书》，第 150 页。

明："查此并非官谕，乃系土人妄言。倘后有此等言语，即应查办。"① 马他仑得到了圆满的答复，第二天早晨即将舰只驶返铜鼓湾。

8月10日，澳门军民府胡承光致函义律与马他仑，再次指责义律不循旧章，不用"禀"字，英国"兵船三只，游弋龙穴、铜鼓、潭仔等处洋面，往来靡定，意欲何为?"催他们早日回国，"秋风荐爽，正好回帆，速整归装，切勿逗留"。② 义律复信称，不写"禀"字，是"因奉本国之谕"。至于三只兵船在洋面游弋，乃因"船来须南风，去须北风，向本如此，现在甫交秋令，南风犹盛"③，需要等待顺风开行。9月25日，马他仑致信关天培，还送了几瓶甜葡萄酒，告以顺风将吹，即日开行。10月5日，马他仑率领舰队离开中国水域，返回印度。

这次马他仑率领舰队来华，义律原来寄予厚望：一是通过舰队进行恫吓，迫使中国放弃严厉的禁烟令；二是希望借此恢复和加强北京的弛禁活动；三是帮助他达到与中国官府直接往来的目的。"但是禁烟仍然雷厉风行，弛禁已成一纸具文，直接同官府平行往来的争执也还是处于毫无进展的僵局。"④ 三项目的，一个也没有达到。不过，马他仑来华，已表明英国准备利用武力而不是外交来巩固和加强他们在中国的地位。它实际上是英国对中国实行殖民扩张的一个新步骤。

六、英国政府决定"远征"

鸦片贸易给中国造成了严重的祸害，而对英国则是"财富的取之不尽的矿藏"⑤。它不但使鸦片贩子大发横财，而且给英国政治、经济都带来极大的好处。它"直接支持了英国在东方的巨大统治机构，支应英王陛下在印度的机关经费；用茶叶作为汇划资金和交流物资的手段，又使大量的收入流入英国国库，而且

---

① 《鸦片战争前中英交涉文书》，第150页。

② 《鸦片战争前中英交涉文书》，第151页。

③ 《德克金布邓廷桢等奏英巡船驶泊外洋谕逐回国折》，《筹办夷务始末》（道光朝）一，第103页。

④ 张馨保：《林钦差与鸦片战争》，第108—109页。

⑤ 马克思：《所谓原始积累》，《马克思恩格斯选集》第2卷，第257页。

用不着使印度贫困就给英国每年带来600万镑”。①

英印政府和东印度公司垄断着鸦片的生产和专卖，从中获得了日益增多的巨额利润。以上等鸦片公班土为例，1813年，每箱的成本费用为237卢比，在加尔各答进行拍卖，每箱为2428卢比，② 利润是成本的9倍，其中东印度公司约得三分之二，英印政府通过税收约得三分之一（英印政府按鸦片成本300%抽税）。东印度公司从鸦片生产中获得的净利，1800年为237.0722万卢比，1815年增至814.4178万卢比，1832年增到1000万卢比，1837年增到2000万卢比，1838年几乎达到3000万卢比。③ 按2卢比约合1西班牙银圆折算，东印度公司1838年获鸦片净利将近1500万西班牙元。鸦片税是英印政府的一项重要财源。1792年，英印政府岁入为55480267卢比，其中鸦片税为2909157卢比，占岁入5.2%；1812年，英印政府岁入10425052英镑，内有鸦片收入728940英镑，占近7%；1822年，英印政府岁入14163277英镑，其中鸦片收入为1493554英镑，占10%。④ 总计1801—1840年的40年间，英印政府的鸦片收入共计366161808卢比，⑤ 按照10卢比合1英镑计，相当于36616180英镑，或183080900西班牙元。英印政府不仅从鸦片贸易中直接获利，而且这一贸易为巩固英国在印度的统治发挥了巨大作用。众所周知，英国殖民者对印度的残暴掠夺，曾使印度哀鸿遍野，饿殍载道。仅1766—1770年的饥荒，就饿死孟加拉和比哈尔三分之一的居民，而东印度公司却从中获利。英国工业使印度手工业受到无情的摧残，殖民者承认：“织布工人的尸骨把印度的平原漂白了。”⑥ 印度手工纺织业中心达卡，人口由15万锐减到2万。可是，随着鸦片贸易大量出口，“用鸦片换来的白银则使英属印度的大片土地喜气洋洋，人丁兴旺……更使得这方面的海上航运和一般商务大为兴盛”⑦。1835年，菲普斯在《中国及东方贸易概论》中写道，

① 华伦：《鸦片》，转自格林堡：《鸦片战争前中英通商史》，第97页。

② 据马士：《东印度公司对华贸易编年史》第3卷，中山大学出版社1991年版，第337页。参见丁名楠等：《帝国主义侵华史》第1卷，科学出版社1985年版，第11页。

③ 据张馨保：《林钦差与鸦片战争》，第51页。

④ 据谭中：《英国——中国——印度三角贸易》，《中外关系史译丛》第2辑，上海译文出版社1985年版，第197—198页。

⑤ 据谭中：《英国——中国——印度三角贸易》，《中外关系史译丛》第2辑，第197—198页。

⑥ 马克思：《资本论》第1卷，第472页。

⑦ 《加尔各答经营鸦片生意或与鸦片生意有利害关系的英籍商人与英籍居民上枢密院请愿书》(1839年7月4日)，《近代史资料》1958年第4期，第27页。

前10年鸦片生产的增加，“使土地价值提高4倍，使印度地主大发其财，在收集和预备这种药品工作中维持了成千人的生活，并且使加尔各答的商业和航运业沾到利益”①。

英国政府没有直接插手鸦片贸易，却间接大获其利。自从18世纪以来，茶叶成了英国社会各阶层普遍喜爱的饮料，需求量急增。中国茶叶对英出口从18世纪末起常占出口总值的85%以上。当18世纪英国没有适合中国需要的产品和茶叶交换时，只得把大量白银运来直接购买。自从鸦片贸易发展以后，鸦片贩子把贩卖鸦片得来的现金交给东印度公司在广州的商馆账房，换取汇票去伦敦或印度兑付。从而鸦片就成为东印度公司赖以投资茶叶的主要印度产品。1821年，输往英国的茶叶，价值约为840万西班牙元，同年输入中国的鸦片共值943万多西班牙元。② 鸦片收入足足抵付茶叶价值而有余。白银从此由大量流入中国转而源源流入英国与印度。这种巨额鸦片收入诚如《鸦片》小册子的作者华伦说的，它“使英国政府和国家在政治上和财政上获得无法计算的好处”③。单以征税而言，英国政府对茶叶进口按100%征税。英国财政部征收的茶叶税款占全国税收总额的十分之一。1830—1837年，英国输入茶叶275592770磅，征税29066115镑，每年平均征税3633264.4镑。④

鸦片贸易对于英国工业资产阶级来说，虽然对英国工业品在中国市场上的销售有妨碍作用，却大大地扩充了印度市场，因为“印度对不列颠工业品的需求在很大程度上又是取决于印度的鸦片生产”⑤。随着鸦片贸易的发展，中国的白银大量流往印度，“使印度对英国制造品的消费量增加了十倍”⑥。“从1818年到1836年，大不列颠向印度输出的棉纱增长的比例是1∶5200。在1824年，输入印度的细棉布不过100万码，而到1837年就超过了6400万码。”⑦ 正因为如此，中国禁烟消息一传到英国，曼彻斯特、伦敦、里滋、利物浦、卜赖克卜恩、布列斯特等城纺织资本家近300人都十分担心中国禁烟影响纺织品在印度的销

---

① 转自格林堡：《鸦片战争前中英通商史》，第96页。

② 据马士：《东印度公司对华贸易编年史》第4卷，第22、24页。

③ 转自格林堡：《鸦片战争前中英通商史》，第97页。

④ 据《伦敦东印度与中国协会致巴麦尊子爵》(1839年11月2日)，《中国近代史资料丛刊·鸦片战争》第2册，第655页。

⑤ 马克思：《中国革命和欧洲革命》，《马克思恩格斯选集》第2卷，第7页。

⑥ 转自格林堡：《鸦片战争前中英通商史》，第97页。

⑦ 马克思：《不列颠在印度的统治》，《马克思恩格斯选集》第2卷，第65页。

售，认为中断鸦片贸易，就是中断他们的印度顾客所赖以依靠的资金来源，使他们“将来可能遭受极严重的损失”①。

鸦片贩子从印度贩鸦片到中国走私销售，仅仅是转一道手，就可获得惊人的暴利。这种暴利究竟有多少，鸦片贩子自然不愿吐露真情，各种资料记载也很不一致。由于年代不同，获取利润也有多少之别。据记载，公班土 1817 年每箱在印度的拍卖价为 1785 卢比，运到中国卖出是 1300 元，按 206 卢比等于 100 银圆折算，每箱售价为 2678 卢比，获利 893 卢比，折合为 400 多银圆。② 马奇舰长 1830 年在下议院小组委员会作证时说，两地差价为：“每箱鸦片约差 100 元或 125 元，有时差 150 元，有时差得更多些。”③ 大鸦片贩子查顿在私人信函中则透露，鸦片在最兴旺的年头，毛利“高达每箱 1000 元”④。鸦片贩子老泰乐尔也说：“鸦片像黄金一样，我可随时卖出。”⑤ 不管记载多么不一致，鸦片贩子通过私贩鸦片获得暴利是毫无疑义的。大鸦片贩子查顿原是一名外科医生。1818 年开始和人合伙做鸦片生意。1819 年完全脱离东印度公司，留在孟买做生意。1828 年和詹姆斯·马地臣直接结伙，1832 年共创怡和洋行，1839 年回国。通过短短 20 年走私鸦片，就拥有价值 100 万镑的财产。⑥ 他的同伙马地臣在 1844 年以 19 万英镑购置了苏格兰西海岸的路易斯岛锡弗思的麦肯齐斯庄园，接着又花费 32.9 万镑对之进行开垦和改良，⑦ 说明积累的财富也不少。诚如印籍学者谭中说的：“鸦片贸易的最大的好处就是可以获利。没有其他商品能像鸦片一样有利可图。它几乎不需要什么投资，而且仅一磅鸦片就可获利许许多多英镑。”⑧

林则徐的严厉禁烟，给罪恶的鸦片贸易以致命的打击。由于鸦片贸易曾经

---

① 《曼彻斯特商人致巴麦尊函》（1839 年 9 月 30 日），《中国近代史资料丛刊·鸦片战争》第 2 册，第 634 页。

② 据马士：《东印度公司对华贸易编年史》第 3 卷，第 337—338 页。

③ 马士：《中华帝国对外关系史》第 1 卷，第 208 页注①。

④ 转自格林堡：《鸦片战争前中英通商史》，第 96 页注②。

⑤ 罗伯特·泰乐尔：《函稿》（1819 年 11 月 4 日），转自格林堡：《鸦片战争前中英通商史》，第 108 页。

⑥ 参见严中平辑译：《英国鸦片贩子策划鸦片战争的幕后活动》，《近代史资料》1958 年第 4 期，第 9—10 页。

⑦ 参见詹姆斯·斯图亚特：《怡和洋行史略》，陈宁生等编译：《香港与怡和洋行》，武汉大学出版社 1986 年版，第 85—86 页。

⑧ 谭中：《英国——中国——印度三角贸易》，《中外关系史译丛》第 2 辑，第 197 页。

给英国资产阶级、英印当局、英国政府都带来了巨大的利益，断绝鸦片贸易等于断绝了他们的重大财源。因此，中国的严厉禁烟，立刻在英国上下引起强烈震动。在社会上，在议院中，在政府里，人们都在议论中国禁烟，讨论对策。其中与鸦片贸易利害攸关的鸦片贩子活动尤为频繁。

中国禁烟消息一传到印度，孟买、加尔各答等地商人眼见中国禁烟，将使大利所在的鸦片贸易付之流水，立刻集体上书请愿，通过决议，反复申述鸦片贸易与英、印政府的重大利害关系，强调鸦片贸易是英印政府认可并一手扶植起来的，要求英国政府采取强硬措施加以维护。1839 年 6 月 1 日，孟买英籍商人和英籍居民上书枢密院；3 日，孟买商会通过决议，同时致书大不列颠各地东印度与中国协会，强调“鸦片贸易对政府是最重要最有价值的贸易”，印度对中国的贸易价值主要得自鸦片贸易，“如今她已占到孟加拉和孟买〔两省〕总出口的三分之二以上”。“这项贸易是在不列颠政府的授权与明令照准之下，由印度政府完全为了国家的目的，加以鼓励、怂恿与指导，而通过她的臣民之手的资本、劳力与企业发展起来的。印度政府就用这样方式从鸦片贸易上取得了庞大的收入，近来每年达到两百万镑，几乎抵得上印度全部收入的十分之一。”他们敦促英国政府“利用这次机会，把这项重要贸易安置在前所未有的更加安全与永恒的基础之上”。呼吁“联合大不列颠所有的商界势力，以最强有力的方式要求政府，利用这次机会，采取适当的手段，一劳永逸地把我们对中国的商务关系安置在稳固而荣誉的基础之上”。①

过了一个月，即 7 月 4 日，加尔各答英籍商人和英籍居民也上书枢密院；而且通过决议，要把请愿书同时送交伦敦东印度和中国协会以及不列颠各地商会。强调鸦片贸易“与加尔各答的商务有致命的关系”，迫切要求他们支持这次请愿。请愿书揭示，“孟加拉不列颠政府是孟加拉全省鸦片的唯一生产者”。明知中国向来禁烟，“印度不列颠政府还是用尽心智策划各种各样的办法把鸦片贸易扶植到最近这么大的规模”。为了激起英国政府决策者的重视，请愿书还特别指出，它不但给印度社会带来了繁荣，“还给英属印度的国库带来一笔收入，其数超过整个孟买全省的田赋总额——放开印度政府开支上必不可少的全部利得 300 万镑不论，单是在伦敦付给公司股东的红利，每年即达 63 万镑之多”。并说鸦片

---

① 严中平辑译：《英国鸦片贩子策划鸦片战争的幕后活动》，《近代史资料》1958 年第 4 期，第 21—25 页。

贩卖人的利润“很少超过政府售价的5%至15%”，“印度不列颠政府的利润，却达到制造成本的200%至500%的庞大数字”①，因此必须拼命维持。

在此前后，居留广东的鸦片商人也在积极活动，对英国政府施加影响。还在5月24日被允许离开广州的几天前，所有缴出鸦片的商人就一致同意组成一个代表团回国活动。代表团由查顿、马地臣之侄央马地臣、胡夏米、英记利及从莫克尼亚克·斯密斯公司和颠地洋行各抽一名成员组成，并募集了2万美元作为活动经费。这笔款由查顿掌握。查顿已于1月26日动身回国，马地臣于是写信告诉他：“你的开销将不限于这一笔开支”，为了达到目的，“不管多大的数目都担当起来”。信中还提及“用高价聘请几家主要报纸来为这件事做辩护会更便当些。当然一开始就要聘请最好的法律顾问把我们情况的要点陈述得淋漓尽致”。② 这些商人离开广州不久，一份由大多数英国商行和驻华商人签名的请愿书就送交了巴麦尊，敦促英国政府从中干预，“以便把同中国的贸易置于永久可靠的基础上”③。随后，无数的小册子和文章陆续出笼。这些宣传品无中生有，向英国公众宣称：英国国旗在中国受到了侮辱，女王陛下的官员和一群英国商人遭到囚禁与虐待，生命受到莫大危险；还说中国禁烟是出于一些人的私利，说林则徐和其他人拥有“几千亩地作为种罂粟的种植园”，他们为了保护自家的种植，有必要禁止外国进口。④ 可以说，这份请愿书极尽造谣诬蔑之能事，在英国社会上欺骗了不少人，产生了极为恶劣的影响。

居留广州和印度的鸦片贩子的煽动，立刻在英国国内引起强烈反响。8月5日，义律3月22日发自澳门的报告到达外交部，林则徐在广州禁烟的消息也由私人方面传到伦敦。⑤ 伦敦那些与鸦片贸易利害相关的下议院议员、银行家、商人、鸦片走私船的退休船长等立刻行动起来，积极展开策动战争的幕后活动。6日，东印度与中国协会主席拉本德即致函外交部，要求谒见外交大臣巴麦尊，

① 严中平辑译：《英国鸦片贩子策划鸦片战争的幕后活动》，《近代史资料》1958年第4期，第25—27页。

② 《怡和档案·私函稿》，马地臣函（1839年5月1日），转自张馨保：《林钦差与鸦片战争》，第185页。

③ 转自张馨保：《林钦差与鸦片战争》，第185页。

④ 转自张馨保：《林钦差与鸦片战争》，第185—186页。

⑤ 参见《鸦片战争史论文专集》，第45页。据《澳门新闻纸》载，1839年7月31日，禁烟消息已传到伦敦东印度公司。转自《中国近代史资料丛刊·鸦片战争》第2册，第424页。

巴麦尊批示次日接见。7日上午，为讨论如何挑起侵华战争，伦敦与侵华有关的要人开了一次紧急会议，参加者有拉本德，对华航运投资人、银行家、下议院议员、巴麦尊的亲密伙伴约翰·阿拜·斯密斯以及他的两个兄弟：怡和洋行联系人奥斯瓦尔德·斯密斯和汤姆士·斯密斯，对华贸易商人、下议院议员威廉·克劳复，大鸦片贩子、宝顺洋行的老板颠地，伦敦大银行巴林兄弟公司的拜兹，对华棉货出口商、纺织资本家、曼彻斯特商会主席莫克·维卡，怡和洋行鸦片走私船船长格兰特等共9人（查顿还在归国途中）。会后，除拜兹外，其余8人依约在巴麦尊的私宅和巴麦尊进行了一个小时的会谈。巴麦尊就许多事情进行了查询。通过会谈，他们"预料政府要采取强硬行动，派出足量的海军，让中国感觉得到海军的威胁"①。

此后，他们采取个别的方式，不断对英国政府施加影响。如8月18日，约翰·阿拜·斯密斯致函巴麦尊，送交广州英商寄来的情报。23日，莫克·维卡又致函巴麦尊，敦促政府早日决策行动。9月16日，利物浦印度协会致函巴麦尊，敦促政府立即采取行动，保护在华英人生命财产，并为将来对华贸易之永久性安全基础而筹划对策。18日，约翰·阿拜·斯密斯再致函巴麦尊，声言许多人想知道政府的意向，其心情"已经迫切到了极点"，并说已经准备好一条超乎寻常的快船，听候调度，只要政府做出决定，三个半月即可把消息通知政府在广州的代表，敦促巴麦尊早日决策行动。② 同日，拉本德也致函巴麦尊，送交广州方面寄来的全部报纸资料。19日，伦敦侵华集团又开会讨论策动对华战争问题，决定由拉本德、查顿等9人组成委员会，负责策动工作。22日，约翰·阿拜·斯密斯谒见了巴麦尊，巴麦尊要他告诉查顿留在伦敦以备查询。24日，九人委员会开会，决定以拉本德、斯密斯和查顿三人组成核心小组，委以行动权力，随时和政府保持联系。27日，拉本德等三人核心小组和利物浦印度协会分别谒见了巴麦尊，要求早作决策。30日，利物浦印度协会以及曼彻斯特39家工业资本家和商人均致函巴麦尊，攻击中国正义的禁烟是一种"侵略行为"，要求政府对中国采取强有力的对策。③ 10月1日，伦敦98家公司与商人联名致函

① 转自《鸦片战争史论文专集》，第45页；严中平辑译：《英国鸦片贩子策划鸦片战争的幕后活动》，《近代史资料》1958年第4期，第14—15页。

② 参见严中平辑译：《英国鸦片贩子策划鸦片战争的幕后活动》，《近代史资料》1958年第4期，第20—21页。

③ 参见《曼彻斯特商人致巴麦尊子爵》，《中国近代史资料丛刊·鸦片战争》第2册，第633—634页。

巴麦尊，说“英侨的生命财产全无保障”，强调“对华贸易规模之大，地位之重要，牵连着重大的工商业的利益，和对于英帝国的税收，人民的生活，有莫大的影响”，敦促英国政府早日表明意图。① 英国对华“远征”的决定，正是在这些人的策动和一再催促下做出的。

与英国侵华利益集团相呼应，驻华商务监督义律也在竭力怂恿，挑起侵华战争。在前述3月22日义律给巴麦尊的报告中，他就主张推行强硬政策，用“坚决的言词，坚决的态度”，挫败中国的严厉禁烟。4月3日，义律在答允缴出全部鸦片仅6天，又以私人机密件致函巴麦尊，信中竟说：“安全感整个儿粉粹无遗了”。他认为这“是陛下政府对于过去所受一切损害取得补偿的最好理由，这是把我们将来和这个帝国的商务安放在稳固而广阔的基础之上最有希望的机会”。为此他献策“立刻用武力占领舟山岛，严密封锁广州、宁波两港，以及从海口直到运河口的扬子江江面”，“应该出之以迅速而沉重的打击，事先连一个字的照会都不用给”。如此就可以“获得最最适意的满足”。② 6日，他又写信敦促英国政府“迅速进行有力的干涉”③。13日，义律在给巴麦尊的报告中强调，英国政府已经到了做出抉择的时候了，要么同意中国最近采取的封关禁海政策；要么“立即采取有力措施”，打击禁烟派，“使明智的、自由的那一派（即弛禁派）重新在清王朝中占上风”。④ 16日，他又致函英印总督奥克兰，要求“派出尽可能多的军舰和武装船只统归海军将领指挥（指令他们全部接受我的征用）”⑤。22日，他再次致函巴麦尊，重申对于中国严厉禁烟的必要回答“就是给予一击”，没有比这个“更合适、更必要、更有利的采取行动的关键时刻了”。错过这个机会，无异于牺牲同中国的贸易。⑥ 5月18日，义律从广州发出的致巴麦尊的急件中，建议用女王名义发出一则简短的声明，并在广州译成中文，让中国人知道远征的“总的目的是要使皇帝知道清朝官员们的欺诈、凶暴和贪污，而且要在永久的基础上建立起和平和光荣的贸易”⑦。5月下旬，义

① 《伦敦商人致巴麦尊子爵》，《中国近代史资料丛刊·鸦片战争》第2册，第636页。

② 严中平辑译：《英国鸦片贩子策划鸦片战争的幕后活动》，《近代史资料》1958年第4期，第17页。

③ 《义律致巴麦尊》，《英国档案有关鸦片战争资料选译》上册，第391页。

④ 转自张馨保：《林钦差与鸦片战争》，第183页。

⑤ 转自张馨保：《林钦着与鸦片战争》，第184页。

⑥ 《英国档案有关鸦片战争资料选译》上册，第411页。

⑦ 《义律致巴麦尊》（1839年5月18日），《英国档案有关鸦片战争资料选译》上册，第414页。

律离开广州抵达澳门后，仍以密件致函政务次官巴克豪斯，建议采取“迅速而有力的行动”①。义律这一连串充满火药味的信函，陆续寄达伦敦，终于促使英国政府很快做出发动对华战争的决定。

1839年10月1日，英国政府开了一次内阁会议，专门讨论中国问题。巴麦尊首先把广州事件的详细情况做了汇报，并说明作战需要的兵力和战略。接着，军政大臣麦考莱滔滔不绝、口若悬河地对中国禁烟进行疯狂攻击，“坚决主张采取敌对行动”。随后，财政大臣巴林提出缴出鸦片、损失200万镑的偿付问题，首相迈尔本坚持英国政府不该付这笔钱，贸易大臣拉保契尔认为应由东印度公司支付，麦考莱和巴麦尊则主张“掠夺中国人的财产〔来付〕”。经过长时间的讨论之后，“终于决定派遣一支舰队到中国海去，并训令印度总督对于我们兵船司令所采取的任何必要行动予以合作”。就这样，他们发动了一场极端不义的战争，“决定对三分之一的人类的主人作战”。②

英国内阁做出对华作战的决定后，10月10日，巴麦尊将内阁决定告诉拉本德等三人核心小组，并要求他们提供各种情报。18日，巴麦尊写成致义律第15号机密训令，告诉他政府将派遣海军到中国海去，可能还有少量陆军。并示以作战方案，令他早作准备。③ 11月4日，巴麦尊又向义律发出第16号机密训令，授予他与马他仑和中国交涉全权，嘱咐他在远征军到达前尽量收集各种有用的情报，告诉他英国政府的意图，明确提出对付中国的策略是：“开头先来一个打击，然后再说道理。”而且把同日发出的、关于对中国作战的计划致海军部机密件作为附件抄送给义律，以便他配合行动。④ 1840年2月20日，英国政府任命海军少将乔治·懿律（义律的堂兄）为统率前往中国海的远征军司令、全权公使，查理·义律为副之后，巴麦尊向他们下达了最后训令。训令要求英军抵达中国海域后，首先封锁珠江，扣留易于得手的中国船只，随即启程北上，切断台湾和厦门之间的运输，占领舟山群岛中适用于作司令站以便长期占领的岛屿，

---

① 《义律致巴克豪斯信件》（1839年5月30日），转自张馨保：《林钦差与鸦片战争》，第184页。

② 据印度事务大臣霍布浩斯所记开会情况，转自《鸦片战争史论文专集》，第48—49页。

③ 参见严中平辑译：《英国鸦片贩子策划鸦片战争的幕后活动》，《近代史资料》1958年第4期，第38页。

④ 参见严中平辑译：《英国鸦片贩子策划鸦片战争的幕后活动》，《近代史资料》1958年第4期，第55—60页。

封锁舟山群岛至杭州湾的江口、扬子江口和黄河江口，然后前往北直隶湾以便和中国政府进行接触。“在中国政府答应下来的一切条款全都充分实现以前，应该继续占领所占岛屿。”“如果中国政府拒绝谈判，或者何时谈判决裂，那么，海军司令就应该根据他所指挥的兵力，并按照他认为用这些兵力困扰中国政府以何种方式为最有效的办法去进行更加活跃的敌对行动。”与训令同时下达的，还有《巴麦尊子爵致中国皇帝钦命大臣函》《巴麦尊子爵致奉命与中国政府交涉的全权公使函》《对华条约草案》及补充说明函。① 这一系列文件，为英国侵略军的行动计划、外交方针以及所要达到的目标定下了基调。后来的事实表明，英军在鸦片战争中的行动和签订的条约，基本上是遵照上述训令进行的。至于1840年4月上旬，英国议会下议院的激烈辩论，只不过是走走过场而已。

值得特别注意的是，英国与对华贸易有关的资产阶级集团和鸦片商人在这场战争中的作用。他们不但如前所述，在挑起这场战争中发挥了巨大作用，而且作战的计划、战后条约的签订，都是依据他们的意见、建议和要求确定的。

首先，拿作战方案来说，早在1835年，胡夏米就根据1832年的沿海侦察提出了一个作战方案，并于7月24日以私人信件方式递交给外交大臣巴麦尊。在这封信中，胡夏米竭力鼓吹“直接用武力来对过去的损害取得补偿，对将来取得保障”。按照他的设想，对中国作战，如果“采取恰当的策略，配以有力的行动，只要一支小小的海军舰队，就万事皆足了”。在兵力配备上，只要1艘主力舰、2艘大型巡洋舰、6艘三等军舰、三四只武装轮船，共计兵丁2940人，加上一些运输船，就“满够达到我们所想望的一切目标”。在地点选择上，他认为天津最适宜，“天津距北京不足50英里，我们在天津所造成的惊恐，大可逼迫清政府早日结束战争”。在时间安排上，“最有利于行动的时间是2月在马六甲海峡集中舰队，季风一到，就北上中国海，4月中就可以开始行动了。这样是不致妨碍上一季度的贸易的。依我看，三个多月就可以解决了”。在策略上，“应该避免激怒人民，在一切场合不对他们抱任何敌对的情绪”，要广印告示，“声明不伤害民船，提出我们的要求，他们人民就会请求政府答应我们要求的”。② 胡夏米这封信，在1836年公开印行过，标题是《与巴麦尊子爵论英华关系书》。所以在战争爆发前4年，这个方案已成为鸦片贩子的共识。

---

① 以上文件参见马士：《中华帝国对外关系史》第1卷附录，第697—714页；严中平辑译：《英国鸦片贩子策划鸦片战争的幕后活动》，《近代史资料》1958年第4期，第70—76页。

② 转自《鸦片战争史论文专集》，第39—42页。

1839年10月，英国决定对华出兵以后，鸦片贩子和英国以纺织资本家为主的对华利益集团活动的重点很快即由策动对华作战转为就战争进行献计献策，提供作战方案。按照巴麦尊的嘱托，经过一段时间酝酿之后，10月27日，查顿致函巴麦尊，对作战的武力配备提出了建议。11月2日，拉本德、斯密斯、克劳复联合致函巴麦尊，提出包括武力配备在内的更全面的方案。4日，巴麦尊即以拉本德等人提供的方案为基础，略做调整，以机密件致函海军部。如果把胡夏米方案、拉本德等人方案和巴麦尊致海军部函略做比较，不难发现，这三个方案大同小异，基本上是一致的。如下表：①

方案 类别	胡夏米方案	拉本德等人方案	巴麦尊致海军部
兵力配备	74尊炮主力舰 1艘 大型巡洋舰 2艘 三等军舰 6艘 武装轮船 三四只 陆上部队 600人 合计兵力 2940人	第一、二级战舰 各1艘 大型巡洋舰 2艘 小型巡洋舰 2艘 小兵船 2艘 大型轮船 2艘 600吨级运输船 8艘 陆战队 3960人 合计兵力 6500人	双层甲板主力舰 2艘 巡洋舰 3艘（至少1艘大型） 小型船 相当数目 轮船 2—3艘 私人贸易船 雇用（走私快艇）
主攻目标	靠近北京的天津	封锁沿海后兵力应该立刻进到北京附近	封锁各海口后应该立刻前往北直隶湾
作战时间	2月集中马六甲，4月开始行动	2月中或3月初集中马六甲，4—11月为作战时间	远征军需要在4月里到达中国海
战略与策略	①封锁广州、厦门、上海、天津4个港口 ②避免激怒人民 ③不伤害民船	①占领厦门与金门岛、大舟山岛（今定海县城） ②封锁全部海岸线 ③捕捉米船	①占领一岛或数岛 ②避免对中国人民采取任何不必要的暴虐行为 ③封锁广州港口，拘留商船

① 资料来源：1.《胡夏米致巴麦尊》(1835年7月24日)，F. O. 17/12；2.《拉本德、斯密斯、克劳复致巴麦尊》(1839年11月2日)，F. O. 17/36；3.《巴麦尊致海军部》(1839年11月4日)机密件，F. O. 17/20。参见《鸦片战争史论文专集》，第39—41页；严中平辑译：《英国鸦片贩子策划鸦片战争的幕后活动》，《近代史资料》1958年第4期第45—66页；《中国近代史资料丛刊·鸦片战争》第2册，第644—664页；《英国档案有关鸦片战争资料选译》下册，第521—540页。

上述三个方案的比较令人信服地表明，这场战争是英国侵华集团蓄谋已久、经过精心策划而发动的。没有林则徐的禁烟，这场战争迟早也会以其他借口爆发。

其次，通过战争所要达到的目的，同样是英国侵华集团长期以来的要求和愿望。比如占领香港。早在1787年卡茨卡特使华，就已提出希望获得一块地方或一个岛屿的要求。1793年马戛尔尼使华，又正式向清朝政府提出了这个要求。1802年、1808年，还两次出兵企图从葡人手中夺取澳门作为侵华基地。1816年，阿美士德使团访华，专门对香港做了考察。1837年，伦敦印度中国协会委员会第一次报告书中又提出："必要时占据或交涉占有或收买北部海岸的某一岛屿，在那上面和平地维持一个英国商馆，受英国本国法律统治。"① 1839年11月2日，拉本德等致巴麦尊的信中再次重申："如果中国人拒绝普遍开放口岸，则用购置或其他方式取得一个岛屿，以便建立英国商馆。"② 正是遵循英国侵华集团的要求，1840年2月20日巴麦尊致懿律和义律训令的第3号附件《对华条约草案》第3条就提出："中国皇帝陛下将位于接近中国海岸之□□（空白——译者）岛屿割让予大不列颠、爱尔兰联合王国女王陛下，永远属于女王陛下、陛下子孙继位人所有。"③

又如增开通商口岸，也是多年来英国侵华集团的愿望。早在18世纪50年代，洪任辉几次北上，都是为了开辟新的通商口岸。1793年，马戛尔尼以书信形式提出了6点要求，其中第1条（请允英国货船将来能到浙江、天津等地收泊）、第2条（请允在京设立商行）都是为了增开通商口岸，扩大经济侵略范围。1832年胡夏米长达半年的沿海窥探，除为发动侵华战争做准备外，主要就在探查东南沿海哪些口岸最适宜通商。《江宁条约》中增开的4个通商口岸都是胡夏米考察停留最久的地方。这绝不是偶然的巧合。1837年伦敦印度中国协会的报告书中，也提出了"给予英商在厦门、宁波及北部接近北京的另一口岸进行贸易的特权"④。1839年11月2日，拉本德等人在致巴麦尊的信中，更明确提出，在和中国签订的条约中，要开放北纬29度至32度之间的厦门、福州、宁波、扬

① 转自《鸦片战争史论文专集》，第43页。

② 严中平辑译：《英国鸦片贩子策划鸦片战争的幕后活动》，《近代史资料》1958年第4期，第50页。

③ 严中平辑译：《英国鸦片贩子策划鸦片战争的幕后活动》，《近代史资料》1958年第4期，第73页。

④ 转自《鸦片战争史论文专集》，第43页。

子江和广州等口岸通商。[①] 也正是根据这些要求，《对华条约草案》第1条就提出开放"广州、厦门、福州府、上海县与宁波（如有其他城镇应予提名者，则加入之）自由居住，不受限制，不受虐待"[②]。后来的《江宁条约》，在开放通商口岸上，除文字上有修改外，内容与此完全一致。

又如掠取各种侵华特权，也是殖民者和侵华利益集团早就提出的。卡茨卡特使华时就提出要设法破除种种限制，要求英人不受中国裁判。自此之后，英国人在中国杀人犯法，英国方面均拒绝交出凶手，任其逍遥法外。为了谋求这种"治外法权"的合法化，1837年伦敦东印度与中国协会的报告书中提出，在中国设立英国商馆，"受英国本国法律统治"。1839年11月2日，《伦敦东印度与中国协会致巴麦尊书》中，即提出"出入口关税，应由中英政府协议厘定，以后非经双方同意，不得更改"[③]。鸦片战争后的领事裁判权和协定关税等等，无一不是源于战前英国资产阶级侵华集团的建议与要求。

总之，鸦片战争的爆发，以及鸦片战争如何进行，战后要建立怎样的中英关系，都是英国政府遵从英国资产阶级的意志和愿望进行的。透过鸦片战争，可以明显看出，英国政府是地地道道的代表资产阶级利益、为资产阶级服务的资产阶级政权。

七、义律顽抗"具结"与"交凶"

为了根除鸦片祸害，林则徐还要求外商出具切结，保证今后永不夹带鸦片。在林则徐看来，勒令鸦片贩子呈缴鸦片，只能解决当前问题，属于治标的权宜措施；只有每个来华商人出具了保证今后永不夹带鸦片的甘结，才能净绝根株，才是治本的办法。为此，他在1839年3月18日（道光十九年二月初四日）第一份谕令各国夷人呈缴烟土的告示中，不但要求外商将鸦片全数缴官，而且要出具夷字汉字合同甘结，声明："嗣后来船，永不敢夹带鸦片。如有带来，一经查

---

① 参见严中平辑译：《英国鸦片贩子策划鸦片战争的幕后活动》，《近代史资料》1958年第4期，第49页；《中国近代史资料丛刊·鸦片战争》第2册，第654页。

② 严中平辑译：《英国鸦片贩子策划鸦片战争的幕后活动》，《近代史资料》1958年第4期，第72页。

③ 《中国近代史资料丛刊·鸦片战争》第2册，第654页。

出，货尽没官，人即正法，情甘服罪。”① 27日，外商福士等40多人曾集体出具禀帖，表示今后“断不敢将鸦片一项稍行贩卖，永不敢以鸦片带来中国，缘此出结为凭”②。但林则徐认为，这样的集体具结，与他的要求相去甚远，难保今后不再贩卖鸦片。所以到4月4日，当把鸦片收缴工作安排就绪以后，就将甘结式样交给义律，要求住在广州商馆的外商人人按式签名画押，出具甘结。甘结写明：“不得再将鸦片带入内地，并不许制造鸦片。自本年交秋以后，货船来粤，如查有夹带鸦片者，即将其全船货物尽行入官，不准贸易，其人亦听天朝处死，愿甘服罪。至现春夏两季到粤之船，其自本国来时，尚未知查办严禁，如有误带鸦片者，随到随缴，不敢稍有隐匿。”③ 5日，林又谕令广州知府催促义律，督促在馆外商，出具切结呈送，不得拖延。义律置之不理。6日，林又亲自出面谕告义律，凡是商馆之人，都必须分写汉字夷字切结，保证永远不再贩卖鸦片。并且认为：“取结一事，比缴烟更为容易。若任其延玩，则仍是庸懦无能。”④

林则徐誓除鸦片祸害，与英国侵华利益势同水火。林则徐以为具结比缴烟容易，实际则艰难百倍。症结所在是英国决不会放弃大利所在的鸦片贸易，而且还想继续扩大侵华权益，为侵华奠立永久的基础。义律作为英国利益的代表，出于迫不得已才同意缴烟，要他督令外商（主要是英商）出具永不夹带鸦片切结，永远断绝鸦片贸易，等于断绝了源源不断的英国财源，谈何容易！所以，他从林则徐提出要具结起，一直千方百计进行抗拒。围绕具结问题，中英之间展开了尖锐的斗争。

1839年4月8日（道光十九年二月二十五日），外商总会为逃避具结宣布解散；义律则递上禀帖，申述了不能具结的因由。他说，鸦片是人所现有的，我可以权宜承担重任；至于具结，却是指后来者。倘或嗣后不遵，谁敢负责。而且将不止限于出结者，甚至连累他人。“依本国明例，虽在国主尊位，尚不能令其如此。”⑤ 义律提出的理由，其实是站不住脚的。因为如果具结以后，不再贩卖鸦片，一了百了，具结又有何妨，又怎能连累他人，更于英国体例何干？所以林则徐当天即做了长篇批驳，斥为“借词推诿”。林从维护国家权益出发，严正指出：“假使别国有人至英吉利贸易，而不遵汝国法，今汝国主肯容之乎？

① 《谕各国夷人呈缴烟土稿》，《林则徐集·公牍》，第59页。

② 《原禀》，《林则徐集·公牍》，第67页。

③ 《鸦片战争前中英交涉文书》，第185页。

④ 《鸦片战争前中英交涉文书》，第187页。

⑤ 《鸦片战争前中英交涉文书》，第187页。

……今汝动称汝国有例，此惟不来内地则可耳。既要来港贸易，即汝国主，亦必令汝等遵守天朝法度，岂能将汝国之例带至天朝耶！”林又进一步说明，甘结说卖鸦片者该死，只是对卖者而言，对不卖者又有何损！若不敢具切结，“则分明欲留将来夹带地步，乃作此诡谲之语”。接着还声明，具结以后，倘若发现有人夹带鸦片，仍然酌量情罪轻重，只对犯者治罪，决不会皂白不分，妄行加罪。最后还苦口婆心劝说，“切莫执意自误”。① 可是，义律根本听不进去。他在9日的复禀中，虽然承认英国人到中国贸易，须遵中国法度，却仍不肯具结，并威胁说：“新例取结一事，既与英国之例不符，倘务令照行，不能不取，则英国人船无奈，只得回国。”② 但又请求放宽限期：凡从印度来的港脚船宽限5月，英国本土来船宽限10月，然后按新例执行。

林则徐鉴于外国来华贸易均是利市三倍，不相信英人真会离华回国，因而不顾义律抗拒，继续加紧催取。4月16日（三月初三日），美国领事具禀，表示以后来船不带鸦片；荷兰总管番巴臣也具禀永远不贩鸦片。英国义律却仍然坚持抗拒。19日，林则徐又和邓廷桢、怡良联合谕告义律等人，重申查禁鸦片，务绝来源。对于义律提出的限期，改为港脚4月，英国8月，限满即照新例办理；而且再次“剀切晓谕各国夷人，遵照前式，一体具结”③。20日，义律从伍浩官手中接过谕令，立刻把它撕成碎片并扔进火里，并且说：“要命现成，再拿具结的事情来纠缠我和他们自己，实是徒然的。”他在复禀中再次重申，请允许他“督同本国人民船只，一概开行，扬帆而去”。④

围绕具结问题的斗争，实质上是一场维护中国法权与顽固坚持“治外法权”的斗争。林则徐从维护中国的权益出发，坚持来华外商要接受中国法制约束，否则要受到严厉惩处；义律口头上也承认外人在华应遵守中国法律，实际上却制造种种借口，拒绝接受中国法律，要求外商在中国享受西方法律保护下的利益，即“治外法权”。就在4月6日林则徐直接谕令义律督促外商具结的当天，义律即致函巴麦尊，提出对具结要求的“最切实可行的回答”，就是把英国臣民从中国政府的控制下转移到别的地方。22日，他又写信给巴麦尊说：“中国皇帝

---

① 《鸦片战争前中英交涉文书》，第188—189页。

② 《鸦片战争前中英交涉文书》，第190页。

③ 《鸦片战争前中英交涉文书》，第163页。

④ 参见《鸦片战争前中英交涉文书》，第194页；张馨保：《林钦差与鸦片战争》，第176—177页；马士：《中华帝国对外关系史》第1卷，第258页。义律接到文件日期据《鸦片战争前中英交涉文书》为4月20日，马士书作4月21日。

有能力制订他认为好的法律，但会招致执行中的风险，而这种风险无可否认是相当大的。待我找到适当机会来对付这一严重问题时，他们将更多地懂得这种风险。”① 义律所谓“找到适当机会”，说穿了就是打澳门的主意。他先是使用软的一手，于4月13日设法从广州偷偷递了一张便条给澳门葡萄牙总管，表示愿意尽量满足葡总管的要求，换取允诺把所有的英国臣民撤到澳门，遭到葡总管拒绝。软的不行再来硬的。5月6日，他又致函巴麦尊，企图用武力夺占澳门。他说，如果英国政府有意“通过一项补充性协约，把它（指澳门）拨归英国使用。只需拥有一支由1000名优秀士兵组成的驻屯军，主要是炮兵，加上几艘炮艇，就能保护澳门同这个帝国的这一部分进行的全部贸易的能力”②。为了实现这个阴谋，义律已做了种种准备。但是，林则徐为了禁绝鸦片贸易和维护国家主权，是决不会让义律得逞的。

本来，鸦片收缴完毕，贸易即可恢复正常。可是，义律却借此故意刁难，横生枝节。早在5月2日（三月十九日），当鸦片收缴过半时，林则徐即宣布照常开舱贸易。义律竟于19日发出通告，不许英船进口，22日又重申了这一通告，并通知英人随他一起离开广州。23日，林则徐允许颠地等16名烟贩出具永远不敢再来的甘结后可以离开。24日，义律借口有病，下澳就医，离开广州。颠地等人出具了甘结，当天即随同义律去了澳门。义律离开广州后，又禀请林则徐派员赴澳门，商议通商章程、防止违禁贩卖。林误以为义律是想“真心除弊”，随即委派佛山同知刘开域前往商洽，并谕令货船进口贸易，空趸及装货出口的货船即日开行。义律接到通知后，又声言“本国船只进埔，须俟奉到国主批谕”，如“蒙准格外施恩，令在澳门装货”，则“感激无涯”。③ 很明显，义律是在耍花招，妄图把中外贸易由黄埔转移到澳门。这样就可摆脱中国控制，鸦片贸易可以继续进行，正当贸易也可逃避关税。林则徐识破了这一企图，立即进行批驳，并于6月14日张贴告示，号召英商突破义律阻拦，将商船开进黄埔贸易。义律一方面大放厥词，攻击广东当局的种种措施，为拒绝货船开进黄埔制造借口；另一方面又叫嚣称停泊尖沙咀洋面的英船，由于中国水师船的威迫，极难得到食物，难保不生事端。林则徐和邓廷桢联合札饬澳门同知蒋立昂加以严正驳斥，限令所有清缴鸦片后的空趸，如要装货，可以开进黄埔；如不进货，

① 转自张馨保：《林钦差与鸦片战争》，第179页。

② 转自张馨保：《林钦差与鸦片战争》，第180页。

③ 《鸦片战争前中英交涉文书》，第213页。

限5日内开行；其他货船如已由黄埔装货出口，或刚从外洋抵粤，均须在5日内进口或开行，“断不许再作逗留”①。

5日限满，挂着英国旗的船只依然赖在尖沙咀洋面一带，既不进口，也不开行，根本不把广东当局的谕令放在眼里。而其他各国船只皆已遵令进口贸易，其中尤以美国最为活跃。美国不但把自己来华的货船开进黄埔交易，而且违反美国海商法，把整个英国船换上美国旗开进黄埔，乘机勒索高额运费。香港、黄埔之间90海里的运费，“竟比美国到中国的运费还贵”②。

具结和进口的问题尚未解决，新的冲突又发生了。1839年7月7日，英船“卡那蒂克”号和“曼加罗尔”号约30名水手，从尖沙咀和香港之间的洋面上岸，进入尖沙咀村，在那里酗酒行凶，胡作非为。他们从捣毁一座庙宇开始，随后对一些村民狂踢乱打，打伤多人。路过那里的农民林维喜，因受伤甚重，于第二天殒命。这次暴行，连义律也不得不承认是一次可耻的骚动，“使男人、妇女和儿童都被殃及，并且有无辜的丧失了生命”③。事件发生后，义律于9日赶到出事地点“查察”。他假惺惺地宣布，谁能指出杀人凶手，赏200元，能指出引诱生事之首犯，赏100元。另外，给林维喜的家属赔偿1500元，并留400元应付别人的勒索。被打伤的村民也一起给了100元，企图以此收买村民，将案情说成“纯由误会发生”。他还引诱林维喜的儿子出具了如下字据：④

> 立遵依人林伏超，母张氏马氏，弟伏华，叔奕禧及伯叔房族亲人等，缘因父亲维喜，在于九龙贸易生意，于五月廿八日出外讨账而回，由官涌经过，被夷人身挨失足跌地，撞石毙命。此安于天命，不关夷人之事。林伏超母子甘心向夷人哀求，幸夷人心行恻隐，帮回丧费银些少与伏超母子并亲人等，搬父亲维喜回家殡葬安息。此乃二家允肯情愿，日后伏超母子

---

① 《会札刘蒋二丞传谕义律饬令空趸等船开行》，《林则徐集·公牍》，第119页。

② 陈庆华：《鸦片贩子的美国人！》，《鸦片战争史论文专集》，第13页。

③ 《义律伪设法庭判决书》（1839年8月13日），《中国丛报》第8卷第4期（1839年8月）。关于林维喜被打伤致死时间，此据林则徐七月二十四日的奏报作五月二十七日（7月7日）；但林维喜的儿子立的字据说发生于五月二十八日（7月8日），亚当·艾姆斯里也记为7月8日，录以备考。参见《鸦片战争档案史料》第1册，第671页；《鸦片战争前中英交涉文书》，第218页；严中平辑译：《英国鸦片贩子策划鸦片战争的幕后活动》，《近代史资料》1958年第4期，第66页。

④ 《鸦片战争前中英交涉文书》，第218页。

兄弟并叔伯房亲等，不得生端，图赖夷人。各表良心，恐口无凭，故立遵依一纸，与夷人收执存照。

道光十九年五月二十九日　立遵依人男林伏超

从这张字据的语气来看，可能是由英人预先写好，然后由林伏超照式抄写签名。文中所谓“此安于天命，不关夷人之事”，决不会出自死者家人之口。因为死亡既无关夷人，为什么还要付银1500元，为什么还要出证，岂不是“此地无银三百两”，不打自招么？这个字据非但不能证明英人没有打死林维喜，适足以证明义律卑鄙的收买行径。

林维喜横遭英人毒打致死，人命关天。对此，林则徐非常重视，立刻与邓廷桢、怡良会商，决定委派新安县知县梁星源赶到现场查办。经梁星源验明，林维喜的脑顶心和左乳下都受了木棍重伤，乡邻均证明是英船水手殴打致死。人证物证俱在，确凿无疑。林则徐于是谕令义律交出杀人凶手。先后数次，义律居然“抗不收阅”。8月2日，林则徐又与督抚会衔联合发出告示，指责义律“收买尸亲，掩饰事实，乃严重违法”；“拒不交凶而求宽恕，又以谎言掩饰真相，乃桀骜之至”，要求“立即捉拿正凶，并交出受审处死”。[①] 义律非但不予理睬，还于5日通知澳门军民府，定于12日“在英国船上设立公案，将水手数人，照英国律例审问罪名”，欢迎中国派官员“亲看亲闻”。[②] 这种挑衅行为，理所当然地遭到广东当局的拒绝。开庭那天，包括詹姆士·马地臣在内的商人陪审团提出了一份谋杀起诉状，控告“曼加罗尔”号的水手长托马斯·蒂德尔准尉犯杀人罪，法庭竟“不予受理”。义律只以法官身份，判处3名水手监禁6个月，并各罚款20镑；2名水手监禁3个月，各处罚金15镑。这都是官样文章。因为英国政府并未授予义律设立法庭权力，审判无效。被判水手回到英国后就被释放了。[③]

林则徐抵达广州不久，眼见义律答应交出全部鸦片，以为他“恭顺畏法，

① 《钦差大臣关于林维喜被杀案告示》(1839年8月2日)，《鸦片战争与林则徐史料选译》，第101页。

② 《鸦片战争前中英交涉文书》，第167页。

③ 参见《外国学者论鸦片战争与林则徐》下，第46页；张馨保：《林钦差与鸦片战争》，第190—191页；马士：《中华帝国对外关系史》第1卷，第269页。关于罚金，判处监禁6个月的3名水手，《林钦差与鸦片战争》和杰克·比钦的《中国的鸦片战争》(1976年版)均作25镑。判处3个月的两人，《中国的鸦片战争》作11镑。

殊属可嘉”[①]。后来见他一再抗拒具结，又阻止商船进口贸易，才逐步加深了对他的阴险面目的认识。特别是林维喜被杀，义律非但拒不交凶，而且斥骂催办人员，还胆敢在中国领海私设法庭，依据所谓英国法律审理罪犯，庇匿杀人正凶。至此他才认为，若听任义律肆意违抗，“置命案于不办，任奸宄以营私，坏法养痈”，则“不但无以驭他国，更何以治华民?”[②] 乃一方面于8月15日通过澳门军民府发布两个告示：一、禁止供应英人粮食及一切生活用品，如胆敢暗中接济，定予严惩；二、为英人服务的买办、仆役、汉奸等，限三天内撤出，否则“处以极刑”，决不宽贷;[③] 另一方面，在同一天与邓廷桢结伴前往香山(今中山市) 视察炮台，检阅营伍，准备武力防卫。16日，义律复上一禀，声言他是“循国主之明谕，不准交罪犯……倘若查出实在死罪之凶犯，亦拟诛死”，但现在罪犯尚未发觉，无法交出。[④] 林、邓第二天即会同严厉批驳，指出：“该国主远在数万里外，岂能谕令不准交犯? ……至谓伊国律例，亦应诛死，可见杀人偿命，中外所同。但犯罪若在伊国地方，自听伊国办理；而在天朝地方，岂得不交官宪审办?”林、邓还回顾了历年所办命案，都是遵照中国律例审办，各国无不遵从，义律岂能例外!“若杀人可不抵命，谁不效尤!”[⑤]

这道批示转给义律后，“挨延多日，绝不禀复”。澳门同知派引水邓成兆去催问，反遭到义律斥骂。同时，义律下令“更要大卖鸦片”，并且“分遣三板东驶西奔……每以劈柴作为照牌，明写鸦片一个，洋银几元字样，于潮涨时随流送入各口内，诱人售买。遇有兵船驱逐，胆敢先放枪炮恐吓抵拒。又兵船拿获汉奸，该夷胆敢将官兵诓去，掳禁夷船，勒令释放汉奸”。[⑥] 睹此情景，林则徐十分愤慨。22日，他又会同邓廷桢再次传谕义律，历数义律的种种罪行，最后严厉警告：“如果即日送出凶夷，并将新来鸦片全数呈缴，尚可宽其一线。不

---

① 《鸦片战争前中英交涉文书》，第186页。

② 《林则徐等奏义律狡猾情形并断其接济勒兵分堵海口折》，《筹办夷务始末》(道光朝) 一，第215页。

③ 《中国丛报》第8卷第4期 (1839年8月)，《鸦片战争与林则徐史料选译》，第103—106页。

④ 《鸦片战争前中英交涉文书》，第220页。

⑤ 林则徐：《会批澳门厅转禀义律说帖》，《信及录》，上海书店1982年版，第101页。

⑥ 《会谕同知再行谕饬义律缴土交凶稿》，《信及录》，第103—104页。

然，即当肃将天威，制其死命。”① 同时嘱咐澳门同知蒋立昂，义律若仍然不接收谕告，即将之贴在大街之上，让中外共见共闻。这个谕帖，无异是对义律的最后通牒。蒋立昂当时将谕帖送去，义律闭门不纳，随即于23日逃出澳门。

林则徐仁至义尽的劝说毫无效果，不得不于8月24日采取断然措施，谕告澳门葡萄牙总管，将英人驱出澳门。25日晨，葡总管将谕令交给义律留澳门的代理人阿斯特尔阅看。下午6时，阿斯特尔再次会见葡总管求情。恰好葡总管又接到一份措词更为激烈的谕令，警告英人如不撤走，当晚将派军队包围英人住宅。葡总管通知英人，如果第二天下午还不撤走，他将无法保证其安全。在这紧急关头，英船“布腊克久克”号在大屿山附近遭到强盗抢劫，跳水脱逃的马克·莫斯等两名船员于26日清晨赶到澳门报告了这一信息。阿斯特尔及其领导的委员会感到在澳门再也待不下去，决定全部撤离。中英关系由于57家英人在10天之内全部撤离澳门，进入了更为紧张的阶段。

八、中英之间的前哨战

英人全部撤出澳门之后，林则徐和邓廷桢为了恢复正常贸易，于1839年8月28日（道光十九年七月二十日）再次发出布告，遵照新颁严禁鸦片烟章程，重申了中国政府的政策：②

一、船内并无鸦片者，报明进口，听候验明开舱，不得再迟。

二、船内误带鸦片者，速即自首，全行呈缴，准其免罪，缴清后并准进口开舱贸易。

三、各船自揣不敢进口者，即自扬帆回国，亦免穷追。

四、殴毙林维喜之凶夷，速即送出，免致众夷受累；如仍庇匿，与之同罪。

但是，义律仍然无动于衷，拒不遵从。英人自撤出澳门后，一部分寄住于澳门之南潭仔洋面的空趸上，大部分聚居于九龙半岛和香港之间的海湾里。他

① 《会谕同知再行谕饬义律缴土交凶稿》，《信及录》，第104页。

② 《鸦片战争前中英交涉文书》，第223页。此项布告马士《中华帝国对外关系史》作8月25日，误。

们为了私售鸦片和牟取新鲜食物，四出游弋，伺机寻衅。林、邓为了防止英人的骚扰和侵犯，于 8 月 31 日向沿海人民发出告示，动员群众武装自卫，制止英人上岸骚扰。沿海人民对外国侵略者早已衔恨刺骨，现在林、邓号召抗英，大家闻风而动，积极投入反侵略斗争。他们实行坚壁清野，不让英人弄到任何食物；并在沿岸的井里投毒，使英人无法取得淡水。英人强行登岸，看到几乎所有井上都竖立着一块木牌，上面写着："此水已下毒药，食之烂肠，吾民不可汲取。"① 英人被这些木牌弄得忐忑不安，只得以布帆兜接雨水止渴。约 50 艘英船和数千英人的生活陷入困境。他们对义律的不满情绪与日俱增。义律无可奈何，只得于 9 月 2 日在九龙、香港一带贴出告示，央求人们不要往井里投毒。② 沿海人民的抗英斗争，给予英国侵略者以沉重打击。

义律为了用武力破坏中国禁烟，曾于 5 月 29 日向英印总督奥克兰求援，要求派遣舰队来华。8 月 31 日，装备有 28 门大炮的"窝拉疑"号（一译伏莱基）在舰长士密（一译斯密斯）率领下抵达广东海域。装有 18 门大炮的"海阿新"号不日亦可到达。义律在窘境中遇到兵舰来临，立刻变得胆壮气粗。第二天，他即致函澳门葡萄牙总管，提议如果同意英人返回澳门，他可以为澳门提供保护。葡总管婉言谢绝了。

义律窃夺澳门的阴谋再次受挫，转而向九龙驻军寻衅。9 月 2 日，他即伙同郭士立起草了一份汉文抗议书，对广东当局断绝接济、逼迫交凶，提出抗议。而且倒打一耙，把责任归之于林、邓等人。③ 4 日，义律和士密登上装有 10 门旋回炮和 4 门 3 磅长筒炮的军用快艇"路易莎"号，在装有 6 门 6 磅炮的巡洋舰"珍珠"号和"窝拉疑"号的附属快艇陪伴下前往九龙山，先派郭士立向水师船递送要求接济的信件。九龙山口岸（离尖沙咀约 20 余里）停泊 3 艘中国水师船，负责查禁接济和防护炮台。水师官员派兵弁反复开导，郭士立仍纠缠不休。下午 2 时，义律又派人送去最后通牒，威胁说如果在半小时以内还不备好供应物品，他就要轰沉水师兵船。④ 双方交涉尚未结束，士密就命令装有 18 磅炮的附属快艇向中国水师船开火。接着，"路易莎"号和"珍珠"号在不到手枪一半的射程内也对准水师船射击。一位记名外委的兵丁欧仕乾当场被打死。中国水师

---

① 《鸦片战争前中英交涉文书》，第 223 页。

② 参见《鸦片战争前中英交涉文书》，第 223 页。

③ 参见《鸦片战争前中英交涉文书》，第 223—224 页。

④ 严中平辑译：《英国鸦片贩子策划鸦片战争的幕后活动》，《近代史资料》1958 年第 4 期，第 68 页。

船立刻对侵略者“展开了骇人的轰击，并且打得相当准”。下午3时45分，岸上的炮台也投入战斗，“打得顽强而相当准确”。“路易莎”号的主帆被打中19炮。这艘快艇上的年轻水手亚当·艾姆斯里（义律秘书的弟弟）事后写信给住在伦敦的兄弟说：“感谢上帝，水师船的火力没有把我们完全压倒，不然的话，就没有人活着来讲这个故事了。”4时30分，“路易莎”号的104发炮弹已经全部打光，准备逃跑。中国水师船跟踪追击。5时，“威廉要塞”号和“窝拉疑”号相继赶到，立刻投入战斗。清兵一面用网纱等物躲避密集的英舰炮火，一面奋力反击。“剑桥”号船长得忌剌士（一译道格拉斯）带领16名英籍水手从“路易莎”号后面绕到水师船尾企图偷袭，被水师船击毙多人。得忌剌士的胳臂被打穿。战斗持续到6时半，由于天近黄昏，英船才撤出战斗。①

关于九龙之战，林则徐在《英人偷袭师船已予反击并葡人出为转圜折》中做了翔实叙述：

> （据大鹏营参将赖恩爵禀报）七月二十七日（9月4日）午刻，义律忽带大小夷船五只赴彼，先遣一只拢上师船，递禀求为买食。该将正遣兵弁传谕开导间，夷人出其不意，将五船炮火一齐点放。有记名外委之兵丁欧仕乾，弯身料理军械，猝不及防，被炮子打穿胁下殒命。该将赖恩爵见其来势凶猛，亟挥令各船及炮台弁兵，施放大炮对敌，击翻双桅飞船一只，在旋涡中滚转，夷人纷纷落水，各船始退。少顷，该夷来船更倍于前，复有大船拦截鲤鱼门，炮弹蜂集，我兵用网纱等物设法闪避，一面奋力对击。瞭见该夷兵船驶来帮助，该将弁等忿激之下，奋不顾身，连放大炮，轰击夷人多名，一时看不清楚，但见夷人急放三板下海捞救。时有兵丁陈瑞龙一名，手举鸟枪，毙一夷人，被回炮打伤阵亡。迨至戌刻，夷船始遁回尖沙咀。计是日接仗五时之久，我兵伤毙者二名，其受伤重者二名，轻者四名，皆可医治。师船间有渗漏，桅篷亦有损伤，均即赶修完整。嗣据新安县知县梁星源等禀报：查夷人捞起尸首就近掩埋者，已有十七具。又渔舟叠见夷尸，随潮漂淌，捞获夷帽数顶，并查知假扮兵船之船主得忌剌士手腕被炮打断，此外夷人受伤者尤不胜计。……查英夷欺弱畏强，是其本性，向来师船未与接仗，只系不欲衅自我开，而彼转轻视舟师以为力不能敌。

① 本节战斗经过参考杰克·比钦《中国的鸦片战争》第3章；张馨保：《林钦差与鸦片战争》第7章；严中平辑译：《英国鸦片贩子策划鸦片战争的幕后活动》，《近代史资料》1958年第4期第66—70页和有关中国记载。

此次乘人不觉，胆敢先行开炮，伤害官兵。一经奋力交攻，我兵以少胜多，足使奸夷胆落。①

九龙之战是鸦片战争前哨战中的第一仗。这一仗完全是义律蓄意挑起的。他以索食为借口，把准备好弹药的兵船驶近仅距中国水师战船手枪一半射程的距离，然后出其不意地向中国水师船开火，妄图一举毁灭中国水师船。结果，在中国水师船的奋力反击下，遭到了失败，只好狼狈逃窜。英方也承认九龙之战系由义律蓄意挑起。参与作战的亚当·艾姆斯里揭发说："如果他不想毁灭兵船，火烧村庄，他为什么又首开第一炮呢？我思想上认为，不列颠旗帜的令誉是已经被破坏了。假如他无意于把浮在中国水面的政府船只、划子、排筏通统毁灭干净的话，那么他为什么敢于在盛怒中开火呢？"② 在这次战斗中，中国有士兵2名阵亡，2名重伤，4名轻伤；英方"剑桥"号的船长得忌剌士的手臂被打伤，2名船员受伤更重，义律的帽带也被击掉，差一点丢了脑袋。据中国记载，至少有17名英国士兵送命（但未见英方记载），1艘英船沉没。这次战斗，英方以失败告终，士气大为低落。亚当·艾姆斯里战后垂头丧气地说："我希望我绝对不再参加这种战斗，从这次战斗里，我们已经被揍得很够受的了。"③ 即使义律，也因失败而深感不安。他在第二天给伦敦的公文急件中说："我敢相信，堆在女王陛下的官民们头上的种种暴烈和恼火的办法，应足以原谅群情激愤的情绪，诱使我采取了——我相信——在不那么难堪的情况下本来难以辩护的行动。"④《中国丛报》载文批评："义律办理此事大错，无一件错事可以比之。"⑤

九龙之战英国没有讨到便宜，义律认识到现有的一点武力不足以压服中国，转而采取软的一手，作为缓兵之计。9月14日，义律致书澳门同知蒋立昂要求和谈，希望双方和平相待。林则徐只想禁绝鸦片贸易，对于正常通商，则竭力主张维持。他见义律提出和谈要求，即于20日批示同意，但要求新到鸦片全数呈缴，速将杀人凶犯交出，未去之空趸应即开行，奉令驱逐之鸦片贩子即日回国。24日，义律在澳门和蒋立昂会晤，对林提出的要求做了答复：英船若搜出

---

① 《林则徐集·奏稿》中，第684—685页。

② 严中平辑译：《英国鸦片贩子策划鸦片战争的幕后活动》，《近代史资料》1958年第4期，第70页。

③ 严中平辑译：《英国鸦片贩子策划鸦片战争的幕后活动》，《近代史资料》1958年第4期，第70页。

④ 杰克·比钦：《中国的鸦片战争》第3章。

⑤ 魏源：《海国图志》卷八二《夷情备采二》，第1972页。

鸦片，货物尽行没官，英国绝不保护；以后英船来粤，逐一签名具结，倘有失信，随即驱逐；杀人凶犯一经察觉，按照英国律例审办，定以死罪；趸船顺风时即催令开行。28日，林则徐针对义律的答复做了批复，指出鸦片仍在偷卖，应据实呈缴；具结应照原谕写明，"遵照钦颁新例，如有夹带鸦片，人即正法，船货全行入官"；殴毙林维喜的凶犯限10日内交出；被逐烟贩允许回澳收拾行李，以6日为限；各船藏匿的汉奸要按名查出，禀送官宪。10月5日，义律又做了一个很不像样的答复，林则徐、邓廷桢很不满意。但为了根绝鸦片，恢复通商，林、邓又提出了一个通融办法，即情愿照式具结的英船，准予照常贸易，可不搜查；不愿具结者，则要将船货起空搜查；不具结而又拒绝搜查者，限三日内离开；凶犯再限10天，趸船和被逐商人应报明开行日期，按期离去。

按照林则徐的初衷，本是想用"搜查"迫使英商具结。因为起空搜查，会使商品遭到重大损失，而且很费时间和人力；具结则简单易行。哪知义律竟避开照式具结，仅愿接受检查，并致书林则徐，要求于15日在澳门商议查验章程。可是，商定检查办法的谈判尚未进行，"担麻士葛"号船主弯剌已签字具结进口。林则徐也因此改变了主意。

原来，由于义律数月来的抗拒活动，和不准具结进口，使正常贸易无法进行，生活供应极度困难，英商蒙受了巨大损失，逐渐由不满发展到公开对抗。10月1日，英船"土林加沙尔"号船主比地里向林则徐具禀，公开对义律阻挡进口表示不满，要求进口贸易。林当即批复："应令照式具结，速由洋商禀送，立即引进黄埔验明贸易。"① 这时适值弯剌到达澳门。弯剌来华前，曾在加尔各答进行法律咨询，认为义律禁止英商贸易是越权行为。② 所以他10月11日到达，12日即禀报澳门同知，请求进口贸易。按照结式，他于14日签具了如下甘结：③

> 具甘结夷人弯剌，乃"担麻士葛"船之船主，今到天朝大宪台前具结：远商之船，带棉花、纱、藤、胡椒货物来广东贸易，远商同船上之伙长水手，俱懔遵天朝新例，远商等并不敢夹带鸦片。若察验出有一小点鸦片在远商船上，远商即甘愿交出夹带之犯，必依天朝正法治死，连远商之船及货物亦皆充公。但若查验无鸦片在远商之船，即求大宪恩准远商之船进黄

---

① 《洋商译呈英夷船主比地里禀》，《信及录》，第120—122页。

② 参见马士：《中华帝国对外关系史》第1卷，第276页。

③ 《洋商译呈弯剌船遵例不敢夹带鸦片结》，《林则徐集·公牍》，第153页。

埔，如常贸易。如此良歹分明，远商甘愿诚服大宪。此结是实。

天朝道光十九年九月初八日。船主弯剌，船名担麻士葛……

弯剌具结使林则徐增强了斗争信心。林则徐在此前派候补知府、南雄直隶知州余保纯赴澳门会谈，主要是想促使义律遵式具结和交凶，后见弯剌具结，又嘱令余保纯绕过义律，直接开导众商具结进口，以期打破僵局。可是，余保纯竟然自作主张，擅允英船请照进口。林则徐得悉后非常气愤说，派你去谈判时，曾将缴烟、交凶、遣回空趸和奸夷三事一并办理。现在三事未办，又未具结，怎能擅自给照？10 月 26 日，林则徐再次谕告余保纯，强调具结是重点。他批道："连接三次会禀，委员以销差为亟，该厅以请照为亟，英夷以回澳为亟，而本大臣则首以具结为亟。如不能谕令照式具结，则三者皆不得行。"① 他认为："夷人最重然诺……彼愈不肯轻易具结，即愈知其结之可靠，亦愈不能不向其饬取。"② 第二天，他又直接谕告义律，说明验查有三大困难，嘱令劝告英人遵式具结。并且再次重申，交凶之前，不得回澳。同时指出，此前 9 月 26 日，英船四艘在白石角洋面枪毙无辜民人李象先，砍伤朱洪恩等 3 人，割去 7 人的发辫，不法已极，应查明交出凶手。10 月 29 日，义律对此答复得蛮横无理，竟说白石角洋面已超出他的管辖范围，他不能负责。至于其他几项，前已说明，没有再说的必要。③ 澳门谈判到此再也无法进行下去了。

澳门谈判失败之后，义律决心顽抗到底，再次诉诸武力。10 月 25 日，义律得悉"皇家萨克逊"号船主当郎又将具结进口，立即通知"窝拉疑"号舰长兼舰队司令官士密率"窝拉疑"号、"海阿新"号两舰由澳门开往虎门，准备采取行动。两舰于 28 日起锚，由于为风所阻，直到 11 月 2 日才到达虎门口外。士密抵虎门后，即致书钦差大臣林则徐等，要求停止火攻英船，允许商人家眷上岸居住和照常接济。第二天上午，水师提督关天培将原件退回，要求"速交凶犯"，才能考虑所提条件。④ 这天中午，已于 10 月 29 日遵式具结的"皇家萨克逊"号在中国引水的引导下，来到穿鼻洋面，准备进口。士密即刻指挥兵舰阻拦，向"皇家萨克逊"号轰了一炮，迫令折回。关天培闻讯，率水师船 5 只前往查巡，冷不防遭到英舰的突然袭击。关天培迅速组织反击。英国兵舰炮火猛烈，

---

① 林则徐：《批余保纯等为英商先拟六船请照候查会禀》，《林则徐全集》第五册，第 278 页。

② 林则徐：《仍须责令英人出结片》，《林则徐全集》第三册，第 204 页。

③ 参见魏源：《海国图志》卷八二《夷情备采二》，第 1972—1973 页。

④ 参见魏源：《海国图志》卷八二《夷情备采二》，第 1972—1973 页。

提标左营二号米艇火药舱被炮火击中，6 名兵丁当场牺牲；另有 3 条水师船受到不同程度的轰击，船舱渐渐漏水。特别是关天培的指挥船，受到英舰的重点进攻，密集的炮火在关天培身边、头上呼啸，桅帆被炮火剥落一层。关天培的手被擦伤，鲜血直流。但他临危不惧，屹立桅前，镇定自若地指挥水师船反击。在关天培的带动下，清军斗志昂扬，奋勇杀敌。“窝拉疑”号舰上一名亲身参与这次战斗的军官回忆说：“水师提督的战船和其余几个〔只〕船，据着原地，猛力对我方进攻，实在出乎我们的意料之外。从距离看来，中国的炮和火药是很好的，只不能自由地上升下降，炮弹太高，多无效果，只有少数落于船桅或索具之上。‘窝拉疑’号船帆上中了几弹，‘海阿新’号船桅和索具也中了炮弹。一个 12 磅的炮弹击中了‘海阿新’号的船桅，又一弹正中了主要横帆，帆桁需要修理。”① 《中国丛报》也报道说：“我们华伦船（即“海阿新”号）上被提督炮伤船头并绳索等件，人亦受伤，速即退出。”② 经过一小时的激烈炮战，“士密船（即“窝拉疑”号）上帆斜旗落，且御且逃；华伦亦随同遁去”③。清朝水师

1839 年 11 月 3 日，清水师提督乘坐该船指挥穿鼻湾前哨战

① 宾汉：《英军在华作战记》，《中国近代史资料丛刊·鸦片战争》第 5 册，第 48 页。

② 魏源：《海国图志》卷八二《夷情备采二》，第 1973 页。

③ 《钦差大臣林则徐等奏为英兵船阻挠该国商船具结并到处滋扰叠被击退折》，《鸦片战争档案史料》第 1 册，第 731 页。《中国丛报》的报道称这次战斗“打了两个小时”。

在武器装备处于劣势的条件下，奋力反击，再次击退了英人的挑衅。在这次战斗中，两艘英舰均被多次击中，英人有的受伤，有的落海；中国水师3艘船受到炮击进水，兵丁死15名，伤数十，损失较大。

英舰从穿鼻洋败走后，驶往尖沙咀锚地修理。义律不甘心穿鼻之战又遭失败，同时眼见尖沙咀之北官涌山正在修筑防御工事，又纠集英船向官涌山多次发动进攻，受到守军的顽强抗战。林则徐认为，官涌山“恰当夷船脊背之上，俯攻最为得力”，英船聚集尖沙咀洋面，“不惟藏垢纳污，且等负嵎纵壑，若任其据为巢穴，贻患曷可胜言!”因此，他在沿海采取断绝英人接济措施后，便在官涌山一带增派兵丁，修整防御工事。原意只是希望英人“畏威奉法，仍听贸易如常”。[①] 英人见清军在官涌山增强防卫，亟欲拔掉这颗眼中钉，竟在10天之内，对官涌山发动了6次进攻。[②]

第一次，11月3日（九月二十八日），英人见清军在官涌山修筑工事，即派兵驾舢板登岸，手持武器爬上坡来窥探。驻扎该处之增城营参将陈连升、护理水师提标后营游击之守备伍通标等见英人登山，即派兵截拿，打伤英兵2名，夺枪1杆，其余的“滚崖逃走，遗落夷帽数顶”。

第二次，11月4日（九月二十九日）夜，英船排列海面，齐向官涌营盘开炮，仰攻数次。由于清军扎营得势，炮子不能横穿，仅仅从高处坠下，未对兵营造成损伤。计共拾得炮子十多个，重七八斤至十二斤不等。清军发炮回击，只听到英船兵丁齐声喊叫。究竟伤亡如何，因黑夜无法查数。

第三次，11月8日（十月初三日），英船大者在正面开炮，小船抄到侧旁，乘着潮水扑向岸畔，有百多人抢上山岗，齐放鸟枪，仅打伤两名清兵手足。增城右营把总刘明辉等率兵迎截，砍伤打伤英兵数十名，英兵狼狈退逃，山坡上丢下无数的帽鞋刀鞘。第二天，“望见沙滩地上，掩埋夷尸数具”。

第四次，11月9日（十月初四日），英船又到官涌稍东的胡椒角开炮试探。驻守胡椒角的陆路提标后营游击德连指挥大炮、抬炮同时回击，英军知道有备，受伤退走。

第五次，11月11日（十月初六日），林则徐根据禀报，得知义律屡次向官涌山发动进攻，乃增调官兵200名，派遣原任游击马辰、署守备周国英、把总黄

① 《钦差大臣林则徐等奏为英兵船阻挠该国商船具结并到处滋扰叠被击退折》，《鸦片战争档案史料》第1册，第732页。

② 以下6次官涌之战，均见《钦差大臣林则徐等奏为英兵船阻挠该国商船具结并到处滋扰叠被击退折》，《鸦片战争档案史料》第1册，第732—734页。

者华等率领前往会剿；并且拨发得力大炮 6 门，委弁解往，借以增强火力；还令熟悉情形之余保纯等驰往阵地，会同梁星源相度山梁形势，妥为布置。此外，林则徐还函告驻守九龙之参将赖恩爵、驻守宋王台之参将张斌等，令其就近督带兵械，移到官涌，并力夹击。

这一天，陈连升、张斌、马辰、余保纯、赖恩爵等均齐集官涌营地，共同商定分五路发动进攻。当天下午 4 时左右，英船见营盘在安设炮位，即各自赶装炮弹，到了起更时，向官涌营盘连发数炮。清军立刻应战，五路大炮一齐射往英船，远远听到撞破船舱之声，连接不断。初时英船还开炮抵拒，一二时后，只听到咿哑的叫喊声，再也无力回击。各船灯火相继熄灭，偷偷开船潜逃。第二天天明，只见英船已经逃去一半。还有一条双桅舢板在洋面半沉半浮，余船十多只已退到远处停泊，“篷扇桅樯绳索杠具，大都狼狈不堪”。

第六次，11 月 13 日（十月初八日），英人在屡遭失败后，还想伺机报复。官涌守军得到探报，互相密约，不动声色，静待敌人前来，乘机痛剿。是日下午，多利和得忌剌士两船，偷偷驶向官涌，后面还有十来只船跟随驶来。守军见势，分别赶赴五路山梁，“约计炮力可到，即齐放大炮，注定头船攻击。恰有两炮连打多利船舱，击倒数人，且多落海漂去者。其在旁探水之夷划一只，亦被击翻。后船惊见，即先折退。而多利一船，尤极仓皇遁去”。

英人紧接穿鼻之战，连续对官涌清军营地发动六次攻击，其意图显然是想赶走清军，以便把尖沙咀洋面作为长久盘踞的巢穴。六次进攻的失败，使英船再也难以在尖沙咀洋面立足，形成“于澳门既不能陆居，于尖沙又不能水处”的局面，只得开往龙波、筲洲、长沙湾、赤沥角等处外洋散泊。

自从 5 月收缴鸦片完毕，至 12 月 5 日止，各国商船遵式具结进口的已有 56 只，内英船 1 只；英国未具结之船不许进口的 32 只，已具结而被英国兵船阻挡未进口者 1 只。① 林则徐一直主张禁绝鸦片贸易，发展正常通商。自从收缴鸦片后，三令五申，劝告义律转嘱英商具结进口。但义律的倒行逆施，促使中英关系日趋恶化。与此同时，道光帝看到前哨战中连续得胜，态度也日趋强硬。11 月 20 日，林则徐奉到道光严谕：“倘该夷逼〔迫〕于势蹙，暂作缓兵之计，日后再有反复，即当示以兵威，断绝大黄茶叶，永远不准交易。”② 恰好同一天，义

① 参见《林则徐日记》（1839 年 12 月 5 日），《中国近代史资料丛刊·鸦片战争》第 2 册，第 39 页。

② 《廷寄》，《筹办夷务始末》（道光朝）一，第 232 页。

律也发出通告，制止英船进口贸易。在这种形势下，林则徐与广东督抚等经过反复考虑，最后决定采取断然措施，于 11 月 27 日联合发出布告，从 12 月 6 日起，“所有英吉利港脚货船，概不准与之交易；此外各国夷船遵式具结者，仍准通商”①。

中国断绝和英国贸易之后，义律继续玩弄各种花招，进行对抗与破坏。林则徐对此采取了一些相应措施。首先是厚待遵令具结的美商，其次是对英商继续推行分化政策，准许“皇家萨克逊”号于 12 月 29 日进口贸易，还托弯剌把《谕英吉利国王书》转送给英王。在这封国书中，先说明为何收缴趸船鸦片以及予以全部销毁的原因。继而将鸦片私贩与英国政府分开，希望双方合作，共除烟祸。最后宣布新定禁烟条例：“凡在一年六个月之内，误带鸦片，但能自首全缴者，免其治罪；若过此限期，仍有带来，则是明知故犯，即行正法，断不宽宥。”② 英国欲图长久贸易，必须遵守禁例，将鸦片永断来源，切勿以身试法。英国三桅帆船“杉达”号在海南岛文昌县附近遇风沉没，15 名船员凫水登岸，被送到广州后，林则徐深表关怀，并亲自接见，赏赐食物，又把他们安全送上英船。凡此等等，表明林则徐在断绝贸易后，仍继续推行区别对待政策，只是对那些顽抗具结的才予以严厉制裁。

1840 年 1 月 15 日，顺天府尹曾望颜曾奏请封关禁海，主张“无论何国夷船，概不准其互市”③。林则徐曾据理加以驳斥，指出如“将现未犯法之各国夷船与英吉利一同拒绝，是抗违者摈之，恭顺者亦摈之，未免不分良莠，事出无名”。而且断绝之后，将促使他们“联成一气，勾结图私”，势必造成严重后果。他主张“薰莸有别”，“示以大公”。④ 林则徐的正确意见，得到了道光帝的采纳。

从林、邓宣布断绝英国贸易，到英国侵略军大队来华，前后有半年多时间。义律一直率领英国船舰在沿海漂泊，“此东彼西，总无定处。日则暗放三板，分运烟土，引诱奸民，零星贱卖；夜则抛锚寄碇，并召集办艇环护，支更瞭望，

---

① 《鸦片战争前中英交涉文书》，第 247 页。

② 林则徐：《致英国王照会底稿》，《筹办夷务始末》（道光朝）一，第 211 页。

③ 《曾望颜奏请封关禁海以清鸦片弊源折》，《筹办夷务始末》（道光朝）一，第 250 页。

④ 《两广总督林则徐等奏为遵旨议复曾望颜条陈封关禁海事宜折》，《鸦片战争档案史料》第 2 册，第 66—68 页。

以防我兵火攻”[①]。一些鸦片贩子在广东不能得手，就跑到福建、浙江、江苏一带沿海，引诱奸民，售卖鸦片，并且赚了大钱。一只小巡洋舰往返一次，就“装回价值70万（元或卢比，原文不详——译者）的细丝银子”[②]。为了严厉打击义律的破坏行为和鸦片贩子的走私活动，这时已改任两广总督的林则徐和巡抚怡良、水师提督关天培密商，将平时装配的大小火船，雇募疍户渔民为水勇，教以如何驾驶、如何点放，每船由一二兵弁带领，先赴各洋岛澳埋伏，候至夜深，察看风潮皆顺，即令一齐放出，乘势火攻，烧毁环护英船的匪船。如能延烧夷船，加倍重赏。2月29日，原任游击马辰、加都司衔之守备卢大钺、以都司用之守备黄琮、把总杨雄超与千总王应凤等各率水勇，分路并进，向金星门进发，待到达英船寄碇之处，出其不意，一齐发火，同时将火罐喷筒，乘风抛掷，烧毁屠牛换鸦片之大海船1只，买运烟土之艚船1只，大买办艇1只，大扒艇1只，虾笋办艇3只，杂货料仔艇1只，卖果子糕饼之扁艇15只，又将英船高头三板前后延烧，还烧毁海中沙滩所搭篷寮6处，通英奸民除烧毙淹毙不计其数外，还生擒匪犯陈水生等10名，“不惟足慑汉奸之心，亦可以寒英夷之胆”。[③]《澳门新闻纸》就此事评论说：“中国人若放得各火船得法，各船定必大受其害。此系算是第一次，后来恐怕中国人若一练熟，驶火船有准头，即更有危险之事，故我等切当小心提防之。”[④]

英船在广东洋面难于立足，又转向福建洋面活动，同样受到迎头痛击。新调闽浙总督邓廷桢，3月间自粤赴闽。途中即接见了署水师提督程恩高，嘱他加强防卫。抵福州后，又咨行水陆提镇道府厅营，实力巡防。4月10日，程恩高得到禀报，有三桅英船3只、两桅英船1只，由东南外洋驶至梅林澳寄泊。程恩高即督率舟师，星夜驰往。12日黎明，看见英船3只，一字排列，随即指挥将士放炮攻打，英船回炮抗拒。双方炮战四五个小时，沿海各处炮台亦接连开炮，攻击英船，打坏夷船帆索各项物件不少，英船抵挡不住，挂帆起碇，且拒且逃，

---

① 《两广总督林则徐等奏报焚剿英船擒获汉奸等情折》，《鸦片战争档案史料》第2册，第129页。

② 严中平辑译：《英国鸦片贩子策划鸦片战争的幕后活动》，《近代史资料》1958年第4期，第84页。

③ 《两广总督林则徐等奏为被逐英船仍逗留外洋及烧毁匪船以断英船接济折》，《鸦片战争档案史料》第2册，第26—28页。

④ 魏源：《海国图志》卷八二《夷情备采二》，第1974页；《澳门新闻纸》（1840年3月7日），《中国近代史资料丛刊·鸦片战争》第2册，第453页。

向东南外洋逃窜。各兵船跟踪追击，待抵达石圳外洋，前营兵丁叶国能看见英船有人正在手持木棍，洗炮舂药，立即用鸟枪仰击，该人顿时倒下，木棍跌落海中，叶国能亦被英人回枪毙命。程恩高偕同兵船直追至晚上，遥望不见英船帆影，方才收兵。①

5月22日，福建水师提标左营守备杨靖江督带水勇，扮商出洋巡查缉私，驶至南澳岛西北之穿山洋面，遇见英船"希尔拉士"号（一译"希腊"号）停泊在那里，杨靖江出其不意，督带水勇，"一齐驶近，兵丁抛掷火罐，打入英船，水勇亦掷火开枪，连环并击，英人受伤无算，落水死者三人"。杨靖江又命令水勇将英船后梢用钩搭住，水勇头目陈育手执藤牌，首先跳上英船，鱼贯而上者20多人，抢得铜炮1门，炮盖1个。英人执镖乱刺，水勇开枪回击，"又中八人，落水而死"。英人乘南风大作，斫断船缆，乘风驶逃，兵勇跳入水中，凫水回船。其时署铜山营参将陈显生率师赶至，会合穷追，夷船且拒且逃，直到驶入深水大洋，才收兵回师。清点水勇，伤毙8人。② 据当时《澳门新闻纸》报道，此役英人放枪回拒，枪火放去，"全不中用"。"因为中国船用草席遮蔽甚好，故其船上之水手在席后面施放枪火，甚稳定有准头"。计英船水手50名被打伤15名，而"船主穰西受伤甚重，心中甚是忧愁，其两腿与周身皆有伤，比他人更重"③。

上述战役的胜利，使林则徐等深受鼓舞。他们认为火攻是打击敌人的有效方法，决定继续对英国走私船和广东沿海接济英人的匪船采用火攻。经与关天培协商，委派副将李贤、都司马辰、守备黄琮等分带兵勇400多名，暗伏岛澳，伺机袭击英船。6月8日，乘夜半月落之时，大队火船静悄悄地向磨刀外洋英船聚泊处移近，同时派出许多熟悉英语的渔民，假扮成接济英船的办艇，向英船靠拢，以谈生意为名，转移英人的注意力。火船抓住战机，占住上风，出其不意，闯进焚烧。他们里应外合，同时纵火。英船张皇失措，乱成一团。巴厘船上身穿白衣的英人持械跳出，水勇方亚早等奋力冲杀，将英人杀毙4名，其余英人连船全被烧毁。将弁水勇乘英船乱奔之际，"将火箭、火罐、喷筒等物纷纷

---

① 参见《闽浙总督邓廷桢奏报闽省攻击英船情形折》，《鸦片战争档案史料》第2册，第86—87页。

② 参见《闽浙总督邓廷桢等奏报哨船袭击贩烟英船并获购土汉奸折》，《鸦片战争档案史料》第2册，第125—126页。

③ 魏源：《海国图志》卷八二《夷情备采二》，第1974页；《澳门新闻纸》（1840年5月30日），《中国近代史资料丛刊·鸦片战争》第2册，第476页。

抛掷，又将载有（鸦片）烟箱之夷船烧毁一只。另有夷船一只，桅帆着火，弃碇驾逃，经夷众将火扑救，先后延烧大小办艇十一只，又烧毁近岸篷寮九座。其冲突窜逃各夷船，彼此撞碰，叫喊不绝。夷人带伤跳水，烧毙、溺毙及被烟毒迷毙者，不计其数”①。

从九龙之战到磨刀洋火烧英船，在半年多的时间里，中英之间发生了多次武装冲突。这些冲突多半是由英方挑起的。它构成了鸦片战争的前哨战。尽管这些战斗还不是两国之间的正式交锋，但无疑是战争的前奏。没过多久，英国远征军抵华，战争就正式爆发了。

① 《两广总督林则徐等奏报焚剿英船擒获汉奸等情形》，《鸦片战争档案史料》第2册，第129—130页。黄琮此处作费琮，据《林则徐集·奏稿》中（第824—826页）和《筹办夷务始末》（道光朝）一（第315—317页）等校正。

第七章　鸦片战争爆发　清廷趋向妥协

一、鸦片战争的来临

中国声势浩大的禁烟运动，林则徐虎门销烟的壮举，沉重打击了以英国为首的殖民侵略势力。尤其是作为头号资本主义强国的英国，它要开拓中国市场，维持掠夺东方财富的三角贸易，必须依赖鸦片贸易这个基础。而中国的严厉禁烟，严重动摇了这个基础。这是英国资产阶级及其政府不愿意看到的。与此同时，围绕尖沙咀林维喜事件，中英两国在维护与破坏中国司法主权问题上的斗争也急剧激化。英国侵略者决心要以此为突破口，彻底改变中西关系的旧格局，代之以奴役中国人民的“新秩序”。因此，英国从得悉中国严厉禁烟起，就加紧策动侵华战争：在中国，以义律为首的侵略分子不断挑衅，加剧紧张局势，制造战争气氛；在英国，鸦片利益集团与以纺织资本家为主的制造业资本集团沆瀣一气，大肆煽动武力侵华，并不断向英国政府提供情报，献计献策，敦促英国政府早日做出发动战争的决策。英国政府遵循本国资产阶级的意旨，很快做出了对华发动战争的决定，并积极进行部署。于是，近代西方资本主义对中国发动的首次战争——鸦片战争，便不可避免地爆发了。

英国政府在决定发动对华战争将近半年之后，于 1840 年 3 月 19 日首次在下议院宣布远征中国的决定和意图。4 月 4 日，英国女王命令把咨询枢密院后的敕令提交国会。敕令说：“经过咨询枢密院的同意，命令各战舰司令把中国皇帝和他的臣民以及其一切领土的居民所有的大小船只及船上一切货物扣留带到我们的港口。倘若中国政府不肯道歉、赔偿，就把这些船只和货物交由我国国内海事法庭裁决。……公平处理一切已获取、将获取的各种大小船只、俘获品、掠夺品、胜利品、报复性的劫掠物。”① 7日、8日和9日，议会就此进行了辩论。詹姆士·格雷厄姆爵士在议会提出质询，指责“英国政府先把商务监督安置在广州，然后再通知广东总督已是一种错误；接着又把东印度公司授予船上大班的权力转给商务监督，又是一种错误，因为这种权力以前已经被取消”。他又指出，“关于英国侨民应受到保护的命令从没有执行过，而律劳卑的派遣则更是个严重的错误”。格氏强调：“目前面临的战争，不是一场为建立和平的短暂的小规模战争。地点遥远，气候恶劣，印度洋等地的季节风的影响以及士气不振，都会使这场战争成为一场惨重的战争。这样的战争是必要的吗?”他相信是不必要的。② 为此，他提出一个新决议案：③

维多利亚女王像

> 女王陛下令交议会的关于中国的文件，本议会加以考虑之后，认为我们与中国的商务关系和友好交往所以中断，以及曾发生敌对行动，主要是由于女王陛下的枢密院大臣对于我们与中国之关系缺乏先见之明，特别是由于他们忽略了授权并指示广州商务监督，对于偷运鸦片进行非法贸易的日益滋长的流弊采取预防措施，使监督适应所处的新的困难情况。

围绕格雷厄姆的发言和提案，两派唇枪舌剑，反复辩论。最后于9日下午在辩论无结果的情况下进行表决。结果赞成格氏提案的有262人，反对提案的则有271人，以9票之差，“这项提案遭到否决”④。

5月12日，斯坦厄普勋爵向女王递交了一份奏章，对议会获悉中英友好关系中断表示关切。他认为：“中英的友好关系所以遭到破坏是由于英国臣民违背中国政府的禁令，坚持把鸦片运进中国去所引起的。”他“请求女王陛下采取措施，制止英国人这类行为”。⑤ 但是斯坦厄普的正确意见遭到一些鸦片利益集团

---

① 《中国丛报》第9卷第5期（1840年9月），《鸦片战争史料选译》，第219页。

② 《中国丛报》第9卷第5期（1840年9月），《鸦片战争史料选译》，第221页。

③ 《中国丛报》第9卷第5期（1840年9月），《鸦片战争史料选译》，第222页。

④ 参见《中国丛报》第9卷第5期（1840年9月），《鸦片战争史料选译》，第220—231页。关于表决的日期，军事科学院编的《中国近代战争史》（军事科学出版社1984年版）第1册第12页作4月7日，误。同书把对格雷厄姆提案的表决说成是“通过了政府的对华政策”，表达亦不确切。其他著作中有不少亦有类似错误。

⑤ 《中国丛报》第9卷第5期（1840年9月），《鸦片战争史料选译》，第231页。

代言人的强词反驳，英国首相迈尔本勋爵答辩说：“斯坦厄普勋爵的发言只能使我们的一切行动，无论军事上的或谈判上的都难于实现。”① 埃伦巴勒勋爵强调：“禁止在我们的印度领土种植鸦片的任何企图是极端不合宜和无效能的。从鸦片这个来源得来的岁收达 150 万镑以上，在实效上等于对外国人的一种人头税。如果这项岁收丧失了，就要对我国自己的臣民另抽一种税才能弥补这个损失。尽管我们在其他贸易方面做出很大努力，也是没有效果的。有些人大声叫喊，反对把鸦片运进中国，而主张把大量厚火〔大〕呢绒布运进去作为代替，但这只是一种幻想而已。”② 这场辩论就在利欲熏黑了大多数议员的良心的情势下结束了。

当英国议会还在无休止辩论的时候，英国的海陆军已源源不断地从本土、南非、印度、锡兰向中国开去。1840 年 3 月 25 日，由舰长赞·卒治理指挥的“都鲁壹”号（44③）军舰自新威尔士开到广东海面。赞·卒治理被任命为珠江中的海军指挥官。4 月，从英国开出的“布郎底”号（44）、“卑拉底士”号（20）到达南非海面，立即奉命开往新加坡，向聚集在那里的英国军队宣布，海军少将懿律即将到达。30 日，侵略军的旗舰、原驻在南非开普敦的“麦尔威厘”号（74）以及“摩底士底”号（20）、“哥伦拜恩”号（18）开始从南非启航。5 月 30 日，英国侵略军主力从新加坡启航开往中国。6 月 9 日，英舰“鳄鱼”号（28）抵达广东海面。6 月 21 日起，英国舰队由海军司令伯麦率领的“威里士厘”号（74）、“康威”号（28）、“巡洋”号（18）、“阿吉林”号（10）、测量船“青春女神”号及轮船“阿特兰特”号、“皇后”号、“马达加斯加”号，连同 21 只运输船载着英军第十八团、第二十六团、第四十九团，和由孟加拉、马德拉斯二省供给的孟加拉志愿军、炮兵队、工兵队，先后到达广东海面。22—25 日，舰队相继北上，准备去占领舟山岛作为根据地。22 日，伯麦发出通告，宣布自 6 月 28 日封锁江面和海口。留“都鲁壹”号、“窝拉疑”号、“海阿新”号、“拉呢”号和轮船“马达加斯加”号（后由“进取”号接替）在广东执行封锁任务。

6 月 28 日，珠江海口和广东海面被英军封锁，中国船只不许进出，鸦片战争正式爆发。

广东海口被封锁的同一天，由南非开来的“麦尔威厘”号、“布郎底”号、“卑拉底士”号及武装轮船“进取”号到达广东海面。懿律将在澳门等候的义律

① 《中国丛报》第 9 卷第 5 期（1840 年 9 月），《鸦片战争史料选译》，第 233 页。
② 《中国丛报》第 9 卷第 5 期（1840 年 9 月），《鸦片战争史料选译》，第 235 页。
③ 括号内数字为载炮门数，下同。

接上“麦尔威厘”号，向他转交了英国政府的委任状。从此，义律就以英王副代表、驻华全权公使之一的身份，与懿律共同指挥侵华战争。

关于鸦片战争的开端问题，国内外史学界向来有两种看法：一种意见认为，“1839 年 9 月 4 日的九龙之战，是鸦片战争爆发的起点”①。持这种观点的有宓亨利的《近代远东国际关系史》，兴登的《中国与日本的主要问题》，英国的《不列颠百科全书》。来新夏 1957 年曾撰文主张以 1839 年作为中国近代史的开端。萧一山的《清代通史》，则以 1839 年 11 月 3 日（道光十九年九月二十八日）义律派兵船“窝拉疑”号与“海阿新”号在穿鼻洋面阻止英国商船入口所导致的穿鼻海战“为大战之开端”。牟安世 1982 年著的《鸦片战争》，在引论和正文中均认为九龙之战是战争爆发的起点，1987 年又在《学术月刊》第 2 期上发表《试析中国近代史的开始及其上限》，进一步阐述了这一观点。另一种意见认为，“1840 年 6 月，英国战舰和其他船只 40 余艘，士兵四千余名到达中国海面，第一次鸦片战争正式开始”②。持这种观点的比较普遍，主要有赖得烈的《中国的发展》、魏尔特的《赫德与中国海关》、慕尔的《英帝国简史》、海思等的《近世世界史》、齐赫文斯基主编的《中国近代史》、郭廷以的《近代中国史纲》、中国社会科学院近代史研究所编的《中国近代史稿》、苑书义等编的《中国近代史新编》以及费正清编的《剑桥中国晚清史》等。我们认为，从 1839 年 9 月 4 日九龙之战开始的一连串武装冲突，由于英国侵略大军尚未抵华，都只是前哨战性质，够不上是两个国家之间的正式开战，而在 1840 年 6 月下旬，英国侵略军先后抵达中国，宣布封锁珠江口及广东海面，战争才算是正式开始。

牟安世先生在《试析中国近代史的开始及其上限》中提出：“1839 年 9 月 4 日在广东沿海爆发的中英九龙之战，是我国民族英雄林则徐在禁烟运动中对英军发动侵略战争的战略防御中所取得的一场胜利的初战。这场武装冲突形成了鸦片战争的序幕。同时也就是鸦片战争的正式开始。”③ 这一论断未免忽视了事物发展由量变到质变的过程，忽视了事物发展的阶段性。英国发动鸦片战争从酝酿到决定出兵、再到战争正式爆发，有一个长期发展的过程。1839 年 10 月 1 日英国内阁决定对华用兵以前，只能是它制造战争舆论、策划发动战争以及进行战争挑衅、制造战争借口时期。九龙之战是一种战争挑衅，而不是战争的正

① 牟安世：《鸦片战争》，上海人民出版社 1982 年版，第 155 页。

② 中国社会科学院近代史研究所：《中国近代史稿》第 1 册，第 45 页。

③ 《学术月刊》1987 年第 2 期。以下引文均见此文，不另注。

式开始。可以设想，挑起这场罪恶战争的英国内阁尚未决定对华用兵，怎么能说战争就已正式开始了呢？侵华英军总司令直到1840年2月20日才任命，侵略军的组成还要更晚，怎么能说在距此时半年以前，战争就已正式开始了呢？岂非天下奇谈！

牟先生在文中提出：九龙之战是中英之间的武装冲突，武装冲突就是战争；九龙之战是在英国侵略者做了“充分准备”蓄意发动，而中国方面也相应做了迎战准备的情况下爆发的，因而不是偶发的局部武装冲突，“而是必然要爆发的战争”；挑起九龙之战的义律是英国第四任驻华商务监督，“九龙之战实质上就是义律代表英国政府挑起的‘侵略中国的殖民战争’”；九龙之战本身虽是局部武装冲突，但历史上许多战争基本上都是由局部武装冲突开始的，如抗日战争，即是“开端于7月7日的卢沟桥事变的局部武装冲突”。这些论断看来都值得商榷。

九龙之战是中英之间的武装冲突，这一点毋庸置疑。但简单地把武装冲突等同于战争却不恰当。什么是战争？战争是“一种社会政治现象，政治通过暴力手段的继续”，“为了达到政治目的，在战争中使用军队这种主要的并起决定作用的手段，也使用经济的、外交的、思想的等其他斗争手段”。① 从这个定义上可以看出战争的两个基本要素：一是具有政治目的，二是使用以武力为主的多种手段。如果不具备这两个基本要素，是不能称之为战争的。因而笼统地把武装冲突等同于战争，在理论上是站不住脚的。再从史实来看，九龙之战是英国驻华商务监督义律企图用武力解决海上英人的水米供应而挑起的武装冲突。这场冲突，加剧了中英之间的紧张局势，但并不能反映英国政府的立场与目的，更不是预定好的一整套战争计划中的一环。因此，把九龙之战视为鸦片战争的正式开始是不妥的。如果一看到中英间发生武装冲突，就断言为战争，那么鸦片战争的开始还可提前到1834年。因为那时英国首任商务监督律劳卑也挑起了一场武装冲突。在那场冲突中，英舰击毁了虎门炮台，烧毁虎门集镇，闯进广州省河，其严重程度毫不亚于九龙之战。但显然不会有人同意把这次武装冲突定为鸦片战争的开始。

至于说九龙之战不是偶发性的局部武装冲突，而是双方都有所准备、必然要爆发的战争，这里首先需要弄清楚的是九龙战前双方备战的性质，即双方在战前是准备挑起或反击局部冲突，还是准备进行一场国与国之间的战争。事实

---

① 《苏联军事百科全书》总编译组：《战争与战略》，中国社会科学出版社1983年版，第5页。

显然是前者而不是后者。从英方来说，义律蓄意挑起战争，早已露出端倪。但在英国政府决定对华用兵之前，他还无如此大的胆量，也无偌大军力，悍然发动战争。他只能在局部范围内进行战争挑衅，激化中英矛盾。再从中方来看，清朝统治集团总的倾向是既要禁绝鸦片输入，又要尽量避免战争。对于英国政府为了维护可耻的鸦片贸易，不惜发动侵华战争，他们是毫无思想准备的。这一点，连林则徐也不例外。他在九龙之战前三天（1839 年 9 月 1 日，道光十九年七月二十四日）还奏报说，英人从伦敦到中国，“须历海程七万里，中间过峡一处，风涛之恶，四海所无，行舟至此，莫不股栗。是则越国鄙远，尤知其难，迥非西北口外，得以纵辔长驱之比。……臣等细察夷情，略窥底蕴，知彼万不敢以侵凌他国之术窥伺中华”①。不难看出，直到九龙之战前，林则徐还认为英国不可能发动侵华战争。当然，林则徐乃至清政府也不是完全没有考虑到发生中英武装冲突的可能性。清政府赋予林节制水师之权，林到粤后积极加强防备，都说明他们对于中英武装冲突是有所准备的；不过，准备对付的只是英人的小规模挑衅，绝不是两国之间的大规模战争。既然当时双方的备战都是局部的，那么就有理由认为，九龙之战只是局部的武装冲突，尚未具备全局性质。

基于上述分析，九龙之战决不能与七七事变相提并论。因为两者发生的历史条件截然不同。日本在七七事变前对发动全面侵华战争已做了充分的准备。它早就把灭亡中国、称霸东亚以至世界作为基本国策。为了实现这一野心，它一方面由东北而华北，大肆扩张在华势力；另一方面加紧扩军备战。到 1937 年，日本军队已过百万，军费支出 12.37 亿日元，占国家预算的 45.7%。到七七事变前，日本全面侵华准备已经就绪，所缺的只是一个借口。中国自九一八事变以后，抗日救国已成为全国上下的共同呼声。特别是 1936 年 12 月西安事变的和平解决，使国共两党组成抗日统一战线的局面开始形成。因此，可以说，七七事变是在日本做好全面侵华准备，而中国也在准备抗战的形势下爆发的。尽管它本身是局部武装冲突，却被公认为中日战争全面爆发的开端。

至于说义律是受英王差遣在中国的代理人，九龙之战实质上是义律代表英国政府挑起的“侵略中国的殖民战争”，似乎更加牵强。首先，义律虽受英王派遣，但其职责只是商务监督，只有管理商务之权，并未被赋予发动战争的权力。而且英国一再强调，非得英国政府许可，不许轻举妄动。律劳卑把军舰开进珠

① 《钦差大臣林则徐等奏为英国非不可制请严谕将英船新烟查明全缴片》，《鸦片战争档案史料》第 1 册，第 673—674 页。

江，立刻受到外交大臣威灵顿的指责，认为他的行径“不符合政府的指示，纯属个人而不是官方的行动”①。1838年，马他仑率英舰来华，义律曾希望借此恫吓中国人放弃严厉的禁烟令。但马他仑接到的特别训示也是：“除非遇紧急情况需立即或绝对需要显示或使用武力以保护英国臣民的生命财产外，女王政府的战船必须严格遵守中国政府关于战船的种种规定，不得超越界限迫近广州城。”②其次，在一个国家政府与政府派出的外交官之间画上等号，显然说不过去。远在他国的外交官只有在他的职权范围内，按照本国政府的训令、指示行事时，才能代表本国政府，不是任何时候、任何言行都能代表本国政府。最后，义律代表英国政府挑起侵华战争的说法缺乏事实根据。九龙之战前，义律并未接到英国政府有关对华采取战争行动的训令。他自己也认为：对华发动一场战争，“毫无疑问必须得到女王陛下政府的批准”③，而“给予这样的惩罚却超出了我的力量和权力范围之外”④。因此，在九龙之战和随后的穿鼻、官涌之战后，他并不说是在进行“战争”，而只称为“报复”。这并非出自掩饰的动机，而是旨在说明这两次挑衅都是在职权范围内干的，不属于超出其职权范围的国与国之间的战争。既然发动挑衅的义律也不承认九龙之战是战争，为什么还要将其强说是战争的正式开始呢？

综上所述，把九龙之战作为鸦片战争的正式开始的各项论据都难以成立，而认为它是在英国政府的武力侵华政策尚未正式确立的情况下，随着中英之间矛盾激化而发生的局部武装冲突或前哨战，是比较合适的。

二、英军进扰厦门　攻陷定海

当英国按照计划向中国发动侵略战争时，清朝统治集团从上到下均没有思想准备。他们既没有料到英国会大举侵华，更不了解英国的侵华意图。道光帝

① 谭中：《中国和野蛮的新世界》，第141页。

② 转自张馨保：《林钦差与鸦片战争》，第108页。

③ 《义律致印度总督奥克兰》（1839年4月16日），转自张馨保：《林钦差与鸦片战争》，第183页。

④ 《义律致巴麦尊》（1839年4月22日），转自张馨保：《林钦差与鸦片战争》，第184页。

于1839年10月29日、12月13日（道光十九年九月二十三日、十一月初八日）两次下令停止贸易后，自以为不过是短少了一些税银，由此可以换得太平大局。他只是叮嘱广东当局认真执行断绝中英贸易的方针，将英船概行驱逐，完全没有想到中英之间即将爆发一场改变中国历史进程的战争，也就谈不上相应做些部署。因此，在接到英军进攻定海的消息之前，清廷仍未意识到中英之间已处于战争状态。至于地方当局，同样没有预计到中英之间会爆发战争。1840年4月26日，美国代办领事多剌那递禀告诉林则徐，据来自英美报纸的消息，英国将于6月前后实行封港，“不许各国之船来粤贸易”①。这明显透露了英国将要发动侵华战争，却并未引起林则徐的警觉，他反而批评多剌那是“胆大妄言，荒谬已极”②。林则徐尚且如此，其他督抚可想而知。当然，如前面所指出的，清政府和林则徐对英人的局部挑衅是有准备的。林则徐遵令停止中英贸易后，曾多次奏请道光帝谕令沿海各省，“一体严行防堵，以绝去路”③。清廷也同意他的意见，发出相应的上谕。但清廷只注重广东，对其他各省的防备并不重视。沿海各省督抚除邓廷桢到福建后防务有所加强外，其他多是敷衍应付，并未做认真准备。下面仅就粤、闽、浙三省做些分析，以见一斑。

广东自林则徐抵粤后，一直重视加强防务，因此能取得九龙之战的胜利，随后又击退了英船在穿鼻、官涌的多次挑衅。中英贸易停止以后，林则徐和关天培密切配合，用火攻方式，捣毁了一些英船盘踞的窝点。随着英国侵略者气焰日炽，林则徐进一步加强了广东的防御，曾“设法密购西洋大铜炮及他夷精制之生铁大炮，自五千斤至八九千斤不等”④，用以加强虎门各炮台的火力。同时，向澳门周围增派援军，将尖沙咀新建两座炮台赶修完竣；此外，招募水勇5000人，调集各营大号米艇20只、雇红单船20只，拖风船36只，并从美国人手中购买英船“剑桥”号，改为载炮34门的战舰，组成一支船队，准备迎战来犯之敌。与此同时，林则徐还大力开展杀敌卫国的宣传。7月3日（六月初五日），他发布《英夷鸱张安民告示》，宣布：“英吉利国夷人本多狡诈，且以鸦片

① 《米夷多剌那禀英国五月前后欲行封港请将本国来船进埔开舱由》，《信及录》，第176页。

② 《批谕广州府转谕多剌那》，《信及录》，第177页。

③ 《两广总督林则徐等奏为遵旨宣布英人罪状并设法驱逐英船出口折》，《鸦片战争档案史料》第1册，第753页。

④ 《两广总督林则徐等奏报续到英国兵船情形及粤省设防事宜折》，《鸦片战争档案史料》第2册，第139页。

害我民人性命，骗我内地资财，亦我民所同仇共愤。乃自断其贸易以后，该夷人尚不迅速回国，又不悔罪输诚，近更传言有兵船来粤。其来意之善恶，到后之顺逆，虽不可尽知，而彼既自外生成，我无难力制其命。……本部堂（院）今与尔等约：如英夷兵船一进内河，许尔人人持刀痛杀，凡杀有白鬼一名，赏洋一百元，杀死黑鬼一名，赏洋五十元。"① 广东民众热烈响应林则徐的号召，"参军颇不乏人，苦力成千成万群涌而来"②。此外，林则徐还密切注视着英国侵略者的动向，每当得到英舰来华消息，以及有关其行踪的情报，都及时向清廷奏报并转告沿海各省。

和广东毗邻的福建，海岸线长，鸦片之流毒仅次于广东。以往福建大小文武，多染指于鸦片走私，包送鸦片和向鸦片船提供水米是常见之事。海防形同虚设，海口炮台大者不过周围十余丈，安炮不过四位、六位，重不过千斤。水师作战能力也极弱。1839 年 11 月初，福建水师与 4 艘外国鸦片船交战时，不仅未能击败敌船，兵丁反倒受伤甚众。1840 年 3 月，邓廷桢调任闽浙总督。到职后表示，禁烟要"一鼓作气，坚持有进无退之心"③。他严办了一批走私惯犯和包庇纵容鸦片走私的官吏营员；同时亲赴各海口查察海防，对守军晓以大义，激励他们对来犯敌人"并力攻击，使其不敢留恋"④。为了加强武备，邓廷桢谕令各海口添设炮墩，并从广东购买 14 门外国重炮，安置于厦门。此外，还增加了一部分水师船的炮位。经过邓廷桢的努力，福建海防有所改观，对敌船来犯的戒备加强了。

浙江当时由乌尔恭额担任巡抚。他从未与外国侵略者打过交道，对其侵略气焰毫无体验；加以承平日久，对海防漠不关心，没有采取任何有效措施，虽"议有防夷五事复奏，大抵议而未行"⑤。浙江海防之废弛，达到了惊人的程度。拿舟山岛上的定海来说，按照定制，应由水师总兵一员率兵丁 2000 多名驻守。可是，这些兵丁竟然"半系栉工修脚贱佣，以番银三四十元，买充行伍。操防

① 转自杨国桢：《英夷鸱张安民告示录评》，《学术研究》1990 年第 6 期增刊，第 49—50 页；《林则徐全集》第五册，第 314 页。

② 宾汉：《英军在华作战记》，《中国近代史资料丛刊·鸦片战争》第 5 册，第 140 页。

③ 《邓廷桢关于鸦片战争的书信》（一），《中国近代史资料丛刊·鸦片战争》第 2 册，第 583 页。

④ 《闽浙总督邓廷桢奏报闽省攻击英船情形折》，《鸦片战争档案史料》第 2 册，第 86 页。

⑤ 《致沈维娇》，《林则徐书简》（增订本），第 165 页。

巡缉，视为具文”[1]。定海文武官员也多从鸦片走私中捞取油水，每当鸦片船来，“自总兵令丞迄舆台皂隶，莫不有贿，贿既足，然后许开市”[2]。他们当然不会尽心竭力加强海防，对敌船来攻更谈不上有警惕性。以致后来英军舰队已经逼近，水师总兵张朝发竟还满不在乎，说是“被风吹来”，“无足深讶”。[3]

从上述情况不难看出，英军来华后最先袭扰的沿海三省，由于当局态度不同，措施有异，戒备方面差别很大。这就很自然地导致与英军交锋的不同结果。

在广东，英舰“都鲁壹”号、“拉呢”号、“海阿新”号、“哥伦拜恩”号以及武装轮船“进取”号对珠江口实行封锁。他们贴出告示，一面诬蔑林则徐等“捏词假奏请奉皇帝停止英国贸易之谕，以致中外千万良人吃亏甚重”；同时宣布：“所有内地船只，不准出入粤东省城门口，兼嗣后所指示各口岸，亦将不准出入。”[4] 林则徐得悉这一通告，意识到以往的判断有误，迅速通知关天培：“如果该英夷胆敢拦阻行舟，即当示以兵威，不容滋扰。”[5] 并认为，英舰所恃，专在外洋空旷之所，“若使竟进口内，直是鱼游釜底，立可就擒，剿办正有把握”[6]，只要严防水陆各要隘，英舰就难以得逞。林则徐所采取的策略主要是以守为战。由于广东的防御体系比较坚固，加上官民同仇敌忾，斗志甚高，因此封锁珠江口的英舰“不敢冒死轻入，每日东飘西泊，莫定行踪，夜更游弋不停，深恐我兵复用火船，潜往烧毁”[7]。广东沿海事实上处于中英对峙状态。英舰的封锁并未产生多大效果。其实际情形是：间有一两艘英舰驶至距虎门 50 余里之校椅沙一带，做做封锁的姿态而已。

在福建，由于沿海守军有一定的戒备，因而当英军进扰厦门时，就遭到当地守军的迎击。懿律乘坐“麦尔威厘”号自 6 月 28 日抵达广东，稍作停留，即于 30 日偕“布郎底”号、“卑拉底士”号等北上，7 月 2 日到达厦门口外。是日

---

① 王庆庄：《定海被陷纪略》，《中国近代史资料丛刊·鸦片战争》第 3 册，第 240 页。

② 高延第：《涌翠山房文集》卷三《记王邑丞语后》。

③ 王庆庄：《定海被陷纪略》，《中国近代史资料丛刊·鸦片战争》第 3 册，第 240 页。

④ 《英国兵船所出汉字说帖》，《鸦片战争档案史料》第 2 册，第 147 页。

⑤ 《两广总督林则徐等奏报英船在粤滋扰及驰出外洋情形片》，《鸦片战争档案史料》第 2 册，第 146 页。

⑥ 《两广总督林则徐等奏报英国兵船移泊校椅沙一带情形片》，《鸦片战争档案史料》第 2 册，第 181 页。

⑦ 《两广总督林则徐等奏报英国兵船移泊校椅沙一带情形片》，《鸦片战争档案史料》第 2 册，第 181 页。

中午，英军派遣“布郎底”号战舰前往厦门，试图递交一封“极为重要的急件”[1] 给提督。他们由青屿洋阑入屿仔尾海面，“发现港口防御坚固”[2]，即停泊下来。署厦门同知蔡觐龙、护水师提标中军参将事、守备陈胜元，派海防厅巡船前往查看，询问来意。当得知是要向水师提督递交重要信件时，巡船人员告诉英人，“提督在泉州”，并要他们去那里找他。英军翻译罗伯聃根据总司令指示，起草了一份关于“休战旗”（即白旗）的含义的文件要他们带回去，告知同僚，共同知悉。不到一小时，巡船又来到“布郎底”号旁，告诉罗伯聃说：“县官们已抄了一份送上级官员，由于他们不敢与外面的外国人通信，恳请收回这份原件。”[3] 罗伯聃声言这份文件是给县官的，他是执行上级命令，务请带回。巡船人员商议后同意了。下午3时，舰长胞诅派少尉弗·尼科尔逊与罗伯聃乘小艇向炮台近旁的海滩开去，船头插着一面白旗。海滩上按战斗队形排列着二三百名官兵，企图阻止他们上岸。罗伯聃和尼科尔逊都用手指着白旗，说明要送信给提督，要求上岸呈交。岸上回答，提督已去泉州，如果胆敢上岸，就要遭杀身之祸，边说边把长矛和火绳枪对准小艇上的人员，待到相距只1米时，罗伯聃等才停止前进。他们知道无法呈递，只好驶回。

7月3日清晨，“布郎底”号即升起帆篷，决心开到岸边，在战船大炮的保护下再做一次投书的尝试。由于无风，直到11时才起锚，把船开到厦门港岸边，离岸上炮位仅500米。他们为了表明自己的目的，用汉字写在白布上，声言：“奉上官之命，欲在此上岸向贵地官员投递要件一份，并由其转交提督大人。”[4] 罗伯聃等6人再次登上小艇，插着白旗，并把写上汉字的白布悬挂起来。快靠岸时，罗伯聃发现，中国当局一天来都在做战斗准备，最好的大炮已被安上炮位，原登陆点又增添三门大炮，海滩已成了一座军营，布满了士兵的帐篷，还拖来几只大沙船，安装了大炮，配备了士兵，显示出要坚决阻止他们上岸的决心。当罗伯聃快到达昨天同一地点时，清军官兵大概怀疑挂白旗是诡诈之计，都做好战斗准备，打算用强力阻止他们登岸。罗伯聃反复申说也无效果，最后

① 《中国丛报》第9卷第4期（1840年8月），《鸦片战争与林则徐史料选译》，第190页。

② 宾汉：《英军在华作战记》，《中国近代史资料丛刊·鸦片战争》第5册，第69页。

③ 《中国丛报》第9卷第4期（1840年8月），《鸦片战争与林则徐史料选译》，第191—192页。

④ 《中国丛报》第9卷第4期（1840年8月），《鸦片战争与林则徐史料选译》，第194页。

乃高声喊道："我现在最后一次问你们，收不收？"岸上异口同声都说"不"，催促他们立即离开。① 罗知道再次投书已经落空，即命令把艇退回去。在这紧急时刻，胞诅遥见投书无法投递，就在兵舰上"换挂红旗，声言开炮"②。署水师中营守备陈光福眼见敌人示意打仗，对准罗伯聃施放一箭，幸亏罗伯聃因小艇在后退时晃动太大，一下子倒了下去，才保住了性命。罗伯聃4天后记述说："就在我摔倒的那一瞬间，一支瞄得很准的箭从我刚才的位置飞了过去。它的力量是如此之大，以致射中船底时，箭头裂成了碎片。"③ 岸上清军以为真"射中能作官音夷人，仰跌船内"。说时迟，那时快，紧接陈光福之后，"兵丁连放鸟枪，击中夷人二名落海"④。"布郎底"号也向岸上和沙船连放大炮，清军官兵被打死9人，伤14人，炮台兵房被击中数处，滨海民房也遭破坏，民妇陈黄氏中弹身亡。战斗持续了几个小时。为了欺人耳目，罗伯聃又遵照胞诅的命令，用中文起草了一份文告，申述战争原委，诡称开仗是出于无奈，"与汝等平民百姓并无仇隙"。⑤ 尼科尔逊奉命率武装小艇两只前往炮台，准备把这份挑拨军民关系的文告贴在墙上。他们上岸还来不及贴上，就受到清军的攻击。"护参将陈胜元手执长矛，刺中白夷一人身死，哨船及岸上弁兵枪炮联络，中伤夷人多寡不能籍记。"⑥ 胞诅担心他们的退路被截断，急忙命令赶快撤退。"那份布告，后来被装进一个瓶子里，扔到另一条船上。人们看见有个渔民把它捡了起来。"⑦ 下午4时左

---

① 《中国丛报》第9卷第4期（1840年8月），《鸦片战争与林则徐史料选译》，第195页。

② 《闽浙总督邓廷桢奏报来厦英船被击退情形折》，《鸦片战争档案史料》第2册，第166页。

③ 《中国丛报》第9卷第4期（1840年8月），《鸦片战争与林则徐史料选译》，第195页。

④ 《闽浙总督邓廷桢奏报来厦英船被击退情形折》，《鸦片战争档案史料》第2册，第166—167页。

⑤ 《中国丛报》第9卷第4期（1840年8月），《鸦片战争与林则徐史料选译》，第196页。

⑥ 《闽浙总督邓廷桢奏报来厦英船被击退情形折》，《鸦片战争档案史料》第2册，第167页。

⑦ 《中国丛报》第9卷第4期（1840年8月），《鸦片战争与林则徐史料选译》，第197页。关于这次投送文书，军事科学院编的《中国近代战争史》第1册第22页说："包诅见厦门守军拒绝接收照会，便将它留在沙滩上"，不确。此处系根据罗伯聃4天后的追记，应比较可靠。英军留下的不是巴麦尊照会，而是临时起草的一份告示；不是留在沙滩上，而是放进一个瓶子，抛掷到另一条船上，人们看到有个渔民把它捡了起来。

右，胞诅下令撤退。英军试图在厦门投送“极为重要的急件”，最后以失败告终。“布郎底”号离开厦门后，继续北上，追赶懿律所率舰队去了。厦门冲突暂时了结。

这次英舰“布郎底”号进扰厦门，以往的记述从魏源、梁廷枏开始，大多不实。这里根据的是罗伯聃在进扰 4 天之后的 7 月 7 日写的亲历记和邓廷桢 13 天后依据刘耀椿禀报写的奏折。两相对照，主要情节大体一致，表明是可信的。这次侵扰主要是由于英方强行要通过厦门水师提督递交《巴麦尊子爵致中国皇帝钦命大臣函》的副本给清廷引起的。厦门当局一是由于水师提督陈阶平确实不在，二是碍于清朝旧制，地方官非经皇帝允许，不能收受外国文书和外国人往来；因而尽管英方举着白旗，一再说明只是为了递交重要急件，却也横直不许。一旦英人要强行登岸呈交，乃不惜以武力阻止。英人不理解厦门当局的立场，竟然亮出红旗，双方终于刀兵相见。事实很清楚，如果英人不强行递交文书，这次交火就不会发生，因此责任首在英方。但如果厦门当局懂得国际惯例，收受这份文书，这次交火也是可以避免的。至于英方伤亡，中英双方记载颇不一致。福建当局奏报英方死 3 人，伤众多，并进行了验尸。英方则没有记载。核对邓廷桢奏报，所言英方伤亡可能有些夸大；而从验尸的情况看，情节具体，不似虚有其文，足以证明英方是有伤亡的。

紧接厦门交火之后，是英军攻陷定海。

定海位于舟山岛的南部，东、西、北三面有群山环抱，南面临海。港湾离城墙仅二三里。港湾之南有大小五奎山、大小盘峙山、大小渠山等岛屿屹立海中，天然地构成了吉祥、竹山、大渠三个外洋入港门户，是少有的天然良港。舟山岛是舟山群岛中最大的一个岛，位于浙江中部海面，与镇海隔海相望，扼南北海上通道，是十分重要的战略重地。

英人对定海早有觊觎。早在 1700 年，英国东印度公司即曾在此设立商馆，以期在定海开创对华通商的新局面。18 世纪 50 年代，英船曾多次来到定海，企图以此为据点发展对华贸易。1793 年马戛尔尼使华，正式提出占领舟山附近一小岛的要求。此次英军进攻定海，乃是英国政府蓄谋已久的有计划的侵略行动。前已述及，早在 1839 年 4 月，义律就向英国政府建议：“立刻用武力占领舟山岛。”鸦片贩子查顿、拉本德等也先后致函英国政府，建议派军队占领舟山等地。同年 11 月 4 日，英国外交大臣巴麦尊致义律的第 16 号秘密训令中据此指出，继封锁珠江之后，第二步行动即是占领舟山群岛。1840 年 2 月 20 日，巴麦尊给懿律下达的最后训令更是明确指明：英军封锁珠江、切断台湾和厦门之间的

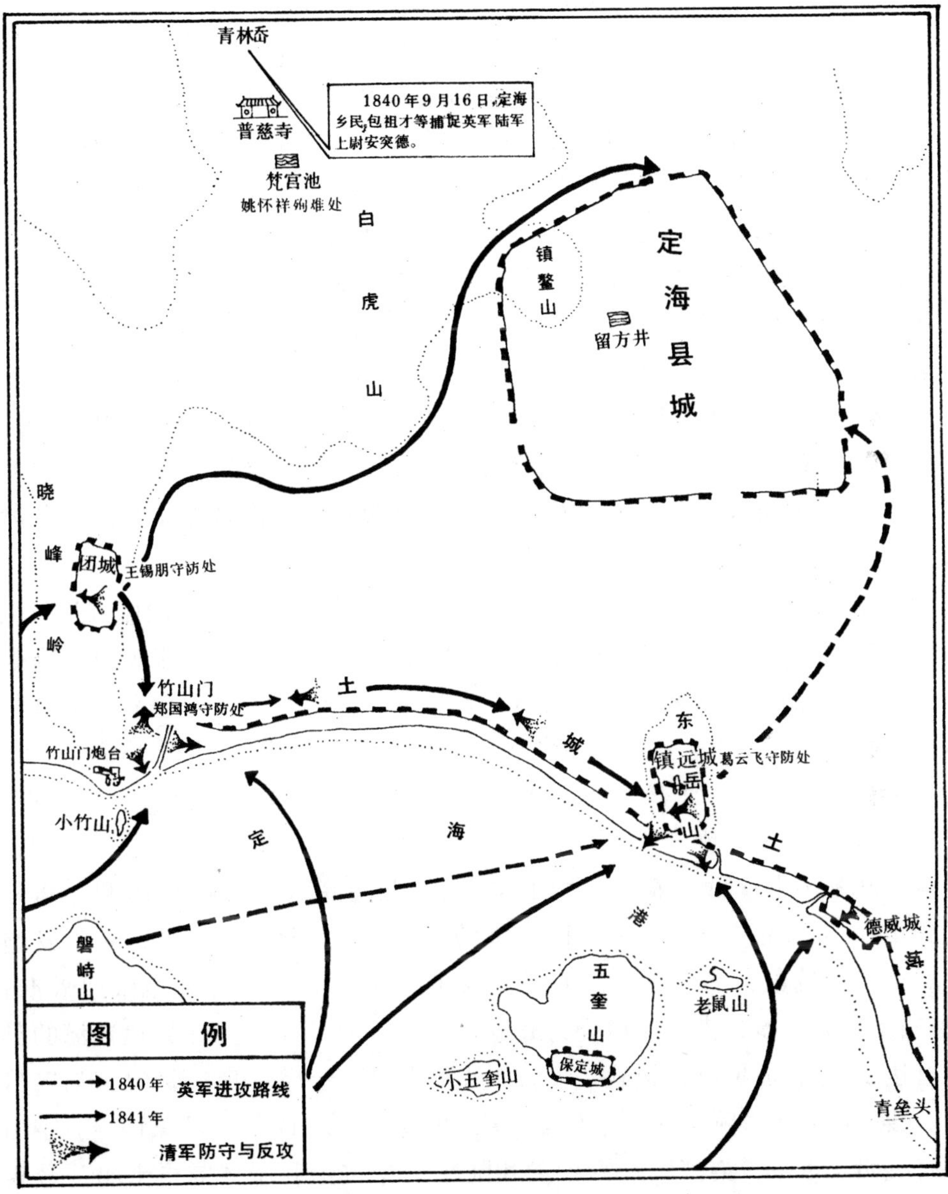

定海军民抗英斗争示意图

运输后，即“应该占领舟山群岛中他认为最适于用作司令站以便长期占领的岛屿”。英国之所以要占领定海，首先是由于英军远离本土，需要在中国沿海建立一个行动与供应基地。定海是良好而安全的停泊港，而且离大陆140多里，便于防御中国方面的任何攻击，同时清军防备空虚，接近富庶的长江三角洲，既易于攻取，又很适于做总司令站。其次是由于定海接近江浙经济最发达的地区，转运丝茶方便，有利于对中国进行长期的经济掠夺。第三，占领定海，有利于构成对清政府的威胁，借以实现他们的一切要求。

定海县建于1687年（康熙二十六年），管辖整个舟山群岛，后又改为定海直隶厅。由于地居南北冲要，清廷在此驻军一镇，辖镇标中、左、右三营，分驻舟山各岛，额兵2841名，配备大小船艇77艘，陆上配备大炮114门。镇标三营的营署均设在县城附近，但驻扎相当分散，计有陆路汛地数十处，各处驻兵数名或数十名。内、外海汛地亦数十处，驾船巡逻海面。鸦片战前，设有炮台4处，分布于南道头、沈家门、西岑港和五奎山，每台安设红夷大炮8门，驻兵各50名。另外，象山协、昌石水师营、镇海水师营亦归定海统辖。其防区北接苏淞镇，南连浙南黄岩镇，范围相当广阔。①

伯麦率领的英军主力自6月22日开始北上，到30日，已有两船到达舟山岛东南的沈家门。定海知县姚怀祥得报，前往总兵衙门谒见总兵张朝发，商议对策。张答：“夷船被风吹来，恒有之事，无足深讶。”② 7月2日午后，英舰陆续驶入五奎山洋面。中午，2只英轮在道头洋面探测水势深浅，探明后离去。这天到达道头港湾的英舰，计有“威里士厘”号、“康威”号、“鳄鱼”号、“巡洋”号、“阿吉林”号等战舰5艘，武装轮船“皇后”号和“阿特兰特”号2艘，以及载运着陆军第十八团、第二十六团、第四十九团等部的运输船10只，水陆兵丁共约4000人。定海镇总兵张朝发初时仍以为是“风吹误至”③，未予发炮阻止。后见英船越聚越多，张朝发和守土文武才如梦初醒，慌乱地做迎战准备，“雇民船十余为军艇，借米肆口袋为战篷”。4日，据清军查探，到达定海的英军舰船已达26艘，但据英方记载，实为“威里士厘”号等战舰5艘、“皇后”号等轮船2艘、运兵船“响尾蛇”号与运输船10艘，共计17艘。沈家门、五奎山外均泊有英船。下午，英海军司令伯麦和陆军司令布尔利派“威里士厘”号舰长

---

① 本节参考《钦定大清会典则例·营制》、光绪《定海直隶厅志》、光绪《镇海县志》及罗尔纲的《绿营兵志》、茅海建的《定海之战考实》一文写成。

② 王庆庄：《定海被陷纪略》，《中国近代史资料丛刊·鸦片战争》第3册，第240页。

③ 王庆庄：《定海被陷纪略》，《中国近代史资料丛刊·鸦片战争》第3册，第240页。

定海之战，“威里士厘”号作为主力舰首先开炮

托马斯·梅特兰前往清水师船投书，要求定海城协镇“大老爷必须即便将定海并所属各海岛与其堡台一均投降”，限半个时辰答复，否则，“即行开炮，轰击岛地与其堡台，及率兵丁登岸”。① 差不多与此同时，定海知县姚怀祥偕游击罗建功也乘小舟登上英舰，质询英军来意。伯麦等人告诉他，已有文书送去，限定时间献城投降，否则即要开炮攻打。姚答以“事关民众，从容议之”。② 他们告辞登岸后即赴总兵张朝发署商议。时英方文书已到，“限两个时辰投降”③。姚怀祥建议张朝发火速报告提督，请即派兵来援。他自己也向上司告急。在防守战略上，姚主张在道头街扼要守城待援。张朝发却说：“城非吾责，吾领水师，知扼海口而已。若纵之登岸，大事去矣。”④ 罗建功等“以外洋炮火利于水而不利于陆，请将水陆各兵一半撤至距城一里之半路亭，扼要堵守；一半撤至城中，

① 《英国水师将帅伯麦等为要侵占定海而致定海总兵的战书》，《鸦片战争档案史料》第2册，第154—155页。按，此信《中国近代史资料丛刊·鸦片战争》第3册和郭廷以的《近代中国史》第2册均有刊载，但投递对象和内容均有出入。此系定海失守后三天乌尔恭额奏报的附件，比较可信。

② 王庆庄：《定海被陷纪略》，《中国近代史资料丛刊·鸦片战争》第3册，第241页。

③ 王庆庄：《定海被陷纪略》，《中国近代史资料丛刊·鸦片战争》第3册，第241页。

④ 夏燮：《中西纪事》卷二四《海疆殉难》，岳麓书社1988年版，第298页。

登陴接应”①，张朝发也不同意。最后议定，张朝发率水师、罗建功率城外各营，分别在海上、岸上迎敌。姚怀祥负责城内防守。为了激励死战，互相约定：“在外者主战，战虽败不得入；在内者主守，守虽溃不得出。”② 5日下午2时，英军已作好了进攻的一切准备，陆军换乘小舟，准备登陆。战舰排列两行，前列“康威”号、“威里士厘”号、“阿吉林”号由东至西排成一字形，距道头海岸约200米；“鳄鱼”号、“巡洋”号排在后列。2时半，“威里士厘”号首先开炮，清军被迫还击。一时炮声震天，硝烟弥漫。由于英军炮火威力强大，清军水师船和岸上阵地不到10分钟先后被击毁，失去了反击能力。张朝发被炮火击伤左股落水，由士兵救起转向镇海医治（当晚伤重死亡）。水师官兵见主帅受伤，纷纷溃逃。岸上兵丁在罗建功率领下随即向后撤退。他们借口城门已经堵塞（实际南门尚半开），争先恐后乘船内渡镇海。英国登陆部队在炮舰火力的掩护下，没有遇到强硬抵抗即顺利登岸，首先抢占了道头东端的关山（即东岳山）炮台，在那里架起4门大炮，向定海城轰击。道头一线也很快被英军占领。英军接着向县城方向推进。

姚怀祥回城后，急忙召集邑绅在城隍庙开会商议，一面草书禀报上司，一面进行布防，将城门关闭。因城内守兵不多，典史全福前赴村岙，招募乡勇数百人。可是刚刚抵到城里，乡勇闻变，一哄而散。守城兵丁面对英军的炮火，相继发炮还击。直至黄昏，炮声才渐渐平息。第二天清晨四更，英军向县城发起攻击，待攻到城边，发现守军已于夜间溃逃。英军不费吹灰之力就占领了定海城。姚怀祥退到北门外普慈山下，投梵宫池自杀。全福在城陷后拔刀拍案，大骂英人不义，亲手砍杀一名黑兵，后被英人杀死。

英军攻陷定海后，即在城乡进行血腥劫掠与屠杀。他们“成群结队，或数十人，或百余人，凡各乡各岙，无不遍历，遇衣服银两，牲口食物，恣意抢夺，稍或抵拒，即被剑击枪打。如东乡之甬东庄，西乡之盐仓庄，北乡之白泉河庄，近城一带，遭毒尤甚。或因伤殒命，或受伤沉重，痛苦颠连，不堪枚举。迩日来，毒心更炽，愈抢愈远……数十万生灵，如坐针毡，延颈待毙”③。一位亲身参加定海之战的英国军官供认说：“军队登了岸，英国旗就展开，从这一分钟起，可怕的抢劫光景就呈现在眼前。暴力地闯入每一幢房子，劫掠每一只箱箧，

① 夏燮：《中西纪事》卷五《英人窥边请抚》，第74页。

② 夏燮：《中西纪事》卷五《英人窥边请抚》，第75页。

③ 《定海难衿金士奎等公呈》，《中国近代史资料丛刊·鸦片战争》第3册，第341页。

街道上堆满了图画、椅子、桌子、用具、谷粒……一切这些都被收拾去，除了死尸以及被我们无情的大炮弄残废了的受伤者。有的丢了一只脚躺着，有的两只脚都没有，许多被可怕地割裂，被霰弹射穿。只当已经没有什么东西可拿的时候，才停止抢劫。”① 英军的疯狂劫掠和屠杀，使定海人民遭到了一场空前的浩劫。昔日繁华富庶的定海，变得满目疮痍，原来数万只渔船，“今已一只皆不见”②。

定海之战，是鸦片战争中中英双方第一次武力交锋。定海的失陷，从根本上来说，是浙江海防废弛、定海守军极端腐败的必然结果。定海文武官员在英军重兵压境下拒绝投降，知县姚怀祥上任不到两个月即在定海失陷后毅然投水，表现了宁死不降的气节。但他们对海防废弛负有一定的责任。尤其是身为全军指挥的总兵张朝发，事前既不认真整顿军队，临事又毫无戒备，迎战中又不审时度势、听取合理建议，对定海轻易失守更有不可推卸的责任。张朝发可说是鸦片战争中暴露出来的清军将官素质低劣的第一个典型人物。

在定海失陷的当天，懿律和义律率领后一批舰只赶到。为了长期占据定海，他们立即组织临时政府，以陆军司令布尔利掌管军务，以随军行动的德籍传教士郭士立管理民政。懿律还向定海民众发出伪示，声言：“所有定海吏、户、刑各科，皆归陆路统兵官（即布尔利）兼摄理，有赞办佐杂各员，均听该统领特派。”③ 7月10日，英军宣布封锁浙江重镇宁波及长江口，并派遣“康威”号、“阿吉林”号、“青春女神”号、“风鸢”号及武装运输船去探查并测量长江。此后，英舰频繁出动，在浙江至长江口之间海域拦截、抢劫商旅船只，骚扰滨海居民，并进行侦察活动。12日，英军派船赴宁波镇海试投《巴麦尊子爵致中国皇帝钦命大臣函》的副本，当地官员以无权接受为由退回。22日，英舰“阿吉林”号闯至杭州湾北面的乍浦寻衅，开炮猛轰守军炮台，炸死炸伤兵勇多人。驻防旗兵在副都统长喜率领下开炮还击，迫使“阿吉林”号撤离。9月25日，“康威”号、“阿吉林”号派出三只小船去崇明岛抢劫食物，受到当地军民的狙击。“康威”号的一名劫夺者被当场打死，另一名叫哈威的被打伤胃部，两天后死亡。④ 崇明岛军民的抗击斗争，使他们不敢深入长江。

---

① 古柏尔等著：《殖民地保护国新历史》上卷第2册，新中国书局1949年东北三版，第261页。

② 《舟山来信》(1840年7月11日)，《澳门新闻纸》，《中国近代史资料丛刊·鸦片战争》第2册，第497页。

③ 《懿律安民告示》，转自郭廷以编：《近代中国史》第2册，第265页。

④ 参见宾汉：《英军在华作战记》，《中国近代史资料丛刊·鸦片战争》第5册，第115页。

定海失陷，浙江报警，引起清廷震惊。7 月 20 日（六月二十二日），道光帝得到定海之战消息，大吃一惊，痛恨“偶遇事端，文武大吏即张皇失措，浙江营伍废弛不问可知”①。谕令将乌尔恭额和浙江提督祝廷彪严加议处，两天后又将他们革职留任。速调福建提督余步云驰赴浙江剿办。并令闽浙总督邓廷桢选派大员，带领舟师，驰赴镇海，筹办堵剿事宜。8 月 5 日，又将乌尔恭额革职，调刘韵珂为浙江巡抚，6 日，授伊里布为钦差大臣，会同筹划反攻。

三、中英天津大沽谈判

鸦片战争对于英国政府来说，是经过精心筹划的；而对于清朝君臣来说，则是事出意外、毫无准备的。直到英军攻陷定海之后，清政府才开始意识到中英贸易断绝之后，事情并未了结。这时，统治集团内部在对外政策上持不同态度的人开始露头，道光帝的态度也在逐渐改变，终于导致清政府对外政策转变，因而有中英天津大沽会谈。

英军进犯、攻陷定海的消息，由浙江巡抚驰报，分别于 7 月 20 日、24 日（六月二十二日、二十六日）传到北京。起初，道光帝仍认为：英人“不过小试其技，阻挠禁令，仍欲借势售私，他何能为?”② 把英军进犯看作一般的骚扰，因而并不十分惊恐。除了责备浙江官员“毫无准备，形同木偶”③ 之外，还指示向定海派拨援兵，并下令沿海各省加强防范。他以为英人很快就会“计穷势蹙，自必返棹入洋，无所希冀”④。可是，继定海失守之后，镇海、杭州、乍浦相继传来警报，清政府得知这次来犯英船多达数十只，且“四面装炮，大者三层，

① 《着浙江巡抚乌尔恭额派委将弁分路严防英人窜入事上谕》，《鸦片战争档案史料》第 2 册，第 183 页。

② 《着浙江巡抚乌尔恭额派委将弁分路严防英人窜入事上谕》，《鸦片战争档案史料》第 2 册，第 183 页。

③ 《着将失察英人上岸滋事之乌尔恭额祝廷彪严加议处事上谕》，《鸦片战争档案史料》第 2 册，第 184 页。

④ 《英船西驶着沿海将军督抚分饬将弁加意防堵事上谕》，《鸦片战争档案史料》第 2 册，第 186 页。

次者二层，小者一层”，“其兵约有五六千人”，[①] 这才感到事态不同寻常，决非小股鸦片贩子骚扰，而是严重的“边衅”。

对于边衅，当时清朝统治集团中实际存在着两种态度：一种以穆彰阿、琦善等满族权贵为代表。他们认为外国侵略者船坚炮利，凭着清朝现有武力，根本不可能战胜，因此要绝对避免与其发生冲突。另一种以林则徐为代表。他们对英军武力优越与清军武备废弛有所认识，也不愿轻启边衅；但他们把民族利益放在首位，不能容忍外国侵略者在中国肆无忌惮地走私贩毒，蹂躏中国尊严，而要与之进行坚决斗争，并提出只要充分利用中国的有利条件，是可以打败侵略者的。林则徐在虎门销烟时就曾向外人表示：“我们不怕战争。”[②]

统治集团内部的不同态度，在定海失陷后日益明显。穆彰阿、琦善等人很快表明了对英妥协的态度。琦善身为直隶总督，原来虽也主张对外采取强硬政策，但并没有做抵御英军的任何准备，眼见英军兵临天津，深恐在天津与英军交锋失地遭谴，因而见到英军船坚炮利，态度便很快软化了。他向朝廷申述：“天津存城兵共止八百余名，除看仓库、监狱、城池暨各项差使外，约止六百余名。其余沿海之葛沽、大沽、海口等三营，葛沽止额设兵一百余名，余二营均止数十名不等，兵力较单”[③]；“天津拱卫神京，已属扼要之区，且近接盛京，尤为根本重地。欲求处处决胜，时时常胜，臣实不免隐存意外之虞。即如江、浙等省所恃为外卫者，原止长江大海，今海道已被该夷随处游弋，长江又所在可通，是险要已为该夷所据，水师转不能入海穷追。且本年即经击退，明岁仍可复来，边衅一开，兵结莫释。……而频年防守，亦不免费饷劳师”[④]。意图很清楚，从目前看，英军占着优势，因此不能抵抗；从长远看，坚持抵抗也会导致兵结莫释，费饷劳师，对朝廷不利。所以，妥协才是最佳选择。而林则徐的主张则截然相反。当他得知英舰大批来华之后，感到事态严重，但尚不了解英军大举来华的意图，以为是英人由于断绝通商，不肯罢休，目的在于“求通贸易”。因此，他希望通过中英交涉来解决争端，乃于 7 月 3 日上奏，提议如果英

---

① 《浙江巡抚乌尔恭额等奏报定海失守英船直逼镇海折》，《鸦片战争档案史料》第 2 册，第 160 页。

② 《中国丛报》第 8 卷第 5 期（1839 年 9 月）。

③ 《直隶总督琦善奏报遵旨筹防各海口情形片》，《鸦片战争档案史料》第 2 册，第 237 页。

④ 《直隶总督琦善奏为晓谕懿律以及英船南旋折》，《鸦片战争档案史料》第 2 册，第 366 页。

舰驶抵天津，而“所陈尚系恭顺之词，可否仰恳天恩，仍优以怀柔之礼，敕下直隶督臣，查照嘉庆二十一年间英国夷官罗叫·阿美士德等自北遣回成案，将其递词人由内河逐站护送至界……倘所递之词有涉臣等之处，唯求钦派大臣来粤查办”①。可是，当林得知定海失陷，“不胜发指”，认为事已至此，英人“实属罪恶滔天”，已毫无妥协退让的余地，“亟宜痛加剿办”。② 当然，林则徐对英军的认识尚有不足。他以为英军的长处只在炮利船坚，“一至岸上，则该夷无他技能。且其浑身裹缠，腰腿僵硬，一仆不能复起，不独一兵可手刃数夷，即乡井平民，亦尽足以制其死命”③。即使英军占领定海，由于“民人屡招不至”，“沿海渔船悉皆避去”，也有补给难继之忧。如果将定海军民发动起来，展开游击战，“杀之将如鸡狗”④。很显然，林则徐不免有轻敌思想，但他抵抗侵略的态度是坚定的。他基于坚决抵抗的立场，还准备在广东沿海向英军出击。

统治集团内部对待英国武装侵略的两种截然不同的态度，究竟哪一种能成为清政府的对英方针，关键在于道光帝。道光帝生于清王朝由盛转衰之际，1820年即位之后，内忧外患，纷至沓来。他一方面对鼎盛之世记忆犹新，不愿意看到江山在他手中衰败，而是希望有所作为；另一方面又沉溺于“天朝上国”“万邦来朝”的幻梦之中，对世界形势的急剧变化蒙昧无知。面对危机四伏、统治机器运转不灵、银荒兵弱的现状，希望至少维持太平局面，十分惧怕发生大的变乱。在对外态度上，所谓“天朝体制断不可失，外夷衅端断不可启”⑤，乃是他很早就已提出的对外原则。他之所以大力支持林则徐禁烟，一是因为鸦片输入，造成白银大量外流，对清朝财政形成巨大危害，并有可能导致无御敌之兵的可怕局面，这当然是有损于天朝体制的；二是他完全不了解鸦片对于英国的利害关系，把禁绝鸦片看得比较简单，以为只会引起鸦片贩子顽抗，对付他们比较容易，不致激起边衅。道光帝支持禁烟，就其指导思想而言，与上述原则并不矛盾。英军来华，攻陷定海，道光帝惊恐地发现，事态的发展完全超出意料，强硬态度开始动摇，但还不愿放弃他的对外原则。当务之急，首先要设

---

① 《两广总督林则徐等奏报英船在粤滋扰及驰出外洋情形片》，《鸦片战争档案史料》第2册，第147页。“护送至界”，《林则徐集·奏稿》中第844页和《筹办夷务始末》第336页，均作“护送至粤”。

② 《密陈以重赏鼓励定海民众诛灭敌军片》，《林则徐集·奏稿》中，第860页。

③ 《密陈以重赏鼓励定海民众诛灭敌军片》，《林则徐集·奏稿》中，第861页。

④ 《密探定海敌情片》，《林则徐集·奏稿》中，第864页。

⑤ 《中国近代史资料丛刊·鸦片战争》第1册，第208页。

法消弭“边衅”，防止事态扩大。这与琦善的妥协主张正相吻合。因此，他一反以往支持林则徐的立场，转而站到穆彰阿、琦善一边。结果导致清政府对英方针趋向妥协。

清廷对英方针转变的第一个信号，便是8月9日发出的两道密旨：一是谕告琦善，英船驶到天津海口，“果无桀骜情形，不必遽行开枪开炮。倘有投递禀帖情事，无论夷字汉字，即将原禀进呈”①；二是谕告新任钦差大臣伊里布，声言此次“致寇根由，传闻各异，有云绝其贸易，有云烧其鸦片，究竟启衅实情，未能确切。……着悉心访察，务得确情，据实具奏”②。言外之意，就是想要追究林则徐等“启衅”的责任。19日，清廷接到《巴麦尊子爵致中国皇帝钦命大臣函》，文中申诉林则徐办理烟案未善各点，占了全文篇幅的大半。道光帝因此以为，允许英人通商和查办林则徐，便可以了结这一公案，于是决定实行和谈方针。第二天便批答英国国书，令琦善明白晓谕英人，答应照常通商及查办林则徐。第三天，道光帝接到林则徐拿获鸦片奏折，便在上面朱批，指责林则徐：“外而断绝通商，并未断绝；内而查拿犯法，亦不能净。无非空言搪塞，不但终无实际，返生出许多波澜，思之曷胜愤懑，看汝以何词对朕也!”③ 以前，道光帝对林则徐的禁烟抗英，曾多次给予表彰；而今，他一笔抹杀了林则徐的功绩。转眼之间，林便成了启衅肇祸的罪人!

英国北上舰队在旗舰“威里士厘”号（原旗舰“麦尔威厘”号在定海附近触礁需要大修，故改用“威里士厘”号为旗舰）统率下于7月30日离开舟山锚地。8月5日晨经过山东半岛，并于当天泊于芝罘岛附近。6日晨继续北航，7日夜间停泊于白河口外。9日中午，舰船因风漂至拦江沙外，距白河口大约14英里。11日晨，懿律派“马达加斯加”号轮船偕同6艘武装小艇（其中有5艘携带有大口径短炮）前往炮台，向总督递交信件，“要求派适当的人前来接受女

① 《着直隶总督琦善对英船不必遽开枪炮并可将英人所递禀帖进呈事上谕》，《鸦片战争档案史料》第2册，第253—254页。

② 《着钦差大臣伊里布密查具奏英人启衅根由事上谕》，《鸦片战争档案史料》第2册，第252—253页。

③ 《续获人烟枪具折》，《林则徐集·奏稿》中，第854页注①。《鸦片战争档案史料》第2册第179页，“实际”作“实济”。《筹办夷务始末》（道光朝）一第393页，《林则徐全集》第三册第417页，“实际”亦作“实济”，“返”作“反”。

王陛下外交大臣巴麦尊子爵写给中国大臣的那封信”①。中国当局派了一名千总在中国船上接见了海军上尉梅特兰和译员马礼逊，并接受了那封给总督的信。随后不久，一位都司又在岸上接见了梅特兰和马礼逊，告诉他们信件已递交上去，将在6日之内做出答复，同时要求英国小艇驶出口外，以免引起人们惊扰。梅特兰提出供应食物的要求，都司又询问需要什么食物。过了一天，中方派守备白含章送去牛、羊、家禽和蔬菜。15日，琦善写了一封复信，于16日派白含章送去。复信中告诉懿律，“已将贵统帅来文进呈大皇帝御览”，并“希将公文交该守备带回”，许诺10天内答复。白含章当天即在英舰上接收了《巴麦尊子爵致中国皇帝钦命大臣函》。英方要求清政府务必在10天内“详析批回，明白指示定拟如何”，并派大员前来谈判。② 随后，英舰便借口觅地纳凉，分别开赴奉天（今辽宁）复州湾、直隶丰润县、山东砣矶岛等地进行侦察活动，劫掠牛羊家禽和蔬菜等食品，并曾数度前往白河口外的拦江沙探路，准备一旦没有收到清廷答复，即行“进攻炮台”③。

巴麦尊的信函于8月19日由琦善呈报到清廷。这是鸦片战争期间英国政府致送清政府的第一个正式外交文件。它详叙了为发动侵华战争而制造的借口，并明确提出了各项侵略要求。信中大肆污蔑中国正义的禁烟斗争，为受到打击的鸦片贩子鸣冤叫屈。声称此次对华出兵，是“由于中国官员们对侨居中国的英国臣民加以伤害，而且由于那些官员对英国君主加以侮辱”，因此要“向皇帝要求赔偿和昭雪”。④ 林则徐为了迫令聚居广州商馆的鸦片贩子缴出鸦片，曾经封锁商馆。巴麦尊在信函中竟颠倒黑白，把它说成是“对英国旅居广州的侨民横施暴行”，“蛮横无理地对待该监督”。事实上，被封锁在商馆中的英商，都是肆意破坏中国禁烟法律、长期从事鸦片贸易的贩毒分子。而且商馆被围期间，外人生活并无多大影响，有些体重还增加了。他们受到包围，完全是罪有应得。后来他们被迫缴出200多万斤鸦片，正好证实了他们的真实身份。至于义律被一起封锁在商馆，则是由于他不顾中方劝告，为庇护鸦片贩子而强行进入商馆

---

① 《关于女王陛下舰队访问黄海和北直隶湾期间所发生事件的记述》，《英国档案有关鸦片战争资料选译》下册，第697页。本节中所叙英军活动均据此文。

② 《懿律义律咨复》，佐佐木正哉编：《鸦片战争の研究》（资料篇），日本近代中国研究委员会1964年版，第11—12页。

③ 《英国档案有关鸦片战争资料选译》下册，第703页。

④ 《巴麦尊子爵致中国皇帝钦命大臣函》，《英国档案有关鸦片战争资料选译》下册，第540页。

所致，实在是咎由自取。所谓“对英国君主加以侮辱”，完全是无中生有。

巴麦尊在信函中，对中国正义的禁烟也是大肆加以攻击。他说，中国法律在很长时间内废弛，现在“竟以最激烈和最严厉的手段把它付诸实施，这也是不合情理的”。“虽然中国法律宣布禁止鸦片输入，可是……近来中国官员们甚至无视此项法律，用官船从停泊在伶仃洋的外国船只上将鸦片带至广州”，由此进而诬蔑中国政府“违犯了法律”，并且是“睁开一只眼睛看外国人的犯法，但却闭上另一只眼睛，不能够看见它本国官员的犯法”。① 殖民者伤天害理；把鸦片贸易作为侵略扩张的工具，肆意毒害中国人民，榨取中国人民膏血，腐蚀清朝统治肌体。巴麦尊却反咬一口，竟说鸦片贩子是受了中方的引诱，真是岂有此理！按照巴麦尊的逻辑，只有继续听任鸦片贩子在华谋财害命，那才算“公平”“合理”。

在申述了上述两个“借口”之后，巴麦尊代表英国政府“提出抗议”，并要求获得补偿，具体提出了五项要求：②

第一，赔偿鸦片烟价。“要求中国政府将那些货物的价款（指鸦片）付还英国政府，以便把该款转交给有权得到它的各方。”

第二，按照西方惯例对待英国驻华官员。“英国政府对于因女王陛下商务监督受到侮辱从而构成对英国君主的亵渎一事，向中国政府要求赔偿”，今后“该国政府及其官员按照文明国家的惯例以及对英国君主尊严应有的礼遇，加以接待，并相与往来”。

第三，割让岛屿。凡是为了贸易目的前往中国的英国臣民，“当他们从事合法的贸易事务时，不应再遭到暴力行为和不公正待遇。……英国政府要求中国方面将英国全权大臣所指定的中国沿海一处或数处面积够大、位置适宜的岛屿，永久割让给英国政府，作为英国臣民居住和贸易的地方”。

第四，清还商欠。“英国政府要求中国政府将破产行商欠付英国债权人的款项，偿还给他们。”

第五，支付英国侵华费用。巴麦尊提出，英国政府派遣远征军侵华，“不仅是正当的，而且甚至是必要的”。“这支远征部队前往中国海岸，英国政府希望

---

① 《巴麦尊子爵致中国皇帝钦命大臣函》，《英国档案有关鸦片战争资料选译》下册，第541—542页。

② 《巴麦尊子爵致中国皇帝钦命大臣函》，《英国档案有关鸦片战争资料选译》下册，第544—546页。

并要求由此支出的一切费用，应由中国政府偿还英国。”

在上述五项要求之外，巴麦尊又提出，在本照会送到之前，如中国当局对英国臣民进一步采取了暴力行动，“英国全权大臣已被授权进一步提出此类要求”，“如同本照会中所列举的各项要求一样”。① 实际上为扩大侵华权益预留了余地。

巴麦尊在信函中明确提出了英国政府为了达到侵华目的而发动侵华战争的方针：英军“一旦抵达中国海岸，便立即对中国的一些主要要塞进行封锁；他应拦截、扣留并保管他所遇见的一切中国船只，而且占有中国领土的某处方便地方，由英国部队掌管占领，直到一切事情商定并付诸实施，使英国政府感到满意为止”②。并且威胁说：“在中国政府做出令人满意的安排之前，那些敌对行动将不会停止。”③

需要指出的是，琦善在英舰未抵天津前，已向清廷奏报兵单不足以御敌；而在上呈《巴麦尊子爵致中国皇帝钦命大臣函》时，又特意附了一个查看英船式样的奏片，大肆渲染英军船坚炮利，说英舰大者“舱中分设三层，逐层有炮百余位”④，其实英舰最大的也不过载炮 74 门。琦善肆意夸大，无非是想让朝廷感到抵抗无望，只能妥协。

道光帝及其臣僚详细批阅了巴麦尊的信，相隔一天之后，于 8 月 20 日向琦善发出上谕、密旨各一道。上谕是对《巴麦尊子爵致中国皇帝钦命大臣函》所提要求的正面答复：割让海岛问题，向来“海舶往来，均在粤海，断不能另辟一境，致坏成规”；至于行商债务，“彼此通商，原系两相情愿，所有欠项，亦应自为清理，朝廷何能过问”；关于烟价赔偿，“当日呈缴之烟，原系违禁之件，早经眼同烧毁。既已呈缴于前，即不得索价于后”。此外，对于英方“所请钦差大臣亲赴彼船面会定议，自来无此体制，断不可行”。⑤ 而密旨则提出了清政府

① 《英国档案有关鸦片战争资料选译》下册，第 545 页。

② 《英国档案有关鸦片战争资料选译》下册，第 545 页。

③ 《英国档案有关鸦片战争资料选译》下册，第 545 页。此句《筹办夷务始末》（道光朝）一第 386 页作“且大清国未善妥昭雪定事，仍必相战不息矣”。马士的《中华帝国对外关系史》第 1 卷第 708 页与《筹办夷务始末》同。

④ 《直隶总督琦善奏陈查看现到英船式样片》，《鸦片战争档案史料》第 2 册，第 290 页。

⑤ 《廷寄二》，《筹办夷务始末》（道光朝）一，第 391 页。

解决中英冲突的办法："上年林则徐等查禁烟土，未能仰体大公至正之意，以致受人欺蒙，措置失当。兹所求昭雪之冤，大皇帝早有所闻，必当逐细查明，重治其罪。现已派钦差大臣驰至广东，秉公查办，定能代伸冤抑。该统帅懿律等，着即返棹南还，听候办理可也。"①

由此不难看出，清政府几乎全部拒绝了英国所提要求（只对赔偿军费避而不论），但又不想开罪英方，而是想把林则徐当作替罪羊，企图以惩处主持广东禁烟的林则徐，为英人"代伸冤抑"，平息事端。方针依然反映出所谓"天朝体制断不可失，外夷衅端断不可启"的对外原则。对于禁烟不愿正面否定，即使与英妥协，也要由其自身另提办法，而且仍以天朝自居，不愿屈尊就卑。这些都是基于"天朝体制断不可失"的立场。但是，清政府慑于英军威力，对英态度已不像往日那么强硬，承认英人在禁烟中蒙受冤抑，要惩办当事者林则徐作为转圜，这些都是基于"外夷衅端断不可启"的立场。

清政府做出这种决定的原因，首先，尽管已看到了巴麦尊的信，但因为长期闭目塞听，并不了解英国的历史与现状，因而仍然不能深刻认识英国发动侵华战争的真正意图，误以为英人只不过是与广东地方当局发生冲突，惩办和撤换林则徐即可了结，至于英国所提种种要求，只不过是借端要挟，可以置之不问。其次，从当时的战局来看，尽管定海已经失陷，但中英之间尚未进行过真正的大规模的军事较量，清军还没有直接遭到英军的巨大打击，英军的严重威胁，还只是一部分人的感觉。在这种情况下，要清政府马上放下"天朝上国"的体面，屈从英国的条件，显然是不可能的。最后，哪里出了问题，就惩处哪里的官员，这是清政府处理内外事务的一贯做法。现在的"边衅"既由禁烟而起，那么自然就要惩处负责禁烟的官员。并且，派钦差大臣赴粤查办，早有先例，并不违背"祖制"。

尽管清政府拒绝了英国提出的各项要求，但做出惩处林则徐的决定，还是表明它在英国威胁面前，实质背叛了以往严禁鸦片的正义立场，为了保存自身的统治而置民族大义于不顾。它把禁烟运动中为民族立下不朽功勋的林则徐抛出来作为对英妥协的牺牲品，既迎合了英国侵略者的需要，又打击了广大爱国军民禁烟的积极性，助长了统治集团中的黑暗腐朽势力，在一定程度上已经预示了鸦片战争中清朝的阴暗前景。

① 《廷寄三》，《筹办夷务始末》（道光朝）一，第392页。

8月27日，英舰从各地返回白河口。被清政府指定为谈判代表的琦善，送给英军20头阉牛、200只羊、许多鸡鸭与一两千个鸡蛋，并约请英方上岸谈判。30日，义律率马礼逊等10余人来到大沽南岸的谈判地点（白河口）。琦善首先以"最精美的珍馐"款待义律一行，席间英人20多人"皆连蜷箕踞，有舞枪飞刀于座上者"，而琦善只是一味"温言抚之"。① 在谈判中，琦善"坦白地承认英国人是受虐待了"②，表示清政府愿将林则徐交给英国人，看他们认为怎么处理合适就怎么处理。对于十分仇视林则徐的义律来说，琦善的上述表示自然是正中下怀。不过，双方的分歧也很快显露出来。义律将英国政府提出的各项要求开列一纸，要琦善逐条答复同意与否；而琦善根据清廷的旨意，对这些要求婉言回绝。同时以中英冲突发生在广东、"此间无凭办理"③ 为由，要求英舰退至广东再行商议。这次谈判历经6小时，没有结果。9月1日，懿律、义律照会琦善，坚持各项要求，并明确表示，中英冲突绝不是地方性的局部冲突，"事实两国所干，责已不在一人。而大英朝廷究问之，惟能向大清朝廷讨求昭雪"。现在，清政府对于"大英国家讨求一节，款款不允，则本统帅公使大臣，岂能不遵钦奉训谕，饬令军师，在沿海一带，勉力强自伸冤相战耶！"④ 可见，英国侵略者从一开始就暴露其狼子野心，不仅要搞垮坚决反侵略的中国官员，而且要迫使清政府完全屈服，全面实现其侵华要求。懿律和义律要求琦善在6天之内再做答复。

9月2日，琦善向朝廷报告了谈判情况，希望朝廷对英做出让步。为此，他特别强调："天津切近京畿，凡盐、漕、铜、铅皆由此来，最为咽喉重地。设使边衅一开，该夷狡焉思逞，频相滋扰，致我劳师糜饷，所关匪细。"⑤ 道光帝见奏之后，对英各项要求仍表示拒绝，但又做出进一步退让的姿态，说是考虑到英人"志在通商"，可以在返粤后"恩准"。⑥

---

① 王之春：《清朝柔远记》，第194页。

② 宾汉：《英军在华作战记》，《中国近代史资料丛刊·鸦片战争》第5册，第91页。

③ 《照会懿律文稿》，《鸦片战争档案史料》第2册，第291页。

④ 佐佐木正哉编：《鸦片战争の研究》（资料篇），第16—17页。

⑤ 《直隶总督琦善奏为晓谕英人及英人登答情形折》，《鸦片战争档案史料》第2册，第319页。

⑥ 《着直隶总督琦善晓谕英船还粤听候办理并不许赔偿烟价事上谕》，《鸦片战争档案史料》第2册，第323页。

9月10日，白含章奉命前往英舰，通报了琦善被任命为赴粤钦差大臣的消息（这是道光帝在发出上述密旨时就已决定了的），再次要求英舰南撤。

9月14日，白含章将琦善的两件照会送给义律（签署日期为十八日），其一是遵照朝廷的旨意，以琦善本人名义转述清政府拒绝英国各项要求，但同意查办林则徐和恢复中英通商；其二是申述琦善本人对于处理中英纷争的意见。内中最值得注意的是关于烟价赔偿问题。早在9月4日清廷接到琦善的报告时，也认为谈判的焦点是烟价赔偿。道光帝对此朱批说："所办俱好，可恶在烟价一条，甚费周章也。"① 若能允许赔偿烟价，英人必能满意南返；不过清廷虽知烟价重要，却又不愿出钱，便想令广州行商代赔。如此，既不必动用国库，又可使英人满意，于是令琦善"相度机宜，妥为措置"②，并向英方暗示此意。将来抵粤后，即作为自己的意思，密谕各洋商代赔。琦善根据道光的旨意，乃在信中向英方保证，只要英舰南下广东，则烟价赔偿问题，"要必能使贵统帅有以登复贵国王"③，暗示可以向英国赔偿烟价。

琦善的答复虽不能令懿律完全满意，但使他"相信那些要求将被接受"，"中国人无疑地真正渴望避免战争"。④ 而且从当时的情势看，英军北上的舰队只有旗舰"威里士厘"号和"布郎底"号、"窝拉疑"号、"摩底士底"号、"卑拉底士"号和"马达加斯加"号（轮船）以及武装运输船"厄纳德"号和"戴维马尔科姆"号等到达大沽口，兵力远不足以在大沽口发动一场战争；此外又无更多兵力可以调用。因为占领定海后，周围群众反抗仍很激烈，需要有较多兵力来巩固这块基地；安排于广东、福建、浙江沿海实行封锁的兵力也无法抽调；特别是英军抵华后水土不服，加上缺乏新鲜食物，发烧和痢疾在军中广泛流行，生病死亡的人数很多；白河口一带水浅，大型英舰无法开进；北风季节将届，气候转冷，不利作战。懿律和义律在这种情势下权衡得失，认为及时南撤，最

① 《直隶总督琦善奏为晓谕英人及英人登答情形折》，《鸦片战争档案史料》第2册，第321页。

② 《着直隶总督琦善晓谕英船还粤听候办理并不许赔偿烟价事上谕》，《鸦片战争档案史料》第2册，第323页。

③ 《复懿律照会二》，《鸦片战争档案史料》第2册，第370页；《英国档案有关鸦片战争资料选译》下册，第686页。

④ 《关于女王陛下舰队访问黄海和北直隶湾期间所发生事件的记述》，《英国档案有关鸦片战争资料选译》下册，第706页。

为得计，乃于9月15日写了一封复书告诉琦善，同意即日启航南返。他们在复书和口头声明中向清政府表明：第一，英舰南撤并不意味英方放弃了各项要求，在粤交涉仍须以《巴麦尊子爵致中国皇帝钦命大臣函》所提条件为基础；第二，在英国的各项要求未得到满足之前，不能归还定海。①

以上便是清政府与英军代表在天津大沽口谈判的经过。从中不难发现：双方虽然在英舰南撤问题上达成一致，但实质问题，即清政府是否全盘接受英国的各项侵略要求，仍然是一个悬案。英舰之所以南撤，根本原因是本身实力不足，同时由于懿律、义律对清政府愿意让步做了乐观的估计，是其权衡利弊后的权宜措施。只要看看英方的照会和口头声明，便可以做出清楚的判断：中英纷争远未解决。不过，英军同意南撤，从客观上说对于中国方面还是有利的。如果能够抓住时机，积极加强天津和沿海各地防务，扎实备战，当可扭转开战以后的被动局面，为尔后与英军交锋创造较好的条件。可惜，昏聩的清政府计不出此，竟然把英军南撤视为“羁縻”政策的巨大成功，沉浸于“片言片纸，远胜十万之师”② 的洋洋得意之中。在这种情况下，山东巡抚托浑布向朝廷奏报，诡称英舰途经山东，数百英军在登州“一齐出舱，向岸罗拜”，并且俨有其事地感叹：“夷人如此恭顺，实出意料之外。”③ 这样谎报，使得道光帝更加得意忘形，深信中英间纷争将可顺利解决，不致再动干戈。于是，他不仅无意加强战备，反而下令沿海各省撤退调防清军，解散团练水勇。同时还以所谓广东海口事件“办理不善”以致激成边衅为由，于9月28日将坚持抗英的林则徐、邓廷桢“交部严加议处”。④ 10月3日又下谕将林、邓“革职”。⑤ 清政府如此胡作非为，已经为后来的彻底失败种下了祸根。

---

① 参见佐佐木正哉编：《鸦片战争の研究》(资料篇)，第24页；佐佐木正哉：《鸦片战争初期的军事与外交》，日本《军事史学》第5卷，第2号。

② 《钦差大臣伊里布奏报续接懿律来文及现在办理情形折》，《鸦片战争档案史料》第2册，第444页。

③ 《山东巡抚托浑布奏报英船南还并遵旨抚驭英人并供给食物情形折》，《鸦片战争档案史料》第2册，第401页。

④ 《着将林则徐邓廷桢交部严加议处其两广总督着琦善署理事上谕》，《鸦片战争档案史料》第2册，第428页。

⑤ 《着将林则徐邓廷桢均照部议革职事上谕》，《鸦片战争档案史料》第2册，第439页。

四、天津谈判前后爱国军民的抗英斗争

从英国侵略者闯进中国海域之日起，广大爱国军民便举起反侵略的旗帜，展开了抗击英军入侵的斗争。当清政府趋向妥协时，这些斗争又增添了反妥协的内容。

鸦片战争爆发后，英军侵扰地区主要在粤、闽、浙三省，爱国军民的抗英斗争也主要发生在这三个省区。

英军主力北犯之后，广东呈现出中英对峙局面。林则徐积极整军备战，尤其是得知定海失陷之后，更准备向留粤英军主动出击。为此，他于 1840 年 8 月 18 日、19 日（道光二十年七月二十一日、二十二日），在离广州 80 里的狮子洋亲自检阅壮勇水师操练，由水勇、水师和绿营兵“演放大小炮位，抛掷火球火罐，撒放火箭喷筒”，演试爬桅跳船各技。[①] 林则徐亲自检阅了整个演习过程，并且再次颁布杀敌夺船赏格，发布《剿夷兵勇约法七章》，具体规定了与英舰海战的战术和战场纪律。

与此同时，留粤英军也因攻占定海得手而日益嚣张。他们在沿海肆意劫掠过往船只，打死打伤民船舵工水手，激起沿海民众的极大愤慨。8 月 6 日，英军随军牧师士担顿带领两个仆从窜到虎门炮台附近窥探，当地群众迅速报告守军，立将他们擒获。留粤英军头目士密闻讯，气急败坏，蓄意借此寻衅。他通过澳门葡萄牙当局向广东当局索要英俘，并扬言要以武力攻打澳门。林则徐不为所动，认为“若徇所请，则损威示弱，转无以戢叵测之心”[②]，因而严词驳斥了英人的索俘要求，同时向澳门关闸一带增派防兵。士密恼羞成怒，悍然向关闸发动进攻。

关闸是香山县前山营通往澳门的陆路莲花茎的一座关门，驻有清军把总一员，稽查过往行人，并阻止葡人与外商从澳门越界潜入香山。莲花茎两边皆海，向无炮台，经林则徐布防，才筑起炮墩，安设大小炮位。8 月 19 日中午，士密

① 《关闸地方矾石洋面叠将逆夷击退折》，《中国近代史资料丛刊·鸦片战争》第 2 册，第 232 页。参见《致怡良》，《林则徐书简》（增订本），第 116—117 页。

② 《英逆兵船续筹剿堵折》，《中国近代史资料丛刊·鸦片战争》第 2 册，第 221 页。

率“拉呢”号、“海阿新”号两舰以及轮船“进取”号、快艇“路易莎”号和十多只小船，从九洲洋扑向关闸，猛烈开炮。关闸守军在南面望厦村守军以及香山协、惠州协水师船的配合下，凭借地峡进行抵御。因火力与敌人相差太远，未能阻止敌船逼近。英军击毁安设于关闸的大炮 27 门，击伤水师船多艘。守军伤亡惨重，被迫撤退，英军 380 名爬上莲花茎，摧毁关闸界墙，焚烧军营，劫走大炮数尊，然后乘潮退去。

关闸之战，英军占了上风，气焰由是更凶，竟“扬言某刻要攻前山，某刻要攻香山”①。与此同时，清廷谕旨也传到广州，嘱令对英军要“示以镇静”②，意即要尽力避免与英军冲突。在这种形势下，是向英军妥协，还是支持抵抗，林则徐明确地选择了后者。他认为，“我欲静而彼不静，则亦势难坐视”③，决不能听任英军逞凶。他果断地采取措施，派遣大批战船和上千援军前往关闸、香山，加紧筹防，严阵以待。他得悉英船在磨刀洋一带活动，又速将派往关闸的船队调回沙角，准备出击。林则徐并亲赴沙角，与关天培一起“鼓励各船兵勇，整队出洋，探踪迎击”④。

8 月 31 日，水师船队发现一艘英国轮船出现于龙鼓洋面，立刻出动紧追，开炮击中其船腰。随后，水师又探明龙穴岛西南、东首有英船活动，乃派出候选都司马辰、游击王鹏年率船出击。下午在矾石洋面，马辰等的座船追上英船“架历”号，连发三千斤铜炮，击坏其头鼻，船上英军“纷纷喊嚷，滚跌落海”⑤。正在激战之中，一艘英舰赶来救援，“架历”号才侥幸逃脱。这次海战，水师仅伤数人，而英军则有多人毙命。经过这次打击，留粤英军的凶焰稍有收敛。

福建沿海与广东一样，局面也不平静。“布郎底”号首犯厦门后不久，英舰“伯兰汉”号（74）到达中国海域，奉命对厦门海面实行封锁，其他英船也时常游弋福建沿海。邓廷桢为了防备英军再次来犯，饬令水师提督陈阶平、兴泉永

---

① 《致怡良》，《林则徐书简》（增订本），第 122 页。

② 《着两广总督林则徐尤当加意防范粤省海口事上谕》，《鸦片战争档案史料》第 2 册，第 229 页。

③ 《致怡良》，《林则徐书简》（增订本），第 121 页。

④ 《关闸地方矾石洋面叠将逆夷击退折》，《中国近代史资料丛刊·鸦片战争》第 2 册，第 225 页。

⑤ 《关闸地方矾石洋面叠将逆夷击退折》，《中国近代史资料丛刊·鸦片战争》第 2 册，第 226 页。

道刘耀椿驻扎厦门，部署指挥防务。

8月21—24日，英船“鳄鱼”号等接连向厦门进犯，均被守军先后击退。在历次交锋中，以22日的战斗最为激烈。这天清晨，“鳄鱼”号与一只双桅英船闯进青屿口，炮击水操台，直冲内港。游击任经猷、都司张然等驾船10余只出战，向英船开炮。战斗中，水师船击中一英船的火药舱，烈焰腾空。任经猷乘势挥令水师船奋进，又开炮击中一英船的船头。与此同时，陈阶平指挥水操台上守军，开炮击碎一只英国舢板。英船招架不住，只得由内港退至青屿口。在这天的激战中，任经猷和水师士兵5名英勇牺牲。在厦门守军的坚决抗击下，“鳄鱼”号侵袭不能达到目的，只得于26日晚窜往他处。

相对于粤、闽两省来说，浙江沿海英舰最多，并且定海也为英军占据，因此民众受到的苦难也最重。在清军不敢展开抗英斗争的情势下，广大民众不甘忍受侵略者的蹂躏，纷纷自发地起来展开反侵略斗争。

浙江人民反抗斗争的方式之一是拒不向英军提供生活物资。英军在远离本土与后方的条件下进行侵华战争，其生活补给品要靠就地解决。为此，英军在攻陷定海之后，一方面四出劫掠，“遇衣服银两，牲口食物，恣意抢夺；稍或抵拒，即被剑击枪打”①；另一方面，又“尽心引诱人民回来居住”②，“张榜招徕客商”③。对于英军的劫掠与诱骗，定海民众均报以愤怒的反抗。他们“不顾性命，始终不肯从逆”④。尽管英军的岗哨遍布定海，定海群众仍然以各种巧妙的方式将各种生活物资转移出城，并“迭次用药熬成浓汁，在于井泉溪间乘间遍投”⑤，使英军在定海很快陷入困境，“没有可能得到新鲜食物”，“仅仅能得到的水是最坏的一种”。英军中不少人因此而“完全消瘦到皮包骨”⑥，而且军中疫病广为流行。据统计，1840年7月13日到12月31日，英军死亡448人，生病

---

① 《定海难衿金士奎等公呈》，《中国近代史资料丛刊·鸦片战争》第3册，第341页。

② 《舟山来信》（1840年7月11日），《澳门新闻纸》，《中国近代史资料丛刊·鸦片战争》第2册，第497页。

③ 《闽浙总督邓廷桢奏报英人在定海开市图谋销售鸦片等情片》，《鸦片战争档案史料》第2册，第198页。

④ 裕谦：《裕靖节公遗书》卷一二《防海类》。

⑤ 裕谦：《裕靖节公遗书》卷一二《防海类》。

⑥ 宾汉：《英军在华作战记》，《中国近代史资料丛刊·鸦片战争》第5册，第123、69、120页。

5329 人次，详情见下表：①

部队 类别	马德拉斯炮兵		第十八团		第二十六团		第四十九团		总　计	
	生病	死亡	生病	死亡	生病	死亡	生病	死亡	生病	死亡
腹泻	81	3	234	3	324	63	190	1	829	70
痢疾	48	7	160	32	185	65	566	114	959	218
连续发烧	15	—	15	—	56	1	169	1	255	2
弛张发烧	—	—	1	1	4	5	—	—	5	6
间歇性发烧	362	3	771	1	864	86	657	1	2654	91
其他病	69	3	160	15	112	18	286	25	627	61
总　计	575	16	1341	52	1545	238	1868	142	5329	448

为了摆脱狼狈处境，英军收买一些民族败类，企图通过他们弄到生活物资。但这些民族败类很快就被群众抓获，使英军再次受到严重打击，“引起了军队的后来的全部苦痛”②。

浙江沿海民众反抗斗争的方式之二是“互相团练，各自为守”。他们抓住有利时机，直接打击英国侵略军。如 9 月 14 日，英军双桅武装船“风鸢”号（一译“凯特”号）在跟随“康威”号侦察长江口之后，带领两只舢板驶至浙江慈溪县观海卫海面。第二天，两只舢板上的英军上岸寻衅，被当地义勇包围，被刺死 7 人，生擒 4 人。“风鸢”号见势不妙，窜往余姚县海面，当天夜间在利济塘陷入软沙。次日晨，该船英军抢夺一只路过的民船，将数十人载运上岸，剽食民舍。当地渔户、灶丁千余人迅速行动起来，将上岸英军团团围住，击毙 2 人，活捉 20 人。未上岸的“风鸢”号船长助治爹利带领 4 人乘舢板朝上虞方向逃窜，结果在沥海所被渔民机智地诱捕送官。又如英军炮兵上尉安突德（又译晏士打喇打厘）于 9 月 16 日率仆役数人到青林岙测绘地图。定海乡民包祖才等预先埋伏在这里，乘安突德无备，以锄头、鱼叉为武器发动袭击，打死其仆役一人。安突德拼命顽抗，企图从峡谷逃脱。包祖才等鸣锣呐喊，四周群众闻讯协同追赶，终于将安突德及汉奸布定邦生擒送官。

① 据约翰·奥特隆尼：《对华作战记》，1844 年版，转自中国第一历史档案馆等编：《鸦片战争在舟山史料选编》，浙江人民出版社 1992 年版，第 558 页。

② 宾汉：《英军在华作战记》，《中国近代史资料丛刊·鸦片战争》第 5 册，第 123 页。

爱国军民的反侵略斗争是在清政府转向妥协、在天津与英军谈判的情况下展开的，因而不仅得不到清政府的鼓励与支持，反而受到抑制。道光帝曾责备林则徐在粤主动出击“可称偾兵”，令其“仍当持以慎重，毋涉轻躁”；① 浙江民众俘获英军的义举，也被道光帝看成是招惹麻烦，唯恐破坏他的“羁縻”之计，生怕“再误之于后，衅端何时可弥”②。这种形势，决定了爱国军民开展反侵略斗争的同时，还需进行反妥协斗争。

爱国军民的反妥协斗争可分为两种：一种是统治集团内部以林则徐为代表的抵抗派的斗争；一种是广大民众的反抗斗争。

当时，统治集团内部分化出以林则徐为代表的抵抗派，他们坚定地站在反侵略的立场上，反对妥协。其主张大致有三个方面：第一，坚持严禁鸦片。林则徐得知道光帝的态度改变后，从民族利益出发，上《密陈办理禁烟不能歇手片》，痛陈鸦片祸国害民，“即尧舜在今日，亦不能不为驱除”，不应因为英国挑起战争而放弃禁烟方针。他把久禁不绝的鸦片贸易比喻为“痈疽作痛”，把英国挑起战端视为“与溃脓无异”，认为只有坚持斗争，才能达到脓尽收口的结果。“若因肿痛而别筹消散，万一毒邪内伏，诚恐患在养痈矣。”③ 在这个问题上，不少官员与林则徐有同样看法，如掌贵州道监察御史万启心，在天津谈判期间，即向朝廷上奏，明确表示鸦片新例不能开禁。他说：“向来鸦片禁例，皆系具文，此次虽极严密，奸徒意存希冀，犹谓二三年后，其禁必缓，且有借夷挟制情形。”“宜严切晓谕，令中外皆知，此事已经严禁，务在革绝，无可希图；海边违禁偷入，立置重典。”④ 第二，驳斥妥协派“以为内地船炮非外夷之敌，与其旷日持久，何如设法羁縻”⑤ 的谬误，指出抗击英国侵略既是可能的，又是必须的。林则徐和江苏巡抚兼署两江总督的裕谦均认为：英军固然在船炮上占有优势，但也存在不少弱点，如军需难继，水土不服，又与在华他国外商有矛盾

---

① 《着传旨严行申饬两广总督林则徐愤而出洋剿办等事上谕》，《鸦片战争档案史料》第 2 册，第 378 页。

② 《钦差大臣伊里布奏报续接懿律来文及现在办理情形折》，《鸦片战争档案史料》第 2 册，第 444 页。

③ 《林则徐集·奏稿》中，第 884 页。

④ 《掌贵州道监察御史万启心奏陈海疆事宜折》，《鸦片战争档案史料》第 2 册，第 308 页。

⑤ 《林则徐集·奏稿》中，第 884 页。

等，对他们“固不可预存轻敌之见，尤不可稍存畏敌之见”①，只要扬长避短，固守藩篱，就可以打败英军。林则徐还指出屈服于英军武力，一味妥协，后患不可胜言。侵略者贪得无厌，“得一步又进一步，若使威不能克，即恐患无已时，且他国效尤，更不可不虑”②。第三，强调加强武备，反对漠视海防。林则徐在《密陈办理禁烟不能歇手片》中，强调船炮“为防海必需之物”，从长远考虑，“不得不先事筹维”。他率直批评清政府以往不肯出资大力制炮造船，以致现今尚形棘手的错误，要求“以通夷之银，量为防夷之用，从此制炮必求极利，造船必求极坚”，使海防得以切实加强。③ 祁寯藻、邓廷桢、裕谦等也都向朝廷陈述了加强武备的必要性，要求迅速添铸大炮。④

因道光帝和满族权贵都倾向于妥协，加上英军南撤使他们错误地判断了形势，故抵抗派反对妥协的呼声未能阻止清政府沿着妥协的道路继续下滑，反而招来更大的打击。道光帝以“误国病民、办理不善”将林、邓革职后，于 10 月 24 日接到林则徐的《密陈办理禁烟不能歇手片》，竟然大发雷霆，在旁朱批：“恫喝于朕”，“无理，可恶”，“一片胡言”。⑤ 他还向已被任命为钦差大臣的琦善传旨，令其查明林则徐先前收缴鸦片情形具奏，其意图显然是要对林则徐治以重罪。

广大群众对清政府的妥协方针深表不满。林则徐、邓廷桢蒙受不白之冤、被革职查办的消息传出之后，爱国军民大为震惊，甚至有人失声痛哭。在广州，林则徐交印之后，准备赴京听候查问（后来奉旨仍留广州），“连日铺户居民来攀辕者，填于衢巷”⑥。他们向林则徐赠送靴、伞、香炉、明镜等物以及颂牌数十副，表达对抵抗派的敬意和对清政府妥协方针的强烈不满。从 9 月下旬开始，沿海各省遵照清廷旨意，陆续将海口防军撤退归伍。这一举措，遭到沿海民众的坚决反对。11 月 16 日，镇海上千民众鸣锣相聚，赴伊里布等的官署衙门请

---

① 《裕谦又奏英军犯兵家八忌并布防情形片》，《筹办夷务始末》（道光朝）一，第 440 页。

② 《密陈办理禁烟不能歇手片》，《林则徐集·奏稿》中，第 884—885 页。

③ 《密陈办理禁烟不能歇手片》，《林则徐集·奏稿》中，第 885 页。

④ 参见《祁寯藻等奏请筹议海防拣选水师将领折》《裕谦等奏添铸大炮请敕两广闽浙总督妥议办理折》，《筹办夷务始末》（道光朝）一，第 364、492 页。

⑤ 《密陈办理禁烟不能歇手片》，《林则徐集·奏稿》中，第 885 页。

⑥ 《林则徐日记》（1840 年 10 月 24 日），《中国近代史资料丛刊·鸦片战争》第 2 册，第 50 页。

愿，抨击官府："贼兵在境，视若太平，当民不解带之时，尽欲安枕"，要求"设法防御，堵截江口，追回已撤各兵"。① 然而，以满族权贵为主干的妥协派，根本不把民众的呼声放在眼里。他们公然宣称："舆论亦不能曲徇"，"无为浮言所摇，复议攻剿之理"，② 顽固地坚持妥协方针。

五、英军南撤与浙江"休战协议"

英军在天津交涉结束后，从 9 月 15 日（八月二十日）开始南撤。但这决不意味着侵华战争的终结。英军在天津就扬言不能交还定海，后来又逼迫浙江当局承认其盘踞定海的既成事实。而清政府在英军南撤之后，一方面为妥协方针的"成功"而自鸣得意，另一方面唯恐衅端再起，全力维持中英相安的局面。奉派赴浙的钦差大臣伊里布，秉承清廷旨意，屈从于英军压力，与之达成了所谓定海"休战协议"。

由懿律、义律率领的英军舰队，于 9 月 28—30 日驶抵舟山群岛。他们途经山东时，山东巡抚托浑布竭力向他们献媚讨好。托浑布还找来曾在大鸦片贩子颠地的商行中充当买办、因被林则徐缉拿而逃到山东的鲍鹏，让他充当中介，居中斡旋。鲍鹏卖力地替英军索要粮食及其他补给品。结果，英军在山东很顺利地从官府得到 150 头阉牛、20 只羊、许多家畜，还有大量面粉。在避过风暴之后，才扬帆南下。

懿律一行抵达舟山时，浙江军务已由钦差大臣伊里布主持。伊里布是清廷宗室，赴浙前任两江总督。与琦善一样，也因惧怕英军武力，主张妥协了事。他在 8 月初被清廷任命为钦差大臣赴浙之后，名曰主持军务，实际是饱食终日，无所用心。他以"不责其克日以奏功，惟期于万全而无害"③ 的上谕作为护符，一味株守镇海，从未发动和组织爱国军民在定海袭扰、打击英军。当浙江沿海民众自发地奋起抗英、俘获一批英军之后，他又居为奇货，借以作为推行妥协

---

① 《镇海朱藩等呈》，《中国近代史资料丛刊·鸦片战争》第 3 册，第 340 页。

② 《钦差大臣伊里布奏陈对付英军办法及定海情形片》，《鸦片战争档案史料》第 2 册，第 593 页。

③ 《钦差大臣伊里布奏陈严防英船密筹攻剿折》，《鸦片战争档案史料》第 2 册，第 332 页。

方针的筹码，指望以这些英俘换取英军归还定海。

在清政府全盘接受英方要求之前，英军的既定方针是长期据守定海。为了保证广东中英谈判期间仍能有效地控制定海，懿律和义律都希望浙江当局对英据定海予以承认，并做出不向占领定海英军发动进攻的承诺。

英方首先以索还英俘为由，提出要与浙江当局交涉。早在9月19日，侵华英海军司令伯麦即致函浙江官员，要求释放安突德及仆人和汉奸布定邦，并扬言“这几人若遭到半点伤害，英国人将会采取相应的报复”①。24日，浙江官员复函伯麦，告诉他不但抓获安突德等人，而且还相继抓获与扣押20多名白种与黑种英人及一位英国妇女；并提出“应先放弃定海城，整个舰队退出定海道头”，才能奏请皇帝恩准将他们释放。② 懿律抵达定海后，又于29日致函驻守宁波的钦差大臣，要求释放安突德等，表示“如果对此问题进行任何进一步的讨论，他本人将前往镇海附近地方”；而如果不把他们释放，就认为“中国已经开始采取敌对行动”。③ 10月2日，义律又与马礼逊一起乘船到镇海，与伊里布等会见，再次提出索还英俘。伊里布认为，英人急于索俘，正有利于他实现以英俘换回定海的计划，“若拘留不遣，持其所急，使该夷为我所制，似于大局不为无裨”④。因此，伊里布在与英方交涉中，一方面以林则徐革职相贺，并向对方表示：“我们办事，必令你们下得去，亦必令你们回得国，复得命”⑤，百般向英人讨好；另一方面又提出要以归还定海作为释放英俘的条件。

伊里布没有料到，其实正是他自己上了英军的圈套。英军借索还英俘提出交涉后，见伊里布将释放英俘与归还定海连在一起，便很快把交涉的焦点移到定海问题上。义律由镇海返回定海后，懿律于10月6日照会伊里布，明确提出：一、定海的归还“必与别各事端一同酌议”，“亦独能与直隶爵阁督部堂琦酌商定议”，也就是说，归还定海要以中英纷争解决为先决条件；二、“于正适议定各情之间，不可仍为相拒交战”。⑥ 也就是说，在中英谈判期间，不得向定海发

① 《鸦片战争在舟山史料选编》，第492页。

② 《鸦片战争在舟山史料选编》，第493页。

③ 《海军少将懿律致驻宁波钦差函》，《英国档案有关鸦片战争资料选译》下册，第696页。

④ 《钦差大臣伊里布奏报续接懿律来文及现在办理情形折》，《鸦片战争档案史料》第2册，第445页。

⑤ 张喜：《探夷说帖》，《中国近代史资料丛刊·鸦片战争》第5册，第336页。

⑥ 《中国近代史资料丛刊·鸦片战争》第5册，第491—492页。

动进攻。在随后的交涉中，这两点一直是核心问题。至 23 日，懿律又向伊里布提出："谕令定海居民，不得向该夷滋扰，以便伊前赴粤省。"① 这实际就是要求伊里布休战。

经过多次交涉，伊里布才发现英方的真实意图。他的以人易地的计划化为泡影。他明知"定海为其所据，该夷前赴粤省，必将多所要求，妄冀事事皆如所愿"②，但是，他站在妥协立场，至多只能设想出以人易地的法子，一旦此招失败，便无计可施了。与此同时，道光帝也唯恐浙江在和英军交涉中出岔子，坏了"抚局"。他在伊里布报告交涉情况的奏折上写下了长长的朱批，大谈对英妥协的必要性，要求伊里布做到"上不伤国体，下不开边衅"③。而对于伊里布来说，道光帝的这种态度，正好为他在定海问题上屈从英国开了绿灯。

伊里布接到懿律 10 月 23 日的照会之后，看到收回定海已经无望，便转而希求在英舰主力南下广东之后，维持中英在浙江相安无事的局面。他有心接受英方要求，谕令定海民众不要袭扰英军，同时也想得到英方对浙江不采取军事行动的承诺。为此于 10 月 25 日以犒师为名，派千总谢辅陛、家丁张喜等携牛羊鸡鸭，前往定海邀请懿律。懿律知其用意，并不赴镇海谈判，而是"取定海舆图一纸，指明地界，暂归夷人管理，俟广东事定之后，即行纳还"④，此图由谢辅陛带回转交伊里布。此外，义律再次向谢辅陛提出：要求浙江当局向英军盘踞区域民众出示告示，禁止攻击英军，以免英舰主力赴粤后，"居民复将各夷查拿"⑤。对于英方的倨傲态度，伊里布不敢流露一丝不满，他害怕再拖延下去，英舰主力会"借词挠逗，赴粤迟延"⑥，带来更大的麻烦，便缮写告示十道，差外委陈志刚赴定海英军划定区域散发。告示说：英军"率兵赴浙，系属有激而成，且并无滋扰之志"。皇帝"特命本大臣，不得复行攻击"。"今本大臣已约定

① 《钦差大臣伊里布奏为派专弁前往定海询悉英人情况并酌拟办理折》，《鸦片战争档案史料》第 2 册，第 505 页。

② 《钦差大臣伊里布奏为续接懿律来文并给回文折》，《鸦片战争档案史料》第 2 册，第 461 页。

③ 《钦差大臣伊里布奏报续接懿律来文及现在办理情形折》，《鸦片战争档案史料》第 2 册，第 445 页。

④ 张喜：《探夷说帖》，《中国近代史资料丛刊·鸦片战争》第 5 册，第 339 页。

⑤ 《钦差大臣伊里布奏为派专弁前往定海询悉英人情况并酌拟办理折》，《鸦片战争档案史料》第 2 册，第 505 页。

⑥ 《钦差大臣伊里布奏为派专弁前往定海询悉英人情况并酌拟办理折》，《鸦片战争档案史料》第 2 册，第 506 页。

该统帅（指懿律）等，分船赴粤，听候查办。一俟粤东办理完竣，该国即将兵船全行撤退，并不久据定城。本大臣又令其约束所属，不得向尔等扰害”；定海县士民“务须各安耕读，自保身家，如果夷人并不向尔等扰害，尔等不得复行查拿也”。① 伊里布的行动与上述告示内容表明，他完全屈从了英军的要求，与之达成了“休战协议”。

英军在陈志刚赴定海散发告示之后，也于 11 月 6 日以懿律的名义公布了以下通告：②

> 总司令现须通知远征军队：两国谈判期间，钦差大臣及其本人之间业已订立停战协定，其条款大致为任何一方皆不得逾越所划归该方之界限，不得阻止人民往来。英方界限业已指定包括舟山岛及近旁之诸小岛，包括一切经过象岛（即摘叶，或摘箬山，在螺头之东——译者）、塔山（即螺头，或大毛——译者）、黑墙山（即册子山——译者）、鱼人山（当即黄星山、庙子湖、青浜山一带——译者）、普陀山、桃影山（音译）一线以内之岛屿，以及鹿山各岛。
>
> 因此，总司令必须请凡与远征军队有关人员，于前往诸岛时，不得逾界，或以任何方式干预中国人民，致使中国方面有正当之借口，埋怨我方并未严格遵守停战协定。……

浙江“休战协议”是英国侵略者借助清政府的妥协方针，利用妥协派的畏葸苟安，不费吹灰之力而得到的一项重要的安全保证。由此，他们即可在军力不足的条件下，以外交讹诈与军事威胁相互为用，使自身居于有利地位。而对中国来说，一方面浙江当局要履行休战协议，势必竭力压制人民群众的反侵略斗争，充当维护英军非法侵占定海的鹰犬，绝不敢抓住有利时机收复失地；另一方面，将定海是否归还与中英谈判联系起来，增加了英方在谈判中对中方要

---

① 《伊里布定海告示》，《中国近代史资料丛刊·鸦片战争》第 3 册，第 430 页。

② 宾汉：《英军在华作战记》，《中国近代史资料丛刊·鸦片战争》第 5 册，第 129 页。参见《鸦片战争档案史料》第 2 册，第 505—509 页。由于伊里布当时无与英军订约之权，同时懿律亦没有应邀赴镇海谈判，因此所谓的浙江“休战协议”并不是双方正式签字的协定，而是通过互递照会、双方人员接谈而达成的默契。这一点，从上述交涉过程及双方告示可以看得很清楚。伊里布与英方达成默契后，对朝廷的奏报含糊其词，只说英军总以赴粤定议之后，即行交还定海，断不据为己有为言，又要求他出示禁止定海民众捕拿英人；而他考虑到不能只凭口舌使英军撤兵归地，英军的要求于体制无碍，接受了可免衅端，便同意缮发告示，不许民间以妄拿为言。伊里布隐瞒了与英军划界、保证互不相扰的情节，以免受到道光帝的指责。

挟的筹码，使中方面临更大的不利。显而易见，所谓浙江“休战协议”，其危害是相当严重的。这是清政府妥协方针结出的又一恶果。

双方在浙江达成默契后，懿律、义律便于 11 月 14 日率主力舰 8 艘、英军 3000 人启碇赴粤。伊里布见英军南下，满心欢喜，认为今后只要恪守休战诺言，便可安全无事，因此不顾沿海民众的强烈反对，更大幅度地裁撤防军。他对清廷奏称：浙江沿海防军 5400 余名，“业已足资防守”，其他“一并陆续撤退，以节靡费”。①

六、琦善赴粤求和

根据清政府在天津谈判期间做出的决定，直隶总督琦善被任命为钦差大臣，到广东与英军继续交涉，并对林则徐等进行查处。琦善在英舰南下后于 10 月 3 日（九月初八日）启程赴粤。

琦善对在天津与英人交涉的“成果”颇为得意。他对人说，若不是他“设法善退，夷船早已直抵通州”②。他认为，“英夷强横，非中国所能敌”③，因而到广东后，也只能和在天津一样，抱定妥协宗旨，竭力避免兵戎相见。他途经山东茌平时，由于山东巡抚托浑布的介绍，得悉鲍鹏善于讨取英人欢心，如获至宝，“载以后车而去”④。11 月 29 日，琦善抵达广州。五天之后，正式接署两广总督。他一上任，就办了两件事，表明他的对外态度：

第一件，处理英船“皇后”号在沙角遭炮击事件。11 月 20 日，懿律、义律率舰队到达澳门。第二天，派轮船“皇后”号赴虎门投递信件，通报懿律已经到达。“皇后”号在沙角遭到炮击，退至铜鼓洋面。英方抓住这事大肆鼓噪，攻

① 《钦差大臣伊里布奏报英船已由定海驶粤及酌裁防兵等情折》，《鸦片战争档案史料》第 2 册，第 538 页。

② 《掌广东道监察御史高人鉴奏参琦善已被白含章鲍鹏所蒙蔽折》，《鸦片战争档案史料》第 2 册，第 729 页。

③ 《掌广东道监察御史高人鉴奏参琦善已被白含章鲍鹏所蒙蔽折》，《鸦片战争档案史料》第 2 册，第 729 页。

④ 怡云轩主人辑：《平夷录·山东省信》，《中国近代史资料丛刊·鸦片战争》第 3 册，第 374 页。

击中国守军无端炮击白旗船只。实际上，按照国际惯例，虽然不应炮击，但也事出有因。原来，中英谈判之后，留粤英军仍然不断挑衅，造成局势紧张。就在10天前，英舰在龙穴洋面还截夺了一条阳江中营的米艇。在这种情况下，沙角炮台因不明白旗含义而炮击英船，是完全可以理解的。可是，琦善深恐此事激怒英军，下令追查谁先开炮，“欲斩副将（指沙角炮台指挥官、三江协副将陈连升）以谢之”①。并派心腹白含章和鲍鹏去向英军道歉，还以水师中军参将名义照会英军，“声明未询原委，擅先开炮，系由兵丁错误，现在严查惩处”②。

第二件，释放英俘士担顿。士担顿前时因到虎门刺探军情被俘，英军为迫使林则徐释放，曾挑起关闸之战。但因林则徐不为所屈，未能得逞。琦善抵粤后，马上下令释放，还先“在自己的家里给他预备了一餐饭，一个住处”，次日一早，“令人用轿子把他送到一只专在等他的小船上，送回英国舰队”③。

除了竭力压制抗英军民、向英军献媚之外，琦善还加紧罗织罪名，打击已被革职的林则徐，以消除抵抗派的影响，为推行妥协方针扫清道路。他抵粤仅15天，就发出攻讦林则徐的上奏，诬称致衅之由，系由林则徐在禁烟中“措置失当”引起。他说：“前督臣林则徐示令缴烟时，节次谕文、批文内，均有奏请赏犒、奏请奖励等字样，而所赏何物，计值若干，均未指出”，“迨后每烟一箱，仅给茶叶五斤”，“该夷所得，不及百分之一，而又欲勒具以后再贩鸦片，‘船货入官，人即正法’之甘结，迄未遵依，此衅之所由起也”。为了加重林则徐“启衅”之罪，琦善还在西班牙船“米巴音奴”号被误烧一事上大做文章。声言西班牙国王为此差人“前来投递夷书”，“将来有无异说，亦正未可逆料”。④ 此外，对于林则徐向清廷提供的有关定海英军情报、悉心了解研究外情的正确做法，琦善也横加贬斥。此奏之后，琦善遇到机会，即向林则徐大泼污水，全盘否定林则徐等加强武备、抗击英军的功绩，说他“笔下虽佳，武备未谙”，“所奏铁链，一经大船碰撞，亦即断折，未足抵御”，“从前所称断其水米接济，不过托

---

① 魏源：《道光洋艘征抚记》卷上，《魏源集》上册，第177页。

② 《钦差大臣琦善奏报英船自浙回粤现在大概情形折》，《鸦片战争档案史料》第2册，第582页。

③ 宾汉：《英军在华作战记》，《中国近代史资料丛刊·鸦片战争》第5册，第152—153页。

④ 《钦差大臣琦善奏为遵旨查明林则徐办理禁烟情形折》，《鸦片战争档案史料》第2册，第609—610页。

诸空言，即叠获胜信〔仗〕，亦均不免粉饰”。① 在广州听候查问的林则徐，对琦善如此横加罪名，栽赃陷害，义愤填膺。他在家书中写道：“若果再为诬枉之言，归咎前事，则只得拼死畅叙一呈，遣人赴都察院呈递，即陷之死地，亦要说个明白也。”②

12月7日，琦善开始与英方交涉。此时，懿律因病回国，义律成为琦善办理交涉的唯一对手（英军由伯麦指挥）。交涉一开始，义律就提出要将《巴麦尊子爵致中国皇帝钦命大臣函》中所提各项要求一一议定，“写成汉字英字约文一张”③。据中国方面传闻则归纳为14条要求：④

一、英国人上年受了委屈，嗣后再不得如此错乱行为。

二、要赔还鸦片价银两，及此次夷人来舟山各处兵费。

三、各洋商所欠旧债，要由官宪担任清还。

四、外洋走私贩烟，不得连累英国贸易之船。

五、英国人递禀必要封呈上大皇帝，不得呈与官宪。

六、要大码头一处，永远居住，如澳门样式。

七、要福建、浙江、江苏、天津等处地方贸易码头六处。

八、要在北京城建造夷馆，派一夷官驻扎。其余各处码头各安置夷官一人。

九、要贸易码头，夷人如有犯事，由夷官自行治罪，官宪不得干预。

十、新定贸易码头，任凭英人建造天主庙。

十一、英国人各港口贸易，不论何省地方并得带家眷同住。

十二、贸易不要（洋）商经手，如洋商不能裁撤，不能加减。

十三、出口税银要定一条规，不得加减。

十四、要裁各贸易船只使费。

以上各条，如有一条不从，即要攻打虎门、香山等处。

这14条要求中，包括赔偿烟价、军费、商欠，直接上书皇帝、永久占据中国领土、增辟通商口岸、驻使北京、各个开放口岸设置领事、领事裁判权、在

---

① 《钦差大臣琦善奏报照复英人及筹办防务等情折》，《鸦片战争档案史料》第2册，第658—659页。

② 《致林汝舟第七、八号》，《林则徐书简》（增订本），第157页。

③ 《义律照会》，佐佐木正哉编：《鸦片战争の研究》（资料篇），第29页。

④ 《英国对琦善提出之十四条要求》，《中国近代史资料丛刊·鸦片战争》第3册，第431—432页。这14条内容系据中方记载，未见英方正式文件，但与英方提出的各项要求基本一致，只是表达上略有出入。

通商口岸自由建立教堂、废除行商制度、协定关税等，与英国政府的《对华条约草案》相对照，其主要条款包罗无余。

懿律和义律在离开天津时就声称，英方并不放弃各项要求，故抵广东后，谈判一开始就提出这些要求，并不奇怪。问题在于，琦善与道光帝对英国发动战争的意图都不甚了了，从未认真研究过英国提出的各项要求，以为只要惩处林则徐，允许恢复中英贸易，问题就可解决。

琦善接到英方14条要求之后，曾于12月7日、14日两次上奏，强调英方武力强大，清军远非敌手，如果不向英方让步，“非惟防不胜防，抑且事无底止”①，以此要求清廷同意向英国赔偿烟价；并声言“烟价一节，求索本非无因，断难空言解释”②。不待清廷批复，琦善就在11日致义律的照会中，擅自答应赔款500万元，以10年为期，“陆续分期摊付”③。此外，琦善还同意中英之间文书往来，不再使用“禀”“谕”等字样；但同时拒绝英方占据中国领土的要求，认为“于理不顺，亦复于情不协”。他要求英军迅速撤出定海，以此作为恢复中英通商的前提条件。④

义律以为英军南下之后，清政府定会马上做出广泛的让步，而今看到琦善的答复，不禁大失所望，竟然对前去送信的鲍鹏“言语倨傲，动加呵斥，大非前在天津之比”⑤。接着派出多艘舰船，驶往虎门示威。第二天，义律照会琦善，对琦善的答复表示强烈不满，声称如果琦善固执己见，“必致诸事未能商办全妥”⑥。在烟价赔偿上，义律嫌琦善愿赔之数太少，要求增至700万元，“本年先缴二百万元，余则分年五次陆续赔完”⑦。领土问题，义律根据《对华条约草案》的规定，提出可以用增辟厦门和定海等通商口岸代替，“倘能应允另行开港贸

---

① 《钦差大臣琦善奏报英船自浙回粤现在大概情形折》，《鸦片战争档案史料》第2册，第582页。

② 《钦差大臣琦善奏报英人侵迫日紧情形折》，《鸦片战争档案史料》第2册，第614页。

③ 《英国档案有关鸦片战争资料选译》下册，第800页；佐佐木正哉编：《鸦片战争の研究》（资料篇），第30—31页。

④ 参见佐佐木正哉编：《鸦片战争の研究》（资料篇），第30—31页。

⑤ 《钦差大臣琦善奏为英人强索香港拟准在厦门福州通商折》，《鸦片战争档案史料》第2册，第633页。

⑥ 《鸦片战争档案史料》第2册，第635页。

⑦ 《鸦片战争档案史料》第2册，第636页。

易，本公使大臣当可不再求地”。此后“倘有再允外国之人，在此外别港开市贸易，亦当允准英民商船赴往”。此外还有定明关税税率、管理两国贸易办法、英商居住通商口岸、释放英俘以及领事裁判权等问题，义律要求与琦善面议。关于定海归还，义律坚持先前提出的条件，须在订立英方满意的条约之后才能归还。①

琦善收到义律照会，意识到事情并不那么简单。作为一个十分惧怕英军武力的妥协派，他不敢坚决拒绝英方的各项要求，与义律闹翻；而作为清朝的大臣，他又不能漠视在天津谈判期间道光帝定下的基调，擅自全盘接受英方的要求。在两难的处境中，琦善搞起所谓“磨难”② 外交，即在讨价还价中小步退让，拖延时日，以求既不开罪英方，又能敷衍朝廷。

12 月 15 日，琦善照会义律，同意将烟价增为 600 万元，除立即支付 100 万元外，“其余将在七年的期限内陆续分期摊付”。同时答应奏报朝廷，除广州口岸之外，“另给一个地方作为码头，准许船只前往并运载货物；关于销售这些货物，必须在船上与商人进行交易；他们仍必须遵守成规，不得上岸居住，而且不得随意与居民私自交往”。③ 但要以归还定海为条件，释放英俘也要与归还定海同时进行。

对于琦善的小让步，义律自然不能满足。为了稳步实现英国的要求，他也变换手段，即先在最重要的问题上取得进展，再徐图达到其他目的。因此，他于 12 月 17 日照会琦善，同意将烟价定为 600 万元，“立即付给 100 万元，其余 500 万元按每年摊还 100 万元之数陆续付清”④；要求在广州之外，在福建和江苏、浙江开放两个口岸，一旦经皇帝批准，英军即从定海撤出；还要求建立适当的商馆，“俾得寄寓贸易”。⑤ 至于图占之领土，据琦善奏称，义律这时已有明确的目标，即大屿山与香港。

---

① 参见《义律照会一》，《鸦片战争档案史料》第 2 册，第 636 页；佐佐木正哉编：《鸦片战争の研究》（资料篇），第 32—33 页。

② 12 月 14 日（十一月二十一日）琦善奏报说，“奴才唯有殚竭血诚，不惜颖脱唇焦，与之多方磨折”；23 日又奏：“该夷贪得无厌，一经照复，或又别生枝节，是以奴才故事磨难……借此延以时日。”（《鸦片战争档案史料》第 2 册，第 614、657 页）这种外交得到道光帝朱批“好”。

③ 《英国档案有关鸦片战争资料选译》下册，第 804—805 页。

④ 《英国档案有关鸦片战争资料选译》下册，第 807 页。

⑤ 《义律照会》，佐佐木正哉编：《鸦片战争の研究》（资料篇），第 37 页。

琦善得到义律的复照，认为烟价已经解决，困难在于英方既要求增开口岸，又企图占领中国领土。按他的权衡，“大屿山袤延数百里，地居险要，早经建筑炮台，设有守备。即香港亦宽至七八十里，环处众山之中，可避风涛，如或给予，必致屯兵聚粮，建台设炮，久之必觊觎广东，流弊不可胜言”。故义律“改请添给贸易马头，其势既可查防，且较给予地方似为得体，唯不能准其两处”。①于是，他一面奏请道光帝再作让步，“于广州之外，再就福建之厦门、福州两处准令通商，冀得借以羁縻”②；一面又央请美国驻广州领事居中转圜，劝英方放宽条件。

义律对琦善的“磨难”外交颇不耐烦，又见英军已集结广东，乃于 12 月 24 日、26 日接连发出照会，“务望及早议复”，在 26 日的照会中还限定 27 日夜以前接受英方条件，否则“必将各事交付伯统帅办理，从初四夜以后，议借兵法办行”③。琦善生怕炮火再起，连忙复照，哀求英方不要“苦苦相迫”，声言如此将导致朝廷对己“治以重罪”，④ 对英方也没有好处。义律见琦善软弱可欺，便又另耍新招，于 29 日照会琦善，先假惺惺地表示，增开口岸可考虑由两处减为一处；接着就赤裸裸地提出领土要求：“唯有予给外洋寄居一所，俾得英人竖旗自治，如西洋人（即葡萄牙人）在澳门竖旗自治无异。”并声称，所提条件已是最低限度，“万不敢为再让一步，再减丝毫”。⑤ 要求琦善尽早与他在澳门会谈，订立条约。

琦善想以增开口岸作为让步，消除英国占据领土之望；义律则把占据中国领土放在首位，而以酌减增开口岸为诱饵。这样一来，琦善的算盘与义律的图谋又发生了新的抵牾。

从上述交涉过程不难看出，琦善由于惧怕英方动武，同时对英国的侵略野心缺乏准确估计，因而在交涉中一直处于被动地位，以致无力招架义律的步步进逼；义律则窥破琦善的怯懦心理，以武力威胁作为迫使其就范的工具，逼着

---

① 《钦差大臣琦善奏为英人强索香港拟准在厦门福州通商折》，《鸦片战争档案史料》第 2 册，第 633 页。

② 《钦差大臣琦善奏为英人强索香港拟准在厦门福州通商折》，《鸦片战争档案史料》第 2 册，第 634 页。

③ 《义律照会》，佐佐木正哉编：《鸦片战争の研究》（资料篇），第 39、41 页。

④ 《琦善照会》，佐佐木正哉编：《鸦片战争の研究》（资料篇），第 44 页。

⑤ 《义律照会》，佐佐木正哉编：《鸦片战争の研究》（资料篇），第 46—47 页。

琦善步步退让。从交涉的内容看，领土问题逐渐成为双方争执的焦点。

侵占别国领土，不断扩张势力，最后实现对被侵略国家的全面控制，是西方殖民者惯用的伎俩。对于急欲打开中国大门的英国来说，这一点更显得十分重要。因为中国是一个高度统一的东方大国，与英国相距遥远，如果不能在中国沿海占领一块完全由英国控制的基地，其殖民扩张就会受到很大限制。很久以来，英国殖民者一直在图谋占据中国领土，“作为不列颠商务之安全根据地”①。至于具体地点，英国殖民者本垂涎于舟山群岛，因为那里位置适中，既便于用作向清政府进攻的军事基地，又邻近中国东海岸中部物产丰富、人烟稠密的乡村和城市，能“使英国商品容易进入中华帝国的内地”②。然而，作为英国政府代表的义律，却把英国占据的目标改换为香港，这也不是随意决定，而是蓄谋已久的。

香港是广东新安县九龙司所辖一海岛，位于珠江口以东、九龙尖沙咀之南，全岛东西长约16.8公里，南北宽约8公里，面积约80平方公里。当时该岛并无统一名称，人们习惯于以岛上某一部分的名称称呼全岛，故除“香港”（岛的西南有个“香港村”）之外，也有称“红香炉”（位于岛之东北）、“裙带路”（位于岛之西北）、“大潭”（位于岛之中部）、“赤柱”（位于岛之东南）的。18世纪以来，外洋船只往来中国沿海，都以香港为必经之地。该岛有良好的自然条件，是船只避风汲水的理想港口。正因为如此，英国殖民者早就图谋侵占香港。还在1806—1819年，英国东印度公司测量员霍士保就对香港及其周围海面进行了测量，绘制出详图，认定香港是避风良港，附近水域很便于泊船。1816年，英使阿美士德来华，又对香港做了仔细考察，认定香港是世界上无与伦比的良港。1833年，曾长期任职于东印度公司驻广东管货人委员会的斯当东，在英国下议院公然提出，有必要在香港设立脱离中国管制的贸易中心。1834年，英国首任商务监督律劳卑遵照英国政府的旨意，为寻找一个适合于军事行动的港口而观察了广东形势，结论是：用武力占据香港很有用。1839年10月，大鸦片贩子威廉·查顿在煽动侵华战争时，也明确提出了占据香港，理由是“香港拥有非常

① 《巴麦尊致义律》（1839年10月18日），严中平辑译：《英国鸦片贩子策划鸦片战争的幕后活动》，《近代史资料》1958年第4期，第38页。

② 《巴麦尊子爵致懿律海军少将和义律大佐函》（1841年2月3日），转自马士：《中华帝国对外关系史》第1卷，第723页。

安全广阔的停泊港，给水充足，并且易于防守"①。事实上，早在鸦片战争之前，英国殖民者就钻该岛营汛形同虚设的空子，偷偷摸摸将该岛作为活动基地。在猖獗的鸦片走私中，该岛成为鸦片船只的停靠点。1837年，邓廷桢在广东厉行禁烟，香港更成为走私船的聚泊之所。鸦片贩子甚至在岸上搭盖寮棚，建立居留地。1839年尖沙咀事件发生后，义律与英商被逐出澳门，便驶往香港，负隅顽抗。

由此可见，义律在广州交涉中提出占据香港，是英国长期以来图谋窃夺香港岛的继续与发展。自然，义律提出占领香港，还有其他考虑：首先，他认为，"为英国商业开辟一条进入中国人口稠密和富足的地区的道路，从香港，比从非常靠近这一地区的另一个处境困难的地方（指舟山群岛），要快得多，并且实际上扩展的前途也差不多"②。其次，他认为占据香港较之占据舟山群岛所付代价要小得多，占据舟山将会"造成在华军事行动无限期延长的后果"③，从而给英国对华商品输出带来不利的影响。

占据香港，对英国在华扩张具有极大意义，而英国殖民者的蓄谋又是如此之久，义律在交涉中以此作为主要议题，这是很自然的。可是，畏敌如虎的琦善，可以应允赔偿烟价，也可答应增开通商口岸，却不敢擅自做主允诺英人占据中国土地。琦善身为满族权贵，深知领土攸关国体，如若应允，于国于己，都将大大不利。所以，他在接到12月29日义律送来的照会之后，于1841年1月2日照会义律，批驳了义律的要求，指出："天朝准令外国之人前来贸易，已属大皇帝格外恩施，断无再给地方之理，亦经本大臣爵阁部堂备文照会，并据贵公使大臣来文内，声明不再求地，今何以又有予给寄居一所之语？"④ 义律见谈判无法达到目的，于是决定诉诸武力，迫使琦善屈服。1月5日，义律与伯麦分别向琦善发出最后通牒，声言"自从本日以后，就拟动兵相战"⑤。于是，一场激战迫在眉睫。

---

① 《威廉·查顿致巴麦尊》（1839年10月26日），严中平辑译：《英国鸦片贩子策划鸦片战争的幕后活动》，《近代史资料》1958年第4期，第44页。

② 《查理·义律致奥克兰勋爵函》（1841年6月21日），马士：《中华帝国对外关系史》第1卷，第740页。

③ 《查理·义律致奥克兰勋爵函》（1841年6月21日），马士：《中华帝国对外关系史》第1卷，第740页。

④ 佐佐木正哉编：《鸦片战争の研究》（资料篇），第49页。

⑤ 佐佐木正哉编：《鸦片战争の研究》（资料篇），第51—53页。

七、沙角、大角之战，英军强占香港

在广东继续进行的中英交涉，是以清政府对形势的错误估计为背景的。无论是道光帝抑或琦善，都以为通过和谈就可解决中英争端。因此，英舰南下后，清廷接连谕令沿海各省督抚将军撤退防军，解散募勇；而琦善在广东，则不遗余力地积极贯彻这一方针。为了向英方显示自己的诚意，他遣散了由林则徐招募的数千丁勇，下令拔除珠江口横档一带的水底暗桩，又借口经费困难不准添造船炮，而且重演天津故技，"以牛、羊、水、米犒师为上策"①。下属报告敌情，他竟拒绝听取，说什么"我不似林总督，以天朝大吏，终日刺探外洋情事"。"凡有报缉汉奸者，则呵曰：汝即汉奸。"② 时人魏源斥责琦善"一切力反前任所为，谓可得外洋欢心"③，实可谓一语中的。不过，随着交涉中双方分歧日益明显，义律气焰嚣张，"一启口即言打仗"④，琦善也感到有些不妙，因而在防务上不得不又做些布置，向虎门、总路口、大濠头、沙尾、猎德一带增派了一些兵丁。但是，由于琦善前时的倒行逆施，此刻军心已经瓦解，防御体系已经破坏，仓促应付已起不了什么作用。

英国方面，尽管义律对广东交涉也曾抱有很大希望，但并未忽视武力威逼手段。交涉期间，他令英舰停泊于离虎门近在咫尺的穿鼻洋面，从未放松战备。当时，英舰经常驶往珠江口测量，其陆军在穿鼻洋小岛上加紧训练。此外，英军还"日夜增造杉板小船，召集烟贩之蜈蚣艇、蟹艇数百，此外，火箭、喷筒、竹梯攻具，增造不可数计"⑤。这样，义律决定发动进攻，经过充分准备的英军，就如同饿虎一般猛扑过来。

英军进犯的首要目标，是珠江海口的第一道防线——沙角和大角炮台。这两座炮台东西对峙，中间水道是驶往珠江内河的必经之路。沙角炮台位于沙角

① 《致叶申芗》，《林则徐书简》（增订本），第151页。

② 魏源：《道光洋艘征抚记》卷上，《魏源集》上册，第178页。

③ 魏源：《道光洋艘征抚记》卷上，《魏源集》上册，第178页。

④ 《钦差大臣琦善奏为英人强索香港拟准在厦门福州通商折》，《鸦片战争档案史料》第2册，第633页。

⑤ 魏源：《道光洋艘征抚记》卷上，《魏源集》上册，第178页。

山，原来安有旧式铁炮12门，战前增至72门；大角炮台位于大角山，原来安有旧式铁炮17门，战前增至26门。两炮台原来各只有防兵数十名，官涌之战以后，才调三江口协副将陈连升率兵600名前来加强防守。山顶筑有瞭望台，炮位环山面海安置。炮台围有石墙，并挖有壕沟保护，还埋了不少地雷，做好了随时打击来犯之敌的准备。陈连升主要守卫沙角炮台，大角炮台则由千总黎志安率兵镇守。

1841年1月7日（道光二十年十二月十五日）上午8时，英军集中陆军、水兵、炮兵共1461名，组成登陆队，由陆军少校伯拉特指挥，分别绕到沙角、大角二山之后，配合海军同时发动进攻。海军右分队则由"加略普"号（26）、"海阿新"号、"拉呢"号三艘军舰与"皇后"号等组成，由"加略普"号船长荷伯特担任指挥，负责攻打东侧的沙角炮台；左分队由"萨马兰"号、"都鲁壹"号、"摩底士底"号、"哥伦拜恩"号等组成，由"萨马兰"号船长斯哥德担任指挥，负责攻打西边的大角炮台。①

驶往沙角的英舰，从正面猛轰炮台；而其陆战部队则在汉奸的引导下，从穿鼻湾、枝捺湾登岸，绕到沙角山后，架起竹梯，攀上形势险要的沙角山顶。上午10时左右，英军占领了各个制高点，并安好野战炮，居高临下，向沙角炮台发动攻击。守将陈连升（1775—1841年）久历戎行，又在守卫官涌中屡败英军，时已年过花甲。他临危不惧，身先士卒，带领兵弁用扛炮和事先埋下的地雷御敌，炸死炸伤敌军多人。英军攻破炮台，陈又率领将士与数倍于己的敌人殊死搏斗，凭借原始弓箭，堵击来犯之敌，在枪林弹雨中击退敌人多次进攻。终因武器低劣，敌众我寡，陈和守台将士壮烈殉国。陈连升之子、武举陈举鹏，当局势危急时，被陈连升"嘱令携带关防，押同字识，护送回营"②。他誓死不从。后见炮台失守，父遭残杀，率士卒奋起反击，杀敌多人。英军发动反扑，陈举鹏力战牺牲。陈氏父子为国英勇献身的精神，受到时人的广泛赞誉。爱国诗人张维屏作盛赞陈连升等爱国将领的《三将军歌》。沙角战后，当地人民自发将陈连升父子和阵亡将士遗体丛葬于沙角山前，墓碑上镌刻"节兵义坟"，作为永久纪念。战后，广东还将陈连升入祀昭忠祠。陈连升家乡湖北恩施的乡亲们，也集资建立纪念碑，永久纪念这位为守卫祖国南大门而牺牲的土家族民族英雄。

攻打大角炮台的英军也是采用同样战法。4艘英舰驶近后一齐向大角炮台开

① "加略普"号和"萨马兰"号均由南美调来，于1840年10月才抵达中国。

② 《钦差大臣琦善奏请优恤陈连升父子片》，《鸦片战争档案史料》第3册，第111页。

英军在穿鼻登陆

炮，击中台内的火药库，火光烛天，防御工事被摧毁；与此同时，数百英军在汉奸的引导下乘小船登岸，从大角山的后山向前山进攻，与英舰前后呼应，夹击炮台。千总黎志安受伤后，眼见英军来势凶猛，丧失斗志，忙令弁兵将大炮推入水中，突围逃跑。大角落入敌手。

英军进犯沙角、大角的同时，派轮船“复仇神”号带领小船数只，袭击了沙角与虎门之间的三门口，击毁水师战船数只，掳去拖船 2 只。

综计这次交战，清军将士 291 人殉国，456 人负伤，10 人下落不明，详见下表：①

沙角、大角战役清军伤亡表

性质 / 数目 / 类别	阵亡		受伤			待查	备注
	将弁	兵丁	将弁	兵丁重伤	兵丁轻伤		
陆路	6	201	19	114	142	1	重伤包括头等、二等
水师	3	79	16	34	128	6	
壮勇		2			3	3	
合计	9	282	35	148	273	10	

① 据《钦差大臣琦善奏请议恤伤亡水陆弁兵事宜折》，《鸦片战争档案史料》第 3 册，第 107—110 页。

英军的伤亡，中英两方的记载出入甚大，中方声称英军伤亡600余人，英方记载只38人受伤。①

自诩“抚夷”能手的琦善，面对英军的疯狂进犯，一筹莫展。交战前夕，他接到英船张挂红旗，准备开战的警报，却不加紧准备迎战，仍旧对英“加意羁縻”。危急时刻，关天培曾派李廷钰回省城“哭求增兵”，阖省文武亦皆请求派兵支援，② 琦善生怕有妨“抚议”，拒绝派兵，终致沙角、大角在半天之内相继失守。沙角、大角失陷之后，琦善更加失去信心，认为此后“我师势必益形气馁”③。广东巡抚怡良、广州将军阿精阿要求停止与英交涉，全力投入攻剿；道光帝也急令“琦善整饬兵威，严申纪律”，“相机剿办”。④ 琦善以并无把握为辞加以拒绝。正在广州听候查询的林则徐、邓廷桢得悉沙角、大角失守，感到“难再坐视”，“此后当无议和之理”，主动派人请琦善分派剿办差使，琦善竟以“无话商量”⑤ 冷然答复。显然，琦善仍在坚持妥协路线。

作为琦善的对手，义律料定琦善不敢与英决裂，因此在交战的第二天，即1月8日，又和伯麦联名向关天培发出照会，以命令口吻提出4项戢兵条件：⑥

一、应将现归英国占据之沙角地方，仍留英国官员据守，给为贸易寄寓之所；

二、应以广州一处，就即开港贸易。所有贸易事务，即在沙角办理为妥；

三、至若出入各货正饷，俱在沙角程输归部，即如向来在黄埔程输一律；

四、应将现在起建之炮台各工停止，不得稍有另作武备。

---

① 关于英军伤亡人数，琦善奏报作600余人，夏燮《中西纪事》记为“击毙夷兵400余人”；不著辑人的《入寇志·广东事略》只记在沙角“击毙夷匪一百数十名”；林则徐在致其长子林汝舟的信中亦云，英军进攻沙角时，因守军引爆地雷，“击死百余人”；不著撰人的《夷艘入寇记》则说：“陈连升于后山埋地雷，机发击死者百余人，而不能再发，贼后队复拥而上，众五倍于我，我兵前后歼贼三百余”；梁廷枏的《夷氛闻记》也说：“夷船驶至二十余，驱汉奸二千余人扒越后山夹攻，从墙缺入台背，中于地雷，毙贼百余，后至者蜂拥而登，我兵犹奋力拒战，以扛炮歼贼二三百，而火药垂尽矣。”看来琦善奏报可能夸大，英方记载可能缩小，死伤当为三四百人。

② 魏源：《道光洋艘征抚记》，《魏源集》上册，第179页。

③ 《琦善奏义律攻占炮台折》，《筹办夷务始末》（道光朝）二，第710页。

④ 《着钦差大臣琦善立即断绝与英谈判并督同林则徐等整饬兵威相机妥办事上谕》，《鸦片战争档案史料》第2册，第710页。

⑤ 《致林汝舟第七、八号》，《林则徐书简》（增订本），第156页。

⑥ 佐佐木正哉编：《鸦片战争の研究》（资料篇），第56页。

以上条件，约定三日内答复。三日之内，“如稍有另作武备，本统帅刻即当再动兵攻敌”。

如愿接受上述条件，则原来商定之偿还银数，另开港口，及缴还定海等，“仍可依议办结”。

义律的条件，首要的是强夺中国领土。值得注意的是，他这次没有点香港，而是要沙角。看来义律是以桃代李，别有用心。沙角为珠江口要塞，与虎门水陆相通。义律估量，琦善即便同意英国的领土要求，也不会赞成占据沙角，必然会讨价还价，那时再提出香港，就易于达到目的。

果然不出义律所料，琦善经不住英军武力讹诈，在规定期限的最后一天，即 1 月 11 日，派鲍鹏前往投递照会，同意“代为奏恳”“予给口外外洋寄居一所”，但不能给予沙角。琦善认为，接受这一条件，让步已相当大，因此在其他问题上则不能不有所限制，如英国货船到来，仍应在黄埔纳税；既给予外洋寄寓一所，则毋庸另开通商口岸，恢复广州贸易要以归还定海为前提等。①

义律见琦善答应“代为奏恳”给予外洋寄居一所，不禁大喜。他当天即复照琦善，提议“以尖沙咀洋面所滨之尖沙咀、红坎即香港等处，代换沙角予给”。“其寄居一所境界，后可本公使大臣与贵大臣爵阁部堂另行详定”。但义律仍坚持立即恢复广东开港贸易，然后才可归还定海，否则将继续展开进攻。②

琦善接到复照，于 1 月 13 日上奏道光帝，大肆渲染英军战斗力之强、武器之猛与清军之种种劣势，说他“初不料该夷之凶悍，与我军水师之废弛，至于此极”，目前“实有战守两难之势”。在这种局势下，英人欲图外洋寄寓之地，“与其被该夷用强占夺，似不若示我皇上宽大之恩，俾知钦感”。因此，“允其代为奏恳于外洋给予寄寓一所”，即日恢复广州中英贸易。③ 他还声称，如果局势继续恶化，他“只得不避重罪，从权办理”④。同日，他又照会义律，表示“极欲代为筹划”，只是恢复中英贸易，仍须以英军撤出定海为条件。⑤

---

① 参见佐佐木正哉编：《鸦片战争の研究》(资料篇)，第 61—62 页。

② 参见佐佐木正哉编：《鸦片战争の研究》(资料篇)，第 62—63 页。

③ 《钦差大臣琦善奏陈英占炮台欲攻虎门和省垣现拒守两难折》，《鸦片战争档案史料》第 2 册，第 744—747 页。

④ 《钦差大臣琦善奏为势难拒守拟照英方所请于广州开港片》，《鸦片战争档案史料》第 2 册，第 748 页。

⑤ 佐佐木正哉编：《鸦片战争の研究》(资料篇)，第 67 页。

义律见琦善已经就范，又得寸进尺。次日（1月14日），在送交琦善的照会中，又在夺占领土上加了“让给英国主治”[①] 的条件。这就与他先前所称“如西洋人在澳门竖旗自治无异”有了本质的不同。因为，澳门虽然很早就为葡人窃据，但其主权一直属于中国。明清两代，葡人每年都向中国缴纳租金，中国也常年驻军防守。义律提出把尖沙咀、香港“让给英国主治”，显然意图剥夺中国的领土主权。在提出这一条件时，义律表示：“拟将定海即行撤兵缴还。”[②]

义律同意从定海撤军，使琦善喜出望外。他马上同意在1841年1月下旬恢复中英贸易，并要求英方在尖沙咀与香港之间“止择一处地方寄寓泊船”[③]。可是，对于义律提出“让给英国主治”这一重大新条件，琦善竟未表态。义律据此认定，琦善已同意割让，当即复照，表示愿照来文办理，“一面以香港一岛接收，为英国寄居贸易之所，一面以定海及此间沙角、大角等处统行缴还贵国”，还要求与琦善面晤，就所议各款订立条约。[④] 至此，琦善也以为问题已经解决，便于1月18日以“现在诸事既经说定”相答。过了两天，义律不待条约签订，即于1月20日在澳门发出“通知”[⑤]，擅自宣布：

在钦差大臣和全权大臣本人之间达成了初步协议，其中包含如下的几项条件：

一、把香港岛和港口割让给英国。因在该处进行贸易而应付给帝国的所有捐税，都应当像在黄埔进行贸易一样支付。

二、赔偿英国政府600万元，立即付给100万元，余款每年平均摊付，至1846年付清。

三、两国之间在平等的基础上进行官方的直接交往。

四、在中国春节[⑥]后十天内开放广州口岸的贸易，该贸易将在黄埔进行，直到在那块新殖民地做出切实可行的进一步安排为止。

马士在《中华帝国对外关系史》一书中，依据这一“通知”，断言义律与琦

---

① 佐佐木正哉编：《鸦片战争の研究》（资料篇），第69页。

② 佐佐木正哉编：《鸦片战争の研究》（资料篇），第68页。

③ 《琦善照会》，佐佐木正哉编：《鸦片战争の研究》（资料篇），第70页。

④ 参见《义律照会》，佐佐木正哉编：《鸦片战争の研究》（资料篇），第70—71页。

⑤ 《给英国女王陛下臣民的通知》，《英国档案有关鸦片战争资料选译》下册，第836页。

⑥ 1841年春节为1月23日。

善签订了所谓《初步协定》，割让香港。以后，不少外国学者也沿袭了这一看法。如费正清就说，琦善“无可奈何地于 1841 年 1 月 20 日同意了《穿鼻草约》”①；美国 1980 年出版的《大百科全书》也说：“1841 年 1 月 20 日，中国战败之后，被迫签订了《穿鼻条约》。”② 然而，这是不符合事实的。从琦善抵达广州直到义律发布上述公告，双方一直是以照会方式交换意见，两人不曾谋面，琦善也未曾委托信使鲍鹏与义律订约，而且义律在 1 月 16 日还照会琦善，要求与琦善面谈，“以叠次公文开载议办各款，汇写盟约一纸”③。这就证明，所谓义律与琦善“已经签订了初步协定”④，完全是凭空捏造。义律发出上述“通知”，无非是要造成既成事实，防止琦善反悔。从“通知”所列“初步协议”的内容来看，“香港岛和港口割让给英国”，琦善在历次照会中也从未明确表示同意。他给义律的照会，只是说代为奏恳“予给口外外洋寄居一所”；而且，琦善虽然同意以香港为英商寄寓贸易之所，但未指明范围，义律也表示范围要由他与琦善另行详定；他在答复琦善关于尖沙咀、香港之间“止择一处”的要求时，同意以香港一岛接收。在琦善看来，只不过是接受了“止择一处”的提议，并不意味把香港全岛给予英国，而义律竟歪曲说成琦善同意“把香港岛和港口割让给英国”，完全是偷梁换柱。更为重要的是，当时英国的外交大臣巴麦尊也不认为是签订了正式条约。当他看到本国报纸上刊载的义律发布的那张“通知”后致函义律，强调：“除非通过一项正式的条约，经同意割让领土的那位君主批准；任何臣民都无权让渡他本国君主的部分领土。”而从您所发布的“公告”看，“在您与琦善之间似乎没有签订关于割让香港的任何正式条约。而且……当您发布该通知时，即使琦善签订了这项条约，它也没有获得皇帝的批准”。而“在获得中国皇帝的批准之前，是没有价值或效力的。所以，您的通知完全是为时过早的”。⑤

义律头一天公布了自己捏造的初步协议，第二天（1 月 21 日）就令沙角、大角的英军开往香港。1 月 26 日，正式强行占领香港。殖民者的贪婪与蛮横，在此暴露得淋漓尽致。

---

① 《剑桥中国晚清史》（1800—1911）上卷，第 214 页。

② 《美国大百科全书》第 14 卷，1980 年，国际版，第 348 页。

③ 佐佐木正哉编：《鸦片战争の研究》（资料篇），第 71 页。

④ 马士：《中华帝国对外关系史》第 1 卷，第 305 页。

⑤ 《英国档案有关鸦片战争资料选译》下册，第 898 页。

1841 年 1 月 26 日，英国军队由这里登陆，占领香港

在义律看来，当占领香港变为既成事实之后，琦善再无回旋余地，只能在他提出的条约上签字了。不料，他与琦善 1 月 27 日在狮子洋莲花山会谈时，琦善弄清香港不是租借而是割让，意识到问题的严重性。为此，两人之间发生了争执。义律事后写道，割让香港，“在琦善看来，似乎全出情理之外，因而他确信义律会让步，满足于香港只是向英国商人及其眷属提供适当居留地的场所”①。琦善事后在上奏中也说，会谈中义律提出《章程草底》（也就是条约草案），“其中间有行之窒碍者（即有关割让香港的条款），奴才当加指驳”②。义律大为恼怒，叫嚣如不割让香港，英军将再次动兵进犯。但琦善仍不敢表示同意。这次会谈没有结果。第二天，伯麦照会负责尖沙咀与香港防务的大鹏协副将赖恩爵，宣称香港“现系归属大英国主治下地方，应请贵官速将该岛全处所有贵国官兵撤回”③。这意味着剥夺了中国在香港的驻兵权。

---

① 转自佐佐木正哉：《鸦片战争研究——从英军进攻广州到义律被免职》（一），日本《近代中国》杂志第五卷，第 167—168 页。

② 《钦差大臣琦善奏为义律缴还炮台船只并沥陈不堪作战情形折》，《鸦片战争档案史料》第 3 册，第 39 页。

③ 佐佐木正哉编：《鸦片战争の研究》（资料篇），第 75 页。

义律见琦善在割让香港上出现反复，索性要起无赖，于1月29日发出所谓占领香港《公告》，诡称："经清朝大学士兼钦差大臣琦善盖印，香港岛已割让给英国君主"，宣布"在该香港岛内和岛上，所有女王陛下的各种权利、特权和特惠，无论是对于或关于土地、港口、财产或个人的利益，都完全保留给女王陛下"，"对该岛的管理将移交现在担任英国驻华臣民首席商务监督职务的人，并由他行使管理权"，"女王陛下臣民或除该岛土著和前往该岛的中国人之外的其他各国人在香港所犯的一切违法行为，应由目前在中国设立的刑事法庭和海事法庭审理"，等等。① 这个所谓"公告"，擅自剥夺了中国对于香港全岛的领土主权、行政权、司法权，香港俨然已成为英国的属地。2月1日，义律和伯麦联合公告，宣称"该岛现已成为英国女王领土的一部分"，在该岛居住的所有中国人，"现在已是英国女王的臣民，必须对女王及其官员们表示敬意和服从"。② 此外，1月30日、2月1日，义律接连照会琦善，以英军再次进攻相威胁，逼迫琦善按照英方提出的条件签约，并从尖沙咀撤出中国的炮械与军队。③

英国的嚣张气焰已经到了极度。可是，死心塌地对英求和的琦善即使受尽屈辱，仍然不愿决裂。他不仅不向英方的侵略行径提出严重抗议，反而按照义律的条件，从尖沙咀撤出了中国守军。他实际上对英国强占香港采取容忍态度，只是不敢明订条约。1月31日，他拟出一个《章程底稿》(即琦善提出的条约草案)，其中规定："既经奏请大皇帝恩旨，准令英吉利国之人仍前来广通商，并准就新安县属之香港地方一处寄居。"④ 可是，义律对这个《章程底稿》根本不予理睬。2月11—12日，琦善忍辱含羞，亲赴穿鼻洋蛇头湾与义律再次会谈，继续密商签约有关问题，并提出《酌拟章程底稿》4条，仍然没有结果。13日，义律将所谓《善定事宜》(即义律在《章程草底》基础上提出的条约草案) 送交琦善，内容除割让香港外，还包括恢复通商、文移平行、领事裁判权、清偿商欠和废除行商制度、保护不法英商等条款，⑤ 要求琦善约定日期会面签约，否则重新开战。琦善在义律威逼下，果然"不避重罪，从权办理"。19日，他派鲍鹏

① 《英国档案有关鸦片战争资料选译》下册，第910—911页。

② 《英国档案有关鸦片战争资料选译》下册，第911页。

③ 参见佐佐木正哉编：《鸦片战争の研究》(资料篇)，第76—77页。

④ 《酌拟准英人寄居香港及来粤通商章程底稿》，《鸦片战争档案史料》第3册，第106—107页。

⑤ 参见佐佐木正哉编：《鸦片战争の研究》(资料篇)，第81—82页。

去与义律谈判，并交给一件照会和两件非正式公文。其中一件公文要求修改英方提出的《善定事宜》，另一件表示如果义律态度恭顺，准备同意割让香港全岛。鲍鹏于20日在澳门与义律会见，先将照会递交。义律见琦善在照会中声称："日来抱恙甚重，心神恍惚"①，认为是拖延时间的借口。他看了要求修改《善定事宜》的非正式公文后，暴跳如雷，竟然把它撕得粉碎，甩向鲍鹏，还咆哮道，如果超过签约期限，英军将在几小时内发动进攻。② 鲍鹏见势不妙，未敢将琦善许给香港全岛的非正式公文递交。③

英国全权公使义律为了割占中国领土，可谓绞尽脑汁：先是软硬兼施，企图与琦善签订条约，使其侵略行径披上"文明""合法"的外衣；待看到一时难以达到目的，便露出强盗凶相，强行霸占。英国霸占我国香港的过程，在其殖民扩张史上又留下了可耻的一页。琦善对香港沦丧也有不可推卸的责任。因为香港被强占，正是琦善在粤顽固推行妥协方针的直接恶果。他虽然始终没有签订包括割让香港的条约，但事实上容忍了英军对香港的强占，这使他成为一个民族罪人。

必须指出，英军强占香港与琦善的无耻行径，当时即遭到爱国军民的强烈反对。琦善抵粤后，声言"夷务系其专办"④，有关交涉情况，"从不以一字示人"⑤，以此避免抵抗派妨碍他对英妥协。然而，英军强占香港，琦善是无法一手遮天的。一些因职责关系而了解内情的官员，也不能缄口不言。如水师提督关天培，就以咨送大鹏协副将所抄英人在香港所贴伪示及伯麦要求从香港撤出守军的照会的方式，将英军强占香港的确凿证据提供给当时主张抵抗的怡良。消息传出，群情激愤。东莞绅士邓淳集合一批士绅向琦善请愿，要求痛剿英军，收复失地。驻防进士朱朝玠与琦善激烈辩论一个下午。林则徐在沙角、大角失守后，斥责琦善"懈军心，颓志气，壮贼胆，蔑国威，此次大败，皆伊所卖"⑥。

---

① 佐佐木正哉编：《鸦片战争の研究》（资料篇），第84页。

② 参见《义律海军上校致巴麦尊子爵函》（1841年3月10日），《英国档案有关鸦片战争资料选译》下册，第936页。

③ 参见《鲍鹏续供》，《中国近代史资料丛刊·鸦片战争》第3册，第253页。

④ 《广东巡抚怡良奏为遵旨在省城附近添兵防守折》，《鸦片战争档案史料》第3册，第19页。

⑤ 《致林汝舟第七、八号》，《林则徐书简》（增订本），第157页。

⑥ 《致林汝舟第七、八号》，《林则徐书简》（增订本），第157页。

当他从怡良处获悉英军强占香港时，更是怒火中烧，对怡良说：“人民土地皆君职，今未奉旨而私以予叛逆之夷，岂宜缄默受过！”① 在林则徐的动员下，怡良于 2 月 11 日向清廷发出了英国强占香港的奏折。在这段时间里，以道光帝为首的清朝最高统治集团对英态度也发生了急剧的变化，从而使鸦片战争转入了一个新阶段。

---

① 梁廷枏：《夷氛闻记》卷二，第 59—60 页。

第八章 清政府对英宣战 三元里奋起抗英

一、道光帝下诏宣战

从1840年6月到1841年1月，英国侵略军按计划展开军事与外交攻势；清政府则一心希望尽快平息“衅端”而推行妥协方针。由于清政府对形势的判断错误，因而一直处于被动地位，一再向英方做出让步。尽管如此，英国侵略者由于其侵略要求尚未得到完全满足，仍然不肯善罢甘休。清政府也越发感到英人欲壑难填，不可理喻，从而逐步改变了对英妥协方针，决意对英一战。经过一段时间的酝酿之后，清政府于1841年1月正式对英宣战，鸦片战争进入第二阶段，中英之间在广东展开了第一次正规的军事较量。清政府改“抚”为“剿”，表面看来似乎有些突兀，但只要联系当时情况进行考察，即可看出，这种改变并非偶然。

首先，决定对英方针，影响力最大的无疑是道光帝。因为当时是“朕即国家”的君主专制时代，皇帝的意见具有绝对权威。鸦片战争爆发后清政府的妥协方针，是由道光帝拍板决定的；而今由“抚”变“剿”，也是他的态度改变的结果。他是一个具有双重性格的人物，一方面以“天朝上国”的统治者自居，要求“外夷”恭敬从命；另一方面又深恐发生变乱，影响自己的统治。他的对外态度常常是在权衡这两者的利害之后做出的。他在战争爆发后推行妥协方针，原本是以上国之君作出的“怀柔”姿态，用意在于以最小的代价换取和平局面的恢复。在他眼里，英国这样的“蕞尔小邦”(这时他对英国位于何方、周围几许都不知道)，经过“怀柔”之后，就该感恩戴德，遵守旧制。他绝没有料到情况还会发生反复：第一，他没有想到英军到了广东之后，仍然占据舟山不还；第二，也没有想到英军回到广东之后，依然不肯放弃在天津时已被全面拒绝的各项要求，而且气焰益发嚣张。道光帝这时尚不知中英武力相差悬殊，以为英军长处只在“船坚炮利”，一旦登岸，即无能为，凭借清军武力可以制服英人。因此，面对英人桀骜不驯，决心改用武力剿办，借以维护天朝声威。

此外，定海失陷之后，统治集团内部妥协派虽一度占了优势，两派的斗争并未止息。起初，妥协派以“激成边衅”为由，攻击林则徐等抵抗派“办理不善”，促成道光帝决心用妥协办法解决中英争端；经过天津谈判，英军南下，妥协派进一步得到了道光帝的信任。然而，事态的发展越来越证明妥协只会滋长英人气焰，却不能解决中英矛盾。首先，伊里布在浙江不仅未能实现以英俘换回定海计划，反而与英达成所谓“休战协议”，无异承认了英军对定海的非法侵占；其次，琦善赴粤与英议和，不仅未能马到成功，反而不断对英做出清政府原已拒绝的让步，终至英方得一步又进一步，最后导致道光帝强烈不满。妥协派在对外交涉中接连失败，使之失去了“退敌有方”的资本，削弱了他们在确定对外方针上的影响力。

与此同时，抵抗派尽管在定海失陷后受到沉重的压制，但仍在坚持斗争。他们由于站在正义一边，对政局仍有一定的影响力。在清朝上下，仍有一部分人倾向主战，反对妥协。如兵部尚书祁寯藻与刑部侍郎黄爵滋，即曾在 1840 年 12 月中旬上奏，针对清廷的妥协方针明确提出三点主张：一、对英军不能一味退让，如果英人“乞请无厌，挟船炮以自恣，据城邑而不归，国体攸关，诸夷属目……岂能听其取求，不加裁抑”。二、要准备以武力收复定海，“定海夷船一日不去，则民心一日不安”，请谕令伊里布“通盘筹度，谋出万全，断勿仅凭夷人赴粤之言，信其必退定海，稍疏警备”。三、应迅速加强沿海地区的防务，请谕令浙江、广东、福建、江苏各省督抚，“于海口要隘，照旧严密设防，加倍慎重。其山东、直隶、奉天沿海地方……亦应先事预防”。① 又如署两江总督裕谦，尽管在朝廷的压力下遵旨从沿海撤兵，但并未改变其抵抗立场。1841 年 1 月初，他接到清廷谕旨，内称英军“尚属恭顺，毋庸遽议剿击”②。他在复奏时却强调必须以武力收复定海，认为“浙江必应议战，且必应速战”③。他还表示，

① 《钦差兵部尚书祁寯藻等奏陈途中闻见定海失陷后情形折》，《鸦片战争档案史料》第 2 册，第 598—599 页。

② 《署两江总督裕谦奏陈攻守制胜之策事宜折》，《鸦片战争档案史料》第 2 册，第 700 页。

③ 《署两江总督裕谦奏陈攻守制胜之策事宜折》，《鸦片战争档案史料》第 2 册，第 702 页。

虽然江苏沿海平衍散漫，设防较浙江更为困难，以武力收复定海，英军势“必豕突江苏，为困兽之斗”，但他决不畏难苟安，准备“练勇厉兵，坚守口岸”。①再如新任浙江巡抚刘韵珂（原为四川布政使，1840 年 8 月 5 日升浙抚），抵任不久，即对伊里布所称英军“近来颇为驯顺”提出不同看法，认为即使清政府“以诚相与”，英人也是“以诈相应”。② 刘韵珂还指出，英军有久踞定海的野心，并列举了由此将会产生的严重后果，请求朝廷不可瞻顾目前，对英方一味退让，导致“周章事后”③。考虑到浙江防务薄弱，他主张迅速筹备，在滨海地区择要设防，为此采取了添铸大炮和增修炮台等措施。

至于一些监察官吏，反对妥协，坚决主战，更是从来没有停息。在反对妥协方面，他们把矛头直指妥协派的代表人物琦善。如掌广东道监察御史高人鉴，于 1841 年 1 月在上奏中斥责琦善：“身任大员，辄以懦怯之词轻宣诸口，惑人听闻，尤属何心?”④ 革职留任太常寺卿唐鉴也在 1841 年初上奏，抨击琦善“意主苟安，心殊畏缩”，“长叛国之骄志，生汉奸之逆谋”。他认为由琦善主持对英事务，“不独敌心无所慑，即兵气亦不伸”。⑤ 在主战方面，掌广西道监察御史蔡家玕于 1840 年 12 月中、下旬连续上奏，指出英国“国强且富，海外诸国多被并吞，而且仁义不闻，以利为命”，因而“必以力制之”。⑥ 他强调“能守而后能战，能战而后可和”⑦。掌湖广道监察御史石景芬也在 1841 年初上奏说，正是由于前一段没有给予英军沉重打击，才使其“猖獗之形愈甚”，“揆诸今日情势，非威之以兵，则海疆必不得靖”，朝廷应“速饬任事大臣，一意进剿”。在这件

---

① 《署两江总督裕谦奏陈攻守制胜之策事宜折》，《鸦片战争档案史料》第 2 册，第 702 页。

② 《刘韵珂奏探访定海英军情形折》，《筹办夷务始末》（道光朝）二，第 581—582 页。

③ 《浙江巡抚刘韵珂奏陈定海地方断难准英通商折》，《鸦片战争档案史料》第 2 册，第 653 页。

④ 《掌广东道监察御史高人鉴奏参琦善已被白含章鲍鹏所蒙蔽折》，《鸦片战争档案史料》第 2 册，第 729 页。

⑤ 《太常寺卿革职留任唐鉴奏陈琦善难为粤东主将折》，《鸦片战争档案史料》第 2 册，第 742 页。

⑥ 《监察御史蔡家玕遵旨奏陈制英之策折》，《鸦片战争档案史料》第 2 册，第 647—649 页。

⑦ 《监察御史蔡家玕奏陈粤省宜添兵严守折》，《鸦片战争档案史料》第 2 册，第 642 页。

上奏里，石景芬还反驳了对进剿英军的种种非议。[1] 此外，一贯反对妥协方针、多次上疏言战的户科给事中万启心，1841 年初又上一折，公开为林则徐、邓廷桢鸣不平，指出对他们的攻击“皆非实情，其为反间之计明甚”，“臣访问粤人及士大夫有识者，皆谓两人在粤熟悉夷情，加以屡次防守夷船，颇殚智虑，幸免疏虞，深为该夷所指畏”。他要求朝廷要对英军“大彰天讨，起复两人，令其专办战守”。[2]

综上所述，自从英军天津南下以来，尤其是经过浙江、广东的中英交涉，妥协派在统治集团中的地位，由于交涉失败已相对削弱；一度受到压制的抵抗派仍在坚持斗争，并且还有相当力量。这种情况，与道光帝对英态度的变化结合在一起，就导致了清政府对英方针的逐步改变，以至于最终对英公开宣战。

清政府对英方针变化的最初迹象，是 1840 年 12 月 19 日（道光二十年十一月二十六日）道光帝发出的两道上谕。当时，祁□藻等报告英占定海情形和伊里布报告定海英军情况的奏折相继到京。前者揭露了英军在定海“一面吁求钦差出示晓谕，禁止我民不敢擒拿夷众，借以自安；一面擅自出示，骚扰欺凌，使我民进退无路，流离失所”，尖锐地提出：英人“据城邑而不归”，攸关国体。[3] 后者也承认英军不肯轻易放弃定海，认为如果不许英人在澳门贸易，则英人欲求在定海设立码头，势所难免。[4] 道光帝看了之后，分别谕告伊里布和琦善，表示如果英人“听受训谕，则退还定海，无俟劳师，实为上策；倘竟不遵约束，种种逞刁，则琦善必据实奏闻，另筹办法”；“倘粤省查办不能妥协，或该夷意主寻衅，其势万不能已。彼时应调何处弁兵，着伊里布一面檄调，一面奏闻”。[5]

---

① 《掌湖广道监察御史石景芬奏请出兵驱逐占据定海之英军折》，《鸦片战争档案史料》第 2 册，第 673—675 页。

② 《户科给事中万启心奏请起用林则徐邓廷桢专办战守折》，《鸦片战争档案史料》第 2 册，第 715—716 页。

③ 《钦差兵部尚书祁□藻等奏陈途中闻见定海失陷后情形折》，《鸦片战争档案史料》第 2 册，第 598 页。

④ 参见《钦差大臣伊里布奏陈对付英军办法及定海情形片》，《鸦片战争档案史料》第 2 册，第 592 页。

⑤ 《着钦差大臣伊里布加意筹防先事绸缪以备粤事反复事上谕》，《鸦片战争档案史料》第 2 册，第 644—645 页。

12 月 25 日，琦善关于广东谈判的首次奏报到京，内中提到英军抵粤之后，词气“较前更加傲慢”，以盘踞定海相要挟等情况。道光帝感到，“夷情叵测，包藏祸心，已非一日。彼欲肆无厌之求，我当有不虞之备”。“如该夷实系恭顺，退还定海之外，别无非礼之请，自可仍遵前旨查办。倘敢肆鸱张，始终桀骜，有必须剿办之势，着即一面奏闻，一面相机办理。”① 同日，清廷还传令沿海各省督抚、将军，要他们加强戒备，“其平日得力之将弁，及应用之枪炮、火药等件，均当预为筹备”，“倘有如定海失守者，则乌尔恭额前鉴具在，朕必不稍为宽贷也”。② 这无异于公开宣布，对英妥协方针不一定可靠，还得做好作战准备。

到了 12 月 30 日，清政府的对英方针又往强硬方向推进了一大步。这天，道光帝接到琦善奏报，得知英军以定海相要挟，重新提出种种要求。他大为恼怒，明确表示：“匪特地方不能给予尺寸贸易，即烟价亦不可允给分毫。”③ 他对于通过妥协让步求得和平，已不抱多大希望，认为：“若不乘机痛剿，何以示国威而除后患?”④ 为此，他谕令湖南、四川、贵州三省，“共备兵四千名，听候调遣”⑤，同时传旨琦善、伊里布及沿海各省督抚、将军做好准备，一旦英军进犯，即当予以痛剿。

此后，1841 年 1 月 6 日、12 日、17 日、19 日，清廷连续发出有关剿办英军的谕旨：对琦善，令其停止对英交涉，督同林则徐、邓廷桢妥办剿英事宜；对伊里布，令其“一有可乘之机，不必俟广东知会”，即对在浙英军相机剿办；对其他沿海各省督抚、将军，令他们拒绝英军前来投书，英船一近口岸，即行痛剿；此外，还催促前调之湖南、四川、贵州兵 4000 名分起赴粤，又调湖北、湖南、安徽兵共 4000 名赴浙，令江西兵 2000 名作好赴粤准备。⑥

1 月 25 日、27 日，清廷接连收到英军进犯沙角、大角炮台及两台失陷的奏

---

① 《着钦差大臣琦善一面善议戢兵一面整饬营伍预为布置事上谕》，《鸦片战争档案史料》第 2 册，第 655—656 页。

② 《英情有变着钦差大臣并沿海各将军督抚等严密防范事上谕》，《鸦片战争档案史料》第 2 册，第 656—657 页。

③ 《清宣宗实录》卷三四二，《清实录》三八，第 207 页。

④ 《清宣宗实录》卷三四二，《清实录》三八，第 206 页。

⑤ 《清宣宗实录》卷三四二，《清实录》三八，第 207 页。

⑥ 参见《清宣宗实录》卷三四二、三四三，《清实录》三八，第 213—229 页。

报，道光帝怒火中烧，朱批“逆夷实堪发指”①，连续发布上谕多道，历数英国侵略者在华的种种罪行，宣称：“唯有痛加剿洗，聚而歼旃，方足以彰天讨而慰民望。现在所调各省劲兵计可赶到”，“着伊里布克日进兵，收复定海，以苏吾民之困。并着琦善激励士卒，奋勇直前，务使逆夷授首，槛送京师，尽法惩治。其该夷之丑类，从逆之汉奸，尤当设法擒拿，尽杀乃止。至沿海各省洋面，叠经降旨严密防范，着各将军督抚等加意巡查，来则攻击；并晓谕官民人等，人思敌忾，志切同仇，迅赞朕功，共膺上赏”。② 这道上谕，实际就是对英军的宣战书，表明清政府对英方针已由“抚”改“剿”。为了贯彻攻剿方针，清政府在1月30日任命皇侄奕山为靖逆将军、户部尚书隆文、湖南提督杨芳为参赞大臣，驰赴广东，指挥攻剿事宜。同时，又决定再从湖北、四川、贵州共调兵3000名援粤。

清政府攻剿方针从萌芽到确立，只是一个多月的事。从对英宣战的上谕来看，清政府的态度似乎很坚决。但是，清政府攻剿方针的基础是很脆弱的。这一方针的制定者道光帝并没有准确地分析战争形势。他并不是在知己知彼的前提下做出的决策，而是凭着一时义愤和虚骄之心采取的措施。这就必然导致对攻剿中的困难严重估计不足，更谈不上提出正确的战略战术，一遇挫折，攻剿方针就会动摇。此外，清政府方针虽然改变，但对有抗英斗争经验的林则徐、邓廷桢仍然不予重用。尽管有人奏请重新起用林邓，但却只让他们“协办”夷务，既不为之恢复名誉，更不给予任何权力。清廷任命的攻剿主帅奕山，不过是亲贵纨绔，既不会带兵打仗，更不懂外交事务，怎能担当统帅重任！这种人事安排又进一步削弱了攻剿方针取得成功的可能性。对于这种攻剿方针下潜伏的危机，林则徐早有预感。他在1841年1月下旬致家人的信中写道：“现在廷寄内云：‘当大伸张挞伐’，又云：‘朕志已定，断无游移’。然后之果否游移，仍属难料。”③

攻剿方针固然不牢靠，但毕竟是对以前妥协方针的否定。因此，主张妥协势力不免沮丧。但其首要分子，仗着自己是满族权贵，不仅不认真执行，反而公开抵制。广东的琦善，1841年1月20日就接到了关于停止交涉、准备攻剿的

① 《琦善奏义律攻占炮台折》，《筹办夷务始末》（道光朝）二，第710页。
② 《清宣宗实录》卷三四四，《清实录》三八，第236页。
③ 《致林汝舟第七、八号》，《林则徐书简》（增订本），第158页。

谕旨，但他置若罔闻。27日，以及2月11日至12日，他两次与义律谈判；他还通过鲍鹏，与义律一直保持着联系。为了促使朝廷改变决定，琦善于2月1日上奏，强调广东地势无要可扼，军械无利可恃，兵力不固，民情不坚，鼓吹“暂示羁縻于目前，即当备剿于将来”①。浙江的伊里布，也与琦善遥相呼应，一方面借口“现在炮尚未齐，兵尚未集，海道尤须确探，岙民犹未深信不疑”②，拒绝立即展开收复定海的军事行动；另一方面又为琦善辩解，说琦善是在“万分紧迫”的情况下对英做出让步，“实因无可如何”。③直接负责对英交涉与军务的两个钦差大臣都拒不听命，自然使道光帝大为光火。他痛骂琦善“甘受逆夷欺侮戏弄，迷而不返”，“无能不堪之至”，④斥责伊里布“如此游疑畏葸，何能为国宣力也”⑤！2月26日，怡良报告英军强占香港、弹劾琦善的奏章到京，更使道光帝勃然大怒。他痛斥琦善“辜恩误国”，“丧尽天良”，当即下令将其革职逮捕，并抄没家产入官。⑥6月下旬，根据王大臣仁寿等所议，将琦善判处斩监候。对于伊里布，道光帝在2月10日就解除了他的钦差大臣职务（改由裕谦担任），3月上旬又革去协办大学士职务，拔去花翎，6月中旬再发往军台效力赎罪。

琦善、伊里布的下台，是清政府对英方针转变的必然结果，对于妥协势力无疑是个重大打击。当然，不能认为妥协势力已经完全失势。妥协派首脑穆彰阿，依然是首席军机大臣，执掌重权，对道光帝还保有相当大的影响力。因此，一遇适当时机，妥协势力还会重新抬头，再度兴风作浪。

---

① 《钦差大臣琦善奏为义律缴还炮台船只并沥陈不堪作战情形折》，《鸦片战争档案史料》第3册，第41页。

② 《钦差大臣伊里布奏陈浙省筹备进兵攻剿伺机规复定海折》，《鸦片战争档案史料》第2册，第760页。

③ 《钦差大臣伊里布奏为粤省现正与英议和浙省拟暂缓进兵折》，《鸦片战争档案史料》第3册，第43页。

④ 《钦差大臣琦善奏为义律缴还炮台船只并沥陈不堪作战情形折》，《鸦片战争档案史料》第3册，第41页。

⑤ 《钦差大臣伊里布奏为粤省现正与英议和浙省拟暂缓进兵折》，《鸦片战争档案史料》第3册，第43页。

⑥ 参见《着将擅与香港地方之琦善即行革职抄家锁拿严讯事上谕》，《鸦片战争档案史料》第3册，第158页。

二、英军进犯珠江

清政府对英宣战的诏书于2月9日（正月十八日）传到广州。此时，琦善与义律的交涉也因香港问题而接近破裂。义律在2月20日会见鲍鹏之后，断定难以通过谈判迫使琦善承认割让香港和应允其他要求；同时，他在澳门又已得到清政府下诏宣战的情报。为此，义律决定先发制人，命令英军闯入珠江。

英军攻陷沙角、大角之后，义律虽然恢复了与琦善的交涉，但从未放松对清军的钳制。英军全力破坏了沙角、大角的大炮与防御工事，还把不许“稍有另作武备”① 作为停战条件之一。英军强占香港后，沙角、大角名义上交还中国，但附近海面仍被英舰封锁，因而虎门要塞仍然暴露在英舰的炮口之下。英军很早就在为进攻虎门作准备。2月中旬，几名英军军官潜赴虎门一带侦察，英轮“复仇神”号也以递送照会为名，连续几次侦察了横档、虎门和三门口以下海湾一带。就连义律本人，也曾偷偷摸摸爬上横档岛，窥探清军设防情况。不过，英军进犯珠江，也不是没有困难。因为它的兵力不足。当时英军分驻于舟山群岛与广东两地：在舟山群岛驻有战舰6艘、轮船1艘、运兵船1艘、测量船1艘，陆战部队1762人。虽然义律在1月23日就派“哥伦拜恩”号前往传送撤出定海的命令，但舟山英军迟至2月25日才启程南下。如果再算上因疾病和交战的减员，以及1841年1月撤回印度的一批雇佣军，那么，2月间在广东的英军只有战舰10艘、轮船3艘、运兵船1艘、测量船2艘，陆战部队不足2000人。② 当时英军刚刚强占香港，亟须稳住阵脚，如果再向层层设防的珠江进犯，深感兵力不足。一个参与此役的英军军官描述说：“我方每一小时都盼望其余的大军到来。”③ 由此看来，义律进犯虎门及珠江的决定，带有一定的冒险性。他之所以敢于冒险，则是预料到在琦善的安排下，清军不会进行强有力的抵抗。

琦善最害怕与英军兵戎相见。沙角、大角的失败，不仅没有使琦善深刻反省

① 《义律伯麦照会》，佐佐木正哉编：《鸦片战争の研究》（资料篇），第56页。
② 参见茅海建：《鸦片战争时期的中英兵力》，《历史研究》1983年第3期。
③ 宾汉：《英军对华作战记》，《中国近代史资料丛刊·鸦片战争》第5册，第177页。

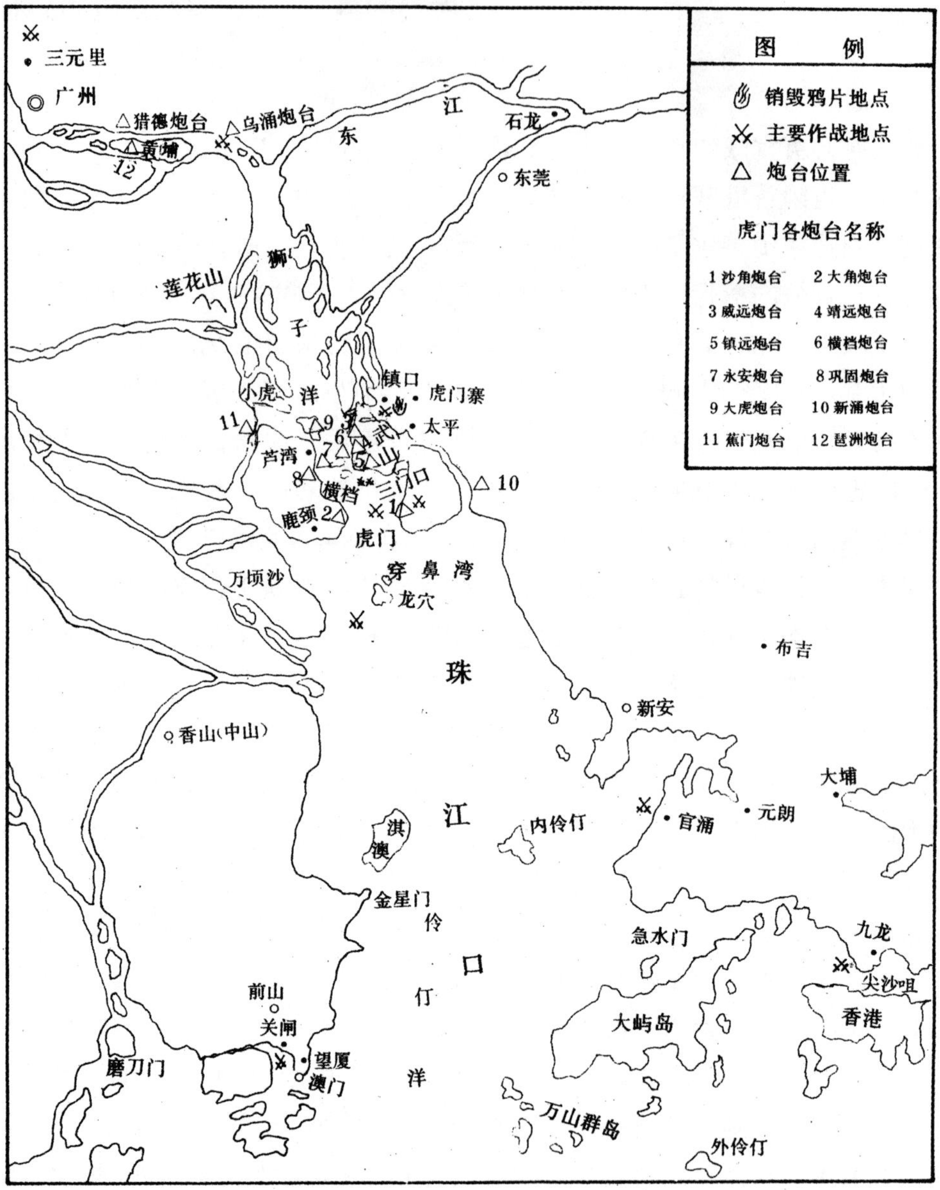

鸦片战争时期珠江海口形势示意图

“复仇神”号是第一次鸦片战争期间的火轮战舰。当时主要作运输、探路之用，经历了第二次鸦片战争的全过程

疏防之过，反而进一步加深了对洋枪洋炮的畏惧。正因为如此，他才在妥协路上死不回头。不过，由于英军气焰日益嚣张，同时道光帝又一再严令攻剿，他也不能不做做应景文章。他向虎门增派了1200名清军和5800名壮勇。2月22日，湖南、贵州兵共1600名抵达广州，马上被琦善派往乌涌炮台及虎门太平墟。此外，琦善还向虎门各炮台增调了300门大炮。这样一来，仅虎门炮台一带，就有守军近万名。珠江沿岸炮台大多建在扼要之处，江中航道均在它们的射程之内。从这些情况来看，清军无论在数量还是地势上，相对于英军都有一定的优势。然而，琦善尽管迫于形势作了一些防务布置，骨子里却充满失败情绪。无论对上对下，他都大肆宣扬英军“炮械之猛，技艺之精”①，难于抵敌。他不仅不认真研究克敌制胜之策，反而公开散布清军不是英军对手的丧气言论。在琦善的影响下，军心瓦解，虎门炮台竟发生兵丁向关天培讹索银钱之事。完全可以认为，正是琦善种下了广东之役惨败的祸根。

2月19日，一支由5艘战舰、1艘轮船组成的英军先头部队驶向虎门海面，随即开始攻占虎门炮台的前哨据点，为大举进犯作准备。24日，义律在“加略普”号上宣布：中英谈判破裂。同日，伯麦向关天培发出最后通牒，狂妄地要求“即将横档以上、大虎以下中流左右各处炮台，俱行让给”，“插竖白旗”投降，② 遭到关天培的严词拒绝。25日，英军又有5艘战舰、2艘轮船和一些运输

---

① 《林则徐日记》（1841年1月3日），《中国近代史资料丛刊·鸦片战争》第2册，第60页。

② 《伯麦照会》，佐佐木正哉编：《鸦片战争の研究》（资料篇），第85页。

船开到虎门集结。为了加强进犯力量，英军几乎把在广东的海陆军都集结起来参战。

英军根据侦察的情况，首先采取中间突破的战术，2 月 25 日派陆军与炮兵占领没有设防的下横档岛。26 日清晨，下横档岛上的英军炮兵以臼炮猛轰上横档炮台，宣告对虎门及珠江的进犯正式开始。“加略普”号在其他英舰的掩护下，冲向上横档岛西侧，与岛上守军展开激烈炮战达一小时。接着，“复仇神”号运载陆军从西侧登岸，英军随即直扑岛上的横档、永安炮台。守军溃败，上横档落入敌手。

与进犯上横档同时，英舰“伯兰汉”号、“麦尔威厘”号、轮船“皇后”号驶向武山，攻打威远、靖远、镇远三炮台。当时，水师提督关天培亲自在威远炮台督战。关天培自琦善抵粤以来，一直在十分困难的条件下履行自己的职责。他一贯主张坚决抵抗，但又无法消除琦善的失败情绪在军中的影响。在属下讹索钱物作为守台条件时，关天培为了稳住军心，竟然把自己的衣物等典当，换钱散发给兵丁。在英军开始进攻之前，关天培面对坚船利炮的强敌和内部军心的涣散，忧心如焚，但他抱定与敌军血战到底的决心，把自己脱落的牙齿和一些旧衣服装进箱箧，派家人送回江苏淮安老家，“以绝生还之望”①。当英军向虎门三炮台发动猛攻之际，尽管大批守军闻风逃散，关天培和游击麦廷章仍率亲兵 20 多人坚守威远炮台。他亲自开炮还击。激战中炮身炸裂，一名随从大呼事不可为，劝关天培弃台逃命。关天培怒不可遏，“挥刀揕之”②。后来英军 300 多人从后山攻入阵地，关天培率军与敌人展开肉搏，身体受伤数十处，“血淋漓，衣甲尽湿”③，坚持战斗达 10 小时之久。最终因寡不敌众，关天培、麦廷章等 20 多名将士壮烈殉国。虎门失守。

当天下午，“复仇神”号带了一些小船驶向武山对岸的南沙山，攻打巩固炮台。炮台守军近 2000 名，他们见横档、武山等地炮台相继陷落，无心抵抗，自动弃守。英军顺利登岸，彻底摧毁巩固炮台。英军攻下南山各炮台后，用汽船拔除水中木桩，破坏铁链，疏通航道，以备直攻广州。

虎门要塞六炮台仅一天之内尽入敌手。通往珠江的门户被轰开了，省城广州岌岌可危。此时仍然署理两广总督的琦善手忙脚乱，慌张地做出决定：自己

---

① 丁晏：《颐志斋文钞》卷一《诰授振威将军广东全省水师提督关忠节公传》。

② 梁廷枏：《夷氛闻记》卷二，第 57 页。

③ 鲁一同：《通甫类稿》卷四《关忠节公家传》。

赴乌涌炮台调度指挥；怡良、林则徐、邓廷桢赴二沙尾、猎德炮台负责防守；副都统英隆率驻防旗兵赴大黄滘炮台驻扎；广州将军阿精阿镇守广州。但这一决定还来不及实施，英舰已逼近广州了。

2月27日晨，英舰“加略普”号、“前锋”号、“鳄鱼”号、“硫黄”号、“摩底士底”号和轮船“复仇神”号、“马达加斯加”号向珠江进发，沿途未遭任何阻击。当天中午，一帆直达乌涌炮台附近江面。乌涌炮台驻有湖南调来的镇筸镇总兵、署提督祥福率领的湖南兵900名和广东兵700名，有大炮60门，附近江面布满坚固的木筏和沉船。英舰驶至，即向乌涌炮台开炮。祥福指挥守军开炮还击。但交战不久，广东兵溃逃，湖南兵继之。溃兵在逃跑中自相践踏，死者枕藉。“祥福及其属将游击沈占鳌、提标守备洪达科皆遇害”①。英军乘守军溃逃，轻易地占领了炮台，并越过木筏与沉船，击毁停泊于乌涌炮台上游的、林则徐在任时购置的军舰“剑桥”号（载炮34门）及水师船多只。28日，英军又用一天的时间排除乌涌江面的木筏与沉船。

3月1日，伯麦率领英军后续部队乘2艘运输船开到。“复仇神”号溯江而上，沿黄埔北岸探测水路，侦察沿岸军情，未遇任何抵抗。2日，“硫黄”号带几只舢板前往攻打黄埔西端的琶洲炮台，在途中不断遭到珠江北岸一个隐蔽巧妙的炮台的狙击。英军离船登岸，占领了这座炮台。交战中，守军20人战死，英军2人被击毙。英军占领炮台后，将其大炮、火药和防御工事全部炸毁。

3月3日，英舰“前锋”号、“鳄鱼”号、“摩底士底”号和2艘运输船驶向琶洲炮台。可是，该台守军闻风先逃。英军毫不费力地占领这座炮台后，又把矛头指向二沙尾和猎德炮台。只因阻于江面上两排坚固的木桩，英军才放慢了进攻步伐。

从2月26日到3月3日，英军攻陷虎门要塞，在珠江里横冲直撞。这并不是英军本身有什么“神威”，而是它的对手实在不堪一击。如果清军都像关天培及其下属那样，以必死的决心与阵地共存亡，英军绝不可能处处得手，长驱直入。清军在英军进犯时溃不成军，绝不是由于武器不如敌人。因为大多数场合，清军都是未战即溃，众多的大炮、战船以及险要地势都没有发挥应有的作用。德国著名军事家克劳塞维茨指出：“抵抗力是两个不可分割的因素的乘积，这两

① 梁廷枏：《夷氛闻记》卷二，第58页。

个因素就是现有手段的多少和意志力的强弱。”① 在战争中，军队保持旺盛的斗志，激昂的士气，对于胜败至关重要。英勇顽强的战斗精神，往往能在相当程度上弥补现有手段的不足。反之，即使现有手段很强，也难以发挥作用。清军在英军进犯时的溃败，正是败于它丧失了坚强的意志，而这又是琦善顽固坚持妥协方针、不断散布失败情绪的必然结果。因此，这次惨败，琦善罪责难逃。

珠江防线的土崩瓦解，琦善根本无力挽回。然而一旦广州失陷，他自己的下场更为不妙。束手无策的琦善又寄望于和谈。他一面央请美国代理领事多刺那出面调解，一面派广州知府余保纯带领洋商伍绍荣、卢继光去向义律求情。3月3日下午，余保纯在琶洲炮台见到义律，哀求英军停战。义律趾高气扬，提出《约议戢兵条款》，限琦善等于3月5日前签署。该条款规定，赔偿英军战费及商人损失1200万元，赔款付清前英军仍然占据已占之地；割让香港之外，还要加上尖沙咀，并在九龙设关；偿还洋银1200万元，行欠准于三年之内清还；废除行商垄断中外贸易制度；给予英国以最惠国待遇；条约解释以英文本为准；三天内恢复贸易。② 这个《约议戢兵条款》，较之以前的《善定事宜》条件更加苛刻。即使琦善愿意接受，这时也没有胆量了。因为3月1日他已接到上谕，知清廷对他奏请与英妥协大为恼怒，被革去大学士，拔去花翎。道光帝在他的奏折旁还朱批：“胆敢背朕谕旨，仍然接递逆书，代逆恳求，实出情理之外，是何肺腑！”③ 显然，琦善如果接受这一苛刻的戢兵条款，等待他的只是死路一条。最后的结果是琦善未作任何答复。

3月4日至5日，英军表面上停止军事行动，等候琦善的答复，实际上在为下一步进攻作准备。为了找到一条便于大型英舰驶往广州城的航道，“复仇神”号沿河南岛南侧江面一直开到大黄滘炮台附近，进行探测活动。

3月6日，义律没有得到琦善的答复，便令英军继续进攻。英军首先拔除二沙尾与猎德炮台之间江面的木桩，可是炮台守军竟然袖手旁观。待英军排除障碍向炮台进逼时，他们又一哄而散。随之，英军兵不血刃地占领了这两座炮台。

二沙尾与猎德紧靠广州城东侧。两座炮台的陷落，使广州城失去了最后一道屏障。对此，琦善一筹莫展。城内人心惶惶，居民纷纷迁避。此时仍在广州

---

① 克劳塞维茨：《战争论》第1卷，商务印书馆1978年版，第27页。

② 参见佐佐木正哉编：《鸦片战争の研究》（资料篇），第86—87页。

③ 《钦差大臣琦善奏为义律缴还炮台船只并沥陈不堪作战情形折》，《鸦片战争档案史料》第3册，第41页。

的林则徐，虽然已获准“协办夷务”，但还是无兵无权。林则徐面对危局，并不以自己无守土之责而消极观望。他捐资募集福建泉州、漳州壮勇，“共得五百六十人，即在永清门内之东西列队”①，准备与英军决一死战，与广州共存亡。

当广州危如累卵之际，英军突然停止了进攻，舰船退至黄埔，陆军退到上横档。为什么出现这种意外局面？

原来，占领广州并非义律目的。因为他得知清政府方针改变之后，认为要达到侵略目的，只在广东攻城略地不能奏效，必须再次北上，直接对清朝中央政府施加压力，迫其屈服。如果攻占广州，势必耗费巨大兵力，还未必能达到目的，那将是得不偿失的。同时，义律曾任多年商务监督，深知中英贸易的重要。当时，中外贸易的唯一口岸广州已对英商关闭两年，而来华英船仍接踵而至。截至1841年1月，停泊于澳门港外的外国商船78只，其中英船59只。②据义律说，英军进犯珠江时，来华英国商船总吨位在2万吨以上。③眼看贸易季节即将过去，这些商船无疑急于进口。此时，义律又得到情报：广州富商大贾纷纷逃离，茶叶与生丝也大量从广州转移出去。义律由此得出结论，攻陷广州对英国商业有害无利，不如凭借英军在珠江上的优势和对广州的严重威胁，迫使广东当局恢复中英贸易。于是又玩起“停战通商”的把戏来。

3月7日，义律照会琦善，告知英军决定停止进攻，要求广东当局撤销杀敌赏格（广东巡抚怡良曾出示悬赏杀敌）、停止备战；并声称清政府如不肯接受英国条件，英军“不能再延，应即勉力交战，必向沿海各省及京师御城就行攻敌”④。同一天，义律还对前来探听动向的广州知府余保纯提出，立即恢复中英贸易，否则英军将封锁广州，并向外国商馆区派驻大量军队。

英军逼近广州之时，肩负“靖逆”使命的参赞大臣杨芳于3月5日抵达广州。杨芳是清朝“宿将”，曾因镇压回汉人民起义得封果勇侯。他的到来，起到了一定的安定人心和鼓舞士气的作用，“所到欢呼不绝，官亦群倚为长城”⑤。但杨芳原本不是锐意主战之人，在赴粤途中，他就奏请清廷，对英应“恩威并

---

① 《林则徐日记》（1841年3月4日），《中国近代史资料丛刊·鸦片战争》第2册，第63页。

② 《中国丛报》第10卷第2期（1841年2月）。

③ 参见马士：《中华帝国对外关系史》第1卷，第736页。

④ 佐佐木正哉编：《鸦片战争の研究》（资料篇），第88—89页。

⑤ 梁廷枏：《夷氛闻记》卷二，第58页。

用”，“准其于偏岸小港屯集货物”,[①] 引起道光帝的不悦。杨芳抵粤之后，面临的局势是：珠江已为英军控制，广州处于英舰的炮火威胁之下，溃败的清军惊魂未定，水师几乎完全崩溃。在此情况下，要遵照清廷命令迅速进剿，当然很不现实。因此，杨芳就任后，虽然很快对广州防务作了一些布置，但却以更主要的精力寻求与英妥协的途径（杨芳抵任后，广东对外交涉事务即由其接手，琦善与鲍鹏于3月13日同时被捕，由满洲副都统英隆押解赴京）。

就在杨芳抵达的第二天，英军停止了进攻。广州知府余保纯回来向杨芳等报告了义律提出的恢复中英贸易等条件。杨芳对此颇觉为难：如果拒绝英方条件，就会重开战端，这是他很害怕的；而如果接受英方条件，显然违反道光帝不许心存通商之念，否则“大负委任，祸必随之”的明谕,[②] 这又使他十分担忧。杨芳费尽心思，想出一个办法：宣布恢复中美贸易，在此名义下实际恢复中英贸易。他以为这样做，既能满足英国的要求，又可敷衍朝廷，蒙混过关。

骄横的英国侵略者对杨芳的计策却颇不以为然。3月10日，义律得知恢复中美贸易的消息，立刻向外商宣布：除英国海军司令官外，任何人无权准许船舶驶入珠江。只要广东当局不明确表示同意恢复中英贸易，英军就将严密封锁广州，禁止中外通商。13日，伯麦发出命令，禁止英国及各国商船驶进珠江。

为了迫使杨芳接受英方条件，英军又进行了一系列挑衅活动。3月13日，英军借口大黄滘炮台增强武备，出动3艘舰船、10多只舢板将其攻占。同日，义律率“复仇神”号轮船及3只小船，闯进澳门通往香山的红山河，连陷沿河7座炮台，并派英军大肆骚扰两岸乡村，奸淫掳掠，抓人拉夫，激起民众愤怒反抗。经过这番挑衅，义律又准备与广东当局交涉。15日，义律派“复仇神”号驶往大黄滘上游的凤凰冈炮台传递信件，表示要与广东高级官员面谈。该船开到时，受到江西南赣镇总兵长春所率守军的炮击。长春身先士卒，连放大炮百余发，击沉英军舢板2只。“复仇神”号只得退回。义律由此大为恼怒，策划对广州城外再发动一次进攻。18日，英军分成两路：一路是“摩底士底”号等7艘舰船，直入省河；另一路是“海阿新”号与一些小船绕道佛山溪赴省河上游。“摩底士底”号首先猛攻凤凰冈炮台，经过一小时激战，将其攻陷；接着连破永

① 《参赞大臣杨芳奏陈赴粤剿办拟筑堡布防折》，《鸦片战争档案史料》第3册，第130—131页。

② 《参赞大臣杨芳奏陈赴粤剿办拟筑堡布防折》，《鸦片战争档案史料》第3册，第130—131页。

靖、沙面西、海珠三炮台以及东炮台、红炮台。省河上的水师船只无招架之力，向省河上游退避，又遇“海阿新”号等英船截击，损失惨重。当天下午，城外商馆区被英军占领，省河两岸的防守据点全部丧失。

省河两岸失守后，杨芳十分害怕省城陷落，便不顾清廷禁止与英通商的严令，于3月19日派余保纯赴英国商馆乞求停战，并且按照英方条件，于20日签订《停战贸易协定》，规定：恢复中英贸易；广州当局不得令英人为鸦片问题具结；中国照常征收港口税和商税；如查获鸦片及其他走私品即予没收，但禁止将人拘留或施以各种惩罚。紧接着，杨芳又与广东巡抚联衔出示，宣布恢复广州对外贸易，告诫商民“不得妨碍滋事”，还声称要对英国商人商船“优加看待”。①

中断两年之久的中英贸易，在英军的炮口下又恢复了。英国商船蜂拥而入，除了推销长期积压的英国货外，到6月止，单是茶叶就购进了3000万磅。义律得意地宣称，仅此一项，英国政府就可以征到300万英镑的税款。在中英处于交战状态中，英国能如此大捞一把，当然是合算的。

杨芳擅自恢复中英贸易，使战意正浓、“日夜引领东南，企盼捷音之至”②的道光帝极度失望。尽管杨芳在奏报中竭力歪曲、掩盖真情，仍被道光帝斥为“复蹈琦善故辙”，“不顾国家大体”。③ 道光帝给予杨芳与怡良革职留任处分。杨芳有了这番经历后，意志消沉，纵情声色，其部下湖南兵也漫无约束，终日滋事行凶，为粤民切齿。

三、奕山冒昧夜袭与《广州停战协定》

广州停战，恢复中英贸易，是广东当局擅自做出的决定。这一决定，很快就为清朝中央政府所否定。道光帝再次重申：“此时更无他议，唯有进剿一法”，

---

① 佐佐木正哉：《鸦片战争研究——从英军进攻广州到义律被免职》（五），日本《近代中国》第7卷，第167—168页。

② 《参赞大臣杨芳奏报乌涌之战及现筹攻剿等情片》，《鸦片战争档案史料》第3册，第228页。

③ 《廷寄》，《筹办夷务始末》（道光朝）二，第956页。

同时命令靖逆将军奕山等“迅速督饬兵弁，分路兜剿，务使该逆片帆不返”。①

奕山与另一位参赞大臣隆文，偕新任两广总督祁𡏖（1841年2月10日即正月十九日以刑部尚书授粤督）于4月14日到达广州。到4月底，从江西、湖北、湖南、四川、贵州、云南、广西抽调的12800名清军也陆续抵达。连同首批援粤清军及本地原有驻军，广州一带集结的总兵力约为2万人。②

清军统帅与各路人马均已聚集广州，下一步自然就是展开“剿英”战役了。为此，首先要对当时的局势做出正确的判断，根据实际情况制订作战方针。

当时，清军只在数量方面占有优势，而在其他方面，处境极为不利。因为在英军进犯珠江的过程中，从虎门到广州城外省河，一路险要全失。奕山抵达时，英军方据省河咽喉，清军水师在交战后一蹶不振，船炮装备受到严重损失，水师兵丁也是七零八落。显然，在这种形势下，必须慎重考虑战守方针，决不可鲁莽行事。奕山曾问计于林则徐。林则徐提出了六项建议：③

一、设法诱使英军退出猎德、大黄滘两处要隘，然后“乘机多集夫兵累千，连夜填塞河道”，并在河岸驻扎精兵，构筑工事；

二、清查洋面水师船，统一调配，以备作战之需；

三、速将佛山新铸八千斤大炮14尊、番禺县所存五千斤大炮4尊及广州协所辖各种炮600余尊调集广州，逐一检验，并让所有来粤客兵轮番演练，然后分别装备于营盘与战船；

四、“夷船在内河，最宜火攻”，应多造火攻船只和木筏，并精心挑选水勇，考其技艺，严申纪律，“夤夜乘风，与有炮各船一同放下，随攻随毁，谅必有效”。

---

① 《着靖逆将军奕山等不准港脚货船通商唯有进剿一法事上谕》，《鸦片战争档案史料》第3册，第368页。

② 关于奕山抵粤后清军的兵力总数，一直无准确数字。在各省续调的12800名清军到达之前，首批援粤军共有4000名，而广州额设官军，据光绪《广州府志·经政略四·兵防》记载：有满汉八旗5300余名，水师600余名，督标1000名，抚标1700余名，协兵1100余名，共计9700余名。这样，在奕山抵粤前，广州一带已有清军13700余名。不过，自沙角、大角之战直至英军进犯珠江，历次交战中清军伤亡、溃散不少。以乌涌之战为例，据杨芳奏报，湖南兵阵亡者共达446人，回营者只有456人（《鸦片战争档案史料》第3册，第227页）。由此估算，奕山抵粤前，原有清军很可能不足1万人。

③ 参见梁廷枏：《夷氛闻记》卷三，第65—69页。

五、“洋面水战，系英夷长技”，“应另制坚厚战船，以资制胜”。

六、要仔细探查敌情，“宜分遣妥干弁兵，轮流改装，分别确探，密封飞报”。“澳门地方，华夷杂处，各国夷人所聚，闻见最多，尤须密派精干稳实之人，暗中坐探，则夷情虚实，自可先得。”

林则徐显然不主张仓促展开反攻。他的建议的总精神，就是首先要设法摆脱清军的被动地位，整顿水师，增强战斗力，然后在严格训练清军和充分掌握敌情的基础上，寻求有利时机发动反攻。这些建议，比较符合当时实际。而要贯彻这些决议，则须上下一致，万众一心，才能共御强敌。

林则徐提出建议不久，就接到道光帝谕旨，赏给四品卿衔，驰赴浙江帮办军务。林于5月3日离开广州。他的建议看来并未为奕山认真采纳。从奕山等给朝廷的奏报看，当时他们最担忧的倒不在强敌压境，而是所谓“患不在外而在内”。他们把广东民众视为最危险的敌人、“汉奸”，因而认为“防民甚于防寇”。① 这样，在清军面临巨大困难、亟须民众支持与帮助以扭转不利地位之时，奕山等却自我孤立，与民众尖锐对立，这已预伏了失败的危机。

对于军队的组织，奕山等认为“粤兵皆贼党”②，不愿致力于整顿广东水师并恢复其战斗力。对于从各省开来的援军则打乱编制，“互调分配，各离营伍”，结果弄得“兵不见将，将不见兵，纷扰喧呶，全无纪律”，③ 简直成了乌合之众。

据奕山等奏称，剿英战役的准备工作从4月中旬就已经开始。其计划是：由水勇组成突击队，驾快蟹、火船和载易燃物的木排，在岸上清军炮火的配合下，乘黑夜火攻珠江上的英船。通过水陆夹击，将英军逐出珠江。其具体的准备工作一是备办火攻器具，于贡院设局，“昼夜赶造大小火箭、蒺藜、火球、毒火炸炮、毒火球等件”④，“暗由广西购办大木，韶州、肇庆二府置造小木排，提催江西、广西炮位”⑤，并在广州附近雇募快蟹船等。二是募集水勇。奕山等认为不能依靠广州本地人，便传咨闽浙总督在福建募水勇1000人，又派人往东莞、

① 《奕山等又奏察看粤省并筹防情形片》，《筹办夷务始末》（道光朝）二，第995页。《鸦片战争档案史料》第3册第363页作“防民甚于防兵，而防兵又甚于防寇”。

② 魏源：《道光洋艘征抚记》卷上，《魏源集》上册，第184页。

③ 夏燮：《中西纪事》卷六《粤东要抚》，第96页。

④ 《靖逆将军奕山等奏报察看粤省兵民实在情形片》，《鸦片战争档案史料》第3册，第363页。

⑤ 《靖逆将军奕山等奏报官兵渐次到粤分守要隘折》，《鸦片战争档案史料》第3册，第389页。

顺德、香山一带招募。然而，实际准备工作相当糟。到5月10日，已接近发动反攻时间，而“各路所觅水勇，到者不满千人”，“所运木排，多被冲散”，“柴草淋湿”，竟然还是“器勇未备，攻不足恃”。① 造成这种局面的主要原因，就是任事官员玩忽职守。

且看三位统兵大员的所作所为：身为全军统帅的靖逆将军奕山，“不问军旅之计作何整顿，地势之谋作何防堵，以及运筹决胜之策、折冲御侮之计，一无所出。唯知爱购钟表、喜买呢羽而已；唯知供应丰盛、养尊处优而已”②。参赞大臣隆文，“自居文员，不谙武备”③，醉心于古董字画，并不过问反攻部署与计划。杨芳状况已如前述。上行下效，统帅如此，下属更不堪问。反攻前夕，认真从事反攻准备的寥寥无几，消极怠工乃至贪污中饱的大有人在。反攻胜负，未卜先知。

当奕山等玩忽职守之际，英军则正在策划新的阴谋。自从贸易恢复之后，义律就着手准备再次北犯。为此，他于3月27日、4月25日、5月3日与英海陆军司令举行了三次军事会议，讨论行动计划。并在3月底派伯麦赴加尔各答，向英印总督奥克兰请求增派援兵。④ 与此同时，英军对广州也丝毫没有放松武力威胁。为了在这里保持军事政治优势，义律打算在英军再次北犯时，仍留相当数量的陆军于广州。清廷派奕山赴粤“靖逆”的消息，义律在2月间即已获悉。他希望奕山最好也像杨芳那样屈于英军武力，按兵不动。如此，英军将有充足的时间顺利完成交易。因此，奕山一到广州，义律既递照会，又发“告白”，要求奕山保证遵守停战贸易协定，义律还长住广州城外英国商馆探听动静。义律得悉广东当局正在作反攻准备后，于5月11日向奕山等发出恐吓照会，威逼他们立即裁兵、撤炮，并扬言英军已做好进攻准备。12日，他又溜回澳门，向英陆军司令郭富（一译卧乌古，3月2日由马德拉斯抵华）、海军代司令辛好士发出秘密指令，要他们迅速作好全面封锁广州、占领城北高地的准备。18日，辛好士率领舰队，郭富率领陆军，由香港动身，开赴广州。19日，英军除留一艘

① 《靖逆将军奕山等奏为广州山水盛涨官兵不能克期分剿折》，《鸦片战争档案史料》第3册，第411—412页。

② 骆秉章：《骆文忠公自订年谱》（1839年），《中国近代史资料丛刊·鸦片战争》第4册，第617页。

③ 骆秉章：《骆文忠公自订年谱》（1839年），《中国近代史资料丛刊·鸦片战争》第4册，第617页。

④ 伯麦离华期间，由原“伯兰汉”号舰长辛好士代理海军司令。

军舰在香港驻守之外，全部舰船都驶入珠江，摆出进攻广州的架势。在此之前，义律又潜回商馆，秘密通知英商从速撤离。

英军的动向，奕山等并非完全无知。当时“外委王成仕等，擒获探路逆夷二十余名”，对英俘审讯后，奕山等得知英军“定计水陆分袭省城”。[①] 面对危急局势，清军的反攻准备仍然极不充分，尤其是水勇，人数既不足额，演练也未进行。这时如果莽撞出击，势必失败。但是，奕山等恰恰就是这样干的。他们以为，抢在英军前面动手，先发制人，或者会侥幸取胜。再加上“惑于翼长、随员等之言，以不战则军饷无可开销，功赏无由保奏，急欲侥幸一试”[②]。于是，他们就把反攻的时间仓促定在 5 月 21 日晚。水勇人数太少，不敷调遣，奕山等临时从四川兵中抽出 400 人，又在广州招募 300 人，七拼八凑，才拉起一支 1700 人的水勇队伍。奕山等确定的反攻时间，连对参赞大臣杨芳也秘而不宣，自以为很机密。可是，他们没有料到，这一绝密情报事先还是落到了义律手中。21 日，义律通知英商日落前速离商馆。他本人也于当天下午离开商馆，登上英船。

当天傍晚，1700 名水勇由都司胡俸伸、守备孙应照、千总杨泽等率领出城，分左、中、右三队，埋伏在东炮台、西炮台外和泥城；各路清军除留很大一部分把守广州外，其余分别进入东炮台、西炮台、沙面炮台、商馆区和隐蔽在珠江岸边的新筑工事里。晚 11 时左右，三路水勇乘退潮同时向停泊于沙面附近的白鹅潭的英船“摩底士底”号、“卑拉底士”号、“阿勒琴”号、“复仇神”号等发起火攻。燃烧的火船顺流而下，水勇随火船、木筏直扑英船船底，或以长钩钩住船体，抛掷火弹、火球、火箭、喷筒。但英军先已有备，火船与木筏多被排开。水勇也在英军的猛烈射击下，难以接近英船。一些贪生怕死之徒，竟将自己操纵的火船、木筏推向岸边，然后逃之夭夭，结果使大火延烧岸边的街市。在水勇火攻英船的同时，各炮台的清军也向珠江上的英船开炮。停泊于商馆区附近的“路易莎”号（义律在此船上）和“曙光”号因风向、潮水不利，不能转动，接连被火炮击中。船上英军拼命调转船头，才免于击沉。一夜过去，英船除少数被击伤外，未被击沉一艘，人员伤亡也很轻微。奕山等以驱逐英船为目标的反攻，就这样失败了。

---

① 《靖逆将军奕山等奏为乘夜焚击在粤省河英船折》，《鸦片战争档案史料》第 3 册，第 444 页。

② 魏源：《道光洋艘征抚记》卷上，《魏源集》上册，第 182 页。

22日黎明，英军开始反扑。“摩底士底”号、“卑拉底士”号、“阿勒琴”号攻打沙面上两座炮台与西炮台，守台的四川、湖南兵勇很快溃败。“复仇神”号带一些小船直扑泥城，守将岱昌率先逃遁，使集中于此的大量火攻船筏被英军击毁，岸上民房也被英军纵火焚烧。这一天，义律还向广州居民发出伪示，限令奕山等及外省来援清军12小时内撤出省城。23日，运载登陆部队的英船开进省河，同时加紧探测河道，选择登陆点；还分别袭扰西炮台、天字码头、东炮台，掳掠过往船只。奕山等见势不妙，于24日晨派一只小船悬挂白旗，驶向英舰投书，要求停战。但此时英军已决定攻打省城，不理会奕山等有关停战的要求。中午，英军开始大举进犯广州。其部署是：以主要兵力从泥城以北的缯步登岸，进而扑向广州城北，占领制高点；同时以小部分兵力占领外国商馆区；各艘英舰摧毁省河沿岸清军防守驻点。下午2时，郭富率领2395名兵弁，乘“复仇神”号等船驶往缯步；义律指挥361名英军乘“阿特兰特”号等船驶往外国商馆区；“海阿新”号、“摩底士底”号、“巡洋”号和“哥伦拜恩”号等由白鹅潭驶入省河，“宁罗德”号和“卑拉底士”号停泊于沙面与西炮台之间，以备来往接应。下午3时左右，英军占领商馆。晚7时，“复仇神”号等驶抵缯步，守军闻风先逃，2000多名英陆军登陆时未遇到任何抵抗。

25日，从缯步登陆的英军直奔广州城北越秀山，攻打护卫广州的拱极、保极、永康（四方炮台）、耆定等4座炮台。驻守这4座炮台的贵州兵2500多名进行了英勇的抵抗。上午10时，英军向炮台发起猛攻，分成四个纵队扑向各炮台。守军“从城墙上，从炮台中，一排继以一排的葡萄弹向进攻的纵队扫射”①。拱极、保极两炮台的守军尤其英勇。当英军逼近时，他们冲向敌阵，和敌人展开肉搏。激战中，清军500名将士壮烈殉国，1000多人负伤。英军也伤亡70余人，海军少校福克斯亦被打死。下午2时，4座炮台均陷敌手。

从5月24日到25日，英舰“海阿新”号等在省河中逐个攻打炮台。由于河中水浅，英舰行进困难，有的搁浅，有的触礁，甚至有的翻倒，以舷为底，狼狈不堪。这时，岸上如果以猛烈的炮火轰击，定会取得可观的战果。可惜，只有少数清军坚守炮台，给予英舰一定反击；多数清军闻炮溃逃。广州城内也无一兵一卒出来增援。这样，英军竟在十分不利的条件下，按计划攻陷海珠炮台、天字码头、东炮台等省河沿岸各个防守据点。

英军水陆行动均告得手，广州处于英军南北西三面包围之中。特别是北面

① 宾汉：《英军在华作战记》，《中国近代史资料丛刊·鸦片战争》第5册，第219页。

制高点四方炮台被占，广州城内的一举一动，均在英军视野之中。珠江则完全成为英舰往来的通道。英军不断从军舰和所占领炮台向城内、城郊各处开炮，“沿珠江二十里间，环东西南三门外，炮声无片刻断”①。广州城内外遭到空前的浩劫。

英国兵船进犯广州

当英军发动进攻时，奕山等蜷居城内，束手待毙。“军帅（即奕山）坐北门楼，亲睹夷兵鱼贯而上，所至无阻，莫可谁何！”② 英军占领城北各炮台后，即向奕山、隆文所住之城东南贡院猛轰。身为一军之帅的奕山，竟面无人色，放声大哭，丑态百出。参赞大臣杨芳，因与奕山发生龃龉，“称疾不出者二〔三〕日”③。在英军的炮火下，他与奕山相比，还算有点“勇气”——“火箭巨弹，自下上者，肃肃过耳畔，芳谈笑自若，骂曰：‘丑虏要击死老子耶。’”④ 这种显得有点滑稽的“勇气”，充其量只能为他自己壮壮胆，于战事毫无裨益。各路败兵均由奕山下令放入城内。他们因主帅一筹莫展，完全变成乌合之众：“贡院号舍八千有奇，令舍住一兵，而兵往往拆数号通为一，携所自备物居之。因不能容，则令其自择居民间空舍。客兵各招引其同队，三五成群，撬门挈具而入，

① 梁廷枏：《夷氛闻记》卷三，第71页。
② 梁廷枏：《夷氛闻记》卷三，第72页。
③ 梁廷枏：《夷氛闻记》卷三，第71页。
④ 梁廷枏：《夷氛闻记》卷三，第71页。

随地驻足。于是夹杂散处，布满内城。营主但知按籍记其兵数，实不知兵所寓何地、同寓何人。遇有号召，辄出小旗，沿街市招呼。有畏征发匿不出者，非领饷之期无从见而问所驻地也。”① 指望这样的军队在作战中取胜，悲夫，难矣！更有甚者，他们不能作战，残民却无所不为。“当居民仓皇奔走之时，或乘机抢夺者有之，或乘势奸淫者有之。”② “不遂意者，即剪去发辫，作为汉奸，解赴辕门正法。”③ 5月25日，因湖南兵诬杀广东南海县义勇，引起双方互斗。而奕山等竟不能制止，致使互斗者“乘势四出，放火杀人，校场中尸骸如积矣”④。

5月26日，英军准备对广州发动总攻，但由于倾盆大雨被迫推迟。雨一停，奕山即下令“在城墙的最显著部分挂起白旗”⑤。同时派广州知府余保纯缒城而出，赴英国商馆向义律乞降。当天傍晚，义律提出下列停战条件：⑥

一、要三位钦差大人与同率带各省官兵，六日内全出城外，远往二百余里则可；

二、要将银600万元缴送英国，以为赔还使费之用。要即明日初七日先缴100万元，自初七日起，至七日内，缴清600万银全数；

三、英兵拒（原文如此——引者）占各处，仍行据守，惟两边军士，不得另行预备交战。待至缴清600万元全数，才将城外炮台缴还，连船兵皆可退出外洋。若七日内未能缴足600万元，就要多缴至700万元。如14日内未能缴清，则要多缴至800万元。如20日内未能缴清，就要多缴至900万元。倘能如期缴足银数，则各船退出外洋，将横档及河内各炮台缴还可也。惟各事未能善妥以先，不得再排炮位。

四、各馆被掠诸件，须于七日内如数赔还，并十九年将吕宋船（即西班牙船“米巴音奴”号——引者）误烧一事，亦要七日内赔还。

五、此各端须要广州知府奉有三位钦差大人会同驻守广州将军、两广总督部堂、广东巡抚部院六位会衔公文，令其代行议定依议办理，方为妥善。

以上停战条件最关键的是两条，一是外省清军撤出广州城外200里；一是

---

① 梁廷枏：《夷氛闻记》卷三，第72页。
② 《广东商民呈诉冤词》，《中国近代史资料丛刊·鸦片战争》第3册，第317页。
③ 《粤东纪事》，《三元里人民抗英斗争史料》（修订本），第73页。
④ 梁廷枏：《夷氛闻记》卷三，第73页。
⑤ 宾汉：《英军在华作战记》，《中国近代史资料丛刊·鸦片战争》第5册，第222页。
⑥ 佐佐木正哉编：《鸦片战争の研究》（资料篇），第107页。

勒索赎城费600万元（英文本写“赎城费”，中文本写“使费”）。侵略者要求外省清军撤出广州，是要使广州变成不设防的城市，使之处于英军控制之下，保证本年度对华贸易顺利完成；至于600万元赎城费，正可用于支持即将进行的再次北犯。此外还勒索英商馆损失费30万元。

面对余保纯连夜带回的英方条件，奕山等左右为难：如接受英方条件，则无法向朝廷交代；如不接受，省城和身家性命又难保。无可奈何，一个个痛哭流涕，会衔盖印，委派余保纯再去订约。5月27日（四月初七日）中午，余保纯在广州城墙之下，完全按照英方条件，在《广州停战协定》上签字。

《广州停战协定》使奕山得以在英军炮口下苟安旦夕。紧接着按照屈辱的停战协定一项项付诸实施。5月28日（四月初八日）奕山和隆文、杨芳联名出示，命令兵勇“安静住守，勿得妄生事端、捉拿汉奸”，否则“按军法治罪”。① 也就是说，禁止人民反对英军侵略，反对惩治汉奸卖国贼。从27日到31日，奕山等将藩、运、海关三库的贮备全部掏出，凑集价值490万元的白银缴给英军，其余110万元摊给行商伍秉鉴等，由他们借领英国怡和、颠地等洋行的期票支付。② 此外，奕山等还分别付出价值628372元和41248元白银，赔偿商馆和“米巴音奴”号的损失。从28日起，省外清军分批撤出广州，奕山、隆文也于6月5日乘船移赴广州城西北60里外的金山驻扎。

清政府调集各省兵丁近2万，耗银数百万两组织的首次反击英军战役，就这样以无条件向英军投降而告结束。毫无疑问，奕山等人要对这次惨败负主要责任。这班腐朽的权贵，骄奢淫逸，平日享尽荣华富贵，而对抗敌御侮则一窍不通：政治上，不是将各方面力量尽可能集合在抗英的旗帜下，壮大自己，孤立敌人，却奉行“防民甚于防寇”的方针；军事上，不认真采纳合理建议，制订反攻计划不能审时度势。在为反攻做准备过程中极不认真，反攻时又胡乱指挥，结果导致全面溃败；当反攻受挫、英军反扑之时，又不能沉着镇定，齐心协力组织抵抗，而是各顾身家，任凭士兵胡作非为。在这样一些腐败无能的将帅指挥下，纵有雄兵百万，也难免一败涂地。

这次清军失败，既不像定海失陷那样败于无备，也不像琦善那样败于畏敌惧战，而是一次有组织、有计划的反攻的失败。在这次战役中，清军的弱点暴

---

① 《三元里人民抗英斗争史料》（修订本），第68页。

② 参见佐佐木正哉：《鸦片战争研究——从英军进攻广州到义律被免职》（四），日本《近代中国》第8卷，第188—189页。

露得相当充分：

首先，清军战略战术呆板，交战中处处陷于被动。奕山抵粤时，形势明显不利于我。按照一般军事原则，这时应该尽量避免决战，设法扭转被动局面，待条件成熟、有一定胜利把握时再发动反攻。而且即使反攻，也要扬我之长、击敌之短。可是，奕山等人冒昧夜袭，完全是在搞军事冒险。当时清军水师已溃，英人船坚炮利，水战正是英军之长、我军之短。而奕山组织水师夜袭，正是以己之短，击彼之长。战术上，清军主要依赖炮台，基本上不实行分兵流动作战，结果是画地为牢，局促一处，被动挨打；而英军则不计一城一地得失，常常集中优势兵力进攻主要目标，在局部上处于优势。广州城北之战即是如此。5 月 24 日晚英军宿营缯步，由于天黑不明虚实，未敢深入。清军如能抓住这一有利时机，分兵夜袭，将可重创敌人。可是计不出此，炮台里的守军株守不出，使英军得以安安稳稳在缯步养精蓄锐，第二天天明即能以饱满精神直扑城北各炮台。炮兵也克服了道路崎岖等种种困难，顺利到达目的地，强有力地支持了向高地进犯的英军。

其次，清军军纪败坏，赏罚不明，严重削弱了自身的战斗力。清军军纪败坏由来已久。统帅腐败无能，赏罚错乱，造成军纪益发不可收拾。反攻之前，湖南兵简直是一帮强盗流氓。他们“日夜在街滋事，强赊硬买，奸淫妇女。二更以后，湘兵住在贡院者，均在外面奸淫，满街湘兵，天明方回”①。正是这些湖南兵，在英军开始反扑后不久，就与四川兵一哄而散。他们趁着混乱抢劫财物，肩挑背负，千百成群，竟行遁去。清军大小官弁，绝大多数贪图安逸，爱钱惜命，战斗中极少能够身先士卒，坚守第一线。甚至广州被围之时，都司以上将官，皆在城内不出。将弁不能身先士卒，以身作则，正是反攻一触即溃甚至不战而逃的一个重要原因。至于赏罚措施错乱荒唐，更是屡见不鲜。参将刘大忠，横档之战中临阵脱逃，一个多月不见踪影。后因形势缓和溜回军营，竟不受追究，还被委以肥缺，驻守集中存放火攻器材的泥城。结果，英军犯泥城，他又是“闻炮声即仓皇遁去”，而且事后也“未知作何区处”。② 那些在作战中脱逃远遁的兵勇，“点兵册中，从不闻清查一二”③，甚至当一些人被地方官遣返回穗时，他们的上司居然以“人多不能束以军法，反人为犒赏为其压惊”④。这样

① 《粤东纪事》，《三元里人民抗英斗争史料》（修订本），第 71—72 页。
② 夏燮：《中西纪事》卷六《粤东要抚》，第 95 页。
③ 夏燮：《中西纪事》卷六《粤东要抚》，第 96 页。
④ 梁廷枏：《夷氛闻记》卷三，第 73 页。

一支军纪紊乱的军队，要去战胜本来比它强大的敌人，无异以卵击石，自取败亡。

第三，军队与人民群众势同水火，失去了克敌取胜的基本条件。鸦片战争是中华民族反抗英国侵略的民族自卫战争。战争性质决定了人民群众是反侵略的基本力量。在鸦片战争中，力量对比上是敌强我弱。只有依靠人民群众的支持，才能弥补武力上的缺陷，克服各种困难，最终取得胜利。但是，如前所述，广东当局对人民群众采取仇视、摧残的反动态度。奕山不仅不把群众作为抗英斗争的依靠力量，反而诬他们为“汉奸”，推行“防民甚于防寇”的方针。杨芳抵粤后，广东人民因他老于沙场，热切盼望他出奇制胜；可是，杨芳对人民却肆意蹂躏。一次外出，一个挑夫因躲闪不及，在前面挡了一下路，就被认为冒犯其威严，“遽令斩之，刀挑其首，出至河干”①。当时任广东按察使的王廷兰在一封信中说：“内外汹汹，几至激变。”② 军民关系紧张到如此程度，清军怎能指望得到人民的支持？又怎能在抗英斗争中取胜？

四、三元里等乡人民奋起抗英

“八省弁兵丧家狗，满城文武可怜虫。”③ 当英军把勒索到手的大堆白银搬运上船，监视着清军乖乖地撤出广州城时，他们万万没有料到，他们虽然可以吓服清军，却吓不倒广大人民群众，一场群众性的抗英风暴正在孕育之中。

广东从汉代起，一直是海上中外交往的主要地区。即使是清政府严格限制中外贸易时期，这里仍是中外贸易的南方的唯一通道。广东人民对来此安分守己的外国人，向来不抱偏见，友好接待。可是从 16 世纪开始，西方殖民者相继东来，在广东剽劫行旅，杀人行凶，以种种暴行为自己勾画出一副凶恶的强盗嘴脸，引起广东人民的切齿痛恨。在罪恶的鸦片贸易中，广东成为外国输入鸦片最大的集散地。中外鸦片贩子在这里织成一张十分严密的走私网，导致鸦片泛滥全国，流毒四方。广东人民是西方侵略和鸦片贸易最主要的受害者。他们愤怒控诉殖民者：鸦片“毒我生灵，伤民命奚止数百万众？耗民财奚

---

① 梁廷枏：《夷氛闻记》卷三，第 73 页。

② 夏燮：《中西纪事》卷六《粤东要抚》，第 96 页。

③ 不著辑人：《入寇志・省中联语》，《中国近代史资料丛刊・鸦片战争》第 3 册，第 321 页。

啻数千万金”①！人民早就满怀激愤，图谋抗击。

早在三元里人民抗英斗争前八年，即1833年，珠江海口的淇澳岛人民，就已多次进行了反侵略的斗争。淇澳岛位于珠江入海口的西侧，是一个面积约18平方公里的海岛。岛上有18座百米以上的山峰。这里西临天然的避风港金星门水道，水深20余尺，可以停泊各类船舰。东边对岸的铜鼓角，与淇澳岛相距不足2公里。淇澳的南面是一望无际的伶仃洋。伶仃洋作为广州港的外停泊地，原来只是供船舰进港前临时停泊之用，从1821年起，成为鸦片走私基地。据马士编的《东印度公司对华贸易编年史》记载，英美等国鸦片贩子贩运来华的鸦片，有90%以上在伶仃洋销售。在伶仃洋，不但鸦片大量走私，其他货物为了逃税，同样在这一带售卖。1831年，东印度公司广州大班写信给班丁克勋爵说，伶仃洋的贸易额每年达200万至300万英镑。贸易之外，他们为非作歹，以致凶杀案件时有发生。比如1833年8月7日（道光十三年六月二十二日），渔民黄亚秀出海卖鱼，当驶过停泊金星门的港脚船时，仅因拒绝“赫尔克里士”号上英人强行收购的要求，即被推下水中淹死。更为严重的是，他们不但长期非法赖在中国海域，而且还想强占淇澳岛作为侵华基地。据调查，他们从1830年起，就擅自在淇澳岛的西南边修建了20来间砖瓦房，存放货物，被村民称为“鬼佬屋”。他们还在这一带丈量勘测，竖立界碑，并且在淇澳山上树立英吉利国旗。其侵夺之心，彰明昭著。

淇澳人民的抗英斗争，曾经发生过多次，内容既有反对鸦片贸易，也有反对领土侵占，还有反对拐卖华工等。1833年8月7日，英国怡和洋行的“萨马兰”号遭受台风，毁坏严重。未经允许，英人即把它拖上岸边修理，并且在旁边搭盖帐篷，堆放物料。8月17日，淇澳乡民百多人拿起长矛、渔叉、棍棒等等，从岛上的数里之外奔来驱赶，把堆存的物料没收。这场斗争实质是淇澳人民保卫家园、反对英人侵占的正义斗争。1833年10月13日，淇澳人民又掀起反抗英人抢牛的斗争。那天中午，淇澳村民苏上品等正在金星山脚港口捕鱼，听到同村郭亚萍喊“夷人偷牛”。苏上品等闻声上岸，将偷牛人抓住，把牛夺回。该村的地保见是洋人，认为不能送官审办，着令苏上品等把洋人放回。可是到了当天下午4时前后，居然有50多名外国人来到村内寻衅打架。村民闻讯，不约而集，一齐出来驱赶。来的外国人眼见村民人多势众，慌忙逃走。其中有一个印度籍雇佣兵万利央那落在后面，苏上品等紧急追上。万利央那用剑和鸟

① 《全粤义士义民公檄》，《三元里人民抗英斗争史料》（修订本），第93页。

枪殴打苏上品等人，苏上品等 4 人则以刀和木棍格抵。万利央那寡不敌众，最后被苏上品用刀戳伤腹部，一小时后，伤重殒命。苏上品等缴获鸟枪一支，剑一把。为了藏尸灭迹，苏上品等雇人先将万利央那尸体扛到村后南边的沙岗地方埋藏，后怕人发觉，又将尸体挖出，雇船将尸体运到海心，“丢弃海内”。正当苏上品等人和万利央那互相撕打的时候，狼狈退走的外国人（主要是英国人）见村民郭名秋和工人黄亚仰在田里耕作，“即上前将郭名秋捉拿下船”，黄亚仰见状叫喊，也“被夷人放枪打伤”。①

英国港脚船“赫尔克里士”号船长、怡和洋行流动鸦片店店主格兰特，是一个臭名昭著的恶棍。他得知此事后，即刻煽动停在淇澳附近船上的外国人对淇澳村民实行暴力报复。为了逃避责任，他自己并不出面，却鼓动泊在金星门的所有船只上的人员积极出动。10 月 15 日，英船“海斯夫人”号的船长赫克托率领舢板十多只前往淇澳村，“施放枪炮，打烂房屋门扇，适孙亚幅（左埗头人）卖鱼经过，被夷人放枪致伤”②。淇澳村民预料到夷人会来报复，事先做了应敌准备。当外人船只向淇澳村冲来时，村民众炮齐发，向舢板打去。侵略者觉察淇澳村民已有准备，不得不往后撤退，“驶回各船”。③

淇澳村人民这次反抗以英国人为首的侵略者的斗争，比 1841 年 5 月末发生的三元里人民抗英斗争，要早八个年头，虽然规模不大，不失为中国人反侵略斗争的前奏。④

正是由于广东人民十分痛恨西方殖民者，所以从林则徐收缴鸦片到鸦片战争爆发，他们都坚定地站在反侵略斗争一边。可是，琦善、奕山相继来粤，推行先妥协后冒进的方针，导致局面日坏，大局糜烂。琦善等人推行反动方针，敌视人民群众，不能不激起广东人民的强烈愤慨。

英军自从占领广州城外所有据点以来，气焰益发嚣张，杀人抢船，横行无忌。据当时人记述：“连日逆夷围攻省城，施放炮火，三面延烧。西则自新填地

---

① 《两广总督卢坤致洋商谕令》（道光十三年九月十五日），杨水生等编：《揭开淇澳历史之谜》，中央文献出版社 2002 年版，第 99—101 页。

② 《两广总督卢坤致洋商谕令》（道光十三年九月十五日），杨水生等编：《揭开淇澳历史之谜》，第 99—101 页。

③ 马士：《东印度公司对华贸易编年史》第 4 卷，第 376 页。

④ 本节参照杨水生、刘蜀永主编：《揭开淇澳历史之谜——1833 年淇澳居民反侵略斗争研究文集》写成。该书 2002 年由北京中央文献出版社出版。详细内容可参考书中刘蜀永、刘存宽、黄鸿钊、萧致治等人所写论文及书中附录的各种原始资料。

金利埠烧至西炮台，南则自天字码头烧至小东门，被火者不下千余家，难民提男挈女，号呼之声，遍于道路。”① 在江面上，英军“拦截搜船，遇有年少男女皆被抢去，货物用火烧毁”②。“沙洲头有渡船数只，被逆拉去，逼客为汉奸，并有妇女数人，老者抛溺水中，少者留于夷船奸污。”③《广州停战协定》生效之后，占领城北炮台的英军派出所谓“征发队”，到城郊乡镇掳掠奸淫。他们“闯入各乡奸淫妇女”，一天之内，“辱污而死及被逆劫去者共计一百数十口”，甚至奸及老妇。他们“掳掠财物，逼民搬运，如违拗即被杀”。④ 贪婪的强盗们不仅对农家的鸡鸭猪牛无所不抢，而且“开棺暴尸”，“挖掘山坟，祸延白骨”。⑤ 英国强盗的兽行，有如火上加油，激起了广大群众的怒火。

广州城北的三元里，离英军攻占的炮台只三四里。英军骚扰，首当其冲。5月29日，10多名英兵闯进村，在村头调戏菜农韦绍光的妻子李喜。愤怒的乡民闻讯，手执锄头木棍，团团把他们围住，当场打死七八名，剩下的拼命逃跑。事件发生后，三元里人民估计英人决不会就此罢休，于是提早准备迎击再犯之敌。大伙聚集三元古庙，商议对策，最后举行了誓师仪式，决心团结一致，与英军一决雌雄。会上决定，全村16岁至60岁的男子都以刀、矛、棍、斧等作为武器组织起来，就以古庙的三星旗作为战旗，规定：“旗进人进，旗退人退，吹螺壳打鼓进兵，打锣收兵。”⑥ 并以“打死无怨”⑦ 来表达与敌人决一死战的坚强意志。为了团结各乡人民共同抗敌，他们还派出代表赴邻近各乡求援，共同抗击侵略强盗。

当时，广州郊区设有不少社学组织。这种社学原是乡村学人课艺讲学之所，也是平时排难解纷之地。团练乡勇，常常也以社学为单位组织训练，其职能主要是维护社会秩序。当英国侵略者四出行凶作恶、民族矛盾急剧上升之时，全乡人民无分贫富，都一致要求抗击英国侵略，社学在这种新形势下又开始起着组

---

① 《骆秉章折一》，《中国近代史资料丛刊·鸦片战争》第3册，第498页。

② 《清道光朝留中密奏·探报十一》，《中国近代史资料丛刊·鸦片战争》第3册，第534页。

③ 不著撰人：《夷匪犯境见闻录》，《三元里人民抗英斗争史料》（修订本），第65—65页。

④ 不著撰人：《夷匪犯境见闻录》，《三元里人民抗英斗争史料》（修订本），第67页。

⑤ 不著撰人：《军务记》，《中国近代史资料丛刊·鸦片战争》第3册，第38页。

⑥ 《三元里平英团史实调查会记录》，《近代史资料》1954年第1期。

⑦ 《三元里平英团史实调查会记录》，《近代史资料》1954年第1期。

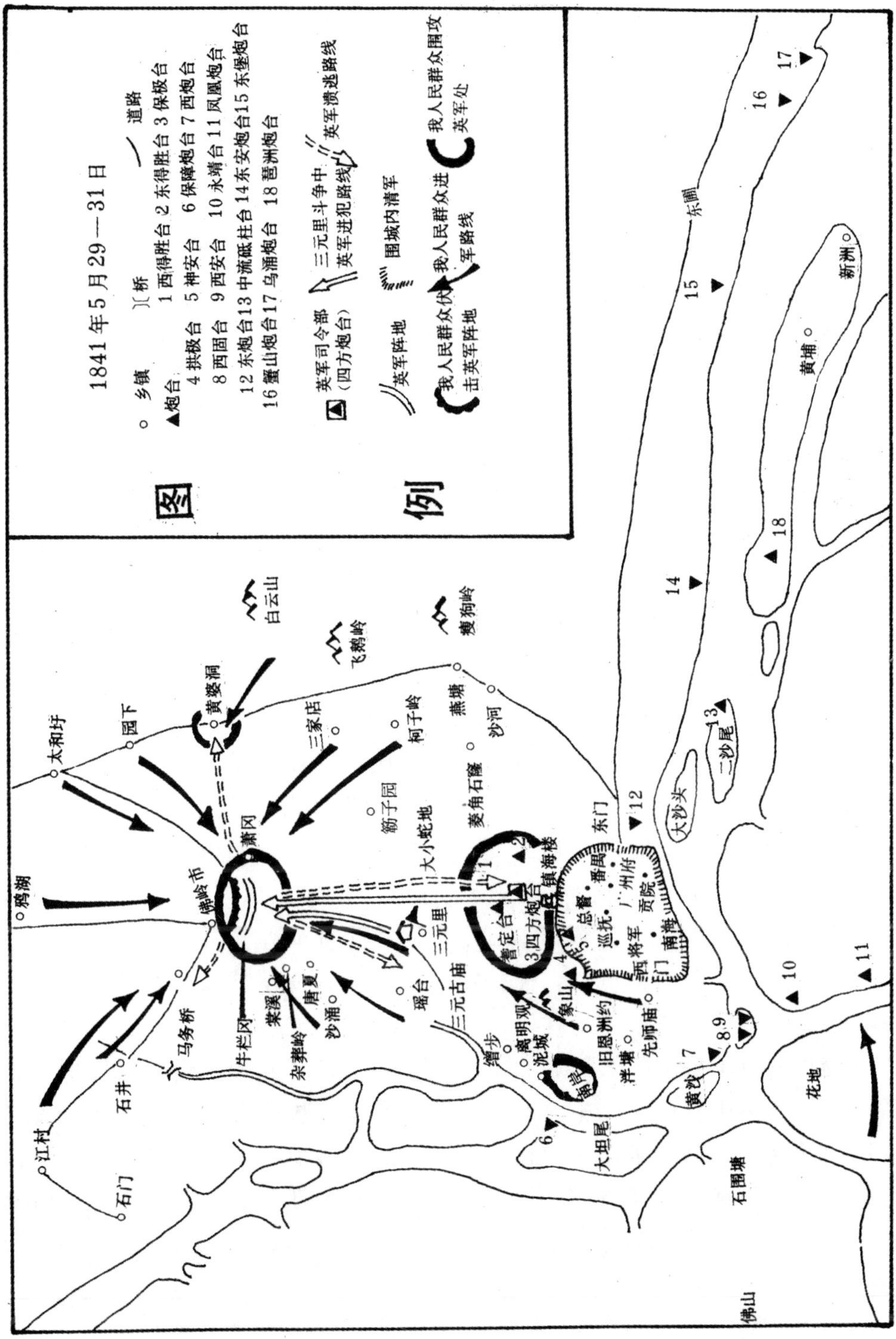

三元里人民抗英斗争示意图

织抗英斗争的作用。当三元里代表向各乡求援时，各地社学组织纷纷行动起来。如三元里以北的萧冈举人何玉成，本在怀清社学办团练，致力于“联合本司各社学，保守乡闾”①。当他得知三元里代表请求声援的消息，便“柬传东北南海、番禺、增城连路诸村，各备丁壮出护”②。驻扎石井的平海营水勇管带林福祥，也连日与杨汝正劝谕各乡联合抗英。落籍园下田的捐监生王韶光则以客家身份，联合东北六社客民奋起响应。此外，广州北郊石行的打石工人与锦纶行的丝织工人也都群情激愤，积极准备投入抗英斗争。当天下午，各乡代表在牛栏冈将军庙前集议，共商抗英大计。会上决定：（一）各乡自成单位，制备大旗一面，写上乡名；（二）以原有团练为基础武装组成抗英队伍，每50人为一队，公举领队一人，头缠红绡，指挥作战；（三）各乡准备大锣数面，遇有警报，一乡鸣锣，众乡皆出；（四）15岁至50岁的男子一律出动，参加战斗。老弱妇幼转移别地；（五）采用诱敌深入、包围突击战术，把敌人引诱到地形复杂的牛栏冈一带围歼。

5月30日早晨，三元里等乡群众约5000人最先赶到城北高地聚集，敲锣打鼓，齐声呼喊“杀番鬼”。这时英军正要吃早餐。陆军司令郭富见抗英群众到来，下令施放排枪，却唬不散愤怒的群众。于是，他饭也顾不上吃，慌忙率领英军第二十六团一翼、第四十九团三个连、马德拉斯步兵第三十七团、孟加拉志愿兵几个连及海军陆战队共1000多人，带着枪炮冲出炮台，扑向群众。群众且战且退，最后把敌人引诱到了牛栏冈。

牛栏冈一带水田四布，道路崎岖，周围有山冈环绕，是聚歼敌人的极好战场。上午10时左右，英军到达牛栏冈一带。他们发现群众愈聚愈众，足有七八千人，才知事情不妙。这时群众从四面八方蜂拥而来，逐渐形成包围圈。英军接连开炮，群众不但不散，反而愈聚愈多。到中午时分，足有近2万人。郭富身陷重围，急令第二十六团的英军和第三十七团一个连向左翼冲击，第三十七团及一些孟加拉志愿兵向右翼抵挡，掩护第四十九团、海军陆战队及部分孟加拉志愿兵往后撤退。

担任掩护的英军很快陷入群众的重围。左翼第二十六团窜进牛栏冈西南的杂葬岭一带的丛林中，被三元里、石井、唐夏等乡农民和丝织工人围困，左奔右突，随行的副军需总监毕霞少校在逃窜中与唐夏乡农民、绰号“定拳长”的颜浩长等相遇，被颜浩长奋力杀死。颜浩长机智英勇杀敌，为人称道，时有

① 《何玉成事略》，《三元里人民抗英斗争史料》（修订本），第204页。

② 梁廷枏：《夷氛闻记》卷三，第75页。

"定拳长杀番鬼，食完一口烟都唔迟"① 的谚语，意思是不要一口烟功夫，就把毕霞杀死了。右翼第三十七团及孟加拉志愿兵沿山路逃窜，在柯子岭遭到打石工人的狙击，又流窜到黄婆洞，被群众砸得头破血流，"乞命之声震山谷"②。

正当群众挥起大刀、长矛、锄头、铁锹追击围歼英军之际，突然乌云蔽天，大雨倾盆。英军弹药尽湿，"一支毛瑟枪也打不响"③，只得舍命突围，无奈人如山积，围开复合。英兵穿着笨重的皮鞋，有的陷在四面皆田的泥泞中，狼狈不堪；有的龟缩瓜棚豆篱下，淋得如落汤鸡。漫山遍野的抗英群众，抓住大雨时机，奋力拼杀。田埂旁，溪流边，山冈上，丛林里，到处都有群众与侵略者的搏斗。群众手中的长矛，成为杀敌制胜的利器。"刺刀之于中国人的长矛，只不过是一种可怜的防御物罢了。"④ 不少英军士兵在长矛下丧生。就连指挥第二十六团的伯拉特少校也被长矛刺破了衣袖，因跑得快才免于一死。

下午4时，狼狈不堪、又饿又累的第二十六团、第三十七团及孟加拉志愿兵，在付出惨重伤亡的代价后逃回四方炮台。在清点人数时，发现派往左翼、由哈德菲尔德中尉率领的第三十七团一个连尚未回营，于是急忙派出两连海军陆战队，携带不怕雨淋的雷管枪前往寻找、救应。

哈德菲尔德手下的一连人在风雨中被打得晕头转向，数千群众把他们团团围住。他们只得排成方阵，以尚能发射的来复枪自卫，在夜幕降临后一步步向四方炮台撤退。群众屡次向他们发动进攻，并巧妙地用长钩将英兵从方阵中拉出砍杀；又以缴获的枪支向英兵射击，打伤该连旗手巴克莱的手臂。直到晚上9时，在海军陆战队的接应下，他们才突出重围，疲惫至极地逃回营地。当天夜晚，追击英军的群众将四方炮台围困起来，等待天明发动进攻。

5月30日的抗英斗争，三元里等乡人民群众取得了辉煌战果，打死打伤英军官兵100多名，生俘12名，⑤ 缴获大炮2门和不少刀枪弹药。捷报传出，民

---

① 《颜浩长事略》，《三元里人民抗英斗争资料》（修订本），第198页。

② 梁廷枏：《夷氛闻记》卷三，第75页。

③ 麦华生：《在华二年记》，《三元里人民抗英斗争史料》（修订本），第329页。

④ 宾汉：《英军在华作战记》，《中国近代史资料丛刊·鸦片战争》第5册，第228页。

⑤ 关于英军伤亡人数，中方记载有多种说法：亲身参加三元里抗英斗争的林福祥在《平海心筹》中说是"二百余名"；不著撰人的《夷艘入寇记》说是"死者二百"；奕山的奏报和夏燮的《中西纪事》均作二百余名；王廷兰致曾望颜信中说"共毙百余人，又斩兵目二人"；不著撰人的《广东军务记》亦说"杀死逆夷百余名"；骆秉章奏《粤东剿办逆夷奏报不实保举过滥折》亦云"杀死夷兵百余名，兵头二名"。另外还有记杀死三百余人、数十人的。笔者认为，王廷兰、骆秉章等人的看法比较客观，故采其说。至于英方记载，郭富给英印总督奥克兰的报告说英军只阵亡5人，伤23人，柏纳德《"复仇神"号轮船在华航行作战记》说死15名，伤120名，显然故意缩小了死亡数字。

心大快。31日清晨，又有不少群众从番禺、增城等县赶来。包围四方炮台的人数陡增到三四万人。广州城北一带，只见人头攒动，旗帜飘扬。昨天刚挨了一顿狠揍的英军，眼见抗英的人群漫山遍野，无不胆战心惊。郭富急得双手捂头，在炮台里来回打转。骄横不可一世的侵略者，在人山人海的愤怒群众面前，终于现出了纸老虎的原形。他们在炮台上竖起白旗，乞求停战。驻在商馆的义律，慌慌张张赶到四方炮台，凭着多年在华经验，很快定出一条奸计，马上派人送信入城，对广东当局进行威胁，声言如不能谕令群众解散，就要立刻攻城。

这时，奕山、隆文、杨芳等人还在城内。驻在城内的清军，正按停战协定继续外撤。赎城费也在竭尽全力，按协定时限缴付。人民群众包围四方炮台的消息传入城内，曾有人建议："出福建新至生力军助村民活缚义律，监而勿杀，挟使悉其船出外洋，还我汉奸，以是痛惩之机不可失"。但"当事相顾无敢任者，咸以为事在和后，不欲更为戎首，且款银已先给，设败盟，于我有害无利，坚却不用其策"。① 奕山等接到义律派人递交的信，生怕英军"向前攻城"②，赶紧接受英方要求，派知府余保纯带领南海县令梁星源、番禺县令张熙宇缒出城去，为英军解围。

余保纯等出城后，首先会见了义律、郭富，竭力表示人民群众的抗英斗争与官府毫无关系，随后和英军署理军法总监慕尔上尉来到抗英队伍之中。余保纯等对群众拱手作揖，请求他们停止攻击；对士绅则百般威逼利诱，指责他们参加抗英是"多事"。并且威胁说，如果把事情闹翻，600万元的赎城费就要由他们承担。士绅被余保纯等唬住了，纷纷动摇离去，抗英群众也相继解散。一场轰轰烈烈的群众抗英斗争，就这样被破坏了。

依靠清朝广东当局的帮助，四方炮台的英军侥幸摆脱困境。可是，他们已成惊弓之鸟，再也不敢继续逗留，第二天（6月1日）就匆忙搬运装备，从缯步上船，悄悄地退出广州。英军撤出广州之后，义律为了掩饰败绩，恬不知耻地发出"告示"，将人民群众的正义反抗诬为"刁抗"，妄称"后毋再犯"。③ 人民群众当即针锋相对地发表檄文，痛斥英军的滔天罪行，严厉警告英军早日退出虎门，否则"或有千百般妙法，烧汝片帆不返"。如果胆敢再次来犯，"我们……万折不回，一定要杀，一定要斫，一定要烧死汝等。……务必要剥汝之皮，食

---

① 梁廷枏：《夷氛闻记》卷三，第75—76页。

② 宾汉：《英军在华作战记》，《中国近代史资料丛刊·鸦片战争》第5册，第229页。

③ 魏源：《道光洋艘征抚记》卷上，《魏源集》上册，第185页。

汝之肉，方知我们之厉害也”。①

震惊中外的三元里等乡人民的抗英斗争，是近代中国人民自发地开展大规模反侵略斗争的第一声。当英军打败清朝数万官军、气焰最为嚣张之时，三元里等乡人民敢于拿起十分原始的武器，奋不顾身地同拥有当时世界上最先进武器的侵略者搏斗。这一事实充分证明，中国人民具有英勇无畏的反抗精神，敢于向一切外来侵略者做坚决斗争，决不会屈服于外来压力，向外国侵略者低头！

三元里等乡人民的抗英斗争，爆发于清军向侵略者屈服投降之时，又因清朝广东当局出面为英解围而告结束。这清楚地表明，在外国侵略者面前，人民群众和清朝统治者走的是截然不同的两条道路：以自己的英勇斗争，维护民族尊严、保卫社稷家园的是广大人民群众；而以出卖民族利益换取苟安的是封建统治者。“前时但说民通寇，此日翻看吏纵夷。”② 血与火的严酷斗争，展示了人民群众赤诚爱国保家精神的伟大，也无情地揭露了封建统治者的卑劣无耻，是出卖民族利益的败类。

三元里等乡人民在抗英斗争中，以十分原始的武器，利用天时、地利、人和等有利条件，把凶恶的英国侵略者打得抱头鼠窜，取得了“自从航海屡交锋，数万官军无此绩”③ 的辉煌战绩。这一事实，强有力地粉碎了英人船坚炮利、不可战胜的神话，有力地鼓舞了反侵略的人们，反击了琦善之流散布的种种投降主义谬论。参加这次斗争的林福祥，事后在《平海心筹》中写道：“三元里一战，我义勇只死二十人，而夷兵已死二百余名；夷兵俱有火枪大炮，而乡勇只用长棍短刀，又何尝见夷兵之可怕？又何尝见夷兵之利害？断无可胜之法乎。”④ 这种切身体验，对于人民群众深入持久地开展反侵略斗争，无疑是一个巨大的鼓舞。

“三元里前声若雷，千众万众同时来，因义生愤愤生勇，乡民合力强徒摧。”⑤ 通观鸦片战争的全过程，三元里等乡人民抗英斗争在鸦片战争时期所有人民反抗斗争中声势最大，成果最著，影响也最深远。究其原因，最根本的是广东人民长期遭受外国侵略者的残害，积怨甚深。同时要看到，社学组织也起了重要的组织作用。当时，广大农民群众是以家庭为单位从事小农生产，因而

---

① 《尽忠报国全粤义民谕英夷檄》，《三元里人民抗英斗争史料》（修订本），第90—91页。

② 魏源：《寰海》十一首之十，《魏源集》下册，第806页。

③ 梁信芳：《牛栏冈》，《三元里人民抗英斗争史料》（修订本），第294页。

④ 《中国近代史资料丛刊·鸦片战争》第4册，第590页。

⑤ 张维屏：《三元里》，《三元里人民抗英斗争史料》（修订本），第291页。

不可避免地带有分散性。如果没有社学去组织他们，如果没有各社学的串联，那就很难设想，在三元里乡民代表赴各乡求援时，会迅速集合成千上万群众；也很难设想，在一千多英军扑来之后，数千以至上万群众，能够按照统一部署、基本上有组织地开展斗争。自然，社学是维护封建社会秩序的组织，其领导人是既有爱国心又具有浓厚封建意识的绅士，这就决定了他们既主抗英、又怕官府迫害的双重性格。广东当局之所以能很快解散数万包围四方炮台的群众，正是他们对绅士施加压力的结果。历史证明，当人民群众没有得到先进阶级领导、真正掌握自己命运的时候，他们的反侵略斗争同其他斗争一样，是要经历很大曲折的；他们中间蕴藏的巨大力量，也不可能充分发挥出来。

三元里人民抗英斗争结束以后，奕山等为了窃取人民群众的胜利成果，并加强对群众反侵略斗争的控制，立即变换了一副面孔。他们又是摆酒庆功，又是奏请封赏，对参加抗英的绅士竭力进行拉拢；对于在战斗中牺牲、负伤的群众也发给“抚恤”银两。但是，这套把戏并不能改变奕山等“与英夷同心同志”“秽臭万年”① 的丑恶嘴脸，也不能消除人民群众对他们“极力弹压”反侵略斗争的强烈愤慨。他们可以收买绅士，但广大群众并不买他们的账。杀死英军少校毕霞的农民颜浩长，立志“生不到衙门，死不到地狱”②，砍下了毕霞的头，却拒不去报官领赏。在民间，抨击官府投降媚敌的“谤议”声浪有增无已。1841 年 9 月，广州举行府试，知府余保纯等到场监考。应试文童怒不可遏，大呼：“不考余汉奸试！”并指着两名县令头上的顶戴骂道：“何羞而得此！……不宜拖在后，宜拖在前，庶足少遮羞颜也。”余保纯知众怒难犯，即上轿回衙，“各文童以瓦块掷击，轿为之破”。③ 这些情况，已经显示了人民群众开始把反侵略与抗官结合起来的倾向。

五、清政府再次妥协　英军准备北犯

由奕山等指挥的广东“剿英”战役惨败之后，清政府再次转向对英妥协。

① 《告示》，《三元里人民抗英斗争史料》（修订本），第 84 页。

② 《颜浩长事略》，《三元里人民抗英斗争史料》（修订本），第 198 页。

③ 不著撰人：《英夷入粤纪略》，《中国近代史资料丛刊·鸦片战争》第 3 册，第 15—16 页。

奕山等关于广东战况的奏报，从6月上旬起陆续送到北京。他们领兵打仗是十足的蠢材，而对捏词哄骗、谎报军情，却颇为精通。在他们的笔下，一场不可收拾的惨败，居然变成了战果累累的辉煌胜利。他们向道光帝奏报，5月21日夜间，“共烧西路白鹅潭逆夷大兵船二只，大三板船四只，小艇三板数十余只。此外，东路二沙尾烧小三板数只，逆夷被击及溺水死者不计其数”①；23日，英军“分攻西炮台、天字码头、东炮台等处……经总兵段永福、琦忠、长春、张青云等督率将士，并力抵御，轰沉火轮船一只（朱批：甚好）……焚其三桅兵船一只，东炮台打折夷人大桅一枝（朱批：放是炮之兵，查明应奖），震落夷人四五名落水，直至三更后始行少退”②。此外，他们还采用移花接木的手法，报上二元里人民奋起抗英、新安县武举庚体群等率义勇火攻英船③、佛山义勇攻克英军所据之龟冈炮台等事④，以证明自己组织、督率有方。

既然与英军交战取得如此巨大“胜利”，那么，何以还要纳币撤兵，订立《广州停战协定》？对此，奕山等解说道，英军败后，又纠集“夷船三十八只，全数驶入攻城，另驾火轮船驶至泥城河面开炮”，结果使“河道梗塞，文报难通”，省城危在旦夕。而在这时，英军又派人前来，“求大将军转恳大皇帝开恩，

① 《靖逆将军奕山等奏为乘夜焚击在粤省河英船折》，《鸦片战争档案史料》第3册，第445页。

② 《靖逆将军奕山等奏报官兵抵御英军进攻情形折》，《鸦片战争档案史料》第3册，第447页。

③ 关于庚体群率义勇火攻英船事，奕山等奏报说：“据奴才等前差抄截逆夷后路新安县武举庚体群禀报：该绅奉委焚烧横档一路夷船，于初四日夜子刻，分驶三队，由穿鼻西洋面截烧，顺潮直趋而上，放火扑近夷船。夷船惊觉，放一声大炮，炮声未了，船上火光突起，火药舱火发，两枝大桅轰起空中，全船俱毁等语。……其为该武举所焚无疑。”（《鸦片战争档案史料》第3册，第505页）此事梁廷枏的《夷氛闻记》和魏源的《道光洋艘征抚记》等均有记述。

④ 关于佛山义勇攻克龟冈炮台事，奕山等奏报：“绅士吴璧光……等，自备资斧，招募义勇三百余名，在佛山一带防堵。四月初八日（5月28日），因逆匪截抢搬往佛山之妇女等渡船数只，该绅士等闻信即带领乡勇等前往救护追回。迨至夜间，探得夷匪四出掳掠，该夷所据之龟冈炮台，只有夷匪十数人。该绅士等出其不意，督率义勇，分驾扒龙快艇，四面围攻。夷匪开炮轰击，伤毙义勇数十名。吴璧光等复于上风施放毒烟，夷人不能张目，该义勇奋勇抢上炮台，吴璧光首先杀毙兵头一名，余匪均皆杀死。又有救援夷匪飞驾三板船接应，经该义勇等在黑暗中埋伏，用枪击毙夷目二名，杀死夷兵数名，余匪溃散。割获首级三颗，并抢获船只盔甲图印炮剑火药旗枪等物。”（《鸦片战争档案史料》第3册，第605页）

追完商欠，俯准通商”，再加上“城内居民纷纷递禀，吁恳保全阖城民命”，于是他们便决定“俯顺舆情，以保危城”，允许英国“与各国一体贸易”①，并“将库贮款内，拨借二百八十万两，由商等具领以清夷欠”②。由于如此办理，“夷目等额庆欢忭，免冠感伏，声言永不敢在广东滋事等语”。③ 此后，奕山等为了“弹压土匪，抚恤居民”，分驻石门、金山。而各省兵丁因天气炎热，上霪下湿，也“不得不择地安营分驻”。④

奕山等为了推脱罪责，蒙混过关，巧言诡辩，真是费尽心机。不过，尽管他们巧为弥缝，还是不免破绽百出，难以自圆其说。例如，既说在反攻中痛创了英军，那英军又何以能够以大批舰船直入省河、使省城危机四伏呢？既说英军占据要隘，围困省城，那他们何以还要主动上门求和呢？明眼人一看，即知奏报含有欺诈。然而，道光帝对这些奏报没有提出什么疑问，反而圈圈点点，大批赞语，并以“朕谅汝等不得已之苦衷”⑤，批准了奕山等人的投降辱国行径。有人以为，这是由于道光帝昏聩，被奕山等的谎言迷惑了。事实并非如此。

这里不妨先回顾一下道光帝得知杨芳等允准英商贸易之后的反应。4 月 18 日，杨芳、怡良联名上奏到京，内称：“以目前局势而论，似宜先准贸易，暂作羁縻。”⑥ 道光帝阅后十分恼怒，在朱批中责骂他们“欲蹈琦善之故辙”，并称：“若贸易了事，又何必将帅兵卒如此征调？又何必逮问琦善？”⑦ 他下令将杨芳、怡良革职留任，并在发给奕山等的谕旨中，明令“断不准提及通商二字，坐失机宜”⑧。由此不难看出，广州战役前，道光帝不许英商贸易的态度十分强硬。

---

① 《靖逆将军奕山等奏报英军攻击省城并权宜准其贸易情形折》，《鸦片战争档案史料》第 3 册，第 461—463 页。

② 《靖逆将军奕山等奏为用库款垫借洋商所欠外商银两片》，《鸦片战争档案史料》第 3 册，第 464 页。

③ 《靖逆将军奕山等奏为遵旨晓谕英商恢复通商及陈明粤省现在情形折》，《鸦片战争档案史料》第 3 册，第 547 页。

④ 《靖逆将军奕山等奏报奕山隆文分驻石门金门杨芳因病咨请调理片》，《鸦片战争档案史料》第 3 册，第 526 页。

⑤ 《着靖逆将军奕山等准令英人通商不许夹带违禁烟土等事上谕》，《鸦片战争档案史料》第 3 册，第 500 页。

⑥ 《参赞大臣杨芳等奏为省城无可控御似宜先准英船贸易片》，《鸦片战争档案史料》第 3 册，第 311 页。

⑦ 《参赞大臣杨芳等奏为省城无可控御似宜先准英船贸易片》，《鸦片战争档案史料》第 3 册，第 311 页。

⑧ 《着靖逆将军奕山等不准港脚货船通商惟有进剿一法事上谕》，《鸦片战争档案史料》第 3 册，第 368 页。

如果道光帝确实被奕山等迷惑，以为清军大捷，就只会进一步助长这种态度。可是，道光帝并未这样做，反倒“准令通商”，并且还同意赔款（尽管奕山谎称代还“商欠”，但毕竟动用了巨额库贮银两。而谁都知道，道光帝苦于财政拮据，一切开支都是十分吝啬的）。这不是十分蹊跷吗？

再说，除奕山等的奏报本身有明显破绽外，当时还有人向朝廷揭穿了奕山等的谎言。闽浙总督颜伯焘向朝廷奏称，在广东战役中，“该夷驾火轮船一只，驶至省西泥城，一路开炮，兵勇望风而逃，烧我船只六十余号。初三、四、五等日，逆夷驾船十余只，开炮攻打上岸，防兵四散遁走，被烧民房甚多，并占去四方炮台。初六日，炮子打入老城，直指贡院。经广州府知府余保纯向逆夷面议息兵，该逆始索洋银千百万元，继定六百万元，又须将军参赞撤退，方肯退出。其银已由藩、运、海关三库凑给，俱各交讫”①。颜伯焘所揭发的这些都是确凿的事实，可是道光帝在7月30日见奏之后，并未表示特别惊讶，只平淡地批了一句：“如果属实，是该处情形，所闻与（奕山等）所奏迥异。”② 他嘱咐广西巡抚梁章钜访查，“将所闻实在情形，详晰具奏”③。而且现存清廷档案中，也有广东战役每日的探报。这些探报都真实地反映了实际情况，可是道光帝一律下令“留中”了事。④

据此可知，道光帝对广东战役的真情绝非毫无所知，而是有意装聋作哑。其实，这一点早已有人指明。如夏燮在《中西纪事》中写道：“粤东节次焚剿之奏，不过为在事员弁虚级冒功张本，上亦知之，不复深诘也。”⑤ 为什么“不复深诘”？这是因为道光帝改变了剿英立场，再次转向对英妥协。

促成这种转变的首要因素，自然是清朝在军事上的失败。清政府从全国八个省抽调2万多清军，耗费巨额银两发动广东战役，目的是想一举歼灭英军。可是最终却落得一触即溃，速胜的希望成了泡影。道光帝由此感到英军确实不

---

① 《闽浙总督颜伯焘奏报探闻粤省文武苟安三元里乡民抗英被压等现在情形折》，《鸦片战争档案史料》第3册，第552页。

② 《着江苏巡抚梁章钜将广东办理夷务实在情形详晰密奏事上谕》，《鸦片战争档案史料》第3册，第588页。

③ 《着江苏巡抚梁章钜将广东办理夷务实在情形详晰密奏事上谕》，《鸦片战争档案史料》第3册，第588页。

④ 参见《清道光朝留中密奏》，《中国近代史资料丛刊·鸦片战争》第3册，第533—545页。

⑤ 夏燮：《中西纪事》卷六《粤东要抚》，第90页。

易对付；军备废弛，更无力量制服强敌，而长期作战“糜饷劳师”，失败后更无法收拾，因此不敢再打下去了。

其次，道光帝说他体谅奕山等“不得已之苦衷”，这里透露了他转向妥协的又一重要原因。奕山等刚到广东，就奏言“防民甚于防寇”；而在请求朝廷批准其投降行径时，又突出强调：“省城重地，为全省关系，稍有疏失，则各府州县匪徒，必致乘机蜂起。”① 这就是奕山等的“苦衷”，也是道光帝最担心的隐忧。军事上败于英军，本已使清廷威望大损，若再坚持抵抗下去，触发久已酝酿的内部变乱，这在封建统治者看来简直是不堪设想的，因此道光帝不得不幡然变计了。

第三，奕山等隐瞒英军的真实意图，使道光帝对妥协的条件做出了错误判断。本来，自清廷将琦善撤职查办之后，义律曾屡次叫嚷：“若大清国未能施以公道，善定事宜（指接受英国条件），足崇大英国威，则我必仍行率兵，与各省力战，不可稍为宽松。”② 奕山等投降之后，义律于6月5日的照会中又威胁说：“两国交争诸事既未善定，仍须向皇上讨要伸冤，秉公定事。且未秉公善定以先，仍须强自冤屈，与朝廷交攻。”③ 这些话表明，在清政府全盘接受英国条件之前，英国决不会善罢甘休，并且还要扩大战争。但是，奕山等为了使朝廷同意妥协，竟将影响最高决策的这一关键情况完全隐瞒起来，诡称英人“只求照前通商，并将历年商欠清还，伊即将兵船全数撤出虎门以外”④。这就使道光帝产生错觉，以为英国侵略者在勒索到大笔赔款、占据香港之后，就会像以往一样只在广州按旧制贸易。在他看来，清军战败后能与英军达成这样的妥协，较之继续抵抗给自己的统治带来更大的危机，还是有利得多。并且，妥协后“天朝定制”还可继续维持，自己也就不失体面了。道光帝这种指导思想，在批准奕山奏请的上谕中说得十分清楚：“朕谅汝等不得已之苦衷，准令通商。该将军等惟当严谕该夷目，立即将各兵船退出外洋，缴还炮台，仍须懔遵前定条例，只准照常贸易，不准夹带违禁烟土，倘敢故违，断不宽恕。”⑤

---

① 《靖逆将军奕山等奏报英军攻击省城并权宜准其贸易情形折》，《鸦片战争档案史料》第3册，第462页。

② 《义律照会》，佐佐木正哉编：《鸦片战争の研究》（资料篇），第93页。

③ 佐佐木正哉编：《鸦片战争の研究》（资料篇），第111页。

④ 《靖逆将军奕山等奏报英军攻击省城并权宜准其贸易情形折》，《鸦片战争档案史料》第3册，第463页。

⑤ 《着靖逆将军奕山等准令英人通商不许夹带违禁烟土等事上谕》，《鸦片战争档案史料》第3册，第500页。

通过上述分析，有理由断言，道光帝因广东战役失败而改变抵抗方针，转向妥协，这才是历史的真相。他在妥协的同时并不戳穿奕山等人的谎言，完全是掩人耳目，躲避舆论抨击，并为亲贵开脱罪责。

批准奕山等对英妥协，还不是清政府再次妥协的全部内容。此外，清政府还实行两项措施：

其一，对抵抗派的代表人物加重惩罚。在清政府对英宣战之时，抵抗派的处境一度有所改善，原来听候查问的林则徐得以“协办夷务”。4月中旬，清廷赏给林则徐四品卿衔，派往浙江协助裕谦办理军务。但在奕山等关于广东战役的奏报到京之后，风云突变，林则徐、邓廷桢再次受到道光帝措辞激烈的训斥：“前任两广总督邓廷桢，履任多年，懈惰因循，不加整顿，所设排链，空费钱粮，全无实用。以致该省兵丁柔懦无能，诸多畏葸。虎门之役，竟有为夷匪买通者，思之殊堪痛恨！前任两广总督林则徐，经朕特给钦差大臣关防，办理广东事件，继复令其实授总督。全省军务，皆其统辖。既知兵丁染习甚深，便应多方训导，勤加练习；其于夷务，亦当德威并用，控驭得宜。乃办理殊未妥协，深负委任。”① 这番责难，纯属蓄意中伤，这一点无须多说。值得注意的是，这番斥责的中心内容是军事问题。很明显，道光是要把奕山的失败归罪于邓廷桢和林则徐，以便制造口实，加重对他们的惩处。事实正是这样。6月28日（五月初十日），道光帝以“废弛营务”的罪名，下令将林、邓“均从重发往伊犁，效力赎罪”。② 加重对林、邓的惩处，除了让他们为亲贵替罪外，也是基于对妥协方针的全盘考虑。如此，一可取悦英国侵略者，显示对妥协的“诚意”，二可警告林、邓的同情支持者，钳制其口，保证妥协方针得以顺利贯彻。

其二，下令沿海各省撤退防军。清政府每次做出妥协决定，都是把避免“糜饷劳师”、减轻财政负担作为重要理由；并且，敌视人民群众的反动立场，又决定了他们总是把镇压人民的反抗摆在首位。即使在进行对外战争，也还是以一只眼盯着国内人民群众。因此，妥协的协议一旦达成，马上下令撤军，几乎成了清政府的一条定律。7月28日，奕山等一件所谓“粤省夷务大定”③ 的

① 《着将邓廷桢林则徐发往伊犁效力赎罪事上谕》，《鸦片战争档案史料》第3册，第516页。

② 《着将邓廷桢林则徐发往伊犁效力赎罪事上谕》，《鸦片战争档案史料》第3册，第516页。

③ 《靖逆将军奕山等奏为粤省洋务已定拟酌裁各省官兵片》，《鸦片战争档案史料》第3册，第550页。

奏报到京，道光帝居然据此谕令沿海将军督抚裁撤各省调防官兵。[①] 这一决定马上得到广东、福建、山东、直隶、奉天等省贯彻执行，只有两江总督兼钦差大臣裕谦和浙江巡抚刘韵珂明确表示反对。他们都得到英军扬言赴浙报复的情报，认为："不独各省调防官兵未便请撤，即居民人等，亦皆同仇共忿，舍其本业而荷戈以待，实于国计民生两有关系。"[②] 而且，目前"南风尚盛，又值秋汛潮旺之际，必须严加防御，以期有备无患"[③]。然而，道光帝听不进这些意见，反倒指责他们"书气太重"[④]，还振振有词地说："果逆夷别有思逞，岂有先行传播透漏之理?"[⑤] 8 月 17 日，道光帝再次降旨，令裕谦等"不必为浮言所惑"，迅速撤军。[⑥]

清政府转向妥协，又一次打击了坚持反抗侵略的爱国军民，并使武备海防再次松弛，从而把自己推到十分被动的地位，客观上为英军再次北犯提供了有利条件。

在清政府谕令各省督抚将军裁撤调防官兵、放松海防之际，英国侵略军正加紧准备北犯。英军遭到广州三元里等乡人民的沉重打击之后，随即退至虎门

---

① 参见《着沿海各省督抚酌裁各省调防官兵事上谕》，《鸦片战争档案史料》第 3 册，第 579 页。

② 《钦差大臣裕谦奏报英船有来浙之谣拟赴镇海会督防剿折》，《鸦片战争档案史料》第 3 册，第 613 页。(以下只注页码) 关于各省撤兵情形，奉天由盛京将军耆英奏明撤去驻守熊岳、盖州、岫岩、凤凰城、牛庄、锦州、小凌河、宁远等处兵勇 (第 609 页)；直隶由总督讷尔经额奏明，从大沽口、北塘海口、涧河、黑沿子、秦王〔皇〕岛、石河口等处撤防兵勇 3490 名，占所调防兵总数 6790 名的一半以上 (第 590—591 页)；山东由巡抚托浑布奏明，所有调防海口的官军概行裁撤 (第 614 页)；在福建，驻厦门的水师提督窦振彪因广东"议抚"，认为"现当无事"，率水师出洋缉逃。颜伯焘接到撤兵谕旨后，本担心英军"意甚叵测"，而"未敢遽议裁撤"，但还是很快实施撤兵，将厦门乡勇裁撤解散，所剩屯军仅 3000 人，水勇亦不超过 1000 人。(《鸦片战争档案史料》第 4 册，第 29—32 页；《鸦片战争在闽台史料选编》第 145 页)

③ 《浙江巡抚刘韵珂奏为体察浙省情形调防官兵暂缓裁撤折》，《鸦片战争档案史料》第 3 册，第 630 页。

④ 《浙江巡抚刘韵珂奏为体察浙省情形调防官兵暂缓裁撤折》，《鸦片战争档案史料》第 3 册，第 630 页。

⑤ 《钦差大臣裕谦奏报英船有来浙之谣拟赴镇海会督防剿折》，《鸦片战争档案史料》第 3 册，第 613 页。

⑥ 《着钦差大臣裕谦仍遵前旨酌量裁撤江浙防兵事上谕》，《鸦片战争档案史料》第 4 册，第 2 页。

以外洋面。尽管如此，英军对广东官府还是进行挟制，不许在横档等处重建炮台。在此情况下，广州中外贸易再次恢复。

6 月 18 日，伯麦从印度返回澳门。这时他已接到英国政府 3 月间发出的任命，成为驻华全权公使之一，并带来了英印总督奥克兰关于扩大侵华战争的建议。义律随即与伯麦密谋策划，很快就拟定了再次北犯的行动方案：第一步占领厦门，“在民间广颁布告……号召他们（指民众）劝说他们的官吏们依允我们的要求”。如果当地守军不投降，“就把防御工事运走和摧毁，并把师船烧毁”，“索取一笔献金作为报酬”。第二步占领镇海，“迫使宁波付出极其苛重的贡纳，否则就使它毁灭”，以此显示英国“武力的威力”。第三步控制运河与扬子江的交叉点，在可能的情况卜进攻南京，因为“没有一件事会比这不单把（中国）朝廷而且把整个帝国打击得更加惊慌失措”。①

按照义律与伯麦的愿望，发动再次北犯的时间越早越好，但有两个因素使他们不能随心所欲：一是兵力不足。这是困扰义律的一个老问题。虽然伯麦为了搬兵专门去了一趟加尔各答，但由于种种原因，当他返程时援兵并未一同来华，兵力不足的问题依旧没有解决。在义律的方案里，英军即使北犯，也不能把已经占领的香港一岛弃而不守，而“一千名枪手是在一个充分广阔和安全基础上占领这个岛屿所必需的最少数目”②。这样，兵力不足给英军行动造成的困难就更为突出了。二是经过三元里之战，士气低落，疲惫不堪，染疾生病者为数甚多，有 300 人病死，其中包括一度代理海军司令的辛好士。7 月下旬，猛烈的台风袭击了广东沿海，旋风大作，暴雨如注，香港的房屋建筑大部分被摧毁得残破不堪，英军舰队被吹得七零八落，不少舰船受损。义律和刚从印度请兵返回到广东的新任全权代表伯麦，险些葬身鱼腹，或者成了清军俘虏。7 月 20 日，义律和伯麦同乘单桅船“路易莎”号由澳门前往香港，21 日上午 10 时左右，遇上一个接连一个的狂风恶浪。副航务长欧文被大浪击中落水送了性命。船航行在丫洲和蜘洲之间时，突被海浪“撞在花岗石的峭壁上的时候，听见海水的怒吼声比猖狂的暴风的惊人的声音更来得高。义律上校站在前面，抓住前索具，指导船只航行。……暴风集中威力直扫而下，几乎把船刮倒，以横梁的末端作船底了，但是船只立刻正了过来，他们沿着这可怕的海岸被风吹逐约三百码之远，时时刻刻预料死亡”。经过反复搏击之后，“‘路易莎’号在距离险峭

① 马士：《中华帝国对外关系史》第 1 卷，第 742—744 页。

② 马士：《中华帝国对外关系史》第 1 卷，第 741 页。

的海岸15码或20码的地方触礁，又一阵浪把船抛起，使船只撞在岩石上，底部破损。遇难者20人费了九牛二虎之力，到了一块岩石上。这里一点也受不到暴风的危险。（黄昏）五时半左右，因为退潮，可以去看一看破船，救出了一点衣服和食物，其中包括8瓶杜松子酒”。登岸之后，英军晚上在峭壁中发现一个罅隙，一条山泉从中流过，于是用一张从破船中救出的防水布盖住洞口，使洞中吹不到仍在猖獗着的台风。他们拧干衣服之后，坐进洞中，用一张大毯子覆盖身体，在艰苦中熬过了一夜。22日，英军在岛上遇到两个中国人，其中一个是澳门的船夫。通过这两个人的引领，他们来到岛上的一个渔村，花了3500元，才雇到一条船，载着义律、伯麦、摩尔根和一名仆役，23日动身赴澳门，其余的人留下，作为赎金的抵押品。“在小船中，他们被迫躺下，盖上席子。他们这样做是莫大的福气。因为下午2时左右，一只官船从旁经过，讯问船夫，沿岸有多少船遇难。”① 巡查的官船未曾料到，英国的两位全权大臣就藏匿在这只小船上。否则，这两个侵略头子就变成清政府巡查官的战利品了。

英军亟须喘息休整，才能重整旗鼓，出动北犯。从6月到8月，英军一直在等候援兵，同时养精蓄锐，伺机而动。这期间，英国侵略者也花了相当精力，巩固香港殖民地的统治。

早在4月30日，英国就公布了英商轮船进口条例，任命凯音为香港第一警察长。6月7日，义律又发出布告，宣称广州及中国各地商贾可以“自由进出香港港口贸易”，“英国政府对于进出货物一概不收捐税”。② 为了剥夺中国政府管理中外贸易的主权，义律还照会广东当局，不许对赴香港的中国商民渔船稍加禁止，否则就要重新封锁珠江口。为了使英国殖民势力在香港牢牢扎下根子，义律想方设法招徕英商到香港坐地经营。其手段之一，就是以免租为条件，廉价拍卖该岛荒地。仅6月14日一天就拍卖了35处，总面积达417200平方英尺。对于那些早就急于在中国沿海占据地盘的英商（尤其是鸦片贩子）来说，此举正合他们意愿。因此，他们购地极为踊跃。6月22日，原英国驻华副商务监督遵臣被任命为香港“政府”首长。至此，香港的殖民统治秩序初步形成了。

---

① 宾汉：《英军在华作战记》，《中国近代史资料丛刊·鸦片战争》第5册，第240—244页。

② 马士：《中华帝国对外关系史》第1卷，第323页。

鸦片战争史

中国历史发展中第三次社会大变革研究

第二版

Yapian Zhanzheng Shi

（下）

萧致治 主编

海峡出版发行集团
THE STRAITS PUBLISHING & DISTRIBUTING GROUP
福建人民出版社

《鸦片战争史》第二版

主　编　萧致治
撰　著　萧致治　第二章、第六章、结束语
许增纮　第三章、第十一章、第十三章、第十四章
李少军　第七章、第八章、第九章、第十章、第十二章
杨卫东　第一章、第四章、第五章

第九章 英国扩大战争 中国军民坚持斗争

一、义律去职与璞鼎查来华

鸦片战争的第二阶段，在短短半年时间内就以清政府由战到和而告结束。这一阶段清政府在军事上的失败，证明了它本身已没有能力战胜英国侵略者；而清政府再次妥协的过程，更充分暴露了它的极端虚弱和愚蠢。如果把这次妥协与前一次比较，可以看出它更具有一厢情愿的特点。清政府满以为在它做出更大让步之后，就会停战，进而恢复战前的局面；可是英国侵略者在其野心完全实现之前，压根儿不打算就此罢休，而是加紧准备扩大战争。这个特点决定了妥协的短暂性和战事最为频繁的第三阶段的迅速到来。

1841 年 8 月，侵华英军休整完毕，已经做好了再次北犯的准备。与此同时，从加尔各答开来增援的英军皇家第五十五团近 800 人也到达香港。就在英军即将乘南季候风出动的时候，英国方面发生了重要的人事变动，这就是义律的去职与璞鼎查来华。

义律从 1834 年随律劳卑来华到 1841 年，在华从事殖民侵略活动已达七年之久。他庇护鸦片走私贸易，破坏中国司法主权，蓄意进行武装挑衅，狂热煽动侵华战争，率军进犯中国沿海，强行霸占中国领土，等等，可以说为推行英国侵华政策竭尽了犬马之劳。正因为这样，他得到英国政府赏识，官运亨通，由一个秘书顺利地爬到驻华全权公使的位置。既然如此，为什么在英国侵华战争尚在进行的时候，义律却被撤了职呢？原因是英国政府对这次战争的胃口很大，很不满意义律的一些做法，认为其十分有碍于政府意图的实现。

1841 年 1 月 9 日，英外交大臣巴麦尊看到海军部咨送的懿律的三份报告，了解到英军首次北犯和中英天津谈判的情况。他马上致函义律，对其处置提出了两点指责：一、义律默认了琦善照会中所表现的“妄自尊大”。他写道：“据我看来，监督义律海军上校在他和中国人的交往中，有意按照一项错误的原则行事；而且在容忍他们的骄傲自负以及默从和仿效他们的行动方式方面有意采取过分的斯文态度。”二、义律在清政府没有接受英国条件之前就同意从天津南还，背离了所奉训令；而且，“如果中国政府的目的在于拖延，那末，很显然，在帝国最南端的广州进行交涉，比在白河口或在较广州距北京更近的任何其他地方去交涉，可以更好地达到这个目的”①。巴麦尊在函中强调：义律必须把政府训令中指为不可少的一切条件都争取到手。

应该指出，义律作为鸦片战争的一名煽动者，在以大炮轰开中国大门、奴役中华民族这一根本问题上，与英国政府的立场是毫无二致的，但在达到这些目的的具体做法上与英国政府之间存在着分歧。

首先，关于要强加给中国的不平等条约，英国政府一直坚持它在战前就已拟出的草案，认为这个草案“是根据许多很熟悉中国情况的人们各种各样的来信制定的”，既参酌了今后英国“对华通商的利益和安全”，又照顾到了“可能劝说或必要时强迫中国政府同意做出的让步”。② 但义律对草案中的某些条款持有异议。例如，草案中规定除广州之外，还要允许英国臣民在厦门、宁波、上海等处有居住自由，享有生命财产的完全保护；而义律却认为，这项规定“只不过是把一极可贵的人质（指英国商人）放在一个激怒的政府手里”，势必会酿成新纠纷，因而是不明智的。③ 草案中又规定：侵华英军的所有费用应向清政府索取补偿，在这笔赔款与烟价、商欠付清之前，英军不能撤出所占领的中国领土。而义律认为这“是一件很麻烦的事”，“比较妥当的方法应是对于这些费用的赔偿确定一个总数，并且在一个一般商定的期间或在预定妥的军事行动过程中，强制这笔款项的彻底付清，而不必在和约中加进任何牵涉到将来付款的条件”。④ 草案中还明文规定由清政府偿还商欠，并废除行商对于中外贸易的垄断。

---

① 《巴麦尊子爵致驻华全权大臣懿律海军少将及义律海军上校函》（1841 年 1 月 9 日），《英国档案有关鸦片战争资料选译》下册，第 687、688 页。

② 《巴麦尊子爵致驻华全权大臣懿律海军少将和义律海军上校函》（1841 年 2 月 3 日），《英国档案有关鸦片战争资料选译》下册，第 708 页。

③ 《查理·义律致奥克兰勋爵函》（1841 年 6 月 21 日），转自马士：《中华帝国对外关系史》第 1 卷，第 738 页。

④ 《查理·义律致奥克兰勋爵函》（1841 年 6 月 21 日），转自马士：《中华帝国对外关系史》第 1 卷，第 737 页。

而义律认为对行商清偿债务"是根本不应施加压力的"，否则对英国本身不利；而且"对于公行和整个独占制度，不应在任何和约中，作任何直接规定，而只是为帝国（指英国）的商人和船舶争取到同我们自己居留区贸易的允许，用这种方法，使它在实际上渐归消灭，这样就足够了"。[①] 由于上述分歧，义律在准备逼迫琦善签订的《条约草案》（即所谓《善定事宜》）中，削减了政府原案中的开放广州以外的四口、补偿英军军费等条款，关于偿还商欠和废除行商垄断的规定，也与原案有所不同，并未强调商欠问题要由清政府直接负责，而且声称要在商欠偿清后再废除行商垄断。后来，当英军首次闯进珠江时，义律在向广东当局发去的所谓《约议戢兵条款》中，虽提出了"偿还英国军师使费暨商人亏失诸项，准以洋银1200万元赔缴"[②]，给予英国以最惠国待遇等条款，但旋因急于恢复贸易而收回。而且在准备再次北犯时，也未打算改变上述看法。

其次，在进行侵华战争的策略上，英国政府认为英军对清政府"有效的打击应该打到接近首都的地方去"，"广州距离北京太远了，所以那儿的任何行动都没有决定性意义"。[③] 并明确规定在清政府拒绝谈判或谈判破裂时，英军要不间断地以武力进犯，一直到清政府无条件屈服为止。但义律的看法却是：英军在广州的"某种决定性示威，不但是必要的，而且也是适宜的"[④]；同时，从保证英国关税收入和英商的实际利益、促进英国对华贸易的立场出发，义律还竭力在与清政府敌对的状态下维护广东中英贸易畅通无阻的局面，这也是鸦片战争第二阶段中广东出现谈谈打打、打打谈谈局面的一个重要原因。当然，义律并不反对英国政府确定的战略方针，他认为在自己的做法取得很大成效、各方面准备工作就绪之后，就要按此方针行事了。

第三，对于英军是否要长期盘踞舟山群岛问题，英国政府与义律意见相左。舟山群岛是英国战争计划中的首要攻占目标，特别受到英国政府的重视。这不仅是"因为它将给英国贸易提供一个通往中国东海岸中部物产丰富、人口稠密的乡村和城市的机会"，"使英国商品容易进入中华帝国的腹地"[⑤]；而且也是由

---

① 《查理·义律致奥克兰勋爵函》（1841年6月21日），转自马士：《中华帝国对外关系史》第1卷，第737—738页。

② 佐佐木正哉编：《鸦片战争の研究》（资料篇），第86页。

③ 《巴麦尊致海军部》（1840年2月20日），《近代史资料》1958年第4期，第70页。

④ 《查理·义律致奥克兰勋爵函》（1841年6月21日），转自马士：《中华帝国对外关系史》第1卷，第736页。

⑤ 《巴麦尊子爵致驻华全权大臣懿律海军少将和义律海军上校函》（1841年2月3日），《英国档案有关鸦片战争资料选译》下册，第711页。

于它本身为战略要地，对于英军在华顺利展开军事行动、要挟清政府接受英国条件，都有重要意义。所以，英国政府训令明确规定，对舟山群岛不仅要攻占，而且还要长期盘踞。但义律认为，广东沿海的香港较之舟山群岛更适合作为英国强占的对象，加上盘踞舟山群岛的英军瘟疫流行、死亡相继，而广东方面又痛感兵力不足，不如撤出舟山群岛，以集中力量强占香港并在此稳住阵脚，因此在 1841 年 1 月做出了从舟山群岛撤退英军的决定。

义律上述违反英国政府训令的做法，在英国政府看来，不利于实现英国发动战争的最终目的，因而是不能容忍的。这正是导致义律去职的根本原因。

1841 年 4 月，巴麦尊收到了义律于 1 月间相继发出的关于在华战和情况的报告，十分恼火，他斥责义律说："在你的整个处理过程中，你似乎已经把我的训令当成可以完全不必顾及的废纸，而你却完全任意依照你自己的幻想，处理你的国家的利益。"① 巴麦尊认为义律"甚至在舰队的行动已经获得完全的胜利(指英军攻陷沙角、大角炮台)，他可以自由规定条款的时候，他好像还是同意了极其不够的条件"②。具体说就是：鸦片赔款勒索得太少；赔偿军费与清偿商欠均无着落；没有为在华英人争得"安全保证"；在未达到英国所有要求之前就撤出了舟山群岛；香港的割让也结合着一项有关缴纳捐税的条款，使其类似澳门而未完全成为英国属地。英国女王维多利亚也对义律深为不满，说："如果不是由于查理·义律的那种不可思议的奇怪举动，我们所要的一切或许已经到手了。"③ 英国整个统治阶级都与巴麦尊和女王的看法一致，连一度反对发动鸦片战争的辉格党人（以格雷厄姆为代表），这时也公开支持巴麦尊，主张英国政府不应批准任何以义律与琦善之间的所谓"初步协议"为基础的条约。

在这种气氛下，4 月 10 日，巴麦尊上书女王，不同意所订"初步协议"。21 日，巴麦尊致函义律，详细列举了义律的处置违反政府训令之处，明确通知他："你将不可能继续保持你在中国的职位。"④ 30 日，英国内阁会议正式决定：召回义律，改派璞鼎查接任英国驻华全权公使。

---

① 《巴麦尊子爵致皇家海军义律大佐函》（1841 年 4 月 21 日），转自马士：《中华帝国对外关系史》第 1 卷，第 728 页。

② 《巴麦尊子爵上女王书》（1841 年 4 月 10 日），转自马士：《中华帝国对外关系史》第 1 卷，第 306 页。

③ 《维多利亚女王致比利时国王书》（1841 年 4 月 13 日），转自马士：《中华帝国对外关系史》第 1 卷，第 307 页。

④ 《巴麦尊子爵致皇家海军义律大佐函》（1841 年 4 月 21 日），转自马士：《中华帝国对外关系史》第 1 卷，第 729 页。

璞鼎查（1789—1856年）是一个多年在东方国家从事殖民侵略活动的老手。他从14岁起就开始混迹于印度，不久加入东印度公司的陆军，17岁升任少尉。1810年，他装扮成马贩，在长达1600英里的印度、伊朗边境线上进行间谍活动。以后相继在孟买所驻英军、东印度公司供职，曾任驻信德王宫总督代表。璞鼎查在印度干了20多年分化、掠夺的勾当后，1840年返回英国，马上就因“功”受封爵士，并由上校晋升为少将。英国政府看中他的老奸巨猾，“很熟悉亚洲人的性情”①，因而决定任命他为义律的接替人。

璞鼎查接到任命后，马上去请教已经当上议员的大鸦片贩子查顿，共商侵华问题。查顿对璞鼎查十分赞赏，他写信给马地臣说：“我已同他谈了两三次，极为满意。他急于得到情报。……我们把中国沿海的地形图摊开放在面前，讨论了许多困难的问题，相信谈得非常得力。”② 1841年6月5日，璞鼎查启程离开伦敦。在这前后，巴麦尊几次发出训令，指示他以武力为后盾，迫使清朝政府无条件接受英国的全部要求。训令重申了英国政府的下述要求：第一，全部赔偿鸦片烟价，偿清行商债务，支付英军战费；第二，或者割让中国沿海岛屿给英国君主，或者由中国皇帝对英商提供完全保证，允许他们自由贸易，废除行商垄断制度，对与英商贸易的中国臣民不加任何额外限制；第三，允许英商赴厦门以北（包括厦门在内）中国东海岸上各主要城镇贸易，为此，两项条件任选其一，或是准许英商定居、寄居这些城镇，每个城镇常驻英国领事，或是割让东海岸某岛屿，并准该岛屿与大陆各城镇间自由通商。香港不能放弃。此外，训令还特别提到：“中国政府应把鸦片贸易置于某种正规的和合法的基础之上，这是十分重要的”③，要璞鼎查抓住一切有利机会，以“照理”所能想到的一切论据使清朝政府做到这一点。后来，巴麦尊了解到义律拟定的再次北犯计划以及英印总督奥克兰对这一计划的支持，又指示璞鼎查途经印度时与奥克兰充分交换意见。

璞鼎查行动十分迅速，7月7日抵印度孟买，逗留10天后动身来华，于8月10日（六月二十四日）抵达澳门。英国东印度海军总司令巴尔克奉命统率侵华英国海军，与璞鼎查同时来华。24日，义律与前海军司令伯麦启程离华，经由孟买回国。

璞鼎查一到广东，立即摆出扩大侵华战争的架势。他向广东当局通知了英

① 马士：《中华帝国对外关系史》第1卷，第327页。

② 转自《外国学者论鸦片战争与林则徐》下，第13—14页。

③ 《巴麦尊子爵致璞鼎查爵士函》（1841年5月31日），《英国档案有关鸦片战争资料选译》下册，第906页。

璞鼎查像

方的人事变动，扬言英军马上要再次北犯，“迨至大清准可依照大英国家所讨各款定事，然后即可无庸为战”①。广东当局派代表试图与璞鼎查交涉，璞鼎查置之不理。与此同时，璞鼎查还向在华英商发出通知，声称：把“国家利益置于商务利益之下的时代已经过去”，他的首要任务是“迅速而满意地结束战争”，他“将不能容许任何有关商业或别种利益的考虑，来阻碍他为了要促成一个荣誉而持久的和平，在认为有必要的时候，对中国政府及其臣民采取强硬的措施”。②

8月22日（七月初六日），璞鼎查留下8艘舰船和部分陆军据守香港，自己率领10艘战舰、4艘轮船、1艘测量船和22艘运输船组成舰队，载运作战英军2519名，开始再次北犯。直至此时，奕山等还是不如实奏报，而是含糊其词地说英军舰队“出洋北驶”，并将其原因荒唐地解释为义律“不先告璞鼎查以早经通商，诡使北上恳求马头”。③ 清廷见奏之后，丝毫没有察觉战局已发生重大变化，仍然维持从沿海各省撤退防军的决定。

二、英军攻陷厦门

璞鼎查率军北犯，行动计划与义律所拟的大致相同，第一个攻击目标便是厦门。

在鸦片战争初期，厦门几次受到英舰进犯。鉴于厦门“东为台、澎唇齿，西为泉、漳门户，北达会垣，通省咽喉所在，一有梗塞，则全体颓坏不支”④，自邓廷桢调任闽浙总督后，这里一直是福建官府的重点防区。邓廷桢被黜后，福建巡抚吴文镕继续采取措施加强厦门防务。截至1841年2月颜伯焘到职为止，厦门的水操台、头巾礁、大炮台、小炮台、屿仔尾等扼要之处，共安设大小炮279门，驻兵约2800名。自白石头至沙坡尾一带，筑起了高1丈、厚8尺、长

① 《璞鼎查照会》，佐佐木正哉编：《鸦片战争の研究》（资料篇），第129页。

② 马士：《中华帝国对外关系史》第1卷，第326页。

③ 《靖逆将军奕山等奏报英领事璞鼎查出洋北驶及团练义勇情形折》，《鸦片战争档案史料》第4册，第15—16页。

④ 《吴文镕奏厦门不可许为通商口岸折》，《筹办夷务始末》（道光朝）二，第808页。

500 丈的坚固石壁，石壁后每隔 5 丈设炮 1 门。靠近厦门城的安海汛、五通汛和高崎汛区域，也设炮百门，驻兵 1400 余名。厦门港口，有水师 300 人驾哨船 10 只守护。此外，厦门当局还募集了水勇、练勇 9200 多名。

颜伯焘上任（1841 年 2 月 17 日接印）之后，“慨然有澄清海宇之志”①，锐意主战。他曾上书斥责琦善、杨芳对英军的妥协，毫不留情地戳穿奕山等编造的谎言；并在清廷决定将林则徐遣戍新疆的情况下，奏言林则徐“能得人心，亦有威望”，请求让林在浙江充当裕谦的副手。② 对于福建沿海的防务，颜伯焘做了比较全面的布置：在厦门，除强化自身的防备之外，还在其海域的浯屿、青屿、大担、小担等岛屿上修筑炮台，以为屏障；台湾、澎湖与大陆隔着大海，虽险要林立，但潮涨水深之时大小船只无不可以进口，因此也要预为之备，所以向台湾拨去八千斤大炮 4 门、六千斤大炮 2 门，将前福建提督王得禄派往澎湖办理军务；其他沿海地区，澳口林立，不可能处处重兵设防，因而号召沿海绅民自行团练，保卫海疆。在抗敌的策略上，颜伯焘不赞成仅仅自守，认为这样做，“贼逸我劳，贼省我费”，使我失去了主动权。他看到清军“大炮止可施诸岸上，不能载之水中，小舟止可行诸内港，不能施之大洋”的弱点，筹划建立一支有较强攻击能力的舰队，与英军角逐于海上。据说他曾“请饷银二百万，造战舰五十余艘，募新兵数千，水勇八千，欲与出洋驰逐”③。

就颜伯焘的上述表现而论，他与督抚将军中那班畏敌如虎、得过且过之辈自然不可同日而语，算得上是抵抗派行列中人。但他同林则徐这样杰出的抵抗派相比，又远远不及。首先，颜伯焘纨绔习气甚深，虚骄自大，既缺乏与侵略者做斗争的实际经验，也不曾对敌我双方的状况进行深入的分析研究，自以为是，十分轻敌。当时安设在厦门的大炮，有的炮身极重，非数十人不能拉挽。有人提出：“炮台在墙外，非用炮车拉回，则兵丁不敢出墙装药。”④ 而把大炮装在炮车上，既便于灵活射击，又利于隐蔽自己。这本是合理的意见，但颜伯焘拒不听取，“言骄气傲，以为一炮即可灭贼，何须再装药也”⑤。其次，颜伯焘言过其实，不是一个办事认真勤勉的实干家。他在 4 月中旬就奏称：“欲守厦门，

---

① 梁廷枏：《夷氛闻记》卷三，第 83 页。

② 《闽浙总督颜伯焘奏为裕谦林则徐可当广东之任片》，《鸦片战争档案史料》第 3 册，第 555 页。

③ 魏源：《道光洋艘征抚记》卷下，《魏源集》上册，第 189 页。

④ 张集馨：《道咸宦海见闻录》，第 60 页。

⑤ 张集馨：《道咸宦海见闻录》，第 60 页。

必先守浯屿，欲守浯屿，必并守大担、小担。各该处极须建盖石堡。”① 然而直至8月下旬，这些岛屿的石堡上，还未安设大炮，其拖沓作风由此可见。第三，颜伯焘对战局的发展变化缺乏判断力。他明知广东清军一败涂地，却幻想通过“暂事羁縻”使英军按兵不动，待朝廷做好一切准备之后再“奋力攻击”。②《广州停战协定》签订后的暂时平静，使他误以为近期无事，遂于7月上旬将大部分厦门乡勇裁撤遣散，还支持水师提督窦振彪率师船、劲卒往浙海捕盗。正由于此，厦门重镇在英军空前凶猛的进犯前，防务反而比以前大为削弱：“屯军仅三千人，水勇亦不越千余人”③。

8月25日（七月初九日）黄昏，英军舰队乘东南风联樯闯进厦门青屿口。颜伯焘正在城内，闻讯大惊失色，急调金门镇总兵江继芸来厦负责军事指挥，并派人上英舰询问来意。26日清晨，所派人员带回璞鼎查、巴尔克、郭富联名的劝降书。其中威逼福建当局马上将厦门城邑炮台让给英军据守，俟中英纷争解决之后再行交还，并称：如接受条件，即在各炮台上竖起白旗。颜伯焘断然拒绝了英军的劝降。

这天上午，双方都紧张地进行战前准备。

英方：璞鼎查和巴尔克直接参与对厦门的侦察。他们发现，厦门外围的各个炮台都筑得十分坚固，“全部工事是一个特别坚强的阵地”④，对英军进攻威胁很大，于是决定先以战舰的密集炮火摧毁厦门外围防御工事，接着以轮船、舢板运送英军登陆。

中方：颜伯焘与兴泉永道刘耀椿驻扎城外虎头山，负责白石头汛至沙坡尾之间石壁的把守；江继芸上鼓浪屿，指挥该岛上的水操台、大炮台、鼓浪屿这三座炮台抵御英军。（事后颜伯焘曾奏称：他当时还传令厦门对岸之屿仔尾守军与鼓浪屿和厦门陆上守军相配合，三面兜击。但参诸英方记载，均未提到屿仔尾发生交战。）

下午1时半，英军开始攻击。舰队分为四路：“布郎底”号、“都鲁壹”号、“摩底士底”号攻打鼓浪屿上炮台；“威里士厘”号、“伯兰汉”号攻打石壁（英军称为“长列炮台”），“西索斯梯斯”号、“皇后”号攻打厦门港口各炮台；

---

① 《闽浙总督颜伯焘奏报厦门筹防情形片》，《鸦片战争档案史料》第3册，第353页。

② 《闽浙总督颜伯焘奏报探闻粤省文武苟安三元里乡民抗英被压等实在情形折》，《鸦片战争档案史料》第3册，第554—555页。

③ 林树梅：《从军纪略》，《鸦片战争在闽、台史料选编》，第145页。

④ 宾汉：《英军在华作战记》，《中国近代史资料丛刊·鸦片战争》第5册，第254页。

厦门炮台

“卑拉底士”号、“哥伦拜恩”号和“阿吉林”号闯过港口，驶向距厦门城最近之处，为英军占据登陆点。与英舰行动同时，厦门和鼓浪屿各炮台守军猛烈开炮轰击，“到处炮声隆隆，周围群山回响”①。交战不久，英军就发现守军的弱点：各炮台之间缺乏配合，大炮只能直线定点射击。于是英军采取各个击破战术，“以二三艘并力攻一炮台。一台破，再攻一台”②。尽管守军竭力回击，但无法抵挡英军的优势炮火，伤亡惨重。一个多小时以后，厦门港口和鼓浪屿上各炮台都被英军摧毁。英军随即离船登陆，分别占领。“未几而水勇先散，汀州兵遂大溃”，“延平兵亦溃”，“泉州兵又溃”。③ 在水操台指挥作战的总兵江继芸见事不可为，投海自杀。一部分将士仍然英勇抵抗：鼓浪屿上，水师后营游击张然持大刀与英军格斗，连杀10余敌，刀折中弹，又拔剑拼刺，最后“凭树僵立而死”④。把总李启明、杨肇基、纪国庆及兵丁40余名也壮烈牺牲。在厦门港口，“副将凌志以下多被伤且死，兵勇血肉狼藉，犹奋前拒敌”⑤，凌志身先士

① 柏纳德：《“复仇神”号轮船航行作战记》，《鸦片战争在闽、台史料选编》，第173页。

② 魏源：《道光洋艘征抚记》卷下，《魏源集》上册，第189页。

③ 林树梅：《从军纪略》，《鸦片战争在闽、台史料选编》，第146页。

④ 吕世宜：《爱吾庐文钞》，《鸦片战争在闽、台史料选编》，第398页。

⑤ 梁廷枏：《夷氛闻记》卷三，第83页。

卒，带伤杀敌，在激烈搏斗中陷入敌阵，剖腹殉国。

下午2时半左右，英舰“威里士厘”号、“伯兰汉”号开到距厦门西南石壁约400米处，然后一刻不停地向石壁发射了“足足两个小时的炮火”①。石壁系花岗岩条石砌成，英舰无法将其击毁。可是，在附近督战的颜伯焘，竟下令石壁后守军放弃阵地后撤，致使郭富所率两个团兵力毫无阻碍地在此登陆。

下午5时，厦门城外防线被英军突破。从各处登陆的英军占领了厦门城墙、西南石壁与厦门城之间的丘陵地带，准备攻城。夜幕降临，英军不明城内情况，停止了进攻，在城外露营。

此时颜伯焘已是六神无主，更谈不上重振士气，组织反击。当时有人进言：“此时厦城以南及鼓浪屿一带海岸，夷虽占据，其迤北而西，尚有百余村落，夷固未敢轻窥也，宜劝联守，召义勇，飞檄漳、泉协力恢复。”② 这是合乎实际的用兵方针，但颜伯焘不听，慌慌张张收拾残兵，连夜向同安退逃。

在城外露营的英军，本以为“一定会遭到中国人的许多困扰”③，但却平平安安度过了一夜。27日（七月十一日）拂晓，英军经过侦察，发现厦门已经弃守，于是放胆入城，“侵占石寨（福建水师提督驻所）及各衙署，肆行拆烧，抢掳资财，奸淫妇女，焚毁庙宇”④。官库中价值2万元的金银被英军抢夺一空，凡拿得动的东西都被英军搬上舰船。为了使厦门的武备彻底瘫痪，英军将军用造船厂、铸炮所、火药库全部破坏，并炸毁各处炮台与大炮。

英军的暴行激起厦门人民的愤怒反抗。一位陈姓农民组织数百群众，以抬枪与英军接仗，给敌人以较大杀伤。厦门中后路130余乡民众团练自卫，不时袭击英军，“凡有逆夷水陆栖止处所，昼则寻杀无时，夜则乱石向掷”⑤。

厦门之战爆发之前，颜伯焘曾在奏章中夸口：“厦门稳如磐石。贼即未至，已行覆没。”⑥ 然而事实却是：英军仅用半天时间就攻陷了这个军事重镇。导致

---

① 奥特隆尼：《对华作战记》第16章，《鸦片战争在闽、台史料选编》，第187页。

② 林树梅：《从军纪略》，《鸦片战争在闽、台史料选编》，第146页。

③ 柏纳德：《“复仇神”号轮船航行作战记》，《鸦片战争在闽、台史料选编》，第179页。

④ 《钦差户部右侍郎端华奏为遵旨查明厦门失守情形及兵勇数目折》，《鸦片战争档案史料》第4册，第481页。

⑤ 《闽浙总督颜伯焘奏报英船离岸开去多只并筹攻剿情形折》，《鸦片战争档案史料》第4册，第52页。

⑥ 《颜伯焘又奏厦门筹防情形折》，《筹办夷务始末》（道光朝）二，第981页。

这种结局的原因何在？

首先，厦门的防御体系本身存在严重缺陷。前面已经指出，厦门近海的浯屿、大担、小担都是厦门和鼓浪屿的屏障，但因颜伯焘及其下属的迁延拖沓，这些岛屿实际上没有设防，“以致第一重门户无从措手”①。就厦门与鼓浪屿的防御设施而论，只注重各炮台本身的坚固，而不考虑它们相互之间的配合，没有形成交叉火力；再加上水师主力离开厦门，留守的水师官兵弃船而逃，这就使得英舰完全掌握着攻击的主动权，顺当地实现各个击破。并且，由于颜伯焘的轻敌思想，厦门防御体系完全立足于拒敌海上的方针，缺乏与敌陆上交战的准备，以致城外的大片丘陵地带没有构筑阵地，英军登陆后未遇到有力的抗击。

其次，主帅颜伯焘的不良表现加速了厦门之战的失败。如果说在战前，由于颜伯焘不知审时度势而放松了戒备，使厦门在英军来犯时陷于被动地位，那么，他在交战中也没有采取什么得力措施来弥补自己的过失。炮火纷飞之时，他把军事指挥的责任推给别人，自己除了在危急时刻下令撤军逃跑外，没有做一件值得称道的事。英军登陆之后，尽管清军失去要塞，队伍打散，但敌人也因不明地形、夜幕降临而不敢行动。如果颜伯焘沉着镇定，组织清军袭击敌人营地，同时在厦门城内外抢筑工事，那么，至少可以给英军以一定的杀伤，使之不能轻易占据厦门城。然而，颜伯焘此时已成惊弓之鸟，逃命唯恐不速，把有利的战机断送了。厦门一场战火，把颜伯焘的“澄清海宇之志”烧个精光，成为他从抵抗派变为妥协派的转折点。自此之后，“英夷船坚炮利，纪律禁严，断非我师所能抵御”②，成了他的定见与口头禅。

厦门失陷的消息于 9 月 13 日（七月二十八日）传到北京。朝廷的太平幻梦又一次被打碎了。头一天还在催促浙江撤军的道光帝，只得自打耳光，重新传旨沿海督抚将军增兵严防，并命令颜伯焘等“趁此未及安定之时，设法克复”③。从广州战役失败和厦门失陷当中，清政府发现以前认为英军只在海上凶猛、上岸即无能为力的看法不符合实际，惊呼英军在陆战中“逆焰犹然凶恶”④。这固

① 《闽浙总督颜伯焘奏报厦门已被英军侵占情形折》，《鸦片战争档案史料》第 4 册，第 31 页。

② 张集馨：《道咸宦海见闻录》，第 60 页。

③ 《着闽浙总督颜伯焘等迅速克复厦门并水陆并防等事上谕》，《鸦片战争档案史料》第 4 册，第 63 页。

④ 《着盛京将军耆英筹防海口并严备陆路以保根本重地事上谕》，《鸦片战争档案史料》第 4 册，第 64 页。

然表明对英军的认识有所进步，但同时也更增添了其对英军的畏惧。

以连续猛烈的进犯打击清政府，促其尽快屈服投降，这是璞鼎查上任时的既定方针。因此，英军攻陷厦门后稍事休整，就于 9 月 5 日（七月二十日）出动，驶向浙江。同时，为了保证增援英军顺利北上，也为了加强对清政府的威胁，英军在兵力并不充足的情况下，留下“都鲁壹”号、“卑拉底士”号、“阿吉林”号 3 艘军舰及陆军、炮兵约 550 人盘踞鼓浪屿。

三、定海再陷　三总兵英勇殉国

璞鼎查率领英军北犯浙江，按照英国政府的命令首先要重新攻占舟山群岛，接着还要占领镇海、宁波。因为这些地区被英国政府视为英国商品打入中国富庶地区的最重要的入口，又便于英军屯兵待援、充作继续北犯的基地。显而易见，这些地区的坚守，对于挫败英军的侵略计划，具有十分重要的意义。

1841 年 2 月 25 日（正月初三日），英军以浙江当局释放英俘为交换条件，撤出了舟山群岛。当天，定海镇新任总兵葛云飞、安徽寿春镇总兵王锡朋、浙江处州镇总兵郑国鸿率清军 5000 余名开赴定海驻扎。两天之后，接替伊里布任钦差大臣的裕谦抵达镇海。此时，裕谦接到广东巡抚怡良的咨文，获悉英军霸占香港的消息，眦裂发指。他判断：英军难保不再折回定海，“为今之计，唯有一面抚恤难民以收人心，一面择要设守以固我圉”①。他迅速采取了如下措施：

一、妥善安置定海难民，资助无处栖止者搭盖房屋，发给不得温饱者一些口粮，同时严明军纪，规定不许官军占住民房、擅取民间财物、奸淫抢夺、欺寡凌弱，违者就地正法，并惩处其上司。

二、褒奖爱国抗英的群众，严惩认贼作父的败类。裕谦通过调查，判明俘获英军上尉安突德的勇士是定海居民包祖才等，便断然推翻伊里布的冒功之辞，对包祖才等从优嘉奖。同时，认真查证落实了汉奸布定邦（为英军筹办军粮）、虞国珍（为英军刺探情报）、郁秀钦（为英军统治定海出谋划策）、杨阿三（指引英军捕拿包祖才家属）等人的卖国罪行，将他们处以死刑。

---

① 《钦差大臣裕谦奏为驰抵镇海接受钦差大臣关防并赶筹善后事宜折》，《鸦片战争档案史料》第 3 册，第 171 页。

三、出示抨击妥协派甘受侵略者愚弄、误国病民的行径，以江苏军民击退英军来犯的事实说明英军没有什么可怕，消除一些人的畏敌情绪。

裕谦的措施，伸张了正义，使深受英军蹂躏之苦的定海人民得到了慰藉，故受到民众的热烈拥护。当裕谦号召民间广为团练时，到处都积极响应。在定海、镇海、乍浦三处，共有1870多人应募为水勇。许多群众自发地巡防海口，出海侦察敌情。3月20日（二月二十八日），英军运输船“佩斯汤基·伯曼基”号窜到定海，船长畏林士得带5名黑人兵驾舢板往青龙港洋面，伺机上岸。镇海县民严鹤林等人诱擒畏林士得，并砍伤敌兵3名。

在加强浙江沿海防务方面，裕谦认为：“定海之设守，为目前第一要务”①；此外，镇海外可扼定海之吭，内可保障浙东之全境，防守是否坚固也极其重要；还有乍浦，“实为西浙之咽喉，东吴之门户”②，也应作为设防重点。3月下旬，裕谦亲赴定海，停留8天，仔细观察形势，与当地文武官员商讨设防方案，决定在濒临大海的青垒山至竹山之间筑起一道1400余丈长的土城，在土城后的东岳山上建炮城1座，并在东面的青垒山、西北面的晓峰岭等高处建瞭望台，择要安设炮位。这些军事工程，在定海民众的大力支持下，6月中旬均告完工。此外，裕谦还不断向定海增兵运炮，到4月中旬，定海的防兵已达5600人，设各种炮70位。镇海的防务由裕谦和浙江巡抚刘韵珂共同筹划布置，有防兵近5000名，扼海口险要的金鸡山、招宝山添修了炮台，密排炮位；甬江（大浃江）出海口，以巨舟载石凿沉堵塞，江面上还拉起铁索。

值得一提的是，6月中旬，林则徐奉旨以四品卿衔来到镇海协办军务。尽管朝廷无意重用他，但他仍对镇海的防务倾注了全副精力，不辞辛苦地跋山涉水，登高陟险，走遍招宝山、金鸡山、东岳宫、县城外围各处炮台及海口，为加强防守出谋献策。浙江防务中有一个突出的困难就是缺乏大炮。鉴于这种情况，林则徐与宁波府教授冯登府、余姚县令汪仲洋、嘉兴县丞龚振麟等共同研究他从广东带来的载有西方铸炮技术的《炮书》，很快就铸造出八千斤铁炮，并装上吸收当时西方四轮炮车优点而又加以发展的可以移转炮身的“磨盘新式炮架”。裕谦是林则徐的老友，深知林则徐“向为兵民所悦服，逆夷所畏惮，其一切设

① 《钦差大臣裕谦奏为查探英船动静并请酌借闽省炮位折》，《鸦片战争档案史料》第3册，第217页。

② 《钦差大臣裕谦奏报查明乍浦防堵及江浙沿海情形折》，《鸦片战争档案史料》第3册，第577页。

施，亦能体用兼备”①，他由衷地欢迎林则徐到来，“意中将倚为左右手”②。但万没料到，7月13日（五月二十五日），在他刚与林则徐相会于镇海、开怀畅谈之时，一道将林则徐遣戍新疆伊犁的谕旨从天而降。林则徐又被剥夺了抗敌报国的权利，悲愤满腔；裕谦也痛失谋主，心情沉重。在朝廷再次转向妥协之后，裕谦仍坚决主张加强戒备，并于7月下旬前往乍浦巡视，布置驻扎绿营、八旗兵1000余名，募勇670余名，设铜铁大炮30位，在险要处增修炮台。

9月7日（七月二十二日），厦门失守的消息通过颜伯焘的咨文传到浙江。在此前后，“浙洋夷船，忽隐忽见，日渐增多”③。英军对浙江的进犯已经迫在眉睫。于是，裕谦坐镇镇海，“严申军令，誓之于众，如遇夷船驶近口岸，务各按照派防地段，连环轰击，痛加剿洗，不准挪移寸步”④。12日，英船“赖拉”号大副温里，带20多名英军驾舢板在镇海东南面的盛岙登岸，企图上山侦察镇海军情，当即受到守军和民众的截击，结果温里及仆从1人被俘，其余狼狈逃窜。温里解往镇海后被裕谦下令处决（仆从伤重死于途中）。

定海是浙江抵御英军的最前哨，驻守这里的葛云飞、王锡朋、郑国鸿三位总兵，都是矢志报国的将领。尤其是葛云飞，素来崇仰南宋抗金英雄岳飞，以“不爱钱”“不惜死”作为座右铭。他痛恨英国的鸦片侵略，对当权者在战争中“忽剿忽抚，总无定见”⑤十分不满。率兵进驻定海之后，他立志“不避艰危，务尽我心”⑥，坚决捍卫祖国领土。为了加强定海防务，他呕心沥血，仔细查勘地形，制订设防计划；在修筑土城的过程中，他与军民一起顶着烈日苦干。就当时清军的状况而言，几路军队同守一地，将领不和、相互掣肘是司空见惯之事，但定海三总兵都以国事为重，不分畛域，密切配合。厦门失守的消息传来后，三总兵义愤填膺，加紧备战，葛云飞昼夜驻守东岳山上的炮城（名镇远城），

---

① 《钦差大臣裕谦奏请派林则徐差使并拟驻扎嘉兴居中策应折》，《鸦片战争档案史料》第3册，第466页。

② 梁廷枏：《夷氛闻记》卷三，第94页。

③ 《钦差大臣裕谦奏报浙洋英船日增并筹防御情形折》，《鸦片战争档案史料》第4册，第55页。

④ 《钦差大臣裕谦奏报浙洋英船日增并筹防御情形折》，《鸦片战争档案史料》第4册，第55页。

⑤ 葛云飞：《致朱世禄书》，阿英编：《鸦片战争文学集》下册，古籍出版社1957年版，第1009页。

⑥ 葛云飞：《致朱世禄书》，《鸦片战争文学集》下册，第1009页。

王锡朋驻守晓峰岭，郑国鸿赴竹山门扎营，严阵以待，随时准备迎击敌军。

从厦门出发的英军舰队，出台湾海峡之后，被强劲的东北风吹散，直至9月22日（八月初九日）才全部在定海附近海面抛锚。

9月26日（八月十三日）下午，璞鼎查、巴尔克、郭富亲自乘轮船“弗莱吉森”号、“复仇神”号，趁涨潮闯到定海西南竹山门海面侦察。守军开炮击中其中一艘英船头桅，由此定海拉开战幕。这两艘轮船从吉祥门东驶，绕至大渠门窥探，被左营游击张绍廷指挥的东港浦守军开炮击退。

浙江定海舟山炮台

英军通过侦察了解到：横贯青垒山与竹山门之间的土城是“一座最坚强的炮台”，土城后的东岳山也“已经坚强设防”,[①] 因而认为不宜从南面登陆，决定把西面的晓峰岭山脚、竹山碶作为登陆点。

9月28日（八月十五日），英舰“摩底士底”号、“哥伦拜恩”号、“复仇神”号驶至晓峰岭附近海面，猛轰山脚炮台，为英军登陆清除障碍。次日拂晓，英舰除继续炮轰晓峰岭外，又派出小股英军划舢板到竹山碶登岸侦察。郑国鸿率部迎头痛击上岸之敌，将他们赶下海去。同一天，英军占领与东岳山隔海相望的五奎山，迅速构筑炮兵阵地，支起军帐。土城守军发现后开炮遥击，击毁敌

① 宾汉：《英军在华作战记》，《中国近代史资料丛刊·鸦片战争》第5册，第262页。

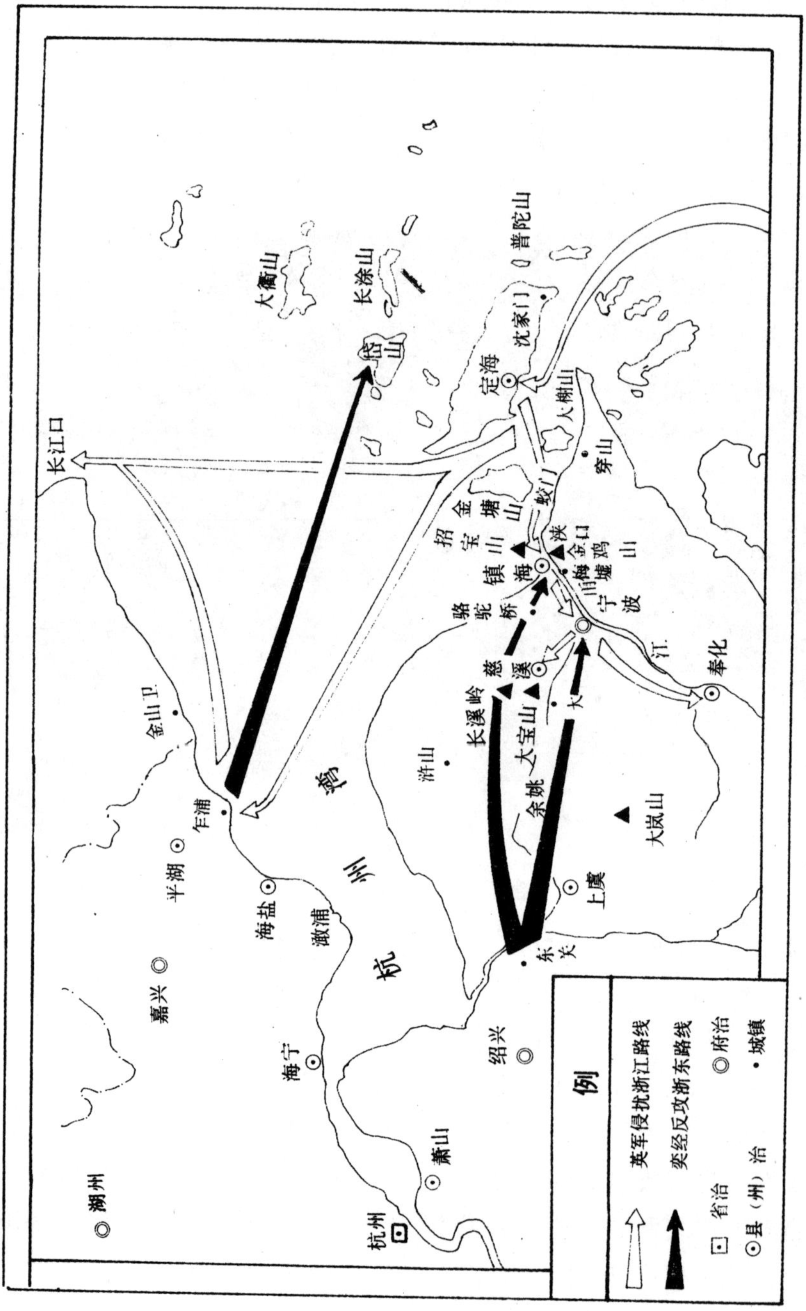

鸦片战争时期英军侵扰浙江示意图

军帐5顶。30日，一艘英舰再犯东港浦，遭炮击后转向晓峰岭、竹山门骚扰，并派小股英军登陆，又被守军击退。

连日来，定海守军一直在十分艰苦的条件下作战。时值淫雨连旬，“将士往来泥淖中，衣甲沾湿，日暮绞戾，常出水数斗”①。军粮供应不足，每人一天只能吃上三碗饭。而且，由于英舰阻隔，定海与镇海之间也极难联系。尽管如此，从三总兵到普通士卒，仍然保持着旺盛的斗志。定海民众也大力支援守军，冒着大雨给守军运送食物。

10月1日（八月十七日），大雾弥漫，英军乘机发起猛攻，定海保卫战进入最艰苦阶段。凌晨，“复仇神”号试图运兵进港，葛云飞亲手开炮，击中该船火药舱，迫其退出。上午9时以后，英军分两路行动：一路攻打土城和镇远城，牵制葛云飞所率守军；另一路赴定海西北面登陆，强占晓峰岭。攻打土城和镇远城的一路，由“摩底士底”号、“威里士厘”号、“巡洋”号、“哥伦拜恩”号、“皇后”号等组成，它们在五奎山炮兵配合下冲进东港浦，以猛烈炮火轰击土城与镇远城，守军岿然不动。赴西北面登陆的一路由第五十五团、第十八团的1500名英军组成，他们乘“弗莱吉森”号近午时上岸，向晓峰岭冲锋。晓峰岭背负大海，俯瞰定海城，进逼竹山门，是一个至关紧要的防御点。葛云飞曾建议在此修筑炮台，可惜未被接受，因而驻守晓峰岭的王锡朋部竟没有大炮抵御英军。当英军冲上来时，守军将士只能以火绳枪、抬枪迎战。激战中，他们的武器“至于红透，不能装打”，但依然殊死战斗，数次杀退扑上来的敌人。王锡朋奋勇当先，手刃数敌，忽被英军炮弹击断一腿，壮烈牺牲。因守军实力太弱，晓峰岭终被英军攻陷。随后，英军兵分两路：一路扑向定海城北门占领县城，另一路由晓峰岭直奔竹山门。守卫竹山门的总兵郑国鸿，当时已65岁高龄，但斗志旺盛。面对英军水陆两路的进攻，他沉着镇定，毫不退缩。交战中，“营中矢炮皆竭，势岌岌”。有人劝他弃守撤退，郑国鸿答道：“武臣致命疆场，分也。”坚决不退。在英军围攻下，郑国鸿“身被重创，犹挥刀力战，手刃悍贼数人而死”。② 守军失帅而溃，竹山门陷落。

英军连下晓峰岭、竹山门，气焰更凶。一支英军沿土城东进，在东岳山以南架起大炮，配合五奎山炮兵、东港浦英舰，三面会攻镇远炮台及道头一带土

① 邵懿辰：《葛壮节公墓表》，《中国近代史资料丛刊·鸦片战争》第6册，第349页。

② 李元度：《处州镇总兵郑公传》，《中国近代史资料丛刊·鸦片战争》第6册，第354页。

城。在强敌面前，葛云飞及其部属表现出了非凡的英雄气概，连英军也承认他们“作了一次很体面的抵抗”①。在炮火硝烟中，守军的旗手屹立在最显著的位置挥舞战旗，鼓舞士气，他中炮倒下，立刻有人接过旗帜再举起来。当防御工事毁于炮火、英军步步逼近时，葛云飞率兵持刀械冲出，与敌肉搏，杀至竹山门。葛云飞挥刀左劈右砍，身中 40 余弹，左眼球暴出，仍力斗不息，最后被英军刀劈其面，血淋漓，“立竹山门崖石而卒，尸植不仆，手擎刀作杀状，左目炯如生”②。

经过六天六夜的激战，海防要塞定海又一次沦于英军的铁蹄之下。

第二次定海之战，据中方奏报，“陆路杀贼，寿春、处州官兵均极勇敢，剿杀逆夷一千数百名”③。这个数字不一定十分确切。但如与在定海东岳山发现的一座英军合葬墓碑文“悼念皇家五十五团伍长及军鼓手 13 名及士兵 403 名，死于舟山。1841 年”相互印证，清军杀死英军人数居于鸦片战争中历次战役之首，当无疑义。查英军皇家五十五团就是充当先锋攻打定海西边晓峰岭的那个团。在晓峰岭激战中，王锡朋率领的寿春兵抵抗最为激烈，杀死英兵最多。英人“因恨寿春兵杀贼最多，王锡朋督战又力，将王锡朋细加脔割，尸身无着”④，以致战后义民徐保兄弟找到了葛云飞、郑国鸿的尸体，却找不到王锡朋的。将这些情况联系起来分析，不难断定，当时双方战斗的惨烈，确实是惊天地、泣鬼神的。参加这次定海作战的，除上述皇家第五十五团外，还有英军第 49、第 26、第 18 步兵团，以及马德拉斯炮兵、水兵、海员等，同样受到重创。把这几个团的伤亡加在一起，英军伤亡近千人，完全可能。这个数字比英军后来在镇江的伤亡，无疑要大得多。

定海守军在抵抗英军进犯的战斗中，充分显示了奋勇卫国的精神。他们的英雄事迹可歌可泣，值得中华民族永远怀念。另外，也应该从这次战斗的失败中汲取有益的经验教训。

有一种看法认为：定海孤悬海外，不应该把重兵良将置于这个岛上同英军对垒，因而让三总兵率部驻守定海是战略上考虑不周。但从英国政府对定海的狼子野心，以及它本身重要的战略地位可以看出，这种看法并不恰当。我们认为：在定海投入的防守力量，不是过多了，而是很不够。就以大炮来说，定海

---

① 宾汉：《英军在华作战记》，《中国近代史资料丛刊·鸦片战争》第 5 册，第 263 页。
② 邵懿辰：《葛壮节公墓表》，《中国近代史资料丛刊·鸦片战争》第 6 册，第 349 页。
③ 中国第一历史档案馆等编：《鸦片战争在舟山史料选编》，第 301 页。
④ 中国第一历史档案馆等编：《鸦片战争在舟山史料选编》，第 291 页。

守军一共只有70门，这还不及一艘大型英舰的载炮门数。守军虽有5600人之多，但因防线很长，各处均要把守，兵力不能不分散。这样一来，在每一次局部战斗中，实力对比上都是敌强我弱。这种情况的出现，不能归咎于主持浙江军务的裕谦，他已为加强定海的防务尽了最大努力，但无法在很短时间内根本扭转浙江武备长期废弛的局面，完全改变妥协派伊里布留下的烂摊子，尤其是在清政府再次转向妥协之后，浙江沿海的武备还被强令削弱，使裕谦遇到的困难更大。因此，对于定海再次失陷，首先是清政府、妥协派要承担责任。

如果承认敌强我弱是事实，那么，定海守军的作战方针就有推敲的必要。实战过程表明，定海守军是以防止敌军登陆为方针的。为此，一要以有限的兵力把守各点，各自为战；二要以数量、质量都远不及敌军的大炮去硬拼。这恰恰犯了弱军抵抗强军的大忌。分兵把守，正利于机动能力很强的英军集中兵力，抓住薄弱环节猛烈突击，而守军自身则画地为牢，敌人只需以少数船舰各处袭扰，即可达到牵制目的，并能使守军昼夜不得休息而致疲劳。至于守军以大炮硬拼，正便于英舰逞其淫威，消耗守军弹药，减轻登陆英军所受压力。如果守军当时不是拒敌登陆，而是诱敌深入，事先将绝大部分兵力埋伏于定海城附近山地，以少数兵力把守海边要口，给英军一定杀伤后主动后撤，将其引向埋伏区，那么，失去英舰支援、人数上居于劣势、机动能力与我大致相当的英军就比较容易制服了。

四、镇海、宁波失守　裕谦殉国

定海陷落，使隔海相望的镇海马上陷入危急之中。

10月2日（八月十八日），定海典史邓钧等人撤回镇海，向钦差大臣裕谦报告了定海失守的情况。裕谦悲愤满腔，预感敌人“势将回扑镇海”①，便飞檄催调江宁驻防八旗、安徽寿春镇兵，奏请朝廷速将调往福建的2000名江西兵改调浙江，还派人赴徐州、凤阳、颍州三府招募壮勇。然而缓不济急，“焦劳盼望，皆未至”②。镇海的兵力，连同从定海撤回的防兵400名在内，只有4600

① 《裕谦奏定海失守情形折》，《筹办夷务始末》（道光朝）三，第1245页。

② 梁廷枏：《夷氛闻记》卷三，第96页。

名左右。[1] 这表明，镇海的御敌实力还赶不上失守前的定海。严重的问题不止于此，当时负责镇海防务的主帅裕谦与浙江提督余步云之间还存在着尖锐的矛盾。

余步云算得上是清军“宿将”，曾多次参加镇压国内农民起义和少数民族起义，立下不少“战功”，从一个乡勇爬上提督的高位，还被清廷赏加太子太保衔。英军首次攻陷定海后，清政府令他从福建驰援（余时为福建陆路提督），不久调为浙江提督。余步云在伊里布任内就参加过与英方的谈判，受伊里布妥协主张的影响很深。浙江“休战协议”达成后，伊里布奏请撤军，余步云也是支持的。裕谦赴浙上任后，十分看不惯余步云之昏庸且猾，认为他“中无把握，时（怀）疑惧”[2]，不堪重用。而余步云对裕谦也深为不满。英军再犯定海之时，裕谦坚决主战，而余步云心怀鬼胎，暗自准备白旗。裕谦知余此举，怒不可遏，特召集文武官员至关帝庙，“誓于神前，城存俱存，以尽臣职。……断不肯以退守为辞，离却镇海县城一步，尤不肯以保全民命为辞，接受逆夷片纸”[3]。这既是裕谦抗敌意志的表白，也是对余步云的警告。余步云竟借口足疾不跪。裕、余之间的矛盾急剧白热化了。

兵力不足，副手二志，使裕谦万分焦虑。他在奏报中说，大敌当前，“彼可并帮来犯，我则必须扼要分守，彼可数日不来，我则必须时刻防备，已成彼众我寡、彼聚我散、彼逸我劳之势”，“又该逆则一船一心，且众船一心，我兵则一人一心也”。[4] 裕谦对战局的进一步恶化已经有所逆料。但他并不因此动摇斗志，而是义无反顾地表示：“唯有殚竭血诚，身先作则”[5]，“誓死报国”[6]。

英军舰队攻陷定海后，本拟不停顿地攻打镇海，只因风向不顺，拖延了时间，到10月8日（八月二十四日）才集结于镇海附近的黄牛礁海面。9日，璞鼎查、巴尔克和郭富乘舰驶向笠山、虎蹲山一带侦察军情，其他英船进泊镇海

---

① 裕谦在1841年9月1日奏称：遵旨将驻镇海之江宁旗兵300名、徐州兵600名分起撤退，镇海尚留防兵3600名。但实际撤离的只有江宁旗兵300名，故在镇海实有防兵4200名。〔参见《筹办夷务始末》（道光朝）二，第1149、1164页〕

② 《裕谦奏片》，《中国近代史资料丛刊·鸦片战争》第3册，第486页。

③ 《钦差大臣裕谦奏报筹防镇海情形片》，《鸦片战争档案史料》第4册，第112页。

④ 《钦差大臣裕谦奏报筹防镇海情形片》，《鸦片战争档案史料》第4册，第111—112页。

⑤ 《钦差大臣裕谦奏报筹防镇海情形片》，《鸦片战争档案史料》第4册，第111—112页。

⑥ 梁廷枏：《夷氛闻记》卷三，第96页。

口外。从10日黎明起，英军开始进犯镇海。其行动分左、中、右三路：左路1000多人在郭富指挥下从小浃江南岸登陆，经义成桥扑向金鸡山炮台背后；中路460多人从钳口门登陆，攻金鸡山炮台正面；右路760多人与“威里士厘”号、“伯兰汉”号两舰赴甬江北岸攻打招宝山炮台。

交战开始后，裕谦“亲援枹鼓”，登上镇海东城督战。而在招宝山下东岳宫炮台指挥战事的余步云，却擅离职守，上城来见裕谦，以保全数百万生灵为辞，请“暂事羁縻”，遭裕谦严斥而退。不久，余步云再见裕谦，竟称“家中妻子儿女三十余口，实属可怜，并云伊女即系今日出阁”，无耻地要求保全身家性命。裕谦怒火中烧，以“忠义事大”断然驳斥了余的乞求。①

金鸡山炮台是镇海最主要的防守据点，腹背受敌。狼山镇总兵谢朝恩指挥守军进行了英勇抗击。在英军猛烈的炮火中，谢朝恩中炮牺牲，一位名叫金萼的把总以“此正吾侪报国之日”② 激励大家拼死鏖战。当英军攻上山顶时，不屈的将士成百地投入甬江，而英军则疯狂向江中扫射，壮士的鲜血把江水都染红了。

攻打招宝山的英军在英舰炮火掩护下从西北海塘登陆。余步云见状，魂飞魄散，马上弃台逃跑，部下亦溃。裕谦愤怒至极，下令开炮阻止，终于无效。余步云与溃兵绕至山后逃散。虽然仍有一小支守军挥旗死战，但英军还是攻上山来，在炸毁火药库后占领了山顶的威远城。威远城上，镇海县城一览无余，英军迅即以大炮俯轰，霎时镇海城内火光四起，“兵民之由西门而出者，势如山倾”③。裕谦见事不可为，便望阙叩头，投泮池自尽，实践了与镇海共存亡的诺言。裕谦是鸦片战争中英勇殉国的唯一封疆大吏。在这场捍卫民族尊严的正义斗争中，裕谦从来没有表现出丝毫的畏惧，也从来没有动摇抗敌的斗志。他的言行证明，他是热忱勇敢的民族英雄。在裕谦殉难的同时，还有一些将士在坚持与敌人搏斗。如有一名士卒，在英军登上城墙后，仍坚守炮位，迎击蜂拥来犯之敌，沉着地点燃地雷导火线，最后在英军密集的枪弹下壮烈牺牲。

英军攻陷镇海后，休整一天，于10月12日（八月二十八日）派出“复仇神”号沿甬江西进，直逼宁波。在镇海之战中率先逃遁的余步云，一路狂奔，当天就跑到了宁波。当地官员受余影响，个个惊慌失措。就在英船驶向宁波的

---

① 夏燮：《中西纪事》卷二四《海疆殉难》，第309页。

② 光绪《镇海县志》卷二四《人物传·金萼传》。

③ 《刘韵珂又奏查明镇海失守情形并各文员下落片》，《筹办夷务始末》（道光朝）三，第1366页。

同一天，余步云特派人赴镇海求见英军头目，接洽投降。可是派出之人未归而英船先至。余步云闻讯大惊，又慌忙策马逃往上虞。宁波知府邓廷彩以下各官，也群起效尤，纷纷逃离。宁波城内顿时一片混乱，居民迁避一空。

10月13日（八月二十九日）晨，700余名英军乘8艘舰船从镇海窜往相距60里的宁波。下午抵宁波城外，“连开大炮，虚无人声”①，英军开城门鱼贯而入。他们得意地宣称：这次占领是前所未有的唾手而得的“胜利”。而英军得到的，不仅是宁波城，还有“可供两年之用的谷和十二万元左右的现金和纹银”以及“大堆大堆的钱”②。英军毫不费力地大饱贪欲，该是何等惬意！

英军连陷定海、镇海、宁波三镇之后，便暂时停止了大规模军事行动，屯兵三镇待援，与此同时，着手建立殖民统治秩序。随军行动的传教士郭士立在宁波，英军译员罗伯聃在镇海，英军军官丁尼士在定海，分别掌管“民政”。他们“发伪谕安抚居民”③，制订种种统治法规，“遵者昌，违者亡”④，并网罗一批民族败类做打手。为了镇压人民群众的反抗斗争，英军在三城密布岗哨，严密监视、盘查过往行人，并出示恫吓，声称居民“屋里敢瞻〔胆〕藏兵器，一经发出，即烧其屋而从重治其罪”，“如敢放鸟枪，该屋之主，拿获正法，其房尽烧”。⑤ 为了防止清军来袭，英军还虚张声势，不时扬言攻打杭州、北犯上海。10月16日（九月初二日），璞鼎查发出致浙抚刘韵珂及提督余步云的照会，叫嚣在清政府完全接受英国讨要条款之前，英军“仍必交战”⑥。他还以英国陆、海军司令的名义，向浙江官府讹索银钱，声称如不照办，英军就要攻打杭州及周围城邑。

在这时候，余步云躲在上虞不敢出战，而刘韵珂与杭州将军奇明保在省城里也是一筹莫展。刘韵珂在英军进犯浙江前，主战倾向很强烈。他认真筹划浙江沿海防务，对定海、镇海防御的部署安排尤为精心，很有信心地认为战守皆属可恃，因而曾经反对清政府的撤军妥协方针。但他没有亲身参加过抗击英军的斗争，对敌我双方的优劣长短缺乏正确认识，以为在定海、镇海筑起了坚固的防线，击退乃至消灭来犯英军不成问题，对在十分不利条件下进行艰难的抗

---

① 夏燮：《中西纪事》卷七《闽浙再犯》，第104页。

② 宾汉：《英军在华作战记》，《中国近代史资料丛刊·鸦片战争》第5册，第275页。

③ 光绪《鄞县志》卷一六《大事记下》。

④ 《英人入寇浙江档册》九，郭廷以《近代中国史》第2册，第385页。

⑤ 《英人入寇浙江档册》八，郭廷以《近代中国史》第2册，第384页。

⑥ 佐佐木正哉编：《鸦片战争の研究》（资料篇），第140页。

敌斗争根本没有准备。所以，他的信心带有很大的盲目性，经不起现实的打击。果然，刘韵珂在看到浙东三城10多天内相继沦陷之后，马上就变成一个失败主义者，他惊呼英军“炮火器械，无不猛烈精巧，为中国所必不能及”①。在刘韵珂看来，既然与英军正面对抗无法取胜，就只有失败一条路，他哀叹：“彼之凶焰愈胜愈骄，我之士气愈挫愈馁……欲期克期恢复，实难措手。”② 刘韵珂成了一个长吁短叹的懦夫，希望由他重整旗鼓，向英军反击，是毫无指望的。于是，浙江清军蜷缩在曹娥江一线，只图自保，而没有任何袭击英军的举动。

与此同时，刘韵珂还开始制造妥协的空气，他在10月15日（九月初一日）的奏片中，用圆滑的腔调表明了妥协的意向：“自古制驭外夷之法，唯战、守、抚三端，今战守不利，抚又不可，臣梼昧庸才，实属束手无策。”③ 到了月底，他又抓住朝廷准备释放琦善、将其派往浙江军营的机会，奏请重新起用原两江总督、赴浙钦差大臣伊里布，说什么“自该革员去浙之后，通省士民感其保卫之恩，颂声不绝”，“该革员实能以信义服人”，“逆贼感孚”，重新起用伊里布“有益于国是”。④ 可见刘韵珂已经成了妥协派的急先锋了。刘韵琦的言行，与闽浙总督颜伯焘极相类似。他们的转变，意味着抵抗派随着战局的恶化而发生分化，抵抗派受到严重的削弱。这无疑为妥协派重新兴风作浪提供了有利条件。

五、奕经赴浙“收复三城”

在英国政府扩大侵华战争的形势下，清朝政府迫不得已地改变了妥协方针，再次迎战。然而，已经松弛的沿海防务，短时间内很难恢复到临战状态，这自然使清政府手忙脚乱。它在传旨沿海将军督抚加强防备的同时，下令从江西调

① 《浙江巡抚刘韵珂奏为战守失利束手无策请派元戎速安海峤片》，《鸦片战争档案史料》第4册，第200页。

② 《浙江巡抚刘韵珂奏为战守失利束手无策请派元戎速安海峤片》，《鸦片战争档案史料》第4册，第201页。

③ 《浙江巡抚刘韵珂奏为战守失利束手无策请派元戎速安海峤片》，《鸦片战争档案史料》第4册，第201页。

④ 《浙江巡抚刘韵珂奏请将伊里布改发浙江效力赎罪折》，《鸦片战争档案史料》第4册，第276页。

兵2000名赴福建增援，从陕西调兵2000名分赴天津、山海关，从吉林调兵1000名赴山海关，从黑龙江调兵1000名赴锦州。从这些部署来看，显然是把设防的重点放在邻近京师的天津和它的“根本重地”奉天。相比之下，对于恰恰是英军重点进攻对象的浙江，没有予以特别关注。本来，无论是从闽浙两省毗邻的地理位置来看，还是从英军首次北犯时攻陷并长时间盘踞定海的经验来看，厦门失守后着重加强浙江防务应是当务之急。但清政府却无意向浙江增派援军，就是军事要地定海，直到它再次陷落，都不曾过问其设防的具体情况。10月11日、18日（八月二十七日、九月初四日），定海、镇海陷落的消息相继传到北京，清政府才发现在全局部署上的失策。浙江是全国有数的富庶省份，又是漕粮的重要来源，让英军轻易地占据，清政府难以甘心；再说，清军在人数上仍保持很大优势，虽然清政府在英军的连续猛攻下，畏惧加深，但对武力抵抗还没有彻底丧失信心，故决计在浙江发起开战以来的第二次大规模反击，把浙东三城夺回来。10月18日，清廷任命又一个皇侄奕经为扬威将军，不久又派侍郎文蔚、副都统特依顺为参赞大臣，率领从江西、湖北、安徽、河南、四川、陕西、甘肃等省调动的援军1万多人，驰赴浙江，大举进剿。

应该指出，此时清政府做出进剿决策的战略指导思想，仍然是盲目的“速胜论”。它并没有认真总结以往的经验教训，也不愿正视双方军事实力的明显差距，而是不切实际地把正面硬拼作为基本方针，急于发起全面反攻，幻想“一战奏功”①，“迅速蒇功”②。从表面上看，清政府似乎还有相当的气魄与信心，要与侵略者见个高低。然而更真切地说，这只反映清政府根本没有持久抗战的勇气与准备，而且企求迅速恢复太平局面。

如果说清政府做出进剿决策的战略指导思想存在着严重谬误，那么，它选用负责进剿的军事统帅就更加无可称道。奕经、文蔚、特依顺三人为清一色满族亲贵，除了特依顺曾随瑚松额赴台湾镇压农民起义、还算有些军事经验之外，奕经、文蔚则一贯养尊处优，从未见过炮火，根本不会带兵打仗。这些亲贵在受命之后，首先是盘算如何抓住机会到繁盛的江南痛快地享乐。奕经10月30日（九月十六日）离京，12月2日才抵苏州，在此一住一个多月，四处搜罗奇珍异

① 《着扬威将军奕经等通盘筹划移营撤兵并将蒋文庆等调赴曹江事上谕》，《鸦片战争档案史料》第4册，第581页。

② 《着扬威将军奕经等饬属谨守纪律及沿海各处团练乡勇事上谕》，《鸦片战争档案史料》第4册，第257页。

宝，终日“围炉拥酒，侑以管弦”①。他手下的侍卫、京兵如狼似虎，“索供应，征歌舞，纵樗蒱，揽威福”②。直到花天酒地搞够了，奕经才动身继续前行，于1842年1月21日到达嘉兴。

当奕经等慢腾腾向浙江进发的时候，占领浙东三城的英军为了肃清宁波周围清军并劫掠物资补充军需，又接连进犯宁波西北面的余姚、慈溪及南面的奉化。

1841年12月27日（道光二十一年十一月十五日），巴尔克、郭富率领约700名英军，分乘“复仇神”号等3艘轮船和数十只舢板、渔舟，由宁波直扑余姚。一路畅行无阻，傍晚即到达外江桥停泊。该处防兵在英军打了几炮之后马上逃进城内。郭富率陆军上岸，登凤凰山侦察城内情况，并在山上东岳宫宿营。这时余姚城内驻有江西、浙江兵1000多人及乡勇800多人，兵力本不算少。但各路将领无一敢战，在知县彭嵩年连夜召集的紧急会议上，均“称弁兵未经行阵，战守皆难”。“彭嵩年情急，跪地叩求，始定守城之计。”③ 次日清晨，英军一开始攻城，守军即不战而溃，英军由东门杀入，守军夺西门而逃。溃兵逃到城外接待寺山后，与埋伏于此堵截的英军相遇，伤亡数十人，其他弃械狂奔。英军追至斗门，焚毁了该处军帐。与英军攻城同时，“复仇神”号沿江而上，摧毁城外军需仓库，一路劫掠，满载而归。英军攻陷余姚城后，“毁城隍神像，烧岳庙、天后宫、龙泉寺、接待寺、各官兵驻扎处，登玉皇山，携宝钟一具”④，城内所有粮仓都被抢劫或破坏。达到目的之后，英军于30日由余姚回犯慈溪。

30日晚，英军船队驶抵慈溪县之赭山渡、小西坝等处。次日清晨上岸攻城，却发现城门洞开，无一守军。原来该县知县王武曾以及宁波城守营都司李宗白得知英军来犯，早已率领兵勇逃走了。英军遂焚毁衙署，破坏粮仓，掠取所需的一切之后登船返回宁波。

英军本拟接着进犯奉化，因天气不佳才略为推迟。1842年1月10日（道光二十一年十一月二十九日），巴尔克、郭富复率英军乘“复仇神”号、“弗莱吉森”号扑向奉化。当英军到达该城的时候，遇到的情形与慈溪完全相同，知县

---

① 黄钧宰：《金壶七墨》卷二《将军》。

② 魏源：《道光洋艘征抚记》卷下，《魏源集》上册，第193页。

③ 《浙江巡抚刘韵珂奏为英船退出余姚闯入慈溪旋即退回宁波等情折》，《鸦片战争档案史料》第4册，第507页。

④ 光绪《余姚县志》卷一二《兵制志》。

金秀坤及守军早已逃得不见踪影。英军随心所欲地进行了一天的破坏之后，又大摇大摆地离去了。

余姚、慈溪、奉化三城的官员及守军都弃城不守，可耻地逃遁，使敌人不伤一兵一卒而连连得手，证明了清朝官吏及军队均已极端腐朽。这些令人愤慨的事实，都是发生在清政府再次命将出征、大造与英军决战的舆论之后，足见浙江下级官员的斗志与军队的士气，并未因清政府转向强烈主战而有所振奋。这也并不奇怪。试看当时的浙江巡抚刘韵珂、提督余步云，哪一个不是被英军吓破了胆？有谁真心拥护武力反击？他们都贪生怕死远离前线，又岂能阻止下属起而效尤？英军连破三城之后，趾高气扬，为了恐吓浙江当局，又继续大造谣言，声称要向省城杭州进犯。刘韵珂惊恐万分，“五中焦灼，莫可名言”①。在这个时刻，扬威将军奕经领兵来浙，自然使刘喜不自禁。他高兴的不是清军实力增强又可与英军较量，而是万一英军内犯，已有人替他承担战败的责任。

奕经等到达嘉兴之后，总算是开始了反攻的准备工作。在确定作战方针问题上，他的幕僚、宿迁举人臧纡青建议：除调集四川、陕西、河南等省官军6000人外，募山东、河南、江淮义勇万人，并募沿海渔民、疍民、盐枭、江湖土盗2万人，让北方和南方义勇、水勇互为依靠，分伏宁、镇、定三城，“不区水陆，不合大队，不克期日”，见敌即杀，遇船即烧，“人自为战，战不择地”，使敌人“步步疑忌惊惶，所在皆风声鹤唳”，然后出动大军进剿。② 这一建议，实质上是主张先以散兵游击战扰乱敌军，接着再展开大规模歼灭战，不失为适合实际情况的比较灵活的作战方针。但奕经等所想的只是挥师进剿、一举获胜，根本不重视游击战。所以尽管从河北、河南、山东、江苏等地募来了义勇、水勇，又在浙江沿海雇募了粮船水手、海岛居民，却并不布置他们独立地开展游击战，而只打算让他们潜伏于英军占领区内，在官军开始反攻时起里应外合的作用。

对于敌情，奕经等也做过一番粗枝大叶的了解。他们派人侦察各处英军动静，还让外委陈志刚赴宁波面见英军头目，探其口气。结果，侦察人员禀报：“逆夷知大兵已到，中情畏怯，东驶西窜，来去无常”③。陈志刚也带回郭士立口

① 《筹办夷务始末》（道光朝）三，第1589页。

② 梁廷枏：《夷氛闻记》卷四，第101页。

③ 《扬威将军奕经等奏报探视英人举动并各路勇壮节次斩获情形折》，《鸦片战争档案史料》第5册，第32页。

信："如要讲和，现有广东样子。"① 根据这些浮光掠影的报告，奕经等就轻率地得出判断："其畏惧之心，已可概见"，"不难一鼓成擒，歼除丑类"②。其实，这时清军虽在人数上较英军占有优势，但就素质和武器装备而言，敌强我弱的局面仍未改变。何况英军还盘踞着城池，正养精蓄锐，处于以逸待劳的状态。奕经等看不到这些，却被不准确的情报所迷惑，又完全错误地理解了敌方意向，因而判断纯属盲目轻敌。更荒唐的是，奕经、文蔚因为有一天夜里"同梦夷党悉弃陆登舟，联帆出海，宁波三城已绝夷迹"，后来又风闻英军头目全都上船、准备弃城夜逃（其实是巴尔克、郭富 3 月初离宁波赴定海），便欣喜万分，"以为佳兆昭著，连城恢复在指顾间"。③ 像这样轻信加上迷信，使奕经等更加急于求胜，决定向英军全面反攻。

1842 年 3 月，奕经等奏报：各省奉调官军 1.1 万余名已齐集浙江，此外还募来各路义勇、水勇、乡勇 2 万余名。奕经等认为时机已经成熟，制订出反攻计划。计划的总体方针是对宁波、镇海、定海三城明攻暗袭，同时并举。具体部署是分东、南两路行动。东路由乍浦出岱山攻定海，由海州知府王用宾全面负责，候补盐大使郑鼎臣（郑国鸿之子）率崇明、川沙及定海等处义勇、水勇渡海进攻。南路分为进攻宁波、镇海两支：宁波方面由贵州安义镇总兵段永福率兵勇 1600 余名，从余姚东南之大隐山分三队进攻，由游击张富等率兵勇 800 余名接应；镇海方面由金华协副将朱贵率兵勇 1400 名，从慈溪西北之长溪岭分三队进攻，由游击黄泰率兵 500 余名接应，除东、南两路进攻外，在宁波、镇海之间，派游击谢天贵、前营总理张应云（本为泗州知州）分别率兵驻扎隔江相望的梅墟、骆驼桥，并在江中挂缆沉船，以堵截英船来往接应；在宁波以南的奉化、嵊县，派余步云率兵千余分段御守。身为总指挥的奕经率兵 1300 多名驻绍兴东关；文蔚率兵 2000 名驻长溪岭，督促南路行动；特依顺率兵 1200 名驻杭州城外万松岭，兼顾省城并与东路策应。至于反攻开始的时间，则定为 3 月 10 日（道光二十二年正月二十九日）四更。这又是神灵的"启示"所致。原来奕经等春节期间到杭州关帝庙求得一签，上有"不遇虎头人一唤，全家谁保汝平安"之句。不久四川大金川八角碉屯土司阿木穰率兵到省，皆戴虎皮帽。由这两件

① 《扬威将军奕经等为遵旨译出英人所呈文件折》，《鸦片战争档案史料》第 5 册，第 34 页。

② 《扬威将军奕经等为遵旨译出英人所呈文件折》，《鸦片战争档案史料》第 5 册，第 34 页。

③ 梁廷枏：《夷氛闻记》卷四，第 102 页。

事，奕经竟想出了所谓“五虎制敌”之策：“寅”在十二属相中为虎，道光二十二年正月二十九日四更恰为壬寅年、壬寅月、戊寅日、甲寅时，年、月、日、时均有寅字，而参加反攻的将领段永福生年也属虎，凑起来就有了制敌五虎，取胜无疑。关系重大的反攻时间就是这样确定的。

3月5日（正月十四日），清军祭旗发兵。时值宿冻初解，阴雨连绵，进军队伍在泥泞中前进，“军装器械，皆借役夫搬运，而所雇役夫二千四百人，半系乞丐，体羸力弱，日行三四十里”。奕经忽又传令军中不准轻易用炮，于是正苦于运炮之难的兵丁役夫，“闻令后抛弃满途，轻身前进”。①

对于清政府的反攻号令和浙江清军的动向，英军是知情的。他们收买了原宁波官府漕书陆心兰，让他混进负责前营军务的张应云幕下，取得信任，参与军事机密。清军的反攻计划，事先已由这个奸细报告给了英军。英军一面加紧备战，一面“水陆四出，远近搜掠，拆坏民房，捉拿乡民，追究屯兵处所”②。3月7日（正月二十六日），奕经指挥的各路军队陆续到达慈溪。同日，英轮“复仇神”号驶往岱山。次日清晨，60余名英军上岸，与潜伏于此的义勇、水勇交战，义勇、水勇约伤亡50人，后溃散。东路反攻未发先败。

3月10日（正月二十九日）黎明前，清军对宁波、镇海的反攻同时开始。

宁波方面：清军分为两队，总兵段永福率四川兵及宁波附近乡勇攻西门，都司李燕标率河北义勇攻南门。李燕标一队首先破南门冲入城门，沿紫薇街直奔府署，欲擒英军头目。而敌人早已有备，一部分开府署大门冲出，以手枪射击；另一部分从街旁屋顶，向街心清军投掷火箭、火球。清军在狭窄的街道上相互拥挤，无法还击，最终败退出城。段永福一队抵西门时天色将明，见城门洞开，误以为英军已弃城逃窜，便令清军列队而入。行至月城，踏响地雷，顷刻大乱。英军又开大炮猛击，而清军因“军中有不许轻易用炮之令，并鸟枪亦不携带”③，只以短兵器接战，自然伤亡惨重。金川土司阿木穰、土守备哈克里均在战斗中牺牲。清军与敌人相持至上午8时左右，终于败北回奔。英军由北门出城追击，打散附近乡勇，直至遇到后路接应的清军伏击才停顿下来。宁波一战，清军伤亡五六百人，而英军仅死1人、伤数人。

镇海方面：清军以都司刘天保率河南、河北义勇500名为前锋，以金华协副

---

① 贝青乔：《咄咄吟》卷上，《中国近代史资料丛刊·鸦片战争》第3册，第190页。

② 《奕经等奏剿袭宁波镇海未能即时克复折》，《筹办夷务始末》（道光朝）四，第1663页。

③ 贝青乔：《咄咄吟》卷上，《中国近代史资料丛刊·鸦片战争》第3册，第191页。

将朱贵所率陕甘兵900名为攻城主力。朱贵一队因天黑迷路，失期未到，只刘天保率部抵镇海城下。早已做好准备的英军列队冲出，枪炮齐发，而清军仅以长矛、双手带（刀名）对击，且战且退。至十里亭，遇参将凌长星所率接应人马，合兵再往镇海，“以鸟枪乱击夷人，亦间有伤亡，然终不敌其炮火之猛烈”①。刘天保在交战中负伤，晕坠马下，清军失去指挥，溃败逃奔。此战清军未及进城而败，伤亡约30人。

奕经等自以为万无一失的克复三城计划，一经交战即化为泡影，随之各方部署完全打乱。段永福退出宁波后不敢再回大隐山，率兵直奔绍兴东关；刘天保、朱贵所部先撤至骆驼桥，继又撤向慈溪；原分驻于梅墟、骆驼桥的谢天贵、张应云率部一撤而空，退往慈溪。

清军对宁、镇、定三城反攻的失败，绝不是偶然的。这是奕经等盲目轻敌的必然结果。因为盲目轻敌，不切实际地决定在三个方向同时发动反攻，并且只投入在浙3万多兵勇的1/6作为反攻部队，结果被敌人各个击溃；因为盲目轻敌，战前不严格训练部队，也不进行必要的演习，致使一些新募的义勇形同乌合之众，一触即溃，甚至发生担任主攻的部队迷失路径的怪事；因为盲目轻敌，不认真研究攻城战的特点，也不考虑敌军在武器、地形上的优势，在火器本来缺乏而且威力极有限的情况下，竟昏聩地下令不许轻易用炮，导致清军自我解除武装，莽撞冲杀，使大批将士白白丧生于敌军的弹雨之下和地雷阵中。

在清军反攻受挫后，英军为了摧垮其进攻能力，紧接着展开了凶猛的反扑。宁波至慈溪一带水面上，英舰横冲直撞，“凡系曾经住居兵勇屯驻火药之房屋庙宇，无不用炮火火箭轰击”②。巴尔克、郭富迅速从定海赶到宁波，布置反扑的军事行动。

英军风闻浙江提督余步云率六七千人马正从奉化向宁波进发（这是误传。3月10日余步云曾率部向宁波出动，中途闻败即仓皇缩回，此后再不敢有所动作。其人马仅有1000人），于是矛头首先指向奉化。3月13日（二月初二日），近千名英军分水陆两路，在郭富指挥下向奉化进逼。中途得知余步云头天晚上已向绍兴退逃，英军折回宁波。

两天之后，巴尔克、郭富又率英军1200余人分乘“复仇神”号、“弗莱吉

① 贝青乔：《咄咄吟》卷上，《中国近代史资料丛刊·鸦片战争》第3册，第193页。

② 《奕经等奏接仗不利长溪岭等营盘被焚折》，《筹办夷务始末》（道光朝）四，第1667页。

森”号、“皇后”号轮船及“汗华丽”号和“布郎底”号两船的武装小火轮，溯慈溪江而上，进犯清军屯兵重地慈溪。

慈溪城东、西、北三面环山，南面临河，地势利守不利攻。如以重兵守城，在城外山上适当位置设炮护卫，攻城之敌断难取胜，且有被歼之虞。然而，指挥南路反攻的参赞大臣文蔚，既不拨给该城守军足够的大炮，也不让重兵驻守城内，而将从镇海撤回的清军分布在城西山上：朱贵所率陕甘兵900名驻大宝山，谢天贵、刘天保所率兵勇500名驻大宝山左侧之西苑岭；慈溪城内只有张应云手下数量很少的兵勇。

上午，英军船队驶抵离慈溪城10余里之大西坝，陆军与海军陆战队由此登岸，在郭富、巴尔克率领下向慈溪扑来。“复仇神”号与“弗莱吉森”号继续上行，前者停泊文亭口以阻余姚方面清军赴援；后者由夹河驶至距慈溪3里之太平桥，以炮火支援陆上进攻的英军。

从大西坝上岸的英军径攻慈溪南门。从城郊俯瞰城门的山上没有设防，城内守军慌乱地开了几炮之后逃之夭夭。英军顺利推进，穿城而过，出北门即展开对慈溪“一邑保障之要冲”的大宝山的进攻：由巴尔克率海军陆战队以及陆军第四十九团正面突击，陆军第十八团及马德拉斯步兵第三十六团一个连从左翼包抄。金华协副将朱贵面对强敌，毫无惧色，“亲执大旗，麾所部迎击，枪炮并发”①。敌人轮番冲锋，停在太平桥的“弗莱吉森”号也连发巨炮，大宝山营帐起火，烈焰腾空。守军以岩石、树林为掩护，多次击退爬上来的敌军。在激战中，西苑岭上的谢天贵与刘天保，先是隔岸观火，继而率部逃窜，使朱贵及其部下陷入孤立无援的境地。尽管如此，将士们仍拼死鏖战，使英军久久不能攻上山头。在此状况下，英军第四十九团沿山脚绕至山后，击溃该处乡勇向上攀登，对大宝山守军形成腹背夹击之势。朱贵见此危局，沥血呼天，决心以死报国。他将战旗插在营垒上，跨上战马，带着两个儿子冲入敌阵，左砍右杀。激战中他两次负伤，战马仆地，仍力战不息，夺过敌人手中战刀搏斗，直至咽喉中弹，壮烈牺牲。其子昭南紧随父亲，奋力拼杀，“被创无完肤”，同时阵亡。其他将士为朱贵父子所激励，血战山头阵地，为国捐躯者达200多人。交战持续七八个小时之后，大宝山终于失陷。

大宝山之战，为定海、镇海失陷以来中英交战中最悲壮的一幕，守军将士付出了巨大的牺牲，也给了来犯之敌以沉重打击：7名英军军官受伤，不少士

---

① 《朱绪曾武显朱将军庙碑记》，光绪《慈溪县志》卷一四《经政志》。

兵丧命。[①] 如果谢天贵、刘天保不是见危不救、临阵脱逃，而是与朱贵同心抗敌，配合作战，肯定会使敌人付出更为惨重的代价。

大宝山激战时，隆隆炮声传到相距约 20 里的文蔚大营所在地长溪岭。身为主帅的文蔚惊恐万分。他的谋士们有的要求发兵增援，有的建议就地迎战，还有的主张马上撤退。但文蔚六神无主，迟迟做不出决断，“盘旋一室中，口唤奈何者两时许”[②]。最后总算发兵 300 人（一说 200 人）增援，但已贻误战机，大宝山在援军赶到之前就已失陷。文蔚得知败讯，越发心慌意乱，如惊弓之鸟。黄昏时，他听说所居寺庙后面起火，以为英军已经打来，竟丢下所有人马，偷偷摸摸“仅携左右数人，徒跣下山而逸”[③]，“沿途赏舆夫，赏舟子，唯恐夷兵追及之”[④]，丑态百出。文蔚的出逃，引起长溪岭清军“合营大哄，互相惊窜，黑暗中呼救之声满山谷”[⑤]。及至天明，始知乃自相惊扰，军心全散，纷纷各自逃遁。

占领大宝山的英军没有料到长溪岭清军会不战而自溃。3 月 16 日（二月初五日），由郭富率领部分队伍，翻山越岭前往进攻。到达之后发现：这里“山高，险陟，山脊顶端有坚强的壕堑，的确几乎不可能从前面下手”[⑥]，地形显然易守难攻。可是当他们小心翼翼爬上山后，却没有遇到一兵一卒，只看到清军丢弃的大堆干粮与军火。英军不敢孤军深入，在捣毁山上所有军事设施、建筑

---

① 关于大宝山之战中中英双方的伤亡，史籍记载出入很大。清军伤亡人数，刘韵珂向清廷的奏报说是五六百人，贝青乔的《咄咄吟》作 436 人，光绪《慈溪县志》作 215 人，魏源的《道光洋艘征抚记》则说“仅死百余”，夏燮的《中西纪事》作 200 余人，奕经的奏报，初未明载伤亡实数，后详细查实具奏称，死兵士 340 余人，乡勇 200 余人；柏纳德在《“复仇神”号轮船航行作战记》中作 800—1000 人，宾汉在《英军在华作战记》中估计不下于 1000 人。英方的说法显有夸大。光绪《慈溪县志》的数字系知县王武曾于战后赴战场查勘所得，比较接近实际，故取其说。至于英方伤亡，光绪《慈溪县志》说死数百人，《道光洋艘征抚记》说死 400 余人，《咄咄吟》说死五六百人，《“复仇神”号轮船航行作战记》则说只伤将弁 7 人、兵士 12 人，死亡士兵 3 人，共计约 30 人左右，《英军在华作战记》作 3 人阵亡，22 人受伤。英方记载可能有些缩小，中方记载则又不免夸大了。录以备考。

② 贝青乔：《咄咄吟》卷上，《中国近代史资料丛刊·鸦片战争》第 3 册，第 199 页。

③ 贝青乔：《咄咄吟》卷上，《中国近代史资料丛刊·鸦片战争》第 3 册，第 199 页。

④ 不著撰人：《夷艘入寇记》下，《中国近代史资料丛刊·鸦片战争》第 6 册，第 128 页。

⑤ 贝青乔：《咄咄吟》卷上，《中国近代史资料丛刊·鸦片战争》第 3 册，第 199 页。

⑥ 宾汉：《英军在华作战记》，《中国近代史资料丛刊·鸦片战争》第 5 册，第 285 页。

之后，当晚返回慈溪，次日又撤往宁波。

就在英军从长溪岭回撤之时，犹如丧家之犬的文蔚，急忙跑到奕经大营所在地绍兴东关。奕经在反攻战役开始前，曾让幕下一班文人墨客，为祝捷写诗作文，“详叙战功，有声有色”①，大有稳操胜券之意。但在前线不断传来清军战败的消息后，奕经的惊慌之态也和文蔚毫无二致。幕僚臧纡青力言：“为今之计，宜进不宜退，一退则众心瓦解矣”，主张进屯上虞，徐图再举。② 但奕经的随员、一贯骄横跋扈的阿彦达等则显出懦夫的面目，借口军心已乱，要求赶紧退兵，还无耻地说：“武官不宜言走，吾辈文官，即退逃，岂为懦怯耶?”③ 奕经在针锋相对的两种意见面前犹豫徘徊。正在此时，惊魂未定的文蔚逃回，连呼“夷兵猛烈，不走且踵至”。奕经顿失方寸，“下令军中宵济而退”，④ 仓皇逃往省城杭州。臧纡青对此“大忿，唤小艇归绍兴，侨寓民家，不复入戎幕”⑤。

从盲目轻敌到畏敌如虎，从轻举妄动到弃守逃命，这就是奕经、文蔚之流在反攻战役中的全部表现。他们的胡乱指挥，断送了清军收复浙东三城的希望。他们的卑劣逃跑，又丧失了打击乃至重创敌军的有利时机。这些委以“扬威”重任的权贵，真是典型的昏庸无能加贪生怕死的饭桶草包。

奕经逃奔杭州后，一直未见英军来犯，自度险情已除，便于 3 月 27 日（二月十六日）渡钱塘江再至绍兴，“檄饬各路兵勇，相机自效”⑥。对于大多数清军来说，奕经的号召不过是空喊大话的官样文章，因而根本不予理睬；唯有反攻中任东路前锋的郑鼎臣，决心奋起再战。郑鼎臣曾随父亲郑国鸿参加定海保卫战，目睹了郑国鸿与其他将士的英勇献身。家仇国恨，使他与英国侵略者不共戴天。尽管反攻中他所率东路人马因缺乏训练而被敌军击溃，但他毫不气馁，在岱山、大嵩港等处重新组织队伍，待机即动。当奕经从绍兴东关溃退时，曾传令郑鼎臣解散队伍，撤回所有战船、火船。郑鼎臣拒不从命，奕经的心腹容照、联芳竟要求对他“诛以军法”⑦。郑鼎臣不惧杀身之祸，抗敌之志不移。接奉奕经“相机自效”之檄后，他于 4 月 14 日指挥兵勇向定海英军发起火攻。

---

① 贝青乔：《咄咄吟》卷上，《中国近代史资料丛刊·鸦片战争》第 3 册，第 186 页。
② 贝青乔：《咄咄吟》卷上，《中国近代史资料丛刊·鸦片战争》第 3 册，第 200 页。
③ 贝青乔：《咄咄吟》卷上，《中国近代史资料丛刊·鸦片战争》第 3 册，第 200 页。
④ 贝青乔：《咄咄吟》卷上，《中国近代史资料丛刊·鸦片战争》第 3 册，第 200 页。
⑤ 贝青乔：《咄咄吟》卷上，《中国近代史资料丛刊·鸦片战争》第 3 册，第 200 页。
⑥ 魏源：《道光洋艘征抚记》卷上，《魏源集》上册，第 196 页。
⑦ 魏源：《道光洋艘征抚记》卷上，《魏源集》上册，第 196 页。

这天东南风大起，火船由大嵩港出发，乘风直驶定海。夜幕降临后，守备徐横宝所带火船驶至定海附近的十六门，分为7排，冲入道头洋面。兵勇迅速点燃火船，借风势、海潮向道头3只英军大船撞击。英军猝不及防，慌忙扑火，东岳山上英军也以大炮轰击火船，但3只大英船仍起火燃烧，船上英军纷纷跳进舢板逃窜。此时，武举蒋忠清率另一路兵勇驶到，向晕头转向的敌人开火。英军招架不住，舢板自相撞翻不少。与此同时，千总韩庆瑞、王廷鳌及壮勇首领李世茂所领船队驶至蟹峙港，烧沉大英船1只。水勇袁高荣率火船从小渠山驶向竹山门，截击由道头逃出的英军舢板，焚毁多只。

这次火攻发动前，郑鼎臣曾向定海密派兵勇，指定军功顶戴詹成功负责，令与海上火攻相配合，届时在城内起事。是日夜，詹成功等望见东南海面的熊熊火光，当即指挥兵勇火烧英军营房，并趁英军忙于救火时进行袭击，毙英兵多名，擒英兵1名。

战斗过程中，郑鼎臣一直在定海南面螺头门山上督战，并亲自指挥兵勇攻打五奎山，毙敌10余名。5月17日（四月初八日），壮勇头目王建功等在定海县螺头门击败英人，夺回船只7条。21日，郑鼎臣又向英船发动火攻，焚烧英船多只。

郑鼎臣火攻定海英军取得战果的消息很快传到绍兴奕经大营。奕经大感意外，他起初传檄各路兵勇相机自效，原只是装装门面，并不指望真有人杀敌立功。当然，奕经还没有糊涂到不会利用下属的战绩来掩盖失败乃至给自己脸上贴金的地步。因此，他与文蔚、特依顺联名上奏，在绘声绘色地描述火攻过程的同时，着力强调他们自己的筹划部署之“功”。道光帝不知底蕴，“览奏曷胜嘉悦”，谬奖奕经等“调度有方，出奇制胜”，① 赏奕经以双眼花翎，加文蔚以头品顶戴。一纸奏文，一道谕旨，便使逃跑将军一变而为“赫赫功臣”，真是滑天下之大稽。

当清军在浙江战场向英军大举反攻时，广东、福建本该同时行动，与浙江呼应配合，使英军四面受敌，首尾不能相顾。清政府在部署浙江反攻时，也曾着眼于全局，屡次向奕山和颜伯焘等提出上述要求，督促他们相机进兵。然而，从浙江开始准备反攻一直到最终失败，奕山以及颜伯焘之流都拒不遵命，完全按兵不动。

---

① 《着赏扬威将军奕经双眼花翎并赏文蔚头品顶戴等事上谕》，《鸦片战争档案史料》第5册，第234页。

在广东方面，1841年8月璞鼎查率英军主力北犯之后，奕山等所受压力大为减轻：留粤英军主要把守香港。珠江上一般没有英舰游弋。此时，奕山等暗自庆幸英军进犯目标的转移，却不抓住有利时机重整旗鼓，再与敌人交战，而是千方百计避免与敌冲突，保持“太平”局面以苟且偷安。厦门失陷后，清政府被迫再度应战，加紧调兵遣将，传谕沿海各省设法抵御。而奕山等仿佛无事一般，照常在广州进行中英贸易，并一再强调“筹办善后，必应由内及外，先使省城根本之地，不能任其滋扰”①，借以作为他们不向英军展开军事行动的遁词。清政府出于确保广州安全的考虑，起初对奕山等的行为并未持否定态度，但同时又向他们指明：“前此准令通商，本非正办”，“现在广东夷匪，为数无多，乘此挑衅生事之时，声罪致讨，激励士民，同仇敌忾，将留粤夷匪痛加剿洗，收复香港，捣其巢穴，不但粤中海氛可期永靖，且先声所至，闽、浙各处防剿事宜，均易为力”。② 后来，在部署浙江反攻时，清政府越来越急切地催促奕山等进剿，袭捣香港。奕山等并非不懂浙江反攻需要广东配合的道理，但他们对英军的畏惧已是根深蒂固，而且置于首位的是身家性命与所辖区域的局部利益，存心以邻为壑，将祸水北引，而决不肯从大局出发、向英军进剿，以免广东战端复起。这种态度，奕山等在一件上奏中说得十分露骨：“夫以素未被兵之地（指厦门和浙东三城），多方豫备，尚不能当其凶焰，而广东以残破之区，必使聚歼其众，奴才等自顾何能，克当此任？”至于香港，“不难于复而难在守，如其得而旋失，必至速其内攻。……人心一动，匪徒窃发，省垣根本重地，势将动摇。是争一荒岛，致坏大局，非计出万全之道”。③ 于是，奕山等抱定宗旨，拥兵自守。尽管道光帝十分恼火，一再责骂他们“袖手坐视，隐忍苟安，不图攻剿之谋，只为退缩之计”，并以严治其“空糜粮饷，坐失机宜”之罪相逼，④ 他们仍然是无动于衷。1842年1月底，璞鼎查从浙江折回广东，察看动静，并采取措施加强英国对香港的殖民统治，⑤ 一直停留到6月上旬。在此期间，璞鼎

---

① 《靖逆将军奕山等奏报筹办善后并英军阻挠寻衅等情折》，《鸦片战争档案史料》第4册，第83页。

② 《着靖逆将军奕山等对英不可议及通商应乘机痛剿收复香港事上谕》，《鸦片战争档案史料》第4册，第142页。

③ 《奕山等奏陈不能乘虚收复香港并清还商欠片》，《筹办夷务始末》（道光朝）三，第1379页。

④ 《着靖逆将军奕山等即刻相机进攻不得空糜粮饷坐失机宜事上谕》，《鸦片战争档案史料》第4册，第396页。

⑤ 2月16日（道光二十二年正月初七日），璞鼎查宣布香港与定海为自由港，不收任何关税。2月27日，将英国监督处全体人员由澳门迁往香港。

查看到：广东民众对侵略者和投降派官员的愤恨有增无已，“有若干大队练勇为了保卫广州而组织起来”①；但奕山等的立场毫无改变，根据是“贸易进行和以前一样”②。广州附近虽然搞了一些新的防务设施，可是在黄埔以下却是不得英军准许就不敢有所举动。璞鼎查判断奕山等决无勇气向留粤英军发起攻击，因此“并没有让他的注意力从北方移转过来，他闭着眼睛不理在这里发生的一切事情”③，6 月上旬便放心大胆地再次北上，去指挥英军对长江的进犯了。

在福建方面，闽浙总督颜伯焘自厦门失守、退往同安之后，意志消沉，不思挽回，终日强调“所领旧兵……甫经挫衄，万不可用。新兵新勇甫应招募，其技艺心思未能深悉，倘少有闪失，此后更难振作士气”④，株守不进。道光帝从颜伯焘在厦门失陷中的表现，已看出他“除大言不惭而外，别无他技”⑤，但因一时来不及撤换，便传谕颜伯焘等“督率将弁乡勇等迅速设法攻击，痛加剿灭，使逆夷首尾不能相顾。……倘仍迟延退缩，借词支吾，必将该督加等治罪，决不宽贷”。⑥ 然而颜伯焘此时的心态与奕山等完全相同，他避祸犹恐不及，哪里还敢督兵进剿！他在获悉定海再次失陷的消息后，即向朝廷表示：“此时厦港留泊之船……无难一鼓成擒。但瞬已北风司令，夷不耐寒，大帮驶回，即在目前。或全数入港报复，或分鯮各处攻打，掣动全局，相寻无已，在在可虑”⑦。对此，道光帝倒是驳得一针见血：“巧言宛转，无非饰其不敢举动之故，丧良怯懦之至！”⑧

鉴于颜伯焘既失厦门，又对攻剿英军虚词搪塞、全无实际，清政府于 1842

① 马士：《中华帝国对外关系史》第 1 卷，第 329 页。

② 马士：《中华帝国对外关系史》第 1 卷，第 329 页。

③ 马士：《中华帝国对外关系史》第 1 卷，第 329 页。

④ 《闽浙总督颜伯焘奏为现泊英船暂为听之将再图剿片》，《鸦片战争档案史料》第 4 册，第 54 页。

⑤ 《闽浙总督颜伯焘奏报筹备厦港攻防情形折》，《鸦片战争档案史料》第 4 册，第 154 页。

⑥ 《着闽浙总督颜伯焘迅速攻击痛加剿灭不许迟延退缩事上谕》，《鸦片战争档案史料》第 4 册，第 229—230 页。

⑦ 《闽浙总督颜伯焘奏报筹备厦港攻防情形折》，《鸦片战争档案史料》第 4 册，第 154—155 页。

⑧ 《闽浙总督颜伯焘奏报筹备厦港攻防情形折》，《鸦片战争档案史料》第 4 册，第 154—155 页。

年 1 月 19 日（道光二十一年十二月初九日）将其革职，先是任命杨国桢继任闽浙总督。后以病免职，而代之以原广东巡抚怡良。怡良是满族官员，以往是倾向于抵抗的，曾协助林则徐进行抗英斗争，并上奏揭发、弹劾琦善的妥协行径。但是，在 1841 年 5 月英军围困广州之役中，他慑于敌人的来势汹汹，完全丧失了原来的正义立场，成了妥协派的一分子。签订《广州停战协定》时，他也是会衔盖印的官员之一。怡良继任闽浙总督之后，对攻剿的态度与颜伯焘没有什么两样。他强调英军船坚炮利，“我无可敌之船，相当之炮”，与之海战不利，陆战则敌又不肯上钩，故以“一俟船炮齐全，配足军火，然后相机进剿”① 为幌子，一直观望不前；还叮嘱下属，“勿令挑衅”英军，以免英军由浙来攻，“为浙受祸”。② 这就使得盘踞鼓浪屿的英军在浙江反攻前后始终太平无事，浙东三城的英军毫无后顾之忧。

广东、福建两省大吏在浙江反攻前后，不听朝廷号令，漠视大局，自保偷安，一方面证明他们自身寡廉鲜耻，另一方面也暴露出清朝国家机器锈蚀腐朽的严重程度。清朝本是厉行君主专制、高度集权的封建王朝，皇帝的谕旨具有绝对权威。这种政治体制的特点，在当时对于统一全国步调、调动各方面力量投入反侵略战争，按理是有一定的积极作用的。但是，上述事实证明这种积极作用完全没有发挥。首先，道光帝就不是一位贤明果决的君主，他对广东、福建大吏不听调遣的行为虽一再责骂，却不能采取有力措施制止，扭转局面；其次，广东、福建大吏虽表面上对朝廷诚惶诚恐，实际上却各行其是，抗旨亦在所不惜。这样，上下不能一致，全国一盘棋怎么也走不活。追根寻源，还是封建专制主义本身的恶果。在封建专制主义之下，除了雄才大略的君主外，一般皇帝都是任人唯亲，只要是心腹宠信，即使舛错百出，昏聩不堪，仍被优容宽纵。奕山先在广州战败投降，继之蜷缩广州拒不出战，而靖逆将军的高位竟全不受影响，原因盖出于此。这就无怪乎局面不能扭转了。在当时，封疆大吏最大的罪过，莫过于辖地发生动乱或被敌攻陷。一旦发生或者可能发生上述情况，多数大吏为了保全自己，就定要竭力隐瞒或者回避。由此不难理解广东、福建大吏为什么那样害怕主动出击引起敌人大举来犯。他们不听号令、偷安自保，到头来大不了落个庸懦无能的罪名，革职罢官；较之相反的做法所可能导致的

① 《钦差大臣怡良等奏为闽省商办防务现筹械饷以备进剿折》，《鸦片战争档案史料》第 4 册，第 527 页。

② 张集馨：《道咸宦海见闻录》，第 60 页。

杀身之祸，在他们看来还是略胜一筹。这就决定了他们的选择只能是前者而非后者。可悲的是，道光帝虽满腔愤懑，却不可能悟理启顽，有所补救，而只会哀叹：“朕只恨世道人心，何至如是之不诚不实，朕以重任付诸臣，诸臣无非还朕一‘欺’字。”①

六、清廷抵抗方针根本动摇

截至1842年3月15日慈溪大宝山之败为止，清政府调兵3万多、耗银164.5万两、费时5个月而发起的浙江反攻战役，总体上宣告失败，浙东三城无一收复。对于这一事实，奕经等纵有生花妙笔，也难掩人耳目，最终不得不吞吞吐吐地奏报朝廷，在巧言推卸罪责的同时，装模作样地自请议处。

最高统治者道光帝，本来对浙江反攻抱极大希望，“引领东南，日盼捷音之至”②。但他所盼到的，多是英军如何凶恶、清军如何溃败的消息。“速胜”的梦想破灭了，道光帝仿佛一下子掉进冰窖，热切的期待化为满腹的沮丧。他在奕经等的奏折上写下“愤恨何堪！笔难宣述”③ 之语，道出了他当时的心态。道光帝恨什么呢？他恨英军太强悍，水上船坚炮利，陆上凶焰犹炽，致使自己好不容易下决心再次发动的大举反击一败涂地，大损“天朝上国”的体面；他恨奕经之流太无能，给那么大的权，派那么多的兵，花那么多的钱，到头来不仅没有收复一地，反被英军打得焦头烂额，葬送了“速胜”的计划。联想到此前厦门、定海虽筑坚固防线却仍陷于英军之手的情况，道光帝的头脑又被失败主义笼罩了，他认定英军是无法战胜的。这一点，可由他自己的话来证实。3月31日（二月二十日），奕经等一件上奏到京，他们为了表明自己失败后还是在“筹思善策……务期尽扫夷氛”，在奏中假惺惺请求再调陕甘、广西、贵州、四川清

① 《奕山等奏查明水师提督关天培阵亡时炮兵走散情形折》，《筹办夷务始末》（道光朝）四，第1881页。

② 《着扬威将军奕经等照所奏克期进剿以扬国威等事上谕》，《鸦片战争档案史料》第5册，第70页。

③ 《扬威将军奕经等奏报官兵接仗不利长溪岭与营盘被焚等情折》，《鸦片战争档案史料》第5册，第86页。

军，“以备攻剿之用”。[①] 道光帝览奏，只加上一道灰心丧气的朱批：“事已如此，添调何难！前番布置，似乎确有把握，一经动作，受亏退步，又欲俟数千里之外续调之兵到齐，再图进剿，无论旷日持久，必能保其成功乎？”[②]

就整个统治集团的情形而论，还在浙江反攻战役之前，抵抗派势力严重削弱、妥协派势力重新抬头的局面就已经很明显了。具体表现就是抵抗派代表人物林则徐、邓廷桢复遭重谴，被迫离开抗英斗争的前线，踏上赴新疆伊犁的戍途；坚决反对妥协、誓同侵略者血战到底的两江总督裕谦在镇海之战中英勇殉国；曾经站在抵抗派行列的颜伯焘、刘韵珂、怡良等沿海督抚又相继投向了妥协派营垒。当时已有人深深感到：“自少穆林公以罪去，而制敌之才疏；自鲁珊裕公卒于军，而用兵之志少。”[③] 在这种情况下，抵抗派无论是对战局还是对清政府决策，实际上都不能产生重要影响。只是由于道光帝一度转向主战，才有了浙江反攻之役。而妥协派势力在当时不仅营垒扩大，并且其头面人物的处境也明显好转：且不说已有人公开吹捧伊里布，要请他再次出山，就是已被抄没家产、定在1841年秋后处决的琦善，是年10月中旬也被“加恩释放”[④]。清廷还准备将他发往浙江军营“效力赎罪”，只因奕经担心琦善名声太坏招致非议而上奏谏止，此事才中途作罢。浙江反攻战役的失败，道光帝对战争前途的悲观绝望，在妥协派看来，正是他们彻底翻身、从根本上推翻抵抗侵略的方针、争取实现对外妥协的大好时机，于是他们迫不及待地开始活动了。

这时为妥协派打头阵的，还是浙江巡抚刘韵珂。此前，刘韵珂对清政府不甘浙东三城之失、调集大军赴浙反击的决策不完全拥护，对清军展开收复浙江失地的军事行动毫无热情，漠不关心，以军机宜密、不便过问为借口，置身事外。清军的接连败北，在他看来是理所当然的，[⑤] 正可以作为促使朝廷放弃抵抗

---

① 《扬威将军奕经等奏报英人呈递书函拟暂示羁縻并请调劲兵图剿折》，《鸦片战争档案史料》第5册，第98—100页。

② 《扬威将军奕经等奏报英人呈递书函拟暂示羁縻并请调劲兵图剿折》，《鸦片战争档案史料》第5册，第100页。

③ 周玉瓒：《壬寅防御记》卷八，《中国近代史资料丛刊·鸦片战争》第4册，第677页。

④ 《着将琦善发浙江军营效力赎罪事上谕》，《鸦片战争档案史料》第4册，第219页。

⑤ 郑鼎臣率兵勇火攻英船取得胜利，有人“哗然，以为虚报不实。巡抚刘韵珂据以劾奏。既而郑鼎臣送所获贼首、贼衣及毁破船板，共载四大船呈验，刘韵珂始语塞”（魏源：《道光洋艘征抚记》卷下，《魏源集》上册，第197页）。

方针转向妥协的有力根据。大宝山之战后仅隔6天，即3月21日（二月初十日），刘韵珂就发出了为妥协方针全面张目的上奏。①

刘韵珂此奏，即所谓“十可虑”奏折。折中，刘韵珂列举了令他焦虑的十个方面。前五个方面，无非是竭力强调英军如何强大凶猛、诡计多端、无可抵御，而清军又是如何不堪一战、锐气全消、万难防闲，从军事角度阐明继续实行抵抗方针不仅毫无意义，而且简直是不可能的。后五个方面，则着力强调继续实行抵抗方针将招致严重的内政危机。刘韵珂恶意歪曲人民群众坚决抵抗外来侵略的立场，说由于英军以小恩小惠要结人心，“民间已鲜同仇敌忾之心”，“无业游民，希图抢掠”，竟有“以该逆之内犯为可喜者”，在这种状况下实行抵抗方针，结果只会对朝廷不利。刘韵珂还从经济角度论述继续实行抵抗方针会使朝廷视为命根的漕粮难征难运，农业生产遭到破坏而导致社会矛盾激化，他说：“有漕各属，收纳漕粮业已数月，多未完竣，且有收不及半之处，实为从来所未有。此皆由逆氛不靖，花户人等半已流离，半怀观望，遂致输纳不前，追呼罔应。今大兵又复失利，催征更属为难……而地丁南米之不能催纳，更可类推。且乍浦有警，则江省苏、松二府亦难免震惊，不特收粮多有掣肘，并恐船行不无阻滞”。“去冬杭州、湖州、绍兴等府所属各县，匪徒聚众抢掠，势甚鸱张。……当此人心震扰之时，难保不潜相煽惑，散而复聚。况上年雪灾之后，春花多未布种，现在米麦蔬菜，价日增昂，小民度日维艰。即使前此各奸民未能复集，安保此外不另有不逞之徒乘机而起?”此外，刘韵珂还特意提及朝廷在战争中的财政困难，敲打它的痛处：“自该逆犯顺以来，沿海七省，警备已将两载，而逆势转益骄横，不惟浙省之防剿皆难，即他省亦在在吃重……糜饷劳师，伊于胡底?”

刘韵珂的“十可虑”奏折，是对鸦片战争爆发以来妥协派理论的概括和发展。所谓概括，是指它将琦善、伊里布之流早已散布的英军强大不可战胜、坚持抗战财力不支等论调汇集起来，拼凑了更多的“根据”，把这些论调搞得更充分；所谓发展，是指刘韵珂不像此前其他妥协派那样，只把注意力集中在战争问题上（奕山等虽提出“防民甚于防寇”的主张，但主要是立足于“粤民皆汉奸”这一谬见，从防止粤民泄漏军机、贻误剿办的角度立论的），而突出地指明了战争对中国社会内部政治、经济的重大影响，初步揭示出为维护民族利益而

① 《浙江巡抚刘韵珂奏报官兵在慈溪失利事势深可危虑折》，《鸦片战争档案史料》第5册，第88—92页。

坚持抗战与为维持清朝自身统治的稳定这两者之间的巨大矛盾。“十可虑”奏折的出现，绝不是偶然的，这是清朝统治集团在战争中危机加深的集中反映。刘韵珂作为抱定妥协主张的统治集团的一员，深感继续抵抗下去对清朝统治不利，因而在“十可虑”奏折的最后，催促道光帝“独操乾断”，迅速改弦易辙，并称：“若不早为筹画，则国家之事，岂容屡误！”①

刘韵珂在发出“十可虑”奏折的同时，还附上一个再次请求起用伊里布的奏片。片中，他对伊里布做了更为肉麻的吹嘘，说“其公忠体国，并无急功近名之心，臣生平之所见者，止此一人”。在刘的笔下，伊里布简直就是排解浙江危局的“救星”：“若令其来浙，或该逆闻知，不复内犯，亦未可定。”②

刘韵珂的这次上奏，使清政府尤其是道光帝受到很大震动，强烈意识到自己已处于内外交困之中。对于“外患”，道光帝这时的看法与刘韵珂完全一致，认为毫无用武力平定的希望。对于“内忧”，道光帝从全国范围着眼，对危机四伏的局面了解更全面，恐惧程度也更深。原来，在战争爆发将近两年的时间里，由于清政府和战不定，指挥错乱，使得数量并不算多的英军肆意横行，东南沿海惨遭蹂躏，国内各阶层人民除激起对侵略军的刻骨仇恨之外，也对清政府极为不满，当时流传着这样一副对联：“红鬼白鬼黑鬼，俱由内鬼；将军制军抚军，总是逃军。”③ 在多数交战区，人民群众既遭凶暴野蛮的英军的烧杀抢掠，又受漫无纪律的清军的百般残害，“见者魄丧，闻者心酸，沧海沉冤，黄天变色”④。即使在非交战区，人民群众的困苦艰辛也是有增无已。因为清政府竭力将战争中的开销推给黎民百姓，而贪官污吏又乘机巧取豪夺，以致“军装、钱漕、力役三政并行，追呼日迫，卖儿鬻女，枵腹当差，道殣相望”⑤。这种惨状遍及浙江、直隶、山东、湖北、湖南、安徽等省。由于上述原因，在民族矛盾急剧上升之际一度有所缓和的国内阶级矛盾又开始激化起来，抗官、抗捐、抗粮的民变和骚动到处发生。1842 年 1 月 22 日（道光二十一年十二月十二日），湖北崇阳爆发了钟人杰领导的声势浩大的农民起义。起义军转战数县，进军湖

① 《浙江巡抚刘韵珂奏报官兵在慈溪失利事势深可危虑折》，《鸦片战争档案史料》第 5 册，第 92 页。

② 《浙江巡抚刘韵珂奏请将伊里布改发浙江军营片》，《鸦片战争档案史料》第 5 册，第 94 页。

③ 宋默：《鸦片战争新史料》，《中国近代史资料丛刊·鸦片战争》第 3 册，第 457 页。

④ 《广东士庶冤单》，《三元里人民抗英斗争史料》（修订本），第 59—60 页。

⑤ 邓文滨：《睡醒录》卷二。

南，清政府调兵5000名，用银20万两，到3月初才将起义镇压下去。

国内形势的动荡不安，在封建统治者看来，比外患不平更为可怕，因为前者直接危及统治的根基。封建统治者决不肯为平外患而削弱对付人民反抗的力量。于是，以刘韵珂上“十可虑”奏折为契机，清政府的抵抗方针从根本上动摇了。道光帝在见奏的当天即3月28日（二月十七日），就做出两项重要决定：其一，将伊里布改发浙江军营效力；其二，将原拟派往广东任广州将军的宗室耆英改任杭州将军。接着在4月4日，赏给伊里布七品衔，交耆英差遣。7日，又颁给耆英钦差大臣关防。与此同时，对广东、福建、浙江各省，清政府也一改督催进剿的调子，令奕山等不必为添造兵船而“旷时糜费”，并“将兵勇逐渐裁撤”；① 令怡良等“唯当竭力堵守”，不必在沿海轰击；② 令奕经等“不可冒昧轻进”，“所获白黑逆夷回民及从逆汉奸，仍遵前旨，不准释放，亦不准杀害”。③

对于上述决定，妥协派表现出极大的喜悦，他们欢呼：“好了，天意回春，另有办法了！”④ 被重新起用的伊里布，从来就没有改变其对外妥协的主张。他在1841年5月中旬罢官交印时，就上奏为自己在浙江一味讨好侵略者、拒不遵旨向英军进攻的行为辩解，并特意举出1838年他在镇压贵州仁怀县谢法真所领导的农民起义时“直至阵前督战”，“贼匪炮子在前后左右纷如雨堕”，而他却“督战益急”的表现，一则证实他对朝廷的忠诚，二则阐明不能将镇压农民起义时的拼死精神拿来对付英国侵略军，因为两者“迥不相同，倘踵贵州之故步而行之，不唯无补事机，且恐必致决裂”。⑤ 在发往张家口军台效力赎罪期间，伊里布与同在一地的琦善，仍然互通声气，坚持妥协立场。⑥ 接到重新起用的谕旨后，伊里布兴奋异常。尽管只委了一个七品衔，但他凭着老于官场的经验和对

---

① 《着靖逆将军奕山等固守省城并裁撤兵勇及勿轻信法国来人等事上谕》，《鸦片战争档案史料》第5册，第172页。

② 《着闽浙总督怡良等严防闽省不可令英人陆战得手并应撙节经费等事上谕》，《鸦片战争档案史料》第5册，第191页。

③ 《着扬威将军奕经等毋庸再调黔川官兵并不准杀害英俘汉奸亦不准释放等事上谕》，《鸦片战争档案史料》第5册，第175页。

④ 张喜：《抚夷日记》，《中国近代史资料丛刊·鸦片战争》第5册，第354页。

⑤ 道光二十一年闰三月二十七日伊里布奏，原件藏中国第一历史档案馆。

⑥ 据张喜《抚夷日记》载，道光二十二年正月二十二日，张喜到张家口军台叩见伊里布，谈及天津不可守，伊里布又告知琦善。琦善“即差人问喜”，喜略言大概。琦善“深以为是”。（《中国近代史资料丛刊·鸦片战争》第5册，第353页）据此可知，伊里布与琦善在张家口军台是互通声气的。

形势的窥测，从中判断出朝廷对外方针已发生重大变化，用他的话讲，就是："仍归安抚前辙办理，果不负我一片苦心。"① "真是难遇之机，何可失之？" 他踌躇满志，决心要把妥协搞成功，"好剖白前冤"。②

此时被任命为负责对英媾和的钦差大臣耆英，是清朝宗室，"有满洲才子之目"③，靠着贵族的身份地位，一帆风顺地越过一个个阶梯，于 1838 年 51 岁时升任盛京将军。尔虞我诈的宦海官场，造就了他圆滑的性格。耆英就任盛京将军时，正值清政府下令全国重治吸食，严厉禁烟。而耆英所辖的清朝"根本重地"奉天（今辽宁），就像他本人承认的那样："恶习传染日久，以致商贾愚民，渐次吸食，甚至宗室觉罗、官员兵丁内，亦不无有吸食者。"④ 但是，在厉禁鸦片这个关系重大的问题上，耆英完全持消极态度。他曾奏称："第此等暗昧之事（指吸食鸦片），若骤加搜拿，复恐转滋弊端。"⑤ 他玩弄虚应故技，先让下属层层造册，将属员、兵丁内有无吸食情形按月呈报，结果自然是层层隐瞒。当时道光帝曾指责他"将就了事"⑥，并一再申饬、督促。耆英迫于无奈，不得已于 1839 年 4 月（道光十九年三月）搞了一次表面上颇有声势的搜查鸦片活动，结果只起获鸦片 509 两、烟枪烟具 186 件，捉拿收藏、吸食鸦片人犯 38 名。完全可以这样说：耆英所管辖的奉天，禁烟只不过是走过场，耆英实际上是站在禁烟运动的对立面的。

鸦片战争爆发以后，奉天作为北部沿海省份，也处于英军的威胁之下。若看耆英的奏报，他似乎也采取了一些防御措施，然而事实是：在清政府与英军妥协、下令撤防之时，他总是积极地响应和执行。1840 年 8 月、9 月天津谈判期间，英舰驶往奉天复州一带海面侦察，并有英军上岸汲取淡水、劫夺耕牛，却未见到任何防御设施。从耆英上述表现，应该很容易看出他在战争期间属于统治集团中的哪一个派别。对于清政府对外方针再次由抵抗转向妥协，耆英衷心拥护，所谓"天意回春"，就是由他喊出来的。从这时起一直到 1848 年，耆英成了清朝外交舞台上的主要角色。他与伊里布这些人有所不同：他不仅具体从事

---

① 《伊里布致张喜手谕》，《中国近代史资料丛刊·鸦片战争》第 5 册，第 356 页。
② 《伊里布致张喜手谕》，《中国近代史资料丛刊·鸦片战争》第 5 册，第 356 页。
③ 王之春：《椒生随笔》卷七。
④ 道光十九年正月初十日耆英关于奉天禁烟奏折，原件藏中国第一历史档案馆。
⑤ 道光十九年正月初十日耆英关于奉天禁烟奏折，原件藏中国第一历史档案馆。
⑥ 道光十九年正月十九日上谕，原件藏中国第一历史档案馆。

对外妥协投降的活动，而且还很善于总结概括妥协投降的理论原则。耆英的这种“特长”，在他开始妥协投降活动之初就已经显现出来了。他一到浙江，就上奏提出所谓“制夷之法，必须先知其性而后能制之”① 的主张。耆英所谓知“夷性”，实质上是要求朝廷考虑侵略者究竟是不是与自己势不两立的大敌，从而在继续抵抗与妥协投降之间做出抉择，“早行蒇事”②。他的答案是：“此时战则士气不振，守则兵数不敷，舍羁縻之外别无他策。”③

广东、福建、浙江的将军督抚们，接到朝廷关于撤兵、不向英军进攻以及不杀英俘的谕令，正中下怀，忙不迭地贯彻执行。奕山立即将贵州、四川、江西、湖北 4 省援粤清军全部遣返，同时裁撤各路招募义勇 5000 余名。怡良则庆幸自己的株守不进方针正式得到朝廷的肯定，以后无论英军展开什么军事行动，他都在所谓“倍加谨慎”“严为防堵”的幌子下，坐山观战，毫无动作。刘韵珂以一纸上奏促成清政府对外方针的重大变化，自然是十分得意。在他看来，今后所要做的事就是配合耆英、伊里布，促成妥协。至于奕经及文蔚、特依顺，对朝廷的妥协意向也是心领神会，耆英、伊里布抵浙相见后，他们“意见均属相合”④，一心以寻求妥协为志。奕经进而奏请道光帝，要求让耆英与他“会同筹办”对英事宜，“当更易周妥”。⑤

清政府抵抗方针的根本动摇，妥协派的重新得势，已经宣告了鸦片战争将以清朝彻底失败而告终的结局。以后，尽管爱国将士和人民群众继续同英国侵略军进行了殊死搏斗，但失败的总趋势是无法挽回了。因此，从整个战争进程来看，1842 年 3 月下旬这段时间，无疑是非同寻常的。从这时起，清政府开始了从抵抗方针根本动摇到彻底卖国投降的过程。

---

① 《钦差大臣耆英奏陈制敌之策并查访官兵打仗施放枪炮情形所言不一片》，《鸦片战争档案史料》第 5 册，第 247 页。

② 《钦差大臣耆英奏陈制敌之策并查访官兵打仗施放枪炮情形所言不一片》，《鸦片战争档案史料》第 5 册，第 247 页。

③ 《钦差大臣耆英等奏陈战无长策惟有羁縻片》，《鸦片战争档案史料》第 5 册，第 284 页。

④ 《扬威将军奕经奏请派耆英会同办理军务折》，《鸦片战争档案史料》第 5 册，第 252 页。

⑤ 《扬威将军奕经奏请派耆英会同办理军务折》，《鸦片战争档案史料》第 5 册，第 252 页。

七、浙江、台湾和西藏军民的抗英斗争

浙江沿海地区在鸦片战争中是主要战场之一，尤其是在璞鼎查率英军再次北犯过程中，这里战事最频繁，被英军占据的地方最多，英军骚扰的时间也很长。具有高度爱国热忱的浙江沿海人民，为了保家卫国、维护民族尊严，同英国侵略军展开了不屈不挠的斗争。

1841 年 2 月，当坚定的抵抗派裕谦赴浙主持军务时，浙江沿海人民就对他表示了热烈的拥护，踊跃投入他所领导的备战活动。如定海，在英军 1841 年 2 月撤出之后，城池坍塌，炮台被毁，防务设施全遭破坏。在裕谦等制订出重建炮台、兴筑土城、炮城的计划后，当地人民马上行动，冒着连旬淫雨施工，“老幼奔驰，争先恐后”①，很短时间内就高质量完成了各项工程。沿海广大民众主动承担起侦察敌情、擒拿奸细的任务，“有纠集多人，故假就买烟土，径泊夷舟，或作捕鱼，潜伏山陬岛澳，百端设法，诱擒夷党”②。这年 3 月 20 日（二月二十八日），英军运输船“佩斯汤基·伯曼基”号船长畏林士得，率 5 名黑人兵驾舢板窜到镇海青龙港洋面。镇海县民严鹤林等人，假作指引打猎，诱敌上岸，随后一拥而上，生擒畏林士得。在英军舰队大举来犯前夕，群众倍加警惕。9 月 12 日（七月二十七日），窜至盛岙刺探军情的英船“赖拉”号大副温里及其仆从，就是民众配合守军抓获的。

浙东三城失陷后，英军“四出骚扰，烧毁房屋，抄掠银钱，奸淫妇女，强夺牲畜”，“其惨毒不可胜言”。③ 浙江沿海人民陷于深重的灾难之中，仇恨满腔。他们纷纷应募参加义勇、乡勇，配合清军展开反攻。在奕经等的胡乱指挥下，各路反攻接连失败，多数清军再不敢言战。然而，人民群众却没有消沉下去，他们依靠自己的力量，机智勇敢地打击侵略军。其中尤为突出的，就是由徐保、张小火等率领的抗英武装“黑水党”。

“黑水党”原本是活跃在浙江沿海的一支反封建队伍，其成员有渔民、船

① 《钦差大臣裕谦奏报赴定海筹办善后事宜折》，《鸦片战争档案史料》第 3 册，第 319 页。

② 梁廷枏：《夷氛闻记》卷三，第 95 页。

③ 《宁波众义民公启》，佐佐木正哉编：《鸦片战争の研究》（资料篇），第 302 页。

民、水手以及一些农民、手工业者。当英国侵略军将战火烧到浙江沿海地区的时候，"黑水党"以"国难方殷，正男儿报国之机也"①，毅然投入反侵略的战场，为驱逐敌寇而战。在定海再陷前的激战中，"黑水党"曾配合葛云飞部属抗击英军。定海失陷之后，徐保等人又乘敌人立足未稳，发起突然袭击，歼敌多人。随着英军占领宁波并以此为主要屯兵据点，还以宁波为依托不断向浙江纵深地区进犯，"黑水党"也把主要战场移到甬江和宁波一带，经常不断地从水上、陆上袭扰和打击英军。在水上，他们以八桨箭船向英船灵活出击，又乘敌不备摸上英船，杀敌夺枪。在陆上，他们大智大勇地进出宁波城，或埋伏于街巷、城墙暗处，刺杀、擒拿英军岗哨；或乔装改扮打进敌营，升屋揭瓦，砍下敌人脑袋等等。时人徐时栋所撰《偷头记》，生动地描绘了"黑水党"在宁波城内外神出鬼没地袭击英军的精彩场面：

> 夷之据府城也，夜必巡街巷。两夷先后行，方磔格语笑，后者忽无声，回视之，已失头而仆。前者大骇，僵立若槁木，俄顷又失其头。偷儿（系作者对黑水党众的蔑称）或着夷衣冠，持竹杖，橐橐然曳乌皮屐以来，夷人近与语，遽刺杀之。其生致之也，则以布自后扣其颈，使不得鸣，而绞布两端，负而趋至幽辟，钳口置诸橐，捆之以缒出城。或为夷所见，追之，则负以趋曲巷，追者遂失道，又惧其害己也，废然而返。夷巡视城上，亦往来通夕。群偷数十，各以长藤为环，暗默候城外，闻城上巡者过，为怪声惊之。夷倚堞俯视，遽以藤环钩其头而坠。既坠，塞口中以物而反缚之，而候之如初。城上夷谓坠者误失足，且闻其颠蹶，皆伸头下视，思援之，又尽为偷所钩致。乃始哗然拥所获大笑以去，疾如风。凡城内外之以窃鬼头至者，党日益盛，计日益巧，所获日益众，其奇策秘术，人莫得而详也。②

骄横的英国侵略军在"黑水党"的有力打击下，心惊肉跳，说是"中国（指清军）要同我们打仗倒不怕，如今常常（遭）暗算，实在可怕"③。在岗哨林立的浙东三城内，他们竟不敢独自行走。英军头目唯恐丧命，时常更换住所。即使如此，像璞鼎查的亲随咸沈沽这样的头目，也未能逃脱惩罚。④ 据宾汉供称，在

① 求我山人：《黑水党抗英纪闻》（抄件），藏浙江图书馆。

② 《鸦片战争文学集》下册，第836页。

③ 转自《奕经等又奏郭士力受伤身死似属可信片》，《筹办夷务始末》（道光朝）四，第1796页。

④ 贝青乔：《咄咄吟》卷下，《中国近代史资料丛刊·鸦片战争》第3册，第208页。

宁波城中这样“被拐走的人有 42 名之多”①。据中方记载：“两月之中，擒斩数百，英人大恐。”②

除“黑水党”以外，其他民众武装也展开了有声有色的抗英斗争。例如，1842 年 4 月 5 日（道光二十二年二月二十五日），由生员王师真组织的一支水勇，对镇海的英船进行了一次成功的火攻。这天夜间，这支水勇将 12 只火船撑至镇海税关道头，乘退潮向一艘大英船发起火攻，使这艘英船燃起大火，全无防备的英军梦中惊起，乱作一团，纷纷跳海逃生。别处英船见状来救，为水勇所布其他火船阻拦，英军在排除火船时触动机关，立刻引起爆炸，于是又有一些英船起火，出现一片混乱。水勇乘机开枪杀敌，埋伏于岸上的义勇也配合行动，打得英军丧魂落魄。

定海是鸦片战争中英军盘踞最久的地方，而定海人民从来就没有停止过反抗斗争。1842 年 6 月，定海 36 岙乡民联合起来，立誓订盟。他们发出告白，激励众人“协力同心，逢人有（隙）即杀，见船无备遂烧”，“一次无成，二次再举，水战不胜，陆战再图，明不得手，暗可施谋”，③ 坚持斗争，直到把侵略者消灭干净。

浙江沿海人民的反侵略斗争，当然还处于自发、分散的状态，与广东三元里人民抗英斗争相比较，规模、声势也要小一些。以奕经为首的浙江官府对这种斗争有时加以利用，但更多的是压抑乃至镇压。尽管如此，这种斗争还是显示出人民群众的伟大力量，大灭了侵略军的嚣张气焰，使其在浙江不能站稳脚跟，在中国人民反殖斗争史上写下了光辉的一页。

在璞鼎查率英军再次北犯、扩大侵华战争的过程中，英舰“纳尔不达”号和“阿纳”号先后进犯我国宝岛台湾。严阵以待的台湾军民给来犯之敌以粉碎性打击，谱写了反侵略战争的一曲嘹亮的凯歌。

台湾岛这块中国的神圣领土，从西方殖民者东来之时起，就一直是他们垂涎的目标。这首先是由于台湾岛极其重要的战略地位。从台湾岛与祖国大陆的关系来看，它所控扼的台湾海峡是东南地区重要的海上通道，它本身与隔海相望的福建更是唇齿相依。因此，台湾的安危与大陆的安危息息相关。从台湾岛在太平洋中的位置来看，它上邻东北面的日本、朝鲜，下连东南亚菲律宾等国，

---

① 宾汉：《英军在华作战记》，《中国近代史资料丛刊·鸦片战争》第 5 册，第 289 页。
② 光绪《定海直隶厅志》卷二八《大事志》。
③ 佐佐木正哉编：《鸦片战争の研究》（资料篇），第 300 页。

是由东南亚通向东北亚的要道；对于从美洲涉太平洋而至的西方殖民者也是一个很理想的立足点。在殖民者眼里，台湾岛不管是在对华殖民扩张方面，还是在他们对整个远东地区的殖民扩张方面，都有十分重要的意义。西方殖民者垂涎台湾岛，还因为它有丰富的资源与物产。曾经在中国沿海地区进行间谍航行的英国侵略分子胡夏米，1835 年 7 月 24 日在致英外交大臣巴麦尊的信中提到了“富庶的台湾”，并强调“台湾不愧为所谓中国的谷仓之一”。① 鸦片战争前西方殖民者侵略台湾，但最终遭到可耻失败（即荷兰人强占台湾岛而终被郑成功驱逐、使宝岛重新回到祖国怀抱的历史），是人们熟知的。同时应该指出，清朝康熙帝平定郑氏后裔，为统一祖国而收复台湾，并在台湾岛上建立了强有力的统治。这些措施，客观上都对殖民者染指台湾的图谋起了遏制作用。

1841 年 9 月，台湾人民抗击英军

英国资产阶级对台湾早有野心，在策动鸦片战争之际，就曾打过夺取台湾的主意。这在大鸦片贩子查顿 1839 年 10 月 26 日致巴麦尊的信中有清楚的表述：“关于台湾问题，熟习中国沿海情况的人意见分歧，有人主张占领（他本人就是其中的一个。——编者），有人反对。反对的主要理由是说这个岛太大，并且岛

① 转自《鸦片战争史论文专集》，第 40 页。

的西部海岸也缺乏优良港口。”① 由于英国发动鸦片战争的主要目的在于维护罪恶的鸦片贸易和打开中国大门，使英国的殖民势力能迅速向中国内地扩张，直接为扩大商品的倾销市场和掠夺原料服务；而英国当时为此目的所能调集的力量也很有限，因此它一时还顾不上对台湾这个面积太大而且地势险峻的海岛进行大举进犯，从而在侵华战争计划中，就未将台湾岛列为主要进攻和占领的目标。但是，客观形势是千变万化的，侵略者在遇到他们认为是可以取得更大利益的时候，也会随机应变，而不会死守预定的计划。英军对香港的强占就是一个突出的实例。既然如此，企图在台湾问题上重演故技，就毫不奇怪了。但是，这一次英国侵略者不仅没有捡到便宜，反而被台湾军民的铁拳砸得头破血流。

英舰对台湾的骚扰，从英军第一次北犯时就开始了。1840 年 7 月 16 日（道光二十年六月十八日），一艘英国双桅军舰闯到台湾鹿耳门外马鬃隙洋面。该岛护安平协副将江奕喜马上率水师战船分三路出海，驱逐了这只英舰。这以后，英军的骚扰并未停止，“台、澎外洋，时有夷船往来”②。璞鼎查来华扩大侵华战争以后，英军对台湾的一般性骚扰就上升为试探性进攻。1841 年 8 月下旬（道光二十一年七月中旬），“纳尔不达”号等 3 艘三桅英舰被璞鼎查遣往台湾。这绝不是偶然的。第一，璞鼎查来华之前，曾三次专门请教过侵华老手查顿、亚历山大·马地臣（即三马地臣）以及与他们关系密切的英国政界活跃人物约翰·阿拜·斯密斯，这些人侵华胃口最大，也是大肆鼓吹侵占台湾的最狂妄分子，他们和璞鼎查“把中国沿海的地形图摊开放在面前，讨论了许多困难的问题”，“谈得非常得力”。③ 台湾的重要战略地位、丰富的物产资源，英军能否将其占领，这些话题极有可能是他们讨论的重要内容。璞鼎查来华后很快就派英舰赴台湾，应该说与查顿等人的鼓动、怂恿大有关系。第二，璞鼎查发动第二次北犯之后，用为数不多的兵力和舰船就轻易地攻陷了筑有坚固防御设施的福建海防重镇厦门，这激起了他蔑视中国的狂劲。在他看来，占领台湾也许不那么困难和费力。再从军事角度考虑，占据台湾，既可以控扼台湾海峡，确保日后增援北上海道的畅通，又可以切断台湾对福建的粮食供应，并减轻盘踞鼓浪屿的英军所受的威胁。所以，璞鼎查在以浙江定、镇、宁三城为主攻方向的同时，

---

① 《近代史资料》1958 年第 4 期，第 44 页。

② 《达洪阿等奏击沉英船擒斩英兵夺获炮位折》，《筹办夷务始末》（道光朝）三，第 1411 页。

③ 转自《外国学者论鸦片战争与林则徐》下，第 13、14 页。

分遣三舰对台湾进行了试探性进攻。

清政府历来十分重视台湾。康熙帝在完成台湾与大陆的统一之后，于1684年（康熙二十三年）设置隶属于福建省的台湾府（后又设台湾道），军队则“设总兵综摄师干，分水陆十六营，额兵万四千六百有奇”①。台湾道员和总兵实际地位均高于同级文武（加臬司衔和提督衔），有权不经福建督抚直接奏事。鸦片战争期间，姚莹和达洪阿分别任台湾道和台湾镇总兵。姚莹（1785—1853年），字石甫，又字明叔，号展和，又号幸翁，安徽桐城人，嘉庆进士，是一位正直而能干的官员，1838年赴台治事，“素得台湾民心”②。他坚决拥护黄爵滋关于重治吸食以禁鸦片的主张，认为“非此不能力去沉疴，振启聋聩也”③，并在台湾切实执行禁烟政策。鸦片战争爆发后，姚莹力主抵抗，认为：“非有以大创之，诚如宪虑未肯帖然就我规矩也。”④ 达洪阿（？—1854年），姓富察氏，字厚庵，满洲镶黄旗人，历蓝翎侍卫、三等侍卫、游击、参将、副将，1835年擢升台湾镇总兵。他曾多次参加镇压人民群众的反清斗争并立下“战功”，军事经验比较丰富。他不同于一般只知花天酒地、养尊处优的清军将领，比较能够吃苦耐劳，并严格训练部队，“操练精兵，赤暑无间”⑤。在对待禁烟和抗英的态度上，达洪阿与姚莹是一致的，因此他们能够密切配合，共同对敌。

自1840年7月英舰骚扰台湾鹿耳门海面被击退之后，姚、达对觊觎台湾的侵略者已有高度警惕。浙江定海失陷的消息传来，姚、达更是痛感加强台湾防务的紧迫性。当时还在闽浙总督任上的邓廷桢，也多次致函台湾，就防务“开示要略，颁发饷银”，“示以夷踪诡秘，教以备御之方”。⑥ 由是姚、达迅速采取得力措施，在台湾南北路厅县联合各村落团练义勇，让他们半守本村、半听官调，同时派官军3668名及调募屯丁、义勇、水勇5500余名，把守各海口，严阵以待。

1841年9月中旬，“纳尔不达”号等舰驶至台湾附近海面，观望数日之后，“纳尔不达”号于9月26日（八月十二日）傍晚驶入台湾以北“尤为宽深，实通

① 梁廷枏：《夷氛闻记》卷三，第85页。

② 吴嘉宾：《姚公传》，《中国近代史资料丛刊·鸦片战争》第6册，第396页。

③ 姚莹：《复邓制府言夷务书》（1840年6月11日），《东溟文后集》卷六《书牍一》。

④ 姚莹：《复邓制府言夷务书》（1840年6月11日），《东溟文后集》卷六《书牍一》。

⑤ 姚莹：《复锺制府言事状》（1838年9月8日），《东溟文后集》卷三《议状二》。

⑥ 姚莹：《复邓制府筹勘防夷状》（1840年10月），《东溟文后集》卷四《议状三》。

台最要之处"[①]的鸡笼（今基隆）海面，而另两艘英舰则为风涛所阻，泊于外洋。

9月29日（八月十五日）上午，"纳尔不达"号拖带舢板多只，驶进万人堆洋面，侦察岸上情况。30日晨，该舰又驶向口门，向海岸上的二沙湾炮台开炮挑衅，打坏守军一间营房。该炮台及附近三沙湾炮墩守军、义勇，在艋痈营参将邱镇功等指挥下，奋起自卫还击，连开大炮，顷刻间打得"纳尔不达"号桅折索断，退出口外。恰在此时，海上掀起巨浪，被打得晕头转向的"纳尔不达"号一头撞上礁石，化为碎片。船上英军落水，有的没顶丧命，有的凫水上岸，有的爬上舢板逃窜。守军、义勇抓住战机，驾船分头追击，擒拿敌军，很快就俘获104名，斩杀5名。一只舢板载数十名英军拼命南逃，在野柳鼻头洋面，被驾船截击的艋痈营守备陈大坤等开炮击沉，又俘敌20名，斩杀1名。另一只漏网的舢板载20多名英军从大武仑港外逃，守军发现后立即尾追不舍，10月1日（八月十七日）晨，双方在观音山短兵相接，一场搏斗之后，英军9名被俘，19名被斩，守军还缴获敌炮4门。为了肃清残敌，淡水厅同知曹谨派出壮勇搜索附近海面，又在草屿发现7名潜藏的英军，将他们全部围歼。

台湾军民打了一场漂亮的歼灭战，共计擒敌133名，斩杀32名，缴获敌炮10门及英军的地图书籍等物。

击沉"纳尔不达"号、擒斩大量英军的胜利，大大振奋了台湾军民的斗志。姚莹、达洪阿没有被胜利冲昏头脑，他们判断英军"难保不再集大帮来台，冀图报复"[②]，加上获悉厦门失守，更感到不能稍为放松警惕和武备。鉴于守台水师战船既小于内地水师战船，更不如英舰，"船身炮力，皆不足以取胜"[③]，姚莹、达洪阿决定"保固藩篱，守定而后议战"[④]，将巡洋舟师概行收回，又增调各处团练义勇防守海口，以废船、巨石沉塞台湾府城（今台南市）附近之鹿耳门、国赛港（又作郭赛港）、新鲲身的新港三处口门，驻重兵于府城以西的"水

---

① 姚莹：《上督抚言防夷急务状》（1840年8月17日），《东溟文后集》卷四《议状三》。

② 《福建台湾镇总兵达洪阿等奏为英船攻击鸡笼炮台我兵还击获胜折》，《鸦片战争档案史料》第4册，第190页。

③ 姚莹：《台湾水师船炮状》（1840年6月29日），《东溟文后集》卷四《议状三》。

④ 姚莹：《复邓制府筹勘防夷状》（1840年10月），《东溟文后集》卷四《议状三》。

师战艘商民舟楫止宿之地”① 安平镇，并加强府城自身的防守。为了更有力地回击来犯之敌，达洪阿还亲督工匠，添铸铜炮多门。

“纳尔不达”号被击沉后不到 20 天，与之同往台湾的英舰又闯到鸡笼海面。10 月 19 日（九月初五日），邱镇功、曹谨所率兵勇发现一艘三桅英舰从鸡笼口外驶进万人堆海面，于是迅速分头埋伏于鸡笼山各要隘，准备迎敌。这艘英舰放出 2 只舢板驶抵岸边，船上人员上岸找到居民，让其向官府转达英方的释俘要求，表示每名愿送洋银百元。这艘英舰等候数天，未见回音，便凶相毕露，于 27 日上午闯进口门，直扑二沙湾炮台，开炮击破炮台石壁及二沙湾、三沙湾营房。守军当即开炮还击，击毙 2 名登岸之敌。双方相持到日暮。英舰没有捞到便宜，又生怕重蹈“纳尔不达”号覆辙，次日中午驶往外洋。

“纳尔不达”号等英舰进犯台湾遭到惨败的消息很快传到了浙江。璞鼎查又恼又羞，但仍不甘心，蓄意报复，企图遮掩败绩，于 1842 年初又派“阿纳”号等 3 艘三桅英舰赴台湾寻衅。为保证这次进犯成功，璞鼎查还将一些投敌汉奸派到这些英舰上，令他们在台湾联系内应，配合英军行动。

3 月 11 日（一月三十日），“阿纳”号带舢板 4 只驶至台湾淡水与彰化交界处大安港海面。淡水同知曹谨与护北路副将关桂立即布置兵勇防堵大安港，同时设伏兵于大安港以北的土地公港。“阿纳”号侦知岸上有备，退往外海，企图另觅登岸处。为了诱歼敌舰，当时正在台湾打鱼的广东渔民周梓毅然挺身而出，单舟驶向“阿纳”号，以粤语与该船上的汉奸通话，取得敌人信任，将该船引向土地公港。行至近岸处，“阿纳”号触礁搁浅，动弹不得，船上英军乱作一团。这时，预先埋伏的兵勇猛烈炮击“阿纳”号，很快将其击毁，英军慌忙投海逃生。兵勇乘胜出击，活捉英军 49 名、汉奸 5 名，斩敌数十名，缴获大小铜炮 13 门、来复枪 13 杆、短刀 27 把，以及落入敌手的浙江军营的鸟枪和腰刀等。

从 1840 年 7 月到 1842 年 3 月，英勇的台湾军民击败了英军的 4 次骚扰、进犯，打沉 2 艘三桅英舰。这是台湾军民同仇敌忾、齐心抗战的胜利，也是姚莹、达洪阿坚持抵抗方针并根据实际情况采取扬长避短措施、以灵活战术打击英军的胜利。台湾军民的胜利，有力地捍卫了祖国的神圣领土。此后，台湾附近海面虽常有英舰往来游弋，但都不敢接近海岸。直到鸦片战争结束，孤悬海外的

① 乾隆《台湾府志》卷一《封域》。

台湾岛都牢牢掌握在中国军民手中。英国侵略者将台湾岛据为己有的幻梦彻底破灭了。可是，战争结束之后，璞鼎查于 1842 年 11 月 23 日（十月二十一日）照会闽浙总督怡良，要求清政府惩办姚莹、达洪阿等人。清政府竟屈从英方要求，于 12 月 21 日命怡良前往台湾查办，并将姚、达二人革职拿问治罪。后来在正义人士的强烈反对下，二人才得平反昭雪。

当英军在我东南沿海发动鸦片战争之际，英人又指使受其控制的印度道格拉王室发动侵略我国西藏领土的罪恶活动，妄图借其傀儡之手，打开我国的西南大门。

英国妄图侵入我国西藏由来已久。早在 19 世纪初，英国用政治欺骗和军事高压手段控制了尼泊尔、锡金、不丹之后，即把侵略矛头指向拉达克。拉达克位于克什米尔东部，与西藏的阿里地区毗连。历史上，无论是从政治、经济、文化还是从地域方面考察，拉达克都与阿里同为一个整体，是“阿里三围”之一，素有“西部西藏”之称。据藏文文献记载，拉达克的统治者是格萨尔王的后裔。英国东印度公司将毒品鸦片输往中国，通道之一就是沿克什米尔通过拉达克运入新疆叶尔羌地区转销陕甘等地。因此，英国早就有控制拉达克，进而控制全西藏的图谋。

1834 年，克什米尔的实际统治者、英国走狗道格拉王室，派其大将、索热部森巴头人倭色尔率 1 万多人侵入拉达克，废除拉达克王拉拉，另立恩珠丹增为傀儡，并逼迫他答应每年必须向道格拉王室进贡 2 万卢比。

1840 年底，倭色尔以拉达克恩珠丹增不履行承诺为借口，再次统兵侵入拉达克，占领首府列城。1841 年春季，倭色尔率领由森巴人、拉达克人组成的联军 7000 多人，借口朝拜雪山圣湖，分三路侵入阿里。三路侵略军在噶尔昆沙会合后，长驱直入，几乎侵占了整个阿里地区。军行所至，村落寺院，皆被洗劫一空。西藏地方政府接到告急消息，一面飞报清朝中央政府，一面派遣噶伦索康、才旦多杰等相继率领藏军奔赴阿里，进行反击。当时侵略军不但人多，而且拥有英国提供的洋枪洋炮；而藏军只有 3000 余人，武器也相当落后。但是，面对敌人的侵略，西藏人民全体动员，“一经调派，立即奔赴前线”，踊跃投入反侵略斗争。驻藏大臣孟保等人也全力支持西藏人民的反侵略斗争。森巴军队虽然装备精良，但在西藏军民的英勇抵抗下，又逢连降大雪，手足麻木，动作不灵，快枪快炮的优势难以发挥，藏军连战皆捷。最后藏军在玛旁雍错湖南面的多玉地方设下埋伏。敌人一进入伏击圈，藏族军民一呼百应，手执刀矛棍棒，从四面八方冲来，向敌人勇猛击杀。侵略者措手不及，慌作一团。森巴头子倭色尔被藏军丁蚌米玛一矛刺死。森巴人见统帅被杀，六神无主，四散逃命。藏族军民乘胜追击，直抵列城附近扎营。这一仗大获全胜，击毙侵略军头目 40 多人，溃军 1000 多人逃回了列城。

多玉之战，森巴人惨败而归，但他们并不甘心。1841 年秋冬，道格尔王室按照东印度公司的旨意，又派遣倭色尔的妻子和另一个森巴头子巴占率领 8000 多人再次入侵。早有准备的藏军，经过连续几昼夜的奋战，又将巴占击毙，再一次打败了森巴军的进攻。倭色尔的妻子被迫要求停战议和。

1842 年 9 月（道光二十二年八月），西藏地方政府派遣索康等人前往列城，与克什米尔方面的代表德旺哈日尖等举行正式谈判，几经周折，最终签订了《拉达克条约》和《西藏条约》。这次战争终以西藏军民的最后胜利而告结束。①

① 本节参考苏发祥：《论森巴战争在中国近代史上的地位》，《西藏研究》1990 年第 4 期。

第十章　英军进犯长江

一、乍浦之战

由璞鼎查指挥的英国侵略军，接连攻陷闽、浙沿海重镇，击败了清军的反攻，掌握了战争的主动权。清政府军事上一再败北，内政问题也日趋严重，因此抵抗方针发生根本动摇，但尚未最后下定彻底投降决心，侵略者一时还不能充分实现其战争目的。为此，在寒冬过去之后，英军便按照预定计划，进犯长江，截断大运河，把战争推向高潮。

1842 年 5 月 7 日（道光二十二年三月二十七日），盘踞宁波达半年之久的英军，向该地绅民勒索了 120 万元之后，全数撤出了宁波。英军撤出宁波，除了人民反抗使英军难于久据之外，其中重要原因在于英军需要集中军力，向长江下游进犯，发动所谓“扬子江战役”。

长江下游是我国经济最发达地区。贯穿南北的京杭大运河在这里与长江交汇，而长江南北两岸的镇江、瓜洲，也就成为大运河南北两大段之间的锁钥。长江下游地区的状况如何，无疑会对全社会产生重要影响。尤其是在当时大运河充当经济大动脉的条件下，长江与大运河交汇点是否畅通，直接关系到我国南北各省间的经济联系；并且对于清王朝统治的牢固与否，也有举足轻重的意义。因为漕粮大部分征自南方的苏、浙、赣、鄂、湘五省，而“瓜洲河口，为南五省总汇扼要之区”①。每年 400 万石漕粮，有三分之二要从这里沿运河北运。

---

① 《京口副都统海龄奏为瓜洲所关匪细恳敕于要隘拦江堵截折》，《鸦片战争档案史料》第 5 册，第 14 页。清制，每年从山东、河南、安徽、江苏、浙江、江西、湖北、湖南征调漕粮 400 万石，供应京城官民食用。其中江苏等南方五省约为 275.7 万石，占总数的三分之二以上。

英国侵略者对此看得十分清楚。他们认为："我们只要沿着扬子江攻入中国的心脏地带——江苏、安徽，甚至河南，占领南京，控制吴淞江和最重要的大运河，再占有苏州府的财富，开采那里的铁和煤，并占领乍浦和上海，控制住全国主要的航道，我们就可掌握中国工业的主要部门。……这样，北京就自然成为我们的囊中物了。届时，北京政府就无法继续拒绝我们的正当要求，否则，它就要冒因工商业陷于停顿而引起全国人民不满的危险。同时，由于京城内生活必需品失去供应，会立即使城内各阶层人士感到不便，这就会使北京政府受到更大的压力。"① 在侵略者的设想中，进犯长江下游、截断大运河，较之进犯其他地区，将"不单把（中国）朝廷而且把整个帝国打击得更加惊惶失措"②。

进犯长江下游的图谋，早在英国策动侵华战争之初就已经产生了。1839 年 4 月 3 日，义律致函巴麦尊，即提出"立刻用武力占领舟山岛，严密封锁广州、宁波两港，以及从海口直到运河口的扬子江江面"③。1840 年 2 月 20 日，巴麦尊在致海军部各长官的训令中，指示他们："如果中国政府拒绝谈判，或谈判在任何时候遭到破裂，那末……可以派遣一支部队沿扬子江而上，前往该江与运河汇合的地点。那里有两座大城镇（当指镇江和扬州。——引者），而且聚集了大批的船只和货物，它们可以被带走。"④ 前已谈及，在英军第一次北犯过程中，懿律和义律曾派出"康威"号、"青春女神"号、"风鸢"号等舰船"探查并测量扬子江"，因为受到中国军民抵抗，未能进入长江，但他们却"发现一条水道，而循这条水道，战舰可以驶过挡卫着河口的淤沙"⑤。后来义律拟定再次北犯的计划时，就明确将进犯长江、截断运河作为重要组成部分了。

璞鼎查来华后，进一步加强了进犯长江的决心。这既与义律的计划有关，又是由在华外国传教士所提供的重要军事情报所促成的。一名英军上校事后毫不隐讳地写道：1842 年年初，"我军从一些传教士方面，获得了不少消息，知道中国政府认为我军一定沿着白河，要向北京进攻。教士们传递消息说，自从宁波为我军攻陷以后，清政府即用上一切力量，在预料我军所要进攻的道路上布

---

① 利洛：《英军在华作战末期记事》第 4 章，中国科学院上海历史研究所筹备委员会编《鸦片战争末期英军在长江下游的侵略罪行》，上海人民出版社 1958 年版，第 8 页。

② 《查理·义律致奥克兰勋爵函》（1841 年 6 月 21 日），转自马士：《中华帝国对外关系史》第 1 卷，第 744 页。

③ 《义律致巴麦尊》，《近代史资料》1958 年第 4 期，第 17 页。

④ 《英国档案有关鸦片战争资料选译》下册，第 538 页。

⑤ 宾汉：《英军在华作战记》，《中国近代史资料丛刊·鸦片战争》第 5 册，第 113 页。

防，建筑起各式各样的障碍物。清政府把天津看成是北京的一个海港，因而特别重视天津，希望将天津变成头等的防御阵地”。在京津之间，有“一排一排最坚强的炮台和许多壕沟”。[①] 根据这些情报，英军认为向防务完全被忽视的长江进犯，正可以避实击虚，出其不意，并且还能充分发挥海陆军联合作战的力量，较之直接进攻北京要有利得多。

在正式展开“扬子江战役”之前，英军首先向杭州湾以北、与舟山岛隔海相望的军事重镇乍浦发动了进攻。

乍浦城“控据海岸，翼蔽金山，与江苏省相为唇齿。登高南望，宁波、绍兴诸山，隐隐在目，实为西浙之咽喉，东吴之门户”[②]。清政府向来重视乍浦防务，设副都统一员，派旗兵、绿营驻扎。鸦片战争爆发后，因英军多次袭扰，乍浦守军不断增加，截至浙江反攻失败，这里共有兵勇6500余人。其中驻防满汉官兵及本地募勇4000余人，陕甘兵1000人，山东募勇1500余人。英军将兵锋指向乍浦，目的是要消除对舟山的威胁，削弱江苏的军事依托，并造成从陆上分别进犯浙、苏省城的假象，迷惑清政府。而这一切，归根到底是为展开“扬子江战役”创造有利条件。

5月13日（四月初四日），英军留下少数舰只和兵力据守定海、镇海，主力由巴尔克、郭富率领向乍浦进犯。17日，英舰7艘、轮船4艘及运输船数十艘驶抵乍浦海岸。这时，乍浦守军在副都统长喜、汉中镇总兵德坤、杭嘉湖道宋国经指挥下，已加强戒备，分布在城外各炮台和山头阵地上，严阵以待。

5月18日（四月初九日），英陆军2000多人从乍浦以东黄山岭、唐家湾两处登岸，分左、右两路向乍浦城进攻：左路860多人由上校叔得率领，直扑乍浦城；右路960多人由中校马利斯率领，攻打城外各炮台，借以牵制清军，保证左路顺利推进。在两路之间，另由中校蒙哥马利率370多人，负责策应。右路英军首先在常山遭到陕甘兵的激烈抵抗。守军以抬炮击退敌人三次冲锋。但阵地最终还是被英军突破。接着，英军攻打旗兵驻守的观山，右路攻正面，左路包抄后路。旗兵们奋勇迎战，在山脚的天尊庙，战斗最为激烈。这是乍浦保卫战中惊天动地的一幕。

当右路英军杀向观山时，旗营佐领隆福率210多名旗兵转战到天尊庙。面

---

① 奥特隆尼：《对华作战记》第28章，《鸦片战争末期英军在长江下游的侵略罪行》，第191页。

② 《裕谦奏查明乍浦防堵情形及江浙洋面安靖折》，《筹办夷务始末》（道光朝）二，第1114页。

对兵力和武器都占绝对优势的敌军，他们“以最毅然决然的勇气自卫了相当之久”①。他们凭借庙宇门窗，向敌人猛烈射击。英军不能前进，派中尉慕瑞和布朗率部突击。在守军的密集火力打击下，英军死伤惨重，狼狈退回。英军改派第十八团上校汤林逊出马，再率一股英军向庙内冲锋，依然遭到顽强抵抗。汤林逊颈部被击穿，命归西天。他手下人马也是非死即伤。英军因硬冲不能奏效，便搬来大炮猛轰，并向庙内抛掷火箭。庙宇外垣被炸开之后，英军又向庙内发起两次冲锋，均被击退。英军在久攻不克的情况下，生出毒计，纵火焚烧天尊庙。在熊熊烈火中，守军威武不屈，在隆福率领下从烈火中冲出，与英军展开肉搏战。隆福“掣佩刀，奋刺夷兵数名，乃自刎”②，其下属在格斗中伤亡殆尽，幸存者也都引刀自刎，以死殉国。

在交战中，清军暴露出兵力分散的严重弱点。6500多名兵勇分守于城垣内外、观山、常山、天后宫、黄山岭和唐家湾等多处，导致各处的兵力、火力都处于劣势，使英军得以各个击破。从清军表现来看，虽然有隆福所率旗兵及陕甘兵等无畏将士英勇奋战，但也不乏临阵脱逃之徒。如防守黄山岭、唐家湾的守备张衍鲁所率300名山东兵勇和游击洪应逵所率的400名太湖营兵，一遭英军炮击，就都逃离炮台，向后方狂奔，致使英军未受到任何抵拒就顺利登陆；此外，嘉兴、湖州、乍浦等营清军，也是“一闻枪炮之声，心惊胆怯，不能奋力支持，随即退走，竟多溃散，不知下落”③，这无疑又大大减少了英军进犯中的障碍与困难。

当观山旗兵与右路英军激战时，左路英军猛扑乍浦城，接近城垣时分为两支：一支以猛烈炮火轰击城南屏障葫芦城（又名保安城），一支直插城东门。驻守葫芦城的副都统长喜中炮负重伤，与部下撤回乍浦城内。攻陷葫芦城的英军很快又与巴尔克率领的从灯光山登陆的海军陆战队会合，扑向乍浦城。抵城下时，发现护城河上桥梁已被破坏，便以小舟渡河攻城。这时，防守城周围的杭嘉湖道宋国经及所率1200多名兵勇，竟弃守向平湖逃窜，使英军轻易地从东门梯城而入，攻陷了乍浦城。

英军在进犯乍浦过程中，“损失超乎寻常的大”（据英方显然大大缩小的记

---

① 宾汉：《英军在华作战记》，《中国近代史资料丛刊·鸦片战争》第5册，第293页。

② 夏燮：《中西纪事》卷二四《海疆殉难》，第323页。

③ 《扬威将军奕经等奏报查明乍浦接仗情形并严参惩办溃散员弁兵丁折》，《鸦片战争档案史料》第5册，第776页。

录，有 2 名高级军官、8 名士兵毙命，6 名军官、44 名士兵负伤)。① 城破后，英军兽性大发，疯狂烧杀奸淫以泄愤。时人记述："英夷破乍浦，杀掠之惨，积胔塞路，或弃尸河中，水为之不流，其最可惨者，尤莫如妇女。……凡所掳妇女，少艾者必以供白鬼，黑鬼则自取老丑者多，有数人迭淫一人而死者。"② 即使英军自己也承认："我军撤出以前，城的大部分被毁坏。大雨倾注，但大雨并没有扑灭火焰之效。"③ 乍浦城内旗兵家属和平民，在侵略者面前"无一降贼者"④，或与敌人以死相拼，或毅然自杀殉国。"生员刘楙松，城陷出走，遇夷兵。逼书伪示，不从，遂被戕"；"陆贵，佣工，遇夷兵，逼令抬炮，不从，被枪死"；"徐元业，木工，英兵逼令导搜妇女，不从，以刃自刺，不殊，复投水死"；等等。在英军进犯乍浦过程中，"合镇官弁兵民妇女之殉难者，共七百余人"。⑤ 野蛮的英国强盗，又欠下了中国人民一大笔血债！

英军进犯乍浦，引起清朝统治者的一片惊慌。在浙江，奕经等人自 3 月中旬的反攻溃败后，龟缩绍兴、杭州，再不敢出战。清廷重新起用伊里布并派他赴浙的消息一传来，奕经等人就让英俘写信转送给英方，以示妥协之意。他们明知英军不达全部目的决不会善罢甘休，却置大局于度外，只顾偷安一时。除了在奏章中空喊几声准备攻剿之外，根本不切实研究敌人在冬去春来后的动向，更谈不上积极寻求制敌对策。当英军为进犯乍浦而撤出宁波时，奕经等全然不知敌人意图，反倒谎报军情，奏称英军"计穷智竭，力不能支，遂被大军逼退"⑥。乍浦传来警报之后，他们也未采取任何得力措施，坐观其败。攻陷乍浦的英军扬言将继续进攻"南至杭、湖，北至苏州，均不及二百里"的嘉兴，奕经等心惊胆战，却毫无坚守嘉兴的准备，而是把全部希望寄托在耆英、伊里布的"羁縻"(即对英乞和) 上。

4 月 15 日 (三月初五日)，耆英和伊里布离京，水陆兼程，于 5 月 9 日抵达杭州。这时已是英军撤出宁波两天之后了。他们与浙抚刘韵珂交换意见后，对

---

① 据奥特隆尼：《对华作战记》。宾汉《英军在华作战记》则说 9 人阵亡、55 人受伤。两者略有出入。

② 朱翔清：《乍浦之变》，《埋忧集》卷一〇。

③ 宾汉：《英军在华作战记》，《中国近代史资料丛刊·鸦片战争》第 5 册，第 295 页。

④ 夏燮：《中西纪事》卷二四《海疆殉难》，第 325 页。

⑤ 夏燮：《中西纪事》卷二四《海疆殉难》，第 325 页。

⑥《扬威将军奕经等奏报大兵进攻宁郡英军窜退并乘机暗袭镇邑折》，《鸦片战争档案史料》第 5 册，第 258 页。

英军动向的判断比奕经等要准确得多："该逆究未受大创，遽尔退出宁郡，难保不分窜他处，冀图一逞。而省垣及乍浦两处，该逆垂涎已久，尤应防其侵犯。"[①]果然，在5月16日、17日，就接连收到英军舰队进逼乍浦的警报。耆、伊、刘一致认为，英军"凶焰甚炽，其炮火又极猛烈，实恐难以抵御"，万一乍浦失陷，"江、浙两省，人心必愈加震动。该逆得步进步，更难保其不乘机窥伺杭州省城及江省上海等处，时势实为迫切"，于是决定"仍遵前奉谕旨，暂事羁縻"。[②] 让"素为该夷所敬服"的伊里布于17日夜动身赶往乍浦，想赶在英军进攻之前乞求休战。但伊里布尚在途中，乍浦已陷。气焰嚣张的英军"又有窥伺嘉兴之语"，而位于乍浦与省城、嘉兴之间的海盐、平湖，"现在均无守兵，势皆危迫"。[③] 耆英作为署杭州将军，刘韵珂作为浙抚，均有守土之责，但却惊惶战栗，把乞和视为唯一出路。

被派出与英军打交道的伊里布，这时也使出浑身解数来争取实现妥协。他以"前任协办大学士两江总督"的身份，向英军投送照会，向侵略者表白其"赤诚"："本前任阁督部堂，平生待中外人，无不以真实行之，从无一毫欺心欺言，应为贵帅所素悉，亦为贵帅所素信也。"还告知英方，驻在杭州的耆英、刘韵珂以及特依顺，都与他"同心同志"，请"贵帅早定商局，毋延兵祸"。[④] 英国侵略者对清朝政局的变动、妥协派的得势很是高兴，同时也看出清政府尚不肯无条件接受英国各项要求。因此，在答复伊里布乞和之请时，一则表示对伊里布"一概敬仰"，愿与之接洽；二则明确提出，休战和谈的前提条件，是清政府"按照叠次所致之文书内条款，一切允准"。[⑤] 鉴于侵略者的这种态度，耆英与伊里布等便同时在两个方面加紧活动：一方面继续与英军接洽和议，另一方面大力促使清政府下定彻底投降的决心。

为了取得侵略者的信任，耆英、伊里布除了继续投送照会、低声下气地哀

---

① 《刘韵珂奏英船全数由宁波退赴镇海折》，《筹办夷务始末》（道光朝）四，第1780页。

② 《钦差大臣耆英等奏为英船窜至乍浦现饬防守并示羁縻折》，《鸦片战争档案史料》第5册，第273页。

③ 《钦差大臣耆英等奏报英军攻陷乍浦现在省城嘉兴危急情形折》，《鸦片战争档案史料》第5册，第283页。

④ 《伊里布照会》，佐佐木正哉编：《鸦片战争の研究》（资料篇），第148页。

⑤ 《英军陆路提督郭照复》，佐佐木正哉编：《鸦片战争の研究》（资料篇），第149页。

求之外，还把释还英俘作为讨好献媚、沟通议和渠道的重要手法。原来，英军攻陷乍浦之后，即让被俘清军带信给奕经，威逼归还英俘。奕经不敢违抗，速将12名英俘送往嘉兴，交耆英、伊里布释还英军。耆、伊如获至宝，接到英俘当天（5月27日，即四月十八日），就“派委文武员弁，星速解往乍浦”①。不料在英俘送到之前，英舰已撤离乍浦驶向吴淞口。耆、伊并不因此作罢，仍在释俘问题上做文章。他们待英俘如上宾，“每个白人俘虏得到了三十元大洋，每个印度土著俘虏……得到了十五元大洋”，“照顾得也很周到”。② 6月12日，这批英俘由伊里布派亲信陈志刚等，恭恭敬敬地送上停泊于镇海的英舰，并且转告该处英军翻译罗伯聃，说伊里布和刘韵珂“已有文书，行知各处，如拿到贵国之人，万不可为难”③，央求罗伯聃说服英军停战议和。活脱脱一副摇尾乞怜之态！

耆英、伊里布这时最感头疼的，还不是侵略者对他们态度冷淡，而是清廷尚未授予他们全盘接受英方条款的全权，致使他们要“羁縻又无从措手”④。

本来，清政府派耆英、伊里布赴浙，是为了谋求与英妥协，意味着其抵抗方针的根本动摇，这是毋庸置疑的。但这不等于清政府已下定彻底投降的决心。在道光帝看来，打败英军固然毫无希望，但还不到走投无路的地步。为了防止英军再犯天津大沽口，进而打到北京，他特派首席军机大臣穆彰阿赴天津布置加强防务。从前面提到的外国传教士给英军的情报中，可看出清政府为加强天津防务的确投入了不小的力量。5月中旬，奕经奏请与耆英会同办理对英事务。道光帝见奏，断然加以否定，批道：“所奏与朕意大不相符，卿断不准稍有瞻顾。朕惟责卿以剿贼复地，卿无恤其他，若能速奏肤功，朕立颁懋赏。至耆英原因另有委用之处，果否施行，俟朕随时裁夺，无非备其一端而已也。”⑤ 这段朱批，并非一般的装点之词，而是道光帝当时对英“剿”“抚”并用的指导思想

---

① 《钦差大臣耆英奏为敌势鸱张设法羁縻并拟释俘片》，《鸦片战争档案史料》第5册，第323页。

② 柏纳德：《“复仇神”号轮舰航行作战记》第34章，《鸦片战争末期英军在长江下游的侵略罪行》，第34—35页。

③ 《中国近代史资料丛刊·鸦片战争》第5册，第359页。

④ 《钦差大臣耆英等奏陈战无长策惟有羁縻片》，《鸦片战争档案史料》第5册，第284页。

⑤ 《扬威将军奕经奏请派耆英会同办理军务折》，《鸦片战争档案史料》第5册，第252页。

的反映。也就是说，对英军能抵挡就抵挡一下，抵挡不住，再搞妥协，尽量维护清朝的体面，使结局对清朝有利一些。基于这种指导思想，直到清廷得知乍浦失陷以前，它都不想把妥协的步子迈得太快，甚至将耆、伊的使命秘而不宣。耆、伊在乍浦告急时慌忙向英军乞和，而道光帝却责怪他们“一见逆船，即惊惶失措，先事羁縻，办理殊未得宜”，将耆英调任广州将军，令奕经将伊里布留营差遣，“如无可委用之处……饬令回京”。① 在这种状况下，耆、伊自不可能有接受英方条款之权。

耆英、伊里布完全了解道光帝的意图，但他们根本不愿意继续抵抗，而在与英军接洽中深感手脚受到束缚，因此在乍浦失陷后，他们借机一变以往隐晦含糊的腔调，大造促降舆论。他们极力渲染英军的强大、局面的危急，声称：“今乍浦既为所据，敌势愈骄，我兵愈馁，万难再与争持。该逆之垂涎省垣，较乍浦尤甚，其势欲来侵犯。至嘉兴为江、浙要区，亦恐该逆前往滋扰。两处一有疏失，于大局关系匪轻。此时战则士气不振，守则兵数不敷，舍羁縻之外别无他策。”②

耆英、伊里布等的促降舆论，很快就产生了效果。他们叫喊的“敌势愈骄，我兵愈馁，万难再与争持”的失败主义论调，使清廷对本来就只作为权宜之计的剿英之策更加悲观绝望；而他们大肆渲染的江、浙内地乃至省城将被英军进犯的危急形势，更使清廷惶恐不安。于是，清廷态度迅速发生变化。6 月 4 日(四月二十六日)，清廷下令耆英暂缓起程，折回杭州；次日又将所谓“羁縻”事宜，“责成耆英妥为商办”；③ 接着在 9 日赏给伊里布四品顶戴，让其署理乍浦副都统。还密令奕经等与耆、伊密切配合，谋求妥协。因此，“十二日，(伊里布）赴乍接印，往辞揆帅（奕经)，帅……又密告曰：‘上意赏衔署职，天心大有转机，并有密旨，命我与七叔（伊里布）相机办理，不必强攻等语。’”④ 这清楚地表明：清政府对英“剿”“抚”并用的方针，已被以“抚”为主的方针取代，它在妥协投降的道路上又跨进了一大步。

① 《着扬威将军奕经等添兵防守乍浦相机剿守等事上谕》，《鸦片战争档案史料》第 5 册，第 307 页。

② 《钦差大臣耆英等奏陈战无长策惟有羁縻片》，《鸦片战争档案史料》第 5 册，第 283—284 页。

③ 《着钦差大臣耆英在浙确查英人动向并专办与英羁縻事宜上谕》，《鸦片战争档案史料》第 5 册，第 365 页。

④ 《苏霖致张喜函》，《中国近代史资料丛刊·鸦片战争》第 5 册，第 357 页。

二、吴淞口之战　上海失陷

占领乍浦的英军舰队，停留8天之后，于5月27日（四月十八日）启碇北上，开始了进攻长江口要塞吴淞口的行动。

吴淞口是长江的门户，也是黄浦江与长江的汇合点，“水面约宽七八里，商贾大船，往来辐辏，溯流而上，始抵上海县城”①。吴淞口能否坚守，直接关系到长江下游地区以及上海至苏州一带的安危，实为“江南第一扼要之区”②。英军实施“扬子江战役”的第一个步骤，就是攻陷这个海防要塞。

自鸦片战争爆发以来，吴淞口一直是江苏省最主要的防区。早在1840年7月间，江苏当局就向吴淞口及崇明岛增派了大量防军。裕谦任两江总督期间，十分重视吴淞口的防务，他亲自察看形势，并会同江南提督陈化成精心筹划吴淞口设防事宜。陈化成（1776—1842年），福建同安人，是一个出身行伍、因作战勇猛出力而逐级升为提督的老军人、在同侵略者所做斗争中，历来坚定勇敢。陈化成任福建水师提督时，曾率水师打击挑衅的英国鸦片船，成绩颇著。1840年初，陈化成调任江南提督。“六月，英军犯舟山，化成驰抵吴淞口，择东西炮台要害处，依塘列帐为守御计”③。为了加强防御力量，他与先后担任江苏巡抚的裕谦、梁章钜齐心协力，采购精铁铸炮，并将废炮改铸新炮。陈化成任江南提督时已是六十开外，但极忠于职守，扎营吴淞，“凡三载未尝身离海口，寒暑不间，与士卒同甘苦”④。他曾督率守军击退到长江口进行侦察活动的英舰。1841年秋，裕谦等为国壮烈捐躯的消息传来，陈化成“潸然出涕，谓诸将曰：‘武臣卫国，死于疆场，幸也，尔等勉之。’”⑤

---

① 《两江总督牛鉴奏报吴淞海口紧要情形折》，《鸦片战争档案史料》第4册，第409页。

② 《两江总督牛鉴奏报吴淞海口紧要情形折》，《鸦片战争档案史料》第4册，第409页。

③ 《清史列传·陈化成传》，《中国近代史资料丛刊·鸦片战争》第6册，第359页。

④ 毛祥麟：《三略汇编》卷二“吴淞”条。

⑤ 袁翼：《江南提督陈忠愍公殉节略》，《中国近代史资料丛刊·鸦片战争》第6册，第355页。

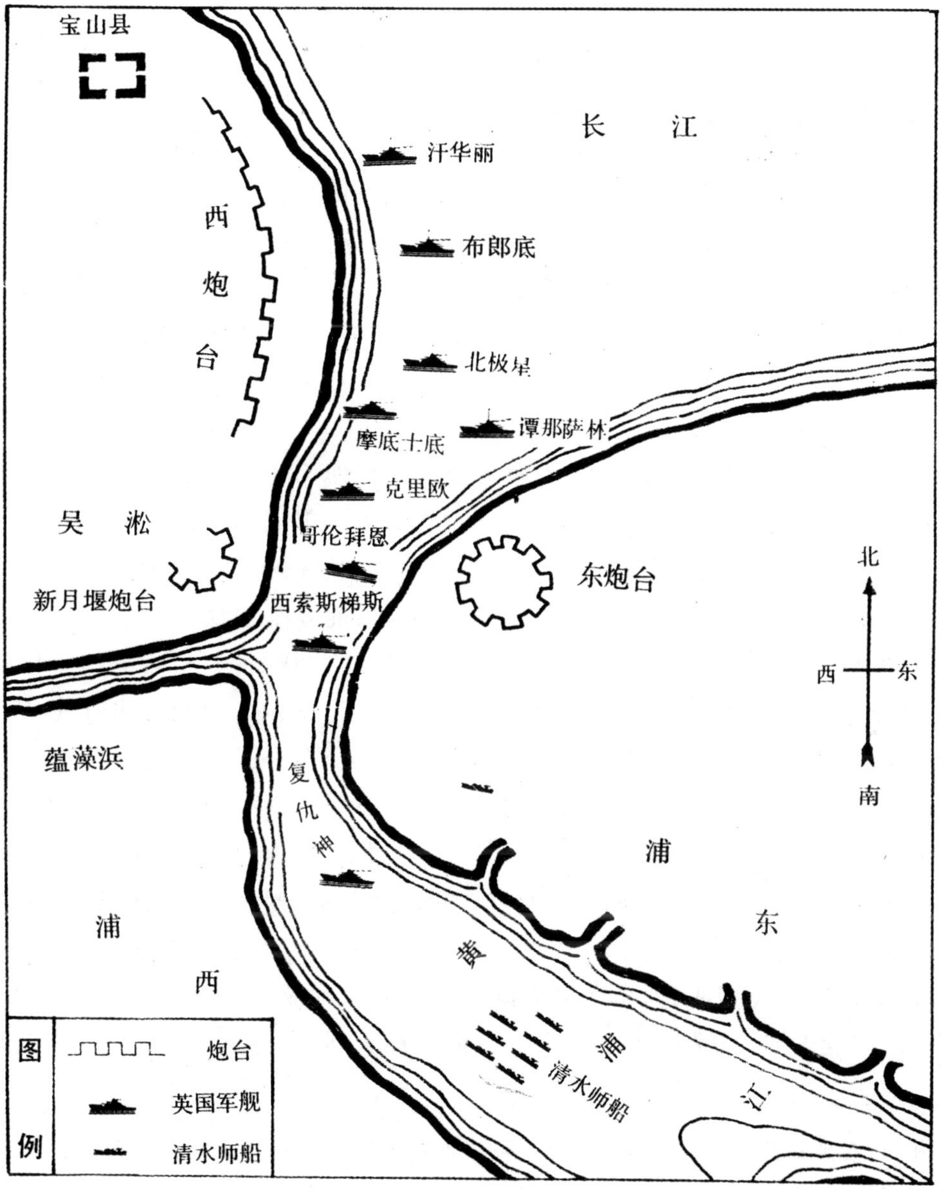

鸦片战争时期英军侵犯吴淞示意图

第十章　英军进犯长江

裕谦殁后，清政府擢河南巡抚牛鉴继任两江总督，令他到任后“亲历各处海口，相度情形，悉心筹画，将一切防剿事宜，赶紧妥为办理”①。牛鉴（？—1858年），甘肃武威人，嘉庆进士，本是一个素不知兵的文官。他于1841年11月中旬抵达江苏，在一段时间里对于江苏沿海的防务抓得还算认真。牛鉴认为：“宝山守则上海可保，而全省亦赖以安。……是江南防海要地，不能不聚精会神，全注于宝山之吴淞一口也。”② 但他对于吴淞口战略作用却没有予以充分注意。他认为，英军绝对不可能将舰队驶入长江，理由是长江口至镇江之间“下有礁石，地段绵长，约有数百余里，处处并有沙线，非长潮不能遽入。……该逆断不敢乘舟深入”③；并且，他也大大低估了英军的进攻能力和凶猛程度，说“逆夷用杉板船渡其黑鬼登岸，不过数十百人而止，我军以数千精锐接仗，亦何难聚而歼之？……断不致有他虑”④。因此，身为江苏海防最高长官的牛鉴，对吴淞口的防守又看得太简单、太轻易了。清政府在1841年底至1842年3月，集中主要力量在浙江展开反攻，之后又把天津大沽口作为重点防区，再加上牛鉴上述意见的影响，因而并不重视吴淞口要塞的防务。乍浦失陷后，清政府手忙脚乱，唯恐英军从陆上进犯苏、浙内地，更无暇顾及吴淞口了。于是，在英舰驶向吴淞口时，这里只有守军约6000人，尚不及乍浦守军之众。

吴淞口要塞主要由位于宝山县黄浦江出口处的西炮台、与它隔水相望的东炮台和它南面蕴藻浜岸边的新月堰炮台组成，互为犄角。西炮台由陈化成率清军1300名驻守，有大炮134门；东炮台由署川沙营参将崔吉瑞率清军1000余名驻守，有大炮21门；新月堰炮台约有数百清军驻守，有大炮10门。西炮台北面为宝山县城，牛鉴率2800余名兵勇驻扎于此，以为应援。此外在宝山县城西北面的小沙背（“由崇明入吴淞口门户”），也有徐州镇总兵王志元所率700名清军驻守。

从6月8日（四月三十日）起，英舰陆续驶至吴淞口外。首先派出“摩底士底”号、“复仇神”号和“伯鲁多”号3艘舰船，“阻止扬子江上的交通，并对吴

① 《着两江总督牛鉴迅速启程赶办防堵事宜上谕》，《鸦片战争档案史料》第4册，第239页。

② 《两江总督牛鉴奏报吴淞海口紧要情形折》，《鸦片战争档案史料》第4册，第409—410页。

③ 《两江总督牛鉴奏报吴淞海口紧要情形折》，《鸦片战争档案史料》第4册，第409页。

④ 《两江总督牛鉴奏报防御海口情形折》，《鸦片战争档案史料》第5册，第5页。

淞地方的防御情况进行侦察”[1]。13日，英军舰队全部开到黄浦江口。次日，巴尔克、郭富又亲自侦察了黄浦江两岸全线布置的防御工事，寻找登陆点。

6月16日（五月初八日），在海潮、天气均极有利的情况下，英军对吴淞口要塞的进犯开始了。清晨6时起，英舰“布郎底”号、“汗华丽”号扑向西炮台正面，“摩底士底”号、“哥伦拜恩”号和“克里欧”号扑向新月堰炮台，“西索斯梯斯”号和“谭那萨林”号扑向东炮台。守军沉着应战。在西炮台，“布郎底”号和“汗华丽”号尚未调过头来，就遭到炮台猛烈的炮击，陈化成“手执红旗，指挥轰击”[2]。一个参战的侵略者承认，这时“中国人的士气非常旺盛”，“炮火很厉害，打得也甚准确，我方两条船舰都遭到炮击”。[3]“第一炮的一颗炮弹，把巡洋舰‘布郎底’号上的一位军官和几名水手打死了；另一颗炮弹，把轮船‘弗莱吉森’号外轮盖间的一位水深测量手的两腿打断了”[4]。“摩底士底”号和“复仇神”号在向新月堰炮台逼近途中，该炮台“所发来的炮弹特别厉害……两只船都受到不少损伤”[5]，船上英军吓得四处躲藏，不敢接战。“西索斯梯斯”号也被东炮台守军炮火击中11次之多。

扎营宝山县城的牛鉴，眼见英舰开到吴淞口，发现敌人的实力远比自己所估计的强大得多，顿生畏惧之心，有意派人向英军求和，因陈化成坚决反对，未果。[6] 这天，他听说吴淞口初战得手，士气高昂，又得意起来，摆出隆重的仪仗，出城到大教场观战。英舰发现，立刻开炮轰击。仪仗队伍顿时大乱。牛鉴魂飞魄散，忙令一士卒改妆乘上自己的轿子，而他则混入乱军之中向省城方向狂奔。守小沙背的徐州镇总兵王志元，本是镇海战中跟随余步云逃跑的败将，见总督落荒而走，也慌忙率部逃遁。

早上7时左右，各艘英舰到达预定位置，马上向各炮台疯狂炮击。“复仇神”

---

① 柏纳德：《“复仇神”号轮舰航行作战记》第34章，《鸦片战争末期英军在长江下游的侵略罪行》，第39页。

② 毛祥麟：《三略汇编》卷二“吴淞”条。

③ 柏纳德：《“复仇神”号轮舰航行作战记》第34章，《鸦片战争末期英军在长江下游的侵略罪行》，第48页。

④ 奥特隆尼：《对华作战记》第24章，《鸦片战争末期英军在长江下游的侵略罪行》，第180页。

⑤ 柏纳德：《“复仇神”号轮舰航行作战记》第34章，《鸦片战争末期英军在长江下游的侵略罪行》，第48页。

⑥ 参见袁翼：《江南提督陈忠愍公殉节略》，《中国近代史资料丛刊·鸦片战争》第6册，第356页。

号、“弗莱吉森”号突入黄浦江纵深，攻击清军水师船。东炮台首先崩溃，英海军陆战队登陆占领东炮台。“摩底士底”号等舰逼近新月堰炮台，守军顽强抵抗。由于“炮位不能升降自如”，无法“对于‘摩底士底’号施行有效的射击”①。结果，“摩底士底”号等舰的炮火很快占了优势。一批英军在炮火掩护下从蕴藻浜登陆，企图攻占新月堰炮台，进而从侧翼包抄西炮台。这时，守军“表现了使人吃惊的勇敢和顽强。他们在进行防卫战时，一点也不畏缩”②。他们以火绳枪和抬枪向敌人猛烈射击，打伤10多人。由于敌舰火力过于凶猛，守军被迫撤往西炮台。当敌人尾追而至时，他们又冲出阵地，挥舞长矛，奋力肉搏。

西炮台是吴淞口要塞的核心，阵地最坚固，防御力量最强，因而是英军进攻的最主要目标。“布朗底”号、“汗华丽”号及“北极星”号对准西炮台成排地倾泻炮弹，西炮台顿成一片火海。这几艘英舰见英军已从南翼登岸，向西炮台侧面逼近，便组织英军从衣周塘登岸，实行正面强攻。陈化成亲自“驰塘督战，炮兵缺处，则亲装点火药，连开数十门”③，又指挥抬枪、鸟枪队迎击上岸之敌，击退敌人多次冲锋。正在鏖战之际，平日素为陈化成器重、由他一手提拔起来的苏松镇总兵周世荣，眼见东炮台、新月堰炮台接连失守，英军在猛烈炮火掩护下从东、南两面扑来，守军伤亡惨重，宝山县城又无一援兵接应，丧失斗志，向陈化成提出弃台退避。陈化成勃然大怒，叱之曰：“曩谓尔诚，荐拔至是，今尔负我，以致负国。”④ “拔剑将斩之，周逸。”⑤ 周世荣带领部分清军逃离阵地，使抵御力量大大削弱。但是陈化成与留下的将士仍然拼死战斗，“时药无布袋，炮无米囊，燃必跃子，心空炮耳折，架窳不可再用。公（陈化成）掬药纳子，炮震伤手，血流至胫，旋有巨炮冲陷土牛，击公仆地，细子中股，纷如雨点”。最后，“药子已竭，炮热炙手”⑥，无法开炮。英军乘机将东、南两路登岸队伍合为一股，向西炮台猛冲上来。“吴淞把总龚增龄迎战，刃数夷，群

---

① 柏纳德：《“复仇神”号轮舰航行作战记》第34章，《鸦片战争末期英军在长江下游的侵略罪行》，第51页。

② 柏纳德：《“复仇神”号轮舰航行作战记》第34章，《鸦片战争末期英军在长江下游的侵略罪行》，第45页。

③ 毛祥麟：《三略汇编》卷二“吴淞”条。

④ 袁翼：《江南提督陈忠愍公殉节略》，《中国近代史资料丛刊·鸦片战争》第6册，第290页。

⑤ 王拯：《陈将军画像记》，《中国近代史资料丛刊·鸦片战争》第6册，第292页。

⑥ 袁翼：《江南提督陈忠愍公殉节略》，《中国近代史资料丛刊·鸦片战争》第6册，第290页。

夷围而禽之，入船胁降，不屈，钉手足于板，掷诸海。”① 陈化成“拔佩刀接仗，枪亦洞腹”②，8处受伤后壮烈牺牲。守军将士战死于西炮台阵地者，共80余人。

吴淞口要塞经过一番激战，终于失陷了。这次失败，第一是败于两江总督牛鉴率先仓皇逃跑，以致守军孤立无援，军心动摇，“士气终馁，鼓不起来”③。其次是败于守军武器的落后，拿作为主要防御装备的大炮来说，炮弹的杀伤力和破坏力都很有限。因此，尽管在英军看来，“中国人的炮火以这次为最厉害。我军旗舰被击中多次，后樯被击中三炮；‘布郎底’号被击中十四次……‘西索斯梯斯’号被击中十一次，其他舰只也都被击中多次”④，但都没有给这些敌舰以致命打击，也没有给敌军造成很大伤亡，英军“在船上阵亡的共2人，受伤的有25人”⑤。如果当时守军拥有比较先进的、杀伤力强的大炮（如英军所使用的开花炮）和其他武器，那么局面就会有很大的不同。

吴淞口要塞尽管失陷了，但血染疆场的江南提督陈化成及其他殉难将士，受到人民群众的崇敬和怀念。陈化成“殓于嘉定城中，绅耆、士庶及妇人、女子、担夫、贩竖，莫不奔走哭送，柩过处，尽设香案，祭于路者，几相望”⑥。相反，临阵脱逃的两江总督牛鉴，则遭到人们的鄙视和憎恶。事后一首五言诗在民间广为流传，其中写道：“夷来速奔走，夷去漫探听……引军牛总督，拒夷陈化成，一死一奔走，谁莸果谁薰”？⑦ 夏燮记载道，“牛督拥兵护逃，众口交詈，一时江浙士民谣曰：‘一战甬江口，督臣（指裕谦）死，提臣走；再战吴淞口，提臣死，督臣走。’”⑧ 任何在祖国危难关头置民族大义于不顾、苟且求活

---

① 袁翼：《江南提督陈忠愍公殉节略》，《中国近代史资料丛刊·鸦片战争》第6册，第290页。

② 袁翼：《江南提督陈忠愍公殉节略》，《中国近代史资料丛刊·鸦片战争》第6册，第290页。

③ 不著撰人：《软尘私议》，《中国近代史资料丛刊·鸦片战争》第5册，第532页。

④ 穆瑞：《在华战役记》第8章，《鸦片战争末期英军在长江下游的侵略罪行》，第228页。

⑤ 穆瑞：《在华战役记》第8章，《鸦片战争末期英军在长江下游的侵略罪行》，第228页。

⑥ 雷葆廉：《陈军门小传》，《中国近代史资料丛刊·鸦片战争》第3册，第335页。

⑦ 《五言诗》，《中国近代史资料丛刊·鸦片战争》第3册，第455—456页。

⑧ 夏燮：《中西纪事》卷二四《海疆殉难》，第326页。

的人，都逃脱不了千古骂名。

西炮台陷后，郭富率英陆军登陆，随即北扑宝山县城。这时城里已无一兵一卒，“署县周恭寿，号竹君，随制军（指牛鉴）以遁，夷匪放火烧天妃宫，入宝山城”①。6月19日（五月十一日），英军又兵分两路，一路由“摩底士底”号等9艘舰船载部分英军从黄浦江上驶，一路由蒙哥马利中校率上千名英军顺黄浦江岸扑向上海。

上海在当时已是一个比较兴盛的商业城镇，是“人烟稠密，商船聚集之处。其地紧临大江，城内城外，街市错簇，居舍鳞次”②。这里还设有防堵总局，存放着用于江苏海防的大量枪炮和军用物资。英国侵略者十分了解上海的重要地位，认为“上海在商业上，必然是一个十分重要的地点。它的重要性，不仅是对国内贸易而言，也包括对外贸易”，“这座城市位于全国生产最发达、财富最集中的地区，故上海及其邻近地方，向来为人誉为中国的桃花源”。③ 在英国政府准备强加给中国的条款中，就有开放上海为通商口岸的内容。因此，无论从英国侵略者垂涎上海的财富、要变上海为侵华据点的欲望来说，还是从军事需要（消除吴淞口背后清军的威胁，以保证其顺利进犯长江）来说，英军进犯上海都是势所必然的。然而，上海地方官府根本就不打算抵抗。战前，牛鉴就认为上海“并无用武之地，亦无抵御保守之法”④，对上海防务并未认真部署，派驻的最高级军官也只是一个署提标右营游击（封耀祖）。吴淞口交战前夕，“城上兵卒每卡仅一二人，或并无人……大小南门二处守门卒寥寥，见潜山营兵数人，本标之在者直无几”⑤。更为恶劣的是，牛鉴逃离宝山县城后，完全将上海弃而不顾，直奔嘉定。上海道台巫宜禊、上海县令刘光斗，也都自顾身家，溜之大吉。“上海城中，初九日（6月17日）已不知文武官员下落”⑥。在这种情况下，上海实际上是一个没有任何防备的城镇。而英军则看准这一点，要“利用当

① 乔重禧：《夷难日记》，《鸦片战争末期英军在长江下游的侵略罪行》，第323页。

② 《两江总督牛鉴奏报吴淞海口紧要情形折》，《鸦片战争档案史料》第4册，第409页。

③ 柏纳德：《“复仇神”号轮舰航行作战记》第34章，《鸦片战争末期英军在长江下游的侵略罪行》，第62—63页。

④ 《两江总督牛鉴奏报吴淞海口紧要情形折》，《鸦片战争档案史料》第4册，第409页。

⑤ 曹晟：《夷患备尝记》，《中国近代史资料丛刊·鸦片战争》第3册，第127页。

⑥ 《两江总督牛鉴奏报上海失守之前已不知官员下落等情片》，《鸦片战争档案史料》第5册，第467页。

时在上海方面所出现的那种混乱的情形向上海推进，不可浪费一点时间”①。结果，19日（五月十一日）当天，英军不费吹灰之力占领了上海城。

英军在上海掳获了171门大炮，并将所有军需物资掠夺、销毁，同时“四出抄掠财物及鸡鸭等，并奸淫妇女”②。亲身经历了这场劫难的曹晟（上海城内一名绅士），真实地记录了这伙强盗的暴行：“数洋人持械破门……入室倾箱倒箧，凡一切银钱首饰，细而软者，虽微必攫。追抄掠毕，以刃加予颈，索蓄藏，曰‘番饼！番饼！’者良久”。“是日至者凡数大队，率如前状”。英军“捉民当差，凡运炮位、火药，及动用等物，一切扛抬劳务，悉驱百姓，无分僧道绅富，偶为所得，竟日夜不能脱，且有羁于船而不还者”。在英军肆虐后，富甲江南的上海，竟然是“盈街遍巷，积灰如丘，残胔腐骨，膻秽恶气，臭不可近”③。

6月20日、21日（五月十二日、十三日），英军又接连出动舰船向黄浦江以南和吴淞江进犯，侦察军情，并做出攻击江苏省城苏州的姿态。驶向黄浦江以南的英船行抵松江府附近之米市塘，“开炮二十四门，击毙守口兵丁三名，贼登岸毁帐房，推炮位入浦江”④。巴尔克亲自率英船驶向吴淞江，以苏州城作为骚扰目标，但苦于水浅，行进困难。于是英军在横潦泾抓来一位中国渔民王在坤为之引水。王在坤机智地将英船引至泖湖搁浅，致使敌人无可奈何地折回上海。

在清政府方面，与英军攻陷吴淞口、上海的行动相伴随的，是耆英、伊里布之流加紧进行的乞降促降活动。英军舰队驶离乍浦北上后，伊里布借将英俘送往镇海释还之机，再次向英方投递照会，进一步表白他“实心相待”的“诚意”，还明确表示：“所议之事（指英方各项要求），不难商定，须俟大局议有成规，自当会同扬威将军与刘抚台奏明大皇帝，再定章程，以昭信守”，请求英方“给与回文，以便约会同议”。⑤然而，伊里布很快就得知，他的上述照会未起任何作用。英舰已开到了吴淞口外。于是，他又派陈志刚前往求见英军头目，企图以通商、开市劝阻英军向吴淞口进犯。但陈志刚尚未赶到，吴淞口和上海已失陷了。侵略者让陈志刚转达的答复仍是老调：清政府必须全盘接受英方各项

---

① 柏纳德：《“复仇神”轮舰航行作战记》第34章，《鸦片战争末期英军在长江下游的侵略罪行》，第57页。

② 乔重禧：《夷难日记》，《鸦片战争末期英军在长江下游的侵略罪行》，第325页。

③ 曹晟：《夷患备尝记》，《中国近代史资料丛刊·鸦片战争》第3册，第131、132、133、136页。

④ 袁陶愚：《壬寅闻见纪略》，《中国近代史资料丛刊·鸦片战争》第3册，第97页。

⑤ 《伊里布照复》，佐佐木正哉编：《鸦片战争の研究》（资料篇），第152页。

要求，否则不能停战。

6 月 18 日（五月初十日），已在赴粤途中的耆英奉旨折回杭州。这时他与伊里布更紧密地拧在一起，一面与伊会衔照会英方，要求在浙江镇海或江苏松江举行谈判，并保证“实心相待”①；一面上奏朝廷，借英人之口，要求授予他们接受英国要求的全权，并明确提出：“该逆如果情愿息兵，恳请通商，若再求见奴才及伊里布时，自应准其所请。”② 前面提到，清政府在乍浦失陷后，对英方针已由“剿”“抚”并用转变为以“抚”为主，因此对耆英与伊里布以释放英俘、投送照会为手段沟通议和之路的做法都是允准的。而获悉吴淞口失陷的消息后，清政府又慌忙传旨耆英：“迅即携带钦差大臣关防，与伊里布驰往江苏”③，办理求和事宜。不过，直到此时，清政府也还没有下定彻底投降的决心，因此它不允许耆、伊直接与英方谈判，说是“倘有应行商办之处，只可令陈志刚等持书前去”；也仍然没有授予耆、伊以全权，说是“如复书内有分外要求、万难应许事件，即与牛鉴一意防守，可剿即剿，当堵则堵”。④ 耆英和伊里布按照朝廷谕旨，于 6 月 30 日（五月二十二日）由浙江抵达江苏昆山。侵略者的蛮横，朝廷的犹豫，使他们慨叹乞降之难，但他们还是要“竭尽愚诚，但有可以着手处，于无法中设法，熟商妥办”⑤。

三、镇江之战　英舰封锁运河粮道

英军舰队攻陷吴淞口、上海，打开了长江的门户。下一个目标，就是整个“扬子江战役”计划的核心——攻打漕运枢纽镇江、截断大运河。为集中兵力实

---

① 《耆英、伊里布照会》，佐佐木正哉编：《鸦片战争の研究》（资料篇），第 155 页。

② 《钦差大臣耆英奏为回抵杭州商办羁縻事宜折》，《鸦片战争档案史料》第 5 册，第 428 页。

③ 《着钦差大臣耆英与伊里布驰赴江苏会同牛鉴商办事上谕》，《鸦片战争档案史料》第 5 册，第 455 页。

④ 《着钦差大臣耆英不可亲与英酋会晤只可令陈志刚等持书前去等事上谕》，《鸦片战争档案史料》第 5 册，第 537 页。

⑤ 《钦差大臣耆英奏陈璞鼎查复称不能戢兵等情折》，《鸦片战争档案史料》第 5 册，第 545 页。

现这一目标，英军在向上海市民勒索了50万元的所谓“赎城费”以后，于6月23日（五月十五日）退出上海，返回吴淞口。在此前一天，英国公使璞鼎查也从广东赶到，以便亲自指挥决定战争结局的一仗——镇江之役。

为了保证英军进犯长江、截断大运河计划的实现，英国政府早在1841年9月底就做出部署，命令英印政府在1842年4月以内，将一切可能调度的海陆军集中于新加坡，以便及时增援侵华英军，使其兵力“足以割断中华帝国主要内陆交通线的一个据点（指镇江）”，“强迫中国政府签订一个令人满意的条约”。① 从1842年5月中旬开始，来自印度、新加坡、英国的印度雇佣军5个团及志愿兵团、工兵、炮兵共6749名和英军2个团1500多人陆续到达中国，同时开来的还有多艘战舰、运输船。英舰攻陷乍浦、北犯吴淞后，这批援军就加紧赶往长江口。英军攻陷吴淞口的当天晚上，增援的战舰“戴窦”号首先到达。到7月初，援军全部与英军舰队会合。吴淞口聚集了英国战舰12艘、武装轮船10艘、运兵船4艘、运输船48艘，作战部队7000多人。这时已近长江汛期，英军抓紧时机，先派轮船“弗莱吉森”号驶入长江探测水路，结果在靠近运河入口的地方，直到镇江金山为止的这一段，发现了一条又深又清的航道，并在航道上安设了浮标。一切准备就绪之后，留下“北极星”号在吴淞封锁长江口，73艘舰船分为5个纵队，于7月6日（五月二十八日）闯进长江。

对于英军进犯长江，清政府可以说是毫无准备。这倒不是因为清政府不懂得长江下游尤其是长江与大运河交叉点的重要性，它曾一再强调“瓜洲河口，为南五省总汇扼要之区，所关匪细”②，“当此逆氛未靖之际，必当加意防范”③；也不是没有人估计到英军进犯长江的可能性，早在1841年11月下旬，著名学者包世臣就致书辅佐奕经剿英的原福建水师提督陈阶平，力言“大江之路，不可不防”，一针见血地指出：“瓜洲为漕运咽喉，若夷逆于来春以巨舰横截瓜仪之间，粮艘不能北达，相持数月，都下难免惶遽，此其可忧，较之直犯杭州，波及乍浦、上海，奚翅十倍?”④ 驻守镇江的京口副都统海龄，在1842年2月也提醒朝廷：“瓜洲相距海口，不过六百余里，现值东南风司令，渐次潮水涨旺，

① 《爱伦伯利子爵上女王书》，转自马士：《中华帝国对外关系史》第1卷，第331页。

② 《京口副都统海龄奏为瓜洲所关匪细恳敕于要隘拦江堵截折》，《鸦片战争档案史料》第5册，第14页。

③ 《着两江总督牛鉴等会议海龄所奏拦江堵截是否可行事上谕》，《鸦片战争档案史料》第6册，第52页。

④ 《致陈军门阶平书》，《安吴四种》卷三五《齐民四术》。

江中虽有淤沙，而狼、福一带江面辽阔，逆夷大船固难骤至，而杉板钓船未敢保其不来。两岸要隘虽经添派官兵防范，奈炮力未能击及江心。……其江中并未设备船只木筏铁链矛缆等件拦江堵截，不日南粮连樯北上，倘有疏虞，关系甚重。”① 既然如此，清政府为什么对长江防务没有采取得力措施，以致英军放胆入侵呢？这首先是由于清政府对英军意图判断失误。英军再次北犯，不是将京城，而是将长江与运河的交叉点作为主要打击目标，这是义律拟定、璞鼎查实施的行动计划。但清政府及其沿海督抚将军们都昧于敌情，只根据英军首次北犯的情况，一致认为英军将再犯天津，危及京城，因此将主要注意力集中于天津海口防务。平心而论，这种判断失误在当时很难避免，大力加强天津海防也并非不当。但是，清政府却因此而忽略了英军进犯长江的可能性，没有认真部署本来可以并行不悖的长江防务的加强，以致铸成大错。对此，两江总督牛鉴负有不可推卸的罪责。

长江下游在牛鉴辖区之内，他对这里防务的意见自然最受朝廷重视。然而，他非但毫无建树，反倒以谬见对朝廷决策产生严重的不良影响。牛鉴就任两江总督期间，曾多次在奏报中谈到长江下游的防务问题。他夸大英舰由海入江的困难，说是从运河口至长江口，“其间绵延数百里，望之汪洋无际，其实水浅滩高，礁沙缕结，可以行船之深洪，仅止一线，或南或北，迂回曲折，辨认甚难。又有鹅鼻嘴、圌山关、雩山、焦山、象山、金山等山，或屹立江中，或陡出江外，或两山夹峙，水流湍急，动辄触损行船。虽生长江滨之沙渔等船，亦皆视为畏途，为逆夷大船不敢轻履之地”②；又说：“逆夷行事，虽属诡诈多端，然其志在牟利通商，并非争城略地。故定海、宁波、乍浦等处，为沿海殷埠马头，尚不长思占据，不过负嵎之兽，借作要求。若嘉兴、松江、苏州一带，全系内河，中多港汊，彼之大舶既不能通，倘用三板小船冒险入犯，则失其船炮之利，即为我兵所乘。是水路内侵之可以无虞也。”③ 因此，牛鉴断言：“由吴淞而入扬子江，逆夷虽有内犯之言，然相距数百里水程，亦不过虚词恫喝，臣是以反复

① 《京口副都统海龄奏为瓜洲所关匪细恳敕于要隘拦江堵截折》，《鸦片战争档案史料》第 5 册，第 14 页。

② 《两江总督牛鉴奏报防护漕船及江海情形并明年漕运无虞折》，《鸦片战争档案史料》第 4 册，第 549 页。

③ 《两江总督牛鉴奏为江苏洋面静谧现仍遵旨严防折》，《鸦片战争档案史料》第 4 册，第 354 页。

体察，逆夷不犯内河，竟属确有把握。”① 驻守长江下游要隘口岸的清军数量本来就很有限（例如江阴境内“为长江入海第一扼要门户”的鹅鼻嘴，只驻有280人；屏障镇江的圌山关，只驻有80余人；镇江城只驻有京口旗兵及从山东青州调来的旗兵1600人），可是牛鉴居然向朝廷夸口：“统计大江各要隘口岸，原续派驻弁兵均已敷足，兼有节次招募乡勇协同防御，似可毋庸再行添拨。”② 直到吴淞口失陷、英军进犯长江在即，牛鉴逃往昆山后，仍向朝廷打包票，说什么“江苏各口，均经臣会同抚臣（指江苏巡抚程矞采），相机择要分兵防御，已无虞其窜入”③，同时又报告英军舰队退出吴淞，“显有滋扰山东、天津情形”④ 的错误情报，以致清廷误以为江苏情形较缓，把向江苏增派援军的计划又搁置起来。⑤ 这样，加强长江下游防务的时机被最后断送了。

英军舰队侵入长江之后，一路行进并不顺利，因为“沿江一带有许许多多沙滩，而且由于江流湍急的缘故，有些沙滩还在随时改道”，“这支舰队的每只船都有陷滩搁浅的可能”，有时“还需要两三条轮船一道来协助，将陷在滩上的船舰拖下来”。⑥ 如果清军及早在沿岸作好抗击准备，完全可以给予英军以有力打击。一名参与对长江进犯的英军高级军官也承认：“扬子江两岸具有若干足资防卫的优势据点，如果清政府将威力很高的大炮排列在那许多地方，那样，我军拥挤不堪的舰队，必会蒙受极大的不利。”⑦ 而清政府“在吴淞口与镇江府之

---

① 《两江总督牛鉴奏为江苏洋面静谧现仍遵旨严防折》，《鸦片战争档案史料》第4册，第355页。

② 《两江总督牛鉴等奏报京口官兵足资防守毋庸添拨情形折》，《鸦片战争档案史料》第4册，第411页。

③ 《两江总督牛鉴奏为英船退出吴淞前派参赞及耆英伊里布毋庸来苏折》，《鸦片战争档案史料》第5册，第495页。

④ 《两江总督牛鉴奏报英船北驶并寻获陈化成尸身片》，《鸦片战争档案史料》第5册，第496页。

⑤ 6月22日（五月十四日），清政府接到吴淞口失陷的报告，命令奕经酌派参赞大臣1人，带领弁兵驰赴江苏，会同牛鉴竭力防守。但7月3日接到牛鉴上述奏报后便又传谕奕经，毋庸派参赞大臣带兵前往。〔参见《筹办夷务始末》（道光朝）四，第1999页〕

⑥ 柏纳德：《“复仇神”号轮舰航行作战记》第35章，《鸦片战争末期英军在长江下游的侵略罪行》，第79页。

⑦ 奥特隆尼：《对华作战记》第28章，《鸦片战争末期英军在长江下游的侵略罪行》，第190页。

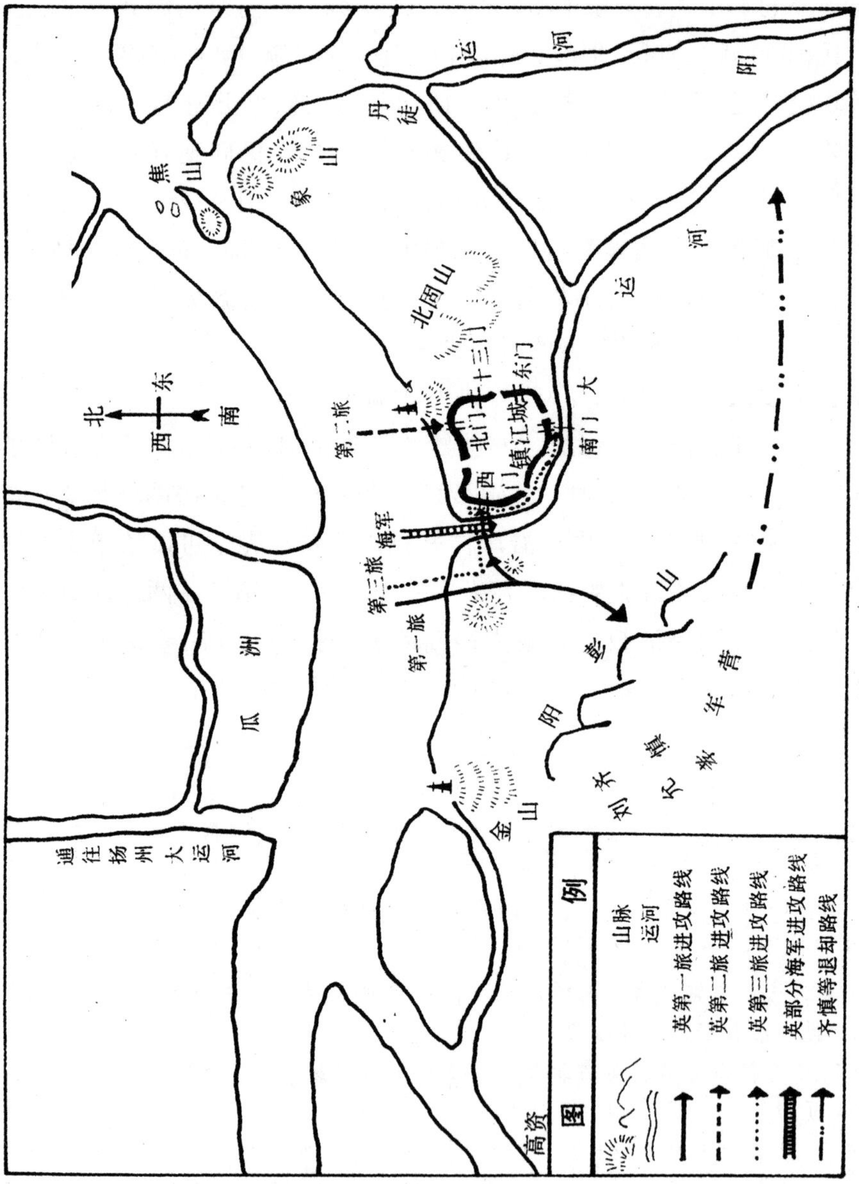

鸦片战争时期英军进犯镇江示意图

间，不过建立起两座没有多少价值而又无法支持的炮台而已”①，鹅鼻嘴的守军又在英舰驶至以前就已逃跑。结果，英舰如入无人之境，排除种种困难，沿着长江上驶。7月11日（六月初四日）以后，“江水陡涨，江面顿宽，迥异常时”②，又给英舰航行提供了有利条件。14日，英舰逼近圌山关，守军进行微弱抵抗后弃守，炮台被英军摧毁。紧接着，15—18日，英舰“摩底士底”号和“布郎底”号分别封锁了大运河的北口（瓜洲）和南口（京口，位于镇江城西北郊），实现了其截断大运河的计划。在此期间，英舰遭到屹立江心的焦山炮台上百名蒙古旗兵的坚决抵抗，他们在与英军搏斗中几乎全部壮烈牺牲。20日，英军舰队齐集镇江江面，准备攻城。

这时的镇江城，简而言之是一片混乱。两江总督牛鉴在英舰入江之后，“神魂丧失，心胆俱碎，唯有顿足捶胸，仰天号哭而已”③。他先由昆山跑到无锡，7月13日（六月初六日）又赶到镇江，对朝廷说是布置防务，实际上是令沿江各州县“不许开炮，遗之牛羊”④，设法谋求向英军妥协投降。他在镇江停留时间不到一天，于抵抗之策不置一词，却传令常镇通海道周项“醵金十二万犒英师”⑤，然后遁往江宁。牛鉴的行径在镇江军民中产生极为恶劣的影响，造成惊慌迁避局面。与牛鉴到达镇江的同一天，因英舰入江而急由苏州前往镇江的参赞大臣齐慎所率清军700人也赶到。16日、18日，又有湖北提督刘允孝所率1000名清军、九江镇总兵李锜所率2000名清军分别从江北、浙江行抵镇江（九江镇中1000名清军随即开往江宁）。⑥ 在大敌当前的危急形势下，这些前来增援的清军与镇江城内的驻防旗兵非但不能同心协力，反而形同水火。原因主要来自旗兵方面。率领旗兵的副都统海龄，是一位鲁莽的满族军官。他对英国侵略军历来是主张坚决抵抗的，对英军舰队的汹汹来犯也并不畏惧，同时十分憎恨牛鉴的怯懦逃跑。但他有严重的歧视汉族军民的错误观念，因此迁怒于前来增

① 奥特隆尼：《对华作战记》第28章，《鸦片战争末期英军在长江下游的侵略罪行》，第190页。

② 《牛鉴亲供》，原件藏中国第一历史档案馆。

③ 《牛鉴亲供》，原件藏中国第一历史档案馆。

④ 甦庵道人：《出围城记》，《中国近代史资料丛刊·鸦片战争》第3册，第42页。

⑤ 陈庆年：《横山乡人类稿》卷五《道光英舰破镇江记》，《鸦片战争末期英军在长江下游的侵略罪行》，第335页。

⑥ 英军舰队驶入长江的前两天，牛鉴等人才弄清敌人意图，慌忙咨调齐慎率军来苏。清政府得悉后也急令原留在山东驻防的湖北提督刘允孝署理江南提督，率兵赴援。同时令奕经在浙江挑选一两千精兵援苏。

援的齐慎、刘允孝所部（由汉人组成的绿营军），拒绝与他们合作，闭城门不纳，以致这些增援清军无所得食，“大众至城下，欲开枪炮攻城，取都统生啖之”①。此外，海龄及其部下对镇江城平民百姓也采取了极端错误的镇压手段，时人记载说：“都统令旗兵满城捉汉奸，旗兵遇他县人在城者，及居人只行或夜出者，见即追而杀之。至是捕城内外居民百七十余人于小教场行刑，并及妇人、孺子，呼冤之声不绝。”② 这些做法，导致军民之间离心离德，大大削弱了抗击英军的力量。

7 月 21 日（六月十四日）清晨，悲壮的镇江保卫战开始了。近 7000 名英军分四个旅（内含一个炮兵旅），分别从镇江西北、东北郊登陆。其行动计划为：由陆军少将萨勒顿率第一旅 3007 人进攻驻扎镇江西南阳彭山之齐慎、刘允孝部清军，以扫清镇江外围；由陆军少将叔得率第二旅 1831 人攻取镇江城北制高点北固山（魏源记云：“镇江依北固山为城，以运河为濠，形势险固”③ ），并佯攻北门，吸引城中守军兵力（根据具体情况，可将佯攻变成真正的进攻）；由郭富及巴特雷少将率第三旅 2154 人猛攻镇江城西门；炮兵旅 601 人由蒙哥马利中校等率领，分别配合各旅行动。

英军第一旅登陆后直扑阳彭山。驻扎于此的齐慎、刘允孝，在英军进攻之前就已心惊胆战，将营帐“移向山路极深僻处”④，足见其预存脱逃之念。果然，当英军扑来时，“参赞、提督向山僻处仓皇列阵，乘舆督战，发鸟铳数声，不料夷人径前，遂下舆换马先奔，众兵大溃，弥山遍谷，向丹阳大路而走，夷人大笑”⑤。英军顺利地实现其计划，使镇江成为一座外无援兵的孤城。

与齐慎、刘允孝等人截然相反，镇江城内的海龄及其部下和青州兵共 1600 名将士，抱定与城池共存亡的决心，谱写了一篇动天地、泣鬼神的壮烈乐章。当英军第二旅向北固山前进时，遭到守城旗兵“从城墙上用大炮、大抬枪及火绳枪等打来的猛烈炮火”⑥。英军接近城墙后攀云梯爬城，守军利用卫所和岗哨

① 朱士云：《草间日记》，《中国近代史资料丛刊·鸦片战争》第 3 册，第 79 页。
② 朱士云：《草间日记》，《中国近代史资料丛刊·鸦片战争》第 3 册，第 77—78 页。
③ 魏源：《道光洋艘征抚记》卷下，《魏源集》上册，第 200 页。
④ 朱士云：《草间日记》，《中国近代史资料丛刊·鸦片战争》第 3 册，第 77—78 页。
⑤ 朱士云：《草间日记》，《中国近代史资料丛刊·鸦片战争》第 3 册，第 79 页。
⑥ 柏纳德：《“复仇神”号轮舰航行作战记》第 35 章，《鸦片战争末期英军在长江下游的侵略罪行》，第 90 页。

作掩蔽，步步为营，誓死抵抗。参加此战的侵略者事后心有余悸地说："很多这些满兵直向我军的刺刀冲上前来。有的时候，满军冲到我军警卫哨来，将我方士兵捉住，然后抱起来一起跳下城墙去。还有一两次，满军士兵在被我军刺刀刺伤以前，居然能够把我方士兵摔下城墙去。……他们在和我们用大刀搏斗或作短兵相接的肉搏战时，总是不畏缩的。如果满军和我军一样，用同样的武器装备，纵使他们没有经过多久的军事训练，也能同我们打几个回合。城墙上的阵地很狭窄，我军无法予以侧击，除非我军另派一支部队攻其后方，满军很可能将阵地保持一个更长的时间。"① 激战中，英军上校卓弗尔毙命，少校华伦、上尉辛普森、中尉卡岱负伤。英军在炮火掩护下，分左、右两路爬上了城墙，在城墙下边房屋及院落内的守军马上迎头痛击，致使敌人伤亡惨重；城楼、城垛上的守军也无一人后退，侵略者承认：他们是"以极端坚决的态度，在我军暴风雨般的枪弹向其进攻之下，守住通向防御工事的旁门"②。最后，在寡不敌众的情况下，北门终于被英军攻破。

镇江城西门是英军的主攻点。第三旅和原属第一旅的一个团在郭富指挥下向西门猛攻。守军以密集的炮火狠狠打击来犯之敌，加上运河阻隔，英军久久不能接近城门。郭富无奈，只得改变战术，调江面上停泊战舰"布郎底"号所属轮船、驳船、快帆船多只，载大炮开进运河，向西门进逼，同时令第三旅冲过西门桥，向防守薄弱的南门突击。英军舰队刚驶进运河不久，便遭到从城墙上发射的大抬枪与火绳枪的致命打击。仅 10 分钟左右，英船上 3 名军官、25 名士兵被打伤。英军无回击之力，慌忙掉转船头回逃，有的人嫌船退得太慢，便弃船上岸，抱头鼠窜。巴尔克见英军败退，气急败坏，又派其座舰"汗华丽"号舰长理查滋和"摩底士底"号舰长华生率 200 多名海军陆战队士兵，与印度雇佣军 300 人合为一股，从运河入口处登岸，与运河上的英船互相配合，扑向西门。"当时大队满兵排列在城墙上，决心保卫他们的阵地"③，以交叉火力痛击冲过来爬城的敌人，敌舰长华生连中三弹，其他官兵也伤亡不少。这支英军"经

① 柏纳德：《"复仇神"号轮舰航行作战记》第 35 章，《鸦片战争末期英军在长江下游的侵略罪行》，第 91—92 页。

② 奥特隆尼：《对华作战记》第 29 章，《鸦片战争末期英军在长江下游的侵略罪行》，第 206—207 页。

③ 柏纳德：《"复仇神"号轮舰航行作战记》第 35 章，《鸦片战争末期英军在长江下游的侵略罪行》，第 96 页。

过重大的困难和努力以后，才算爬上了城墙”①，接着以火箭焚烧城楼。守军仍顽强抵抗，“拒绝投降和宽待”②，在枪林弹雨中全部壮烈牺牲。西门在激战 3 小时后被英军攻破。与此差不多同时，第三旅一部乘南门守备空虚，并在沿城墙赶到的第二旅的配合下，炸开南门，呼啸入城。

英军破城而入，战斗进入短兵相接的肉搏阶段。在战前，海龄就“令城中居民门置水瓮砖石，为巷战计”③。他和旗兵们早已作好思想准备，即使城池被破，也要血战到底。这时，海龄带着重伤在旗营向部下“大声疾呼地发表演说，鼓励他们再做一次努力去挽回今天的命运，叫他们宁愿做一个英勇的战士战死疆场，不愿在可憎的野蛮的侵略者面前苟延残喘。最后他向全体愿意保持军旗光荣的满兵战士号召说：宁可自杀，决不投降”④。旗兵们凭借街巷上的防御工事、庭园墙壁、篱笆等进行最后的殊死战斗。当英军第三旅冲进城内后沿城墙脚下集合时，一队旗兵突然向其打来激烈的炮火，打死 2 名英军官，打伤 2 名英军官，还有几名士兵被打倒在地上。英军各路一面抵挡四处飞来的枪弹，一面扑向城内守军的主阵地旗营。分散作战的守军奋不顾身地冲向敌阵，进行格斗，“一青州兵持长矛，贯一夷，未及拔，复贯一夷，矛不能举，夷拥斫之”⑤。巴尔克率陆战队随第三旅前进，而他本人却险些被一个冲到跟前的旗兵击毙。英军好不容易逼近旗营，旗兵们枪炮齐发，一齐与敌人肉搏，“镶红旗防御恒福扼营门拒之，为夷所分裂，拥入都统署，镶白旗步甲兆福迎拒死”⑥。在力战不支的情况下，海龄策马奔回住所，与家属一同自杀殉国。下午 3 时以后，城内守军有组织的抵抗才大体平息。直到深夜，零星袭击仍然不断发生，远近各处经常发出枪声，隐藏在被英军据为营房的民房中的旗兵，乘敌不备加以痛杀，并多次袭击敌人的步哨和卫兵，使英军惊恐万状，迭有死伤。

---

① 柏纳德：《“复仇神”号轮舰航行作战记》第 35 章，《鸦片战争末期英军在长江下游的侵略罪行》，第 97 页。

② 奥特隆尼：《对华作战记》第 30 章，《鸦片战争末期英军在长江下游的侵略罪行》，第 216 页。

③ 朱士云：《草间日记》，《中国近代史资料丛刊·鸦片战争》第 3 册，第 79 页。

④ 奥特隆尼：《对华作战记》第 30 章，《鸦片战争末期英军在长江下游的侵略罪行》，第 217 页。

⑤ 陈庆年：《横山乡人类稿》卷五《道光英舰破镇江记》，《鸦片战争末期英军在长江下游的侵略罪行》，第 337 页。

⑥ 陈庆年：《横山乡人类稿》卷五《道光英舰破镇江记》，《鸦片战争末期英军在长江下游的侵略罪行》，第 338 页。

漕运枢纽镇江，在一场血战之后终于陷落了。由于战前清政府完全忽视这个要塞的防务，而两江总督牛鉴又临危远遁，不采取任何积极措施，加以军队之间隔阂很深，军民关系极度紧张，因而在英军以占绝对优势的兵力和武器全力进攻的情况下，镇江城的失陷是不可避免的。尽管如此，海龄及其部下视死如归、英勇战斗到流尽最后一滴血的气概，仍然与日月同辉，足以引为中华民族的骄傲。伟大革命导师恩格斯曾高度评价镇江保卫战中的旗兵，他指出："驻防旗兵虽然不通兵法，可是绝不缺乏勇敢和锐气。这些驻防旗兵总共只有1500人，但却殊死奋战，直到最后一人。……在这次战斗中，英军损失了185人……如果这些侵略者到处都遭到同样的抵抗，他们绝对到不了南京。"①

正如恩格斯同时愤怒谴责的那样，英军因为在攻城中付出了惨重代价，"为了对此进行报复，在劫城的时候大肆屠杀"②。这伙强盗"见人辄击"③，"迭污其妇女"④，以土棍为向导比户抢掠金银财宝，随后将房屋付之一炬，遂致城内"无家不破"，"西门桥至银山门，无日不火，市为之空"。⑤一场浩劫之后，繁荣富裕的镇江城满目焦土，"骸骨混淆，且多零落不全，沉池泮者巨鱼攒食，状尤惨"⑥。这就是侵略者屠刀下展现的恐怖世界！

如同鸦片战争中多次出现的情形一样，在镇江城守军以最坚强的意志与敌人拼死鏖战的同时，它对岸的瓜洲、仪征，无耻的民族败类却在演出一幕纳币通敌的丑剧。瓜、仪一带，是当时全国的盐业中心，有不少腰缠万贯的盐商大贾。为了保障自己的利益不受损害，他们不愿抵抗来犯的英军。英军入江后，这批人纷纷携带细软迁避。同时，按照常镇通海道周顼（此人在镇江战中逃跑）和两淮盐运使但明伦的授意，推出一个盐商门客颜崇礼，带羊、酒、鸡、豚与英军接洽，乞求英军宽免瓜、仪。颜崇礼朝着驶来的英舰，"头顶说帖，跪献江干"⑦，以令人作呕的奴颜婢膝，去履行他的丑恶使命。在英军封锁运河北口的

① 《英人对华的新远征》，《马克思恩格斯全集》第12卷，人民出版社1962年版，第189—190页。

② 《英人对华的新远征》，《马克思恩格斯全集》第12卷，第189—190页。

③ 隐园居士：《京口偾城录》，《中国近代史资料丛刊·鸦片战争》第3册，第68页。

④ 朱士云：《草间日记》，《中国近代史资料丛刊·鸦片战争》第3册，第83页。

⑤ 陈庆年：《横山乡人类稿》卷五《道光英舰破镇江记》，《鸦片战争末期英军在长江下游的侵略罪行》，第338页。

⑥ 甦庵道人：《出围城记》，《中国近代史资料丛刊·鸦片战争》第3册，第50页。

⑦ 梁章钜：《浪迹丛谈》卷二《颜柳桥》。

当天（7 月 18 日），他被引上英船，马上表示：如果能够宽免瓜、仪，他愿提供一笔赎金。当时英军正准备全力攻打镇江，“最感缺乏的东西，乃是关于新鲜食物的供应”，因此“对于这次获得供应品的好机会，当然不肯放过”。① 他们对颜崇礼提出，必须马上送来 20 头牛和大量新鲜瓜果蔬菜。颜崇礼便连夜办齐，恭恭敬敬地送上英船。随后又接连为英军提供了大量食品。而英军则以最快的速度，将这些肉食瓜果运往镇江城下，供攻城部队使用。

7 月 21 日，镇江城内烽火连天，而在仪征，颜崇礼在前一天却把英军军官请进城内，在官衙内大摆筵席款待。他唯恐怠慢了“洋大人”，还特意给每个军官派两人伺候、掌扇。就在这一天，颜崇礼代表瓜、仪官府及其盐商，向英军拱手奉送了 50 万元的“赎城费”。颜崇礼还十分阴险地向英军密告当地盐民的反抗斗争，借其屠刀残杀历来被官府和盐商视为巨患的瓜仪之间老河影一带盐民。据记载，颜崇礼取得英军信任后便密告其头目：“尔船初入我境，盐枭即乘机骚扰，抢劫纷纷，居民被害已复不浅”。他又遥指老河影一带云：“此中数百家，聚亡命之徒数千，皆平日贩私，官不能禁者。”于是，璞鼎查派遣英舰于当夜（20 日夜间）疯狂炮击老河影，“见火焰烘空，数千私枭，几无噍类矣”②。英国侵略者曾煞有介事地说什么他们在战争中只以清政府为对手，而尽量不伤害中国老百姓。然而他们屠杀老河影盐民的暴行，却再一次戳穿了这个弥天大谎，证明了他们恰恰是与清朝的黑暗势力狼狈为奸，血腥镇压敢于反抗的中国老百姓。通过颜崇礼的一系列活动，瓜、仪盐商和官府得以苟安于英舰的炮口之下，而颜本人也由此得到投降派的青睐，捞到一个运同衔，在江宁谈判期间继续为投降派和英军挂钩牵线，从事卖国勾当。

四、江宁“城下之盟”

英军进犯长江、封锁大运河、攻陷镇江城的过程，也就是清政府在惊慌失措中最终确定彻底投降方针的过程。它的后果，就是屈辱的江宁（今南京）“城

① 柏纳德：《“复仇神”号轮舰航行作战记》第 36 章，《鸦片战争末期英军在长江下游的侵略罪行》，第 107 页。

② 袁陶愚：《壬寅闻见纪略》，《中国近代史资料丛刊·鸦片战争》第 3 册，第 103 页。

下之盟”——清政府俯首帖耳地接受英国所强加的全部不平等条款。

英舰入江前后，清朝内部的投降派势力空前活跃。他们互相串通，众口一词，竭尽全力促成彻底投降的局面。投降派的主要干将，首先自然还是专办“羁縻”事宜的耆英、伊里布。尽管当时清政府还没有允许他们直接与英方谈判，但他们并不恪守这种限制，继续向英军表白他们“皆系大皇帝特派来善议之大臣”，乞求英军尽快“定地议商”。① 为了取得英军更多的信任，加强相互间的联系，他们还别出心裁，施展起在官场中惯用的笼络术，对英军头目除了致送正式照会外，还发出个人名义的私书，摆出推心置腹的姿态，显示自己乞和是“出于至诚”②；同时，又到处搜罗以往与英军有“交情”的人（例如伊里布的家奴、在浙江多次代表伊里布向英军馈赠牛羊鸡鸭、办理妥协事务的张喜，当时本在天津，由伊里布敦促来苏；耆英、伊里布又以“广东洋商伍敦元一家，素为英夷所亲信”，而“飞咨两广总督、粤海监督，饬调伍敦元前来”③），用以作为挂钩牵线之人。但是，耆英、伊里布很清楚，要最终促成和谈，关键仍在于朝廷授予他们接受英国条件的全权。为此，他们以更加耸人听闻的调子大造投降舆论，把继续抵抗的结局描写得可怕至极。请看其奏报：“现当江水盛涨……彼兵在船安坐，施放炮火，直有不可向迩之势。……如骤与争锋，必难望其得力……若一意坚守，长江既为所扼，则声势梗阻，是战守两难，日久更不堪设想”。④ “瓜洲……为南北往来要区，该夷堵塞口门，占据江面，居心实不可问。且文报往来隔绝，粮饷转运维艰，凡商贩米货等物，均不能由瓜洲、镇江进口，情形万分支绌。倘扬、镇两郡骤被逆锋蹂躏，旋即开帆直抵金陵，则省门重地可危，其余沿江沿海地方，亦必闻风震悚，自相扰乱，将见外患未平，内讧又起。”⑤ “唯有吁恳天恩，俯念东南时势，应如何曲予矜全，敕下廷臣速议良策。”⑥

---

① 《伊里布照会》，佐佐木正哉编：《鸦片战争の研究》（资料篇），第163页。

② 《耆英照会》，佐佐木正哉编：《鸦片战争の研究》（资料篇），第165页。

③ 《钦差大臣耆英等奏为咨调洋商伍敦元来苏以备差委片》，《鸦片战争档案史料》第5册，第599页。

④ 《钦差大臣耆英等奏为吴淞失守后战守两难请敕廷臣速议良策片》，《鸦片战争档案史料》第5册，第612—613页。

⑤ 《署乍浦副都统伊里布等奏报英船驶进金焦二山京口危急情形折》，《鸦片战争档案史料》第5册，第664页。

⑥ 《钦差大臣耆英等奏为吴淞失守后战守两难请敕廷臣速议良策片》，《鸦片战争档案史料》第5册，第613页。

值得注意的是，这时并非只是耆英、伊里布在搞二重唱。他们的论调还得到了其他投降派的同声附和。奕山、奕经、刘韵珂这类人自不必说，在战事最为激烈的江苏，从总督、巡抚到江宁将军，也无一不是站在妥协、投降的立场，其中尤为突出的就是两江总督牛鉴。牛鉴一方面对英军内犯完全放弃抵抗，另一方面又紧锣密鼓地配合耆英、伊里布的促降活动。他步刘韵珂后尘，大肆渲染战争引起的社会动荡，以统治危机来震慑朝廷。他危言耸听地奏称：现在的状况是，“汉奸之潜滋，随处皆有，查之无从查；沿海居民之流散，无日无之，禁之不能禁；土匪乘机肆掠，又不待言。且苏、松为财赋所出，漕粮为天庾正供，此数月内该逆如不能剿灭，不但师老财匮，势将难支，万一彼竟分帮大举，汉奸内应，风鹤一惊，远近瓦解。江、浙两省，既属在在可危，纵使彼不深入，转瞬即属兑漕之时，尤为不堪设想。且沿海各州县钱粮，此时并无有完纳者”。他想方设法打消朝廷对投降的疑虑，说“该夷只为吁乞通商，并不敢妄萌他念”(所谓“他念”，即推翻清政府)，因此，对英投降，“并无伤于国体”；还搬出所谓“从古制夷之道，不外羁縻”，来证明投降的“合理性”；列举“苗民逆命，大禹班师；欲取姑与，老氏之术；又高宗纯皇帝时，征缅不克，降诏罢兵”，为投降提供“先例”。妄称“事有相类，拟非不伦”①。

这里撇开投降派不伦不类的所谓“引证”，剖析一下他们据以促降的“客观理由”，这就是：清朝在军事上已不能再战，在政治上危机严重，也不可再战。

首先，清朝在军事上决非不能再战。英军直入长江，并不是它本身有什么了不起的力量，而主要是沿岸防务空虚、地方官开门揖盗所致。在镇江，英军以全部陆军兵力加上部分海军陆战队，向武器和兵力都相差悬殊的旗兵进攻，不是被打得焦头烂额吗？英军虽然最终攻陷了镇江，但却摆脱不了“极其深刻长远的恐怖感”②。从全国来说，尽管长江下游失守，造成了军事上的被动，但并非失去了所有优势，还有下游沿岸大片地区，长江中游还有险可守，更不必说还拥有广阔辽远的内陆了。只要振作精神，坚决抗战到底，在军事上完全可以与英军继续较量，不存在“战守两难”问题。“日久更不堪设想”的，恰恰是孤军深入的英国侵略军。

其次，政治危机严重、不可再战的论点也不能成立。投降派所说的危机主

---

① 《牛鉴奏英军鸱张与前不同仰求怀柔与民休息折》，《筹办夷务始末》（道光朝）四，第 2039—2040 页。参见《鸦片战争档案史料》第 5 册，第 587—588 页。

② 奥特隆尼：《对华作战记》第 31 章，《鸦片战争末期英军在长江下游的侵略罪行》，第 220 页。

要有两个方面：一是运河被掐断，“情形万分支绌”，江南地区在战乱中可能中断漕米和财赋供应，“尤为不堪设想”；二是江南地区统治秩序被打乱，“将见外患未除，内讧又起”。

运河被掐断，削弱了南北之间的经济联系，阻滞了商业运输等等，确是事实。但不应过分夸大其严重性。必须看到两个重要事实：其一，英军切断当年南方五省北运漕米，借以引起清廷和京师恐慌的意图并未实现。因为早在英舰入江之前，本年度各省漕粮就已过江北上。这有中英双方记载为证：7 月 8 日（六月初一日）到京的江南河道总督麟庆奏报说，“江苏、浙江、江西、湖北等省漕船，均已渡黄，现有湖南三帮，亦已提催抵坝，即日灌放，连樯北上，相〔离〕海口尚远，逆夷无从窥伺”①；柏纳德《“复仇神”号轮舰航行作战记》中也写道，英舰封锁运河口时，“那年的漕运大队已经开到运河的上游，向北京进发了”②。在此情况下，英军掐断运河，并不足以构成对清政府的直接威胁。退一步说，就算漕运被英军阻断，也决不意味着清政府会被困死，它还可以通过多种途径取得粮食供应。其二，英军掐断运河，并不足以使整个中国经济发生紊乱，引起全国性震动。因为当时的中国，占统治地位的是分散的自给自足经济，商品交换只起辅助作用。各地区对商品交换的依赖程度并不高。商业运输渠道畅通与否，影响并不像英国侵略者所认为的那样大。基于上述两个事实，人们足以相信：英军掐断运河，固然给清政府、给中国社会造成了一定困难，但决非致命一击。清朝并未因此陷入绝境。所谓“情形万分支绌”，纯属危言耸听。

投降派所渲染的江南地区漕粮、财赋将有断绝之虞，也是过甚其词。他们的推断，是建立在英军“分帮大举”、江南“远近瓦解”的基础之上的。这根本不符合当时的客观情况。英军侵华兵力十分有限，这决定了他们只能攻占沿海沿江军事要地，无力控制中国大片地区。就拿英军对长江的进犯来说，投入兵力可算空前之多。即便如此，像上海这样的重要城镇，他们也不能分兵据守。可以肯定地说，不管江南战局恶化到何种程度，也不会出现“远近瓦解”局面。大多数地区仍然会处于清政府控制之下。如果清政府真心坚持抗战，这些地区的人民群众必然会全力支持，漕粮、财赋供应绝不会断绝。

---

① 《江南河道总督麟庆奏报严防海口及漕运经行各处情形折》，《鸦片战争档案史料》第 5 册，第 579—580 页。

② 《鸦片战争末期英军在长江下游的侵略罪行》，第 105 页。

至于投降派深以为忧的“外患未除，内讧又起”的问题，当时确实存在。官民形同水火、骚乱四处发生的状况，充斥于当时目击者的各种记述之中。但这种局面决非坚持抗战导致的“自相扰乱”的结果，主要是多数地方官府背弃职守、临敌溃逃的行径所造成。两江总督牛鉴的种种丑行及其后果，前面已有述及，为了进一步说明问题，不妨再回顾一下上海失陷前的情形。这里的官府素以贪酷著名，即使战火将起，“上海县刘光斗追比漕尾及上忙钱粮，仍严限逼迫。胥吏下乡，威逾狼虎”①。对英军的来犯，他们却毫无抵御之志。吴淞口炮声还未打响，“上海道巫（宜禊）、上海县刘（光斗）、守备王（嘉谟），三衙门家眷，皆已陆续由西门上船，送避他处，民间无不知也”②。吴淞口失陷当天（6月16日），上海全城官吏如鸟兽散。道台巫宜禊，“于二鼓以朝衣冠、朝靴及诰敕等置二堂，带印出西门，开船赴松江”；县令刘光斗也“于四鼓出西门下船”，逃往松江。③ 因此，上海在英军到达之前，就已“城中无官”，处于无政府状态。早已切齿痛恨官府的当地民众，见官吏们临危先逃，全然不顾百姓生死，愤怒到了极点。上千人将道、县衙门、总督行辕及所有象征清朝权力的机关全部捣毁。与此同时，不良分子的劫掠活动也在全城蔓延开来。也许有人会说，上海的情况固然如此，但镇江是对英军作了坚决抵抗的，这里不也是几乎发生内讧了吗？对此，前面已经提及。其原因，一是由于牛鉴将镇江防务弃而不顾、径自逃遁，引起恐慌；二是由于副都统海龄出于满族统治者的偏见，对镇江民众采取了错误的镇压方针，造成恐怖。这里还应补充的是：作为地方官的常镇通海道周项、镇江知府祥龄、知县钱燕桂等，当时也都擅离职守，既不配合旗兵守城，又不设法稳定民心，维持社会秩序。英军开始进攻后，他们相继弃城而逃，激起军民的极大义愤。显然，镇江出现的混乱，根子在于官府的投降主义和对内镇压，而绝不是坚持抗战所致。如果清政府能够正确认识江南地区统治秩序打乱的真实原因，在坚持抗战的同时整顿吏治，严惩背弃职守的官员，缓和阶级矛盾，一致对外，那是可以避免“外患未除、内讧又起”的局面的。

从以上分析可以看出，投降派为促降而编造的“客观理由”，塞进了大量谎言与欺骗，是完全站不住脚的。但恰如投降派所期待的那样，这些“理由”到了道光帝那里，就成了决定彻底投降的基本依据。

---

① 乔重禧：《夷难日记》，《鸦片战争末期英军在长江下游的侵略罪行》，第 316 页。

② 乔重禧：《夷难日记》，《鸦片战争末期英军在长江下游的侵略罪行》，第 318 页。

③ 乔重禧：《夷难日记》，《鸦片战争末期英军在长江下游的侵略罪行》，第 323、324 页。

在惧怕英军武力、对抗战前途悲观失望这一点上，道光帝与耆、伊、牛等人本无多大差别。英军进犯长江前他对投降举棋不定，那是因为还不情愿丢掉清朝的体面，同时对于在天津挡住英军以争取较有利的议和条件抱有一线希望。英军闯进长江、封锁运河、攻陷漕运枢纽镇江的行动，全出道光帝意料，就像一个人正在全力防备"猛虎掏心"，而下腹却突遭沉重一击那样，惊恐不可名状。在此情况下，他根本不可能冷静分析形势，沉着驾驭战局；而投降派一再鼓吹无力再战，危机一触即发，足以使他六神无主，五内俱焚。内忧外患已到了无法承受的程度。他诚惶诚恐，生怕重蹈当年明朝灭亡的覆辙。从封建统治者的本性出发，道光帝视国内民众的反抗斗争为"心腹之患"①，无论是由什么原因引起，都只能迅速镇压，毫无妥协余地。对于英国侵略者，在道光帝看来，他们虽然十分凶狠，但观其各项要求，尚看不出有取清朝而代之的意图。因此，即使接受英方要求，也不致江山易主。经过权衡，道光帝终于决定不惜一切代价对英"妥协"，以便腾出手来全力镇压人民的反抗斗争，以除内忧。至于对英投降将使民族利益受到何等严重危害，那是在所不计的；"天朝"之尊将由此一落千丈，也只得忍痛不顾了。

清廷彻底投降的意向，早在 7 月 18 日（六月初九日）已见端倪。这天，道光帝接到耆英等关于英舰即将大举进犯长江的奏报，立即发出密谕，声言英军"如果真心求和，于通商而外别无妄求，朕亦何乐而不罢兵？即令仅止求给香港一处，栖止贸易，或该国船只偶至闽、浙口岸暂时停泊，售卖货物，旋即驶去。虽非旧例，然随时变通，朕岂不思保全沿海生灵，聊为羁縻外夷之术"？还指示耆英等派人设法将此意转达英军，使其相信耆英"实可作主"，"必极力成全"和议。② 这道密谕表明，清廷做出了自开战以来最重大的让步——承认香港的割让，同意增辟通商口岸；准备接受英方更多的要求；同时还透露了将授予耆英办理议和全权的意图。话虽吞吞吐吐，其投降意向，明眼人一望便知。

10 天之后，7 月 26 日、27 日两天内，镇江危急和失陷的消息相继传到北京，道光帝立即做出授予耆英和伊里布办理对英投降全权的决定。26 日，道光帝连下两道谕旨说，英国照会"似以耆英、伊里布不能作主为疑"，"不肯遽敛逆锋，着耆英、伊里布剀切开导"，其要求"定邀允准，不必过生疑虑。该大臣

① 《江苏巡抚程矞采奏报镇江失守京口副都统遇害及现筹防情形折》，《鸦片战争档案史料》第 5 册，第 710 页。

② 《着钦差大臣耆英密派陈志刚私下劝英人议和事上谕》，《鸦片战争档案史料》第 5 册，第 624 页。

等经朕特简，务须慎持国体，俯顺夷情，俾兵萌早戢，沿海解严，方为不负委任，不必虑有掣肘”，“有应便宜从事之处，即着从权办理。此事但期有成，朕亦不为遥制”。① 27日，又“着耆英、伊里布仍遵昨旨，便宜行事，务须妥速办理，不可稍涉游移”，“此时业已专意议抚”。② 这标志着道光帝已准备不惜一切代价，由谋求妥协转向彻底投降。与此同时，道光帝“并令奕经暂缓赴苏，以免该逆疑虑，事多掣肘”③，也就是完全放弃抵抗，以求取悦侵略者，确保投降停战的顺利实现。至此，清政府卖国投降方针正式确立。耆英、伊里布等为此而狂喜万分，他们一面向朝廷保证，要为推行卖国投降方针“竭尽犬马愚诚”④，一面给喽啰们打气，说：“我们断不可孱头了。”⑤

英军封锁运河、攻陷镇江，其“扬子江战役”的计划已基本完成。耆英、伊里布也在镇江失陷的第三天，即7月23日（六月十六日）紧急照会璞鼎查，再次乞求互派代表谈判。但璞鼎查为迫使清政府无条件投降，仍然不予理睬，而是指挥舰队继续西进，将战火引向江南腹心要地江宁（今南京）。从8月2日起，英军除留陆军一旅和炮兵一队盘踞镇江外，主力陆续向江宁进发。到9日前后，江宁草鞋峡江面已聚泊英舰40余艘，兵丁4500多人。璞鼎查、巴尔克、郭富均已相继抵达江宁城下。

江宁为明朝南都，清代时也一直是江南地区政治中心，驻有两江总督及江宁将军等大吏，人口百万。其地背负钟山，襟带秦淮，俯视大江，虎踞龙盘。地位之重要，自不待言。但清政府在此地防务的薄弱却令人吃惊：一个方圆60里的大城，守军一共才7000多人，其中还包括从宝山和镇江仓皇逃来的徐州镇总兵王志元和湖北提督刘允孝手下1700名残兵败将。尽管如此，与进逼江宁城下的英军相比，守军还是有不少优势。首先，从兵力来说，英军在镇江战后，“霍乱及沼泽地带产生的热病流行起来，很多士兵，特别是那些新来到的士兵，

① 《着钦差大臣耆英等与英军再商戢兵事上谕》，《鸦片战争档案史料》第5册，第739、742页。

② 《着钦差大臣耆英等速与英人妥为议抚并可便宜行事上谕》，《鸦片战争档案史料》第5册，第743页。

③ 《着钦差大臣耆英等速与英人妥为议抚并可便宜行事上谕》，《鸦片战争档案史料》第5册，第743页。

④ 《钦差大臣耆英奏报遵旨办理对英羁縻情形折》，《鸦片战争档案史料》第5册，第787页。

⑤ 张喜：《抚夷日记》，《中国近代史资料丛刊·鸦片战争》第5册，第363页。

因此送命”，实际上能够供郭富“指挥并向南京城进攻的军力，除军官外，一共只有三千四百人”。① 江宁守军兵力是英军的两倍；其次，就地势而论，江宁城距江干六七里，其间开阔无蔽，城周围又多有河水、沼泽环绕，钟山高耸，为全城依托，利于守而不利于攻；第三，就人心向背而论，江宁百万人民痛恨侵略军，必将为保卫家园而积极配合守军打击来犯之敌；而英军却得不到任何支持和后援。如果江宁守军能像镇江旗兵那样，利用有利因素，以坚强的意志殊死抗战，至少可以再给英军以沉重一击。然而，在清政府已经确定卖国投降方针、投降派放弃一切抵抗准备的形势下，江宁终未成为大挫敌锋的英雄城，而充当了纳币贿和的屈辱地。

英舰直逼江宁城下。两江总督牛鉴和江宁将军德珠布都根本无意守城抗战。牛鉴 7 月 15 日（六月初八日）遁回江宁后，一面向朝廷大叫江宁万不可守，继续促降；一面在江宁开放城门，“任听居民搬运出城”②，不做任何激励军民斗志、整顿城防之事。德珠布年逾八旬，耽于酒色，对守城胸无一策，还借周顼之口向朝廷促降，说“此刻贼势浩大，据我腹心，实已不能转动，若不早图和解，其祸变愈久愈大”③。由于首要军政官员无意抵抗，江宁守军便早早龟缩城内，环城河道及全城制高点均弃而不守，一见英舰驶至，便在城墙各处竖起白旗。

牛鉴身为总督，有守土之责，江宁一旦失陷，如不自尽，也难逃死罪。为使英军不攻江宁以保全身家性命，牛鉴擅自越权，直接与英军接洽议和事宜。7 月 27 日，牛鉴派千总陈伯龄、武举张攀龙传送致璞鼎查照会，强调清政府已有投降之意，要求英军停止进攻，并将各项条件“据实直陈”，由他“代递”或“代奏”。④ 这纸照会得到的答复却是：“仍必钦遵君命行兵。”⑤ 8 月 4 日，第一批英舰驶至江宁江面。牛鉴慌忙于 4 日、5 日先后两次照会英方：“皇帝已明降谕旨，（议和事宜）交与钦差大臣广州将军耆、乍浦副都统前大学士伊，妥为筹办。”并按照英陆海军司令所提以巨款“赎省会以免战祸”的条件，向英方表

① 柏纳德：《“复仇神”号轮舰航行作战记》第 36 章，《鸦片战争末期英军在长江下游的侵略罪行》，第 103、119 页。

② 《两江总督牛鉴奏为将江宁省城之聚宝道济两门留放米商片》，《鸦片战争档案史料》第 5 册，第 667 页。

③ 《抄录常镇通海道周项禀》，《鸦片战争档案史料》第 5 册，第 677 页。

④ 《牛鉴照会》，佐佐木正哉编：《鸦片战争の研究》（资料篇），第 170 页。

⑤ 《璞鼎查照会》，佐佐木正哉编：《鸦片战争の研究》（资料篇），第 172 页。

示："兹已凑足三十万之数，即日专弁送交"；如英军"将兵船退出数十里之外，即当召集富户，再凑银三十万两，续行致送，决不食言"。①

牛鉴如此奴颜婢膝，却没有换来侵略者的一丝怜悯。他们一面将赎城费提高到300万元之巨，一面加紧攻城准备。由巴尔克和马礼逊等乘小船沿支河周密侦察江宁城地势及设防情况，随后拟出以占领钟山为重点的攻城计划。

就在牛鉴为江宁朝不保夕而心惊肉跳之时，被清政府委以办理投降全权的伊里布和耆英，于8月8日、11日（七月初三日、初六日）先后从丹阳赶到江宁。伊里布在江宁喘息未定，就火速派出张喜往见英军头目递送6日即写好的照会，表示他将竭力使英国侵略者"诸事合中，回得本国，见得国王，销得公差"②。璞鼎查此时虽已看透清朝急于求降，但为迫使其无条件接受投降条款，仍然玩弄讹诈伎俩。他借口伊里布未出示全权证书，命令英船挂上红旗、炮兵上岸，摆出一副立刻攻城的架势。伊里布马上就范，急忙致送清廷授权耆、伊"便宜行事"的上谕抄件，并明确保证："所有烟价、马头及平行各条，均可酌商定议，写立合同，加用钦差印信，以垂永久。"③ 耆英一到，双方的交涉随即开始。在这场所谓的"谈判"中，侵略者的骄横霸道和投降派的卑躬屈膝，再次展现得淋漓尽致！

8月12日，双方先以低级官员出场进行一般性交涉。中方代表佐领塔芬布、张喜等，与英方代表、璞鼎查的副官麻恭、马礼逊等，会晤于江边静海寺。英方提出订约条款8项：④

第一，中国赔偿鸦片烟价600万元、商欠300万元、英军战费1200万元，并规定支付日期，逾期不能偿清，加息5%；

第二，两国官员文移平行；

第三，将香港永远割让给英国；

第四，开放广州、福州、厦门、宁波、上海通商，公布关税则例，在通商口岸设英国领事；

第五，废除行商垄断，英商纳税由本国领事直接与海关办理；

第六，英国货物在一处口岸纳税后，可遍运天下，其他税关不可再征重税；

第七，开释英俘与汉奸；

---

① 佐佐木正哉编：《鸦片战争の研究》（资料篇），第177、181页。

② 《伊里布照会》，佐佐木正哉编：《鸦片战争の研究》（资料篇），第189页。

③ 《伊里布照会》，佐佐木正哉编：《鸦片战争の研究》（资料篇），第195页。

④ 《英国所要各条款》，佐佐木正哉编：《鸦片战争の研究》（资料篇），第199—200页。

第八，俟赔款付清、各口开放，英军始由招宝山、舟山和鼓浪屿撤出。

耆英、伊里布、牛鉴见到这些条款，试图作些讨价还价。其中主要是赔款一项，想免去商欠和战费。8月13日（七月初八日），双方低级官员举行第二次会晤，塔芬布、张喜等未就是否全盘接受英国条款明确表态。英方代表暴跳如雷，“麻恭屡作恨恨杀人之状”①，他们叫嚣：次日天明前如不全盘接受各项条款，英军将马上攻城。随后悻悻而去。消息传进城内，“诸帅已胆裂，即夜复书，一切惟命”②。为了使侵略者不疑，从14日起，他们改派地位较高的江苏按察使黄恩彤、四等侍卫咸龄出席谈判，还特意找来在仪征与英军打得火热的汉奸颜崇礼居中斡旋。

黄恩彤、咸龄的谈判对手仍是麻恭和马礼逊等，谈判内容主要是条约正文的拟定。名为谈判，黄、咸根本没有发言权，就连条约的汉文表达，也由马礼逊等一手包办，黄、咸只能点头画诺，不可更改一字！无怪乎一个侵略分子得意地写道：英国“是在那里向对方命令一个和平谈判，而不是和对方办理一次交涉”③。这种有名无实的谈判只搞了两天，条约草案就炮制出来了。8月16日，璞鼎查正式以照会形式向耆、伊、牛提出条约草案；定于20日两国全权代表会见。耆、伊、牛不敢有任何异议，俯首认可。

耆英等人在侵略者面前百依百顺，不敢说个“不”字。可是，为了掩盖罪责，却显得颇有心计。他们本来是经不起侵略者讹诈、不战而降的，奏报中却以英军占据钟山、江宁危如累卵，数万百姓“遮道号呼，吁求救命”④ 这些谎言来为自己开脱。对英方条款，他们也归结为三大端，分别列出应予接受的“理由”，上报朝廷：⑤

第一大端为割让香港、开放五口通商，在各口岸设英国领事，废除行商制度（相当于条约草案第2、3、5款）。明明是出卖国家领土主权、引狼入室，耆

① 张喜：《抚夷日记》，《中国近代史资料丛刊·鸦片战争》第5册，第377页。

② 不著撰人：《夷艘入寇记》下，《中国近代史资料丛刊·鸦片战争》第6册，第132页。

③ 柏纳德：《“复仇神”号轮舰航行作战记》第36章，《鸦片战争末期英军在长江下游的侵略罪行》，第123页。

④ 《耆英等又奏形势万分危急已允通商割地赔款折》，《筹办夷务始末》（道光朝）五，第2262页。

⑤ 刘长华：《鸦片战争史料》，《中国近代史资料丛刊·鸦片战争》第3册，第167—169页。

英等却说是以此换取英军“归我土地”（指当时英军占据各处），甚至把接受这些条款吹嘘为使英国侵略者“转为我用”的妙策。其厚颜无耻，可谓无以复加。

第二大端为中英官员见面用平行礼、释放英俘与汉奸（相当于条约草案第8、9、11款）。双方交往用平行礼，本无可非议。但由英国强行规定中国对外交往的礼节，这本身就是中国的屈辱。而明文规定中方必须开释为英军效劳的汉奸，更是对中国内政的粗暴干涉。但耆英等却声称，接受这些条款，就能“坚和好”“安反侧”，“事属可行”。

第三大端为赔偿烟价、商欠、战费共2100万元（相当于条约草案第4、5、6、7款）。这本是海盗式的掠夺，但耆英等却极言这笔赔款必须偿付，也可以偿付。“理由”还是以往的老调：“第思业经攻陷京口，据我长江，不惟镇郡猝难克服，且恐南北梗塞，为患滋深，与以前之游弋海上情形迥异，不得不损钜银，以全大局。”也就是说，为使清朝统治转危为安，付出巨额赔款是值得的。至于可以付的“理由”，则是针对朝廷（尤其是道光帝）感到无力偿付的顾虑，露骨地把赔款负担转嫁给国内人民：“所索洋银二千一百万元，按纹银七折计共一千四百七十万两，应由广东查明商欠，勒追归款外，尚有一千一百六十万两，本年先交六百万元，计银四百二十万。现在江苏民捐商捐，已有数十万两，只须官为垫发，仍当续有乐输……且由该夷处纳税课，可以抵兑，似于国家经费，不致周章。”

除了这些与英国所提条款相联系的具体“理由”之外，耆英等还提出了他们据以对英投降的根本原因：“该夷所请各条，虽系贪利无厌，而其意不过求赏马头、贸易通商而止，尚非潜蓄异谋。与其兵连祸结，流毒愈深，不若姑允所请，以保江南大局。”① 这就是说，英国侵略者并非清朝的不共戴天之敌，与其冒着自身危险与之继续抗争，不如投降以换取太平。这种论调在他们以往促降的言论中早已流露，至此是更明确、更完备了。这是投降派理论的一个重要发展。

在北京，道光帝十分急切地等候着江宁议和的结果。为了确保所谓“抚局”成功，他以高压手段钳制反投降舆论，使朝野“俨有诗书偶语之禁”②。一名在京官员曾私下对人说：“近日廷臣无敢言鬼子事者，间有一二人道及之，即被申

① 《钦差大臣耆英奏报形势危急已允英人所请通商割地赔款折》，《鸦片战争档案史料》第6册，第57页。

② 不著撰人：《软尘私议》，《中国近代史资料丛刊·鸦片战争》第5册，第529页。

斥，以不主和故也。”① 首席军机大臣穆彰阿，本来一贯主张妥协，故“江浙每一败仗警报，枢相（即穆彰阿）辄相顾曰：‘如何！’盖谓不出所料也”②。道光帝下定投降决心之前，穆彰阿主要还是暗中做耆英、伊里布等投降派的奥援，为确立投降方针敲边鼓；在那以后，他便公然与耆英等里应外合，竭尽全力为推行投降方针出力了。因此，当时人评论说：“潘世恩（时为汉族军机大臣）、穆彰阿两中堂主和已定……然潘犹可驳，穆不可也。”③

8月17日、22日（七月十二日、十七日），耆英等发出的关于全盘接受英国各项条款、请求钤盖御宝的奏报先后到京。穆彰阿唯恐道光帝嫌英国条件苛刻而不愿批准，便在耆英等所编造的“理由”之外，再向道光帝进言说：“兵兴三载，糜饷劳师，曾无尺寸之效。剿之与抚，功费正等，而劳逸已殊。靖难息民，于计为便。”④ 其实，在投降问题上，道光帝早已下定决心，故耆英和穆彰阿等人的论调，在他听来十分入耳，也使他更加确信，对英投降是保证自己不丢宝座的最好办法。因此，他毫不迟延地批准了耆英等人所做的一切，并同意在正式条约上钤盖御宝。这个封建皇帝本是以牺牲民族利益来换取自己统治的安稳，却偏要说是“念江南数百万生灵，一经开仗，安危难保”，对英投降是“以民命为重”。⑤ 但不管怎样巧言粉饰，他作为头号卖国贼的深重罪孽，是洗刷不掉的。

条约草案被耆、伊接受之后，璞鼎查提出要在英舰“汗华丽”号上与他们相见，并表示随后他将进江宁城回拜。这并非出于礼节上的考虑，而是为了打破清朝传统的外交体制，并借以显示胜利。对于此项提议，耆英等人本不愿接受，但又怕“该夷性悍多疑，动辄反复”⑥，因而不敢拒绝，只得俯首从命。8月20日，耆英、伊里布等人登上“汗华丽”号，与璞鼎查及英国陆海军司令等高级军官握手言欢。其间，侵略者有意安排他们观看船炮，让他们亲身领略英军的威力。这一着十分见效。耆英等事后奏称：“该夷船坚炮猛，初尚得之传闻，今既亲上其船，目睹其炮，益知非兵力所能制伏。”⑦ 24日，耆英等在静海

---

① 怡云轩主人：《平夷录》，《中国近代史资料丛刊·鸦片战争》第3册，第407页。

② 不著撰人：《软尘私议》，《中国近代史资料丛刊·鸦片战争》第5册，第531页。

③ 怡云轩主人：《平夷录》，《中国近代史资料丛刊·鸦片战争》第3册，第407页。

④ 夏燮：《中西纪事》卷八《江上议款》，第117页。

⑤ 《着钦差大臣耆英等严拒英人对福州通商之请求并切实议定英国撤兵等事上谕》，《鸦片战争档案史料》第6册，第85页。

⑥ 《钦差大臣耆英奏报酌办和议情形折》，《鸦片战争档案史料》第6册，第136页。

⑦ 《钦差大臣耆英奏报酌办和议情形折》，《鸦片战争档案史料》第6册，第137页。

寺张灯结彩，大摆宴席，以隆重仪式迎接璞鼎查和英陆海军总司令回访。会见中，耆英等百般献媚，而璞鼎查等却极端傲慢无礼。按照侵略者的说法，璞鼎查“不像过去的全权代表。这一次他态度很是庄严持重，不鞠躬，不曳足于后行礼，不说请请”①。

8月26日（七月二十一日），中英双方最高官员再次会晤于江宁城内上江考棚，就条约草案进行最后磋商。耆英等遵照朝廷旨意，要求将五口中的福州易为泉州②，删去关于英军在全部赔款付清后始撤出舟山的规定，并提出“战费赎城等字俱属不雅，须另换字样”③。但璞鼎查一概拒绝，不允许作任何改动。他无意磋商条约各款，而将会场变成自己的讲坛，滔滔不绝地宣扬英国政府的殖民侵略扩张，无耻地为罪恶的鸦片贸易和英国发动侵华战争辩护，并放肆地侮辱中国人民。耆英等竟任其大放厥词，无一人敢据理驳斥。

1842年8月29日，是近代中国历史上第一个国耻日。清政府代表耆英、伊里布在这一天登上英舰“汗华丽”号，在英国旗帜的阴影之下，以及英军一片“女王万岁”的狂呼声中，与英国全权代表璞鼎查正式签订了丧权辱国的《江宁条约》（又名《南京条约》）。历时两年多的鸦片战争，就以可耻的“城下之盟”而告结束。

五、沿江人民的抗英斗争

英军对长江下游的进犯，使沿江人民蒙受了深重灾难。广大人民不甘屈辱，纷纷奋起反抗。

关于英军对长江下游人民群众的残害，从前述英军在上海、镇江的烧杀抢掠、对仪征老河影盐民的血腥屠杀等暴行中，可以看得十分清楚。除此之外，

---

① 穆瑞：《在华战役记》第10章，《鸦片战争末期英军在长江下游的侵略罪行》，第246页。

② 8月18日、22日（七月十三日、十七日），道光帝两次谕告耆英，不能以福州作为通商口岸，“着耆英等再行商酌，将福州一处撤去，即万不得已，或与闽省泉州附近酌与通商。”（《鸦片战争档案史料》第6册，第85、114页）

③ 张喜：《抚夷日记》，《中国近代史资料丛刊·鸦片战争》第5册，第389页。

还可举出以下事实：

1842年7月4日（五月二十六日），两艘英船带舢板数只，驶至太仓境内的刘河口。“逆夷登岸，给近口居民一票，令购牛百、鸡千、鹅百、鸡子万，并蔬果等物，内开约期五日，急办送来。”① 英舰入江后，留守吴淞口的英军又发出伪示，宣称“本船须用之鸡、鸭、鹅、猪、鸡蛋、牛乳、菜薯等物，民人自应随时带到船上售卖”，“倘有听从不法之徒，阻汝来卖，本副将定将带人上岸巡游村乡，到处强取拿”。② 驶入长江的英军舰队，所到之处，无不进行敲诈勒索。7日，“逆船驶入昭文县属之白茆港口寄碇，城中惊扰，各自迁徙。有施某劝富户各出金钱，并备牛、羊、粟米、蔬果等物，约数千金，亲送夷船，恳勿上岸。时马里逊（即马礼逊）、郭士立、罗布亘（即罗伯聃）诸酋……素闻常熟为鱼米之乡，得十万金始许退出”③。攻打镇江之前，英军除从颜崇礼那里得到大量牛羊菜蔬食品以及付出赎城重金的许诺之外，还向丹徒县民众出示，威逼他们提供“黄牛二百只，鸡一千只，鸭二百只，火腿一百只，鸡蛋鸭蛋百只，果子三百石，素菜四百石”，还叫嚷：“如若不办，调兵上岸，务须总办。”④

面对凶恶的英国强盗，沿江人民群众除奋起反抗外，别无选择。沿江各州及夹河各乡，爱国士绅踊跃捐资，贫苦农民出人出力，迅速组织起9万多人的团练义勇，以防英军来犯。据记载：“夷人自陷宝山、上海后，驾杉板舟游弋于内地，被沿江士民之狙杀者不少。故无锡、江阴一带，经团练之乡兵，驱逐出境，始由福山放洋，闯入大江。”⑤

活跃于仪征一带的盐民，是抗英斗争中的一支重要力量。尽管封建统治者将他们诬为“枭匪”，但有的官僚也不得不承认他们在抗英中的坚定勇敢。如江苏巡抚程矞采奏称：英舰入江后，“船只水勇，皆不敢撄敌焰凶锋”，而“老河影地方所泊盐船……前见夷船，即放抬枪”。⑥ 在汉奸颜崇礼叛变出卖下，盐民遭到英军疯狂屠杀，牺牲惨重。但他们没有屈服，又纷纷加入团练武装，继续

① 袁陶愚：《壬寅闻见纪略》，《中国近代史资料丛刊·鸦片战争》第3册，第99—100页。

② 《鸦片战争末期英军在长江下游的侵略罪行》，第14页。

③ 袁陶愚：《壬寅闻见纪略》，《中国近代史资料丛刊·鸦片战争》第3册，第100页。

④ 《鸦片战争末期英军在长江下游的侵略罪行》，第21页。

⑤ 夏燮：《中西纪事》卷二四《海疆殉难》，第330页。

⑥ 《鸦片战争末期英军在长江下游的侵略罪行》，第366页。

与侵略军做斗争。①

沿江人民抗英斗争中最有声势、令敌丧胆的，是被誉为“沧波一柱”的靖江之役。靖江位于长江北岸，与江阴隔江相望。英军舰队西进时，停数船于江阴警戒，当地的无耻之徒“争为牛酒之馈”，导英军往靖江劫掠。② 8 月 14 日(七月初九日)，10 多名英军登岸，闯至靖江城南，“斩门劈棺，肆无忌惮”③。城内居民大呼“鬼至”，群起驱逐，一少年在城墙上怒掷石块，砸破一名英军脑袋。这伙英军仓皇退逃。留在船上的见势不妙，慌忙向城内开炮。群众毫无惧色，“竞执耰锄迎敌”④，追击英军至江边，又斩杀数名，其余英军爬上船后拼死逃脱。靖江群众赶走了鬼子，又加紧准备对付英军报复。该县县令杨凤翮与众官绅商议拒敌之策，决定奖赏杀敌少年，“号召兵目民壮”，“听乡人自来助战”。⑤ 第二天，上百名英军果然驾船 3 只，杀向靖江城，对准城南门连开大炮，猛烈轰击。早已做好准备的靖江军民，埋伏于城外江岸的堑壕下。他们避开英军炮击，乘敌不备，登崖齐放抬枪。英船被击中起火，英军有的被击毙，有的坠入江中，阵脚大乱，无法招架。这时，“乡人亦揭竿荷锸而来”，呐喊助威，“声振林谷”。⑥ 英军惊恐万分，慌忙登船逃窜，从此再不敢犯。

英军向长江进犯的过程，也就是清政府确立并推行卖国投降方针的过程。沿江人民在奋起抗英的同时，对投降派也表示了极大愤慨。前述沿江人民对两江总督牛鉴的愤怒谴责，以及上海人民捣毁当地官府衙署的行动，就是证明。清政府本已将人民群众视为“心腹之患”，并且十分害怕他们的反抗斗争会破坏“抚局”。因此，对沿江人民群众严加弹压，并辅以欺骗笼络手段。清政府对沿江守土官员三令五申，要他们密切注视民众动向，对其反抗斗争“必须认真严办，毋稍宽纵”⑦，尤其要防止盐民“乘间滋事”，“拿获后自应立

---

① 江南河道总督麟庆奏报，当时扬州有团练义勇 3000 余名，“即系此项枭匪”。“江防扬粮二厅及沿江五十三洲，宜陵仙女庙等大村镇，自行团练，亦皆半用枭徒”。(《鸦片战争档案史料》第 6 册，第 43 页)

② 程兆炳：《书靖江县事》，《鸦片战争末期英军在长江下游的侵略罪行》，第 349 页。

③ 程兆炳：《书靖江县事》，《鸦片战争末期英军在长江下游的侵略罪行》，第 350 页。

④ 袁陶愚：《壬寅闻见纪略》，《中国近代史资料丛刊·鸦片战争》第 3 册，第 101 页。

⑤ 郑汝英：《沧江平浪记》，《鸦片战争末期英军在长江下游的侵略罪行》，第 351 页。

⑥ 郑汝英：《沧江平浪记》，《鸦片战争末期英军在长江下游的侵略罪行》，第 351 页。

⑦ 《着江南河道总督麟庆嘉奖团练壮勇协助守城抗英之官绅并随时留心防察奸细等事上谕》，《鸦片战争档案史料》第 6 册，第 49 页。

正典刑”;[①] 对其他敢于反抗的民众，则要“访其著名头目，设法招徕，或悬以重赏，或给予顶戴”，以收“潜戢乱萌”之效。[②] 牛鉴与苏抚程矞采以及江南河道总督麟庆等，忠实执行清廷谕旨，大肆施展血腥镇压与分化瓦解相结合的阴险伎俩，加意笼络各地士绅以控制抗英团练武装，并严斥像靖江知县杨凤翮那样支持民众抗英的下级官员，以为警诫，严重阻碍了沿江人民的抗英斗争。而这一切又更加激起了民众对投降派的愤恨。《江宁条约》签订后，有人满怀忧愤，回顾鸦片战争的全过程，严厉抨击清政府倾陷忠良、昏聩误国直至“攒凑黄白金，输敌买安静”的种种倒行逆施，无情揭露琦善、奕山、奕经、伊里布、刘韵珂、牛鉴、耆英等一批投降派“胸中无一策，怕死又贪生”，“全不顾国体，甘心城下盟”的无耻行径，痛呼“忠良俱不用，尽是卖国臣”。[③] 这可以说是当时沿江人民愤恨情绪的反映。英舰撤出长江之后，投降派耆英任两江总督，尽管他讳言清政府在民众中声名狼藉，但也不得不承认，“官与民，民与兵役，已同仇敌”，“民皆疾视其长上”，[④] 是当时十分普遍的现象。

① 《着江南河道总督麟庆竭力保守扬州并照所议办理枭匪等事上谕》，《鸦片战争档案史料》第 5 册，第 800 页。

② 《着江南河道总督麟庆竭力保守扬州并照所议办理枭匪等事上谕》，《鸦片战争档案史料》第 5 册，第 800 页。

③ 宋默：《鸦片战争新史料·五言诗》，《中国近代史资料丛刊·鸦片战争》第 3 册，第 455—456 页。

④ 《清道光朝留中密奏》，《中国近代史资料丛刊·鸦片战争》第 3 册，第 469、470 页。

第十一章 中国战败的原因

鸦片战争断断续续进行了两年多，虽然清政府竭力想赢得这场战争，不少爱国官兵为抗击侵略者流尽了最后一滴血，侵略者所到之处也受到人民的不断打击，但是清军在各个战场上却连连败北。英军占定海，陷吴淞，下镇江，截断南北漕运，兵临石头城下。清政府无心再战，也感到无力再战。道光帝在极度痛苦中，无可奈何地批准了丧权辱国的《江宁条约》。中国在这场反侵略战争中，无可挽回地失败了。

一个拥有4亿人口、80余万常备军的泱泱大国，竟然败给远涉重洋、先后投入兵力不到3万的英国。而且，战争在本土进行，中国进行的又是一场正义的战争。照常理说来，天时、地利、人和对中国都是有利的，连侵略者也认为，“清朝帝国的军事，在这次战争中，各种情势都应该对清军有利：如果进行大规模战争，清军可以自由地选择他们作战的地区和防守的阵地；他们的后备部队和武器弹药都近在咫尺；而最重要的一点，乃是这次战争是在清军本土进行的，他们一定可以全神贯注于这一战斗中。”① 可是，从下面的分析中可以看到，事实并非如此。战争的结果，偏偏是中国失败了，而且失败得很惨。清军在整个战争中，几乎没有打过一次胜仗！个中原因，令人深思。

一、中英双方作战能力分析

战争双方力量的对比，包括政治、经济、军事等方面的对比。这种对比，在战争中最直接的表现，就是双方的作战能力如何；而作战能力的强弱，与军

① 奥特隆尼：《对华作战记》第28章，《鸦片战争末期英军在长江下游的侵略罪行》，第189页。

队的数量、素质、装备、调遣、情报工作、后勤供应等又直接相关。下面拟就这些方面加以对比。

（一）军队数量

鸦片战争时，清朝各省的绿营、驻防旗兵及京旗各营等常备兵，共约80万。直接与英军作战的广东、福建、浙江、江苏四省的军队，共约20万左右。而英国全国军队总数不过20万（内有6万担任国内警卫），派到中国来的侵略军，最初仅7000余名，战争结束时，也不过2万名。单从总兵力看，中国军队处于绝对的优势地位。

（二）军队素质

在数量上处于优势的清军，文化水平低，操练废弛，技艺生疏，纪律败坏，不通兵法。

清代旗兵的腐朽，已如前述。清朝的统治者，为了保持八旗满洲的剽悍雄武，不仅不准其沾染汉人浇漓的习俗，而且不准满洲军队学习文化。不重文化教育的结果是使旗兵更加愚昧，其褊狭的种族思想日益严重。而本欲防范的"浇漓"之风，却愈演愈烈。因此，旗兵腐败益甚。清廷主要用旗兵戍卫京师、分散驻防以监视人民和绿营。清朝的海防、边防主要由绿营承担。

绿营的训练几乎全是沿袭明朝旧制，进行阵式和技艺的训练。绿营兵除了防守作战任务外，还有繁重的缉捕、解送、守护、承催等差役。差役是必须立即执行的硬任务，而且可得一些外快，所以不敢也不愿懈怠；而例行的操练，因人员常到不齐，所练内容也不会立即派上用场，故可以敷衍。绿营"差操不分"的结果，使其训练逐渐成为应付校阅的形式，无裨实用。然而，就是这种"饰观塞责"的训练，到道光朝也废弛了。因为将弁吃缺冒滥，营兵常不足额；士兵粮饷本不充足，又常被克扣。为了养家活口，他们只好另谋生计，对训练毫不重视，甚至雇人出操。水师训练更差，往往一年演练一次，遇到大风巨浪，即行停止。裕谦被任命为钦差大臣赴浙办理军务后，在奏折中说："浙江水师废弛，与江苏等，名曰水师，实皆不谙水性，每届水操，辄将战船抛锚泊定，然后在船演放枪炮，与陆路无异；按季巡洋，则虚应故事，并不前往。"①

缺乏训练的军队，技艺必然生疏。1835年（道光十五年），道光帝在卢沟桥阅看满洲火器营演放大炮，令其连放两次，虽有中靶的，但有的却将铅丸打得

① 《裕谦又奏定海等处形势并筹防守事宜片》，《筹办夷务始末》（道光朝）二，第912页。

不知去向；有的铅丸中途落地，离靶尚远。道光帝极为不满，斥责说："殊属不成事体！"① 清廷引为骄傲的京畿满洲火器营，在皇帝亲临检阅时尚且如此，其他情状可想而知。平时操练马虎的军队，一临实战，势必造成严重后果。鸦片战争中，英军进攻虎门、广州，"逆夷炮无虚发，我炮虽发无准，火药半杂沙泥，轰击不能及远"②。英军沿吴淞江进犯上海，在吴淞口长垣形炮台前受到清军炮火的阻击。由于炮手技艺生疏，击而不中，英军安然无恙地通过炮台前的江面，抵达上海。一位参加这一军事行动的英军舰长后来写道："假如这些大炮由技术精练的炮手掌握使用，我们的舰队势难通过这道关口……炮台的位置差不多靠近水边，而我们的陆军部队挤在轮船里，像关在栏里的羊群一样，当炮台上向正在进行中的每艘船舰前后扫射时，如果打得正确，陆军部队就会死亡枕藉，桅杆和船身也要受到惨重的损害；但是他们的炮火都没有打中要害……我们没有伤亡。"③

清军平时纪律败坏，就是在征调过程中也是如此。清廷派奕山到广东作战，所调各路军队，"路中有抢夺人财物者，有殴伤差役者。及到省，兵不见将，将不见兵，纷嚷喧呶，全无队伍"，而且"往往兵勇互斗，放手杀人，教场中死尸不知凡几，城中逃难之人，兵或指为汉奸，或夺其财物，城内汹汹，几于激变"。④ 调去的湖南兵，"在粤百般掠劫，领队官置之不问。省民悲苦，迁徙大半"⑤。奕经赴浙，调拨京兵数百，带领侍卫等官，由京起程，沿途需索，姗姗进至苏州后，耽延数十日，"淫娼酗酒，索财贪贿，每日吴县供给八十余席，用费数百元，稍不如意，侍卫、京兵等即掷击杯盘，辱骂县令，吴县竟被逼勒呕血而死"⑥。而牛鉴所率驻守上海之军队，其将弁"日以饮酒为事，弗理事务"⑦。

武艺生疏、纪律败坏的军队，其作战能力的低下是不言而喻的。而将帅统

① 《清宣宗实录》卷二七一，《清实录》三七，第169页。

② 《骆秉章奏陈战守之策折》，《筹办夷务始末》（道光朝）二，第1020页。《鸦片战争档案史料》第3册，第449页，"轰击"后有"无势"二字。

③ 奥特隆尼：《对华作战记》第25章，《鸦片战争末期英军在长江下游的侵略罪行》，第183—184页。

④ 《广东臬司王廷兰致福建藩司曾望颜函》，《中国近代史资料丛刊·鸦片战争》第4册，第28页。

⑤ 刘长华：《鸦片战争史料》，《中国近代史资料丛刊·鸦片战争》第3册，第149页。

⑥ 刘长华：《鸦片战争史料》，《中国近代史资料丛刊·鸦片战争》第3册，第155页。

⑦ 刘长华：《鸦片战争史料》，《中国近代史资料丛刊·鸦片战争》第3册，第155页。

率无方，不通兵法，缺乏实战经验，更使这为数不少的军队难于相互配合，难以发挥本来就已很低的战斗力。清军的统帅将领，或是朝廷亲贵，生长深宫，不知世事；或是书生典戎，只知纸上谈兵；或是拔自行伍，虽曾效命疆场，不过赳赳武夫，指挥并不在行；或是出身武科，即使弓马娴熟，亦止匹夫之勇，对韬略“冥然罔觉”。① 至于近代军事知识，对于他们，无异对桃花源中人谈魏晋事。因此，在战场上往往指挥谬误，措置失当。奕山、奕经在广东、浙江的盲目进兵，牛鉴在长江的疏于防守，德珠布对进攻英军的束手无策，海龄不懂得拆毁镇江城下的隐蔽物，也没有指挥士兵利用城上工事隐蔽自己以攻击用云梯爬城的英军，② 都是典型的例证。

在布防上，清军只知守卫炮台和前沿阵地，不知作纵深布防，一旦前沿失守，或敌人从后面包抄，全线即告崩溃。耆英在访查吴淞等处失守原因的奏折中说，清军防线，“中坚一破，风鹤皆惊，又无后路，以致官兵遂成瓦解”③。更有甚者，一些将军、参赞竟迷信冥冥中的鬼神能左右战局，于是出现了杨芳寄望策士、台筑禳星、瓮埋符水以为御敌良法④，奕经以求神问卦而定进攻日期的笑话。

沿海各战区将帅，毫无全局观念。他们只求辖区无事，不顾其他。对于相互配合作战，全不在意。即使道光帝命令他们进攻本辖区内的敌人以牵制其他区域的英军，他们也借词搪塞，按兵不动。英军北扰，香港空虚，道光帝一再命令奕山相机攻剿，广东义勇也愿为前锋。可是，奕山等“但幸贼之不来，不求事之有济”，“以船械未备为言”，并不乘隙进攻。⑤ 英军进攻浙江，道光帝令闽督颜伯焘乘机攻复鼓浪屿，颜也按兵不动。继颜之任的怡良，竟嘱令所属兵弁“宜饬坚守，勿令挑衅”，以免英撤浙省之兵来攻闽，“为浙受祸”！⑥ 英军入

---

① 李东源：《论考试》，葛士濬《皇朝经世文续编》卷一二〇。

② 参见奥特隆尼：《对华作战记》第 31 章，《鸦片战争末期英军在长江下游的侵略罪行》，第 223—224 页。

③ 《耆英·片一》，《中国近代史资料丛刊·鸦片战争》第 3 册，第 466 页。

④ 参见不著撰人：《广东军务记》，《中国近代史资料丛刊·鸦片战争》第 3 册，第 30 页。

⑤ 梁廷枏：《夷氛闻记》卷四，第 114 页；《清宣宗实录》卷三六三，《清实录》三八，第 544 页。

⑥ 张集馨：《道咸宦海见闻录》，第 60 页。

长江作战，定海守军不多，道光帝谕令奕经进攻以牵制之。奕经以兵力不敷为辞，拒绝出兵。因此，英军得以集中兵力，各个击破，所至无不如志。

总之，清军从统帅、将备到士兵，素质之差，令人咋舌。

使用来复枪和炮车的英国军队

英军却与此相反。他们文化水平较高，训练有素，指挥统一，战略目标明确。作战时，舰上炮火、炮兵与步兵密切配合，并能很好地运用战术。为了克服兵力不足的弱点，英军放弃已占城市以集中兵力；在进攻时，又常以少数兵船牵制清军各部，防止清军相互应援，以保证其主攻方向的成功。耆英在实地调查了吴淞等处战败的情况后在给道光帝的密奏中，叙述英军的战术说：英军"侵犯吴淞之时，又于宝山城外，沿塘一带，如大校场、吴木烽、天后宫、小沙背、石洞等地，凡属安兵设炮之处，分其余舶，开炮牵制，使我不暇援应，是彼逸我劳，彼灵我笨，不能取胜，并非战之不力，亦非防之不严。不独吴淞一口为然，即闽、广、江、浙等省之失利，亦无不皆然"①。

军队素质好坏，直接影响战争胜败。素质好的精兵，可以以少胜多；否则，即使数量再多，也不过供临阵之一哄。清军素质差，数量虽往往多于英军，也不能取胜。

① 《耆英·片一》，《中国近代史资料丛刊·鸦片战争》第3册，第466页。

(三) 军队装备

中、英军队之武器装备差距悬殊，尤以水师为甚。

鸦片战争时，清军仍处于冷、热兵器并用时代。所用冷热兵器之比例，大体上各占一半，有的营伍热兵器还超过了60%。其热兵器主要是鸟枪和大炮。

鸟枪，即前装滑膛火绳枪，在清军中的配发比例较大。然而，这种用火绳点放的鸟枪射程短，射速慢，射击精度差，其杀伤力甚至不如弓箭。其射程虽可达100米左右，但是超过50米就几乎不能射中目标，而且在下雨或潮湿的天气点放不易，甚至无法开火射击。

大炮在鸦片战争的攻防战中，起着极为重要的作用。英军进攻各海口，主要是用舰炮轰击清军防守的炮台，将其击毁或将炮台上的士兵驱逐后，再派步兵包抄加以占领。而清军防守也主要依靠设置在炮台内的大炮轰击英军的舰船。

清军使用的大炮和英军大炮在形制的设计原理上基本相同，都是铸造的前膛装滑膛炮，而且主要是铁炮（双方都有铜炮，不过数量少，在战争中未广泛使用）。但是，英国是经历了工业革命的资本主义国家，科学技术先进，不仅在铁炮的制作方面采用了机器，而且还将物理化学之研究成果运用到武器的制作上；而当时的中国，还处于手工生产阶段，且康熙以后大炮的铸造技术不仅没有进步，甚至原有的制炮技术亦逐渐失传。因此，中国大炮的制作，无论在技术或材质上，与英国皆存在着相当大的差距。概而言之，清军的铁炮，主要是将白口铁熔化后用泥范铸造。泥范透气性差，所含水分在炽热铁水浇注时，水蒸气冲刷泥芯与范面，使范芯移位，铸件不对中，并在铁炮内膛和外表形成不少蜂窝状的凹陷和砂眼。用泥范铸造的炮弹有范线，表面亦不光滑。于是就出现了"弹不圆正，口（指炮口）不直顺"的现象。为使这种"不圆正"的炮弹能从"不直顺"的炮管中发射出去，必须减小炮弹的尺寸——清军大炮膛口内径一般比炮弹直径大十分之一。炮膛与炮弹之间如此大的游隙（内径与弹径之间的差值），必致发射炮弹时漏气严重，从而影响大炮的射程和射击精度。再者，白口铸铁性脆，加上炮身粗糙，砂眼、蜂窝多，故在发射时容易炸裂。为防止铁炮炸裂，大多采用加厚炮壁的办法。炮壁加厚，一是加大了炮身的重量，致操作不灵便；二是使炮口内径相对较小，从而减小了大炮的威力。清军的海防大炮，动辄数千斤，甚至上万斤，可是发射出的炮弹却不大。比如，广东虎门6000斤（合3581公斤。清朝1斤=596.8克）重的铁炮，其口内径只有15.5厘米，发射的炮弹重仅15斤。而英军重量为800多公斤的舰载卡龙炮口内径就有 18 厘米，能发射 24 斤重的炮弹。① 同时，泥范铸炮，所用范模只能使用一次(一模一炮)，即使是同一型号的大炮，也难保其规格统一。加之清军铁炮种类多而杂，制造又不规范，使得操作复杂，不易掌握。士兵对火炮的操作不熟练，致使射击频率低，射击精度差。

清军大炮的点火装置为慢速火绳点火。此种点火装置，在战斗中，操作易于出错；而且纸信怕雨淋湿，烘药又怕被风吹散，夜晚操作，更为不便。火绳点火后，要耽延数秒才能将炮弹射出，从而影响射速。

总之，由于鸦片战争时期中国的技术水平低下，生产出的大炮笨重，机动性差，射程较近，射速较慢，命中率低，所用炮弹又主要是实心弹，因而破坏力和杀伤力小，对英国军舰不能构成太大的威胁。② 所以，到鸦片战争后期，连道光帝对清军大炮的攻击力也失去了信心。他在读到牛鉴关于英军闯入吴淞口、陈化成阵亡的奏折后，对被召见的嘉定知县练立人说："牛奏陈化成打坏夷船数只，自是撒谎。我们之炮安能打坏夷船?"③ 事实也确乎如此。吴淞炮台对英舰的炮击虽然猛烈，且多次击中英舰，有的英舰被击中十几次。由于炮弹的破坏力小，英舰的损失并不大，英军的伤亡也很小。值得注意的是，这是经过两年战争改进后的大炮，可想见其改进前的攻击力当更差。

中国的战船虽然种类多，但船体不大，航速不快。其最大者长十丈余，宽二丈多，小的仅二三丈长，全用木制，未用铁、铜皮包裹，不耐腐蚀，经不住碰撞。动力靠风帆与划桨，但帆小而少，速度甚慢。最大的战船可载炮 30 门，一般大船仅载炮 8—10 门，小船则只能载 4—5 门。这种战船，用于缉私捕盗尚可，用于海上作战则勉为其难。

问题还在于，这些相形落后的武器、战船，由于吏治的腐败与技术的落后，制造甚为粗劣。奕经赴浙时札饬各局赶制的器械，鸟枪每多炸裂，腰刀质体薄脆，"或致弯曲如环"④。漳州所造炸弹，"或掷出而终不炸，或甫燃而即炸"；所

---

① 在福建厦门胡里山炮台展出的一门英军卡龙炮，炮长 140 厘米，口内径 18 厘米，口外径 26 厘米；英国一级战列舰配备的 863 公斤的卡龙炮发射的炮弹重 14.528 公斤，按照清代 1 斤＝596.8 克计算，即为 24.343 斤。

② 参见刘鸿亮、孙淑云、李晓岑、李斌：《鸦片战争时期中英铁炮优劣的调查研究》，《人文杂志》2009 年第 2 期；张建雄：《清代前期广东海防体制研究》，广东人民出版社 2012 年 7 月版。

③ 不著撰人：《软尘私议》，《中国近代史资料丛刊·鸦片战争》第 5 册，第 531 页。

④ 《清宣宗实录》卷三六六，《清实录》三八，第 587 页。

铸铁炮，膛口与炮口不相吻合，火门也不端正。① 这种情况，非独漳州如此。英军进攻虎门时，威远炮台即有两尊八千斤重的大炮炸裂，炸伤自己的官兵。② 战船坏后又长期积压不修，使额设的战船常不足数；即使修理，也不过涂饰颜色，"以彩画为工"③，难供驾驶。

鸦片战争时，英军的武器装备比清军精良。其军队不仅早已不用冷兵器，而且也不用火绳枪，而是用前装滑膛燧发枪和前装滑膛击发枪。燧发枪是以燧石打击钢镰点燃火药发射。击发枪是用雷汞击发火药发射。这两种发射点火装置既安全、可靠，又提高了发射频率，且不受天气影响，其射程、射速等性能都优于清军鸟枪。燧发枪的最大射程可达 220 米，射速 2—3 发/分钟；击发枪最大射程可达 330 米，射速 3—4 发/分钟。

英军的大炮是将灰口铁熔化后用砂范熔铸成实心炮，然后用镗孔机钻出炮膛。灰口铸铁韧性强，不仅耐热疲劳性能较白口铸铁好，火炮发射时不易产生裂纹，炮壁不必加厚，而且经得住机器的切削。大炮内膛表面被机器打磨得非常光滑，减小了炮弹在炮膛中的摩擦阻力。炮弹采用蜡模铸造，消除了范线，表面也很光滑。炮膛壁与炮弹的光滑程度高，可使炮弹直径尽可能接近炮膛直径，二者之间的游隙很小，火药在炮膛内爆炸后漏气少，对炮弹产生的推力大，从而加大了炮弹射出的初速度，并能保证炮弹在炮膛中做直线运行，从而提高了大炮的射击精度，加大了大炮的射程。

铸炮的砂范可以反复使用，较之清军一范一炮的泥范铸炮法，既提高了生产效率，又可使大炮规格标准化。

英军大炮的打火装置除大量使用燧石击发器外，少量的火炮还采用了雷汞底火，以撞针击发。当炮手瞄准以后，用燧发机或雷汞底火可以立刻发射炮弹而无发射延迟，从而大大提高了射速和射击精度。同时，英军的大炮种类相对较少，并趋于标准化，点火装置又较先进便捷，炮体相对较轻，且放于炮车之上，转动自如，因而炮手易于熟练操作。因此，英军的大炮射程远，射速快，射击准确度高，并根据射击对象不同而分别采用实心弹、霰弹、开花弹等，杀

---

① 参见张集馨：《道咸海宦见闻录》，第 61、113 页。

② 《祁𡎴等奏查复虎门炮台炸裂及琦善与义律讲话各情形折》，《筹办夷务始末》（道光朝）二，第 1101 页。

③ 黄爵滋：《查验战船草率筹议赶紧修造疏》，《中国近代史资料丛刊·鸦片战争》第 1 册，第 493 页。

伤力和破坏力大。①

英军的军舰虽仍系木制帆船，但是较之清军兵船却大得多、坚固得多。

英军来华大号军舰长32丈5尺，头尾宽3丈，中宽约6丈，共分三层，安炮72尊；二号军舰长27丈，分两层，安炮30—44尊。船体用白铁片包裹，船底则用铜片包裹。船有一桅、二桅、三桅，帆大而多，船行甚速。作战时或遇逆风，则用轮船牵引。轮船长18丈至24丈不等，头尾宽1丈6尺至2丈不等，可安炮10余尊。② 因为是以蒸汽作动力，船速很快。它不仅可以传递信息，拖曳逆风或搁浅的战舰，而且可以用于作战。

清代广东水师战船

对于中英船炮的差距，中国身临前线的文臣武将皆甚清楚。战争开始不久，奉命到浙闽调查的祁寯藻、黄爵滋会同福建督抚在关于筹议海防的奏折中说：清军船小炮少，英军船大炮多，"彼此相较，我船用之于缉捕则有余，用之于攻夷则不足"③。之后不久，闽浙总督邓廷桢对双方的战船作了比较："夷船以全条

① 参见刘鸿亮、孙淑云、李晓岑、李斌：《鸦片战争时期中英铁炮优劣的调查研究》；张建雄：《清代前期广东海防体制研究》第四章。

② 参见《齐慎奏查明英船宽广装载兵炮数目开单呈览折》附《清单》，《筹办夷务始末》（道光朝）五，第2311页。

③ 《祁寯藻等奏请筹议海防拣选水师将领折》，《筹办夷务始末》（道光朝）一，第364页。

番木，用大铜钉合而成之，内外夹以厚板，船旁船底，包以铜片。其大者可安炮三层，而船身不虞震裂，其炮洞安于舱底，夷兵在舱内施放，藏身既固，运转亦灵。内地师船，广东名为米艇，船身较大，福建名为同安梭船，以集成字号为极大，然皆不敌夷船十分之五，向以杉板为之，惟桅柁木较坚致。船之大者，配炮不过八门，重不过二千余斤，若再加多，则船身吃重，恐其震损。且炮位安于舱面，炮兵无所障蔽，易于受亏。……船炮之力实不相敌也。”① 战争结束后，耆英将其实地考察之结果密奏道光帝说：“询之土人，佥称该逆夷船两面排炮，人藏舱底，接连数船，照准瞄头，轮转施放，或东或西，权操必中。我之炮位，安设炮台塘岸，虽有炮车可以推转，而究系重笨不能移动之物，彼于一二十里之外，可以击我中坚；我炮至远不过数里，即使对准轰击，而彼船之来，系乘落潮时逆流而上，风先弹至，彼船即可趁风顺潮，以避我炮，并可不致搁浅。”②

由此可见，在武器装备上，英军处于优势。船炮的坚利，是英军能取胜的重要因素。它不仅使清军的旧战法不能奏效，而且从心理上给清军造成很大的威胁。这对瓦解清军斗志、迫使清廷屈服具有不可低估的作用。

（四）情报与后勤

军事情报与后勤供应，对于军队作战能力的影响很大。在这两方面，中英差距亦甚悬殊。

清军将领并非不注意对英军情况的侦探，其对敌方船坚炮利也有所了解。但是，由于他们几乎不了解世界大势，清军水师又无力驶至较远海域，故一旦英舰驶至外海，清军统帅即不知其去向。对英军的战略意图，清方更是不甚了了。而且他们对敌军情况的了解和判断，有不少来自传闻和揣测，因而与实际情况相差甚远。比如战争末期，英军入长江作战，而清朝大吏还认为敌人将进攻天津、北京。当时，江督牛鉴据南汇县探报，于 1842 年 6 月 23 日（道光二十二年五月十五日）瞭见羊山洋面有大小夷船 40 余只往北驶去，“显有滋扰山东、天津情形”。于是据此判断，飞咨山东、直隶督抚，一体严防，③ 并奏请停止调兵至江苏。同时认为，长江沙线曲折，英船断不能入。

① 《邓廷桢又奏船炮之力不敌计惟先固口岸片》，《筹办夷务始末》（道光朝）一，第 375 页。

② 《中国近代史资料丛刊·鸦片战争》第 3 册，第 466 页。

③ 参见《两江总督牛鉴奏报英船北驶并寻获陈化成尸身片》，《鸦片战争档案史料》第 5 册，第 496—497 页。

英国方面，在战争爆发前，已搜集了中国沿海的地形、气候及清军作战能力等情报。因此，战争一开始，在什么季节、什么地方作战，英军早已成竹在胸。在战争过程中，英军还通过军队侦察、汉奸刺探、收买机密文件、截获官员奏折以及传教士的通风报信等渠道不断搜集清方的情报。因此，对清朝军队的动向和清大臣们对和战的意见等都了解得比较清楚。琦善给伊里布的信件，奕山到广东后报告军情的三个奏折，都被英方获取。[①] 奕山在 1841 年（道光二十一年）5 月发动进攻前，其备战情况已被英军大体掌握，致使夜袭失败。1842 年 3 月，奕经在浙东准备发动进攻的机密早为英军获悉，致使进入宁波西、南门的清军遭到重大伤亡。进攻镇海之军也失败而归。英军入江，每日阅看《京报》[②]，故对清廷动向，无不尽知。

总之，“中国情势，外人了若指掌，彼中领要，此间若无闻见”[③]。彼明我暗，中国怎能不败！

后勤供应的优劣，主要取决于一个国家的财力与运输能力。清政府自乾隆以后，财政日益困难。这除了因镇压白莲教起义耗去 2 亿两白银外，官吏的贪污亏空是其重要原因。1800—1843 年（嘉庆五年至道光二十三年），户部官吏、库丁，通同作弊，从库银中盗取正项饭银 925.2 万余两之多，[④] 相当于当时国家一年地丁、关税、盐课三项主要收入的四分之一。州县的亏空，更是不可枚举。同时，国家额定的收入，常不能征足；已征部分，地方或拖延不解送户部，或因亏空而无银可解。1839 年 7 月，户部查明，积年欠解银数达 2940 余万两之多！[⑤] 1841 年、1842 年两年，地丁、杂税、盐课、关税等项，实征比额征数共少 1300 余万两。[⑥] 因此，道光朝户部存银数较之乾隆朝，相差很大。1781 年（乾隆四十六年）储银 7000 万两，1789 年储银 6000 万两，1840 年，仅存银约 1035 万两，次年更减少到 680 万两左右。[⑦] 库储急剧减少，军费支出却大量增

---

① 参见宾汉：《英军在华作战记》，《中国近代史资料丛刊·鸦片战争》第 5 册，第 132 页。

② 《耆英又奏英人每日阅看〈京报〉请敕密查折》，《筹办夷务始末》（道光朝）四，第 2090 页。

③ 高延第：《涌翠山房文集》卷三《记王邑丞语后》。

④ 据《清宣宗实录》卷三九〇，《清实录》三八，第 1015—1016 页。

⑤ 《清宣宗实录》卷三二三，《清实录》三七，第 1064 页。

⑥ 据王庆云：《直省岁入总数表》，《石渠余纪》卷三，第 144—146 页。

⑦ 据汤象龙：《鸦片战争前夕中国的财政制度》；彭泽益：《论鸦片战争赔款》，《经济研究》1962 年第 12 期。

加。平时，军队将官按规定领取廉俸及心红纸张银，士兵则只领“坐粮”。一经征调，官、兵均例得俸赏行装银两：把总以上武官，赏给二年俸银，外委至士兵则赏给15两至6两银不等；此外，官、兵又得借支行装银500两至6两不等。军队出征，从提督到士兵，每月另支盐菜银12两至9钱不等，每天每人支口粮8合3勺。官、兵还有人数不等的跟役、余丁，也要支给口粮，有的还要发给盐菜银，而官兵们原来的廉俸和“坐粮”仍照旧支领。为运送军队和给养，尚须支出车船、骡马、役夫等费用。故一有征调，即耗费不赀。① 鸦片战争时清廷财政收入急剧减少与征调军队的耗费，形成尖锐的矛盾。

不仅如此，自然灾害连年，粮食紧张，使军粮难乎为继。战争所需物资储备甚薄，赶办武器装备，原材料甚为困难。

道光帝从即位到鸦片战争爆发时的20年间，每年均有数省至十余省受灾，不仅“无一岁不虞河患”，而且长江水灾迭起。一遇天灾，国家收入减少，赈济、防河的经费却在增加。即如1841年（道光二十一年），黄河在张家湾决口，历时8个月方才堵塞合龙，费帑610万两。② 这使清廷甚为拮据的财政，更加捉襟见肘。

清朝运输手段甚为落后。粮食、物资及武器的运送，靠肩挑背负，骡马驮载，木船水运，速度缓慢。

上述种种原因造成清军后勤供应的困难。粤、闽、浙、苏四省军费及物资均感匮乏，即可见其时后勤供应之艰难。情况如下：

清廷于1841年初调兵至广东，杨芳、奕山先后抵粤，战而不胜，撤又不能，屯集于广州之兵，“虽有月支盐菜口粮银两，粤东食物昂贵，所费不赀，时届冬令，衣装单薄，无以御寒”③。

闽督邓廷桢到任仅4个月即上奏：“查办海口事宜，需用孔亟，闽省藩库，无款可筹。”他想尽办法，将漳、泉二府所存银1.5万两用以募水勇，虽多方节省，“而支绌时形，现已将次告匮”，又不敢奏请拨款，只好请求朝廷将闽省州

---

① 参见罗尔纲：《绿营兵志》，中华书局1984年版，第358—362页。

② 据王宗虞：《记道光二十一年开封张家湾决口》，中国科学院河南分院历史研究所集刊，1960年第1期。

③ 《奕山等又奏借给各省征兵银两及将弁养廉片》，《筹办夷务始末》（道光朝）三，第1522页。

县以上官吏的养廉银先借支10万两，待以后分年扣还归款。[①] 1841年8月（道光二十一年七月）英军攻陷厦门后，因“闽省军兴，米粮不足，奏明于江西采买”。但江西是年遭受水灾，不能采买过多，只好买5万石解往福建；[②] 而此时福建为筹备“剿防”，各府县纷纷请领经费，所存银两，“分别酌给，已属不敷”。[③] 1842年1月，闽督怡良又奏：“络绎军储，供支不易”，“即据现在闽省军需，极加撙节，仅能支至来春，而地方瘠苦，州县无不疲累”，“是防堵一端，亦觉茫无底止”；而进剿须造船铸炮，也“一时未能应手”。[④]

伊里布到浙江查办“夷务”，拟添铸八千斤大炮。可是江、浙均缺铸炮的紫板铁，只好以铸钱币的铜代替；欲造大船，但无从购买所需木料，只好奏请在闽赶造，再送到浙江备用。[⑤] 福建本是前线，经费支绌，而且本省也须造船铸炮，又怎能兼顾浙省？1841年9月，浙江因调兵练勇，制器设防，需费甚巨。准拨之款业已用尽，应支给的盐菜口粮等项，费无所出。而英军陷厦门后，浙省英船日增，“应备事宜，无一不须添办，则应用银两，无一可以稍稽”，虽事事撙节，然而拨款用尽，无计可施，致浙抚刘韵珂与司道“仰屋而叹，万分焦灼”。[⑥] 是年，浙江雨水过多，发生灾荒，加上战争，军队、难民皆需粮食，而州县仓谷亏空过多，因此，食粮发生问题。镇海、宁波陷后，虽派人至湖北、江西、安徽、江苏等省招商贩米至浙，但是至者寥寥。若于远处运米至浙济放，水陆脚价，为费不赀，只好奏请截留漕米以济急用。[⑦] 到1842年3月，浙江已将上年9月奏请拨到的250余万两帑银用去240余万两，仅余10余万两，实际平均每月用50万两左右。照此算来，10余万两不足一旬的开销，而浙江藩、运

---

① 参见《邓廷桢又奏拟借养廉银宽筹防堵片》，《筹办夷务始末》（道光朝）一，第349—350页。

② 参见吴养原：《吴文节公文镕年谱》，《中国近代史资料丛刊·鸦片战争》第4册，第622页。

③ 《刘鸿翱奏请拨军需银两以备剿防之需折》，《筹办夷务始末》（道光朝）三，第1169页。

④ 《怡良等奏现筹兵械以备防剿折》，《筹办夷务始末》（道光朝）三，第1598—1599页。

⑤ 参见《伊里布又奏铸造铜炮济急片》，《筹办夷务始末》（道光朝）二，第706页；《伊里布奏抵浙日期筹办攻防事宜折》，《筹办夷务始末》（道光朝）一，第434页。

⑥ 《刘韵珂奏请拨济军需银两折》，《筹办夷务始末》（道光朝）三，第1229、1230页。

⑦ 参见《刘韵珂又奏浙米不敷恳于起运漕米内截留十五万石折》，《筹办夷务始末》（道光朝）三，第1455页。

二库并无可垫之银，若不预请拨济，“一将现存之银支用完竣，此后无银可支，必致贻误军务”。①

崇明是长江口要冲，向来粮食皆从安徽采买。但鸦片战争时安徽米价昂贵，造成崇明“食米短缺，官民俱甚惴惴”②。镇江是军事重镇、南京的屏障，可是在英军进攻前夕，“粮储不敷接济，城内民庶尤虞乏食”③。江宁“藩司仓库军粮无多，亦甚堪虞”，鸟枪、火药、铅片等军用物资与火器“并无储备”。江宁将军德珠布督饬藩司等赶办迎敌的火药、铅片。藩司无力措办，请由江苏粮局拨发。德珠布遂飞咨江苏督抚、粮局星速调拨，但却迟迟没有解到。因此，只好由驻防旗兵捐资购备药、铅，然而数量有限，不敷应用。英军侵犯镇江，准备进攻江宁。江宁情况却是一片混乱：“火攻器具，已属赶办不及”；从浙江调拨的 40 尊大炮，因江面阻隔，也未运到；江宁守兵单弱，而附近又无可调之兵，从而造成江宁“兵数、火药、军粮，皆属拮据”的严重局面。④

战争在中国本土进行，后勤供应本该是方便的。可是，清军军饷、军粮、军用物资的供应都很困难；即使内地能够筹措的粮饷军械，也由于交通不便，运输手段落后，加上清朝吏治腐败，行政效率低下，常常迟迟不能运到。后勤供应很差，对鸦片战争造成重大影响。

英国是当时世界上最强大的资本主义国家，其对中国发动侵略战争经过了长时间的准备。因此，它不仅有强大的经济实力作后盾，而且在物资、军队、装备等方面计划周详，准备充分。英军从开普敦、印度开拔时，就尽量装足粮食和各种物资。之后的后勤补给，主要通过以下途径解决。一是从离中国较近的印度、新加坡将所需物资运往中国。新加坡成为中转补给站。英国轮船从新加坡运物到中国，仅需几天时间。二是英军所到之处，通过贸易或抢掠以取得所需物资。他们用洋钱向当地居民购买食物。为了取得新鲜食物，他们甚至愿意出很高的价钱。其所到之处，掳掠牛羊，抢劫清军败走后留下的仓谷、银钱。三是清朝官吏或地方绅士，为“羁縻”，为赎城，主动向英军送牛羊、瓜果蔬菜、米面和银子。琦善在天津，托浑布在山东，伊里布在浙江，颜崇礼在仪征，

① 《刘韵珂奏请敕部拨济军需银两折》，《筹办夷务始末》（道光朝）四，第 1662 页。

② 《裕谦奏驰赴镇江并江苏防堵情形折》，《筹办夷务始末》（道光朝）二，第 1071 页。

③ 《德珠布等奏英船聚泊焦山折》，《筹办夷务始末》（道光朝）四，第 2096 页。

④ 参见《德珠布等又奏于乌龙山设伏并用小船装柴备攻之策滞未能行片》《牛鉴奏英船闯过京口江宁情形危急折》《德珠布等奏英军欲犯省城请就近拨兵应援折》，《筹办夷务始末》（道光朝）四，第 2096—2097、2110、2057 页。

都将各种物品送给英军。此外，广州、上海、扬州的官绅都交出了为数甚巨的赎城费。英军就地采购与掳掠，官绅免费送物与交纳赎城费，为英军解决了补给方面的很大问题。如英军进攻镇江前后，军营内流行热病和霍乱，给英军以极大的威胁和打击。其原因可能是吃了贮藏不好而变质的咸鱼、油脂和奶酪等。当时，英军最缺乏的是新鲜食物。正在此时，要求避战的颜崇礼送去了包括菜、牛在内的丰富食品，并为英军开辟市场，让老百姓把各种食物卖给他们。英军在仪征买好食品后，即用中国的沙船尽快运到镇江，以供英舰上的人员食用。同时，在到江宁以前，英军从掳掠与赎城费中已陆续弄到七八百万元，从而极大地补充了它的军饷。① 虽然英军在侵华过程中也曾感到供应（主要是食物）的缺乏，但通过以上三条途径，较好地解决了这个问题。至于武器装备，英军是充足的。而且，他们有专门修理军械的船，可以随时修理。

与后勤供应有联系的，是军费的开支。战争在中国进行，可是清政府在战争中所用的军费，不少于2000万两白银。② 而英军却最多只用了1200万元（约合864万两），实际上比这还要少得多。③ 英军远涉重洋，两次派遣远征军，其所耗军费不及中国的一半，这一方面是因为英国所派军队数量不多，另一方面也说明英军的后勤供应是建筑在比较科学与节省的基础之上的。中国财政困难，

---

① 1841年1月20日义律单方面发出的割让香港的“通知”中，有中国赔偿英国政府600万元的内容。此“600万元对赔偿鸦片烟价和到当时为止的远征军事的花费已经可以了”（见蓝诗玲著，刘悦斌译：《鸦片战争》，新星出版社2015年7月版，第235页）。其中，500万元是赔偿被销毁的鸦片烟价（见上书第175页：“英方提出的应赔偿被毁鸦片烟价500万元”）。那么，至1841年1月，英军所用军费仅100万元。另据查理·义律估计，在1841年8月之前的两年时间里，英国侵华远征军只花费了50万英镑（见上书第231页），折合为银圆约210万元（按照1英镑合4.2元或广州银3两计算，见马士：《中华帝国对外关系史》第1卷）。由此可见，英军从掳掠和赎城费中得到的七八百万元确乎起到了极大地补充英军侵华军饷的作用。

② 关于中国在鸦片战争中的军费，有言2000万者，有说7000万者。据《清宣宗实录》道光二十三年四月上谕：“此次各海疆动拨银两，报部者已不下二千万，现在截销，尚有陆续补报等项”（卷三九一）。虽尚未报完，但余者必是小数。可见所费2000多万两较确。

③ 《江宁条约》中，赔偿军费1200万元，可见英军军费最多不超过此数。据巴麦尊给璞鼎查的训令，两次远征军费，“据估计总数也不能少于100万镑”。按该训令所述英镑与银圆的汇率，1镑约合4.2元弱。那么100万镑约合420万元。以1元约等于0.72两计，420万元合302.4万两。以此计算，英军军费仅当清军军费的七分之一。（参见马士：《中华帝国对外关系史》第1卷，第747—748页）

所耗军费多；英国国势强盛，所耗军费少，这又反过来影响了双方的后勤供应。

（五）军队的调遣

军队调遣的速度和军队的机动性的强弱，对作战的能力与兵力的集中，影响颇大。

清朝军制与运输手段落后，军队调遣速度慢，机动性差。清朝设有两支正规军，一支是八旗兵，约 20 万人；一支是绿营兵，约 60 万人。八旗除驻在京师及其附近约 10 万人左右外，其余分别驻防于东北地区及其他各省的军事重镇。每一重镇数百名、千余名或数千名。驻防八旗主要监视汉族人民及绿营，由将军、都统、副都统统率。一般情况，京师及其附近的旗兵是不征调至前线作战的，驻防八旗也很少征调；即使征调，数量也不多。绿营是清军入关后接收明朝各省降军建立起来的。这种世业兵，为数众多，成为清朝最主要的统治工具。如前所述，绿营兵除负有屯戍、防边、征战等任务外，还有警卫、河防、差役等职责。因为任务繁杂，故不可能集中驻扎。就全国而言，绿营分散于各省，一省多者数万，少者万余；就一省而言，则分驻于城、汛、哨、卡，其人数，多则数百，少仅数人。所以，名为 60 万绿营兵，实则分散各处，每处兵数寥寥。如若发生战事，这支极端分散的军队自然无法应付，于是只得从各处驻扎的军队里抽调。可见清朝虽有 80 万左右的正规军，但是无论是八旗还是绿营，都没有一支机动性强的野战部队。

清朝在全国调动军队的大权集中在皇帝一人之手。虽然督、抚对其辖区内的军队有调动之权，但是像鸦片战争这样规模较大的战事，必须由其他省区调军队到沿海作战，这就非由皇帝下旨调遣不可了。此类调遣，又分两种情况。一种是皇帝认为需要在某处进行一场较大的战争，主动调遣部队前往该处。如鸦片战争中，道光帝先后任命奕山、奕经为将军，调动内地部队分别赴广东、浙江作战。另一种是发生战事省区的督、抚奏请调兵，皇帝览奏允准，发布廷寄调派。相关各省督、抚接奉调兵谕旨后如数抽调，待凑足应调之数，合编为营伍，再指派武将统领，分批出发。这一过程，即从督、抚奏请调兵，朝廷做出决定，皇帝发出密旨，各省奉旨抽调，费时已经不少；而军队调动，又须征集车船、骡马、役夫，或陆路步行，或水路乘舟，辗转曲折，速度缓慢。有时某地将发生战争，需调兵支援，大吏奏请调派，往往战事已过，所调军队尚跋涉于征途之中。这种情况，在鸦片战争中不止出现一次。1841 年 1 月 9 日（道光二十年十二月十七日），伊里布准备收复定海，请调安徽、湖北、湖南兵 4000

名至浙。道光帝于1月17日向该三省督抚用600里快速发出调兵廷寄。可是，直到伊里布被解除钦差大臣职务，所调之兵还杳无音信。接替伊里布的裕谦在2月19日的奏折中说，伊里布所请调之兵，离浙较近的安徽寿春镇兵"将到兵营"，湖广兵"程途遥远，本属缓不济急"，可令其撤退。① 后来，裕谦为加强定海、镇海的防御，以江督的身份直接飞调寿春镇标兵1000名到浙江，计时也需50天以上。从西北调兵赴浙，则非四五个月时间不能到齐，所需时间之长，与英军从英国本土到中国相等。与"抽调"相联系的是，此种临时组合起来的军队，将不知兵，兵不知将，兵不知兵，其管束之难、协同作战能力之低，是不言而喻的。

再者，因清军对英军的动向不明，这就使清军处于非常被动的地位：英军可数日不攻，清军则不可一日不防；不特粤、闽、浙、江四省须时时备战，就是山东、直隶、奉天也须沿海设防。沿海七省，海岸绵长，所需防守军队总量甚多。这些军队又不能随意调动，更影响了它的机动性，从而使军队的重复使用率很低，兵力难于集中。

英军的情况与此相反。虽然派来的军队数量不多，但机动性强，且具有进行侵略战争的丰富经验。它有一支拥有400多艘舰船的海军，还有一支包括步兵、炮兵、工兵多兵种的陆军。这些军队都是按近代军事编制组织起来的，调动和指挥都十分方便。

从英军的调动看，由于英国是侵略者，是战争的主动者，所以事先对于军队的调遣有比较周密的计划。这样，英国对军队的调派，不是零零星星、断断续续地进行，而是按计划一次性把所需的军队从各地调足。英国大批调遣军队只有两次：一次是派遣远征军发动战争，一次是增派军队扩大战争。这就大大减少了往返调军的时间。如果临时需调增援部队，只要英印总督首肯即可，不必由英内阁做出决定，这也加快了临时调遣军队的速度。

从被调军队驻地离中国的远近来看，似乎对英军极为不利。从英国本土运军抵华，一般需四五个月之久。但实际上，除两次派兵时有少数军队来自英国本土外，侵华英军主要来自开普敦、印度和锡兰（今斯里兰卡），其中绝大部分来自印度和锡兰。这就大大缩短了军队调动的距离，减少了运送军队的时间。

---

① 《裕谦奏寿春镇标官兵仍饬前进折》，《筹办夷务始末》（道光朝）二，第798—799页。

军队从开普敦出发，沿途还要征集粮食，抵达中国，只用了 73 天时间。[①] 从印度运军队到中国的时间则更短。1841 年 3 月（道光二十一年二月），义律与杨芳达成《广州停战协定》后，为准备北侵，伯麦于 3 月 31 日从广东乘轮船前往加尔各答，与英印总督奥克兰商议调动一些额外军队到中国，6 月 18 日他就带着部分孟加拉援兵抵达香港，[②] 往返仅用了两个半月。如果只算单程，即从印度运兵到中国，只需 40 天左右。可见英军调动是相当快的，即使身在中国战场的英军统帅请求调兵，从动身赴印，再从印度把军队运到中国，与中国从内地调兵至沿海相比，所需时间也并不算长。如果中国加上督抚上奏的时间，则英军从印度调兵的时间比中国从内地调兵至沿海的时间还要短。可见，由于英军计划周密，能充分利用殖民地的人力物力，临时调兵由英印总督定夺，运输工具先进，机动性强，一经调动，立刻可以启程，所以调遣速度较快。英军没有因为远离本土而增加过多的调兵时间，影响预定的战略计划。

从调到中国的英军的机动性看，英军凭借先进的船舰，机动性强，想攻即攻，欲停则停。闽浙总督怡良在 1842 年 1 月的奏折中说："该逆恃其船坚炮利，任意肆扰，凡有潮汐可通，无不驶往窥伺，得意则为害滋多，失利则扬帆远去。我无可敌之船，相当之炮，与之海上争锋，则来去自如，无从阻遏。"[③] 英军可以按照预定的目标发起进攻，可以多次重复使用兵力，也能够很快地集中兵力。这与清军处处被动，经常无法预定战场，只能沿海处处设防以待英军的进攻，形成了鲜明的对比。

综上所述，在鸦片战争中，中国在投入战争的总兵力上居于优势，而英方在军队素质、装备、情报工作、军队调遣和军队机动性等方面都具有很大的优势。即使某些方面英军存在较大的问题，也能得到较好的解决，使短处得到弥补。中国方面却不能利用本来具备的有利条件。因此，在一些具体战役中，英军能集中有限兵力进攻清军，从而使清军失去数量上的优势。即使清军在某些战役中数量上多于英军，但因其他方面的劣势，其数量上的优势也化为乌有。

---

① 据宾汉《英军在华作战记》记载，他所乘的兵船，4 月 30 日从开普敦启航，7 月 11 日已抵达广东万山群岛，共航行了 73 天。（《中国近代史资料丛刊·鸦片战争》第 5 册，第 60 页）

② 参见宾汉：《英军在华作战记》，《中国近代史资料丛刊·鸦片战争》第 5 册，第 203、240 页。

③ 《钦差大臣怡良等奏为闽省商办防务现筹械饷以备进剿折》，《鸦片战争档案史料》第 4 册，第 526—527 页。

总之，清军的作战力远逊于英军，因而在各个战场上节节失败。

二、中英双方战略方针比较

在鸦片战争中，清政府举棋不定，时而“羁縻”，时而“攻剿”，时而调兵驰赴前线，时而裁撤官兵回归营伍，对抗英战争造成恶劣的影响。

战争之初，英军陷定海，清廷一面调兵防堵，一面实行羁縻。当英军南返广东，即以为羁縻成功，战事已了，谕令沿海酌撤防兵。

英军侵占定海的奏报送达清廷，道光帝立即做出反应，谕令闽督邓廷桢调兵遣将，赴浙“会剿”；并令江督伊里布拣选水师，以备调用。① 稍后，道光帝又令杭州将军奇明保选派官兵，驰至乍浦，“相机堵逐”，② 并指示作战方略说：“英夷沿海滋扰，所恃船身坚大，枪炮便利，我兵水战骤难制胜，不若诱之登陆，可期聚而歼旃。但非确有成算，断不可轻举妄动。”③ 1840 年 8 月 3 日（道光二十年七月初六日），道光帝接到林则徐关于英船可能直达天津的奏折后，即谕告琦善，如英船至天津，求通贸易而情词恭顺，则可告以中国惯例，只在广东互市，天津向来不准通商，以杜其觊觎；“倘有桀骜情形，即统率弁兵，相机剿办”。④ 三天后，又派伊里布为钦差大臣，前往浙江，准备收复定海。可见，战争一开始，清廷是持抵抗方针的，而且颇为自信，认为定海虽陷，但现在调兵合剿，不难即时奏凯。不过，此时清廷对于这场战争并未真正理解：这场战争到底为何而起？英国人的真正意图是什么？这是一场什么规格的战争——是因中国边疆大吏处理不善而与英国发生的局部纠纷，还是一场国家之间的全面战争？对这些问题，清朝统治者是不清楚的。于是，清廷即按其过去处理国与国之间的一贯方针去对待英国挑起的这场侵略战争。

从道光帝继位后所发布的有关谕旨和所采取的相关措施中，可以概括出他对待外国的基本方针：一、对于藩属，厚往薄来，意在维护天朝体面，对贡品之多寡并不多计较；二、“蛮貊相争”，不加过问；三、只要外国不用武力，即

① 《廷寄》，《筹办夷务始末》（道光朝）一，第 328 页。

② 《廷寄二》，《筹办夷务始末》（道光朝）一，第 322 页。

③ 《廷寄》，《筹办夷务始末》（道光朝）一，第 334—335 页。

④ 《廷寄二》，《筹办夷务始末》（道光朝）一，第 337—338 页。

抚绥怀柔，息事宁人；四、如受到武力侵犯，则兴师致讨，恩威并用。而关键在两点，一是维持天朝尊严，二是绝不轻启衅端。对周边小国，如琉球、越南、廓尔喀、浩罕如此，对西方国家也如此。1835年4月3日（道光十五年三月初六日），道光帝在关于处理同澳门所居夷人关系的朱批中说："天朝体制断不可失，外夷衅端断不可启。"① 1840年8月22日（道光二十年七月二十五日）指示琦善说：对于业已犯境、直达天津的英军，应取"上不可以失国体，下不可以开边衅"② 的方针。10月13日，又在给伊里布的廷寄中说："上则不伤国体，下则不开边衅。"③ 这种对外方针，虽隐含着清朝统治者的虚骄，但就总体而言，是无可厚非的。不过，要既不伤国体，又不启衅端，在清朝国势已衰、英军蓄意侵犯时，不可能奏效。

在这种对外方针指导下，道光帝虽然调兵遣将，防御英军，筹划攻剿，但他并不想把已起的衅端继续扩大，而是想尽快结束这场由英国挑起的战争。也正是在这种方针指导下，道光帝在1840年8月9日又指示琦善说："着该督督饬所属严密防范，临时仍相机办理。如该夷船驶至海口，果无桀骜情形，不必遽行开枪开炮。倘有投递禀帖情事，无论夷字汉字，即将原禀进呈。"④ 清朝人臣无外交，对于外国投递的文书，疆臣不得随意接收。道光帝让琦善一面防范，一面收受"夷禀"，表明他已有恩威并用、以怀柔解决争端的意向。

英船抵达白河口外，中英天津谈判开始。琦善遵旨将英军投递的照会、《巴麦尊子爵致中国皇帝钦命大臣函》等外交文书接收并转奏道光帝。道光帝据琦善"该夷尚无桀骜情形"⑤ 的奏折，及巴麦尊照会中的内容和"求讨皇帝昭雪伸冤"⑥ 的说法，把该照会的内容概括为"诉冤乞恩"⑦ 四字，以为英国的目的在"意图贸易"。既然是为了贸易，与过去英人在广东的要求无异，因而无大动干戈的必要，从而定下了"羁縻"的方针。不过，英军已侵占定海，且军舰已直驶白河口，军事进攻的威胁仍然存在，故又谕令沿海督抚将军严密防范，倘若

① 《中国近代史资料丛刊·鸦片战争》第1册，第206页。
② 《廷寄二》，《筹办夷务始末》（道光朝）一，第399页。
③ 《廷寄》，《筹办夷务始末》（道光朝）一，第515页。
④ 《廷寄》，《筹办夷务始末》（道光朝）一，第359页。
⑤ 《琦善奏英人呈递字据折》，《筹办夷务始末》（道光朝）一，第368页。
⑥ 《巴麦尊照会》，《筹办夷务始末》（道光朝）一，第382页。
⑦ 《廷寄》，《筹办夷务始末》（道光朝）一，第428页。

英船进口登岸，即“合击痛剿”①。此时清廷“羁縻”，主要包括两方面的内容：其一，指责林则徐在粤办理不善，决定重治其罪，另派钦差大臣至粤秉公查办，为英人代伸冤抑，以此解决英人“诉冤”的问题；其二，反复晓谕，使英军南返广东，听候查办，“必使该夷有以登复该国王”。并说烟价所值无多，暗示返粤后犹可商量。至于英国提出的其他要求，则一概予以拒绝。这是对英人“乞恩”的回答。英军由于种种原因，特别是当时兵力不足，于 9 月 15 日全数退出天津海口南驶后，道光帝令沿海对英船不必开放枪炮，但以守御为重，勿以攻击为先，这与不轻启衅端的方针是完全一致的，也说明清廷在小心翼翼地维护天津谈判的“成果”。当山东巡抚托浑布上奏夷人数百，出舱“向岸罗拜”，其恭顺实出意外之后，道光帝即命沿海各省酌撤防兵，并将林、邓革职。他认为，战事即此了结，羁縻已经成功，甚至连敌人的存在也不承认了。②

在这一阶段，清朝采取一面防御，一面羁縻，而以后者为主的方针，不能说成是对英投降。因为这时定海虽陷，但清廷认为收复甚有把握；送达北京的沿海督抚的奏报，或谓抗击英军取得胜利，或言各处防备甚为严密。在这种情况下，极为重视天朝体制的清廷，没有理由要对外投降。而且正好相反，清廷认为，天津羁縻，正表现了天朝皇帝的大公至正，薄海内外，无不一视同仁。既然林则徐在广东办理不善，英人在广东受辱，请求伸冤，那么就惩处林则徐，代英人伸雪冤抑，这岂不显示皇帝的大度？其中表现出的，是清朝皇帝居高临下的态度，而绝非卑躬屈膝的投降。在客观上，清廷除隐约表示烟价到广东后可商量外，对英方的其他侵略要求，一概拒绝。因此，也不能说是投降。

当然，清廷以羁縻戢兵，除了执行它的一贯方针外，也有其不得已之苦衷。这就是清朝的国势衰颓，财政拮据，一旦战争继续下去，必致劳师糜饷；天津又是进京咽喉，凡盐、漕、铜船皆须经此前往北京，一旦打仗，影响甚大。此外，清廷对“致衅之由”和英国的真正意图不了解，把英国挑起的一场全面的侵略战争，视为中国疆吏办理不善而与英人发生的局部纠纷，认为只要皇帝秉公处理，代伸冤抑，即可平息夷人之气，消弭战祸。果能如道光帝一厢情愿的想法，通过羁縻，战争就此结束，自是上策：既未失天朝体制，亦未扩大已开

① 《廷寄》，《筹办夷务始末》（道光朝）一，第 407 页。

② 邓廷桢奏：“因逆夷攻陷定海，闽洋已觉腹背受敌。”1840 年 10 月 23 日（道光二十年九月二十八日）朱批：“未知所受何敌？”奏：“当兹逆夷猖獗之际。”朱批：“未知在何处猖獗？”〔《筹办夷务始末》（道光朝）一，第 524 页、525 页〕

之衅端。何况，清廷亦非专恃羁縻，沿海已作“防堵”“会剿”的部署。

主要的问题在于清廷对英国的意图太不了解，对它提出的条件未予充分重视，以为稍加驳斥，略示怀柔，英方即可放弃那些非分之求；对于英军返棹南还的估计也完全错误，以为英方已基本放弃所提要求。虽然英人“乞恩”未允，但“冤抑”已伸，而且到广东后还可考虑赏给烟价。因此道光帝认为，片言片语，已胜十万之师，所谓不战而屈人之兵，颇为自得。于是沿海解除警报，裁撤防兵。以后的事实，证明道光帝完全错了。

琦善抵粤后，很快发现英人“较前更加傲慢”，继又了解英方对原提赔偿、割地、文书平行往来等条件寸步不让。道光帝认为，逆夷难以理喻，若不乘机痛剿，不足以示国威而除后患，于是飞调军队赴粤，任命奕山为靖逆将军，驰粤剿办；谕令不再收受夷书，沿海严防，决不允有“通商”二字存于胸中，并表明自己抗战的决心道：“朕志已定，断无游移。”① 自此，清廷的对英战略发生了根本转变，由原来的羁縻为主转为“大申挞伐”②。

对于英国的侵略进行坚决抵抗，应予肯定。可是，统筹整个战局的道光帝，对于敌我双方力量并无正确估量。英军退出定海，他认为是“该夷闻有大兵，望风远窜”③，得出的结论是“逆夷并无能为”④。在给沿海大吏的谕旨中，“痛加剿洗”“聚而歼旃”“务令片帆不返”等虚骄词语，随处可见。同时，财政拮据、劳师糜饷等问题，像梦魇一样困扰着他。因此，当大张挞伐并不如意，或局势稍有缓和，道光帝就忙不迭撤兵，以节靡费。

奕山广州战败，订立城下之盟，却讳败为胜，并奏广东“夷务大定”，请将原调之兵除酌留少数“弹压土匪，暂壮声威”外，其余即分批“撤归原伍”。⑤ 道光帝不仅批准调往广东的六省官兵“凯撤”，而且谕令沿海各省调防官兵也酌量裁撤，江、浙奏请缓撤也不准。⑥ 这是清廷的第二次大撤兵。

厦门、定海、镇海相继陷落，清廷再次大量调兵与英军作战，但作战的信

---

① 《廷寄》，《筹办夷务始末》（道光朝）二，第 632 页。

② 《廷寄》，《筹办夷务始末》（道光朝）二，第 632 页。

③ 《上谕》，《筹办夷务始末》（道光朝）二，第 830 页。

④ 《上谕》，《筹办夷务始末》（道光朝）二，第 830 页。

⑤ 《奕山等又奏粤省洋务大定拟酌裁各省官兵片》，《筹办夷务始末》（道光朝）二，第 1081—1082 页。

⑥ 参见《筹办夷务始末》（道光朝）二，第 1083、1085、1111、1118、1124、1127、1129、1134、1136、1147—1150 页。

心与决心已动摇。待英军兵临下关江面，即订城下之盟而结束了战争。

道光帝收到颜伯焘厦门陷落的奏折后，产生了一个新认识，采取了一项旧措施。所谓新认识，即过去道光帝认为英军只善水战，一经登陆，即无能为，故令沿海疆吏不得与之海上交锋，唯诱其登陆，聚而歼之。厦门陷落，道光帝始知英军亦善陆战，遂谕沿海将军督抚，加强陆路防御。所谓旧措施，即再从内地各省调派官兵奔赴沿海，与英军作战。就在接到厦门失陷奏报的当天(1841 年 9 月 13 日，道光二十一年七月二十八日)，道光帝立即发出谕旨，调江西兵 2000 名赴闽，令吉林、黑龙江兵各 1000 名前往盛京，命裕谦、托浑布，如浙江、山东兵力不敷，准其酌量调拨。两天后，又令陕西选调 2000 名官兵赴天津。并急告裕谦，浙省所撤各兵，暂缓起程；已起程者，概行撤回。若兵力仍然不足，即可再调江西、安徽两省官兵至浙防御，毋稍迟缓。镇海失守，裕谦死难，道光帝又任命奕经为扬威将军，赶到浙江办理军务，并继续调兵至浙，准备收复失地。

自厦门沦陷至镇江失守，道光帝一直力争以武力阻止英军的侵略。然而，与出兵广东之时“朕志已定，断无游移”相比，其抵抗的信心和决心均已动摇，特别是在浙东战败以后，表现得更加明显。

清廷方才调兵，英军已横行于浙东：陷宁波，克余姚，扰慈溪。道光帝得到报告，深为气愤，对清军作战大失信心。他在给杭州将军和浙江巡抚的廷寄中，严厉斥责道：“将懦兵疲，全无斗志，非逆夷凶焰竟不可当，实我兵弁临阵脱逃几成习惯。”① 又说，此次英夷侵犯，总共不过 2000 余名，我兵数与之相当，又有城池炮位以资防守，主客劳逸，形势了然。“乃既不能冲锋击贼，复不能婴城固守，一见逆夷，辄即纷纷溃散，以致逆夷肆意滋扰，如入无人之境”②。可见，道光帝对清军之不能战，已有较深认识。不过，此时他还只是认为守余姚的江西兵不能战，而对从各省征调之“劲兵”还抱有很大希望，对奕经收复三城的计划也颇为满意，因而对抗战仍抱有相当信心。他相信奕经所率大军，“必能克期进剿，扬我国威，断不令该逆扬帆远遁”③。

奕经出兵失败，极大地打击了道光帝抗击英军的信心和决心。他对刘韵珂所上“十可虑”奏折反映的情况，认为是完全属实的，并谕令在英军滋扰之时，

---

① 《廷寄》，《筹办夷务始末》(道光朝) 三，第 1541 页。

② 《廷寄》，《筹办夷务始末》(道光朝) 三，第 1552—1553 页。

③ 《廷寄》，《筹办夷务始末》(道光朝) 四，第 1659 页。

“尤当设法羁縻”[1]。清廷自宣战后，至现在又把“羁縻”重新提上了议事日程，并已在极为机密地进行“羁縻”的准备。

对清军作战能力不相信，对同英军继续作战的成功产生怀疑，表明以道光帝为首的清政府抗英信心的大动摇；而把“羁縻”重新提上议事日程，并暗中做了布置，则表明其抵抗决心的大动摇。待到英军攻克镇江，扼住漕运咽喉，清政府对军事抵抗已经完全失望，于是俯首就范，以全部接受英方条件而屈辱地结束了这场战争。

在整个战争中，清廷或因防堵，或因羁縻，或为一意进剿，或已准令通商，军队调了撤，撤后又调，反反复复，朝令夕改。特别具有讽刺意义的是，1841年9月12日（道光二十一年七月二十七日），道光帝在给裕谦的谕旨中说：“所议陆续裁撤各兵，均着照议办理。”可是，13日接到厦门陷落奏折，道光帝又立即下令各处调兵，驰赴沿海前线。清廷调兵，速度慢，耗费大。由于战略方针的反复变化，军队不得不频繁地调、撤，甚至还在撤回归伍的途中，又接到调赴前线的命令。军队旋调旋撤，使将帅备弁无所适从，士兵将官疲于奔命，沿途百姓迭遭扰累。这就使战斗力本来就低的清军，士气大受影响，战斗力更遭削弱，又使前线御敌之兵不敷调遣，军饷耗费益多。这无疑是中国在鸦片战争中失败的重要原因之一。

英国是有预谋、有计划地发动这场战争的，其战略方针始终如一，战略目标非常明确。而且，英国政府给其全权代表留有因情况变化而自行做出决定的充分余地，免去了事事请示的时间耽延。

1840年2月20日，巴麦尊给懿律、义律的最后训令，明确规定了英军到达中国后所要采取的步骤和必须达到的目的：封锁珠江口，占领舟山群岛并封锁其对面的河口、扬子江口和黄河口，全权代表率军到北直隶湾；在上述三处均要将《巴麦尊子爵致中国皇帝钦命大臣函》交与当地督抚等官，使之转达清廷；全权代表在白河口同时要交出一份照会，限定清朝方面作出答复的时间，并根据答复是否满意而采取进一步的行动；提出了与中国将订立的条约的主要内容，同时给予他俩随机应变的权力。训令说，“我送交你一份这种条约的稿本作为你

---

① 《筹办夷务始末》（道光朝）四，第1678—1682、1685、1686页。刘韵珂奏折主要内容是：清军锐气全消，调兵再战无济于事；英军火器精，水、陆战皆其所长；浙江人心涣散；漕粮征、运两难；不逞之徒将乘机而起；沿海七省，全皆设防，兵费甚巨，防无已时，糜饷劳师，伊于胡底？

的指针；你得参照当时的情势，根据你的权衡和判断，随意加以修改和变更”，“女王陛下政府没有预见到的情况可能发生，而且没有预见到的问题可能出现；在这种情况下，你们应自行斟酌决定”①。璞鼎查来华前，巴麦尊给他的训令，在所要达到的目的方面，与给懿律、义律的训令基本一致，也给了他临事处断之全权。训令首先就说：“你要清楚了解，同中国政府进行的交涉是完全托付给你的；并且只靠你自己，以你全权公使的资格，来决定在什么地方进行交涉；交涉继续多久；并且交涉如果不成功，在什么时候破裂”，“无论是对于本函内特予提出的各点，或者是对于函嘱参照以往训令中所论列的各点，都有很多地方须留待你的决断和斟酌”。②

事实是，英国侵略军几乎完全按照既定方针、步骤进行战争：封锁中国海口，占舟山，割岛屿，截断中国漕运，中国如不允所提条件就相战不息等等。由于战略方针一定，全权代表又有临事决断之权，因此英军行动目标明确而又灵活多变。何时进攻，何时停战，何时收缩兵力，何时组织新的进攻，主动权皆握于全权代表之手。如此，既不会贻误战机，更不会使军队徒劳往返。英军战略方针得当，是其在鸦片战争中获胜的重要原因。

三、社会制度腐败等的影响

为什么中国在鸦片战争中有那么多有利条件不能利用？为什么中国的战略方针不稳定而造成军队的旋撤旋调？归根结底，是当时清朝社会制度腐败所致。就社会制度而言，中国的封建社会已进入晚期，比起世界先进的资本主义国家，已经大大落后，成为束缚中国社会经济继续发展和文化科学进步的桎梏。这时的清朝，已经从它的鼎盛时期迅速走向了衰落，处于日之将夕、悲风骤至的衰败境况之中。这种衰败，在鸦片战争中，暴露充分，影响极大。

---

① 《巴麦尊子爵致女王陛下驻华的两位全权大臣函》，《英国档案有关鸦片战争资料选译》下册，第530—537页。

② 《巴麦尊子爵致亨利·璞鼎查爵士函》（1841年5月31日），马士《中华帝国对外关系史》第1卷，第746—751页。参见《英国档案有关鸦片战争资料选译》下册，第900—907页。

（一）极端的君主专制制度对战争的影响

如前所述，中国的封建君主专制，到清朝已经登峰造极。内阁形同虚设，综揽天下要政的军机处实质上是秉承皇帝意旨办事的御用机构。各部尚书、侍郎，互不统属，皆对皇帝一人负责。封疆大吏，钦差星使，皆由皇帝简任，他们也只对皇帝负责。皇帝的权力不受任何机构或个人的限制。这种绝对君权统治，在鸦片战争中，直接造成了战略指挥的失误。因为没有一种制度来保证大政方针决策的正确和稳定，也没有一种制度来对错误的决策进行修正。疆吏的奏折，御史的规谏，只是提供给皇帝参考，却不能约束皇帝的任何言行。倘若皇帝了解的情况是虚假的，其据此做出的决定势必错误；然而皇帝的决定又须执行，于是造成了严重后果。鸦片战争中的两次大撤兵，正是道光帝根据错误的情报做出的错误决定。在发出第二次撤兵的谕旨后，裕谦、刘韵珂曾根据他们所得到的情报，请求暂缓撤退江、浙之兵。可是，道光帝不同意，坚持撤兵。裕、刘只好遵从。这就出现了头天道光帝批准裕谦的奏请，让浙江撤兵归伍，次日接到厦门陷落奏折而又四处调兵赴前线的奇怪现象。由于一切都得皇帝“宸衷独断”，事事须请旨方可施行。交涉事件，收拒夷书，拨领军饷，动用仓储，请购米谷，协拨物资，造船铸炮，调撤防兵，押放俘虏，如此等等，无不上奏请旨，然后遵旨奉行。鸦片战争时，沿海四省先后交战，七省设防，战场离京遥远，驿马传递，速度有限，奏折谕旨，往返耽延。而前线战况随时在变化，待上奏之人奉到谕旨，往往事机已被延误。

皇帝专制，其喜怒好恶，决定着群臣百官的陟黜荣辱，甚至一生命运。因而唯皇帝之意是从的风气必盛，讨皇帝欢心的人必多，阿谀希旨之臣必众。鸦片战争之初，道光帝据琦善奏，在谕旨中说夷人恭顺，现已南返，沿海各处不必开放枪炮，于是就有夷人数百出舱向岸罗拜之奏；后来，道光帝下令“大申挞伐”，于是，讨夷主战的言论又风靡一时；一旦转而主抚，过去言战者又多噤若寒蝉。所谓“自时事中变，识时务者，不复言兵”①，指的正是这种情况。在此种风气笼罩下，臣下或不认真独立思考问题，贡献自己的意见；或有自己的看法，因不敢批逆鳞而隐匿不奏；或有正确的意见上奏，独断的皇帝也不予采纳。这就难以保证决策的正确。鸦片战争时因战略方针变化而不断调撤防兵，

① 《徐继畬致林树梅书》，《移情集》卷二，转引自《软尘私议》，《中国近代史资料丛刊·鸦片战争》第5册，第535页。

与此颇有关系。

（二）自大与欺蒙造成的严重后果

道光帝何以对英军动向及战争进程判断失误？清朝官吏何以对英国茫无所知？自大与欺蒙是其重要原因。

中国古代有过灿烂的文化和发达的经济，由是逐渐形成中国乃“天朝上国”的自大意识；为了维护这种意识，为了显示天朝的威严，又极力强调“华夷之辨”。可是，世界在前进，欧洲一些国家在科学、航海、思想领域内发生了巨大的变革。中国的先进、强盛已成为过去，然而人们的意识却未随着时势的改变而变化。而且，愈是落后，愈是失去力量，统治者就愈去追寻旧梦，引以自慰，从而形成一种虚骄的心理。清朝统治者更是这样，一向把清帝国自诩为“天朝上国”，对于在中国沿海进行了长期贸易、侵略活动的西方人，都不屑于了解(个别皇帝除外)；对于西方先进的器物与技术、科学，不仅耻于学习，而且直斥之为无裨实用的“奇技淫巧”。中国“知己知彼”的名言被遗忘了，或是把西方的“夷人”排斥在应“知”的范围之外。再加上鸦片战争以前，清政府长期实行严格限制内外交往的政策，中国的官员、士子也很难了解外国情况。在这种不屑、不敢、不能了解世界的保守风气下，清朝统治者对世界各国的情况，几乎全然无知。就是对同中国打交道二百余年的英国，在林则徐禁烟和鸦片战争进行时，仍将天方夜谭式的传闻与揣度当作事实。诸如夷人用牛肉、羊肉磨粉以食，中国若不卖与茶叶、大黄，即可致其死命；英军腰硬腿直，一经颠仆，即不能复起，故其船炮虽厉害，但上岸即无能为等荒诞说法，不仅为当时最具世界知识的大臣形诸奏牍，而且成了皇帝谕知疆臣的圣旨内容，并据此制订出“诱其登陆”的战术和建立起“不难擒渠扫穴”的信心。在与英人交涉过程中，又把一般的外交礼节视为“恭顺”“倾心向化”“俯首输诚”，据此以确定自己的方针。如此不了解世界大势，如此不了解敌情，其决策的谬误又有何怪！

不知彼，或可诿为英国遥远，那么清军的情况，前方的战局，总该知之甚确吧！实际上却并非如此。由于文武官吏的欺骗蒙蔽，道光帝和清朝中央政府对自己的军队和前线战况，也不完全了解。奕山广州战败，输款求和，却上奏说清军大胜，英人“乞抚”，并将赎城之费说成代还“商欠”。英军迫其订城下之盟后退出虎门，奏折却说“夷务大定”，请求撤兵。似此谎报军情，鸦片战争中何止广州一处！何止奕山、杨芳、祁𡎴数人！

自大与欺蒙，造成对敌我双方的不了解，特别是对英国及英军情况的无知、误解，使清廷对于战争的进程总是受制于敌，完全失去了主动权，造成对敌方略及指挥的谬误。

（三）吏治腐败与战争的失败

社会制度腐败在鸦片战争时期的重要表现，是吏治的腐败；而吏治腐败又集中表现于官吏的贪污腐化和将帅官弁的怯懦溃逃。关于官吏的贪黩对战争及财政的影响，前已述及。此处仅就鸦片战争时期前线将官的腐败与畏葸加以论列。

在福建，继邓廷桢为总督的颜伯焘，在任仅一年多即被革职。他回广东原籍途经漳州时，所带物品，每日由六七百名扛夫为其搬运过境，一连10天才过完。其中，有得资为商贾代运的货物，但主要当是颜伯焘本人的财物。闽督一年廉俸共1.3万余两，平时耗费巨人，革职后所带物品如此之多，绝非靠廉俸所能置办，可见其来路不正——非贪污，即受贿。而且，乘回籍运物之机，用公家夫马替商贾运货，亦属不法。其所带眷属、舆马仆从几三千名，沿途州县之供应即须耗费巨资。颜在漳州停留5日，日用酒席400余桌，花费共1万两白银。漳州地方官为开销这笔费用，即报领根本不存在的龙溪“乡勇”1200名的“勇粮”作为弥补。①

奕山在广东匆忙发动进攻，原因之一是为了报销巨大的各种耗费。奕经浙江前线军营内，为求保举，贿赂公行；为饱私囊，贪污军饷，浮冒开销。奕经的门生、被授为前营总理的张应云，以募勇为名，虚造9000余人的名册，冒领粮饷10余万两！他还是吸食鸦片的瘾君子。前线正值胜败攸关时刻，这位前线总指挥却因烟瘾大发而不能视事！报效军营的知州联壁，与吏目勾结，假招乡勇之名，冒领饷银近4万两。故有人上折揭露军费开支的弊端说：“军需报销，往往有浮开之弊。”②

这些在侵吞自肥方面“足智多谋”的“勇士”，与英军打起仗来却成了贪生怕死的懦夫。诚然，清军将弁中，确有陈连升、关天培、麦廷章、江继芸、葛云飞、王锡朋、郑国鸿、朱贵、陈化成等慷慨赴难、为国捐躯的英雄；但多数却是畏葸怯懦之辈。英军攻虎门，防守横档炮台的肇庆协副将庆宇，潜逃未成，被俘后俯首听任英军剪辫以求生。英军攻广州，守卫四方炮台的总兵长春，敌人尚未进攻即率先逃走。“都（司）守（备）以上将官，俱在城中不出。”③ 在浙

① 参见张集馨：《道咸宦海见闻录》，第65—67页。

② 《清宣宗实录》卷三九一，《清实录》三八，第1021页。

③ 《广东臬司王廷兰致福建藩司曾望颜函》，《中国近代史资料丛刊·鸦片战争》第4册，第27页。

江，敌攻镇海，提督余步云、总兵王志元临敌逃走。宁波、余姚等处官员，英军未到，望风逃窜者，指不胜屈。奕经发动的收复宁波、镇海之战失利，前营总理张应云自骆驼桥乘轿逃走，参赞文蔚从长溪岭跣足而奔，驻扎曹娥江畔天花寺中的扬威将军奕经则下令宵遁。鸦片战争结束时，因失守定海、镇海、宁波、上海、镇江等处，查明治罪的文武官员即达600多名。那些败逃而以欺蒙手段得以免予治罪的，又不知有多少。面对文员武将的畏敌逃窜，道光帝极为怨怼地斥责说："有将不可恃，有兵不可用，文职以投水遇救，习为护身之符，而又多方掩饰，深堪痛恨！"① 前线军队的指挥者、具有守土之责者如此畏敌如虎，又怎能望其鼓舞士气、激励民心去争取战争的胜利？

深悉当时官场弊病的刘韵珂在给伊里布、耆英、牛鉴的信稿中写道："就今天下大势而论之，文官爱钱而惜死，武官惜死而又爱钱。"② 这确乎是对鸦片战争战场上清朝多数文武官员种种表现的准确概括。在这些"爱钱"而不分时间、不论地点、不择手段，"惜死"而不计后果、不顾身份、不知羞耻的文官武将主持下的战役，要想取得胜利，岂非怪事！

（四）阶级矛盾尖锐，难以一致对外

清朝在鸦片战争前，阶级压迫残酷，社会矛盾日趋激化。到了鸦片战争时期，国内矛盾并未因英国的入侵而有所缓和。在不少地区，由于官贪吏酷、战争扰累以及严重的灾害，阶级矛盾仍相当尖锐。

从全局来说，当民族矛盾上升为主要矛盾时，阶级矛盾会下降为次要的矛盾。但是，如果把这作为一个公式，不加分析地到处硬套，就把纷繁复杂的历史简单化了。鸦片战争的战场在粤、闽、浙、江四省，而且基本上是在这些省区沿海沿江的城市、要塞及其附近进行。离战场较远的地方，除了征调会使那里的民众感知战争的存在外，他们并未直接受到侵略者的蹂躏。至于远离这些省份的内地，则更是如此。所以，虽然中英间的民族矛盾上升为主要矛盾，但在广大地区，人们对英国侵略感受淡薄，甚至不知是怎么回事。他们并未感到这场战争威胁到自己和民族的生存，其切肤之痛却是封建剥削的苛重、官吏胥役的残忍。他们的反抗矛头自然而然对准封建统治者，故这些地区的阶级矛盾仍然十分尖锐。

实际情况确乎如此。鸦片战争时期，官吏搜刮残民不仅毫未收敛，还变本

---

① 《清宣宗实录》卷三六三，《清实录》三八，第553页。

② 《中国近代史资料丛刊·鸦片战争》第3册，第361页。

加厉。这从耆英的一封密奏中得到了充分反映。在密折中，耆英首先指出，“今之牧令，不理民事，不问疾苦，动辄与民为难，以致民情涣散，内不自安”。然后列出了地方官吏书役、营员兵丁残虐百姓的种种劣迹：催科则假手书役，任意浮收，甚至每米一石，收米至三石内外，折钱至十千上下，每银一两，收钱至四五千文。以致苏、松一带，有人将全部收获物交出也不足完纳钱漕，因而弃田逃匿。若不遵浮勒，则横加摧辱；词讼则置之不理，讼师书役即乘机播弄舞弊，“案中生案，节外生枝”，致使有的无端受累，有的家破人亡。遇有命案，更是指攀索贿，“不将附近村庄资产荡尽不已”；抢、盗案发，逼勒事主隐忍不报，否则迫害事主，使之受累无穷，甚至栽赃诬陷，肆意索诈欺凌，无恶不作；营员兵丁，勒索商旅，估吃霸赊，窝留娼赌，践踏庄稼，攘夺货物。百姓若稍有反抗，则横加镇压，“更肆以酷济贪，欺压良善”。这些地方官，“所言惟缺分之优瘠，浮收之多寡，其风土人情，从无过而问者”。因此，吏治日坏，民生日困。对这些情况，道光帝认为是符合实际的。他对此折的朱批是：“均非虚妄。”① 问题还在于，这并非江苏一省的情况，而是全国皆然。鸦片战争时，江南士人鲁颂上军机大臣、大学士潘世恩书，就揭露说：“各省凶荒，议蠲议赈，恩不下逮，徒饱胥吏矣。抚字下考，催科上考，县官浮征，又十倍于曩昔矣。剥民媚上，营求美缺，仓廪空虚，宦囊独充矣。讼牍积压，累经年月，酷吏违律，待民如盗矣。……科派差役，民不堪命矣。修城浚池，勒捐强派，十室九空，民无上富矣。”②

鸦片战争爆发，清廷征调军队，筹备防堵，也成了地方官吏、豪绅发国难财的好机会。1841年（道光二十一年），浙江瑞安县上玛林地方，豪绅依仗县令梁元之势，以筑堡保护江村为名，强行派捐，即使贫户也不能幸免，每亩勒派出钱500文。并强行占田，指挥其党羽插旗定界，不容申诉。③ 直隶冀州知州赵庭椿，借团练乡勇之名，按户挑派，不愿者则出钱，有被勒索制钱百千至数百千者，否则即予重责。御史吕贤基于1842年4月《请旨敕禁派费勒捐折》中，指出各地方官吏借征调防堵病民的情况：近年以来，地方官“每于近海之区，借防堵以派费，于征兵之境，借征调〔调发〕以索财，以及道路所经，辄以护送兵差、供给夫马为名，科敛无度。近闻湖北、湖南、安徽等处，皆有加派勒

① 《清道光朝留中密奏》，《中国近代史资料丛刊·鸦片战争》第3册，第468—470、472页。

② 鲁颂：《上荥阳相国书》，《中国近代史资料丛刊·鸦片战争》第5册，第501页。

③ 参见赵钧：《过来语》第6册，《近代史资料》1979年第4期。

捐之弊，又闻浙江、直隶、山东亦然”①。道光帝也发布上谕说：地方官加派勒捐，“阳借办公之名，阴图肥己之橐，甚或纵令吏胥，借端需索，致国家卫民之举，先滋病民之弊”②。加之，开赴前线的军队，沿途为非作歹，蹂躏百姓；一些旗人将领，执其种族偏见，或诬良民为汉奸，或为守城而滥杀无辜，使百姓更不堪其扰累。

官吏豪绅，残酷压榨，借端需索。州牧县令，不理民事，不问疾苦。军队官兵，肆行无纪，沿途骚扰。因此，不特在远离英军侵扰地方的人民，其所受痛苦，并非侵略者的践踏，而是清朝官兵的残害；就是在直接受到英军威胁的地方，在侵略者的兽行尚未表现出来之前，人民已被清朝的官弁兵丁摧辱得难以忍受。而且，这些官吏与军队，大都见敌即逃，根本起不了守土卫民的作用，其腐朽无能暴露无遗，形成“官与民，民与兵役，已成仇敌”，“一朝有事，不独官民不能相顾，且将相防，困苦无告者，因而思乱”的严重局面。③ 人民与统治者之间的尖锐矛盾，在遇上天灾时，更加激化，而鸦片战争时期，又正值灾害不断之时。于是，在全国广大地区，特别是江西、福建、广东、浙江、江苏、湖北、山东以及黄河以北地区，人民群众反抗官府的斗争，不断发生。

1840 年 8 月（道光二十年七月），江西与福建、广东交界处，游民百十成群，携带武器，与官府对抗。9 月，因江苏丹阳县令加征田赋，酿成乡民殴官、劫狱、打毁官署的民变事件。

1842 年 1 月，湖北崇阳有钟人杰聚众二三千人起义，起义军先后攻取崇阳、通城，开仓散谷，声势颇大。清廷调兵五千，并命湖南、江西出兵防堵，历时 50 余日才将起义镇压下去。与此同时，湖北“襄阳匪徒成党”④。在浙江，人民反抗到处发生。杭州、湖州、余杭、归安、山阴等地，或因灾聚众抗租，或为呈请赈济，拥入官仓之内“凶闹”，或“借灾滋事，恃众拒伤兵役”，或“刁租、抗租、抢夺”。嘉兴等属秋收亦歉，“难保不接踵而起”。因其人数多，地域广，浙抚刘韵珂不敢“悉加诛戮”。道光帝也只好谕令他“设法解散”，“随时抚恤”。⑤

浙江诸暨县浮收地丁，书役作弊，每银一两折钱二千五六百文，每两加耗

---

① 《筹办夷务始末》（道光朝）四，第 1704 页。

② 《筹办夷务始末》（道光朝）四，第 1705 页。

③ 《清道光朝留中密奏》，《中国近代史资料丛刊·鸦片战争》第 3 册，第 469、470 页。

④ 《清宣宗实录》卷三六七，《清实录》三八，第 600 页。

⑤ 《清宣宗实录》卷三六四，《清实录》三八，第 563 页。

三钱二分尚不肯收，往往欠银二三钱，完钱即达千余文。书役门丁，横行骚扰，民不聊生。百姓历经上控，均无结果，矛盾日益尖锐。至1842年2月（道光二十二年正月），即有“诸暨县匪徒聚众抢掠”① 之奏。

1842年5月，浙江缙云县胡喜芹，乘该县考试文童之际，拥众入场，挟制县令，迫其发布减价完粮告示，并要其释放被监禁的囚徒。他们两次阻考，而且持械拒捕。② 7月，桐乡县发生涝灾，有乡民数千，拥入县署，抛砖掷石，打伤县令，抢去库贮银钱。安吉县粮价昂贵，民食困难。县民童禹甸等率领多人，直入县署，挤翻公堂，拥进宅门，打伤该县偏佐等官。③ 是年，归安县雨雪成灾，次年即有嵇祖堂、姚瀛洲、叶桂青等人“借灾纠众”，抗官拒捕，戕害官兵，殴毙地保，阻止各村完粮，“叛迹显然”。④

以上所举浙江发生民众反抗的地方，多属于该省杭、嘉、湖地区。其巡抚刘韵珂比较注意民间疾苦，受到时人“忧国忧民”的赞誉。在其治下的最富庶地区，社会矛盾尚且如此尖锐，其他地区则可想而知。事实上，各地的反抗活动层出不穷：仪征一带“盐枭”活动频繁，黄河以北“土匪聚众”，江苏之徐州、海州等处“土匪窃发”，山东兖州、沂州等属“亦多刀匪”，此类奏报，不断送到道光皇帝的御案之上。⑤

当外敌入侵之时，全国上下应该一致对外。可是，政治腐败，民不聊生致使社会动荡，民变蜂起。清廷陷入了耆英所说的“内不自安，何暇攘外”⑥ 的窘境。不仅如此，清朝统治者还担心，如果战争延续下去，将有更多的民众反抗发生，因而想尽快结束战争，以腾出手来对付国内的反抗者。一个参加南京议和的英国军官所做的《缔约日记》证实了这一点。他写道：“中国官吏并不隐饰他们是急于求和。混乱、不满、暴动与日俱增，内地的不法匪徒，横行抢掠，须等和议成功后，才能派兵去剿。”⑦

因而，战败、求和，就成了清廷的必然归宿。

---

① 《清宣宗实录》卷三七〇，《清实录》三八，第660页。

② 《清宣宗实录》卷三七〇，《清实录》三八，第660—661页。

③ 参见《清宣宗实录》卷三七七，《清实录》三八，第806页。

④ 《清宣宗实录》卷三七九，《清实录》三八，第841页。

⑤ 《清宣宗实录》卷三七七、三七九，《清实录》三八，第799、843页。

⑥ 《清道光朝留中密奏》，《中国近代史资料丛刊·鸦片战争》第3册，第468页。

⑦ 利洛著，齐思和译：《缔约日记》，《中国近代史资料丛刊·鸦片战争》第5册，第508页。

由此可见，清朝社会制度腐败的重要表现——政治上的极端专制，统治者的自大与欺蒙，前线文官武将的“爱钱”与“惜死”，由官吏残民而引起的尖锐阶级矛盾等，是导致战争失败的极为重要的原因。

四、陈旧海防观念影响

追根溯源，清军在鸦片战争中一败再败，与陈旧的海防观及苟且因循的传统有密不可分的关系。古罗马政治家、哲学家西塞罗（前106—前43年）说过：“谁控制了海洋，谁就控制了世界。”近代西方殖民历史，一再证明这是一条真理。早期殖民者葡萄牙和西班牙，相继在非洲、美洲和亚洲创建殖民地，建立起超过本土许多倍的殖民帝国，靠的就是建立了一支足以横行海洋的强大海军。后起的英国，凭借着海军的优势，先是于1588年打败了西班牙的“无敌舰队”（又译无畏舰队），后来经过两个世纪与荷兰、法兰西的海上势力进行反复较量，终于建起了独霸全球的海上霸权，将自身的势力扩大到世界的每一个角落，号称日不落帝国。英国之所以能称霸世界，就是其历代统治者一贯重视海军的建设和发展。它在鸦片战争中能够打败大过它的本土面积40倍的中国，凭借的也是拥有一支坚船利炮的海军。

而在中国，自从秦汉以来，危及中央政府统治的边患，一向来自西北方向的陆地边境。因此，历代统治者只重视西北的边防建设，以至不惜花费大量人力物力，建立起万里长城来加强自身的防卫力量。至于东南沿海漫长的海岸线，因为有浩瀚的大洋作为天然屏障，海防建设一向不受重视，从而形成“重陆轻海”，缺乏“海权”意识的边防观。到了明清时期，既有倭寇的不断骚扰，又屡遭西方殖民势力的侵扰，明清统治者依然对海防建设无所作为，更没有意识到要建立一支强大的海防力量，来与西方侵略势力抗衡。这实际上是自动放弃了制海权。沿海各省设立的水师，仅仅是为防止海盗而建。水师的巡船与武器，陈旧不堪，直到鸦片战争前，在沿海安置的大炮，如前所述，不少竟是将近两百年前的清代初期旧物。江苏、浙江、福建、广东等省沿海，号称有水师兵丁5万人，实际可以用来作战的只有数千人。历年的会哨巡防，只是虚有其表。水师兵丁除略悉水性之外，和陆兵并无多大差别。因此，鸦片战争中，面对船坚炮利的英国海军，除了少数战役有过拼死肉搏之外，大多一触即溃。诚如在鸦片战争中曾经视察过福建前线军情的钦差大臣、兵部尚书祁寯藻，刑部侍郎黄爵滋及闽浙督抚邓廷桢、吴文镕在奏请筹议海防折中所说的那样："各省水师战船，均为捕盗缉奸而设，其最大之船，面宽仅二丈余，安炮不过十门。夷船大者载炮竟有数十门之多。彼此相较，我船用之于缉捕则有余，用之于攻夷则不足，此实在情形也。"① 海防力量如此薄弱，完全失去制海权的清军，面对强大英军的进攻，只能在海岸的要隘设防，兵力分散，处处被动挨打。士兵一闻英军大炮轰鸣，即惊慌失措；而英国军舰则在沿海横冲直撞，进退自如，既在战略上处于主动地位，又凭借优势船炮，使只能消极防守的清军水师毫无招架之力。这就是传统海防观导致的严重后果。

经过鸦片战争中的多次反复较量，道光帝和沿海各省的将军督抚原来的盲目自大心理受到沉重的打击，开始认识到，英军的船炮威力远远超过自己，需要师法西方的先进军事技术，造船铸炮，用来武装自己，才能在战争中夺取胜利。最先觉醒并提出建议的，当推民族英雄林则徐。1840 年 9 月 24 日，在遭到"革职查办"的逆境中，为了抵抗英国侵略，谋求国家富强，林则徐仍然冒死上奏。在《密陈禁烟不能歇手并请戴罪赴浙随营效力片》中，林则徐建议用粤海关税银的十分之一来造船铸炮，引进西方先进造船铸炮技术，增强海防力量。② 1841 年 4 月中旬，林则徐在回复奕山咨询的信中又再次强调："洋面水战，系英夷长技，如夷船逃出虎门外，自非单薄战船所能追剿，应另制坚厚战船，以资制胜。"③ 同年秋，他在《致戴䌹孙》的信中又说："逆船倏南倏北，来去自如，我则枝枝节节而防之，濒海大小口门不啻累万，防之可胜防乎？果能亟筹船炮，速募水军，得敢死之士而用之，彼北亦北，彼南亦南，其费虽若甚繁，实比陆路分屯、远途征调所省为多。若誓不与之水上交锋，是彼进可战，而退并不必守，诚有得无失者矣。"④ 1842 年 9 月初，他在流放新疆途中，致函姚椿、王柏心，信中又说："剿夷而不谋船、炮、水军，是自取败也。沿海口岸防之已不胜防……彼之大炮远及十里内外，若我炮不能及彼，彼炮先已及我，是器不良也。彼之放炮，如内地之放排枪，连声不断，我放一炮后，须辗转移时，再放一炮，是技不熟也。求其良且速焉，亦无它深巧耳。不此之务，即远调百万貔貅，恐

① 文庆等：《筹办夷务始末》（道光朝）一，中华书局 1964 年版，第 364 页。

② 林则徐全集编辑委员会：《林则徐全集》第三册，第 478 页，详见第十四章第二节。

③ 《致奕山》，《林则徐书简》（增订本），第 173 页。

④ 《致戴䌹孙》，《林则徐全集》第七册，第 281 页。

只供临敌之一哄。”① 与此类似的言论，林则徐还多次讲过。魏源把林则徐的海防思想概括为“师夷长技以制夷”，即是说，学习西方技术，抵制西方侵略。这种有远见的海防思想，后来影响了近代先进的爱国人士，成为抵抗西方侵略的指导思想。

可是，这种先进思想在当时并未引起广泛的共鸣。本来，从时机来看，当时中西差距还不是很大，如能认真吸取教训，迎头赶上是完全有可能的。但因陈旧的海防思想根深蒂固，清朝官吏因循守旧、不思进取、得过且过的陋习太深，因而失去了这次赶上时代列车的大好机会。经过鸦片战争的失败，清朝当权者从道光帝到沿海各省督抚，大多意识到来自西方的英国与历代西北边防中遇到的“夷狄”，不可同日而语，也把鸦片战争中的惨败视为奇耻大辱。为了抗击来自西方的凶恶侵略者，多少也认识到需要加强海防建设。所以，丧权辱国的《南京条约》签订后不久，道光帝即于1842年10月25日至26日，连续向沿海各省督抚分别发出谕令，要求各省认真讲求海防建设。道光帝在谕令中说：“今昔情形不同，必须因地制宜，量为变通。所有战船大小广狭，及船上所列枪炮器械应增应减，无庸泥守旧制，不拘何项名色，总以制造精良、临时适用为贵。即如各口岸所安大炮及屯守兵丁，若令其终年在彼摆列驻扎，断无此办法。必应设法妥筹，期于有济。……种种善后事宜，着耆英等各就地势，悉心讲求，妥议章程具奏。”② 各省将军督抚接到谕令之后，相继复奏。有的督抚在复奏中承认中国水师装备不如英军，主张师法西洋的先进舰炮技术进行仿制，借以加强海防建设；有些虽承认英军舰炮技术先进，值得学习，但强调本省存在不少实际困难，难于立刻实行，而且不大相信师法西方技术就能打败英军；还有一些新任督抚将军，本身未曾经历过战争炮火，还是固守成见，认为战争失败，主要是指挥将帅无能和士兵的战斗力差劲，没有必要向西方学习先进技术；有的则仍然认为英军长于海上作战，一旦登陆即无能为。其中比较积极推行仿制的，要数广东地区。靖逆将军奕山及广东督抚、提督在奏折中提出：“必须仿照夷船作法，庶堪与该夷对敌。”并且报告道光帝，仿照夷法所造之船，已经调拨水师弁兵驾驶，经过操练之后，“轰击甚为得力”。道光帝接到他们的复奏后，对仿照英、美兵船“改造战船”的做法给予肯定，认为“所办甚合朕意，均着

① 《致姚椿王柏心》，《林则徐全集》第七册，第306页。

② 《鸦片战争档案史料》第六册，第334—343页。

照议办理”。① 可是，由于道光帝缺乏远见，对海防建设的艰巨性和长期性缺乏认识，同时考虑到国库空虚，财政拮据，对广东仿制外夷兵船、火轮船及兵器的支持缺乏力度，加上主张仿制大船的将帅畏难苟安，因循守旧，仿制活动不久就停止了。积极赞成仿制并且在仿制船炮方面取得一定成效的广东尚且如此，其他各省就不必说了。学习西方科学技术的工作因此延误了20年，直到第二次鸦片战争后开始的“洋务运动”，才起步。

值得注意的是当时一些著名学者对师法西洋长技的态度。据王尔敏在《清季兵工业的兴起》（台北研究院近代史研究所专刊）一书的统计，道光、咸丰两朝，在著作和书信中提到外人“船坚炮利”的共有66人。但这些人尽管承认西人“船坚炮利”，却并不把中英武器装备上的差距视为战争胜败的重要因素。除了林则徐、魏源等人积极主张师法西方长技外，其他的人，包括包世臣、梁廷枏、夏燮等著名学者，都没有表示要学习西方长技。梁廷枏还认为堂堂中华去师法西夷长技，有失体面。由此可见，陈旧的思想传统锢蔽着当时人们的思想，阻碍着对先进事物的学习，妨碍着社会的进步。思想不解放，一切都无从谈起。

① 文庆等：《筹办夷务始末》（道光朝）五，第2395—2397页。

第十二章　中国近代第一批不平等条约

一、战后中西关系和清政府对外方针

通过战争把不平等条约强加给弱小国家，破坏其领土主权，为自己侵略扩张铺平道路，是近代资本主义列强惯用的侵略手段。鸦片战争时期，英国也是这样干的。清政府在英国的炮口下屈服后，英、美、法等国便相继将一个个不平等条约强加给中国，从根本上改变了中西关系的性质，逐步将中国推入半殖民地深渊。

腐朽的清政府，不仅在反侵略战争中无法克敌制胜，最终以投降换取苟安；在对外交涉中也一味委曲求全，只求维持所谓“抚局”，全然不顾国家主权，使侵略者个个都顺利地实现其侵略企图，进一步加深了中华民族的危机。

鸦片战争结束后，西方侵华势力的主角仍然是英国。为了全面实现其侵华要求，战后英军依然屯驻浙江定海之舟山海岛（1846 年 7 月 25 日始撤出）和福建鼓浪屿（1845 年 3 月 22 日始撤出），保持对华军事威胁。1842 年 12 月，英国女王伊丽莎白批准了《江宁条约》，外交大臣阿伯丁立刻据以贯彻落实，正式任命璞鼎查为第一任英属香港总督，并指示璞鼎查：“最好是把英、中关系尽速置于条约保护之下。”[①] 至于《江宁条约》中尚未作出规定的事项，阿伯丁急切地提醒璞鼎查“注意”。特别是领事裁判权，阿伯丁要求璞鼎查一定要设法取得涉及刑事民事案件的在华英国臣民的“绝对管辖权，以及当中国臣民为各造之一

---

① 《阿伯丁伯爵致亨利·璞鼎查爵士函》第 4 号（1843 年 1 月 4 日），转自马士：《中华帝国对外关系史》第 1 卷，第 758 页。

时的另一类案件中，英国当局和中国官员的共同管辖权”①。关于鸦片贸易，阿伯丁训示璞鼎查：“最所希望的是，你应该力请中国政府承认鸦片销售合法化的合宜。”② 英国政府所希望的，其实就是璞鼎查正在干的。在利用战争获胜、尽力扩大在华权益这一点上，他和英国政府的态度完全一致。

英国用大炮打开了中国的大门，并且获得了巨大的权益。美、法等国纷起效尤，也想在华获得同样的权益。

早在 1841 年 4 月，法国国王路易·菲力普就派遣真盛意率兵船数只来华，借口调查远东形势，窥探中英战争情况。次年初，法舰“爱里贡”号、“费弗拉梯”号相继驶至广东海面。“爱里贡”号舰长谢西耳（又译士思利、则济勒）奉真盛意之命，求见广东大吏。靖逆将军奕山和两广总督祁𡎴听说英法原为敌国，企图“因势利导”，“以夷攻夷”，在广州城外接见了他。哪知谢西耳不助清而助英，反劝奕山等向清廷建议“息事罢兵，早了此局”。当时正值璞鼎查从浙江折回香港，谢西耳两次与其会晤，探听英军动向。真盛意知悉英方意图后，曾照会奕山等人，“希冀赏给英逆马头”。③ 法国人的居心十分明白，奕山等只得改变初衷，唯以优礼待之。

1842 年 6 月下旬，英国舰队准备大举进犯长江，“爱里贡”号又匆匆驶至吴淞口，要求与英军联合行动，遭到英军拒绝。8 月初，中英之间开始举行谈判，逡巡吴淞口、伺机渔利的法国人急不可耐，强夺一只中国沙船，由谢西耳率领 20 多法人自划自撑，昼夜兼程赶到江宁。8 月 29 日，这些不速之客登上英舰“汗华丽”号，不顾英国人的冷眼，“带有勉强的味道要求出席”中英《江宁条约》的签字仪式。谢西耳还特意请璞鼎查引荐，与清朝钦差大臣耆英、伊里布相见，为以后对华要索开路。④

中英《江宁条约》签字后，法国政府决意趁火打劫，于 1843 年组成赴华使

① 《阿伯丁伯爵致亨利·璞鼎查爵士函》第 4 号（1843 年 1 月 4 日），转自马士：《中华帝国对外关系史》第 1 卷，第 761 页。

② 《阿伯丁伯爵致亨利·璞鼎查爵士函》第 7 号（1843 年 1 月 4 日），转自马士：《中华帝国对外关系史》第 1 卷，第 762 页。

③ 《靖逆将军奕山等奏报法兰西兵头来省为英人解和已经好言拒绝片》，《鸦片战争档案史料》第 5 册，第 119—120 页。

④ 参见柏纳德：《“复仇神”号轮舰航行作战记》第 36 章，《鸦片战争末期英军在长江下游的侵略罪行》第 129 页；《鸦片战争档案史料》第 6 册，第 86—88 页。

团，并派遣曾当过驻希腊公使的老资格外交官拉萼尼充当使团首领。法国政府给予使团的任务是："由中国获得与英国相同之保障"；"关于商务，应谈判领事等官之承认问题与战舰停泊、开放埠口，以维持中法民间良善关系与秩序之问题"；"调查与研究中国之出产与市场"；等等。①

再说美国。鸦片战争前，无论是鸦片还是一般商品贸易，美国都是仅次于英国而居第二位。因此，它和英国一样，渴望打开中国大门，维护鸦片贸易，扩大对华权益。1839 年，当英国大肆鼓吹发动侵华战争之际，在华美商也上书美国国会，叫嚷："美国政府应该采取直接行动。如果认为合宜，也不妨会同英、法、荷兰等国或其中任何一国的政府共同行动，力求在安全体面的基础上和这个帝国建立商业关系。"② 美国军舰"哥伦比亚"号和"约翰·亚当斯"号也开到澳门，向中国炫耀武力。

美国之所以没有参加鸦片战争，首先是由于国力不足，羽毛尚不丰满；其次是当时正在竭力向南北美洲进行殖民扩张，无暇东顾；最后，美国在远东，遥隔重洋，不像英国那样有雄厚的基础，可谓心有余而力不足。尽管如此，美国资产阶级对英国挑起侵华战争还是表现了狂热的支持。1841 年 12 月，曾担任过总统的亚当斯在马萨诸塞州历史协会发表演说，为英国发动侵华战争大声喝彩。他矢口否认战争的直接原因是英国要维护可耻的鸦片贸易，竟说"战争的原因是叩头"，是由于"中国妄自尊大"。③ 一个名叫倪维思的传教士，态度比亚当斯更蛮横，居然声称："不管对不对，这个战争（指鸦片战争）已经在上帝的默佑下，被利用来开辟我们对这广大帝国关系的新纪元了。"④ 美国侵华势力不仅对英国挑起鸦片战争大声叫好，而且还亟思乘机渔利。曾长期在华行医传教的彼得·伯驾，在战争期间赶回美国，频繁拜访政要人物，四出游说，为美国插手鸦片战争出谋划策。美国政府为此向中国派出了由海军准将加尼率领的东印度分遣舰队来华，准备随时行动。1842 年 3 月，加尼率领的舰队驶抵广东海面。不久，鸦片战争以《江宁条约》的签订而告结束。加尼风闻清政府无意将英国攫取的权益推及他国，顿时"心情紧急"。10 月 13 日，加尼致书两广总督

① 张雁深：《中法外交关系史考》，长沙史学研究社 1950 年版，第 28 页。

② 丹涅特：《美国人在东亚》，第 87 页。

③ 转自丹涅特：《美国人在东亚》，第 94 页。

④ 福斯特：《美国远东外交史》第 73 页，转自卿汝楫：《美国侵华史》第 1 卷，第 55 页。

祁填，要求让美国分享英国所得权益。他声称："我米利坚国每年贸易算不得稀少，故敢请朝廷施恩惠顾商人贸易，容其买卖，即同别国商人一样。"①

1842年底，美国政府获悉中英鸦片战争的最终结果，总统泰勒立即向国会发出咨文，明确表示："就美国对华商业利益说，在目前情势下，吾人不能不特别警觉与注意"，"兹特建议国会准拨专款，遣使前往中国。"② 一个多月后，众议院就通过决议，拨款4万美元遣使赴华。出身于以对华鸦片走私闻名的家族的加勒·顾盛，被美国政府指派为赴华特使。美国政府训令顾盛，要"为美国的船只和货物取得和英国商人所享受的同样优惠的条件"；美国在华的权益不能少于其他任何国家，否则"美国政府就会觉得无法和皇帝继续以友谊和尊敬的态度相处"。③

面对西方列强接踵而来的要挟，清政府中的决策者在战败之后，思想上已经完全解除了武装。他们一改过去那种傲慢自大的态度，变成卑躬屈膝的可怜虫，不论西方列强的要求是否合理，一味迁就顺从，唯命是听。他们放手出卖国家的主权和利益，却美其名曰"俯顺夷情"，"一视同仁"。其理论根据则是"攘外难于措手"，"攘外必先安内"。

所谓"攘外难于措手"，主要是强调中英之间力量对比差距太大，清军远非西人对手。他们认为，对外如果推行强硬方针，必将再次引发战争。而战争又必然失败。失败之后求和，不但损失更大，而且容易引起内乱，弄得不可收拾。耆英在一份密奏中强调，鸦片战争中之所以一败再败，"并非战之不力，亦非防之不严"④，而是由于武器装备远远不及英军。他论述"攘外难于措手"的理由有三：一是清朝官兵"情同乌合"，"事事与民为难"，失去人民支持。二是英军"上下同心"，大炮火箭猛烈，"发无不中"。"彼炮可以连环接续，而我一炮止有一出，发而不中，等诸无炮。迨其登陆……炮声未绝，火箭即至，彼兵即从烟焰中倏忽而前，我兵应接不暇，遂至披靡"。三是军装、船只、炮台，在战争中已经毁损殆尽。重新做起，经费不赀，且制造不精，照样不能得力。即使器械精良，"而兵多未练，有械仍同无械"。由于"收拾民心，训练兵卒，造船铸炮，

① 转自朱士嘉：《十九世纪美国侵华档案史料选辑》上册，中华书局1959年版，第4页。

② 转自卿汝楫：《美国侵华史》第1卷，第56页。

③ 《中国丛报》第14卷第12期（1845年12月）。

④ 《清道光朝留中密奏》，《中国近代史资料丛刊·鸦片战争》第3册，第466页。

非一朝一夕可以奏效"，"攘外"无法取胜，委曲求全，推行妥协的外交方针，就成为他们苟安求存的唯一法宝。耆英认为，这是"不战屈夷"之上策，"久安长治，全在于是"。① 道光帝收到这份奏片，"翻阅再三，倍觉可叹可恨"，认为"所论一切情形，均非虚妄"。② 足见他是全盘肯定的。

所谓"攘外必先安内"，是清政府基于敌视人民的立场，对"外患"和"内忧"进行权衡后，把对内镇压人民反抗摆在优先地位。他们认为，对于清朝统治来说，国内民众反抗较之外国侵略具有更大的危险性。耆英在密奏中强调："自古远猷，攘外必先安内。""司民牧者，抚绥得宜，教养有法，使民各遂其生，官与民有休戚相关之谊，则内安而不患外侮。"可是今天的官员，"不理民事，不问疾苦，动辄与民为难，以致民情涣散。内不自安，何暇攘外"？官吏横征暴敛，弄得民不聊生，营员兵丁亦无不以民为可欺，肆意勒索，导致官民、兵民关系极端紧张，"官与民，民与兵役，已同仇敌。良民与莠民，亦成水火"。"民皆疾视其长上，一朝有事，不独官民不能相顾，且将相防，困苦无告者，因而思乱。"③ 长此下去，弄得不好，清朝统治有被颠覆的危险。至于外国侵略者，无论多么凶狠，"其意不过求赏马头、贸易通商而止，尚非潜蓄异谋"④，立意推翻清朝政府，因而可以放在次要地位。这种主张，并非耆英首倡，当时奕山、刘韵珂、牛鉴等人，也有不少类似言论，只是耆英说得更加系统罢了。

"攘外难于措手"和"攘外必先安内"，是清政府外交决策者推行投降外交的理论支柱。建立在这两根支柱上的，便是他们投降外交的指导思想——"俯顺夷情"和"一视同仁"。

"俯顺夷情"是清政府掩盖其丑行的一句门面话。关于"夷情"，战后长期主持对外交涉的耆英有两个基本观点：其一，"该夷以通商为性命，准其贸易则恭顺如常，绝其贸易则骄蹇难制"⑤；其二，鸦片战争前，来华外人受了"虐待"

---

① 《清道光朝留中密奏》，《中国近代史资料丛刊·鸦片战争》第3册，第470—472页。

② 《清道光朝留中密奏》，《中国近代史资料丛刊·鸦片战争》第3册，第472页。

③ 《清道光朝留中密奏》，《中国近代史资料丛刊·鸦片战争》第3册，第468—470页。

④ 《钦差大臣耆英奏报形势危急已允英人所请通商割地赔款折》，《鸦片战争档案史料》第6册，第57页。

⑤ 《耆英又奏已允璞鼎查所请于七月初一日先在广州开市片》，《筹办夷务始末》（道光朝）五，第2649页。

和“欺压”，由于受辱含冤，以致“逞其骄傲，酿成变乱”，[①] “然其意不过仍欲另立马头，以祛积弊”[②]。耆英的观点严重歪曲了历史，与侵略者的谬论如出一辙。需要指出的是，这种观点正是他们主张“俯顺夷情”的依据：既然侵略者只“以通商为性命”，那就不存在政治上与清朝为敌的问题，即使顺从其侵略要求，也无损于清朝统治，“俯顺夷情”是可行的；既然以往外人受了“虐待”，那么现在顺从其意志，清除他们仇视的“积弊”，就是合情合理的，还会使外国人“恭顺如常”，不再“酿成变乱”，因此，“俯顺夷情”是必要的。

“俯顺夷情”的原则，是耆英办理对英交涉时提出的。而后美、法接踵来华，肆行要挟，要求分享英国掠得的种种利权。为了顺应美、法要求，他和伊里布又扩大了这个原则，提出所谓“一视同仁”说。他说：“如米利坚等国必欲在闽、浙、江苏通商，似可准其一并议定税则，任其所之。”也就是说，英国在战后享受到的各种权益，也可一并推及西方各国，理由是：西方其他国家以往同样受到“虐待欺压”，“今英夷既遂所欲，而各夷仍在广东向隅受累，易地而观，窃恐心有不平”；不让其他国家分享英国所获权益既难做到，又有可能产生新的衅端，使“夷与夷则相结日深，而夷与我则乖违日甚，一英夷已足为害边疆，况合众夷而使之为一耶”？如果实行“一视同仁”原则，既不会减少关税，又可借以“驾驭外夷”，因而“未始非计”。[③] 实际上，他们提出“一视同仁”的主张，只是出于对西方国家的极端畏惧，担心如不能满足他们的贪欲，将使清朝统治遭到新的外部冲击，不过是“俯顺夷情”的进一步扩大而已。至于用“一视同仁”的办法来“将聚集一处之夷船，散之五处，其势自涣，其情自离”，借以“驾驭”他们，只不过是自欺欺人之语，是其为了掩饰对西方国家全面屈从而找的一块遮羞布。

随着清政府把“俯顺夷情”“一视同仁”定为对外方针，西方列强打开中国大门的道路铺平了，其结果就是近代第一批不平等条约的相继签订。

---

① 《耆英又奏遵旨察看广东文武官员情形折》，《筹办夷务始末》（道光朝）五，第2748页。

② 《耆英奏确探粤东情形计划江海防务折》，《筹办夷务始末》（道光朝）五，第2534页。

③ 《耆英又奏美利坚等国必欲在闽浙通商似可准其一并议定税则片》，《筹办夷务始末》（道光朝）五，第2537—2538页。

二、中英《江宁条约》《虎门条约》

1.《江宁条约》

《江宁条约》是在清政府战败求和的情况下由英国强加给中国的第一个不平等条约。《条约》共 13 款，主要内容如下：

第一，割让香港。“因大英商船远路涉洋，往往有损坏须修补者，自应给予沿海一处，以便修船及存守所用物料。今大皇帝准将香港一岛给予大英国君主暨嗣后世袭主位者常远据守主掌，任便立法治理。”① 英国霸占香港，在鸦片战争中就已是既成事实，写进《江宁条约》，无非是取得变香港为殖民地的法律保障。香港对英国侵华势力来说，当然不只是修船及存守物资之所，而是他们多年来梦寐以求的“插入中国领土的一个楔子”②。香港的割让，开了中国近代史上外国破坏中国领土完整的恶例。

第二，开放广州、福州、厦门、宁波和上海五处为通商口岸。“自今以后，大皇帝恩准英国人民带同所属家眷，寄居大清沿海之广州、福州、厦门、宁波、上海等五处港口，贸易通商无碍；且大英国君主派设领事、管事等官住该五处城邑，专理商贾事宜，与各该地方官公文往来。”③ 这一条款反映了英国发动侵华战争的主要意图之一——打开中国大门。五处通商口岸的开放，是以掠夺为己任的殖民强盗破门而入的结果，并不是中外正常经济交往自然扩大所致；是腐败的清政府作为投降者迫不得已的让步，而不是它顺应时代潮流、立足于促进中国社会发展、加强与外部世界联系的举措。因此，开放五个通商口岸，在当时只是有利于外国资本主义的侵略、使中国陷入世界资本主义的漩涡，而并未成为中国自主地走向世界的起点。

第三，赔款 2100 万元。“因大清钦差大宪……将大英国领事官及民人等强留粤省，吓以死罪，索出鸦片以为赎命，今大皇帝准以洋银六百万元偿补原价”；

---

① 王铁崖编：《中外旧约章汇编》第 1 册，生活·读书·新知三联书店 1957 年版，第 31 页。

② 马士：《中华帝国对外关系史》第 1 卷，第 354 页。

③ 王铁崖编：《中外旧约章汇编》第 1 册，生活·读书·新知三联书店 1957 年版，第 31 页。

"且向例额设行商等内有累欠英商甚多、无措清还者，今酌定洋银三百万元，作为商欠之数，准明由中国官为偿还"；"因大清钦命大臣等向大英官民人等不公强办，致须拨发军士讨求伸理，今酌定水陆军费洋银一千二百万元，大皇帝准为偿补"。三项赔款共 2100 万元，自 1842 年起分 4 年付清，否则按 5%加息。① 鸦片本是违禁毒品，由民族英雄林则徐代表中国人民意志予以收缴、销毁，天经地义，合理合法。英国逼迫清政府赔偿烟价，是其竭力维护鸦片贸易的表现，是千方百计为英国侵华战争充当辩护士的人所无法抵赖的罪证。至于所谓"商欠"，直接起因于英商将卖不出去的货物赊销给行商，本该自食其果，但英国却挟武力向与此毫无关涉的清政府勒索，完全是为攫取中国财富而肆意践踏国际关系准则。还有 1200 万元的"战费"，更是赤裸裸的掠夺。将炮舰、军队开到一个国家杀人放火、摧毁城镇乡村，破坏其社会经济，到头来还要逼迫这个国家赔偿上述罪行的费用，这难道不是十足的强盗行径吗？对清政府来说，这一条款的履行最感困难，因为早在战前其财政收入因鸦片贸易引起的白银外流和国内经济凋敝，已形严重匮乏，战争期间又耗费了军费数千万两白银，国库更为空虚。为了支付 2100 万元赔款，清朝当权者一开始就打定主意向国内民众和广东行商搜括。因此，英国对清政府的勒索，最终还是要转嫁到中国人民头上，成为中国人民一项沉重的负担。

第四，破坏中国关税主权。条约规定：英商在五口"应纳进口、出口货税、饷费，均宜秉公议定则例，由部颁发晓示，以便英商按例交纳"。制定进出口关税的税则，本是一个国家主权范围内的事，而这里所谓"秉公议定"，已含有与外国商议之意。"秉公"无非是要照顾英国利益，是否"秉公"，自然也不是清政府可以独自评断的，要以英国愿意接受为条件。可见，这条规定，是中国关税主权遭到破坏的开端。破坏中国关税主权，对尚处在自由资本主义阶段的英国来说，具有十分重要的意义。这一条款可以直接为英国在华开拓商品市场、获取大量廉价原料服务。而对中国来说，关税主权遭破坏，使本来已经大大落后的社会经济得不到应有的保护，在外国侵略势力的重压下不可能正常发展。

除以上条款之外，《江宁条约》中还有废除行商垄断贸易制度（"凡大英商民在粤贸易，向例全归额设行商，亦称公行者承办，今大皇帝准以嗣后不必仍照向例，乃凡有英商等赴各该口贸易者，勿论与何商交易，均听其便"②），赦

① 《中外旧约章汇编》第 1 册，第 31 页。

② 《中外旧约章汇编》第 1 册，第 31 页。

免鸦片战争中为英效劳的汉奸（“凡系中国人，为英国事被拿监禁受难者，亦加恩释放”① ）等粗暴干涉中国内政的规定；关于赔款付清、五口全部开放以前英军继续占据定海、鼓浪屿的规定；关于中英两国官员平行往来的规定。

《江宁条约》实现了英国打开中国大门、破坏中国独立、取得侵华权益的夙愿，是中西关系发生质的变化、中国开始沦为半殖民地的重要标志。

2.《五口通商章程》和《虎门条约》

《江宁条约》的签订，标志着西方资本主义压迫、奴役中华民族黑暗时代的开始，但它尚没有把英国当时希望取得的全部权益包括进去。领事裁判权（又称治外法权）、片面最惠国待遇、海关税则、英国军舰来往、停泊通商口岸等项重要的政治、经济权益，均未写进条约，于是又有《五口通商章程》《海关税则》《虎门条约》等的议定。

中英之间订立《江宁条约》后仅隔四个多月，又在广东重开交涉。这是由鸦片战争结束时的具体情况决定的。当时，谈判双方都急于结束在江宁的交涉，让英军尽快退出长江南下，将谈判的地点移到广东。从英方来说，尽管已经迫使清廷完全屈服，可以对耆英随意摆布，但自身也存在严重困难。英军在镇江之战中遭到重创，留下了深深的恐惧感，随后又流行霍乱及热病，“很多士兵，特别是那些新来到的士兵，因此送命”。“实际上，不论是战舰，抑或属于运输队中的船只，每条船上都有很多的病人。由于人手缺乏，有些运输船只后来竟无法驾驶”②。如在长江中继续停留，对英军极为不利。在清政府已经全面投降、耆英等已经签署《江宁条约》，并明确承诺接受领事裁判权等要求③的条件下，英方已用不着担心清政府变卦，易地交涉对他们有益无害。至于清朝政府，因为英军深入腹地，对自己统治造成严重威胁，更加急切地希望英军尽快退出长江，以便重新控制局面，使江南恢复旧观。

1842年10月初，英舰全部退出长江。清政府对在粤与英方继续交涉不敢怠

---

① 《中外旧约章汇编》第1册，第32页。

② 柏纳德：《“复仇神”号轮舰航行作战记》，第36章，《鸦片战争末期英军在长江下游的侵略罪行》，第103—104页。

③ 参见佐佐木正哉编：《鸦片战争の研究》（资料篇），第218—219页。

慢，即于10月17日任命伊里布为广州将军、钦差大臣，“办理税饷事宜”①，要他“迅即驰驿前赴新任，无庸来京请训”②。12月2日，璞鼎查南返香港。1843年1月上旬，伊里布及其助手咸龄到达广州。1月20日，伊里布与黄恩彤、咸龄在黄埔与璞鼎查会晤，重新开始中英交涉。

双方首先讨论的是“输税章程”和五口通商有关事宜。《江宁条约》中本有“秉公议定”中国关税税则的规定，但究竟如何“秉公议定”，尚不明确。然而，英方却以其破坏中国关税自主、插手新税则制订的实际步骤，对“秉公议定”作了注脚。执行“俯顺夷情”方针的清政府则一味顺从，没有为维护中国关税主权作任何努力。

江宁谈判期间，璞鼎查已就制订新的关税税则提出了总的意见，包括“全免公规、行用等滥取费银，而誊录各口出入货物正饷额数之册，即行呈进两国大臣查览，但（由?）伊等会议准行，较其轻重，将其大概税银若干，而设其五港之总册也”。当时耆英、伊里布等答允五口税银，“画一交纳”，“应由（户）部议定科则，再行照会办理”。③ 伊里布抵粤后，很快就开始与英方交涉新税则的制订及相关问题。

在交涉过程中，伊里布关心的只是如何避免新的纷争，维持中英相安局面，对于如何维护本国关税主权，几乎没有考虑。他竟指示直接参与谈判的黄恩彤和咸龄：“洋务只可粗枝大叶去画，不必细针密缕去缝。”④ 在这样昏庸而又粗心大意的谈判对手面前，英方本可顺顺当当地操纵一切，订出适合他们侵略需要的新税则。不料由于广州英国商馆被烧，英方突生枝节，借口商馆被焚，提出要在香港开市。如果同意香港开市，广州海关就只能向往来于香港的华商征税，外商将可以避开中国海关进行交易。对于这项要求，伊里布担心因此减少关税收入，将引起朝廷怪罪，不敢应允，并且“忧思成疾”⑤，于3月4日病死广州。中英交涉因之停顿。璞鼎查得悉伊里布病故，为了通过谈判如愿以偿，马上指名要求清政府速派耆英来粤重开谈判。他认为耆英来了，中英交涉就可“同心

① 《着准钦差大臣伊里布随带黄恩彤咸龄迅即赴粤与耆英商酌办理饷税等事上谕》，《鸦片战争档案史料》第6册，第317页。

② 《着补授耆英为两江总督并伊里布作为钦差大臣补授广州将军等事上谕》，《鸦片战争档案史料》第6册，第317页。

③ 《前后面论各条》，佐佐木正哉编：《鸦片战争の研究》（资料篇），第214—215页。

④ 黄恩彤：《抚远纪略》，《中国近代史资料丛刊·鸦片战争》第5册，第419页。

⑤ 《耆英奏行抵粤东现在会议税饷折》，《筹办夷务始末》（道光朝）五，第2640页。

妥办”，“若更另换他员，则恐意见两歧，未免事多窒碍”。① 英国侵略者为确保侵华利益，居然放肆地干预清政府的人事安排。

耆英受到璞鼎查的宠信，不以为耻，反以为荣。在未奉清廷谕令之前，耆英就致函璞氏，表示他“不能置身事外”②，随后又奏请“即行驰赴粤省”③。道光帝对耆英言听计从，收到奏折当天，就任命耆英为钦差大臣，令其前往广东接替伊里布与英交涉。

6月4日，耆英抵达广州。他的态度与伊里布没有什么不同。抵达之际，恰遇英方由于广东各界人士联合发动罢市斗争，不得不放弃在香港开市的要求，同意“遵照旧章，泊船黄埔”④，继续在广州从事商品交易。因此，双方的交涉又得以继续进行。仅十来天时间，各种货物的进出口税率和五口通商有关问题就基本议定。根据璞鼎查的提议，耆英带着黄恩彤、咸龄于23日赴香港与璞鼎查“面定大局”⑤，随即于26日举行《江宁条约》互换批准书仪式。此行共4天，双方除交换了《江宁条约》的批准书外，《五口通商章程及海关税则》均在此期间最后确定，随后并于7月22日在香港公布。6月26日，双方还在香港联名发表了《过境税声明》。其中规定：“内地各关收税，洋货各税，一切照旧轻纳，不得加增。”⑥ 这条实是为后来子口税的规定张本。

这个《海关税则》，适用于广州、福州、厦门、宁波、上海各关英国的进出口货物。从总体上看，进出口税率多在5%左右，定得相当低。英国对华输出的主要工业品棉织品的进口税率定为“每百两抽银伍两”⑦。这是当时世界上最低的进口税率，为英国棉织品占领中国市场提供了极便利的条件。作为出口最大宗商品的茶叶，虽然由以前的每担征银9钱2分增为2两5钱，但比起英国征收100%甚至更高的入口税，简直微不足道。棉花进口税率虽由每担2钱增到4钱，

① 《祁埙单》，中国史学会主编《第二次鸦片战争》（中国近代史资料丛刊）第1册，第333—334页。

② 《耆英奏璞鼎查欲来江浙面定税饷章程已飞谕禁阻折》，《筹办夷务始末》（道光朝）五，第2605页。

③ 《耆英奏璞鼎查欲来江浙面定税饷章程已飞谕禁阻折》，《筹办夷务始末》（道光朝）五，第2605页。

④ 《耆英奏行抵粤东现在会议税饷折》，《筹办夷务始末》（道光朝）五，第2641页。

⑤ 《耆英奏与璞鼎查面定通商输税章程并换和约折》，《筹办夷务始末》（道光朝）五，第2644页。

⑥ 《中外旧约章汇编》第1册，第33页。

⑦ 《中外旧约章汇编》第1册，第48页。

但系来自印度，对英国经济并无影响。

《过境税声明》的发表和《海关税则》的制定，是侵犯中国关税自主权的“协定关税”制在中国近代的最早实施，为害极大。可是，作为清方谈判代表的耆英，竟浑然不觉其害，反而沾沾自喜地向朝廷报告说，实行《海关税则》，不会减少关税收入，“通盘合算，实属有赢无绌”①。他们除了留心清政府的钱袋外，对关税自主以及如何运用关税抵御外国商品倾销和保护本国经济方面既没有相关知识，更没有丝毫在意，真是昏庸至极。

与《海关税则》同时议定的《五口通商章程》，除对五口通商有关事宜作了明细的规定外，还超出商务范围，作了有损中国主权的一些规定，其中最严重的是：

（一）领事裁判权（或称治外法权）。《章程》规定：“凡英商禀告华民者，必先赴管事官处投禀，候管事官先行查察谁是谁非，勉力劝息……间有华民赴英官处控告英人者，管事官均应听诉，一例劝息……倘遇有交涉词讼，管事官不能劝息，又不能将就，即移请华官公同查明其事，既得实情，即为秉公定断，免滋讼端。其英人如何科罪，由英国议定章程、法律发给管事官照办。”② 按照这个规定，英国领事可在中国受理、审办涉及英人与华人的刑事案件，英商完全不受中国法律约束，这就严重破坏了中国司法主权，并首开西方各国在华掠得领事裁判权之例。治外法权问题，是英国殖民者从18世纪开始就希望获得的政治特权。自从西方殖民者来华后，他们残害中国人民，又想逃避中国法律制裁，常常以中国法律“野蛮”为借口，拒不接受中国裁判，进而处心积虑谋求治外法权。1839年的尖沙咀林维喜被殴至死案就是如此。尽管外国殖民者早想牟取治外法权，但清政府一直不予承认。在林维喜案发生后，林则徐即为维护中国司法主权做了针锋相对的顽强斗争。而今，清政府对于英国提出的领事裁判权条款，虽然明知其严重侵犯中国司法主权，却不敢再作任何表示而予以接受。在清朝当局看来，中外之间的刑事诉讼是极易导致纠纷的敏感问题，承认领事裁判权可以减少麻烦，从而毫不吝惜地把司法主权奉送外人。

（二）英国军舰停泊通商口岸权。《章程》规定：“所有通商五口，每口内准英国官船（即军舰）停泊一只，俾管事官及属员严行约束水手人等，免致滋

---

① 《耆英奏与璞鼎查面定通商输税章程并换和约折》，《筹办夷务始末》（道光朝）五，第2646页。

② 《中外旧约章汇编》第1册，第42页。

事"①。这是对中国领海权的严重侵犯。英国的目的是为在华推行"炮舰政策"、保持军事威胁创造条件，而非"严行约束水手人等"。对于这一条款，十分惧怕英国武力的耆英等人当初不想接受，在江宁议和时曾向英方表示："和议既定，永无战争，所有广州、福州、厦门、宁波、上海五处，止可货船来往，未便兵船游奕。"② 但英人不肯放弃这一权益，璞鼎查对此寸步不让，结果耆英只得俯首默认。清政府在批准这一条款时，竟把掩盖英国真实动机的借口当作认可的"理由"③，足见昏聩之至。

璞鼎查与耆英确定《海关税则》和《五口通商章程》后，双方继续围绕所谓"紧要数款"进行交涉，最后又于同年10月8日，由耆英和璞鼎查代表中英双方在虎门签订《五口通商附粘善后条款》(又称《虎门条约》、《善后事宜清册附粘和约》)。前述在香港公布之《五口通商章程及海关税则》，也被看作《虎门条约》的一部分，因此也有人把章程和税则的签订日期定在10月8日。《虎门条约》共16条，后面还附了"小船定例"3条。《虎门条约》除载明新海关税则与通商章程适用于所有通商口岸，规定中英互相引渡犯人，停泊通商口岸的英舰"将去之时，必另有一只接代"④，以补充通商章程的相关条款外，对后来贻害无穷的主要是：

（一）片面最惠国待遇。《条款》规定："设将来大皇帝有新恩施及各国，亦应准英人一体均沾，用示平允。"⑤ 这一条款的片面性，在于只有中国给予英国以最惠国待遇，而英国对中国并不做出同样的承诺。此外，所谓"新恩"，并无确切的含义，可以任意解释，使最惠国待遇可以无限扩大；有关最惠国待遇的有效期限，也完全没有限制。可见，英国侵略者是何等狡诈！耆英又是如何昏庸糊涂！有了这条规定，英国此后可以毫不费力地分享其他国家在华掠得的任何权益，并促使西方国家在侵华问题上同心协力，结成联盟。

（二）允许英人在通商口岸租地赁房。《条款》规定："中华地方官必须与英国管事官各就地方民情，议定于何地方，用何房屋或基地，系准英人租赁；其

① 《中外旧约章汇编》第1册，第42页。

② 《耆英伊里布牛鉴照会》，佐佐木正哉编：《鸦片战争の研究》(资料篇)，第217页。

③ 参见《穆彰阿等奏核议耆英等所奏通商章程折》，《筹办夷务始末》(道光朝)五，第2691页。

④ 《中外旧约章汇编》第1册，第36页。

⑤ 《中外旧约章汇编》第1册，第36页。

租价必照五港口之现在所值高低为准，务求平允……惟房屋之增减，视乎商人之多寡，而商人之多寡，视乎贸易之衰旺，难以预定额数。”① 鸦片战争前，外商只能在广州一口指定的广州城外商馆区内居住、活动，没有租赁土地房屋之权。这点被殖民者视为“可厌的限制”。现在打破了这种限制，十分有利于外商扩张实力，占据活动地盘。租赁土地房屋“难以预定额数”之语，显然为其日后不断扩大所占地盘预留地步。这一条款所导致的最终结果，就是日后通商口岸外国租界的纷纷建立，成为西方各国侵华的重要据点。

值得指出的是，对英国侵略者来说，发动战争也好，订立条约也好，都不过是服务于侵略目标的手段。因此，一旦侵略权益到手，他们便迫不及待地要求早日付诸实施。《五口通商章程及海关税则》议定后，尚未正式签署，更未经两国政府批准，英方便借口英船等候开市贸易已久，“现在众情汹汹，有不遵约束之势”②，要求从速公布，以便按照新例恢复贸易。耆英不敢怠慢，“恐夷情或有变更，所关匪细”③，便擅自同意于 7 月 22 日在香港公布，并于 27 日在广州开市通商，一切按照新章办理。对于耆英这种严重越权行为，道光帝事后不但不加追究，反而认为“所办可嘉”，“深得大臣之体”，“着即照议办理”。④

《五口通商章程》和《虎门条约》的签订，使英国全面实现了它在当时的侵华目标，也为整个西方资本主义世界提供了侵华的范本。可以说，中英《江宁条约》与《虎门条约》，构成了鸦片战争后中西关系的基本框架。

（三）鸦片贸易实际合法化。鸦片战争系由英美鸦片贩子贩卖鸦片引起。可是，在中英签订的条约中，对此却只字未提。原因何在？原来双方都各有用心。

从英国来说，它的真心是希望鸦片贸易合法化的。但它当了娼妓还想立贞节牌坊，不愿承担责任，而希望中国自动宣布鸦片贸易合法化。本来，鸦片战争前后相继担任英国外交大臣的巴麦尊与阿伯丁，发给驻华公使的训令，都突出地提到，必须把鸦片贸易置于一个正常合法的地位；同时又声称，对鸦片贸易是严禁还是承认为合法，要由中国政府做主，只有中国政府才有权决定。这

① 《中外旧约章汇编》第 1 册，第 35—36 页。

② 《耆英又奏已允璞鼎查所请于七月初一日先在广州开市片》，《筹办夷务始末》（道光朝）五，第 2649 页。

③ 《耆英又奏已允璞鼎查所请于七月初一日先在广州开市片》，《筹办夷务始末》（道光朝）五，第 2650 页。

④ 《廷寄》，《筹办夷务始末》（道光朝）五，第 2650 页。

种看似矛盾的指令，恰足以证明英国政府的老奸巨猾。它一方面决不放弃鸦片贸易给英国带来的巨额利润，因此竭力要维护可耻的鸦片贸易；另一方面又要在世界各国面前，装出一副正人君子的面孔，“对于这样不名誉的一种贸易的一切干系，置身事外”①。而要做到两全其美，“最适当的办法”就是“尽力诱致该政府（即清政府）准许这种贸易”②。

璞鼎查对本国政府的意图心领神会。为实现这种意图，他通过会谈与照会等方式，多次劝诱耆英、伊里布等敦促清政府同意鸦片贸易合法化。他竭力否认英国是鸦片贸易的罪魁祸首，而把烟毒泛滥的责任推给中国。同时，他又宣称：英国不愿禁止鸦片种植，以免鸦片贸易从英国转到别国手中。这真是强盗加无赖，是英国顽固坚持鸦片贸易的自我表白。璞鼎查又从两个方面说明清政府同意鸦片贸易合法化的“必要性”：一是“历年以来，大清不能禁止鸦片进内地，又不能禁止中国人用之”，那就不如公开加重抽税进口，“以除其难也”，“此计甚妙”；二是继续禁烟，必然使“中国战船与英国走私船相争”，最终将导致“清英国踌躇不和”，“令清英人民相怀仇恨不绝”，如果同意鸦片贸易合法化，则“希料两国之友交更加稳当”。③ 璞鼎查的论调，前一个方面是清朝统治集团中弛禁派早就提出过的，后一方面却正击中了清廷当时极端害怕中外衅端复启的痛处。

从清政府来说，早在宣布罢黜林则徐、为英人代伸“冤抑”之时，实际已经背弃了严禁鸦片的立场。此后在战败求和过程中，清政府只求早日结束战争，根本不敢把禁烟问题提出交涉。耆英、伊里布在江宁与璞鼎查会见时，对璞鼎查有关鸦片贸易的谬论，从不予以辩驳，反说“颇能言之成理”④。耆英还表示：“不论各国商船携带鸦片与否，中国无须过问，也毋庸对它们采取任何措置。”⑤璞鼎查据此兴奋地向本国鸦片贩子宣布：“我抱着一种在我的权力范围内使鸦片

---

① 《阿伯丁伯爵致亨利·璞鼎查爵士函》第7号（1843年1月4日），马士《中华帝国对外关系史》第1卷，第762—763页。

② 《阿伯丁伯爵致亨利·璞鼎查爵士函》第7号（1843年1月4日），马士《中华帝国对外关系史》第1卷，第763页。

③ 《论鸦片大略》，佐佐木正哉编：《鸦片战争の研究》（资料篇），第212、213页。

④ 利洛：《缔约日记》，《中国近代史资料丛刊·鸦片战争》第5册，第515页。

⑤ 《阿伯丁伯爵致亨利·璞鼎查爵士函》第7号（1843年1月4日），转自马士：《中华帝国对外关系史》第1卷，第762页。

贸易以物物交换方式获得皇帝批准的希望。”①

但是，一方面，要清政府一反历年禁烟主张，马上宣布鸦片贸易为合法贸易，还不能不有所顾虑。因为这样做，必然会激起国内正义舆论的强烈谴责。另一方面，清政府有了鸦片战争的教训，无论如何不希望再因禁烟引起新的衅端。于是，它决定放弃惩治外国鸦片贩子的权力。1843 年 8 月 24 日，耆英向璞鼎查表示：“中国严禁鸦片各条例，均所以约束中国人民，未言禁及外国。”② 这无异承认外商在华从事鸦片贸易并不犯法。耆英的解说得到道光帝的批准，12 月 1 日的上谕中说：“鸦片烟虽来自外夷，总由内地人民逞欲玩法，甘心自戕，以致流毒日深。”所以，“此后内地官民，如再有开设烟馆及贩卖烟土并仍前吸食者，务当按律惩办，毋稍姑息。特不可任听关吏人等过事诛求，致滋扰累。”③表面上看，似乎是在强调“内禁”的重要性，而真正的意图却是不许“关吏人等”对外国鸦片贩子采取严厉的措施，以免导致中外冲突（所谓“扰累”）。道光帝唯恐臣下不知此中奥妙，特意点明：按他的决定去做，“兴贩之徒，亦可不禁而自止矣”④。其实，“自止”连道光帝本人也不会相信，“不禁”才是要害。有此谕旨，耆英才敢于在 1844 年 8 月 19 日向英国驻华公使德庇时明白表示：“华民犯鸦片禁者，由中国照例惩办，英国不得过问；英商贩鸦片进口者，由英官商（照）本国之例办理，中国亦不过问。”⑤ 至此，可以说，英国使鸦片贸易合法化的企图，事实上已经实现了。外国鸦片贩子已得到不受中国取缔和惩处的明确保证。此后，鸦片贸易以前所未有的速度大规模展开。每个通商口岸之外无不停泊着外国的鸦片趸船，“在光天化日之下，整箱整箱的鸦片在街上运来运去”，“并且像非违禁品一样地销售”。⑥

① 《璞鼎查爵士致英国商人函》（1842 年 12 月 28 日），转自马士：《中华帝国对外关系史》第 1 卷，第 616 页。

② 《耆英等照复》，佐佐木正哉编：《鸦片战争の研究》（资料篇），第 253 页。

③ 《廷寄》，《筹办夷务始末》（道光朝）五，第 2772—2773 页。

④ 《廷寄》，《筹办夷务始末》（道光朝）五，第 2772—2773 页。

⑤ 《耆英照会》（1844 年 8 月 19 日），佐佐木正哉编：《鸦片战争后の中英抗争》（资料篇稿），近代中国研究委员会 1964 年发行，第 7 页。

⑥ 马士：《中华帝国对外关系史》第 1 卷，第 609 页。

三、中美《望厦条约》 中法《黄埔条约》

1844年（道光二十四年）2月和8月，美国特使顾盛与法国使臣拉萼尼先后抵达广东澳门。在他们来到之前，耆英已按“一视同仁”的方针，先后接见美、法驻华领事，宣布：“准其前赴各口一律通商”，“一切章程悉照英吉利办理”。[①]如果从美、法政府各自赋予顾盛、拉萼尼的使命来看，他们似乎没有多少事情可做了。但贪婪的侵略者是不以轻易得到的东西为满足的，他们还要逼迫清政府出卖更多的权益。

1. 中美《望厦条约》

美国特使顾盛是一个狂热的侵华分子。1840年3月，鸦片战争一触即发时，他已蓄谋利用英国侵华为美国渔利。其时，他在众议院声称：“在这个时候，万一有事发生——我曾经这样想，这些情况是可以作为一个有利的机会，以求今后将美中贸易放在一个公正而稳定的基础上。”[②] 可见，美国政府挑选他作为赴华特使，绝非偶然。为了确保顾盛完成其使命，美国政府授予他三个头衔：专员、特使、全权公使，使他有权与清朝中央政府和地方当局打交道。

对顾盛的到来，清朝当局虽然事先已从美驻华领事福士那里获悉，但并未考虑认真对付。耆英向福士重申了“一视同仁”的方针，请其阻止美使前来。而他本人则在顾盛到达之前便已离粤，回两江总督原任。

1844年2月24日，顾盛率巡洋舰“波兰地湾”号和炮船“圣路易”号抵达澳门。他找不到谈判对手，认为清政府“并没有作任何准备以促进他的任务”[③]，便在告知广东当局欲与清政府谈判订约的同时，玩弄讹诈、威胁伎俩。所谓讹诈，就是故意大造赴京朝觐的舆论。抵达澳门3天之后，顾盛就照会护理两广总督程矞采：“本公使不日进京，将本国正统领玺书内开列各款重事，呈献大皇帝御览……本公使必须登岸居住，约一月之间，候该兵〔船〕满载粮食，并预

---

① 《耆英等奏美利坚等国通商章程业经议定折》，《筹办夷务始末》（道光朝）五，第2760—2761页。

② 丹涅特：《美国人在东亚》，第91页。

③ 马士：《中华帝国对外关系史》第1卷，第364页。

备各船事体，然后驶赴天津北河口而去。”① 无论程矞采等如何劝阻，顾盛一味不听。所谓威胁，就是派“波兰地湾”号闯到黄埔开炮，并对广东当局扬言：“上次中英战争实由于广州当局漠视英政府官员的权利而起。倘使中国政府，在过去五年经验面前，仍然因袭那些已带给它如许灾祸的陈腐的习惯，我们只有把它看作中国招引并盼望与其他西方国家战争的证据。”②

面对顾盛的讹诈和威胁，清政府上下竟然手忙脚乱。本来，外国使臣进京朝觐皇帝是外交活动中很平常的事，但清政府在鸦片战争失败后对西方国家的畏惧已到了风声鹤唳的程度。它害怕率领有“番梢五百余名，大炮六十四门”的大型军舰的美国使臣一旦北上，会在沿海地区再次激起事端。同时，清朝统治者虽然已完全屈服于外国武力，但还没有真正改变陈腐的“天朝上国”观念，在国人面前还要尽力显示其至高无上的“威严”。因此，决不愿让外国使臣不以“贡使”身份招摇进京，更怕此例一开，“各国纷纷请觐……与旧制有乖”③。至于美舰公然开炮示威，美使发出战争叫嚣，更是触动了清政府那根脆弱已极的神经。它急忙传旨沿海督抚：“如有米利坚使臣船只停泊，切勿开炮接仗，所需食物淡水，准其购买。”④

为了使美使取消进京朝觐、消弭美国的武力威胁，清政府只得传令耆英折回广东，与美使交涉。顾盛见伎俩奏效，便“宁愿在广州谈判，免得因为要到天津或北京去而使他的使命有遭到失败的危险”⑤。

耆英于 5 月 30 日（四月十四日）再次抵粤之后，按照朝廷旨意，把劝阻美使赴京作为头等大事。6 月 18 日、19 日，耆英在澳门与顾盛会见，着重探询顾盛是否放弃北上之请，而不去研究美方提出的具有实质性的条约草案。他反复向顾盛“谕以天朝法度，凡旧制所无，不准辄有增加”，劝顾盛“不应固执干求”，最后以“条约指日可以议定”作为顾盛放弃北上的交换条件。⑥ 在愚蠢的清朝外交官员面前，顾盛既得到了签订条约的保证，又找到了要挟对方的有效

① 《筹办夷务始末》（道光朝）六，第 2807 页。

② 《顾盛致总督程矞采函》（1844 年 4 月 24 日），转自马士：《中华帝国对外关系史》第 1 卷，第 365 页。

③ 《廷寄》，《筹办夷务始末》（道光朝）五，第 2763 页。

④ 《廷寄》，《筹办夷务始末》（道光朝）六，第 2812 页。

⑤ 赖德烈：《早期中美关系史》，商务印书馆 1963 年版，第 134 页。

⑥ 《耆英奏接见美使大概情形折》，《筹办夷务始末》（道光朝）六，第 2829 页。

工具。于是，他告知耆英：进京之请可以不提，但“现议各款条约章程，必须尽心秉公，妥为议定，不然，则本使臣进京之事，亦未能已”①。就是说，进京之请是否最终作罢，全看条约能否使美方满意。耆英得此答复，满心欢喜，即向朝廷表示：要利用顾盛“以条约为急”这一点，“速与会议”，“妥与议定”。②道光帝也深以为是。

中美订约谈判从6月21日（五月初六日）开始举行。美方提出的条约草案达47款之多，足见贪心之大。其基本原则是：英国已割占香港，美国没有与之同样占据中国领土，故要求“与英夷俱照新章贸易”③，并以新的权益给予美国作为补偿。至于中方所本原则，如耆英所说，只要是中英条约中已规定的条款，尽可列入中美条约，“间有为新章所未载，而事非难行，无关紧要者，不妨姑如所请”④。这就是说，不仅愿将英国所获权益无条件推及美国，而且对美国攫取新权益的要求也可接受。予取予求者与曲意逢迎者之间自然不会有什么真正的交锋。仅13天时间，一个新的不平等条约就制订出来了。7月3日，顾盛与耆英在澳门望厦村（时为耆英的临时驻地）正式签订了《五口贸易章程》，即通常所谓的《望厦条约》。

《望厦条约》共34款，美国除获得英国已享有的全部侵华权益之外，又作了重要的扩展和补充：

第一，扩大领事裁判权范围。第21款规定：“嗣后中国民人与合众国民人有争斗、词讼、交涉事件，中国民人由中国地方官捉拿审讯，照中国例治罪，合众国民人由领事等官捉拿审讯，照本国例治罪”⑤；第25款规定：“合众国民人在中国各港口，自因财产涉讼，由本国领事等官讯明办理；若合众国民人在中国与别国贸易之人因事争论者，应听两造查照各本国所立条约办理，中国官员均不得过问”⑥。较之中英条约的有关规定，《望厦条约》把领事裁判权的适用范

① 《耆英奏美使呈递文书停止北上并会议条约情形折》，《筹办夷务始末》（道光朝）六，第2835页。

② 《耆英奏美使呈递文书停止北上并会议条约情形折》，《筹办夷务始末》（道光朝）六，第2833—2834页。

③ 《耆英奏接见美使大概情形折》，《筹办夷务始末》（道光朝）六，第2829页。

④ 《耆英奏美使呈递文书停止北上并会议条约情形折》，《筹办夷务始末》（道光朝）六，第2833页。

⑤ 《中外旧约章汇编》第1册，第54页。

⑥ 《中外旧约章汇编》第1册，第55页。

围由五个通商口岸扩大到中国任何地方，从立约国民人在中国发生的诉讼案件扩大到与立约国之外国家民人在中国发生的诉讼案件，还给予未与中国订约的国家以领事裁判权。关于领事裁判权，顾盛曾明确指出：它不适用于欧美国家，“这里，公使或领事不能保护他的国人”；但他又说，在亚洲回教国家，在中国，“美国人应享有本国政府官员保护的权利，并服从他们的管辖”。① 可见他认为领事裁判权是专门针对弱小国家的。其“理由”据说是因为欧美国家与亚洲回教国家、中国没有“文化和宗教的共同性”。② 这完全是强词夺理。难道因为文化、宗教的差异就可以蔑视一个国家的尊严、践踏其主权吗？西方侵略者惯于标榜所谓“平等”，可是他们在弱小国家面前，从来都是自视优越，把“弱肉强食”奉为天经地义的原则。顾盛关于领事裁判权的立场与主张，就是典型例证。

澳门望厦村观音寺。《望厦条约》就是在这里签订的

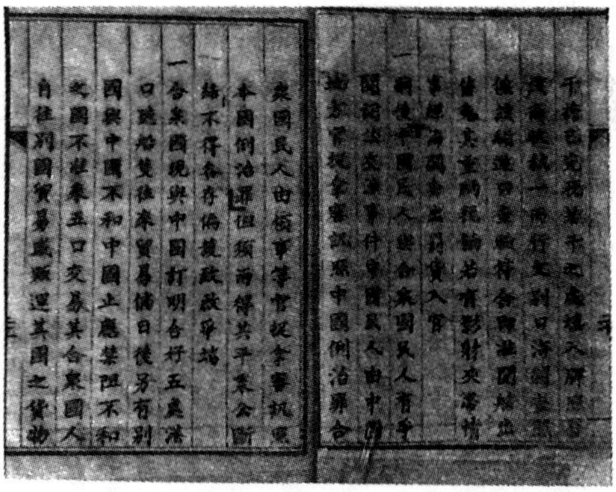

中美《望厦条约》的部分内容

第二，进一步剥夺了中国的关税自主权。第 2 款规定：“倘中国日后欲将税则更变，须与合众国领事等官议允”③。较之中英条约的相关规定，《望厦条约》更明确、更完整地体现了“协定关税”的精神。从此以后，中国倘要根据自己的需要对关税作任何不利于美国的调整，它都决不会“议允”。此外，《望厦条约》还赋予美商从事进口货沿岸贸易的特权，第 6 款规定：“或有船只进口，已在本港海关纳完钞银，因货未全销，复载往别口转售者……俟该船进别口时，

① 《顾盛致福士函》(1844 年 6 月 22 日)，转自马士：《中华帝国对外关系史》第 1 卷，第 370 页。

② 《顾盛致福士函》(1844 年 6 月 22 日)，转自马士：《中华帝国对外关系史》第 1 卷，第 369 页。

③ 《中外旧约章汇编》第 1 册，第 51 页。

止纳货税，不输船钞，以免重征”；第10款规定：“倘有进口并未开舱即欲他往者，限二日之内即行出口，不得停留，亦不征收税饷、船钞”；第20款规定：“合众国民人运货进口，既经纳清税饷，倘有欲将已卸之货运往别口售卖者……免其重纳税饷”。[①] 这些特权，不仅便利了外国商品的对华倾销，而且将沉重打击中国的沿海贸易和航运业。

第三，进一步侵犯中国领海权。中英条约规定英舰可停泊于每个通商口岸。在此基础上，《望厦条约》第32款又进一步规定：“嗣后合众国如有兵船巡查贸易至中国各港口者，其兵船之水师提督及水师大员与中国该处港口之文武大宪均以平行之礼相待。”[②] 这实际上是向中国强加了接待美国军舰的义务，更有利于“炮舰政策”发挥效力。此外，第26款又规定：“合众国贸易船只进中国五港口湾泊，仍归各领事等官督同船主人等经管，中国无从统辖。”[③] 这意味着美国商船在中国港口就如在美国港口一样，可以完全无视中国领海权、管辖权。这一特权，与其说是顾盛谋取的，不如说是耆英奉送的。谈判中，美方本提“商船进口停泊……应请中国统辖护理，倘遇别国凌害，仍请中国代为报复”[④]。其意图在于从中国获取对美国商船安全的切实保障，并非出自对中国主权的尊重。但这一要求本身是以承认中国在其港口对外国船只的管辖权为前提的。然而，耆英出于尽量减少中外接触以免发生纠纷、保持相安局面的考虑，竟称外国商船在中国港口“应归领事管束”，对美方上述要求表示“断难准行”，[⑤] 结果导致第26款规定的出现。由此可见，惧外苟安的投降派给中华民族带来的危害是多么之大！

第四，为美国从政治和文化等方面侵华提供条件。第19款规定：对在华美国人，“地方官自必时加保护，令其身家全安，并查禁匪徒不得欺凌骚扰。倘有内地不法匪徒逞凶放火，焚烧洋楼，掠夺财物，领事官速即报明地方官，派拨兵役弹压查拿，并将焚抢匪徒按例严办”[⑥]。这一条款规定了清政府保护在华美

---

① 《中外旧约章汇编》第1册，第52—54页。

② 《中外旧约章汇编》第1册，第56页。

③ 《中外旧约章汇编》第1册，第55页。

④ 《耆英又奏与美使商定条约三十四款折》，《筹办夷务始末》（道光朝）六，第2843页。

⑤ 《耆英又奏与美使商定条约三十四款折》，《筹办夷务始末》（道光朝）六，第2843页。

⑥ 《中外旧约章汇编》第1册，第54页。

国人的义务，把矛头指向敢于反抗外国侵略的中国民众，显示出外国侵略势力勾结中国封建势力共同镇压中国人民的趋向。第8款规定：美国人在华“雇觅跟随、买办及延请通事、书手，雇用内地艇只，搬运货物，附载客商，或添雇工匠、厮役、水手人等，均属事所必需，例所不禁，应各听其便……中国地方官勿庸经理”①；第18款规定：“准合众国官民延请中国各方士民人等教习各方语音，并帮办文墨事件，不论所延请者系何等样人，中国地方官民等均不得稍有阻挠、陷害等情”②。这些规定，为美国侵略者在华收买走狗、训练买办和洋奴、顺利展开侵略活动取得了充分的“自由”与便利。第17款规定：“合众国民人在五港口贸易，或久居，或暂住，均准其租赁民房，或租地自行建楼，并设立医馆、礼拜堂及殡葬之处。”③ 较之中英条约的相关规定，《望厦条约》写明除租赁民房之外，还可“租地自行建楼”，并增添了设立医院、教堂、墓地等项目，使美侨在商埠居住区的设施复杂化，为其特殊化创造了条件，也为文化侵略活动开了绿灯。《望厦条约》最后还规定：“所有贸易及海面各款恐不无稍有变通之处，应俟十二年后，两国派员公平酌办。”④ 后来的历史证明，这条似乎很平常的规定，实际上是美国为进一步侵略中国而埋下的一颗定时炸弹。

从以上叙述可知，美国侵略者利用鸦片战争以后的形势，采取讹诈、威胁手段，从卑怯、愚蠢的清朝投降派手中，攫取了何等巨大、何等重要的新的侵华权益。无怪乎顾盛在《望厦条约》签订后向美国国务院洋洋得意地报告说：“美国及其他国家，必须感谢英国，因为它订立了的《南京条约》，开放了中国门户。但现在，英国和其他国家，也须感谢美国，因为，我们将这门户开放得更宽阔了。”⑤

关于《望厦条约》，还有一个如何看待其中有关鸦片贸易的规定的问题。它的内容是：美国人“携带鸦片及别项违禁货物至中国者，听中国地方官自行办理治罪。合众国官民均不得稍有袒护”⑥。

我们认为，这一规定并不说明美国无意维护鸦片贸易。首先，在对华鸦片贸易中，美国仅次于英国。林则徐收缴、销毁的鸦片中，就有相当一部分出自

① 《中外旧约章汇编》第1册，第52页。
② 《中外旧约章汇编》第1册，第54页。
③ 《中外旧约章汇编》第1册，第54页。
④ 《中外旧约章汇编》第1册，第56页。
⑤ 转自卿汝楫：《美国侵华史》第1卷，第79页。
⑥ 《中外旧约章汇编》第1册，第56页。

美商之手。美国资产阶级绝不可能主动放弃这种利润极高的毒品贸易。美国之所以在《望厦条约》中对鸦片问题作上述规定，是因为：一、美国一般民众反对鸦片贸易的呼声很强烈。在英国挑起鸦片战争时，“美国国内所表示的同情，大多数在中国方面”①。1841 年亚当斯大放厥词之后，马上遭到正义舆论的痛斥。因此，美国政府在这场极端不义的战争刚刚结束时就向中国伸手，不能不顾虑到国内正义舆论的压力，它需要装出反对鸦片贸易、只求与中国建立正常关系的面目。二、美国借此规定，可以博取清政府的好感。其次，《望厦条约》关于鸦片贸易的规定是无法实际执行的。该条约缔结之时，清政府已在英国胁迫下公开宣布中国禁烟法令对外国人并无效力。因此，不存在清朝官府将外国鸦片贩子治罪的问题。美方对此当然十分清楚。所以，即使写上美国鸦片贩子“听中国地方官自行办理治罪”，也不过是漂亮的空话。况且，根据领事裁判权条款，就算美国鸦片贩子被中国官府认定有罪，也须交美方按美国法律处置，又怎能“自行办理治罪”？问题还在于，条约中没有规定美方有协助制止、惩处美国鸦片贩子的义务，当时的美国法律也没有禁止、惩处美国人在外国贩卖鸦片的条文。因此，美国鸦片贩子没有遭受中美任何一方治罪的可能。《望厦条约》的规定，除了遮人耳目之外，实在没有任何实际意义。它丝毫不妨碍“在中国的英、美商家每一个人都充分利用了他们的资力去作这项毒品生意”②。

2. 中法《黄埔条约》与天主教弛禁

中美《望厦条约》签订仅一个多月，8 月 14 日（七月初一日），法国使臣拉萼尼便率领一支由 8 艘军舰组成的舰队抵达澳门。拉萼尼与英、美使节同样老练，人还未到澳门，便已向广东当局放出风声，扬言“欲与米利坚使臣同往天津，朝见大皇帝”③，以图先声夺人。拉萼尼抵达澳门后见中美条约已定，清朝外交代表耆英仍在广东，便打定主意，“总合英美两国条约各款于一逻辑系统之内，使成一中法之条约”④，同时争取清政府对天主教弛禁。

耆英虽然已负责办理了与英、美的交涉，但除了一味顺从外国要求以换取相安无事之外，并没有学到与西方侵略者打交道的真本领。他认为，法国“本

① 宓亨利：《近代远东国际关系史》，第 92 页。

② 转自马士：《中华帝国对外关系史》第 1 卷，第 612 页注①。

③ 《程矞采又奏法国巡船一只在九洲抛泊片》，《筹办夷务始末》（道光朝）六，第 2809 页。

④ 张雁深：《中法外交关系史考》，第 32 页。

不以通商为重，货船来粤岁不过一二只”，不像英、美那样“利在通商”，[1] 以对待英、美的做法来与法国交涉，恐怕无效。他与法使尚未见面，便已心虚内怯，唯恐遇到波澜。如同初与美使顾盛打交道时一样，耆英把阻止拉萼尼进京作为首务。他为此托词秋祭大典、清帝寿辰，有意将会见法使之期由 9 月中旬推到月底，以争取在气候不利于帆船北驶之时进行谈判，将法使稳在广州。拉萼尼并不反对，乐得利用这段时间详细研究中英、中美条约，为条约谈判作好充分准备。而耆英却为自己“控驭”有方而自鸣得意。

10 月 1 日、3 日（八月二十日、二十二日），耆英与拉萼尼在澳门会见。拉萼尼已做了充分准备，而耆英则连法方的真实意图都未弄清。在耆英看来，只要法使不北上，他就取得了最大成功，条约谈判并不难办。5 日，谈判正式开始。拉萼尼声称，中国要想保持太平，“尤须结好外国”[2]，并为此消除“中国与其他基督教国家发生更密切关系之障碍物”[3]。耆英等对此深表赞同。法方提出条约草案后，耆英等认为：“一切均照英、米二夷新例，字句互有异同，情节尚无出入”[4]，没有应予以拒绝之处。要说有点异议，那就是耆英不大喜欢“大佛兰西国大皇帝”一词，希望改成法语中“帝”一词的译音。这种有名无实的所谓“谈判”搞了十多天，完全按法方意图决定了条约的全部内容。而耆英那点可怜的愿望，法国侵略者也根本不予以考虑，严加拒绝。

10 月 24 日，耆英与拉萼尼在停泊于黄埔的法舰“阿吉默特”号上，签订了中法《五口贸易章程》36 款，即通常所谓的《黄埔条约》。它充分吸收了英美掠得的所有权益，并且增添了新的内容。如第 22 款规定：法国人在通商五口，无论人数多寡，“听其租赁房屋及行栈贮货，或租地自行建屋、建行。佛兰西人亦一体可以建造礼拜堂、医人院、周急院、学房、坟地各项……凡佛兰西人房屋间数、地段宽广不必议立限制，俾佛兰西人相宜获益。倘有中国人将佛兰西礼拜堂、坟地触犯毁坏，地方官照例严拘重惩”[5]。这条与中英、中美条约相比，增添了周急院（慈善堂）、学房（学校），显然是出于文化侵略的考虑；规定法

---

① 《耆英又奏法人来粤情形并法使一月以后到粤片》，《筹办夷务始末》（道光朝）六，第 2845 页。

② 《耆英又奏连日接见法使大概情形折》，《筹办夷务始末》（道光朝）六，第 2869 页。

③ 张雁深：《中法外交关系史考》，第 35 页。

④ 《耆英又奏拉萼尼请求愈坚似应姑允所请并通商章程业经议定条款片》，《筹办夷务始末》（道光朝）六，第 2879 页。

⑤ 《中外旧约章汇编》第 1 册，第 62 页。

国人建房数量、占地面积不加限制，又将中英《虎门条约》的相关内容大大扩充了。至于有关保护法国教堂等的规定，也是为文化侵略提供保障。

拉萼尼并不以签订《黄埔条约》为满足，他还要促使清政府对天主教弛禁。

鸦片战争前，法国对华扩张的主要手段不是商品、鸦片，而是传布天主教。自从康熙年间开始，法国逐渐成为对华传布天主教的主要国家。其传教士私自潜入各省，在传教的同时，多方窥探中国政治、经济、军事、社会状况并绘制地图，为本国政府提供大量情报。清政府对这些教士向来不放心。1705 年、1720 年（康熙四十四年、五十九年），罗马教皇克莱门十一世在部分来华传教士促动下，先后两次遣使来华，声称要禁止中国天主教徒祭天、祭孔子、祭祖先。这种公然干涉中国内部事务的举动，激怒了雄才大略的康熙帝。他断然改变了以往对天主教相对宽容的政策，惩处了一些传教士，囚禁、驱逐了罗马教皇的来使。到 1723 年（雍正元年），清政府又明令禁止中国臣民信仰天主教和外国人在华传布天主教。直到鸦片战争爆发，这项禁令一直未曾解除，并且还增添了对违禁传教士的治罪条例。如果说，在对付外国鸦片贩子方面，清政府的禁令形同具文；那么，对天主教的禁令，对于外国在华的传教活动则有相当强的抑制作用。鸦片战争结束后，法国一方面要攫取与英、美同样的权益，另一方面也想利用时机迫使清政府对天主教弛禁，为长期难有进展的传教事业扫清道路。这后一个方面，虽然没有反映在法国政府给遣华使节的训令中，但身为使节的拉萼尼却毫不含糊地把它当成自己的目标。

为了实现天主教弛禁，拉萼尼在与耆英相见之前，就大肆散布“欲求将西洋天主教弛禁”① 的舆论。在谈判期间，他也将此作为一个重要话题。他要求天主教弛禁的“理由”，一是把清朝的禁教斥为“压迫”；二是声称“伊国为西洋大国”，“不唯与英吉利之曾经构难者不同，与米利坚之专主通商者迥异。现在所定条约，既不能出乎二国之外，则伊回国系属徒劳往返，难以上复君命”。② 总之，要清政府以实现天主教弛禁，向法国表示特别关照。

拉萼尼的“理由”原本是极为荒谬、站不住脚的。但耆英却认为不重通商的法国，要求天主教弛禁，正在情理之中。他由此又找到了安抚法国的途径。出乎拉萼尼的意料，耆英对其要求迅速做出了肯定的答复。10 月 13 日（九月初

① 《耆英又奏连日接见法使大概情形折》，《筹办夷务始末》（道光朝）六，第 2869 页。
② 《耆英又奏连日接见法使大概情形折》，《筹办夷务始末》（道光朝）六，第 2870 页。

二日），他让黄恩彤在法方举行的宴会上宣称：由于以往禁止天主教的法令“洵不合正义”，钦差大臣耆英已有意代请废除。为确保此事成功，耆英还让黄恩彤关照法方：“此案当提交礼部审议，是故应出以智慧慎思，熟筹完成该目的之方法，以免横遭批驳，徒劳无功。”① 他们身为中方代表，竟然与法国使臣串通一气，共同策划了促使清政府对天主教弛禁的办法：由黄恩彤与拉萼尼的译员加略利共同商议行动步骤，耆英与拉萼尼则以信件互通声气，取得一致口径。为便于耆英向朝廷开口，拉萼尼特向耆英提供“康熙帝于康熙三十一年谕礼部敕文”，作为清朝对天主教弛禁的“先例”。他在致耆英的信中说：“此一纸敕文……似已足使贵国操持大权之皇帝批准矣。”②

经过周密策划之后，耆英上奏道光帝，谎称其与法使“反复辩难，实已不遗余力”，但法使“请求甚坚”，导致相持不下。为此他建议：“似应姑允所请，以示羁縻”。他所举的“理由”是：一、天主教本身无碍于清朝统治，“二百余年并未滋事”。自颁布禁止传布天主教条例以来，“京中间有破案，而各省拿办者甚属无多，亦系因其尚无不法重情……几与禁而不禁无异”。这就是说，禁天主教并无实际意义。二、继续维持天主教之禁会激起中外冲突。法国“素称强悍，自矜为西洋大国，此次以兵船多只航海远来，既劳且费，所冀非止一端”。在要求天主教弛禁这件事上，“其志已决，若过为峻拒，难免不稍滋事端”。三、对天主教弛禁，本朝有先例可循。据法使所呈“碑模”（即拉萼尼给耆英的那件敕文的复制件），“中国于康熙年间，亦曾禁止天主教，因西洋人徐日昇等恳请，始行弛禁”。所以现在对天主教弛禁，实在无碍于祖宗之法。③ 深居紫禁城的道光帝见到这个奏折，哪会想到这是耆英与外国侵略者合谋搞出来的把戏！他反倒认为耆英说得头头是道，当天（11月11日，十月初二日）就传下谕旨：天主教“即许以开禁，亦无不可”④。他只在“明降谕旨通谕中外”这个开禁方式问题上有所保留。

清政府批准对天主教弛禁，令拉萼尼欣喜若狂。但他意犹未足，对清廷不肯为此明降谕旨不满。他在借口巡视中法贸易状况而到各开放口岸活动之后，

① 张雁深：《中法外交关系史考》，第41页。

② 张雁深：《中法外交关系史考》，第42页。

③ 《耆英奏请将学习天主教之人稍宽禁令以示羁縻折》《耆英又奏拉萼尼请求愈坚似应姑允所请并通商章程业经议定条款片》，《筹办夷务始末》（道光朝）六，第2876—2879页。

④ 《廷寄二》，《筹办夷务始末》（道光朝）六，第2880页。

返回广东，马上质问耆英：天主教弛禁之事，为何“遍历各处，俱未见张贴告示”？他扬言：清政府必须为此“明降谕旨，通行各省地方官，一体张挂晓谕，方可取信”；同时，“康熙年间原建天主堂旧址，亦应奏明尽行还给习教之人”。否则，“两国之事，正未可知”。① 耆英被吓住了，急忙连上数折，劝道光帝顺从法国要求，“庶反侧可望潜消，而夷情可期安定”②。经不起恐吓的道光帝，在耆英怂恿下又变了腔调，说他不想“一味拘泥”，可以“稍从权宜”。③ 1845 年 2 月（道光二十五年正月），清廷批准了耆英代拟的天主教弛禁告示，并颁发各通商口岸，内称：所有“学习天主教为善之人”概免治罪；天主教业已准免查禁；康熙年间各省旧建之天主堂除改为庙宇民居者外，发还该处奉教之人；各省地方官如“滥行查拿”“实在习学天主教而并不为匪者”，给予应得处分；等等。④ 至此，拉萼尼的计划全盘实现。他对耆英所提供的巨大帮助颇为感激，将其吹嘘为“超时代之人物”⑤。在中国人民看来，拉萼尼的这个评语，只能证明耆英是个诚心向外的卖国贼。

天主教弛禁是一个影响深远的事件，它使西方侵略势力在对中华民族实行精神奴役方面迈出了重要的一步。

四、比利时等分沾侵华权益
葡萄牙侵夺澳门主权

英国通过侵华战争，攫取了累累果实；美、法不费一兵一弹，同样掠得了巨大权益。这在西方国家产生了很大的刺激，它们纷纷图谋在中国牟取利权。紧随美、法之后而来的有比利时、瑞典和挪威。最老牌的殖民者葡萄牙，也趁机进一步侵夺了澳门的主权。

---

① 《耆英等又奏法使请出示习教免罪并将康熙间天主堂址给还习教之人片》，《筹办夷务始末》（道光朝）六，第 2949 页。

② 《耆英等又奏天主教弛禁非张示晓谕不足取信片》，《筹办夷务始末》（道光朝）六，第 2954 页。

③ 《耆英等又奏天主教弛禁非张示晓谕不足取信片》，《筹办夷务始末》（道光朝）六，第 2954 页。

④ 《廷寄》，《筹办夷务始末》（道光朝）六，第 2964 页。

⑤ 张雁深：《中法外交关系史考》，第 50 页。

1. 比利时、瑞典、挪威等国分沾侵华权益

比利时在鸦片战争前就与中国有贸易关系，但其船只“或数年一至，或多年不至”①，并不引人注目。1845 年上半年，比利时驻印度支那总领事兰瓦受国王派遣，作为特使来华，在广东向耆英提出：希望“将五口贸易章程一体颁发，俾得同沾德泽”②。为了防止清政府轻视比利时国小力单，不接受其要求，兰瓦事先还找到在南亚活动的拉萼尼，让拉萼尼为之引荐，并特别指明法、比两国“结为婚姻”③ 的关系，以便狐假虎威。耆英本着“一视同仁”的方针，原本无意拒绝比利时的要求；得知比、法的特殊关系，更认为应该对比利时加以“怀柔”，以便讨好法国，“借事羁縻”。④ 耆英的意见照例得到朝廷批准。于是在 1845 年 7 月 25 日（道光二十五年六月二十一日），耆英、黄恩彤以公文向兰瓦宣布：“准许比利时在中国现有条约的办法下通商。”⑤

地处北欧的瑞典、挪威联盟，早在清朝雍正年间就开始对华通商（主要是瑞典），但也和比利时一样，“货船本属无多”⑥。鸦片战争后，它垂涎英、美、法的侵华成果，也派出全权公使李利华来华，要求照英、美、法三国先例，与清政府议定通商条约。李利华于 1847 年 1 月间抵达广东，马上向美国侵略者请教，得到了后者提供的《望厦条约》汉文本及通商税则。他便以《望厦条约》为蓝本，拟定中、瑞、挪条约草案，“只将国名更换，其余一字不易”⑦；此外，还打算要求清政府将已定税则中钢、铁的税额各减一半。作好充分准备之后，李利华才致函耆英说明来意，同时将其拟定的约稿税则递交中方，要求订期互

---

① 《耆英等奏比利时遣领事兰瓦来澳求市请旨办理折》，《筹办夷务始末》（道光朝）六，第 2919 页。

② 《耆英等奏比利时遣领事兰瓦来澳求市请旨办理折》，《筹办夷务始末》（道光朝）六，第 2920 页。

③ 《耆英等奏比利时遣领事兰瓦来澳求市请旨办理折》，《筹办夷务始末》（道光朝）六，第 2920 页。

④ 《耆英等奏请准比利时一体通商并美利坚立国大概情形折》（道光朝）六，第 2928 页。

⑤ 马士：《中华帝国对外关系史》第 1 卷，第 374 页。

⑥ 《耆英奏瑞典挪威请照美国原定条款立约通商业已照缮约册盖用关防折》，《筹办夷务始末》（道光朝）六，第 3084 页。

⑦ 《耆英奏瑞典挪威请照美国原定条款立约通商业已照缮约册盖用关防折》，《筹办夷务始末》（道光朝）六，第 3084 页。

换。耆英本来觉得与瑞典、挪威这样的无名小国换约“有乖体制”，但又“恐该夷觖望，或生事端”，① 因此很快接受了李利华的要求。只对他提出的钢、铁进口减税一半之请不肯同意，因为他认为这会减少清政府的关税收入。瑞典、挪威在华并无实力，因此，李利华担心一味坚持减税之请会因小失大，乃自请收回。1847 年 3 月 20 日（道光二十七年二月初四日），《中国瑞典挪威五口通商章程》在广州签订，其正式文本与李利华的约稿毫无出入，是十足的《望厦条约》的翻版。

除比利时、瑞典、挪威之外，荷兰、丹麦、西班牙、普鲁士等国也各派使臣、领事来华，到通商口岸察看贸易情形。清政府一概允许这些国家在五口贸易，并分别发给通商章程和税则。仅仅四五年时间，中国的大门几乎向西方各国敞开了。

2. 葡萄牙侵夺澳门主权

鸦片战争后出现的中西关系大变局，促使对华殖民扩张的鼻祖葡萄牙蠢蠢欲动。在葡萄牙看来，“战前那样骄傲、自信，以为在全世界不可战胜的中国，现在经过较量……在欧洲人面前是那样卑弱”；因此认为“或许我们可以冒最小的风险，得到很多东西”。② 于是，葡萄牙凭借盘踞澳门的有利条件，成为率先效法英国向清政府讨要新权益的国家之一。

1843 年中英在广东举行谈判期间，葡澳当局就派人向耆英提出了七项要求，主要内容是：准许葡萄牙赴五口一体通商；准许各国商船自由赴澳门贸易；准许华商运往澳门的货物在澳门上税；将原定澳门货税船钞较新定税则略为裁减；豁免葡澳当局每年按例交纳给清政府的地租 500 两；将澳门城北门（三巴门）至关闸一带地方交葡军据守；废除澳门修理房屋、船只，要向广东当局请领牌照的制度。③

葡萄牙的这些要求，除意在分享英国权益、争取澳门在鸦片战争后新的贸易体制下的有利地位之外，还明显暴露了进一步破坏中国对澳门的主权、使之沦为葡萄牙完全殖民地的野心。众所周知，葡澳当局每年向中国政府交纳地租

---

① 《耆英奏瑞典挪威请照美国原定条款立约通商业已照缮约册盖用关防折》，《筹办夷务始末》（道光朝）六，第 3085 页。

② 本托·佛郎萨：《澳门简史》（1888），第 178 页，转自王昭明：《鸦片战争前后澳门地位的变化》，《近代史研究》1986 年第 3 期。

③ 参见《耆英等奏澳门葡萄牙人通商章程业经议定折》，《筹办夷务始末》（道光朝）五，第 2766—2768 页。

的定例，以及澳门修理房屋、船只，必须请领牌照的制度，都是中国对澳门拥有领土主权的体现。取消这些定例、制度，便是削弱中国主权；要求将关闸至三巴门之间的地方交葡军据守，更是对中国领土主权的直接侵犯。至于要求清政府同意各国船只及华商自由赴澳贸易，则是要显示澳门与刚变为英国殖民地的香港具有同样的地位。

对于葡萄牙的上述要求，耆英同意酌减澳门原有货船船钞、葡人可赴五口一体通商、废除澳门修理房屋船只请领牌照制度、不限制华商赴澳贸易数量等项内容，其他则加以拒绝。当时葡方尚未作好以实力破坏中国对澳门主权的准备，又因与英国有矛盾（英国认为葡萄牙在鸦片战争中没有给它提供帮助，其殖民地香港也和澳门有竞争关系），得不到支持，就此暂时作罢。必须指出：耆英等尽管没有完全接受葡萄牙的要求，但对其侵夺中国对澳门主权、要使澳门完全殖民地化的险恶居心，缺乏深刻认识和足够警惕，因此没有认真做好防患于未然的准备。而同意废除请领牌照制度，事实上削弱了中国对澳门的主权。

随着五口开放通商，香港成为英国殖民地，澳门在中西交往中长期保持的特殊地位不复存在，开始迅速衰落。它不再是各国商船来华贸易的必经之地，也不再是来华外国人的唯一栖身之所，从而失去了赖以繁盛的基础。再者，它本身地处偏僻，港口自然条件不够理想（内港水太浅，外港易受风暴袭击），对外商、华商都缺乏吸引力，因而在发展贸易上也没有可观的前景。深感沮丧的葡澳当局竭力想摆脱困境。为此，他们把破坏中国对澳门主权、取得在澳门为所欲为的权力作为目标。这种尝试在1843年基本上未获成功，但时隔不久，他们就采取狂暴的行动以求一逞。

1845年11月20日（道光二十五年十月二十一日），葡萄牙国王发布敕令，单方面宣布开放澳门为自由港，声称“必须改变至今实行的限制制度”①。这无异于发出侵夺中国对澳门主权的动员令。次年，葡萄牙政府改派亚马勒来华担任葡澳总管。亚马勒一上任，便不遗余力地推行本国政府的既定方针。首先，他违反葡澳当局只能管理澳门所居葡人的惯例，擅自宣布在澳门的中国人与其他外国人都必须向葡澳当局交纳地租、人头税和不动产税，还下令所有停泊在澳门港的中国船只都要在澳门理船厅登记，按月纳税，“如不依允，就带夷兵拘拿，鞭打监禁”②。这些行径，被亚马勒称为“政治改革”，目的在于剥夺中国对

① 转自王昭明：《鸦片战争前后澳门地位的变化》，《近代史研究》1986年第3期。

② 《徐广缙照会附供单》（1849年9月17日），《鸦片战争后の中英抗争》（资料篇稿），第154页。

澳门的行政权。澳门民众对葡澳当局的侵略步骤义愤填膺，曾有1500多名渔民进攻澳门市政厅，当地中国商贩也罢市抗议，但都遭到葡澳当局镇压。其次，葡澳当局为增强势力而扩大地盘。三巴门至关闸之间的土地，清政府长期严禁葡人涉足。亚马勒竟于1847年强行在这一带修筑马路。与此同时，他还下令在澳门南面、本非葡人占据的氹仔岛上筑起要塞。面对葡澳当局的蛮横行径，广东官府虽提出过抗议，但没有采取任何强有力的制止措施，致使葡萄牙殖民者的气焰更加嚣张，采取进一步剥夺中国对澳门主权的严重步骤。

1849年3月5日（道光二十九年二月十一日），亚马勒照会中国当局，“以香港既不设关，澳门关口亦当仿照裁撤”①，并提出要在广州设立领事。这种公然践踏中国主权的行径，遭到两广总督徐广缙的据理拒绝。11日，亚马勒突派葡兵数十名，竟然将海关关门钉闭，驱逐中国澳门海关人员，推倒海关门前悬挂中国旗帜的旗杆。中国广东当局无奈，后来只得把海关改设在黄埔。澳门当地的中国人怀着满腔怨愤，纷纷迁往广州黄埔，以示抗议，使澳门“街道荒凉，港口空空”②。亚马勒唯恐澳门由此更加萧条，又于4月25日强行规定当地中国人外迁须向葡澳当局请领执照，否则，“葡政府将立刻占有其财产并以放弃论”③。当地民众忍无可忍，奋起反抗。8月22日傍晚，澳门百姓沈志亮、郭亚安、李亚保等6人，埋伏在关闸，用尖刀将骑马来此兜风的亚马勒杀死，砍下其头颅和一只手臂。葡澳当局马上大做文章，硬说沈志亮等是受广东官府指使，派兵强占关闸以北的拉塔石炮台，赶走驻于望厦村的香山县丞，平毁县衙署，并拒绝向中国缴纳地租。同时，葡澳当局还四出向本国政府和居民以及英、法、美等国求援。英国侵略者当时在广州入城问题上遭到民众坚决抵制，正处于进退维谷境地。亚马勒被杀事件在其看来正可用作向中国施加压力的借口，于是抛弃对葡萄牙的嫌怨，派出两艘军舰赴澳门，为葡助威。英人还串通法、美，向徐广缙提出“抗议”。以徐广缙为首的广东官府慌了手脚，急令搜捕杀死亚马勒的中国百姓，于9月15日将为首的沈志亮斩首，并将亚马勒的头、手归还。

---

① 《徐广缙等奏葡人钉闭澳门关门栈商禀称另立马头现在黄埔开市折》，《筹办夷务始末》（道光朝）六，第3199页。参见马士《中华帝国对外关系史》第1卷，第380—381页。

② 《中国丛报》第18卷第10期（1849年10月），转自马士：《中华帝国对外关系史》第1卷，第381页。

③ 《中国丛报》第18卷第10期（1849年10月），转自马士：《中华帝国对外关系史》第1卷，第381页。

事件平息后，葡澳当局只将据守关闸以北炮台的军队撤回，其他问题一概维持现状。广东官府忍气吞声，将澳门海关移往黄埔，让香山县丞移驻前山寨，不敢再向葡澳当局征收地租，也不能再对澳门进行管辖。中国对澳门的主权实际已被葡萄牙殖民者侵夺殆尽。

五、中国人民坚持反侵略反投降斗争

“帝国主义和中国封建主义相结合，把中国变为半殖民地和殖民地的过程，也就是中国人民反抗帝国主义及其走狗的过程。”① 鸦片战争是这一过程的开端。中国人民的反抗，既表现为在英军来犯时的英勇抗击，又表现为在外国侵略势力胁迫封建统治者签订一系列不平等条约、开始将半殖民地枷锁套在中华民族头上之时，广大民众不屈不挠地掀起的反侵略反投降斗争。

鸦片战争后广大民众的反侵略反投降斗争，重心在广东。这里的斗争一浪高过一浪，规模最大，持续时间最长。因此，外国侵略者认为：“战事结束后最不利于我们的是广州的局势”②；投降派也哀叹：“徇外人则民谤，徇内民则外嗔，此地议抚，难于金陵十倍矣。”③ 关于造成这种局面的原因，侵略者、投降派都做过不少荒谬的解释。侵略者说：“广州人从小就受到排外教育，而今又在藐视的基础上加上仇恨”④；“在广州，撇开人民的敌意不讲，很少有不曾被这些条约夺去生财之道的”⑤。总之，是排外情绪加上生计被剥夺，使广东民众与外国人势不两立。投降派则说：“粤中风气……市井小民，嗜利尚气，好斗轻生。又系通洋马头，五方杂处，多有造言生事之徒，从中煽惑，借以渔利。从前粤中习俗，既资番舶为衣食之源，又以夷人为侮弄之具……近日夷情，不能再如从前之受侮，设有一言不合，即彼此欲得而甘心。”⑥ 按他们的说法，广东民众

---

① 毛泽东：《中国革命和中国共产党》，《毛泽东选集》第 2 卷，人民出版社 1991 年第 2 版，第 632 页。

② 德庇时语，《三元里人民抗英斗争史料》（修订本），第 273 页。

③ 黄恩彤：《抚远纪略》，《中国近代史资料丛刊·鸦片战争》第 5 册，第 419 页。

④ 《中国丛报》第 13 卷第 6 期（1844 年 6 月），《鸦片战争史料选译》，第 300 页。

⑤ 马士：《中华帝国对外关系史》第 1 卷，第 375 页。

⑥ 《耆英奏行抵粤东现在会议税饷折》，《筹办夷务始末》（道光朝）五，第 2640—2641 页。

的反侵略斗争完全是因为他们嗜利尚气、不安本分、惯于欺侮外国人而发生的，几乎和侵略者同一腔调。历史的本来面目如何，必须考究清楚。

鸦片战争后广东民众反侵略反投降斗争最为高涨的原因，可从以下三个方面来认识：

首先，鸦片战争结束后，民族矛盾虽然在全国范围内相对趋于缓和，但在广东仍占主要地位。因为战争结束后的一段时间内，外国势力依然以广东为主要舞台展开侵华活动。从前述史实可以看得很清楚：近代第一批不平等条约，除《江宁条约》外，都是在广东签订的。广东民众在战争蹂躏之后，又直接看到各国侵略者怎样以讹诈威胁手段达到勒索目的，不能不加深对侵略者的愤恨。与此同时，殖民者依仗不平等条约，比战前气焰更为嚣张。广州城下，他们“沿街攫掠市店货物，买物论值未成，径携以去。又挟流娼招摇市上；遇平民，辄喝令急避，否则鞭扑随之”①；在广州周围乡村，他们“每每到处寻衅，或挟带鸟枪入村，打雀为名，遇见鸡犬猪牛，则辄为放枪打毙；遇见妇人孩子，则或调戏，或恐吓以取笑；遇见花果禾稻，则或偷取或残害。……当其行凶之时，设若有人拦阻劝止，必遭其突用鸟枪打死”②。面对如此残暴的外国强盗，广东民众忍无可忍，只有奋起反抗。

其次，鸦片战争后清政府的卖国投降面目在广东暴露得最为充分，并且一贯“抑民以奉外”，压制民众的反侵略斗争，加剧了当地民众的反投降斗争。从1843年起，清朝对外投降的代表人物伊里布、耆英，一直以外交官和地方官员的双重身份在广东活动。在订立一系列不平等条约的同时，奉行所谓“外示信义，内慎防维”③ 的方针，处理中外矛盾冲突。“外示信义”的含义，就是严格按不平等条约办事，以不平等条约为“信守之凭”④。不平等条约原本是外国侵略势力在中国建立半殖民地秩序、压迫中华民族的工具，耆英等要以恪守不平等条约来“外示信义”，就必然充当外国侵略势力奴役中国人民的帮凶。在不平等条约所规定的领事裁判权庇护下，外国歹徒视中国人民如蝼蚁，百般欺凌，甚至随意杀害，屡兴巨案却逍遥法外。而耆英等恪守领事裁判权条款，不予过

① 梁廷枏：《夷氛闻记》卷五，第137页。

② 《明伦堂绅士议论》，《鸦片战争后の中英抗争》（资料篇稿），第274页。

③ 《耆英等奏接见英使申明要约英人危言挟制欲进广东省城业经峻拒折》，《筹办夷务始末》（道光朝）六，第2943页。

④ 《耆英又奏应行添注各条已别列一册俟璞鼎查盖戳后录呈折》，《筹办夷务始末》（道光朝）五，第2683页。

问，也不许民众反抗。如1844年6月，美国歹徒丹叶里，在美国商馆前与广州民众发生冲突，枪杀无辜平民徐亚满。事发后美方以领事裁判权掩护凶手，而耆英竟也说丹叶里“必不至无端逞凶”，这次事件是“烂匪意主寻衅”所致，明确表示此案交美方“准按公义了结”。① 在美方宣布“此次杀害是正当的自卫行动”②，而将凶手无罪释放后，耆英专门发出告示，援引不平等条约的领事裁判权条款，证明美方的做法合理合法，要民众“勿得私相报复，致酿事端”③。又如英国出于扩充地盘的需要，从1843年起，就援引不平等条约的规定，要求在原商馆周围、黄埔、珠江南岸租用大片土地。在当地民众坚决抵制时，耆英出面，搬出条约规定，声称“查前定约条，本准外国人在于通商口岸租赁民房及租地建造房屋”④，“频传业主，勒令议价”⑤，为英人租地效劳。

耆英等既然签署不平等条约、成了侵略者的帮凶，对广东民众抵制不平等条约、反抗侵略的行动，就必然竭力压制乃至镇压。这便是所谓“内慎防维”的真意。为了“防维”，这些投降派对民众进行欺骗和威胁。1843年6月，耆英首次抵粤，就开始进行欺骗宣传，说英国尽管发动侵略战争，但其意“唯在照旧公平交易，并非欲与中土民人为难也”，劝告群众不能“好乱乐祸”。⑥ 1844年6月，耆英就任两广总督，又以另一种腔调咒骂敢于反抗侵略的民众，说什么“好事之徒，煽惑播弄，造作谣言，最为风俗人心之害”，并且威胁说：士农工商“各安本分”，“分外之事，不可干求”，否则，必将“自蹈文网”。⑦ 然而，欺骗与威胁不可能扑灭反侵略斗争烈火。耆英等为了“防维”，便又玩弄阴谋诡计，从内部进行破坏。这在广州反进城斗争中有充分的表现（后面详述）。广大贫苦群众在反侵略斗争中最坚定勇敢，投降派和封建官僚对他们恨之入骨，因而对这些贫苦民众加以残酷镇压，也构成所谓“防维”的一个重要方面。这种

---

① 《钦差大臣耆英照复》（1844年6月29日），《鸦片战争后の中英抗争》（资料篇稿），第360—361页。

② 马士：《中华帝国对外关系史》第1卷，第369页。

③ 《鸦片战争后の中英抗争》（资料篇稿），第361页。

④ 《两广总督耆英批》（1847年4月2日），《鸦片战争后の中英抗争》（资料篇稿），第287页。

⑤ 《河南合堡四十八乡绅耆致英国领事官信稿》，《鸦片战争后の中英抗争》（资料篇稿），第293页。

⑥ 《耆英祁𡏖程矞采告示》，佐佐木正哉编：《鸦片战争の研究》（资料篇），第243页。

⑦ 《晓谕绅民人等各安本分示》，《中国近代史资料丛刊·鸦片战争》第4册，第301页。

镇压在1847年黄竹岐事件中达到令人发指的程度（后面详述）。投降派无耻卖国和“抑民以奉外”，充分表现出清朝统治者对外如绵羊、对内胜虎狼的特性，激起广东民众的无比仇恨，促使他们把反侵略与反投降的斗争结合起来。

最后，广东民众具有反侵略反投降斗争的优良传统，又有较为严密的组织形式，使他们的斗争能够持续、大规模展开。广东民众与外国侵略者打交道最久，受害最深，反侵略斗争也最早。如前所述，早在1838年12月，就有上万群众到外国商馆示威，抗议英美殖民者破坏中国禁烟；林则徐赴粤禁烟、抗击英军来犯，也得到广大民众的大力支持。1841年5月三元里抗英的壮观场面，更充分显示了广东民众决不屈服于外来强敌、誓死捍卫社稷家园的坚强意志。这种反侵略的传统，在鸦片战争后由广东民众保持下来，成为鼓舞他们与侵略者斗争到底的巨大精神力量。在反投降问题上，虽然人民群众尚不能认清投降派的无耻行径与清政府卖国方针的表里关系，但他们的信念是明确而坚定的：官府也罢，皇帝也罢，都没有出卖民族利益的权力。因此，在鸦片战争中，他们敢于猛烈抨击位高权重的妥协派琦善、奕山等人，战后也不惧怕身为宗室“天潢”、得到道光帝全力支持的耆英之流，旗帜鲜明地与之做斗争。

再从组织性来说，如侵略者当时也看到的那样，“民众武力已组织起来，从各方面看，中国人都不愧有组织之称。民众领袖制定训练计划，设立商议国事和防卫措施的社学”①。实际上，自从鸦片战争爆发，尤其是三元里抗英斗争风暴掀起以来，社学一直是广东民众反侵略反投降斗争的组织形式。1842年夏，曾作为三元里抗英主力的广州城西北郊13社80余乡，在爱国绅士李芳等倡议下，在番禺县石井圩成立了升平社学。接着，“在籍内阁中书何有书等，因既有升平总社，复请于江村（与花县交界）地方设立升平公所，以为丁壮聚集之处”②。受这两个社学组织影响，“省城东南各路，亦俱闻风兴起，各择于燕塘圩、沙梨园（均在番禺县内）及河南（与广州城隔珠江相望，今广州芳村附近，人民桥南侧一带，当时亦属番禺县）等处地方，先后禀明，建设东平、南平、隆平各社学、公所，仿照团练”③。此外，南海、从化、花县、增城等地，都相

① 德庇时：《战争结束后最不利于我们的是广州的局势》，《三元里人民抗英斗争史料》（修订本），第273页。

② 《祁𡎴等又奏石井绅士请建立升平社学团练自卫折》，《筹办夷务始末》（道光朝）五，第2517页。

③ 《程矞采奏绅士捐建升平社学公所由》，《三元里人民抗英斗争史料》（修订本），第267页。

继建立起社学组织。广州城内各街铺户也举办团练。这些社学组织以爱国绅士为领导者，以广大农民和其他贫苦民众为基本群众，以保家卫国为旗帜，在反侵略斗争中“不用国帑，自己出力”①，抗击外国侵略。广东官府为了利用它们控制广大民众，以弥补统治力量的不足，不得不承认其合法地位。这在客观上又便利了广东民众反侵略反投降斗争的组织性的加强。

当然，鸦片战争后广东民众反侵略反投降斗争，并非全由社学组织发动。当时有不少无业游民，以及从乡村赴广州城做工经商的个体群众和被官府解散的壮勇等，并不属于社学组织中人。他们受尽侵略者的欺凌和官府的压迫，饥寒交迫，富有反抗精神。不少反侵略反投降的风潮，就是由他们直接掀起并充当骨干的。

鸦片战争后广东人民反侵略反投降斗争主要表现为：抨击和议；惩罚逞凶作恶的侵略者；抵制英国侵略者的租地活动；反对英国侵略者进广州城。

1842 年 8 月《江宁条约》签订后，民间抨击的声浪，在广东最为强烈。侵略者说：消息传来后，“激起广州煽动家的愤怒。群众张贴揭帖或所谓告示，痛斥和议为卖国会议。这种揭帖所引起的激动情绪是极为强烈的”②。在所谓“广州煽动家”中，最突出的是下层知识分子钱江、何大庚、卞江殷等人。他们都是籍隶浙江、江苏的监生、生员，曾积极投入林则徐领导的反侵略斗争，颇受林的器重。他们得知订立江宁城下之盟，立即共同撰写了《全粤义士义民公檄》，愤怒控诉英国侵略者“贩卖鸦片，毒我生灵，伤民命奚止数百万众？耗民财奚啻数千万金？并敢屡杀唐人，匿不交凶抵命”；又借口中国收缴鸦片而“肆逆称兵”，“据我土地，戕我文武，淫我妇女，掠我资财，致使四省生民，惨罹锋镝”；“暴其罪状，罄竹难书；洗我烦冤，倾海莫尽”。他们同时还严厉鞭笞了媚敌求和的投降派，斥责琦善“主和戎之议，自撤藩篱”，“江南诸当事（即耆、伊、牛），亦用粤东故智，甘为城下之盟，竭百万氓庶之脂膏，保一二庸臣之躯命……不顾国愁民怨，遽行割地输金，有更甚于南宋奸佞之所为者”。他们对不平等条约所造成的严重危害极为痛心，指出：“英夷不平，诚为百姓之大害，国家之大忧”；号召民众“共引团练”，抵御侵略者，以“伸天讨而快人心”。③ 钱江等不但撰文声讨、抨击侵略者和投降派，而且还“刊刻揭帖，布散城乡绅民，

① 《尽忠报国全粤义民谕英夷檄》，《三元里人民抗英斗争史料》（修订本），第 90 页。

② 德庇时：《战争结束后最不利于我们的是广州的局势》，《三元里人民抗英斗争史料》（修订本），第 273 页。

③ 《三元里人民抗英斗争史料》（修订本），第 93—95 页。

举行团练，并令各赴明伦堂会议，联名奏请剿办”①。

爱国士人的反侵略宣传，有力地推动了广东的反侵略反投降斗争。投降派伊里布和广东官府大为恐慌，乃于1843年4月将钱江、何大庚、卞江股加以“欲与英夷报复，冀同构衅敛钱”② 的罪名，投入牢狱。道光帝得知后，大骂钱江等“实属刁健之尤”，下令广东官府“大加惩创”，“从严审究，按律惩办”。③于是，广东官府将钱江“从重发遣新疆”服劳役；将何大庚、卞江股“杖一百，徒三年”，递解回籍，定地充徒；就连刻写檄文的刻字工梁灼英也不放过，将其“杖八十”。④ 这种镇压行径，吓不倒坚决反侵略反投降的民众，抨击和议的舆论有增无已，以致耆英等从不敢在广州城内外与侵略者议订条约，而总是到香港、澳门或珠江口偷偷摸摸地进行。

鸦片战争后侵略者在广东肆意作恶逞凶，人民群众不甘屈辱，多次给予他们应得的惩罚。

1842年12月7日，英船水手在商馆区街市上买物，“不给值，索之，反被詈辱。旁观者不平，助其回詈”。英水手竟从商馆纠集多人持枪冲出，“视人迹多处施放”。⑤ 怒不可遏的群众奋起与之搏斗，火烧英国商馆，砍倒商馆前的旗杆。“当火盛发时，闻万口齐呼杀贼，远近水车赴救，皆挺刃而止之。员弁以兵役至，将为扑灭，亦阻于万手飞石不得前。”⑥ 在此期间，“夷货迁出，尽为百姓推掷地上，无丝毫夺归己者”⑦。在这场斗争中，三元里等乡社学群众2000多人闻讯赶来护卫百姓，防范侵略者报复。狼狈不堪的侵略者转而向广东官府施加压力，促其“捉拿匪类，严治其罪”，并赔偿英商“损失”。⑧ 当时的两广总督祁𡎴唯恐坏了“抚局”，迅速将10名参加斗争的群众作为“祸首”处斩，并赔银314077元。

1846年7月8日，英商金顿伙同另一外商，无端殴打、捆绑在商馆前叫卖

---

① 《粤东人民抗英斗争史料》，《中国近代史资料丛刊·鸦片战争》第4册，第36页。

② 《粤东人民抗英斗争史料》，《中国近代史资料丛刊·鸦片战争》第4册，第34—35页。

③ 《粤东人民抗英斗争史料》，《中国近代史资料丛刊·鸦片战争》第4册，第35页。

④ 《粤东人民抗英斗争史料》，《中国近代史资料丛刊·鸦片战争》第4册，第37页。

⑤ 梁廷枏：《夷氛闻记》卷五，第137页。

⑥ 梁廷枏：《夷氛闻记》卷五，第138页。

⑦ 梁廷枏：《夷氛闻记》卷五，第138页。

⑧ 《璞鼎查照会》，佐佐木正哉编：《鸦片战争の研究》（资料篇），第226页。

的水果摊贩，激起周围群众义愤。他们高呼“杀洋鬼子”，冲向英美商馆，像雨点一样猛掷石头砖块，并拆毁商馆的大门和外墙，砸烂其铁柱、石框、窗户。凶残的侵略者在英美领事率领下，开枪打死包围商馆的群众3人，打伤6人。满腔悲愤的群众没有退缩，“再三重新集合，对外国人不断提出新的警告，不仅无所畏惧，反而更加鼓起勇气”①。只是由于广东官府派出大批兵勇赶来驱散群众，才给侵略者解了围。身为两广总督的耆英唯恐民众再找侵略者算账，竟下令“于十三行一带，设立专汛，分建卡房，派委文武员弁，分段巡查”②，完全充当了侵略者的鹰犬。

1847年12月5日，6名英国歹徒违反条约规定，闯到南海县黄竹岐村，打鸟作乐，调戏妇女，村民陈何振上前劝阻，竟遭枪杀。村民们忍无可忍，群起自卫还击，将歹徒们全部杀死。英国公使德庇时闻讯，疯狂咆哮，扬言要洗平黄竹岐及附近乡村，强令耆英“将该凶手全数在犯事地方正法”③。耆英明知是英人启衅，村民是被迫自卫，正义在村民这边；但他完全屈服于英方压力，不经请旨，自行判处村民斩立决4人、斩监候1人、绞监候1人、充军流放3人、杖一百徒三年6人。杀人之日，耆英特意请来英军官兵环视行刑，借表“公平”；还强迫周围群众前来观看，以示惩戒。人民群众对侵略者的横暴和投降派的残杀切齿痛恨，愤怒质问耆英：“视我民为何国之民，自视己身为何国之臣?”④将他斥为前所未有的丧良心、无廉耻的权奸。广大民众还警告侵略者：如果胆敢对黄竹岐等村再加残害，“则传齐诸路壮勇，到十三行，将鬼楼鬼种尽行诛戮烧毁”⑤。

美国人马士在《中华帝国对外关系史》中，以极为不满的调子，抱怨广州人民在鸦片战争后对外国人“仍然是抱着不可调和的仇视态度”，并说：“这种仇视态度，表现在把外国商人继续限制在旧商馆中这件事上，比在任何别的事

---

① 《中国丛报》第15卷第7期（1846年7月），《鸦片战争史料选译》，第358页。

② 《耆英照复》（1847年2月8日），《鸦片战争后の中英抗争》（资料篇稿），第73页。

③ 《耆英照复》（1847年12月17日），《鸦片战争后の中英抗争》（资料篇稿），第95页。

④ 《阖省社学同启》（1847年12月16日），《鸦片战争后の中英抗争》（资料篇稿），第311页。

⑤ 《阖省社学同启》（1847年12月16日），《鸦片战争后の中英抗争》（资料篇稿），第312页。

情上都更为明显。”[①] 马士这里所指的，实为广东民众反侵略反投降斗争的光辉一页——因“决心不让外国人得到更多的有形的特权”[②] 而展开的抵制英国租地的斗争。

广州是历史悠久的通商口岸，前来贸易的外商一般都住在长期习惯形成的各国商馆内。英商也不例外。而且，英国通过鸦片战争割去了中国的宝岛——香港，夺得一个良好的商业基地。但英国贪心不止，从 1843 年起，一再援引不平等条约，强要在广州另外租地，以扩大侵华据点。英国所觊觎的“附省地方，均系铺户居民，人烟稠密，并无空旷地段可以建造洋楼”[③]。租给英国，直接损害当地民众的切身利益，必然要遭到广州民众的强烈抵制。

1843 年 7 月，璞鼎查借口原有商馆狭窄和上年商馆被焚，提出租赁商馆区东面沿江地段。10 月，璞鼎查又趁商馆区附近发生火灾、不少民间房铺被烧毁之机，要求广东官府赶走这些房铺的主人，“将洋楼原地四面宽开，俾外国人得以用砖石筑墙”[④]。而耆英等竟答应照办，派人到英国所欲租赁之地，“传致各铺民，明白劝谕”，但“各铺户坚不肯出租搬让，以致中止”。[⑤]

黄埔为广州港泊船之地，控扼省城广州与珠江口之间水上通道，英国亟思染指。早在 1843 年 4 月，英人就擅出伪示，妄称要在黄埔“搭盖楼房，建造衙署”[⑥]，威逼当地群众在两个月内迁离。1844 年 6 月 20 日，英国新任驻华公使德庇时又正式向耆英提出：在黄埔“允准给阔大之处，建立栈房”[⑦]。当地民众严正宣告，英国的要求“于内地大有干碍，如若官被整行，民间断不肯被其筑建，定必与其交仗”[⑧]。耆英等虑生事端，只得以“黄埔地方，未便设立墟市”[⑨] 答复英方，侵略者也只得暂时收敛。

一年多以后，英国又在租地问题上掀起波澜。1846 年 6 月，侵略者指使宽和通事馆的蔡老六，到白鹅潭沿岸的芳村一带买地，图谋“建立夷馆”。当地崇

---

① 马士：《中华帝国对外关系史》第 1 卷，第 415 页。
② 马士：《中华帝国对外关系史》第 1 卷，第 415 页。
③ 《耆英照会》(1844 年 8 月 19 日)，《鸦片战争后の中英抗争》(资料篇稿)，第 8 页。
④ 《璞鼎查照会》，佐佐木正哉编：《鸦片战争の研究》(资料篇)，第 258 页。
⑤ 《耆英照会》(1844 年 6 月 28 日)，《鸦片战争后の中英抗争》(资料篇稿)，第 4 页。
⑥ 《鸦片战争史料》，《中国近代史资料丛刊·鸦片战争》第 4 册，第 6 页。
⑦ 《鸦片战争后の中英抗争》(资料篇稿)，第 2 页。
⑧ 《鸦片战争史料》，《中国近代史资料丛刊·鸦片战争》第 4 册，第 8—9 页。
⑨ 《耆英照会》(1844 年 8 月 19 日)，《鸦片战争后の中英抗争》(资料篇稿)，第 7 页。

文社学的群众很快识破诡计，四处张贴长红，斥责蔡老六“夺我乐土，变作夷居，是通省之汉贼，为万世之罪人”，警告他停止为英人效劳，否则“人人得而诛之”。① 蔡老六从此不敢抛头露面，英人计划又化作泡影。但他们仍不甘心，转而打算强占位于英、美商馆之间的新豆栏街口、与外国商馆隔江相望的河南地（今广州芳村对岸、人民桥南岸西侧）、石围塘（今广州石围塘火车站附近）、黄埔猛腰冈坟地。1847 年 4 月，英国侵略者以武力逼迫耆英对租地要求做出承诺，并擅自前往河南洲头嘴，“自为丈量，插旗志界”②。广大民众奋起抗争。5 月 20 日，河南 48 乡 3000 多人前往英国商馆示威抗议，斥责侵略者“恃强挟势，夺人之产，占人之田”，坚定地表示：“河南地方，寸金寸土，皆民血产”，如果英人硬要夺占，则必“舍死相争”。③ 其后，河南民众在双洲书院部署下，准备鸟枪弓箭，加紧训练各乡义勇，摆开与侵略者对垒之势。石围塘民众鉴于当地“为西北两江官河总道”、“固省城咽喉，实全粤之司命”，④ 坚决不许侵略者租赁。当买办商人潘仕烈受官府指使欲将其房产租让时，立刻遭到猛烈抨击。潘的佃户也拒不从命。潘只得作罢。在此期间，耆英为侵略者效劳，明里搬出条约规定压制民众，“频传业主，勒令议价”⑤；暗中指使买办商人捣鬼，破坏反租地斗争。这些激起民众强烈愤慨，他们谴责道：“逆夷之敢于猖獗如此者，皆由耆英为之内应，背君害民，丧良昧理，以勾通英夷，暗助其叛逆之谋耳。”⑥ 针对侵略者与投降派狼狈为奸的现实，广大民众鲜明地提出“内制耆英，

① 《沙螺西朗两堡公启》（1846 年 6 月 20 日），《鸦片战争后の中英抗争》（资料篇稿），第 274—275 页。

② 梁廷枏：《夷氛闻记》卷五。参见怡云轩主人辑：《平夷录·合堡绅耆投词信稿》，《中国近代史资料丛刊·鸦片战争》第 3 册，第 410—411 页。

③ 怡云轩主人辑：《平夷录·致英吉利国领事官信稿》。关于河南反租地斗争的时间，以前的中国近代史著作，都肯定事件发生于 1844 年。系根据梁廷枏《夷氛闻记》的记载。查对《筹办夷务始末》（道光朝）六第 3081—3108 页有关记载及其他记录，应为 1847 年。对此林增平有专文辩正。可参考郭汉民主编《中国近代史实正误》，湖南人民出版社 1989 年版，第 101—107 页。

④ 《石围塘公启》（1847 年 6 月 29 日），《鸦片战争后の中英抗争》（资料篇稿），第 303 页。

⑤ 怡云轩主人辑：《平夷录·致英吉利国领事官信稿》。

⑥ 《石围塘公启》（1847 年 6 月 29 日），《鸦片战争后の中英抗争》（资料篇稿），第 301 页。

外御逆夷”[①] 的口号，终于挫败了英国强租河南、石围塘的计划。[②]

在鸦片战争后广东民众的反侵略反投降斗争中，反对英国侵略者入广州城的斗争持续最久、规模最大，占有特别突出的地位。

本来，广州的中外贸易市场，几百年来一直设在城外西南角的商馆区。外商一向住在商馆，进城与否，与贸易无关。即使在不平等条约中，也没有准许外商入城的规定。但英国侵略者为了显示“征服者”的威风，树立所谓“政治威信”，曲解条约，强要进城。对此，以耆英为首的广东官府与广州各阶层人民表现了截然相反的态度。前者认为：“现在两国和好，毫无芥蒂，岂有城内城外之分?”[③] 让英人进城是理所当然的。后者因侵略者累累罪恶，与之势不两立，认为遂其所欲无异于启户迎狼，“倘再准其入城，将来扰害更未有底止”[④]，坚决反对英人进城。反进城实为民众反侵略反投降的一种方式，是民众基于当时的民族感情和认识水平而采取的行动，具有历史的合理性。

1843 年 7 月，英国公使璞鼎查初次提出进城的要求，民间马上“舆论沸腾”。升平公所领导者何有书等 80 多人，为阻止官府接受英国要求，联名赴诉，提醒耆英不要无视民意，还是“查照旧典，饬遵办理”[⑤]。耆英等慑于群情激愤，未敢轻允英人的入城之请，而以“粤民犷悍，好事者多，若强行势迫，诚恐激成事端”[⑥] 为由，乞求侵略者忍耐后图。但侵略者岂肯甘心，从璞鼎查到德庇时，都一再对耆英施加压力，逼其为英人进城排除障碍。耆英等为了确保所谓“抚局”，逐步消弭民众的反抗情绪，采取了“以官调绅，以绅调民”[⑦] 的手法。他们将一些“品望素著”或“通达夷情”的上层绅士（如越华、粤秀、羊城三大书院的山长）邀集到署，“将夷、民不协之处，嘱令从中排解”[⑧]；有时还让一

---

① 《石围塘公启》（1847 年 6 月 29 日），《鸦片战争后の中英抗争》（资料篇稿），第 301 页。

② 最后耆英将新豆栏 6 间铺屋和黄埔猪腰冈 5 亩坟地租让给英国。

③ 《耆英说帖》，佐佐木正哉编：《鸦片战争の研究》（资料篇），第 245 页。

④ 《明伦堂绅士议论》，《鸦片战争后の中英抗争》（资料篇稿），第 274 页。

⑤ 梁廷枏：《夷氛闻记》卷五，第 148 页。

⑥ 《耆英照复》（1845 年 12 月 15 日），《鸦片战争后の中英抗争》（资料篇稿），第 19 页。

⑦ 梁廷枏：《夷氛闻记》卷五，第 153 页。

⑧ 《耆英奏英人钉炮乃故为陷害之计华洋不协已责成绅士排解襄办折》，《筹办夷务始末》（道光朝）六，第 3104 页。

些社学首领参与处理中外纠纷。据耆英说，“地方绅士随同襄办，颇为得力”①，在因进城问题而爆发的反抗斗争中，绅士从未参与。② 这也许不完全是凭空捏造。在三元里抗英斗争中，起一定组织、领导作用的绅士就曾在官府压力下动摇，最终解散了群众。此时，在非战争状态下，绅士阶层受到位高权重、十分狡狯的耆英之流操纵，更不可能一贯保持反侵略的坚定性。但在反进城斗争中，起决定作用的是下层民众，他们没有因为绅士阶层的退缩而停止自己的斗争。耆英等人的“以绅调民”之计，未能得逞。

1846 年 1 月 22 日，清朝向英国付清了全部战争赔款。按照《江宁条约》规定，英国应即归还其占据的舟山海岛。但英方横生枝节，竟无理提出，以进入广州城作为归还舟山的前提条件。耆英不敢据理驳斥，又怕舟山群岛不能收回，将影响其在统治集团中的地位，同时招致舆论的抨击，便决计以准许英人入广州城来换回舟山群岛。他与当时担任广东巡抚的黄恩彤于 1 月 13 日公开出示，宣布准许英人入城，并禁止民众“仍前阻挠”③。《告示》一经贴出，马上被愤激的群众撕毁。紧接着到处出现抨击官府的揭帖、长红。其中一件写道：“赃官误国，甘丧廉耻，从夷所欲，天实厌之。倘夷入城，鸣鼓攻之。”④ 广州城内盛传知府刘浔与英人密订进城日期、藏英人于署内。15 日，数千群众闻讯，冲进知府衙门，“打毁器物，焚烧房屋”⑤，将刘浔逃离时丢弃的朝珠公服付之一炬，宣告：“彼将事夷，不复为大清官矣。”⑥ 广大民众的愤慨行动，迫使耆英收回成命，并将刘浔撤职。英国侵略者慑于群众激烈反对，担心耆英等在反进城怒潮冲击下垮台，于己不利，只得将进城问题暂时搁置。广大民众斗志昂扬，继续严密注视英国侵略者与官府动向，每当有英人试图闯进城时，都遭到民众的驱打。

一年多以后，英国侵略者的气焰再度嚣张。德庇时秉承重新上台的英国外

---

① 《耆英等又奏请于虎门并省城添兵又拟请地方绅士襄办华洋交涉事件片》，《筹办夷务始末》（道光朝）六，第 3093 页。

② 参见《耆英等奏复奏曹履泰所奏广东人民滋事各节折》，《筹办夷务始末》（道光朝）六，第 2994 页。

③ 《鸦片战争后の中英抗争》（资料篇稿），第 269 页。

④ 《鸦片战争后の中英抗争》（资料篇稿），第 269—270 页。

⑤ 《耆英等奏民人焚烧广州府衙门请将知府刘浔暂行撤任折》，《筹办夷务始末》（道光朝）六，第 2968 页。

⑥ 夏燮：《中西纪事》卷一三《粤民义师》，第 166 页。

交大臣巴麦尊的旨意，借口佛山发生民众掷石驱赶前去“游历”的英国人的事件，于1847年4月1日率千余英军乘4艘舰船闯过虎门，进逼广州，强要进城。广州人民纷纷拿起武器，准备与英军决一死战。甘心从夷的耆英，却急赴英国商馆，与德庇时秘密议定两年后为进城之期。中外反动派狼狈为奸，再次激怒了广大民众。据《中国丛报》记载，当耆英与德庇时谈判时，“大群人聚在商馆附近的街道上，喧嚷吵闹”①。在耆英、德庇时达成协议的当天，就出现了点名抨击耆英的揭帖：“耆英内心早向英夷，予吾人之身家性命置之度外，任意践踏，从而使我国声誉低落，实是罪该万死”，应该“火其居，掷其尸于街头”。②在众口怒斥下，耆英无地自容，自此终日惶恐不安，“肝郁时作，两目时时张痛”③，一再要求内调，以求脱身。

1848年2、3月间，耆英调京，徐广缙继任两广总督兼钦差大臣。英国驻华公使也由德庇时易为文翰。文翰多次提出进城问题，逼迫广东官府实践前约，允许英人进城。他扬言，如若不从，将北上上海、天津。徐广缙对侵略者虽也惧怕，但认为民心可恃，故一直与文翰虚与委蛇，述以利害，劝他慎重行事。2月15日，徐广缙曾去虎门会见文翰，反复说明不能入城缘由，文翰仍坚持要求入城。广大民众闻知英人坚持入城，立即以前所未有的声势行动起来。各个社学组织迅速加强自己的武装，“劝家自出丁设械，为拒夷入城之备……一时雷动云合，自老城而及新城，新城而及四郊。河南人亦创隆平社学，同时响应。……旬日间，得十万人有奇”。社学义勇晚间操练，“四城灯烛照耀，殆同白日，枪炮声闻十里”④。道光帝接到徐广缙的奏报，一度同意“暂令入城瞻仰”⑤。徐广缙亲见民众坚决反对入城，权衡轻重利害，认为“婉阻之未必遽开边衅，轻许之必至立起兵端。且阻其进城而有事，则众志成城，尚有爪牙之可恃；许其进城而有事，则人心瓦解，必至内外之交讧”⑥，于是在4月6日复函文翰，以

---

① 《鸦片战争史料选译》，第319页。

② 《鸦片战争史料选译》，第321页。

③ 《清道光朝留中密折》，《中国近代史资料丛刊·鸦片战争》第3册，第474页。

④ 梁廷枏：《夷氛闻记》卷五，第165页。

⑤ 《着两广总督徐广缙暂令英使入广州城一游事上谕》，《鸦片战争档案史料》第7册，第902页。

⑥ 《徐广缙奏熟筹英人进城一事实属万不可行折》，《筹办夷务始末》（道光朝）六，第3171页。

“绅民均不乐从，万难勉强”①，婉言拒绝了英人入城要求。文翰见众怒难犯，同时英国在华武力有限，不可能与广东民众相抗，担心僵持下去有损于英国对华贸易，只得于 4 月 9 日照复徐广缙，表示进城问题“如前未定，必须存候”②。至此，广东民众围绕进城问题的进行反侵略反投降斗争，终以取得重大胜利而告结束。

外国侵略者不仅在广东接连遭到人民群众的沉重打击，而且在其他通商口岸也同样不得安宁。例如在福州，侵略者承认：这里的“福州人在当地的骚动也仅只是次于广东人”③。自福州 1844 年 7 月 3 日开放后，“侨居郊区的商人、海员以及他们的办事处，经常被当局指控为对中国人民一再伤害、侮辱、挑衅、激怒等种种恶劣行为”④。就连驻福州的英国领事，也说只有两个英商的行为还算得上“小心谨慎”。侵略者的凶暴，终于激成 1846 年 3 月 28 日福州民众捣毁洋馆事件。当时，英船水手赴市上购买鱼肉，价未给足即将鱼肉拿走；还有一个英商，公然在街市上以手杖打伤中国百姓。附近居民铺户及过往行人被侵略者的暴行激怒，开始袭击外出活动的英商及其仆从。冲突加剧后，侵略者竟向群众开枪，群众更加愤慨，冲向英国商馆，挤垮馆外栅栏，痛打馆内英国水手，并捣毁英商货物。英领事阿礼国闻讯，“形色仓皇，极为畏惧”⑤，慌忙要求官府弹压。事件平息后，福州民众的反抗斗争一直没有停止。又如上海，侵略者的势力借助于当地官府的媚外态度而迅速蔓延，以致他们得意忘形，以为这里是其乐土，无论干什么都有“充分的安全保障”。然而事实并不像他们想象的那般美妙。1848 年 3 月 8 日，3 名外国传教士无视有关外商活动区域“以早出晚归，不准在外过夜为断”⑥ 的约定，擅自越界前往青浦进行侵扰活动，当地漕船水手发现后，奋起驱逐，用锄头、木棒、铁棍、铁链给他们以狠狠的教训。

---

① 《徐广缙照复》，《鸦片战争后の中英抗争》（资料篇稿），第 142 页。

② 《文翰照复》，《鸦片战争后の中英抗争》（资料篇稿），第 144 页。

③ 马士：《中华帝国对外关系史》第 1 卷，第 407 页。

④ 《阿礼国领事致德庇时爵士函》（1846 年 11 月 17 日），《鸦片战争史料选译》，第 454 页。

⑤ 《敬斅等奏福州英人欺侮民人激起公愤当经分别审办折》，《筹办夷务始末》（道光朝）六，第 2990 页。

⑥ 《李星沅等奏现咨徐广缙照会英使如有申诉应交地方官递送毋庸前来折》，《筹办夷务始末》（道光朝）六，第 3136 页。

由1842年中英签订《江宁条约》开始的一系列不平等条约的签订，中国被套上了遭受外国资本主义奴役的一副副枷锁。中国的政治、军事、经济、文化等各方面均受到外国资本主义的控制，中国社会由此发生了根本性的变化，由一个独立的、领土主权完整的国家，变成一个处处受到外国干涉、控制的半独立国家，一步一步地沦为半殖民地半封建社会。外国资本主义的侵略，加深了国内的阶级矛盾，加快了社会变革变化。中国进入了前所未有的历史发展新阶段。

第十三章　战后的中国社会

一、东南五口的巨大变化

《江宁条约》签订后，五个条约口岸陆续开放。从此，以英国为首的西方资本主义国家，恃其在中国取得的特权，在五口地区倾销商品，掠夺原料，走私鸦片，掠卖人口，设立租界，培植买办，“护航”劫掠，控制海关，无所不为。过去视西洋诸国为夷狄的清朝官吏，唯恐订约后引起新的衅端，在同它们打交道时，大多隐忍退让；加之不懂近代外交，于无知甚至自以为得计中，使侵略者取得了超越条约的权益。中国社会开始发生巨大变化。

1. 五口被迫开放及外贸情况

根据《江宁条约》，中国开放东南五口对外通商。广州首先于 1843 年 7 月 27 日（道光二十三年七月初一日）开市，李太郭为英国首任领事。① 11 月 2 日，厦门随之开放，首任英国领事为记里布。11 月 17 日，上海开埠通商，首任英国领事是巴富尔。次年元旦，以罗伯聃为领事的宁波开放。福州则迟至 1844 年 7

① 马士《中华帝国对外关系史》说，马额莪是英国第一任驻广州领事（第 1 卷，第 397 页）。牟安世《鸦片战争》（书中译作“马额峨”）亦如是说。误。广州首任英领是李太郭，其任期仅 5 个月。之后才是马额莪。马额莪继任广州领事的时间是 1843 年 12 月 30 日。见《筹办夷务始末》（道光朝）五，第 2740 页；《近代来华外国人名辞典》，中国社会科学出版社 1981 年版，第 278、303 页。

月3日才开关，领事由英国驻广州领事李太郭改任。①

清廷开放五口与康熙二十三年（1684年）开放四口迥然不同。康熙时，因实行“禁海”政策的原因已不复存在，而经济的发展又急需对外通商，故清廷主动开放四口。五口则是在英国炮口的威逼下，按照英国的意图开放的。英国在五口地区享有特权。随后，美、法等西方国家通过外交讹诈，也取得了同英国几乎一样的特权。

五口开放，英国资产阶级欣喜若狂，以为会在中国东南沿海形成五个新的商业中心。但事实并非如此。

广州以北最先开放的厦门，在开埠后10年内的对外贸易，虽然比宁波、福州略强，但较广州和上海却相差甚远。下表清楚地反映了这一情况。②

厦门在广州、上海、厦门三口对英贸易中的地位比较表

（1843—1850年）

年度	1843—1844		1845		1846		1847		1848		1849		1850	
厦门在三口对英主要进出口货值中所占百分比	进口	出口	进口	出口	进口	出口	进口	出口	进口	出口	进口	出口	进口	出口
	2.02	0.29	4.18	0.27	5.29	0.18	5.62	0.15	4.04	0.49	8.45	1.15	9.66	1.21

① 关于五口开放的时间，严中平《中国近代经济史统计资料选辑》（第41页）、马士《中华帝国对外关系史》（第1卷，第390、404、405、408、409页）、费正清《剑桥中国晚清史》（上卷，第241页）等的记述不尽相同。此处所说五口开放时间是据《筹办夷务始末》（道光朝）五，第2650、2776—2777、2784、2794页；《筹办夷务始末》（道光朝）六，第2838—2839页而定的。关于福州开埠时间，需略加说明：1844年6月30日，李太郭抵福州。7月3日（道光二十四年五月十八日），福建布政使徐继畲等与李太郭会晤。因福州原无外国船只停泊，李太郭对福州情形又不熟悉，因而双方并未详议通商事宜〔见《筹办夷务始末》（道光朝）六，第2838—2839、2911页〕。此后相当长的时间内，福州几无中外贸易可言〔见《筹办夷务始末》（道光朝）六，第2922页〕。但是，英领不仅到了福州，而且福建有关官员已接见了他，表示其领事地位得到了承认。这标志着福州在1844年7月3日正式对英开放。另，在清朝官方文件中，往往把“开关”“开市”与“通市”“通商”相区别：前二者指正式开埠，后二者则指双方的商业贸易活动。

② 据《北华捷报》第61期所列之表编制，《中国近代对外贸易史资料》第1册，第630页。

宁波的对外贸易更使外商大失所望。虽然在开埠后的第一年，宁波的对外贸易总额达 50 万元，但是 5 年以后却减到这个数额的十分之一以下。故马士说，宁波的“直接对外贸易实际上是不存在的”①。宁波英领在给港督的报告中，一再叙述这个口岸贸易的不景气。② 浙抚常大淳在奏折中也说，在宁波“该夷无利可图，船伙往来甚稀”③。英人对宁波贸易失望之余，产生了以宁波换取其他口岸的想法。④

福州临近武夷山红茶产区，这里的红茶价格比广州低 20%—25%⑤，按理它应该成为茶叶出口的重要商埠。可是在开埠后近十年内，它的对外贸易皆微不足道。1844 年和 1846—1848 年，均无一艘外国商船正式进口。英人视福州为鸡肋，曾想以福州、宁波交换杭州、苏州和镇江。直到 1853 年 5 月，英国仍在郑重考虑放弃福州的问题。⑥ 1853 年以后，福州的对外贸易才开始发生转折。这一年，美国旗昌洋行派人到武夷山区收购次年的茶叶，运至福州出口。旗昌成功后，其他洋行群起仿效。于是福州逐渐成为出口茶叶的重要口岸。⑦ 1856—1860 年，其茶叶出口量一直超过广州，1859 年甚至超过上海，成为华茶出口的第二大港。⑧ 然而福州基本上是一个单一出口茶叶的城市，并非西方资本主义国家理想的商埠。

五口中，对外贸易最发达的是广州和上海。开埠后 10 年间，广州仍居对外贸易之首。1844—1849 年，从英国输入广州的货值，年平均占五口的 78.1%，最高时达 87.3%（1848 年），最低也占 64.4%（1845 年）；从广州输往英国的货值，年平均占五口的 81.8%，最高达 91.7%（1846 年），最低占 70.74%（1847 年）。⑨

---

① 马士：《中华帝国对外关系史》第 1 卷，第 405 页。

② 参见驻宁波英领 1846—1848 年给德庇时的报告，《中国近代对外贸易史资料》第 1 册，第 619—621 页。

③ 《常大淳又奏宁波贸易甚稀法人并于贸易以外设堂传教片》，《筹办夷务始末》（咸丰朝）一，中华书局 1979 版，第 155 页。

④ 马士：《中华帝国对外关系史》第 1 卷，第 405 页。

⑤ 据《中国近代对外贸易史资料》第 1 册，第 605 页。

⑥ 参见《中国近代对外贸易史资料》第 1 册，第 604—608 页；马士：《中华帝国对外关系史》第 1 卷，第 405—406 页；《刘韵珂等奏福州厦门英人已有住处鼓浪屿英兵已退折》，《筹办夷务始末》（道光朝）六，第 2922 页。

⑦ 参见《中国近代对外贸易史资料》第 1 册，第 608—609、611—612 页；马士：《中华帝国对外关系史》第 1 卷，第 406 页。

⑧ 参见马士：《中华帝国对外关系史》第 1 卷，第 413 页表已。

⑨ 据黄苇：《上海开埠初期对外贸易研究》，上海人民出版社 1961 年版，第 143—144 页表 6、表 7。年平均数亦据此表计算。

如果与上海对英进出口总值相比，从1844—1852年，广州均处于领先地位。①可是，广州对外贸易的总趋势却在下降。从广州英领的贸易报告中，可以窥见这种趋势。1845年2月，马额莪兴高采烈地报告："过去贸易的桎梏既然得到解除，广州贸易的增加遂超出了最乐观的期望"，1844年广州进口的英国棉、毛织品，"远远超过了以往的最高额"。可是，在此后连续4年的报告中所反映的情况，就大为不妙了。② 兹据广州英领对广州进出口贸易货值的报告制表如下：

广州对英进出口货值发展趋势③

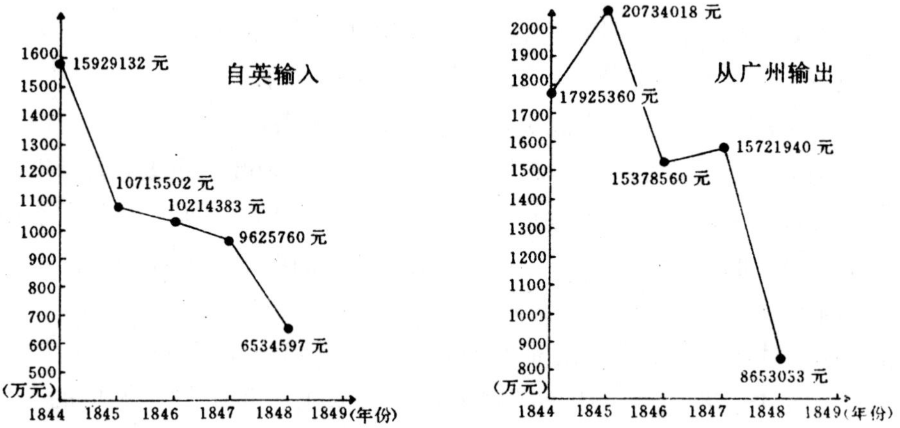

在广州外贸日趋衰落的过程中，上海则迅速发展起来，并在50年代初取广州的地位而代之，成为中国新的对外贸易中心，而且一直保持着这一地位。从下面两表可得到充分证明。

上海与全国进出口英国货值之比较④

（1844—1856年）　　货值单位：英镑

年份	上　海	全　国	上海占全国的百分比
1844	988864		
1845	2341298		
1846	2162730		

① 参见黄苇：《上海开埠初期对外贸易研究》，第71页表。

② 参见《中国近代对外贸易史资料》第1册，第638—647页。

③ 据《中国近代对外贸易史资料》第1册，第638—647页。

④ 据黄苇《上海开埠初期对外贸易研究》第141—142页和《中国近代对外贸易史资料》第1册第649页的资料编制。

续表

年份	上　海	全　国	上海占全国的百分比
1847	2299422		
1848	1712905		
1849	2412782		
1850	2828915	7423170	38.1
1851	3675488	10132759	36.3
1852	3246727	10216370	31.8
1853	5382000	10005212	53.8
1854		11588842	
1855	7527281	11942259	60
1856		12868318	

广州、上海对英进出口总值变化表①

（1844—1856年）

年份	广州所占百分比	上海所占百分比	年份	广州所占百分比	上海所占百分比
1844	87.4	12.6	1851	57.9	42.1
1845	77.6	22.4	1852	50.6	49.4
1846	71.2	28.8	1853	37.9	62.1
1847	69.7	30.3	1854	42.1	57.9
1848	66.8	33.2	1855	21.8	78.2
1849	63.9	36.1	1856	35.1	64.9
1850	58.4	41.6			

英国是当时对华贸易最主要的国家，对英贸易能反映对外贸易的总体情况。上海对英贸易额的持续上升及其在全国对英贸易中所占比重的增加，同广州的日趋衰落形成鲜明对比。1853年以后，上海超过广州，成为外贸的最大商埠。

五口开放后的对外贸易情况，正如马克思在1858年所说的那样："让出五个新口岸来开放，并没有造成五个新的商业中心，而是使贸易逐步由广州移到上海。"②

① 据黄苇《上海开埠初期对外贸易研究》第71页数字计算。另据《北华捷报》所载1844—1852年英对广州、上海的贸易额（见《中国近代对外贸易史资料》第1册，第647、649页）计算，与此也几乎完全一致。

② 马克思：《中国和英国的条约》，《马克思恩格斯选集》第2卷，第33页。

五口被迫开放，外贸重心北移，是鸦片战争后中国社会一个显著的变化。

2. 侵略者在五口地区的暴力掠夺

五口通商后，外国侵略者并不满足于对华的正当贸易。在领事裁判权的庇护下，他们在中国干着暴力掠夺的罪恶勾当，如掠卖华工、“护航”勒索、走私逃税等等。

早在鸦片战争以前，西方殖民者就在澳门等地买卖人口，偷运华人出洋。① 林则徐在 1839 年 9 月 1 日（道光十九年七月二十四日）的奏折中也记述了外国船只骗带华民出国的情况。② 鸦片战争后，侵略者在五口地区掠卖华工的活动猖獗起来。那时，拉丁美洲等殖民地的种植园需要大量廉价的劳动力，而贩卖黑人奴隶受到世界舆论谴责渐被禁止。于是，在巨额利润的诱惑及治外法权的庇护下，英、美等国的商人和船主竞相掠卖华工。当时把华工卖到美洲或澳洲，称为“苦力贸易”，贩至南洋则称为“猪仔贩运”。③ “苦力贸易”又分为“契约苦力”和“赊单苦力”两种。④ 在第二次鸦片战争前，华工主要被掠往美、澳两洲，而且多为“契约工”。

1845 年 6 月，法国船从厦门将鸦片战争后的第一批华工运往波旁岛。⑤ 此后，厦门成为外国人掠卖华工的主要港口。英国投机商德滴，以西班牙驻厦门领事并兼管葡萄牙、荷兰事务的身份，肆无忌惮地掠卖华工。他开设的德记洋行，就是掠卖华工的卖人行。广州、香港和并非条约口岸的汕头与南澳、澳门，都成了侵略者拐卖华工的重要场所。被英领称为开埠后输出华工“非常有限”⑥

---

① 据印光任、张汝霖《澳门记略》记载，自明至清对“澳夷”及“奸民”的防范条规中，多有禁止买卖人口、掠卖华人和将华人偷载出洋的内容，从中反映出那时掠卖华人的情况。

② 参见《查明外国船只骗带华民出国情形折》，《林则徐集·奏稿》中，第 679—680 页。

③ 参见梁碧莹：《美国与中国的苦力贸易》，《中山大学学报》1985 年第 1 期。

④ “契约苦力”是指华工出国前被迫签订契约，规定在契约期间，华工须为外国雇主从事繁重的体力劳动。契约期一般为 5—8 年。“赊单苦力”则指赊欠旅船费的华工。债主为华工垫付旅船费，到达目的地后，以劳动报酬偿还欠债，并追算附加利息。这些华工要签订还债契约。待债务还清，赊单工才可以领到报酬。其遭遇比契约工略好，因无严格服劳役的年限。

⑤ 参见《中国近代对外贸易史资料》第 1 册，第 465、477 页。

⑥ 《阿礼国致包令报告》（1852 年 9 月 1 日），陈翰笙主编：《华工出国史料汇编》第 2 辑，中华书局 1980 年版，第 23 页。

的上海，绑架华工的事亦屡见不鲜。时人记载：“英夷捉人于上海，乡人卖布粜米，独行夷场者，辄被捉去，积数月竟失数百人。”① 侵略者收买中国恶棍，用各种手段四出捕掠，在沿海地区造成极为恐怖的气氛。广州英领阿礼国在 1859 年 4 月报告说：“本埠苦力贸易中所有强掳及欺骗行为，其残忍已达于极点，以致人心惶惶……没有人敢离开他自己的房子，即使在白天到大街上去，也不免有被人讹以欠债或犯罪而被架走的危险”，“金星门及邻近各县的民众都受到这种威胁”。②

19 世纪四五十年代被贩运出洋的华人数目难以精确统计。兹据一些不完全的资料，将当时沿海各地某一时期贩运华工的数目整理如下：

时　间	地点	运出华工数	备　注
1847—1853.3	厦门	12151③	
1849—1855	广州	39126④	这是美国从广州掠卖的人数，其中缺 1853 年的数字
1860 年前	广州	60000—70000⑤	
1851—1859	香港	137829⑥	
1853—1874	澳门	近 300000⑦	
1852—1858	汕头	40000⑧	仅为美国船只运出数

另据统计，自 1845 年起，10 年之中，运出华工 15 万人以上。19 世纪上半期，出国华工估计为 32 万人，平均每年 6400 人左右。1850 年以后的 25 年间，竟达 128 万人，平均每年为 5.1 万多人，是上半期年平均数的 8 倍。⑨

这些华工从被拐骗、掳掠开始，就受到非人的待遇。他们被囚禁在奴隶收容所里，剥去衣服，在胸部打上将被运往地方的记号，等待被苦力船运走。⑩ 有的人在这里被虐待致死。一位传教士到厦门一个收容华工的小屋，“发现一伙被

① 黄钧宰：《金壶遁墨》卷四。
② 参见《中国近代对外贸易史资料》第 1 册，第 469 页。
③ 据卿汝楫：《美国侵华史》第 1 卷，第 97—98 页。
④ 据严中平主编：《中国近代经济史》上册，人民出版社 1989 年版，第 62 页。
⑤ 参见《中国近代对外贸易史资料》第 1 册，第 469 页。
⑥ 据严中平主编：《中国近代经济史》下册，第 1599—1600 页表 1 统计。
⑦ 据严中平主编：《中国近代经济史》上册，第 68 页。
⑧ 参见《中国近代对外贸易史资料》第 1 册，第 469 页。
⑨ 据彭家礼：《十九世纪西方侵略者对中国劳工的掳掠》，《经济研究所集刊》第 1 集。
⑩ 参见马士：《中华帝国对外关系史》第 2 卷，第 182 页。

认为不能工作而自移民船上遣散的移民，其中6人业已毙命并发生不同程度的腐烂，而仅存的一个则正在这些尸首中挣扎”①。押上船的华工被关在拥挤不堪的底舱，食物恶劣，饮水缺乏，还要受船长、水手的侮辱和殴打。不少人还没到达目的地就病死，被折磨死，或不堪虐待而自杀。② 因此，在航行中华工的死亡率很高，从下表中可见一斑。

运往美洲的苦力在途中死亡情况统计③

时间	目的地	船数	载运华工数	航程中死亡人数	死亡率
1850	喀拉欧	2	740	247	33%
1852	巴拿马	1	300	72	24%
1852	英属基阿那	3	810	164	20%
1853	古巴	2	700	104	15%
1853	巴拿马	1	425	96	23%
1854	喀拉欧	1	325	47	14%
1856	古巴	1	332	128	39%
1856	古巴	1	298	135	45%
1848—1857	从香港到古巴		23928	3342	14%

以上平均死亡率为25.2%！此外，尚有许多华工在收容所内即被折磨而死。据统计，1852—1858年，从汕头运往海外的4万名华工，就有8000人死于奴隶收容所内④，死亡率达20%，跳海自杀的尚不在内。

那些到达目的地的幸存者，其命运并不比死去的好多少。他们被列于市场出卖，“既被卖去，则当对其新主人再签字，另立一合同，订明作工年限。表面上虽曰订年限，实则此限乃永无满期。盖每届年限将满时，主人必强迫其重签新约，直欲令华工终身为其奴隶而后已”⑤。在美洲的华工，特别是在古巴、秘鲁的种植园、糖寮和钦嘉岛挖鸟粪的华工，其受虐待之残酷，骇人听闻，致有不堪虐待而成百的集体自杀者！在古巴，华工在契约期内的死亡率高达75%，

① 《额尔金致克勒拉得恩函》(1858年3月6日)，《中国近代对外贸易史资料》第1册，第467页。

② 参见《中国近代对外贸易史资料》第1册，第478、479页。

③ 据马士《中华帝国对外关系史》第2卷第185—186页资料编制。

④ 据陈翰笙主编：《华工出国史料汇编》第4辑，中华书局1981年版，第184—185页。

⑤ 容闳：《西学东渐记》，岳麓书社1985年版，第132页。

劳动寿命平均只有5年。[1] 连死后的遗骸也要化为骨灰，作甘蔗田肥料。[2]

这种“苦力贸易”其实就是奴隶贩卖。对此，英、美官方也供认不讳。美国驻华专使伯驾在1856年说：“中国苦力贸易，在过去数年中，由美国船只及悬挂其他国家旗帜的船只所经营者，充满着犯法、不道德及惨无人道的内容，极似过去非洲的黑人贸易一样。有些地方，其可怕的悲惨程度，远过于‘中渡’的惨剧。”[3] 英国外交部的文件也承认：“英国人在英国旗帜下，将中国的劳动者运入钦嘉岛，其被奴役的可怕状态，打破了过去一切黑奴贸易的纪录。”[4]

这种拐卖华工的罪恶活动，本是清廷法律所禁止的。然而，因侵略者享有领事裁判权，又有武力作后盾，清政府不敢对外国人口贩子绳之以法，只能惩处华人拐匪，而且唯恐触犯贩运华工的罪魁——外国侵略者。[5] 两广总督劳崇光到任后曾出示禁止拐卖华工，并拿获拐匪正法。可当英、法在省城附近公开设“招工公所”诱骗华工时，劳崇光竟照会予以支持。[6] 外国人口贩子甚至用领事裁判权去保护那些拐匪。[7] 无怪乎拐卖华工的活动愈演愈烈。

西方人口贩子从“苦力贸易”中获取了惊人的利润。从中国至美洲太平洋沿岸的航运成本，每人只需5元，可装运“苦力”的船票，每人高达50—70元。航运商还采用多装人、不减价的办法牟取更大的利润。装运300—700名“苦力”的运输船，一次航行即可收入2万—5万元运费，比当时建造一艘大型飞剪船的

---

① 据戴维：《中国人在古巴研究》(1847—1947)，第83—84页。

② 参见陈翰笙主编：《华工出国史料汇编》第1辑二，中华书局1985年版，第640页。

③ 《参院档案》(1858—1859年)，第625页，转自卿汝楫：《美国侵华史》第1卷，第99页。

④ 《参院档案》(1858—1859年)，第1143页，转自卿汝楫：《美国侵华史》第1卷，第100页。

⑤ 1860年4月22日(咸丰十年闰三月初二日)，咸丰帝谕令广东巡抚耆龄严禁拐卖人口、惩处拐匪的廷寄说：“匪徒掳人转贩外夷，例禁綦严，该夷人招买人口，若无内地匪徒贪利，从中转贩，岂能满载出洋？地方官果能严禁，亦不至如此肆行无忌。且以地方官惩办本地匪徒，与该夷毫无干涉，夷人亦无从饶舌。”〔《筹办夷务始末》(咸丰朝)五，第1865页〕

⑥ 参见《耆龄又奏查复匪徒拐民贩卖现已严禁片》，《筹办夷务始末》(咸丰朝)六，第1964—1965页；马士：《中华帝国对外关系史》第2卷，第189页。

⑦ 参见马士：《中华帝国对外关系史》第1卷，第452页。

成本还高几倍。[①] 从中国贩运 1 名华工到古巴、秘鲁等地，一般成本为 150 元，其中包括船票约 70 元。古巴、秘鲁等地华工市价通常是 400—500 元，有时可高达 1000 元[②]，利润率为 200%—569%。

西方侵略者为牟取暴利而丧心病狂地掳掠华工的暴行，理所当然地引起中国人民及华工的反抗。1852 年 11 月，厦门发生了民众反掠贩人口的示威。[③] 1859 年 4 月初，广州民众将那些"拐骗党徒"捕捉处死。[④] 被拐诱至"浮动地狱"上的华工频频暴动。他们杀死那些暴虐的船长、水手，把船开回祖国，登陆逃跑；甚至为摆脱奴隶的命运而放火烧船，与"浮动地狱"和人贩子同归于尽。[⑤] 据统计，1850—1858年，"苦力"在运输船上的暴动即有 19 次之多。[⑥]

外国侵略者在掠卖华工的同时，又以"护航"、注册中国船只等方式侵犯中国主权，获取巨额非法收入。

鸦片战争以后，东南沿海海盗充斥，他们控制着广东和福建沿海海面，向商渔船只勒交黑费。[⑦] 西方侵略者乘此混乱，以"护航"的名义，勒索巨额保护费。首先干此行当的是葡萄牙人，以后英、美、法、荷等国商船、兵船群起效尤，英国人并取得了优势。"护航"是他们牟取暴利的捷径。葡萄牙人在宁波一带以"护航"为名向各类船只征收的"保护费"，一年即达 75 万元以上！那些外国"护航"船，甚至将中国商船诬为盗船，将其船、货强攫为己有。[⑧] 有的"护航"船就干脆在海上肆意杀人越货，成为名副其实的海盗。[⑨] 如此，"护航制度的害处便达到极端可怕的程度"[⑩]，引起中国官民的极大愤慨。他们用以毒攻毒

① 据马士：《中华帝国对外关系史》第 2 卷，第 183—184 页。

② 据陈兰彬：《古巴华工事务各节》，《华工出国史料汇编》序言第 8 页，第 1 辑二，第 679 页。

③ 参见《中国近代对外贸易史资料》第 1 册，第 467—468 页。

④ 参见《中国近代对外贸易史资料》第 1 册，第 469 页。

⑤ 参见马士：《中华帝国对外关系史》第 2 卷，第 187—188 页；《中国近代对外贸易史资料》第 1 册，第 479—484 页。

⑥ 据严中平主编：《中国近代经济史》下册，第 1604—1614 页。

⑦ 参见马士：《中华帝国对外关系史》第 1 卷，第 455 页。

⑧ 参见马士：《中华帝国对外关系史》第 1 卷，第 458 页；严中平主编：《中国近代经济史》上册，第 43 页。

⑨ 参见严中平主编：《中国近代经济史》上册，第 43—45 页。

⑩ 密其：《在中国的英国人》第 1 卷，第 302 页，转自马士：《中华帝国对外关系史》第 1 卷，第 457 页。

的办法去制服那些比海盗还贪残的“护航队”。1852年，宁波的官吏和商人用10万元收买了广东的一群颇有实力的海盗来对付在宁波活动猖狂的葡萄牙“护航队”，最后将其打得大败。①

与“护航”并行的是让中国船只向外国注册，由外国发给“航行证”或“许可证”，准许其悬挂外国国旗。在“许可证”规定期限内，可请求注册国给予“保护”。英国通过香港殖民地特别法规批准，在中国实行这种制度。其他国家的领事，垂涎于巨额的注册费和船舶费，也非法地印发“航行证”给中国船只，给予它们以该国国旗的保护。②

西方侵略者“护航”及“注册”中国船只的行径，不仅用超经济的手段勒索中国的商渔船只，而且超出不平等条约的规定进一步破坏了中国的主权，就连英国公使也承认，“护航”是一种“非法行为”。③ 可是，无论是非条约国的葡萄牙驻宁波“领事”，还是港英最高法院和英国外交大臣，都极力庇护、纵容“护航”活动。④ 而中国官方却不敢表示异议，清朝水师即使看到“护航队”抢劫杀人也不敢过问。⑤ 这种一方凭借武力和特权在中国沿海毫无顾忌地勒索钱财，侵犯主权，而另一方隐忍不发、听之任之的现象，是鸦片战争后中国社会的一大变化。

走私逃税，是西方商人获取额外收入的重要手段。本来，通过不平等条约，英、美等国已取得以低关税对华贸易的特权。然而，连这很低的关税他们也不愿缴纳，而是采取蛮横、狡诈的手段破坏条约关于缴纳关税的规定，走私逃税。1854年阿礼国致信文翰：“我十年来在三个口岸（指厦门、福州、上海）的经验，使我不得不承认……关于忠实征收中国皇帝在对外贸易上应得的一切海关税饷的事情，条约已无异于废纸。”⑥ 马士则直截了当地说：所有外国商人，“夺取每一个机会要把关税付得比法定税额少，或者甚至逃避一切缴付”。他们向海

---

① 参见马士：《中华帝国对外关系史》第1卷，第459页；严中平主编：《中国近代经济史》上册，第47—48页。

② 参见马士：《中华帝国对外关系史》第1卷，第460—461页。

③ 《中国丛报》第17卷第6期（1848年6月），转自马士：《中华帝国对外关系史》第1卷，第458页注①。

④ 参见马士：《中华帝国对外关系史》第1卷，第458—459页。

⑤ 1848年6月，英国“护航船”“斯派克”号对一只中国渔船开炮，杀人抢劫，在附近的中国水师却不敢冒犯英国国旗，未采取任何行动。（严中平主编《中国近代经济史》上册，第44—45页；马士：《中华帝国对外关系史》第1卷，第462页）

⑥ 转自《鸦片战争史论文专集》，第194页。

关申报时以多报少，把税率高的商品转到税率较低的商品中申报，将两包生丝打在一起算作一包，使应付关税漏掉一半，甚至干脆走私。[①] 走私逃税者猖狂到不愿接受任何监督的程度，连向他们“询问一下因填定船舶而作为报关的唯一根据的那个船货单的正确性都会招致怨恨”[②]。在外国政府及其驻华领事纵容下，外商的走私逃税日甚一日。甚至上海的一些洋行，在1855年商品滞销时，竟公开拒纳关税，理由是以不缴纳关税作为“货物滞销的补偿”。在英国领事支持下，3个月内，上海英商就赖掉了16.8万两关税。[③] 上海小刀会起义后，各国驻沪领事更公开支持走私。阿礼国致函上海道吴健彰说，“英国人并不需要缴纳寻常应付的关税”[④]。同时，美国领事金能亨亦公然通知美商，可以像其他国家商人一样走私逃税。[⑤] 其他国家的领事无一例外地纵容走私。因此，在1854年，上海外商的走私活动十分惊人，以致纳税货物数量锐减。[⑥] 其余四口外商走私逃税同样严重。在广州，1848年仅英船走私出口的茶叶即达四五百万磅，占当年英国从广州纳税出口茶叶的15.5%。[⑦] 1853年，该埠外商所纳税饷只相当于法定数额的二分之一到三分之二。[⑧] 在宁波，1850年的对外贸易，有一半是通过走私进行的。[⑨] 在厦门，1846年的走私货值不少于4万镑。1847年，外国船只每天逃税常达200两。1848年，走私贸易额超过8万镑。[⑩] 1853年，进口货至少有一半是走私入境的。[⑪] 在福州，“夷情诡谲，每乘夜潮盛涨则乘机偷越，虽经侦获惩办，无如此拿彼窜”[⑫]。

---

① 参见马士：《中华帝国对外关系史》第2卷，第8—9页。

② 马士：《中华帝国对外关系史》第2卷，第12页。

③ 据蒯世勋：《上海英美租界在太平天国时代》，转自黄苇：《上海开埠初期对外贸易研究》，第81页。

④ 姚贤镐：《中国近代对外贸易史资料》第1册，第495页。

⑤ 参见《北华捷报》1854年1月28日，《中国近代对外贸易史资料》第1册，第495页。

⑥ 参见马士：《中华帝国对外关系史》第1卷，第523页。

⑦ 姚贤镐：《中国近代对外贸易史资料》第1册，第646页。

⑧ 据严中平：《中国棉纺织史稿》，科学出版社1955年版，第64页。

⑨ 据费正清：《中国沿海贸易与外交》第1卷，转自严中平主编：《中国近代经济史》上册，第154页。

⑩ 据《厦门英领雷顿致港督函》（1847—1849年），《中国近代对外贸易史资料》第1册，第588—591页。

⑪ 据莱特：《中国关税沿革史》，转自《中国近代对外贸易资料》第1册，第447页。

⑫ 咸丰六年八月有凤片，《中国近代对外贸易史资料》第1册，第445页。

外商并不满足于五口地区的走私活动，他们还向许多未开放的口岸走私。“如粤之琼州、电白，潮州之沙〔汕?〕头，闽之泉州、台湾、淡水，浙之温州等处，虽未有奉〔奉有〕开港明文，然贸易亦已不少”①，仅汕头一处，1857年进出口的外国商船即有120艘之多。② 外商还阑入北方的牛庄、登州、烟台等地。1859年夏，烟台海口即有12只外国商船，至冬间“愈聚愈多，颇有不肯通商不肯遽去之意”③。这些未开放的口岸，不可能设海关向外商收税。外商窜至贸易，显属走私无疑。

在正当商品走私逃税中，确乎存在中国海关官员勾串舞弊的情况。④ 然而，治外法权对走私外商的庇护，资本主义国家及其驻华领事对走私逃税的支持，才是走私猖獗的根本原因。

3. 空前严重的鸦片走私

外商在正当商品走私逃税的同时，又大量走私鸦片。五口通商时期，走私到中国的鸦片价值，位居一切进口商品之首。

鸦片战争后，“中国全部海岸的鸦片贸易已经毫无阻碍也毫无禁阻”⑤，鸦片走私遂空前迅速地发展起来；而且走私的组织严密，设备先进，武装齐全，行动快速。香港是走私鸦片的集散地。那里的洋行都经营鸦片生意。最大的鸦片走私商怡和洋行与颠地洋行，都设有鸦片大趸船，接纳从印度运来的鸦片。在五口乃至一些未开放的口岸，也停靠有鸦片飞剪船或趸船。这些趸船是“水上的货栈”“不动的炮舰”，有一伙专门作战的海员驻在上面，使之成为武装走私鸦片的堡垒。为了尽快把印度鸦片运到中国，英、美等国的鸦片贩子制造了最先进的“飞剪船”。这种船航速快，能在恶劣环境中行驶。它们或从印度运鸦片至港、澳，或将香港趸船上的鸦片输送到中国沿海各走私点。这些飞剪船人员精干，武装齐备，足以抗拒中国战船的拘捕。1860年以前，在华走私鸦片的50

① 《美国要求条款十一条》，《筹办夷务始末》（咸丰朝）三，第765页。

② 据《额尔金致克拉兰敦》（1858年3月6日），转自严中平主编：《中国近代经济史》上册，第155页。

③ 《何桂清又奏烟台外国商船违禁妄行请设法查禁驱逐片》，《筹办夷务始末》（咸丰朝）五，第1673页。

④ 咸丰二年上谕：“近年叠经查出走漏茶叶之案，均有在官人役及巡船头人扶同舞弊”（《清朝续文献通考》卷三〇）。

⑤ 德庇时：《战时与和平后的中国》，《中国近代对外贸易史资料》第1册，第664页。

多家洋行（当时有洋行200家）拥有飞剪船和其他鸦片走私船99艘，总吨位达20852吨。①

对华走私鸦片，英国是祸首，美国也不甘落后。1853年7月，美驻华专使马歇尔报告说："几乎所有在上海及广州的美国人，都武装他们的商船，违抗中国政府法令，停泊在诸江的口岸，满载鸦片，抓住一切机会，售与中国商人。"②其他国家的商人也无不加入走私鸦片的行列。③

外商大肆走私鸦片，使输入中国的鸦片数量急剧增加，鸦片在进口货中所占比重最大。现将上海一些年份的鸦片进口量罗列于下：④ 1847年，16500箱；1848年，16960箱；1849年，22981箱；1853年，24200箱；1857年，31907箱；1858年，33069箱；1859年，33786箱。其中1857年以后的输入量，单上海一口比20年前输入全中国的数量还多。上海进口的鸦片货值在该埠全部进口货值的比重，1850年占54%，1856年占60.6%（不包括进口的现银），1860年占52%。⑤

至于走私入华的鸦片数量，一些统计资料相互参差，但所反映的输华鸦片迅速增加的趋势却是一致的。从印度输入中国的鸦片数量的增长，大体上可反映这一情况。

1842—1860年印度输华鸦片数量⑥

单位：箱

年　度	输华鸦片烟数	年　度	输华鸦片烟数
1842—1843	31236	1852—1853	$56412\frac{1}{2}$
1843—1844	30011	1853—1854	$60054\frac{1}{2}$

① 据《中国近代对外贸易史资料》第1册，第428—436页。

② 转自卿汝楫：《美国侵华史》第1卷，第95页。

③ 参见《德庇时致耆英函》（1845年4月）、《包令致克拉兰敦函》（1856年1月），转自《中国近代对外贸易史资料》第1册，第418、421页。

④ 据马士：《中华帝国对外关系史》第1卷，第612、522页。

⑤ 上海鸦片占进口货之比重，1850年、1860年的数据，见黄苇《上海开埠初期对外贸易研究》第166页表16；1856年的数据则据班思德《最近百年中国对外贸易史》所列数字计算，《中国近代对外贸易史资料》第1册，第569页。

⑥ 据《中国近代对外贸易史资料》第1册，第440页。

续表

年　度	输华鸦片烟数	年　度	输华鸦片烟数
1844—1845	$32859\frac{1}{2}$	1854—1855	$69910\frac{1}{4}$
1846—1847	$38057\frac{3}{4}$	1855—1856	63427
1848—1849	$49262\frac{1}{2}$	1856—1857	$66305\frac{1}{2}$
1849—1850	47509	1857—1858	$68003\frac{1}{2}$
1850—1851	48030	1858—1859	74707
1851—1852	$56089\frac{1}{2}$	1859—1860	84863

大量的鸦片输入，不仅弥补了外国对华贸易逆差，而且使中国的白银继续外流。1845 年，中国在中外合法贸易中出超 240 万镑。因为鸦片输入值 490 万镑，故中国反而入超 250 万镑。① 1846 年，中国对英、美贸易共出超 1600 万元。可是，因印度输华的鸦片价值为 2300 万元，使中国在中印贸易中共入超 2600 万元。两者相抵，中国仍入超 1000 万元。② 1849 年，仅上海一口，由于鸦片的输入而造成的贸易逆差即达 2414725 镑。③ 中国的白银因鸦片输入而外流的情况，一直到 50 年代中期，因丝茶的大量出口才开始扭转。④

鸦片走私的急剧增长，使烟毒继续泛滥。对外贸易并不发达的福州，每年输入价值 200—250 万元的鸦片，每天市内要卖出5—9箱鸦片。全城有 100 多家鸦片烟馆，零售的小店则更多。“据说福州居民一半以上都染上了鸦片嗜好，甚至最下层的苦力和乞丐，有的也要牺牲一部分生活必需品来享受这贵重的奢侈品。”⑤ 上海地区吸烟者日众。在松江，道光末年以后，卖鸦片者，“通衢列肆，

---

① 据《广州英领马额峩致德庇时的报告》(1847 年 2 月 15 日),《中国近代对外贸易史资料》第 1 册，第 521 页。

② 据英国驻华领事商务报告，《中国近代对外贸易史资料》第 1 册，第 522 页；汪敬虞：《十九世纪西方资本主义对中国的经济侵略》，人民出版社 1983 年版，第 81 页。

③ 据《上海英领阿礼国致文翰的报告》(1850 年 4 月 11 日),《中国近代对外贸易史资料》第 1 册，第 523 页。

④ 参见汪敬虞：《十九世纪西方资本主义对中国的经济侵略》，第 82 页。

⑤ 《中国丛报》第 15 卷第 4 期 (1846 年 4 月),《中国近代对外贸易史资料》第 1 册，第 595、599 页。

嗜者日众，城市而外，浸及乡镇，一日之费倍蓰米粮，往往因之败业，以促其年”①。宝山县罗店镇，在道光初，吸烟者不过数人，“至咸丰间，渐染尤多，则市肆开设烟馆不下数十处，而吸食者不下数百人”②。南汇县，自道光至同治，鸦片流毒无穷，“吸食者不特城市殆遍，即乡僻亦然，计邑城每日所进烟土，其费倍于米粮”③。

鸦片，这种英国人曾想用来打开中国大门的特殊商品，在19世纪30年代成为清朝统治者大伤脑筋的问题。它使清帝国出现银荒兵弱的统治危机，但却未能将中国的国门击破，使中国成为英人的附庸。倒是在英国侵略者用大炮轰开中国大门之后，鸦片才在中国大逞淫威，成为一支侵略中国的别动队，对中外贸易产生前所未有的影响。可见在西方资本主义国家商品、鸦片、大炮侵略的三部曲中，大炮起了决定性的作用——它为商品、鸦片大肆侵入轰平了中华帝国自卫的堡垒与壕堑，显示出暴力在侵略中至高无上的地位。因此，鸦片战争后，即使有特权与领事的保护，那些走私鸦片的趸船、飞剪船，仍配备有最先进的武器和作战人员，继续以暴力作为贩运毒品的保护神，表现出资本主义侵略的野蛮性。此后，英国又用军舰迫使清廷认可鸦片纳税进口。从此，这种以合法商品面目出现的“洋药”，流毒于中国的大城小镇、穷乡僻壤，与半殖民地的中国相始终。

4. 租界的设立

战后中国社会的一个重要变化，是租界的设立。上海是最早设立租界的城市。

上海开始划定供外国人租地建屋的地区时，尚无租界之名。至19世纪50年代，这些居留区的行政管辖权被外国夺取，遂成为租界。④

早在乾隆朝，英国遣使访华时，就先后提出过在中国的广东、舟山或其他

---

① 光绪《松江府续志》卷五《疆域志·风俗》。

② 光绪《罗店镇志》卷一《疆里志·风俗》。

③ 光绪《南汇县志》卷二〇《风俗志·风俗》。

④ 关于居留地、租界之区别，民国《上海县志》卷一四《外交志》的记述很值得参考：“当时划定此界，系允许外人于此界内可以随便寄居，非即将此界交与外人管理……故终道光之世，主权仍属中国，而所谓租界者，当时名之曰‘夷场’，实不过一外人居留地”。“自太阿倒持，此划定界内，一切统治权渐渐放弃，于是外人始组织工部局以管理市政，设巡捕房以总持警政，而商埠之上海乃成为租界之上海矣。”

沿海岛屿取得居留地的要求。① 英国政府决定发动鸦片战争时，其外交大臣巴麦尊给懿律、义律的训令中，指示他们向中国提出侵略条件时，也把准许英人“自由和不受限制地居住在中国的一些主要口岸”② 放到非常重要的地位。可见，英国谋求在中国建立英人居留地是由来已久的。

鸦片战争结束后，在中国与英、美、法签订的条约中，均有允许其在五口租地建屋的规定。③ 这些规定，成为外国在华设立和扩展居留地，并进而演化为租界的条约依据。就在中英双方于虎门议订善后条款的前后，璞鼎查、巴富尔等已在上海、宁波、厦门、广州等处勘查居留区的地址，④ 并于 1843 年 11 月中旬首先在上海划定居留地。⑤ 当时上海英人居留地的地界，北至苏州河，东濒黄浦江，南至杨泾浜（后称洋泾浜）；到 1846 年 9 月 24 日，英领事巴富尔与上海道宫慕久才议定以界路（今河南路）为西界，面积共 1080 亩。1848 年 11 月 27 日，英国领事阿礼国胁迫上海道麟桂将西界扩展至周泾浜，使其面积扩大到 2800 多亩。⑥

关于英人居留地界址的划定，界内的一些管理、租地、市政建设办法，巴富尔与宫慕久进行过多次会商，最后由宫慕久将会商结果于 1845 年 11 月 29 日公布，这就是《上海租地章程》⑦。该章程共 23 条，主要内容是：一、统一年租

---

① 1787 年 11 月 30 日，英政府给第一次派往中国的使臣卡茨卡特的指令说：“我们希望准许我们占有一个小地方或者地势比广州更便利的附属岛屿”（《中国近代对外贸易史资料》第 1 册，第 149 页）。1793 年，马戛尔尼使团到达中国后，向清政府提出“欲求相近珠山地方小海岛一处，商人到彼即在该处停歇，以便收存货物”，“拨给附近广东省城小地方一处”给英商居住的要求。（《东华续录》乾隆朝一一八）

② 马士：《中华帝国对外关系史》第 1 卷附录，第 712、714 页。

③ 参见《中外旧约章汇编》第 1 册，第 35—36、54、62 页。

④ 参见《筹办夷务始末》（道光朝）五，第 2440、2456—2457、2740 页。

⑤ 关于上海英人居留地划定的时间，有著作认定是 1843 年 12 月下旬（见吴乾兑：《鸦片战争与上海英租界》，《近代史研究》1990 年第 6 期；费成康：《中国租界史》，上海社会科学院出版社 1991 年版，第 12—13 页）。但从《筹办夷务始末》（道光朝）五第 2776—2777、2786 页巴富尔的证词、布告，以及麦华陀的回忆（见吴乾兑文）中，可以推断上海英人居留地划定时间是巴富尔抵上海后一周之内（11 月 9 日—14 日），即 1843 年 11 月中旬。

⑥ 参见马士：《中华帝国对外关系史》第 1 卷，第 391 页；费成康：《中国租界史》第 16、59—60 页；吴乾兑：《鸦片战争与上海英租界》。

⑦ 《中外旧约章汇编》第 1 册，第 67 页。以下《上海租地章程》内容皆据此，不另注。

与押租，并实行永租制。二、洋商在界内取得市政建设权，英领及其选派的3名英商可收取市政建设费。洋商与华民商定雇用更夫。三、界内土地房屋不得租与华民。四、英领取得界内部分管辖权。五、界内华民由清朝官吏管辖。其他日常行政事务，由中国官员与领事会同商定办理。这一章程使英领和外商取得了居留地内的市政建设权，部分征税权，对租地赁屋的允准权，对土地的永租权及转让权，对违犯章程的处罚权，以及部分维持治安之权，并且，按照这个章程，在1846年12月召开的租地外人大会上推举出3人组成负责征税及市政管理的"道路码头委员会"。该委员会每年向租地外人大会做工作报告。"这个社会的绝对自治权，在一定的限度内，是由以下的声明所肯定的，'租地人团体关于马路和码头方面的措施取决于共同协商，而不取决于任何法律的'。……另一个决议是'在一个照章举行的会议中，外国租地人的多数表决，有权强制交纳一切地方税捐、码头捐等等'，所有欠税都应当强制补交"①。这样，"道路码头委员会"就成为市政机构的雏形，而租地外人大会就具有了"市议会"的性质。它可以选举"道路码头委员会"的成员，可以"立法"并强制执行，对中国法律则可置之不顾。这就为以后外国侵略者把居留地变成租界打下了坚实的基础，使洋泾浜以北的英人居留地成为以后租界的雏形。

当1848年英人居留地展拓界址后不久，在法领事敏体尼的要挟下，上海道麟桂被迫承认为法人另辟居留地。1849年4月9日，麟桂发布告示，② 指定法人居留地的四界为"南至城河，北至洋泾浜，西至关帝庙、褚家桥，东至潮州会馆，沿河至洋泾浜东角"，面积共986亩。告示还说："倘若以后地方不够，再议别地，随至随议。"③ 这就为日后各国扩大租界提供了口实，并为各国在同一通商口岸开辟多个租界开了恶例。1855年，法国乘助清军进攻小刀会之机，将县城东门外的土地强划于法租界之内，将法租界的面积扩至1200余亩。在法人居

① 马士：《对中华帝国对外关系史》第1卷，第395—396页。

② 关于麟桂发布告示的日期，马士《中华帝国对外关系史》确定为4月6日。但民国《上海县志》（卷一四《外交志》）和1854年《上海英法美租界租地章程》皆谓麟桂发布告示的日期为道光二十九年三月十七日，即1849年4月9日。（《中外旧约章汇编》第1册，第80页）此从1854年《上海英法美租界租地章程》。

③ 《上海研究资料》，转自袁继成：《近代中国租界史稿》，中国财政经济出版社1988年版，第19页。

留地划定之时，法领事也取得了审批界内他国人民租地建屋的特权。①

1848 年 11 月，新上任的美国驻沪领事葛列司活曾和英国领事及上海道台就在英人居留地内悬挂美国国旗是否“合法”进行了激烈争论，“变通的办法便是为每一个可能与中国发生关系的国家各划定一块租界”②。在这样的背景下，美国圣公会主教文惠廉即于 1848 年底把教堂建到苏州河东北地价低廉的虹口地区，其他美国人也相继到这一地区租地建屋。文惠廉援引片面最惠国条款，向上海道吴健彰交涉，要求把虹口地区作为美国人的居留地。吴允准了他的要求。但文惠廉非官方代表，故双方未成立正式协定，居留地的界限也没划定。1854 年 2 月，美国第一任专任领事到上海后就住在虹口居留地，而界址范围直到 1863 年才划定。③

美领事要在上海充分享受自己的特权。他不仅坚持在英国居留地内悬挂美国旗，而且反对在英、法居留地内租地要由英、法领事批准的规定。他认为，美国人在英、法居留地内租地，只要美领事批准即可。这一意见最后得到了承认。④

英、法、美三国领事之间虽有矛盾，但在上海开辟居留地、尽量夺取居留地内的主权等问题上，意见却完全一致。他们想把已开辟的居留地变成完全由外国人统治的殖民地。终于，实现这一愿望的时机到来了。

1853 年 3 月，太平军攻克南京，继而占领镇江、扬州。西方各国宣布“中立”，伺机而动。在上海，他们在居留地内组织“义勇队”，修筑工事，宣布清军与太平军均不得进入。同年 9 月，上海小刀会起义军占领县城，上海道吴健彰被俘，后经外国人抢出，避居英国居留地内。中国官府已无力过问各居留地内的事务，各国领事则拒绝承认中国官员在外人居留地和外国船只停泊范围内行使权力。⑤ 同时，许多中国人涌进了外人居留地，使这些地区出现了社会治安等问题。乘此机会，英、美领事就在居留地擅自对中国人行使司法权。⑥ 为了把

---

① 参见民国《上海县志》卷一四《外交志·租界沿岸》；马士：《中华帝国对外关系史》第 1 卷，第 392—393 页。

② 马士：《中华帝国对外关系史》第 1 卷，第 392 页。

③ 参见马士：《中华帝国对外关系史》第 1 卷，第 391—394 页；袁继成：《近代中国租界史稿》第 17—18 页。

④ 参见威罗贝：《外人在华特权和利益》，生活·读书·新知三联书店 1957 年版，第 318 页。

⑤ 参见马士：《中华帝国对外关系史》第 2 卷，第 13—15 页。

⑥ 参见马士：《中华帝国对外关系史》第 1 卷，第 519—520 页。

这些新夺取的特权法律化，英、法、美驻沪领事对1845年的《上海租地章程》进行修改，制订出《上海英法美租界租地章程》，于1854年7月5日（一作8日）以三国领事的名义公布。该章程共14条，另有两个附件。与1845年的租地章程比较，新章程主要有以下不同：一、在英、法、美三个居留地租地买房，不再经各居留地的领事允准，只要租地人本国领事官批准即可；如租地人之国未派领事，即向该国所委托的别国领事禀报。二、取消了1845年租地章程中对华民在外人居留地租地赁屋的限制。经外国领事官或中国地方官之允准，华民可在界内租地赁房，但须出具甘结，"遵照新定章程，并按例纳税"。三、外国租地人有在居留地征税、设警、组织市政机构、决定居留地内有关土地问题各大事的权力。① 这些新规定，使外国人随即组织起来的市政机构可对界内华人征税，却并不给予他们外国侨民所享受的权利。② 更重要的是，使外国人在居留地早就"有建立一个更有力的行政机构"③ 的梦想变成了现实。因此，该章程是使上海外国居留地变为租界的一个界碑。

1854年租地章程公布不久，成立了一个代替"道路码头委员会"的市政机构——工部局。1854年7月11日，在英、法、美三国领事主持下，在英国领事馆召开了外国租地人大会。阿礼国在会上极力鼓吹成立一个市政机构以保证租地内侨民的安全和利益。大会决定成立一个不仅负责征税，而且管理各种行政事务的市政机构行政委员会——中文名称叫作工部局。同时选出了由凯、克宁汉、金、费隆、麦都思等5人组成的第一届工部局董事会。"这样，三个分立的委员会（美、法、英）合并了，并置于一个单一的市政机构之下，对所有外人都一样可以实行管束"④。随即根据新的租地章程的规定，设立了警察武装——巡捕。1854年12月20日，工部局董事会决定，巡捕完全受工部局指挥。⑤ 在此同时，上海英、美居留地正式实行"武装中立"，组织了"义勇队"（商团）。这

① 参见《中外旧约章汇编》第1册，第80—83页；马士：《中华帝国对外关系史》第1卷，第396—398页。

② 在租界内，每个外国人都享有在租地人大会上的投票权，"外国人是只向中国居民课税，却不给他们投票权的"（马士：《中华帝国对外关系史》第1卷，第399页）。

③ 马士：《中华帝国对外关系史》第1卷，第396页。

④ 顾提聂夫：《上海：会审公廨和工部局》，转自威罗贝：《外人在华特权和利益》第318页。参见费成康：《中国租界史》第20页、袁继成《近代中国租界史稿》第28、31—32页。

⑤ 参见袁继成：《近代中国租界史稿》，第36页。

支军队曾同清军和太平军作战。至此，上海外国人居留地成为一个具有行政、征税等权，组织了警察和军队而独立于中国行政管辖之外的“国中之国”。这种在通商口岸不受中国行政管辖而由外国领事或外人组织的工部局行使管辖权的外国人居留地，被称为“租界”。上海三国租界实行统一管理后，由于法与英、美的矛盾，法租界终于独立出去，于 1862 年 5 月成立“公董局”。在这里，法国领事是“最有力的统治长官”，“公董局”仅是由纳税人选出的咨询机构。① 1863 年 9 月，英美租界正式合并为“公共租界”。② 于是，上海出现了公共租界与法租界并立的局面。

除上海外，英国公使德庇时于 1847 年向两广总督耆英租十三行街南口地，建筑围墙。到第二次鸦片战争时，英法联军侵占广州河南、沙面。1859 年，英法与广东当局议定，沙面西部为英租界，东部为法租界。厦门、汉口等地也在第二次鸦片战争后相继设立租界。

此后，随着外国势力的进一步侵入，不仅英、美、法等国用各种借口和手段扩大上海租界范围，夺取租界内的司法权，建立“会审公廨”，而且西方列强与日本，在新辟的口岸陆续设立了新的租界。从 19 世纪 40 年代英国在上海划定居留地起，到 20 世纪初，近 60 年内，共有 13 个国家在中国的 10 个通商口岸开辟了 25 个专管租界。这些租界经过合并，在外国设立租界的全盛时期，中国共有 22 个专管租界和 2 个公共租界。③ 租界的出现，标志着中国主权遭受进一步的破坏，显示出战后中国社会的又一巨变。

5. 中国海关行政权开始丧失

鸦片战争后 10 余年，中国海关的行政管理权开始被外国人攫取。

在江宁、望厦、黄埔等条约中关于协定关税和“领事报关制”的规定，已使中国的关税自主权开始遭到破坏。而在上海小刀会起义期间，英、美、法三国则进而夺取了江海关的行政管理权。

1853 年 9 月 7 日（咸丰三年八月初五日），上海小刀会起义夺取了上海县城。次日，设在英人居留地的江海关衙署被起义群众捣毁。9 日，英领事阿礼国即向上海英国侨民发出通告说，为了“防止船舶的无限期停留，以及货物可能

---

① 参见马士：《中华帝国对外关系史》第 2 卷，第 130 页；威罗贝：《外人在华特权和利益》，第 324 页。

② 参见马士：《中华帝国对外关系史》第 2 卷，第 132—134 页。

③ 参见费成康：《中国租界史》，第 53—54 页。

遭受的大量毁坏”，特公布“在海关行政停顿期间船舶结关临时规则”，规定了“进口商、航运商及货运承办人应缴的税额，应向本领事馆缴纳”等六条办法。[①]美、法领事也公布了内容基本相同的临时征税办法。这就是“领事代征制”。它暂时夺取了中国海关行政管理权。阿礼国也承认，这种征税办法“违背各项国际条约的明文规定”[②]。而且，领事们并非把征收到的关税立即交给清政府。在这种情况下，江苏地方当局曾采取各种措施来恢复海关的职能。10月10日（九月初八日），吴健彰发布通告说，因海关监督官印遗失，现奏准借用常州漕运使官印以行使江海关征税之权。12日、14日两日，吴健彰又先后照会英领事阿礼国，要他“速命”英商付清9月7日前10艘英船所欠的丝茶税4.5万余两；并告知：奉江督之命，在北新、浒墅两关向中国商人登记通过这两关运往上海的丝茶数量，以便向他们征税。如果阿礼国不能代收商人欠税，则将从本地商人中追收全部欠款。26日，吴健彰再照会各国领事，中国将在浦东烂泥渡的两条船上设立水上海关，来华商船从28日起须到那里缴纳关税。然而，中国政府这些恢复海关收税职能的措施，均因以阿礼国为首的各国领事之反对而不能实行。[③] 最后，吴健彰只好于1854年2月9日在苏州河北岸设立临时海关。但仍因三国领事的破坏和各国商人的捣乱而起不了作用。

在上海恢复海关职能的一切努力均遭失败后，外商在上海可自由逃税、走私，实际上这里变成了一个自由港。在万不得已的情况下，江苏地方当局决定设立内地关卡向华商征税。1854年3月25日，吴健彰照会英领事阿礼国：为适当防止逃税行为，在白鹤渚、闵行镇设立关卡向中国商人征税。可仍遭到三国领事的反对。5月1日，英、美、法三国领事联合照会吴健彰，声称内地设关违反条约。新任美国公使麦莲并说：中国“必须对这种破坏条约的行为负完全责任”[④]。

---

① 《北华捷报》1853年9月17日，转自《中国近代对外贸易史资料》第1册，第490—491页。

② 《包令致柯勒拉得恩第182号函》（1855年5月19日），转自《中国近代对外贸易史资料》第1册，第489页。

③ 以上吴健彰的通告、照会，三国领事之破坏，参见《中国近代对外贸易史资料》第1册，第491—495页；马士：《中华帝国对外关系史》第2卷，第15页注①、第16—17页；严中平主编：《中国近代经济史》上册，第164、169页。

④ 《中国近代对外贸易史资料》第1册，第496—498页；莱特：《中国关税沿革史》，第112页。

在三国领事反对内地设关征税的同时，一个永久夺取上海海关行政管理权的阴谋迅速酝酿成熟。1854 年 5 月 1 日（咸丰四年四月初五日），英领事阿礼国的副手威妥码在其草拟的《上海临时制度备忘录》中，具体提出了以“外国机构”征收税饷的办法。① 同日，阿礼国向英国公使包令报告了“在海关行政上把关税征收权以任何方式置于三个缔约国的控制之下”的设想，并将此计划告诉了美方代表。② 6 月 15 日，阿礼国又向包令提出了由外国人当中国税务司的具体建议。③ 21 日，美国公使麦莲在昆山会见两江总督怡良时，提出了在一个外国税务委员会直接监督下于上海重新设立海关，同时撤销内地关卡的无理要求，交换条件是美方采取有效措施使美商立即交付欠税。怡良正苦于军饷无法筹措，屈辱地接受了这一方案。④ 29 日，吴健彰与英、法、美三国领事在上海谈判。在补交欠税的诱惑下，吴健彰同意在上海海关内派任外国税务司。双方订立了一个章程，其主要内容是：上海道台派任一个或数个外国人为税务司；税务司由三国领事各提一名，道台加委，并由此三名税务司组成税务司署。税务司下设一华洋关员混合的办事机构和一只由外国人当船长和船员的海关巡逻船。所有华洋职员由税务司署选任，且可长期供职，只有根据税务司的建议，才能免除其职务。税务司办公室设在海关官署内，以便随时调阅中国海关的账册及文件。外国船只或货主的卸货或装货准单、完税收据、港口结关单或任何其他正式文件，未经税务司副署，概不生效。所有进口外籍船只，都必须经过领事报关。三国领事有权随意取阅海关账册及记录。⑤ 这个由三国税务司组织起来的机构，被称为“关税管理委员会”。英人威妥玛、美人卡尔、法人司密斯于 7 月 12 日组成了上海第一届关税管理委员会。这样，上海海关行政权，实际上已被驻沪的英、法、美三国领事和关税管理委员会所掠取。由于当时英国在华经济实力最强，这个管理委员会主要由威妥玛当家。一年以后，威妥玛回任副领事，英国指派了另一个侵略分子李泰国继任。一种半殖民地的海关制度，就这样首先在上海建立起来了。

江海关行政权的丧失，大大便利了外国在上海地区的经济侵略活动。更严

---

① 原件载《海关文件汇编》，转自姚贤镐：《第一次鸦片战争后中国海关行政权丧失述略》，《社会科学战线》1983 年第 3 期。

② 参见严中平主编：《中国近代经济史》上册，第 180—181 页。

③ 参见《中国近代对外贸易史资料》第 1 册，第 498—499 页。

④ 参见《中国近代对外贸易史资料》第 1 册，第 498—499 页。

⑤ 参见《中国近代对外贸易史资料》第 1 册，第 500—503 页。

重的是，在第二次鸦片战争后，英法侵略者迫使清政府将上海的半殖民地海关制度推行到一切通商口岸。1858年（咸丰八年），“外人帮办税务”被写进《天津条约》。1859年，两江总督何桂清任命李泰国为总税务司，外人帮办税务的制度接着在广州推行，随后又被推广到全国各个通商口岸，从而使中国关税主权全面为外人所控制。

6. 买办的兴起

中国并非鸦片战争以后才有买办。明朝中叶葡萄牙人东来之后，为售货与取得给养，乃雇华人为之居间。这些居间的华人，葡语称作“采办”。这可说是中国最早出现的买办。① 到了清朝，对外实行严格限制的中外交往政策，在广州由行商垄断对外贸易。在行商与外商进行贸易交往中，买办成为不可缺少的人物。当时的买办是受中国官府管辖、由行商通事保充的管理外商生活、账目等事务的人。他们虽然在外商对华贸易中起了不小的作用，但外商却不能随意雇用。外商在企图摆脱清朝控制的斗争中，总是把自由同中国商人贸易和自由雇用通事、买办作为重要条件提出，但都被严加拒绝。在鸦片战争后签订的一系列不平等条约中，清政府被迫同意外商自雇买办、通事。② 于是行商消亡，买办兴起。

鸦片战争后，外商涌至五口地区贸易。可是，他们对中国的语言、民情风俗、贸易习惯、货物价格、交易规律等不熟悉，而且按条约规定，他们在五口居住贸易，不能远离，更不准深入内地做买卖。为了对华贸易的开展，他们需要熟悉内外商情的中国人作为贸易的媒介。而过去的行商、通事、买办，既有与外商交往的经验，又熟悉商业贸易。可他们过去的地位已经丧失，只得另谋出路。③ 加之，沿海风气发生变化，一些人以趋附外商致富为务。所谓“五口既开之后，沿海士民，嗜利忘义，习尚日非。又自海上用兵以来，至今未睹战胜之利，于是妄自菲薄，争附洋人。其黠者，且以通洋语悉洋情猝至富贵，趋利如骛，举国若狂”④。这些“通洋语悉洋情”的人，正合洋商开展贸易的需要，

① 参见陈诗启：《论鸦片战争前的买办和近代买办资产阶级的产生》，《鸦片战争史论文专集续编》，第53页。

② 参见《中外旧约章汇编》第1册，第41、52、62页。

③ 《中国近代对外贸易史资料》第1册，第536—537页。

④ 许瑶光：《谈浙》卷四《谈洋兵》，中国史学会主编：《中国近代史资料丛刊·太平天国》第6册，上海人民出版社1957年版，第615页。

于是与洋人一拍即合，首先成为新时期的买办。[1] 也有不少买办是从江浙丝商和通外语之人转化而来的。[2] 后来，买办的人数增多，来源也日渐复杂。

五口开放之初，买办在华洋商人之间介绍生意，说合价格，从中获取佣金。每一笔交易完成，洋行与买办间的雇佣关系即解除。这种买办，可以同时受雇于若干洋行，其职能主要是作中外双方买卖的中介。到后来，洋行内的账务、出纳、保管以及行内生活起居、物品采买等琐务，都由买办经管。在交易方面，买办甚至成为外商的代理人，诸凡联系买主、确定货价都要依靠他。"所有洋行的交易都要通过他，在他未定出价格以前，不能买也不能卖"[3]。当然，买办的主要职能是在商务方面。他们极力为洋商销售舶来货品，收购土产，甚至受洋商派遣，携款深入内地收购茶、丝、蚕茧。[4] 后来，一些买办还自立行号，经销洋货或收购供外商出口的土产。这种人被称为买办商人。

买办与外商之间是一种主雇关系，一般通过"合同"规定对方的权利和义务。这种合同须向外国领事馆备案。合同规定，买办须向洋行提供保证，如保证金、实物保证等，有时还须有保人。如因失误造成损失，即从买办提供的保证钱物中给洋商以赔偿；买办须对洋行忠诚，并对其雇请的为洋行服务的职员和工人的一切行为负责；对买办的业务活动提出限制；买办可受洋行的庇护以逃避中国司法的管辖；等等。通过这样的合同，买办作为外商的代理人，作为外国资本主义对中国进行经济侵略工具的地位，就用契约的形式固定下来了。在 19 世纪 40 年代末 50 年代初，这种买办合同即已通行。[5]

买办与洋行虽也存在矛盾[6]，但协同一致是主要的。买办对于洋行相当忠

---

① 参见陈诗启：《论鸦片战争前的买办和近代买办资产阶级的产生》，《鸦片战争史论文专集续集》，第 61—62 页。

② 民国《南浔志》，《中国近代对外贸易史资料》第 3 册，第 1523 页；姚公鹤：《上海闲话》，《中国近代手工业史资料》第 1 卷，第 471 页。

③ 《中国近代对外贸易史资料》第 3 册，第 1515 页。

④ 参见《中国近代对外贸易史资料》第 1 册，第 406—407 页；《筹办事务始末》（咸丰朝）二，第 589 页。

⑤ 姚公鹤《上海闲话》说："前在陈慰农律师处，曾见一咸丰元年义品洋行与某买办订立之合同一纸，则此制之通行，当在道光季年。"（《中国近代手工业史资料》第 1 卷，第 472 页）

⑥ 一些外商认为，买办因熟悉中国行情，因而在中外贸易中为自己谋利，使外商处于无能为力的地位；或认为买办收取的佣金太多，于己不利，故对其加以限制。（参见《中国近代对外资料史资料》第 3 册，第 1508—1510、1515、1518 页）

诚。买办与洋行利益一致，而且买办又受到所订合同的制约，故洋行放心地给买办以巨款至内地收购茶丝，让买办作为自己对华贸易的代理人。

买办从洋行领取的薪金并不多，每月仅数十元。① 但这并非买办的主要收入，买办也不在乎这点薪水。“他们从外商接受名义工资是为了取得外商职员名义给他们的保障”②。买办的主要收入来源于佣金、自立行号的利润和周转资金的利息。他们从这些收入中积累了巨额资本。以佣金为例，1855 年，买办亚喜为怡和洋行在福建采购茶叶和出售鸦片的款项即达 440065 元。宝顺洋行通过买办购买茶叶的款项达 40 万元。如果茶叶、鸦片购销的佣金以 3% 计算，那么亚喜可从怡和洋行获得佣金 13201 元，另一买办也可从宝顺洋行得到佣金 1.2 万元。③ 故王韬说，买办在中外贸易中，“顷刻间，千金赤手可致”④。买办的这些收入与洋商对华的商业活动密不可分：他们是通过洋商对华的经济侵略来积累自己的资本的。这种资本即为买办资本。买办资本的不断积累，为买办阶级的产生奠定了经济基础。

由此可见，鸦片战争前后的买办名虽同而实迥异。前者由中国官府控制，听命于广州地方官和行商；后者受洋行雇用，唯洋商之马首是瞻，并受外国所取得的治外法权的保护。前者是清政府通过行商制度以控制外商的成员之一；后者是外商用以推销产品、收购原料的雇员，是外国资本主义赖以侵略中国的爪牙。虽然，鸦片战争后的十数年内尚未形成一个买办阶级，但这一时期出现的买办及买办资本的积累却为这一阶级的形成打下了牢固的基础。同时，在外国资本主义侵略中国的过程中，买办起了不小的作用。因此，鸦片战争后买办的兴起，是中国社会关系发生巨大变化的重要表现。

五口被迫开放，外国侵略者在五口地区依恃不平等条约的种种恶行，半殖民地海关制度的开始建立，不同于战前的新买办的出现，都表明，在鸦片战争后，东南五口正发生着前所未有的剧变。

---

① 据严中平主编：《中国近代经济史》上册，第 381—382 页。另据魏重庆《近代中国买办资本的发展和买办阶级的形成》（《贵州社会科学》1982 年第 1 期）说，买办月薪为数百元。

② 《中国近代对外贸易史资料》第 3 册，第 1515 页。

③ 据严中平主编：《中国近代经济史》上册，第 382—393 页；《鸦片战争史论文专集续编》，第 64、72—73 页。

④ 王韬：《瀛濡杂志》卷一。

二、外国经济侵略加强

当中国的大门被英国的大炮打开后，一个幅员广大、人口众多的东方市场，为西方资产阶级展现出一个销售产品和掠取原料的美妙前景。璞鼎查声称，“他为英国商人开辟了一个如此广阔的新世界，即‘兰开夏全部纺织厂的产品也不足其一省日常购备的布料’”。英国的资本家一想到与三亿或四亿的中国人自由贸易，“几乎都兴奋若狂”。① 美国专使马沙利也说：中国是“美国企业的一个广大领域，美国商业的一个无涯市场”②。清政府对外贸易限制的取消，进出口税率的大大降低，③ 缔约国商民在华受到领事裁判权保护，外国商品又可转口贸易等等，为外国商品输入中国创造了极有利的条件。因此，以英、美为主的外商，发疯似的把商品运到中国来。特别是五口开放的前三年，英商不顾中国的实际需求，把大批刀叉、钢琴也运到中国。④ 棉、毛织品更是大量输入中国。从英国输华货物总值看，1840 年仅 524198 镑，1843 年即上升到 1456180 镑，1844 年更猛增至 2305617 镑，1845 年又升至 2394827 镑。⑤ 1843 年、1844 年和 1845 年分别约为 1840 年的 2.8 倍、4.4 倍和 4.6 倍。再从英国棉织品输华数量看，伦敦、利物浦、克莱得三城 1840 年对华输出印染棉布 29856 匹、白布 428948 匹、棉纱 2478800 磅；1843 年分别增至 169521 匹、1228796 匹、6210024 磅，分别约为 1840 年输华数量的 5.7 倍、2.9 倍、2.5 倍。1844 年比前一年输华的印染棉布、白布仍有大幅度增长，唯棉纱则减少了一半。⑥ 美国在与清廷订约的第二

---

① 《米切尔致文翰报告》(1852 年 3 月 15 日)，《中国近代手工业史资料》第 1 卷，第 500 页。

② 转自卿汝楫：《美国侵华史》第 1 卷，第 118 页。

③ 据严中平《中国近代经济史统计资料选辑》第 59 页之表和《英国资产阶级纺织利益集团与两次鸦片战争史料》表 9（《鸦片战争史论文专集》第 58 页）计算，各项主要进口货物在鸦片战争后的进口关税率，平均下降了 72.69%。

④ 参见《中国近代对外贸易史资料》第 1 册，第 632 页。

⑤ 据《中国近代对外贸易史资料》第 1 册，第 634 页。

⑥ 据《中国近代对外贸易史资料》第 1 册，第 631 页。

年，输华商品总值就达227.6万美元，① 比1842年增长57.6%。此后，“中国成为美国布匹的最好市场，它独占美国布匹出口贸易的总额的三分之一”②。大量的商品输华，给英、美商人带去了巨额利润。上海英商商会的报告说：“1843年的中国第一次开放通商，对英国的出口贸易每年的增益至少是200万镑。”③

然而，好景不长。盲目对华输出商品的结果，使洋货在中国滞销、亏折。上海英领事阿礼国于1848年3月怀着沮丧的心情向港督报告说：“过去三年的对华贸易是亏本的，有许多情形简直是破产性的买卖。”④ 马额莪报告广州的贸易情况说：1845年洋货价格大跌，商业萧条；1846年市场情况更加恶化；1847年广州仍是洋货充斥，价格跌落。⑤ 美国的对华贸易也不比英国好，其驻厦门领事在1850年说：在厦门，“大批的美国床单、衬衣布、斜纹布发生积压，卖不出合适的价格”⑥。

滞销、亏折的结果，必然引起进口货物的锐减。两次鸦片战争之间的10余年内，外国输华货物在最初两三年猛增后即迅速下降，一般仅维持在150万镑（英）和150万—250万美元（美）的水平。⑦ 因此，曾对中国的贸易满怀希望的西方侵略者大失所望。上海英领事阿礼国在1849年说：“目前中国人所取于英国每年7000万镑生产总值中的份额远在200万镑以下。他们所吸收的比例是如此其小，以致作为主顾来说，他们对我们的重要性，抵不上西印度殖民地、意大利诸岛，或欧洲一个较大的国家。”⑧ 实际情况确乎如此。以1853年世界各国消费英国棉纱布的情况为例，中国就比不上荷兰、巴西、美国、意大利、印度等国。⑨ 与印度相比，从1842—1855年，英国输华货物总值平均占输印总值的

---

① 据《中国近代对外贸易史资料》第1册，第652页；卿汝楫：《美国侵华史》第1卷，第93页。

② 彭淑龙：《美国对华贸易》，卿汝楫：《美国侵华史》第1卷，第117页。

③ 《中国近代对外贸易史资料》第1册，第637页。

④ 《中国近代手工业史资料》第1卷，第498页。

⑤ 《中国近代对外贸易史资料》第1册，第639—645页。

⑥ 达维斯：《美国公文汇编》，转自严中平主编：《中国近代经济史》上册，第332页。

⑦ 参见《中国近代对外贸易史资料》第1册，第637页；卿汝楫：《美国侵华史》第1卷，第93—94页。

⑧ 《中国近代手工业史资料》第1卷，第498—499页。

⑨ 参见严中平：《英国资产阶级纺织利益集团与两次鸦片战争史料》，《鸦片战争史论文专集》，第60—61页。

57.2%，最高占92.9%（1845年），最低仅占22.6%。①

为什么洋货在中国打不开局面，出现滞销、回落呢？因为：

第一，盲目而疯狂地对华输出商品。当时，中国对舶来品的需求量并不很大。可是，“假想市场的美景冲昏了商人的头脑，使他们看不见障碍……很快地供应就太多了，其结果就产生停滞”②。

第二，自然经济对外来商品的顽强抵拒。“一般说来，人们过高估计了天朝老百姓的需求和购买力。在以小农经济和家庭手工业为核心的当前中国社会经济制度下，谈不上什么大宗进口外国货。”③ 对于自然经济对洋货的抵拒，也引起了一些来华的外国人的注意。香港总督府秘书米切尔在1853年就特别提请英国贸易部注意中国的经济制度——一种“能够坚强抵抗一切外来竞争的袭击的经济”。他说，中国“各省的劳动互相依存，使得外国人和他的新奇产品无法进入。这是一个无法侵入的优美的经济制度，其他国家是无法企及的”。他的结论是，只要中国民族存在一日，其勤劳和节俭的精神就会与之共存，中国自己生产成本很低的手工业品就会妨碍英国制造品在这个国家的推销。④

第三，鸦片输入排挤正当贸易。如前所述，鸦片战争后大量鸦片走私入口吸收了巨额白银，仅1856年，输入中国的鸦片总值即约3500万美元⑤，从而影响合法贸易。“中国人不能同时既购买商品又购买毒品”，“增加鸦片贸易是和发展合法贸易不相容的”⑥。“花钱买鸦片——这消耗了所有的白银而使中国人一般的贸易遭受巨大的损失”⑦。

第四，中国民众的贫困与消费观念对洋货的销售也产生不利影响。中国的劳动群众，特别是农民，因受沉重剥削而极度贫困，他们很难有能力去购买洋货。同时，中华民族以勤劳俭朴著称，对于衣裤及日用品，非做到物尽其用不可。这两种因素的结合，使洋布等舶来品在中国最广大的劳动群众中缺乏市场。

---

① 据《中国近代对外贸易史资料》第1册第633页数字计算。

② 香港《中国邮报》1847年12月2日社论，《中国近代手工业史资料》第1卷，第497页。

③ 马克思：《英中条约》，《马克思恩格斯全集》第12卷，第604—605页。

④ 参见《中国近代手工业史资料》第1卷，第502—506页；《中国近代对外贸易史资料》第3册，第1334—1336页。

⑤ 马克思：《鸦片贸易史》，《马克思恩格斯选集》第2卷，第28页。

⑥ 马克思：《鸦片贸易史》，《马克思恩格斯选集》第2卷，第24页。

⑦ 转自马克思：《鸦片贸易史》，《马克思恩格斯选集》第2卷，第24页。

当时服用洋布者，是五口地区“较富有的阶级”或“商号的职员”等，而“任何阶级，不论其职业多么轻松，不劳力，而其目的是要取得一件新衣的最大效用的人，都不穿英国布”。① 洋货与中国劳动人民的消费观念发生矛盾，使其销路不广。

第五，英、美等国的近代工业尚未发展到能摧垮中国自然经济的水平。中国人喜欢厚重耐穿的粗棉布，英国等用近代机器的西方国家不是不能制造，而是制造成本比中国家庭手工产品要高。这一方面说明中国手工纺织业“巨大的经济和时间节省”，自然经济对舶来品的抵拒能力；另一方面也说明英、美等国工业发展水平尚未发展到足以摧垮中国自然经济的水平。19 世纪中叶的西方，“仍然是以农业为主，用今天的眼光来看，在工业、交通运输、文教、医疗卫生和人民参与政治生活的程度等方面都是‘不发达的’”②。即使在当时工业最发达的英国，手工织布工人还保持有相当可观的数量。到 1835 年，英国机器织工人数才开始超过手工织工人数。1840 年及其以后英国手工织工人数如下：1840 年 12.3 万人，1845 年 6 万人，1850 年 4.3 万人，1855 年 2.7 万人。“英国机械化棉纺织业的生产力既然在英国本土还没有把手织工人排挤干净，它当然没有力量把棉纱布远涉重洋地送到中国市场上来战胜中国的手工棉纺织业。”③

以上诸因素中，自然经济对洋货的抵拒是最根本的，也是最重要的。此外，中国政局的变化对洋货的销售也产生影响。当然，这只是临时起作用的因素。

英、美等国在对华输出商品的同时，又大量地从中国运出土产，如茶叶、生丝、土布、瓷器、大黄、桂皮、食糖等等，其中以茶、丝为主。以上海、广州茶丝出口值在出口总值中所占比重为例，上海，1851 年占 99.6%，1853 年占 98.8%，1858 年占 89.1④；广州，1846 年占 86.1%⑤，1851 年输英茶丝货值占输英总值的 86.2%⑥。在一个相当长的时间内，中国是西方茶丝的主要供给

---

① 《米切尔致文翰报告》(1852 年 3 月 15 日)，《中国近代手工业史资料》第 1 卷，第 504—505 页。

② 费正清编：《剑桥中国晚清史》(1800—1911) 上卷，第 231 页。

③ 严中平主编：《中国近代经济史》上册，第 325—326 页。

④ 据班思德《最近百年中国对外贸易史》第 38—48 页数据计算，《中国近代对外贸易史资料》第 1 册，第 569 页。

⑤ 据 1846 年广州出口货物量、值表计算，《中国近代对外贸易史资料》第 1 册，第 553 页。

⑥ 据班思德《最近百年中国对外贸易史》咸丰元年粤埠输英土货价值表计算，《中国近代对外贸易史资料》第 1 册，第 550 页。

者，甚至是唯一供给者。[①] 因此，从茶丝出口中即可了解当时中国出口的总体情况。

鸦片战争后，英美等西方国家从中国大量购买茶丝，使中国茶丝的出口呈直线上升的态势。鸦片战争前夕，华茶出口平均每年约 4666.655 万磅。[②] 战后的 1843 年减至 1772.775 万磅，而 1844 年又增至 7047.65 万磅，1856 年更增至约 13067.7 万磅。[③] 此一输出量是战前平均数的 2.8 倍，是 1843 年输出数的 7.4 倍。华丝出口，鸦片战争前夕，年平均输出 1.01 万包[④]，1843 年降至 1787 包，而 1845 年即上升至 13220 包，1853 年为 62896 包。1856 年仅上海一口即出口 79196 包[⑤]，是战前平均数的 7.8 倍，是 1843 年输出数的 44.3 倍。

茶丝出口的不断增长，使中国整个出口一直处于稳定增长的趋势。以中国输往英国的货物总值为例，1837—1839 年年平均为 4273858 镑，1842—1846 年年平均增加为 5323388 镑，1854—1858 年年平均增至 9157001 镑。[⑥]

马士曾写道："西方三强凭着第一次条约的解决曾经宣告说，中国国际贸易应该怎样进行是要靠它们来决定了。"[⑦] 实际情况确乎如此。中国的出口——主要是茶丝出口，在很大程度上是由英美商人上下其手、随意操纵的；茶丝的生产和出口对欧美市场的依赖性也大大增强。比如，上海的生丝出口几为英商独占，茶叶一半以上由英商输出，其余大部则为美商经营。[⑧] 由于外商的操纵，使

① 参见马士：《中华帝国对外关系史》第 2 卷，第 449—450 页。

② 据璞鼎查《致英国驻华各领事之通告》所列数字（《中国近代对外贸易史资料》第 1 册，第 258 页）换算。原表为 35 万担，按 1 担（100 斤）$=133\frac{1}{3}$ 磅换算。

③ 据马士《中华帝国对外关系史》第 1 卷第 413 页附表己。

④ 据《中国近代对外贸易史资料》第 1 册第 259 页数据换算。原表为 8080 担生丝。按每担 100 斤，每包丝重 80 斤换算。

⑤ 据马士《中华帝国对外关系史》第 1 卷第 413 页附表己。1856 年华丝出口数虽仅为上海之输出量，但"上海自开埠以后即成为中国之生丝市场，所有泰西各国采办之华丝，几全由该埠供给"（《中国近代对外贸易史资料》第 1 册，第 563 页），故此数基本上可视为中国出口丝之总数。

⑥ 据英国蓝皮书《皇家钦定鸦片委员会第一次报告书》，转自严中平主编：《中国近代经济史》上册，第 353 页。

⑦ 马士：《中华帝国对外关系史》第 2 卷，第 7 页。

⑧ 参见班思德：《最近百年中国对外贸易史》，《中国近代对外贸易史资料》第 1 卷，第 570 页。

中国丝茶出口价格不断跌落。① 又如，1853 年欧洲发生蚕病，法、意两国生丝产量锐减，致使华丝出口激增。② 可见，中国的出口贸易开始受外国控制，中国的经济开始被卷入资本主义世界市场。

价廉物美的茶丝源源运抵英、美等国，给这些国家及其商人带去了巨大的利益。1846 年，英国仅征收茶叶税即达 500 万镑之多。③ 中国丝输入英国，使伦敦丝价大跌④，这对丝纺织资本家非常有利：不仅获得价廉而量足的丝纺原料，而且织成的绸缎可大量出口欧洲各国，使他们在欧洲丝绸市场上处于竞争的有利地位，并使英国成为欧洲生丝的供给者，使英国在丝织业中取得了在棉织业中所达到的地位。⑤

当然，中国茶丝的大量出口，使中国在正当的对外贸易中处于顺差地位。英美等国曾以巨额的鸦片走私弥补它们对华的贸易逆差，并使中国的白银继续外流。但到 1853 年前后，中国茶丝出口量猛增，西方国家即使继续走私鸦片也不能抵偿对华贸易的逆差，白银开始流入中国。⑥ 为扩大在华的商品市场，英美等国向清政府提出“修约”要求，并积极准备以武力迫使其答应新的条件，一场新的侵华战争在经济因素的推动下已在酝酿中。

---

① 以下为 1845—1856 年上海出口茶叶生丝平均价格表（据《中国近代对外贸易史资料》第 1 册第 582 页表 2 制作）：

年度	茶叶（两/担）	丝（元/担）	年度	茶叶（两/担）	丝（元/担）	年度	茶叶（两/担）	丝（元/担）
1845—1846	37.0	330	1849—1850	19.5	330	1853—1854	20.5	237.5
1846—1847	29.2	317.5	1850—1851	22.1	353.8	1854—1855	20.9	248.8
1847—1848	26.7	295	1851—1852	21.2	353.8	1855—1856	19.0	265
1848—1849	24.9	305	1852—1853	20.5	330			

② 参见班思德：《最近百年中国对外贸易史》，《中国近代对外贸易史资料》第 1 卷，第 509 页。

③ 据英国蓝皮书《小组委员会报告书》，严中平主编：《中国近代经济史》上册，第 354 页。

④ 从 1845 年 9 月至 1847 年 9 月的三年里，伦敦的辑里丝、大蚕丝、园花丝三种生丝的售价，平均下降了 29%—41.7%。据《中国近代对外贸易史资料》第 1 册，第 580 页的伦敦丝价计算。

⑤ 参见《关于上海生丝贸易的报告》，《中国近代对外贸易史资料》第 1 册，第 580—581 页。

⑥ 参见《中国近代对外贸易史资料》第 1 册，第 532 页；严中平主编：《中国近代经济史》上册，第 363—364 页。

在对华输出商品、掠购原料的同时，西方资本主义国家也开始了在华的投资活动——早期资本输出。这种投资活动集中在船舶修造、印刷、食品、制药等轻工业及金融业上。据统计，到1860年止，外国在华设立的船舶、印刷、食品等企业共有30余家。这些企业主要设在上海、香港、广州等地，其中除极少数外，全为英人所建。其创立情况，可见下表：①

类别	中文厂名	厂籍	厂址	成立年份	类别	中文厂名	厂籍	厂址	成立年份
船舶	榄文	英	香港	1843	船舶	道比	英	福州	1854
	奄美利·非沙	美	香港	1844		贝立斯	美	上海	1856
	柯拜	英	黄埔	1845		包德	美	上海	1856
	巴登诺奇	英	香港	1846		密契尔	英	上海	1856
	杨赫士板	英	香港	1846		何伯	英	香港	1857
	旗记	美	黄埔	1850		丹拿克	英	上海	1857
	帕金斯·安德生	英	香港	1851		浦东	英	上海	1859
	诺维	英	黄埔	1851		厦门船坞	美	厦门	1859
	杜那普	美	上海	1851		虹口	英	上海	1860
	伯维	英	上海	1851		宾夺	英	上海	1860
	拉蒙	英	上海	1851	印刷	罗郎也印字馆	英	香港	1844
	美里的士	英	上海	1851		花华圣经书房	美	澳门	1844
	彼得果刚	英	上海	1851		墨海书馆	英	上海	1852
	罗吉士	英	上海	1852	制冰	香港冰厂	英	香港	1845
	于仁	英	黄埔 香港	1853	食品	埃凡面包厂	英	上海	1855

此外，外国商人还投资于航运业和保险业。1848年，寓也洋行以3万两资本创办省港火轮船公司。1855年，旗昌洋行在福州开展了中国互助保险公司的代理业务。1857年，怡和洋行在香港和上海分别设立了谏当保险公司的分号，以此作为吸引华商货运主的手段。②

① 据汪敬虞《十九世纪西方资本主义对中国的经济侵略》第310、317—318、327页之表改制。汪书所列之表则据孙毓棠《中国近代工业史资料》第1辑上册（科学出版社1957年版）第234—235页的表，并做了考订增删，其考订则见汪书第332—333页之“说明”。另可参见孙毓棠：《抗戈集》，中华书局1981年版，第67—97页；严中平主编：《中国近代经济史》下册，第1246—1248页。

② 参见聂宝璋：《十九世纪中叶在华洋行势力的扩张与暴力掠夺》，《鸦片战争史论文专集续编》，第34页。

从19世纪40年代开始，外国银行打入中国。最早在中国设立分支机构的是丽如银行。1845年丽如银行就分别在香港和广州开设分支机构，1849年又在上海设立分行。① 继后，汇隆银行于1851年在广州设分行，呵加剌银行1854年在上海设立分行，有利银行1857年在香港设分行，麦加利银行于1858年在上海设分行。1860年以前，这5家以经营殖民地贸易为主的英国银行共在中国设立了13个据点。②

五口通商时期，以英国为主的资本主义国家在华的投资活动，虽然具有资本输出的性质，但目的不是对华输出过剩资本，而是为其商品侵略与掠夺原料服务。这一时期投资最多的船舶修造业以及轮船、保险公司、银行的设立，都是为了更方便对中国进行掠夺性的贸易，与甲午战争后帝国主义在中国设厂开矿、修筑铁路的资本输出有所不同，而且这些投资活动都处于较低的水平。以设立最多的船厂为例，其资本都比较少，设备也相当简陋，有的仅有一座泥坞，有的连固定的场所也没有，而且多数仅是船舶修理厂；即使能造船，规模也很小。贝立斯在吴淞造的“先驱”号轮船，载重40吨，只有12匹马力。有的船厂建立不久就停闭了。③ 银行也是如此。此时，西方的商品在华销售不畅，一段时间盛行物物交换，加之洋行控制着汇兑业务，故在华外国银行的汇兑，无论是数量还是方式，都处在很低的水平。存放款业务也难于开展，因为中国商人直接与洋行打交道，银行难以插足。放款业务开展困难，存款也就无意义，以致当时对于存款不仅不付利息，反而要抽取存款手续费。至于发行钞票，在整个19世纪50年代，五口地区尚未提上议事日程。④ 虽然如此，这些投资活动却揭开了西方资本主义国家对华输出资本的序幕。值得注意的是，这些投资活动并无条约依据，因而是非法的。然而，这种非法活动并未受到清政府的干涉和制止，外商也毫无忌惮地进行这类活动。这种奇怪的现象，既反映出资本主义侵略的蛮横、清朝统治者的怯懦颟顸，也说明西方侵略者不仅通过不平等条约夺

---

① 丽如在上海设立分行的时间，有说1850年或1850年以前的。但孙毓棠《抗戈集》说：“这银行于1845年4月在香港设立分行，三年以后又在上海开设了分行。”（第143页）胡祥翰编：《上海小志》则记载：“上海租界之银行，以丽如银行为开山老祖，创始于道光二十九年。”（卷十《杂记》）

② 据汪敬虞：《十九世纪西方资本主义对中国的经济侵略》，第146—148页。

③ 参见孙毓棠：《中国近代工业史资料》第1辑上册，第14—15页；严中平：《中国近代经济史统计资料选辑》第116—117页表的情况说明。

④ 参见汪敬虞：《十九世纪西方资本主义对中国的经济侵略》，第152—156页。

取中国主权，而且在他们对华进行商业投资活动时，于不知不觉中攫取了中国的利益。

综上所述，可以得出如下结论：

第一，鸦片战争为西方资本主义国家对中国的经济侵略开辟了道路；沿着这条道路，英美等国开始了对中国疯狂的经济侵略，并从中获得了巨大的利益。

第二，五口通商时期，英美等国商人开始控制中国的对外贸易，中国的经济也开始被卷入资本主义国际市场，但卷入的程度尚不深。

第三，主要是由于中国自然经济结构的抵制，使外国对华经济侵略的规模和程度受到限制。虽然资本主义的经济侵略对中国的自然经济终将造成很大的破坏，但此时尚处于自然经济对舶来品进行顽强抵抗的阶段。仅仅通过一次侵华战争和战后十几年的商品输出，中国的经济结构不可能有太大的改变。

第四，西方资本主义国家对中国进行经济侵略的手段——商品输出，原料掠夺，在华投资，在五口通商时期都使用上了。虽然此时以输出商品、掠夺原料为主，投资活动也是为此服务，但却孕育着以后资本输出的胚胎。资本主义、帝国主义更大规模的对华经济侵略，正是在这一基础上展开的。

三、自然经济开始解体

鸦片战争后，由于外国工业品的输入，特别是棉织品的输入，使中国的纺织等手工业受到打击，从而对农业与家庭手工业——主要是手工棉纺织业——相结合的自然经济产生了分解作用。同时，外国在华大量购运原材料出口，使中国商品经济得以发展。商品经济发展的过程，也是自然经济解体的过程。

英美机器棉纺织品对中国手工棉纺织业的打击，在鸦片战争前即已开始。其主要表现是英美的机织布在国际市场上排挤中国土布。在 19 世纪 20 年代以前，中国土布大量运销欧美市场。美商从中国运出的土布最多，1809 年运出 376 万多匹，1819 年运出 313 万多匹。英商从中国运出的土布虽比美商少，但 1817—1827 年，其散商从中国运出的土布，每年也有四五十万匹；东印度公司在 1820 年以前每年从中国的输出量也在 20 万匹以上。可是，当英美纺织工业发展起来以后，中国土布的输出量就迅速减少。1823 年以后，美商每年从中国输出土布减至 100 万匹以下，1832 年更减至 6.75 万匹；东印度公司每年只从中国运出几千匹。① 到三四十年代之交，中国输英棉布仅 2700 匹，输美棉布仅值 2300 元，连高峰时期的尾数都不到。② 可见英美机织布在世界市场上排挤中国土布、打击中国手工棉纺织业的严重程度。同时，洋纱输入中国，也威胁着广州附近的手纺业。1831 年，英国输华的棉纱大为增加，在广州一带引起轩然大波。东印度公司驻广州的大班报告说："进口棉纱在广州近郊的两个地方，和距广州 20 哩（英里）的一处地方，引起了居民非常严重的骚动。他们家里的妇女儿童过去是从事纺纱的，这次他们大事埋怨输入棉纱剥夺了他们妇女儿童的生计。他们决计不用进口棉纱上机织布，并且宣布，决定要烧毁进入他们村庄的任何进口棉纱。……这次骚动是英国机器战胜〔中国手工〕的一个证明。"③

无论是在国际市场上排挤中国土布，还是棉纱输入威胁着广州附近的手纺业，都说明英美等国的机器织品在二三十年代已开始向中国的手工棉纺织业发起了进攻。不过，那时尚未对中国自然经济造成引人注目的影响。

中国的自然经济在外国商品冲击下开始遭到较明显的破坏是鸦片战争以后的事。鸦片战争后，英美等国工业品如潮涌入，其中以棉纱棉布为大宗。虽然洋布远不能取代土布，但洋布幅宽，精美，相同面积的价格也较低，因而对土布的生产和销售构成威胁。五口开放后仅两三年，沿海的官员在奏折中就不止一次地说到因洋布输入使土布销售不畅的情况。1844 年 4 月，闽浙总督刘韵珂奏道：外商贩至厦门销售者，以棉、布为最多，"质既精美，价复平减，内地之棉布不复畅销"④。福州将军璧昌在同时的奏折中也反映了相同的情况。⑤ 福州将军敬斆在 1845 年 4 月上奏说，自厦门开市以来，"该夷除贩运洋货外，兼运洋布洋棉，其物充积于厦口，内地之商贩，皆在厦运入各府销变，其质既美，其价复廉，民间之买洋布洋棉者，十室而九。由是江浙之棉布，不复畅销，商人多不贩运；而闽产之土布土棉，遂亦因之壅滞不能出口。……今闽省向销之江浙棉布及洋货等物，因被夷货所占，不克畅销，纵使竭力招徕，而全省止一隅之地，民间服用无多，又不克转鬻于他省。揆之事势，断不能使华夷两货，并用兼行……况现在商俱疲乏，更属招之不前"⑥。这些奏折，反映了洋布涌入打

① 参见丁名楠等：《帝国主义侵华史》第 1 卷，第 67—68 页。
② 参见汪敬虞：《十九世纪西方资本主义对中国的经济侵略》，第 96 页。
③ 奥柏：《中国志》，第 63—64 页，转自《鸦片战争史论文专集》，第 35 页。
④ 《中国近代对外贸易史资料》第 3 册，第 1356 页。
⑤ 《中国近代手工业史资料》第 1 卷，第 494 页。
⑥ 《中国近代手工业史资料》第 1 卷，第 494 页。

击中国手织业的事实，也反映出清朝官员对中国固有的自然经济形态在洋货冲击下开始分解的忧虑。

对于上引敬斅的奏折，有人作为中国自然经济已经解体的根据，当然是不确的。但如果说奏折中“民间之买洋布洋棉者，十室而九”等说法毫无根据也未必妥当。应该说，这一奏折基本反映了开埠初期闽浙通商口岸的实际情况。这从前一节引述的英领事关于洋货充积于广州、厦门、上海的报告中，以及后面将要征引的五口地区的有关史料中，可以得到印证。至于“十室而九”之说，也不是毫无根据的，其错误在以偏概全。为说明这一点，有必要引述米切尔1852年3月致文翰的报告。该报告说：“所有沿海城市的较富有的阶级有时穿穿英国的上等棉布，夏季作便服代替绸绉，冬季作棉衣代替皮毛和厚缎，商号的职员、司帐，店铺里站柜的伙计，穿英国布的相当普遍，英国布染色较鲜明，布面比同等的土布整洁……用英国布比土布便宜。”① 这些开放城市里的富有阶级、商人、店员“相当普遍”地穿英国布的情况，正是奏折中“十室而九”之说的根据。作为福州将军兼闽海关监督的敬斅，仅以其在福州等城市之所见，推而广之，写入奏折。米切尔比敬斅高明的地方，在于他对福建沿海地区进行过调查了解，在看到城市富有者及商人穿英国布的同时，也看到更多的中国人不能、不愿穿英国布的现实。将以上两方面的史料相对照，才能比较正确地评价敬斅的奏折。

在浙江宁波，洋布输入使其土布生产大受影响。鸦片战争前夕，这里的土布每匹售价6元，战后五六年，即降至3.5元。“这样，和本地货相同的货物进口已经使许多织布机停了下来。”②

在上海地区，洋货输入甚多，民间购买者日众。光绪《松江府续志》载：道咸之际，“上海番舶所聚，洋货充斥，民易炫惑。洋货率始贵而后贱，市商易于射利，喜为贩运，大而服食器用，小而戏要玩物，渐推渐广，莫之能遏”③。嘉定真如镇，原本“俗尚敦厚，少奢靡越礼之举。中外互市以来，洋货充斥，绚彩夺目，喜新厌故者流弃其已有，群相购置”④。洋布的输入，使四五十年代

① 《中国近代手工业史资料》第1卷，第504—505页。

② 马丁：《中国的政治、商业和社会》（1847年版），《中国近代对外贸易史资料》第3册，第1357页。

③ 光绪《松江府续志》卷五《疆域志·风俗》。

④ 民国《真如里志》卷二《风俗》。

上海、松江、太仓、苏州等地的手工纺织业因此而衰退。包世臣在1846年6月写道："松太利在棉花梭布，较稻田倍蓰，虽暴横尚可支持。近日洋布大行，价才当梭布三之一。吾村专以纺织为业，近闻已无纱可纺，松太布市，消减大半。"① 在金山县，"自通商以来，洋布杂出，而土布之利大减"②。过去，苏州织布业非常发达，可是在50年代初，由于洋布盛行，苏州的手织业受到很大打击。③ 上海妇女历来从事纺织业，因洋布大量行市，土布滞销，女红利减，"乡妇不能得利，往往有因此改业者"④。所谓改业者，实际上就是手织业的破产。正如一个来华的英商所说："中国人所织的白而结实的布比我们的货物贵得多。我在上海发现，由于我们的布代替了他们的布的结果，他们的织布业已迅速下降了。"⑤

广东顺德，咸丰初年也因"洋织盛而土机衰"。原来的顺德，"女布遍于县市，自西洋以风、火、水、牛运机成布，舶至贱售，女工几停其半"⑥。

手纺业与手织业一样，因洋纱的输入而遭厄运。所谓"英纱初输入时，中国纺纱者因洋纱输入带给他们的厄运，曾大为不平"⑦，正是对中国手纺业受到打击的写照。有人把鸦片战争前后中国手工纺织业的变化作了一个对比："自道光年间，大开海禁，西人之工于牟利者接踵而来，操贸易之权，逐锥刀之利。民间生计皆为其所夺。未通商之前，大布衣被苍生，业此为生者何可数计。自洋布、洋纱入口，土布销场遂滞，纺绩稀少，机轴之声几欲断矣。"⑧ 这段记述，若以四五十年代的情况论之，不免夸张，但所反映的中国手工棉纺织业开始衰落的情况，却是实在的。马克思曾写道："中国过去输入的英国棉织品数量很小……从1840年起，这项输入增加得更多，其他国家特别是美国也开始参加和中

① 《答族子孟开书》，《安吴四种》卷二六《齐民四术》。

② 民国《重辑张堰志》卷一《区域志·物产》。

③ 参见徐鼒：《未灰斋文集》，《中国近代对外贸易史资料》第3册，第1357页。

④ 李维清编纂：《上海乡土志》第137课《女工》。

⑤ 英国蓝皮书《下院关于中英商务关系特别委员会报告》，《中国近代对外贸易史资料》第3册，第1357页。

⑥ 咸丰《顺德县志》卷三《舆地略·物产》。

⑦ 马丁：《中国的政治、商业和社会》，《中国近代对外贸易史资料》第3册，第1361页。

⑧ 郑观应：《盛世危言·善举》附录杨然青茂才《论泰西善堂》，夏东元编《郑观应集》上册，上海人民出版社1982年版，第529页。

国的通商。……中国的纺织业在外国的这种竞争之下受到很大的危害，结果就使社会生活受到了相当的破坏。”①

洋纱洋布对中国手工纺织业的打击和破坏，正是对中国自然经济产生分解作用的具体表现。从前述东南五口手工棉纺织业在鸦片战争过后不久即遭打击而开始衰减的情况看，可以肯定地说，五口通商时期，在五口及其附近地区，自然经济已开始发生分解。有的著作从西方机制工业品入侵的速度和西方国家机制品在中国的消费水平两个方面来说明，在40—60年代，外国工业品的输入对中国的工农结合体的分解作用是“微乎其微的”②。这是经过粗略的定量分析而得出的结论。就整个中国而言，这一结论是无可非议的。可是，同样需要注意的是，当时数百万磅棉纱和几百万匹棉布，主要是对五口及其附近地区灌注。就这不大的地区而言，其影响是比较显著的，因而才有厦门棉布“充积”，江、浙、闽之土布“不复畅销”，顺德“女工几停其半”，松太布市“消减大半”，洋布夺取苏州土布之利等记载。

外国工业品的输入，分解着中国的自然经济。外商对中国土产的搜购，则促使中国农产品的商品化和资本主义生产关系的产生。这是对自然经济分解的又一重要方面。

五口通商时期，中国的茶丝被大量购运出口，于是在东南沿海及内地的湖南、江西、安徽等省，许多农民放弃粮食生产而改种茶树或栽桑养蚕。

道光末，因茶叶大量出口，广东鹤山，“无论土著客家，多以植茶为业”③。湖南本是产茶之区，为适应红茶出口的需要，这里的农民不仅扩大种茶面积，将种粮之地改种茶树，而且由过去之制绿茶改为制红茶。有调查报告说：广州出口以茶叶为大宗，“两粤茶产不多，爰由粤商赴湘示范，使安化茶农改制红茶(国内以前所产者多为绿茶，不知制造红茶)。因价高利厚，于是各县竞相仿制，产额日多，此为红茶制造之创始，亦即湖南茶对外贸易发展之嚆矢”④。平江县，“凡山谷间向种红薯之处，悉以种茶”，“以兴贩外洋之茶，致妨本境之民食”。⑤

① 《中国革命和欧洲革命》，《马克思恩格斯选集》第2卷，第2—3页。

② 汪敬虞：《十九世纪西方资本主义对中国的经济侵略》，第93—95页；严中平主编：《中国近代经济史》上册，第337—339页。

③ 陈兴琰：《广东鹤山之茶业》，《中国近代对外贸易史资料》第1册，第483页。

④ 吴觉农：《湖南省茶叶视察报告书》，《中国实业》第1卷第1期。

⑤ 同治《平江县志》卷二〇《食货志一》。

显然，农民种茶、制茶，都是围绕着“兴贩外洋”这一中心在活动。可见华茶出口对这些地区农产品商品化的巨大影响。

同样的情况也出现在江西。武夷山北面的河口镇、玉山县，在四五十年代，“栽种及制造着大量茶叶以供应外销。上万英亩的土地都种着茶树，而且大部分的土地显然是最近几年内开垦和栽种起来的”①。福建更是如此。当外商派人至武夷山区收购茶叶后，种茶人数急剧增加。与茶叶集散地崇安相近的建阳，“自五口通商，民竞业茶”②。

安徽也是著名的产茶区。鸦片战争前，皖南茶叶经过屯溪，再由江西运至广州。五口开放后，这里的茶叶多经杭州转运出口，输出量大增而运输路程大大缩短，从而刺激了种茶、制茶业的发展。夏燮记述此种情况说：壬寅（1842年，道光二十二年）以前，“徽商岁至粤东，以茶商致巨富者不少。而自五口既开，则六县之民，无不家家蓄艾，户户当垆，赢者既操三倍之贾，绌者亦集众腋之裘。较之壬寅以前，何翅倍蓰耶”③。

浙江茶区，每到茶叶收获季节，许多为外商购买茶叶的商人，带着力夫去收购。茶农则络绎不绝地把茶叶送到茶商手中。④

江苏的一些地区，原本不事蚕桑，道咸之际，随着丝出口的增加，也广种桑树。松江府华亭县即是如此。在那里，有的一家即新种桑树数千株。⑤

茶丝的出口也促进了制茶业和社会商品经济的发展。湖南平江，因“茶市方殷，贫家妇女，相率入市拣茶，上自长寿，下至西乡之晋坑浯口，茶庄数十所，拣茶者不下二万人，塞巷填衢，寅集酉散，喧嚣拥挤”⑥。在上海，茶商也迎合外人之需要，采买毛茶，设厂改制。咸丰初年，上海这种“土庄茶栈”约有三四十家，营业颇为发达。⑦ 在福建崇安，商人们将从山区运来的茶叶加以焙制和包装，以供外销。在安徽屯溪，商人们也把收购的茶叶“加以精制和分类，

---

① 复庆：《中国茶乡之行》，《中国近代对外贸易史资料》第3册，第1538页。

② 民国《建阳县志》卷七《实业志》。

③ 夏燮：《中西纪事》卷二三《管蠡一得》，第295页。所谓六县，乃原徽州府所辖之六县：歙县、休宁、祁门、绩溪、黟县、婺源（现属江西），是产茶区。

④ 《中国近代对外贸易史资料》第3册，第1533—1534页。

⑤ 参见光绪《松江府续志》卷五《疆域志·风俗》。

⑥ 同治《平江县志》卷二〇《食货志一》。

⑦ 参见实业部国际贸易局：《中国实业志》江苏省第8编，第484页。

标以庄号，运至上海或广州销给洋商”①。这些拣选茶叶、精制包装的茶庄，按外国人的需要将毛茶炒焙着色的土庄茶栈，即是出口茶叶加工厂，而与封建性的手工业已有区别。经营庄、栈的商人，以出口营利为目的；拣茶、炒茶的工人，是被雇用的季节工。洋商对中国土产的购运，支配着中国土产生产者的行为。

此外，在崇安、河口、屯溪等地，为商人、力夫、从事加工劳动的雇佣者而设的茶行、客栈和仓库增多，为包装茶叶而有许多制造茶叶箱的木匠铺。到中国产茶区考察过的英国植物学家复庆说：“屯溪及其附近人烟稠密之区，可以说事实上是依靠茶叶的对外贸易为生的。”②

由此可见，茶、丝的出口，促进了中国商品经济的发展。这些专为适应资本主义国家需要而进行的商业活动和农业商品化的发展，对中国的自然经济起着分解作用，并表明中国的社会经济开始走上依附于外国资本主义的道路。

从鸦片战争后英美等国对华输出商品和购运原料而引起中国经济的变化中，可以得出以下的结论和认识：

第一，五口通商时期，由于外国工业品的输入和茶、丝等土产的大量出口，使五口及其附近地区的商品经济有了发展，自然经济开始解体。但是，对这种发展与解体不能估计过高；就整个中国而言，这还仅仅是开始。必须说明的是，这样的结论并不是建立在较为精确的定量分析基础之上的。虽然可以找到输入的棉织品的大概数字，但却难以得到中国到底有多少手工业者歇业的数字。因此，这样的结论只是根据当时中外人士的有关记载做出的。这些记载虽不可能替代精确的统计数字，却能真切地反映当时五口地区经济的历史概貌。

第二，商品经济的发展，自然经济的被分解，是一种社会进步。它为资本主义的产生创造了前提条件。

第三，资本主义国家对中国的经济侵略，虽然促使中国商品经济发展，分解了自然经济，但它们的目的不是要把中国变成一个资本主义国家，而是要把中国的经济纳入为外国资本主义服务的轨道，使之成为资本主义国家的经济附庸。

---

① 复庆：《中国茶乡之行》，《中国近代对外贸易史资料》第3册，第1531页。

② 复庆：《中国茶乡之行》，《中国近代对外贸易史资料》第3册，第1532页。

四、封建剥削加重

马克思在1853年对中国封建剥削的加重有一段精彩的论述。他说："中国在1840年战争失败后被迫付给英国的赔款，大量的非生产性的鸦片消费，鸦片贸易所引起的金银外流，外国竞争对本国生产的破坏，国家行政机关的腐化，这一切就造成了两个结果：旧税捐更重更难负担，此外又加上了新税捐。"① 曾国藩在同一时期论及清廷"财用不足"的问题时则说："自庚子（1840年）以至甲辰（1844年），五年之间，一耗于夷务，再耗于库案，三耗于河决，固已不胜其浩繁矣。乙巳（1845年）以后，秦、豫两年之旱，东南六省之水，计每年歉收，恒在千万以外。又发帑数百万，以赈救之。天下财产，安得不绌?"② 马克思的论述，曾国藩的奏疏，道出了清政府财政困难和加重封建剥削的原因。鸦片战争的战费及赔款共约4000万两。1843年（道光二十三年）揭出的"库案"，户部库银累计被盗925万多两。由于河官的玩忽与贪盗，致防河费巨而又河患频仍，仅1841年黄河在张家湾祥符汛决口，堵合费用即达610万两之多！天灾频频，受灾面积极广。1846—1847年，河南、陕西、甘肃受灾州县达105个；1846—1850年，东南苏、浙、皖、赣、鄂、湘六省受灾州县约645个。③ 大面积受灾，国库收入大减，又须发款赈济。诸种耗费，使清政府财政陷入窘境。据统计，清政府财政赤字在1840—1849年的10年间即达71599943两。④ 为填补巨额的财政赤字，清政府于是增加捐税。在征税征漕过程中，各级贪官污吏又浮收勒折，中饱营私。同时，鸦片输入激增，人民负担更为增加。待太平军起义后，清政府军费浩繁，库藏奇绌，于是铸大钱，印票钞，开捐输，行厘金，百计罗掘，封建剥削更加沉重。

---

① 《中国革命和欧洲革命》，《马克思恩格斯选集》第2卷，第3页。

② 曾国藩：《议汰兵疏》，《曾文正公全集·奏稿》卷一。

③ 据《中国近代农业史资料》第1辑，第720、733页。

④ 据周育民《1840—1849年的清朝财政》提供的数据计算，《山西财经学院学报》1982年第2—3期。

鸦片战争后，烟入银出更加严重，银钱比价愈益悬殊①，人民受害甚烈。当银价涨至每两折钱2000文以后，“民间完一正一耗，须钱二千五百余文，所出倍昔不止。……是朝廷不居加赋之名，阴收加赋之利”②。曾国藩在1851年（咸丰元年）算了一笔账：“东南产米之区，大率石米卖钱三千，自古迄今，不甚悬远。昔日两银换钱一千，则石米得银三两；今日两银换钱两千，则石米仅得银一两五钱。昔日卖米三斗，输一亩之课而有余；今日卖米六斗，输一亩之课而不足。朝廷自守岁取之常，小民暗加一倍之赋。此外如房基，如坟地，均须另纳税课。准以银价，皆倍昔年。无力监追者，不可胜计。”③

在赋税征收过程中，地方官以各种名目巧取豪夺，其陋规、冗费、需索，花样之多，指不胜屈。以征漕为例，咸丰初年，除“七折八扣”将所交的1石米折成3斗、4斗或5斗外，还有淋尖、踢斛、捉猪、贴米、样盘米、水脚费、花户费、验米费、灰印费、筛搧费、廒门费、廒差费等名目。于是，完一石漕粮须交纳二石五六斗米。④ 有的地方更甚于此，须七八石米方能完一石之漕。⑤ 再看一些地区漕粮浮勒的情况：江苏奉贤，道咸之际石米折价八九千文；⑥ 江苏各属在咸丰初年完漕，“民户最弱者折银，约三四石当一石”⑦；湖南及东南地区，州县皆赖钱漕陋规津贴办公费用。此种陋规日增日多，至1855年（咸丰五年）以前，湖南完漕一石，民间有费至数石者。⑧ 在湘潭，咸丰初两银值钱三千，漕米一石折银至二十余千。⑨ 湖北漕米一石折钱，或五六千，或七八千，或十二三千，或十五六千，多的达十八九千，监利竟达三十六串文；征本色者，每石浮收五六斗，七八斗，或加倍征收，最多的达到三石余。此外又有耗米、水脚、

① 1840—1850年，银1两折制钱数：1840年1643.8文，1841年1546.6文，1842年1572.2文，1843年1656.3文，1844年1724.1文，1845年2024.7文，1846年2208.8文，1847年2167.4文，1848年2299.3文，1849年2355文，1850年2230.3文。（《中国近代经济史统计资料选辑》第37页）

② 汤成烈：《治赋篇》四，《皇朝经世文续编》卷三四。

③ 曾国藩：《备陈民间疾苦疏》，《曾文正公全集·奏稿》卷一。

④ 参见冯桂芬：《与许抚部书》，《显志堂稿》卷五。

⑤ 参见包世臣：《致前大司马许太常书》，《安吴四种》卷二六。

⑥ 参见裴晃：《奉贤乡士历史》中编。

⑦ 冯桂芬：《均赋议》，《显志堂稿》卷一〇。

⑧ 参见骆秉章：《沥陈湖南筹饷情形折》，《骆文忠公奏议》卷一二。

⑨ 参见光绪《湘潭县志》卷六《赋役》。

由单、券票、样米、号钱等名目。①

征收地丁时的浮勒也非常严重，一般都要高于市场银钱比价1.5倍，高的达4.5倍。山东夏津县，在咸丰年间，地丁一两折钱四千多文。② 湖南地丁一两，民间有费至数两者。③ 湖南安化，在道咸之际，地丁银一两勒钱七八千至十千不等，其他杂费尚不在内。④ 从下列二表中可见漕米、地丁浮勒之重。

花户完纳漕粮本、折色的实际负担表⑤

资料年代	地区	1石漕粮实征米额(石)	资料年代	地区	石漕粮实征折钱(文)
1846年	江南	7—8	道咸年间	江苏奉贤	8000—9000
			道末咸初	湖南湘潭	20000余
1853年	江苏	2.5—2.6	1857年	湖北监利	36000
1853年	江苏	3—4	1857年	湖北江夏	12000—13000
1855年前	湖北	数石	1857年	鄂各州县	9000—19000
			1857年	鄂各州县	20000
1857年	湖北	1.5—3	1857年	鄂各州县	5000—19000

银钱比价和田赋银折收钱文数量表⑥

时间	比价:1两银兑换制钱数(文)		田赋银1两折制钱数(文)		
	法定	市场行情	折征(文)	相当法定比价(%)	相当市场行情(%)
1840年	1000	1500—1600	2900	290	193—181
1843年	1000	1500—1600	4000—5000	400—500	290
1845年	1000	2200—2300	3300	330	147
1846年	1600	1900	2825	177	149
道咸之际	1600	约2000	5000—10000	469	375
1853年	1600	2000	2800—2900	178△	143

---

① 参见胡林翼：《革除漕务积弊并减定漕章密疏》，《胡文忠公遗集》卷二三；《致罗淡村方伯》，《胡文忠公遗集》卷六〇。

② 参见邹钟：《州县积弊疏》，《志远堂文集》卷二。

③ 参见骆秉章：《沥陈湖南筹饷情形折》，《骆文忠公奏议》卷一二。

④ 参见李汝昭：《镜山野史》，《中国近代史资料丛刊·太平天国》第3册，第3、15页。

⑤ 据《中国近代农业史资料》第1辑第349页表增补改制。征本色表增补包世臣《安吴四种》的资料，征折色表增补裴晃《奉贤乡土历史》、王闿运《湘潭县志》中的资料。

⑥ 据严中平主编《中国近代经济史》上册第446页表。道咸之际一栏，据李汝昭《镜山野史》补入。△原表为125%，计算有误，应为178%。

不仅浮勒严重，而且追比紧迫，粮户不堪其苦。对此，各地大吏多有奏报。咸丰初年，曾国藩在奏折中述及江南各省州县全力催科、竭泽而渔的情形道：“吏役四出，昼夜追比，鞭朴满堂，血肉狼藉”，催科之吏役狠如虎狼。然而民穷财尽，仍难以征足。于是官吏想出“截串”之法：“上忙而预征下忙之税，今年而预截明年之串。小民不应，则稍减其价，招之使来。预截太多，缺分太亏，后任无可复征……则贪吏愈得借口鱼肉百姓，巧诛横索，悍然不顾”，“银价之倍增，官吏之浮收，差役之滥刑，真有日不聊生之势”。[①] 湖南巡抚骆秉章奏报说，湖南的钱漕陋规，任听户粮书吏科算征收，不餍不止，内有“收尾”名目，如1分1厘收作2分，1升1合收作2升之类，“小户穷民，尤受其累”。完纳稍迟者，粮书先时借垫，计息取偿，多至数倍。[②] 催征钱粮时，奸胥蠹役，数十成群，“昼夜追呼，择殷飞噬。一到乡间，不问该花户完欠多寡，轿马喂养，人数供给不计外，需索名色，节外生枝，稍不遂意，则拘至城中，私押数月，威逼刑求”[③]。湖北巡抚胡林翼对征漕中的积弊知之甚悉。他上奏说：征漕时，粮道、本管道府、丞倅尹尉等有“漕规”；院、司、道、府各衙门书吏有“房费”；地方上的刁绅劣监从征漕中分肥，谓之“蝗虫费”。州县将漕米运交荆州衙门时，如交本色，正米耗米之外，尚需交纳杂费；如交折色，则每米1石折银2两、3两不等。费未交足，米故迟收。“州县既多冗费，势不能不向粮户浮收；州县既有浮收，势不能不受刁民挟制。于是大户折色之价日减，小户折色之价日增，土棍豪衿多方抗欠，猾胥蠹役从中欺侵。各州县虽勒折浮收间有所得，半皆耗于上下冗费之中，而国家维正之供，往往征不足数”。[④]

漕米、地丁浮勒既重，而绅衿大户又用各种手段将额外征取转嫁到小户——庶民地主与自耕农身上，使小户交纳更多。以江苏完漕为例，绅衿大户有仅完正额者，有颗粒不完者，其未完部分全洒派到小户身上。“同一百亩之家，有不完一文者，有完至百数十千者”[⑤]，诚所谓“剜小户之肉，补大户之疮”。此非止江苏一省如此，乃“天下有漕省份之积弊”。[⑥]

官吏的额外征取，大户的转嫁，银贵钱贱的影响，即使赋税在名义上未增

---

① 曾国藩：《备陈民间疾苦疏》，《曾文正公全集·奏稿》卷一。

② 骆秉章：《沥陈湖南筹饷情形折》，《骆文忠公奏议》卷一二。

③ 邹钟：《州县积弊疏》，《志远堂文集》卷二。

④ 胡林翼：《革除漕务积弊并减定漕章密疏》，《胡文忠公遗集》卷二三。

⑤ 冯桂芬：《均赋议》，《显志堂稿》卷一〇；《均赋说劝绅》，《显志堂稿》卷九。

⑥ 胡林翼：《致罗淡村方伯》，《胡文忠公遗集》卷六〇。

加，而中小地主与自耕农的实际负担却大大加重了，从而引起地主阶级内部的分化：绅衿地主愈富，中小地主日趋衰落。至于自耕农和小土地所有者，则因不堪重负而纷纷破产。

当然，地主的田赋负担最终还是落到了佃农身上，因为“赋从租出”。地主为交纳已经增加的田赋，就加重对农民的地租剥削。就地租率而言，一般为50%左右。有些地区则大大超过此数。在江苏，“多者二十而取十五，少亦二十而取十三”①，其地租率达65%—75%。在太平天国起义前夕的金田地区，甘皇村上等田为百种1300斤租，金田村为百种1000—1500斤租；桂平县城镇高达百种2000斤租。桂平附近的贵县、平南、武宣、博白等，地租也在百种1000—2000斤租之间，或收成的6—7成。② 以个别农民的负担为例。安徽休宁县一农户，1854—1860年所交租额及押租利息占租地总产量的百分比如下：③

年　份	1854	1855	1856	1857	1858	1859	1860
租谷与押租利息占总产量的百分比	41.5	40.3	47.7	42.4	54.1	63.9	56.9

这户佃农余下36%—60%的收获物，再加上各种副业收入和杂项收入，往往不能支付各种生产费用，从而造成亏损。该农户1854—1859年的盈亏如下表：④

年　份	1854	1855	1856	1857	1858	1859
盈（＋）亏（－）单位：文	－30868	－26284	－58180	＋39548	＋17072	＋33059

这6年里，前3年亏损，后3年盈余；如果将6年的盈亏相抵，则亏5643文。也就是说，这户佃农辛苦6年，到头来还要倒贴近6000文钱。由此可见，前表所列地租率，已到了佃农负担的极限。地主对佃农进行了最大限度的剥削，不仅榨取了他们全部的剩余劳动，甚至剥削了他们部分必要劳动。这家靠租地为生的农户，在艰难竭蹶之中挣扎，最后不得不缩小经营规模。

---

① 陶煦：《租核》。

② 参见南京大学历史系太平天国史研究室编：《太平天国史新探》，江苏人民出版社1982年版，第151—152页。

③ 据《中国近代农业史资料》第1辑第257页表改制。押租利息是指佃户预先所交押租生出的利息。因先交押租，故租额较低，但如果加上押租利息，地租率也在40%—63.9%之间。

④ 据《中国近代农业史资料》第1辑第674—675页表Ⅱ改制。

以上所举，是一户具有较齐全的生产工具、颇有经营能力的佃中农或佃富农，其情况尚且如此，其他生产能力不如他的佃农之困苦，更可想而知了。

除地租率高以外，地主还不时对佃户浮收地租。据安徽休宁县农家账簿记载，1854—1860 年某地主对一农户浮收地租超出原定租额的比例如下：①

年　　份	1854	1855	1856	1857	1858	1859	1860
浮收租率（%）	5	6	24	6	5	5	15

这 7 年平均浮收地租 9.4%。

此外，在银贵钱贱的四五十年代，地主还采用增加进庄押租、提高折价收租及增租夺佃等办法转嫁自己的损失，加强对农民的压榨。② 在此情况下，农民陷入极度贫困之中。

太平天国起义后，清政府财政益发困难，“饷需支绌”。为挽救财政危机，清政府加紧了搜刮。从 1853 年（咸丰三年）起，清政府先后令户部发行名为官银票和大清宝钞的纸币，鼓铸当五、当十、当五十、当一百至五百、当千的铁、铜大钱。据统计，1851—1861年间，清政府发行的大钱和票钞（不包括各省发行的纸币和鼓铸的大钱），至少合银 61290378 两。如扣除大钱票钞发行前的 1851—1852 年所铸制钱数，其数量也合银 6024.9 万两以上，相当于同时期国库总收入（共 8667.3 万两）的 69.5%。③

清政府滥发通货，一开始就遭到商民的抵制，于是它采取暴力手段强迫民间使用。咸丰帝严令推行不力的督抚，“督饬所属，酌量地方情形，迅速设立官钱局，并设法筹款开炉加铸，俾钱法与钞法相辅而行”④。对“阻扰钱法”“抗不收使”的商民，则立严法加以惩治。⑤

滥发钱币，对人民是一场浩劫。强行使用大钱票钞的京城，银价涨至每两兑制钱七八千文，面粉、粟米等价格高出城外一倍。因此，1854 年（咸丰四年）行大钱不久，京城城南粮食铺于一两天内就关闭了 50 余家，后来钱铺也纷纷倒闭。结果是“食物翔贵”，“小民佣趁，日得一二百文，无处觅食”；钱铺倒闭，

① 据《中国近代农业史资料》第 1 辑第 262 页表改制。

② 参见彭泽益：《十九世纪后半期的中国财政与经济》，人民出版社 1983 年版，第 56—57 页。

③ 据彭泽益：《十九世纪后半期的中国财政与经济》，第 114—115 页。

④ 《咸丰四年上谕》，《中国近代手工业史资料》第 1 卷，第 567 页。

⑤ 《咸丰四年上谕》，《中国近代手工业史资料》第 1 卷，第 578 页。

富者被其侵吞，“贫民升斗之需，借以糊口，一经关闭，钱成废票，倾陷何止数十百家”？商民交困，走投无路，甚至“竟有情急自尽者”！①

在滥发票钞大钱的同时，清政府又开始征收厘金。1853年（咸丰三年）夏，帮办江北大营军务的雷以诚，为解决军饷问题，奏请在扬州附近的里下河设局，劝谕绅民捐输。后又想出“商贾捐厘一法”，派员于扬州附近各镇“劝谕米行，捐厘助饷”，并奏请推广到大江南北，以解需饷孔亟的燃眉之急。② 厘金创设之后，迅速推向全国，并成为一种常税，直至清朝灭亡，也未停止。

厘金给商民带来极大灾难。征厘之省，“殆无不舞弊之委员，无不染指之大吏”③。他们广设局卡（仅1855年，江西即设有65处，湖北共480余处④），提高税率（由1%增至3%乃至更高），扩大征收对象（“只鸡尺布，并计起捐，碎物零星，任意扣罚”⑤），重复征收，“勒索万状，工商之困，半由于是”⑥。从而造成商民裹足、货物涌贵、百行亏折的严重局面。⑦

厘金增加商人负担，最终则是对穷民的搜刮。时人分析道：“厘金之设，名虽病商，实则病民。病富民犹少，病穷民独多。商贾计本求息，如行船然，水涨则船自高，故厘金之病商犹浅也。富民乘时居积，一切不难预筹，穷民日计不足，何暇远谋？故物价腾贵，穷民受害独酷。”⑧

此外，清政府还加征各种苛捐杂税。以江苏扬州一带为例，1855年（咸年五年），这里既有江北大营的指捐、借捐、炮船捐、典当捐、油坊捐，以及捐夫、捐树、捐柴等；又有江南粮台的米捐、饷捐，漕运大员的炮船捐、堤工捐、饷捐，驻军袁甲三部的米捐，等等。⑨ 特别是“亩捐”，涉及面既广，征收额又重，影响甚大。1853年，雷以诚在里下河创办亩捐，在江苏扬州、通州，按地亩肥瘠，业田多寡，分别抽捐，每亩自80—20文不等。⑩ 次年，在安徽霍山，

① 清代钞档，咸丰四、七、八、十年御史唐壬森等奏，《中国近代手工业史资料》第1辑，第580—582页。

② 雷以诚：《请推广厘捐助饷疏》，《皇朝道咸同光奏议》卷三七。

③ 刘锦藻：《皇朝续文献通考》卷六〇《征榷考》。

④ 《钦定大清会典事例》卷二四一。

⑤ 刘锦藻：《皇朝续文献通考》卷六〇《征榷考》。

⑥ 徐勤：《拟粤东商务公司所宜行各事》，《皇朝经世文续编》卷四六。

⑦ 参见尹耕云：《请查捐输积弊停止抽厘疏》，《心白日斋集》卷二。

⑧ 刘镇铄：《上曾涤生相国议善后条陈》，民国《南陵县志》卷四一《艺文》。

⑨ 参见佚名：《广陵史稿》第三，严中平主编《中国近代经济史》上册，第582页。

⑩ 参见乔松年：《遵旨查办亩捐片》，《乔勤恪公奏议》卷一。

"凡田亩收租十石者，捐稻两石充饷"，名曰"练稻"。① 四川征收此类捐尤重。咸丰中叶，于正赋之外加征一倍，谓为津贴；咸丰末，于津贴外又加收捐输，按钱粮摊派，或一年一派，或两年三派，"大约每县地丁五六千金者，捐输派至万金上下，而钱粮最少之户不及正赋一两，则捐输并不止一两矣……而耗羡解费不与焉"。"大率每地丁一两，合之津捐杂派，大县完多将近十两，小县完少亦须五六两"。②

由此可见，第一，鸦片战争后封建剥削大大加重。这不仅使广大农民挣扎于贫困饥馑之中，而且一些庶民地主也不堪重负而日趋衰落，地主阶级内部发生分化。在此社会矛盾尖锐的情况下，爆发了大规模的农民起义。为了镇压起义，筹措饷需，清政府又挖空心思，多方罗掘，加紧搜刮。这无异火上浇油，促使社会矛盾更加尖锐，人民反抗更形炽烈。第二，战后清政府加紧搜刮的一个重要原因，是外国资本主义的侵入。由于外国的侵入，遂有战费及赔款的支出，有鸦片大量持续的输入以致银更贵、钱更贱情况的出现，这都迫使清政府加重剥削以补财政赤字。可见外国资本主义一侵入中国，就加剧了中国固有的社会矛盾，对中国社会产生了重大影响。第三，吏治的腐败是清政府在鸦片战争中失败的重要原因。然而，战后吏治并未得到整饬。在加重封建剥削上，各级腐败的官吏更是起着推波助澜的作用。

五、农民反封建斗争高涨

鸦片战争后，由于封建剥削的加重、土地更加集中、天灾不断、西方资本主义势力侵入的影响，使社会阶级矛盾尖锐，农民反封建斗争高涨，抗租抗粮和武装起义遍布全国。这些斗争，以太平天国起义为界，可分为两个阶段。

太平天国起义前，据《清实录》所载的资料统计，全国各地大规模的集体抗租事件，40 年代的 10 年就与前此 40 年（1800—1839年）的次数相等。在这 10 年里，浙西的杭嘉湖道，浙东的绍兴、宁波两府，以及江苏的苏松太道，几乎每年都有抗租大案发生。其他省区，特别是一些少数民族聚居地区，也连年

① 光绪《霍山县志》卷一四《兵防志·兵事》。
② 张廷骧：《张司业东乡案奏议》，《不远复斋见闻杂志》卷三。

发生抗租斗争。与此同时，由于征收钱漕过程中的浮勒追比，又使抗粮抗漕斗争在南北各省绵延不绝。一些清贫的知识分子，成为这些斗争的倡导者。抗粮者要求地方当局“完粮减价”；更多的则是抗官毁署，拒不完纳，甚至拒伤官兵，攻城夺犯，发展为武装起义。乘此社会动荡之机，民间的秘密宗教、会党迅速发展。白莲教、天理教、捻党、斋教、天地会活跃于南北各省，频频发动反清的暴动、起义。仅据《东华录》记载，在40年代，各种反清暴动达110余次之多，而以湖南、广西最为频繁。[①] 如湖南的雷再浩、李沅发起义，广西的陈亚贵、张钊、田芳、陶八、黄晚、凌十八起义等等。[②] 当时形势，诚如颇关心时局的广西状元龙启瑞所比喻的那样：“如人满身疮毒，脓血所至，随即溃烂……终必有溃烂不可收拾之一日。”[③] 正是在全国反抗斗争不断发展的基础上才爆发了规模空前的太平天国农民战争。

金田起义后，清政府为镇压太平军加紧了对农民的榨取；又值连年灾荒，人民辗转流徙，乞丐塞途，饿殍遍地，致使社会矛盾更加尖锐。1853年（咸丰三年）左副都御史雷以諴从直隶南下江苏途中，将亲眼所见之鲁西、苏北满目疮痍的情况上奏朝廷说：“经过茌平、东平、东河、汶上等州县，途间饥民纷纷求食。至滋阳、邹县及滕县、峄县、邳州等处，男妇老幼，十百成群，攀辕乞丐。询之途人，佥称：数年叠遭水旱，十室九空，自上年冬间至本年正月，冻馁尤不堪言状。当此青黄不接之时，少壮俱已逃亡，老稚不能相顾，若不及早抚绥，势必尽转沟壑。”[④] 其他各省也不断发生天灾。由于苛敛之重，农民“虽值屡丰，不免冻馁”[⑤]，一遇天灾，自然只得四处流亡。人祸天灾，交相逼迫，人民陷于水深火热之中，即使忍耐力极强的中国农民，也不得不死中求活，奋起反抗。这正是太平天国为中心的各族人民反抗斗争能延续20余年之久的社会基础。

江浙一带，在太平天国及上海小刀会起义影响下，农民的抗租斗争乘势而起。在江苏，1853年（咸丰三年）八月小刀会占据上海县城，金山县五保十九

---

① 以上各类斗争，可参见严中平主编：《中国近代经济史》上册，第470—478页；彭泽益：《十九世纪后半期的中国财政与经济》，第65—70页。

② 参见谢兴尧：《太平天国前后广西的反清运动》，生活·读书·新知三联书店1950年版，第1—12页。

③ 龙启瑞：《上某公书》，《经德堂文集》卷六。

④ 刘锦藻：《皇朝续文献通考》卷一〇〇。

⑤ 《大学士卓秉恬等奏》，户部档案抄件。

团乡民孙掌德、富盲子、杨毛、阮小幅、朱阿四等，纠众团社，胁迫地主减租，“有不从者辄殴击之”。后又“以议减租为名，揭竿而起……哄入官署，将为不法”。朱阿四还“聚众龙门寺，专劫富室”，使相毗邻的平湖县富户也惴惴不安。① 是年十一月，嘉定西乡农民在周立春余部鼓动下，也起而抗租。② 1856年，苏北发生旱灾，扬州一武举仍“恃势征租不肯息，群佃怒欲杀之”。泰州、东台农民，“聚党携耰锄，耀武于州城及曲塘镇，亦以旱故抗不纳租”。③ 在浙江，1853年冬，平湖县马沈坊一佃户，“纠众持械追业落河，将船劫去”。不数日，又有屈圩坊佃户“团租欺业，逞凶殴差，焚毁差船”。佃户驱逐、殴击收租逼租的业主、差役的抗租斗争层出，以至发展到“殴差殴业，无年不有”的程度，连官府亦束手无策。1856年夏，浙江旱灾，农民托言祈雨，闯入县署，“恣意妄为，自此法纪荡然，而冬季还租者益复寥寥”。到1858年，平湖“抗租之风，至近日益甚……乡民罔知畏法，往往聚众横行，无所顾忌”。④ 是年，浙东先旱后潦，农田歉收。余姚以黄春生为首的佃户，设立十八局，以歉收为由，提出减租要求，并“拥众诣县，逼胁出示，官莫能制”。慈溪西乡占田数千亩的大地主董姓、叶姓征租时，龙山“十九都佃人合众恃强，只允半租”。他们与余姚黄春生等佃户联合抗租，“各立伪局，使人逻察，如有照旧输租者，即毁其家，势颇汹汹”，与地主作对。⑤ 可见相邻地区农民的抗租斗争，相互支援，组织程度和斗争水平都有提高。

佃农的抗租斗争，遭到了清政府的镇压。前举金山、嘉定佃农的抗租斗争，都被当地县令派兵镇压；雷以諴曾派兵镇压扬州的抗租斗争，甚至“斩耕夫乞丐首以告捷”⑥。这样的残酷镇压，势必迫使农民走上反清起义的道路。

在佃农抗租斗争蓬勃开展的同时，农民、小土地所有者，乃至中、小地主在田赋的浮收勒折愈来愈厉害的情况下，展开了抗粮抗漕的斗争。时人记述咸丰初年因浮勒而引起抗粮斗争的情况说：“江以南，石米折银至五六两；江以

---

① 光绪《重修金山县志》卷一七《志余·遗事》；咸丰《当湖外志》卷八。

② 光绪《嘉定县志》卷一〇《兵防志·防御》。

③ 倪在田：《扬州御寇录》卷上，《中国近代史资料丛刊·太平天国》第5册，第117页。

④ 咸丰《当湖外志》卷八。

⑤ 柯超：《辛壬琐事》，《历史研究》1956年第4期；罗尔纲：《浙东起义佃农参加太平天国》。

⑥ 倪在田：《扬州御寇录》，《中国近代史资料丛刊·太平天国》第5册，第117页。

北，石米折银亦四五两。弱者倾产以输赋，强者聚众以抗官”。负担田赋者，“十户而抗粮者有三”。① 抗粮斗争，有的发展为武装起义。

江浙一带，民众“均以困于钱漕而起”。银价日昂，钱漕实际负担增加，而浮收折色有加无已，“民苦不堪，怨嗟载道”，于是起而反抗。始而拆毁衙署，继而殴官毙役，“戕官作乱”。② 江苏奉贤，因征漕浮冒太甚，梁典、张书谷乘民之愤，烧差船，焚总书住宅，毁南桥分柜，“民之积怨于官者，蜂起响应，势甚汹涌”③。太平军攻克江宁后，武进附近王耀书等，“各聚党数千，横行乡里，不纳岁课。通江乡民刘明松倡议，众欲效之”④。南汇周浦镇设有“征粮便民仓”，因漕价甚巨，民不堪其苦，而南汇县令又特别苛酷，从而引发了民众毁仓焚署的暴动。1853 年 3 月 12 日（咸丰三年二月初三日）夜半，“有众民各持柴把，喊称‘足粮而来’，将周浦仓衙内署俱付一炬，官眷等几裸体而逃，事后不敢根究”⑤。浙江奉化乡民“因图减粮价，聚众挟制”⑥。嘉兴等县乡民于 1856 年、1857 年纷纷聚众，“哓哓不已，思欲罢漕”。官吏慑于民众的力量，不敢催征，束手无策。⑦

江西安仁马家村民，据险负固，抗粮五载，并与前往镇压的清军相对抗。⑧

河南兵差络绎，民力凋敝，而官吏在银贵钱贱的情况下，收取钱漕，强征银两。⑨ 因此，抗纳钱漕之事迭起，领头的多是联庄会的首领，即地主阶级中人。史料中多把这类人称为“莠民”“刁民”，而把农民称作“乡愚”。1853 年（咸丰三年）夏，太平天国北伐军经过河南，推动了河南的反清起义，于是各属组织联庄会以防范之。次年九月，禹州东乡联庄总会会首刘化振，“聚众挟制，求减钱漕”，为此而邀集岳三教、宋成等 165 人入城见官。当时，刘化振的亲戚王添佑，因在尉氏县领头抗粮杀差，被关在禹州监狱。刘“阴议以见官减漕为名，入城劫狱”。十月，辉县“刁民”戴蓥、杨景福等主使游民曹得意“纠众作

---

① 徐鼒：《务本论磬辨篇第一》，《未灰斋文集》卷三。

② 王茂荫：《请禁收漕规费片》，《王侍郎奏议》卷五。

③ 裴晃：《奉贤乡土历史》中编。

④ 光绪《武阳志余》卷一〇《艺术》。

⑤ 《南汇县续志》卷二二《杂志·遗事》。

⑥ 季芝昌：《丹桂堂自订年谱》。

⑦ 参见戴槃：《桐乡征收冬漕记》，《桐溪记略》。

⑧ 参见李元度：《沈文肃公事略》，《天岳山馆文钞》卷一四。

⑨ 参见刘锦藻：《皇朝续文献通考》卷三。

乱”，在县城西之赵固镇设局，“胁众花户抗纳钱漕，烧毁粮差房屋”。之后，戴崟等即率众围攻县城。1855 年，新乡“刁民”张炳，在戴崟鼓动下，在龙泉寺聚众抗粮，杀伤差役。在这段时间内，“刁民恃众，煽惑乡愚，则有怀庆府属之河内、开封府属之尉氏、禹州抗官杀差滋事。……而附近之获嘉、新乡、封邱、陈留诸处，完纳钱粮，率多观望。……进济源、温县、原武各邑，聚众抗漕”。①

在湖北，早在 1841 年（道光二十一年）即有崇阳钟人杰因抗粮而发动大规模农民起义。这次起义虽然被镇压下去了，但崇阳及通城、通山三县民众，常以遭受兵灾，要求免征钱粮，“动思挟制官吏”。1851 年（咸丰元年），通城即发生抗粮斗争，被湖广总督派兵镇压，抗粮首领之一王尚志被捕杀。至 1853 年正月，太平军弃武汉沿江东下，清廷又加紧催征上年钱漕。通城刘立简宣传“漕粮免征，知县私收”以发动群众，并组织队伍攻入县城，声称为王尚志报仇，焚署劫狱，搜杀粮书数人，抢劫当铺。同时，何天进在何葛塅一带聚集 2000 余人，在五六塅、狄田里港各处亦聚集多人，与刘立简互通声息，而崇阳各处也聚有多股反抗势力。② 在广济县，开征漕粮后，知县贪鄙不法，不仅遭兵灾的地方一概征漕，而且每石漕米加赋钱 900 文，引起民众的反抗。③ 数百乡民，各持刀矛，拥入广济县署，“声称漕粮应一律普免开征”，并要求借给籽种。之后，抗漕民众又将县令等杀死，并焚毁县署。④

1856 年 9 月，正当太平军与清军激战武汉、捻军在河南蓬勃发展的时候，鄂西北红巾军起义爆发了。9 月 26 日，18 名不甘忍受压迫的贫苦农民在朱中立、高二先等领导下起义于襄阳西北的竹条铺。他们头裹红巾，故称红巾军。起义军纪律严明，“不戕百姓，不烧房屋，不奸子女”⑤，受到群众热烈拥护，旬日之间发展到 6000 多人。10 月 1 日，起义军 300 多人与前来围剿的清军 1 万多人战于襄西兴隆镇。起义军利用大雾，遍插红旗，迷惑敌人，发起猛冲，敌一触即溃，首战告捷。⑥ 10 月 18 日，起义军出奇兵突袭樊城，全歼号称“精锐营”的川军 1000 多人；接着，北破河南邓州，西克光化、老河口、谷城等地，声势大震，不一月而发展到 2 万多人，起义势力迅速扩展到襄阳、光化、谷城、南阳、

① 尹耕云等纂：《豫军记略》卷二《会匪二》。

② 参见张亮基：《通城首逆就获调兵剿办嘉鱼崇阳土匪折》，《张大司马奏稿》卷三。

③ 参见徐宗亮：《善思斋文钞》卷五。

④ 参见张亮基：《广济匪徒滋事派兵剿办折》，《张大司马奏稿》卷三。

⑤ 方玉润：《星烈日记》（咸丰）丙辰十月初九日。

⑥ 胡林翼：《致郑小珊》，《胡林翼全集》（上海广益版）第三册，第 96 页。

邓州、新野等广大地区。清政府惊恐万状，视为“心腹之患”①，匆忙命令湖北、河南、陕西等省清军以及湘军、黑龙江马队合力兜剿。11月初，起义军突破敌人的围剿，主力2万多人会师均州，向鄂西山区挺进，连克房县、竹山、保康等城。这时，随州人民在赵邦璧领导下起义响应，拥众数千，攻克随州、安陆等城。1857年元月，起义军会师保康歇马河，然后分两路进攻：北路进军河南，攻克内乡，转战于均州、内乡、镇平、谷城、光化、枣阳等地；南路连克兴山、宜昌、远安、荆门。二月中旬，义军与前来围剿的清军激战于南漳武安堰，歼灭了大量敌人。前来镇压起义的湘军头子唐训方的坐骑中炮，几乎殒命。后清政府施用剿抚并举之策，窃据南路军领导职位的张瞎子叛变投敌，北路军也因敌人的分化政策逐渐瓦解。高二先潜回襄阳继续组织群众，不幸中敌奸计被捕牺牲。余部转战于鄂西山区，最后于五六月间在均州之武当山及竹山县等地失败。

在湖南湘乡西南五十里地方，“向不纳粮”。县令亲自前往征收，乡民闻之，“一呼而出，为人数千，持器械相向”，县令狼狈而回。②

远在西南的贵州也不断发生抗粮斗争。1853年（咸丰三年）正月，镇远府黄平州发生“抗粮滋事”事件，参加者至万余人。贵州巡抚派兵前往镇压。这些“赤手无械”的乡民奋起抵抗，“鼓噪来攻”。③ 次年，因遵义府各属征粮太重，终于引发了杨凤领导的反清起义。④ 1855年，铜仁又发生“抗粮滋事，戕官据城，聚党盈万”⑤ 的事件。

此外，在咸丰年间，陕西临潼“聚众抗粮”⑥。直隶永年“自咸丰以来，抗差欠粮，与胥役为仇”⑦。在山东，“抗粮滋事之案，层见叠出”⑧。

抗粮斗争遍布全国。这些斗争几乎都是自发的抗争，彼此几乎不相联系，因而即使揭竿而起，攻入县城，也很容易被各个击破。但是，重赋不减，抗粮斗争就不会停息。

---

① 《文宗实录》卷二〇八，第13—14页。
② 参见汪士铎：《汪悔翁乙丙日记》卷二。
③ 朱洪章：《从戎纪略》。
④ 参见王茂荫：《论贵州土匪情形折》，《王侍郎奏议》卷八。
⑤ 光绪《湖南通志》卷八九《武备志十二·兵事四》。
⑥ 光绪《常昭合志稿》卷二八。
⑦ 夏孙桐：《族祖庚孙公行述》，《观所尚斋文存》卷七。
⑧ 刘锦藻：《皇朝续文献通考》卷三。

与自发的抗粮抗租斗争相呼应的，是有组织的秘密会党、秘密宗教的反清活动。在太平天国起义后，湖南、两广会党的反抗斗争特别活跃。曾国藩奏报湖南会党活动说："湖南会匪之多，人所共知。去年（1852年，咸丰二年）粤逆入楚，凡入添弟会者，大半附之而去。然尚有余孽未尽。此外又有所谓串子会、红黑会、半边钱会、一股香会，名目繁多，往往成群结党，啸聚山谷，如东南之衡、永、郴、桂，西南之宝庆、靖州，万山丛薄，尤为匪徒卵育之区。"①

太平天国起义后，广西各地"纠众拜会"，开设山堂，聚集各种势力进行反清斗争，并与广东、湖南的反清力量相结合，使清朝地方官穷于应付。清廷把结盟拜会的反抗力量称为"会匪"，把开设山堂的反抗力量叫作"堂匪"，而往来无定到处攻城略地的反抗力量则被称作"股匪"。这些名目繁多的反抗势力，虽然力量大小悬殊，领导者流品高下有别，但是把反抗的矛头指向绅士、官府和清王朝，则是基本一致的。其中有不少的起义者攻占城池，杀死朝廷命官，甚至称王设官，建立政权。如广东人梁培友于1852年（咸丰二年）踞广西梧州戎墟起事，因他酝酿了数年，势力颇大，广东之南海、番禺、东莞、顺德、香山和广西的浔州、梧州各地股首皆依附于他。梁称总管，结拜三合会，其兵称"洪兵"，于1854年攻入肇庆府城，称平粤侯。1855年返梧州，与广东义兵陈开、李文茂合股，攻克浔州，杀知府以下官吏数十人，众至数万。次年冬，梁培友踞平南称平东王，陈开踞浔州称平浔王，李文茂进据柳州称平靖王。广西容县自良墟巨股首领范亚音于1854年夏攻克容县，据城设官。1857年，范联合李文茂军共2万人攻克北流县城，杀北流知县、典史、劣绅、举人等百数十人，改北流为桐州府，并派官治理。另一大股首领张高友，原为清军勇目，1854年与其他堂股联络，借索饷起义，进攻省城，后据修仁、荔浦间之莲塘为基地，与前来镇压的清军对垒。1854年，平南覃阿儿满据大坡，纠众拜会，自立王侯元帅名号，改元"太平"，"聚众数万，肆出劫掠，为平南土贼渊薮，阅十余年始克剿灭"。② 属三合会系统的湖南人朱洪英，设恭义堂，于1854年联合陈永秀攻克恭城，联合邓正高部攻入灌阳，以"太平天德"为年号，以绛帕包首，称"红巾"。于1855年又克富川，杀知县等。据清廷资料统计，1851—1858年广西有名可考的堂会即有120多个③，而这仅是"略举概略，挂漏难免，事实上绝不

① 《严办土匪以靖地方折》，《曾文正公全集·奏稿》卷二。

② 《平桂纪略》卷一。

③ 据谢兴尧：《太平天国前后广西的反清运动》第38—47页"堂会名号表"。

止此”①。然而，这已可见民众反抗之一斑。广西的反抗武装，常与湖南、广东的起义相联系：或是湘粤之人到广西结盟拜会；或是广东义军打到广西，与当地的反清力量相结合，攻克城池，占为根据地；或是广西堂股往来湘桂间，流动作战。前举诸路攻城略地称王的反清队伍即是这些反抗斗争中之规模较大者。这些为数众多的反抗武装的频繁活动，说明太平天国起义后，南部中国的两广湖南由会党领导的反清斗争之活跃。这些斗争有力地配合了长江流域的太平天国的军事行动。

与此同时，长江流域的会党、浙闽的小刀会、北方的捻党、西南西北的少数民族也掀起大规模的反清起义，形成一个以太平天国农民起义为中心的全国反封建斗争的高潮。这些斗争的矛头，主要指向清朝封建统治者和地主阶级，反映出在两次鸦片战争之间，中国社会仍以阶级矛盾为主。不过，在局部地区（如上海）的一些起义（如上海小刀会、太平军等），已开始把与外国侵略者的斗争提上议事日程，又反映出中国社会正开始发生巨大变化。

鸦片战争后五口开放，租界设立，买办兴起，外国经济侵略加强，海关行政权开始丧失，自然经济开始解体等，虽然发生在沿海局部地区，但就其性质而言，却是因外国资本主义侵入而引发的、关系到中国国家主权与社会经济结构的前所未有的变化。正如毛泽东所指出的那样，中国的封建社会继续了很长时间，“直至十九世纪的中叶，由于外国资本主义的侵入，这个社会的内部才发生了重大的变化”②。

---

① 谢光尧：《太平天国前后广西的反清运动》，第47页。

② 《毛泽东选集》第二卷，人民出版社1991年第二版，第626页。

第十四章　鸦片战争前后的思想和文化

一、地主阶级改革派革新内政的思想

鸦片战争不仅改变了中国社会的走向，而且使中国的思想和文化也开始发生巨大变化：深刻的社会危机和严重的民族危机，促使中国思想界出现了一股面向世界的潮流，了解西方和学习西方长技成为经世思潮的重要内容；反侵略的思想和文学应时兴起；为了知己知彼，一些士大夫以满腔热情去研究世界及中国边疆的史地之学。一个古老的民族终于开始觉醒。然而，当时具有远见卓识的人毕竟不多，且受到传统文化的严重束缚。就整个统治阶级而言，战争结束之后，依然是麻木不仁，不求进取。他们抱着“万年和约”的幻想，继续在因循敷衍之中度日卒岁。因此，虽有林则徐、魏源、包世臣、姚莹等经世派的呼喊，但声势不壮，应者寥寥。地主阶级改革派中人在鸦片战后提出的学习西方长技的思想主张，直到20年后，方才得以付诸实践。

嘉道之际，有一批士大夫开始指斥时弊，关心国计民生，主张去除积弊、革新内政。他们对空谈义理或潜心考据而不重视解决现实问题的学风深为不满，提倡“通经致用”。这批人就是地主阶级中的改革派或经世派。这个派别的出现，与“经世致用”思潮的复兴有直接关系，也有西方文化输入的潜移默化的影响。

“经世致用”是清初进步思想家顾炎武、王夫之、黄宗羲等人提倡的学风。他们对明朝士大夫空谈“明心见性”而无补实际的理学深恶痛绝，认为这是明亡的根由。因此，他们反其道而行之，提倡“经世致用”，希图借此推倒刚刚建立的清朝统治，恢复朱明王朝。可是，事与愿违，清朝统治不仅未被推翻，而且日渐巩固。明朝之恢复，已无可能。因此，他们“经世致用”的主张，随着时间的流逝和前明遗老的凋谢逐渐淡化了。生长于新王朝的文人学士，对清朝统治的仇恨日渐减小。而清朝在统治巩固之后，大兴文字狱，实行文化专制。文人学士吟诗作文，动辄得咎，谁还敢去讲涉及现实问题的经世之学呢？于是，学者们只好把做学问的功夫用去注释、整理古代典籍。加之那时社会比较安定，经济得到恢复和发展，为学者们提供了一个做学问的客观环境。这些因素的汇集，遂形成以名物、训诂、考证为主要内容的汉学兴盛局面，这就是“乾嘉考据学”。

乾嘉学派，一方面继承和发展了明清之际顾、王、黄等人的考据学，考证愈来愈细密，对古籍的整理、研究做出了莫大贡献；另一方面又多抛弃了顾、王、黄等人“经世致用”的精神，面向故纸，背对现实，走向烦琐考据的极端。“海内魁儒畸士，崇尚鸿博，繁称旁证，考核一字，累数千言不能休”①。他们远离现实，思想偏枯，对现实无所裨益，使以考据为主流的学术界缺乏生气。至此，乾嘉汉学再要独步学坛就成了问题。

与此同时，中国的政治形势也发生了大变化。清廷的文化专制政策在乾隆后期逐渐松动，嘉庆时皇帝甚至发出求言诏书。清朝统治权威，在乾嘉之际每况愈下。于是，一些士人开始对政治与社会问题提出批评。而封建社会固有的矛盾，在清朝建立百余年后已趋尖锐。清朝的统治日益腐朽，官贪吏酷，军伍废弛，弊窦丛生。西方资本主义国家垂涎东土，将侵略触角频频伸向中国。愈来愈尖锐的社会问题亟须人们提出解决的办法。

上述种种情况，使嘉道时的学术思想与学风发生变化。就学术流派而言，一是今文经学的再度兴起，一是汉宋会通，所谓“义理、考据、词章，三者不可偏废”②。在学风上，则是经世之学的复兴。

今文经学自东汉以后渐次湮没无闻，其流传下来的著作仅何休的《公羊解诂》。今文学派认为，孔子通过整理五经，注入了自己的看法，使经书蕴含着深刻的意义——微言大义。张三世，通三统，大一统，夷夏之辨，天人感应，灾异谶纬等，是其主要内容。它与古文经学均属儒学范畴。但今文经学因讲经书的“微言大义”，较为自由灵活，易于发挥，故比较容易成为议论和批评时政的工具。因此，近代一些进步的思想家往往借此以宣传他们的政治主张。清中叶今文经学的复兴，以研究《公羊传》为标识，其开端是常州人庄存与著《春秋

---

① 曾国藩：《欧阳生文集序》，《曾文正公文集》卷三。

② 曾国藩：《欧阳生文集序》，《曾文正公文集》卷三。

正辞》发挥公羊学说。庄存与将公羊学传给他的外孙刘逢禄、宋翔凤。刘、宋鲜明地排斥古文经学，使今文经学昌盛起来。龚自珍、魏源从刘逢禄学“公羊春秋”。不过，龚、魏尽管崇尚今文经学，却与西汉乃至庄、刘的今文经学不同。过去的今文经学都以经书为立论的依据，经师们都严守今文家法。龚、魏则不然。龚自珍不同意今文经学祖师董仲舒的“天人感应”论和东汉的谶纬迷信谬说，甚至对《公羊传》的作者和今文大师何休也提出批评，并且认为不能用《公羊春秋》去通释群经，而《易》《书》《春秋》等都是史。这与今文学派对儒家经典的看法是大异其趣的。更重要的是，他们借用“出没隐显”的“微言”以“经世”，揭露社会弊端，寻求解决社会现实问题的方法，以“经术为治术”。

与汉学对立的桐城派宋学，虽然在道光初有方东树的《汉学商兑》，大肆攻击乾嘉考据学，但并不绝对排斥考证，认为对义理、考证均须用功，提出了“汉宋兼采”的主张。桐城派传人姚莹更有自己的独立见解。他虽崇尚理学，却对理学的空疏颇有微词。他说，作为“正学”的理学，“其弊不免于拘隘空疏”。① 他贬抑汉学而不反对名物训诂，认为说文、音韵、训诂是学习经典的门户阶梯，应择善而从②，主张“考订不废义理”③，并批评说：“世儒言理者，或指器数为糠秕；而好器数者，又讥空理之无据，胥失之矣!”④ 他也反对“世儒耻为自反，徒负气大言”⑤ 的苦争闲气的门户之见。在学风上，姚莹是力主“经世致用”的。

上述诸人，虽然学术流派不一致，但是都主张经世致用，把学术与现实联系起来，反对无补于世的空谈性理和烦琐考据。在社会危机四起的形势下，他们能面对现实，针砭时弊，主张改革。学术流派只是他们的思想外壳，经世致用、变易改革才是他们的思想内核。他们与以前治经学和理学者不一样。正如梁启超评论说：龚、魏“往往引《公羊》义讥切时政，诋排专制”，“其精神与正统派之为经学而治经学者既有以异。自珍、源皆好作经济谈，而最注意边事”。⑥ 对崇尚其他学术思想而主经世致用的人，也可作如是观。

---

① 《张知白言治化》，《寸阴丛录》卷三。
② 参见《小学》，《寸阴丛录》卷一。
③ 《复黄又园书》，《东溟文外集》卷一。
④ 《读书大义》，《识小录》卷一。
⑤ 《昌黎与大颠书》，《康輶纪行》卷一四。
⑥ 梁启超：《清代学术概论》，第122、126页。

“经世致用”成为一种社会思潮的重要标志是魏源于1826年（道光六年）代贺长龄辑成《皇朝经世文编》。魏源在叙文中强调“善言心者，必有验于事矣”，虽然“今必本夫古”，然“时愈近，势愈切，圣人乘之，神明生焉，经纬起焉。善言古者，必有验于今矣”。魏源提出：“格其心、身、家、国、天下之物，知奚以正，奚以修，奚以齐且治平者也。”[①] 强调的是当今，是修齐治平的致用，从而打出了立足现实、解决所面临的实际问题的旗号。当时，主张经世、改革的著名人物，有陶澍、林则徐、陈寿祺、贺长龄、程恩泽、李兆洛、龚自珍、魏源、包世臣、姚莹、张际亮、潘德舆、汤鹏、金应麟、苏廷魁、陈庆镛、姚元之、吴嘉宾、梅曾亮、宗稷长、黄爵滋、何绍基、臧纡青，以及因爱国而成为改革派的林昌彝、张穆、张维屏、梁廷枏、卜起元、沈垚、徐松、鲁一同、何秋涛等。

地主阶级改革派要“经世”，就须面对社会现实问题，而嘉道之际主要的社会问题是土地兼并激烈，漕运不畅，盐务不振，河患频仍，鸦片泛滥，白银枯竭，民变蜂起，学用脱节，人才无所出等。道光中叶，河患、鸦片、人才问题更为突出，魏源所谓：“无一岁不虞河患，无一岁不筹河费，此前代所无也；夷烟蔓宇内，货币漏海外，漕鹾以此日敝，官民以此日困，此前代所无也；……举天下人才尽出于无用之一途，此前代所无也。”[②] 他们一面揭露批判各种社会弊端，一面又尽力寻找解决这些问题的办法，提出改革主张。

改革派中人，绝大多数对当时的社会弊病有比较深刻的认识，并敢于揭露批判。其中最突出的是龚自珍。这位少年即有经世之志、被其外祖父段玉裁期望甚殷的才子，蹉跎一生，困处下僚，不得志于宦海，既未成名臣，也未成名儒，而恰恰成了他外祖父不希望的名士。[③] 在他20多岁所作诗文中，即“伤时之语，骂座之言，涉目皆是”。“甚至上关朝廷，下及冠盖，口不择言，动与世迕”。[④] 他隐喻清朝的统治已是“日之将夕，悲风骤至”[⑤] 的衰世。他指出，人口日益增多，黄河为患日甚，可皇帝、大官只知以开捐例、加赋、加盐价来解决问题。然而这就如割臀肉以肥脑，自吃自肉，无济于事。自乾隆末年以来，

① 《皇朝经世文编叙》，《魏源集》上册，第156、157页。

② 《明代食兵二政录叙》，《魏源集》上册，第163页。

③ 段玉裁望龚自珍成为名臣、名儒，而不要成为名士。而龚却成了动与世迕的“龚呆子”。（《定庵先生年谱外纪》，《龚自珍全集》，第597—598、632页）

④ 《定庵先生年谱外纪》，《龚自珍全集》，第648页。

⑤ 《尊隐》，《龚自珍全集》，第87页。

人心风俗惯于泰侈游荡，吸鸦片，习邪教，不从学，不做工，不务农，不经商，游手好闲者愈来愈多，而以京师为尤甚。从京城至全国各地，大抵富户变贫户，贫户变饿者，读书人也奔走下贱，各省大局，“岌岌乎皆不可以支月日”。[①] 国家人才缺乏，将相士民中，都没有有才干的人；即使有人崭露头角，也立即遭到攻击、束缚、压抑，终不得展露才华。他进而揭露当时的士子官吏，多是些无耻之徒，“自其敷奏之日，始进之年，而耻已存者寡矣！官益久则气愈偷，望愈崇则谄愈固，地益近则媚亦益工”[②]。这些政要、清暇、堂陛之官，除知车马、服饰、写字、赓诗、饰言辞、蒙色笑、讨好上司、谄媚皇帝外，不读书，不知大义，不察民隐，不关心国事。国家一旦有事，他们只会顾自己。而士子官吏之无耻，又是皇帝专制及其待臣工如犬马所致。[③] 龚自珍还看到当时土地集中之严重，贫富之悬殊，并警告说：“小不相齐，渐至大不相齐；大不相齐，即至丧天下。”[④] 这些描述因愤世嫉俗而可能有过激之词，但确实指出了清朝统治症结之所在。

改革派中的其他人对清朝的腐败也多有揭露批判。如林则徐说：“今之时势，观其外犹一浑全之器也，而内之空虚，无一足以自固。”[⑤] 他对吏治腐败也极为不满。道光初，他在答陈寿祺诗中斥责那些官场中的利禄之徒，揭露他们对上阿谀取容、昏夜乞怜，对下刻薄寡恩、严刑峻法的民贼嘴脸；并指出，这是社会衰败的病根。[⑥] 陈寿祺也极关心时政，他在上书当道中指出，大吏求供亿使州县官贪污更加厉害：“其中拙者索府库以应厨传，巧者浚脂膏以奉刍秣，如此安得不上蚀而下渔。上蚀而下渔，则吏安得善，国安得治！”[⑦] 历经乾、嘉、道、咸四朝的包世臣，是开社会批判风气之先的人物。他在嘉庆末年的著作中指出：清朝统治下的中国，已“百为废弛，贿赂公行，吏治污而民气郁”[⑧]。魏源说，清朝“如外强中干之人，躯干庞然，一朝痿木”[⑨]。他揭露那些尸位素餐

---

① 《西域置行省议》，《龚自珍全集》，第 106 页。
② 《明良论二》，《龚自珍全集》，第 31 页。
③ 参见《明良论二》《明良论四》，《龚自珍全集》，第 32、35 页。
④ 《平均篇》，《龚自珍全集》，第 78 页。
⑤ 《林则徐书简》（增订本），第 299 页。
⑥ 参见《答陈恭甫前辈寿祺》，来新夏《林则徐年谱》（修订本），第 70 页。
⑦ 《上官保尚书仪真公书》，《左海文集》卷五。
⑧ 《再与杨季子书》，《安吴四种》卷八。
⑨ 《拟进呈元史新编表》，《元史新编》卷首，光绪三十一年邵阳魏氏慎微堂刊。

的官吏，“除富贵而外不知国计民生为何事，除私党而外不知人才为何物；所陈诸上者，无非肤琐不急之谈，纷饰润色之事；以宴安鸩毒为培元气，以养痈遗患为守旧章，以缄默固宠为保明哲，人主被其熏陶渐摩，亦潜化于痿痹不仁而莫之觉”①。他鞭挞官场中因循、推诿、疲玩的风气说：“以推诿为明哲，以因袭为老成，以奉行虚文故事为得体。恶肩荷，恶更张，恶综核名实。……便文畏事窭陋之臣，遇大利大害则动色相戒，却步徐视而不肯身预。自仁庙末年，屡以因循泄沓申戒中外，而优游成习，卒莫之反也。”② 魏源对科举与不良学风锢蔽人才极为不满。他说：“士之穷而在下者，自科举则以声音诂训相高，达而在上者，翰林则以书艺工敏、部曹则以胥史案例为才，举天下人才尽出于无用之一途。”③ 养人用人殊不得法，“其造之试之也，专以无益之画饼，无用之雕虫，不识兵农礼乐工虞士师为何事；及一旦用之也，则又一人而遍责以六官之职，或一岁而遍历四方民夷之风俗；举孔门四科所不兼，唐、虞九官所不摄者，而望之科举兔册之人”，当然不会做出什么好成绩。这是“所用非所养，所养非所用”造成的。④ 其时颇负人望的黄爵滋也指出，人才之弊有二，一是科举的学用脱节，二是保举的名实不副。科举与保举，是当时选用人才的两条主要途径。“科举弊，则科举中之人才已莫能见，况科举以外者乎？……保举弊，则保举所可及之人才已莫能见，况保举所不及者乎？是故求之不严，则冒滥之人众，而患莫大焉；求之不广，则将就之人多，而患亦莫大焉。”⑤ 对科举之弊，姚莹指斥道，士子读书，只知求取功名，却不通大义，不知古今是非利弊。一旦当官，对世事既昏且瞆，对兵刑钱谷全然不晓。故科举取士造成了士林中只求名而不务实的极坏风气。虽然凭借科目而跻身显贵者不乏其人，但是他们对于国家的治乱、风俗的隆污，毫无助益。他揭露官场中的腐败现象说，官场之中，习委蛇之节，仍贪冒之常，空发议论，莫究实用，涂饰为文，讳言国事，任事人少，畏葸者多，昧于大体，徒拘小节，墨守成规，反对变革，“平时操觚染翰、妃黄媲白之流，徒能饰辞藻，修边幅，以妩媚取容而已”⑥。受林则徐推重、与姚莹友谊甚笃的年轻诗人张际亮在给黄爵滋的信中愤然揭露说：举人、进士都是朝

① 《默觚下·治篇十一》，《魏源集》上册，第66页。

② 《太子太保两江总督陶文毅公神道碑铭》，《魏源集》上册，第328页。

③ 《明代食兵二政录叙》，《魏源集》上册，第163页。

④ 《默觚下·治篇一》，《魏源集》上册，第37页。

⑤ 《敬陈六事疏》，《中国近代史资料丛刊·鸦片战争》第1册，第480页。

⑥ 《复座师赵分巡书》，《东溟文外集》卷二。

廷打着“为国求贤”的招牌录取的。可是，一旦当官，其凶残灭裂令人发指！闽省各级官吏，“贪以浚民之脂膏，酷以干天之愤怒，舞文玩法以欺朝廷之耳目”。“为大府者，见黄金则喜；为县令者，严刑非法以搜刮邑之钱米，易金贿大府，以博其一喜。至于大饥人几相食之后，犹借口征粮，借名采买，驱迫妇女逃窜山谷，数日夜不敢归里门，归而鸡豚牛犬一空矣。归未数日，胥差又至矣，门丁又至矣，必罄尽其家产而后已”。①

对于武备之废弛，改革派也多有揭露。黄爵滋指出，道光时领兵之将，不明韬略，不娴技艺，偷惰苟安，克吞粮饷，遇事逡巡而不敢前，“戎务之废弛已极……是今日之兵，以为备，非不备也；以为可用，则臣未敢信其尽可用也”②。姚莹指出，军队诸将，“皆以趋承交结，巧取升阶”③ 为务，而对弓马技艺、风云沙线全不在意。将懦兵疲，海防空虚，后患无穷。金应麟痛陈水师积弊：每岁操习，多系虚文；战船以彩画为工，不堪驾驶；修理战船，武弁大索陋规，使领款修船之文员不堪赔累而推诿稽迟。水师将兵，勒索行旅；将备克扣兵饷，甚至吸食鸦片，怠卧家中，“水师之敝坏，未有似今日之甚者也”。④

至于河患不断，水利失修，漕运弊窦丛生，都与腐败的吏治有关，地主阶级改革派也大加揭露、批判。

问题成堆，势成积重，何以应之？改革派认为，只有“更法”，“改图”，革除弊端，更立新法。龚自珍认为，商朝长达六百年，周朝延祚八百载，享国久而终灭，这是不足为奇的。因为“无八百年不夷之天下”。可是，有的王朝十年而亡或五十年而灭，为什么如此短暂呢？因为“拘一祖之法，惮千夫之议，听其自堕，以俟踵兴者之改图尔”。对此，他指出：“一祖之法无不敝，千夫之议无不靡，与其赠来者以劲改革，孰若自改革？”⑤ 他在 1829 年（道光九年）《上大学士书》中又指出：“自古及今，法无不改，势无不积，事例无不变迁，风气无不移易”，正如《易》经所说，“穷则变，变则通，通则久”，出现问题后，只有改革图变，才有出路。⑥

---

① 《答黄树斋鸿胪书》，《张亨甫全集》卷三。

② 《敬陈六事疏》，《中国近代史资料丛刊·鸦片战争》第 1 册，第 480—481 页。

③ 《复贺耦庚方伯书》，《东溟文后集》卷六。

④ 《水师操演废弛请饬查究折》，中国科学院近代史研究所近代史资料编辑组编辑：《鸦片战争时期思想史资料选辑》，中华书局 1963 年版，第 30 页。

⑤ 《乙丙之际箸议第七》，《龚自珍全集》，第 5—6 页。

⑥ 《龚自珍全集》，第 319 页。

魏源是具有历史进化观与变易观的人物。他认为，三代以上的天、地、人、物，随时代的演进而不断变化，古代的制度、礼俗也在不断变化。可见，“气化无一息不变”，“势则日变而不可复”。若“执古以绳今，是为诬今”，诬今不可以为治。因此他说：“变古愈尽，便民愈甚。”① 1825 年（道光五年），他在总结漕米改海运时强调：“至于法久弊生，因时制变，则神而明之，存乎其人。”② 道光中叶，他在筹改盐法时又说：“天下无数百年不弊之法，无穷极不变之法，无不除弊而能兴利之法，无不易简而能变通之法。”③ 他强调，欲矫时弊，“势必不得不出于更革。小更革则小效，大更革则大效”④。

改革派提出要“更法”，受到顽固势力的抵拒与诽谤；每提出一个改革方案，都有一番与腐朽势力的斗争。不过，他们并不屈服，不仅针对时弊提出改革办法，而且尽可能付诸实施。

地主阶级改革派的改革主张，主要是针对国内大政提出的。

人才的选拔、使用，是改革派极为关注的问题。他们认为，国家能否治理好，能否兴旺发达，最关键的是人才。林则徐指出，“为国首以人才为重”⑤。龚自珍在论王安石《上仁宗皇帝书》时说，“万言书实二言而已”，即“人才”。⑥ 魏源则认为，“治法本于治人”⑦，“不难于立法而难得行法之人”，只要寻觅到合适的人才，“得其人自能立法矣”。⑧ 黄爵滋以朝代之兴替为史鉴，说明“人存则政举，故天下无难为之事，无难为之时，总在得有为之人”⑨。而姚莹早在嘉庆时就指出，“天下之务莫急于人才”⑩，鸦片战争后，他更认为“人才为天下本”⑪。邓廷桢、怡良也说：“为政之道，有治法犹赖有治人。苟得其人，政无不治。”⑫

---

① 《默觚下·治篇五》，《魏源集》上册，第 48 页。

② 《道光丙戌海运记》，《魏源集》上册，第 418 页。

③ 《筹鹾篇》，《魏源集》下册，第 432 页。

④ 《御书印心石屋诗文录叙》，《魏源集》上册，第 243 页。

⑤ 《林则徐书简》（增订本），第 299 页。

⑥ 《定庵先生年谱外纪》，《龚自珍全集》，第 643 页。

⑦ 《默觚下·治篇九》，《魏源集》上册，第 59、46 页。

⑧ 《默觚下·治篇四》，《魏源集》上册，第 46 页。

⑨ 《敬陈六事疏》，《中国近代史资料丛刊·鸦片战争》第 1 册，第 479 页。

⑩ 《复座师赵分巡书》，《东溟文外集》卷二。

⑪ 《复卜贞甫书》，《东溟文后集》卷八。

⑫ 《两广总督邓廷桢等为续获鸦片匪犯起数折》，《鸦片战争档案史料》第 1 册，第 523 页。

吴嘉宾在鸦片战后急切地指出，“多事之际，人才为急”①。

既然人才关乎国家盛衰，故改革派提出了育才、选才、用才的一套办法。

所谓育才，在改革派看来，主要是养士人之正气，得士人之心，使之能为国家社稷鞠躬尽瘁。针对官吏士子以谄媚荣身、无廉耻之心，他们指出，“士不知耻，为国之大耻”，故对官吏士子应“以教知耻为先”。为此，国君须待臣下以礼，对大臣以师友处之，而不能以犬马徒隶去对待他们。“非礼无以劝节，非礼非节无以全耻”。② 为相之人，则应像周公那样礼贤下士，一饭三吐哺，一沐三握发，广泛听取他们的意见，并根据士人的具体情况，或师事之，或以朋友待之，更多的则是加以教育、培养，然后量才使用。这样，士心归向，愿为朝廷效力，人才即用之不穷。③

选才则是通过各种途径，把天下人才选拔出来，以为国家所用。改革派认为，要如此，人君须有勤求人才之心，“不以高危自处，而以谦卑育物为心，人人得而亲近之，亦人人得而取给之”。这样，就可以求得天下之贤才。“故人材者，求之则愈出，置之则愈匮”④，以宽待人者，人才即可归之。在选拔人才时，还当破除资格限制。龚自珍即大声疾呼：“我劝天公重抖擞，不拘一格降人才。”⑤ 黄爵滋认为，“破资格求之，而其途甚广”，“录其有用之才，虽布衣犹当推毂”。⑥ 吴嘉宾指出，急求人才之时，“资格不可拘”⑦。姚莹认为，“人材固不可以资格尽”⑧，故“得人才之法莫妙于因材善使，无以常格拘，无以小行责”⑨。黄爵滋认为，破资格、广求人才的具体办法，是要破除“学非所用，用非所学”的科举之弊，试之有用之学，即不试诗赋而试策论，取其通经史而适于时务者，量才用之；或者兼设数科，文学优长而有见地者任御史，有行政才干者任繁剧州县县官，有洞明韬略、娴悉军事技术者用为各级武将。如此即可人才奋兴，而无才之人即不可能滥竽官场。⑩ 姚莹更提出：选才者要有识才的眼

① 《论内外罔欺疏》，《求自得之室文钞》卷四。

② 《明良论二》，《龚自珍全集》，第31—32页。

③ 参见《默觚下·治篇九》，《魏源集》上册，第58—59页。

④ 《默觚下·治篇九》，《魏源集》上册，第57页。

⑤ 《己亥杂诗》，《龚自珍全集》，第521页。

⑥ 《敬陈六事疏》，《中国近代史资料丛刊·鸦片战争》第1册，第480—481页。

⑦ 《论内外罔欺疏》，《求自得之室文钞》卷四。

⑧ 《沈宋二君传》，《东溟文集》卷六。

⑨ 《复座师赵分巡书》，《东溟文外集》卷二。

⑩ 《敬陈六事疏》，《中国近代史资料丛刊·鸦片战争》第1册，第480页。

光，应从大处着眼去识别人才，“有不为乃可以有为，释其小乃可以见大；举世不觉而独言之者，必有观时之识；举世共趋而独不顾者，必有经远之谋”。因此，选才者应与这类人接触，发现其中之有雄才大略者，将其提拔重用。① 总之，既要破除资格，又要严格考察，使真正有才干的人得以录用。

人才选拔出来后，还须善于使用。改革派认为，“有才而不用，与无才同；用之而不使之尽其才，与不用同”②。在用人时，要“大以任大，小以任小”③，“取人之长，避人之短”④。对其以往的过错可以宽宥，以图将来；而当其做出成绩时，又应不惜重赏。⑤

改革派在提出解决人才问题的办法时，又主张整饬吏治。林则徐主张严格察吏。他提出从四个方面进行考察：“一考诸公牍之事理，一验诸接见之语言，一证诸采访之声名，一征诸管辖之成效。”⑥ 然后根据才干、勤惰、廉贪，分别给予奖惩。整饬吏治，须反对贪污受贿，选择循良的地方官。陈寿祺认为：“令长不尽择循良，虽欲求治而不可得；大吏不尽除供亿，虽欲求令长之贤而亦不可得。”⑦ 大吏本身清廉，即可理直气壮地要求其下属廉洁。“倘再有借词额外浮加者，上司执法而行，坦然无复丝毫顾虑之私”⑧。地方官都循良了，国就可以治理好了。用循良还须裁汰冗滥。龚自珍向大学士富俊手陈八条当世急务，其一即为“汰冗滥”⑨。黄爵滋则鲜明地提出，“于旷职恋栈之员，即汰令出缺，毋塞来者充补之路”⑩。

清朝“漕、盐、河三大政，利弊之所薮”⑪，关系国计民生与吏治。而正是这三大政弊窦丛生，令清朝皇帝大伤脑筋。为上筹国计，下利民生，改革派对此三者提出了一系列的改革主张。

漕运，关系到京城官兵俸米的发放，也关系到江南民生、吏治及运河沿岸

① 参见《通论上》，《东溟文集》卷一。
② 《致邵懿辰》，《林则徐书简》（增订本），第 299 页。
③ 黄爵滋：《敬陈六事疏》，《中国近代史资料丛刊·鸦片战争》第 1 册，第 481 页。
④ 《默觚下·治篇七》，《魏源集》上册，第 52 页。
⑤ 参见吴嘉宾：《论内外罔欺疏》，《求自得之室文钞》卷四。
⑥ 《密陈两湖文武大员考语折》，《林则徐集·奏稿》中，第 482 页。
⑦ 《上官保尚书仪真公书》，《左海文集》卷五。
⑧ 《复蒋中堂论南漕书》，《魏源集》上册，第 424 页。
⑨ 《定庵先生年谱》，《龚自珍全集》，第 619 页。
⑩ 黄爵滋：《敬陈六事疏》，《中国近代史资料丛刊·鸦片战争》第 1 册，第 481 页。
⑪ 《御书印心石屋诗文录叙》，《魏源集》上册，第 244 页。

的社会秩序，清廷极为重视。可是，每年运往北京的400万石漕米，从征收、交兑、运输到验收，无一不有弊病。官吏浮收勒折，运丁借词加费，沿途河、漕官兵层层索诈，通州仓胥要挟勒索。因此，除清廷每年拨数百万两的“漕项”外，地方官还要向交纳漕赋之人加倍征收“帮费”。运京一石粮，耗银达数两之多，以致东南民人不堪负担，地方官不堪赔累，最后不得不以“报灾”弥补不足，使漕米不能按额征齐，影响非小。如遇运河堵塞，漕路不通，后果更加严重。为解决漕务积弊，改革派提出了各种方案，其最主要的有两项：一为北方种稻，二是改漕运为海运。

北方种稻以减少甚至全免南粮北运，是改革派根本解决漕务问题的方案。林则徐在1833年（道光十三年）提出，黄河改由山东出口，使洪泽湖成为良田，栽种粮食，以减轻南方漕粮的负担。他在给陈寿祺的信中说：“欲救江、淮之困，必须改黄河于山东入海，而以今之黄河，于淮涸出洪泽湖以为帝籍，江、浙之漕米，可以稍轻，而运费遂有所从出。”① 他又在《畿辅水利议》和给道光帝的奏折中，提出一个解决漕运问题的“万年至计”，即在直隶海河下游治水，垦田种稻；待垦田所产之稻米达400万石，漕运即可全停，江南不再征漕米而改征折色，“则南漕折征岁可数百万两，而粮船既不须起运，凡漕务中例给银米所省，当亦称是。且河工经费，因此更可大为撙节。上以裕国，下以便民……而漕弊不禁自除”②。龚自珍也有类似的主张。他说：“东南之漕运，国家设漕务各官兵役胥吏，及一切转输之费，浚河道之费，国家亦以数石而致一石也。畿辅稻熟，则取之也近，国帑减省，亦一利也。”③

畿辅垦田种稻，虽非改革派之首倡，但却是大胆而根本解决漕弊的办法。但清政府没有采纳。当时可行的是改漕粮之河运为海运。包世臣曾著《海运南漕议》，倡以海运代漕运，并驳斥反对海运的诸种论调④，但未被采纳实行。“道光四年冬，淮决高堰，竭运河”⑤，漕运受阻，京仓有粮尽之虞。陶澍、贺长龄、魏源等极力主张实行海运。他们认为，天下事应因势利导。现在地势（京城近海，漕粮主要征收地江、浙滨海）、事势（开海以后，商人海道运货，习以为常，对海道熟悉）、时势（运河梗阻）都发生了变化，即可“因商道为运道，因

---

① 《林则徐书简》（增订本），第25页。

② 《复议遵旨体察漕务情形通盘筹画折》，《林则徐集·奏稿》中，第724页。

③ 《定庵先生年谱外纪》，《龚自珍全集》，第643页。

④ 参见包世臣：《中衢一勺》，《安吴四种》卷一。

⑤ 《海运全案序》，《魏源集》上册，第411页。

商舟为运舟，因商估为运丁，因漕费为海运费”，实行漕粮海运。[①] 如此，可利国计，利民生，利海商，并可杜漕运之种种弊窦。[②] 这次行海运之奏请得到清廷的允准。在陶澍、贺长龄的主持下，1826 年（道光六年）的海运非常成功，平均每石漕粮运费仅 8 钱多，较之过去“数两而致一石”，所省甚多。此后，他们不仅主张江、浙漕米一律改行海运，而且提出，当运河受阻时，江西、湖广漕粮也可改行海运：“以海受江，可经可权，谁谓宜吴船而不宜楚船也?”[③] 他们进而指出，即使运河畅通，“漕未必因此而清”。“以钱粮最重之地，值漕务极困之时，议八折，议恤丁，禁浮收，禁闸费，舌敝唇焦，茫无寸效”。在这种情况下，穷极变通，“舍海运别无事半功倍之术，为救弊补偏则不足，为一劳永逸则有余”。[④] 此后海运虽停，而他们仍坚持这一主张。1839 年，林则徐在广东禁烟时，即支持漕粮海运的主张。他指出，将漕船改小，在淮上建廒贮米等办法，都不可行。“惟海运曾经办过，尚有成案可循，若按候放洋，得乘南风北驶，春夏两季中，一船必可两运”，故“海运尚属可行”。[⑤] 1846 年，魏源为海运事上书江苏巡抚陆建瀛说，“江苏漕弊，非海运不能除；京仓缺额，非海运不能补”，实行海运，“吏治、民风、国计，一举三善”，“惟海运可再造东南之民力，惟海运可培国家之元气”。[⑥] 其建议终被采纳施行。

盐法，与清廷的财政收入、民众的日常生活以及社会的安定密切相关。清廷每年的收入中，盐课达六七百万两之巨，其数额仅次于地丁。其中，两淮盐课占一半以上。嘉道年间，盐务弊病百出。那时，实行纲盐制，但“纲利尽分于中饱蠹弊之人”[⑦]。食盐从盐场运至各销售地，被索诈之各种规费，“名色百出，不可胜胪”[⑧]。因此，不仅盐商获利甚微，而且使食盐成本大大增加，售价上涨，官盐滞销，私盐充斥，盐课大量拖欠。1821—1830 年（道光元年至十年），积欠盐课达 1000 多万两。国计民生，两受其害。解决盐务问题，是当时的又一急务。改革派提出的对策，是改纲盐制为票盐制。早在嘉庆末年，包世臣

① 《筹漕篇上》，《魏源集》上册，第 404 页。
② 参见《复魏制府询海运书》，《魏源集》上册，第 418—421 页。
③ 《筹漕篇下》，《魏源集》上册，第 410 页。
④ 《复蒋中堂论南漕书》，《魏源集》上册，第 424—425 页。
⑤ 《复议遵旨体察漕务情形通盘筹画折》，《林则徐集·奏稿》中，第 722、723 页。
⑥ 《上江苏巡抚陆公论海漕书》，《魏源集》上册，第 425—427 页。
⑦ 《淮北票盐志叙》，《魏源集》下册，第 438 页。
⑧ 《筹鹾篇》，《魏源集》下册，第 435 页。

即提出了这一主张。他建议裁撤大小管盐官役，听任商贩向本地州县领取印照，“赴场官挂号，缴课买盐”①。至1831年末，两江总督陶澍与包世臣、魏源、姚莹等筹商，奏准在淮北实行票盐制。这种制度于1832年首先在江苏海州所属的中正、板浦、临兴三场实行，听任民人投所设行店买盐，运往售卖。官府择各场要隘之地设税局，给予照票，注明斤数及运往何处售卖字样。由于革除了中间环节的各种费用，食盐成本降低，而办法又甚灵活，正如魏源所说，“只论盐课之有无，不问商贾之南北”②。只要有资本，照章纳税，任何人都可贩运，故“来者既众，转运愈多，于国课民食，均有裨益”③。改行票盐不久，成效大著。食盐畅销，盐场原来堆积未运之盐，运售一空。票商获利甚巨④，盐课收入大增。1835年，陶澍上奏说：“自辛卯（即道光十一年）至今，年终盘查存库银数，逐渐递增。至上年岁底，实存银二百余万两，为数十年所未有。”⑤ 1839年，魏源又提出在淮南进行盐法改革的主张，即减课额、平场价、裁坝工捆工、裁浮费，使盐本由原来每引12两减至7两多；再仿淮北行票盐，由过去的纲商垄断，改为散商自由领票，纳课运盐。这样可使盐本轻，销售速，私盐不禁自绝，盐课定然增加，盐务积弊即可得到整顿。待淮南实行见成效后，就可广泛地将此法推行南北各盐场：“淮鹾明而浙、粤、芦、潞之利害皆明；淮鹾效而浙、粤、芦、潞之推行皆效”⑥。这是一个将盐法改革推向全国的宏伟设想，但未被朝廷采纳。姚莹鉴于淮南盐法未得根本改变，于1849年底作《变盐法议》，指出：淮南盐法之敝坏比前20年更厉害，达到了“病商病民以至病国”的严重程度，“诚危急存亡之秋也”，非变法不可，“非大泻大补不可”！姚莹还提出了“大泻大补”的具体方案：“减缉私之费以收场灶之盐，撤楚西岸店以免匣费之弊而已。”⑦ 此二者之目的都是去食盐运销过程中的中饱营私。中饱私囊者一去，官盐即可畅销，“正杂课之输纳可盈，苏商之困，下利民而上利国”⑧。

---

① 《庚辰杂著》五，《安吴四种》卷三。

② 《上陆制军请运北盐协南课状》，《魏源集》下册，第446页。

③ 《复奏办理两淮盐务一时尚未得有把握折子》，《陶文毅公全集》卷一四。

④ 行票盐后，票商获利丰厚，一些士大夫亦加入票商行列。魏源即以此致富，并于1835年（道光十五年）在扬州购置盹园。陈世镕《与魏默深书》云：“梅生言，足下盐利大获，在扬州买宅，居然与富商等。”（《求志居集》卷二七）可见票商获利甚巨。

⑤ 《缕陈历年办理两淮鹾务实在情形折》，《陶文毅公全集》卷一六。

⑥ 《筹鹾篇》，《魏源集》下册，第431—438页。

⑦ 《变盐法议》，《中复堂遗稿》卷一。

⑧ 《变盐法议》，《中复堂遗稿》卷一。

治河与水利兴修，二者互为表里，是清廷极为关注、改革派也十分重视的大政。陶澍认为，治水能使“舟楫畅通，旱潦无虑，民生永资利赖”①。林则徐在辞河督的奏折中说，“河工修防要务，关系运道民生最为重大”②。他在报告挑挖江苏河道的奏折中又说，“江苏号为泽国，而财赋甲乎东南。赋出于田，田资于水，故水利为农田之本，不可失修”。而“水道多一分之疏通，即田畴多一分之利赖”。③ 可是，或由于治河不得其法，更因为吏治之日益腐败，无论是江、淮、河、汉，还是直隶境内的漳水、永定河，泛滥之灾频年不断。嘉道之时，竟“无一岁不虞河患”④。林则徐任江苏巡抚时，“江北连年水灾”，由于黄河河底淤高，洪泽湖水注入长江，“而港汊纡回，运河吃重，高邮四坝，无岁不开，下河七州县，无岁而不鱼鳖”。⑤ 国家用于治河的经费，有增无已。1782 年（乾隆四十七年）以后之河费，已数倍于清朝建国之初。而 1806 年（嘉庆十一年）之河费，又大倍于乾隆。至道光中叶，黄河底高淤厚，日险一日，其用费又多于嘉庆。除岁费外，尚有另案、抢修之费。而治河的机构愈来愈庞大，仰食于河工经费的文员武弁兵丁达一万数千人。故魏源惊叹道：“河工者，国帑之大漏卮也！”⑥

针对河务中的这些问题，改革派提出了一系列治河主张。其中主要有两点：一是依据自然规律，因势利导，从根本上加以整治；二是为免水患，加强河道的疏浚。

林则徐和魏源都提出了顺应“河性”“河势”，从根本上治河的方案。所谓“河性”“河势”，即水往低处流的自然之势。1833 年（道光十三年），林则徐提出了使黄河改道从山东入海的“非常之论”：“欲救江、淮之困，必须改黄河于山东入海，而以今之黄河，于淮涸出洪泽湖以为帝籍。……尝谓古之善治河者如神禹，禹之治河，固非后人所可思议。若汉之王景，非不可学者。何以王景治河，由千（乘）入海之后，史册中不闻河患者千六百年，大抵南行非河之性，故屡治而屡为患耳！”⑦ 魏源进一步阐述了黄河改道由鲁入海的依据及好处。他

---

① 《会同江督验收吴淞江工程折子》，《陶文毅公全集》卷二八。
② 《补授河督谢恩并陈不谙河务请另简放折》，《林则徐集·奏稿》上，第 9 页。
③ 《动用刘河节省银两拨挑七浦等河折》，《林则徐集·奏稿》上，第 237、238 页。
④ 《明代食兵二政录叙》，《魏源集》上册，第 163 页。
⑤ 《致陈寿祺》，《林则徐书简》（增订本），第 24—25 页。
⑥ 《筹河篇上》，《魏源集》上册，第 367 页。
⑦ 《致陈寿祺》，《林则徐书简》（增订本），第 78 页。

首先检讨过去治河之失说：自靳辅之后，河臣不治黄河出海之口，而只是设法宣泄洪水，结果是海口淤积，河底也愈来愈高。此时，治河者又只知加高河堤，从而形成河底日高、河堤随之增高的恶性循环。“束水于堤，隆堤于天”，一旦涨水，更加危险，“是以每汛必涨，每涨必险，无岁不称异涨”。如果河堤被冲决，造成水灾，只得筹划堵塞决口。于是，河臣所致力的，“但问决口塞不塞与塞口之开不开”。魏源认为，这种做法只能叫作“防河”，而不能叫作“治河”。且不说这种“防河”之法决不能保证河堤不决口；即使能保证十年或几十年不决口，而每年防河经费则须用去五六百万。“竭天下之财赋以事河，古今有此漏卮填壑之政乎?”接着，他提出了从根本上治河的办法：“由今之河，无变今之道，虽神禹复生不能治，断非改道不为功”。改黄河至山东入海，是因为“地势北岸下而南岸高，河流北趋顺而南趋逆”，“自来决北岸者，其挽复之难，皆事倍功半，是河势利北不利南，明如星日”。如果南河尚有一线之可治，勉强维持十余年，改道之事还可稍延，“今则无岁不溃，无药可治，人力纵不改，河亦必自改之”。黄河改道北流，水行于太行与泰山之间，不易泛滥，数百年间可省防河之巨费。黄河北流之地，多为盐碱地，南方涸出的却是千里膏腴，淮河上游也可涸出良田数万顷。南方免水患，淮、扬化为乐园，治河官员可减大半。故黄河改道，利莫大焉![1] 对于北河——直隶境内之河——的治理，魏源提出了与治黄河小异而大同的主张：顺水就下之势，“漳流宜北不宜南，永定河宜南不宜北。南北之间，是为大壑。其性总归就下，其行必由地中”。“故治北河者，以不筑堤为上策；顺其性，作遥堤者次之；强之就高，愈防愈溃，是为无策”。用上策使河水向低处行于故道，既无大的水患，且“有淤地肥麦之功，无抢险岁修之费”，“去其水患，即为水利”。[2]

在从根本上治水方面，他们已充分注意到水土流失与围江围湖造田的问题。魏源在1833年（道光十三年）探讨长江、汉水之治理的《湖广水利论》中，明确指出江、汉水患的两个重要成因：第一，人口增多，耕地不足，于是湖广、江南各省居民，沿江、汉、湖筑圩捍水，开为农田房宅，人与水争地，使过去“受水之地”十去六七；第二，湖广无业之民，多至黔、粤、川、陕交界处，开荒种地，一旦大雨倾泻，水土即大量流失，泥沙淤积江、湖，成为洲渚，近水居民又圩而造田，昔日受水之区十去七八。“下游之湖面江面日狭一日，而上游

① 参见《筹河篇上、中》，《魏源集》上册，第365—373页。

② 《畿辅河渠议》，《魏源集》上册，第379—382页。

之沙涨日甚一日，夏涨安得不怒?”据此，他提出了“欲导水性，必掘水障”的主张。即将大碍水道的堤垸，不分官、私，一律掘而导之。最后，他归纳道：“欲兴水利，先除水弊。除弊如何？曰：除其夺水夺利之人而已。”① 也就是上游不能乱开乱垦山地，防止水土流失；下游不能围江湖造田与水争地，而要疏浚畅流。担任湖广总督的林则徐，为治理所辖境内的江河，经过对襄河的亲自履勘调查，得出了与魏源相同的结论。他上奏说：“查襄河河底从前深皆数丈，自陕省南山一带及楚北之郧阳上游，深山老林尽行开垦，栽种包谷，山土日掘日松，遇有发水，沙泥随下，以致节年淤垫，自汉阳至襄阳，愈上而河愈浅。又汉水性最善曲……是以道光元年至今，襄河竟无一年不报漫溃。”而此河落差较大，如上游堤溃，“如顶灌足，即成异灾，故防守之道尤须于上游加意”。② 虽然他们尚未提出防止水土流失的具体主张，但是能从水土流失、圩水造田的角度看到水患的成因，确乎是灼见。更何况他们已具有治水土流失及治河注意治上游的意识。在当时普遍注意治标的情况下，这些见解是非常卓越的，它为根治水患指明了正确的方向。

改革派代表人物在筹划根治河患的同时，又积极修筑堤防，疏浚河道，以消除已然的水患。在这方面，当时在位的方面大员陶澍、林则徐表现最为突出。陶澍在安徽巡抚任上，即注意水利的兴修。1825 年（道光五年）移抚江苏后，面对太湖出口的三条主要河流——黄浦江、吴淞江、刘河淤塞失修造成的严重水灾，奏请疏浚吴淞江。1832 年，他（时任两江总督）又同江苏巡抚林则徐主持疏浚了刘河、白茆河、徒阳运河，修昆山至和塘，浚太湖茆淀，并兴修萧县、砀山、睢宁、桃河、江都、盐城、丰县的水利工程。在疏浚吴淞江、刘河、白茆河时，采取了新方案。过去治理吴淞江，主要是建闸御潮。陶、林认为，此江是宣泄太湖水的主干，“宜宣不宜节，独去其闸，直其湾，阔其源，深其尾，塞其旁泄，使溜大势专，足以敌潮刷沙东下”。正溜趋吴淞，则不宜多杀其势，故与之并行的刘河、白茆河须堵塞其出海口。而这两条河的出海口内外高下平等，过去以海水倒灌为苦，“于是坝其海口，使不通潮，而专蓄清水”。待洪水陡涨时，则决海口大坝以泄洪。③ 林则徐任湖广总督后，鉴于“湖北地方半系滨江临汉，民生保障，全赖堤防”④，极为重视江堤的加修与防守。他督率官民，

---

① 《魏源集》上册，第 388—391 页。

② 《筹防襄河新旧堤工折》，《林则徐集·奏稿》中，第 437 页。

③ 《三江口宝带桥记》，《魏源集》上册，第 396 页。

④ 《筹款生息防守襄堤折》，《林则徐集·奏稿》中，第 559 页。

冬季修堤，夏季防汛；还亲往襄河、荆江，视察履勘。由于陶、林的努力，所以当洪水暴涨之时，江苏、湖北均未发生大的水灾。

嘉道之际一个突出的问题是鸦片走私日甚，白银大量外流，以至造成清朝的统治危机。对此，改革派十分敏感。陈寿祺深怀忧虑地上书道："寿祺尝深思，天下事重有忧者，如鸦片一物，夷人贩运，既以戕中国之人，又以耗中国之财，用心叵测，流毒无穷。计二十年间，天下之甘其鸩而倾其赀者，奚啻累千亿万!"① 包世臣于1828年（道光八年）指出鸦片流毒之害：自嘉庆末，烟毒遍天下，"夷以土入，华以银出，以致银价踊贵，公私交病"。他颇有远见地分析："再阅数年，银长无已，公私更行困惫，不得不筹塞漏卮。漏卮之塞，必在厉禁烟土。烟禁真行，则粤、闽之富人失业，而洋商尤不便此，势必怂恿英夷出头恫喝。"对此严重局势，当事者只图"目前无事，正可苟安"，而无远虑。可是，"十数年后，虽求如目前之苟安而不能"。② 1830年以后，随烟毒之害日剧，改革派的认识愈深刻。陶澍、林则徐在1833年的奏折中指出：鸦片易银，"此尤大弊之源，较之以洋银易纹银，其害愈烈"。"鸦片以土易银，直可谓之谋财害命"。③ 黄爵滋于1835年、1838年先后指出："鸦片烟之银，漏出外洋者，不下二三千万。以无用有害之物，毒中国之人，而又竭中国之财，夷计之狡，莫甚于此"④。烟入银出，"以中国有用之财，填海外无穷之壑。易此害人之物，渐成病国之忧，日复一日，年复一年，臣不知伊于胡底"⑤。林则徐强调"若犹泄泄视之，是使数十年后，中原几无可以御敌之兵，且无可以充饷之银"⑥ 的奏片，更是对鸦片泛滥所造成的统治危机敲起的警钟。

面对如此严重的烟毒问题，改革派提出了禁烟主张。这些主张，可归纳为四个方面：（一）从整顿吏治入手，将那些从鸦片走私中分肥获利、包庇卖放的文武官弁、兵丁吏胥，绳之以法；（二）打断偷运鸦片的中间环节：驱趸船，拿快蟹，破窑口，惩行商，处罚运销内地及开馆之奸民；（三）对吸食者劝惩兼施：一面晓以利害，介绍戒烟方剂，甚至捐廉配制戒烟药丸发放；一面严禁吸食，甚至怵之以死刑；（四）通过外交途径，断绝鸦片来源，即"檄知该夷国

---

① 《上官保尚书仪真公书》，《左海文集》卷五。

② 《致广东按察使姚中丞书》，《安吴四种》卷三五。

③ 《查议银昂钱贱除弊便民事宜折》，《林则徐集·奏稿》上，第135页。

④ 《敬陈六事疏》，《中国近代史资料丛刊·鸦片战争》第1册，第484页。

⑤ 《请严塞漏卮以培国本折》，《中国近代史资料丛刊·鸦片战争》第1册，第485页。

⑥ 《钱票无甚关碍宜重禁吃烟以杜弊源片》，《林则徐集·奏稿》中，第601页。

王，嗣后夷船不准装载此物。如违，即照汉奸治罪”，同时严禁国内栽种罂粟。①

此外，改革派对钱法、边防等问题也颇为关注。他们针对国内使用洋钱日渐广泛、大量纹银出洋的问题，提出明令禁止纹银出洋和试图改革币制——自铸银币以抑洋钱流通的主张。② 为巩固西北边防，龚自珍于 1820 年（嘉庆二十五年）写成《西域置行省议》，详细规划了对新疆的移民、屯垦、设官、行政区划、军队设置等事务，并分析了西域设省的好处。③

地主阶级改革派批判社会弊病、革新内政的思想主张，对国计民生，无疑是有所裨益的。其“经世致用”的思想，为以后思想界的深刻变化奠定了基础。当然，其目的是为已经衰败的清王朝“炼石补天”，其主张不过是对封建制度补苴罅漏。但在思想界比较沉闷的当时，这些思想主张，确乎是难能可贵的。

正当地主阶级改革派将“经世”的注意力集中在“兴利除弊”的内政改革时，英国侵略军的大炮洋枪把改革派想极力维护的“天朝”打得大败。这突如其来的、空前沉重的打击，使改革派大为震惊，但却没把他们吓倒。在新的形势下，他们及时对“经世”目标作了调整——把注意力转向了反对侵略和了解、学习西方的新方向。

二、地主阶级改革派反侵略和学习西方长技的思想

英国的鸦片侵略，严重影响着中国的政局。英国为维护可耻的鸦片贸易而挑起的侵华战争，更震撼着整个中华帝国。中国面临着空前严重的挑战。

大凡人类遇到挑战，必会有所应战。有人认为，适度的挑战与成功的应战，是人类文明起源的规律，并非毫无道理。鸦片战争是西方资本主义强国对东方

---

① 参见《鸦片战争时期思想史资料选辑》第 6、15、18、20—27、31 页陈寿祺、黄爵滋、张际亮、林则徐等人的书信、奏折；《鸦片战争档案史料》第 1 册第 191 页；《林则徐集·奏稿》中第 567—575、595—601 页等。

② 陶澍、林则徐在 1833 年（道光十三年）的《查议银昂钱贱除弊便民事宜折》中，借商民之口，提出铸造 5 钱重的银币“道光通宝”的主张，并认为“似属有理”，却又说“钱法攸关，理宜上出圣裁，非臣下所敢轻议”，以试探道光帝的态度。（《林则徐集·奏稿》上，第 134—135 页）

③ 参见《龚自珍全集》，第 105—111 页。

古老帝国的挑战。这场挑战，就道义言之，是蛮横的英国对不勤远略的中国的侵略；就时代言之，则是先进的西方对落后的中国的挑战。面对这种新的挑战，以经世自任的地主阶级改革派做出了在当时最为正确的回应。这就是奋起反抗侵略，并为取得反侵略斗争的胜利，放下架子，认真了解西方、学习西方。

从林则徐驰赴广州禁烟起，到江宁城下议和订约止，改革派提出了一系列反侵略的主张。

林则徐受命赴粤禁烟，龚自珍立即写了《送钦差大臣侯官林公序》，向林献策：禁烟须以重兵相随，并多带巧匠修整军器。有大军守海口，防边境，既可防英人挑衅，又能保证严禁鸦片政策的实施。林则徐复书充分肯定了这种意见。

战争爆发后，改革派根据中英双方的现实状况，结合中国历史上的战争经验，提出了抗击英国侵略军的战略战术和各种具体办法。

在战略上，他们根据英军长于海战而不利持久战的认识，主张不与之海上争锋，而严守海口、内河，以守为战，伺机攻击。广东禁烟之后，英舰进行武装挑衅，林则徐即提出了“以守为战，以逸待劳”① 的对敌方针。防守台湾的姚莹认为，“逆夷船高炮大，势难取胜外洋。我兵攻具未齐，目下要务，自当保固藩篱，守定而后议战”②；“设有来者，少则击之，众则坚守，以计破之”③。魏源也认为，“守内河，坚垣垒”，以守为战，是有效的对敌方略。④

以守为战，所用兵力较多。因为英军飘忽不定，而沿海战线长，要隘皆须防守。中国总兵力虽大大超过英军，但却分散在全国各地，要调集军队至前线，殊非易事。而沿海乡民，既熟悉地形、敌情，又有捍卫家乡的强烈愿望。因此，改革派力主募练乡勇、水勇，采用游击战术，人自为战，攻敌不备，以求制服敌人。林则徐为对付英人武装挑衅，从 1839 年（道光十九年）秋冬起，即与关天培密商，雇募渔、疍各户为水勇，伏于岛澳，乘夜焚烧匪船和夷船。同时，林又与邓廷桢商定“募勇操练”。于是，“复募挑壮勇千余名，制配炮火器械，遴委将备管带，先于内洋逐日督操，以备攻战之用”⑤。1841 年 2 月英军攻陷虎门，林以革职戴罪之身，“仍自雇水勇千人”⑥，亟谋抗击英军入侵。姚莹筹划台

① 《烧毁匪船以断英船接济折》，《林则徐集·奏稿》中，第 762 页。

② 《复邓制府筹勘防夷状》（1840 年 10 月），《东溟文后集》卷四。

③ 《复邓制府言夷务书》（1840 年 6 月 11 日），《东溟文后集》卷六。

④ 《道光洋艘征抚记》卷下，《魏源集》上册，第 206 页。

⑤ 《敌船在粤寻衅续筹剿堵折》，《林则徐集·奏稿》中，第 862 页。

⑥ 《林则徐致姚春木、王冬寿书》，《中国近代史资料丛刊·鸦片战争》第 2 册，第 568 页。

湾战守时，鉴于戍兵不敷调遣，提出“募壮勇以贴兵防”“练水勇以凿夷船”① 的主张，募集本地义勇投入抗英斗争，取得了很好效果。1841年，黄爵滋上《筹办海防募兵节饷以操胜算折》：“略言承平日久，水师废弛，兵额既缺，非水勇乡勇无以助攻守；战船未修，非商船渔船无以资驾驶。应令民间力行团练，遇有英船入口，即迭进兜剿。如此，则可省征调之烦，而所在皆重兵重镇矣。”② 张杓先后上书杨芳、祁𡎴，提出“沿海宜团练乡勇以备不虞”的主张：选番禺、香山、新安近海工水战之土人，练为乡勇，每乡约5000人，“教以水战之方，火攻之法”，急时调用，可收指臂之效。③ 还建议以虎门内外之乡勇攻击英军，迫使侵扰厦门之敌回援，以解邻省之围。④ 臧纡青向准备收复浙江三城的奕经建议，遣员选募鲁、汴、江、淮勇士万人，加上沿海渔疍与近场盐枭，并及江湖土盗2万，分其名为南北勇，使之分伏定、镇、宁三城，不区水陆，不合大队，不克期日，水乘风潮，陆匿丛莽，或伺伏道路，见夷即杀，遇船即烧，人自为战，使英军疑忌惊惶，然后蹙以大军，奇正兼用，以歼丑类。⑤ 魏源历数鸦片战争中水勇、义民击敌之功，认为“现在广东岸上力作之人，与水中渔贩之人，其技勇皆欧罗巴人所不及。若挑练此等人为兵卒，可谓一等勇壮之兵”。甚至主张让被文法之吏视为“乱民之首”而豪一方之人，号召数百，或二三千人为精兵，以为反侵略之用。⑥

除以守为战、募练乡勇、出奇制胜等反侵略的谋略外，改革派还非常重视固结人心，鼓舞士气，以及购、造船炮。姚莹认为，对抗击侵略的一方来说，须士气旺盛，不能气馁。“人不在众，贵协力同心”⑦；“兵事不外战守。战在鼓气，守在固心。气不能鼓，不可战也。心不能固，不可守也”⑧。而夷人之长在战舰、火器，因此他又认为：“此时夷务关重，制造大号战船，实为要着”，“欲求必胜，自当更造巨舰”。⑨ 他建议，花10万两银子，用半年时间造巨舰8—10

---

① 《上督抚言防夷急务状》，《东溟文后集》卷四。

② 《清史列传·黄爵滋传》，《中国近代史资料丛刊·鸦片战争》第6册，第335页。

③ 《上杨侯陈善后事宜书》，《鸦片战争时期思想史资料选辑》，第43—44页。

④ 《上祁宫保书》，《鸦片战争时期思想史资料选辑》，第47页。

⑤ 参见梁廷枏：《夷氛闻记》卷四；魏源：《道光洋艘征抚记》卷下，《魏源集》上册，第193页。

⑥ 参见《筹海篇二·议守下》，《魏源集》下册，第861页。

⑦ 《遵旨筹议复奏》，《东溟奏稿》卷三。

⑧ 《兵事不外战守》，《康𬨎纪行》卷一四。

⑨ 《上邓制府请造战船状》（1840年7月），《东溟文后集》卷四。

艘，再以过去之大船为其羽翼，“庶可制敌取胜”①。林则徐在广东，不仅密购西洋大铜炮及精制大铁炮安装在虎门各炮台御敌②，而且在其受到不公平的处分后还冒死上奏：“即以船炮而言，本为防海必需之物，虽一时难以猝办，而为长久计，亦不得不先事筹维。”他建议：“粤东关税既比他省丰饶，则以通夷之银，量为防夷之用，从此制炮必求极利，造船必求极坚，似经费可以酌筹，即裨益实非浅鲜矣。”③ 林被遣戍，荷戈西行，在得知镇江失守后给友人的信中，一再论及船炮与士气之重要。他说：“剿夷而不谋船炮水军，是自取败也。”现在英军自海入江，狼奔豕突，频陷城垣，皆因“水中无剿御之人，战胜之具”。敌炮远及十里内外，而清军大炮不过射二三里，是器不良；英军可发连珠炮，清军发炮间歇甚长，是技不熟。因此，他提出剿夷八字要言：“器良技熟，胆壮心齐”，如此，“原不难制犬羊之命”。④ 魏源总结鸦片战争的教训，力主造船制炮，加上持久的战略，用游击战消耗敌人，必可克敌制胜。而这些战略战术的实施，船炮的制造，都要靠人，故他大声疾呼：“在得人而已！在得人而已！”⑤

此外，改革派还主张利用西方国家间的矛盾，“以夷治夷”⑥，“以外敌攻外敌”。对内则主张善择守令，收养游民，招募屯田，实行保甲，纠察汉奸，使内部安定，以便更好地对付侵略者。⑦

在禁烟与抗击英国武装侵略的斗争中，地主阶级改革派的这些思想主张，正是中国先进分子对西方侵略的一种回应。虽然这种回应并非全都有效，然而却代表着正义，显示出中华民族不畏强暴、反抗侵略的优秀品格。

鸦片的输入，大炮的轰鸣，显露出西方侵略者的野蛮与残忍；而英军战舰之坚大，轮船之快速，大炮之摧坚致远，又显示出西方的先进。这种先进性，同过去中国对夷人的看法大相径庭。鸦片战争结束后，统治集团中的多数人认

① 《复邓制府言夷务书》(1840 年 6 月 11 日)，《东溟文后集》卷六，第 21—22 页。

② 参见《英人续来兵船及粤省布置情形片》，《林则徐集·奏稿》中，第 838 页。

③ 《密陈办理禁烟不能歇手片》，《林则徐集·奏稿》中，第 885 页。

④ 《致姚春木、王冬寿书》，《中国近代史资料丛刊·鸦片战争》第 2 册，第 568—569 页；《致江翊云札》，《林则徐书札手迹选》，紫禁城出版社 1985 年版，第 52—53 页。

⑤ 《筹海篇三·议战》，《魏源集》下册，第 879 页。

⑥ 《复议曾望颜条陈封关闭禁海事宜折》，《林则徐集·奏稿》中，第 795 页。

⑦ 参见姚莹：《饬嘉义县收养游民札》，《东溟文后集之外集》卷二；《遵旨筹议复奏》，《东溟奏稿》卷三；吴嘉宾《海疆善后疏》、张穆《海疆善后宜重守令论》，《鸦片战争时期思想史资料选辑》第 48—52、92—93 页，等等。

为危机已经过去，而实际上，中国面临的灾难才刚刚开始。要摆脱这种灾难，非遏制那些依恃武力闯入中国的“夷人”不可，其第一步是从茫昧中走出来，将眼光投向“九州”之外。然而，无论是在禁烟与战争中，还是在中国战败以后，传统的“夷夏之辨”，“不勤远略”，不屑探究域外情事的意识，仍然禁锢着世人的头脑。正如姚莹所说，“自古名贤皆恐世主侈情务远，骚中国而事外夷，故深拒夷事不讲”①；“盖三代以来，不勤远略”，“儒者习于所见，皆以侈谈异域为戒”。② 而高举着“经世致用”旗帜、具有变易思想、主张不全拘成法的地主阶级改革派，却冲破传统不良心态的窠臼，另辟蹊径以对付“夷人”。放开眼界了解甚至学习西方成了他们新的“经世”手段。从此，他们开始了主动探索世界各国、特别是西方各国的艰苦历程。

林则徐是中国近代“开眼看世界”的先驱。赴广东前，他对世界的了解比其他官吏并无多少高明之处。可是抵粤后，为了禁烟与防备英人的武装挑衅，他“日日使人刺探西事，翻译西书，又购其新闻纸”③，“凡以海洋事进者，无不纳之，所得夷书，就地翻译，于是海外图说毕集”④。他罗致了一批译员，如亚孟、袁德辉、亚林（林阿适）、梁进德等，在他主持下译编了《澳门新闻纸》《华事夷言》《各国律例》《四洲志》《对华鸦片贸易罪过论》，并将摘译、探听到的有关西洋各国的消息、广告，英语读音，中西历法，鸦片之产地、种类、制法，鸦片贸易所获之暴利，外国对鸦片的禁令，英国国内对中国禁烟的反应，中英交通，外国货币，美、法国情，等等，汇集为《洋事杂录》。此外，他还广泛搜集地球仪、航海图、地图集、地理书等。⑤ 林则徐在政务殷繁的情况下仍积极了解世界各国情况，正表明了他主张探访夷情、开眼看世界的思想。正如他在1840年3月（道光二十年二月）的奏片中所说，“现值防夷吃紧之际，必须时

① 《与余小坡言西事书》，《东溟文后集》卷八。

② 《外夷留心中国文字》，《康輶纪行》卷一二。

③ 《道光洋艘征抚记》卷上，《魏源集》上册，第174页。

④ 《〈中外四海地图〉说》，《康輶纪行》卷一六。

⑤ 关于林则徐主持下的翻译工作及《洋事杂录》，参见林永俣：《论林则徐组织的迻译工作》（载《林则徐与鸦片战争研究论文集》）、陈胜粦：《林则徐“开眼看世界”的珍贵记录》（载《林则徐与鸦片战争论稿》）、王维俭《林则徐翻译西方国际法著作考略》（载《中山大学学报》1985年第1期）、孟彭兴、林永俣《新发现的〈洋事杂录〉述论》（载《学术月刊》1985年第12期）、《林则徐〈洋事杂录〉》（载《中山大学学报》1986年第3期）等。

常探访夷情，知其虚实，始可以定控制之方”[①]。1841 年，他在为奕山筹划御夷六策中，也提出须周密探访夷情，建议派精干稳实之人，前往外人聚居的澳门暗中坐探，以得夷情虚实。

魏源在总结鸦片战争教训时，不厌其烦地强调了解夷情的重要。他在《圣武记》中说：“夫制驭外夷者，必先洞夷情。今粤东番舶购求中国书籍，转译夷字，故能尽识中华之情势。若内地亦设馆于粤东，专译夷书夷史，则殊俗敌情，虚实强弱，恩怨攻取，了悉曲折，于以中其所忌，投其所慕，于驾驭岂小补哉！”[②] 在《海国图志》中，他又多次明确提出了解夷情的重要性及了解夷情的途径。他说，“同一御敌，而知其形与不知其形，利害相百焉；同一款敌，而知其情与不知其情，利害相百焉”[③]；“欲制外夷者，必先悉夷情始；欲悉夷情者，必先立译馆缙夷书始”[④]。

梁廷枏是广东名士，他积极支持禁烟与抗英，也主张了解外国情况。他向林则徐建议：“公初至，集思广益，自可执而用之。近则条陈者多，而愈足以乱人耳目，此后但以夷情来者见之耳。”[⑤] 他还大量搜集和外国有关的材料，撰著介绍世界知识。

姚莹对外国事务关心较早。早在嘉庆时，“每闻外夷桀骜，窃深忧愤，颇留心兹事”[⑥]，因而“购求异域之书，究其情事”[⑦]。他在台湾兵备道任上，曾亲自审问英俘，了解外情；他应邀去英舰，也仔细观察英船之结构、武器装备，并对陈列的外国图书很感兴趣。战后遭谴赴西藏，又沿途访察边疆及外国情况。他还搜集英人图书数种，准备觅人翻译。为了让国人知道海外事势，他将自己多年积累的外国史地、宗教及中国边疆的资料，“作为图说，著之于书，正告天下，欲吾中国童叟皆习见习闻，知彼虚实，然后徐筹制夷之策”[⑧]。

地主阶级改革派提出了解西方的主张，并将其了解的国际知识汇编整理，刊布于世，冀望国人开阔眼界，知己知彼，从而筹划抵御外国侵略的办法。当

① 《责令澳门葡人驱逐英人情形片》，《林则徐集·奏稿》中，第 765 页。

② 《武事余记·掌故考证》，《圣武记》附录卷一二。

③ 《海国图志叙》，《魏源集》上册，第 207 页。

④ 《筹海篇三·议战》，《魏源集》下册，第 868 页。

⑤ 梁廷枏：《夷氛闻记》卷二，第 35 页。

⑥ 《康辖纪行·自叙》。

⑦ 《复光律原书》，《东溟文后集》卷八。

⑧ 《复光律原书》，《东溟文后集》卷八。

时，他们所介绍的外域知识，主要有几个方面：一是以欧美为主的世界各国的史地知识、民情风俗；二是西方的科学技术，尤其是军事技术；三是欧美等国的政治制度、法律、宗教等；四是中国邻国的情况。无论是从其了解西方的目的去考察，还是从其介绍外国知识的角度去考察，这股在鸦片战争时期形成的了解西方的小小社会思潮，都是对过去以闭目塞听为高、以了解夷情为耻的陈腐观念的一场革命。它标志着中国的先进分子开始关注世界情势，并进行主动探索。这些主张无疑属于封建士大夫“经世致用”的思想体系。但是，这种开眼看世界的思想主张一经荡漾，就会对传统社会产生破坏，就会为人们思想的飞跃打下基础。故了解西方、开眼看世界思潮是值得肯定的。如果仅停留在了解西方的水平上，其意义毕竟有限。可贵的是，林则徐、魏源等人在迈出了解西方这一步后，又向更高的层次走去，这就是提出了“学习西方”的主张。

林则徐认识到，“洋面水战，系英夷长技”①，欲求克敌制胜，必须学习其长技。他在“师敌之长技以制敌”② 的思想指导下，购置西洋大炮，“捐资仿造两船，底用铜包，篷如洋式”③。他还请人翻译有关制造枪炮的西洋书籍和重炮操作资料，以改造中国的武器和战术；又购买英国造的美国船“剑桥”号改为战舰。

魏源则明确提出了“师夷制夷”的主张。他在《道光洋艘征抚记》中即已提出：“尽收外国之羽翼为中国之羽翼，尽转外国之长技为中国之长技。富国强兵，不在一举乎？”④ 继而在《海国图志》中又说：“是书何以作？曰：为以夷攻夷而作，为以夷款夷而作，为师夷长技以制夷而作。”⑤ 他批判清朝对西方的错误态度：“广东互市二百年，始则奇技淫巧受之，继则邪教毒烟受之，独于行军利器，则不一师其长技，是但肯受害不肯受益也。”他指出，“既款之后，则宜师夷长技以制夷”，并拟订了“师夷”的具体方案：在虎门外的沙角、大角建造船厂和火器局各一，聘请美、法“夷目”各一二人，带西洋工匠、舵师至粤，分别负责制造船械和教授行船演炮之法，选闽、粤巧匠精兵去学习。这些厂、

① 梁廷枏：《夷氛闻记》卷三，第68页。

② 《道光洋艘征抚记》概述林则徐之奏折内容说：“中国造船铸炮，至多不过三百万，即可师敌之长技以制敌。”查该折原文，无“师敌之长技以制敌”的文字，乃魏源根据《密陈办理禁烟不能歇手片》的精神概括出来的。

③ 《广东舟师实难分遣赴浙会剿片》，《林则徐集·奏稿》中，第865页。

④ 《魏源集》上册，第206页。

⑤ 《海国图志叙》，《魏源集》上册，第207页。

局在造船制炮之余，还可制造有益民用的“量天尺、千里镜、龙尾车、风锯、水锯、火轮机、火轮车、自来火、自转碓、千斤秤之属”①。

从了解西方到学习西方，这是一个了不起的进步。鸦片战争时期，中国的官吏、士人，在对待英国侵略的态度上，有从盲目虚骄一变而为推行投降路线者，有坚决反抗外来侵略者。在主张抵抗者中，有人主张封关禁海，有人则主张开眼看世界。在主张开眼看世界的改革派中，提出向西方学习的人又是少数。如果说，这一时期了解西方已逐渐形成社会思潮，那么学习西方则仅是少数人的思想主张；学习西方的思想之成为一种社会潮流，那已是鸦片战争后20年的事了。

鸦片战争时期，向西方学习的思想在社会上影响不大，响应者不多，就连积极主张了解西方的重要人物梁廷枏也大不以为然，姚莹对“师夷”的态度也甚暧昧。梁廷枏在总结战争教训时说：“今天下非无讲求胜夷之法也，不曰以夷攻夷，即曰师夷长技。……天朝全盛之日，既资其力，又师其能，延其人而受其学，失体孰甚！彼之火炮，始自明初，大率因中国地雷飞炮之旧而推广之。夹板舟，亦郑和所图而予之者。即其算学所称东来之借根法，亦得诸中国。但能实事求是，先为不可胜，夷将如我何！不然而反求胜夷之道于夷也，古今无是理也。”② 不仅认为“师夷制夷”行不通，而且认为于理不通，大失体统。近代流行的“西学中源”说，梁廷枏已较完整地表述出来了。这反映出中国知识分子因袭包袱之沉重。

姚莹是一个具有强烈爱国心、极力提倡开眼看世界的人物。可是在向西方学习的问题上，态度却甚暧昧。他对《海国图志》全面介绍世界史地时事，赞扬备至。但对魏源一再强调的“师夷制夷”主张却未明确响应。曾有论者依据姚莹在《康辎纪行》中引录的一段话论断其主张学习西方与林、魏同。事实并非如此。查姚莹在《康辎纪行》第14卷“四库书提要驳西人天学”条内，“悉录”《提要》对西人“天学”的介绍和《提要》作者的按语，最后发表了自己的看法。该条的按语及姚莹的评论如下：“案：欧罗巴人天文推算之密，工匠制作之巧，实逾前古。其议论夸诈迂怪，亦为异端之尤。国朝节取其技能而禁传其学术，具存深意。右《四库书提要》辩驳西人天学大旨如此。世未见西人书者，皆震惊疑怪而不知其所以为说。观此，则亦浅陋之甚耳。故悉录提要，俾无惑

① 《筹海篇三·议战》，《魏源集》下册，第869—873页。

② 梁廷枏：《夷氛闻记》卷五，第172页。

焉。”这里所说西人天文、工艺“实逾前古”及“国朝节取其技能”云云，均系《提要》作者之按语，而非姚莹的看法与主张。将《四库全书提要》作者按语误为姚莹主张以证其提倡学习西方，其根据自然是不确的。姚莹大声疾呼把世界情况介绍给国人，以筹制夷之方略，其心情之急迫，情词之恳切，比之林、魏毫无逊色。读其《复光律原书》①《与余小坡言西事书》②《英吉利幅员不过中国一省》③ 等文，无不为其雪耻御侮的爱国心所感动，又无不产生了解夷情之紧迫感。他提出的“尽取外夷诸书”，“更进外夷之人素仇英吉利者”④，或“欲吾中国稍习夷事，以求抚驭之方”，⑤ 目的都是在讲求、咨访英人之“虚实与要领”，熟悉外夷情事。诚然，姚莹强烈的了解西方的思想为“师夷”做了铺垫，其学习西方长技的主张似可呼之欲出，但他终究未能跨出这关键的一步。

姚莹未明确提出“师夷”主张，梁廷枏甚至反对“师夷长技”，说明在鸦片战争后，从开眼看世界到主张学习西方，要跨出这一步是何等艰难。由此更可见林则徐、魏源“师夷制夷”思想之先进与可贵。这是对中国陈腐的“夷夏”观念的挑战。打开国门，引入先进科技，用以御侮图强，这就扣住了近代中国的主题，开出了一个对症的医国药方。它较龚自珍“药方只贩古时丹”⑥，充分显示出其先进性。

地主阶级改革派了解西方、学习西方的思想主张，正是对先进西方挑战的回应。它给中国思想界颇为沉寂的深潭中注入了一股活水，激起了小小波澜。当注入的活水愈来愈多，波澜扩展开去，终将掀起不可阻遏的时代潮流。

由此可见，反抗侵略——了解西方——学习西方，这是鸦片战争时期地主阶级改革派中远见卓识之士思想发展的轨迹。(改革派中并非所有的人都循着这条轨迹发展，有不少人到某一阶段就踟蹰不前了。) 其特点，是爱国与开放、社会进步紧密地联系在一起。

由于这种思想在几年时间内因突发事件而产生、发展，又是在急切的御夷、雪耻的促使下形成的，故不可能全面审度极为复杂的西方的制度、文化，也没能深刻反省中国的传统文化。传统的观念，因袭的包袱，保守的氛围，使他们

① 见《东溟文后集》卷八。
② 见《东溟文后集》卷八。
③ 见《康輶纪行》卷一二。
④ 《英吉利幅员不过中国一省》，《康輶纪行》卷一二。
⑤ 《与余小坡言西事书》，《东溟文后集》卷八。
⑥ 刘逸生注：《龚自珍己亥杂诗注》，中华书局 1980 年版，第 58 页。

每迈出一步都须付出很大的力气。他们的思想理论不系统，不成熟，急功近利，乃至自相矛盾，打着深刻的旧时代的印迹；对外国的了解、认识是肤浅的，且有不少错误。这些问题，是先驱者难以避免的。重要的是，他们为后人开辟了一条虽然艰难崎岖，却甚为正确的前进道路。中国的“旧学”，通过这条道路，开始走向“新学”。其筚路蓝缕、前驱先路的开创之功，是值得赞扬的。

三、反侵略的文学

随着英国鸦片倾销与武装侵略的加剧，中华民族与西方资本主义国家间的矛盾日益尖锐，反侵略遂成为鸦片战争时期文学的重要内容。虽然这一时期的文学仍是中国古代文学体系的延续，还谈不上近代文学的全面变革，但是反资本主义侵略题材的选用，表明近代文学已处于萌芽阶段。①

这一时期的反侵略文学，有诗歌、散文、小说、戏曲等，其中以诗和散文为主，小说、戏剧则很少。这些文学作品主要从以下三个方面表现反侵略主题：一是反对鸦片侵略与武装侵略；二是反对清朝统治者的妥协投降；三是颂扬官、兵、民英勇抗击英国侵略的功绩。其中，又以后两项内容为最多。阅读这些激荡人心的作品，就会深切感受到洋溢在其中的强烈的反侵略思想与炽热的爱国热情。

诗歌在反侵略文学中占主要地位。许多爱国的士大夫及人民群众都用诗来表现其反侵略、反投降的情怀。

就在林则徐到广东禁烟的那一年，龚自珍在他的大型组诗中写道：

> 津梁条约遍南东，谁遣藏春深坞逢？不枉人呼莲幕客，碧纱橱护阿芙蓉。②
>
> 鬼灯队队散秋萤，落魄参军泪眼荧。何不专城花县去？春眠寒食未曾醒。③

诗人以揶揄讥刺的口吻，指出鸦片屡禁不止的重要原因，在于官僚、幕友之吸

① 参见中国社会科学院近代文学研究组编：《中国近代文学研究集》，中国文联出版公司1986年版，第5—7页。

② 刘逸生注：《龚自珍己亥杂诗注》，第122页。

③ 刘逸生注：《龚自珍己亥杂诗注》，第124页。

毒与破坏。接着，他又以诗抒发出对林则徐广东禁烟的期望：

故人横海拜将军，侧立南天未蒇勋。我有阴符三百字，蜡丸难寄惜雄文。①

在近代开端时期，龚自珍是写反侵略诗歌的先驱者之一。在他写上述诗歌的前后，揭露鸦片之害、反对鸦片侵略的诗歌不断涌现。诗人陆嵩曾痛切描述鸦片之害："种棉寒可衣，种稻饥可食，毒草乃遍栽，岂救饥寒迫。九州无闲田，其来自鬼国。煎熬聚浓膏，吹烟作青黑。熏蒸腐肠胃，嘘吸荡魂魄。彼昏嗜不知，甘以性命易。始但盛东南，久且及西北，问价抵黄金，争购讵论值。奸商因其利，脂膏竭寰域。"②

支持严禁鸦片的祁寯藻，写《新乐府漳》言烟入银出之害说："初闻番钱满载来估船，近则以土代其钱。土日多，钱日少，海艇朝朝出海岛。岂不知黄金、白金国之宝，民命系此为寿夭，掷之大洋真草草。"③ 著名诗人张际亮对鸦片走私造成的漏卮写得更直截了当："毒土换黄金，千万去中原。"④ 周乐为鸦片耗财伤身而痛心，并为此而敲起警钟："（外夷）抛掷黑土数十艘，换去黄金千万镒。使我壮者弱，富者贫，闾阎一旦杼柚空，缓急孰是可用人！"⑤ 作为文学家的魏源，在《江南吟》中不仅描写了鸦片对人民的严重毒害和传播的深广，而且提出了藩篱溃决、脂膏殚尽的警告："阿芙蓉，阿芙蓉，产海西，来海东。不知何国香风过，醉我士女如醇酞。夜不见月与星兮，昼不见白日，自成长夜逍遥国。长夜国，莫愁湖，销金锅里乾坤无。溷六合，迷九有，上朱邸，下黔首。彼昏自痼何足言，藩决膏殚付谁守！"⑥

鸦片的严重危害如此之大，激发了诗人们的禁烟热忱。他们在诗中肯定严厉禁烟之必要，并劝谕吸烟者尽快戒瘾。朱琦《感事》诗诉说了严禁鸦片的根由与正义："鸦片入中国，尔来百余载，粤人竞啖吸，流毒被远迩。通参轸民害，谠言进封匦。吏议为条目，罪以大辟拟，杀人亦生道，重典岂得已。粤东地濒海，番商萃奸宄。天使布威德，陈兵肃幢棨，宣言我大邦，此物永禁止。"⑦

---

① 刘逸生注：《龚自珍己亥杂诗注》，第 125 页。

② 《禁烟叹》，《鸦片战争文学集》上册，第 137 页。

③ 《鸦片战争文学集》上册，第 173 页。

④ 《落日亭》，《鸦片战争文学集》上册，第 69 页。

⑤ 《鸦片烟歌》，《鸦片战争文学集》上册，第 198 页。

⑥ 《魏源集》下册，第 673 页。

⑦ 《鸦片战争文学集》上册，第 3—4 页。

张际亮认为不能让外国人走私鸦片，如其执迷不悟，则须武力对付："如何任煽诱，不思固藩篱！""嗟予好长剑，利截蛟鼍鼋。"① 祁寯藻说明严禁吸食、辟以止辟的道理，劝谕吸烟者改过自新："大哉天地好生德，辟以止辟诚救弊。立法由近以及远，行法后贱而先贵。惩一儆百许自新，《酒诰》意在醒迷民。"② 这些诗歌，与清朝的禁烟斗争相呼应，对推动禁烟起了良好作用。

随着英国挑起侵华战争，诗人们又将抗击武装侵略的斗争形诸笔端。英军第一次侵占定海，诗人张文虎在《珊媛》一诗中，借一阵亡战士妻子之口，表达了歼敌之热切愿望："击鼍鼓兮驾鳌云，命吞舟兮灭彝氛。灭彝氛兮期待，化精卫兮填沧海。"③ 1841 年（道光二十一年），英军破虎门，围广州，勒索 600 万元赎城费。对此，诗人们愤慨殊深，恨不能驰赴前敌与侵略者搏战。他们满怀忧愤地写道："苍茫望岭峤，抚剑独流涕。"④ "宝刀不饮楼兰血，多少英雄愿未伸"⑤。

林昌彝编纂的《射鹰楼诗话》，具有强烈的反侵略内容，并辑录了不少有关鸦片战争的诗作。他解释取名"射鹰楼"的意蕴说："余家有书屋，东北其户。屋有楼，楼对乌石山积翠寺，为饥鹰所穴（鸦片战后，福州开埠通商，英人建屋于乌石山以居，故谓"为饥鹰所穴"）。余目击心伤，思操强弓毒矢以射之，又恐镞镞虚发，唯有张我弓而挟我矢而已。因绘《射鹰驱狼图》以见志，故名所居之楼曰'射鹰楼'。……狼能助鹰为虐，不可不驱，故并图之。"⑥ 其所谓"鹰"，指英国侵略者，"狼"则指汉奸卖国贼。《诗话》反侵略、反投降之本意，由此可见。

在当时的诗歌中，有更多的作品直接指斥清政府的妥协方针，谴责文臣武将的投降活动，讥刺、声讨官弁士卒的怯懦溃逃。

琦善赴粤，以"柔远""议抚"为对敌之总方针，倒行逆施，开门揖盗，故成众矢之的。对琦善可耻行径声罪致讨的诗作甚多。魏源《寰海》诗曰："刚散六千君子卒，五羊风鹤已频惊"，"揖盗开门撤守军，力翻边案炽边氛"。⑦ 寥寥

---

① 《落日亭》，《鸦片战争文学集》上册，第 69 页。

② 《新乐府三章》，《鸦片战争文学集》上册，第 173 页。

③ 《鸦片战争文学集》上册，第 121 页。

④ 朱琦：《感事》，《鸦片战争文学集》上册，第 5 页。

⑤ 张仪祖：《有感》，《鸦片战争文学集》上册，第 20 页。

⑥ 《题射鹰楼驱狼图》，《鸦片战争文学集》上册，第 181 页。

⑦ 《魏源集》下册，第 805 页。

几句，揭出了琦善弛防懈备，一切反林则徐之所为，造成夷氛更炽、虎门失守的恶果。冯钺《有感》诗描述琦善之丑行："衔命示怀柔，推心惟所欲。一至纵囚帅，煦仁矜觳觫。再复予瓯脱，海堧听堑筑。香港杂腥膻，垩室遽攒簇。人烟日鳞凑，国门滋异族。委蛇姑讲款，有求再三渎。俄然变鸱张，陆梁相激辱。禁闲一以隳，虏情奚自足。沙角抄垒台，疆防愁日蹙。招侮良有由，失策徒郊哭。"① 琦善的妥协退让，招致如此后果，故陶樑《感事》诗愤怒质问："虎门擅弃谁遗孽？蜃市狂嘘孰辨奸！"② 张仪祖《读史有感》则严斥："竟尔和戎曾割地，是谁揖盗又门开！"③ 赵函《沧海四首》责问："沧海横流孰酿成?"，"罪大难宽钟室系"。④ 广东无名氏《粤东感事》诗亦痛斥琦善："割地交情千古厚，滔天罪恶万人知。"⑤

继琦善至广东主持军务的奕山，被派往浙江收复失地的奕经，不仅丧师辱国，而且冒功邀赏，自然受到诗人们的鞭挞、嘲讽。奕山到粤后上奏说，"粤民皆汉奸"，定下"防民甚于防寇"的方针。可是，三元里人民抗英获胜，英军被围，奕山等却派余保纯等前往为之解围。孰忠孰奸？事实判然。魏源诗一针见血指出："前时但说民通寇，此日翻看吏纵夷。"并讥刺奕山不谙战术，战败求和："岂闻火战乘风逆，安有山台代敌修！""城上旌旗城下盟，怒潮已作落潮空。"⑥ 无名氏《广东纪事新诗》也写道："碌战军书日夜驰，古来兵法有谁知。先分险要方能守，未度安危便出师。万甲逍遥随大将，片帆来往任英夷。惊惶不顾中华体，雉堞何因竖白旗?"⑦ 奕山战败乞和，订《广州和约》，留下千古骂名。广东无名氏作感时诗讥刺之曰：

> 奕世难逃此武功，求和纳贿暗关通。军需办尽全无用，都付夷人一火中。
>
> 山河不顾顾夷蛮，百万金资作等闲。辱国丧师千古恨，待人犹说为民间。⑧

---

① 《鸦片战争文学集》上册，第131页。
② 《鸦片战争文学集》上册，第133页。
③ 《鸦片战争文学集》上册，第20页。
④ 《鸦片战争文学集》上册，第90页。
⑤ 《鸦片战争文学集》上册，第206页。
⑥ 《寰海》，《魏源集》下册，第806页。
⑦ 《鸦片战争文学集》上册，第209页。
⑧ 《鸦片战争文学集》上册，第205页。

钦派赴浙督师的奕经，带领庞大的官僚队伍，缓缓而行，至苏州尽情游乐，逗留不前："全师闻腊尽，犹未过苏州。势或资遥控，人谁识老谋？本来歌舞地，自足羽毛求。独有围城里，深宵哭未休。"① 他们哪里还顾及被英军蹂躏的百姓呢？到浙一战失败，即胆落溃逃，不思再战。有诗斥奕山、奕经道："再放两钦差，奕奕有虚名，扬威威不扬，靖逆逆不靖。广东已难堪，浙江辱更甚，勇者皆死节，怯者尽偷生。"②

事前断言英军绝对入不了长江的两江总督牛鉴，临敌先逃，长江不守，自难逃诗人笔伐。杨棨《壬寅六月纪事》诗谴责其怯懦昏庸道：

番舶何由至，惊帆遽压城。长官导先路，要地尽空营。桅顶风烟起，波心炮火明。经过诸郡县，羊酒竟相迎。

狼福两山过，巍然鹅鼻矶。言将布囊塞，可阻火轮飞。投水金徒尽，防江兵却稀。空知恃天堑，寇至竟如归。③

刘淳《述感》亦责牛鉴："征调三垂救一方，重臣持重忽边防。海门天险无人守，坐使夷船泊建康。"④ 无名氏《扬州竹枝词》愤怒地指斥牛鉴等人："要隘疏防门大开，分明揖盗不难来。伤心直入圌山口，才见夷船抱首回。"⑤

对于临敌溃逃的官兵，诗人们愤恨不已，讥刺、斥责之诗不绝于篇。在广东："官军畏敌竟神昏，虏至争同万里奔"⑥；在浙江："定海破，走镇海，镇海破，宁波在。宁波城中兵数百，寇未来时已无色。寇来弃甲杂民奔，长官先不知何适？"⑦；在江苏："城破仅三刻，兵多唯一逃。……都护问何在，开门去已遥。"⑧ "大寇纵横小寇骄，望风官走士心摇。连村攘劫无完室，行旅何由出砀萧。"⑨ 张履的一首《丹阳生》写得更妙：

京口陷，何仓黄〔皇〕，满城官吏趋丹阳。卑卑县城署，改作太守堂。有生突入哗不止：太守已殉节，安得犹在此？守闻怒，令为谢：是生有狂

① 陆嵩：《杂感》，《鸦片战争文学集》上册，第140页。
② 无名氏：《五言诗》，《鸦片战争文学集》上册，第213页。
③ 《鸦片战争文学集》上册，第96页。
④ 《鸦片战争文学集》上册，第100页。
⑤ 《鸦片战争文学集》上册，第225页。
⑥ 无名氏：《粤东感事》，《鸦片战争文学集》上册，第207页。
⑦ 张际亮：《宁波哀》，《鸦片战争文学集》下册，第898页。
⑧ 杨棨：《壬寅六月纪事》，《鸦片战争文学集》上册，第96—97页。
⑨ 刘淳：《述感》，《鸦片战争文学集》上册，第100页。

疾，幸公忽〔勿〕深过。乌呼京口要郡岂无兵，拥旄大帅先奔走，守独不幸逢此丹阳生。①

这不足百字的诗，不啻溃逃官吏百丑图。它写出了官吏临敌逃跑的丑态，同时也表现出诗人对溃逃者的愤怒谴责，塑造了一个怒斥逃官的“狂生”形象。有实写，有虚写，有对话，有议论，语言通俗而意蕴很深，耐人寻味。

鸦片战争失败，中国被迫订立辱国丧权的条约。对此，诗人们痛心疾首。他们痛斥主和诸臣，指出屈辱条约后患无穷。贝青乔写诗讽刺输款求和道：“群公更有安边策，尽括军储补寇粮。”② 许棫《感事》诗警告说：“寄语戈船诸将帅，从来误国是和戎。”③ 只顾以屈辱和约了此战事，不顾由此引起的严重后果，诗人们为此愤懑、忧虑，纷纷指出：“目前只作偷安计，尝胆何人复此仇?”④ “一纸书成结祸胎。”“噬脐未及终边患，食肉无谋岂将才!”⑤ “为救眉然急，偏忘腹疾深。五都许开市，处处听鸮音。”⑥ 有的诗，不仅怨当局之议和，而且痛心议和之后官吏之忘记国耻、不思振作：

敢怨和戎画计差，模糊白骨已如麻。但看缯币输金室，重见葡萄入汉家。奉使书传交聘表，濒江血冷战场花。弃城长吏归来后，铃柝依然晚放衙。⑦

陆嵩的《闻和议有成夷船将出江去感而有作》，全面描述了江宁议和及诗人的态度：

督臣朝返朱雀桁，夷船夜达金陵城。金陵城中人大惊，烽火照耀日不明。伊节相来争郊迎，谓今和议必有成。船如何坚，炮如何利，东南半壁势将倾。吾皇所念唯苍生，张皇入告皇自听，将军参赞各各面有喜色形。朱提二千一百万，所利甚溥岂独欢夷情。请加国玺申此丹书盟，不谓侮慢乃以尊我共主名。夷船三月江头停，行大飨礼正觉古寺挥旗旌，衮衣赤舄觞自行。卑卑县丞胡独心不平，耳语制府此可劫以兵。制府惊起怒叱：汝肉足食汝当烹。县丞叩头请死不敢更有声。今日奏上阙，明日议下廷。夷

---

① 《鸦片战争文学集》下册，第934页。
② 贝青乔：《咄咄吟》，《中国近代史资料丛刊·鸦片战争》第3册，第220页。
③ 《鸦片战争文学集》下册，第921页。
④ 无名氏：《京口驿题壁》，《鸦片战争文学集》上册，第218页。
⑤ 无名氏：《京口驿题壁》，《鸦片战争文学集》上册，第219页。
⑥ 杨棨：《壬寅六月纪事》，《鸦片战争文学集》上册，第97页。
⑦ 陈文田：《书事》，《鸦片战争文学集》上册，第76页。

船出江去，中外欢声腾，海内从此歌太平。呜呼，愤愤独有此县丞！呜呼，愤愤独有此县丞！①

投降派的张皇入告，借敌要挟，妥协求和的急切心情，订立屈辱和约而又自欺欺人，以及反对投降者的不平，一一活脱出来。诗的字里行间显露出作者对投降活动的鄙夷、愤懑与抗议。其手法与前引《丹阳生》相类，对逃跑、投降者的揭露与批判，也有异曲同工之妙。这些诗歌，通过对投降妥协的人和事的揭露、批判、讽刺，表现了诗人们反侵略、爱祖国的思想与情怀。同样的主题思想，还表现在对鸦片战争时期奋起反抗者的赞颂之中。

虽然，清朝吏治腐败，军伍废弛，在鸦片战争中，投降者、溃逃者、捏词冒功者、乘机发国难财者，比比皆是。然而，奋起抗争者、拼死搏战者、为国捐躯者，同样也不乏其人。特别是广大的民众，用各种方式打击侵略者，并取得辉煌的战绩。诗人们用诗篇为他们高唱赞歌，抒发对他们的崇敬之情，表现了抵御侵略的强烈愿望。

林则徐是禁鸦片、反侵略的民族英雄，受到民众的爱戴，诗人的歌颂。民间歌谣歌唱林则徐反侵略的业绩道："林则徐，禁鸦片。禁烟土，在海边。开大炮，打洋船，吓得鬼子一溜烟。"② 诗人们对此也赞叹不已："岩岩林制军，万鬼不敢觊"，"妖雾一炬空，颂声海天沸"③。他们回忆起林则徐禁烟的历史，充满了自豪感："犹忆林公初秉节，岛夷低首拜辕门。"④ 人们对林则徐充满了信心，即使英军兵临江宁城下，只要听说林则徐来了，就欣喜若狂，认为保城有望。诗人写出了人民的这种心情："说领天兵林则徐，满城望若釜中鱼。人人举首欣相告，那识传言尽是虚。"⑤ 诗人还唱出了民众对林则徐的仰慕，并责备清廷对林处置之不公："苍生百万仰林公，四海人心一样同。若使九重知屈贾，不难恢复斩夷雄。"⑥

对在鸦片战争中死难的将士，诗人们饱含深情，歌颂他们抗英的勇气和为国捐躯的牺牲精神。三江协副将陈连升、金华协副将朱贵，都是在同英军血战中父子同死的英雄。他们的壮烈行为，受到诗人的普遍赞颂。张维屏在《三将

① 《鸦片战争文学集》上册，第 143—144 页。

② 程英编：《中国近代反帝反封建历史歌谣选》，中华书局 1962 年版，第 6 页。

③ 周沐润：《客从粤中来》，《鸦片战争文学集》上册，第 87 页。

④ 冯志沂：《天骄》，《鸦片战争文学集》上册，第 95 页。

⑤ 无名氏：《京口夷乱竹枝词》，《鸦片战争文学集》上册，第 223 页。

⑥ 罗煚：《壬寅夏纪事竹枝词》，《鸦片战争文学集》上册，第 226 页。

军歌》中盛赞陈连升父子道："英夷犯粤寇氛恶，将军奉檄守沙角。奋前击贼贼稍却，公奋无如兵力弱。凶徒蜂拥向公扑，短兵相接乱刀落。乱刀斫公肢体分，公体虽分神则完。公子救父死阵前，父子两世忠孝全。"① 有的诗，一面颂扬陈氏父子："男儿事驰驱，许国期马革。忠孝矧两存，更足光史册"；一面谴责自毁长城、畏敌如虎的投降派："长城既自坏，天险势逾逼。痛彼食肉人，安居环棨戟。闻敌畏如虎，鸟兽散纷绎。"② 一忠一奸，一勇一怯，形成鲜明对比。在浙江，当奕经、文蔚溃逃时，朱贵父子却在大宝山浴血奋战，同时捐躯。徐荣写诗热情称赞道："壬寅二月日初四，夷獠遂来攻此军。此军沉沉气深墨，誓灭天狼乃朝食。""嚼齿结缨呼杀贼，今日此身当报国。父子师生忠孝门，地下相从亦良得。夷奴扶拜公凛然，裂背不改生前色。"③ 对于朱贵父子，贝青乔也有诗悼曰：

大旗摧倒岭云昏，阵脚如山屹不奔。臣父死忠儿死孝，九京挥涕拜君恩。④

吴嵘在《长溪岭》一诗中，对朱、陈的英勇牺牲倍加赞许：

生能杀贼死殊伦，父子同捐八尺身。二百年来教忠孝，可怜近日只朱陈。⑤

舟山鏖兵六昼夜，葛云飞、郑国鸿、王锡朋三总兵战死疆场。英军攻镇海，总兵谢朝恩战殁于金鸡山。他们的壮烈事迹，震撼着诗人的心。陆嵩的一首七律写道：

海外城县势本孤，营连三镇岂良图。旄头星讶飞何疾，马革尸悲裹得无？
浪涌鲸鲵腥落日，风腾猿鹤惨荒芜。可怜一夕金鸡岭，又报前军失将符。⑥

---

① 《鸦片战争文学集》上册，第 2 页。

② 何仁山：《陈都督父子挽诗》，《鸦片战争文学集》下册，第 930 页。

③ 《十九日大宝山吊金华副将朱将军贵》，《鸦片战争文学集》上册，第 195—196 页。此诗原注曰："将军子武生昭南，昭南之师颜心斋明府履敬，皆与将军同时阵亡，夷人扶将军拜之。"光绪《慈溪县志》卷一四《经政志·武显朱将军庙碑记》云："督饷官浙江即用知县颜公履敬，字心斋，皋兰进士，尝教读将军家，义气相得。粮台去大宝山二里，登高观战良久，奋起曰：'吾不可不助！'易短后衣，持所佩刀奔赴，数人止之不得，其仆叶升持梃从，俄亦中炮，俱死山下。"（《中国近代史资料丛刊·鸦片战争》第 4 册，第 419 页）

④ 《军中杂诔》，《鸦片战争文学集》上册，第 185 页。

⑤ 《鸦片战争文学集》上册，第 178 页。

⑥ 《定海陷贼镇将葛云飞寿春镇王锡朋处州镇郑国鸿俱力战死王公尸未得归其死尤惨》，《鸦片战争文学集》上册，第 139 页。

许棫的《哀舟山》，形象地描绘了葛、王、郑三将军血战至死的生动情景："是时军败城已堕，臣心誓不令一鬼生回。一臂虽存一臂脱，一臂独麾矛丈八。浴血浑身大呼杀，生铁铸成一条葛。三出三入寿春公，炮飞血肉泥沙融。海水万丈缚生龙，生龙可缚死犹不敢婴其锋。郑公老矣守壁垒，耿耿忠肝同日死，芳名亦足光青史！"诗人慨叹："噫嘘嘻！寿春健儿贼可吞，虎将况有三将军。弃之海岛援不进，是谓无策非无人。"① 诗人们感叹："若公等数辈，使建大将旗，进可歼凶锋，退必坚藩篱，何至贻隐忧，岁币为羁縻。"②

鸦片战争中阵亡的两提督，都是久历戎行、年逾花甲的老将军。朱琦《关将军挽歌》有句云："将军徒手犹搏战，自言力竭孤国恩。可怜裹尸无马革，巨炮一震成烟尘。"③ 诗人认为关将军死得其所，英名永存："军门一死作鬼雄"④。

陈化成在敌人猛烈进攻而总督牛鉴、总兵王志元畏敌逃跑之时，"势急慷慨誓捐躯，荧荧碧血靴刀溅"⑤。"千人痛哭为公死"，"万古忠贞气不磨"！⑥ 顾苕《哀陈军门》诗写道："山河留壮气，风雨泣阴灵。泪洒三军血，名留万载馨。"⑦ 陈化成善于治军，人们倚为江南保障。陈阵亡后，诗人道出了民众的心声："父老龙钟仰天哭，何时还我旧长城！"⑧ 诗人纪念为国捐躯的烈士，唾弃遇敌逃走的可怜虫。贝青乔《题陈军门遗像诗》正是把这种颂赞与鄙弃对比着写的：

> 一战甬江口，督臣死，提臣走。再战吴淞口，提臣死，督臣走。三战乃及金陵城，江涛寂静噤不声。陈将军后谁敢兵？君不见走者弃诸市，死者长如生。长如生，尸祝遍我东南氓。⑨

对于奋不顾身抗击侵略之人，诗人们是公平的。他们歌颂殉难的著名将军，也没有忘记那些一身正气的小吏、弁卒乃至不甘屈辱殉节的烈女。诗人写诗纪其事，光大其反侵略、爱祖国、不屈不挠的伟大精神。这类诗作的数量很多。

诗人颂扬定海初陷时以身殉国的县令姚怀祥和典史全福："已见姚洪能徇

---

① 《鸦片战争文学集》上册，第920页。
② 朱琦：《王刚节公家传书后》，《鸦片战争文学集》上册，第6页。
③ 《鸦片战争文学集》上册，第11页。
④ 谭莹：《后战舰行》，《鸦片战争文学集》下册，第863页。
⑤ 褚维垲：《书陈忠愍公画像》，《鸦片战争文学集》下册，第880页。
⑥ 林直：《陈将军歌》，《鸦片战争文学集》上册，第155页。
⑦ 《鸦片战争文学集》上册，第200页。
⑧ 王友光：《陈军门挽辞》，《鸦片战争文学集》上册，第72页。
⑨ 《中国近代史资料丛刊·鸦片战争》第3册，第215页。

国，更有全琮不负恩"①；记述厦门殁于战阵的将弁："官吏恃和不设备，踉跄贼至争逃奔。何人拒贼誓战死，金门总镇江继芸，从而起者副将凌（志）、都司王公（世俊）勇绝伦，水师把总李（启明）、杨（肇基）、纪（国庆），或鲸腹葬或刀飧。浩然正气留乾坤，天阴月黑来忠魂"②；称颂镇海陷落时殉难的县丞李向阳："却羡微官能殉节，越人翦纸为招魂"③；赞扬四川守备王国英受伤被俘骂贼而死："将军两目怒直视，岂有苏卿肯惜死，传闻血肉飞纵横，戟手詈贼尚不止"④。贝青乔作《军中杂诔》，悼念在收复浙江三城战役中牺牲的烈士，悼诗赞扬血战而死的守备徐官："一枪风卷梨花急，洞胁犹能殪贼魁"；记攻敌受伤、临死"犹以我军胜败为问"的乡勇头目谢宝树："泉台应自难瞑目，未见辕门献敌俘"；歌颂并无守土之责而慷慨赴敌遇难的知县颜履敬："临危偏是耻逃生"；赞扬应募的扬州捕役杨泳及其弟子在攻宁波时巷战的英勇："狭巷刀光如滚雪，何人援救出垓心"；咏叹大金川八角碉屯土司阿木穰土、守备哈克里及屯兵四卡松等百人勇攻宁波、拼死城内的壮烈行动："膧碉腥峒郁崔嵬，万里迢遥赴敌来。奋取蝥弧夸捷足，百身轰入一声雷"⑤。张景祁为誓死守慈溪而受伤致残的把总黄得刚作《烈士行》颂赞之："城亡与亡志豫定，醉草家书示永诀"，"君也位止执戟郎，临难忘身信人杰。已拼战骨付灰烬，谁识忠肝炼兵雪。为君题作《烈士行》，猛火可灭名不灭"。⑥ 许正绶写诗称颂在众官奔逃时毅然投黄浦江殉节的上海典史杨庆恩："一尉名争日月光，滔滔黄浦即沙场。不甘避舍同狐偃，犹愿挥戈挽鲁阳。……忠魂应配军门享，尉氏犹劳赐姓杨。"⑦

诗人们也为奋勇抗英的兵士唱起了赞歌。许棫《鏖舟山》写舟山众官兵遇强敌而不馁的气概与雄姿："贼来多如林，我军勇愈沉。怒气压炸巨炮喑，贼来死战生者擒，六日六夜无一人生退心。"⑧ 贝青乔写诗哀悼大宝山阵亡的400多

---

① 孙义钧：《前定海行》，《鸦片战争文学集》上册，第60页。此句原注："谓定海姚大令怀祥，全少尉福。"

② 陆嵩：《听闽客谈厦门死事诸公本末纪之以诗》，《鸦片战争文学集》上册，第149页。

③ 赵函：《沧海四首》，《鸦片战争文学集》上册，第90页。

④ 陆嵩：《听缪心如嘉穀谈浙东死寇王将军国英事》，《鸦片战争文学集》上册，第149页。

⑤ 《鸦片战争文学集》上册，第184—185页。

⑥ 《鸦片战争文学集》上册，第118—119页。

⑦ 《杨典史殉节挽诗》，《鸦片战争文学集》上册，第79页。

⑧ 《鸦片战争文学集》下册，第919页。

名陕甘兵。其小序谓：“朱协镇所帅陕、甘劲兵，搏战最烈。虽请援不至，终不奔溃，故死者甚众。其部曲设位招魂，始知阵亡几四百人。凯撤时皆火焚其尸收骨而去。”诗曰：“峭陵风雨鬼啼哀，火伴临归设祭来。残骨一囊天万里，几家欢听凯歌回？”① 陈文田《书事》写浙江捐躯诸将士道：“敢信沙场埋骨者，遗燐满地尽忠魂。”② 鸦片战争中的镇江抗战，颇得史家称道。在此抗战的，乃是青州旗兵而非镇江驻防军。诗人们对青州兵抗战之英勇与死难之惨烈感叹不已。陆嵩一首《青州兵叹》，娓娓道来，写尽了青州旗兵之悲壮：

青州驻防兵，尔胡不防青州城，来此乃隶京口营。京口驻防二千甲，自谓骁劲无与衡。朝从都护耀戈戟，暮从都护鸣鼓钲。胡然贼众逾城入，奋勇独尔锋争婴。大呼杀贼贼几却，痛无继者悲填膺。洞胸穿臆尚不已，须臾白骨堆纵横。呜呼青州驻防兵，尔何不驻青州城，尔岂独无父母妻子与弟兄，尔独愿死不愿生！来时四百归几人，乃甘一死隶此京口营。君不见，京口驻防弃城走，贼退家室还重迎！悲莫悲，青州兵。③

鸦片战争后，有不少诗歌是为抗英义民、团勇而写的。因为这些不靠官军、不用国帑的义民，凭着对侵略者的义愤和旺盛的斗志，倚仗人多势众及灵活的战术，给英军以沉重打击，使人们郁积在胸中的怨怒之气得以发抒。这些诗，又以写广东义民、团勇，特别是三元里义民抗英斗争的居多。常为人道的是张维屏的《三元里》诗：“三元里前声若雷，千众万众同时来，因义生愤愤生勇，乡民合力强徒摧。家室田庐须保卫，不待鼓声群作气，妇女齐心亦健儿，犁锄在手皆兵器。”群众同仇敌忾，打得英军狼狈不堪。可是，“不解何由巨网开，枯鱼竟得倏然逝。魏绛和戎且解忧，风人慷慨赋同仇，如何全盛金瓯日，却类金缯岁币谋”④。诗人反侵略反投降的思想，通过对三元里义民的歌颂和对为英军解围者的谴责表现出来。梁信芳《牛栏冈》则充分肯定了三元里抗英的战绩和抗英义民的高尚情操：“自从航海屡交锋，数万官军无此绩”，“十三乡人有余勇，欲脱火轮沉火枪，功成不受爵禄赏，志胜敢夸筋力强。洗尽腥臊固吾圉，破荒功业亦非常”。⑤ 从三元里抗英斗争中，诗人们已看到官府的妥协与义民之

① 《军中杂诔》，《鸦片战争文学集》上册，第185页。

② 《鸦片战争文学集》上册，第75页。

③ 《鸦片战争文学集》上册，第146页。

④ 《三元里人民抗英斗争史料》（修订本），第291页。

⑤ 《三元里人民抗英斗争史料》（修订本），第294页。

可恃。陶樑《感事》诗云："丹鸡白犬辞空费，第一干城仗义民。"[①] 这是对人民抗英斗争的正确评价。

散文也是鸦片战争时期反侵略文学的主要形式。它包括序跋、战记、杂记、传记、墓志铭、日记、书札、祭文、论说文、檄文以至折片、揭帖、示谕等。这些散文，或揭露英军之暴行，或斥责大吏之怯懦，或表彰抗英之英雄义士，或议论敌我形势与制敌韬略，篇中无不充溢着爱国激情。

记述三元里抗英斗争的文章甚多，其中以参与是役的平海营水勇管带林福祥所撰《三元里打仗日记》较为有名。日记描述三元里人民众志成城、共歼英军的情况说："初十日辰刻，逆夷由三元里过牛栏冈抢劫，予闻锣声不绝，即带水勇应之，而八十余乡亦执旗继至，不转眼间来会者众数万，刀斧犁锄，在手即成军器，儿童妇女，喊声亦助兵威。斯时也，重重叠叠，遍野漫山，已将夷兵困在垓心矣。"继又写官吏为被困英军解围及其危害道："不意十一朝，有当事开城弹压者，且斥予等多事也，而人心解体矣，散矣，义律、马礼逊生矣，和矣。既得粤东之六百万，又往寇闽、浙、江苏矣，而后患遂无穷矣。……一日纵敌，数世之患。天乎！人乎！"[②] 作者对义民歼敌之赞许，对广州当局纵敌之愤慨，鲜明地表现出来了。其他如《广东军务记》《军务记》[③] 等等，对三元里抗英斗争均给予了热情的歌颂。

和诗歌一样，散文中赞颂抗英将士的数量多而且感情真挚。汤纪尚《纪定海兵事》将葛云飞壮烈牺牲的场面写得淋漓尽致："（云飞）至竹山门，雨霁，月微光，方仰登，贼以刀劈云飞面，削其半，血淋漓，肉薄而登，贼骤进间，忽炮背击云飞，洞胸，乃僵立竹山门，手握刀，左目矐矐然，倚厓石而卒。"[④] 陈庆年《道光英舰破镇江记》描述了青州旗兵在镇江悉力死战的情景。[⑤] 金安清《林文忠公传》，王拯《定海镇总兵谥壮节葛公墓志铭》《陈将军画像记》《王刚节公家传跋尾》《陈将军义马赞》，鲁一同《关忠节公家传》《书裕靖节公死节事略》，邵懿辰《葛壮节公墓表》，梅曾亮《王刚节公家传》，袁翼《江南提督陈忠愍公殉节略》，吴世宜《记游击张公死事略》，郭柏苍《定海

① 《三元里人民抗英斗争史料》（修订本），第 316 页。

② 《三元里人民抗英斗争史料》（修订本），第 27 页。

③ 见《中国近代史资料丛刊·鸦片战争》第 3 册，第 33—34、38 页。

④ 《中国近代史资料丛刊·鸦片战争》第 4 册，第 684 页。

⑤ 《中国近代史资料丛刊·鸦片战争》第 4 册，第 697—698 页。

县姚公传》① 等，从不同角度记述了他们可歌可泣的抗英事迹，赞誉他们为国捐躯的志节，写出了人民对他们的崇敬，以及作者对他们的高度评价。另外，散文对于杀敌立功的“偷儿”，也有专文记述其事，并由此论及平时剥民自奉而战时望风溃逃者之可耻。徐时栋《偷头记》与张罗澄《书偷头记后》就是这样的作品。《偷头记》记述：奕经反攻宁波失败后，屯驻绍兴的宁波官吏让“偷儿”潜入宁波城杀“鬼”头，并奖赏之。此后，“凡城内外之以窃鬼头至者，党日益盛，计日益巧，所获日益众。其奇策秘术，人莫得而详也”。“此时夷酋虽防护甚谨，不可得，而心常惕惕，每日夕即觳觫自惊，旦日而以失首报者恒数十，或多至百余。白鬼夜出逻，往往晓不归，其黑鬼无名籍者，至不可算。由是大惧，尽率其属登舟而去之。于是大将军以克复宁波府入告，升擢叙录各有差”。②“大将军”率军数万，反攻宁波大败，卒以“偷儿”之窃杀鬼子头而迫英军退出宁波（英军退出宁波之真正原因姑置不论），“大将军”竟以“克复宁波府入告”，并由此获封赏，其中的讽刺意味，不是很深刻吗？作者在文章的最后借庾信的“于时大盗，还作功臣”③，充分肯定了“偷儿”们杀敌之功。《书偷头记后》则以“偷儿杀贼”去鞭挞那些搜刮百姓而遇敌即逃的官吏：“术之贱至为偷，人之贱至为偷儿，而能以其偷为国杀贼，则遂不敢以偷儿贱之。……今天下之言曰，文官三只手，武官四只脚。夫官于平日，剥民自奉，则甘为偷儿，一遇变故，则不能如偷儿之杀贼，此三手四脚之所以称也。视此偷儿，宁不愧死乎？”④ 只要能反抗侵略，哪怕是“偷儿”也崇高；遇敌即逃，即使是“命官”也无耻。是否反侵略，成为作者在当时衡量是非的标准。有鉴于此，不少文章无情地揭露、谴责了投降派的丑恶嘴脸，并分析了屈辱求和的严重后果。

无名氏《鲛泣录》愤怒地谴责琦善道：“有琦善者，莅任未及半载，流毒已及千条。有意卖津，虎门之弓衣尽撤；无心为国，羊城之戈甲不修。香港因是遇灾，乌涌从而致害。……凡百凄凉，万言难尽，欲食其肉而寝其皮者屡矣。”继又声讨为被困英军解围的广东大小官吏：“以蹂躏土地之奸夷，荼毒生灵之恶党，竟然事之若父，敬之如宾，彼实何心，昏庸若是？”⑤ 广东按察使王廷兰致

① 以上诸文分见《中国近代史资料丛刊·鸦片战争》第6册和《鸦片战争文学集》下册。

② 《鸦片战争文学集》下册，第836—837页。

③ 《鸦片战争文学集》下册，第837页。

④ 《鸦片战争文学集》下册，第838页。

⑤ 《鸦片战争文学集》下册，第779—781页。

曾望颜的信中，力斥琦善“先存一不敢战之心，畏之如虎”，步步撤防，“开门揖盗，百喙奚辞”！揭露广东将弁兵卒见敌先遁的狼狈相；而且对奕山之输款求和痛心不迭：“提库中之国帑，唯有伤心；树城上之白旗，能无发指?”① 陈庆镛劾琦善、奕山、奕经疏，历数诸人罪状，要求道光帝收回重新起用琦善等人的成命。文中揭露诸臣纵夷辱国之劣迹说：“逆夷滋事以来，自总督将军以至州县丞倅，禽骇兽奔，纷纷藉藉，唯知船炮之足惊，谁复典刑之是惧。”“夫逆夷之敢于猖獗，沿海兵将之敢于逃窜，驯至今日海鸥群飞，鲸鲵跋浪，逞其所欲，莫敢谁何者，实由琦善于逆夷入寇之始，首示以弱，惰我军心，助彼毒焰，令海内糜烂，至于此极。……奕经乃夜郎自大，深居简出，顿兵半载，并未身历行间，骋其虚憍之气，志盈意满，期于一鼓而复三城。卒之机事不密，贻笑敌人，杀将覆军，一败不振。此不特别科其骚扰供亿，招权纳贿之事，而罪已不胜诛矣。……且此数人者，我皇上特未知其见恶于民之深耳。倘俯采舆情，谁不切齿于琦善而以为罪魁？谁不疾首于奕经、奕山、文蔚、牛鉴诸人，而以为投畀之不容缓？直道犹存，公论可畏，非臣一人之私言也。”② 此折义正词严，说出了人民对投降派及丧师辱国者的愤恨。此外，尚有以“祭文”形式指责、讥刺那些糊涂颟顸、残民以逞、遇敌先逃而致兵溃城陷的昏官、逃官的。如《浙江府厅州县生祭黄冕文》③《京口驻防阖营将士祭都统海公文》④ 即是。

此时的散文中，还有一类是议论某些抗英官吏功罪、为其辩诬或筹议反侵略策略的。鲁一同《拟论姚莹功罪状》、钱赞黄《论台湾之狱》⑤、林福祥《平海心筹》、包世臣《答果勇侯书》《歼夷议》、吕贤基《平夷要务疏》、吴嘉宾《海疆善后疏》⑥、陈金城《平夷论》⑦ 以及魏源的《筹海篇》等，皆属此类。

姚莹在鸦片战争中守台抗英有功。可是和议成后反被投入监狱。后虽获释，却被贬官四川。舆论对此大为不平。上引鲁、钱二文专辨此功罪是非。鲁一同把姚莹守台歼夷与各地兵败城陷相对比，谓姚莹“忠勤文武，守边数年，横塞夷虏之冲。虏尝三犯之，摧败夺气以去。军兴以来，南絓广闽，北连江浙，失

---

① 《中国近代史资料丛刊·鸦片战争》第4册，第20、23页。
② 《中国近代史资料丛刊·鸦片战争》第4册，第637—639页。
③ 见《中国近代史资料丛刊·鸦片战争》第3册。
④ 见《中国近代史资料丛刊·鸦片战争》第4册。
⑤ 见《鸦片战争文学集》下册。
⑥ 见《中国近代史资料丛刊·鸦片战争》第4册。
⑦ 见《鸦片战争时期思想史资料选辑》。

地丧师者，骈肩望于道”。于是，作者断然结论：“臣见其功，未见其罪。”而朝廷却“信逆虏反复之说，轻折捐命之臣，摧败士气，为夷复仇”。其颠倒是非，屈服于外国侵略者的面目，昭然若揭。文章进一步分析此举之恶果：“莹等一去，海外孤危，后有来者，避畏吏议，孰敢击贼？边吏解体，辱军之将有所饰其耻，率相委以去。东南之祸，未有艾也。”最后提出：“宜湔雪莹罪，激厉有功，以劝来者。”① 充分肯定姚莹抗敌之功，提出洗雪其冤，为的是辨明是非功罪，肯定抗敌有功之人，以激发后来者之反侵略斗志。

筹议反侵略的策略，这是当时散文的又一重要内容。林福祥的《平海心筹》中，关于抗英的战略、战术，诸如怎样处理战、守、和的关系，分析“和夷”之后患、粤东形势，招抚汉奸、海盗，炮台之修筑，如何御炮、设伏，以小船攻大船，利用法、美以制英等等，皆有论及。② 包世臣在《答果勇侯书》中指出，“夷好不可恃，海防不可废”，而广东义民“愤发如云，义形于色”，给英军以沉重打击，因此向杨芳建议：“选义民使充水师，以渠率为其汛弁，义民必皆乐从。逆夷惊魂未定，岂敢出头与较。仇深隙巨，旬月内断难撮合，相持数月，便可趁势兴工，将大角、沙角、三远、横档、虎门各炮台并力修复。吾圉既固，或可直收香港，既以振威雪耻，又以酬功得用，因势利导，是或一道也。”③ 这些文章所建之策是否有效，或效力有多大，是另一问题，这里要强调的是文章的反侵略主题。

鸦片战争时期，尚未发现已完成的以反侵略为主题的小说，只是在刘长华撰《鸦片战争史料》中列了40副“粤东对联”④（《入寇志》则谓“省中联语”，共31目⑤）。阿英认为，这“实际上近乎‘小说’”，但是，“可能没有成书”。⑥ 若果真如此，这40个回目的作者，倒是站在反侵略的立场上，试图全面反映从黄爵滋上折提出严禁主张至江宁议和的全过程。

这一时期以反侵略为题材的戏曲不多。粤剧演员李文茂曾编演过《三元里打鬼》⑦，以歌颂三元里义民打击英国侵略者这一伟大壮举。道咸时重要剧作家

① 《鸦片战争文学集》下册，第1001—1002页。

② 参见《中国近代史资料丛刊·鸦片战争》第4册，第588—598页。

③ 《中国近代史资料丛刊·鸦片战争》第4册，第467页。

④ 《中国近代史资料丛刊·鸦片战争》第3册，第149—152页。

⑤ 《中国近代史资料丛刊·鸦片战争》第3册，第320—321页。

⑥ 《关于鸦片战争的文学》，《鸦片战争文学集》，第20—25页。

⑦ 李景光：《中国近代戏剧述略》，《社会科学辑刊》1986年第2期。

黄燮清所作《居官鉴》，反映定海抗英、朝廷议抚等鸦片战争中的重大事件。作者通过剧中人之口，表现出对战败求和的痛愤："岂料孤城绝援，三帅捐躯。妖氛既逼于甬东，毒焰更流于京口。方谓戈矛偕作，共切同仇，不辞犬马之劳，誓捣鲸鲵之穴。不意未申挞伐，遽事抚绥，国家养士数百年，难道竟无一人制敌？说起来好不痛愤也呵！"①

鸦片战争时期反侵略文学的作者们，面对英国侵略与清朝腐败的现实，歌颂反侵略的英雄，揭露侵略者的贪残，抨击清政府的失策，鞭挞怯懦卑劣的腐败官吏，为强国御侮而出谋献策。有些作品直斥当权者，大触时讳，说不定会由此给作者引来烧身之火，但是他们并不惧怕。诚如贝青乔在《咄咄吟·自跋》所附"述怀绝句"中所云："底用名山贮石函，筹边策备此中参。倘教诗狱乌台起，臣轼何妨窜海南。"② 义愤填膺，大有"豁出去了"之气概。这些都说明，反侵略文学作品的作者们，都怀着一颗爱祖国、反侵略之心，具有强烈的社会责任感。他们想通过自己的作品，激发起人们御侮图强之心，促使当权者振作起来，共同去"御夷"，去"平夷"，去"歼夷"，去雪此奇耻大辱。这样的题材，这样的用心，正是鸦片战争时期文学与前此中国之文学最大的区别——它已接触到了中国近代反帝反封建的主题。虽然陈旧的夷夏观与忠孝观在这些作品中时有流露，但是它并未冲淡这一主题。这一时期反侵略文学的另外两个值得注意的地方，是文学的现实主义与对人民群众反侵略斗争的重视。作者立足现实，作品反映现实，目的在积极改造现实，不少作品就是"纪实文学"。它既是文学作品，又是可贵的史料。有的作品非常重视并充分肯定人民群众在反侵略中的作用，而不信任官府，甚至对官府加以批判。以上这些特色，是已经发生巨大变化的社会现实和作者们所具有的爱国思想相结合而形成的。这一时期的反侵略文学，对近代文学的形成，对反侵略、爱祖国思想的传播，都具有开创性的意义。

四、史地学的兴起

鸦片战争前后，史地学勃兴，"兹学遂成道光间显学"③。其内容主要包括边

① 《鸦片战争文学集》下册，第980页。

② 《中国近代史资料丛刊·鸦片战争》第3册，第235页。

③ 梁启超：《中国近三百年学术史》，第321页。

疆史地学、世界史地学、元史及当代史研究三个部分。

边疆史地研究，早在清初即已开始。清朝建立后，渐次平定“三藩”、蒙古、新疆的叛乱，“抚绥”西藏，“戡定”台湾，加强了对边疆地区的控制。同时，又与不断侵扰中国北方的俄国进行斗争。然而，清朝统治者对这些地区的情况却不甚了解，故提倡对边疆地区的史地研究。而明朝修的《元史》，芜杂粗陋，清代学者对此殊为不满，于是纷纷补正与改写。元朝兴起于蒙古，对元史的研究也促进了对西北史地学的研究。如梁启超所说：“西北地理学与元史学相并发展，如骖之有靳，一时风会所趋，士大夫人人乐谈。”① 嘉道之际，经世学兴起，地主阶级改革派对清代边患多发的西北地区极为关注。鸦片战争后，沙俄势力更向中国北方渗透。于是，嘉道之际，出现了研究边疆，尤其是西北边疆史地学的热潮。

对边疆史地素有研究的祁韵士、徐松，嘉庆时被遣戍伊犁，使他们有机会实地考察西北史地。祁韵士关于西北史地的撰著有《藩部要略》《西陲要略》《西陲总统事略》《西域释地》等。所谓藩部即蒙古，西陲则指新疆。其《藩部要略》把蒙古、西藏的历史及其与清政府的关系作了较好的说明。学者李兆洛评价此书说：读《藩部要略》，“如读邃皇之书，睹鸿蒙开辟之规模焉，乌可不令承学之士闻所未闻，见所未见，了然于天人之故哉”②。徐松继祁韵士续成《西陲总统事略》（后以伊犁将军松筠名义上奏），并撰《哈萨克世次表》《布鲁特头人表》。对此二表，龚自珍叹为奇作，并拟收入其所撰《蒙古图志》中。③《西陲总统事略》进呈后赐名《新疆识略》，道光帝为之作序。该书十二卷，包括新疆总图、南北路及伊犁舆图、官制兵额、屯务、库储、外裔、边卫等内容，对新疆的地理和社会经济情况作了较全面的记述。④ 此外，道光初龚自珍已撰成《蒙古图志》之大部分。此书“为图二十有八，为表十有八，为志十有二，凡三十八篇”⑤，以志“喀尔喀四大部，纵横万余里，臣妾二百年，其间所施设，英文钜武，与其高山异川，细大之事”。惜因火灾焚其成稿及资料而中辍，只留下

① 梁启超：《中国近三百年学术史》，第322—323页。

② 李兆洛：《外藩蒙古要略序》，转自冯尔康：《清史史料学初稿》，南开大学出版社1986年版，第146页。

③ 参见《龚自珍全集》，第308、604页。

④ 参见梁启超：《中国近三百年学术史》，第321页；冯尔康：《清史史料学初稿》，第148页。

⑤ 梁启超：《中国近三百年学术史》，第322页。

各类志、表序十篇及《拟进上蒙古图志表文》一篇。① 梁启超根据所刊序文即嘉许其为“深通史裁之作品”②。

鸦片战争后，研究边疆史地的重要著作，有《蒙古游牧记》与《朔方备乘》等。

《蒙古游牧记》是张穆撰著的。但他未及完成即赍志而殁，后由何秋涛续完。该书记述、考证蒙古各部落之所在地域，历代所受封爵，对清廷的土贡等。“《游牧记》盖与鹤皋（祁韵士字鹤皋）之《藩部要略》相补。《要略》为编年史，此则专门地志也。”③ 祁寯藻评价说：是书成，“读史者得实事求是之资，临政者收经世致用之益，岂非不朽之盛业哉”④。

《朔方备乘》是何秋涛研究蒙古及中俄关系史的重要著作，其著书缘起及撰著过程，李鸿章说得很清楚：“何秋涛究心时务，博极群书，以为俄罗斯东环中土，西接泰西诸邦……著录之家虽事纂辑，未有专书，秋涛始为汇编，继加详订，本钦定之书及正史为据，旁采图理琛、陈伦炯、方式济、张鹏翮、赵翼、松筠，以及近人俞正燮、张穆、魏源、姚莹之徒，与外国人艾儒略、南怀仁、雅裨理之所论述，并上海、广州洋人所刊诸书，订其舛讹，去其荒谬。”⑤ 此书先成《北徼汇编》6 卷，后增订为 80 卷，备述秦、汉以来，特别是清朝对东北、北方、西北边疆的经营和治理，当地少数民族的状况及其与清朝中央的关系，言蒙古最详，而尤注重中俄关系。其目的在反对沙俄侵略，巩固北部边防。此书进呈清廷，咸丰帝阅后，甚为称许，赐名《朔方备乘》。梁启超称赞其“有组织，有别裁，虽今日读之，尚不失为一名著也”⑥。

鸦片战争前后最具时代气息的史地研究是世界史地学。鸦片战争前夕，英国的鸦片走私日益严重，其“桀骜不驯”已引起清朝一些官吏和士人的极大关注。因此，对英国的了解日渐显得重要。19 世纪 30 年代，遂有萧令裕的《英吉利记》和叶钟进《英吉利国夷情纪略》等著作问世。

萧令裕通过查阅《职方外纪》《舟车闻见录》《海岸闻见录》《澳门纪略》

---

① 参见《龚自珍全集》，第 305—308 页。

② 梁启超：《中国近三百年学术史》，第 322 页。

③ 梁启超：《中国近三百年学术史》，第 322 页。

④ 祁寯藻：《蒙古游牧记序》，张穆《蒙古游牧记》卷首。

⑤ 李鸿章：《朔方备乘叙》，何秋涛《朔方备乘》卷首。

⑥ 梁启超：《中国近三百年学术史》，第 322 页。参见蔡冠洛编：《清代七百名人传》下，中国书店 1984 年影印版，第 1689 页；冯尔康：《清史史料学初稿》，第 147 页。

《海录》《坤舆外纪》《东华录》以及方志、旧档册、个人文集，加上采访所得，写成《英吉利记》。该书介绍了英国的国情民俗、宗教文字、军事组织、对外贸易扩张、船炮机事等鲜为国人所知的情况。并根据自己的采访，纠正了过去对西洋人的一些错误看法。特别值得指出的是，该书还介绍了中英交往，英国对华走私鸦片，英国人在广东的武装挑衅，以及英国在海外进行商业和军事扩张的情况。书中写道：英吉利“国俗急功尚利，以海贾为生。凡海口埔头，有利之地，咸欲争之。于是精修船炮，所向加兵。其极西之墨利加边地，与佛兰西争战屡年始得。又若西南洋之印度及南洋滨海诸市埠，与南海中岛屿，向为西洋各国所据者，英夷皆以兵争之而分其利”，并指出，英吉利恃其船炮，渐横海上，识者每以为忧。[①] 这些当然甚为肤浅，且有错误，但却大体记述了康熙开海以来至嘉庆末的中英关系，也可算是一篇中英关系史略。

鸦片战争爆发后，为反抗英国侵略，须了解敌人，了解世界。正是这开眼看世界的迫切需要，使鸦片战后研究世界史地之学勃兴起来。此时重要的世界史地著作有《四洲志》《海国图志》《海国四说》《康輶纪行》和《瀛寰志略》等。

林则徐到广州后，为了解夷情，在他主持下，由梁进德等将英国人慕瑞编写的厚达1500多页的 *The Encyclopaedia of Geography*[②]（《地理大全》）节译成中文，并亲自修改补充。全书8万余字。据西人记载，此书有1841年（道光二十一年）刊本[③]，但迄今未见。1841年8月，林则徐被遣戍，在京口（镇江）将此书稿交给魏源，嘱其撰《海国图志》。

《四洲志》从毗连中国南部的缅甸、越南、暹罗开始，依次介绍了南亚、西亚、非洲、欧洲各国以及美洲的美国、加拿大、智利等国。对这些国家的历史沿革、山川河流、民情风俗、政治制度、军队组织、争战离合、反殖斗争、物产外贸、税饷收支、宗教信仰、文化教育、种族隔阂等情况，作了详略不同的介绍。其中，对英美两国的政治制度、相互关系、工艺制造及同中国的贸易状况介绍尤详。它介绍英国的议会制度、美国的总统制说：英国“国中有大事，王及官民俱至巴厘满衙门（Parliament，即议会或国会）公议乃行。大事则三年

① 《中国近代史资料丛刊·鸦片战争》第1册，第19、22页。

② 据陈华教授查考，《地理大全》原名 *An Encyclopaedia of Geography*，1834年在英国首次出版。后来转到美国出版，书名首字An改为The。从1837年起，连续出版多年。由于《四洲志》中有不少1835年数字，以及1836年情况，译本所依据的可能为1837年至1839年间的一个版本。

③ 参见《中国近代史资料丛刊·鸦片战争》第6册，第440页。

始一会议，设有用兵和战之事，虽国王裁夺，亦必由巴厘满议允”；美国“因无国王，遂设勃列西领（President，总统）一人，综理全国兵刑赋税、官吏黜陟。然军国重事，关系外邦和战者，必与西业（Senate，参议院）会议而后行。设所见不同，则三占从二。升调文武大吏，更定律例，必询谋佥同。定例，勃列西领以四年为一任，期满更代。如综理允协，通国悦服，亦有再留一任者，总无世袭终身之事”。并对英、美的选举制度和议会的职能、分工等等，作了详细介绍。该书又介绍英美两国的工艺、外贸：两国技艺精巧，工艺制造“运用火烟激机运动，不资人力”；两国都重视对外贸易。在英国占领的印度，“鸦片为最巨之贸易，英吉利独擅其利”①。可是，对东北亚的日本、朝鲜等国，南美洲除智利以外的其他国家，大洋洲，《四洲志》却付阙如。可见，林则徐主持翻译此书，除一般地了解世界以外，重在了解侵略中国的英吉利，了解它与美、法的关系，以寻求对付的办法。

通过《四洲志》，林则徐向中国人介绍了知之极少或全然不知的世界之大体情况。这较之过去那种仅凭个人航海的纪录，或只记一国史地的著作，要正确、全面得多。它大开了人们的眼界，使中国人对世界产生了新的概念。在当时，这确是一部具有开创性的译著。故梁启超评价说：“林少穆督两广，命人译《四洲志》，实为新地志之嚆矢。”② 当然，《四洲志》对世界的介绍并不全面，而且流传有限，影响也不大。但它却为《海国图志》的编纂奠定了基础，其影响也是通过《海国图志》而扩大的。

魏源在《四洲志》基础上，于《江宁条约》签订、英国撤出长江后仅 5 个月，即 1843 年 1 月（道光二十二年十二月）③，即完成了《海国图志》50 卷本，1844 年刊印。嗣增补为 60 卷本，刊刻于扬州。④ 后又大大加以扩充，增为 100

---

① 林则徐：《四洲志》，见《小方壶斋舆地丛钞》再补编，第 12 帙。

② 梁启超：《中国近三百年学术史》，第 323 页。

③ 魏源说，完成于道光二十二年嘉平月，即腊月，阳历已是次年 1 月。

④ 关于《海国图志》60 卷本，一般说刊刻于 1847 年。但是，姚莹在《康辅纪行》中，一再提到《海国图志》60 卷：“友人邵阳魏默深……编为《海国图志》六十卷，可谓先得我心。”“近岁邵阳魏源字默深……作《海国图志》六十卷”。（分别见《康辅纪行》卷五、卷一二）而《康辅纪行》完成于丙午年（1846 年）（是年姚已将稿本寄回老家，见丙午大寒日《复光律原书》）。可见，姚莹至迟在丙午年完成《康辅纪行》以前已读过《海国图志》60 卷本。那么，《海国图志》60 卷本刊印时间，不会迟于丙午大寒（1847 年 1 月 20 日）。彼时，姚氏在四川蓬州，而魏书在扬州刊出，山遥路远，寄送需时。由此可见，《海国图志》60 卷本至迟在 1846 年已刊出。

卷，于 1852 年（咸丰二年）刊于高邮。关于此书的资料来源、特点及编纂目的，如《海国图志叙》所说：“《海国图志》六十卷，何所据？一据前两广总督林尚书所译西夷之《四洲志》，再据历代史志及明以来岛志及近日夷图、夷语。钩稽贯串，创榛辟莽，前驱先路。大都东南洋、西南洋增于原书者十之八，大、小西洋、北洋、外大西洋增于原书者十之六。又图以经之，表以纬之，博参群议以发挥之。何以异于昔人海图之书？曰：彼皆以中土人谭西洋，此则以西洋人谭西洋也。是书何以作？曰：为以夷攻夷而作，为以夷款夷而作，为师夷长技以制夷而作。”魏源介绍世界各国情况、各种先进船、炮的制造方法，目的在了解世界，师夷所长而制之。

《海国图志》较《四洲志》，内容大大扩充，其 50 卷本已有 57 万字，60 卷本又增加了不少，百卷本补充更多。魏源把他看到的葡萄牙人马吉斯的《地理备考》、英国传教士马礼逊的《外国史略》、高理文的《合省国志》、徐继畲的《瀛寰志略》等书有关材料辑入，使字数增至 88 万，并附地图 75 幅，各种图式 57 页。魏源这部创榛辟莽之作，内容可分为两大部分：其一，是魏源自撰的叙、按语及《筹海篇》。这部分分量虽不大，但却是全书的精髓。它阐明了作者开眼看世界、学习西方以御侮图强的主张和反侵略的战略战术，诸如悉夷情、师夷技、增强武备、选择人才、依靠民力、以守为战、以夷制夷等等。其二，是辑录他人著作，其中又包括世界史地知识与先进的船炮等制造技术和有关天文、历数、宗教等基本知识。这是全书的主体。在辑录世界史地知识时，孰详孰略，作者是颇有讲究的。叙述欧罗巴洲的 17 卷中，英国就占了 4 卷。因为英国是中国的主要敌人，详细介绍它，便于国人知其底细而筹划抗击的有效方略。对于东南洋各国的介绍，也用了 14 卷 10 余万字的篇幅，目的在让中国从这些邻近国家的历史与现实中汲取反抗侵略的经验教训。

魏源在《海国图志》中介绍先进的造船制炮等技术，是为了“师夷长技”的需要。在 50 卷本中，魏源将福建监生丁拱辰所撰《铸造洋炮图说》、奕山《进呈洋炮图说疏》以及西洋技艺杂述一组作为一卷附录于书末。60 卷本则将此内容增补为 8 卷，如郑复光的《火轮船图说》、黄冕的《地雷图说》、潘仕成的《攻船水雷图说》以及《作远镜法说略》《西洋用炮测量说》等都被辑入，且将 50 卷本中的“附录”二字删去。百卷本中又增加了西人撰著的《火轮舟车图说》《火轮船说》《天文地球合论》等内容，将西洋技艺增加为 12 卷，西洋船炮器艺等图 50 多幅。对西方技艺介绍的增加，使人们有了可资借鉴、可以仿造西方船炮的技术资料，使“师夷”有了依据而变得更具体。①

《海国图志》虽然在内容和编撰上还存在一些问题，比如对所辑录的书中的舛误未详加订正，所绘地图欠准确，提出的有些主张尚有可议之处等，但是这些都不能掩盖这一部开创性作品的光辉。它不仅大开了人们的眼界，使长期处于闭塞状态的中国人对近代世界开始产生了新概念，是当时一部相当完备的世界史地著作，而且是一部富有强烈政治性的海防全书。由于该书提出了抵御侵略的方策，又介绍了世界各国的史地知识、先进的工艺技术和自然社会科学知识等，适应了中国开眼看世界的需要，反映了爱国人士雪耻御侮的愿望与要求，因此自问世以后，在道、咸、同、光四朝先后九次刊刻出版，在知识界乃至政界均有较大影响。姚莹在读到《海国图志》后，欣喜非常。他说：“友人魏默深贻以所著《海国图志》，大获我心。”② “余数十年之所欲言、所欲究者，得默深此书，可以释然无憾矣!”③ 在英、法迫清廷订《天津条约》后，为寻求对付侵略者的办法，兵部侍郎王茂荫于 1858 年 7 月（咸丰八年五月末）上奏道：“臣所见有《海国图志》一书，计五十卷，于海外诸国，疆域形势，风土人情，详悉备载，而于英吉利为尤详。且慨前次办理之未得法，为后此设种种法”，“果能如法以守各口，英夷似不敢近”。因此，他建议，“请敕重为刊印，使亲王大臣家置一编，并令宗室八旗，以是教，以是学，以知夷（虽）难御，而非竟无法之可御”。④ 可见，当英、法再度入侵时，一些官员即欲以魏源在《海国图志》中提出的办法去应付“抚虽已就而难实未已”的局面。梁启超也认为，“魏书不纯属地理”，其“以夷攻夷，以夷款夷，师夷长技以制夷”之论，“实支配百年来之人心，直到今日犹未脱离净尽，则其在历史上关系，不得谓细也”。⑤ 实际上，《海国图志》对洋务派、维新派都产生过重大影响。不仅如此，该书传到日本，正适应了缺乏世界知识的日本知识界的需要，故从 1854—1856 年，日本翻刻的版本达 20 多种（均是部分翻刻），对帮助日本各界了解世界以及对日本的

---

① 参见魏耆：《邵阳魏府君事略》，《魏源集》下册，第 949—956 页；吴泽、黄丽镛：《魏源〈海国图志〉研究》；萧致治：《评魏源的〈海国图志〉及其对中日的影响》。（载《鸦片战争史论文专集续编》）

② 《康輶纪行·自叙》。

③ 《商贾说外夷有裨正史》，《康輶纪行》卷一二。

④ 《王茂荫奏治法治人之本在明德养气折》，《筹办夷务始末》（咸丰朝）三，第 1049 页。

⑤ 梁启超：《中国近三百年学术史》，第 323 页。

维新运动，都曾起过一定的积极作用。①

就在《海国图志》50卷本初次刊刻时，梁廷枏逐渐完成了《耶稣教难入中国说》《合省国说》《粤道贡国说》及《兰仑偶说》，并于1846年（道光二十六年）正月合刊为《海国四说》。《耶稣教难入中国说》写耶稣教的历史和自唐代即传入中国的情况，并阐释儒学胜于耶稣教、耶稣教必难行于内地的道理。《粤道贡国说》把清初至道光间从海道至广东贸易和入贡的国家暹罗、荷兰、西班牙、英、意、葡等国与清朝往来国书、清帝的有关谕旨和大臣奏章，按年汇编，对了解中外贸易关系颇有价值。《合省国说》和《兰仑偶说》则是外国国别史。前者是美国专史，后者是英国专史。《合省国说》主要依据美国人高理文（裨治文）《美理哥合省国志略》，再加上梁廷枏原来在海防书局所积累的材料，荟萃而成。这是中国人纂著的第一部美国史。此书介绍了五大洲位置，新大陆的发现及欧洲人在美洲的殖民。更主要是介绍美国的独立及其民主共和制，以及经济、文教、气候、物产等情况。最后叙述了中美贸易和中美《望厦条约》的签订。梁廷枏在《合省国说》中不仅较详细地介绍了美国的总统制，而且表现出对这种制度的钦羡，并给予充分的肯定。《兰仑偶说》记述了不列颠自纪元初至1838年的政治沿革、统治世系、经济文化状况，并介绍了英国对美洲的殖民和对亚洲各国的侵略。虽然当时中国记叙英国的史地著作相对较多，但多不如《兰仑偶说》详尽。《海国四说》对美、英的介绍甚详，且开国人撰写西方国别通史之端绪。但在当时的影响却远不及《海国图志》及后出的《瀛寰志略》。

《瀛寰志略》是徐继畬费五年之功、易稿十数次而成的颇为谨严的世界史地著作。从1843年（道光二十三年）起，徐在福建任布政使、巡抚期间，即注意搜集有关外国史地的资料，“荟萃采择，得片纸亦存录勿弃。每晤泰西人，辄披册子考证之，于域外诸国地形时势，稍稍得其涯略，乃依图立说，采诸书之可信者，衍之为篇”②。该书于1848年刊刻出版，共10卷，约15万字，内有地图44幅，较系统地介绍了世界近80个国家和地区的史地沿革和经济、文化、民情风俗。和《海国图志》《海国四说》一样，《瀛寰志略》对西方的政治制度作了较多的介绍，如英国的议会制，美国的总统制。徐在此书中赞扬华盛顿“异人也，起事勇于胜、广，割据雄于曹、刘……不设王侯之号，不循世及之规”。美

① 参见萧致治：《评魏源的〈海国图志〉及其对中日的影响》，《鸦片战争史论文专集续编》，第399页。

② 《瀛寰志略·自序》。

国人对此评价，引以为自豪，“已经被充满感激之情的华盛顿的国民们所翻译和引用”[①]。徐继畬还在书中分析、介绍了英国富强的原因及西方资本主义国家间的矛盾斗争。

徐书的规模远不如《海国图志》，但它是将所搜集的资料融会贯通之作，体例较严谨、系统，选用地图也较准确。《瀛寰志略订误》评价说：徐书“叙次各国，颇为明晰”，“魏源《海国图志》援引详赡，固胜徐志，然博而伤繁，观览非易，不如徐志之易从也”。[②] 当然，徐书也有讹误，“何秋涛《朔方备乘》尝取其志俄罗斯者为辨正一卷，其他牴牾尚多，最疏忽者莫如不详经纬”[③]。不过，徐书与魏书一样，在介绍世界知识方面，有很大贡献。“中国士大夫之稍有世界地理智识，实自此始。”[④] 徐书也传入日本，给日本人了解世界知识以积极影响。

另一部记述外国及边疆史地等内容的书是姚莹撰写的《康輶纪行》。早在嘉庆时，“每闻外夷桀骜”，姚莹即深为忧愤，故颇留心边疆及域外之事。他曾搜集考订一些有关资料，将蒙古、新疆、西藏的史地沿革，与俄罗斯通市始末，廓尔喀的位置等 9 条，编入于 1833 年（道光十三年）定稿的《识小录》中[⑤]。鸦片战争起，姚莹以道员身份领导台湾抗英。他曾亲讯英俘颠林有关世界地理问题，但所知有限，“深以为恨，乃更勤求访问”。鸦片战争后，他被贬官四川，奉使乍雅，“就藏人访藏事”，将所见所闻，于 1846 年写成《康輶纪行》。[⑥] 该书共 16 卷，除第 16 卷是记载世界及一些周边国家、西藏、新疆的图说外，其余皆“因纪乍雅使事而连及外蕃、天竺五印度，更广求天方、回回，并详考西洋欧罗巴各国方域情事、诸教源流，又泛论古今学术，兼言天人、心性、政治、文章，以及理数、星象、律数、小学、杂艺之属，无不备载”[⑦]，是一本杂记性质的著作。就记述世界各国史地政事而言，它远不及《四洲志》《海国图志》《海国四说》和《瀛寰志略》。该书 16 卷共 522 条中，关于中国西部边疆地理、世界三大宗教、有关外国的各种记载共 102 条，约占全书的 1/5；就是这些条目中所记，也比较零碎，而且关于欧美的内容很少：有关英国的三四条，介绍法国史地风

① 德雷克：《徐继畬及其〈瀛寰志略〉》，北京文津出版社 1990 年版，第 166 页。
② 《瀛环志略订误》，见《小方壶斋舆地丛钞》再补编，第 12 帙。
③ 《瀛环志略订误》，见《小方壶斋舆地丛钞》再补编，第 12 帙。
④ 梁启超：《中国近三百年学术史》，第 324 页。
⑤ 参见姚莹：《识小录》卷四。
⑥ 参见《康輶纪行·自叙》。
⑦ 叶棠：《康輶纪行跋》，《康輶纪行》卷一六。

俗的仅一条，关于美国的一条也没有。但是，该书却有自己的特点：第一，对同中国毗邻的中亚、印度、廓尔喀等国家和地区记载较详，并绘制了《新疆西边外属国图》《西藏外各国图》，且有图说，可补他书之不足。其中一些内容还为魏源1846年版的《圣武记》所辑录。第二，它综合过去能见到的世界地图、颠林绘制的地图，考订异名，绘成新图并附图说，这对于人们了解世界，大有助益。而且，此书的写作目的，在使国人了解外国情况，“不为蛮夷所欺”①，并“求抚驭之宜”②。所以，它在呼吁开眼看世界、传播反侵略思想方面，有一定的作用。

以上这些世界史地著作，虽各有短长，但均具有时代的特色。首先，有鲜明的经世目的，就是让国人开眼看世界，了解“夷情”之虚实、外国之长短，以便有效地反对外国侵略。在此基础上，魏源进一步提出了“师夷制夷”的主张。因此，作者们在言外国史地时，并非纯记述史地沿革，而是把史地与政治、经济、军事、文化、国际关系等糅合在一起，并特别注重对侵略中国最主要的资本主义国家的介绍。其次，尽量注意科学性。作者们竭尽所能，广泛搜集有关资料，中国古代史志，近代航海记录，外人所作图说，亲自采访所得，从报刊上译出的新闻，都加以辑录、考订，尽量做到接近实际。因此，给国人介绍了一个基本正确的世界概念。第三，对西方国家进行了初步的分析、研究，因而认识较前深刻。这些关心时务的人，最初与英军接触，只看到英人武器、战船之长技。待进一步了解、分析后，开始认识到资本主义国家政治制度之“美”，工商业之发达，并探讨其富强的原因。同时，也注意到英与美、法之间，英、法与沙俄之间的矛盾。值得一提的是，这些作者都是主张“经世致用”的，都是鸦片战争时期在东南沿海与英国等西方国家打过交道的中高级官员与学者。以上这些特色，是在中国开始步入近代、中华民族奋起反抗外国资本主义侵略这样的时代中产生出来的。

这些史地著作，在因袭势力强大的当时，受到顽固思想的抵制，守旧士人的非议，“犯诸公之忌”③，“罕行世，见者亦不之重”。但是，顺应时代的学术与思想终会被社会所肯定。这些世界史地著作日益为知识界所接受，从而在开阔眼界、促进反侵略斗争、介绍和输入西学等方面，起了积极作用。至于这些著

① 方复恒：《康輶纪行跋》，《康輶纪行》卷一六。

② 《康輶纪行·自叙》。

③ 姚莹：《与余小坡言西事书》，《东溟文后集》卷八。

作中显露出的一些陈旧观念，或出现一些知识性的错误，对于刚步入近代的地主阶级士大夫来说，是难以避免而不必苛求的。

此一时期，史学领域发生的又一重大变化便是一改乾嘉以来埋头考证古史之风，当代史引起学者们的高度重视，并涌现出一批颇有影响的历史学著作。其中主要有《圣武记》《道光洋艘征抚记》《元史新编》《夷氛闻记》《中西纪事》等。

《圣武记》是自称为“积感之民”① 的魏源撰写的。魏源于 1829 年（道光九年）纳资为内阁中书，“始筮仕京师”。在此期间，他得以阅读史馆秘阁官书及私家著述，对清朝历史上的大事了解甚为清楚。“晚侨江淮，海警沓至，忾然触其中之所积，乃尽发其椟藏，排比经纬，驰骋往复，先出其专涉兵事及尝所论议若干篇，为十有四卷，统四十余万言，告成于海夷就款江宁之月”②。他愤于中国在鸦片战争中蒙受的奇耻大辱和清朝统治者之不振作，欲以清朝历史上南征北战、东伐西讨的赫赫武功来振奋人心，并进而推求振兴之道，使大清王朝“官无不材”，“境无废令”，重新恢复过去“一喜四海春，一怒四海秋”的国威。③ 这种振兴国家、反抗侵略的思想，理所当然地使人们产生共鸣。故在写作此书的过程中，“索观者众，随作随刊，未遑精审”④，于 1842 年即刊刻出版。以后又两次增补修订，分别于 1844 年、1846 年两次重刻。以后又续刊过十多次。

《圣武记》14 卷，分为两大部分。前 10 卷以纪事本末体记述清朝的兴起、戡定中原、抚绥外藩、平定叛乱等对内对外的主要战争与重大政策，归纳为开创、藩镇、外藩、土司苗瑶回民、海寇民变兵变、教匪六大类。对于每一件大事，魏源皆详述其始末。多数事件记述完后，以“臣源曰”“魏源曰”的传统写法发表评论，表明观点。从中可以看出魏源反侵略的思想。在《乾隆征抚安南记》末，魏源加入了安南以小船火攻的战术，击退入侵内河的“英夷”之史事，然后评论说：安南“能两歼英夷窥伺之艘者，皆纵敌入港，设伏火攻。固知正不如奇，力不斗智，御海口不若御内河也”⑤，以此证明落后国家欲战胜英国侵略者，应采用游击战和守内河的战略战术。在《国初东南靖海记》后，对清廷

① 《圣武记叙》。

② 《圣武记叙》。

③ 《圣武记叙》。

④ 《圣武记·目录》附记。

⑤ 《圣武记》卷六，第 190 页。

战胜郑成功事评论说："国初所以制之，不过迁沿海弃舟山，以断煽济，而杜牵制，卒駾喙喘息而不敢复獗。诚能以薙发之制禁烟，以清野之法断接济，以坚壁之法御火攻，烟可不遏自绝，寇可不战自困。是之谓以守为战，以守为款，以内修为外攘，故著国朝防海家法可考者于篇。"① 引历史经验为反侵略服务之目的，已昭昭然。后4卷为"武事余记"，记述清朝的兵制兵饷、名将事功，考证掌故，阐述对水陆守御、军政、军储的见解。

魏源站在地主阶级立场上写《圣武记》，对农民起义持敌视态度，自不待言。书中也出现史实、地理位置等错误。但是，该书却打破了过去不得研究清史的禁区，并向清朝统治者献策，以图振刷朝政，再现盛世；同时又筹划反侵略的方略，提出"以彼长技御彼长技"②，表现出强烈的爱国思想。因此，该书一出，很快风行海内，影响及于甲午战后；传入日本，对日本也产生了深刻影响。《圣武记》还为清史研究开辟了道路。梁启超评《圣武记》道："关于清史方面之著作……其局部的纪事本末之部，最著者有魏默深之《圣武记》"等，"默深观察力颇锐敏，组织力颇精能，其书记载虽间有失实处，固不失为一杰作"。③

《道光洋艘征抚记》是魏源写的鸦片战争史。写成后，在民间辗转传抄。《圣武记》1846年（道光二十六年）卷十目录下曾列其篇名，下有"补刊"二字，但正文中却又抽去，流传下来的一直是抄本。直到1878年（光绪四年）上海申报馆排印本《圣武记》才将其收入进去。由于其内容触时讳，传抄本中多未署作者姓名，加上传抄过程中的篡改，于是引起对此篇作者问题的争论。姚薇元先生曾先后著文论证《道光洋艘征抚记》确为魏源所作。④

《道光洋艘征抚记》分上下两篇。上篇自1838年（道光十八年）黄爵滋奏请严禁鸦片起，至三元里抗英斗争止；下篇从璞鼎查来华起，至1851年（咸丰元年）特诏昭雪林则徐、姚莹、达洪阿而斥耆英畏葸骄敌之罪止。上下篇篇末均有作者议论。这是中国最早全面记述鸦片战争的著作。姚薇元先生对《征抚记》述评说："《道光洋艘征抚记》以极为简练的文笔，论述了鸦片战争的全部过程。

---

① 《圣武记》卷八，第226页。

② 《圣武记》卷一四，第391页。

③ 梁启超：《中国近三百年学术史》，第275—276页。

④ 参见姚薇元：《关于〈道光洋艘征抚记〉的作者问题》《再论〈道光洋艘征抚记〉的祖本和作者》，原刊于《历史研究》，后收入《鸦片战争研究》（武汉大学出版社1987年版）一书。另，师道刚、冼玉清认为《道光洋艘征抚记》作者为李德庵父子。

书中首先揭露英国殖民者严禁其国人吸食鸦片，‘而专诱他国’的险恶用心，谴责英军发动野蛮掠夺的侵华战争，‘奸淫掳掠焚烧惨甚’的滔天罪行。接着，高度赞扬林则徐、邓廷桢、陈连升、陈长鹏、裕谦、葛云飞、郑国鸿、郑鼎臣、陈化成、姚莹等抵抗派将领严厉禁烟和英勇抗战的光辉业绩，而对琦善、耆英、伊里布、牛鉴等投降派和奕山、杨芳、奕经、余步云等逃跑将军，则加以揭露和谴责。同时，又表彰广东三元里等处人民围歼和袭击英国侵略军的英勇斗争事迹。全书贯串着反侵略反投降的鲜明的爱国主义思想，是近代中国第一部具有进步意义的‘当代史’。”① 《征抚记》同《圣武记》中其他篇的思想一致，而又更明确地提出了“行取”美、法、葡人至华传习造船技术，使“西洋之长技尽成中国之长技”，中国应“自修自强”，战术上“以守为战，以守为款”。如此，富国强兵，战胜侵略者，也就很有希望了。② 这些思想主张，在《海国图志》中得到进一步发挥。

对于《道光洋艘征抚记》中因时代和传抄所造成的缺漏与舛误，姚薇元先生曾作详细考订，著为《鸦片战争史实考》一书。《道光洋艘征抚记》既留下了宝贵的鸦片战争史料，又以史学经世，总结了战争的惨痛教训，宣传了反侵略的爱国思想，在史学史与思想史上均有较大的意义。

魏源另一重要史著是《元史新编》。这部史书于 1853 年（咸丰三年）七月脱稿，可是一直到 1904 年（光绪三十年）才由其族孙魏光焘请人校勘续补后刻版印行。全书共 95 卷，百万余字。

魏源在修订《海国图志》之余，即致力于《元史新编》的编写。魏编此书的原因主要有二：其一，为了“经世”。鸦片战争后，俄国加紧对中国西北的蚕食，国内阶级矛盾日趋尖锐，国势日益衰败。魏源欲通过重编元史为清朝提供可资借鉴的西北史料和元朝灭亡的教训。诚如其自述编撰《元史新编》的缘起所说：“臣源于修《海国图志》之余，得英夷所述五印度、俄罗斯元裔之始末，怅触旧史，复废日力于斯，旁搜《四库》中元代文集数百种，及《元秘史》。芟其芜，整其乱，补其漏，正其诬，辟其幽，文其野，讨论参酌，数年于斯，始有脱稿。乌乎！前事者，后事之师。元起塞外有中原，远非辽、金之比。其始终得失，固百代之殷鉴也哉！”③ 其二，与清代掀起元史研究的热潮有关。明朝

① 姚薇元：《鸦片战争史实考·绪言》，人民出版社 1984 年修订本，第 2 页。

② 参见《魏源集》上册，第 186—187、205—206 页。

③ 《拟进呈元史新编序》，夏剑钦编：《中国近代思想家文库：魏源卷》，中国人民大学出版社 2013 年版，第 461 页。

宋濂主持修撰的《元史》，潦草成书，芜蔓疏陋而又殊无章法。于是，清代史家“发愤勘治”①。加之嘉道之际，学人多究心西北地理，其初仅以新疆伊犁为范围，继则扩及蒙古全部，此后移其重心于元史。② 在这种情况下，魏源在《海国图志》中对元代史事作一图四考，以弥缺憾，继又在此基础上编撰《元史新编》。

《元史新编》企图通过元代兴亡的历史为清朝统治者提供借鉴，故每于重要篇章之后以“论曰”的形式加以评论，阐明自己的观点。这些可为清代借鉴的议论主要集中在以下几个方面：指责元代统治者实行民族歧视政策，认为这种政策关系政权之兴亡，为清朝统治者消除满汉民族之防提供借鉴；痛斥宋之降臣叛将，针砭元代末年纲纪大坏、政以贿成、腐朽荒淫之弊政，以为清朝整饬吏治张目；重视元代之治河、钞法等裨益国计民生的实政，与地主阶级改革派“经世致用”、改革内政的主张相呼应。《元史新编》广博征引，纠谬存异，详加考订，在编纂方法上也颇有新意，是元史研究上一部有影响的著作。③ 梁启超充分肯定《元史新编》在编纂体例上的创新：“魏著讹舛武断之处仍不少，盖创始之难也。但舍事迹内容而论著作体例，则吾于魏著不能不深服。彼一变旧史‘一人一传’之形式，而传以类从。但观其篇目，即可见其组织之独具别裁。章石斋所谓‘传事与传人相兼’，司马迁以后未或行之也。故吾谓魏著无论内容罅漏多至何等，然固属史家创作，在斯界永留不朽的价值矣。”④

梁廷枏的《夷氛闻记》，是研究鸦片战争史的又一重要著作。其完稿时间约在道光末年。由于该书内容触犯时讳，故虽在广东刊行，但却未署作者姓名，没有序文，流传也不广。此书从中西交往、追述分析鸦片战争的原因起，至广州反进城斗争取得胜利止，共 5 卷，10 万余字。书中辑录了有关禁烟和战争中的一些奏折、条例、外交文件、民间歌谣、条陈、书信、“英夷”口供等，作者还作了许多注释，资料丰富，史料价值颇高。

《夷氛闻记》对鸦片战争起因的见解，在时人之上。书一开头就说“英夷狡焉思逞志于内地久矣”，接着记述了“洪任辉事件”及英国为开辟中国市场的遣使活动。因均未达到目的，而洋商行用骤加，故英商不满，“屡行桀骜”，并于道光中率船碇泊外洋对广东官员进行要挟，“以米利坚不从而止。犹以载运鸦片

① 梁启超：《中国近三百年学术史》，第 281 页。

② 参见金毓黻：《中国史学史》，第 269 页。

③ 参见童浩：《魏源与〈元史新编〉》，《中国近代史学史论集》（上），华东师范大学出版社 1984 年版，第 201—221 页。

④ 梁启超：《中国近三百年学术史》，第 282—283 页。

为利不赀，而税羡实足资其国计，常虑市易中断，则利失无以立国，且历受中国怀柔，亦无隙可乘，无口可借也，故隐忍久之，不敢骤发”①，从而揭示了英国挑起鸦片战争的经济原因，说明英国挑起这场战争积渐已久，而非偶然事件。这实际上是对当时一些人说战争系因林则徐缴烟、具结而起的一种批判。书中对林则徐、邓廷桢、姚莹等抵抗派人物推崇备至，对攻击、贬损他们的谬论极力辩诬；对陈连升、关天培、陈化成等为国捐躯的爱国将士大加颂扬；与此相对，对琦善、奕山等的丑恶行径则表示无比义愤，加以揭露，充分表现了作者反侵略的立场和爱国的思想。《夷氛闻记》对人民群众的反侵略斗争表示支持和肯定，对他们的斗争事迹予以充分重视，详尽描述。他以饱含褒扬的笔调记三元里抗英事：三元里及对岸之三山等村民众，“老弱馈食，丁壮赴战，一时义愤同赴，不呼而集者数万人”，他们将英军诱至牛栏冈围歼，“夷兵方舍命突围出，无奈人如山积，围开复合，各弃其鸟枪徒手延颈待戮，乞命之声震山谷”。余保纯等“代夷乞免……亲翼义律下，群夷继之，众口喧哗，笑声闻十里。夷自是始知粤人之不可犯，克日全帮退虎门外”。② 此外，对鸦片战争后“火烧夷楼”，反英人进城的斗争，以及黄竹岐人民反英人暴行的斗争也刻意描写，还提出了探夷情、造船炮、避长击短、借民力以御侮等抗击侵略者的办法。

《夷氛闻记》的局限，除对英国侵略者认识不够外（如“夷之伎俩，全在恫喝以取虚声”之类），最主要是对“师夷制夷”大不以为然，说明梁氏仍深受守旧思想之支配。

记述中外关系史和两次鸦片战争的史书《中西纪事》，是当时被称为“当涂四夏”之一的夏燮编著的。中国在鸦片战争中失败，时任直隶临城训导的夏燮，“蒿目增伤，裂眦怀愤，爰蒐辑邸抄文报，旁及新闻纸之可据者，录而存之”③，开始作撰写鸦片战争史的准备。因惧触时忌而未动笔。咸丰帝继位，穆彰阿、琦善被谴，夏燮正“需次京邸”，遂“取庚子以来英人入寇本末，编次成帙，藏之笥中”。《天津条约》签订之后，他于1859年（咸丰九年）“续据十年来所闻见者，合之前定之稿，分类纪叙”④，成《中西纪事》十六卷。1865年（同治四年），他又根据所见所闻、有关奏稿、档案、函件，并参考《海国图志》，“爰取

---

① 梁廷枏：《夷氛闻记》卷一，第5页。

② 梁廷枏：《夷氛闻记》卷三，第75—76页。

③ 夏燮：《中西纪事·原序》，第1页。

④ 夏燮：《中西纪事·原序》，第1页。

庚申以后续成数事，增入《中西纪事》中，合之为二十四卷”①，并以“江上蹇叟”的署名刊刻行世。这是用纪事本末体编写、以两次鸦片战争为主要内容、自明末至清同治初年的中外关系史。

《中西纪事》二十四卷，按其记述的类别可分为四大部分：前四卷，叙明“夷祸”之起因，所谓“猾夏起于通番，漏卮原于互市，边衅之生，由蘖于此”②。第五至十五卷，详记两次鸦片战争始末。这两部分，作者皆以按语的形式发表自己的议论。第十六至二十三卷，是作者对庚申换约以后中外关系中的重要事件的述论。其中第二十三卷“管蠡一得”，是作者提出的整顿内部以遏抑外国侵略之 6 条建议。最后一卷，记述两次鸦片战争中殉难的官兵及义勇、绅民、妇女的事迹。

和《道光洋艘征抚记》《夷氛闻记》一样，夏燮在《中西纪事》中，怀着炽烈的爱国情感，歌颂爱国官兵及人民群众抗击侵略的斗争，鞭笞投降官僚、逃跑兵将，揭露侵略者之罪行。

夏燮撰写此书，搜集了大量资料，并参阅西人著述，相互印证，反复修订、增补，态度严谨。当然，书中也有史实错误、议论偏颇的地方。

随着新史料的发现与刊布，《中西纪事》的史料价值已不如以前高。但对于研究两次鸦片战争和中外关系史，它仍不失为重要的参考书。其中一些议论，对治史者颇有启发。

上述史学著作，在编纂体例、材料来源、史识高低、篇幅大小等方面各有千秋，但却有一个共同特点：注重与现实相联系，且特别重视当代史的研究。在当时，这是要冒触讳受惩的危险的。无胆识、无时代责任感的人是不会有此作为的。同时，这些史著，都包含着这样一个时代主题：总结历史经验教训，寻觅防夷制夷之道，表现出强烈的爱国主义精神。这种爱国主义同过去的传统爱国主义已有所不同。它把反对西方资本主义国家的侵略，维护中国的独立、主权，开眼看世界，乃至学习西方先进技艺，作为主要内容，因此已具有近代的特色。在史学研究的对象上，也开始改变旧史学以帝王将相为考察对象的传统，而对资本主义国家的活动和中国人民的反侵略斗争进行研究。这些都是鸦片战争时期史学研究的新气象。

---

① 夏燮：《中西纪事·定本目录》，第 1 页。

② 夏燮：《中西纪事·定本目录》，第 2 页。

五、人民群众反侵略的思想

鸦片战争时期，人民群众表现出强烈的反侵略思想。这里所说的人民群众，包括广大的劳动群众、爱国绅士和士大夫等。关于士大夫反侵略的思想，前已广泛涉及。本节着重叙述人民群众在同英国侵略者直接斗争中表现出的反侵略思想。

由于中国地域辽阔，鸦片战争又主要是在东南沿海一带进行，当时信息传播手段相当落后，而清朝统治者不可能，也没有广泛动员民众进行民族自卫战争。因此，在内地，人民群众对这场战争知之甚少，甚至全然不知。故这一时期人民群众的反侵略思想，集中反映在东南沿海直接受英国侵略之害的群众之中，而以广东地区最为突出。

鸦片战争时期人民群众的反侵略思想，主要表现在五个方面：

第一，揭露侵略者的罪行，说明打击英军、反对英国侵略活动的正义性；宣传人民力量之强大，侵略者并不可怕；号召万众一心，反对侵略，并表示反侵略的决心。

三元里义民围击英军后，标贴“长红”，揭露英军暴行：“纵容兵卒，扰乱村庄，抢我耕牛，伤我田禾，锄坏我祖坟，淫辱我妇女”，因此义民才“围困义律于北门，斩首百墨于南岸”。义民们表示反抗侵略、歼除丑类的决心与勇气：“是以奋急成云，定诛妖孽。饱德之义士，襄助口粮；荷锄之农夫，操戈御敌。纠壮士数十万，何英逆之不可剪除？水战陆战之兼能，岂惧夷船之坚厚？务必使尔丑类片甲无存，逆船片帆无归而后已。”[①] 广州郊区二百余乡绅民在声讨英军的檄文中，正告侵略者中国人民抗英斗争力量之强大：“筹运决策之士，车载斗量，执戟荷戈之徒，漫山遍野。呐喊似鸣雷，咳唾如流水”，并警告说，“若尚执迷，胆敢登岸决战，必尽绝根株，决不姑留异类”。[②] 广东乡民在贴于十三行口的告谕中，表示他们反侵略的力量与决心说：“自示尔等之后，倘敢执迷不悟，故辙仍循，即修我戈矛，整我义兵，壮夫尽力，壮士尽谋，举手则江海可

① 《三元里人民抗英斗争史料》(修订本)，第79页。

② 《各乡仗义讨英夷檄》，《三元里人民抗英斗争史料》(修订本)，第82页。

平，埋伏则鬼神莫测。务必扫除净尽，使尔等片帆不返。乃可彰大义于寰区，并足复群黎之本业矣。”①《全粤义民谕英夷檄》中，阐明抗英斗争的自卫性、正义性：“今且不用官兵，专用乡民，非我们乡民不仁，因汝害我乡民乡村，伤我妇女，不得不与畜类同斗”，并表示要把这一正义的斗争进行到底：“不用官兵，不用国帑，自己出力，不杀尽汝等猪狗，不消我各乡惨毒之恨也！”“汝如今如此可恶，我们痛恨已极，若不杀尽汝等猪狗，并非顶天立地男子汉。”② 这些揭帖、告谕、檄文，表现出人民群众仇恨侵略者、立誓歼除侵略者的思想。

鸦片战争结束后，人民反侵略的斗争在继续，反侵略的思想在传播。1842年11月（道光二十二年十月）发布的《全粤义士义民公檄》，分析了五口通商的后患和继续反侵略的必要性：“兹闻逆夷将入诸海口，创立马头”，“直是开关缉〔揖〕盗，启户迎狼。……窃恐非常事变，诚有不可言语尽者；若他国群起效尤，将何以策应？是则英夷不平，诚为百姓之大害，国家之大忧”，并号召士民，不分男女，志切同仇，组织团练，“无事则各归农业，有事则协心从戎”，“庶几金汤巩固，纾圣主南顾之忧；鲸鳄残〔歼〕除，雪薄海敷天之愤。呜呼！结同仇以明大节，鉴此丹忱；申天讨而快人心，赖兹义士”。③ 这篇檄文，充分表现了义士义民在清政府与英国订立屈辱和约后，继续坚持反侵略的思想。

第二，反对英国侵略者进城及强租土地建造房屋，是鸦片战争后人民群众反侵略思想的重要内容。

当耆英、黄恩彤于1846年（道光二十六年）初贴出允许英人进入广州城的告示后，广东士民纷纷贴出示谕、宣言、公启等，声讨英国侵略者的罪行，指出英人入城之害，表示要动员一切力量，坚决反对英人进入广州城。《广东全省水陆乡村志士义民公檄》说：“今公然奉示入城，不但强行霸占，欺凌百姓，其害更有不可胜言者。是以我粤士民，虽三尺孩童，无不奋臂而起曰：与其遵示而受野夷之荼毒，不若违示而顾国家之旧制。今公议遵俟该夷进城毕命之日，内则斩诛丑类，外则焚毁其巢，同心合力，尽剿根株，以彰天讨而申公愤。”④ 广东全省绅士及民众贴出的“宣言”，更明确地指出英人入城之害：“如果任其自由入城之乖张行为开其端，不久必然对我当局胁迫与无理要求，将更加得寸

① 《广东乡民于十三行口出示晓谕》，《三元里人民抗英斗争史料》（修订本），第83页。

② 《三元里人民抗英斗争史料》（修订本），第89、90页。

③ 《三元里人民抗英斗争史料》（修订本），第95页。

④ 《鸦片战争史料选译》，第342—343页。

进尺，终将导致夷人之进一步掠夺，最后造成战火复燃，互相残杀，不可遏止”。因此，“如果彼等坚持入城，吾人……四方八面互相呼应，共同推进，将夷人杀绝。并夷平其商馆，焚烧其船舶，不许一人逃脱”。并号召广州城乡居民，“同心协力，保卫桑梓”。[①] 1849 年，英国驻香港总督文翰以武力胁迫两广总督徐广缙允其入广州城。广东士民再次奋起反对。《升平公所绅耆宣言》声讨英国侵略者：“恨彼叛逆，仇视中华，荒谬百出，罪行滔天”，表示：“我等誓本爱国义愤，尽力而为，有始有终，一洗数年耻辱”，并分析敌我力量，鼓舞战胜侵略者的士气与信心：“此辈叛徒，虽船坚炮利，但吾人意志坚若长城，非彼辈所能抗拒也。倘各国与彼辈朋比为奸，则吾人唯有奋不顾身而扑灭之”，最后号召绅民同仇敌忾，“希望全体士绅，以及爱国人民，同心合力，以竟全功”。[②] 佛山镇士商，组织义勇，随时准备奔赴省城，阻止英人进城。他们致函广州义勇管带许祥光说：“全镇士商矢志同心协力，誓为后盾。现各商号已选出二万八千名壮丁，随时听候调遣。一闻号令，定当立即整旅，前来参加作战，针锋相对，绝不延误。”[③] 驻省城一带的“正规军与义勇”也贴出传单，表示其反英人进城的决心：“倘夷人一旦蠢动，各地锣声齐响，吾人即同心协力，一闻鼓声，即将所有夷兵拘拿，斩尽杀绝，寸草不留，更不容许此辈害人虫四散窜扰。”[④]《阖省城铺户居民等公启》则说，已议定章程，省城各铺户捐一月租银，作为社学及省中募练壮勇之用，作好防夷准备。如果英国侵略者“仍肆行无忌，强霸地方，即时督率壮勇，剿杀其类。我固与夷誓不两立，伊虽强横，其奈我何”[⑤]。

在反对英国侵略者进广州城的同时，广东民众又坚持反对英人强租土地、修房建屋。广州附近各乡士民，得知英人欲恃强租地建房、迁入广州河南一带居住的消息，立即表示：“凡我士民身家性命所关，断不能容”，如夷人强租土地迁入内地居住，立即飞柬通知附省各乡士民，“齐心奔赴堵御，务使一人不留，片帆不返，以伸公忿”。[⑥] 商学两界则声称：“我粤东四路社学，壮勇团练，不下数十万，智谋之士，不下数千，岂无人物耶？……倘英夷迷而不醒，仍蹈前非，粤东一省，先绝其贸易火食，在彼处雇工者，立即一应撤回，有如婴儿

---

① 《鸦片战争史料选译》，第 343—344 页。

② 《三元里人民抗英斗争史料》（修订本），第 272 页。

③ 《鸦片战争史料选译》，第 482 页。

④ 《鸦片战争史料选译》，第 483 页。

⑤ 《三元里人民抗英斗争史料》（修订本），第 286—287 页。

⑥ 《三元里人民抗英斗争史料》（修订本），第 82 页。

在抱，绝其乳食，立死掌中矣。”① 英人拟于广州附近霸地建“夷馆”、礼拜寺，广州士绅向各界提出警告，不得助英人兴建：“今我省、佛两镇人役及各埠泥水木匠，如敢兴工，与逆夷建造，势必搜杀殆尽，并将该屋宇焚烧，决不稍贷。此系两镇义举，百姓义心。”②

广东民众对英国侵略军1841年侵入广州一带的暴行，记忆犹新。战后英国人欲入城、租地等行径，自然引起民众的强烈反对。这是战争时期保卫家乡、反侵略思想的延续。

第三，维护中国主权，提出抵制英货的主张，是战后人民群众反侵略思想的重要组成部分。

江宁议和以后，英、美侵略分子在广州附近益发肆无忌惮。1844年6月(道光二十四年五月)，美国人开枪打死清远民人苏阿蒙。1846年7月，英国人金顿竟将一中国人拖入商馆捆绑殴打，引起广州民众示威。外国侵略分子又向示威群众开枪，杀死3名中国人。这些屠杀、殴打中国人的恶性事件发生后，英、美方面均拒不交出凶手。于是，广东民众起来斗争，以维护中国的人权与司法权。

清远士民贴出揭帖，提出“生命最可贵，不能忽视”和交凶惩办的看法与要求，实质上是维护人权和司法权的问题。揭帖说：“问题症结不在于事情本身之轻重，或群情是否可以镇息，而在于生命最可贵，不能忽视。我辈清远士绅，视此为好战行动，伤害天地和洽之气，阿蒙在穴中亦大呼复仇。如何为其枉死昭雪，必须有人负责办理。倘美国领事洞悉群情激愤，就需要讲理，而且必须以命偿命，果如是则双方可以和解。余无庸多赘。倘彼愚昧无知，不通人情，则吾人决不甘如蜷伏洞中之蠕虫，无所作为，而必寻求报复，则彼此关系亦将改变，必将玉石俱焚。为此，仰尔美国人周知：倘执迷不悟，则灭此朝食，勿谓言之不预也。”③ 在反进城斗争中，广州商民也提出了向外国索交杀人凶手、按律惩办的主张，以维护中国司法主权及民族尊严。广州城“阖省铺户”在《召开士绅会议之通知》中，提出了要外国侵略者必须办的五件事。这五条要求都与维护中国的主权有关。其中第三条是：“令将从前金顿等各次伤毙人命之凶夷交出，在十三行治罪。因佛山之人逐其违约远赴村乡游〔览〕之夷，彼亦要

① 《鸦片战争史料选译》，第331页。

② 《鸦片战争史料选译》，第332页。

③ 《鸦片战争史料选译》，第299页。

官府拿到洋行会馆责惩；黄竹岐杀入乡残物杀人之夷，彼亦要耆英将中国人偿命。是中国听命于夷，乃为自天子以至于庶民之大羞耻。故此次不得不勒令其交夷凶治罪，以申华威也。"①

抵制英货的反侵略主张，也是在广州反进城斗争中提出的。为反对英人入广州城，广州毛织品商人于1849年2月（道光二十九年正月）"定议章程，暂停与夷人交易，所有入口匹头，不准私买，即夷馆开投零星货物，亦不准往投，务〔各〕社合志同心，足见义愤。……如夷人罢议入城，我行中再恒常交易"，并具体拟定了抵制"夷人货物"的条款。"棉纱商亦发布一份要旨相同的规定"。② 这种用抵制外国货以达到政治上反对英人入城的思想主张，无疑为反侵略思想增添了新的内容。

以上所表现出的近代民族意识和国家主权意识，虽然还甚朦胧，但确是这种意识的萌芽。

第四，反对投降官吏，反对妥协议和，是人民群众反侵略思想的曲折反映。

广东民众对奕山等官兵在英军进攻时龟缩城内，不事抵抗，却又为被困英军解围的可耻行为，极为愤恨。他们贴出"长红"，揭露官兵的卑鄙无能："上不能以护圣主，下不能以安庶民之营生，乃使庶民走单城，败北门，无一策可退英夷之寇。感民怒，以保尔之官军性命"；指责他们纵敌之罪："前者，我之百姓在北门之外攻击英逆，可来巧，何其官遵〔尊〕极力弹压，未审如何主见？看其情形，颇有与英夷同心同志……吾等用命剿灭英夷，无非尔等官军袖手旁观哉！要尔何用？秽臭万年也。"③《全粤义士义民公檄》也为官吏之纵敌延祸大为愤恨："所可惜者，困鱼入釜，抽薪来五马之官；放虎还山，曳甲夺万民之势。一日纵敌，数省祸延。兴言及此，真可为伤心痛哭者也！"④ 广东民谣辛辣地讽刺那些见敌逃跑而又捏奏邀功的官吏："鬼子来，跑得快；有白顶，蓝翎戴。"⑤

对两广总督耆英、广东巡抚黄恩彤、广州知府刘浔残民媚外的行为，粤民痛加揭露、鞭挞。刘浔在一次回衙途中，杖责、捆绑一挡道的挑夫，民众传闻刘浔已同英人交涉入城事宜，愤怒异常，哗而言曰："官方清道以迎洋鬼，其以

① 《鸦片战争史料选译》，第480页。

② 《鸦片战争史料选译》，第479页。

③ 《告示》，《三元里人民抗英斗争史料》（修订本），第84页。

④ 《三元里人民抗英斗争史料》（修订本），第94页。

⑤ 《鬼子来》，《三元里人民抗英斗争史料》（修订本），第306页。

吾民为鱼肉也。”数千人拥入知府署，烧掉刘浔的朝珠公服。人们认为：“彼将事夷，不复为大清官矣!”①

对耆、黄二人，广东民众虽未采取对付刘浔那样的行动，但口诛笔伐之文告则时有所见。当他俩发布准许英人入城的告示后，义民即针锋相对地贴出传单道：“我国无耻贪官污吏，竟然擅自发出卑鄙告示，许其入城。此等官吏实是来自别省之文人渣滓，利欲熏心，爱财如命，任由夷人进城，制造混乱。彼等但求官禄不受影响，就继续谋求与夷人友好。”②《广东全省民众公告》痛斥耆英道：“耆英内心，早向英夷；予吾人之身家性命置之度外，任意践踏，从而使我国声誉低落，实是罪该万死。为此，切望我全体民众竭尽全力，联同一气，火其居，掷其尸于街头。吾人此举，揆之法律，实非过当也。”③英国侵略分子在黄竹岐杀人毁物，民众奋起反抗，耆英严惩村民以谢敌，舆论大哗。《合省绅士公启稿》谴责他“善恶不分”，“遂至近乡老幼惊逃，而室家不保；本村祠堂封锁，而祖宗不安。押及绅耆，锁拿党正。试问：我内地命案有如是之严办否？各国杀人之犯有如是之查办否？即近年英人杀死华民，已不一二次，亦曾经按命抵偿否？”④

人民群众对妥协议和、订立屈辱的城下之盟极为愤慨。他们指出，议和输金者不过是为了保全自己的躯命，而置国家人民的利益于不顾，结果是纵容了敌人，给民众造成惨祸。《全粤义士义民公檄》严斥广东议和：“黄阁主和戎之议，自撤藩篱；乌云多蔽日之奸，甘为缪丑。以致三年以来，逆夷恃其船坚炮利，由粤入闽，历浙入江，据我土地，戕我文武，淫我妇女，掠我资财，致使四省生民，惨罹锋镝，九重宵旰，备益焦劳”；继又谴责江南诸臣江宁订约道：“迩者，江南诸当事，亦用粤东故智，甘为城下之盟，竭百万氓庶之脂膏，保一二庸臣之躯命”。“疆臣大帅，惜命如山，文吏武臣，畏犬如虎，不顾国愁民怨，遽行割地输金，有更甚于南宋奸佞之所为者”。⑤

人民群众仇恨外国侵略者，因此对向侵略者屈膝妥协的官吏、不抵抗侵略的官兵，深恶痛绝。反投降，反妥协，正是民众反侵略思想的另一种反映。

鸦片战争时期人民反侵略思想的第五个重要方面，是宣传保家卫国、同仇

---

① 夏燮：《中西纪事》卷一三《粤民义师》，第166页。

② 《鸦片战争史料选译》，第344页。

③ 《鸦片战争史料选译》，第321页。

④ 佐佐木正哉编：《鸦片战争后の中英抗争》（资料篇稿），第100页。

⑤ 《三元里人民抗英斗争史料》（修订本），第93—94页。

敌忾的爱国精神，不屈不挠的民族气节，褒扬为反侵略、保家乡宁愿牺牲自己的英雄行为。

保国土，卫桑梓，忠于国家，保持气节，报君国之恩，是鸦片战争时期人民群众反抗侵略的精神支柱。他们在反英檄文、公约、碑记、公启等文件中，对此多有宣传，并常作为其立论的理论依据。广东《各乡仗义讨英夷檄》中说，各乡民众要歼灭入侵者，为的是“上报国恩，下除民害”①。广东乡民在示谕中说：“我虽乡愚小民，乃亦天朝赤子，惜身家亦惜土地，终怀父母之邦；保土地即保身家，愿作干城之寄。”② 广东顺德县绅民，阐明其劝捐以防御英军侵略的动机说：中国正处于殚精竭虑以靖逆锄奸的时候，“士君子生当其间，本素略之讲明，为义心之激发，居其位则尽瘁报国，矢公忠以捍卫边陲；不在其位，则同患救时，联保障以卫乡里。斯诚义士仁人所由日夜痛心，拊膺长叹，而亟思自效者矣。”③ 广东绅士邓淳等在《联恳严行剿办英夷呈文》中强调，不能割让寸土与英国侵略者：“盈天之地，莫非版章所存，一丸之泥，难等珠厓之弃。”④ 何大庚、钱江在《全粤义士义民公檄》中以报国恩、励志节号召团练御侮：“士民等生当景运，世受生成。读书者图报国恩，击壤者敢忘帝德！且矢忠以励节，愿敌忾以同仇！”⑤ 广东士民反进城斗争，揭出的旗号是“为保卫桑梓，维护百姓生存”⑥。广东士绅反对英人租地建房的揭帖，劈头即宣称：“盖闻君父之仇，不共戴天，邦国之难，有死无二。”⑦《升平公所绅耆宣言》更明确提出爱国雪耻的宗旨：“恨彼逆夷，仇视中华，荒谬百出，罪行滔天。我等对彼辈欺侮中华，残暴强夺，决不能使其得逞。……我等誓本爱国义愤，尽力而为，有始有终，一洗数年耻辱，以期永享太平，幸福无疆。”⑧

人民群众在宣传为保家卫国而战的同时，又表示决不为夷人所用，绝不丧失气节。台湾绅民在反对英人赴台贸易的公约中说：“我百姓堂堂天朝子民，此地既未准设立马头，岂容任其杂处？如我百姓为夷人所用，是逆犯也，是犬羊

---

① 《三元里人民抗英斗争史料》（修订本），第 82 页。
② 《三元里人民抗英斗争史料》（修订本），第 83 页。
③ 《三元里人民抗英斗争史料》（修订本），第 283—284 页。
④ 《三元里人民抗英斗争史料》（修订本），第 80 页。
⑤ 《三元里人民抗英斗争史料》（修订本），第 95 页。
⑥ 《鸦片战争史料选译》，第 343 页。
⑦ 《鸦片战争史料选译》，第 322 页。
⑧ 《三元里人民抗英斗争史料》（修订本），第 272 页。

之奴也，饿死亦不肯为。我百姓不为他用，不但无罪，而且有功。”①

对于保卫乡土、反对侵略而献身者，人们极加褒扬。三元里抗英中牺牲28名义勇，各绅士即请建“驱夷忠勇祠”，以慰忠魂。② 英军侵占厦门后，欲犯漳州而不悉航道，“乃有舵工被胁者，为操楫，入中流，素知水线，故放乎浅礁之间，触藩不能进。夷鬼怒而杀之，卒返棹去，漳南得以安堵如故。”③ 对这位无名舵工以自己的生命保国土、反侵略的壮烈行动，人们赞誉道：“斯一手一足之烈，抵百万雄师矣，惜乎不知其姓名也！”④

鸦片战争时期人民群众反侵略思想的产生，一方面是英国的野蛮侵略直接损害了被侵扰地区人民的切身利益。侵略暴行，必然引起人民的反抗，反侵略思想由是产生。另一方面，保卫家园，捍卫祖国，决不允许外族入侵，是中华民族的传统。这是当时反侵略思想产生的历史渊源。

需要指出的是，从总体上看，此时人民群众还缺乏近代民族意识和近代国家观念。他们的反侵略思想还处于朴素的、比较直观的阶段。在他们的思想中，还存在着忠君、“蛮夷猾夏”等旧观念。但是，这一时期民众反侵略思想中也出现了新内容：一是产生了朦胧的维护国家司法主权和人民生存权（人权的重要组成部分）的意识。在英、美等国相继取得领事裁判权、清朝的投降官吏屠杀国人以媚外的情况下，广州一带的民众坚持要求“外夷”交出杀害中国百姓的凶手当众惩办，发出“不能忽视”中国人的宝贵生命的强烈呼声，表现出与侵略者、投降派针锋相对，以维护中国司法主权和人权的思想。这可视为近代国家主权意识的萌芽；二是明确提出了反侵略的新主张——抵制英货。过去，清政府对外夷桀骜的一种惩罚是“封舱”——暂停同某国的贸易。但是，那并非抵制外国货，而只是不十分重视外贸的封建朝廷对外人的一种制裁手段，目的在迫其“就我范围”，与清廷延长其藩属纳贡的贡期属同一性质。而此时则是商人联合提出抵制英货以达到反进城斗争的目的。这是民间的反侵略行动。从实质上看，它与半个多世纪以后反美爱国运动中的抵制美货是相同的。

不仅如此，鸦片战争时期人民群众反侵略思想的意义还在于推动了当时反侵略、反投降斗争的发展，给传统的爱国主义思想增添了新的内容，为后人留下了宝贵的精神财富。

---

① 《鸦片战争在闽、台史料选编》，第404—405页。

② 《举人何玉成等请建驱夷忠勇祠督宪衙门批》，《三元里人民抗英斗争史料》（修订本），第91页。

③ 《鸦片战争在闽、台史料选编》，第363页。

④ 《鸦片战争在闽、台史料选编》，第363页。

六、嘉道咸时期的西学东渐（1807—1860 年）

嘉庆、道光、咸丰年间，也就是 19 世纪前期，将西学介绍到中国来的主角，已经不是原来天主教的耶稣会，而是经过改革的基督新教伦敦会、荷兰传道会、美国公理会、美国浸礼会、美部会、美国圣公会、英国教会传道会等传教组织。据《中国丛报》统计，1842 年前，英、美等国派遣来华的传教士共有 61 人，其中著名的有马礼逊、米怜、麦都思、雅裨理、裨治文、郭士立、理雅各、伯驾等。他们的活动地点在鸦片战争前限于广州、澳门及南洋，鸦片战争后扩展到上海等五个通商口岸。来华的传教士也更多。

马礼逊（1782—1834 年），英国苏格兰人，乃基督新教来华的第一位传教士。他出身于一个虔诚的基督教徒家庭，父亲是当地基督教长老会长老，手工业者。他是家中最小的孩子，上面有七位兄姐。因为家庭负担重，很小就参加各种体力劳动和受到基督教的教养。1801 年，他跟当地长老会赖得勒牧师学习拉丁文、希腊文和希伯来文，1803 年就读于伦敦一所教会学校，两年后加入伦敦传教会。由于成绩优异，被选送到高斯坡神学院深造，并到格林威治天文台学习天文。此外，他还结识在伦敦学习英文的广东人杨三德，随杨学习了汉语、广东话，为他后来在华传教奠立了广泛的基础。1807 年初，马礼逊在高斯坡神学院毕业后被委为牧师，随即奉派赴中国传教。他先是向英国伦敦东印度公司订购来华船票，由于当时清朝当局实行禁教政策，公司担心传教妨碍公司利益，拒绝他的购票要求。于是，马礼逊决定先乘船赴美国，然后从美国横过太平洋赴华。他在美国得到基督教界的积极支持。时任美国国务卿麦迪孙，不但接见了他，还致信在广州的美商卡林顿，请其给予关照。1807 年 5 月 12 日，马礼逊搭乘美国货船“三叉戟”号横渡太平洋，于 9 月 4 日抵达澳门，8 日转入广州，匿居于美国商馆，学习粤语和汉话，熟悉中国情况。不久，他结识了英国东印度公司高级职员摩顿的女儿玛丽小姐，并结为夫妻。因为这种关系，他很顺利地被聘为东印度公司翻译，年薪 500 英镑，两年后加到 2000 英镑。1816 年，英国阿美士德使团访华，他以译员身份，随阿美士德使团访问了北京。1823 年曾回英国一次，带去大批中国书籍。后来这些书籍由其家人捐赠给伦敦大学的大学学院。自从被聘为译员后，他有了合法的身份和稳定的收入，为拓展传教事业提供了良好的条件。

米怜（1785—1822 年），是伦敦会派来协助马礼逊传教的第二位伦敦会士，1813 年来华。因澳门不许他居住，潜入广州又被驱逐，乃转赴南洋马六甲办学布道，1816 年在槟榔屿创办印刷所，后赴马六甲主办英华书院，任院长，1822 年 6 月去世。

麦都思（1796—1857 年），也是伦敦会最早来华的传教士之一，1817 年抵达马六甲，协助米怜管理印刷所，其后在槟榔屿和巴达维亚（今雅加达）传教，1835 年抵达广州。1843 年上海开埠通商，他和雒魏林等人至上海开设墨海书馆。

雅裨理（1804—1846 年），1830 年和裨治文来华，是美国派到中国的第一批传教士。到广州后一边学习汉语，一边在海员中传教，不久转赴东南亚。1839 年再抵澳门，继续学习汉语。1842 年赴厦门传教，1844 年与福建布政使徐继畬交往，对徐编写《瀛环志略》帮助很大。著有《1830—1833 年居留中国和邻近国家日记》。1845 年回国，次年死于纽约。

裨治文（1801—1861 年），美国公理会教士，1830 年和雅裨理抵广州后，随马礼逊学习汉文汉语。1832 年创办《中国丛报》（旧译《澳门月报》），自任总主管，直到 1847 年。1844 年美国专使顾盛来华签订中美《望厦条约》，他和伯驾担任翻译。1847 年调往上海。除传教外，他还从事上海外国人的公共事务。

马儒翰（又译马里臣、秧马礼逊等，1814—1843 年），马礼逊之子，生于澳门，少年时回英国受教育，12 岁转到马六甲英华书院读书，16 岁就在广州为英商做翻译，1834 年继其父之后担任英国驻华商务署翻译，1840 年随英国全权代表懿律、义律到天津，与清政府代表琦善会晤。1842 年随英国全权代表璞鼎查到南京，参与《南京条约》的签订。遵其父遗命修改《圣经》汉译本，后与麦都思、郭士立、裨治文等合作完成了《圣经》新译本。1843 年死于澳门。

郭士立（又译郭实腊、郭施拉，1803—1851 年），德国人，1824 年受荷兰布道会派遣到暹罗（泰国）传教，从当地华侨中学会闽南语。“据他自己说，在离开暹罗之前，他已归宗于来自福建同安的郭姓家族，并给自己取了‘士立’这个汉名。”① 1831 年以前，他曾多次在中国沿海游历，散发宗教宣传品和药品。1832 年随英国东印度公司广州分行派遣的间谍船“阿美士德”号北上厦门、福

---

① 吴义雄：《在宗教与世俗之间——基督教新教传教士在华南沿海的早期活动研究》，广东教育出版社 2000 年版，第 92 页。

州、宁波、上海等地进行调查测量，力主用武力迫使中国开放通商。1840 年随英军北上，担任翻译兼情报官。英军占领舟山定海，被派为民政长官。1841 年英军再次北犯，郭士立又充翻译。英军占领宁波，他又被任命为民政长官。1842 年英军占领镇江后，改任镇江民政长官。《南京条约》谈判，郭也是翻译之一。

理雅各（1814—1897 年），生于苏格兰，1839 年由伦敦布道会派往马六甲任英华书院院长，1843 年随该院迁往香港。居留香港期间，在王韬的帮助下，把中国的四书五经译成英文，名 *The Chinese Classics*，分 28 卷，于 1861—1886 年间出版。

伯驾（又译巴驾，1804—1889 年），传教医师出身，1834 年来华，第二年在广州创办眼科医院（即博济医院）。1838 年与裨治文等人共同组织"中国医务传道会"，1844 年辞广州医务工作，在美国驻华使馆任职。

基督教的经典是《旧约全书》和《新约全书》，统称《圣经》，在马礼逊来华前，尚无完整的汉文译本。根据伦敦会的指示，马礼逊从 1808 年起，着手翻译《新约全书》，到 1813 年译完，在广州秘密印了 2000 部。1814 年，又与米怜合作，翻译《旧约全书》，至 1819 年译完，在马六甲陆续排印，于 1823 年出版，共计线装二十一卷，取名《神天圣书》[①]。这是第一次完整地将《圣经》译成汉文，在中西文化交流史上具有重要意义。

除《圣经》外，马礼逊等人还编印和翻译了大批宣传基督教义的汉文通俗读物。这些布道小册子一再重印，成为传播基督教义的重要读物。尽管清朝当局禁止传教，马礼逊等人还是利用一切机会，秘密从事传教活动，陆续吸收了一些教徒。蔡高是马礼逊吸收的基督新教第一个中国籍教徒，他是澳门东印度公司印刷厂的雕版工，后来他的兄弟蔡兴、蔡三也随之入教，对太平天国领袖洪秀全产生过直接影响的梁发，也是受马礼逊影响入教的。梁发（1789—1855 年）原籍广东高明（今高鹤），到广州学到雕版技术，1810 年起为马礼逊译的《圣经》雕版，1816 年在马六甲由米怜施洗入教，1823 年由马礼逊提拔为新教第一位中国籍牧师，从此不断地深入广东各地散发布道小册子。《劝世良言》是梁发撰写、马礼逊修改定稿，1832 年在马六甲印刷所印刷的。1836 年，洪秀全在广州参加科举考试，偶然得到了这本书，竟成为他后来发动农民起义的重要

---

① 参见顾长声：《从马礼逊到司徒雷登——来华新教传教士评传》，上海人民出版社 1985 年版，第 6—7 页。

理论武器，这是梁发和马礼逊所始料不及的。

马礼逊的另一重要贡献是历时15年，独力编纂《华英字典》。西方人来中国传教，语言不通是个重大障碍。为了解决中西语言不通问题，马礼逊根据伦敦会的指示，从1808年就开始筹备编纂《华英字典》，直到1823年才全部完工。东印度公司曾为此拨了12000英镑作为编纂费用。第一卷于1815年出版，名为《字典》，系按照嘉庆十二年（1807年）刊刻的《艺文备览》英译，汉英对照，按照汉字笔画分成214个字根排刊，书后附有字母索引。第二卷第一部分书名《五车韵府》，据音标按英文字母编排；第二部分在附录中把汉文字的书写体，按拼音分别将楷书、行书、草书、隶书、篆书、古文六大类列出。两部分分别于1819年、1820年出版。第三卷名《英汉字典》，于1822年出版，内容包括单字、词汇、成语和句型的英汉对照，例句还有汉译。整部字典于1823年出齐，共计6本，4595页。① 这部字典编纂者的初意是供来华传教士及英商使用，实际对于沟通中西文化却有重大作用。

英美传教士为适应出版书报的需要，先后在马六甲、巴达维亚、新加坡创办了印刷所，编印出版书报。据熊月之统计，1842年前，基督新教的传教士在广州和南洋等地共出版书刊达138种，其中属于宗教宣传的106种，占76%；属于介绍世界历史、地理、政治、经济等的32种，占24%。② 其中比较重要的有：

《东西洋考每月统记传》，1833年在广州创刊，第二年迁往新加坡，1838年9月停办。主办人为郭士立，内容有新闻、历史、地理、宗教、哲学、议论、自然、天文、工艺、商业贸易、文学和杂闻。曾连载郭士立所编《古今万国纲鉴》《万国地理全集》《犹太国史》。该报对世界各地的历史、地理、民情、风俗均有介绍。魏源编辑《海国图志》，共计引用该刊26处。③

《古今万国纲鉴》，郭士立（实腊）编，1838年在新加坡出版，凡244页，配有大幅地图，这是鸦片战争前介绍世界历史知识比较详细的一本书。1856年在宁波曾经重版，增补为266页。

《美理哥合省国志略》，裨治文编，1838年在新加坡出版，署名“高理文”（裨治文早期在中国用名），全书125页，对美国各方面的情况均有详尽介绍。这

---

① 顾长声：《从马礼逊到司徒雷登——来华新教传教士评传》，第7—8页。熊月之的《西学东渐与晚清社会》作2500页。

② 熊月之：《西学东渐与晚清社会》，上海人民出版社1994年版，第102、104页。

③ 熊月之：《西学东渐与晚清社会》，第111—114页。

是鸦片战争前最早介绍美国史地的中文书。魏源编辑《海国图志》，美国部分征引此书凡 24 处。梁廷枏编著《合省国说》，此书是主要资料来源。1846 年在广州重版。1862 年重加修订，易名《联邦志略》，在上海再版。

《贸易通志》，郭士立（实腊）编，1840 年出版，分为 5 卷，这是鸦片战争前介绍西方商业制度、贸易情况比较详明的书。魏源在《海国图志》中征引此书 14 处。①

另外，英美等国传教士来华之后，除把西方情况介绍到中国外，也陆续向英美介绍了中国文化、历史与现状。其中主要的有：马歙曼（1768—1837 年）翻译的《论语》（1809 年），马礼逊翻译出版的《三字经》、《大学》、《中国一瞥》（1817 年），柯大卫（？—1828 年）的《四书译注》（1828 年），裨治文的《三字经》《千字文》《孝经》，均刊于《中国丛报》、郭士立编的《中国史纲》（1834 年）等。这些对英美国人了解中国不无帮助。

鸦片战争前英美传教士的另一活动是办学校。由马礼逊倡议并捐款建立的设于马六甲的英华书院，是基督新教传教士开办的第一所中文学校。1818 年正式开学，由米怜主持，主要是培养传教士，同时为欧美人士提供一个学习汉语的场所。开办以后，入学的多为旅居南洋的华侨子弟，只有少量欧美人士。1822 年米怜去世后，相继主持院务的有宏富礼、柯大卫、吉德、汤雅各、伊万斯、理雅各等伦敦会传教士。从 1818 年开办到 1834 年，在校完成学业的共计 40 人。其中欧美籍 3 人，即马礼逊的儿子马儒翰、美国商人亨德、荷兰人墨尔。亨德（又译亨特）后曾创设亨德洋行，写过《旧中国杂记》和《广州“番鬼”录》。华侨学生则有袁德辉，四川人，后来做过北京理藩院通事，翻译有关外交文件，鸦片战争前夕调往广州，协助林则徐办理对外交涉、收集和翻译西方情报。据熊月之考察，英华书院 1818 年下设 3 所华文小学，以福建语授课。1831 年下设 8 所华文小学，有学生 200 人。另有 4 所马来文小学。后来还增设了华人女童学校、妇女成人学校。英华书院所设课程有英文、中文、数学、天文、地理、伦理哲学等。培养的华裔学生后来比较知名的有梁发、袁德辉、何进善等。何进善，广东人，1840 年至 1843 年在英华书院求学，1843 年随英华书院迁香港，1846 年升牧师，乃近代著名思想家何启的父亲。②

英国侵占香港以后，院长理雅各为了教学与传教的方便，1843 年决定将英

① 以上参考熊月之《西学东渐与晚清社会》第 111—120 页编写。

② 熊月之：《西学东渐与晚清社会》，第 122—125 页。

华书院迁往香港，第二年改名英华神学院，1856 年停办。1860 年，理雅各担任香港政府教育咨询委员，提议以英华书院为校址改建中央书院。后来改名皇仁书院。

鸦片战争前传教士开办的另一所学校名为马礼逊学堂，系为纪念马礼逊而建。1834 年 8 月 1 日，马礼逊因病去世，安葬于澳门。澳门的传教士为了继承马礼逊的传教事业，建议捐资建立马礼逊教育协会，得到澳门和广州的外商与传教士的积极支持。在此基础上，于 1839 年在澳门创办了马礼逊学堂，由美国传教士布朗任教师。学校开办之初，有学生 6 人，布朗让他们全部住读，免收学费，提供食宿和衣物。1839 年 11 月 4 日正式开学，1840 年有 6 名新生入学；1841 年，有 16 名新生入学。1842 年 11 月，学堂由澳门迁往香港，校址设于港岛东区黄泥涌与快活谷交界处（今香港人称摩利臣山）。迁港以后，学校有所扩大，1844 年有学生 32 人，教师也增加了几个。1847 年，布朗返回美国，马礼逊教育协会的核心人物裨治文由香港转往上海，校务大受影响。1850 年因经费不济停办。

马礼逊学堂规模虽然很小，但开设的课程还比较多。学校是中、英文兼修：中文科包括《四书》《易经》《诗经》《书经》等；英文科讲授天文、地理、历史、算术、代数、几何、初等机械学、生理学、化学、音乐、作文，还有《圣经》讲解，比当时中国内地开办的私塾以及官办学院所授课程的内容要广泛，知识也比较新颖，对于增进学生的科学技术知识、开阔眼界、活跃思想是有帮助的。马礼逊学堂办了十年，培养的学生不多，但有些学生后来还是卓有成就。如第一班毕业 6 人，1847 年布朗离华返美时，将班里最好的容闳、黄宽、黄胜带去美国深造，成为中国第一批留美学生。容闳 1854 年毕业于耶鲁大学，获文学学士学位，回国后，为中美文化交流做出贡献，获耶鲁大学荣誉法学博士学位；黄宽转学英国，毕业于苏格兰爱丁堡大学医科，获医学博士学位，1857 年归国后在广州博济医院行医，成为"好望角以东最负盛名之良外科"；黄胜学习一年后因病回国，后来任上海广方言馆英文教习，并曾充任中国驻美公使馆译员。其外如唐廷枢也是马礼逊学堂学生，1873 年曾由李鸿章委派为轮船招商局总办，1877 年主持开采开平煤矿，并修建唐山胥各庄铁路，成为李鸿章办理洋务的得力助手。①

---

① 参考刘中国、黄晓东：《中国留学之父容闳》，珠海出版社 2006 年版，第 12—16 页。

办医院，治病救人，也是鸦片战争前新教传教士的一项重要事业。1805年，东印度公司医生啤啞首次为广州儿童种牛痘。随后，“十二个月间，种痘之小孩约有数千。亦有本地人到来学习种痘之法，传到邻近省份”①。啤啞还写一本《英吉利国新出种痘奇书》，第一次系统地向中国介绍了西方种牛痘、防天花的知识。新教传教士在民间行医也是从马礼逊开始的。1820年，马礼逊与东印度公司医生李文斯顿一起，在澳门开了一间诊所。除了为人治病之外，开办这个诊所的另一目的是考察中国的治疗方法。诊所还聘请了一位有名望的中医在诊所行医，收集中文医学方面的书籍800册，建起一个小型图书馆。②

第一个提出以医务活动作为传教手段的是郭士立。他在中国东南沿海传教，就向沿海的贫困人民行医发药，借以争得群众的好感，并曾表示：“要在这个帝国的中部地区某个水陆交通便利的地方建立一所医院。”③ 第一个在中国开设基督教医院的是伯驾。他于1834年获医学博士学位后，受美国教会派遣来华传教行医。他先到新加坡学习了短时期汉语，后到广州。1835年11月4日，在美商奥立芬的资助下，伯驾在新豆栏开设医局，免费为人治病，尤以治白内障见长。由于疗效显著，而且免费，前来就诊者日益增多，开诊后6个星期就有450人前去治病。为适应医务发展，第二年即行扩建，正式定名博济医院。到1836年11月开局一周年之际，医局已接待病人2152人。1837年，每日来诊者二三百人，有时多达五六百人。1839年，林则徐奉命赴广东查禁鸦片，为了能依据国际法律和英国人交涉，他曾请伯驾翻译了滑达尔的《各国律例》一书中若干段落。另外，林则徐有疝气，曾间接托人询问治疝气之法。伯驾为林则徐立的病历卡号是6565。④ 病人日增，单靠伯驾一人无法接待，特邀在广州的西医郭雷枢、白拉福等前来帮助，还招收了三名年轻华人进行培养。医院把传教列为一项必备内容。梁发从南洋回广州后，常在医院宣传教义，散发传教小册子。鸦片战争后，梁发长期住在博济医院，“在每个病人就诊前都要进行一段基督教教义和

---

① 《澳门新闻纸》1840年7月11日，转见熊月之：《西学东渐与晚清社会》，第130页。

② 吴义雄：《在宗教与世俗之间——基督教新教传教士在华南沿海的早期活动研究》，第292页。

③ 转见吴义雄：《在宗教与世俗之间——基督教新教传教士在华南沿海的早期活动研究》，第293页。

④ 顾长声：《传教士与近代中国》，上海人民出版社1981年版，第42—46页。熊月之：《西学东渐与晚清社会》，第131—133页。

道德方面的宣传说教"[1]。1840年6月，中英鸦片战争爆发，医局暂时停开，伯驾返回美国。鸦片战争结束后，伯驾于1842年11月再来广州，重开医局。

由于医局开支浩大，单靠伯驾及奥立芬商行的资助是难以长期维持的，因而有“中国医务传道会”的成立。促成该机构产生的首推原东印度公司医生郭雷枢。他在东印度公司解散后，在广州和澳门为英国的商务官员服务。1835年他在《中国丛报》上发表《关于雇请开业医生作为传教士来华的建议》，提出开展医务传道的基本理由，认为通过改善中国人的世俗环境，引起他们的注意，赢得他们的尊重，比通过任何对他们的道德感情的直接呼吁，更能得到令人满意的结果。1836年12月，郭雷枢在《中国丛报》上发表《任用医生在华传教建议书》，提请英美教会人士关注中国医学传教。他的倡议，得到不少人的响应与支持。1838年2月21日，郭雷枢、伯驾、裨治文、渣甸、马儒翰、安德逊等十余人在广州召开会议，决定成立“中国医务传道会”，推举郭雷枢任会长，伯驾、裨治文、渣甸等人为副会长。至同年5月，募得9300多元。[2] 这对医学传道是个很大的支持。也有一些人治好病之后，为了感恩，主动捐款赞助。伯驾在华通过医学传道，取得良好的效果，对新教在中国的传播起了重大推动作用，对近代医学传道也起了先导作用。

1842年中英《南京条约》签订以后，香港正式被割占，上海等五口相继开放，基督新教的势力随之扩展到五个通商口岸。中法《黄埔条约》签订之后，天主教也解禁了。天主教系统的神父纷纷返回内地，继续从事传教活动，还因索还雍正年间被没收的教会堂产，酿成许多“教案”，民教矛盾持续不断。不过，中西之间的文化交流较前还是有很大发展，西学东渐迈入新阶段。

首先，文化出版事业有重大发展。

香港、上海成了出版和文化交流的重要基地。其中，上海1843年11月17日开埠后，前面提到的麦都思，即于当年12月中旬到达上海，将巴达维亚印刷所迁来这里，成立墨海书馆，除出版传教宣传品外，还出版大量科技文化书籍，成为传教士在中国最有成就的出版机构。继麦都思之后，米怜的儿子美魏茶和伟烈亚力、慕维廉、艾约瑟等伦敦会传教士也来到上海，协助麦都思编译出版各种书籍，组成一支相当雄厚的出版力量。宁波于1844年1月1日正式开埠。

---

① 吴义雄：《在宗教与世俗之间——基督教新教传教士在华南沿海的早期活动研究》，第87—88页。

② 熊月之：《西学东渐与晚清社会》，第132页。

1845年，美国长老会即在宁波兴建了印刷所，命名为华花圣经书房（1860年迁上海后易名美华书馆）。书房的出版业务由出版委员会管理。关于书刊编辑出版情况，熊月之在《西学东渐与晚清社会》一书中作了深入系统的研究。据统计，1843—1860年间，香港和五个通商口岸陆续出版西书共有434种，其中宗教书籍329种，科学及其他书籍105种。① 科学技术著作多半是基督新教传教士和中国学者合作编译。下面根据熊月之等人的研究，择其影响较大者略作简介。

年鉴方面，《华番和合通书》，是一部中西对照的年鉴，美国传教士波乃耶（1796—?）编，创刊时名《华英和合通书》，第二年才改名《华番和合通书》，从1843年到1853年，连续出版11年，内容包括中西历对照、中西政治、经济、社会、宗教方面的大事，是当时人们了解国际大事的工具。1854年波乃耶因事离港，编撰工作由花琏治继续。1858年，波乃耶定居广州，继续编辑，直到1860年以后，才由传教士富文接办，至1865年停刊。

综合性书刊还有《中西通书》，系包含科学与宗教等多种内容的年鉴，自从1852年起，每年出一册，至1863年起由上海迁往天津。1852年名《华洋和合通书》，1856年名《中外通书》，其余各年均称《中西通书》。主编为艾约瑟、伟烈亚力等。

月刊《遐迩贯珍》，由马礼逊教育协会资助出版，英华书院印刷，1853年9月3日创刊。1856年5月，因主办人事务繁忙，无暇编辑，故停刊，共出33期。领衔负责人先后有麦都思、奚里尔和理雅各，实际事务由中国学者黄胜负责。内容包括科学、地理、政治、天文、历法、医学、商务、新闻、宗教等。

还有《六合丛谈》，是上海一份综合性杂志，1856年1月创刊，1858年出到第2号停刊，共计出了15期。伟烈亚力是该刊主编。

科学技术、史地方面的书籍，在社会上影响较大的，主要有以下著作：

1. 数学　《数学启蒙》，伟烈亚力（1815—1887年）编写，介绍初等数学知识，1853年由墨海书馆出版，为当时最好的数学入门书，许多学校采用作为教材。《续几何原本》，翻译的是欧几里得《几何原本》的后九卷。该书前六卷于1606—1607年由利玛窦、徐光启合作译出后，后九卷一直无人续译，至此才由伟烈亚力和李善兰合作，依据英文译本译成汉文，历时四年完成，1857年由墨海书馆出版。《代数学》，原著为英国数学家棣么甘（1806—1871年）所著

① 熊月之：《1842年至1860年西学在中国的传播》，《历史研究》1994年第4期，第68页。

《代数初步》，内容为初等数学知识，也由伟烈亚力和李善兰合作译出，1859 年由墨海书馆出版。还有《代微积拾级》，原著是美国数学家罗密士（1811—1889 年）撰写的《解释几何与微积分初步》，1850 年出版。该书仍由伟烈亚力和李善兰合作翻译，1859 年由墨海书馆出版。他们在合作翻译这些数学著作时，创立了许多译名、代号，被数学界一直沿用至今。

2. 物理学　《重学浅说》，由伟烈亚力口述，王韬笔录整理，1858 年由墨海书馆出版，是近代译介的第一部关于西方力学著作。书里介绍了阿基米德（当时译亚奇默德）、伽利略（伽离略）、牛顿（奈端）、瓦特（瓦得）等许多西方名家。另一部《重学》，由艾约瑟、李善兰合译，1859 年由墨海书馆出版，内容有刚体力学、流体力学、动力和运动学等。

3. 天文学　《天文略论》，合信编写，1849 年在广州出版。全书分为地球论、昼夜论、行星论、日离地远近论、日体圆转论、地球圜日成四季论、月轮圆缺论、水星论、金星论等 26 论，是中国历史进入近代以后第一部天文学著作。《天文问答》，美国传教士哈巴安德编写，1849 年在宁波出版，以问答形式分为 22 回，每回包括有一二十个小问题，也是近代介绍西方天文学的最早著作。有些问题已超出天文学范围，因为语言通俗明畅，是普及科学知识的优秀读物。《谈天》，由伟烈亚力和李善兰合译，1859 年由墨海书馆出版。原书是天文学家侯失勒于 1851 年出版的《天文学纲要》，书里对太阳系结构和行星运动有比较准确的叙述，对万有引力定律、光行差、太阳黑子理论、行星摄动理论、彗星轨道理论等重大问题均有较好阐述，是一部自成系统的学术名著。

4. 动植物学　合信编的《博物新编》，共有三集，1855 年在广州出版。其中第一集相当于物理学；第二集是前面已介绍的《天文略论》；第三集是《鸟兽略论》相当于动物学，内分猴、象、犀、虎、豹、犬、熊罴、马、骆驼、胎生鱼（鲸）、鹰、无翼禽、涉水鸟等，一一作了介绍。《植物学》，共 8 卷，前 7 卷由韦廉臣、李善兰合译，第 8 卷由艾约瑟、李善兰合译，原书是英国植物学家林德利所著《植物学基础》，系统介绍了西方植物学知识，是我国介绍西方植物学的第一部译著。1859 年由墨海书馆出版。

5. 医学　《全体新论》，合信编写，1851 年在广州出版，是鸦片战争后系统介绍西方人体解剖学的著作。该书将人体的主要器官和系统，包括运动系统、消化系统、呼吸系统、循环系统、泌尿系统、内分泌系统、神经系统、生殖系统一一作了介绍，并且附有各种人体解剖图，使人一目了然。出版后受到广泛欢迎。两广总督叶名琛翻刻全书，广为传播，并把人体图分列八幅，刊于两广总督署。继《全体新论》之后，合信于 1857 年 2 月到上海后还编了《西医略论》《妇婴新说》《内科新说》三本医学书籍，并由中国学者管嗣复作了文字修饰。《西医略论》，1857 年由墨海书馆出版，书分三卷，上卷总论病症，中卷分析身体各个部位病症，下卷讲述如何配方用药。《妇婴新说》，1858 年由墨海书馆出版，是治疗妇科、儿科疾病的医书。《内科新说》，也在 1858 年由墨海书馆出版，书中上卷专论人体病症及治疗方法，下卷详载各种药方药品。

6. 历史学　《古今万国纲鉴》，郭士立（实腊）编，1850 年在宁波出版，是一本世界历史书，在 1838 年新加坡所出原书基础上作了修订。《万国纲鉴》，麦嘉缔编，1850 年在宁波出版。《大英国志》，慕维廉翻译，蒋敦复润色，1856 年由墨海书馆出版，全书共 8 卷，第 1 至第 7 卷讲述英国历史，第 8 卷介绍英国社会、政治、文化等方面情况，对英国历史与现状有比较系统的介绍。

7. 地理学　《地球图说》，祎理哲编，1848 年在宁波出版，魏源编《海国图志》引用此书凡 34 处，1856 年改名《地球略说》再版，是一部关于世界地理的简明读物；书中介绍了世界各国的位置、人口、物产、风俗，简明扼要。《地理全志》，慕维廉撰，分为上、下两卷，共 20 册，于 1853 年、1854 年由墨海书馆出版，上卷 5 册讲述政治地理，下卷 15 册介绍地貌和历史地理。

从上述书刊的出版不难看出，鸦片战争以后不到 20 年，西学东渐已进入了一个新阶段。从地区范围看，已由广州、澳门及东南亚华侨聚居区扩展到东南沿海五个通商口岸及其周围地区；从书刊出版数量看，也远非明清之际可比；从科技文化内涵看，这个时期也向前迈进了一大步，一些书刊在西方出版不到十年，中国就有了新译本。当然也不可否认，这些书多少含有宗教的内容。

其次，西式书塾在通商口岸纷纷设立。

香港割让和五口开放通商以后，新教传教士纷纷在各通商口岸设立书塾，培育信教势力。最早开办的是美国浸礼会传教士叔未士于 1842 年在香港创办的宏艺书塾。1843 年，美部会在香港创办了公理学校，巴陵会创办了圣保罗书院，英华书院也是这年由马六甲迁来香港。1845 年，美国长老会麦嘉缔等在宁波创办了崇信义塾，同年，哈巴安德在澳门办了男子寄宿学校。1847 年，上海创办了怀恩小学。1848 年，美以美会柯林在福州创办了福州男塾。1849 年，法国天主教晁德拉在上海开办徐汇公学。1850 年，伦敦会亚历山大·施敦力在厦门开办了厦门男塾，长老会哈巴安德又在广州开办了男子日校（由澳门迁来）。到了 19 世纪 50 年代，五个通商口岸又有不少学校继续开办。除男子学校之外，女校也相继设立：1843 年，美国浸礼会叔未士夫人首先在香港开办了浸礼会女校。

1844 年，爱尔德赛在宁波创办了宁波女塾。1846 年，伦敦会在香港开办了英华女学。1850 年，公理会裨治文夫人在上海开设了裨文女塾，浸礼会碧架也在上海办了女塾。美以美会麦利和夫人也在福州办了福州女塾。中国几千年来，女子没有受教育的权利，这些女塾的开办，算是旷古未有的创举。据卫三畏统计，1860 年前，基督新教系统在香港及五个通商口岸共办了学堂 56 所，收纳学生 1160 人，平均每所不到 21 人，规模一般很小。

基督新教系统在鸦片战争后开办的这些学校，大多是从教人识字开始，知识程度不高，顶多只相当于今天的小学，以后才发展到中学、大学。学习的内容有英语、数学、宗教知识，以及地理、动植物学、历史、体操等，和中国原有的私塾大不相同。学生来源多是穷苦人子弟。开始招收的学生，都是以免收学杂费、供给食宿作为引诱。《圣经》是必修课，而且天天要祈祷，灌输教理，其基本要求是把学生培养成信仰基督教的忠实信徒。

最后，教会医院在五个通商口岸相继设立。

如前所述，鸦片战争前，英美传教士只在澳门和广州开办过诊所或医院，通过为人治病，赢得患者的信任，然后诱导他们信仰基督教。这种借医传教方法在鸦片战争后得到普遍推广，五口刚刚开放，英美传教士即纷纷来到各通商口岸，仅四五年时间，各个通商口岸均设立了教会医院。其中著名的有：宁波有美国浸礼会玛高温于 1843 年创办的华美医院。厦门有美国归正教会派遣的雅裨理于 1844 年设立的厦门医院。上海有英国伦敦会雒魏林于 1844 年建立的仁济医院。1848 年，英国伦敦会合信又在广州设立惠爱医院。前来这些医院看病的华人与日俱增。据不完全统计，博济医院从 1835 年 4 月创办到 1855 年 12 月伯驾离开，医治病人数达 53000 人；惠爱医院从 1848 年 4 月 1 日创办到 1850 年底，医治病人数有 71517 人；玛高温办的宁波医院从 1843 年 1 月 1 日到 1845 年 3 月，以及 1848 年 1 月到 1850 年 12 月，医治人数有 11559 人；雒魏林创办的上海仁济医院从 1844 年 2 月 18 日到 1850 年 12 月 31 日，医治病人数达 58471 人（内缺 1847 年 7 月至 1848 年 12 月数字）。①

五个通商口岸开办医院，直接受益的自然是病人，同时西方医学也因此得到推广。在医院开办过程中，因为人手不足，常常招聘或雇请一些华人做助手，也为中国培养了一些西医人才，传播了不少医学知识。他们编写的医学书籍，

① 吴义雄：《在宗教与世俗之间——基督教新教传教士在华南沿海的早期活动研究》，第 309—310 页。

其传播自然更广。这些积极作用自然不容忽视。至于一些传教士利用行医传教，刺探情报等等，为西方资本主义侵略服务，严重损害了中国的领土主权，也是不容否认和应该谴责的。

综观19世纪前期的西学东渐，和明清之际的中西文化交流，既有继承，也有区别。相同或者类似的是，传教士都把西学作为传教的手段，为传播宗教服务，交流的方法多是中西学者合作共译，取长补短；从范围来说，有些已有较大发展，如开设医院、创办学校，在明清之际是少有的，到了鸦片战争后则已发展成为一种大趋势。至于中西交流的内容，随着时代的变化和发展，无论在内容与形式上均有变化。这些都为19世纪后期和20世纪前期的西学输入奠定了基础。

结 束 语

自从 1517 年葡萄牙殖民者首先来到中国，至今整整五百年了。五百年间，世界历史发生了翻天覆地的变化。五百年前，无论是西欧还是东亚，社会发展皆处在封建社会末期；时至今日，封建统治早已退出世界历史舞台，继起的资本主义社会，经历了萌芽、兴起和发展等阶段，也已走入衰落时期。早期的中西关系，就发生在西欧资本主义萌芽和兴起年代，也即 16 世纪初到 19 世纪前期，共计 300 多年。

早期中西关系的发生，与西方资本主义的萌芽和兴起息息相关。马克思指出："为资本主义生产方式奠定基础的变革的序幕，是在十五世纪最后三十多年和十六世纪最初几十年演出的。"① "美洲的发现，绕过非洲的航行，给新兴的资产阶级开辟了新的活动场所。东印度和中国的市场、美洲的殖民化、对殖民地的贸易、交换手段和一般的商品的增加，使商业、航海业和工业空前高涨，因而使正在崩溃的封建社会内部的革命因素迅速发展。"② 正是由于新大陆的发现和新航路的开通，世界各地的金银和土特产被西欧殖民者源源不断地运回欧洲。印度的棉布，中国的瓷器、丝绸、茶叶，日益成为他们生活的必需品。美洲、非洲的金银，也是这个时期源源流入欧洲的。据美国福斯特在《美洲政治史纲》一书中披露，"单是西班牙人从美洲运入欧洲的黄金就达二百五十万公斤，而白银则达一万万公斤"③。东方的香料以及各地的土特产，流入欧洲的，更是不计其数。这些财富大量流入欧洲，大大加速了西欧资本主义的原始积累，促进了西欧资本主义的迅速发展，加快了人类社会由封建主义过渡到资本主义的第三次社会大变革。

从世界历史的发展角度来观察，美洲新大陆的发现和东西方新航路的开通，

① 马克思：《所谓原始积累》，《马克思恩格斯选集》第 2 卷，第 224 页。

② 马克思、恩格斯：《共产党宣言》，《马克思恩格斯选集》第 1 卷，第 252 页。

③ 转自严中平：《老殖民主义史话》，北京出版社 1984 年版，第 2 页。

对于突破地域之间的阻隔，把世界各大洲联为一体，促使世界成为一个可以互相沟通的整体，无疑起了巨大的推动作用。但是，西欧殖民者凭借军事优势，把非洲、美洲、亚洲以至澳洲变成供他们任意宰割的殖民地。他们每到一处，烧杀抢劫，无所不为，无恶不作。各地人民为此受尽了西方殖民之苦。有些民族，已在地球上生存了几万年，殖民者到达之后，仅仅经过几十、百来年就灭绝了，这也是惨绝人寰的。中国由于是一个封建大国，人多势众，文化发达，有较强的军事经济实力，人民群众有光荣的反侵略传统，殖民者一时还无力把它一口吞掉，却仍然遭到越来越频繁的侵扰。三百多年间，中国和西方各国之间的交往与较量，正如本书所述，错综复杂，既有积极因素，更多的是消极因素，还有深刻的历史教训，值得我们永志不忘。

三百多年间，侵略中国的主角，16 世纪是葡萄牙，17 世纪是荷兰，从 18 世纪起，主要是英国。新老殖民者借口通商互市，企图先在中国东南沿海建立殖民据点，然后逐渐扩大殖民范围，最后吞并全中国。因此，从 16 世纪初葡萄牙殖民者来华开始，殖民和反殖民、侵略和反侵略的斗争，就成为早期中西关系的主要内容。不管他们运用的是经济手段，还是军事、政治、外交以及文化手段，其最终目的就是要把中国变成任他们奴役掠夺的殖民地。葡萄牙初到中国，一面派遣大使皮雷斯赴北京，要求明政府允许通商，一面又占据广东屯门，杀人抢船，赖着不走。屯门被逐之后，殖民者不甘心失败，又沿东南海岸北上，相继占领福建的走马溪、浯屿和浙江的双屿。浯屿、双屿等地被逐之后，复用贿赂手段，买通地方官吏，窃据澳门。荷兰殖民者来华后，先是企图从葡人手中夺取澳门，未能得逞，乃转往福建，先后占领澎湖和台湾。台湾由郑成功武力收复后，他们又转而与清政府交涉，几次派遣使节赴北京，指望通过外交手段达到目的，均以失败告终。

老殖民者迭遭失败之后，新殖民者接踵到来。1637 年，英国科腾商团派遣威德尔率领的商团船队于当年 6 月到达中国，8 月就以武力攻陷虎门，并在珠江上抢劫。两广总督调集军队，准备与他们决战。威德尔自知武力不敌，方被迫退出虎门。此后，英国凭借海军优势，连续打败西班牙、荷兰、法国，成为海上霸主，一跃成为侵华主角。中西之间的贸易额，英国独占到三分之二以上。它为了打开中国大门，曾两次派遣外交使团，企图通过外交手段达到侵略目的，但未能如愿，于是决心诉诸武力，迫使中国当局屈服。经过多年策划和精心准备，英国终于 1840 年发动侵华战争。经过两年的军事较量，清政府被迫放弃独立主权，签订中国近代史上第一个丧权辱国的不平等条约。中国由此逐渐丧失许多主权，开始由独立的封建帝国沦落为半独立、附属于资本主义体系的半殖民地半封建国家。中国由此酿成历史发展中第三次社会大变革。

在这三百多年的中西交往中，西方殖民者除了通过不断侵扰，最后把中国推入半殖民地深渊之外，还制造了数不胜数的血案，许多中国人惨遭杀害。西方殖民者在东南沿海的侵扰过程中，杀害无辜、逍遥法外之事，屡见不鲜。最骇人听闻的是在菲律宾和印尼等地大量杀害华侨。1603 年，西班牙殖民者在菲律宾马尼拉大仑山诱杀的华人就达 25000 人，此后，类似的惨案还相继发生了 4 次。同样，荷兰殖民者占领印度尼西亚之后，也是肆意迫害华人。1740 年荷印总督以窝藏武器为借口搜查华侨，唆使荷兰士兵和暴徒疯狂杀害华侨，华人聚居区火光冲天，哭声震地，老幼妇孺皆遭毒手，共有一万多人无辜被害，六百多处华侨聚居区被烧毁。华侨的鲜血，把巴达维亚城里的溪流都染红了。人们称为“红溪之役”。还有把华人掠掳当“猪仔”，贩运到东南亚和美洲各地做劳工。据粗略估计，从 18 世纪到 20 世纪 30 年代，被贩运出国的华工达一千多万人。1727 年，闽浙总督奏报，偷运出国的华工，有四五百人之多。在古巴，华工在契约期内死亡率达 75%，劳动寿命平均只有五年，连死后的遗骸也要化作骨灰，供作蔗田肥料。最后，顽固坚持贩运毒品鸦片，中国被毒害得国弱民贫，无以自存。

早期中西关系除了给中国带来空前严重的祸害之外，也包涵若干积极因素。这方面，中西之间的文化交流首先值得肯定。由于耶稣会传教士来华，一方面把西方的科学技术知识介绍给中国人民，又把中国的社会状况、政治、历史、地理等介绍给西欧各国，大大扩展了中西双方的视野，彼此增进了许多新知识，受到中西双方有识之士的称许，对推动中西双方的社会进步均起了积极作用。

回顾三百年的早期中西关系，不免使人产生各种感慨。在世界各地，许多地区当西欧殖民者到达不久，很快就沦为殖民地了，硕果仅存的只有中国，还有泰国与日本。中国为什么在 300 年后才沦为半殖民地？此中根由不能不考虑中国人民的反抗精神。前已提到，葡萄牙殖民者到达中国后，先后强占过屯门，浯屿和双屿等地，但最后被中国军民赶走了。荷兰先占领澎湖地区，被明军赶走，后来占领台湾，又被郑成功打败，被迫退出台湾。中国最后在鸦片战争中惨败，则是由于清朝当局腐败无能，缺乏抗争到底的顽强反抗精神，没有接受林则徐等有识之士的建议，和英军打持久战，将抗争坚持到底。顽强的反抗精神，是维持民族生存的核心因素，值得发扬光大。

其次，努力学习别人的长处，增强自身抗争能力，才能永远立于不败之地。

传教士把西方的科学技术传入中国，为中国学习西方提供了极好的机会。但当时并未引起当局的足够重视，即时认真研究，努力学习这些长处，甚至视其为“奇技淫巧”，耻于学习别人长处。自甘落后，又何能用别人之长来武装自己，增强抗御能力？在这方面，日本为我们提供了一个学习的榜样。日本在古代，看到自己落后于中国，即努力学习中华文化，到了近代，看到西方的长处，马上急起直追，并提出“脱亚入欧”的口号，通过“明治维新”，很快走上了强国之路。这种学习精神，是值得效法的。

前事不忘，后事之师。只有牢记历史教训，奋发图强，快马加鞭，努力建设中国特色社会主义，早日实现中国梦，才能使中华民族强盛发达，永远立于不败之地！

附录一

大 事 年 表

公　元	明清纪元	大　事　纪　要
1517 年	正德十二年	葡东印度总督遣费尔南·安德拉德率领舰队来华，并派商馆秘书皮雷斯以葡萄牙国王大使名义前来，和中国商谈建立正式关系。皮雷斯留广州等候皇帝批复，其余退据屯门
1520 年 4 月	正德十五年 三月	皮雷斯一行到达南京，朝见南巡的明正德帝朱厚照，被允许随赴北京
1521 年 3 月	正德十六年 二月	正德帝死，朱厚熜即位，明年改元嘉靖。嘉靖帝接受群臣意见，将皮雷斯押赴广东驱逐出境，责令葡人归还满剌加（马六甲）故土，下令驱逐盘踞屯门的葡殖民者。葡人抗不遵命，两广总督派海道副使汪鋐率军武力驱逐。9 月 7 日，葡人乘黑夜率残舟潜逃。屯门收复
1522 年 8 月	嘉靖元年 七月	葡人马尔廷·科廷奥率葡人 300 名来华，受到中国巡船阻击，随后又在新会西草湾为明军战败
1548 年 4 月	嘉靖二十七年 三月	提督浙闽海防军务朱纨派都指挥卢镗率兵向盘踞浙江双屿的葡殖民者发动进攻。经过激战，葡人败走，双屿收复
1549 年 2 月	嘉靖二十八年 正月	朱纨督师向盘踞福建浯屿、月港的葡殖民者发动进攻，葡人不战而逃。4 月 19 日，走马溪一战，大败葡人，擒斩 239 名，取得决定性胜利

续表

公　元	明清纪元	大　事　纪　要
1552 年	嘉靖三十一年	方济各·沙勿略从印度乘船到达广东海域上川岛。不久病死岛上
1553 年	嘉靖三十二年	葡人以货物被风涛打湿为由，贿通海道副使汪柏，得以暂借澳门海滩晾晒货物，开始在此搭棚栖息。1557 年后，又改建永久性建筑，作久居计
1575 年	万历三年	西班牙派两名传教士到达福建厦门、福州等地，谋求通商
1578 年	万历六年	3 月 24 日，罗明坚、利玛窦等耶稣会士 14 人，从里斯本启程前往印度果阿。耶稣总会任命的远东区教务视察员范礼安来到澳门，提出对中国应改变传教方法，尽量了解中国礼俗、社会和民情，要派遣学识和品德出众的传教士，要学习中国语言文字，伺机将天主教传入中国
1579 年	万历七年	罗明坚由范礼安调往澳门，学习汉语汉文，准备进入中国内地传教
1580 年	万历八年	年初为广州对外贸易季节，罗明坚随葡萄牙商人至广州，被允许住在暹罗驿馆
1581 年	万历九年	利玛窦在印度科钦升为神父
1582 年	万历十年	利玛窦奉范礼安之命调往中国，8 月 7 日与巴范济到达澳门，一起学习汉语汉文。 12 月 27 日，罗明坚、巴范济两耶稣会士应邀抵达肇庆，安顿下来后改穿中国佛僧（俗称和尚）服装，往肇庆东关天宁寺，是为中国内地第一所耶稣会院，次年，利玛窦也抵达肇庆

续表

公　元	明清纪元	大　事　纪　要
1583年	万历十一年	英女王伊丽莎白一世派商人约翰·纽伯莱前往东方，致信中国皇帝，谋求通商。中途为葡人所劫 3月，因两广总督换人，罗明坚、巴范济被逐回澳门。8月，新任两广总督郭应聘准许耶稣会在肇庆建立教堂寓所。9月10日，罗明坚偕利玛窦抵达肇庆。知府王泮促成新任两广总督郭应聘批准，租肇庆东关崇宁塔附近地皮建筑教堂，定名“仙花寺”
1584年	万历十二年	仙花寺教堂竣工。罗明坚编撰的《天主圣教实录》在广州刻印，此为第一本宣传天主教义的汉文书 利玛窦应知府王泮之请，将所携《世界地图》刊印，并附上汉文说明，名为《山海舆地图》，这是中国第一幅世界地图
1585年	万历十三年	门多萨将当时搜集到的中国资料汇编成《中华大帝国史》，首印于罗马
1588年	万历十六年	罗明坚回到澳门，汇报传教工作，范礼安命他返回罗马，请求教皇派遣专使来华觐见大明皇帝，请允许在华传教，并带去大量有关中国情况资料。后编绘成《明代中国地图集》。罗明坚离华后，中国教务由利玛窦负责
1589年	万历十七年	8月24日，利玛窦移居韶州，随后在韶州建立第二座中国天主教堂和住院。瞿太素闻讯从南雄来韶州，向利玛窦学习天文历算
1591年	万历十九年	利玛窦开始将《四书》译成拉丁语寄回欧洲，向欧洲介绍中国传统文化
1592年	万历二十年	利玛窦接受瞿太素的建议，拟改穿儒服，向范礼安请示
1593年	万历二十一年	罗明坚译出《大学》第一章，刊于罗马《百科精选》

续表

公　元	明清纪元	大　事　纪　要
1594 年	万历二十二年	范礼安同意利玛窦的请求，准其蓄发蓄须，改穿儒生服装，研习汉文典籍。利玛窦穿上儒服后，俨如中国儒生
1595 年	万历二十三年	4 月，兵部侍郎石星进京，路过韶州，同意带利玛窦随同北上。利玛窦等居留南昌，并在南昌刊印《交友论》，表演速记法，获得南昌名流普遍赞叹。5 月末曾赴南京，要求在那里定居，被拒，6 月 17 日乘船返回南昌，得见巡抚，获准居留南昌
1596 年	万历二十四年	利玛窦利用儒家学说，证明基督教教义符合中国古代一切优秀传统。建安王朱多㸅印制利玛窦绘制的《舆地全图》
1597 年	万历二十五年	范礼安命利玛窦接替年老体衰的孟三德为中国教区教长
1598 年	万历二十六年	6 月 25 日利玛窦离开南昌，偕郭居静随南京礼部尚书王忠铭首次晋京，抵达南京，结交应天巡抚赵可怀，9 月 7 日抵达北京，因日本侵略朝鲜，局势紧张，未得入宫，贡物也未进呈；11 月 5 日只得南返 利玛窦是年编制汉语拉丁拼音表
1599 年	万历二十七年	利玛窦在南京结交名士李贽；与礼部侍郎叶向高等达官贵人结成友谊
1600 年	万历二十八年	徐光启北上路过南京，与利玛窦首次结识。5 月 18 日，利玛窦、庞迪我等乘太监官舟北上。7 月 3 日抵临清，受阻于税监马堂，被软禁于天津。10 月底始得万历帝圣旨，允许进京 英国设立东印度公司于伦敦
1601 年	万历二十九年	荷兰殖民者韦・内克率领武装商船队首抵澳门 1 月 24 日，利玛窦一行抵京，下榻南城外。进贡方物，万历帝准许在北京居住。后又准许购买土地，建立教堂。是年与李之藻交往甚密

续表

公　元	明清纪元	大　事　纪　要
1602 年	万历三十年	李之藻在北京重刻《万国全图》并作跋 葡萄牙籍耶稣会士鄂本笃受印度耶稣会派遣，启程北上，经阿富汗，翻越帕米尔高原进入南疆，探索从陆路通往中国的道路
1603 年	万历三十一年	荷兰人攻澳门，不克 秋，徐光启在南京受洗入天主教，取名保禄
1604 年	万历三十二年	荷兰海军舰队司令韦麻郎率领武装舰船 8 艘东来，占据澎湖，后被迫退走
1605 年	万历三十三年	利玛窦口授、李之藻笔录《乾坤体义》刊行，乃西方天文学传入中国的第一本著作 鄂本笃历经撒马尔干、喀什噶尔、叶尔羌等地，于是年 12 月进入嘉峪关到达肃州（今酒泉）
1606 年	万历三十四年	8 月 27 日利玛窦迁入北京宣武门一处房屋（南堂）。徐光启每天下午来此与利玛窦合译《几何原本》前六卷，于 1607 年 5 月译完刊印
1607 年	万历三十五年	利玛窦派约翰·肥的南德偕同庄马利去甘肃迎接鄂本笃，于 3 月末到达肃州。4 月 11 日鄂本笃在肃州去世。约翰·肥的南德等把他安葬后，接收他留下的笔记等资料带回北京。利玛窦利用鄂本笃留下资料及其随从口述，整理为《利玛窦中国札记》中的第 5 卷第 11 至 13 章，证明欧洲此前传说的契丹就是中国 利玛窦和徐光启合译《测量法义》
1610 年	万历三十八年	2 月，利玛窦写完《天主教传入中国史》。5 月 11 日，利玛窦在北京去世。龙华民接替利玛窦任中国教区教长
1612 年	万历四十年	熊三拔口述、徐光启笔录、李之藻订正的《泰西水法》在北京刊印
1614 年	万历四十二年	利玛窦口授、李之藻撰写的《同文算指》和《圜容较义》刊印

续表

公　元	明清纪元	大　事　纪　要
1615 年	万历四十三年	利玛窦、金尼阁著的《基督教远征中国史》(即《天主教传入中国史》的拉丁文本，中文本今译改名《利玛窦中国札记》）在德国奥格斯堡出版，此后被译成欧洲各种文字出版
1616 年	万历四十四年	礼部侍郎、署南京礼部尚书沈漼等奏请驱逐耶稣会传教士。万历帝颁发谕旨，禁止天主教在华传教，将传教士王丰肃等 25 人遣送广州，听其回国
1618 年	万历四十六年	罗马耶稣总会把中国教区划属罗马耶稣总会。金尼阁率 22 名教士从里斯本启程来华。金尼阁在欧洲劝募各种书籍七千部左右，全部带来中国
1619 年	万历四十七年	俄使彼得林等到达北京。因无国书，未得到万历帝接见
1620 年	泰昌元年	张焘向澳门葡商购买 4 门火炮运回广州。随同金尼阁来华的传教士只剩邓玉函、罗雅谷、汤若望等 5 人抵达澳门
1622 年	天启二年	荷兰殖民者用武力强占澎湖 汤若望来华 孙元化仿铸西洋火炮成功
1623 年	天启三年	艾儒略增译、杨廷筠汇记《职方外纪》刻印
1624 年	天启四年	荷兰殖民者在澎湖被逐，转到台湾南部，图谋永远侵占。不久将鸦片与烟草混合吸食法传入台闽。 金尼阁口译、张赓笔录《伊索寓言》于西安刻印，书名《况义》
1625 年	天启五年	西安发现《大秦景教流行中国碑》。是碑记载唐代基督教流行中国情况
1626 年	天启六年	金尼阁等编撰的《西儒耳目资》刻印。汤若望译《远镜说》刻印。金尼阁将《五经》译为拉丁文

公　元	明清纪元	大　事　纪　要
1627 年	天启七年	邓玉函口授、王徵译绘《远西奇器图说》（全名《远西奇器图说录最》）刻印
1629 年	崇祯二年	以钦天监预测日食屡次失误，崇祯帝谕令设立历局，录用西洋人龙华民、邓玉函，由徐光启督领、李之藻协助修历。中国首次采用西洋历法修订中国历法 为了抗击清军，徐光启奉令训练京营兵，仿铸西洋火炮
1631 年	崇祯四年	傅汎际、李之藻合译的《名理探》刊印
1633 年	崇祯六年	十一月八日徐光启卒，修历工作由李天经接替督领
1634 年	崇祯七年	十一月二十四日，《崇祯历书》编译完成，共一百三十七卷
1636 年	崇祯九年	汤若望为明军铸成西洋火炮 20 门
1637 年	崇祯十年	英人威德尔率英国武装商船首次来华，直入珠江，截夺商艇 2 只、小艇 1 只，击毁虎门炮台 艾儒略编撰的《西方答问》（又名《西方问答》）刊印，介绍西方风土人情
1641 年	崇祯十四年	曾德昭（原名谢务禄）著《中华帝国》（又译《大中国志》）在马德里出版
1643 年	崇祯十六年	汤若望口授、焦勖译述的《火攻挈要》（又名《则克录》）刊印
1644 年	明崇祯十七年 清顺治元年	三月李自成入北京，明崇祯帝自缢死。清军入关，五月朔多尔衮入京，六月建都北京 汤若望将《崇祯历书》改编为一百卷，加上汤本人补写的《筹算》《历法西传》《新法历引》，共一百零三卷，改称《西洋新法历书》进呈清廷，得到采纳。十一月二十五日清廷任命汤若望掌管钦天监
1645 年	顺治二年	清政府颁行用西洋历法推算的《时宪历》 罗马教皇英诺森十世批复西班牙多明我会士黎玉范报告，禁止中国教徒敬孔、祭祖、拜城隍

续表

公　元	明清纪元	大　事　纪　要
1656 年	顺治十三年	教皇亚历山大七世批复耶稣会士卫匡国的报告，准予奉行中国礼仪
1659 年	顺治十六年	南怀仁来华 杨光先刊印《辟邪论》，指责天主教是邪教
1660 年	顺治十七年	杨光先上疏，反对在历书封面刊“依西洋新法”五字，要求停用西洋历法
1662 年 2 月	顺治十八年 十二月	台湾人民配合郑成功部队打败荷兰殖民者，收复台湾
1662 年	康熙元年	意大利传教士利类思撰写《天学传概》一书，和杨光先辩论 郭纳爵、殷铎泽合译的《大学》拉丁文本刊行，取名《中国的智慧》
1663 年	康熙二年	杨光先刊印《不得已》一书，再次指责天主教
1664 年	康熙三年	利类思作《不得已辩》，反驳杨光先。杨光先上书参劾汤若望，控告西洋传教士三大罪：邪说惑众、潜谋造反、历法荒谬。经清廷各部审讯，又由议政王、贝勒、大臣等会审，汤若望被提审两次，定罪凌迟；各省教士由地方官拘禁候处。后来因为天空突然出现彗星，北京发生地震，被认为是上天示警。太皇太后以汤若望乃先帝重臣，力主赦免，最后才得开释。同时被释放的还有利类思、安文思、南怀仁等西洋教士
1666 年	康熙五年	8 月 15 日汤若望去世
1667 年	康熙六年	七月初七日康熙帝亲政 殷铎泽将《中庸》译为拉丁文，名为《中国政治伦理学》
1668 年	康熙七年	因康熙帝询问西洋的风土国俗，利类思、安文思、南怀仁等三人编纂《西方要纪》（又名《御览西方要纪》）进呈。此书与《西方问答》内容大体相同

续表

公　元	明清纪元	大　事　纪　要
1669年	康熙八年	二月，钦天监监正杨光先被夺职，以南怀仁掌钦天监。南怀仁上奏，请求为汤若望平反。汤若望因此得以照原品赐恤，赐银524两安葬。天主教除南怀仁等照常自行外，禁止传教士在各省传教 五月鳌拜被罢黜
1672年	康熙十一年	依据南怀仁举荐，康熙帝令礼部派员赴澳门邀请通晓历法的耶稣会士徐日昇来京，协助修历
1674年	康熙十三年	一月康熙帝授南怀仁为钦天监监正，加太常寺少卿。南怀仁编《新制灵台仪象志》《坤舆全图》刊行 南怀仁奉命铸造重一千斤的轻型火炮，供平定南方三藩使用
1677年	康熙十六年	一月南怀仁被推举为中国教区副教长
1678年	康熙十七年	南怀仁奉命编制《康熙永年历法》完成，共32卷，系在汤若望等人编制的《二百年历表》基础上增补而成，推算了两千年间日月食、行星位置等天象规律
1685年	康熙二十四年	清廷解除海禁，置江、浙、闽、粤四海关，开放澳门（后移广州黄埔）、厦门、宁波、云台山等4口通商 雅克萨之战中投诚和被俘的俄国人员被编入满洲镶黄旗第四参领第十七佐领，安置于北京城东北角胡家园胡同。康熙帝赐给他们一座小庙，名罗刹庙
1686年	康熙二十五年	耶稣会士卜弥格将《脉经》译为法文
1687年	康熙二十六年	柏应理、殷铎泽等合译《中国哲学家孔子》，中文标题名《西文四书解》
1688年	康熙二十七年	法王路易十四派遣来华的传教士洪若翰、白晋等5人抵达北京 南怀仁去世。
1689年	康熙二十八年	派徐日昇、张诚随内大臣索额图参加中俄谈判，担任翻译 中俄签订《尼布楚条约》，划定东段边界

续表

公　元	明清纪元	大　事　纪　要
1690年	康熙二十九年	4月10日教皇亚历山大八世将中国教区改为北京、南京、澳门三个教区，各自设主教 康熙帝召徐日昇、张诚、白晋、安多等每日轮班至养心殿，以满语讲授西学
1692年	康熙三十一年	二月初五日康熙帝颁发谕旨，允许天主教在华传教
1693年	康熙三十二年	七月将北京西安门蚕池口、前辅政大臣苏克萨哈旧府赐给张诚等，并令工部修葺，年底竣工，名曰“救世主堂”，是为北堂
1698年	康熙三十七年	法国商船首次来华
1699年	康熙三十八年	3月白晋等率领法国第二批耶稣会士10名到达中国，还带来法王路易十四送给康熙帝的礼物。康熙帝在南巡苏浙时接见了他们，并与他们在巡船上做了长谈
1700年	康熙三十九年	教皇英诺森十二世逝世。克莱门十一世于11月23日当选新教宗，即命圣职部审查中国礼仪问题
1704年	康熙四十三年	罗马教皇禁止中国教徒敬天、祭孔、祀祖
1705年	康熙四十四年	12月14日教皇特使多罗抵华，宣布中国教徒不许行中国礼仪，后被康熙帝逐出北京，死于澳门
1707年	康熙四十六年	中国天主教徒樊守义随意大利传教士艾逊爵赴欧洲学习，1720年才返回北京
1708年	康熙四十七年	康熙帝命传教士白晋等赴全国各地测量，绘制全国地图，先后参加测绘的传教士共计十多人
1713年	康熙五十二年	康熙帝在畅春园蒙养斋设算学馆，选八旗世家子弟入馆学习算术 御制《律吕正义》编纂完成
1715年	康熙五十四年	英属东印度公司在广州设立商馆 罗马教皇重申1704年对华教士禁约

续表

公　元	明清纪元	大　事　纪　要
1716 年	康熙五十五年	耶稣会士殷弘绪关于中国制瓷技术的信，在欧洲《专家》杂志上发表
1719 年	康熙五十八年	第一届俄国东正教传教士团到达北京 全国测绘地图工作完成，内地各省加上西藏、满洲、台湾及朝鲜，合并成全国地图，世称《皇舆全览图》
1720 年	康熙五十九年	广州行商联合设立公行，因外商反对，旋即废止 12 月末教皇第二个特使嘉乐到达北京。康熙帝多次接见。在礼仪问题上双方相持不下。最后，康熙帝颁布禁止天主教在华传教上谕 樊守义回国，康熙帝接见
1721 年	康熙六十年	康熙帝主持编纂的《数理精蕴》编成，分为上、下两编，共五十三卷，乃西方数学的百科全书
1722 年	康熙六十一年	康熙帝主持的《仪象考成》编纂完成，分上下两编，共四十二卷
1723 年	雍正元年	雍正帝即位后，对天主教继续推行严禁政策，除留下为宫廷效力的教士以及年老体弱者外，其余均被驱往澳门 是年郎世宁《聚瑞图》绘成，乃一幅融合中西画法的佳作
1725 年	雍正三年	意大利教士马国贤带领 4 名中国年轻教徒到达意大利，后来马国贤在那不勒斯建圣家书院，培养华籍教士，先后入院学习的有一百多人
1726 年	雍正四年	法国传教士宋君荣和巴多明在中俄恰克图谈判中充当翻译
1728 年 6 月	雍正六年 五月	中俄签订《恰克图条约》
1729 年	雍正七年	清廷首次颁布禁吸鸦片令 中国使团第一次出使俄国，1731 年抵达莫斯科 雍正帝在北京正式设立西洋馆，招收满洲八旗子弟学习拉丁语文，由巴多明和宋君荣任教

续表

公　元	明清纪元	大　事　纪　要
1730年	雍正八年	巴多明将《资治通鉴纲目前编》（部分）译为法文。陈伦炯《海国闻见录》出版
1735年	雍正十三年	巴多明、汤执中翻译的《本草纲目》（节录）法文本，收入杜赫德编《中华帝国全志》
1741年	乾隆六年	英国皇家兵船“百夫长”号来华，违背中国禁令，擅自开进虎门
1742年	乾隆七年	《历象考成后编》十卷刊行
1747年	乾隆十二年	乾隆帝令意大利传教士郎世宁、法国传教士王致诚等参加圆明园西式洋楼及喷泉的设计
1749年	乾隆十四年	宋君荣将《诗经》译成法文，寄回欧洲
1752年	乾隆十七年	耶稣会士孙璋翻译《礼记》
1756年	乾隆二十一年	德国传教士戴进贤主编、刘松龄、鲍友管参编的《仪象考成》三十二卷刊行
1757年	乾隆二十二年	清廷关闭江、浙、闽三海关，对外贸易限于广东一口
1759年	乾隆二十四年	清廷批准《防范外夷规条》
1760年	乾隆二十五年	法国传教士蒋友仁第一次向中国全面介绍了哥白尼的《日心说》
1761年	乾隆二十六年	蒋友仁、宋君荣等绘制成《乾隆内务府铜版地图》
1770年	乾隆三十五年	宋君荣把《书经》译成法文，在巴黎刊行
1772年	乾隆三十七年	钱德明将《孙子兵法》译成法文，在巴黎刊行
1773年	乾隆三十八年	英印政府确定对孟加拉、比哈尔和奥理萨三个地区的鸦片实行专卖，迫使三地鸦片种植者只能按照规定价格将鸦片卖给东印度公司专卖局
1774年	乾隆三十九年	郎世宁、王致诚、艾启蒙等绘制《乾隆平定准噶尔部、回部战功图》共十六幅，在法国铜版印制完毕

公　元	明清纪元	大　事　纪　要
1775 年	乾隆四十年	在华耶稣会奉罗马教皇令停止活动
1782 年	乾隆四十七年	公行制度最终确立
1783 年	乾隆四十八年	罗马教廷指派法国遣使会来华接管耶稣会工作
1784 年	乾隆四十九年	美国商船“中国皇后”号到达广州
1785 年	乾隆五十年	耶稣会士冯秉正将《通鉴纲目》和《续通鉴纲目》译成法文，合称《中国通史》在巴黎刊行 法国遣使会罗施阁（或作罗广祥）等到达北京，接管耶稣会所遗诸职。耶稣会在华活动全部终结
1792 年	乾隆五十七年	中俄签订《恰克图市约》 英政府派遣马戛尔尼使团出使中国。次年到达
1796 年	嘉庆元年	清廷停止征收鸦片税，禁止鸦片入口
1797 年	嘉庆二年	英属东印度公司取得鸦片制造特权
1802 年	嘉庆七年	英国企图夺占澳门，兵船到广东零丁洋，因英法和议成立，离去
1805 年	嘉庆十年	美国始自土耳其输鸦片（金花土）来华 东印度公司医生啤咄首次为广州儿童种牛痘 四月清政府颁布管理北京西洋堂办法，对北京的天主堂实行严密监视，限制传教士活动。同时禁止西洋教士刻书传教
1807 年	嘉庆十二年	英国伦敦会传教士马礼逊到达广州，是为基督新教传入中国之始
1808 年	嘉庆十三年	英国借口反对法兰西，第二次图占澳门 马礼逊从 1808 年起开始，着手翻译《新约全书》。至 1813 年译完，在广州密印了 2000 部
1809 年	嘉庆十四年	清廷制订《民夷交易章程》
1811 年	嘉庆十六年	七月清廷减少北京宫廷内效力的西方传教士活动。北京的天主堂仅存南堂。禁止西洋人潜往内地传教，禁止民人私习天主教

续表

公　元	明清纪元	大　事　纪　要
1813 年	嘉庆十八年	广州正式设置总商，总办洋行各项事务
1814 年	嘉庆十九年	马礼逊与米怜合作翻译《旧约全书》，至 1819 年译完，在马六甲排印
1815 年	嘉庆二十年	清廷颁布《查禁鸦片烟条规》
1816 年	嘉庆二十一年	英国派遣阿美士德使团出使中国，因不肯跪拜被拒
1818 年	嘉庆二十三年	马礼逊创办的第一所中文学校英华书院在马六甲开办
1820 年	嘉庆二十五年	谢清高的《海录》一书刻印（杨炳南笔录整理）
1821 年	道光元年	清廷谕令严禁鸦片
1823 年	道光三年	清廷颁行由吏兵两部酌定的《失察鸦片烟条例》，责令地方官和巡查人员严行查禁，严禁得规故纵，并严禁民间种植 《新约全书》与《旧约全书》，合为《神天圣书》，在马六甲出版。梁发由马礼逊提拔为新教第一位中国籍牧师。整部《华英字典》出齐
1824 年	道光四年	担任钦天监监正的葡萄牙遣使会会士福文高病逝。此后，道光帝未再任命其他西洋传教士接替。自汤若望首任钦天监监正开始，监正一职长期由西洋传教士担任的局面至此结束
1829 年	道光九年	两广总督李鸿宾拟订《查禁官银出洋及私货入口章程》。次年道光帝旨准颁行
1831 年	道光十一年	英属东印度公司实行白皮土贸易开放和大量生产鸦片政策 两广总督修订《防范夷人章程》
1832 年	道光十二年	英船“阿美士德”号侦察中国沿海形势，为发动对华战争做准备。英国实行议会改革，资产阶级代表在国会中占据优势 由梁发撰写、马礼逊修改定稿的《劝世良言》在马六甲印刷所印刷。裨治文创办《中国丛报》，是年开始出版

续表

公　元	明清纪元	大　事　纪　要
1833 年 8 月 28 日	道光十三年 七月十四日	英国发布废止东印度公司对华贸易垄断权的法令
1834 年 3 月 22 日	道光十四年 二月十三日	第一艘英国“自由船”号载茶叶离开广州
4 月 22 日	三月十四日	东印度公司对华贸易特权结束
7 月 25 日	六月十九日	英国驻华商务第一监督律劳卑未经中国当局同意，闯入广州
9 月 7 日	八月初五日	律劳卑率英舰两艘，炮击虎门炮台，11 日驶抵黄埔
10 月 11 日	九月初九日	律劳卑病死澳门。德庇时接任驻华商务第一监督
11 月 4 日	九月初二日	美国伯驾在广州新豆栏开设医局（后名博济医院）免费为人治病
12 月 9 日	十一月初九日	英国在广州的 64 名鸦片商人上书英王，请求对华使用武力
1834 年	道光十四年	耶稣会士雷孝思、冯秉正生前翻译的《易经》拉丁文本，书名《中国最古典籍〈易经〉》在斯图加特印出第一册，1839 年印出第二册
1835 年 1 月 19 日	道光十四年 十二月二十一日	罗宾生接替德庇时任英国驻华商务第一监督
2 月 25 日	道光十五年 正月二十八日	道光帝批准《酌增防夷新规》
4 月 18 日	三月二十一日	英国迈尔本首相组阁，以巴麦尊为外交大臣
7 月 24 日	六月二十九日	冒充“阿美士德”号船主的东印度公司广州商馆高级职员林德赛（化名胡夏米）向巴麦尊提出军事侵华方案
1836 年 6 月 10 日	道光十六年 四月二十七日	太常寺少卿许乃济奏请弛禁鸦片 洪秀全在广州参加科举考试，偶然得到《劝世良言》

续表

公　元	明清纪元	大　事　纪　要
8 月 30 日	七月十九日	清廷以穆彰阿为武英殿大学士、琦善为协办大学士，仍留直隶总督任，耆英为吏部尚书
9 月 19 日	八月初九日	清廷就朱嶟、许球奏请严禁鸦片、反对弛禁事，谕令两广总督邓廷桢等悉心妥办，力塞弊源
10 月 11 日	九月初二日	两广总督邓廷桢等会奏，拟订的“弛禁章程”到京
12 月 14 日	十一月初七日	查理·义律禀报两广总督，就任商务监督，并要求入广州履职。邓廷桢令义律在澳门候旨
1837 年 2 月 26 日	道光十七年 正月二十二日	林则徐由江苏巡抚升任湖广总督
4 月 12 日	三月初八日	义律经两广总督奏准，自澳门到达广州供职
4 月 22 日	三月十八日	义律请求两广总督，将谕令直接交他，而不通过行商，受到两广总督驳斥
6 月 12 日	五月初十日	巴麦尊训示义律，力持与两广总督文书直接传递，并不准用“禀”字（11 月 21 日，义律收到训示）
8 月 4 日	七月初四日	邓廷桢根据 7 月 14 日道光帝谕旨，发布驱逐鸦片趸船命令，要求各国寄泊趸船尽行回国，不许托故逗留
9 月 18 日、19 日	八月十九、二十日	邓廷桢连续向义律发出谕令，要求尽快催令趸船回国
1838 年 6 月 2 日	道光十八年 闰四月初十日	鸿胪寺卿黄爵滋上《请严塞漏卮以培国本折》，力主吸食鸦片者“罪以死论”。道光帝谕令各省督抚议奏，此后共收到 29 份复奏
6 月 23 日	五月初二日	湖广总督林则徐收到黄爵滋折。6 月 28 日，林则徐复奏，支持严惩吸食者，并陈禁烟章程六条
7 月 13 日	五月二十二日	英国驻印度海军总司令马他仑率领军舰来华

续表

公　元	明清纪元	大　事　纪　要
8月27日	七月初八日	林则徐在督署外公同焚毁江夏、汉阳二县所缴烟枪1264杆及烟斗、杂具等
10月25日	九月初八日	清廷命令各地对贩运、开馆罪犯从重治罪，文武官员军民人等吸食鸦片一体严拿，并饬大学士等议定禁烟章程；将在尼僧庙内吸食鸦片的庄亲王奕賨和辅国公溥喜予以革爵处分
10月28日	九月十一日	道光帝以许乃济前此冒昧陈请弛禁鸦片，降六品顶戴，即行休致，以示惩儆
11月9日	九月二十三日	清廷命林则徐入觐，总督由湖北巡抚伍长华兼署
12月12日	十月二十六日	英美殖民者干涉在外国商馆前处绞烟犯，广州上万民众奋起围攻商馆
12月20日	十一月初四日	清廷下令禁止云南种植罂粟
12月22日	十一月初六日	林则徐抵达直隶安肃县，与由北京回保定的琦善会晤。琦善告以“无启边衅”，林“漫应之”
12月23日	十一月初七日	义律用禀帖恢复外交文书往来
12月31日	十一月十五日	清廷颁给林则徐钦差大臣关防，令驰赴广州查办海口事件，并节制广东水师
1839年 1月3日	道光十八年 十一月十八日	清廷令邓廷桢尽泯畛域，为中国祛除鸦片大患出力。林则徐向道光帝建议加强海防
1月8日	十一月二十三日	林则徐离京赴粤，临行前向座师沈维峤表示，不计个人成败得失，力禁鸦片
1月23日	十二月初九日	邓廷桢通告，钦差大臣来粤查禁鸦片
1月26日	十二月十二日	英国大鸦片贩子查顿请牌下澳，搭船回国
2月1日	十二月十八日	道光帝批示邓廷桢，若能与林则徐合力同心，除中国大患之源，是生民之福、政治之善，将膺懋赏

续表

公　元	明清纪元	大　事　纪　要
2 月 22 日	道光十九年 正月初九日	林则徐行至江西新淦县，广东督抚差弁来迎。邓廷桢接受道光帝的指示，决心全力协同禁烟，在信中表示："所不同心者有如海。"
2 月 26 日	正月十三日	广州政府在广州各国商馆前绞死中国鸦片烟犯
3 月 10 日	正月二十五日	林则徐抵达广州
3 月 12 日	正月二十七日	义律致书两广总督，抗议在商馆前绞决烟犯
3 月 18 日	二月初四日	林则徐传见行商，颁给谕帖，严令外商交出鸦片，并具甘结，保证此后永不夹带鸦片
3 月 19 日	二月初五日	粤海关为迫使鸦片贩子缴出鸦片，宣布禁止外国人离开广州
3 月 21 日	二月初七日	林则徐下令包围商馆，撤退买办工人，中外贸易停止
3 月 22 日	二月初八日	林则徐令广州府查拿英国大鸦片贩子颠地。义律致函巴麦尊，相信用"坚决的言词，坚决的态度"，可以挫败中国禁烟
3 月 24 日	二月初十日	黄昏，义律抵广州召集英商会议，阴谋抗拒缴烟
3 月 25 日	二月十一日	林则徐令广州知府等谕告义律，由于英商抗不缴烟，颠地不听传讯，"照历届成案，暂行封舱，并停请牌下澳"。同时令速将趸船所贮鸦片克日缴官
3 月 27 日	二月十三日	义律禀告林则徐，即将英国人经手之鸦片悉数清缴
3 月 28 日	二月十四日	义律禀告林则徐，答应呈缴鸦片 20283 箱，林则徐令美荷法依照英例呈缴鸦片
4 月 2 日	二月十九日	林则徐规定：鸦片缴到四分之一，即给予买办工人；追缴至一半，量许三板请牌查验往来；缴至四分之三，即准开舱贸易；全数缴完，一切照常
4 月 3 日	二月二十日	义律致函巴麦尊，对华"应该出之以迅速而沉重的打击，事先连一个字的照会都不用给"，建议立刻使用武力

续表

公　元	明清纪元	大 事 纪 要
4月4日	二月二十一日	中国方面将甘结式样交给义律，要求在馆外商出具切结，永断鸦片 林则徐订《收缴趸船烟土章程》
4月5日	二月二十二日	林则徐通知义律，将亲临虎门验收鸦片，要求义律速令在馆外商，出具永不夹带鸦片切结
4月8日	二月二十五日	义律禀告林则徐，遵照本国定例，不能具结。此后一再顽抗
4月11日	二月二十八日	林则徐、邓廷桢亲抵虎门，验缴鸦片
4月22日	三月初九日	两江总督陶澍病免，林则徐调督两江
5月9日	三月二十六日	清廷准御史邓瀛奏，命将鸦片即在广东交林则徐、邓廷桢"目击销毁"
5月16日	四月初四日	林则徐亲赴虎门海口一带，察看木牌铁链及新建靖远炮台等海防设施
5月18日	四月初六日	应缴烟土全部收清，共计20283箱28斤又7个。外加澳葡总管查获送缴的8箱
5月24日	四月十二日	义律借口有病，下澳就医，被批准离开广州。16名鸦片贩子先后出具永不再来甘结，其中大部分随同义律赴澳门
6月3日	四月二十二日	林则徐开始在虎门销毁收缴鸦片
6月12日	五月初二日	大学士敬敏等提出《严禁鸦片烟条例》39条，于15日经批准谕令速行刊刻，颁发各省。28日，谕令各省督抚将《严禁鸦片烟条例》通告军民人等
6月23日	五月十三日	虎门销烟结束，共销毁鸦片2376254斤
7月7日	五月二十七日	英国水手在尖沙咀行凶，殴毙村民林维喜
7月12日	六月初二日	林则徐派员查办林维喜案，并为此邀请伯驾和袁德辉等人选译《各国律例》，供参考
7月25日	六月十五日	林则徐集粤秀、越华、羊城三书院生员645人举行观风试
8月5日	六月二十六日	英外交部收到义律3月22日致巴麦尊函。这是关于林则徐禁烟的最早报告。并附了3月18日林则徐谕稿2件。同一天，鸦片贩子也把禁烟消息传到伦敦

续表

公　元	明清纪元	大　事　纪　要
8月7日	六月二十八日	伦敦与鸦片利益有关的下院议员、银行家、商人等集会，会后进见巴麦尊，鼓动武力侵华
8月12日	七月初四日	义律自行开庭审理林维喜案件有关罪犯，将5个水手处以较轻罚金和监禁了事，拒不交出凶手
8月15日	七月初七日	林则徐等命令封锁澳门，禁绝柴米食物运入，撤退买办工人
8月24日	七月十六日	中国当局谕告澳门葡萄牙总管，将英人驱出澳门
8月31日	七月二十三日	英舰“窝拉疑”号到达广东沿海 林则徐发出告示，号召沿海居民抗英自卫
9月3日	七月二十六日	林则徐、邓廷桢抵澳门视察，旋即移驻虎门。澳葡总管宣告中立
9月4日	七月二十七日	英舰“窝拉疑”号奉命于下午2时半向中国水师船开火，爆发了九龙之战
9月12日	八月初五日	西班牙双桅船“米巴音奴”号被误认作英船在澳门被焚
9月19日	八月十二日	伦敦侵华集团开会，成立九人委员会，专门负责策动对华战争。24日又成立三人核心小组
10月1日	八月二十四日	英国内阁会议决定派遣舰队到中国去，“对三分之一的人类的主人作战”
10月14日	九月初八日	英船“担麻士葛”号遵式具结，次日到黄埔交易
10月18日	九月十二日	巴麦尊致函义律，告以政府决定出兵，并告作战方略
10月26日	九月二十日	林则徐严索林维喜案正凶，并令英船三日内具结进口或回国，不得滞泊伶仃洋面
10月29日	九月二十三日	英国“皇家萨克逊”号照式具结 清廷谕令林则徐：对英“当示以兵威，断绝大黄茶叶，永远不准交易”

续表

公　元	明清纪元	大　事　纪　要
11 月 2 日	九月二十七日	伦敦东印度与中国协会提出全面侵华方案
11 月 3 日	九月二十八日	“皇家萨克逊”号正报关入口，遭到“窝拉疑”号和“海阿新”号的武力阻止。两船并向清水师船开炮。水师提督关天培挥兵奋勇还击。爆发了穿鼻之战
11 月 3 日—13 日	九月二十八日至十月八日	中英双方在官涌山一带连续六次接仗，清军俱获全胜
11 月 4 日	九月二十九日	巴麦尊致函义律，指示进行战争步骤：第一步封锁珠江，第二步占领舟山群岛，拦截沿海商船，最后北上直隶湾的白河口
11 月 10 日	十月初四日	林则徐奉到 10 月 29 日不准交易上谕
11 月 23 日	十月十八日	英船三艘泊在福建梅林洋面，金门镇总兵窦振标会同水师提督陈化成带领舟师驱逐，英船退走
11 月 27 日	十月二十二日	林则徐等遵令宣布，自 12 月 6 日（十一月初一日）起封港，“永停英吉利国贸易”；“各国夷船遵式具结者，仍准通商”
12 月 6 日	十一月一日	林则徐布告停止中英贸易，对已具结之英船，仍准进口贸易
12 月 29 日	十一月二十四日	英船“皇家萨克逊”号入口贸易 是年，马礼逊学堂在澳门开办，容闳是第一批学生之一
1840 年 1 月 5 日	道光十九年 十二月初一日	林则徐奉令宣布，永远断绝和英国贸易。清廷调邓廷桢为两江总督，林则徐为两广总督，裕谦实授江苏巡抚
1 月 8 日	十二月初四日	英舰“窝拉疑”号舰长士密宣布，自 1 月 15 日起，封锁广州口岸和珠江口
1 月 16 日	十二月十二日	英女王维多利亚在议会发表演说，声称中国禁烟使英商利益蒙受损失，并影响英王“尊严”
1 月 21 日	十二月十七日	清廷调伊里布为两江总督，邓廷桢为云贵总督

续表

公　元	明清纪元	大　事　纪　要
1月23日	十二月十九日	英印总督奥克兰致书霍布浩斯，鼓吹用武力作后盾，向中国索取赔偿
1月26日	十二月二十日	调云贵总督邓廷桢为闽浙总督，以桂良为云贵总督
1月28日	十二月二十四日	调福建水师提督陈化成为江南提督，江南提督陈阶平为福建水师提督
2月1日	十二月二十八日	林则徐为加强海防，从美国人手中购英船“剑桥”号，载重1200吨，将它改修为战舰
2月6日	道光二十年 正月初四日	林则徐就任两广总督，邓廷桢离粤赴闽
2月20日	正月十八日	英国政府任命乔治·懿律和查理·义律为侵华正副全权公使，并任命懿律为赴华远征军总司令，发给秘密训令和对华条约草案
2月29日	正月二十七日	游击马辰等分四路火攻英船及贩卖烟土之走私船、供应英人食物的办艇，计共烧毁各种船23只、篷寮6处
3月7日	二月初四日	林则徐提出“以守为战，以逸待劳”方针，主张雇募渔民、疍户为水勇，火攻英船
3月19日	二月十六日	英国政府首次在下议院宣布远征中国的决定和意图
3月25日	二月二十二日	英舰长赞·卒治理指挥“都鲁壹”号自新威尔士开到广东海面，并任珠江中的海军指挥官
3月29日	二月二十六日	林则徐得知英国添派兵船来粤，饬令水陆兵弁加紧操练，加意严防
4月4日—9日	三月初三日至初八日	英国女王把经枢密院咨询后发出的敕令提交国会。国会于4月7日、8日、9日对政府战争政策展开了激烈辩论，最后以271票对262票的微弱多数否决了反对派的提案，通过了女王的敕令

续表

公　元	明清纪元	大　事　纪　要
4月10日	三月初九日	英国议会通过军费支出案
4月21日	三月二十日	林则徐奏请在尖沙咀添设炮台，增置大炮
4月30日	三月二十九日	英舰“麦尔威厘”号（旗舰）、“摩底士底”号及“布郎底”号驶出南非缶尔斯湾，启程赴中国
5月14日	四月十三日	林则徐得悉英舰“都鲁壹”号到达，奏请修造战船，以防不测
5月16日	四月十五日	林则徐检阅新水师。新水师包括“剑桥”号及两条25吨的纵帆船和明轮推动的小船与许多沙船
5月22日	四月二十一日	几只沙船攻打英舰“希腊”号。战斗颇为激烈。“希腊”号上的舰长和15名船员均受伤
5月30日	四月二十九日	英国侵略军主力从新加坡启航驶往中国
6月8日	五月初九日	林则徐、关天培指挥火攻英船于磨刀洋，烧毁英国舢板2只、办艇11只、近岸篷寮9座。是时，英国大小舰船12艘、轮船3艘，先后入泊金星门
6月9日	五月初十日	英舰“鳄鱼”号驶抵广东海面
6月21日	五月二十日	英舰队由海军司令伯麦率领抵达澳门外海。此时到达的英国舰船有“威里士厘”号、“康威”号、“鳄鱼”号、“巡洋”号、“阿吉林”号、“青春女神”号、“阿特兰特”号、“皇后”号、“马达加斯加”号共9艘
6月22日	五月二十三日	伯麦发出通告，自6月28日起封锁珠江口和广东海面
6月24日、25日	五月二十五、二十六日	英舰队除“都鲁壹”号、“窝拉疑”号、“海阿新”号、“拉呢”号及“马达加斯加”号外，其余皆向北驶去
6月27日	五月二十八日	广州当局发出布告，列出悬赏缉获敌人等级

续表

公　元	明清纪元	大　事　纪　要
6月28日	五月二十九日	英军正式封锁珠江海口，鸦片战争正式爆发。英舰船“麦尔威厘”号、“布郎底”号、“卑拉底士”号、“进取”号抵达广东海面
7月2日	六月初四日	载着懿律、义律等人的“麦尔威厘”号到达厦门口外，派“布郎底”号（船长胞诅）进入港口，递交致提督书。抄录后被退回 “威里士厘”号、“康威”号、“鳄鱼号”、“巡洋”号、“阿尔吉林”号等5艘战舰，和“皇后”号、“阿特兰特”号2艘轮船、运兵船“响尾蛇”号以及10艘运输船组成的舰队，在陆军准将乔治·布尔利指挥下到达舟山港锚地
7月3日	六月初五日	英军翻译罗伯聃奉命乘小驳船去递交巴麦尊致中国钦命大臣书副本，厦门当局拒绝接收。“布郎底”号发炮轰击厦门。厦门守军发炮还击。“布郎底”号后来将一张临时起草的告示装进小瓶掷往一只船上，然后于下午4时退出厦门港
7月5日	六月初七日	英军进攻定海，占领东岳山炮台和道头。次日清晨在没有受到任何抵抗下进入定海城
7月10日	六月十二日	英军宣布封锁宁波及长江口
7月12日	六月十四日	英军派船赴宁波、镇海，试投巴麦尊致中国钦命大臣书副本，未成
7月20日	六月二十二日	清廷得悉英军攻定海，命福建提督余步云驰赴浙江剿办。令邓廷桢加意防范各海口
7月30日	七月初二日	英国舰队离舟山港北上
8月5日	七月初八日	浙江巡抚乌尔恭额被革职，刘韵珂任浙江巡抚，令邓廷桢驰赴镇海筹办堵剿事宜。英北上舰队驶过山东海面
8月6日	七月初九日	清廷以伊里布为钦差大臣，驰赴宁波相机剿办，裕谦署两江总督，邓廷桢不必前往浙江。琦善奏报，天津存兵共止800余名

续表

公　元	明清纪元	大　事　纪　要
8 月 7 日	七月初十日	林则徐奏，定海宜用民众杀敌 英军舰队驶抵白河口外停泊
8 月 9 日	七月十二日	清廷谕告琦善，如果英船驶至海口，果无桀骜情形，不必开枪开炮，倘投递禀帖，无论夷字汉字，即将原禀接收进呈
8 月 11 日	七月十四日	英舰小艇到达白河口，致书直隶总督琦善，要求派人前来船上接受照会。琦善见到英人军备先进，开始软化，此后一意主和
8 月 15 日	七月十八日	琦善札复懿律，已将来文进呈大皇帝御览。现特派白含章前往贵统帅船收取别项文书，约定 10 日内听候回音。此信于第二天由白含章送去，并接收英国公文
8 月 18 日、19 日	七月二十一日、二十二日	林则徐亲赴狮子洋校阅水师壮勇
8 月 19 日	七月二十二日	清廷接到巴麦尊致中国钦差大臣书，以为允许英人通商、查办林则徐即可了结
8 月 21 日	七月二十四日	清廷接到林则徐拿获鸦片的奏报，道光帝在奏折上批示，大加斥责
8 月 25 日	七月二十八日	英军在崇明岛登陆，被当地民众奋勇击退
8 月 30 日	八月初四日	琦善与义律在白河口会谈。琦善照会懿律，表示林则徐“措置失当，必当逐细查明，重治其罪”，“代伸冤抑”，“代为昭雪”
9 月 10 日	八月十五日	白含章奉命告知英方，琦善被任命为全权大臣（即钦差大臣）赴广东查办，并要求懿律等也南下会谈
9 月 13 日	八月十八日	琦善函告懿律，林则徐恩准查办，“定当重治其罪，冤抑无难立伸。希望即行返棹南还”
9 月 15 日	八月二十日	英军离白河口南下。英双桅武装帆船“风鸢”号在浙江慈溪县观海卫被乡勇围击。旋驶至余姚县利济塘地方陷入软沙。16 日，英人劫夺一只民船登岸谋食，被当地民众击毙 2 人，拿获 20 人

续表

公　元	明清纪元	大　事　纪　要
9月16日	八月二十一日	定海乡民包祖才捕获英军官安突德
9月17日	八月二十二日	清廷任命琦善为钦差大臣，驰赴广东查办事件，直隶总督由讷尔经额署理。令沿海督抚加意防范，不必施放枪炮
9月18日	八月二十三日	清廷令托浑布酌撤山东营伍，以节靡费
9月24日	八月二十九日	林则徐密陈禁烟不能中止，建议“制炮造船”，“以威服叛”
9月28日	九月初三日	清廷将林则徐、邓廷桢交部严加议处，命林则徐即行来京候议，以琦善署理两广总督
9月29日	九月初四日	清廷命邓廷桢来京，以云南巡抚颜伯焘为闽浙总督 南下英舰抵达舟山
10月2日	九月初七日	伊里布与义律在镇海东岳宫会谈，讨论交还定海与释放英俘安突德事
10月3日	九月初八日	林则徐、邓廷桢革职。琦善启程赴粤
10月7日	九月十二日	乌尔恭额前因拒接英国文书，解京治罪
10月23日	九月二十八日	伊里布谕令定海民众不要袭扰英军
10月25日	十月初一日	伊里布派谢辅陛、张喜等携牛羊鸡鸭前往定海邀请懿律会谈，希望英方对浙江承诺不采取军事行动。懿律拒不赴镇海谈判，再次要求伊里布谕告民众，不要袭击英军，定海待事定后才能归还
10月27日	十月初三日	江苏撤退防兵
10月	九月	英军疫病流行，几个月来，计有400多人死亡，1500人住院
11月6日	十月十三日	懿律发表通告，宣布钦差大臣与其本人之间业已订立休战协议
11月14日	十月二十一日	懿律率“麦尔威厘”号、“威里士厘”号、“摩底士底”号、“伯兰汉”号等军舰8舰，英军3000人，启碇南下。留下的船由“布郎底”号船长胞诅指挥

续表

公　元	明清纪元	大　事　纪　要
11月15日	十月二十二日	定海英军撤退一半。浙江撤退防兵
11月20日	十月二十七日	懿律率英国舰队抵广东
11月25日	十月初二日	英铁轮“复仇神”号自英国到粤，奉命加入英国舰队
11月29日	十一月初六日	琦善到达广州。英全权公使懿律因病回国。陆海军指挥权由伯麦接替。外交事务由义律管理
12月7日	十一月十四日	义律照会琦善，要求按照英国提出的条件议订和约
12月11日	十一月十八日	琦善照复义律，答应赔偿烟价500万元
12月12日	十一月十九日	义律照复琦善，索赔偿银700万元。如允许另行开港贸易，当可不再求地
12月15日	十一月二十二日	琦善照复义律，答应赔偿烟价600万元
12月19日	十一月二十六日	琦善奏：英人强索香港，拟准英人在厦门、福州通商
12月26日	十二月初三日	义律照会琦善，所提议和条件限27日议复
12月29日	十一月初八日	义律照会琦善，要求给予外洋寄居一所
12月30日	十二月初九日	清廷谕告琦善，一面与之论说，多方羁绊，一面妥为预备。令湖南、四川、贵州共派兵4000名预备调遣
1841年 1月2日	十二月初十日	琦善批驳义律的索地要求
1月5日	十二月十三日	伯麦照会琦善，自从本日以后，就拟动兵相战
1月6日	十二月十四日	清廷令琦善、伊里布停止交涉，即当大申挞伐，相机剿办
1月7日	十二月十五日	英军攻占沙角、大角炮台，副将陈连升战死
1月8日	十二月十六日	义律、伯麦照会关天培，提出戢兵条件4款

续表

公　元	明清纪元	大　事　纪　要
1月10日	十二月十八日	义律照复琦善，重申8日戢兵条件，否则“仍行动兵交争”
1月20日	十二月二十八日	义律发出通知，诡称已和琦善达成了初步协议：香港本岛及其港口割让与英王，赔偿600万元，官方平行往来，广州待新年过后开放
1月21日	十二月二十九日	英军退出沙角、大角
1月26日	道光二十一年 正月初四日	英军强占香港
1月27日	正月初五日	琦善与义律会于狮子洋莲花山。琦善盛宴款待义律，密商签约有关事宜条款 以沙角、大角失守，琦善交部议处，革关天培顶戴，戴罪立功。清政府下令宣战
1月30日	正月初八日	清廷命御前侍卫内大臣奕山为靖逆将军，户部尚书隆文、湖南提督杨芳为参赞大臣，赴粤协同剿办
2月1日	正月初十日	义律照会琦善，要求增改条文
2月2日	正月十一日	清廷令吉林、黑龙江、河南、陕西、甘肃五省各派兵1000名，备调遣
2月10日	正月十九日	清廷命裕谦为钦差大臣，赴浙代替伊里布。伊里布回两江总督任
2月11日、12日	正月二十日、二十一日	琦善与义律在穿鼻洋蛇头湾会谈，继续密商《善定事宜》。怡良发出《英强占香港并出伪示折》
2月13日	正月二十二日	义律照会琦善，将自己草拟的《善定事宜》7条汉文本送阅，建议约定日期会所，当面盖印
2月18日	正月二十七日	琦善照会义律：“日来抱恙甚重，心神恍惚，一俟痊可，即行办理。”20日鲍鹏持照会在澳门会见义律，义律大发雷霆
2月24日	二月初四日	伯麦照会关天培，要求让出虎门各炮台，“插竖白旗”投降，遭到关天培严词拒绝

续表

公　元	明清纪元	大　事　纪　要
2 月 25 日	二月初五日	英军全部撤离舟山。英军在没有设防的下横档岛登陆
2 月 26 日	二月初六日	英军攻占虎门诸炮台，提督关天培阵亡 道光帝收到怡良关于英占香港的奏报，下令将琦善“革职锁拿”，“押解来京，严行讯问”，所有家产即行查抄入官。以祁𡎴为两广总督
2 月 27 日	二月初七日	英军攻陷乌涌炮台，总兵祥福阵亡
3 月 2 日	二月初十日	黄埔西端的琶洲炮台失陷。新任英陆军司令郭富率援军抵黄埔，扩大侵略
3 月 3 日	二月十一日	英军占领琵洲炮台
3 月 5 日	二月十三日	参赞大臣杨芳驰至广州主持军事
3 月 6 日	二月十四日	英军攻占二沙尾炮台
3 月 20 日	二月二十八日	杨芳和义律达成《停战贸易协定》
3 月 31 日	三月初九日	伯麦回印度，请英印总督增派援兵
4 月 10 日	三月十九日	英国外交大臣上书英女王，不同意义律所订“初步协议”
4 月 14 日	三月二十三日	奕山、隆文及新任两广总督祁𡎴抵广州
4 月 16 日	三月二十五日	清廷赏林则徐四品卿衔，命驰赴浙江军营
4 月 30 日	闰三月初十日	英国政府决定撤销义律职务，改派璞鼎查为全权大臣兼贸易监督，并命在华的郭富与巴尔克协助璞鼎查
5 月 3 日	闰三月十三日	林则徐离粤赴浙。行前为奕山筹划御夷六策 清廷召伊里布来京，以裕谦为两江总督
5 月 17 日	闰三月二十七日	义律在香港集结英陆海军，准备开往广州
5 月 19 日	三月二十九日	英军除留了一艘军舰驻守香港外，其余全部驶入珠江
5 月 21 日	四月初一日	义律通告外人在日落前退出广州。夜 10 时，奕山兵分三路，袭击英船

续表

公　元	明清纪元	大　事　纪　要
5月22日	四月初二日	清军战败，劫掠商馆
5月24日	四月初四日	新安武举庾体群以火船三队，毁虎门外英船1只 英军侵占缯步
5月25日	四月初五日	英军由缯步向北门外拱极、保极、永康（四方）、耆定等炮台进攻，炮台守军除战死外，大部溃走。英军尽占广州城北各炮台，并以四方炮台为司令部
5月26日	四月初六日	广州城北各乡士绅集众筹商，拟联合各乡义勇，保卫乡土。奕山在城内树白旗，派广州知府余保纯向英军求和
5月27日	四月初七日	奕山同意以向英方交付“赎城费”600万银圆，英商馆“损失费”30万元，外省兵撤离省城60里为条件，换取英军归还所夺炮台和退出虎门。双方签订《广州停战协定》
5月29日	四月初九日	四方炮台英军四出劫掠。三元里农民韦绍光等怒歼入村淫掠的英军数人。群众聚集三元古庙誓师反抗侵略，并向各乡求援
5月30日	四月初十日	英军千余人从四方炮台出动，扑向三元里、萧冈，乡民鸣锣聚众，围歼英军于牛栏冈
5月31日	四月十一日	广州城北103乡农民群众和城西丝织工人等包围四方炮台。困在炮台内的英陆军司令郭富、全权代表义律致书广东当局，胁迫解散围台群众。余保纯等奉令出城解劝，施加压力，为英军解围。下午围解
6月1日	四月十二日	群众收复四方炮台，英军撤退下船
6月5日	四月十六日	英军退出缯步。璞鼎查离伦敦启程来华 奕山、隆文退屯广州西北60里外之金山
6月7日	四月十八日	英国宣布香港为自由港。粤民发布《申谕英夷》告示，严厉斥责侵略者
6月8日	四月十九日	英军退出虎门。广东当局赏奖抗英绅民何玉成等人

续表

公　元	明清纪元	大　事　纪　要
6 月 10 日	四月二十一日	林则徐驰抵镇海
6 月 13 日	四月二十四日	杨芳传见三元里杀毙英军之壮勇罗维纲等 4 名，赏给六品顶戴
6 月 18 日	四月二十九日	道光帝谅解奕山等“不得已之苦衷”，“准令通商”
6 月 21 日	五月初三日	清廷令裕谦驰赴浙江筹防，又谕令江苏及沿海各省“一体防备英船”
6 月 28 日	五月初十日	清廷革去林则徐四品卿衔，与邓廷桢均“从重发往伊犁效力赎罪”
7 月 16 日	五月二十八日	英船陆续驶往裙带路（香港岛西北）附近抛泊
7 月 21 日	六月初四日	广东沿海遭到特大台风，义律和伯麦在由澳门前往香港途中险些丧命或被俘。英军停泊香港附近的船舰损毁严重
7 月 25 日	六月初八日	清廷革伊里布职，发往军台效力赎罪
7 月 28 日	六月十一日	清廷令杨芳回任湖南提督，令各省督抚酌量裁撤调防官兵。黄河在河南祥符汛决口
8 月 2 日	六月十六日	清廷上谕定拟琦善罪名。9 日，琦善照王大臣等所议斩监候，秋后处决
8 月 10 日	六月二十四日	璞鼎查偕同巴尔克海军少将抵达澳门
8 月 19 日	七月初三日	清廷命林则徐折回东河协办河工，效力“赎罪”
8 月 20 日	七月初四日	清廷命大学士王鼎赴东河督办河工
8 月 22 日	七月初六日	璞鼎查率军舰 10 艘、轮船 4 艘、测量船 1 艘、运输船 22 艘，载运英军 2519 名启碇北犯
8 月 24 日	七月初八日	查理·义律与伯麦离开中国

续表

公　元	明清纪元	大　事　纪　要
8 月 25 日	七月初九日	浙江防兵 1.5 万余名，官弁 400 余员，着裕谦、刘韵珂仍遵前旨，于镇海、定海紧要处所酌留弁兵外，余俱酌量裁撤。英兵船闯进福建厦门青屿口，闽浙总督颜伯焘督战开炮
8 月 26 日	七月初十日	英军攻陷厦门，颜伯焘退守同安
9 月 5 日	七月二十日	英舰队驶向浙江
9 月 6 日	七月二十一日	英国内阁改组，皮尔任首相，阿伯丁任外交大臣
9 月 16 日	八月初二日	广东学署内开考各属文童试，文童将知府余保纯驱出试场
9 月 26 日	八月十二日	英舰队抵达舟山，定海镇总兵葛云飞开炮抗击
9 月 30 日	八月十六日	英军连日进犯定海，双方展开激战 英船“纳尔布达”号在台湾基隆触礁被击沉，军民俘获英军百余人 清廷命怡良驰赴福建查办事件
10 月 1 日	八月十七日	英军再占定海，葛云飞、王锡鹏、郑国鸿三总兵英勇战死
10 月 10 日	八月二十六日	英军分犯镇海金鸡山、招宝山，提督余步云弃炮台逃走。镇海失陷，裕谦殉难
10 月 13 日	八月二十九日	英军陷宁波，守兵不战而逃
10 月 18 日	九月初四日	清廷命协办大学士、吏部尚书奕经为扬威将军，赴浙江办理军务
10 月 19 日	九月初五日	清廷降闽督颜伯焘三品顶戴，革职留任。授怡良为钦差大臣赴闽，会同防堵。将琦善加恩释放
10 月 20 日	九月初六日	清廷命户部左侍郎文蔚为参赞大臣，赴浙协同剿办
10 月 22 日	九月初八日	清廷任命牛鉴为两江总督，参赞大臣特依顺改赴浙江协剿

续表

公　元	明清纪元	大　事　纪　要
10月27日	九月十三日	台湾军民击退再犯鸡笼之英舰
12月2日	十月二十日	奕经抵达苏州
12月28日	十一月十六日	英军劫掠余姚
12月31日	十一月十九日	英军焚掠慈溪城
1842年 1月10日	道光二十一年 十一月二十九日	宁波英军窜入奉化，焚掠后退去
1月19日	十二月初九日	颜伯焘被革职，杨国桢出任闽浙总督
1月21日	十二月十一日	奕经移驻嘉兴
1月22日	十二月十二日	钟人杰等组织二三千人在湖北崇阳起义，占领县城，自称钟勤王，并竖都督大元帅红旗
2月1日	十二月二十二日	璞鼎查回抵香港
2月16日	道光二十二年 正月初七日	璞鼎查宣布香港、定海为自由贸易口岸 杨国桢以病免。清廷任命怡良为闽浙总督，梁宝常为广东巡抚
2月27日	正月十八日	英国在香港设立殖民政府机构
3月7日	正月二十六日	奕经指挥的军队陆续抵达慈溪
3月10日	正月二十九日	奕经命清军分三路反攻宁波、镇海，皆败
3月11日	正月三十日	正在台湾打鱼的广东渔民周梓引诱英船“阿纳”号于大安港北搁浅，乘机歼灭
3月15日	二月初四日	英军进攻慈溪，副将朱贵父子和士兵数百人奋战牺牲
3月16日	二月初五日	文蔚闻大宝山失守，弃长溪岭，连夜逃抵曹江
3月18日	二月初七日	祥符河工告竣。清廷仍命林则徐往伊犁效力 奕经、文蔚弃绍兴，渡江回杭州
3月22日	二月十一日	璞鼎查不准奕山在珠江口修筑炮台 美国派加尼率军舰2艘抵澳门

续表

公　元	明清纪元	大　事　纪　要
3 月 28 日	二月十七日	清廷命耆英署杭州将军，阿精阿署广州将军。伊里布发往浙江军营效力
4 月 4 日	二月二十四日	赏给伊里布七品衔，赴浙江军营差遣
4 月 5 日	二月二十五日	镇海县生员王师真以火船焚烧英船
4 月 7 日	二月二十七日	清廷颁给耆英钦差大臣关防
4 月 14 日	三月初四日	郑鼎臣督壮勇火攻定海英船
4 月 16 日	三月初六日	清廷命令各军不得冒昧轻进，不准杀害英俘
5 月 7 日	三月二十七日	英军勒索 120 万元后撤出宁波
5 月 14 日	四月初五日	清廷赏在台抗英有功之达洪阿太子太保衔，姚莹三品顶戴
5 月 17 日	四月初八日	壮勇头目王建功等在定海县螺头门击败英人，夺回船只 7 条；21 日郑鼎臣又向英船发动火攻，焚烧英船数只
5 月 18 日	四月初九日	英军攻陷乍浦，佐领隆福奋战身亡
5 月 22 日	四月十三日	英军自乍浦撤走
6 月 9 日	五月初一日	清廷命伊里布以四品顶戴署乍浦副都统
6 月 13 日	五月初五日	英舰队进入长江，璞鼎查由香港北航
6 月 16 日	五月初八日	吴淞口激战，陈化成血战牺牲。宝山失守
6 月 18 日	五月初十日	奕山革职，祁𡎴革职留任
6 月 19 日	五月十一日	英军侵占上海县城，大肆劫掠
6 月 20 日	五月十二日	伊里布照会英军，乞求议和
6 月 21 日	五月十三日	清廷将临敌逃跑的余步云革职拿问
6 月 22 日	五月十四日	清廷命奕经酌派参赞一人，带兵赴苏；耆英、伊里布驰赴上海会同牛鉴相机剿办 璞鼎查率舰至上海，与侵占上海之英军汇合

续表

公　元	明清纪元	大　事　纪　要
6月23日	五月十五日	英军在上海勒索50万元后自上海撤退
6月26日	五月十八日	法舰“爱里贡”号航抵吴淞口
6月27日	五月十九日	清廷命赛尚阿为钦差大臣，驰赴天津，会同讷尔经额办理防务
6月28日	五月二十日	伊里布、耆英派陈志刚赴吴淞口英舰请求议和。未成
7月6日	五月二十八日	英舰队沿长江西上
7月20日	六月十三日	英舰队封锁镇江附近运河口，在仪征炮击盐民，制造老河影惨案。瓜州仪征盐商奉送英军50万元，要求免予进攻
7月21日	六月十四日	英军攻占镇江，守军英勇抵抗，副都统海龄殉难
7月23日	六月十六日	耆英、伊里布紧急照会璞鼎查，再请议和
7月27日	六月二十日	两江总督牛鉴派员至英船投送议和照会，要求停止进攻。璞鼎查复书，“仍必钦遵君命行兵”
8月4日	六月二十八日	第一批英舰抵达江宁
8月8日	七月初三日	伊里布抵江宁，令家人张喜向英方询问议和条件
8月9日	七月初四日	英军齐集江宁，开始登陆
8月11日	七月初六日	钦差大臣耆英到达江宁。次日英方提出议和条件8款
8月14日	七月初九日	黄恩彤、咸龄代表钦差大臣与英议订和约。英军骚扰靖江，被击退
8月15日	七月初十日	靖江知县杨凤翮率军民抗战，击毙英兵多名，击退英军进犯
8月16日	七月十一日	璞鼎查以照会形式提出条约草案。耆英承认英方要求，决定20日两国全权代表会见

续表

公　元	明清纪元	大　事　纪　要
8月18日	七月十三日	清廷准令耆英等奏请议和
8月20日	七月十五日	耆英、伊里布与璞鼎查在英舰"汗华丽"号上会见
8月24日	七月十九日	双方全权代表在静海寺再次会见，并会谈
8月26日	七月二十一日	璞鼎查入江宁城，与耆英伊里布等在上江考棚会见，就条约草案进行最后磋商，约定29日签字
8月27日	七月二十二日	耆英接到18日批折，各条俱允，唯有福州因系省会所在，不得开埠通商
8月28日	七月二十三日	黄恩彤再与璞鼎查议换福州事，不成
8月29日	七月二十四日	耆英、伊里布与璞鼎查在英舰"汗华丽"号上签订中英《江宁条约》（又名《南京条约》）13款
8月31日	七月二十六日	耆英奏报条约及签约经过
9月6日	八月初二日	道光帝批准《江宁条约》
9月19日	八月十五日	璞鼎查致送照会及善后章程8条
9月30日	八月二十六日	英军斧凿劫掠南京大磁塔装饰
10月2日	八月二十八日	英舰起碇开行
10月6日	九月初三日	英舰全数出江入海
10月13日	九月初十日	美舰队司令加尼致书两广总督，请与英商一体贸易
10月17日	九月十四日	清廷以牛鉴不守江口，革职拿问。召奕山来京，改任耆英为两江总督。以伊里布为广州将军，携带钦差大臣关防，赴粤办理善后事宜
11月初	十月上旬	广州遍贴反对英国侵略者入城告示。是月发布《全粤义士义民公檄》
11月13日	十月十一日	清廷将奕山、奕经、文蔚革职，交部治罪。21日，奕山、奕经、文蔚均定斩监候

续表

公　元	明清纪元	大　事　纪　要
11月23日	十月二十一日	璞鼎查照会闽浙总督怡良，要求惩办台湾镇道戮杀英俘事
11月25日	十月二十三日	钱江等于广州以明伦堂名义粘贴反英告白
12月7日	十一月初六日	广州人民火烧英国商馆
12月21日	十一月二十日	清廷命怡良赴台湾，查办英人控告台湾镇道杀俘事件
1843年 1月20日	道光二十二年 十二月二十日	伊里布、璞鼎查在黄埔河面会晤，谈判台湾杀俘事件及输税章程
1月24日	十二月二十四日	提督余步云斩决
2月24日	道光二十三年 正月二十六日	传旨拿问台湾兵备道姚莹
3月4日	二月初四日	伊里布病死
4月6日	三月初七日	清廷任命耆英为钦差大臣，赴广东办理通商事宜
4月17日	三月十八日	钱江等因联请剿英，被从重发往新疆
4月21日	三月二十二日	清廷赏琦善三品顶戴，为热河都统
4月22日	三月二十三日	清廷赏文蔚蓝翎侍卫，为古城领队大臣；奕经四等侍卫，为叶尔羌帮办大臣
4月25日	三月二十六日	户部银库亏空达900多万两
5月3日	四月初四日	御史陈庆镛奏，起用琦善等三人，刑赏失措，无以服民，请收回成命。清廷令琦善等三人闭门思过
6月4日	五月初七日	耆英抵达广州
6月23日	五月二十六日	耆英、黄恩彤赴香港，与璞鼎查会议通商章程与税则

续表

公　元	明清纪元	大　事　纪　要
6月26日	五月二十九日	耆英、璞鼎查在香港举行《江宁条约》互换批准书仪式。两人同时签订《过境税声明》。英宣布香港为英王属地，以璞鼎查为香港总督和总司令
7月22日	六月二十五日	中英《五口通商章程及海关税则》公布
7月27日	七月初一日	广州开市，一切按新章办理。李太郭为首任英领事
8月1日	七月初六日	清廷释邓廷桢回籍
10月8日	八月十五日	耆英、璞鼎查在虎门签订《五口通商附粘善后条款》
10月18日	八月二十五日	清廷谕令免治达洪阿、姚莹之罪
11月2日	九月十一日	厦门开埠。第一任英国领事为记里布
11月7日	九月十六日	上海开埠。第一任英国领事为巴富尔
12月1日	十月十一日	清廷以交涉事毕，命耆英回两江总督本任
1844年 1月1日	十一月十二日	宁波开埠。第一任英国领事为罗伯聃
2月24日	道光二十四年 正月初七日	美使顾盛抵达澳门
2月27日	正月初十日	顾盛致书护理两广总督，要求进京订约
3月19日	二月初一日	祁𡊮以病免，调耆英为两广总督
4月22日	三月初五日	清廷颁给耆英钦差大臣关防，专办交涉事务
5月8日	三月二十一日	德庇时继璞鼎查任香港总督
6月21日	五月初六日	耆英、顾盛正式谈判（耆英于5月30日重到广州）
7月3日	五月十八日	福州开埠。第一任英国领事为李太郭 耆英、顾盛在澳门望厦村签订中美《五口通商章程》（又名《望厦条约》）
8月14日	七月初一日	法使拉萼尼抵澳门

公　元	明清纪元	大　事　纪　要
10月24日	九月十三日	耆英、拉萼尼在黄埔法舰上签订中法《五口通商章程》(又名《黄埔条约》)
11月11日	十月初二日	清廷批准天主教弛禁
1845年 3月22日	道光二十五年 二月十五日	英军全部退出鼓浪屿
7月25日	六月二十一日	耆英等以公文宣布，准比利时通商
10月28日	九月二十八日	清廷以查勘开垦事务完竣，命林则徐回京，以四五品京堂候补
11月20日	十月二十一日	葡萄牙单方面宣布澳门为自由港
11月29日	十一月初一日	英驻沪领事巴富尔与上海道宫慕久订立《上海租地章程》23条
12月12日	十一月十四日	清廷命林则徐署理陕甘总督
1846年 1月13日	十二月十六日	耆英出示：开放广州，禁止人民阻挠外人入城。群众不服，屡示屡毁
1月15日	十二月十八日	广州人民反对英人入城，捣毁府署，知府刘浔逃跑
1月16日	十二月十九日	耆英在群众压力下，拒绝英人入广州城
1月22日	十二月二十日	清政府支付英国最后一笔赔款
2月20日	道光二十六年 正月二十五日	清廷令各省毋庸查禁天主教
3月28日	三月初二日	英国水手击伤乡民林森森，福州人民愤怒捣毁洋馆
4月4日	三月初九日	耆英、德庇时签订退还舟山条约五款。英人延期进入广州
4月15日	三月二十日	邓廷桢卒
4月25日	三月三十日	清廷命林则徐为陕西巡抚
7月25日	六月初三日	英军退出舟山

续表

公　元	明清纪元	大　事　纪　要
1847 年 3 月 20 日	道光二十七年 二月初四日	耆英与李利华签订《中国瑞典挪威五口通商章程》
4 月 3 日	二月十八日	英军突入广东省河，坚求入城
4 月 6 日	二月二十一日	耆英、德庇时议定二年后入城。英军退出省河
4 月 30 日	三月十六日	清廷调林则徐为云贵总督
10 月 18 日	九月初十日	湖南新宁雷再浩等组织群众起义。12 月 3 日失败
10 月 26 日	九月十八日	洪秀全、冯云山率众捣毁象州甘王庙
12 月 5 日	十月二十八日	广州黄竹岐村人民因反对英人入村骚扰，奋起殴毙英人 6 名
1848 年 1 月 2 日	道光二十七年 十一月二十六日	以广州黄竹岐地方殴毙英人，港督德庇时驾船来广州示威。清廷命耆英严拿正凶
1 月 25 日	十二月二十日	法领事敏体尼抵沪
2 月 3 日	十二月二十九日	清廷召耆英来京述职，命徐广缙署钦差大臣、两广总督，叶名琛护理广东巡抚
3 月 8 日	道光二十八年 二月初四日	上海英人 3 名违约前往青浦，为漕船水手所击。上海英领事阿礼国命英舰封锁吴淞口，不准漕船出口
4 月 6 日	三月三日	杨秀清初托天父下凡，率领拜上帝会众坚持斗争
6 月	五月	住京俄罗斯东正教传教士终正笏再次具呈，请添伊犁、塔尔巴哈台、喀什噶尔三地贸易
7 月 4 日	六月初四日	清廷命耆英留京管理礼部事务，实授徐广缙为两广总督、叶名琛为广东巡抚
10 月 28 日	十月初二日	徐广缙奏，英香港总督文翰照会来询入城一事，当经驳斥

续表

公　元	明清纪元	大　事　纪　要
11 月 27 日	十一月初二日	英领事与上海道议定扩大上海英租地
1849 年 2 月 15 日	道光二十九年 正月二十三日	两广总督徐广缙抵虎门会见文翰，拒其入城等要求。文翰仍然坚持入城
3 月 5 日	二月十一日	葡澳总管亚马勒以香港既是不设关的自由港，澳门亦当仿照办理，照会广东当局要求关闭在澳门的中国海关，同时要求中国官员撤出拱北和氹仔岛。两广总督徐广缙据理断然拒绝。亚马勒复于 3 月 11 日派兵钉闭关门，驱赶中国海关官员，推倒海关门前的中国旗杆
4 月 6 日	三月十四日	以广东人民坚决反对入城，徐广缙照复文翰，拒绝入城要求
4 月 9 日	三月十七日	文翰照复徐广缙，入城之事，“如前未定，必须存候”
4 月 25 日	四月初三日	亚马勒发出公告，中国居民迁出澳门，须“先向葡官厅请领执照”，引起群众广泛反抗
8 月 22 日	七月初五日	澳门群众沈志亮等于傍晚时，乘作恶多端的亚马勒骑马过关闸时，用尖刀将其杀死
8 月 24 日	七月初七日	文翰声明，否认放弃入广州城的要求
11 月 27 日	十月十三日	湖南新宁李沅发起义，占据县城
1850 年 1 月	十二月	护送俄传教士、学生来京之玛雨原呈俄咨文，仍请伊犁等三处通商
2 月 25 日	道光三十年 正月十四日	道光帝旻宁死
3 月 9 日	正月二十六日	奕詝即位，以明年为咸丰元年
6 月 15 日	五月初六日	李沅发起义失败。9 月 22 日，李沅发牺牲

续表

公　元	明清纪元	大　事　纪　要
8月3日	六月二十六日	英人奚安门在上海创刊《北华捷报》
11月22日	十月十九日	林则徐奉命赴广西，行至广东普宁县病死
12月1日	十月二十八日	穆彰阿革职永不叙用；耆英降五品顶戴，以六部员外郎候补

附录二

参考书目

《马克思恩格斯选集》第1—4卷，人民出版社1972年版。

马克思：《资本论》第1—3卷，人民出版社1975年版。

《马克思恩格斯论中国》，人民出版社1957年版。

马克思：《资本论》（法文版译本）第1卷，中国社会科学出版社1983年版。

《马克思恩格斯论殖民主义》，人民出版社1962年版。

《列宁选集》第1—4卷，人民出版社1972年版。

《列宁斯大林论中国》，人民出版社1965年版。

《毛泽东选集》第1—4卷，人民出版社1991年版。

印光任、张汝霖：《澳门记略》，广东高等教育出版社1988年版。

卢坤、邓廷桢等纂：《广东海防汇览》，道光十八年刊本。

梁廷枏等纂：《粤海关志》，道光年间刻本。

张燮：《东西洋考》，惜阴轩丛书本。

俞大猷：《正气堂集》，南京国学图书馆影印本。

何秋涛：《朔方备乘》，咸丰九年刊本。

魏源：《圣武记》，世界书局1936年版，中华书局1984年版。

魏源：《海国图志》，岳麓书社1998年版。

图理琛：《异域录》，小方壶斋舆地丛钞本。

林则徐：《四洲志》，小方壶斋舆地丛钞本。

魏源：《魏源集》上、下，中华书局1976年版。

江日昇：《台湾外记》，福建人民出版社1983年版。

夏燮：《中西纪事》，岳麓书社1988年版。

王之春：《清朝柔远记》，中华书局1989年版。

昭梿：《啸亭杂录》（附续录），中华书局1986年版。

《清实录》，中华书局1985年、1986年影印本。

《清代外交史料》(嘉庆朝、道光朝),故宫博物院 1933 年印本。

王先谦:《东华续录》乾隆、嘉庆、道光朝,清刊本。

《史料旬刊》,故宫博物院 1930—1931 年版。

文庆等编:《筹办夷务始末》(道光朝),中华书局 1964 年版。

崑冈等:《钦定大清会典》,商务印书馆光绪三十四年石印本。

崑冈、李鸿章等:《钦定大清会典事例》,商务印书馆光绪三十四年石印本。

刘锦藻:《清朝续文献通考》,商务印书馆影印十通全书本。

梁廷枏:《夷氛闻记》,中华书局 1959 年版。

梁廷枏:《海国四说》,中华书局 1993 年版。

徐继畬:《瀛寰志略》,同治五年刊本。

屈大均:《广东新语》,康熙三十九年刊本。

陈康祺:《郎潜纪闻初笔·二笔·三笔》,中华书局 1984 年版。

许地山:《达衷集》,商务印书馆 1931 年版。

赵翼:《檐曝杂记》、姚元之:《竹叶亭杂记》,中华书局 1982 年版。

梁启超:《中国近三百年学术史》,中国书店 1985 年版。

梁启超:《清代学术概论》,商务印书馆 1934 年版。

梁章钜:《浪迹丛谈·续谈·三谈》,中华书局 1981 年版。

陈梦雷编纂、蒋廷锡校订:《古今图书集成》,中华书局 1936 年影印本。

中山大学历史系中国近代现代史教研组、研究室编:《林则徐集·奏稿》上、中、下,中华书局 1965 年版。

中山大学历史系中国近代现代史教研组、研究室编:《林则徐集·日记》,中华书局 1962 年版。

中山大学历史系中国近代现代史教研组、研究室编:《林则徐集·公牍》,中华书局 1963 年版。

杨国桢编:《林则徐书简》(增订本),福建人民出版社 1985 年版。

黄泽德编:《林则徐信稿》,福建人民出版社 1985 年版。

刘九庵编选:《林则徐书札手迹选》,紫禁城出版社 1985 年版。

陈锡祺主编:《林则徐奏稿·公牍·日记补编》,中山大学出版社 1985 年版。

郑丽生校笺:《林则徐诗集》,海峡文艺出版社 1986 年版。

林则徐全集编辑委员会编:《林则徐全集》(全 10 册),海峡文艺出版社 2002 年版。

关天培:《筹海初集》,道光十六年刊本。

龚自珍著、王佩诤校:《龚自珍全集》,上海人民出版社 1975 年版。

中国科学院历史研究所第三所主编：《黄爵滋奏疏许乃济奏议合刊》，中华书局1959年版。

阎锡山编印：《松龛先生全集》，民国初年印。

姚莹：《中复堂全集》，同治六年刊本。

裕谦：《裕靖节公遗书》，道光二十一年刊本。

包世臣：《安吴四种》，光绪十四年刊本。

王庆云：《石渠余纪》，北京古籍出版社1985年版。

徐珂：《清稗类钞》，中华书局1984年版。

陶澍：《陶文毅公全集》，道光末年刊本。

张集馨：《道咸宦海见闻录》，中华书局1981年版。

张星烺编注，朱杰勤校订：《中西交通史料汇编》，中华书局1977年版。

郭廷以编：《近代中国史》第1、2册，商务印书馆1947年再版本。

介子：《葡萄牙侵占澳门史料》，上海人民出版社1961年版。

徐宗泽编著：《明清间耶稣会士译著提要》，中华书局1989年版。

厦门大学郑成功历史调查研究组编：《郑成功收复台湾史料选编》，福建人民出版社1982年版。

厦门大学台湾研究所等编：《康熙统一台湾档案史料选辑》，福建人民出版社1983年版。

中国第一历史档案馆编：《清代中俄关系档案史料选辑》，中华书局1981年版。

严中平等编：《中国近代经济史统计资料选辑》，科学出版社1955年版。

姚贤镐编：《中国近代对外贸易史资料汇编》第1—3册，中华书局1962年版。

李文治编：《中国近代农业史资料》第1辑，生活·读书·新知三联书店1957年版。

彭泽益编：《中国近代手工业史资料》第1卷，中华书局1962年版。

王铁崖编：《中外旧约章汇编》第1册，生活·读书·新知三联书店1957年版。

中国史学会主编：《中国近代史资料丛刊·鸦片战争》第1—6册，神州国光社1954年版，新知识出版社1955年版，上海人民出版社1957年版。

中国第一历史档案馆编：《鸦片战争档案史料》第1—7册，天津古籍出版社1992年版。

广东省文史研究馆编：《三元里人民抗英斗争史料》（修订本），中华书局1978年版。

福建师范大学历史系、福建地方史研究室编：《鸦片战争在闽、台史料选编》，福建人民出版社1982年版。

中国第一历史档案馆等编：《鸦片战争在舟山史料选辑》，浙江人民出版社 1992 年版。

中国科学院上海历史研究所筹备委员会编：《鸦片战争末期英军在长江下游的侵略罪行》，上海人民出版社 1958 年版。

阿英编：《鸦片战争文学集》上、下册，古籍出版社 1957 年版。

中国第一历史档案馆等编：《清代地租剥削形态》，中华书局 1982 年版。

陈翰笙主编：《华工出国史料汇编》第 1—10 辑，中华书局 1981—1985 年版。

刘鉴唐等编：《中英关系系年要录》第 1 卷，四川省社会科学院出版社 1989 年版。

中国科学院近代史资料编辑组编：《鸦片战争时期思想史资料选辑》，中华书局 1963 年版。

陈胜粦等编：《对西方挑战的首次回应——鸦片战争》，文物出版社 1990 年版。

中国近代史研究所编译室：《近代来华外国人辞典》，中国社会科学出版社 1983 年版。

张廷玉等：《明史》，中华书局 1974 年版。

章开沅主编：《清通鉴》，岳麓书社 2000 年版。

赵尔巽等：《清史稿》，中华书局 1977 年版。

杨光先：《不得已》，黄山书社 2000 年版。

李刚己：《教务纪略》，上海书店 1986 年版。

中国人民大学清史研究所编：《清史编年》，中国人民大学出版社 1985—2000 年版。

中国社会科学院清史研究室编：《清史资料》第 1—5 辑，中华书局 1980—1984 年版。

郑天挺主编：《明清史资料》（上、下），天津人民出版社 1981 年版。

阮元：《畴人传》，商务印书馆 1955 年版。

蒋良骐：《东华录》，中华书局 1980 年版。

吴志良、杨允中主编：《澳门百科全书》（修订版），澳门基金会 2005 年版。

朱杰勤译：《中外关系史译丛》，海洋出版社 1984 年版。

马模贞主编：《中国禁毒史资料》，天津人民出版社 1998 年版。

国家清史编纂委员会翻译组：《清史译丛》第十辑，齐鲁书社 2011 年版。

张维华：《明史欧洲四国传注释》，上海古籍出版社 1982 年版。

张维华：《明清之际中西关系简史》，齐鲁书社 1987 年版。

戴裔煊：《〈明史·佛郎机传〉笺正》，中国社会科学出版社1984年版。

严中平：《老殖民主义史话》，北京出版社1984年版。

厦门大学历史系编：《郑成功研究论文选》，福建人民出版社1982年版。

郑成功研究学术讨论会学术组编：《郑成功研究论文选续编》，福建人民出版社1984年版。

郑成功研究学术讨论会学术组编：《台湾郑成功研究论文选》，福建人民出版社1982年版。

中国科学院近代史研究所：《沙俄侵华史》第1、2、3卷，人民出版社1976年、1978年、1981年版。

方豪著：《中西交通史》上、下，岳麓书社1987年版。

朱杰勤：《中外关系史论文集》，河南人民出版社1984年版。

梁嘉彬：《广东十三行考》，商务印书馆1937年版。

张雁深：《中法外交关系史考》，史哲研究社1950年版。

萧一山：《清代通史》（全五册），中华书局1985年影印本。

姚薇元：《鸦片战争史实考》，人民出版社1984年修订版。

汪敬虞：《十九世纪西方资本主义对中国的经济侵略》，人民出版社1983年版。

王治来：《中亚近代史》，兰州大学出版社1989年版。

黄苇：《上海开埠初期对外贸易研究》，上海人民出版社1961年版。

卿汝楫：《美国侵华史》第1卷，生活·读书·新知三联书店1952年版。

列岛编：《鸦片战争史论文专集》，生活·读书·新知三联书店1958年版。

宁靖编：《鸦片战争史论文专集续编》，人民出版社1984年版。

牟安世：《鸦片战争》，上海人民出版社1982年版。

丁名楠等：《帝国主义侵华史》第1卷，科学出版社1985年版。

萧致治、杨卫东：《鸦片战争前中西关系纪事》，湖北人民出版社1986年版，2005年增订再版。

范文澜：《中国近代史》上册，人民出版社1955年版。

戴逸：《中国近代史稿》第1卷，人民出版社1959年版。

胡绳：《从鸦片战争到五四运动》，人民出版社1981年版。

中国社会科学院中国近代史所编：《中国近代史稿》第1册，人民出版社1978年版。

苑书义等编：《中国近代史新编》上册，人民出版社1981年版。

林崇墉：《林则徐传》，台湾商务印书馆1976年版。

杨国桢：《林则徐传》，人民出版社1981年版。

陈胜粦：《林则徐与鸦片战争论稿》（增订本），中山大学出版社 1990 年版。

林庆元：《林则徐评传》，河南教育出版社 1990 年版。

姚薇元、萧致治等：《鸦片战争研究》，武汉大学出版社 1987 年版。

福建社会科学院历史研究所编：《林则徐与鸦片战争研究论文集》，福建人民出版社 1985 年版。

戴学稷主编：《鸦片战争人物传》，福建教育出版社 1985 年版。

阮芳纪等主编：《屈辱与抗争》，中国社会科学出版社 1990 年版。

张海峰等主编：《鸦片战争与中国现代化》，中国社会科学出版社 1991 年版。

福建社会科学联合会编：《林则徐研究文集》，福建教育出版社 1992 年版。

杨慎之、黄丽镛编：《魏源思想研究》，湖南人民出版社 1987 年版。

来新夏编著：《林则徐年谱》（增订本），上海人民出版社 1985 年版。

王家俭：《魏源年谱》，台湾“中央研究院”近代史研究所 1967 年版。

黄丽镛：《魏源年谱》，湖南人民出版社 1985 年版。

李瑚：《魏源诗文系年》，中华书局 1979 年版。

蒋孟引主编：《英国史》，中国社会科学出版社 1988 年版。

吴家诗主编：《黄埔港史》（古近代部分），人民交通出版社 1989 年版。

朱雍：《不愿打开的中国大门》，江西人民出版社 1989 年版。

姚廷芳：《鸦片战争与道光皇帝、林则徐、琦善、耆英》，台湾三民书局 1970 年版。

郭廷以：《近代中国史纲》（上、下），香港中文大学出版社 1988 年版。

刘旭：《中国古代火炮史》，上海人民出版社 1989 年版。

王兆春：《中国火器史》，军事科学出版社 1991 年版。

裴化行著：《利玛窦神父传》（上、下），商务印书馆 1995 年版。

江文汉：《明清间在华的天主教耶稣会》，知识出版社 1987 年版。

顾裕禄：《中国天主教的过去与现在》，上海社会科学院出版社 1989 年版。

张西平：《中国与欧洲早期宗教和哲学交流史》，东方出版社 2001 年版。

吴孟雪、曾丽雅：《明代欧洲汉学史》，东方出版社 2000 年版。

徐海松：《清初士人与西学》，东方出版社 2000 年版。

顾卫民：《中国与罗马教廷关系史略》，东方出版社 2000 年版。

龚缨晏：《鸦片的传播与对华鸦片贸易》，东方出版社 1999 年版。

李喜所主编，林延清等著：《五千年中外文化交流史》第二卷，世界知识出版社 2002 年版。

沈福伟：《中西文化交流史》，上海人民出版社 1985 年版。

沈定平：《明清之际中西文化交流史》，商务印书馆 2001 年版。
张力、刘鉴唐：《中国教案史》，四川人民出版社 1987 年版。
林金水：《利玛窦与中国》，中国社会科学出版社 1996 年版。
熊月之：《西学东渐与晚清社会》，上海人民出版社 1994 年版。
顾卫民：《中国天主教编年史》，上海书店出版社 2003 年版。
顾长声：《传教士与近代中国》，上海人民出版社 1981 年版。
顾长声：《从马礼逊到司徒雷登》，上海人民出版社 1985 年版。
李兰琴：《汤若望传》，东方出版社 1995 年版。
杨沛霆：《科学技术史》，浙江教育出版社 1986 年版。
梁家勉编著：《徐光启年谱》，上海古籍出版社 1981 年版。
杜石然等：《中国科学技术史稿》，科学出版社 1982 年版。
刘旭：《中国古代火药火器史》，大象出版社 2004 年版。
杜文凯：《清代西人闻见录》，中国人民大学出版社 1985 年版。
徐宗泽：《中国天主教传教史概论》，土山湾印书馆 1938 年版。
朱谦之：《中国哲学对于欧洲的影响》，福建人民出版社 1985 年版。
杨元华：《中法关系史》，上海人民出版社 2006 年版。
杨水生、刘蜀永主编：《揭开淇澳历史之谜——1833 年淇澳居民反侵略斗争研究文集》，中央文献出版社 2002 年版。
张建雄、刘鸿亮：《鸦片战争中的中英船炮比较研究》，人民出版社 2011 年版。
浙江舟山政协文史委员会编：《鸦片战争在舟山》，中国文史出版社 2005 年版。
黄见德：《明清之际西学东渐与中国社会》，福建人民出版社 2014 年版。
熊月之：《西学东渐与晚清社会》，上海人民出版社 1994 年版。
张天泽：《中葡早期通商史》，香港中华书局 1988 年版。
尼古拉·班蒂什—卡缅斯基编著，中国人民大学俄语教研室译：《俄中两国外交文献汇编》（1619—1792 年），商务印书馆 1982 年版。
苏联科学院远东研究所等编：《十七世纪的俄中关系》第 1、2 卷，商务印书馆 1978 年、1975 年版。
瓦西里耶夫：《外贝加尔的哥萨克（史纲）》第 1、2 卷，商务印书馆 1977 年、1979 年版。
马士：《中华帝国对外关系史》第 1、2 卷，商务印书馆 1963 年版。
马士：《东印度公司对华贸易编年史》第 1—5 卷，中山大学出版社 1991 年版。
广东省文史研究馆编：《鸦片战争史料选译》，中华书局 1983 年版。
广东省文史研究馆编：《鸦片战争与林则徐史料选译》，广东人民出版社 1986

年版。

格林堡：《鸦片战争前中英通商史》，商务印书馆1961年版。

加恩：《彼得大帝时期的中俄关系》，商务印书馆1980年版。

纳罗奇尼茨基：《远东国际关系史》，商务印书馆1976年版。

马戛尔尼：《乾隆英使觐见记》，中华书局1917年版。

黄伯禄：《正教奉褒》第一、第二册，上海慈母堂光绪三十年排印本。

张馨保著，徐梅芬等译：《林钦差与鸦片战争》，福建人民出版社1989年版。

吴义雄：《在宗教与世俗之间——基督教新教传教士在华南沿海的早期活动研究》，广东教育出版社2000年版。

田中正俊等著，武汉大学鸦片战争研究组编：《外国学者论鸦片战争与林则徐（上）》，福建人民出版社1989年版。

费正清等著，福建省历史学会福州分会编：《外国学者论鸦片战争与林则徐（下）》，福建人民出版社1991年版。

威罗贝：《外人在华的特权与利益》，生活·读书·新知三联书店1957年版。

佐佐木正哉编：《鸦片战争前中英交涉文书》，台湾文海出版社1977年版。

佐佐木正哉编：《鸦片战争の研究》（资料篇），日本近代中国研究委员会1964年发行。

佐佐木正哉编：《鸦片战争后の中英抗争》（资料篇稿），日本近代中国研究委员会1964年发行。

胡滨译：《英国档案有关鸦片战争资料选译》上、下册，中华书局1993年版。

魏斐德著，王小荷译：《大门口的陌生人：1839—1861年间华南的社会动乱》，中国社会科学出版社1988年版。

朱杰勤：《中外关系史译丛》，海峡出版社1984年版。

克拉潘：《现代英国经济史》上卷，商务印书馆1986年版。

甘米奇：《宪章运动史》，商务印书馆1979年版。

基佐：《1640年英国革命史》，商务印书馆1986年版。

霍尔：《东南亚史》上、下，商务印书馆1982年版。

考特：《简明英国经济史》，商务印书馆1992年版。

陈舜臣：《鸦片战争实录》，中国友谊出版公司1985年版。

费正清编：《剑桥中国晚清史》上、下卷，中国社会科学出版社1985年版。

中国近代史所编：《国外中国近代史研究》第6—15辑，中国社会科学出版社1984—1990年版。

亨特著，沈正邦译，章文钦校：《旧中国杂记》，广东人民出版社1992年版。

威廉·C. 亨特著，冯树铁译：《广州“番鬼”录》，广东人民出版社 1993 年版。

丹涅特：《美国人在东亚》，商务印书馆 1959 年版。

裴化行：《利玛窦对中国的科学贡献》，1935 年版。

威·沃尔克著，孙善玲译：《基督教会史》，中国社会科学出版社 1991 年版。

利玛窦、金尼阁著，何高济等译：《利玛窦中国札记》，中华书局 2010 年版。

荣振华：《在华耶稣会士列传及书目补编》（上、下），中华书局 1995 年版。

钟鸣旦：《杨廷筠：明末天主教儒者》（香港圣神研究中心译），社会科学文献出版社 2002 年版。

艾儒略撰，谢方校：《职方外纪校释》，中华书局 1996 年版。

中外关系史学会等编：《中外关系史译丛》第 2、4 辑，上海译文出版社 1985 年、1988 年版。

费赖之著，冯承钧译：《入华耶稣会士列传》，商务印书馆 1938 年版。

伏尔泰著，梁守锵译：《风俗论》，商务印书馆 1996 年版。

孟德斯鸠著，许明龙译：《论法的精神》（上、下卷），商务印书馆 2009 年版。

秦家懿编译：《德国哲学家论中国》，生活·读书·新知三联书店 1993 年版。

张弘：《中国文学在英国》，花城出版社 1992 年版。

《东方杂志》第 10 卷第 4 号。

W. D. Bernard, *Narrative of the Voyages and Services of the Nemesis from 1840 to 1843*, London, 1844, 1845.（柏纳德：《“复仇神”号轮舰航行作战记》）

John Ouchterlony, *The Chinese War*, 2 Vols. London, 1844.（奥特隆尼：《对华作战记》）

Lord Jocelyn, *Six Months' with the Chinese Expedition*, London, 1841.（周斯林：《在华六月从军记》）

J. K. Fairbank, *Trade and Diplomacy on the China Coast: The Opening of the Treaty Ports, 1842—1854*, 2Vols. Cambridge Mass, Harvard University Press, 1953.（费正清：《中国沿海贸易与外交——1842—1854 年通商口岸的开放》）

A. Waley, *The Opium War Through Chinese Eyes*, London, George Allen & Unwin, 1958, 257p.（韦利：《中国人心目中的鸦片战争》）

E. Holt, *The Opium Wars in China*, London, Putnam, 1964, 303p.（霍尔特：《中国的鸦片战争》）

P. W. Fay, *The Opium War 1840—1842*, North Carolina University Press,

1975，406p.（费伊：《鸦片战争（1840—1842）》）

J. Beeching，*The Chinese Opium Wars*，New York and London，Hutchinson，1976，334p.（比钦：《中国的鸦片战争》）

B. Inglis，*The Opium War*，Hodder and Stoughton，London and Sydney，1976，223p.（颖里士：《鸦片战争》）

Tan Chung，*China and the Brave New World：A Study of the Origins of the Opium War（1840—1842）*，North Carolina，Carolina Academic Press，1978，271p.（谭中：《中国和野蛮的新世界》）

J. Y. Wong，*A Watershed in Anglo—Chinese Relations，1839—1860*，Oxford University Press，1983.（黄宇和：《鸦片战争时代中英外交文件提要》）

J. M. Polachek，*The Inner Opium War*，Harvard University Press，1992，400p.（普赖茨克：《内部鸦片战争》）

Suu—yu Teng，*Chang Hsi and the Treaty of Nanking 1842*，University of Chicago Press，1944，191p.（邓嗣禹：《张喜和南京条约》）

Chinese Repository，1832—1850.（《中国丛报》）

Harry G. Gelber，*Opium，Soldiers and Evangelicals：Britan's* 1840—1842 *War with China，and its Aftermath*，London and New York：Palgrave Memillan，February. 2004.（亨利·盖尔伯：《鸦片、士兵与传教士》）

Julia Lovell，*The Opiam War：Drags，Dreams and the Making of China*，London：Picador，September 2011.（朱莉娅·骆菲尔：《鸦片战争：毒品、梦想与塑造中国》。中译本作：蓝诗玲著，刘悦斌译：《鸦片战争》，新星出版社 2015 年版）

图书在版编目（CIP）数据

鸦片战争史：中国历史发展中第三次社会大变革研究：全2册/萧致治主编. —2版. --福州：福建人民出版社，2017. 6（2020. 1重印）

ISBN 978-7-211-07703-8

Ⅰ. ①鸦… Ⅱ. ①萧… Ⅲ. ①鸦片战争（1840—1842）—研究 Ⅳ. ①K253. 07

中国版本图书馆CIP数据核字（2017）第138181号

鸦片战争史（上、下）
YAPIAN ZHANZHENG SHI
——中国历史发展中第三次社会大变革研究

主　　编： 萧致治
责任编辑： 郑翠云
美术编辑： 白　玫
出版发行： 福建人民出版社　　**电　　话：** 0591-87533169（发行部）
网　　址： http://www. fjpph. com　　**电子邮箱：** fjpph7211@126. com
地　　址： 福州市东水路76号　　**邮政编码：** 350001
经　　销： 福建新华发行（集团）有限责任公司
印　　刷： 福州万达印刷有限公司
地　　址： 福州市仓山区金山大道618号橘园洲工业园19号楼
开　　本： 787毫米×1092毫米　1/16
印　　张： 52
字　　数： 905千字
版　　次： 2017年6月第2版　　2020年1月第2次印刷
书　　号： ISBN 978-7-211-07703-8
定　　价： 168. 00元